Wirtschaftswörterbuch

Wörterbuch
für den Wirtschafts-, Handels- und Rechtsverkehr

Teil 1

Deutsch – Spanisch

von
Celestino Sánchez

GABLER

CIP-Titelaufnahme der Deutschen Bibliothek

Sánchez, Celestino:
Wirtschaftswörterbuch: Wörterbuch für den Wirtschafts-, Handels- und Rechtsverkehr / von Celestino Sánchez. – Wiesbaden: Gabler.
NE: HST
Bd. 1. Deutsch-spanisch. – 1990
 ISBN 3-409-19912-8

Der Gabler Verlag ist ein Unternehmen der
Verlagsgruppe Bertelsmann International.

© Betriebswirtschaftlicher Verlag Dr. Th. Gabler GmbH, Wiesbaden 1990
Lektorat: Brigitte Stolz-Dacol

Das Werk einschließlich aller seiner Teile ist urheberrechtlich geschützt. Jede Verwertung außerhalb der engen Grenzen des Urheberrechtsgesetzes ist ohne Zustimmung des Verlages unzulässig und strafbar. Das gilt insbesondere für Vervielfältigungen, Übersetzungen, Mikroverfilmungen und die Einspeicherung und Verarbeitung in elekronischen Systemen.

Satz: Femoset, Wiesbaden
Druck: Wilhelm & Adam, Heusenstamm
Buchbinder: Osswald + Co., Neustadt/Weinstr.
Printed in Germany

ISBN 3-409-19912-8

Vorwort

Die spanische Sprache gewinnt immer mehr an Bedeutung, vor allem im Bereich der Politik und der Wirtschaft, denn derzeit sprechen über 300 Millionen Menschen diese Sprache. Auf internationalen Veranstaltungen, bei denen Spanisch als Arbeitssprache anerkannt ist, wird diese Sprache von mehr als 20 Ländern als Kommunikationsmittel eingesetzt.

Das vorliegende Wörterbuch umfaßt besonders die Wirtschafts- und Handelsterminologie, schließt jedoch auch rechtliche Ausdrücke mit ein, sofern sie direkt oder indirekt mit den praktischen Wirtschaftsbeziehungen in Zusammenhang stehen. Besondere Aufmerksamkeit wurde dem Bank- und Versicherungsbereich, Export, Import, Zoll- und Transportsektor sowie dem Post- und Telegraphenwesen gewidmet. Desgleichen wurden die neuesten Ausdrücke aus dem Bereich der Informatik, Ökologie und Sicherheitstechnik mit aufgenommen. Darüber hinaus wurde auch das allgemeinsprachliche Vokabular in diesem Zusammenhang – sowohl hinsichtlich der einzelnen Wörter wie auch bezüglich der Modismen – berücksichtigt. In diesem Wörterbuch finden sich auch zahlreiche Ausdrücke aus dem Handelswesen hispanoamerikanischen Ursprungs, die sich von den in Spanien üblichen Ausdrucksformen unterscheiden.

Ziel dieses Nachschlagewerks, das sich in erster Linie an der Arbeit in der Praxis orientiert, ist es, das Verständnis zwischen der deutsch- und spanischsprachigen Welt zu erleichtern, insbesondere im Hinblick auf die wirtschaftlichen und handelspolitischen Beziehungen.

Der besondere Dank des Autors gilt Ulrike Deiser und Gabriele Stadelmann, Konferenzdolmetscherinnen, sowie Cornelia Stuckenberger, öffentlich bestellte und beeidigte Übersetzerin und Dolmetscherin und Lehrerin, ohne deren Hilfe die Erstellung dieses Wörterbuchs nicht möglich gewesen wäre.

München, September 1990　　　　　　　　　　　　　　　　　　　Celestino Sánchez

Prólogo

La lengua española está adquiriendo cada vez más importancia, especialmente en el ámbito de la política y de la economía, pues es hablada actualmente por más de 300 millones de personas. En las reuniones internacionales, donde el español es reconocido como lengua de trabajo, más de 20 países utilizan este idioma como medio de expresión.

El presente diccionario constituye una terminología específicamente económica y comercial, que incluye también expresiones jurídicas en tanto tengan que ver directa o indirectamente con las relaciones económicas prácticas. Se ha concedido especial atención al mundo de la banca, de los seguros, de la exportación, importación, aduanas, transporte, correos y telégrafos. También se han incorporado los últimos vocablos de informática, ecología y técnicas de seguridad. Se ha tenido en cuenta, además, el vocabulario popular en este campo, tanto en cuanto a palabras como en lo referente a modismos. En él se recogen numerosos términos comerciales de raíz hispanoamericana que difieren de la expresión castellana.

Este diccionario, orientado principalmente a la práctica, tiene como propósito facilitar el entendimiento entre el mundo de habla alemana y el mundo de habla hispánica, particularmente en sus relaciones económico-comerciales.

El autor tiene una deuda especial de gratitud para con Ulrike Deiser y Gabriele Stadelmann, intérpretes de conferencias, y para con Cornelia Stuckenberger, traductora, intérprete pública jurada y profesora. Sin su ayuda no hubiera sido posible la confección de este diccionario.

Múnich, Septiembre de 1990   Celestino Sánchez

Abkürzungen
Abreviaturas

A	Austria	Österreich
a/c	algo, alguna cosa	etwas
AC	América Central	Mittelamerika
Adj.	Adjetivo	Adjektiv
Adm.	Administration	Verwaltungswesen
Adv.	Adverbio	Adverb
a alg.	a alguien	jemandem, jemanden
alg.	alguien, alguno	jemand
Angl.	anglicismo	Anglizismus
Arch.	arcaico	veraltet
Arg.	Argentina	Argentinien
Arq.	arquitectura	Architektur
Auto.	automóvil	Kraftfahrzeug(wesen)
Aviac.	aviación	Flugwesen
Bgb.	minería	Bergbau
Bol.	Bolivia	Bolivien
bsd.	especialmente	besonders
bzw.	respectivamente	beziehungsweise
CH	Suiza	Schweiz
Cient.	científico	wissenschaftlich
Col.	Colombia	Kolumbien
Com.	comercio	Handel
Contab.	contabilidad	Rechnungswesen
Constr.	construcción	Bau(wesen)
Corresp.	correspondencia	Korrespondenz
C. Ri.	Costa Rica	Costa Rica
D	Alemania	Deutschland
E	España	Spanien
Ecu.	Ecuador	Ekuador
EG	Comunidad Europea	Europäische Gemeinschaft
Electrotec.	electrotécnica	Elektrotechnik
Estad.	estadística	Statistik
etw.	algo	etwas
f	femenino	Femininum
Fam.	familiar	umgangssprachlich
Ferr.	ferrocarriles	Eisenbahn
Fig.	en sentido figurado	figurativ
Gal.	galicismo	Gallizismus
gener.	generalmente	allgemein
Ggs.	antónimo	Gegensatz
Guat.	Guatemala	Guatemala
Hist.	histórico	historisch
Hond.	Honduras	Honduras
Inform.	informática	Informatik
jdm.	a alguien (dativo)	jemandem
jdn.	a alguien (acusativo)	jemanden
jds.	de alguien (genitivo)	jemandes
Jur.	jurídico	rechtlich
Lat.	latinismo	Latinismus
LA	Latinoamérica	Lateinamerika

Lit.	literario	literarisch
m	masculino	Maskulinum
Méx.	México	Mexiko
Milit.	militar	Militärsprache
n	neutro	Neutrum
Nav.	navegación	Schiffahrt
Nic.	Nicaragua	Nicaragua
od.	o	oder
Pan.	Panamá	Panama
Par.	Paraguay	Paraguay
Parl.	parlamento	Parlament
Pey.	peyorativo	pejorativ
pl	plural	Plural
Polit.	política	Politik
Pop.	popular	umgangssprachlich
Pref.	prefijo	Vorsilbe
Publ.	publicidad	Werbesprache
P. Ri.	Puerto Rico	Puerto Rico
R. D. A.	República Democrática Alemana	Deutsche Demokratische Republik
R. F. A.	República Federal de Alemania	Bundesrepublik Deutschland
Seg.	seguros	Versicherungswesen
Sociol.	sociología	Soziologie
Statist.	estadística	Statistik
Suf.	sufijo	Nachsilbe
Syn.	sinónimo	Synonym
Teléf.	teléfono	Telefon
Tipo.	tipografía	Druckwesen, Typographie
Transp.	transportes	Transportwesen, Verkehr
Tur.	turismo	Fremdenverkehr
TV	televisión	Fernsehen
u/c	una cosa	etwas
Urug.	Uruguay	Uruguay
Venez.	Venezuela	Venezuela
→	véase	siehe

A

à *20 Stück* ~ *2 Mark* 20 unidades (ejemplares, piezas) a 2 marcos; ~ 10 DM a 10 marcos (el ejemplar, la unidad, la pieza)

A1 (*od.* 1a) primera clase, primera calidad, grado A

A (*Austria*) letra indicadora de la nacionalidad

A.A. → *Auswärtiges Amt*

AAB → *Allgemeine Ausführungsbestimmungen*

AB → *Außenhandelsbank*

ab 1. (*Ortsbestimmung*) a partir de; salida; partida; ~ *Bahnhof* franco estación; ~ *dort* entregado en esa; ~ *Fabrik* → *ab Werk*; ~ *hier* (desde) aquí; loco; ~ *Kai* (*unverzollt*) ex, franco muelle; puesto en el muelle (derechos de aduana no incluídos); ~ *Kai-Lieferung* puesto en el muelle; ~ *Lager* franco almacén; puesto, vendido en almacén; ~ *Hamburg* desde Hamburgo; ~ *Waggon* franco sobre el vagón (f.s.v.); ~ *Werk* ex fábrica; vendido, puesto en fábrica; *die Preise verstehen sich* ~ *Werk* los precios se entienden para entrega en fábrica 2. (*Zeitbestimmung*) a partir de; a contar de; desde; ~ *5 Uhr* desde las cinco; ~ *heute* a partir de hoy; desde hoy; ~ *sofort* inmediatamente aplicable; de aplicación inmediata; ~ *sofort gültig* con efecto(s) inmediato(s); *von da* ~ a partir de entonces; ~ *und zu* de vez en cuando; a veces 3. (*Preisangabe*) ~ *100 DM* a partir de 100 marcos; de 100 marcos para arriba; de 100 marcos en adelante 4. (*abzüglich*) ~ *Diskont* menos descuento; descuento a deducir

abändern 1. *die Bedingungen* ~ modificar, cambiar las condiciones; 2. *eine Eintragung* ~ rectificar, alterar un registro; 3. *einen Gesetzentwurf* ~ enmendar un proyecto de ley

Abänderung *f*, **en** modificación *f*; cambio *m*; rectificación *f*; ~*en vorbehalten* salvo modificación; sujeto a modificación; *eine* ~ *der Preise vornehmen* proceder a revisar los precios; ~ *eines gekreuzten Schecks in einen Barscheck* transformación de un cheque cruzado en uno abierto; ~ *eines Vertrags* modificación de un contrato

Abänderungsantrag *m*, ⸚e (proposición *f* de) enmienda *f*; *einen* ~ *einbringen* presentar una (proposición de) enmienda

Abänderungsentwurf *m*, ⸚e proyecto *m* de enmienda

abänderungsfähig modificable

Abänderungsgesetz *n*, **e** ley *f* modificativa; ley *f* de enmienda

Abänderungsklausel *f*, **n** cláusula *f* de abandono

Abänderungspatent *n*, **e** patente *f* de modificación

Abänderungstext *m*, **e** texto *m* de la enmienda; texto *m* modificativo

Abänderungsvorschlag *m*, ⸚e propuesta *f* de enmienda

Abandon *m*, **s** abandono *m*; desistimiento *m*

Abandonerklärung *f*, **en** declaración *f* de abandono

Abandonfrist *f*, **en** plazo *m* de abandono

Abandonklausel *f*, **n** cláusula *f* de abandono

abandonnieren 1. *die Güter an den Versicherer* ~ abandonar los bienes al asegurador; *ein Prämiengeschäft* ~ abandonar una prima (*od.* un negocio de prima) 2. *Wertpapiere* ~ ceder títulos (*od.* valores) 3. (*Recht*) renunciar a un derecho; desistir de un derecho

Abandonrecht *n*, **e** derecho *m*, facultad *f* de abandono

abarbeiten pagar con el trabajo; *seine Schuld* ~ pagar una deuda trabajando; *sich* ~ matarse a trabajar; trabajar como un negro

Abarbeitung *f*, (**en**) ~ *von Strafen* redención *f* de penas por (*od.* con) el trabajo

Abart *f*, **en** variedad *f*; variante *f*

Abbau *m*, Ø 1. extracción *f*; desmontaje *m*; explotación *f*; ~ *der Bodenschätze* explotación de las riquezas del subsuelo, extracción mineral 2. (*durch Ausbeute entstehende Werteinbuße*) agotamiento *m* 3. ~ *von Preisen*, (*Steuern*) reducción *f*, disminución *f* de precios (de impuestos); ~ *von Arbeitskräften* reducción *f*, flexibilización *f* de la plantilla; ~ *von Überstunden* reducción *f* de las horas extraordinarias; ~ *der regionalen Ungleichwichte* (EG) reducción de las disparidades regionales 4. ~ *von Vergünstigungen* restricción *f*, cancelación *f* de ventajas *bzw.* de bonificaciones 5. ~ *von Einschränkungen* supresión *f* de restricciones 6. ~ *von Zöllen* desmantelamiento *m*, desarme *m*, descreste *m* arancelario 7. ~ *von Schulden* amortización *f*, pago *m* de deudas

abbaubar explotable; aprovechable

abbauen 1. extraer; desmontar; demoler; explotar 2. *Preise* (*Steuern, Personal*) ~ reducir, disminuir los precios (los impuestos, el personal *od.* plantilla) 3. *Vergünstigungen* ~ restringir, cancelar ventajas *bzw.* bonificaciones 4. *Einschränkungen* ~ suprimir restricciones 5. *Zöl-*

le ~ desmantelar, desarmar, decrestar los aranceles 6. *Schulden* ~ amortizar, pagar deudas
abbaufähig → *abbaubar*
Abbaufeld *n*, **er** campo *m* de explotación
Abbaugebiet *n*, **e** zona *f*, área *f* de explotación
Abbaugenehmigung *f*, **en** permiso *m* de explotación
Abbaugerechtigkeit *f*, Ø derecho *m* de explotación minera
Abbaugesellschaft *f*, **en** sociedad *f* minera; compañía *f* de explotación
Abbaukonzession *f*, **en** → *Abbaugerechtigkeit*
Abbauland *n*, Ø terrenos *pl* mineros
Abbauprodukt *n*, **e** producto *m* de desintegración
Abbauprogramm *n*, **e** programa *m* de desmantelamiento
Abbaurecht *n*, **e** derecho *m* de explotación
Abbauwirtschaft *f*, Ø 1. sector *m* minero 2. explotación *f*
abbauwürdig → *abbaubar*
abberufen llamar; relevar; dar orden de regreso *von einem Amt* ~ separar del cargo; relevar de sus funciones
Abberufung *f*, **en** llamada *f*, orden *f* de regreso; relevo *m*, separación *f* del cargo
Abberufungsschreiben *n*, **-** carta *f* de retiro (*od.* llamada); escrito *m* de revocación
abbestellen, *einen Auftrag* ~ anular un pedido; cancelar, revocar una orden; *einen Kaufvertrag* ~ rescindir un contrato de compraventa; *eine Zeitung* ~ anular la suscripción; dar(se) de baja; (Fam.) borrarse de
Abbestellung *f*, **en** anulación *f* (de un pedido, de una cita, de una suscripción); contraorden *f*; contraaviso *m*; ~ *vorbehalten* salvo contraorden; salvo contraaviso
abbezahlen → *abzahlen*
Abbezahlung *f*, **en** → *Abzahlung*
abbieten pujar
abbilden reproducir, copiar
Abbildung *f*, **en** reproducción *f*; ilustración *f*; grabado *m*
abblasen, *einen Streik* ~ desconvocar una huelga
abbrechen, *die Geschäftsbeziehungen*, *Verhandlungen* ~ romper las relaciones comerciales, las negociaciones; *ein Gebäude* ~ demoler, derribar un edificio; *eine Reise* ~ interrumpir un viaje; *einen Streik* ~ desconvocar una huelga
Abbremsung *f*, **en** ralentización *f*, de-(sa)celeración *f*
abbröckeln, *die Konjunktur bröckelt weiter ab* la coyuntura, la actividad económica sigue debilitándose (*od.* sigue cediendo, sigue retrocediendo); *die Kurse bröckelten ab* las cotizaciones, los cambios cedieron (*od.* remitieron, bajaron)
abbröckelnde Kurse cotizaciones *pl* en descenso; cambios *pl* en declive
Abbröckelung *f*, **en** (*Börse, Preise*) debilitamiento *m*; desmoronamiento *m*
Abbruch *m*, Ø *od.*ᵘᵉ ~ *eines Gebäudes* derribo *m*; demolición *f*; *auf* ~ *verkaufen* vender para derribo; ~ *der Geschäftsbeziehungen* rotura *f* de las relaciones comerciales; *den Interessen* ~ *tun* perjudicar, dañar los intereses; ~ *einer Reise* interrupción *f* de un viaje
Abbrucharbeiten *pl* trabajos *pl* de derribo; obras *pl* de demolición
Abbruchbewilligung *f*, **en** permiso *m* para demoler (*od.* derribar)
Abbrucherlaubnis *f*, Ø → *Abbruchbewilligung*
Abbruchfirm|a *f*, **-en** empresa *f* de derribos
Abbruchkosten *pl* gastos *pl* de derribo (*od.* demolición)
abbruchreif 1. para derribar (*od.* demoler); 2. en estado ruinoso
Abbruchschein *m*, **e** → *Abbruchbewilligung*
Abbruchunternehmer *m*, **-** contratista *m* (de obras) de derribo
Abbruchverfügung *f*, **en** orden *f* de demolición (*od.* derribo)
Abbruchwert *m*, **e** valor *m* de derribo; ~ *des Schiffes* valor del buque desguazado
abbuchen adeudar, cargar en cuenta; *im Einzugsverfahren* ~ domiciliar el pago con presentación de recibos; cargar directamente en cuenta; (*abschreiben*) amortizar; cancelar
Abbuchung *f*, **en** 1. débito *m*, adeudo *m* 2. ~ *im Einzugsverfahren* domiciliación *f* de recibos; pago *m* preautorizado de recibos; cargo *m* directo en cuenta 3. amortización *f*; cancelación *f*
ABC-Flüge *pl* (Advance Booking Charter) vuelo *m* chárter a bajo precio y con largo plazo de reserva
abchecken 1. verificar, controlar 2. pasar lista
ABC-Staaten *pl* los Estados *pl* (del) ABC (= Argentina, Brasil, Chile)
abdanken dimitir, abdicar
abdecken pagar, abonar, reembolsar, cubrir 1. *einen Kredit* ~ reembolsar un crédito 2. *ein Risiko* ~ proveer fondos para un riesgo; cubrir un riesgo 3. *sich* ~ proveerse; ponerse a cubierto
abdeckend, *sich automatisch* ~ de cobertura automática; cubriéndose (o liquidándose) automáticamente
Abdeckung *f*, **en** provisión *f* de fondos; cobertura *f*; amortización *f*
Abderdepot *n*, **s** depositum irregulare; depósito *m* con transferencia de dominio (*od.* propie-

dad); depósito *m* con limitación
abdienen pagar con el trabajo; *eine Schuld ~* pagar con prestación de servicios
abdingen rebajar, regatear precios
abdisponieren retirar fondos; *von einem Konto ~* girar sobre una cuenta
Abendblatt *n*, ⁼er → *Abendzeitung*
Abendbörse *f*, n Bolsa *f* vespertina (*od.* nocturna); bolsín *m* de última hora
Abendschicht *f*, en turno *m* de noche
Abendzeitung *f*, en (periódico) vespertino *m*, diario *m* de la tarde (o de la noche)
aberkennen, *jdm. sein Recht ~* desposeer, privar a alg. de un derecho; *eine Sache ~* negar el derecho a u/c; *einen Schadenersatz ~* denegar el pago de una indemnización
Aberkennung *f*, en desposeimiento *m*; privación *f*; interdicción *f*; *~ der bürgerlichen Ehrenrechte* interdicción civil; privación de los derechos civiles; *~ des Ruhegehaltes* privación de la pensión de retiro; *~ der Staatsangehörigkeit* desnacionalización *f*; expatriación *f*; privación de la nacionalidad
abernten (*Getreide*) cosechar; (*Felder*) recolectar, recoger
abfahren 1. (*Person*) salir; partir; (*Fahrzeug*) arrancar, (*Schiff*) zarpar 2. transportar; acarrear 3. *sich ~* (*Reifen*) desgastarse
Abfahrt *f*, en salida *f*; partida *f*; descenso *m*
Abfahrtsdatum *n*, -en fecha *f*, día *m* de salida (*od.* partida)
Abfahrtsort *m*, e lugar *m*, plaza *f* de salida
Abfahrts- und Ankunftshafen *m*, ⁼ puerto *m* de salida y de llegada
Abfall *m*, ⁼e 1. caída *f*; descenso *m*; baja 2. desperdicio *m*; residuo *m*; desecho *m*; (*Müll*) basura *f*; *zum ~ werfen* desechar; tirar a la basura
Abfallbehälter *m*, - recipiente *m* de basura
Abfallbehandlung *f*, en tratamiento *m*, procesamiento *m* de residuos
Abfallbeseitigung *f*, en eliminación *f* de basura(s); evacuación *f* de basura(s)
Abfallbeseitigungsanlage *f*, n planta *f* de eliminación de basuras
Abfälle *pl* residuos *pl*; desechos *pl*; desperdicios *pl*; *industrielle ~* residuos industriales; *radioaktive ~* residuos radi(o)activos; *städtische ~* residuos urbanos
Abfalleimer *m*, - cubo *m* de la basura
abfallend, -e *Qualität* calidad inferior, de baja (*od.* peor) calidad
Abfallerzeugnis *n*, se → *Abfallprodukt*
Abfallmaterial *n*, ien material *m* descartado; material *m* de desecho; material *m* residual
Abfallprodukt *n*, e producto *m* de desecho; *verwertbares ~* producto *m* residual; subproducto *m*
Abfallstoffe *pl* residuos *pl*, materiales *pl* residuales; sustancias *pl* residuales
Abfallverkauf *m*, ⁼e venta *f* de residuos
Abfallverwertung *f*, en reciclaje *m*; reciclado *m*; aprovechamiento *m* de desechos
Abfallwirtschaft *f*, Ø gestión *f* de residuos (*od.* desechos); sector *m* de aprovechamiento de desechos
abfangen, *einen Brief ~* interceptar una carta; *Kunden ~* captar, quitar clientela
abfassen 1. (*verfassen*) redactar; formular; componer; (*in Codesprache*) redactar en escritura cifrada; cifrar 2. *Akten, Urkunden ~* extender escrituras; expedir documentos 3. *einen Bericht ~* expedir, redactar un informe
Abfassung *f*, en redacción *f*; *~ eines Vertrags* preparación *f*, redacción de un contrato
abfeiern no trabajar (para compensar las horas trabajadas y no retribuídas)
abfeilschen, *ein paar Mark vom Preis ~* regatear unos marcos en el precio
abfertigen 1. (*absenden*) expedir, facturar 2. (*Kunden*) atender, servir, despachar 3. (*Zoll; Schiff; Zug*) despachar; *die Waren zollamtlich ~* despachar las mercancías en la aduana
Abfertiger *m*, - empleado *m*, encargado *m* de despachar
Abfertigung *f*, en 1. expedición *f*; facturación *f* 2. servicio *m* a los clientes 3. despacho *m* 4. (A) indemnización *f* por despido
Abfertigungsbuch *n*, ⁼er libro *m* de expedición
Abfertigungsdeklaration *f*, en (CH) → *Zollerklärung*
Abfertigungsgebäude *n*, - terminal *f*
Abfertigungsgebühr *f*, en gastos *pl*, derechos *pl* de expedición; tasa *f* terminal
Abfertigungsschein *m*, e certificado *m* de despacho aduanero; factura *f* (*od.* recibo *m*) de aduana
Abfertigungsspediteur *m*, e agente *m* de expedición; agente *m* de aduanas; comisionista *m* de aduanas
Abfertigungsstelle *f*, n lugar *f*, oficina *f* de despacho
Abfertigungssumme *f*, n compensación *f*; indemnización *f*
Abfertigungstax *f*, en (CH) → *Versandgebühr*
Abfertigungszeit *f*, en (*Zoll*) horario *m*, horas *pl* de despacho (aduanero)
abfinden 1. *jdn ~* indemnizar, pagar, satisfacer a alg. 2. *sich mit einer Entscheidung ~* conformarse, resignarse con una decisión 3. *sich mit jdm. ~* llegar a un arreglo (*od.* acuerdo) con alg.

3

Abfindung *f*, **en** indemnización *f*; arreglo *m*; transacción *f*; compensación *f*; (Seg.) transacción (particularmente de derechos futuros); *die ~ der Gläubiger* indemnización (*od.* compensación) a los acreedores; transacción con los acreedores; *als ~* por vía de compensación; como (*od.* a título de) compensación; *angemessene ~* compensación adecuada (*od.* razonable); *endgültige ~* compensación definitiva, indemnización liberatoria; *eine ~ bekommen* percibir una indemnización (*od.* compensación); *eine ~ vereinbaren* estipular, convenir una indemnización (*od.* compensación); *eine ~ vorsehen* prever una indemnización (*od.* compensación); *eine ~ zugestehen* conceder, admitir una indemnización (*od.* compensación)
Abfindungsbetrag *m*, ⁻e indemnización *f*; compensación *f*; suma *f* por acomodo
Abfindungsguthaben *n*, - parte *f* del activo neto
Abfindungssumme *f*, **n** suma *f* transaccional
Abfindungsvertrag *m*, ⁻e pacto *m* de transacción
Abfindungszahlung *f*, **en** (*bei Entlassung*) indemnización *f* por despido; paga *f* por acomodo
Abflachung *f*, **en** ralentización *f*; de(sa)celeración *f*; baja *f*; nivelación *f*; *~ der Konjunktur* ralentización coyuntural; *~ des Preisanstieges* desaceleración, disminución *f* de la subida de los precios; subida *f* más lenta de los precios
abflauen, *die Geschäfte flauen ab* los negocios están en baja (*od.* languidecen); *die Preise flauen ab* los precios ceden (*od.* bajan); *die Kurse flauen ab* las cotizaciones muestran flojedad; los cambios remiten (*od.* ceden)
abfließen (*Kapital, Geld*) fugarse; salir
Abflug *m*, ⁻e salida *f* en avión hacia (*od.* con destino a)
Abflughafen *m*, ⁻ aeropuerto *m* de salida
Abflugort *m*, **e** lugar *m*, plaza *f* de salida
Abflugzeit *f*, **en** hora *f* de salida
Abflu|ß *m*, ⁻sse salida *f*; drenaje *m*; *~ von Kapital ins Ausland* salida de capitales al extranjero; drenaje exterior
Abflußrecht *n*, **e** servidumbre *f* de desagüe
Abfrage *f*, **n** (Inform.) consulta *f*
abfragen (Inform.) consultar; *einen Speicher ~* consultar la memoria de un ordenador; *gespeicherte Informationen ~* consultar las informaciones almacenadas
abfühlen → *abtasten*
Abfuhr *f*, **en** transporte *m*; acarreo *m*; recogida *f*; *~ von der Bahn* transporte desde la estación
abführen, *einen Geldbetrag ~* remitir, transferir una suma de dinero; *eine Schuld ~* pagar, saldar una deuda; *Steuern ~* abonar, transferir impuestos
Abfuhrgebühr *f*, **en** → *Rollgeld*
Abfuhrlohn *m*, ⁻e → *Rollgeld*
Abfuhrspediteur *m*, **e** agente *m* de acarreo
Abführung *f*, **en** 1. (*Geld*) pago *m*; giro *m* 2. (*Überweisung*) transferencia *f*; remesa *f*; envío *m* 3. (*Waren*) acarreo *m*; conducción *f*; transporte *m*
abfüllen (*in Flaschen*) embotellar; (*in Packungen*) envasar; (*Flüssigkeiten*) trasegar
Abgabe *f*, **n** 1. (*Steuern*) contribución *f*; impuesto *m*; exacción *f*; tasa *f* 2. *soziale ~n* cargas *pl* sociales 3. (*Ausgabe*) emisión *f* 4. (*Börse*) venta *f* 5. (*Aushändigung*) entrega *f*; despacho *m* 6.(*Zoll*) aranceles *pl*; derechos *pl* de aduana 7. (*Umlage*) contribución *f* especial 8. *~ eines Angebots* sometimiento *m*, presentación *f* de una oferta; *von ~n befreien* eximir de (l pago de) derechos: *von Zöllen und ~n befreit sein* estar exento (*od.* libre) de aranceles y cargas; *~n erheben* imponer exacciones (*od.* gravámenes); *~n gleicher Wirkung wie Zölle* (*od.* *~n mit zollgleicher Wirkung*) (EG) tasas *pl* de efecto equivalente a los derechos de aduana
Abgabebereitschaft *f*, Ø disposición *f* a vender
Abgabebescheid *m*, **e** aviso *m* de imposición
Abgabebeschränkung *f*, **en** restricción *f* de (las) ventas
Abgabedruck *m*, Ø (*Börse*) presión *f* vendedora; presión *f* del papel
Abgabefrist *f*, **en** → *Abgabetermin*
Abgabekurs *m*, **e** curso *m* de emisión; *Dollar ~* precio *m* de venta del dólar; cambio *m* del dólar en venta
Abgabematerial *n*, Ø (*Börse*) ofertas *pl*
Abgabenbefreiung *f*, **en** → *Abgabenfreiheit*
Abgabeneintreibung *f*, **en** recaudación *f* de tributos (*od.* exacciones)
Abgabenerhebung *f*, **en** cobro *m* de impuestos (*od.* exacciones)
abgabenfrei libre, exento de impuestos (*od.* de derechos); *~e Einfuhr* importación *f* libre de impuestos
Abgabenfreiheit *f*, Ø exención *f* de derechos
Abgabenordnung *f*, **en** (*AO*) código *m* federal de impuestos; (E) Ley *f* General Tributaria (LGT)
Abgabenschuld *f*, **en** deuda *f* tributaria
Abgabenüberhebung *f*, **en** exacción *f* ilegal; (Chile) concusión *f*
Abgabenwesen *n*, Ø régimen *m* tributario
Abgabepflicht *f*, **en** obligación *f* fiscal
abgabepflichtig 1. (*Person*) → *Abgabepflichtiger* 2. gravable; sujeto a tributación
Abgabepflichtige/r (*der/ein*) contribuyente *m*; responsable *m* del tributo
Abgabepreis *m*, **e** 1. precio *m* de venta 2. *die ~e*

erhöhen aumentar el precio de cesión 3. precio *m* de emisión
Abgabesatz *m*, ⸗e (*Geldmarktpapiere*) tasa *f*, tipo *m* de venta
Abgabetermin *m*, e 1. fecha *f* de entrega 2. plazo *m* de pago de contribuciones (*od.* de impuestos)
Abgabezoll *m*, ⸗e derechos *pl* aduaneros
Abgang *m*, ⸗e 1. (*Ware*) venta *f*; *guten ~ finden* tener buena salida; ser de venta fácil; *schlechten ~ finden* tener mala salida; venderse mal 2. (*Verlust*) merma *f*; pérdida *f* (de peso) 3. (*Abgänge der Belegschaft*) bajas *pl* de personal 4. (*Warenversand*) despacho *m* 5. (*Bankbilanz*) deducción *f* 6. (A) déficit *m* 7. (*Inventur- und Bewertung*) *Abgänge bewertet zum Einstands- oder Marktpreis, je nachdem, welcher niedriger ist* salidas *pl* al precio de coste o de mercado según el que sea menor 8. (*Storno*) baja *f*; anulación *f*; rescisión *f*; salida *f*
Abgangsbahnhof *m*, ⸗e estación de salida; estación *f* de despacho
Abgangsdat|um *n*, -en *~einer Sendung* fecha *f* de despacho (*od.* de consignación)
Abgangsflughafen *m*, ⸗ aeropuerto *m* de salida
Abgangsgewicht *n*, Ø tara *f* original
Abgangshafen *m*, ⸗ puerto *m* de salida (*od.* de origen)
Abgangsland *n*, ⸗er país *m* de salida
Abgangsort *m*, e lugar *m* de salida (*od.* partida)
Abgangspunkt *m*, e → *Abgangsort*
Abgangsvergütung *f*, en → *Abgangswert*
Abgangswert *m*, e (Syn. *Rückkaufwert*) rescate *m*
Abgangszettel *m*, - lista *f* de expedición
Abgangszeugnis *n*, se certificado *m* de examen final; diploma *m* de fin de estudios
Abgangszollstelle *f*, n aduana *f* de salida
Abgas *n*, e gas *m* de escape
Abgase *pl schädliche ~* gases *pl* nocivos; *~ von Fahrzeugen* gases de escape de los vehículos; *Verunreinigung der Luft durch ~* polución *f*, contaminación *f* debida a los gases de escape
Abgasverwertung *f*, en aprovechamiento *m* de los gases de escape
abgaunern timar; *er hat ihm das Geschäft abgegaunert* le ha socaliñado el negocio
ABGB (*Allgemeines Bürgerliches Gesetzbuch*) (A) Código *m* Civil
abgearbeitet consumido por el trabajo
abgebaut, *Arbeitsplätze werden ~* se despide parte del personal; *er wurde ~* fue, ha sido despedido
abgeben 1. (*abliefern*) entregar; dar 2.(*zurückgeben*) devolver 3. (*fortgeben*) deshacerse de 4. (*abtreten*) ceder; *den Vorsitz ~* ceder la presidencia 5. (*ein Amt*) renunciar a 6. (*Gepäck*) consignar 7. (*Wechsel*) librar 8. (Ware) proveer; suministrar 9. (*verkaufen*) vender; *billig ~* vender barato (*od.* a bajo precio) 10. (*seine Stimme ~*) votar; emitir (*od.* depositar) su voto; *abgegebene Stimme* votos *pl* emitidos; votantes *pl* 11. (*Börse*) blanko *~* vender en blanco 12. (*Erklärung*) *eidesstattliche Erklärung ~* hacer una declaración jurada 13. *ein Angebot ~* hacer una oferta; *ein Versprechen ~* hacer una promesa 14. *Sie müssen sich mit dieser Sache ~* tiene usted que ocuparse de ello
abgebend, *~e Gesellschaft* (Seg.) (compañía *f*) cedente *f*
Abgeber *m*, - 1. vendedor *m* 2. declarante *m* 3. girador *m*
abgebrannt (Fam.) estar sin blanca (sin un duro); estar a dos velas
abgebrochen, *wir haben unsere Beziehungen zu dieser Firma ~* hemos roto las relaciones con esa empresa
abgedeckt gegen cubierto, asegurado, amparado contra
abgeebbt, *die Spekulationswelle ist ~* la ola de especulación ha declinado
abgefertigt despachado
abgegeben, *~e Stimmen* votos *pl* emitidos
abgegriffen 1. gastado; 2. no actual
abgehalten, *die Tagung wurde ~* la reunión fue celebrada; la sesión tuvo lugar
abgehen 1. (*verkauft werden*) vender; *die Ware geht gut (reißend) ab* el género, la mercancía se vende bien (encuentra muy buena venta); *die Ware geht schwer ab* el género, la mercancía no se vende bien 2. (*abgezogen werden*) deducir(se); *davon geht ab* de ello hay que descontar; a deducir; *von diesem Betrag gehen 3% Skonto ab* de este importe se deduce el 3% (si se paga al contado) 3. (*abfahren*) partir; salir; zarpar 4. (*abgesandt werden*) ser despachado (o enviado); *die Ware wird sofort ~* la mercancía va a ser enviada inmediatamente 5. (*abweichen*) apartarse, cambiar de; *vom Preis ~* bajar el precio 6. *von der Schule ~* dejar la escuela
abgehend, *~e Fracht* flete *m* saliente; *~e Post* correo *m* saliente
abgehoben (*vom Konto*) *~er Betrag* importe *m* retirado; *nicht ~ e Dividende* dividendo *m* no reclamado, no recogido, no cobrado
abgeholt, *das Paket wurde (bei der Post) nicht ~* el paquete no ha sido retirado (de correos); *die Ware wird morgen ~* la mercancía va a ser retirada (*od.* recogida) mañana
abgekartet colusorio; *~e Sache* asunto *m* trama-

do (*od.* convenido)
abgekürzt, ~*e Rente* renta *f* temporal (dependiente de la mortalidad); *Versicherung mit* ~*er Prämienzahlung* seguro *m* con pago limitado de primas
abgekürzte Todesfallversicherung *f*, en 1. seguro *m* mixto 2. seguro *m* temporal 3. seguro *m* vida entera con primas limitadas
abgelagert, *dieses Holz ist gut* ~ esta madera está bien curada
abgelaufen expirado, vencido; *(noch) nicht* ~ todavía en vigor; *noch nicht* ~*e Versicherungsdauer* años de duración por transcurrir; años restantes a cubrir; *das* ~*e Jahr* el año pasado; el ejercicio precedente; ~*er Wechsel* letra *f* vencida; *die Frist ist* ~ el plazo ha expirado; *der Paß ist* ~ el pasaporte ha caducado
Abgeld *n*, er disagio *m*; pérdida *f*; descuento *m*; damnum *m*
abgelegen distante, remoto, lejano
abgelegt *(alte Kleider)* desechado; ~*e Akten* expedientes *pl* archivados
abgelehnt, ~e *Antwort (bes. Meinungsforschung)* no responde (n.r.), no contesta (n.c.); ~ *werden* recibir una respuesta negativa; ser rechazado (*od.* denegado)
abgeleitet, ~*e Bilanz* balance *m* derivado; ~*es Einkommen* renta *f* derivada; ingreso *m* derivado
abgelten *(Schuld)* satisfacer; liquidar; reembolsar; *(Ausgaben)* compensar; indemnizar
Abgeltung *f*, **en** indemnización *f*; compensación *f*; pago *m* de una obligación
Abgeltungsdarlehen *n*, - préstamo *m* de indemnización
abgemacht concertado, acordado; ~! ¡de acuerdo!; *so gut wie* ~ es casi seguro; ~*er Preis* precio *m* concertado
abgeneigt reacio; poco inclinado; *wir sind nicht* ~ *den Plan anzunehmen* no tenemos inconveniente en aceptar su plan; no nos oponemos a aceptar su plan
abgenommen 1. *nicht* ~*e Waren* mercancías *pl* no aceptadas 2. *die Produktion hat* ~ la producción ha decrecido (*od.* bajado)
abgenutzt gastado, usado; *(Kleidung)* raído; deslustrado
Abgeordnete/r *(der/ein)* diputado *m*
abgepackte Waren *pl* mercancías *pl* empaquetadas (*od.* envasadas)
abgerahmte Milch *f*, Ø leche *f* desnatada (*od.* descremada)
abgerechnet menos; deducido; *nicht* ~*e Kosten* cuentas *pl* abiertas (*od.* no saldadas)
abgerissen, *das alte Gebäude muß* ~ *werden* hay que demoler (*od.* derribar) el viejo edificio
abgerundet en números *pl* redondos; redondeando
abgesandt despachado; enviado; remitido
abgeschätzter Wert *m*, **e** valor *m* estimado (*od.* evaluado *od.* tasado)
abgeschlossen, ~*es Konto* cuenta *f* saldada (*od.* finiquitada); *das* ~*e Geschäft bestätigen* confirmar el negocio (*od.* la operación) concertada/o; *das Geschäft ist* ~ el negocio está concluído; la operación está ultimada; *ein zum 15. d.M.* ~*er Kontoauszug* un extracto de cuenta saldado el 15 del corriente
abgeschnitten werden quedar aislado (*od.* cortado) (de)
abgeschwächt, ~*e Börse* bolsa *f* desanimada; *die Exporte haben sich* ~ ha aflojado la actividad exportadora
abgesehen sin contar con; exceptuando; aparte de; salvo; ~ *davon* aparte de eso (*od.* de ello); *ganz* ~ *davon, daß* sin tener en cuenta (para nada) que; prescindiendo en absoluto de que
abgesetzt werden 1. ser vendido; venderse; comercializarse; ser comercializado 2. deducirse; ser deducido 3. ser destituído; ser trasladado
abgesichert, *vertraglich* ~ respaldado, reforzado contractualmente
abgesondert, *Recht auf* ~*e Befriedigung (im Konkurs)* derecho *m* a satisfacción preferencial (*od.* por separado); ~ *verwahren* guardar por separado
abgestellt (Telef.) desconectado
abgestempelt sellado; estampillado; matasellado; *nicht* ~ sin sello; sin matasellos
abgestimmt 1. ~*es Vorgehen* actuación *f* concertada (*od.* coordinada); ~*es Wachstum* crecimiento *m* concertado (*od.* coordinado); ~*e Maßnahmen ergreifen* adoptar medidas coordinadas; *schlecht* ~ mal coordinado 2. *es wird* ~ se vota; se está votando
abgestuft escalonado; graduado
abgetan, *das ist alles* ~ es un asunto concluído; *damit ist es nicht* ~ con eso no basta
abgeteilt subdividido
abgetragen, ~*e Schuld* deuda *f* liquidada
abgetrennter Kupon *m*, s cupón *m* separado
abgetretene Forderung *f*, **en** deuda *f* cedida; activo *m* exigible traspasado
abgewertet devaluado
abgewickelt, *das Geschäft wurde* ~ la operación ha sido realizada
abgewiesen, *die Klage ist* ~ la demanda ha sido desestimada
abgewirtschaftet arruinado (por la mala gestión)
abgezählt, *das Geld* ~ *bereithalten* tener prepara-

do el dinero ya contado
abgleichen igualar; ajustar; nivelar
Abgleiten *n*, Ø baja *f*; descenso *m*
abgleiten bajar; descender
abgleitende Kurse *pl* precios *pl* que van bajando (*od.* disminuyendo)
abgrenzen delimitar; definir; *Märkte* ~ delimitar mercados; *die Rechte* ~ definir, precisar los derechos
Abgrenzung *f*, **en** 1. delimitación *f*; demarcación *f*; definición *f* 2. (Contab.) regularización *f*; determinación *f*
Abgrenzungsbogen *m*, ⸚ pliego *m* en el que se recapitula periódicamente la contabilidad comercial
Abgrenzungskonten *pl* cuentas *pl* de orden (*od.* de regularización)
Abgrenzungsposten *m*, - 1. partidas *pl* de orden (*od.* de regularización); cuentas *pl* transitorias 2. partida *f* a contabilizar en el ejercicio anterior 3. partida *f* a contabilizar en el ejercicio posterior
abhaben, *einen Teil des Geschäfts ~ wollen* reclamar una parte del negocio
abhaken, *in einer Liste* ~ marcar; puntear
abhalftern (Fam.) destituir; privar a uno de su cargo; dejar cesante
abhalten 1. *eine Auktion* ~ celebrar una subasta (*od.* licitación) 2. *(hindern)* impedir 3. (Marit.) ~ *auf* dirigirse a (*od.* hacia)
abhandeln 1. hacer disminuir el precio regateando; *10 DM vom Preis* ~ obtener una rebaja de 10 marcos 2. discutir; debatir 3. exponer; disertar (sobre)
abhanden kommen extraviarse; perderse
abhängen, *geldlich* ~ *von* depender financieramente (*od.* económicamente) de
abhängig dependiente de; sujeto, sometido a; *~er Erwerbstätiger* asalariado *m*; trabajador *m* (*od.* empleado) por cuenta ajena; *~e (Kapital) Gesellschaft* compañía *f* controlada; *~es Unternehmen* empresa *f* dependiente; *von ausländischen Lieferungen ~ sein* depender de los suministros extranjeros; *voneinander ~ sein* depender mutuamente; interdepender; estar en situación de dependencia mutua; ~ *machen* hacer depender de; poner en función de; *in einem ~en Arbeitsverhältnis stehen* hallarse en situación laboral de dependencia; *von einem Land wirtschaftlich ~ sein* depender económicamente de un país
Abhängige/r *(der/ein)* asalariado *m*; trabajador *m* no autónomo; trabajador *m* bzw. empleado *m* por cuenta ajena; empleado *m* en régimen de dependencia;
Abhängigkeit *f*, **en** dependencia *f*; subordinación *f*
Abhängigkeitsbericht *m*, **e** informe *m* anual de una sociedad dependiente
Abhängigkeitsverhältnis *n*, **se** relación *f* de dependencia
abhebbar, *täglich* ~ cobrable (*od.* pagadero) a la vista
abheben sacar; retirar; *Geld von der Bank, einem Konto* ~ retirar dinero del banco, de una cuenta; *den Hörer* ~ descolgar el (auricular del) teléfono
Abhebung *f*, **en** retirada *f*; cobro *m*; ~ *der Dividende* cobro del dividendo; ~ *eines Geldbetrages* retirada de una cantidad (*od.* suma) de dinero; *tägliche ~en* retiradas diarias (de fondos)
abheften archivar
abhelfbar subsanable; remediable; suplible
abhelfen, *einem Mangel* ~ remediar; suplir; subsanar un defecto
abheuern 1. (Marit.) dejar el servicio 2. atraer personal de otra empresa
Ab-Hof-Verkauf *m*, ⸚e venta *f* en la finca (*od.* la granja)
abholbereit, *die Ware ist* ~ la mercancía está lista para ser recogida (*od.* retirada)
Abholdienst *m*, **e** servicio *m* de recogida; ~ *und Zustellungsdienst* servicio *m* de recogida y reparto; servicio *m* de recojo y entrega
abholen recoger; retirar; ir (*bzw.* venir) a recoger ~ *lassen* mandar a buscar, enviar (a) por; *wann soll ich Sie morgen* ~? ¿cuándo quiere Vd. que vaya (*od.* venga) a recogerle mañana?; *jdn. vom Flughafen* ~ ir a recoger a alg. al aeropuerto; recoger a alg. en el aeropuerto; *abzuholen bei* a recoger en; recójase en; puede recogerse en
Abholfach *n*, ⸚er → *Postschließfach*
Abholmarkt *m*, ⸚e mercado *m* con recogida directa de la mercancía por parte del cliente
Abholpreis *m*, **e** precio *m* de la mercancía que se lleva el propio comprador
Abholung *f*, **en** recogida *f*; retirada *f*
Abhöranlage *f*, **n** dispositivo *m* (*od.* aparato *m*) de escucha
abhören escuchar; interceptar; intervenir; *Telefongespräche* ~ interceptar (*od.* intervenir) el teléfono
abhörsicher protegido contra interceptación; al abrigo de escuchas
abkaufen, *jdm. etw.* ~ comprar a/c a alg.; *(durch Kauf ablösen)* rescatar
abklappern (Fam.) visitar (a los clientes); ir de tienda en tienda; ir de casa en casa
abklingen *(Konjunktur)* declinar; desvanecerse
Abkommen *n*, - *(Übereinkunft)* acuerdo *m*; ajus-

te *m*; arreglo *m*; convenio *m*; pacto *m* (*mit Gläubigern*); transacción *f*; *ein ~ schließen* concluir (*od.* concertar) un acuerdo; *mit seinen Gläubigern ein gütliches ~ treffen* llegar a un acuerdo amigable con los acreedores; *ein ~ unterzeichnen* firmar un acuerdo; *das ~ über die Übergangsbestimmungen* el convenio sobre disposiciones transitorias; *allgemeines ~ über die wirtschaftliche Regelung des Straßenverkehrs* convenio general sobre la regulación económica de la circulación internacional por carretera; *Berner ~ über die Plombierung der Waggons* convenio de Berna sobre el precinto de los vagones; *bilaterales ~* acuerdo bilateral; *Genfer ~ über die Bekämpfung der Falschmünzerei* convenio de Ginebra para la represión de la falsificación de moneda; *Haager ~ über den internationalen Kauf von beweglichen körperlichen Sachen* convenio de La Haya sobre la venta internacional de objetos mobiliarios corporales; *~ über die internationale Hinterlegung gewerblicher Muster oder Modelle* acuerdo sobre el depósito internacional de muestras o modelos industriales; *~ über die internationale Seehafenordnung* convenio sobre el régimen internacional de los puertos marítimos; *internationales ~* convenio, tratado, acuerdo internacional; *~ über die internationale Zivilluftfahrt* convenio de aviación civil internacional; *langfristiges ~* convenio, tratado, acuerdo a largo plazo; *mehrseitiges ~* convenio, tratado, acuerdo multilateral; *~ über die Soziale Sicherheit* convenio sobre seguridad social (*od.* seguros sociales); *~ über Steuervorschriften für ausländische Automobile* convenio sobre tributación de automóviles extranjeros; *~ über Straßenverkehr* convenio relativo a la circulación por carretera; *~ über Übergangsbestimmungen (EG)* convenio sobre disposiciones transitorias; *~ über Vereinheitlichung des Wechselrechts* convención relativa a la ley uniforme sobre letra de cambio y pagarés a la orden; *~ über Zollerleichterung im Touristenverkehr* convenio sobre facilidades de aduana en el tránsito de viajeros; *zweiseitiges ~* acuerdo, tratado, convenio bilateral; *zwischenstaatliches ~* acuerdo interestatal

abkommen, *vom Kurs ~* desviarse de su camino; *von seinem Plan ~* abandonar su plan; *vom Thema ~* salirse, apartarse del tema (principal); (Fam.) irse por las ramas

Abkommenskont|o *n*, **-en** cuenta *f* de convenio

Abkommensland *n*, ⁻er país *m* firmante (*od.* signatario) del convenio

Abkommenswährung *f*, **en** moneda *f* convenida;
moneda *f* de convenio

abkömmlich, *er ist nicht ~* está ocupado (en este momento); en este momento no puede atenderle

abkühlen, *die Binnenkonjunktur kühlt sich ab* se está enfriando la coyuntura interna

Abkühlung *f*, **en** → *Abschwächung*

abkürzen 1. *die Lieferfrist ~* acortar, reducir el plazo de suministro 2. *(beschneiden)* recortar 3. *(Inhalt)* resumir; extractar 4. *(Verhandlungen, Wort, Besuch)* abreviar

Abkürzung *f*, **en** 1. sigla *f*; abreviatura *f*; *Verzeichnis der verwendeten ~en* lista *f* de las abreviaturas empleadas 2. reducción *f* (del plazo); *~ der Versicherungsdauer* reducción de la duración del seguro; *sich mit ~ auf das 60. Jahr versichern* asegurarse con vencimiento a los 60 años

Abladefirm|a *f*, **-en** casa *f* expedidora (*od.* cargadora)

Abladefrist *f*, **en** plazo *m*, término *m* de descarga

Abladegebühr *f*, **en** derechos *pl* de descarga

Abladegewicht *n*, **e** 1. peso *m* de descarga 2. peso *m* de embarque

Abladehafen *m*, ⁻ puerto *m* de descarga

Abladekommando *n*, **s** brigada *f* de (des)cargadores

Abladekosten *pl* gastos *pl* de descarga

abladen 1. *Waren ~* descargar mercancías 2. **Schutt *~* verter escombros

Abladeort *m*, **e** descargadero *m*; *(Schiffsplatz)* puerto *m* de descarga; *(für Schutt)* vertedero *m*

Abladeplatz *m*, ⁻e → *Abladeort*

Ablader *m*, - descargador *m*; *(Verschiffer)* cargador *m*; remitente *m*; exportador *m*

Abladeschein *m*, **e** certificado *m* de peso

Abladetermin *m*, **e** fecha *f* de descarga

Abladung *f*, **en** descarga *f*; embarque *m*; expedición *f*

Ablage *f*, **n** 1. clasificación *f*; archivos *pl*; *zur ~* para clasificar; para archivar 2. *(für Kleider)* guardarropa *m*

Ablagefach *n*, ⁻er casilla *f*

Ablagekorb *m*, ⁻e cesta *f* de correspondencia; bandeja *f*

Ablagemappe *f*, **n** carpeta *f* para correspondencia

ablagern depositar; *(lagern)* almacenar; *(Tabak, Holz)* curar; *~ lassen* → *abgelagert*

Ablagesystem *n*, **e** sistema *m* de clasificación

Abla|ß *m*, ⁻sse (Com.) reducción *f*

ablassen 1. *(vom Preis)* rebajar; *3% vom Preis ~* hacer una rebaja del 3% sobre el precio 2. *(überlassen)* dejar 3. *(verkaufen)* vender 4. *~ von Ballast* descargar lastre

Ablauf *m*, ⁻e 1. *(Verlauf)* transcurso *m*; desarrollo

m; fases ***pl***; ~ *der Arbeitsvorgänge* las diferentes fases de ejecución de un trabajo 2. *(Ergebnis; Ausgang)* resultado ***m***; final ***m*** 3. ~ *eines Vertrages* terminación *f* de un contrato 4. ~ *eines Wechsels* vencimiento ***m*** de una letra 5. ~ *einer Frist* expiración *f*, vencimiento ***m*** de un plazo; *bei* ~ *der Frist* a la expiración, al vencimiento del plazo; *bis zum* ~ *einer Frist von 20 Tagen* hasta la expiración de un período de 20 días; *nach* ~ *der Frist* después de (haber) expirado el plazo; transcurrido el plazo señalado; *vom* ~ *der vereinbarten Frist an* desde el día (od. la fecha) de expiración del plazo estipulado; *ein Monat vor* ~ *der Frist* un mes antes de que expire (od. de expirar) el plazo; *bis zum* ~ *einer Frist von 10 Tagen* hasta que transcurran 10 días 6. vencimiento ***m*** natural

ablaufen 1. *(Handlung; Zeit)* desarrollarse; transcurrir; marchar; evolucionar 2. *(Vertrag; Frist)* expirar; caducar; vencer; terminar 3. *(Wechsel)* vencer

Ablauffrist *f*, en fecha *f* límite; plazo *m* de expiración; vencimiento *m*

Ablaufplanung *f*, en planificación *f*; proyección *f* de las actividades (od. operaciones)

Ablauftag *m*, e día *m*, fecha *f* de vencimiento

Ablauftermin *m*, e fecha *f* de expiración (od. vencimiento)

Ablaufzeit *f*, en 1. (Inform.) tiempo *m* de ejecución de un programa 2. fecha *f* de expiración

Ablebensversicherung *f*, en seguro *m* de vida para caso de muerte; seguro *m* sobre el deceso

Ablegefach *n*, ⸚er → *Ablagefach*

Ablegekorb *m*, ⸚e → *Ablagekorb*

Ablegemappe *f*, n → *Ablagemappe*

ablegen 1. (Allg.) deponer; depositar 2. *(Akten; Briefe)* clasificar; archivar 3. *(Kleider)* quitarse; *(alte Kleider)* desechar; *einen Eid* ~ prestar juramento; *eine Prüfung* ~ examinarse; presentarse (od. someterse) a un examen; *erfolgreich eine Prüfung* ~ aprobar un examen; *Rechenschaft* ~ rendir cuenta(s); *bitte, legen Sie ab* por favor, quítese el abrigo (od. la gabardina)

ablehnbar recusable; rechazable; denegable; *nicht* ~ indeclinable

ablehnen 1. (Allg.) rechazar; rehusar 2. *(Einladung; Verantwortung; Ehre)* declinar 3. *(Gesuch; Antrag)* desestimar; denegar 4. *(ungünstig beurteilen)* censurar; reprobar; desaprobar 5. *(Geschworenen; Zeugen)* recusar; *ein Angebot* ~ rechazar una oferta; *einen Auftrag* ~ negarse a aceptar una orden (od. un pedido); *einen Auftrag* ~ *müssen* verse en la imposibilidad de atender un pedido (od. una orden); *die Deckung* ~ no aceptar la responsabilidad; denegar la cobertura; *die Eintragung* ~ denegar la inscripción; negarse a efectuar la inscripción (od. el registro); *höflich* ~ rehusar cortésmente; *die Zahlung* ~ negarse a pagar; denegar el pago; *dankend* ~ declinar no sin dar las gracias; declinar agradecidamente; *glatt* ~ rechazar de plano; denegar terminantemente

ablehnend negativo; desfavorable; ~*e Antwort* respuesta *f*, contestación *f* negativa; ~*er Beschluß* auto *m* denegatorio; resolución *f* disconforme; *sich* ~ *verhalten* adoptar una postura negativa

Ablehnung *f*, en negativa *f*; desestimación *f*; denegación *f*; rechazo *m*; *(Mißbilligung)* desaprobación *f*; reprobación; *(Zeuge; Richter)* recusación *f*; ~ *eines Angebots* no aceptación *f* de una oferta; ~ *der Genehmigung* denegación *f* de permiso (od. autorización); ~ *der Verantwortung* negativa a asumir la responsabilidad; ~ *der Ware* no aceptación *f* de la mercancía

Ablehnungsbescheid *m*, e noticia *f* de denegación; notificación *f* negativa

ableisten cumplir

Ableistung *f*, en prestación *f*; cumplimiento (de un servicio)

ablesen, *einen Zähler* ~ leer el contador

ablichten fotocopiar; fotografiar

Ablichtung *f*, en fotocopia *f*; fotografía *f*; *eine* ~ *machen* hacer, sacar una fotocopia (*bzw*. una fotografía)

abliefern entregar; dar (en mano)

Ablieferung *f*, en 1. entrega *f* (en mano); *bei, nach* ~ a la entrega; *bis zur* ~ hasta la entrega; entrega pendiente; *zahlbar bei* ~ pagadero a la entrega 2. (R.D.A.) entrega de los productos agrícolas al Estado

Ablieferungsart *f*, en modo *m* de entrega

Ablieferungsbescheinigung *f*, en resguardo *m*; recibo *m*; (Gal.) récépissé

Ablieferungsfrist *f*, en plazo *m* de entrega

Ablieferungsgewicht *n*, e peso *m* entregado

Ablieferungshindernis *n*, se impedimento *m*, obstáculo *m* para la entrega

Ablieferungskontingent *n*, e → *Ablieferungssoll*

Ablieferungsort *m*, e → *Ablieferungsplatz*

Ablieferungsplatz *m*, ⸚e lugar *m* de entrega

Ablieferungsschein *m*, e talón *m* de entrega; resguardo *m*, recibo *m* de entrega

Ablieferungssoll *n*, Ø cuota *f* de entrega obligatoria; cupo *m*, contingente *m* a entregar

Ablieferungstag *m*, e fecha *f*, día *m* de entrega

Ablieferungstermin *m*, e → *Ablieferungsfrist*

Ablobung *f*, en pago *m* y despido (de un empleado, trabajador)

Ablochbeleg *m*, e documento *m* de perforación
ablochen 1. poner, meter en tarjetas perforadas 2. clasificar (documentos)
ablohnen, ablöhnen (Arc.) 1. pagar; remunerar 2. pagar y despedir
ablösbar *(abfindbar)* indemnizable; *(abtrennbar)* separable; *(Anleihe)* amortizable; *(Rente)* capitalizable; convertible; *(Schuld)* reembolsable; rescatable; *(durch Geld)* redimible; conmutable; *(durch Einmalzahlung)* liberable
Ablöse *f*, n (A) → *Abfindung*
ablösen 1. *einen Kollegen* ~ relevar a un colega *(od.* compañero) 2. *(Amtsvorgänger)* sustituir; re(e)mplazar; tomar el relevo 3. *(Schuld)* reembolsar; rescatar 4. *(Anleihe)* amortizar; redimir 5. *(Wohnung)* traspasar 6. *fällige Zinsscheine* ~ cortar, separar los cupones vencidos 7. *(durch Einmalzahlung)* liberar
Ablösende/r *(der/ein)* redimente *m*; indemnizante *m*; sustituto *m*; traspasante *m*
ablöslich → *ablösbar*
Ablösung *f*, en 1. *(durch Geld)* redención *f*; conmutación *f* 2. *(eines Kollegen)* relevo *m* 3. *(eines Amtsvorgängers)* sustitución *f*; toma *f* del relevo 4. *(Schuld)* reembolso *f*; rescate *m* 5. *(Anleihe)* amortización *f*; redención *f* 6. *(Arbeitsschicht)* turno *m* 7. *(Wohnung)* traspaso *m*
Ablösungsanleihe *f*, n empréstito *m* de amortización
Ablösungsbetrag *m*, ⁻e traspaso *m*
Ablösungsfonds *m*, - fondo *m* de amortización
Ablösungshypothek *f*, en hipoteca *f* de amortización
Ablösungsmannschaft *f*, en (equipo *m* de) relevo *m*
Ablösungsmittel *pl* recursos *pl* para saldar obligaciones
Ablösungsrecht *n*, e derecho *m* de rescate
Ablösungsschuldverschreibung *f*, en obligación *f* emitida en lugar del reembolso
Ablösungsvertrag *m*, ⁻e contrato *m* de rescate
Ablösungswert *m*, e valor *m* de rescate *(od.* redención *od.* renuncia *od.* cancelación)
ABM → *Arbeitsbeschaffungsmaßnahme*
abmachen 1. *(vereinbaren)* concertar; convenir 2. *(Preis)* concretar; fijar 3. *(im Vertrag)* estipular
Abmachung *f*, en acuerdo *m*; arreglo *m*; convenio *m*; pacto *m*; *ausdrückliche* ~ acuerdo expreso; *geschäftliche* ~ acuerdo comercial *(od.* de negocios); *mündliche* ~ acuerdo de palabra; acuerdo verbal; *schriftliche* ~ acuerdo (por) escrito; *vertragliche* ~ en estipulaciones *pl* contractuales; *eine* ~ *nicht einhalten* no cumplir un acuerdo; no atenerse a un acuerdo; *eine* ~ *treffen* llegar a un acuerdo; concertar un arreglo
Abmagerungskur *f*, en cura *f* de adelgazamiento
abmahnen amonestar; desaconsejar
Abmahnung *f*, en amonestación *f*
abmarkten (CH) → *abfeilschen*
Abmeldebescheinigung *f*, en *polizeiliche* ~ certificado *m* de cambio de residencia
abmelden *(nach vorheriger Anmeldung)* darse de baja; anular una inscripción; *sein Auto* ~ dar de baja el coche; *sich polizeilich* ~ avisar (a la policía) el cambio de residencia; anunciar la partida a la policía
Abmeldung *f*, en anulación *f* de la inscripción; baja *f*; declaración *f* de partida; ~ *beim Finanzamt* la baja de contribución
abmieten tomar en arriendo *(od.* en alquiler); alquilar *(od.* arrendar)
Abmieter *m*, - → *Mieter*
abmontieren desmontar; desarmar; *(Werksanlage)* desmantelar
abmustern licenciar
Abnahme *f*, n 1. *(Entgegennahme)* recogida *f*; recepción *f*; retirada *f*; aceptación *f*; *bei nicht rechtzeitiger* ~ *der Ware durch den Käufer* si el comprador se retrasara en recoger la mercancía; *sich eine Frist für die* ~ *der Ware vorbehalten* reservarse un período para la recogida de la mercancía 2. *(Kauf)* compra *f*; ~ *finden* encontrar comprador; *bei* ~ *von* adquiriendo una partida de 3. *(Verminderung)* disminución *f*; decremento *m* 4. *(Schrumpfung)* contracción *f* 5. *(Verlust)* pérdida *f*; merma *f* 6. ~ *der Zeit* cronometraje
Abnahmebedingungen *pl* condiciones *pl* de aceptación *(od.* de recepción)
abnahmebereit preparado, listo para hacer la recepción
Abnahmebericht *m*, e informe *m* de inspección *(od.* de recepción)
Abnahmebescheinigung *f*, en certificado *m* de inspección *(od.* comprobación *od.* verificación); recibo *m*
Abnahmebestimmungen *pl* normas *pl* de verificación *(od.* aceptación)
Abnahmefrist *f*, en plazo *m* de aceptación *(od.* de recogida)
Abnahmegarantie *f*, n *(Anleihekonsortium)* garantía *f* de su(b)scripción
Abnahmekontrolle *f*, n control *m* *(od.* comprobación *od.* verificación *f*) de aceptación
Abnahmeland *m*, ⁻er país *m* comprador
Abnahmepflicht *f*, en obligación *f* de recepción

Abnahmeprüfung *f*, en examen *m* de recepción; inspección *f* para aceptación
Abnahmestückzahl *f*, en cantidad *f* a tomar
Abnahmeverpflichtung *f*, en compromiso *m* de aceptación
Abnahmeverweigerung *f*, en negativa *f* de aceptación; recusación *f* (*od.* denegación *f*) de la aceptación
Abnahmeverzug *m*, Ø demora *f*, atraso *m* en la recepción
Abnahmevorschrift *f*, en norma *f* de verificación
abnehmen 1. *(entgegennehmen)* recoger; recibir; retirar; tomar posesión 2. *(Ware)* comprar; aceptar; aprobar 3. *(prüfen)* inspeccionar; verificar 4. *(Rechnung)* comprobar 5. *(geringer werden)* decrecer; disminuir; bajar; declinar; contraerse 6. (Telef.) descolgar
abnehmender Ertrag *m*, ⸗e rendimiento *m* decreciente
Abnehmer *m*, - comprador *m*; adquirente *m*; adquisidor *m*; cliente *m*; *(Verbraucher)* consumidor *m*; usuario *m*, ~ *finden* encontrar (*od.* hallar) comprador(es); tener mercado; *die Waren finden keine* ~ los artículos (*od.* las mercancías) son invendibles
Abnehmerkreis *m*, e clientela *f*
Abnehmergruppe *f*, n clientela *f*; grupo *m*, categoría *f* de consumidores
Abnehmerland *n*, ⸗er país *m* comprador *bzw.* importador (Ggs. *Lieferland*)
abnutzbar deteriorable; depreciable; sujeto a deterioro (*od.* desgaste)
Abnutzbarkeit *f*, en deteriorabilidad *f*
abnutzen, *abnützen (sich)* (des)gastarse; deteriorarse; depreciarse
Abnutzung *f*, en desgaste *m*; deterioro *m*; depreciación *f*; *Abschreibung für* ~ amortización *f* por depreciación; *Absetzung für* ~ deducción *f* por desgaste; *natürliche* ~ desgaste natural
Abnutzungserscheinung *f*, en signos *pl* de desgaste (*od.* deterioro)
Abnutzungsfonds *m*, - fondo *m* de depreciación
Abnutzungsgebühr *f*, en carga *f* en concepto de desgaste (*od.* deterioro)
Abnutzungsrestwert *m*, e valor *m* restante
Abnutzungssatz *m*, ⸗e cuota *f* de depreciación
Abo (Fam.) → *Abonnement*
Abonnement *n*, s *(Theater)* abono *m*; *Zeitungs-* ~ suscripción *f*; *ein* ~ *abschließen* suscribirse; concertar; firmar una suscripción *bzw.* abono; *ein* ~ *aufgeben* anular una suscripción *bzw.* abono; *ein* ~ *erneuern* renovar una suscripción *bzw.* abono
Abonnementsdauer *f*, Ø período *m* de suscripción *bzw.* abono
Abonnementspreis *m*, e precio *m* de suscripción

Abonnementsverlängerung *f*, en prórroga *f* de la suscripción
Abonnent *m*, en suscriptor *m*; abonado *m*; *neue* ~*en werben* reclutar nuevos suscriptores
Abonnentenkartei *f*, en → *Abonnentenliste*
Abonnentenliste *f*, n lista *f* de suscriptores *bzw.* abonados
Abonnentenversicherung *f*, en seguro *m* de suscriptores a periódicos
abonnieren suscribir(se); *eine Zeitung* ~ suscribirse a un periódico; *er ist auf eine Zeitschrift abonniert* está suscrito a una revista (ilustrada)
abordnen delegar; designar; diputar; destacar; comisionar; *jdn. zu einer Konferenz* ~ enviar delegado a una conferencia
Abordnung *f*, en delegación *f*; comisión *f*; diputación *f*
abpachten tomar en arriendo; arrendar
abpacken 1. dividir en unidades pequeñas 2. envasar; empaquetar; embalar 3. descargar
abpassen, *die Gelegenheit* ~ aguardar, esperar la oportunidad
abpausen calcar
abplacken (Fam.) → *abplagen*
abplagen bregar; *sich* ~ matarse trabajando (*od.* a trabajar)
abquälen → *abplagen*
abrackern → *abplagen*
abrahmen, *Milch* ~ desnatar; descremar
abraten, *jdm. von etw.* ~ disuadir a alg. de a/c; desaconsejar a/c a alg.; *ich rate Ihnen davon ab* no se lo aconsejo
Abraumhalde *f*, n escombrera *f*; (Chile) desechadero *m*
abrechnen 1. saldar; liquidar; ajustar 2. *(abziehen)* deducir; descontar; *die Mehrwertsteuer* ~ deducir el IVA; *abgerechnet* menos; deducido; aparte de; descontado 3. *mit jdm.* ~ arreglar (*od.* ajustar) cuentas con alg. 4. echar la cuenta; (Fam.) hacer números 5. (Clearing) compensar
Abrechnung *f*, en 1. cálculo *m*; liquidación *f* 2. *(Abzug)* descuento *m*; deducción *f* 3. *(Rechnung)* nota *f* (*od.* cuenta *f*) de liquidación 4. *(rechnerische Einzelheiten)* detalle *m*; análisis *m* de los elementos de una operación 5. arreglo *m* (*od.* ajuste) de cuentas (*auch* Fig.) 6. (Clearing) compensación *f* 7. *(Quittung)* finiquito *m*; *auf* ~ a cuenta; *laut* ~ según liquidación; *nach* ~ *der Unkosten* deducidos todos los gastos; *vierteljährliche* ~ liquidación trimestral; *vorläufige* ~ balance *m* provisional
Abrechnungsbank *f*, en banco *m* de compensación (*od.* de clearing)

Abrechnungsbeleg *m*, e vale *m*; documento *m*; comprobante *m* de liquidación; (Angl.) voucher *m*
Abrechnungsblatt *n*, ⁻er → *Abrechnungsbogen*
Abrechnungsbogen *m*, ⁻ hoja *f* de liquidación (*od.* contrato); hoja *f* de saldos
Abrechungsbüro *n*, s → *Abrechnungsstelle*
Abrechnungsbuch *n*, ⁻er dietario *m*
Abrechnungshaus *n*, ⁻er (Angl.) clearinghouse *f*; casa *f* liquidadora; casa *f* compensadora
Abrechnungskurs *m*, e precio *m*, cambio *m* de la compensación (*od.* liquidación)
Abrechnungsperiode *f*, **n** período *m* contable (*od.* de liquidaciones); período *m* de compensación
Abrechnungsposten *m*, - partida *f* de compensación (*od.* liquidación)
Abrechnungsrücklagen *pl* reservas *pl* de compensación (*od.* liquidación)
Abrechnungssald|**o** *m*, -**en** (Angl.) clearing balance *m*; saldo *m* (de) clearing; saldo *m* de liquidación (*od.* compensación)
Abrechnungsschlüssel *m*, - fórmula *f* de saldo (*od.* liquidación)
Abrechnungsstelle *f*, **n** cámara *f* de compensación
Abrechnungstag *m*, e fecha *f* de liquidación (*od.* compensación)
Abrechungsurkunde *f*, **n** certificado *m* de clearing (*od.* compensación)
Abrechnungsverfahren *n*, - *im* ~ por (vía) de compensación (*od.* clearing)
Abrechnungsverkehr *m*, Ø operaciones *pl* de compensación; clearing *m*
Abrechnungswährung *f*, **en** moneda *f* de descuento; moneda *f* de liquidación (*od.* compensación); moneda *f* usada en las operaciones de clearing
Abrechnungszwecke *pl für* ~ con fines contables (*od.* de contabilidad)
Abrede *f*, **n** convenio *m*; acuerdo *m*; *in* ~ *stellen* negar; poner en tela de juicio; *eine* ~ *treffen* convenir; acordar; adoptar, tomar un acuerdo; *nach* ~ según (lo) convenido
abreden → *abraten*
Abreise *f*, **n** salida *f*; partida *f*; marcha *f*
abreisen salir, partir de viaje; emprender viaje; ausentarse
Abreißblock *m*, ⁻e taco *m*
abreißen (*Gebäude*) demoler; derribar
Abreißkalender *m*, - (calendario de) taco *m*
Abri|**ß** *n*, -**sse** 1. (*Zusammenfassung*) compendio *m*; resumen *m*; sumario *m* 2. ~ *eines Gebäudes* demolición *f*; derribo *m* de un edificio
abrollen, *Waren* ~ acarrear, transportar mercancías

Abrollkosten *pl* gastos *pl* de acarreo (*od.* camionaje *od.* transporte)
Abruf *m*, **e** 1. petición *f* de entrega; demanda *f*; *auf* ~ cuando se pida; a demanda; a nuestra conveniencia; a nuestro requerimiento; sobre aviso; sobre reclamación; *auf* ~ *bestellen* pasar un pedido a suministrar sobre aviso; *auf*~ *liefern* suministrar a requerimiento; *Lieferung auf* ~ suministrar sobre aviso; suministro cuando se pida 2. (*Abberufung*) llamada *f*
abrufbar, *die Waren sind jederzeit* ~ suministramos en todo momento a requerimiento; si se nos pide, suministramos en todo momento
abrufen 1. (*Ware*) hacer venir; retirar; *den Rest der Bestellung* ~ exigir (*od.* reclamar) el suministro del resto del pedido 2. (*Geld*) reclamar, retirar fondos 3. (Inform.) interrogar; consultar; *Daten aus dem Speicher* ~ interrogar los datos de la memoria; consultar el ordenador 4. (*Zug*) dar la salida
abrunden redondear (hacia abajo) (Ggs. *aufrunden*); *auf zwei Stellen nach dem Komma* ~ redondear hacia abajo a la segunda cifra decimal
abrutschen resbalar; desalizarse; (*Kfz*) patinar; *in die roten Zahlen* ~ deslizarse a una posición deficitaria; *auf Platz Nummer 3* ~ retroceder al número (*od.* a la posición) 3
Abs. → *Absender*
absacken (Fam.) hundirse; desplomarse; dar un bajón
Absage *f*, **n** 1. (*Termin; Auftrag; Veranstaltung*) anulación *f*; cancelación *f*; contraorden *f* 2. respuesta *f* negativa; *eine* ~ *erteilen* dar una respuesta negativa 3. (*Streik usw.*) desconvocatoria *f*
absagen 1. anular; dar contraorden; contraordenar; cancelar; *eine Verabredung* ~ anular una cita 2. (*Einladung*) dar una respuesta negativa; rehusar 3. (*Streik usw.*) desconvocar
absägen (Fam.) defenestrar; separar del cargo; cesar; dejar cesante; echar
absahnen (Fam.) reservarse la mejor tajada; *es sind immer dieselben, die* ~ siempre son los mismos los que se llevan la mejor parte (*od.* tajada)
Absatz *m*, ⁻e 1. (*Verkauf*) venta *f*; salida *f*; salidas *pl*; *direkter* ~ venta directa; *flauer* ~ venta floja; venta desanimada; *flotter* ~ venta (*od.* salida) fácil; *geringer* ~ poca venta; poca demanda; *gesicherter* ~ venta garantizada; *guten* ~ *finden* tener buena venta; encontrar buena aceptación; *keinen* ~ *finden* ser invendible; no tener mercado; *reißender* ~ venderse como el pan bendito; venderse como si se regalara; (Fam.) te lo quitan de las manos;

schlechter ~ mercado flojo; mala venta; *schleppender* ~ venta difícil (*od.* salida difícil); *den* ~ *steigern* aumentar (*od.* incrementar) la venta 2. (*von Wertpapieren*) colocación *f* 3. (*Vertrieb*) distribución *f*; mercado *m* 4. (*Abschnitt eines Gesetzes*) párrafo *m*
Absatzagentur *f*, **en** agencia *f* de ventas; agencia *f* de marketing
Absatzanalyse *f*, **n** estudio *m* del mercado potencial; análisis *m* de (las posibilidades de) salida a mercado
Absatzaussichten *pl* → *Absatzprognose*
Absatzbedingungen *pl* condiciones *pl* de venta
Absatzbelebung *f*, **en** incremento *m* de la venta; (re)animación *f* del mercado
Absatzbemühungen *pl die* ~ *werden verstärkt* se redoblan los esfuerzos en el mercado; se potencian los esfuerzos de cara a la venta
Absatzberater *m*, - asesor *m* de ventas (*od.* de marketing)
Absatzbereich *m*, **e** mercado *m*, sección *f* de venta (*od.* de distribución)
Absatzbericht *m*, **e** → *Absatzanalyse*
Absatzbeschränkung *f*, **en** limitación *f* de la venta; restricción *f* de la distribución
Absatzbestimmung *f*, **en** disposiciones *pl* en materia de venta
Absatzchance *f*, **n** perspectivas *pl* (favorables) de venta
Absatzeinbuße *f*, **n** merma *f* (registrada) en las ventas
Absatzentwicklung *f*, **en** evolución *f* de las ventas; desarrollo *m* del negocio
Absatzerfolg *m*, **e** éxito *m* de venta
Absatzergebnis *n*, **se** resultado *m* obtenido en la venta
Absatzerhöhung *f*, **en** aumento *m* (*od.* incremento *m*) de la(s) venta(s)
Absatzerkundung *f*, **en** mercadología *f*
Absatzertrag *m*, ⸚e (= *realisierter Ertrag*) → *Umsatzertrag* (Ggs. *unrealisierter Ertrag*)
Absatzerwartung *f*, **en** → *Absatzprognose*
Absatzfachlmann *m*, **-leute** especialista *m* de (*od.* en) marketing; mercadotécnico *m*; mercadólogo *m*
absatzfähig vendible; comercializable; ~*e Produktion* producción *f* comercializable
Absatzfinanzierung *f*, **en** 1. financiación *f* de la venta 2. → *Konsumfinanzierung*
Absatzflaute *f*, **n** flojedad *f* del mercado; poco movimiento *m* de ventas; estancamiento *m* del mercado
Absatzförderung *f*, **en** promoción *f*, fomento *m* de ventas (*od.* de marketing); *Director für* ~ director *m* de rentas (*od.* de marketing); *planmäßige* ~ promoción sistemática de las ventas

Absatzförderungskampagne *f*, **n** *eine* ~ *einleiten* lanzar una campaña de promoción de ventas
Absatzförderungsvorhaben *n*, - proyecto *m* de promoción de ventas
Absatzforschung *f*, **en** prospección *f* de mercados; investigación *f* (*od.* estudio *m*) del mercado
Absatzgarantie *f*, **n** garantía *f* de venta; garantía *f* de despacho
Absatzgebiet *n*, **e** zona *f* de venta; mercado *m*; *neue* ~*e* nuevos mercados; nuevas salidas; *ein* ~ *erschließen* abrir un nuevo mercado; vender en un nuevo mercado; *ein* ~ *zurückerobern* recobrar, reconquistar un mercado (*od.* zona de ventas)
Absatzgenossenschaft *f*, **en** cooperativa *f* de venta; *landwirtschaftliche* ~ cooperativa de agricultores
Absatzgesellschaft *f*, **en** compañía *f* de ventas; agencia *f* de marketing
Absatzgrad *m*, Ø grado *m* de ventas realizadas
Absatzhandel *m*, Ø comercio *m* de distribución
Absatzhöhe *f*, **n** cifra *f*, volumen *m*, cuantía *f* de ventas
Absatzkampagne *f*, **n** campaña *f* de ventas
Absatzkartell *n*, **e** (*besser*: → *Vertriebskartell*)
Absatzkennziffern *pl* índices *pl* de venta(s)
Absatzkette *f*, **n** → *Handelskette*
Absatzkontingent *n*, **e** contingente *m* (*od.* cupo *m*) de ventas
Absatzkontrolle *f*, **n** control *m* de ventas
Absatzkosten *pl* costes *pl* de distribución
Absatzkrise *f*, **n** crisis *f* de ventas
Absatzkunde *f*, Ø → *Absatzlehre*
Absatzlage *f*, **n** situación *f* en términos de venta
Absatzlehre *f*, **n** mercadología *f*; teoría *f* del mercado; marketing *m*
Absatzlenkung *f*, **en** 1. ventas *pl* dirigidas; 2. control *m* de la distribución
Absatzleistung *f*, **en** ventas *pl* efectuadas; conjunto *m* de bienes y servicios que pasan a los clientes
Absatzmangel *m*, Ø falta *f* de compradores
Absatzmarkt *m*, ⸚e (*der der Produktion nachgelagerte Markt*) mercado *m* de salida (Ggs. *der der Produktion vorgelagerte Markt = Beschaffungsmarkt*); *neue* ~⸚e *erschließen* conquistar (*od.* abrirse) nuevos mercados
Absatzmenge *f*, **n** volumen *m*, cantidad *f* de ventas; cantidad *f* vendida
Absatzmethoden *pl* métodos *pl* seguidos en la venta
Absatzmöglichkeiten *pl* potencial *m* (*od.* posibilidades *pl*) de venta; venta *f* (*od.* salida) potencial

Absatzmonopol *n*, e monopolio *m* de ventas
Absatzorganisation *f*, en 1. central *f* de venta 2. organización *f* de ventas; comercialización *f*
Absatzplan *m*, ⸗e *(eines Unternehmens)* plan *m* de ventas; provisiones *pl* de venta
Absatzplanung *f*, en estudio *m* preventivo de los costes de las ventas; (Angl.) planning *m* de distribución; (Angl.) marketing mix *m*
Absatzpolitik *f*, Ø política *f* de ventas; política *f* comercial
Absatzprognose *f*, n pronóstico *m*, previsiones *pl* de venta
Absatzprovision *f*, en comisión *f* de venta
Absatzquelle *f*, n mercado *m*, centro *m* de consumo
Absatzquote *f*, n 1. *(Unternehmen)* cuota *f* de ventas (sobre la capacidad de producción) 2. *(Quotenkartell)* cuota *f* de venta (correspondiente a cada miembro)
Absatzregelung *f*, en → *Absatzregulierung*
Absatzregulierung *f*, en control *m* de ventas
Absatzrichtung *f*, en orientación *f* de las ventas *bzw.* de las exportaciones
Absatzrisik|o *n*, -en riesgo *m* de venta
Absatzrückgang *m*, ⸗e *(od. -schrumpfung f, Ø)* descenso *m* de la venta
Absatzsaison *f*, s temporada *f* de ventas
Absatzschwankungen *pl* variaciones *pl*, fluctuaciones *pl* de las ventas
Absatzschwierigkeiten *pl* dificultades *pl* de venta
Absatzsoll *n*, Ø ventas *pl* mínimas requeridas; mínimo *m* de ventas requerido
Absatzspielraum *m*, ⸗e alcance *m* (potencial) de las ventas
Absatzstatistik *f*, en estadística *f* de ventas
Absatzsteigerung *f*, en incremento *m* de las ventas
Absatzstockung *f*, en estancamiento *m* del mercado
Absatzstrategie *f*, n estrategia *f* comercial *(od.* de venta*)*
Absatzsyndikat *n*, e → *Absatzkartell*
Absatztätigkeit *f*, en actividad *f* vendedora; actividad *f* mercantil *(od.* comercial*)*
Absatzumfang *m*, Ø cifra *f* de ventas
Absatzunkosten *pl* gastos *pl* de ventas
Absatzvereinigung *f*, en → *Absatzgenossenschaft*
Absatzverhalten *n*, Ø comportamiento *m* del mercado
Absatzverhältnisse *pl* condiciones *pl* de venta; posibilidades *pl* de venta
Absatzverlauf *m*, (⸗e) evolución *f* (de la curva) de ventas; curva *f* de ventas
Absatzvertreter *m*, - agente *m* (de ventas)
Absatzvertretung *f*, en representación *f* (de ventas)
Absatzvorausschätzung *f*, en estimación *f* previa de ventas; preestimación *f* de ventas
Absatzwege *pl* canales *pl* de distribución de bienes; canales *pl* comerciales; red *f* de distribución
absatzweise párrafo por párrafo
Absatzwirtschaft *f*, Ø sector *m* de la distribución de bienes; gestión *f* de ventas
absatzwirtschaftlich, ~e *Funktionen* funciones *pl* de marketing; ~e *Maßnahmen* operaciones *pl* *(od.* medidas*)* de marketing
Absatzzahlen *pl* cifras *pl* de distribución
Absatzzählung *f*, en censo *m* de ventas; censo *m* de la distribución
abschaffen 1. suprimir; abolir 2. *(Gesetz)* derogar; abrogar 3. *(Mißbrauch)* acabar con 4. *(Sache)* deshacerse de 5. (A) desterrar
Abschaffung *f*, en 1. supresión *f*; abolición *f* 2. derogación *f*; abrogación *f* 3. (A) destierro *m*
Abschaffung der Zölle und mengenmäßigen Beschränkungen *(EG)* eliminación *f* (entre los Estados miembros) de los derechos arancelarios y de las restricciones cuantitativas
abschätzbar apreciable; evaluable; tasable; valorable
abschätzen evaluar; apreciar; estimar (Syn. *taxieren*); *die Höhe des Einkommens für Steuerzwecke* ~ tasar *(od.* evaluar*)* la cuantía de los ingresos a efectos fiscales; evaluación *f* tributaria; *den Schaden* ~ tasar el daño *bzw.* siniestro; *einen Verlust* ~ evaluar, determinar una pérdida; *den Wert* ~ determinar *(od.* apreciar*)* el valor
Abschätzer *m*, - tasador *m*; *(Havarie)* comisario *m* *(od.* interventor*)* de averías
Abschätzung *f*, en apreciación *f*; evaluación *f*; estimación *f*; tasación *f*; justiprecio *m*; *gerichtliche* ~ tasación *f* *(od.* evaluación*)* judicial; *nach ungefährer* ~ según evaluación aproximada
abschicken enviar; expedir; remitir; despachar
abschieben, *jdn. über die Grenze* ~ conducir a alguien a la frontera (para ser expulsado)
Abschiedsansprache *f*, n discurso *m* de despedida
Abschiedsbesuch *m*, e visita *f* de despedida
Abschiedsbrief *m*, e carta *f* de despedida
Abschiedsgeschenk *n*, e regalo *m*, obsequio *m* de despedida
ab Schiff (Angl.) ex ship; sobre buque
abschinden → *abplagen*
Abschlachtprämie *f*, n prima *f* por sacrificio de ganado
Abschlag *m*, ⸗e 1. *(Preisabschlag)* rebaja *f*; reducción *f*; descuento *m*; *mit einem* ~ *von* con una rebaja de 2. *mit* ~ *verkaufen* vender a precios reducidos 3. venta *f* en gran cantidad

de mercancías perecederas 4. *(Effektenmarkt)* disagio *m* 5. a cuenta; *ein ~ auf den Lohn* anticipo *m* a cuenta del salario 6. a plazos; *etw. auf ~ kaufen* comprar a/c a plazos
abschlagen 1. *(Gesuch)* denegar; rehusar 2. *(vom Preis)* hacer un descuento *(od.* una rebaja*)*
abschlägig negativo; *eine ~e Antwort (ein ~er Bescheid)* una respuesta negativa; *eine ~e Antwort beschieden werden* verse confrontado con una respuesta negativa; recibir una respuesta negativa
abschläglich sin
Abschlagsdividende *f*, n 1. dividendo *m* a cuenta; dividendo *m* provisional; anticipo *m* a cuenta de los beneficios distribuibles 2. *(Konkursverfahren)* anticipo *m* provisional
Abschlagszahlung *f*, en 1. *(Teilzahlung)* pago *m* parcial (del importe de una deuda); plazo *m* 2. *(Anzahlung)* pago *m* a cuenta; señal *f*
Abschleppdienst *m*, e servicio *m* de remolque *bzw.* de grúa
abschließen 1. concertar; concluir; cerrar; contratar; *ein Geschäft ~* concertar una operación *(od.* negocio); cerrar un trato; *einen Vertrag ~* concertar, concluir, celebrar un contrato 2. *mit einem Defizit (Gewinn) ~* cerrar con déficit (superávit); cerrar con pérdida (beneficio) 3. *(Konten, Rechnungen)* saldar; finiquitar; *Ihr Konto schließt mit einem Saldo von ... zu Ihren Gunsten (Lasten) ab* su cuenta arroja un saldo a su favor (a nuestro favor) de ... 4. *(beendigen)* terminar; acabar; ultimar; rematar; dar fin; completar 5. *(Anleihe)* negociar; contratar 6. *(Bücher)* cerrar; hacer balance 7. *(Verkauf)* realizar 8. *(Kongreß, Tagung)* clausurar 9. *(Rede, Brief)* concluir 10. *(Vergleich)* llegar a una transacción
abschließende Bemerkung *f*, en observación *f* final
Abschlu|ß, ⸚sse 1. *(eines Vertrags)* conclusión *f* 2. *(Geschäft)* operación *f* 3. *(Konto)* cierre *m* de una cuenta; balance *m* final 4. *(Rechnung)* liquidación *f*; finiquito *m*; cierre *m* 5. *(Beendigung)* terminación *f*; término *m*; conclusión *f*; remate *m*; fin *m* 6. *(Verkauf)* venta *f*; realización *f* 7. *(der Bücher usw.)* balance *m*; cierre *m* 8. *(Tagung, Kongreß)* clausura *f*; *einen ~ tätigen* cerrar un trato; concertar una operación; *den ~ vorlegen* presentar balance; *ohne ~ sein (Börse)* estar en blanco; *vor dem ~ stehen* estar a punto de concluir(se); *zum ~ como colofón; *zum ~ bringen* llevar a término; concluir; rematar; ultimar
Abschlußagent *m*, en → *Versicherungsvertreter*
Abschlußarbeiten *pl* operaciones *pl* de cierre de ejercicio; trabajos *pl* destinados a preparar el balance
Abschlußbericht *m*, e informe *m* final
Abschlußbilanz *f*, en → *Jahresabschluß*
Abschlußbuch *n*, ⸚er libro *m* de inventario; registro *m* con la transcripción anual del balance y la cuenta de pérdidas y ganancias
Abschlußbuchung *f*, en asiento *m* final *(od.* de cierre); *~ und Kontenabschluß* (E) liquidación *f* de cuentas; (LA) saldo *m* de una cuenta
Abschlußeinheit *f*, en *(Börse)* lote *m* de cierre
Abschlußfreiheit *f*, en libertad *f* de contratación (Syn. *Vertragsfreiheit*)
Abschlußgebot *n*, e obligación *f* de contratar
Abschlußinventur *f*, Ø inventario *m* final *(od.* de cierre)
Abschlußkont|o *n*, -en cuenta *f* de liquidación
Abschlußkosten *pl* (Seg.) gastos *pl (od.* costes *pl)* de adquisición; gastos *pl (od.* costes *pl)* iniciales; *äußere ~* gastos de adquisición de la agencia; *innere ~* gastos de adquisición de la compañía en su sede central
Abschlußkurs *m*, e cambio *m* de cierre; cotización *f* final
Abschlußnorm *f*, en *(Tarifvertrag)* cláusula *f* de vigencia
Abschlußort *m*, e plaza *f (od.* lugar *m)* en que se concierta el contrato
Abschlußprämie *f*, n prima *f* sobre la venta
Abschlußprovision *f*, en → *Provision*
Abschlußprüfer *m*, - 1. auditor *m*; interventor *m (od.* revisor *m)* de cuentas 2. *(Aktionär, E)* accionistas *pl* censores de cuentas
Abschlußprüfung *f*, en 1. revisión *f* del balance; revisión *f* de cuentas 2. examen *m* final
Abschlußquittung *f*, en (recibo *m* de) finiquito *m*
Abschlußrechnung *f*, en cuenta *f* final *(od.* de liquidación); balance *m*
Abschlußsald|o *m*, -en saldo *m* final
Abschlußstichtag *m*, e fecha *f (od.* día *m)* de cierre del balance
Abschlußverbot *n*, e prohibición *f* de celebrar contratos; prohibición *f* de contratar
Abschlußverhandlung *f*, en negociación *f* final
Abschlußvermittler *m*, - (Seg.) productor *m*, agente *m* de la operación
Abschlußvertreter *m*, - → *Handelsvertreter*
Abschlußvollmacht *f*, en poder *m* para contratar
Abschlußvorschriften *pl* normativa *f* sobre la rendición de cuentas
Abschlußzahlung *f*, en pago *m* final; *(Steuer)* diferencia *f* entre el líquido imponible y las cantidades retenidas
Abschlußzeugnis *n*, se diploma *m*; certificado *m* de fin de estudios
Abschlußzwang *m*, ⸚e → *Kontrahierungszwang*
abschneiden *(Kupons)* cortar

Abschnitt *m*, e 1. *(Absatz)* párrafo *m*; parágrafo *m* 2.*(Dividendenschein)* cupón *m* (de dividendo); *oberer ~ eines Dividendenscheins* parte *f* superior de un cupón 3. *(Zinsschein)* cupón *m* 4. *(Kontrollblatt)* hoja *f* de control 5. *(eines Lieferbuchs)* talón *f* 6. *(Stückelung)* denominación *f* 7. *(Wechsel)* letra *f* de cambio (→ *bundesbankfähige ~e)* 8. *(Zoll)* partida *f* del arancel 9. *(Zeit)* período *m* 10. (R.D.A.) zona *f* de un municipio 11. título *m*; efecto *m*; resguardo *m*; *noch nicht eingegangene ~e* títulos *pl* todavía no cobrados; partidas *pl* todavía no cobradas; *nicht offiziell an der Börse gehandelte ~e* títulos no negociados oficialmente en Bolsa; *noch nicht verrechnete ~e* títulos *(od.* efectos *pl)* no liquidados; partidas *pl* no liquidadas

Abschnittverkauf *m*, ᵘᵉ saldos *pl* (de fin de verano y de invierno)

abschöpfen absorber; *die überschüssige Kaufkraft ~* absorber el exceso de poder adquisitivo; *Gewinne ~* beneficiarse

Abschöpfung *f*, en absorción *f*; (EG) (Agric.) (Gal.) prelevement *m*; gravamen *m* variable

Abschöpfungsbetrag *m*, ᵘᵉ (Gal.) prelevement *m*; (EG) *innergemeinschaftlicher ~* gravamen *m* variable intracomunitario

abschotten, *sich gegen etw. ~* protegerse de; aislarse; cerrarse a

Abschottung *f*, en protección *f*; aislamiento *m*; *~ der Märkte* protección *f*, cierre *m* de los mercados

abschreibbar amortizable por depreciación

abschreiben 1. amortizar 2. *(abziehen)* descontar; deducir 3. *(streichen)* cancelar; anular 4. copiar; *(unbefugt)* plagiar; *(ins Reine schreiben)* pasar a limpio; *(übertragen)* transcribir; *den Anschaffungspreis einer Maschine ~* amortizar *(od.* deducir) el precio de compra de una máquina por depreciación; *uneinbringliche Forderungen ~* amortizar, borrar créditos por incobrables

Abschreibepolice *f*, n *(Transportvers.)* póliza *f* abierta *(od.* flotante); póliza *f* de abono

Abschreiber *m*, - copista *m*; *(betrügerisch)* plagiario *m*

Abschreibung *f*, en 1. amortización *f*; (LA) depreciación; *f ~ auf Anlagevermögen* amortización sobre el capital fijo; amortización sobre el inmobilizado; *~ auf Beteiligungen* amortización por inversiones en participaciones de compañías asociadas; *~ auf Betriebsanlagen* amortización sobre las instalaciones *(od.* sobre la planta y el equipo); *~ auf Finanzanlagen* amortización de inversiones (financieras); *~ auf Forderungen* amortización de activos exigibles incobrables; *~ für Gebäudeabnutzung* amortización por desgaste de edificios; *~ auf Warenbestände* amortizaciones sobre las existencias en almacén; amortización del inventario *(od.* sobre stocks); *~ auf den Wiederbeschaffungswert* amortización económica; amortización sobre la base del valor de renovación; (LA) depreciación económica; *~ entsprechend technischem Verschleiß* amortización técnica; amortización en función de los bienes materiales; (LA) depreciación técnica; *~ für Abnutzung* amortización por (uso y) desgaste; uso y desgaste; *~ nach der tatsächlichen Nutzungsdauer* amortización a base de rendimiento; depreciación a base de duración de servicio; *~ wegen technologischer Veralterung* amortización tecnológica; amortización por obsolescencia; (LA) depreciación tecnológica; *arithmetische ~* amortización aritmética; (LA) depreciación aritmética; *außerordentliche ~* amortización extraordinaria; depreciación extraordinaria; *degressive ~ → fallende ~*; *direkte ~* amortización directa; (LA) depreciación directa; *fallende ~* amortización decreciente; (LA) depreciación decreciente; *geometrische ~* amortización geométrica; (LA) depreciación geométrica; *gleichbleibende ~* amortización constante; *indirekte ~* amortización indirecta; (LA) depreciación indirecta; *jährliche ~* amortización anual; (LA) depreciación anual; *kalkulatorische ~en* amortizaciones incorporadas al coste (en la contabilidad analítica de explotación); (LA) depreciaciones incorporadas al coste; *lineare ~* amortización constante; amortización con cuotas periódicas constantes; (LA) depreciación constante; *progressive ~ → steigende ~*; *schwankende ~* amortización variable; (LA) depreciación variable; *steigende ~* amortización creciente; (LA) depreciación creciente; *steuerlich zulässige ~en* amortizaciones fiscales (del inmovilizado); (LA) amortizaciones y depreciaciones fiscales

Abschreibungsaufwand *m*, Ø gastos *pl*, costes *pl* de depreciación

Abschreibungsbasis *f*, Ø base *f* de amortización

Abschreibungsbetrag *m*, ᵘᵉ cuota *f* de amortización

Abschreibungsdauer *f*, Ø período *m* de amortización *(od.* depreciación)

Abschreibungsergebnis *n*, se resultado *m* de la amortización *(od.* depreciación)

Abschreibungserleichterungen *pl* facilidades *pl* de amortización

abschreibungsfähig amortizable

Abschreibungsfonds *m*, - fondo *m* de amortización; (LA) fondo *m* acumulativo; (Arg.) fondo *m* amortizado

Abschreibungsgesellschaft *f*, **en** sociedad *f* de inversiones orientada exclusivamente a operaciones de desgravación fiscal

Abschreibungskont|o *n*, **-en** cuenta *f* de amortización (*od.* depreciación)

Abschreibungskorrektur *f*, **en** ajuste *m* para amortización (*od.* depreciación)

Abschreibungsmethode *f*, **n** método *m* de amortización

abschreibungspflichtig sujeto a amortización

Abschreibungsplan *m*, ⸚e plan *m* de amortización

Abschreibungsrate *f*, **n** *jährliche* ~ anualidad *f* de amortización; cuota *f* de amortización imputable a un año

Abschreibungsreserve *f*, **n** reserva *f* de amortización; reserva *f*, provisión *f* para depreciación

Abschreibungsrücklage *f*, **n** → *Abschreibungsfonds*

Abschreibungsrückstellung *f*, **en** → *Abschreibungsreserve*

Abschreibungssatz *m*, ⸚e tasa *f* de amortización (Syn. *Tilgungssatz*)

Abschreibungstabelle *f*, **n** tabla *f* de amortización

Abschreibungsvergünstigungen *pl* amortizaciones *pl* excepcionales; ventajas *pl* de amortización

Abschrift *f*, **en** copia *f*; duplicado *m*; doble *m*; transcripción *f*; *beglaubigte* ~ copia legalizada (*od.* certificada *od.* autentificada); compulsa *f*; *eine beglaubigte* ~ *erteilen* compulsar; *in beglaubigter* ~ por compulsa; *eine* ~ *beifügen* adjuntar (una) copia; *eine* ~ *für sich behalten* quedarse con (una) copia; *einfache* ~ copia simple; *unbeglaubigte* ~ documento simple; copia simple; *eine* ~ *anfertigen (machen)* sacar copia; „*für die Richtigkeit der* ~" "es conforme con la copia"; *verglichene* ~ copia certificada; *wortgetreue (wörtliche)* ~ copia literal

„**Abschrift**" "es copia"

abschuften → *abracken*

abschwächen, *sich* ~ debilitarse; aflojarse; *die Kurse schwächten sich ab* las cotizaciones perdieron firmeza (*od.* tendían a la baja)

Abschwächung *f*, **en** ralentización *f*; debilitación *f*; debilitamiento *m*; ~ *der Inflation* debilitamiento *m* de la inflación

Abschwächungstendenz *f*, **en** tendencia *f* bajista (*od.* a la baja)

abschwindeln obtener a/c por fraude (*od.* por estafa); estafar a/c a alg.

Abschwung *m*, Ø depresión *f*; período *m* de decrecimiento; recesión *f*; baja *f* (Ggs. *Aufschwung*)

Abschwungphase *f*, **n** fase *f* de recesión; período *m* de decrecimiento

absehbar previsible; *in* ~*er Zeit* dentro de poco; en un futuro próximo; en breve

absenden expedir; enviar; despachar; remitir 1. *(Geld)* remitir; enviar 2. *(Telegramm)* cursar 3. *(Brief)* enviar; llevar una carta al correo 4. *(Waren)* expedir; despachar 5. *(Schiffahrt)* consignar

Absender *m*, - *(Brief)* remitente *m*; *(Waren)* expedidor *m*; *(Verlader)* consignador *m*; cargador *m*; *an den* ~ *zurück* devuélvase al remitente

Absendung *f*, **en** remesa *f*; envío *m*; despacho *m*

absetzbar 1. *(verkäuflich)* vendible 2. *(steuerlich)* deducible (de los impuestos) 3. *(börsengängig)* negociable; vendible 4. *(Beamter)* amovible

Absetzbarkeit *f*, (**en**) 1. *(von Waren)* venta *f*; posibilidad *f* de venta; vendibilidad *f* 2. *(Abzugsfähigkeit)* deducción *f*; posibilidad *f* de deducir; deducibilidad *f* 3. *(Börsenfähigkeit)* negociabilidad *f* 4. *(Beamter)* amovilidad *f*

absetzen 1. *(verkaufen)* vender; dar salida; colocar 2. *(Betrag)* deducir; *von der Steuer* ~ deducir de los impuestos 3. *eine Tagung* ~ cancelar una reunión 4. *(Beamter)* destituir; cesar; deponer 5. *von der Notierung an der Börse* ~ retirar de la cotización en Bolsa 6. *(von Passagieren)* desembarcar; dejar

Absetzung *f*, **en** 1. deducción *f*; ~ *für Abnutzung (AfA)* deducción por desgaste 2. destitución *f*

absichern asegurar; porteger; *sich gegen etw.* ~ asegurarse (*od.* protegerse) contra a/c; *sich durch einen Vertrag* ~ protegerse mediante contrato; tener un contrato con garantía

Absicherung *f*, **en** garantía *f*; cobertura *f*; protección *f*; *zur* ~ *des Kredits* como garantía del crédito

Absichtserklärung *f*, **en** exposición *f* de motivos; declaración *f* de intenciones

absinken disminuir; bajar

Absinken *n*, Ø ~ *des Dollarkurses* caída *f* de la cotización del dólar; ~ *der Investitionen* disminución *f* de las inversiones; ~ *des Lebensstandards* descenso *m* del nivel de vida

absitzen, *eine Strafe* ~ cumplir (una) condena

absolvieren 1. terminar (un ciclo) de estudios; *einen Lehrgang* ~ terminar un cursillo 2. *(Examen)* aprobar un examen 3. efectuar 4. *(Hochschule)* graduarse; licenciarse

Absonderung *f*, **en** *(Konkurs)* ajuste *m*; arreglo *m* por separado; admisión *f* prioritaria; separación

17

f de bienes

Absonderungsanspruch *m*, ⁻ᵉ derecho *m* de preferencia

Absonderungsberechtige/r *(der/ein)* acreedor *m* privilegiado

Absonderungsgläubiger *m*, - → *Absonderungsberechtigter*

absorbieren absorber

Absorption *f*, **en** absorción *f*

absparen, *sich etw.* ~ adquirir a/c a fuerza de economizar *(od.* ahorrar); *sich etw. vom Mund* ~ quitarse a/c de la boca

abspenstig machen, *Kunden* ~ quitar (la) clientela

Absperrungsmaßnahmen *pl (Devisen)* medidas *pl* de cierre *(od.* bloqueo) de divisas

Absprache *f*, **n** convenio *m*; arreglo *m*; ajuste *m*; acuerdo *m*; *laut* ~ según lo convenido; *mangels* ~ a falta de convenio; *wettbewerbsbeschränkende* ~ colusión *f*; confabulación *f*

Abstand *m*, ⁻ᵉ 1. *(räumlich)* distancia *f*; *zu geringer* ~ *(Verkehr)* muy poca distancia (entre); ~ *halten (od. wahren)* guardar distancia 2. *(zeitlich)* intervalo *m*; *in regelmäßigen* ~*en* periódicamente; a intervalos regulares 3. *(Unterschied)* diferencia *f*; contraste *m*; *mit* ~ (= *bei weitem*) con mucho; con creces 4. desistimiento *m*; abandono *m*; renuncia *f*; ~ *nehmen* renunciar a; prescindir de; desistir de

Abstandsgeld *n*, **er** indemnización *f*; compensación *f* 1. *(von Arbeitern, Angestellten)* indemnización por despido; paga *f* por acomodo 2. *(Börse)* dinero *m* de opción 3. *(vom Mieter)* traspaso *m*

Abstandssumme *f*, **n** → *Abstandsgeld*

abstatten, *Bericht* ~ presentar un informe; *einen Besuch* ~ hacer, girar, efectuar una visita; *Dank* ~ dar las gracias; expresas su agradecimiento

Abstecher *m*, - excursión *f*; escapada *f*

absteigen, *in einem Hotel* ~ hospedarse, alojarse en un hotel

Absteiger *m*, - *(Börse)* perdedor *m*; no favorito *m*

Abstellbahnhof *m*, ⁻ᵉ estación *f* de depósito

Abstellen *n*, Ø ~ *von Fahrrädern verboten* prohibido el estacionamiento de bicicletas

abstellen 1. *(ausrichten auf)* adaptar; orientar; *die Produktion auf die Nachfrage* ~ adaptar la producción a la demanda 2. *(hinstellen)* poner; depositar 3. *(Strom; Gas; Wasser)* cortar; desconectar; cerrar 4. *(Motor; Radio)* apagar 5. *(Kfz)* aparcar; estacionar 6. *(Mißstand)* eliminar; subsanar; remediar 7. *(Personen)* enviar; comisionar

Abstellgleis *n*, **e** vía *f* muerta *(od.* de aparcamiento); apartadero *m*

Abstellung *f*, **en** ~ *von Angestellten* comisión *f* de servicio

abstempeln 1. *(Allg.)* sellar 2. *(Wertpapiere)* estampillar 3. *(Urkunden)* poner el matasellos; matasellar

Abstempelung *f*, **en** sellado *m*; estampillado *m*; timbrado *m*; matasellado *m*

Absterbeordnung *f*, **en** *(Seg.)* tabla *f* de supervivencia

abstimmen votar; *aufeinander* ~ coordinar; *geheim* ~ votar con papeleta(s) secreta(s); *über etw.* ~ *lassen* someter a votación; *sich* ~ ponerse de acuerdo

Abstimmung *f*, **en** votación *f*; *zur* ~ *bringen (od.* poner) a votación; *eine geheime* ~ *vornehmen* proceder a una votación secreta

Abstimmungsergebnis *n*, **se** resultado *m* del escrutinio *(od.* de la votación)

Abstimmungsmod|us *m*, **i** modo *m* del escrutinio *(od.* de la votación)

Abstinenztheorie *f*, **n** teoría *f* de la abstinencia (renunciar a un goce inmediato para tener una ganancia ulterior)

abstoppen 1. *(Produktion)* parar; detener 2. *(Tempo)* retardar; desacelerar 3. *(mit Stoppuhr)* cronometrar

abstoßen 1. *(Börse)* deshacerse de; desprenderse de; *Aktien* ~ deshacerse de un lote de acciones; vender las acciones 2. vender por debajo del precio normal

abstottern (Fam.) pagar a plazos; pagar por mensualidades

abstreichen 1. *(abhaken)* puntear 2. *(abziehen)* deducir 3. *(kürzen)* recortar; reducir 4. *(ausstreichen)* tachar; suprimir; cancelar

Abstrich *m*, **e** *(Abzug)* deducción *f*; *(Kürzung)* reducción *f*; recorte *m*; ~*e am Haushaltsplan machen (od. vornehmen)* introducir recortes en el plan presupuestario

Abstrom *m*, Ø ~ *von ausländischen Geldanlagen* salida *f* de inversiones en moneda extranjera

abstufen 1. escalonar; clasificar por categorías 2. degradar *(od.* perder puntos) en el escalafón 3. graduar

Abstufung *f*, **en** 1. escalonamiento *m* (de los salarios) 2. graduación *f*

abstützen apoyar; sostener; *die Kurse* ~ apoyar los cursos *(od.* las cotizaciones)

Abt. → *Abteilung*

abtasten explorar

Abteilung *f*, **en** departamento *m*; sección *f*; *(Amt)* negociado *m*; *statistische* ~ departamento estadístico; sección de estadística; *technische* ~ departamento técnico; *innerhalb einer* ~ interdepartamental; *in* ~*en einteilen* departamentalizar; *in* ~*en gliedern* departamentali-

zar; seccionalizar; dividir, organizar en secciones (*od.* departamentos)
Abteilungsleiter *m*, - jefe *m* de sección (*od.* de departamento)
abtippen pasar, copiar a máquina; mecanografiar, *einen Brief* ~ escribir una carta (a máquina)
abtragen, *eine Hypothek* ~ amortizar una hipoteca; *eine Schuld* ~ ir pagando, ir liquidando, ir saldando una deuda
abträglich, *den wirtschaftlichen Interessen* ~ *sein* perjudicar los intereses económicos; ser contraproducente (*od.* perjudicial) para los intereses económicos
Abtragung *f*, **en** amortización *f*, pago *m* (de una deuda); pagam(i)ento *m*; compensación *f*; indemnización *f*
Abtransport *m*, **e** 1. recogida *f*, retirada *f* (de una mercancía) 2. transporte *m*; acarreo *m*
abtransportieren 1. recoger; retirar 2. transportar
abtrennbar separable; *nicht* ~ inseparable
abtrennen, *einen Scheck* ~ extraer, separar, sacar un cheque del talonario; *einen Kupon* ~ cortar un cupón
abtretbar (de carácter) negociable; cesible
Abtretbarkeit *f*, Ø cesibilidad *f*; transferibilidad *f*
abtreten ceder; transferir; traspasar; dimitir 1. *seine Rechte an jdn.* ~ ceder sus derechos a alg.; *Eigentum* ~ transferir propiedad 2. dimitir; retirarse; marcharse
Abtretende/r *(der/ein)* cedente *m*
Abtretung *f*, **en** ~ *einer Aktie* (Syn. *Zession*) cesión *f* de una acción; ~ *von Rechten* cesión de derechos; ~ *einer Versicherung* cesión de un seguro; ~ *an Zahlungs Statt* dación *f* en pago; cessio insolutum
Abtretungsanzeige *f*, **n** → *Abtretungserklärung*
Abtretungsbefugnis *f*, **se** poder *m* de cesión
Abtretungsempfänger *m*, - cedido *m*
Abtretungserklärung *f*, **en** declaración *f* de cesión
abtretungsfähig cesible; negociable; transferible; traspasable
Abtretungsgebiet *n*, **e** territorio *m* cedido; zona *f* cedida
Abtretungsrecht *n*, **e** derecho *m* de cesión
Abtretungsurkunde *f*, **n** escritura *f*, acta *f* de cesión (*od.* de traspaso)
Abtretungsvertrag *m*, ⸚e contrato *m* de cesión
abverdienen pagar (con prestación de trabajo)
Abverkauf *m*, ⸚e (A) liquidación *f* de existencias; saldos *pl* (a bajo precio por inventario)
abverlangen exigir; *jdm. überhöhte Preise* ~ exigir precios demasiado altos
Abwahl *f*, Ø no reelección *f*; *die* ~ *des Vorsitzenden* no reelección del presidente

abwälzen 1. repercutir; cargar; pasar; *die Preiserhöhungen auf die Verbraucher* ~ (hacer) repercutir los aumentos de precios a (*od.* sobre) los consumidores 2. *eine Arbeit auf jdn.* ~ descargarse de un trabajo pasándoselo a alg.; cargar un trabajo sobre alg.
Abwälzung *f*, **en** repercusión *f*
abwandern 1. abandonar una profesión por otra 2. abandonar un lugar (por otro); emigrar
Abwanderung *f*, **en** emigración *f*; ~ *von Arbeitskräften* emigración laboral; éxodo *m* de mano de obra; ~ *von Kapital* evasión *f* de capital(es); ~ *der Landbevölkerung* éxodo rural; ~ *von Wissenschaftlern* fuga *f* de cerebros
Abwärme *f*, Ø *Nutzung der* ~ utilización *f*, aprovechamiento *m* del calor de desecho (*od.* escape)
abwarten esperar; aguardar; *es bleibt abzuwarten* ya se verá; está por ver
abwartend, *eine* ~*e Haltung einnehmen* adoptar una actitud de espera
Abwärtsbewegung *f*, **en** baja *f*; descenso *m*; *(Börse)* movimiento *m* bajista; movimiento *m* de retroceso *m*
Abwärtstrend *m*, **s** tendencia *f* a la baja; ~ *an der Börse* tendencia *f* a la baja (*od.* bajista) de la bolsa
Abwässer *pl* aguas *pl* residuales
Abwasserabgabengesetz *n*, **e** (R.F.A.) ley *f* que impone a los municipios la obligación de instalar una estación de depuración de aguas residuales
Abwasseranfall *m*, Ø cantidad *f* de aguas residuales
Abwasserbau *m*, Ø construcciones *pl* sanitarias
Abwasserberieselung *f*, **en** riego *m* por aguas residuales
Abwasserbeseitigung *f*, **en** evacuación *f*, eliminación *f* de aguas residuales
Abwasserreinigung *f*, Ø depuración *f* de aguas residuales
Abwasserwirtschaft *f*, Ø gestión *f* de aguas residuales
abwehren parar; repeler; prevenir; *eine Krise* ~ evitar, prevenir una crisis
Abwehrzölle *pl* derechos *pl* de aduana proteccionistas
Abweichung *f*, **en** 1. diferencia *f*; desviación *f*; *durchschnittliche* ~ desviación media; *durchschnittliche* ~ *vom Mittel* desviación media respecto a la media; *mengenmäßige* ~ diferencia en cantidad (*od.* cuantitativa); *mittlere quadratische* ~ desviación cuadrática media; *relative* ~ desviación relativa; *wesentliche* ~ diferencia fundamental; *zulässige* ~ diferencia, desviación permitida; tolerancia *f*; *eine* ~

bis zu 3% nach oben (unten) ist gestattet se permite una tolerancia del 3% hacia arriba o hacia abajo 2. derogación *f* 3. (Inform. Estad.) desviación *f; ~en korrigieren* corregir las desviaciones 4. *in~ von* apartándose, desviándose de

Abweichungsklausel *f*, **n** cláusula *f* derogatoria *(od.* de escape)

abweisen 1. *einen Vertrag ~* rechazar un contrato 2. desestimar; *eine Klage ~* desestimar una demanda; *ich bin glatt abgewiesen worden* se me ha dado una negativa rotunda

abweisend negativo; rechazante; desestimatorio

abwenden prevenir; evitar

Abwendung *f*, **en** *~ des Konkursverfahrens* evitación *f* del procedimiento concursal *(od.* quiebra)

abwerben, *Arbeitskräfte~* atraer, reclutar, contratar mano de obra de otras empresas; quitarle mano de obra a otra empresa

Abwerbung *f*, **en** *~ von Arbeitskräften* reclutamiento *m* de obreros *(od.* empleados) de otra empresa; *~ von Kunden* seducción *f*, atracción *f* de clientes (de otra empresa)

abwerfen, *große Gewinne ~* arrojar, producir grandes beneficios; rentar muchas ganancias; *hohe Zinsen ~* devengar intereses altos; *es wirft nichts ab* no rinde ningún beneficio; (Fam.) no se le saca nada

abwerten devaluar; desvalorizar; depreciar; quitar valor; *den Dollar um 3% ~* devaluar el dólar en un 3% (Ggs. *aufwerten)*

Abwertung *f*, **en** devaluación *f*; desvalorización *f*; depreciación *f*; pérdida *f* de valor; *~ einer Währung* devaluación de una moneda (Ggs. *Aufwertung)*

Abwertungsgewinn *m*, **e** ganancia *f* resultante de una devaluación

Abwertungsklausel *f*, **n** cláusula *f* de devaluación

Abwertungsverlust *m*, **e** pérdida *f* resultante de una devaluación

abwesend ausente; *vorübergehend ~e Person* persona *f* ausente temporalmente; *~ sein* estar ausente; faltar

Abwesenheit *f*, **(en)** ausencia *f; (von der Arbeit)* absentismo *m* laboral

Abwesenheitsdauer *f*, Ø duración *f* de la ausencia

Abwesenheitsliste *f*, **n** lista *f* de ausentes; lista *f* de los que faltan

Abwesenheitsrate *f*, **n** cuota *f* de absentismo

abwickeln 1. realizar; *ein Geschäft ~* llevar a cabo, realizar un negocio 2. liquidar; *einen Konkurs ~* liquidar una quiebra 3. (Seg.) ajustar; *einen Schaden ~* ajustar un siniestro *(od.* daño) 4. tramitar; *die Zollformalitäten werden abgewickelt* se tramitan las formalidades aduaneras

Abwickler *m*, - liquidador *m*; ajustador *m*

Abwicklung *f*, **en** realización *f*; liquidación *f*; ajuste *m*; tramitación *f; gerichtliche ~* liquidación judicial; *~ der Gesellschaft* liquidación de la sociedad; *(Schaden)* ajuste *m; ~ des Zahlungsverkehrs* tramitación (del servicio) de pagos

Abwicklungsbank *f*, **en** banco *m* liquidador

Abwicklungsgeschäft *n*, **e** operación *f* de liquidación

Abwicklungsgesellschaft *f*, **en** compañía *f*, sociedad *f* en liquidación

Abwicklungsgewinn *m*, **e** beneficio *m* de la liquidación

Abwicklungskont|o *n*, **-en** cuenta *f* de liquidación

Abwicklungsstelle *f*, **n** oficina *f* de liquidación; departamento *m* de ajuste; sección *f* de tramitación

abwiegen pesar; *die Waren bahnamtlich ~* pesar las mercancías oficialmente por parte de la empresa de ferrocarriles

Abwind *m*, Ø marasmo *m*; disminución *f* de la actividad económica (Ggs. *Aufwind)*

abwirtschaften conducir a la ruina; arruinarse; *eine Firma ~* hundir una firma debido a la mala gestión

abwracken (Marit.) desguazar; desarmar

Abwracker *m*, - desarmador *m*; desaparejador *m*

Abwrackfirm|a *f*, **-en** empresa *f* de desguaces; empresa *f* dedicada al desguace

Abwrackprämie *f*, **n** prima *f* de demolición de material vetusto; prima *f* de desguace; prima *f* de demolición

Abwrackungsgeschäft *n*, **e** negocio *m* de desguace *(od.* de desarme)

abzahlbar pagadero a plazos; *monatlich ~* a pagar mensualmente; pagadero por mensualidades

abzahlen pagar; liquidar; *nach und nach ~* ir pagando poco a poco; ir liquidando gradualmente; *in Raten (ratenweise) ~* pagar a plazos; *auf eine Schuld ~* ir liquidando una deuda con pagos parciales; *vierteljährlich ~* pagar por trimestres; pagar trimestralmente

Abzahlung *f*, **en** 1. pago *m* 2. amortización *f* 3. pago *m* escalonado; pago *m* a plazos; *auf ~ kaufen* comprar a plazos; *auf ~ verkaufen* vender a plazos (Syn. *Teilzahlung)*

Abzahlungsbank *f*, **en** banco *m* de pago a plazos

Abzahlungsbasis *f*, Ø *auf ~* a base de pago a plazos

Abzahlungsbedingungen *pl* condiciones *pl* de pago a plazo

Abzahlungsdarlehen *n*, - préstamo *m* a plazos
Abzahlungsgeschäft *n*, e 1. operación *f*, venta *f* a plazos; compra *f* a crédito; venta *f* en abonos 2. casa *f*, empresa *f* de ventas a plazos
Abzahlungsgesetz *n*, e ley *f* reguladora de la venta de bienes muebles a plazos
Abzahlungshypothek *f*, en hipoteca *f* para garantizar un crédito reembolsable a plazos
Abzahlungskauf *m*, ⸗e 1. venta *f* a plazos; compraventa *f* a plazos (*od*. a crédito) 2. compra *f* a plazos (*od*. a crédito)
Abzahlungskont|o *n*, -en cuenta *f* (de asientos) de los pagos a plazos
Abzahlungskosten *pl* gastos *pl* de pago a plazos
Abzahlungskredit *m*, e crédito *m* de (*od*. con) pago a plazos
Abzahlungsplan *m*, ⸗e plan *m* de pago a plazos
Abzahlungspreis *m*, e precio *m* (de venta) a plazos; precio *m* en abono
Abzahlungsrate *f*, n plazo *m*; cuota *f* (de pago a plazos)
Abzahlungssystem *n*, e sistema *m* de ventas a plazos
Abzahlungsverkauf *m*, ⸗e 1. (compra)venta *f* a plazos (*od*. a crédito) 2. compra *f* a plazos
Abzahlungswechsel *m*, - letra *f* de pago a plazos
Abzahlungswesen *n*, Ø sistema *m*, régimen *m* de pago a plazos
abzapfen (Fam.) *jdm. Geld* ~ pegar(le), dar(le) un sablazo a alg.; sablear, sangrar a alg.
abzeichnen 1. rubricar; (LA) inicializar; (Chile) tizcar 2. copiar; dibujar copiando 3. puntear
Abziehapparat *m*, e multicopista *f*
Abziehbild *n*, er calcomanía *f*
abziehen 1. deducir; *Sie dürfen 3% ~* puede(n) usted(es) deducir el 3% 2. retener; *vom Lohn ~* retener sobre el salario 3. *(abrechnen)* descontar 4. quitar; *Kunden von Wettbewerbern~* quitar clientes (*od*. clientela) a los competidores 5. *(vervielfältigen)* sacar copia 6. (Tipo.) tirar una prueba
abzinsen deducir los intereses no acumulados
Abzinsung *f*, en deducción *f* de intereses no acumulados; redescuento *m*
Abzinsungssatz *m*, ⸗e tasa *f*, tipo *m* de descuento
Abzug *m*, ⸗e 1. *bar ohne ~* al contado sin descuento 2. *frei von ~* neto 3. *in ~ bringen* deducir; descontar 4. *nach ~ der Kosten, der Steuern* previa deducción, deducción hecha de los gastos, de los impuestos; *Gewinn nach ~ der Steuern* beneficio ya deducidos los impuestos 5. *~ an der Quelle* retención *f* en la base 6. *netto, ohne jegliche ~* ̈e neto, sin deducción alguna; estrictamente neto 7. *~ neu für alt* deducción de viejo a nuevo 8. *~ ̈e der Tara (od. des Verpackungsgewichts)* destara *f* 9. (Tipo.) prueba *f*; copia *f*
abzüglich menos; a deducir de; deduciendo; *~ der Kosten* deducción *f* hecha de los gastos; *~ Rabatt* deducción hecha de la rebaja; *Dividende ~ Steuern* dividendo *m* neto
Abzugsbeträge *pl* zulässige *~* deducciones *pl* permitidas
abzugsfähig deducible; *~e Ausgaben* gastos *pl* deducibles
Abzugsfähigkeit *f*, Ø deducibilidad *f*
Abzugsposten *m*, - carga *f*, partida *f* deducible
Abzugsteuer *f*, n descuento *m* (anticipado) de la contribución
Abzugsweg *m*, e *im~ erhobene Steuer* contribución *f* impuesta en la base
abzweigen 1. *Beträge für Investitionen ~* separar, deducir, poner aparte fondos para inversiones; destinar fondos para inversiones 2. *(Weg)* bifurcarse
a.c. → 1. a conto 2. anni currentis
Achse *f*, n *per ~ (Bahn)* por ferrocarril; *(Lkw)* en camión
Achskilometer *m*, - kilometraje *m* cubierto
acht, *binnen (od. in) ~ Tagen* dentro, en el plazo de una semana; *heute in ~ Tagen* de hoy en una semana; *vor ~ Tagen* hace una semana
achtfach, **achtfältig** óctuplo; ocho veces
achtmal ocho veces
Achtstundentag *m*, e jornada *f* de ocho horas
achtstündig de ocho horas
achttägig de ocho días; *~er Lehrgang* curso *m*, cursillo *m* de ocho días
Achtung *f*, Ø *~ Baustelle* precaución, obras; *~ halt* atención, pare
Ackerbau *m*, Ø agricultura *f*; producción *f* agraria (*od*. agrícola); *~ treiben* cultivar la tierra; *~ und Viehzucht* agricultura y ganadería
Ackerland *n*, Ø tierra *f* laborable (*od*. de labor); tierra *f* cultivable (*od*. de cultivo); tierra *f* arable
a.D. *(außer Dienst)* jubilado; retirado; ex
ad acta, *etw. ~ legen* archivar; (Fam.) dar el carpetazo
a dato a contar desde hoy
a.d.D. *(auf dem Dienstweg)* por vía jerárquica
addieren sumar; adicionar
Addiermaschine *f*, n sumadora *f*; máquina *f* de sumar
Addition *f*, en adición *f*; suma *f*
Additionsfehler *m*, - error *m* de adición; equivocación *f* en la suma
Ader *f*, n arteria *f*; *(Bergbau)* veta *f*; filón *m*; (Fam.) *jdn. zur ~ lassen* sangrar a alg.; pedir dinero a alg.
Aderla|ß *m* (⸗sse) 1. sangría *f* 2. pérdida *f* importante (de capital)

Adhäsionsklausel f, n cláusula f de adhesión
Adhäsionsverfahren n, - procedimiento m, proceso de adhesión
Adhäsionsvertrag m, ⸚e contrato m de adhesión
Ad-hoc-Arbeitsgruppe f, n grupo m de trabajo ad hoc
Ad-hoc-Gremien pl *nachgeordnete* ~ órganos pl subsidiarios especiales
Ad-hoc-Gruppe f, n comité f, grupo m ad hoc
Ad-hoc-Kommission f, en comisión f ad hoc
Adjudikation f, en adjudicación f (Syn. *Zuerkennung*)
adjudizieren (Jur.) adjudicar
administrativ administrativo; ~ *e Kontrolle* control m administrativo
ADN *(Allgemeiner Deutscher Nachrichtendienst)* agencia f de prensa de la R.D.A.
Adoptionsvertrag m, ⸚e contrato m de adopción
Adressant m, en (Arch.) remitente m; ~ *einer Ware* expedidor m de una mercancía; ~ *eines Wechsels* librador m, girador m de una letra de cambio
Adressat m, en (Arch.) destinatario m; ~ *einer Ware* consignatario m (de una mercancía); ~ *eines Wechsels* girado m; librado m (de una letra de cambio)
Adreßbuch n, ⸚er guía f; guía f comercial; anuario m de comercio; anuario m mercantil
Adresse f, n dirección f; señas pl; *per* ~ en casa de; al cuidado de a/c; *(Warenanweisung)* destino m; consignación f; *erste* ~ prestatario m de primera clase; prestatario m preferencial; *falsche* ~ dirección equivocada; *ohne* ~ sin señas; sin dirección
Adressenänderung f, en cambio m de dirección
Adressenrechnung f, en (Inform.) modificación f de dirección en un programa
Adressenverlag m, e editorial m de direcciones
Adressenverzeichnis n, se lista f, listín m de direcciones
adressieren dirigir; enviar; destinar; poner las señas; poner la dirección; (Méx.) domiciliar; *(Ware)* consignar; *falsch* ~ con la dirección equivocada; con las señas mal puestas
Adressiermaschine f, n máquina f para poner direcciones
ADV *(Automatische Datenverarbeitung)* proceso m, tratamiento m automático de datos; informática f
ad valorem ad valorem; al valor; sobre el valor
Advertising n, Ø 1. anuncio m; reclamo m; (LA) aviso m 2. inserción f de anuncios (od. de publicidad)
Advokat m, e abogado m (Syn. *Rechtsanwalt*)
Advokatur f, en abogacía f; foro m
Affäre f, n 1. asunto 2. (A) litigio m; proceso m 3. escándalo m
Affidavierung f, en certificación f
Affidavit n, Ø afidávit m; declaración f jurada
Afterbürge m, n fiador m del fiador
Afterbürgschaft f, en cogarantía f; fianza f solidaria; contrafinanza f
Aftermiete f, n subarriendo m; subalquiler m
Aftermieter m, - subinquilino m; realquilado m
Aftervermächtnis n, se (CH) legado m indirecto
AG → *Aktiengesellschaft*; → *Arbeitsgemeinschaft*
AGB → *Allgemeine Geschäftsbedingungen*
Agend|a f, -en agenda f
Agent m, en 1. (Pol.) agente m (secreto); espía m 2. (Arch.) representante m; agente m (comercial) 3. ~ *des Reeders* consignatario m 4. ~ *für Verwaltungssachen* gestor m
Agentennetz n, e red f de agentes
Agentenprovision f, en comisión f; corretaje m
Agentur f, en agencia f; oficina f; sucursal f; ~ *des Reeders* casa f consignataria
Agenturkont|o n, -en cuenta f de agencia
Agenturmeldung f, en despacho m, comunicado m de una agencia
Agenturprovision f, en comisión f de (la) agencia
Agenturvertrag m, ⸚e contrato m de agencia
Agio n, s agio m; prima f; comisión f de banco; diferencia f entre par y un precio más elevado (Ggs. *Disagio*)
Agiotage f, Ø agiotaje m; especulación f; práctica f del agio
Agioteur m, e agiotista m; persona f que practica el agio
agiotieren practicar el agio; especular
Agrar- (Pref.) agrario; agrícola
Agrarabschöpfungen pl (EG) aranceles pl variables sobre los productos agrarios
Agrarausfuhren pl exportaciones pl agrarias (od. agrícolas)
Agrarausschu|ß m, ⸚sse comisión f de agricultura; comisión f agrícola
Agrarbank f, en banco m de cultivadores; banco m agrícola
Agrarbeihilfe f, n ayuda f a los agricultores; subvención f a la agricultura
Agrarbereich m, e sector m agrícola (od. agrario)
Agrarbericht m, e informe m sobre la situación agrícola; informe m "sobre el campo"
Agrareinfuhren pl importaciones pl agrarias (od. agrícolas)
Agrarentwicklung f, en desarrollo m agrícola
Agrarerzeuger m, - productor m agrícola (od. agrario)
Agrarerzeugnis n, se producto m agrícola; producto m agrario
Agrarerzeugung f, en producción f agrícola (od. agraria)

Agrarexporte pl → *Agrarausfuhren*
Agrarfonds m, - fondo m agrario
Agrarforschung f, en investigación f agronómica
Agrargebiet n, e zona f agrícola; zona f agropecuaria
Agrargefüge n, e estructura f agraria (*od.* agrícola)
Agrargenossenschaft f, en cooperativa f de agricultores; (sociedad) cooperativa f agrícola
Agrargesellschaft f, en sociedad f agraria (*od.* agrícola); sociedad f campesina
Agrargesetze pl leyes pl agrarias
Agrargesetzgebung f, en legislación f agraria
Agrargüter pl productos pl agrícolas; productos pl agrarios
Agrarhandel m, Ø comercio de (*od.* con) productos agrícolas
Agrarhilfe f, n → *Agrarbeihilfe*
Agrarimporte pl → *Agrareinfuhren*
Agrarindustrie f, n agroindustria f; industria(s) f (pl) agrícola(s)
Agrarkonjunktur f, en coyuntura f agrícola; coyuntura f en el sector de la agricultura
Agrarkosten pl costes pl de la agricultura
Agrarkredit m, e crédito m agrícola
Agrarland n, ⁼er país m agrícola
Agrarlehre f, n → *Agrarwissenschaft*
Agrarmarkt m, ⁼e mercado m agrícola
Agrarmarktordnung f, en ordenación f, reglamento m del mercado agrícola
agrarmonetär agrimonetario
Agrarökonomik f, Ø economía f agropecuaria
Agrarpolitik f, Ø política f agrícola (*od.* agraria); (*EG*) *Gemeinsame Agrarpolitik (GAP)* política f agrícola común (PAC)
Agrarpreise pl precios pl agrícolas
Agrarprodukte pl → *Agrarerzeugnis*
Agrarproduktion f, en → *Agrarerzeugung*
Agrarrecht n, Ø derecho m agrario
Agrarreform f, en reforma f agraria (Syn. *Bodenreform*)
Agrarstatistik f, en estadística f agrícola
Agrarstruktur f, en → *Agrargefüge*
Agrarstrukturpolitik f, Ø política f de estructuras agrícolas
Agrartechnik f, Ø ingeniería f agrícola (*od.* rural *od.* agrónoma)
Agrarüberschüsse pl excedentes pl agrícolas
Agrarverfassung f, en régimen m de propiedad de la tierra; régimen m de tenencia (*od.* posesión) de tierras
Agrarwirtschaft f, en economía f agrícola (*od.* agraria)
Agrarwirtschaftler m, - especialista m en economía agrícola

Agrarwissenschaft f, en agronomía f
Agrarwissenschaftler m, - agrónomo m
Agrarzölle pl derechos pl (de entrada o de salida) para los productos agrícolas
Agrarzuschu|**ß** m, ⁼sse subvención f agraria
Agrarzyk|**lus** m, -en ciclo m agrícola
Agreement n, s plácet m; *ein ~ erteilen* conceder el plácet
Agrikulturchemie f, Ø química f agrícola
Agrikulturphysik f, Ø física f agrícola
Agrologie f, Ø agrología f
Agronom m, en 1. (R.F.A.) ingeniero m agrónomo 2. (R.D.A.) experto m agrícola
Agrostadt f, ⁼e agrociudad f
AG u. Co. sociedad f en comandita uno de cuyos socios es una sociedad anónima
AHB → *Außenhandelsbank*
ahnden, *mit einer Geldbuße ~* castigar, sancionar con multa
ähnliche, *~ Qualität* calidad f similar; calidad f parecida
AIIC → *Internationaler Verband der Konferenzdolmetscher*
AIM → *Internationale Vereinigung für Hilfsvereine auf Gegenseitigkeit*
Air Terminal m, s terminal f aérea
AK → *Aktienkapital*
Akademiker m, - licenciado m; titulado m superior; universitario m; hombre m de carrera
Akademikerberuf m, e profesión f reservada a los licenciados (*od.* titulados m superiores)
akademisch, *~ gebildet* de formación universitaria (*od.* superior)
Akkord m, e 1. destajo m; tanto m alzado; (Arg.) estaje m; *im ~ arbeiten* trabajar a destajo; (Arg.) estajear; *nach ~ bezahlen* pagar por unidad de obra; pagar a destajo 2. (Jur.) acuerdo m; arreglo m
Akkordarbeit f, en trabajo m a destajo; trabajo m por unidad de obra; trabajo m a tarea; (Chile) trabajo m a trato
Akkordarbeiter m, - trabajador m a destajo; destajista m; destajero m; ajustero m; (Arg.) estajero m
Akkordarbeiter pl personal m a contrata
Akkordberechnung f, en cálculo m a destajo
akkordieren ajustar; acordar; concertar
Akkordlohn m, ⁼e salario m por unidad de obra; (salario m a) destajo m; salario m a prima; salario m en función del rendimiento
Akkordlohnarbeit f, en → *Akkordarbeit*
Akkordlohnarbeiter m, - → *Akkordarbeiter*
Akkordlohnsatz m, ⁼e tarifa f de salario a destajo
Akkordmeistersystem n, e sistema m de trabajo a destajo con capataz responsable
Akkordpreis m, e precio m por pieza; precio m

23

por unidad de obra
Akkordsatz *m*, ⁻e tasa *f* del destajo
Akkordverdienst *m*, (e) ganancia *f* a destajo
Akkordvertrag *m*, ⁻e contrato *m* (de trabajo) a destajo; contrato *m* de tarea
Akkordzulage *f*, n prima *f*, plus *m* de rendimiento
Akkordzuschlag *m*, ⁻e → *Akkordzulage*
akkreditieren 1. abrir un crédito a alg. 2. (Diplom.) acreditar a alg. cerca de (*od.* ante)
Akkreditierung *f*, en acreditamiento *m*
Akkreditiv *n*, e 1. carta *f* de crédito; crédito *m* documentario; (LA) letra *f* de crédito; carta-orden *f* de crédito; *ein ~ annulieren* anular una carta de crédito; *ein ~ ausstellen* expedir una carta de crédito; *ein ~ eröffnen* abrir una carta de crédito; *das ~ wurde vollkommen erschöpft* la carta de crédito ha sido completamente agotada; *das ~ wurde um DM 2000 überschritten* la carta de crédito ha sido sobrepasada en 2000 marcos alemanes; *das ~ ist am 20. Mai verfallen* la carta de crédito venció el 20 de mayo; *avisiertes ~* carta de crédito avisada; *begünstigtes ~* carta de crédito favorecida; *eröffnetes ~* carta de crédito ya abierta; *revolvierendes ~* carta de crédito renovable; *(un)bestätigtes ~* carta de crédito (no) confirmada; *(un)teilbares ~* carta de crédito (in)divisible; *(un)widerrufliches ~* carta de crédito (ir)revocable 2. (Diplom.) cartas *pl* credenciales
Akkreditivbestätigung *f*, en confirmación *f* de la carta de crédito
Akkreditiveröffnung *f*, en apertura *f* de una carta de crédito
Akkreditivsteller *m*, - acreditante *m*
Akkreditivstellung *f*, en → *Akkreditiveröffnung*
akkumulieren acumular
Akont|o *m*, -en a cuenta
Akontozahlung *f*, en pago *m* a cuenta
AKP-Staaten *pl* Estados ACP
Akquisiteur *m*, e corredor *m* de anuncios
Akquisition *f*, en adquisición *f*
Akt *m*, en (A) → *Akte*; (CH) → *Urkunde*
Akte *f*, n documento *m*; (Adm.) expediente *m*; carpeta *f*; legajo *m*; (Gal.) dossier *m*; *eine ~ anlegen* abrir expediente; (Col.) legajar; *eine ~ bearbeiten* tramitar un expediente; *zu einer ~ bündeln* enlegajar; *getrennte ~* pieza *f* separada
Akten *pl* actas *pl*; autos *pl*; legajos *pl*; *~ (ab)legen* archivar; *die ~ anfordern* reclamar, solicitar las actas; (Chile) solicitar los antecedentes; *zu den ~ (z.d.A)* para archivar
Aktenablage *f*, n archivos *pl*
Aktendeckel *m*, - carpeta *f*
Akteneinsicht *f*, en examen *m* del dossier; (Jur.) vista *f* de los autos
Akteneinstampfung *f*, en → *Aktenvernichtung*
Aktenfuchs *m*, ⁻e (Fam.) especialista *m* de un dossier; archivero *m*; archivista *m*; documentalista *m*
Aktenheft *n*, e legajo *m*
Aktenhefter *m*, - clasificador *m*
Aktenkoffer *m*, - portafolios *m*; (LA) maletín *m* (de) ejecutivo; attaché *m*
aktenkundig registrado, consignado en acta; *sich ~ machen* levantar, tomar, sacar acta; *~ sein* constar en acta (*od.* en los archivos)
Aktenmappe *f*, n → *Aktentasche*
aktenmäßig según consta en los documentos; conforme con los autos; (Fig.) auténtico; oficial; *etw. ~ erfassen* constituir un dossier
Aktenmensch *m*, en burócrata *m*
Aktennotiz *f*, en → *Aktenvermerk*
Aktenordner *m*, - clasificador *m*; archivador *m*; cuaderno *m* con anillas (Syn. *Leitz-Ordner*)
Aktenschrank *m*, ⁻e armario-clasificador *m*
Aktenstück *n*, e → *Akte*
Aktenstoß *m*, ⁻e legajo *m*
Aktenstudi|um *n*, -en estudio *m* de un dossier
Aktentasche *f*, n cartera *f* (para documentos); portafolios *m*
Aktenvermerk *m*, e anotación *f*; mención *f* en un documento; apunte *m*
Aktenvernichtung *f*, en destrucción *f* de documentos de archivo
Aktenvorlage *f*, n presentación *f* del dossier
Aktenwolf *m*, ⁻e trituradora *f* de papel (Syn. *Reißwolf*)
Aktenzeichen *n*, - (AZ) número *m* (de registro); número *m* de referencia; *Ihr ~ s/r; unser ~ n/r; bei Beantwortung bitte obiges ~ angeben* sírvase indicar en su contestación el número de referencia
AktG → *Aktiengesetz*
Aktie *f*, n acción *f*; *(Urkunde)* certificado *m* de la acción
Aktien *pl* acciones *pl*; títulos *pl* de renta variable 1. *alte ~* acciones viejas; *ausgegebene ~* acciones emitidas; *bar eingezahlte ~* acciones de capital; *~ mit beschränktem Stimmrecht* acciones agrupadas; *börsenfähige (od. börsengängige) ~* acciones cotizables, negociables en bolsa; *börsengängige ~* acciones negociables; acciones admitidas a cotización bursátil; *börsennotierte ~* acciones con cotización oficial en bolsa; *dividendenberechtigte ~* acciones de dividendo; *eigene ~* acciones propias; *eingezahlte ~* acciones desembolsadas (*od.* liberadas); acciones sin dividendos pasivos; *eingezogene ~* acciones retiradas de la circulación; acciones revocadas; *fallende ~*

acciones en baja; *gebundene* ~ → *vinkulierte* ~; *an der Börse gehandelte* ~ acciones negociadas en bolsa; *gewinnberechtigte* ~ acciones con derecho a (participación en el) beneficio; *gezeichnete* ~ acciones suscritas; *hinterlegte* ~ acciones depositadas; *im Sammeldepot hinterlegte* ~ acciones en depósito colectivo; *auf den Inhaber lautende* ~ acciones al portador; *inländische* ~ acciones de una empresa del país; *junge* ~ acciones nuevas; *kaduzierte* ~ acciones caducadas; *kleingestückelte* ~ acciones fraccionadas; *Mehrstimmrechtsaktie* acción de voto plural; *auf den Namen lautende* ~ acciones nominativas; ~ *ohne Nennwert* (*od. nennwertlose* ~) acciones sin valor nominal; *nicht voll eingezahlte* ~ (E) acciones con dividendos pasivos; acciones no liberadas; acciones no desembolsadas totalmente; acciones parcialmente liberadas; acciones pagaderas (*od.* desertoras); acciones desiertas (Méx.); *notierte* ~ acciones cotizadas; *steigende* ~ acciones en alza; *stimmberechtigte* ~ acciones con derecho de (*od.* a) voto; acciones de voto; acciones votantes; *stimmrechtlose* ~ acciones sin derecho a voto; acciones reservadas; acciones sin derecho a junta; *teilbezahlte* ~ acciones con dividendos pasivos; acciones liberadas parcialmente; *über Pari ausgegebene* ~ acciones (emitidas) con prima; ~ *für Sacheinlagen* (E) acciones en especie; (Arg.) acciones de aportes; *übernommene* ~ acciones suscritas (*od.* asumidas); *übertragbare* ~ acciones transmisibles (*od.* negociables); *umtauschfähige* ~ acciones convertibles; *vinkulierte* ~ acciones sindicadas; *voll einbezahlte* ~ acciones totalmente liberadas (*od.* desembolsadas); acciones exhibidas; *voll gezahlte* ~ → *voll einbezahlte* ~; *zurückerworbene eigene* ~ acciones rescatadas 2. ~ *abstoßen* deshacerse, desprenderse de acciones; ~ *zur Zeichnung auflegen* ofrecer acciones a suscripción pública; ~ *ausgeben* (Arg.) liberar acciones; ~ *beleihen* pignorar, depositar en garantía; empeñar acciones; ~ *besitzen* poseer acciones; ser titular de acciones; ~ *einziehen* retirar acciones de la circulación; *die* ~ *fallen* las acciones bajan (*od.* están en baja); *mit* ~ *handeln* negociar con acciones; ~ *lombardieren* → *Aktien beleihen*; ~ *splitten* fraccionar acciones; (Fig.) *wie stehen die* ~*n?* ¿cómo van, andan los negocios?; *die* ~*n steigen* las acciones suben (*od.* están al alza); ~ *stückeln* fraccionar acciones; ~ *zeichnen* suscribir acciones; ~ *zum amtlichen Handel zulassen* admitir a cotización oficial en bolsa

Aktienabschnitt *m*, e cupón *m*

Aktienabstempelung *f*, en estampillado *m*, sellado *m*, control *m* de las acciones

Aktienagio *n*, s prima *f* de emisión; agiotaje *m* de acciones

Aktienanlage *f*, n inversión *f* en acciones

Aktienanteil *m*, e parte *f* fraccional de una acción

Aktienausgabe *f*, n emisión *f* de acciones

Aktienauslieferung *f*, en entrega *f* de acciones

Aktienbank *f*, en banco *m* por acciones

Aktienbesitz *m*, Ø propiedad *f* en acciones

Aktienbesitzer *m*, - → *Aktionär*

Aktienbestand *m*, ⸚e acciones *pl* en cartera

Aktienbeteiligung *f*, en participación *f* en acciones

Aktienbetrag *m*, ⸚e *noch nicht eingezahlte*r ~ dividendo *m* pasivo

Aktienbezugsrecht *n*, e derecho *m* (preferente) de suscripción; derecho *m* preferencial; (derecho *m* de) opción *f*

Aktienbezugsrechtsobligation *f*, en bono *m* de opción

Aktienbezugs(rechts)schein *m*, e certificado *m* de suscripción (de acciones)

Aktienbörse *f*, n bolsa *f* de acciones (*od.* de renta variable)

Aktienbrief *m*, e acción *f*

Aktienbuch *n*, ⸚er libro-registro *m* de accionistas; registro *m* de acciones nominativas; libro *m* de acciones (*od.* de accionistas)

Aktiendepot *n*, s depósito *m* de acciones

Aktiengesellschaft *f*, en *(AG)* sociedad *f* anónima (SA); sociedad *f* por acciones; *nicht eingetragene* ~ (E) sociedad *f* irregular

Aktiengesetz *n*, e ley *f* de sociedades anónimas; (E) ley *f* de régimen jurídico de sociedades anónimas

Aktienind|ex *m* -izes índice *m* de las cotizaciones (de las acciones)

Aktieninhaber *m*, - → *Aktionär*

Aktienkapital *n*, Ø capital *m* en acciones; capital *m* social (de una SA); (Arg.) capital *m* accionario

Aktienkommanditgesellschaft *f*, en sociedad *f* en comandita (*od.* comanditaria) por acciones

Aktienkurs *m*, e cotización *f*, precio *m* de la acción

Aktienliste *f*, n lista *f* de cambios; registro *m* de acciones

Aktienmantel *m*, ⸚ título *m*

Aktienmarkt *m*, ⸚e mercado *m* de acciones; mercado *m* de renta variable

Aktienmehrheit *f*, Ø mayoría *f* de acciones; *die* ~ *übernehmen* convertirse en accionista mayoritario; asumir el control de una compañía (*od.* sociedad)

Aktienminderheit *f*, en minoría *f* de acciones

Aktiennotierung *f*, en cotización *f* de (las) acciones

Aktienpaket *n*, e paquete *m* de acciones; *ein ~ abstoßen* deshacerse de un paquete de acciones

Aktienpromesse *f*, n certificado *m* provisional; promesa *f* de acción

Aktienrecht *n*, Ø leyes *pl* sobre las sociedades anónimas

Aktienrendite *f*, n (coeficiente *m* de) rentabilidad *f* de las acciones; rédito *m* de las acciones

Aktienrenner *m*, - acción *f* con mucha demanda; acción *f* que marcha muy bien; estrella *f* entre las acciones

Aktienschein *m*, e → *Aktienzertifikat*

Aktienspitze *f*, n → *Aktiensplitting*

Aktiensplitting *n*, Ø fraccionamiento *m* de una acción; fracción *f* de acción

Aktienübertragung *f*, en transferencia *f*, transmisión *f* de acciones

Aktienumschreibung *f*, en → *Aktienübertragung*

Aktienumtausch *m*, Ø canje *m* de acciones

Aktienurkunde *f*, en título-acción *m*; título *m* corporativo; acción *f*

Aktienzeichner *m*, - suscriptor *m* de acciones

Aktienzeichnung *f*, en suscripción *f* de acciones

Aktienzertifikat *n*, e certificado *m* de acciones

Aktienzettel *m*, - lista *f* de cambios

Aktienzusammenlegung *f*, en fusión *f* de acciones

Aktienzuteilung *f*, en repartición *f* de acciones

Aktion *f*, en acción *f*; operación *f*; *(Werbung)* campaña *f* publicitaria

Aktionär *m*, e accionista *m*; titular *m*, tenedor *m* de una acción (*od*. de acciones)

Aktionärsbrief *m*, e carta *f* a los accionistas

Aktionärsstimmrecht *n*, e derecho *m* de voto del accionista; *sein ~ ausüben* ejercer el derecho de voto

Aktionärsversammlung *f*, en junta *f*, asamblea *f*, reunión *f* de accionistas

Aktionsprogramm *n*, e programa *m* de acción; programa *m* de la campaña (*od*. operación)

aktiv activo; en activo; *~e Bestechung* soborno *m*; cohecho *m* (activo); *~e Handelsbilanz* balanza *f* comercial excedentaria (*od*. activa); *~es Mitglied* miembro *m* activo

Aktiv *n*, s *od*. e (R.D.A.) equipo *m* de trabajo

Aktiva *pl* (Contab.) activo *m*; masa *f* activa; (Méx.) patrimonio *m* público; *festliegende ~* (activo) inmovilizado *m*; *fiktive ~* activo(s) ficticio(s); *freie ~* activo disponible; *greifbare ~* activo tangible; *immaterielle ~* activo inmaterial; (Méx.) activo aparente; *nicht greifbare ~* activo intangible; (Méx.) activo ficticio; *~ und Passiva* deber y haber; activo y pasivo; *realisierbare ~* activo realizable; activo corriente; *reine ~* activo neto; *transistorische ~* gastos anticipados; productos *pl* diferidos; activo transitorio; *verfügbare ~* → *freie Aktiva; verwertbare ~* → *greifbare Aktiva; werbende ~* activo productivo; (Ggs. *Passiva*)

Aktivbestände *pl* activos *pl*

Aktivbezüge *pl* (A) → *Dienstbezüge*

Aktivbilanz *f*, n balance *m* activo

Aktivbürger *m*, - *(*CH*)* ciudadano *m* activo (que ejerce todos los derechos civiles)

Aktiven *pl* → *Aktiva*

Aktivforderungen *pl* activos *pl* exigibles; activos *pl* a cobrar; activos *pl* debidos

Aktivgeschäft *n*, e *(Bank)* operación *f* activa (Ggs. *Passivgeschäft*)

Aktivhandel *m*, Ø 1. comercio *m* activo 2. comercio *m* de exportación

aktivieren 1. (Contab.) pasar al activo; (a)sentar, inscribir en el activo; inmobilizar 2. (Fig.) activar; relanzar

Aktivierung *f*, (en) *~ der Leistungsbilanz* mejora *f*, activación *f*, relanzamiento *m* de la balanza por cuenta corriente

aktivierungsfähig que puede ser inscrito en el activo

aktivierungspflichtig que debe ser inscrito en el activo

Aktivist *m*, en (R.D.A.) miembro *m* de un colectivo de trabajo

Aktivität *f*, en actividad *f*; *seine ~ ausdehnen auf* extender, ampliar su actividad a

Aktivkont|o *n*, -en cuenta *f* de activo

Aktivmasse *f*, n masa *f* del activo; masa *f* activa de la quiebra; caudal *m* de la quiebra

Aktivposten *m*, - elemento *m*, partida *f* del activo; asiento *m* activo; rubor *m* activo

Aktivsald|o *m*, -en saldo *m* activo (*od*. acreedor); superávit *m*; saldo *m* al haber; excedente *m* de ingresos; *~ der Handelsbilanz* superávit, saldo activo *m*, excedente en (*od*. de) la balanza comercial (*od*. balanza exterior, *od*. balanza de mercancías); *die Dienstleistungsbilanz schloß mit einem ~ ab* la balanza de servicios cerró con un saldo acreedor

Aktivschulden *pl* cuentas *pl* acreedoras; créditos *pl*

Aktivseite *f*, n lado *m* del activo; cuentas *pl* del activo; activo *m*

Aktivsumme *f*, n activo *m* contable

Aktivüberschu|ß *m*, ⸗sse (CH) → *Reinüberschuß; Nettovermögen*

Aktivvermögen *n*, - activo *m*; masa *f* activa; capital *m* líquido; valores *pl* del activo

Aktivwechsel *m*, - letra *f* contabilizada (*od*. con-

signada) en el activo
Aktivwerte *pl* valores *pl* activos; valores *pl* del activo
Aktivzinsen *pl (Bank)* intereses *pl* a cobrar; réditos *pl* activos; intereses *pl* acreedores; *(Bankkunde)* intereses *pl* a pagar; réditos *pl* pasivos; intereses *pl* deudores
aktualisieren actualizar; poner al día
Aktualität *f*, **en** actualidad *f*
Aktuar *m*, **e** actuario *m*
aktuell de actualidad; actual; a la orden del día; de moda; en boga
AKW *n*, **s** → *Atomkraftwerk*
Akzelerationsprinzip *n*, **ien** principio *m* de aceleración
Akzept *n*, **e** aceptación *f*; letra *f*; efecto *m* de comercio; *bedingtes* ~ aceptación condicional; *bedingungsloses* ~ aceptación incondicional *(od.* libre); ~ *ehrenhalber* aceptación por intervención; *eingeschränktes* ~ aceptación cualificada; *mangels* ~ por falta de aceptación; *reines* ~ aceptación pura y simple; *uneingeschränktes* ~ aceptación general *(od.* no cualificada); *vor Fälligkeit bezahltes* ~ aceptación anticipada; *das* ~ *einholen* presentar la letra a la aceptación; recabar la aceptación; *ein* ~ *einlösen* pagar, honrar una aceptación; *einen Wechsel mit einem* ~ *versehen* aceptar una letra; *das* ~ *verweigern* denegar la aceptación; *einen Wechsel zum* ~ *vorlegen* presentar una letra al acepto
Akzeptant *m*, **en** aceptante *m*; aceptador *m*; (Méx.) indicatorio *m*; ~ *beim Kommissionswechsel* comisionista-aceptante *m*
Akzeptation *f*, **en** *(Scheck)* certificación *f*; autenticación *f*
Akzeptationsbuch *n*, **¨er** → *Akzeptbuch*
Akzeptbuch *n*, **¨er** libro *m* de letras, registro *m* de efectos a pagar (Syn. *Trattenbuch*)
Akzeptdat|um *n*, **-en** fecha *f* de aceptación
Akzepteinholung *f*, **en** presentación *f* (de una letra) a la aceptación
Akzepteinlösung *f*, **en** descuento *m*, pago *m* de una letra (aceptada)
Akzepterklärung *f*, **en** *(CH)* → *Annahmeerklärung*
Akzeptfrist *f*, **en** plazo *m* de aceptación
Akzeptgebühr *f*, **en** gastos *pl*, derechos *pl* de aceptación
akzeptieren aceptar; honrar; *nicht* ~ *(Wechsel)* desatender
Akzeptkont|o *n*, **-en** cuenta *f* de efectos *(od.* letras) a pagar
Akzeptkredit *f*, **e** crédito *m* de aceptación; crédito *m* por letras a descontar
Akzeptlinie *f*, **n** línea *f* de aceptación

Akzeptobligo *n*, Ø compromiso *m* por aceptación
Akzeptor *m*, **en** → *Akzeptant*
Akzeptprovision *f*, **en** comisión *f* de aceptación
Akzeptschuldner *m*, **-** deudor *m* por aceptación
Akzeptumlauf *m*, Ø → *Akzeptverkehr*
Akzeptverbindlichkeiten *pl* efectos *pl*, letras *pl* a pagar
Akzeptverkehr *m*, Ø montante *m* global de aceptaciones
Akzeptverweigerung *f*, **en** denegación *f* de la aceptación
Akzeptvorlage *f*, **n** presentación *f* a la aceptación
Akzeptwechsel *m*, **-** letra *f* de cambio aceptada
Akzeptzusage *f*, **n** promesa *f* de aceptación
Akzidens *n*, Ø emolumentos *pl* accidentales *(od.* eventuales); ingresos *pl* adicionales
Akzise *f*, **n** arbitrios *pl* municipales; (R.D.A.) aumento *m* de precios en una tienda (nacionalizada)
Alarm *m*, Ø alarma *f*; alerta *f*; *stiller* ~ alarma *f* silenciosa; ~ *auslösen* accionar, desencadenar la alarma
Alarmanlage *f*, **n** dispositivo *m*, sistema *f* de alarma
Alarmfalle *f*, **n** trampa *f* de alarma
Alarmgeber *m*, **-** → *Alarmanlage*
alarmieren alarmar; alertar; *~de Nachrichten* noticias *pl* alarmantes
Alarmmeldeeinrichtung *f*, **en** → *Alarmanlage*
Alarmmelder *m*, **-** detector *m* de alarma
Alarmrückstelleinrichtung *f*, **en** dispositivo *m* para reposición de la alarma
Alarmziffer *f*, **n** combinación *f* de alarma
ALGOL *(Algorithm Oriented Language)* ALGOL (lenguaje de programación)
Alimentation *f*, Ø alimentación *f*
Alimentationsanspruch *m*, **¨e** derecho *m* de manutención *(od.* alimentos)
Alimentationsklage *f*, **n** *(CH)* → *Unterhaltsklage*
Alimente *pl* alimentos *pl*; pensión *f* alimenticia; ~ *zahlen* pagar alimentos
Alimentenabfindung *f*, **en** indemnización *f* por alimentos
Alimentenbeiträge *pl* (CH) → *Unterhaltsleistung*
Alimentenforderung *f*, **en** pretensión *f*, reivindicación *f* de alimentos
Alimentenklage *f*, **n** acción *f*, demanda *f* de pensión alimentacia
alimentenpflichtig obligado a pagar alimentos
alimentieren proveer fondos *(od.* recursos)
Alkohol *m*, **e** alcohol *m*
Alkoholeinfluß *m*, Ø *unter* ~ bajo los efectos del alcohol
alkoholfeindlich antialcohólico
Alkoholgehalt *m*, Ø contenido *m* de alcohol;

27

graduación *f* alcohólica; *(im Blut)* alcoholemia *f*
Alkoholgenuß *m*, Ø ingesta *f* de alcohol
alkoholhaltig alcohólico
Alkoholika *pl* licores *pl*; bebidas *pl* alcohólicas *(od.* espirituosas)
alkoholisch alcohólico; *~es Getränk* bebida *f* alcohólica
Alkoholismus *m*, Ø alcoholismo *m*
Alkoholprobe *f*, n prueba *f* de alcoholemia
Alkoholschmuggler *m*, - contrabandista *m* de alcohol *(od.* licores)
Alkoholsünder *m*, - conductor *m* en estado de embriaguez
Alkoholverbot *n*, e prohibición *f*; "ley *f* seca"
Alkoholvergiftung *f*, en intoxicación *f* alcohólica
Allbeitrittsklausel *f*, n → *Allbeteiligungsklausel*
Allbeteiligungsklausel *f*, n (Lat.) cláusula si omnes; cláusula *f* de la común participación
alle, ~ *2 Monate* bimestral; cada 2 meses; ~ *3 Monate* trimestral; cada 3 meses; ~ *4 Monate* cuatrimestral; cada 4 meses; ~ *6 Monate* semestral; cada 6 meses; ~ *3 Tage* cada 3 días
Alleinaktionär *m*, e accionista *m* único
Alleinauslieferer *m*, - distribuidor *m*, proveedor *m* en exclusiva
Alleinauslieferung *f*, en exclusiva *f*
alleinberechtigt sein ser el único titular *(od.* autorizado); ser el único que tiene derecho
Alleinberechtigung *f*, en (derecho *m* de) exclusiva *f*
Alleinbesitz *m*, Ø posesión *f* exclusiva
Alleinbeteiligung *f*, en participación *f* exclusiva; participación *f* totalitaria
Alleinbetrieb *m*, e (Com.) exclusiva; *f* empresa *f* individual; *(Staat)* monopolio *m*
Alleinbezugsvereinbarung *f*, en acuerdo *m* de adquisición en exclusiva
Alleinbezugsverpflichtung *f*, en obligación *f* de compra en exclusiva
Alleineigentum *n*, Ø propiedad *f* singular; propiedad *f* exclusiva
Alleineigentümer *m*, - propietario *m* exclusivo; propietario *m* único
Alleinerbe *m*, n heredero *m* universal *(od.* único)
Alleinflug *m*, ⁻e vuelo *m* individual
Alleinhandel *m*, Ø monopolio *m*; (E) estanco *m*
Alleinhersteller *m*, - fabricante *m* exclusivo; único productor *m*
Alleinherstellungsrecht *n*, e monopolio *m* de fabricación; derecho *m* de fabricación en exclusiva
alleinig, *~er Vertreter* único agente *m (od.* representante *m*); *den ~en Vertrieb haben* ser el único distribuidor; *berechtigt zum ~en Vertrieb sein* tener la exclusiva de distribución

Alleininhaber *m*, - titular *m*, propietario *m* único
Alleinkaufsrecht *n*, e derecho *m* exclusivo de compra; derecho *m* de compra en exclusiva
Alleinkontrolle *f*, n control *m* directo y único
Alleinkonzessionär *m*, e concesionario *m* único *(od.* exclusivo)
Alleinlizenz *f*, en licencia *f* exclusiva
Alleinpächter *m*, - arrendador *m* único; único arrendador *m*
Alleinrecht *n*, e derecho *m* exclusivo; exclusividad *f* de compraventa; privilegio *m*
Alleinreeder *m*, - naviero *m* único; único naviero *m*
alleinstehend 1. que vive solo; *~e Personen* personas *pl* (que viven) solas 2. *(ledig)* soltero; célibe 3. *(Gebäude)* aislado
Alleinstellungsbewertung *f*, Ø publicidad *f* para destacar la excepcionalidad de la mercancía ofrecida
Alleinsteuer *f*, n impuesto *m* único
alleinverantwortlich sein ser el único responsable
Alleinverdiener *m*, - única persona *f* de la familia que percibe salario *(od.* sueldo *od.* honorario)
Alleinverdienerbeihilfe *f*, n subsidio *m* de salario único
Alleinverkauf *m*, Ø venta *f* (en) exclusiva; exclusiva *f*, monopolio *m* de venta; distribución *f* exclusiva; *den ~ haben* tener la exclusiva (de venta)
Alleinverkaufsrecht *n*, e derecho *m* de venta exclusiva
Alleinvertreter *m*, - representante *m* exclusivo
Alleinvertretung *f*, en representación *f* (en) exclusiva; agencia *f* exclusiva; *~ haben* ser el único distribuidor; tener la exclusiva de representación; tener representación (en) exclusiva; *jdm. die ~ übertragen* conferir, otorgar a alg. la representación (en) exclusiva
Alleinvertretungsabkommen *n*, - acuerdo *m* de representación *(od.* distribución) (en) exclusiva
alleinvertretungsberechtigt, *~ sein* tener el derecho de representación exclusiva; ser el único titular de la representación
Alleinvertretungsklausel *f*, n cláusula *f* de exclusiva
Alleinvertretungsrecht *n*, e *(des Handelsvertreters)* derecho *m* de representación (única y) exclusiva
Alleinvertrieb *m*, Ø distribución *f* exclusiva; concesión *f* exclusiva
Alleinvertriebshändler *m*, - distribuidor *m* exclusivo
Alleinvertriebsklausel *f*, n cláusula *f* de exclusiva

Alleinvertriebsrecht *n*, e derecho *m* de exclusiva de venta; exclusiva *f* de publicación
Alleinvertriebsvereinbarung *f*, en acuerdo *m*, pacto *m* de exclusiva
Alleinvertriebsvertrag *m*, ∼e contrato *m* de exclusiva
alleinzeichnungsberechtigt, ∼ *sein* ser la única firma autorizada; ser el único autorizado a firmar
Alleinzeichnungsberechtigung *f*, en única firma *f* autorizada; firma *f* exclusiva
allerhand, ∼ *Geld* (Fam.) un (verdadero) dineral *m*; un fortunón *m*
allerlei → *allerhand*
allerneueste, *das* ∼ lo más moderno; lo último; el último grito; la última novedad
allernötigste → *allernotwendigste*
allernotwendigste, *das* ∼ lo (más) indispensable; lo absolutamente necesario
Alleskleber *m*, - pegamento *m* universal; (Fam.) pegalotodo *m*
allgemein general; universal; común; genérico; ∼*e Geschäftsbedingungen* condiciones *pl* generales de contratación (*od.* de contrato); ∼*e Lieferbedingungen* condiciones generales de entrega (*od.* suministro); pliego *m* de condiciones; ∼*e Produktionsgüterindustrien* industrias *pl* de bienes de producción en general; ∼*e Wehrpflicht* servicio *m* militar obligatorio; ∼*e Ortskrankenkasse (AOK) (R.F.A.)* caja *f* local de (enfermedad) de la Seguridad Social; ∼*e Unkosten* gastos *pl* generales; ∼*es Wahlrecht* sufragio *m* universal
Allgemeinbildung *f*, Ø cultura *f* general
Allgemeines Zoll- und Handelsabkommen *n*, Ø acuerdo *m* general sobre aranceles y comercio; convenio *m* general sobre tarifas aduaneras y comercio; (el) GATT
allgemeingültig de validez general, universal; generalmente aceptado
Allgemeinheit *f*, Ø comunidad *f*; opinión *f* pública; común *m* de las gentes; público *m* en general; *im Interesse der* ∼ en interés general
allgemeinverbindlich vinculante para todos; de obligatoriedad general
Allgemeinverbindlichkeitserklärung *f*, en declaración *f* de extensión de los convenios colectivos en un sector; eficacia *f* general de los convenios colectivos
Allgemeinverfügung *f*, en disposición *f* general; bando *m* de aplicación general; (Chile) acto *m* de autoridad
Allgemeinverhalten *n*, Ø conducta *f* general; comportamiento *m* del público
Allgemeinvollmacht *f*, en poder *m* general
allgemeinwirtschaftlich de carácter económico general; desde el punto de vista de la economía general
Allgemeinwissen *n*, Ø conocimientos *pl* generales
Allgemeinwohl *n*, Ø bien *m* público; bien(estar) *m* común; interés *m* general
Allmende *f*, n propiedad *f* vecinal; pastos *pl* comunes
Allodialgüter *pl* bienes *pl* alodiales
Allonge *f*, n *(eines Wechsels)* coleta *f*; adición *f*; suplemento *m* (a una letra)
All-Risks-Versicherung *f*, en seguro *m* contra todo riesgo
Allround-Ausbildung *f*, en formación *f* polivalente, general
Allroundm|an *m*, -en persona *f* con competencia polivalente; (Fam.) comodín *m*
Alltagsgeschäfte *pl* negocios *pl* cotidianos, corrientes; rutina *f*
allumfassend universal
allwöchentlich semanal(mente); todas las semanas
Allzweck- (Pref.) de uso múltiple; polivalente; universal
Almanach *m*, e calendario *m*; almanaque *m*
al pari *(Börse)* a la par; ∼ *stehen* estar a (*od*. en) la par
Alphabetheft *n*, e → *Registerheft*
alphabetisch, ∼ *geordnet* por orden alfabético; ∼*es Verzeichnis* índice *m* (por orden) alfabético
alphanumerisch (Inform.) alfanumérico
als, *das Unternehmen hat mehr Geld* ∼ *es braucht* la empresa tiene más dinero que el que necesita; *alles andere* ∼ *billig* todo menos barato; todo excepto barato
alt viejo; anciano; de alta edad; de edad avanzada; *(nicht frisch)* no fresco; pasado; rancio; *(antik)* antiguo; *die* ∼*en Leute* los ancianos; la tercera edad; ∼ *gekauft* comprado de segunda mano; ∼*e Kunden* clientes *pl* de hace mucho tiempo; viejos clientes *pl*; *die Firma ist 50 Jahre* ∼ la empresa tiene medio siglo (*od.* 50 años); *die Firma ist 50 Jahre* ∼ *geworden* la empresa ha cumplido su medio siglo de existencia; la empresa fue fundada hace 50 años
Altbau *m*, ten construcción *f* antigua
Altbanken *pl* bancos *pl* anteriores a la capitulación alemana
Altbauer *m*, n (R.D.A.) ex campesino *m* (individual) antes de la reforma agraria (Ggs. *Neubauer*)
Altbaumiete *f*, n alquiler *m* antiguo
Altbauwohnung *f*, en vivienda *f* (de construcción) antigua (Ggs. *Neubauwohnung*)
Altbesitz *m*, e posesión *f*, propiedad *f* antigua;

valores *pl* antiguos
altbewährt acreditado; bien probado (desde hace tiempo)
alteingeführt, *~es Unternehmen* empresa *f* fundada hace mucho tiempo y que disfruta de gran prestigio
alteingesessen, *~e Firma* empresa *f* establecida desde hace mucho tiempo
Alteisen *n*, Ø chatarra *f*
Alteisengeschäft *n*, e chatarrería *f*
Alteisenhändler *m*, - chatarrero *m*
Altenteil *n*, e 1. reserva *f* (legal); 2. retiro *m*; 3. bienes *pl* para uso del antiguo propietario; *sich aufs ~ zurückziehen* retirarse de los negocios
Altenteiler *m*, - (R.D.A.) jubilado *m* del campo
Alter *n*, Ø edad *f*; *erwerbstätiges ~* edad activa; edad de trabajar; edad para ejercer un oficio o profesión; *im pensionsfähigen (od. rentenfähigen) ~* en edad de jubilación; en edad de retiro; en edad de retirarse; en edad de percibir una pensión; *im schulfähigen (schulpflichtigen) ~* en edad escolar; en edad de escolaridad obligatoria; *im ~ von* a la edad de; *nach dem ~* por antigüedad (en el servicio)
älter, *~e Arbeitskräfte pl (Lebensalter)* asalariados *pl* de edad avanzada *(od.* de cierta edad); *(Dienstalter)* asalariados con mucha antigüedad
alternativ, *~e Energiequellen* fuentes *pl* alternativas de energía; fuentes *pl* energéticas alternativas
Alternativbewegung *f*, en movimiento *m* alternativo (que propone soluciones diferentes para los problemas de la vida, ecología, etc.)
Alternativbudget *n*, s presupuesto *m* alternativo
Alternative *f*, n alternativa *f*; opción *f*
Alternativenergie *f*, n energía *f* alternativa
Alternative/r *(der/ein)* afiliado *m*, adherido *m* al movimiento alternativo
Alternativklausel *f*, n cláusula *f* alternativa *(od.* facultativa)
Altersabschreibung *f*, en amortización *f* por edad
Altersaufbau *m*, Ø → *Alterspyramide*
Altersbeihilfe *f*, n subsidio *m* de vejez
Altersdurchschnitt *m*, e media *f*, promedio *m* de edad
Altersfreibetrag *m*, ⸚e exoneración *f* fiscal por (razón de la) edad
Altersfürsorge *f*, Ø asistencia *f* a la vejez; (E) Servicio *m* Social de la Tercera Edad
Altersgliederung *f*, en → *der Bevölkerung* distribución *f*, repartición *f* de la población por edades
Altersgrenze *f*, n 1. límite *m* de edad; *die ~ erreichen* alcanzar la edad límite 2. edad *f* de jubilación; *flexible ~* jubilación *f* móvil;

posibilidad *f* de jubilación anticipada
Altersheim *n*, e hogar *m* del pensionista; asilo *m* de ancianos
Altershilfe *f*, n ayuda *f*, asistencia *f* a la vejez
Altersklasse *f*, n 1. grupo *m* de edad 2. quinta *f*
Alterspension *f*, en (A) pensión *f* de la seguridad social
Alterspräsident *f*, en 1. presidente *m* de honor 2. decano *m*
Alterspyramide *f*, n pirámide *f* de edades
Altersrente *f*, n pensión *f* de vejez; *(aus einer Versicherung)* pensión *f* por jubilación
Altersrentner *m*, - perceptor *m* de pensión *f (od.* subsidio de vejez)
Altersruhegeld *n*, er → *Altersrente*
Alterssparen *n*, Ø ahorro *m* para la vejez
Alters- und Hinterlassenenversicherung *f*, en (CH) → *Sozialversicherung*
Altersunterstützung *f*, en → *Altershilfe*
Altersversicherung *f*, en seguro *m* de vejez
Altersversorgung *f*, en 1. (régimen *m* de) retiro *m*; régimen *m* de pensiones; *(Beamte)* haberes *pl* pasivos 2. plan *m* de ahorro para la vejez; *betriebliche ~* plan de pensiones para los empleados; plan de pensiones de la empresa
Altersverteilung *f*, en → *Altersgliederung*
Alterszulage *f*, n plus *m* de antigüedad
Alterszuschlag *m*, ⸚e prima *f*, suplemento *m* de antigüedad
Alterung *f*, Ø 1. envejecimiento *m* 2. desgaste *m*; deterioro *m*
Alterungsverlust *m*, e pérdida *f* de valor por el progreso técnico, por la moda, etc.
Alte Welt *f*, Ø viejo mundo *m* (Europa, Asia, Africa)
altgedient de mucha antigüedad; *~er Arbeiter* trabajador *m* de mucha antigüedad en la empresa
Altgeld *n*, Ø 1. moneda *f* antigua 2. moneda *f* retirada de la circulación
Altgläubiger *m*, - cedente *m*
Altguthaben *n*, - haber *m* bancario antes de la reforma de 1948
Altkleiderhändler *m*, - ropavejero *m*
Altmaterial *n*, ien material *m* viejo; *verwertbares ~* material recuperable; material de recuperación
Altmetall *n*, (e) metal *m* viejo
altmodisch *(Ware)* pasado de moda; *(Person)* anticuado; chapado a la antigua; (Fam.) carroza
Altöl *n*, e aceite *m* usado *(od.* residual); aceite *m* de desecho
Altölregenerieranlage *f*, n instalación *f* regeneradora de aceite residual
Altpapier *n*, (e) papel *m* viejo; maculatura *f*

Altpapierwiederverwertung f, en reciclado m, reciclaje m, recuperación f del papel viejo
Altsparer m, - ahorrista m anterior a la reforma monetaria
Altwarenhandel m, Ø comercio m de lance (od. de segunda mano); chamarileo m; trapería f 2. recuperación f (de chatarra)
Altwarenhändler m, - chamarilero m; trapero m; comerciante m de segunda mano
Alu → *Arbeitslosenunterstützung*
Amateur m, e (Gal.) amateur m; aficionado m (Ggs. *Profi*)
ambulant ambulante; ~es Gewerbe venta f ambulante; buhonería f; ~er Händler vendedor m ambulante; ~er Patient paciente m externo (de un hospital); ~er Verkauf venta f puerta a puerta; venta f ambulante
Amelioration f, en mejoramiento m; mejora f
Ameliorationsanleihe f, n empréstito m de desarrollo (od. mejora od. fomento)
Amendement n, s (Pol., Jur.) enmienda f
amerikanisch americano; ~e Buchführung contabilidad f americana; contabilidad f sintetizada
amerikanisieren americanizar
Amerikanisierung f, en americanización f
Amortisation f, en amortización f (Syn. *Tilgung*)
Amortisationsanleihe f, n empréstito m (amortizable)
Amortisationsdarlehen n, - préstamo m amortizable
Amortisationsfonds m, - fondo m de amortización; fondo m amortizado; fondo m de redención; (LA) fondo m acumulativo
Amortisationshypothek f, en hipoteca f (amortizable)
Amortisationsschuld f, en deuda f amortizable; deuda f reembolsable por fracciones o en cuotas (generalmente iguales)
Amortisationszahlung f, en pago m de amortización
amortisierbar amortizable
amortisieren amortizar; ein Darlehen ~ amortizar un préstamo
Amortisierung f, en → *Amortisation*
Amt n, ⍩er 1. *(Aufgabe)* función f; misión f; servicio m 2. *(Stellung)* cargo m; destino m; empleo m 3. *(Behörde)* administración f; autoridad f 4. *(Dienststelle)* sección f; negociado m; departamento m 5. *(Büro)* despacho m; oficina f 6. competencia f; jurisdicción f 7. (Teléf.) línea f; central f; sich ein ~ anmaßen arrogarse un cargo (od. funciones); ein ~ antreten tomar posesión de un cargo; sein ~ aufgeben dimitir de su cargo; aus dem ~ ausscheiden salir del cargo; cesar en el cargo; ein

~ ausüben ejercer un cargo (od. función), (LA) fungir; ein öffentliches ~ bekleiden ocupar un cargo público; desempeñar una función pública; sich um ein ~ bewerben aspirar a un cargo; presentar su candidatura para un puesto (od. cargo); jdn. in ein ~ einführen introducir a alg. en un cargo; jdn. seines ~ entheben destituir, remover a alg. de su cargo (od. de sus funciones); jdm. im ~ folgen suceder a alg. en el cargo; ein ~ innehaben ser titular de un cargo; ein ~ übernehmen asumir un cargo; jdm. ein ~ übertragen confiar, encomendar un cargo (od. función) a alg.; Auswärtiges ~ (R.F.A.) ministerio m de Asuntos Exteriores de la R.F.A.; kraft seines ~es en virtud de su cargo; en virtud de sus atribuciones; von ~ wegen de oficio; oficialmente; por orden de la autoridad
Ämterhandel m, Ø camarilleo m; comercio m de cargos oficiales
Ämterhäufung f, en acumulación f de cargos (od. de funciones)
Ämterjagd f, Ø carrierismo m; empleomanía f; carrera f hacia los cargos oficiales
Ämterpatronage f, n nepotismo m; favoritismo m (Syn. *Vetternwirtschaft*)
amtieren ejercer las funciones de; desempeñar un cargo; ~ als actuar de
amtierend 1. en funciones; en ejercicio 2. interino; accidental; ~er Ratspräsident (EG) presidente m de turno del Consejo
amtlich oficial; público; ~e Bekanntmachung comunicado m, aviso m oficial; nicht ~ inoficial; con carácter privado
Amt|mann m, ⍩er od -leute 1. funcionario m del cuerpo administrativo; jefe m de servicio; consejero m 2. (Hist.) corregidor m; baile m
Amtmeister m, - presidente m de una corporación
Amtsalter n, Ø antigüedad f en el servicio (od. en el cargo)
Amtsanmaßung f, en arrogación f, usurpación f de funciones; abuso m de funciones; abuso m de autoridad; suposición f de cargo
Amtsantritt m, e toma f de posesión (del cargo); entrada f en funciones
Amtsarzt m, ⍩e médico m oficial (od. del Estado); médico m del cuerpo de la seguridad social; (E) médico m del cuerpo de sanidad civil
Amtsbefugnis f, se atribuciones pl f; competencia f; seine ~ überschreiten exceder, sobrepasar el límite de sus atribuciones
Amtsbereich m, e circunscripción f oficial
Amtsbezeichnung f, en título m; denominación f del cargo
Amtsblatt n, ⍩er boletín m; diario m, gaceta f oficial; (E) boletín m oficial del estado; ~ der

Europäischen Gemeinschaften diario oficial de las comunidades europeas
Amtsdauer *f*, Ø (duración *f* del) mandato *m*
Amtsdelikt *n*, e delito *m* de (un) funcionario
Amtsdeutsch *n*, Ø jerga *f* administrativa alemana; argot *m* oficial alemán
Amtseinführung *f*, en incorporación *f* al cargo
Amtseinkommen *n*, - (A) sueldo *m*; paga *f*; remuneración *f*
Amtseinkünfte *pl* emolumentos *pl*
Amtsenthebung *f*, en destitución *f*, remoción *f*, separación *f* del cargo
Amtserschleichung *f*, en usurpación *f* de un cargo oficial
Amtsgeheimnis *n*, se secreto *m* profesional (*od.* oficial)
Amtsgelder *pl* fondos *pl* públicos
Amtsgericht *n*, e juzgado *m* municipal; juzgado *m* de primera instancia e instrucción
Amtsgeschäfte *pl* funciones *pl* públicas; asuntos *pl* del cargo; tareas *pl* inherentes al cargo
Amtshandlung *f*, en actuación *f* pública; acto *m* oficial
Amtshilfe *f*, Ø ayuda *f* administrativa
Amtskollege *m*, n homólogo *m*
Amtsmißbrauch *m*, ⁺e abuso *m* de poder; abuso *m* de autoridad; prevaricación *f*
Amtsniederlegung *f*, en dimisión *f* de un cargo
Amtspflicht *f*, en deberes *pl* del cargo; deberes *pl* inherentes al cargo
Amtspflichtverletzung *f*, en prevaricación *f*; *eine ~ begehen* prevaricar
Amtsreise *f*, n viaje *m* de inspección
Amtsrichter *m*, - juez *m* municipal; juez *m* de primera instancia e instrucción; (Méx.) juez *m* menor (*od.* de menores); pretor *m*
Amtsschimmel *m*, Ø espíritu *m* burocrático; expedienteo *m*; rutina *f* burocrática; estupidez *f* administrativa; *da wiehert der ~* es el colmo de la majadería; *den ~ reiten* ir a caballo del reglamento
Amtsschreiber *m*, - escribano *m* público
Amtssiegel *n*, - sello *m* oficial
Amtssitz *m*, e sede *f* oficial; residencia *f* oficial
Amtssprache *f*, n 1. lengua *f*, idioma *m* oficial 2. lenguaje *m* administrativo
Amtsstunden *pl* horas *pl*, horario *m* de oficina
Amtstätigkeit *f*, en función *f*, gestión *f*, actuación *f* oficial
Amtsträger *m*, - titular *m* (de un cargo); funcionario *m*
Amtsvergehen *n*, - prevaricación *f*
Amtsverwalter *m*, - funcionario *m* administrativo (*od.* público)
Amtsvorgänger *m*, - predecesor *m*, antecesor *m* (en el cargo)

Amtsvormund *m*, ⁺er *od.* e tutor *m* de oficio
Amtsweg *m*, (e) *auf dem ~* por (la) vía oficial; por (la) vía jerárquica
an, ~ *die 80 DM* unos 80 marcos (alemanes)
analog, ~ *gelten* regir mutatis mutandis; aplicar de forma análoga
Analogdaten *pl* (Inform.) datos *pl* analógicos
Analyse *f*, n análisis *m*; *monetäre ~* análisis *m* monetario
Analysenquerschnitt *m*, e breve resumen *m* de ingresos y egresos (dentro del plan financiero de cobertura)
analysieren analizar
Analytiker *m*, - analista *m*
analytisch analítico
Anatozismus *m*, Ø anatocismo *m*; capitalización *f* de intereses vencidos de una deuda; interés *m* de intereses; interés *m* compuesto
Anbau *m*, Ø 1. (Agric.) cultivo *m*; 2. (Arquit.) anejo *m*; anexo *m*; ala *f*; edificio *m* contiguo
Anbaubeschränkung *f*, en limitación *f* de cultivos
Anbaubetrieb *m*, e finca *f* dedicada a cultivos
anbauen (Agric.) cultivar; plantar; poner en cultivo; explotar; (Arquit.) adosar; ensanchar; añadir; montar
anbaufähig cultivable; plantable
Anbaufläche *f*, n superficie *f* cultivada; superficie *f* cultivable; área *f* de cultivo
Anbaugebiet *n*, e zona *f* de producción
Anbaugenossenschaft *f*, en cooperativa *f* de cultivo
Anbaukontingentierung *f*, en *subventionierte ~* limitación *f*, contingentación *f* de cultivos con subvención compensatoria
Anbaukonzession *f*, en concesión *f* de tierras
Anbauland *n*, Ø tierras *pl* cultivadas
Anbaumöbel *pl* elementos *pl*, muebles *pl* funcionales
Anbaupflicht *f*, Ø obligación *f* de cultivar (*od.* cultivo)
Anbauprämie *f*, n prima *f* de cultivo; prima *f* por hectárea
Anbauteil *m*, e (*Möbel*) unidad *f*
Anbauverbot *n*, e prohibición *f* de cultivo
anbei (*im Brief*) adjunto; anexo; incluído; *~ erhalten Sie* le remitimos adjunto; le adjuntamos
anberaumen 1. *einen Termin ~* fijar, señalar un plazo 2. (Jur.) emplazar 3. (*Sitzung*) convocar
Anbetracht, *in ~ der Tatsache, daß* en vista, en consideración del hecho (de que); considerando que
anbetrifft, *was ~* por lo que respecta a; por lo que se refiere a; en lo tocante a
anbezahlen pagar las arras; abonar una señal
anbieten ofrecer; ofertar; brindar; *zum Kauf ~*

poner en (*od*. a la) venta; *wir bieten Ihnen hiermit wie folgt an* le hacemos la siguiente oferta
Anbietende/r *(der/ein)* → *Anbieter*
Anbieter *m*, - oferente *m*; ofertante; postor *m*; licitador *m*
Anbietung *f*, **en** *(von Zahlung oder Leistung)* proposición *f*; oferta *f*
Anbot *n*, **e** (A) 1. precio *m* aconsejado 2. oferta *f* 3. empleo *m* vacante
anbrechen, *seine Vorräte* ~ empezar las existencias; echar mano de las existencias; *eine Flasche* ~ abrir una botella
anbringen, *eine Ware* ~ dar salida a una mercancía; colocar, vender una mercancía
Anbringung *f*, **en** ~ *des Schutzvermerks* colocación *f*, aplicación *f* de la mención de reserva
andauernd, ~*e Inflation* inflación *f* persistente (*od*. continua)
ander, *unter* ~*em* entre otras cosas; entre otros
Anderdepot *n*, **s** depósito *m* de consignación; depósito *m* fiduciario
anderer, *ich bin leider* ~ *Ansicht* siento no poder coincidir con usted(es) en; siento diferir de usted(es); lamento no compartir su opinión
anderes, *sofern im Akkreditiv nicht ausdrücklich etw.* ~ *vorgeschrieben ist* a menos que en la carta de crédito no se especifique otra cosa
Anderkont|o *n*, **-en** cuenta *f* de consignación; cuenta *f* fiduciaria (abierta para recibir valores administrados)
ändern modificar; cambiar
anderswo, *die Ware* ~ *bestellen* pedir la mercancía en otra parte
Änderung *f*, **en** modificación *f*; cambio *m*; ~ *eines Gesetzes* enmienda *f* de una ley; (CH) ~ *der Firma* (*od*. *des Firmenwortlauts*) cambio de razón social; *einschneidende* ~ cambio decisivo (*od*. radical); ~ *zum Besseren (Schlechteren)* cambio a (*od*. para) mejor (peor); ~ *der Adresse* cambio de dirección; cambio de domicilio; ~ *eines Planes* alteración *f* de un plan; ~ *des Preises* revisión *f*, cambio de precios; ~ *der Vertragsbedingungen* modificación, cambio de las condiciones contractuales; ~ *des Wechselkurses* modificación del tipo de cambio; *eine* ~ *erfahren* experimentar un cambio (*od*. modificación); *eine* ~ *herbeiführen* ocasionar, producir un cambio; *sich eine* ~ *vorbehalten* reservarse el derecho de introducir una modificación; ~*en vorbehalten* salvo modificación; *zusätzliche* ~*en anbringen (bei einem Gesetz)* subenmendar
Änderungsantrag *m*, ~e (Parl.) enmienda *f*
Änderungskündigung *f*, **en** propuesta *f*, proposición *f* de enmienda de un contrato
Änderungsvorschlag *m*, ~e enmienda *f*; propuesta *f* de modificación
anderweitig, *sich die Ware* ~ *beschaffen* obtener, conseguir la mercancía de otra fuente (*od*. empresa); *den Auftrag* ~ *erteilen* pasar, hacer el pedido a otra empresa; *sofern nicht ausdrücklich Vereinbarungen getroffen worden sind* a menos que no se hayan estipulado acuerdos en otro sentido
andienen 1. ofrecer, ofertar (con insistencia) 2. entregar; proveer; *dem Käufer die Dokumente* ~ entregar los documentos al comprador; proveer al comprador de los documentos 3. embarcar (mercancía) 4. notificar embarques 5. pagar a título de integración de acciones; integrar
Andienung *f*, **en** 1. oferta *f* 2. entrega *f*; provisión *f*
Andrang *m*, Ø afluencia *f*; muchedumbre *f*; gentío *m*; tropel *m*; ajetreo *m*
andrehen (Fam.) endosar; colar; *jdm. einen Ladenhüter* ~ colarle, endosarle a alg. un artículo invendible
androhen, *jdm. die Entlassung* ~ amenazar a alg. con el despido; *die Versteigerung* ~ amenazar con subasta
Androhung *f*, **en** amenaza *f*; conminación *f*; *unter* ~ *einer Strafe* so pena de sanción
aneignen, *sich etw.* ~ apropiarse, adueñarse de a/c; *sich etw. widerrechtlich* ~ apropiarse, adueñarse indebidamente de a/c; usurpar propiedad de a/c
Aneignung *f*, **en** 1. apropiación *f* 2. acaparamiento *m* 3. usurpación *f*
Anerbe *m*, **n** heredero *m* único de una explotación rural
Anerbieten *n*, - oferta *f*; ofrecimiento *m*; proposición *f*
anerkannt, *allgemein* ~*e Tatsache* hecho *m* reconocido; realidad *f* admitida; *amtlich* ~ reconocido oficialmente; ~*e Forderung* reclamación *f* admitida; ~*er Handelsbrauch* hábito *m* comercial admitido; uso *m* mercantil reconocido; *(als einwandfrei)* ~*er Wechsel* letra *f* aceptada
anerkennen 1. reconocer 2. *(loben)* elogiar 3. *(billigen)* aceptar; aprobar; *einen Wechsel* ~ aceptar una letra 4. *(gesetzlich, gerichtlich)* legitimar; legalizar 5. *(Diplom)* convalidar; reconocer 6. *(Titel)* homologar 7. *(Anspruch)* admitir
anerkennend aprobatorio; elogioso; laudatorio; recognitivo
Anerkenntnis *f od. n*, **se** (Jur.) → *Anerkennung*
Anerkennung *f*, **en** reconocimiento *m*; elogio *m*; aceptación *f*; aprobación *f*; legitimación *f*;

legalización *f*; convalidación *f*; admisión *f*; *de facto, de jure* ~ reconocimiento de facto (*od.* de hecho), de jure (*od.* de derecho); ~ *der Unterschrift* reconocimiento de la firma; ~ *des Schutzrechtes* reconocimiento del derecho de protección

Anerkennungsschreiben *n*, - carta *f* de reconocimiento

anfahren 1. *(Auto)* arrancar; poner en marcha 2. *(ein anderes Auto)* chocar 3. *(Fußgänger)* atropellar; arrollar 4. *(Güter)* acarrear; 5. *einen Hafen* ~ arribar un puerto

Anfahrt *f*, **en** 1. *(Zufahrt)* acceso *m*; entrada *f* (en vehículo) 2. *(von Gütern)* acarreo *m* 3. *(Ankunft)* llegada *f*

Anfahrtsweg *m*, **e** vía *f* de acceso (en vehículo)

Anfall *m*, Ø 1. *(Erbschaft)* delación *f*; devolución *f* 2. *(Ertrag)* producto *m*; cantidad *f* producida 3. *(Gewinn)* ganancia *f* 4. *(Zins, Dividende)* acumulación *f* 5. *(Krankheit)* ataque *m*; acceso *m* 6. *(eines Amtes)* accesión *f* 7. *wegen großen Arbeits* ~ *s* por el mucho trabajo; debido a la gran afluencia de trabajo 8. existencias *pl*

Anfallberechtigte/r *(der/ein)* beneficiario *m*

anfallen 1. *(Erbschaft)* deferirse 2. *(Gewinn)* obtener 3. *(Zinsen)* devengar; acumularse 4. *(Kosten)* originarse 5. *(Probleme)* plantearse; presentarse 6. *(sich ergeben)* resultar

anfallende Gebühren *pl* derechos *pl* devengados

Anfang *m*, **⸗e** comienzo *m*; principio *m*; inicio *m*; origen *m*; *ein guter* ~ un buen comienzo; *am* ~ *seiner Laufbahn* al comienzo de su carrera; ~ *der 90er Jahre* a principios de los noventa; ~ *des Monats* a primeros, a comienzo, a principio de mes; ~ *Dezember* a primeros de diciembre; ~ *eines Schreibens* encabezamiento *m*; *den* ~ *machen* dar comienzo; empezar; comenzar; *von* ~ *an* desde un principio; *von* ~ *bis (zu) Ende* desde el principio hasta el fin

Anfänger *m*, - principiante *m*; novicio *m*; novato *m*

Anfängerkurs *m*, **e** curso *m* para principiantes; curso *m*, grado *m* de iniciación

Anfangsbedarf *m*, Ø requerimientos *pl* iniciales

Anfangsbestand *m*, **⸗e** *(an Waren)* inventario *m* inicial; stock *m* inicial; existencias *pl* iniciales

Anfangsbetriebskapital *n*, Ø capital *m* de trabajo inicial; capital *m* de explotación inicial

Anfangsbilanz *f*, en balance *m* de apertura

Anfangsbudget *n*, s presupuesto *m* inicial

Anfangsgehalt *n*, **⸗er** sueldo *m* inicial

Anfangsgeschwindigkeit *f*, en velocidad *f* inicial

Anfangsgrundlohn *m*, **⸗e** salario *m* inicial base

Anfangsguthaben *n*, - saldo *m* acreedor al empezar; saldo *m* acreedor inicial

Anfangsinventur *f*, en inventario *m* de apertura; inventario *m* inicial

Anfangskapital *n*, Ø capital *m* inicial; capital *m* de entrada *bzw.* antecedente

Anfangskontingent *n*, e contingente *m*, cupo *m*, cuota *f* inicial

Anfangskontorist *m*, en auxiliar *m* administrativo

Anfangskosten *pl* costes *pl* iniciales

Anfangskurs *m*, e *(Börse)* cotización *f*, precio *m* de apertura; cotización *f* inicial

Anfangslohn *m*, **⸗e** sueldo *m* inicial; sueldo *m* de entrada; paga *f* al empezar

Anfangsnotierung *f*, en → *Anfangskurs*

Anfangspreis *m*, e precio *m* inicial; precio *m* de salida

Anfangssald|o *m*, **-en** saldo *m* inicial; saldo *m* al comenzar

Anfangsschuld *f*, en deuda *f* inicial; saldo *m* deudor inicial

Anfangsstadi|um *n*, **-en** fase *f* inicial; estadio *m* inicial

Anfangsstellung *f*, en primera posición *f*; posición *f* al comenzar

Anfangstag *m*, e fecha *f* inicial; día *m*, fecha *f* de comienzo

Anfangstermin *m*, e fecha *f* de comienzo; (Lat.) término *m* a quo

Anfangsvergütung *f*, en remuneración *f*, retribución *f* inicial; ingresos *pl* iniciales

Anfangsvermögen *n*, Ø 1. patrimonio *m* inicial (*od.* original) 2. bienes *pl* pertenecientes a cada consorte (en la comunidad de gananciales)

Anfangsverpflichtung *f*, en → *Anfangsschuld*

Anfangswartezeit *f*, en plazo *m* de espera (*od.* carencia) inicial

Anfangswert *m*, e valor *m* inicial; valor *m* al principio; valor *m* al comienzo

Anfangszeile *f*, n primera línea *f*

Anfangszeitpunkt *m*, e → *Anfangstermin*

anfechtbar impugnable; controvertible; discutible; atacable; ~*er Vertrag* contrato impugnable

Anfechtbarkeit *f*, (en) ~ *wegen Irrtum* impugnabilidad *f* por error

anfechten (Jur.) *ein Urteil* ~ impugnar una sentencia; *einen Vertrag* ~ impugnar un contrato

Anfechtende/r *(der/ein)* el que impugna; impugnante *m*; impugnador *m*

Anfechtung *f*, en impugnación *f*; *der* ~ *unterliegen* estar sujeto a impugnación

Anfechtungserklärung *f*, en declaración *f* de impugnación

Anfechtungsfrist *f*, en plazo *m* de impugnación

Anfechtungsklage *f*, n acción *f* de impugnación; *(R.D.A.)* acción *f* de rescisión; ~ *gegen Schuldnerhandlungen* acción *f* revocatoria

anfertigen 1. fabricar; manufacturar; *nach genauer Angabe* ~ hacer, fabricar según datos dados de antemano; *eine Abschrift* ~ hacer, sacar (una) copia; *auf Bestellung* ~ hacer sobre pedido; fabricar a pedido 3. *ein Gutachten* ~ elaborar, redactar, escribir un informe pericial

Anfertigungskosten *pl* costes *pl* de hechura; costes *pl* de fabricación

Anfeuchter *m*, - esponja *f*

Anfinanzierung *f*, en financiación *f* inicial (de empresas o proyectos)

anfliegen 1. *(einen Flughafen)* hacer escala; aproximarse 2. servir un trayecto; cubrir una línea

Anflughafen *m*, ⁻ aeropuerto *m* de escala

anfordern pedir; solicitar; (Méx.) requisitar; *Arbeitskräfte* ~ demandar mano de obra; *einen Katalog* ~ pedir un catálogo; *eine Preisliste* ~ pedir una lista de precios

Anforderung *f*, en planteamiento *m*; exigencia *f*; demanda *f*; *telefonische* ~ demanda por teléfono; *allen ~en genügen* satisfacer todas las exigencias; *hohe ~en stellen* ser muy exigente

Anfrage *f*, n demanda *f*, solicitud de información, pregunta *f*; (Pol.) interpelación *f*; *auf* ~ sobre demanda; *auf Ihre (zu Ihrer)* ~ contestando a su demanda; *in Beantwortung auf Ihre* ~ vom en contestación a su demanda de fecha (od. del); *wir beziehen uns auf Ihre* ~ *vom 10. Mai* hacemos referencia, con referencia a su demanda de fecha 10 de mayo; *für Ihre Anfrage vom 5. März danken wir Ihnen* les agradecemos su demanda de (od. de fecha) 5 de marzo; *eine~richten an* hacer, formular una pregunta a; *~n senden Sie an folgende Adresse* para informes diríjase a la siguiente dirección

anfragen hacer una pregunta, una demanda (escrita); pedir informes; informarse; *bei jdm.* ~ informarse preguntándole a alg.

anfügen *(Anlage im Brief)* adjuntar; acompañar; anexar

Anfuhr *f*, en transporte *m*; camionaje *m*; porte *m*; acarreo *m*

anführen, *als Beispiel* ~ citar como ejemplo; *als Gründe (als Beweis)* ~ aducir, alegar como causas (como prueba); *als Referenz* ~ indicar, citar como referencia; *einen Streik* ~ liderar, encabezar una huelga

Anfuhrkosten *pl* costes *pl* de transporte *bzw.* acarreo; porte *m*

Anführung *f*, en alegación *f*; cita *f*; mención *f*

Angabe *f*, n *(Hinweis)* indicación *f*; *(Mitteilung)* información *f*; informe *m*; *(genaue Bezeichnung)* especificación *f*; detalle *m*; *(beim Zollamt)* declaración *f* de aduana; *(Anweisung)* instrucción *f*; *um* ~ *der Preise wird gebeten* sírvanse indicar los precios; *unter* ~ *Ihrer Preise* con indicación de su precio; *unter ~ des Betrages* especificando el importe; *unter ~des Namens und der Adresse* indicando nombre y dirección; *ohne* ~ *von Gründen* sin dar razones

Angaben *pl falsche* ~ datos *pl* falsos (*od.* incorrectos); tergiversación *f*; *genaue* ~ información *f* exacta; *genaue ~ machen (über Menge, Preis etc.)* especificar, indicar exactamente; *kurze* ~ datos concisos (*od.* sucintos); *nähere* ~ *machen* dar más (en) detalle; especificar; detallar; *statistische* ~ datos estadísticos; *technische* ~ datos técnicos; *vertrauliche* ~ datos confidenciales; *vollständige* ~ datos completos; *die~erfolgen ohne Gewähr* no respondemos de la exactitud de esta información (*od.* de estos datos); *nach* ~ según (los) datos; a tenor de las indicaciones; *nicht den* ~ *entsprechende Ware* mercancía (*od.* género) que no corresponde a lo especificado

angeben dar; indicar; *(Wert)* declarar; *näher* ~ especificar; *die Bedingungen* ~ indicar, especificar las condiciones; *Gründe* ~ dar, aducir, alegar razones; *den Preis* ~ indicar, especificar el precio; *Zeugen* ~ nombrar testigos; *etwas beim Zoll* ~ declarar algo a (*od.* en) la aduana

angeblich 1. supuesto; pretendido; presunto 2. presuntamente; supuestamente; según (*od.* por lo que) se dice; *~ geschuldeter Betrag* importe *m* supuestamente debido

Angebot *n*, e oferta *f*; ofrecimiento *m*; licitación *f*; puja *f*; *das Gesetz von* ~ *und Nachfrage* la ley de la oferta y la demanda; ~ *und Annahme* oferta y aceptación; *abgeändertes* ~ oferta modificada; *ausführliches* ~ oferta detallada; *befristetes* ~ oferta a plazo; *besonderes* ~ oferta especial; *billigstes* ~ oferta más barata; *bindendes (festes)* ~ oferta (en) firme; *elastisches* ~ oferta elástica; *erstes* ~ primera oferta; primera puja; *festes* ~ → *verbindliches* ~; *freibleibendes* ~ → *unverbindliches Angebot*; *freibleibendes (unverbindliches)* ~ oferta sin compromiso (no vinculante); *freies* ~ oferta espontánea; *gesamtwirtschaftliches* ~ oferta global; (E) recursos *pl* disponibles; *günstiges* ~ oferta favorable; *ein höheres* ~ *machen* pujar; *im* ~ en oferta; *knappes* ~ oferta escasa; *konkurrenzloses* ~ oferta sin competencia; *laufendes* ~ oferta permanente; oferta corriente; *letztjähriges* ~ oferta del año pasado; *mo-*

netäres ~ oferta monetaria; *mündliches* ~ oferta verbal; oferta de palabra; *nachträgliches* ~ oferta ulterior; *niedrigstes* ~ oferta más baja; *(bei Ausschreibungen)* postura *f* más baja; *promptes* ~ oferta inmediata; pronta oferta; *reichhaltiges* ~ oferta abundante; *reichliches* ~ oferta variada; *schriftliches* ~ oferta escrita; oferta por escrito; *sofortiges* ~ oferta inmediata; oferta sin pérdida de tiempo; *spärliches* ~ → *knappes* ~; *stärkeres* ~ más oferta que demanda; *tägliches* ~ oferta diaria; *telegrafisches* ~ oferta telegráfica; *unverbindliches* ~ oferta sin compromiso; *unverlangtes* ~ oferta no solicitada; *unzureichendes* ~ oferta insuficiente; *verbindliches* ~ oferta en firme; *verlangtes* ~ oferta solicitada (*od.* pedida); *verlockendes* ~ oferta atrayente (*od.* tentadora); *vernünftiges* ~ oferta razonable; *verschlossenes (versiegeltes)* ~ oferta sellada (*od.* cerrada); *verstecktes* ~ *(in einer Anzeige)* oferta entre líneas (*od.* escondida); *vorteilhaftes* ~ oferta ventajosa; *ein* ~ *abgeben* hacer, presentar una oferta; *ein* ~ *ablehnen* rechazar, desechar una oferta; *ein* ~ *annehmen* aceptar una oferta; *wir beziehen uns auf unser* ~ *vom* hacemos referencia a nuestra oferta del (*od.* de fecha); *ein* ~ *einholen* solicitar (una) oferta; ~*e sind einzureichen bis* el plazo de presentación de las ofertas expira el; ~*e erbeten zu* las ofertas se enviarán a; *ein* ~ *machen (unterbreiten)* hacer, presentar, pasar una oferta; *wir erlauben uns, Ihnen folgendes* ~ *zu machen* nos permitimos hacerles la siguiente oferta; *ein* ~ *widerrufen* revocar una oferta; retirar una proposición; *ein* ~ *in Erwägung ziehen* tomar en consideración, considerar una oferta; *ein* ~ *zurückweisen* → *ein* ~ *ablehnen*; *Ihr* ~ *sagt uns zu* su oferta nos agrada; *ein* ~ *sein* estar en oferta

angeboten, ~*er Preis* precio *m* ofrecido (*od.* ofertado); ~*e Waren* mercancías *pl*, artículos *pl* en oferta; género *m* ofrecido; *zum Verkauf* ~ *werden* ofrecer a la venta; ser ofrecido en venta

Angebotsabgabe *f*, n entrega *f* de la oferta
Angebotsanforderung *f*, en → *Angebotseinholung*
Angebotsannahme *f*, n aceptación *f* de la oferta
Angebotsausschreibung *f*, en invitación *f* a presentar ofertas; llamada *f* a propuestas
Angebotsbedingungen *pl* condiciones *pl* de la oferta
Angebotsdruck *m*, Ø presión *f* de la oferta
Angebotseinholung *f*, en requerimiento *m* de oferta; invitación *f* a hacer oferta
Angebotselastizität *f*, Ø elasticidad *f*, flexibilidad *f* de la oferta
Angebotskurve *f*, n curva *f* de la oferta
Angebotsliste *f*, n lista *f* de ofertas
Angebotslücke *f*, n oferta *f* insuficiente; laguna *f* en la oferta
Angebotsmenge *f*, n cantidad *f* ofrecido
Angebotsmonopol *n*, e monopolio *m* de oferta
Angebotsmuster *n*, - oferta *f* de muestra
Angebotspreis *m*, e precio *m* de oferta
Angebotssortiment *n*, e surtido *m* (en oferta)
Angebotssteuerung *f*, en regulación *f* de la oferta
Angebotstabelle *f*, n tabla *f*, tablón *m* de ofertas
Angebotsüberhang *m*, ⁼e oferta *f* excedentaria; *(Börse)* más vendedores que compradores
Angebotsunterlagen *pl* pliego *m* de condiciones
Angebotsverzeichnis *n*, se → *Angebotsliste*
Angebotszurückziehung *f*, en retirada *f*, revocación *f*, retracto *m* de una oferta
angebracht oportuno; procedente; pertinente; *(ratsam)* recomendable; aconsejable; *für* ~ *halten* considerar oportuno *od.* apropiado *od.* pertinente); *nicht* ~ inoportuno; fuera de lugar
angebrochen, ~*e Packung* paquete *m* ya abierto
angefallene, ~ *Gebühren* derechos *pl* devengados; ~ *Kosten* gastos *pl*, costes *pl* originados
angefertigt, *auf Bestellung* ~ hecho a (*od.* sobre) pedido; *nach Maß* ~ hecho a medida
angeführt, *die oben* ~*en Schriftstücke* los documentos *pl* ya mencionados; los documentos indicados antes
angegeben, ~*es Datum* fecha *f* indicada (*od.* señalada); ~*er Wert* valor *m* declarado; *die* ~*e Lieferzeit einhalten* observar, cumplir el plazo de suministro; atenerse al plazo de suministro; *zu hoch* ~ indicado de más; exagerado en la indicación; datos *pl* exagerados; *zu niedrig* ~ indicado de menos; datos incompletos
angegliederte Gesellschaft *f*, en compañía *f* afiliada *bzw.* asociada
angeheiratet emparentado por matrimonio
angehen, *jdn. um Hilfe* ~ pedir ayuda a alg.; solicitar ayuda de alg.; *an alle, die es angeht* a quien corresponda; a todo aquel que ataña; a todo aquel a quien pudiera interesar
Angeheuerte/r *(der/ein)* enrolado *m*; contratado *m*
angehören, *einem Verein* ~ ser miembro de una sociedad; ser socio de un club; estar afiliado a una asociación
Angehörige *pl die* ~*n* los parientes *pl*; los allegados *pl*; *unterhaltsbedürftige* ~ familiares *pl* dependientes; ~ *der Mitgliedstaaten (EG)* nacionales *pl* de un Estado (*od.* país) comunitario; nacionales *pl* de un país miembro de la Comunidad (Económica) Europea; ~ *des öffentlichen Dienstes* empleados y funcionarios de los servicios públicos

angeklagt, ~ *sein, getan zu haben* acusar de haber cometido

Angeklagte/r *(der/ein)* (Jur.) acusado *m*; procesado *m*; reo *m*

angekommen, *ich bin bei der Firma X* ~ soy empleado de la empresa X; estoy empleado en la empresa X; *der Artikel ist (beim Publikum) gut* ~ el artículo encuentra buena aceptación; *die uns übersandten Waren sind gut* ~ los artículos que nos enviaron han llegado en perfecto estado; *Ihre Sendung ist soeben* ~ acabamos de recibir su envío; su envío acaba de llegar (a nuestras manos)

Angeld *n,* **er** (Arch.) señal *f*; seña *f*; arras *pl*

Angelegenheit *f,* **en** asunto *m*; cuestión *f*; materia *f*; *~en der Gesellschaft* asuntos *pl* de la compañía; *~en von äußerster Wichtigkeit* asuntos de la máxima (*od.* de suma) importancia; *dienstliche* ~ asunto oficial (de la empresa); *dringende* ~ asunto urgente; *heikle* ~ asunto delicado; *laufende ~en* asuntos en curso; *peinliche* ~ asunto desagradable; *strittige* ~ asunto controvertido, contencioso; *unaufschiebbare* ~ asunto inaplazable; *sich einer* ~ *persönlich annehmen* hacerse cargo personalmente de un asunto; *eine* ~ *in Ordnung bringen* (*od. regeln*) arreglar un asunto; *eine* ~ *erledigen* solucionar un asunto

angelegt, *gut ~es Geld* dinero *m* bien invertido; *verschieden* ~ *(Wertpapiere)* diversificado

angelernter Arbeiter *m,* - obrero *m*, trabajador *m* semicualificado

angemeldet, *~es Patent* patente *f* pendiente; patente *f* solicitada; patente *f* en tramitación; *~er Wert der Waren* valor de las mercancías declarado

angemessen apropiado; suficiente; *innerhalb einer ~en Frist* dentro de un plazo prudencial (*od.* razonable); *~er Preis* precio *m* razonable; *~e Vergütung* remuneración *f* suficiente; retribución *f* adecuada

angenommen aceptado; aprobado; acepto; aceptamos; *einstimmig* ~ *(Antrag)* aprobado por unanimidad; *~er Name* nombre *m* asumido; pseudónimo *m*; *~er Wechsel* letra *f* aceptada

angerammtes Schiff *n,* **e** barco *m*, buque *m* abordado

angerechnet, *ausländische Steuern werden auf die inländischen Steuern* ~ los impuestos extranjeros se acreditan (*od.* se abonan *od.* se imputan *od.* se tienen en cuenta) en la determinación de la deuda fiscal

angereichertes Uran *n*, Ø uranio *m* enriquecido

Angerufene/r *(der/ein)* llamado *m*; solicitado *m*; persona *f* llamada (*od.* solicitada)

angeschimmelt que ha comenzado a enmohecerse

angeschlossen, *~e Bank* banco *m* afiliado; banco *m* miembro

angeschmutzte Ware *f,* **n** mercancía *f* que se ha ensuciado en la tienda

angeschrieben, *beim Chef gut* ~ *sein* disfrutar de buena opinión ante el jefe; (Fam.) entrarle al jefe por el ojo derecho; estar bien visto por el jefe

Angeschuldigte/r *(der/ein)* inculpado *m*

angesehen acreditado; apreciado; estimado

angespannt, ~ *arbeiten* trabajar intensamente; *die Geldmarktlage ist* ~ la situación reinante en el mercado monetario es tensa; el mercado de capitales a corto plazo se presenta tirante

angestellt, ~ *sein bei* trabajar como empleado en; *fest* ~ empleado *m* de plantilla; empleado *m* fijo

Angestellte/r *(der/ein)* empleado *m* (no manual); (*im* Ggs. *zum Arbeiter*) trabajador *m* de collar blanco; *älterer* ~ empleado con antigüedad; *höherer* ~ empleado con funciones directivas; *mit der Beaufsichtigung betrauter* ~ empleado inspector; *kaufmännischer* ~ empleado de comercio; (oficial) administrativo *m*; *(Handlungsgehilfe)* dependiente *m* de comercio; *kleiner* ~ empleado subalterno; *leitender* ~ ejecutivo *m*; directivo *m*; alto empleado; (Angl.) manager *m*; ~ *des öffentlichen Dienstes* empleado público; empleado de los servicios públicos

Angestellte *pl* personal *m*; empleados *pl* de plantilla; personal *m* no manual; ~ *in gehobener Stellung* empleados con funciones directivas; gabinete *m* técnico; *die leitenden* ~ *n* cuadros *pl* de mando (*od.* dirección); mandos *pl*; ~ *auf Zeit* empleados temporales

Angestelltentarif *m*, **e** convenio *m* colectivo para los empleados

Angestelltenverhältnis *n*, **se** relación *f* contractual de empleado; relación *f* de empleo; categoría *f* de empleado; *sich im* ~ *befinden* tener la categoría de empleado; estar en situación (*od.* régimen) de empleo

Angestelltenversicherung *f,* **en** (R.F.A.) seguro *m* social de vejez e invalidez (de los empleados)

Angestelltenversicherungskarte *f,* **n** (R.F.A) tarjeta *f* del seguro social de vejez e invalidez (de los empleados)

angewandte Wirtschaftswissenschaft *f,* **en** economía *f* aplicada

angewiesen, *er ist auf seinen Lohn* ~ depende (*od.* no puede prescindir) de su salario; ~ *sein zu* tener orden (*od.* instrucción) de

Angewiesene/r *(der/ein)* destinatario *m*; girado

angezahlter Betrag *m*, Ø *od.* ⁼e importe *m* pagado a cuenta

angleichen armonizar; asimilar; (re)ajustar; nivelar; *sich ~ an* amoldarse a; ajustarse a

Angleichung *f*, **en** armonización *f*; asimilación *f*; (re)ajuste *m*; *~ der mitgliedstaatlichen Rechtsvorschriften (EG)* armonización, acercamiento *m* de las legislaciones de los Estados comunitarios; *schrittweise ~ der Preise (der Mitgliedsländer) an die gemeinsamen Preise* reajuste gradual de los precios nacionales a los comunitarios; *~ der Renten* actualización *f* de las pensiones; *~ der Wechselkurse* reajuste de los tipos de cambio

angliedern integrar; afiliar; anexionar

angreifen, *das Kapital ~* empezar a gastar el capital; *die Reserven ~* recurrir a las reservas; *die Vorräte ~* empezar a consumir las existencias; echar mano de los stocks

angrenzendes Grundstück *n*, **e** solar *m*, inmueble *m* colindante (*od.* vecino)

Angriff *m*, **e** *~ der Baissepartei* campaña *f*, acometida *f*, ataque *m* bajista; *~ der Haussepartei* campaña *m*, acometida *f*, ataque *m* alcista; *in ~ nehmen* acometer; emprender; *zum ~ übergehen* pasar a la ofensiva

Angriffsaussperrung *f*, **en** suspensión *f* de empleo y sueldo (*od.* lock out) agresivo

Angstkäufe *pl* compras *pl* de pánico; adquisiciones *pl* motivadas por el miedo; psicosis *f* de compra

Angstklausel *f*, **n** cláusula *f* de seguridad; cláusula *f* sin garantía; mención *f* de no garantía de la aceptación; cláusula *f* de precaución contra actos de futuros endosantes

Angstverkauf *m*, Ø *od.* ⁼e venta *f* (forzosa) de pánico; ventas *pl* motivadas por el miedo; psicosis *f* de venta

angurten ponerse, colocarse el cinturón de seguridad

anhaken, *auf einer Liste ~* puntear, marcar en una lista

Anhalten *n*, Ø *~ der Korrespondenz* detención *f* de la correspondencia; *~ der Ware auf dem Transport* parada *f*, detención *f* en tránsito; *~ des Wirtschaftsaufschwungs* continuación *f* del auge económico

anhalten parar(se); detener(se); *ein Auto ~* parar un coche; *die Hausse hält an* continúa, prosigue el alza; *die Post ~* negarse a dar curso a la correspondencia

anhaltend, *~e Expansion* expansión *f* sostenida (*od.* continuada)

Anhalter *m*, - autoestopista *m*; *per ~ fahren* hacer autostop; viajar por autostop; (Méx.) viajar (*od.* irse) de aventón

Anhalterecht *n*, **e** (Marit.) derecho *m* de visita; *~ auf hoher See* derecho de visita en alta mar

Anhang *m*, Ø *od.* ⁼e 1. apéndice *m*; anexo *m*; suplemento *m* 2. partidarios *pl*; seguidores *pl* 3. *(Testament)* codicilo *m* 4. familiares *pl*; allegados *pl*; *ohne ~* sin familia 5. *(Wechsel)* coleta *f*

Anhängeadresse *f*, **n** etiqueta *f* colgante

anhängen 1. *einen Zettel an ein Paket ~* poner, colocar una etiqueta colgante en el paquete; colgar una etiqueta en el paquete 2. *(hinzufügen)* añadir; anexar 3. *einen Wagen ~* enganchar 4. *einen Prozeß ~* proceder judicialmente; entablar pleito 5. *einer Partei ~* adherirse a un partido

Anhänger *m*, - 1. partidario *m*; seguidor *m*; adicto *m* 2. etiqueta *f* de los equipajes 3. remolque *m*

Anhängerschein *m*, **e** (*Kfz*) permiso *m* de circulación para el remolque

Anhängerwagen *m*, - remolque *m*

Anhängerzettel *m*, - etiqueta *f* (colgante)

anhängig *(Prozeß)* pendiente; *einen Prozeß ~ machen* proceder judicialmente; entablar pleito

Anhangsbudget *n*, **s** presupuesto *m* anejo (*od.* suplementario) (Syn. *Nachtragshaushalt*)

Anhängsel *n*, - → Allonge

anhäufen acumular; apilar; amontonar; *Geld ~* atesorar (dinero); *Vorräte ~* acopiar (existencias); *sich ~* acumularse; incrementarse

Anhäufung *f*, **en** acumulación *f*; amontonamiento *m*; *(Geld)* atesoramiento *m*; *(Vorräte)* acopio *m*

anheben, *die Löhne um 4% ~* elevar, aumentar los salarios en el 4%; *die Preise ~* aumentar, subir, elevar los precios; *„hier ~"* levantar (por) aquí; levántese por aquí

Anhebung *f*, **en** elevación *f*; aumento *m*; incremento *m*; *~ der Mieten* elevación, aumento de los alquileres; *~ der Zölle* aumento, elevación de los derechos arancelarios

anheften, *Preisschilder an Waren ~* pegar las etiquetas de precio a los productos

anheizen, *die Inflation ~* atizar, estimular la inflación; *die Konjunktur ~* estimular la actividad económica

anheuern 1. enrolar; contratar; dar trabajo; ajustar 2. *sich ~ (lassen)* enrolarse; alistarse 3. (Fam.) fichar; reclutar

Anhörung *f*, **en** audiencia *f*; audición *f* pública (de expertos) (Syn. *Hearing*)

Anhörungsverfahren *n*, - *(EG)* procedimiento *m* consultivo; trámite *m* de audiencia

Ankauf *m*, Ø *od.* ⁼e compra *f*; adquisición *f*; *(Börse)* comprador *m*; *~ und Verkauf* compra *f* y venta *f*; compraventa *f*; *~ und Verkauf von*

Devisen compraventa de divisas; compraventa de moneda extranjera; ~ *von Massen* compra en grandes cantidades; compra a granel; ~ *von Tratten (durch eine Bank)* negociación *f* de letras; ~ *eines Wechsels* negociación *f* (bancaria) de una letra
ankaufen comprar; adquirir; *Aktien* ~ comprar acciones; *sich* ~ afincarse; *eine Tratte* ~ *(Außenhandel)* negociar una letra
Ankäufer *m*, - comprador *m*; adquirente *m*; adquiridor *m*; adquisidor *m* (principalmente de terreno)
Ankaufsermächtigung *f*, en *(Außenhandelsfinanzierung)* autorización *f* de compra
ankaufsfähig comprable; adquirible; *(Wechsel)* descontable
Ankaufkurs *m*, e cotización *f*, cambio *m* de compra; tipo *m* comprador
Ankaufpreis *m*, e precio *m* de compra
Ankaufsspesen *pl* gastos *pl* de adquisición
Anker *m*, - ancla *f*; *vor* ~ *gehen* anclar; *die* ~ *lichten* levar (anclas); desanclar; *vor* ~ *liegen* estar anclado; estar fondeado; ~ *(aus)werfen* echar anclas
Ankergeld *n*, er derechos *pl*, gastos *pl* de anclaje *(od.* fondeadero); anclaje *m*; ancoraje *m*
Ankerplatz *m*, ⸗e ancladero *m*; fondeadero *m*
Anklage *f*, n acusación *f*; inculpación *f*; querella *f* criminal; (Col.) declaración *f* instructiva
Anklagebehörde *f*, n autoridad *f* acusadora *(od.* acusatoria); autoridad *f* persecutoria
anklagen acusar; inculpar; incriminar; *vor Gericht* ~ perseguir judicialmente; (Col.) residenciar en juicio; ~ *wegen* acusar de
anklammern *(mit Büroklammern)* sujetar con grapas; engrapar
Anklang *m*, (⸗e) *die Ware findet* ~ la mercancía se vende bien; el género tiene buena acogida
ankleben pegar; fijar
Ankleben verboten se prohibe, prohibido fijar carteles
anknüpfen, *wirtschaftliche Beziehungen* ~ entablar relaciones económicas
ankommen 1. *(eintreffen)* llegar; arribar; venir; *wir hoffen, daß die Sendung in gutem Zustand bei Ihnen ankommt* esperamos que el envío les llegue en perfecto estado 2. *(Arbeitsplatz finden)* encontrar empleo 3. *(von Bedeutung) es kommt nicht auf den Preis an* el precio es lo de menos; si llegara el momento; si fuera necesario; *es kommt mir darauf an* lo que (yo) quiero; lo que me interesa 5. *mit diesen Preisen bei den Kunden gut (schlecht)* ~ tener éxito (no tener éxito) entre la clientela con tales precios 6. *auf etwas* ~ *lassen* correr el peligro *(od.* riesgo) de
ankreuzen marcar con una cruz; *bitte das Entsprechende (Gewünschte)* ~ sírvase marcar con una cruz lo que proceda
ankündigen anunciar; notificar; hacer saber; *die Sendung* ~ anunciar la remesa *(od.* expedición); notificar el envío
Ankündigung *f*, en anuncio *m*; notifidación *f*; *(Plakat)* cartel *m*; *ohne vorherige* ~ sin previo aviso; sin anunciarlo antes
Ankunft *f*, Ø llegada *f*; venida *f*; (Marit.) arribo *m*; ~ *und Abfahrt* llegada(s) y salida(s); *gute (od. wohlbehaltene)* ~ llegada en perfectas condiciones *(od.* en buen estado); *planmäßige* ~ llegada regular; (Fam.) llegada a su hora; *teilen Sie uns bitte mit, wann wir mit der* ~ *der Ware rechnen können* sírvase indicarnos (para) cuándo podemos contar con la llegada de la mercancía
Ankunftsanzeige *f*, n aviso *m* de llegada
Ankunftsbahnsteig *m*, e andén *m* de llegada
Ankunftsdat|um *n*, -en fecha *f* de llegada
Ankunftshafen *m*, Ø *od.*⸗ puerto *m* de llegada
Ankunftsmeldung *f*, en (CH) → *Eingangsmeldung*
Ankunftsort *m*, e lugar *m* de llegada
Ankunftszeit *f*, en hora *f* de llegada; *vorgesehene* ~ hora prevista de llegada; hora de llegada prevista
ankurbeln, *die Produktion* ~ relanzar, encauzar la producción; *den Verbrauch* ~ estimular el consumo; *die Wirtschaft* ~ reactivar la actividad económica
Ankurbelung *f*, en ~ *der Wirtschaft* relanzamiento *m* económico; reactivación *f* de la coyuntura económica; *Maßnahmen zur* ~ *des Verbrauchs* medidas *pl* encaminadas a estimular el consumo
Ankurbelungskredit *m*, e crédito *m* de estímulo *(od.* promoción) inicial
Anl. → *Anlage*
Anlage *f*, n 1. inversión *f*; colocación *f*; ~ *in Aktien* inversión en acciones; ~ *mit festem Ertrag* inversión a rédito fijo; ~ *mit schwankendem Ertrag* inversión a rédito variable; ~ *in Grundbesitz* inversión en inmuebles *(od.* valores inmobiliarios *od.* propiedad inmobiliaria); ~ *in Wertpapiere* inversión en (títulos-) valores; inversión en valores mobiliarios; ~ *überschüssiger Mittel* inversión de fondos remanentes; empleo *m* de excedente de fondos; *geldnahe* ~ disponibilidades cuasidinero; *mündelsichere* ~ inversión con máxima garantía; inversión con garantía pupilar; (Fam.) inversión de un

"buen padre de familia"; *prämiengünstige* ~ inversión con prima; *sichere* ~ inversión segura 2. anexo *m*; suplemento *m*; *als (in der)* ~ adjuntamos; adjunto; *etw. als* ~ *beifügen* incluir, adjuntar en el anexo; *in der* ~ *finden Sie* sírvase ver en el anexo; en el anexo encontrará usted; *in der* ~ *senden wir Ihnen* adjunto le remitimos; ~ *zu einer Bilanz* anexo de balance 3. *(Betriebsanlage)* instalación *f*; planta *f*; fábrica *f*; ~*n und Maschinen* plantas y maquinaria 4. (Const.) edificación *f*; construcción *f*; establecimiento *m* 5. plano *m*; diseño *m*; proyecto *m*; 6. (Agric.) plantación *f*; plantío *m* 7. *(Park)* jardín *m*; parque *m* 8. *(Fähigkeit)* aptitud *f*; talento *m*; *geistige* ~*n* dotes *pl* 9. ~ *einer Kartei* formación *f*, creación *f* de un fichero

Anlageabgänge *pl (Bilanz oder Anhang zur Bilanz)* bajas *pl* de inmovilizado; (LA) retiros *pl* de activo fijo

Anlageaufträge *pl* órdenes *pl* de inversión; encargos *pl* de invertir; órdenes *pl* de bienes (de) capital

Anlagebankier *m*, s banquero *m* exclusivo en títulos valores

Anlagebedarf *m*, Ø requerimientos *pl* de inversión

Anlagebedingungen *pl* condiciones *pl* de inversión

Anlagebedürfnis *n*, se necesidad *f* de inversión

Anlageberater *m*, - asesor *m* (en materia) de inversión; analista *m* de inversiones

Anlagebereitschaft *f*, (en) *geringe* ~ escasa disposición *f* a invertir

Anlagebeschränkungen *pl (einer Investmentgesellschaft)* restricciones *pl* a la inversión

Anlagebetrag *m*, ᵘe importe *m* invertido

Anlagedispositionen *pl* inversión *f* de dinero

Anlageentscheidung *f*, en decisión *f* de invertir

Anlageerneuerung *f*, en reposición *f* del activo fijo

Anlagefonds *m*, - (CH) → *Investmentgesellschaft*

Anlageform *f*, en forma *f*, tipo *m*, modalidad *f* de inversión

Anlagegegenstand *m*, ᵘe activo *m* (fijo)

Anlagegesellschaft *f*, en → *Kapitalanlagegesellschaft*, *Investmentgesellschaft*

Anlagegüter *pl* bienes *pl* (de) capital; bienes *pl* de inversión; equipamiento *m*; activos *pl* de capital

Anlageinvestitionen *pl* inversiones *pl* en el activo fijo *(od.* en el inmobilizado); formación *f* de capital *(od.* activo) fijo; inversiones *pl* fijas

Anlagekapital *n*, Ø capital *m* invertido *(od.* fijo); capital *m* inmovilizado; inmovilizaciones *pl*; cartera *f* de inversiones; *Zurückziehung von* ~ desinversión *f*

Anlagekauf *m*, Ø *od.* ᵘe compra *f* en cartera; compra *f* a título inversor

Anlagekäufe *pl* compras *pl* de valores (con fines de inversión)

Anlagekont|o *n*, -en cuenta *f* de inversiones

Anlagekosten *pl* gastos *pl* de (la) inversión; gastos *pl* de primer establecimiento; gastos *pl* de primera instalación; gastos *pl* de fundación; gastos *pl* de primera creación

Anlagekredit *m*, e crédito *m* de inversión; crédito *m* para financiar las instalaciones de producción

Anlagemarkt *m*, ᵘe mercado *m* (de inversión) de valores

Anlagemittel *pl* fondos *pl* para inversiones

Anlagemöglichkeit *f*, en oportunidad *f* de inversión

Anlagen *pl immaterielle* ~ activo *m* intangible; inmovilizaciones *pl* consistentes en derechos; inmovilizaciones *pl* intangibles *(od.* inmateriales *od.* incorporales); bienes *pl* inmateriales; ~ *im Bau* inmovilizaciones en curso; inmovilizaciones no terminadas y no sujetas a amortización

Anlagenabgänge *pl* → *Anlageabgänge*

Anlagenbuchhaltung *f*, Ø *(Sachanlagen)* contabilidad *f* de inmovilizaciones; *(Finanzanlagen)* contabilidad *f* de las inversiones

Anlagenfinanzierung *f*, en financiación *f* de las inversiones

Anlagenkont|o *n*, -en *(Sachanlagen)* cuenta *f* de las inmovilizaciones; *(Finanzanlagen)* cuenta *f* de inversiones

Anlagenstreuung *f*, en diversificación *f* de las inversiones; *mit breiter* ~ diversificado

Anlagenzugänge *pl* → *Anlagezugänge*

Anlagepapier *n*, e valor *m*; título *m* (de inversión)

Anlageplan *m*, ᵘe plan *m* de inversiones

Anlageportefeuille *n*, s cartera *f* de inversiones

Anlageprogramm *n*, e programa *m*, esquema *m* de inversiones

Anlagepublikum *n*, Ø inversores *pl*; inversionistas *pl*

Anlagerückstellungen *pl* reservas *pl* para amortización de material; fondo *m* (de previsión) para amortización de material

Anlageschutz *m*, Ø protección *f* del inversor *(od.* inversionista)

Anlageschwund *m*, Ø desinversión *f*

Anlagestreuung *f*, en → *Anlagenstreuung*

anlagesuchend que busca inversión apropiada

Anlagetip *m*, s sugerencia *f* confidencial sobre inversión; (Fam.) soplo *m* bursátil

Anlagevermögen *n*, - activo *m* fijo *(od.* permanente); (activo) inmovilizado *m*; valores *pl*

inmovilizados; (LA) bienes *pl* de uso; activo *m* fijo

Anlagewert *m*, e valor *m* de la inversión *(od.* de la colocación)

Anlagewerte *pl* valores *pl* inmovilizados; capital *m* fijo; *immaterielle* ~ (activos) intangibles *pl*

Anlageziel *n*, e objetivo *m* de la inversión

Anlagezugänge *pl (Bilanz, Anhang zur Bilanz)* adquisición *f* de inmovilizado; (LA) aumentos *pl* del activo fijo

Anlandegebiete *pl* áreas *pl*, zonas *pl* de aterrizaje

anlanden, *den Fischfang* ~ desembarcar las capturas

Anlandung *f*, en desembarco *m*; desembarque *m* bzw. aterrizaje *m* bzw. alunizaje *m* bzw. amerizaje *m*

Anlandverbringung *f*, en → *Anlandung*

Anla|ß *m*, ⁻sse ocasión *f*; motivo *m*; causa *f*; razón *f*; *aus* ~ con motivo de; con ocasión de; *es besteht* ~ *zu der Annahme* hay motivo para creer; *es gibt* ~ *zu Befürchtungen* hay motivos para temer; *er gab* ~ *zur Kündigung* dio motivo para el despido; *etw. zum* ~ *nehmen* aprovechar la ocasión para

anlassen, *den Motor* ~ arrancar, poner en marcha el motor; *das Geschäft läßt sich gut an* el negocio promete

anläßlich con motivo, con ocasión de

anlasten, *jdm etw.* ~ imputar a/c a alg.; *(ein Delikt)* aplicar

Anlauf *m*, Ø arranque *m*

Anlaufbetrag *m*, ⁻e importe *m* inicial; coste *m* de puesta en marcha

anlaufen 1. hacer escala (en un puerto) 2. acumularse (la deuda, los intereses) 3. comenzar; ponerse en funcionamiento; *die Produktion läuft am Monatsende an* se comenzará (con) la producción a finales de mes; *die Produktion* ~ *lassen* dejar que la producción se vaya poniendo en marcha

Anlaufen *n*, Ø arriba(da) *f*; ~ *eines Nothafens* arribada *f* forzosa

Anlaufhafen *m*, ⁻ puerto *m* de escala

Anlaufkosten *pl* gastos *pl* de puesta en marcha; costes *pl* iniciales

Anlaufkredit *m*, e crédito *m* de lanzamiento; crédito *m* para la puesta en marcha; crédito *m* de puesta en marcha

Anlaufphase *f*, n fase *f* inicial; fase *f* de puesta en marcha

Anlaufschwierigkeiten *pl* dificultades *pl* iniciales

Anlaufzeit *f*, en (período *m* de) rodaje *m*; período *m* de puesta en marcha; período *m* inicial

Anlegebrücke *f*, n *(Kai)* embarcadero *m*; muelle *m*; *(am Schiff)* pasarela *f*

Anlegegebühren *pl* derechos *pl* de atraque

Anlegehafen *m*, ⁻ puerto *m* de escala

anlegen 1. invertir; colocar; *fest* ~ invertir, colocar en firme; *sein Geld in Aktien* ~ colocar su dinero en acciones; *Geld in Immobilien* ~ invertir, colocar dinero en (bienes) inmuebles; *Geld kurzfristig (langfristig)* ~ invertir dinero a corto (largo) plazo; *Geld verzinslich* ~ invertir, colocar el dinero con devengo de intereses; *Geld in Staatspapieren* ~ colocar, invertir el dinero en valores del estado (Syn. *investieren*) 2. *Vorrat* ~ almacenar; establecer existencias 3. *eine Kartei* ~ establecer, hacer un fichero 4. *ein Konto* ~ abrir una cuenta 5. *(planen)* trazar; delinear 6. *(bauen)* edificar; construir 7. *(einrichten)* instalar 8. *(Marit.)* hacer escala; tocar en; atracar

Anleger *m*, - inversor *m*; inversionista *m*

Anlegestelle *f*, n embarcadero *m*; atracadero *m*; puesto *m* de atraque

Anleihe *f*, n empréstito *m* 1. *auslösbare* ~ empréstito a prima; *fundierte* ~ empréstito consolidado; *garantierte* ~ empréstito con garantía; *gebundene* ~ préstamo *m* condicionado; préstamo sujeto a ciertas condiciones; *gesicherte* ~ empréstito, préstamo garantizado; *hypothekarisch gesicherte* ~ préstamo, empréstito hipotecario; *indexgebundene* ~ empréstito indizado; empréstito ligado a un índice; *innere* ~ empréstito interior; *konsolidierte* ~ empréstito consolidado; deuda consolidada; *kündbare* ~ empréstito rescindible; *kurz-, mittel-, langfristige* ~ empréstito a corto, medio, largo plazo; *nicht amortisierbare* ~ empréstito de renta perpetua; *notierte* ~ empréstito cotizable; *öffentliche* ~ empréstito público; ~ *der öffentlichen Hand* empréstito, fondo público; *private* ~ empréstito privado; *tilgungspflichtige* ~ empréstito amortizable; *ungedeckte* ~ empréstito fiduciario; *unkündbare* ~ empréstito irrevocable; *unverzinsliche* ~ empréstito sin interés; *verzinsliche* ~ empréstito a interés 2. *die* ~ *wurde zum Parikurs öffentlich angeboten* el empréstito fue ofrecido al público a la par; *eine* ~ *auflegen* emitir, lanzar un empréstito; (Méx.) flotar un empréstito; *eine* ~ *zur Zeichnung auflegen* invitar a suscribir un empréstito; *eine* ~ *aufnehmen* contraer un empréstito; *eine* ~ *bedienen* pagar los intereses de un empréstito; *eine* ~ *begeben* emitir un empréstito, *(im Wege der festen Übernahme durch eine Bank)* negociar un empréstito; *aus* ~*n decken* cubrir con *od.* mediante empréstitos; *die* ~ *wurde voll gezeichnet* el empréstito ha sido suscrito totalmente; *eine* ~ *bei jdm. machen* recibir un préstamo de alg.; *eine* ~

tilgen amortizar, redimir un empréstito; *eine ~ übernehmen* adquirir un empréstito; *die ~ wurde überzeichnet* el empréstito fue suscrito en exceso; *eine ~ unterbringen* colocar un empréstito; *eine ~ zeichnen* suscribir un empréstito; *eine ~ zum Nennwert zurückzahlen* amortizar, redimir un empréstito a la par 3. *~ des Bundes* empréstito emitido por el Gobierno Federal; *~ der Montanunion* empréstito de la CECA (Comunidad Europea del Carbón y del Acero)
Anleiheablösung *f*, en reembolso *m*, devolución *f* de un empréstito
Anleiheablösungsschuld *f*, en deuda *f* amortizable
Anleiheagio *n*, Ø prima *f* sobre el empréstito
Anleiheaufnahme *f*, n contratación *f* de un empréstito
Anleiheausgabe *f*, n emisión *f* de un empréstito
Anleiheausstattung *f*, en términos *pl* de un empréstito
Anleihebank *f*, en banco *m* de empréstitos
Anleihebedarf *m*, Ø demanda *f* de empréstitos
Anleihebedingungen *pl* condiciones *pl* del empréstito
Anleihebegebung *f*, en emisión *f* de empréstitos
Anleihebetrag *m*, ~e monto *m*, importe *m* del empréstito
Anleihedienst *m*, Ø pago *m* de los intereses de un empréstito; servicio *m* de los empréstitos
Anleiheemission *f*, en emisión *f* de empréstitos
Anleiheerlös *m*, e → *Anleiheertrag*
Anleiheertrag *m*, ~e producto *m* del empréstito
Anleihegeber *m*, - emisor *m* de empréstitos
Anleihegeschäft *n*, e asunción *y* y colocación *f* de empréstitos; venta *f* e intermediación *f* de empréstitos a comisión
Anleihegewährung *f*, en otorgamiento *m*, concesión *f* de un empréstito
Anleihegläubige/r *(der/ein)* tenedor *m* de un empréstito; obligacionista *m*
Anleihekapital *n*, Ø empréstito *m*; capital *m* recibido para la financiación
Anleihekonsorti|um *n*, -en sindicato *m*, consorcio *m* de empréstitos
Anleihekonversion *f*, en conversión *f* de un empréstito
Anleihekurs *m*, e precio *m*, cotización *f* del empréstito
Anleihelaufzeit *f*, en plazo *m* (de amortización) de un empréstito; vencimiento *m* de un empréstito
Anleihemantel *m*, ~ certificado *m* de empréstito
Anleihemarkt *m*, ~e mercado *m* de empréstitos
Anleihenehmer *m*, - prestatario *m*, suscritor *m* de un empréstito

Anleihensgläubiger *m*, - (CH) → *Obligationär*
Anleihepapier *n*, e título *m*, bono *m* de empréstito
Anleihepolitik *f*, Ø política *f* (en materia) de empréstitos
Anleiherendite *f*, n rentabilidad *f* de un empréstito
Anleiherückzahlung *f*, en amortización *f* de un empréstito
Anleiheschein *m*, e certificado *m* de empréstito
Anleiheschuld *f*, en deuda *f* en concepto de empréstito; pasivo *m* consolidado; (Col.) obligación *f* pasiva
Anleiheschuldner *m*, - deudor *m* del empréstito
Anleiheschuldverschreibung *f*, en obligación *f*
Anleihestockgesetz *n*, e ley *f* sobre fondos de garantía de empréstitos a emitir
Anleihestückelung *f*, en denominación *f* del empréstito
Anleihetilgung *f*, en amortización *f* de un empréstito
Anleiheübernahmekonsorti|um *n*, -en sindicato *m*, consorcio *m* que asume el empréstito
Anleiheumwandlung *f*, en → *Anleihekonversion*
Anleiheunterbringung *f*, en colocación *f* del empréstito
Anleiheverschuldung *f*, en endeudamiento *m* por vía de empréstito
Anleihevertrag *m*, ~e contrato *m* de empréstito
Anleihewirtschaft *f*, Ø 1. economía *f* basada en empréstitos 2. sector *m* de empréstitos
Anleihezeichner *m*, - suscriptor *m* (de un empréstito)
Anleihezeichnung *f*, en suscripción *f* de un empréstito
Anleihezinsen *pl* intereses *pl* sobre empréstitos; intereses *pl* devengados por el empréstito
Anleihezinsendienst *m*, e servicio *m* de los empréstitos; servicio *m* de pago de intereses del empréstito
Anleihezuteilung *f*, en asignación *f* de empréstitos
anlernen formar; instruir; capacitar; *angelernter Arbeiter* trabajador *m* semic(u)alificado
Anlernling *m*, e 1. aprendiz *m* 2. trabajador *m*, obrero *m* en fase de formación
Anlernzeit *f*, en periodo *m* de formación
anliefern entregar, suministrar, abastecer (a domicilio)
Anlieferungsschein *m*, e talón *m*, hoja *f* de embarque
anliegend 1. adjunto (Syn. *beiliegend, anbei*) 2. contiguo; adyacente
Anlieger *m*, - vecino *m*; aledaño *m*; *~ frei* paso prohibido excepto vecinos
Anliegerstaat *m*, en país *m*, estado *m* ribereño
Anm. → *Anmerkung*

anmahnen 1. (*Geld*) reclamar, exigir el pago; 2. (*Auftrag*) reclamar un pedido
Anmeldeformular *n*, **e** boletín *m*, formulario *m* de inscripción
Anmeldefrist *f*, **en** plazo *m* de inscripción
Anmeldegebühr *f*, **en** derechos *pl* de inscripción
anmelden 1. *ein Fahrzeug* ~ matricular un vehículo 2. *eine Forderung* ~ presentar, plantear una reivindicación (*od.* exigencia) 3. *ein Gespräch* ~ pedir (una) conferencia con 4. *Konkurs* ~ declararse en quiebra 5. *ein Patent* ~ solicitar registro de patente; registrar una patente 6. *schriftlich* ~ notificar (por escrito) 7. *sich* ~ darse de alta; matricularse; inscribirse
Anmeldepflicht *f*, Ø declaración *f* obligatoria; registro *m* obligatorio
anmeldepflichtig sujeto a declaración; de declaración obligatoria
Anmeldeschein *m*, **e** hoja *f* de inscripción; cédula *f* de registro
Anmeldeschluß *m*, Ø cierre *m* del plazo de inscripción
Anmeldestelle *f*, **n** oficina *f* de registro; punto *m*, lugar *m*, sitio *m* para darse de alta
Anmeldetermin *m*, **e** → *Anmeldefrist*
Anmeldung *f*, **en** declaración *f*; registro *m*; inscripción *f*; alta *f*; *polizeiliche* ~ aviso *m* de llegada
Anmerkung *f*, **en** nota *f*; observación *f*; anotación *f*; advertencia *f*; acercar; *die Wirtschaftspolitiken schrittweise* (EG) aproximar, alinear progresivamente las políticas económicas
annähernd 1. aproximado; aproximativo 2. cerca de; aproximadamente; alrededor de; poco más o menos 3. *-e Berechnung* cálculo *m* casi correcto; estimación *f* aproximada
Annäherung *f*, **en** aproximación *f*; acercamiento *m*
Annäherungswert *m*, **e** (Estad.) valor *m* aproximativo; valor *m* de aproximación
Annahme *f*, **n** 1. aceptación *f*; recepción *f*; acepto *m*; *mangels* ~, *wegen nicht erfolgter* ~ por falta de aceptación; *einen Wechsel zur* ~ *vorlegen* presentar una letra para su aceptación; ~ *der Ware verweigern* rehusar la aceptación; negarse a aceptar (*od.* recibir); ~ *des Werkes* recepción de la obra 2. ~ *eines Gesetzes* aprobación de una ley 3. *in der* ~, *daß* suponiendo que; en el supuesto de que; en la creencia de que 4. *es besteht Grund zu der* ~ hay razón para suponer que 5. ~ *an Kindes Statt* adopción *f*; prohijamiento *m*; ~ *an Zahlung Statt* dación *f* en pago, *ausdrückliche* ~ aceptación expresa, *bedingte* ~ aceptación condicional (*od.* limitativa), *stillschweigende* ~ aceptación tácita (*od.* implícita); *unbedingte* ~ aceptación incondicional; *vorbehaltlose* ~ (*der Erbschaft*) aceptación pura y simplemente de la herencia; *zur* ~ *vorlegen* presentar a la aceptación
Annahmebahnhof *m*, ᵘe estación *f* de procedencia
Annahmebedingung *f*, **en** condición *f* de admisión
annahmeberechtigt facultado para aceptar
Annahmebescheinigung *f*, **en** (certificado *m* de) recibo *m*; (Gal.) récépissé *m*
Annahmeerklärung *f*, **en** declaración *f* de aceptación
Annahmefrist *f*, **en** plazo *m* de aceptación
Annahmepflicht *f*, **en** ~ *des Käufers* obligación *f* de aceptación por parte del comprador
Annahmeprotest *m*, **e** protesto *m* por no aceptación
Annahmestelle *f*, **n** 1. (*Gepäck*) facturación *f* de equipajes 2. (*Werbung*) oficina *f* de anuncios 3. (*Schalter*) ventanilla *f*; taquilla *f* 4. (*Telegramme*) despacho *m* de telegrama
Annahmestempel *m*, - sello *m* de recibo; sello *m* de entrada
Annahmevermerk *m*, **e** (nota *f* de) aceptación *f*
Annahmeverweigerung *f*, **en** no aceptación *f*; denegación *f*, negativa de aceptación
annehmbar, *-er Preis* precio *m* aceptable
Annehmbarkeit *f*, Ø aceptabilidad *f*
annehmen aceptar; aprobar; admitir, *bedingt* ~ aceptar con reserva; *sich* ~ hacerse cargo
Annehmende/r (der/ein) aceptante *m*; aceptador *m*; tomador *m*
Annehmer *m*, - → *Annehmender*
annektieren anexionar; anexar
Anexion *f*, **en** anexión *f* ~
anni currentis (*a.c.*) del año en curso
Annonce *f*, **n** anuncio *m*; inserción *f*; (LA) aviso *m*, *auf eine* ~ *antworten* contestar a un anuncio, *eine* ~ *aufgeben* insertar, poner un anuncio (Syn. *Anzeige, Inserat*)
Annoncenakquisiteur *m*, **e** agente *m*, adquisidor *m* de anuncios
Annoncenblatt *n*, ᵘer periódico *m* exclusivamente de anuncios; hoja *f* de anuncios
Annoncenexpedition *f*, **en** agencia *f* de anuncios
Annoncenteil *m*, **e** página(s) *f*/*pl* de anuncios
annoncieren anunciar; poner un anuncio; hacer publicidad
Annuität *f*, **en** anualidad *f*; suma *f* pagada al año (*od.* anualmente); anualidad *f* de reembolso;

Annuitätenbetrag

(*Zinsschein*) cupón *m*, ~ *mit bestimmter Laufzeit* anualidad cierta (*od.* incondicional), ~ *mit unbestimmter Laufzeit* anualidad incondicional
Annuitätenbetrag *m*, ᵘᵉ anualidad *f*
Annuitätenhypothek *f*, en hipoteca *f* sobre anualidades
Annuitätenzahlung *f*, en pago *m* por años; pago *m* por anualidades
annullieren anular; invalidar; cancelar; (Méx.) nulificar, *eine Bestellung* ~ anular, cancelar un pedido (*od.* una orden)
annullierter Scheck *m*, s cheque *m* anulado
Annullierung *f*, en anulación *f*; invalidación *f*; cancelación *f*
anordnen 1. exigir; prescribir; decretar 2. agrupar; colocar; disponer; poner en orden
Anordnung *f*, en 1. orden *f*; mandamiento *m*; instrucción *f*; ordenanza *f*; reglamentación; *einstweilige* ~ precautoria *f*; medida *f* de seguridad cautelar; interlocutorio *m*; *auf* ~ *des Gerichts* por orden judicial 2. colocación *f*; disposición, ~ *der ausgestellten Waren* distribución *f*, colocación *f* de las mercancías expuestas
Anordnungsweg *m*, e canal *m* de las órdenes
anpassen adaptar; asimilar; (re)ajustar; *seine Ausgaben den Einnahmen* ~ adaptar, ajustar sus gastos a los ingresos percibidos; *dem Lebenshaltungsindex* ~ indexar, indiciar al índice del coste de vida; *die Produktion an die Nachfrage* ~ ajustar, adaptar la producción a la demanda
Anpassung *f*, en adaptación *f*; (re)ajuste *m*; indexación *f*; *berufliche* ~ adaptación *f* profesional; *mengenmäßige* ~ *der Erzeugung an die Absatzmöglichkeiten* adaptación *f*, ajuste *m* de la producción a las posibilidades de venta; *wirtschaftliche* ~ ajuste económico; ~ *der Löhne an die steigenden Preise* reajuste de los salarios al alza de los precios; ~ *der Wechselkurse* (re)ajuste de los tipos de cambio
Anpassungsbeihilfe *f*, n ~ *für Arbeitnehmer* ayuda *f* de adaptación para los trabajadores y empleados
anpassungsfähig adaptable
Anpassungsfähigkeit *f*, en adaptabilidad *f*; *mangelnde* ~ inadaptación *f*
Anpassungsgesetz *n*, e ley *f* de ajuste; ley *f* modificatoria
Anpassungskosten *pl* gastos *pl* de (re)adaptación
Anpassungsmaßnahmen *pl* medidas *pl* de adaptación
Anpassungsschwierigkeiten *pl* dificultades *pl* de adaptación

Anreizartikel

Anpassungsvermögen *n*, Ø capacidad *f* de adaptación
Anpflanzung *f*, en cultivo *m*; plantación *f*
Anpflanzungsverbot *n*, e prohibición *f* de cultivo
anpreisen elogiar; alabar; encomiar; *seine Waren* ~ hacer el artículo; alabar sus artículos hasta las nubes
anpumpen (Fam.) *jdn.* ~ dar un sablazo a alg.; sablear a alg.
Anrainer *m*, - ribereño *m*
Anrainerstaat *m*, en estado *m* ribereño
Anrainerstraße *f*, n vía *f* reservada a los vecinos
anrechnen 1. facturar; poner, cargar en cuenta; adeudar; *auf den Kaufpreis* ~ deducir del precio de compra 2. abonar (en cuenta) 3. (Fig.) atribuir; imputar; achacar
Anrechnung *f*, en 1. facturación *f*; cargo *m* en cuenta; adeudo *m*; *in* ~ *bringen* poner en cuenta 2. abono *m*; descuento *m*; bonificación *f*; ~ *der Zahlungen* imputación *f*, aplicación *f* de los pagos 3. *zur* ~ *auf* a cargo de
anrechnungsfähig acreditable; computable; deducible; ~*e Dienstjahre* años *pl* de servicio computables para el pago de pensiones
Anrecht *n*, e derecho *m*; título *m*; *ein* ~ *haben auf etw.* tener derecho a u/c
Anrechtsschein *m*, e certificado *m* provisional (antes de la emisión de las acciones)
Anrede *f*, n 1. (Corresp.) encabezamiento *m* 2. (fórmula *f* de) salutación *f*; fórmula *f* de cortesía 3. ("Du", "Sie") tratamiento *m*; ~ *mit Du* tutear; tratar, decir de tú; ~ *mit Sie* tratar, decir de usted
anregen, *den Konsum* ~ estimular el consumo
anreichern enriquecer; *angereichertes Uran* uranio *m* enriquecido; *mit etw.* ~ enriquecer con u/c
Anreicherung *f*, en enriquecimiento *m*
Anreicherungsanlage *f*, n polanta *f* de enriquecimiento
Anreise *f*, n viaje *m* de ida (Ggs. *Rückreise*)
anreißen, *den Vorrat* ~ empezar las existencias
Anreißer *m*, - 1. vendedor *m* ambulante; charlatán *m* 2. gancho *m*; artículo *m* destinado a atraer a la clientela
anreißerisch, ~*e Werbung* publicidad *f* a bombo y platillo
Anreißerofferte *f*, n oferta *f* a precio inferior al de costo
Anreiz *m*, e incentivo *m*; aliciente *m*; acicate *m*; ~ *für Investitionen* incentivo para las inversiones; *finanzielle* ~ estímulos, incentivos financieros; *steuerliche* ~*e* incentivos, estímulos fiscales
Anreizartikel *m*, - artículo *m* de lanzamiento a precio reducido

anreizen, *Waren, die zum Kauf ~ sollen* artículos gancho; artículos destinados a atraer a la clientela
Anreizlohn *m,* ⁻e salario *m* incentivado
Anreizprämie *f,* **n** (prima *f* de) incentivo *m*
Anreizsystem *n,* **e** sistema *m* de trabajo incentivado
anrollen 1. acarrear 2. (Aviac.) rodar sobre la pista
Anruf *m,* e llamada *f* (telefónica); (Fam.) golpe *m* de teléfono; "telefonazo" *m*; (LA) llamado *m*; *einen ~ entgegennehmen* responder, contestar (al teléfono); tomar una llamada
Anrufbeantworter *m,* **-** (Teléf.) contestador *m* (automático de llamadas); *~ mit Fernabfrage* contestador con mando a distancia
anrufen 1. *jdn. ~* llamar por teléfono a alg.; hablar por teléfono con alg.; telefonear a alg.; dar a alg. un telefonazo (Syn. *telefonieren*) 2. *ein Gericht ~* apelar, recurrir a un tribunal
Anrufer *m,* **-** (Teléf.) el que llama; el que hace la llamada (telefónica)
Ansage *f,* **n** anuncio *m*; aviso *m*; *eine ~ im Radio (TV) durchgeben* radiar, (televisar) un anuncio; transmitir un aviso por radio (por televisión)
ansagen anunciar; comunicar
ansammeln 1. (*Personen*) concentrarse; reunirse 2. *Gewinne ~* acumular ganancias (*od.* beneficios) 2. *Reichtümer ~* atesorar riquezas 3. *Reserven ~* constituir reservas 4. *Vorräte ~* acopiar existencias
ansässig residente; domiciliado; implantado; *~ sein* residir en; *sich ~ machen, ~ werden* fijar, establecer la residencia en; afincarse en; *nicht ~* no residente; *in der Bundesrepublik ~e Tochtergesellschaften ausländischer Firmen* filiales de empresas extranjeras residentes en la R.F.A.; *in der Bundesrepublik ~e Wirtschaftsunternehmen* empresas (mercantiles) domiciliadas en la R.F.A.; *im Zollgebiet ~e Person* persona *f* con domicilio en el territorio aduanero
Ansatz *m,* ⁻e 1. evaluación *f*; estimación *f* 2. (Contab.) asiento *m*; *in ~ bringen* asentar en cuenta 3. (Anfang) enfoque *m*; planteamiento *m* 4. (*angesetztes Stück*) pieza *f* añadida 5. (*statistische Kurve*) inclinación *f*
anschaffen 1. (*Kauf*) comprar, adquirir; *sich ein Auto ~* comprarse un coche 2. (*besorgen*) procurar; facilitar 3. (*zahlen*) proveer fondos para el pago 4. (*Devisen*) suministrar
Anschaffung *f,* **en** (*Kauf*) compra *f*; adquisición *f*; (*von Beträgen*) provision; (*Devisen*) suministro *m*; *~en machen* hacer previsiones; *wir kaufen 10.000 Pfund ~ in London am 5. März* compramos 10.000 libras esterlinas para entregar en Londres el 5 de marzo
Anschaffungsdarlehen *n,* **-** préstamo *m* personal; crédito *m* personal a plazos; crédito *m* de adquisición
Anschaffungsgeschäfte *pl* (*Börse*) operaciones *pl* de compra
Anschaffungskosten *pl* coste *m* de compra (*od.* adquisición); gastos *pl* de adquisición; coste *m* inicial; coste *m* histórico (LA); costo *m* de adquisición; precio *m* de adquisición; *~ und Herstellungskosten* coste inicial y de producción
Anschaffungskredit *m,* **e** crédito *m* de adquisición
Anschaffungsnebenkosten *pl* coste *m* accesorio de adquisición
Anschaffungspreis *m,* **e** 1. (*Erwerbspreis*) precio *m* de compra (*od.* de adquisición) 2. (*Kaufpreis und Kaufnebenkosten*) precio *m* y costes de compra; precio *m* de compra
Anschaffungswert *m,* **e** valor *m* de costo; valor *m* de adquisicion (*od.* de compra); valor *m* inicial; *zum ~* al costo
Anschauungsmaterial *n,* **ien** material *m* documental; material *m* demostrativo (*od.* de demostración); material *m* de ilustración
Anschein *m,* Ø apariencia *f*
anscheinend, *es liegt ~ hier ein Mißverständnis vor* al parecer existe aquí un malentendido
Anscheinsvollmacht *f,* **en** autorización *f* aparente
Anschlag *m,* ⁻e 1. fijación *f* de anuncios (*od.* carteles) 2. cartel *m*; anuncio *m*; letrero *m* 3. pulsación *f* (en la máquina de escribir) 4. tasación *f*; valoración *f*; estimación *f*; *einen ~ der Kosten machen* hacer una estimación de los costes 5. cálculo *m*; cómputo *m*; *in ~ bringen* computar; tener en cuenta 6. atentado *m*; *einen ~ verüben* cometer, perpetrar un atentado
Anschlagbrett *n,* **er** → *Anschlagtafel*
anschlagen 1. pegar, fijar carteles (*od.* anuncios) 2. *zu hoch, zu niedrig ~* sobrevalorar, infravalorar
Anschlagplakat *n,* **e** cartel *m*; (Angl.) poster *m*
Anschlagsäule *f,* **n** columna *f* anunciadora (Syn. *Litfaßsäule*)
Anschlagtafel *f,* **n** tablón *m* de anuncios; cartelera *f*
Anschlagwand *f,* ⁻e panel *m* de carteles; mural *m* de carteles
Anschlagwerbung *f,* **en** publicidad *f* por carteles (Syn. *Plakatwerbung*)
Anschluß *m,* ⁻sse 1. (Transp.) enlace *m*; correspondencia *f*; *~ haben* tener enlace (*od.* conexión) 2. (*Bahnstrecke*) empalme *m* 3. (*Elektrotechnik*) conexión *f* 4. (*Strom, Wasser, etc.*)

toma *f*; acometida *f* 5. (Teléf.) comunicación *f*; ~ *bekommen* obtener comunicación; *im ~ an die Sitzung* a continuación de la sesión; *im ~ an mein gestriges Telefongespräch* con referencia a mi llamada (telefónica) de ayer; *kein ~ unter dieser Nummer* no hay abonado en el número que ha marcado usted; *dieser ~ ist vorübergehend außer Betrieb* el número que ha marcado está de momento fuera de servicio; *den ~ verlieren* perder el tren; perder la ocasión; quedarse atrás
anschnallen, *sich ~* (*im Auto, im Flugzeug*) abrocharse, colocarse, ponerse el cinturón (de seguridad)
Anschnallgurt *m*, e (*im Auto, Flugzeug*) cinturón *m* de seguridad
Anschnallpflicht *f*, en uso *m* obligatorio del cinturón (de seguridad)
anschreiben 1. dirigirse a alg. por escrito; escribir a alg. 2. cargar en cuenta 3. *~ lassen* comprar a crédito; comprar (al) fiado; *wollen Sie dies ~ lassen* ¿desea que se lo anote en cuenta? (Fam) ¿quiere que se lo apunte?
Anschrift *f*, en dirección *f* señas *pl*, (Syn. *Adresse*) *seine genaue ~ geben* dar la dirección exacta de uno; dar el nombre, los apellidos y la dirección de uno
Anschriftänderung *f*, en cambio *m* de dirección
Anschriftenverzeichnis *n*, se lista *f* de direcciones
anschuldigen (in)culpar; acusar
anschuldigend inculpatorio; acusatorio
Anschuldigung *f*, en inculpación *f*; acusación *f*, *falsche ~* acusación falsa (contra alg.)
anschwärzen, *einen Konkurrenten ~* hablar mal de la competencia
anschwindeln engañar, mentir a alg.
Ansehen *n*, Ø consideración *f*; reputación *f*; renombre *m*; *geschäftliches ~* reputación, renombre comercial; *hohes ~ genießen* disfrutar de buena reputación; *~ in der Öffentlichkeit genießen* disfrutar de buena imagen pública; *jds ~ schaden* desacreditar, desprestigiar a alg.
ansehen, (*sich*) *die Ware ~* examinar la mercancía
ansehnlich importante; *ein ~er Betrag* una suma respetable (*od.* importante)
ansetzen 1. evaluar; estimar; *die Kosten zu hoch, zu niedrig ~* estimar los costes en un valor excesivamente alto, bajo 2. *die Preise ~* fijar los precios 3. *eine Sitzung ~* convocar una reunión 4. *einen Termin ~* señalar, fijar una fecha (*od.* un plazo)
Ansicht *f*, en 1. punto *m* de vista; opinión *f*; parecer *m*; *nach allgemeiner ~* según la opinión general; *der ~ sein* ser de la opinión, *abweichender ~ sein* ser de opinión divergente; *anderer ~ sein* ser de otra opinión 2. *zur ~* como (*od.* de) muestra; *Exemplar zur ~* ejemplar *m* de muestra: ejemplar *m* para examen; *die Ware zur ~ senden* enviar la mercancía para su examen
Ansichtskarte *f*, n (tarjeta) postal *f*
Ansichtsmuster *n*, - muestra *f* para examen (*od.* inspección); especimen *m*
Ansichtssendung *f*, en envío *m* como muestra; envío *m* para examen; *bei unbestellter ~ keine Rücksendungspflicht* no hay obligación de devolución de las muestras no solicitadas
ansiedeln establecer; domiciliar; *sich ~* avecindarse; implantarse; establecerse; domiciliarse
Ansiedler *m*, - colono *m*
Ansiedlung *f*, en 1. colonización *f*; establecimiento *m* 2. colonia *f*; asentamiento *m*
anspannen tensar; *alle Kräfte ~* hacer un esfuerzo máximo; no regatear esfuerzos
Anspannung *f*, en tirantez *f*; tensión *f*; esfuerzo *m*; *wachsende ~ am Arbeitsmarkt* tirantez creciente en el mercado de trabajo; *~ am Geldmarkt* tensión, tirantez en el mercado dinerario (= más demanda que oferta); *~ der Kassenlage* escasez *f* de dinero disponible
ansparen ahorrar; hacer economía (para comprar u/c)
anspielen auf etw. aludir a u/c
Ansporn *m*, (e) estímulo *m*; incentivo *m*; aciate *m*
anspornen incentivar; estimular
Ansprache *f*, n discurso *m*; alocución *f*; *eine ~ halten* pronunciar un discurso (*od.* alocución)
ansprechen (*gefallen*) gustar; agradar; complacer; *ein Konto ~* imputar a una cuenta
Ansprechen *n*, Ø respuesta; reacción *f*; *~ eines Kontos* imputación *f* a una cuenta
ansprechend agradable; atractivo
anspringen arrancar; ponerse en marcha
Anspruch *m*, ⸚e derecho *m*; reclamación *f*; reivindicación *f* 1. *~ erheben auf* hacer valer un derecho; reclamar un derecho; *~ auf Dividende* derecho a dividendo; *~ auf Liquidationserlös* derecho al producto de la liquidación; *~ auf Patentschutz haben* tener derecho a la protección en virtud de patente; *seine ⸚e auf eine Rente geltend machen* hacer valer sus derechos a (percibir una) pensión 2. exigencias *pl*; pretensiones *pl*; *allen Ansprüchen gerecht werden* (*od.* genügen) satisfacer todas las exigencias; *zu hohe ~ ⸚e an jdn. stellen* exigir demasiado a (*od.* de) alg. 3. absorber; recabar; necesitar; *viel Zeit in ~ nehmen* absorber mucho tiempo; *ganz in ~ nehmen* absorber, ocupar por completo; *sehr in ~ genommen sein* estar

abrumado de trabajo; estar muy ocupado; estar muy absorbido por el trabajo 4. monopolizar; *ganz* (*und gar*) *für sich in* ~ *nehmen* acaparar (completamente) para sí; monopolizar; *berechtigter* ~ reclamación justificada; *einklagbarer* ~ reclamación ejercitable (*od*. actuable); causa *f* de acción; *gegebener* ~ acción a que hubiese lugar; acción con lugar; *geringe* ~ ⁼e demandas *pl* de poca consideración; *gesetzliche* ~ ⁼e reclamaciones legales; *hohe* ~ ⁼e grandes exigencias; (*nicht*) *vermögensrechtlicher* ~ acción (no) patrimonial; *prozessualer* ~ impedimento *m*; *rechtlicher* ~ título *m* legal; *schuldrechtlicher* ~ derecho *m* personal; pretensión *f* jurídica obligacional; *streitiger* ~ derecho discutible; *unberechtigter* ~ reclamación injustificada; *unbestreitbarer* ~ derecho incontestable; *unklagbarer* ~ pretensión no accionable procesalmente; *unstreitiger* ~ derecho indiscutible; *verfallener* ~ reclamación caducada; *weitere* ~ ⁼e *sind ausgeschlossen* quedan excluídas otras reclamaciones; *verjährter* ~ reclamación prescrita; *vertraglicher* ~ reclamación contractual; *vollstreckbarer* ~ reclamación ejecutoria

Ansprüche *pl* ~ *auf das Sozialprodukt* demandas *pl* (presentadas) al producto nacional

Anspruchsabtretung *f*, **en** cesión *f* de una reclamación

Anspruchsbefriedigung *f*, **en** satisfacción *f* de una reclamación

anspruchsbegründend constitutivo de derecho

Anspruchsbegründung *f*, **en** fundamentación *f*, justificación *f* de la reclamación

Anspruchsberechtige/r (*der/ein*) el que tiene un derecho; titular *m* de un derecho; beneficiario *m*

anspruchslos sin pretensiones; modesto; poco exigente

Anspruchsschuldner *m*, - deudor *m* de la reclamación

Anspruchsverjährung *f*, **en** prescripción *f* de la acción

Anspruchsverwirkung *f*, **en** pérdida *f*, caducidad *f* de un derecho

anspruchsvoll exigente; ambicioso; ~*er Kunde* cliente *m* exigente; cliente *m* difícil de satisfacer; ~ *sein* ser exigente; tener ambiciones; tener un gusto refinado

Anstalt *f*, **en** establecimiento *m*; institución *f*; centro *m*; *öffentlich-rechtliche* ~ institución, instituto *m* (de derecho) público

Anstaltsgebühr (CH) → *Benützungsgebühr*

anständig, ~*er Preis* precio *m* razonable (*od*. aceptable); *ein* ~*es Stück* un buen pedazo (*od*. trozo)

anstandslos, *Ihr Projekt wurde* ~ *angenommen* se ha aceptado su proyecto sin reparos

Anstandsfrist *f*, **en** plazo *m* de espera conveniente (al vencimiento)

anstechen, *ein Faß* ~ espitar, picar un barril

anstehen 1. hacer, formar cola (Syn. *Schlange stehen*) 2. *eine Schuld* ~ retardar, diferir el pago de una deuda

anstehend, ~*e Schuld* deuda *f* atrasada (*od*. pendiente)

ansteigen (*Preise, Kurse*) subir; aumentar; progresar; *spürbar* ~ subir, aumentar sensiblemente; *steil* ~ subir como una flecha; dispararse

Ansteigen *n*, Ø alza *f*; aumento *m*; ~ *der Löhne* alza, subida *f* de los salarios; *rasches* ~ *der Preise* alza acentuada (*od*. veloz) de los precios

anstellen 1. colocar; contratar; emplear; dar colocación; *jdm. aushilfsweise* ~ emplear temporalmente; ~ *und entlassen* emplear y despedir; *jdn. fest* ~ dar empleo fijo; contratar en plantilla; *zur Probe* ~ contratar, colocar a prueba 2. *sich* ~ hacer, formar cola 3. *eine Untersuchung* ~ realizar una encuesta; *eine Berechnung* ~ hacer un cálculo

Anstellung *f*, **en** 1. contratación *f* 2. empleo *m*; (puesto de) trabajo; *eine* ~ *finden* encontrar una colocación (*od*. empleo *od*. trabajo); ~ *auf Lebenszeit* empleo *m* (con carácter) vitalicio; (*Wertpapiere*) oferta *f* en firme; oferta *f* a plazo fijo

Anstellungsbedingungen *pl* condiciones *pl* de empleo

Anstellungsbewerbung *f*, **en** solicitación *f*, solicitud *f*, demanda *f* de empleo

Anstellungsdekret *n*, **e** (A) → *Bestallungsurkunde*

Anstellungsvertrag *m*, ⁼e contrato *m* de trabajo

ansteuern tomar, hacer rumbo a; navegar hacia

Anstieg *m*, Ø alza *f*; subida *f*; aumento *m*; incremento *m*; ~ *der Ausfuhr* aumento de las exportaciones; ~ *der Kurse* alza, subida de las cotizaciones; ~ *der Löhne* subida, aumento de los salarios; ~ *der Nachfrage* aumento de la demanda; ~ *der Preise* alza, subida, aumento de los precios; *im* ~ *begriffen* estar en proceso de aumento; estar subiendo

anstiften instigar; incitar

Anstiftung *f*, **en** instigación *f*; incitación *f*

Ansto/ß *m*, ⁼**sse** (*Anregung*) iniciativa *f*; impulso *m*; (*Ärgernis*) escándalo *m*; ~ *erregen* causar escándalo; ~ *nehmen* escandalizarse

anstreichen pintar; dar una capa (*od*. mano) de pintura; (*anmerken*) marcar; subrayar

Anstreicharbeiten *pl* trabajos *pl* de pintura
anstrengen 1. *einen Prozeß gegen jdn.* ~ promover, entablar un proceso (*od.* pleito) 2. *sich* ~ esforzarse; hacer esfuerzos
Anstrengung *f*, **en** esfuerzo *m*; *~en zur Absatzförderung* medidas *pl* de promoción de ventas; *seine ~en verdoppeln* (re)doblar los esfuerzos
Ansturm *m*, ⁼e riada *f*; avalancha *f*; *der ~ der Kunden* avalancha de clientes; afluencia *f* masiva de clientes
Ansuchen *n*, - *auf ~ von* a ruego de; a instancia de, a petición de; a solicitud de; *einem ~ entsprechen* complacer un ruego (*od.* solicitud *od.* instancia *od.* petición)
Anteil *m*, e 1. (*Beteiligung*) (título de) participación *f*; *~ haben a etw.* participar en u/c.; *gleichen ~ am Gewinn haben* participar igualmente en los beneficios; *sein ~ am Erbe* su parte de herencia 2. (*Partie*) lote *m* 3. (*Bestandteil*) componente *m* 4. (*Zuteilung*) prorrata *f* 5. (*Quote*) cuota *f*; cupo *m*; contingente *m* 6. *prozentualer, prozentmäßiger ~* porcentaje 7. *~ an einem Investitionsfonds* certificado *m*, unidad *f* de un fondo de inversiones 8. (*Beitrag*) contribución *f*
anteilig → *anteilmäßig*
Anteillohn *m*, ⁼e (Agric.) remuneración *f*, salario *m* en especie (Syn. *Naturallohn*)
anteilmäßig proporcional; a prorrata; *~er Betrag* importe *m* proporcional; importe *m* a prorrata; *~e Fracht* flete *m* pagado a prorrata; *~ Gewinn* cuota parte *f* de los beneficios; *~e Kosten* costes *pl* prorrateados; costes *pl* a prorrata; *~ aufteilen* distribuir proporcionalmente; prorratear; *~ haften* responder a prorrata
Anteilnahme *f*, **n** participación *f*
Anteilnehmer *m*, - participante *m*
Anteilpapier *n*, **e** título *m*, valor *m* de participación
Anteilsatz *m*, ⁼e cuota-parte *f*
Anteilsberechtigte/r (*der/ein*) persona *f* con derecho a participación
Anteilsbewertung *f*, **en** (*Investmentfonds*) valoración *f* de los certificados
Anteilschein *m*, **e** 1. certificado *m* de acción 2. certificado *m* de un fondo de inversiones; cupón *m*
Anteilseigner *m*, - accionista *m*; (*Investmentfonds*) partícipe *m* (Syn. *Aktionär*)
anteilsmäßig → *anteilmäßig*
Anteilspacht *m*, **en** arriendo *m* de participación
Anteilssumme *f*, **n** comandita *f*
Anteilszertifikat *n*, **e** certificado *m* de participación
Anteilwirtschaft *f*, **en** aparcería *f*; (LA) colonato *m*; (Perú) trabajo *m* al partir

antelefonieren llamar (por teléfono); telefonear; (Fam.) pegar, dar un telefonazo (a alg.)
Anthrazit *m*, **e** antracita *m*
antichambrieren hacer antesala (*od.* antecámara) (Syn. *katzbuckeln*)
Antichrese *f*, **n** anticresis *f*; contrato *m* de abandono de usufructo de una finca
antichretisch anticrético
Antidumpingabkommen *n*, - acuerdo *m* antidumping
Antidumpinggesetz *n*, **e** ley *f* antidumping
Antidumpingkod|ex *m*, **e** *od.* **-izes** código *m* antidumping
Antidumpingverfahren *n*, - procedimiento *m* antidumping
Antidumpingzoll *m*, ⁼e arancel *m* (aduanero) antidumping
antiinflationär antiinflacionista
antiinflationistisch antiinflacionario
antikapitalistisch anticapitalista
antimonopolistisch antimonopolístaico
Antioxidantien *pl* substancias *pl* antioxidantes
antiquarisch de segunda mano; de ocasión; de lance; *etw. ~ kaufen* comprar u/c de segunda mano
Antiquitäten *pl* antigüedades *pl*
Antiquitätenhandel *m*, Ø comercio *m* de antigüedades; comercio *m* de chamarilero
Antiquitätenhändler *m*, - anticuario *m*; chamarilero *m*
Antiquitätenladen *m*, ⁼ tienda *f* de antigüedades
Antiquitätensammler *m*, - coleccionista *m* de antigüedades
antispekulative, *~ Maßnahmen* medidas *pl* contra la especulación
Antistreikgesetzgebung *f*, **en** legislación *f* de prevención de huelgas
Antitrustgesetz *n*, **e** ley *f* contra la constitución de trusts
Antizipandozinsen *pl* intereses *pl* anticipados; intereses *pl* a pagar antes del vencimiento de una deuda
Antizipation *f*, Ø anticipación *f*
antizipativ, *~e Aktiva* (*noch nicht eingenommene Aktiva*) activos *pl* por recibir; *~e Passiva* (*noch nicht bezahlte Aufwendungen*) pasivos *pl* por pagar; *~e Posten* partidas *pl* por cobrar
antizyklisch anticíclico; anticoyuntural; *~e Maßnahmen* medidas *pl* anticíclicas (*od.* anticoyunturales); medidas *pl* destinadas a relanzar o a frenar la actividad económica
Antrag *m*, ⁼e (*Vertragsangebot*) oferta *f*; ofrecimiento *m*; proposición *f*; (*Gesuch*) solicitud *f*; petición *f*; (*an das Gericht*) súplica *f*; (*Verwaltung*) instancia *f* 1. *auf ~* a instancia; *auf ~ von* a solicitud de; *~ auf Ablehnung* escrito *m* de

recusación; ~ *auf Aufnahme in die Tagesordnung* solicitud de inclusión en el orden del día; ~ *auf Eintragung* solicitud de inscripción; ~ *auf Entschädigung* petición de indemnización; ~ *auf Konkurseröffnung* solicitud de declaración de quiebra; ~ *auf Teilnahme* demanda *f*, solicitud de participación; ~ *auf Vorauszahlung* solicitud de anticipo 2. *einen ~ (abweisen) ablehnen* desestimar, rechazar una solicitud; *über einen ~ abstimmen* votar sobre una moción; poner a votación una moción (*od.* petición); *einen ~ annehmen* aceptar una oferta; adoptar una moción; *der ~ wurde mit großer Mehrheit angenommen* la moción fue aprobada por (*od.* con) gran mayoría; *einen ~ einbringen* presentar una solicitud; *einen ~ stattgeben* conceder una solicitud; *einen ~ stellen* hacer, cursar una solicitud (*od.* instancia); *einen ~ zurückweisen* desechar la solicitud; *einen ~ zurückziehen* retirar una solicitud (*od.* moción)

Anträge *"off shore" pl* (Angl.) pedidos *pl* "off shore"

Antragende/r (*der/ein*) peticionario *m*; solicitante *m*

antragsberechtigt facultado para hacer una solicitud

Antragsformular *n*, e modelo *m* de instancia; formulario *m* de solicitud

Antragsfrist *f*, en plazo *m* para presentar la solicitud

Antragsgebühr *f*, en derechos *pl* de solicitud; derechos *pl* de instancia

antragsgemäß conforme a la petición; de acuerdo con la solicitud

Antragsteller *m*, - peticionario *m*; solicitante *m*; autor *m* de una moción

Antransport *m*, e transporte *m*, suministro *m* a buen puerto

antreten, *die Arbeit ~* empezar el trabajo; *den Dienst ~* entrar en servicio; *eine Erbschaft ~* aceptar, adir una herencia; *die Nachfolge von X ~* suceder a X (en el cargo); *eine Reise ~* emprender (un) viaje; *seinen Urlaub ~* tomar sus vacaciones

Antritt *m*, e ~ *eines Amtes* entrada *f* en funciones; toma *f* de posesión; ~ *einer Erbschaft* adición *f* de la herencia; *bei ~ der Fahrt* al comienzo del viaje; *vor ~ der Rückreise* antes de comenzar el viaje de regreso

Antrittsbesuch *m*, e primera visita *f*

Antw. → *Antwort*

Antwort *f*, en *abschlägige ~* respuesta *f* negativa; *in ~ auf* en respuesta a; *für baldige ~ wären wir Ihnen dankbar* le agradeceríamos su pronta respuesta; *für umgehende ~ wären wir dankbar agradeceríamos la respuesta inmediata; wir erwarten Ihre ~* quedamos a la espera de su respuesta; *um ~ wird gebeten* (*u.A.w.g.*) se suplica la respuesta (s.s.l.r.); *wir sehen Ihrer ~ mit Interesse entgegen* aguardamos con interés su respuesta

Antwortbrief *m*, e → *Antwortschreiben*

antworten responder; *Sie ~ auf meinen Brief* responde a mi carta

Antwort(post)karte *f*, n tarjeta *f* postal respuesta

Antwortschein *m*, e *internationaler ~* cupón-respuesta *m* internacional

Antwortschreiben *n*, - contestación *f*; respuesta *f*

An- und Abfuhr *f*, Ø acarreo *m*; camionaje *m*

Anw. → *Anweisung*

anwachsen (*anfallen*) acumularse; (*ansteigen*) aumentar; crecer; incrementarse; (*anwachsen*)-se

Anwachsen *n*, Ø ~ *der Schulden* acumulación *f* de las deudas; *im ~ begriffen sein* en proceso, en vías de crecimiento

Anwalt *m*, ⸚e abogado *m*; letrado *m*; defensor *m*; (LA) licenciado *m*; *beratender ~* abogado consultor; *nicht plädierender ~* procurador *m*; *praktizierender ~* abogado con bufete; *zugelassener ~* abogado en ejercicio; abogado colegiado; *einen ~ bestellen* nombrar un abogado; dar abogado (por parte del tribunal); *sich einen ~ nehmen* tomar los servicios de un abogado; contratar a un abogado; *einen ~ zu Rate ziehen* consultar a un abogado; *in Steuersachen* abogado en causas tributarias (*od.* en asuntos fiscales); *die Angelegenheit einem ~ übergeben* poner el asunto en manos de un abogado; *durch ~ vertreten* asistido de abogado; patrocinado por letrado

Anwältin *f*, nen abogada *f*

Anwaltsassessor *m*, en pasante *m*; (CH) candidato *m* a abogado

Anwaltsberuf *m*, Ø abogacía *f*; profesión *f* de abogado; *den ~ ausüben* ejercer de abogado; ejercer la abogacía

Anwaltsbestellung *f*, en designación *f* de abogado (*od.* letrado)

Anwaltsbüro *n*, s bufete *m* (de abogado)

Anwaltschaft *f*, Ø abogacía *f*

Anwaltsgebühren *pl* minuta *f*; honorarios *pl* de abogados (*od.* letrados)

Anwaltsgebührenordnung *f*, en → *Anwaltsgebührentabelle*

Anwaltsgebührentabelle *f*, n arancel *m* de honorarios (de abogados)

Anwaltshonorar *n*, e honorario *m* de abogado

Anwaltskammer *f*, n colegio *m* de abogados; (Méx.) barra *f* de abogados

Anwaltskanzlei *f*, en → *Anwaltsbüro*

Anwaltskosten *pl* → *Anwaltsgebühren*
Anwaltsliste *f*, n lista *f* de abogados (colegiados)
Anwaltsprax|is *f*, -en gabinete *m*, bufete *m* de abogado
Anwaltssozietät *f*, en sociedad *f*, firma *f* de abogados
Anwaltsverzeichnis *n*, se → *Anwaltsliste*
Anwaltsvollmacht *f*, en procuración *f*
Anwaltszwang *m*, Ø obligatoriedad *f* de ser asistido por abogado; intervención *f* forzosa de abogado
Anwärter *m*, - aspirante *m*; candidato *m*; ~ *auf einen Posten* candidato *m* a un puesto (Syn. *Bewerber*)
Anwartschaft *f*, en 1. candidatura *f*; expectativa *f* 2. derecho *m* (en curso de adquisición); ~ *auf eine Pension* expectativa *f* de pensión
Anwartschaftsrente *f*, n anualidad *f* diferida (*od.* aplazada *od.* reversible); pensión *f* diferida
Anwartschaftszeit *f*, en (*z.B. für Arbeitslosengeld*) periodo *m* de calificación; periodo *m* de expectativa (de derecho)
anweisen 1. (*anordnen*) ordenar; dar orden; instruir 2. (*zuweisen*) asignar; destinar 3. (*überweisen*) transferir; remitir; girar; consignar; *eine Bank ~, Geld zu überweisen* ordenar a un banco la transferencia de dinero; *Geld telegrafisch* ~ enviar por cable; remitir por giro telegráfico; *zur Zahlung* ~ girar en pago 4. *Wir sind auf Ihre Informationen angewiesen* dependemos de sus informaciones
Anweisende/r (*der/ein*) girador *m*; girante *m*; librador *m*; remitente *m*
Anweisung *f*, en 1. instrucción *f*; directiva *f*; *der ~ gemäß* de acuerdo con las instrucciones; *die ~en des Kunden befolgen* ejecutar las órdenes (*od.* seguir *od.* cumplir con las instrucciones) del cliente; *~en erbitten* (*od. einholen*) pedir instrucciones; *genaue ~ erteilen* dar instrucciones precisas; *~en geben* dar instrucciones 2. ~ *zur Zahlung* órden *f* de pago 3. *telegraphische ~* giro *m* telegráfico; *durch ~ bezahlen* pagar por giro (*od.* transferencia)
Anweisungsbetrag *m*, ⸗e importe *m* (del giro)
Anweisungsdienst *m*, e servicio *m* de giro(s)
Anweisungsempfänger *m*, - destinatario *m*; librado *m*
Anweisungsgebühr *m*, en gastos *pl*, derechos *pl* de giro
Anweisungstelegramm *n*, e giro *m* telegráfico
anwendbar 1. aplicable a; *das Gesetz ist ~* la ley es aplicable; la ley es extensible; *es Recht* derecho *m* aplicable; *soweit ~* en tanto sea aplicable; 2. (*brauchbar*) aprovechable; utilizable
Anwendbarkeit *f*, en aplicabilidad *f*

anwenden, *ein Gesetz ~* aplicar una ley
Anwender *m*, - utilizador *m*; usario; ~ *von EDV-Anlagen* usario, utilizador de ordenadores
Anwendung *f*, en aplicación *f*; *falsche ~* aplicación equivocada; *gewerbliche ~* aplicación industrial; *rückwirkende ~* aplicación retroactiva; *in ~ von* en aplicación de; *~von Betriebstechniken* aplicación de técnicas industriales; ~ *von Gewalt* uso de la fuerza; *zur ~ bringen* aplicar; *~ finden auf* aplicar a; *zur ~ kommen* aplicarse
Anwendungsbereich *m*, e campo *m*, ámbito *m* de aplicación; (*eines Gesetzes*) alcance *m* (de aplicación) de la ley
Anwendungsprogrammierer (*ein/der*) (Inform.) programador *m* de aplicación
Anwerbeland *n*, ⸗er país *m* de reclutamiento; país *m* de contratación
anwerben, *Arbeitskräfte ~* reclutar, contratar mano de obra; *sich ~ lassen* alistarse; enrolarse; (Fam.) engancharse
Anwerbestopp *m*, Ø ~ *von Gastarbeitern* (D) prohibición *f* de contratación de mano de obra (de países no comunitarios)
Anwerbung *f*, en ~ *von ausländischen Arbeitskräften* reclutamiento *m* de mano de obra extranjera; contratación *f* de trabajadores extranjeros
Anwesen *n*, - inmueble *m*; finca *f*; propiedad *f*; (LA) hacienda *f*
anwesend presente; *~ sein* estar presente; asistir; *persönlich ~ sein* asistir personalmente
Anwesenheit *f*, Ø presencia *f*; asistencia *f* (Ggs. *Abwesenheit*)
Anwesenheitsgelder *pl* dietas *pl* de asistencia
Anwesenheitsliste *f*, n lista *f* de asistencia (*od.* asistentes)
Anwesenheitsprämie *f*, n prima *f* de presencia
Anzahl *f*, Ø número *m*; cantidad *f*; porción *f*; *erforderliche ~* quórum *m*, ~ *der Flüge* frecuencias *pl* de vuelos
anzahlen (*vorauszahlen*) pagar por adelantado; (*bei Teilzahlungen*) pagar a cuenta; (Cuba) estrenar
Anzahlung *f*, en (*Vorauszahlung*) pago *m* por adelantado; pago *m* a cuenta; depósito *m* (*in Verbindung mit Teilzahlungsgeschäften*) pago *m* inicial; entrada *f*; señal *f*; anticipo *m*; *eine ~ leisten* (*od. machen*) pagar una suma (*od.* un importe) a cuenta; *als ~* como entrada y señal; (Cuba) estreno *m*; (Méx.) exhibición *f*; enganche *m*
Anzahlungen *pl geleistete ~* anticipos *pl* a proveedores; ~ *von Kunden* anticipos *pl* de clientes; (LA) anticipos *pl* recibidos de clientes

anzapfen 1. (Fam.) dar un sablazo a alg. 2. (Inform.) *Daten* ~ interrogar la memoria de un ordenador; *das Telephon* ~ intervenir el teléfono
Anzeichen n, ~ *eines wirtschaftlichen Aufschwungs* signo *m*, señal *f* de auge económico
Anzeige *f*, n 1. denuncia *f*; denunciación *f*; *gegen jdn.* ~ *erstatten* denunciar a alg.; formular denuncia 2. anuncio *m*; *kleine* ~ anuncios *pl* por palabras; *eine* ~ *aufgeben* poner, insertar un anuncio 3. ~ *einer Sendung* aviso *m* (de envío)
Anzeigeerstatter *m*, - denunciante *m*; denunciador *m*
anzeigen 1. *den Empfang* ~ acusar recibo 2. denunciar; formular denuncia 3. avisar
Anzeigenabteilung *f*, en sección *f* de anuncios
Anzeigenannahmestelle *f*, n agencia *f* de publicidad (*od.* de anuncios)
Anzeigenbeilage *f*, n suplemento *m* de publicidad (*od.* anuncios)
Anzeigenblatt n, ᵘer hoja *f* de anuncios
Anzeigenbüro n, s agencia *f* de anuncios; agencia *f* de publicidad
Anzeigenfach|mann *m*, -leute publicitario *m*; experto *m* publicitario; técnico *m* en publicidad
Anzeigengebühren *pl* derechos *pl* publicitarios; tasas *pl* de publicidad
Anzeigengröße *f*, n tamaño *m* del anuncio
Anzeigenleiter *m*, - director *m* de la publicidad
Anzeigenplazierung *f*, en colocación *f*, posicionamiento *m* de un anuncio
Anzeigenpreisliste *f*, n lista *f* de tarifas (*od.* precios) de los anuncios
Anzeigenraum *m*, ᵘe espacio *m* publicitario; espacio *m* de anuncios
Anzeigenschluß *m*, Ø fecha *f* límite de envío de anuncios
Anzeigenseite *m*, e página *f* de anuncios
Anzeigentarif *m*, e tarifa de publicidad
Anzeigenteil *m*, e sección *f* de anuncios; páginas *pl* publicitarias
Anzeigentext *m*, e texto *m* del anuncio; texto *m* publicitario
Anzeigenvermittler *m*, - → *Anzeigenvertreter*
Anzeigenvertreter *m*, - agente *m* de publicidad
Anzeigenwerbung *f*, en publicidad *f* por anuncios
Anzeigenwesen *m*, Ø publicidad *f* (por anuncios)
Anzeigenwirkung *f*, en impacto *m* publicitario
Anzeigepflicht *f*, en declaración *f* obligatoria
anzeigepflichtig sujeto a declaración (obligatoria); obligatoriamente notificable
Anzeiger *m*, - 1. denunciante *m* 2. indicador *m*; registrador *m*; (*Zeitungstitel*) noticiero *m*; (*Amtsblatt*) gaceta *f* 3. → *Anzeigeerstatter*

Anzeigetafel *f*, n (*Börse*) tablero *m* de cotizaciones; panel *m* indicador de los cambios; (*Werbung*) panel *m* de anuncios
anzetteln maquinar; urdir; tramar
anziehen 1. *die Kurse ziehen an* las cotizaciones van subiendo 2. *Kunden* ~ atraer a los clientes
anziehend atrayente; atractivo; *bei* ~*en Kursen* con cotizaciones en (fase de) ascenso
Anziehung *f*, en atracción *f*
Anziehungskraft *f*, e fuerza *f* de atracción; (Fam.) gancho *m*
anzurechnen auf a cargar a
AO → *Abgabenordnung*
A/O abril/octubre (vencimientos de los pagos de intereses de los empréstitos)
Apanage *f*, n renta *f*; anualidad *f*; cuota *f* periódica que se pasa a los hijos
APO *f*, Ø (*Außerparlamentarische Opposition*) oposición *f* extraparlamentaria
Apotheke *f*, n farmacia *f*; (Fam.) botica *f*
apothekenpflichtig de venta (exclusiva) en farmacia
Apothekerwaren *pl* productos *pl* farmacéuticos
Apparat *m*, e 1. aparato *m*; artefacto *m*; ingenio *m*; dispositivo *m* 2. (Teléf.) teléfono *m*; *am* ~ al habla; *bleiben Sie am* ~ no se retire; no cuelgue
Applikationskurs *m*, e curso *m*, tipo *m*, cotización *f* nominal (a base de las ofertas)
Apportgründung *f*, en (CH) → *Sachgründung*
äquivalente Waren *pl* (*Veredelungverkehr*) productos *pl* equivalentes
AR → *Aufsichtsrat*
Ar n *od.* m , e área *f*
arabisch, ~e *Bank für Wirtschaftsentwicklung in Afrika* banco *m* árabe de desarrollo económico en Africa; *Organisation der* ~*en erdölexportierenden Länder* organización *f* de países árabes exportadores de petróleo (OPAEP)
Ärar n *od.* e erario *m*; tesoro *m* público
Ärarialgut n, ᵘer (A) → *Staatsgut*
Arbeit *f*, en trabajo *m*; tarea *f*; labor *f*; (*Berufsausübung*) empleo *m*; ocupación *f*; (*Werk*) obra *f*, (*Tätigkeit*) actividades *pl*; quehaceres *pl*; *abhängige* ~ trabajo dependiente; trabajo asalariado; *anfallende* ~ trabajo a ejecutar (*od.* a llevar a cabo *od.* a realizar); (*besonders*) *anstrengende* ~ (muy) penoso; *ausführende* ~ trabajo ejecutorio; trabajo de mera ejecución; *bezahlte* ~ trabajo remunerado (*od.* retribuido *od.* pagado); *durchlaufende* ~ trabajo continuo; *entfaltete* ~ trabajo desarrollado; *fachmännische* ~ trabajo calificado; *feste* ~ trabajo estable; trabajo fijo; *ganztägige* ~ trabajo a jornal; *gefahrgeneigte od. gefährliche* ~ trabajo peligroso; *geistige* ~ trabajo intelectual (*od.*

mental); *gesundheitsschädigende* ~ trabajo insalubre; ~ *mit Gewinnbeteiligung* trabajo con participación en los beneficios; *handwerkliche* ~ trabajo de artesano; trabajo artesanal; *körperliche* ~ trabajo corporal (*od.* físico); *laufende* ~ trabajo rutinario; *leichte* ~ trabajo sencillo (*od.* liviano); *nichtselbständige* ~ trabajo asalariado; trabajo por cuenta ajena; *öffentliche* ~ en obras públicas; *schadensgeneigte* ~ trabajo peligroso; *schöpferische* ~ trabajo creativo; trabajo creador; *schwere ~en* trabajos penosos; trabajos pesados; *selbständige* ~ trabajo autónomo (*od.* independiente); trabajo por cuenta propia; *tägliche* ~ jornada *f*; trabajo diario; *termingebundene* ~ trabajo a fecha fija; *unabhängige* ~ trabajo autonómo (*od.* independiente); *unbezahlte* ~ trabajo no remunerado (*od.* no retribuido *od.* no pagado); *ungelernte* ~ trabajo no calificado; *unterbezahlte* ~ trabajo pagado deficientemente, trabajo pagado por debajo de su valor; trabajo subpagado; *verantwortungsvolle* ~ trabajo de responsabilidad; *an (od. bei) der* ~ trabajando; en el trabajo; *eine* ~ *annehmen* aceptar un empleo; aceptar hacer un trabajo; *die* ~ *aufnehmen* empezar el trabajo; comenzar a trabajar; *eine* ~ *ausführen* ejecutar, realizar, efectuar un trabajo; *sich um* ~ *bemühen* buscar trabajo; *die* ~ *einstellen (niederlegen)* deponer el trabajo; parar el trabajo; suspender el trabajo; *sich vor der* ~ *drücken* escurrir el bulto; rehuir, esquivar el trabajo; *eine* ~ *erledigen* hacer un trabajo; *von der* ~ *fernbleiben* faltar, no acudir al trabajo; ~ *in aufeinanderfolgenden Schichten* trabajo por turnos (sucesivos); *in* ~ *befindliche Erzeugnisse* productos *pl* en curso (*od.* en fase *od.* en proceso) de trabajo; *jdm.* ~ *geben* dar trabajo a alg.; *in* ~ *geben* encargar; mandar hacer; *an die* ~ *gehen* ponerse a trabajar; *zur* ~ *gehen* ir al trabajo; ir a trabajar; *in* ~ *haben* tener entre manos; estar trabajando en u/c; *gute* ~ *leisten* hacer un buen trabajo; *sich an die* ~ *machen* ponerse a trabajar; ~ *machen* costar trabajo; *seiner* ~ *nachgehen* servir su trabajo; servir su destino; *eine* ~ *planen* planear, planificar un trabajo; *auf* ~ *sein* estar trabajando fuera; *bei der* ~ *sein* estar en el trabajo; estar trabajando; *ohne* ~ *sein* estar sin trabajo; estar en paro; *über einer* ~ *sitzen* consagrarse a un trabajo; *(tief) in* ~ *stecken* estar (muy) atareado; ~ *suchen* buscar trabajo; *seine* ~ *tun* hacer el trabajo de uno (mismo); hacer su trabajo; *eine* ~ *übernehmen* asumir un trabajo; encargarse de un trabajo; ~ *vergeben* encomendar un trabajo; adjudicar una obra; *jdm* ~ *verschaffen* encontrar trabajo para alg.; *eine* ~ *verrichten* ejecutar, realizar, llevar a cabo un trabajo; *die* ~ *wiederaufnehmen* reanudar un trabajo; reintegrarse al trabajo; reincorporarse al trabajo

arbeiten 1. ~ *als Übersetzer* trabajar de traductor; *bei jdm* ~ trabajar para alg.; *bei einer Firma* ~ estar empleado en una empresa; (Fam.) trabajar con una empresa; *sich zu Tode* ~ matarse a trabajar; matarse trabajando 2. *diese Maschine arbeitet einwandfrei* esta máquina funciona (*od.* marcha) perfectamente 3. *mein Kapital arbeitet für mich* el capital me produce (*od.* me rinde) beneficios 4. *er läßt sein Kapital für sich* ~ ha colocado productivamente su capital

arbeitend, *die ~e Bevölkerung* → *erwerbstätige Bevölkerung*; *die ~e Klasse* la clase obrera

Arbeiter *m,* - trabajador *m*; obrero *m*; operario *m*; 1. *angelernter* ~ trabajador semic(u)alificado; *gelernter* ~ trabajador c(u)alificado; trabajador especializado; *(gewerkschaftlich) organisierter* ~ trabajador sindicado; trabajador afiliado a un sindicato; trabajador organizado profesionalmente; *hochqualifizierter* ~ trabajador altamente c(u)alificado (*od.* especializado); *landwirtschaftlicher* ~ obrero del campo; obrero agrícola; bracero *m*; *streikender* ~ trabajador (declarado) en huelga; *ungelernter* ~ trabajador no c(u)alificado 2. ~ *abwerben* atraer trabajadores de otra empresa; procurar contratar mano de obra de otra empresa; ~ *anstellen* contratar obreros (*od.* trabajadores *od.* mano de obra); ~ *anwerben* reclutar mano de obra; ~ *einstellen* colocar trabajadores (*od.* obreros *od.* mano de obra); *einen* ~ *entlassen* despedir a un trabajador (*od.* obrero); *einem* ~ *kündigen* despedir a un trabajador (*od.* obrero) 3. ~ *und Angestellte* trabajadores y empleados; trabajadores manuales y no manuales; trabajadores de cuello azul y de cuello blanco

Arbeiteraktie *f*, n acción *f* obrera; acción *f* de trabajador; acción *f* de trabajo
Arbeiterangebot *n,* e oferta *f* de mano obra
Arbeiteranwalt *m,* ⸚e (abogado *m*) laboralista *m*
Arbeiteraufstand *m,* ⸚e levantamiento *m* obrero; movimiento *m* insurreccional obrero
Arbeiterausgleichszahlungen *pl* compensación *f* de los trabajadores
Arbeiterausschu|ß *m,* ⸚sse comité *m* obrero; comisión *f* de trabajadores
Arbeiteraussperrung *f*, en suspensión *f* de empleo y sueldo
Arbeiterbauer *m,* n agricultor *m* asalariado (cuya actividad principal se ejerce en la industria)
Arbeiterbedarf *m,* Ø necesidad *f* de mano de obra
Arbeiterbewegung *f,* en 1. movimiento *m* obre-

ro; movimiento *m* obrerista; 2. obrerismo *m*; movimiente *m* reivindicativo

Arbeiterfahrkarte *f*, n billete *m* de trabajador; billete *m* obrero

arbeiterfeindlich antiobrerista; antisocial; ~*e Maßnahmen* medidas antisociales

Arbeiterfrage *f*, n cuestión *f* obrera

arbeiterfreundlich social; favorable a la clase obrera

Arbeiterführer *m*, - dirigente *m* obrerista; líder *m* sindicalista

Arbeiterfunktionär *m*, e → *Arbeiterführer*

Arbeiterfürsorge *f*, Ø asistencia *f* laboral

Arbeitergenossenschaft *f*, en cooperativa *f* obrera

Arbeitergewerkschaft *f*, en sindicato *m* obrero

Arbeitergewinnbeteiligung *f*, en participación *f* del trabajador en los beneficios

Arbeiterin *f*, nen trabajadora *f*; obrera *f*, operaria *f*

Arbeiterinteressen *pl* intereses *pl* obreros (*od*. de los trabajadores); ~ *wahrnehmen* defender los intereses de la clase obrera

Arbeiterjugend *f*, Ø juventud *f* trabajadora

Arbeiterklasse *f*, Ø clase *f* obrera; clase *f* trabajadora

Arbeiterkolonne *f*, n brigada *f* de obreros

Arbeiterkontrolle *f*, n (R.D.A.) órgano *m* de control de las unidades de producción

Arbeitermangel *m*, Ø escasez *f* de mano de obra

Arbeiter-Mitaktionär *m*, e obrero *m* accionariado

Arbeiterorganisation *m*, n organización *f* obrera

Arbeiterproduktionsgenossenschaft *f*, n sociedad *f* cooperativa obrera de productores

Arbeiterrat *m*, ¨e consejo *m* obrero (en los países socialistas)

Arbeiterrentenversicherung *f*, en seguro *m* de invalidez y vejez; retiro *m* obrero

Arbeiterschaft *f*, Ø los obreros; mundo obrero *m*; la(s) clase(s) laboral(es) *f* (*pl*)

Arbeiterschriftsteller *m*, - (R.D.A.) escritor *m* obrero (salido de medios obreros)

Arbeiterschutz *m*, Ø protección *f* laboral; defensa *f* del trabajador

Arbeiterschutzgesetzgebung *f*, Ø legislación *f* de protección al obrero

Arbeiterselbstverwaltung *f*, en autogestión *f* (obrera)

Arbeitersiedlung *f*, en colonia *f* obrera

Arbeiterstand *m*, Ø clase *f* trabajadora; clase *f* obrera

Arbeiterstunde *f*, n hora-hombre *f* (trabajada); hora-obrero *f* (efectivo)

Arbeitertrupp *m*, s brigada *f* de trabajadores; equipo *m* de operaciones

Arbeiterüberlassung *f*, en cesión *f* de trabajadores; *illegale* ~ cesión *f* ilegal de mano de obra a otras empresas

Arbeiter- und Bauernstaat *m*, Ø estado *m* obrero y campesino (autodenominación de la R.D.A.)

Arbeiterunfallversicherung *f*, en seguro *m* de accidentes de trabajo

Arbeiterversammlung *f*, en asamblea *f* obrera; asamblea *f* de trabajadores

Arbeiterversicherung *f*, en seguro *m* laboral; seguridad *f* laboral

Arbeitervertreter *m*, - representante *m* obrero

Arbeiterviertel *n*, - barriada *f* obrera; barrio *m* obrero

Arbeiterwesen *n*, Ø obrerismo *m*

Arbeiterwohlfahrt *f*, Ø (R.F.A.) asociación *f* de solidaridad obrera; beneficencia *f* obrera

Arbeiterwohnung *f*, en vivienda *f* de trabajador; vivienda *f* para obrero

Arbeiterzeit *f*, en (R.F.A.) periodo *m* contractual de trabajo; duración *f* del trabajo bajo contrato

Arbeitgeber *m*, - acreedor *m* de trabajo; empleador *m*; patrón *m*; patrono *m*; empresario *m*; jefe *m* de empresa

Arbeitgeberanteil *m*, e (*zur Sozialversicherung*) cuota *f* patronal; cuota *f* del patrono (a la Seguridad Social)

Arbeitgeberhaftpflichtversicherung *f*, en seguro *m* de responsabilidad civil patronal

Arbeitgeberhaftung *f*, en responsabilidad *f* patronal (*od*. del patrono)

Arbeitgeberorganisation *f*, en → *Arbeitgeberverband*

Arbeitgeberschaft *f*, en los patronos; la patronal

Arbeitgeberseite *f*, Ø (representante *m* de la) patronal *f*; parte *f* empresarial

Arbeitgeberverband *m*, ¨e asociación *f* empresarial; (asociación *f*) patronal *f*; asociación *f* de jefes de empresa; sindicato *m* de patronos; *Internationaler* ~ (*IOE*) Organización *f* Internacional de Empleadores (OIE)

Arbeitgebervereinigung *f*, en → *Arbeitgeberverband*

Arbeitnehmer *m*, - acreedor *m* de salario; acreedor *m* de sueldo; trabajador *m*; empleado *m* (por cuenta ajena); obrero *m*; asalariado *m* (Syn. *Lohn- und Gehaltsempfänger*); *ausgesperrte* ~ trabajador, empleado suspendido de empleo y sueldo; *gewerblicher* ~ trabajador industrial; *nicht organisierter* ~ trabajador no organizado; trabajador no afiliado a ningún sindicato; ~ *aus Mitgliedsstaaten oder Drittländern* (EG) trabajadores procedentes de países comunitarios o de terceros países; *ältere* ~ trabajadores *pl* de edad avanzada; trabajadores *pl* de cierta

edad; ~ *einstellen und entlassen* colocar y despedir empleados
Arbeitnehmeraktie *f*, n → *Belegschaftsaktie*
Arbeitnehmeranteil *m*, e (*zur Sozialversicherung*) cuota *f* del empleado
Arbeitnehmerbeitrag *m*, ⸗e cotización *f* del trabajador
Arbeitnehmerfreibetrag *m*, ⸗e importe *m* no imponible; mínimo *m* no imponible; importe *m* del salario (*od.* sueldo) exento del pago de IRTP
Arbeitnehmerin *f*, **nen** mujer *f* trabajadora; mujer *f* empleada
Arbeitnehmerorganisation *f*, en → *Arbeitnehmerverband*
Arbeitnehmerschaft *f*, Ø trabajadores *pl* y empleados *pl*; obreros *pl* y empleados *pl*; mundo *m* del trabajo
Arbeitnehmerseite *f*, Ø (representante *m* de los) asalariados *pl*; sindicato *m*; parte *f* laboral
Arbeitnehmerstiftung *f*, en fundación *f* para los trabajadores (= asignación de una parte del capital social a los trabajadores en forma de fundación)
Arbeitnehmerüberlassung *f*, en alquiler *m* de servicios; alquiler *m* de personal interino (Syn. *Personal-Leasing*)
Arbeitnehmerverband *m*, ⸗e sindicato *m* obrero; organización *f* sindical (Syn. *Gewerkschaft*)
Arbeitsablauf *m*, ⸗e desarrollo *m*, curso *m*, organización *f* del trabajo
Arbeitsaktie *f*, n acción *f* de trabajador (*od.* empleado) de una empresa (Syn. *Belegschaftsaktie*)
arbeitsam laborioso; trabajador; hacendoso; diligente
Arbeitsamt *n*, ⸗er oficina *f* de empleo; oficina *f* de trabajo; oficina *f* de colocación; (Méx.) bolsa *f* de trabajo
Arbeitsanfall *m*, Ø trabajo *m* a efectuar; volumen *m* de trabajo; (Fam.) tarea *f*
Arbeitsanforderung *f*, en 1. demanda *f* de mano de obra 2. calificación *f* del empleo
Arbeitsangebot *n*, e oferta *f* de empleo (*od.* trabajo)
Arbeitsantritt *m*, Ø 1. entrada *f* en funciones 2. fecha *f* de acceso a trabajo; fecha *f* de comienzo en el trabajo
Arbeitsanweisung *f*, en instrucciones *pl* (de trabajo)
Arbeitsanzug *m*, ⸗e mono *m*; buzo *m*; traje *m* de faena
Arbeitsarzt *m*, ⸗e médico *m* de trabajo
Arbeitsaufnahme *f*, Ø comienzo *m* en el trabajo
Arbeitsaufsicht *f*, Ø inspección *f* de trabajo
Arbeitsauftrag *m*, ⸗e órden *f*, encargo *m* de trabajo
Arbeitsauftragsnummer *f*, n número *m* (de la orden) de trabajo
Arbeitsaufwand *m*, Ø despliegue *m* de trabajo; tiempo *m* de trabajo necesario; cantidad *f* de trabajo (necesario); gasto *m* de trabajo; *Kosten des ~es* costes *pl* laborales
Arbeitsaufwandsentschädigung *f*, en indemnización *f* por (*od.* de) gastos profesionales
Arbeitsausfall *m*, ⸗e pérdida *f* (de horas) de trabajo
Arbeitsausführung *f*, en realización *f*, ejecución *f*, hechura *f* del trabajo
Arbeitsauschu|ß *m*, ⸗sse 1. comisión *f* de estudio; 2. comisión *f* parlamentaria de trabajo
Arbeitsausweis *m*, e cartilla *f* profesional; hoja *f* de servicios
Arbeitsbedarf *m*, Ø trabajo *m* necesario; horas *pl* de trabajo necesarias
Arbeitsbedingungen *pl* condiciones *pl* de trabajo (*od.* empleo); *günstige, erschwerte ~ haben* tener condiciones de trabajo favorables, difíciles
Arbeitsbefreiung *f*, en exención *f* del trabajo
Arbeitsbeginn *m*, Ø comienzo *m* del trabajo; ~ *registrieren* fichar, marcar el comienzo del trabajo
Arbeitsbehörde *f*, n (CH) servicio *m* público de empleo
Arbeitsbelastung *f*, en carga *f* del trabajo
Arbeitsbereich *m*, e sector *m* de actividad
Arbeitsbereitschaft *f*, Ø 1. disposición *f* para el trabajo 2. tiempo *m* de espera
Arbeitsbericht *m*, e informe *m* de actividad; *einen ~ vorlegen* presentar un informe de la actividad desplegada
Arbeitsbeschaffung *f*, en creación *f* de empleo
Arbeitsbeschaffungsmaßnahmen *pl* (*ABM*) medidas *pl* de creación (*od.* de fomento) de empleo
Arbeitsbescheinigung *f*, en certificado *m* de empleo; hoja *f* de servicios
Arbeitsbeschreibung *f*, en descripción *f* del (puesto de) trabajo; descripción *f* del cargo
Arbeitsbesprechung *f*, en reunión *f* de trabajo
Arbeitsbewertung *f*, en evaluación *f*, calificación *f* del trabajo; (Angl.) job evaluation
Arbeitsbewilligung *f*, en (A) permiso *m* de trabajo; autorización *f* para trabajar
Arbeitsbewußtsein *n*, Ø conciencia *f* profesional; *ein vorbildliches ~ haben* ser un modelo de conciencia profesional
Arbeitsbeziehungen *pl* (*zwischen den Sozialpartnern*) relaciones *pl* industriales
Arbeitsblatt *n*, ⸗er hoja *f* de servicios
Arbeitsbörse *f*, n (A) bolsa *f* de trabajo

Arbeitsbrigade f, n (R.D.A.) brigada f; colectivo m de trabajo
Arbeitsbuch n, ⁼er (E) tarjeta f profesional; libreta f de trabajo; cartilla f de identidad profesional
Arbeitchance f, n oportunidad f de empleo
Arbeitsdauer f, Ø jornada f laboral; duración f del trabajo; *die ~ beträgt 8 Stunden* la jornada laboral es de 8 horas
Arbeitsdienst m, Ø (Hist.) servicio m de trabajo; trabajo m al servicio de la colectividad
Arbeitsdirektor m, en 1. director m de personal 2. *(Mitbestimmung)* director m de trabajo (que vela por los intereses de la plantilla)
Arbeitseifer m, Ø afán m de trabajar
arbeitseifrig diligente; asiduo; afanoso
Arbeitseignung f, en aptitud f, calificación f profesional
Arbeitseinheit f, en (AE) (R.D.A.) unidad f de trabajo (= cantidad mínima de trabajo fijado para cada asalariado y que combina el tiempo empleado y la calidad conseguida)
Arbeitseinkommen n, - renta f de trabajo
Arbeitseinsatz m, ⁼e empleo m, ocupación f de la mano de obra
Arbeitseinsparung f, en racionalización f del trabajo
Arbeitseinstellung f, en → *Arbeitsniederlegung*
Arbeitseinteilung f, en repartición f, organización f de trabajo
Arbeitsentgelt n, e remuneración f del trabajo
Arbeitserfahrung f, en experiencia f laboral
Arbeitsergebnis n, se resultado m del trabajo
Arbeitserlaubnis f, se permiso m de trabajo
Arbeitserlaubnisschein m, e certificado m de permiso de trabajo
arbeitserleichternd que facilita el trabajo; racional
Arbeitserleichterung f, en racionalización f, alivio m del trabajo
arbeitserschwerend fastidioso; que hace el trabajo penoso (*od.* pesado)
arbeitssparend racional; que ahorra trabajo
Arbeitsersparnis f, se ahorro m de trabajo; ahorro m de mano de obra
Arbeitsertrag m, ⁼e rendimiento m del trabajo
Arbeitsertragsteuer f, n impuesto m sobre los rendimientos (*od.* las utilidades) del trabajo
Arbeitsessen n, - almuerzo m bzw. cena f de trabajo; comida f de trabajo
Arbeitsethos n, Ø deontología f, ética f profesional
arbeitsfähig apto, útil para el trabajo; capaz de trabajar; capacitado para el trabajo
Arbeitsfähigkeit f, Ø capacidad f laboral; capacidad f de trabajo

Arbeitsfehler m, - defecto m en la hechura; defecto m de trabajo
Arbeitsfeld n, er campo m de actividad; campo m de acción
Arbeitsfluß m, Ø flujo m de trabajo
Arbeitsförderungsgesetz n, e ley f de promoción del trabajo; ley f de fomento del empleo
arbeitsfrei, -*er Tag* día f de descanso: día m libre; día m de asueto
Arbeitsfreude f, Ø afición f al trabajo; gusto m por el trabajo
Arbeitsfriede m, Ø paz f social
Arbeitsfront f, en frente m obrero
Arbeitsgang m, ⁼e fase f de trabajo; operación f
Arbeitsgebiet n, e → *Arbeitsfeld*
Arbeitsgemeinschaft f, en 1. grupo m de trabajo 2. círculo m de estudios 3. agrupación f temporal (para obras)
Arbeitsgenauigkeit f, Ø exactitud f, precisión f en el trabajo
Arbeitsgenehmigung f, en → *Arbeitserlaubnis*
Arbeitsgenossenschaft f, en cooperativa f obrera
Arbeitsgerät n, e aperos pl de trabajo; herramientas pl
Arbeitsgericht n, e tribunal m laboral; tribunal m de trabajo; (E) magistratura f de trabajo; *oberstes ~* (E) tribunal m central de trabajo; tribunal m superior de trabajo
arbeitsgerichtlich relativo a la jurisdicción laboral
Arbeitsgerichtsbarkeit f, Ø jurisdicción f laboral
Arbeitsgesetzbuch n, ⁼er código m de trabajo
Arbeitsgesetzgebung f, en legislación f laboral; (Arg.) leyes pl obreras; (Méx.) leyes pl laborales
Arbeitsgruppe f, n grupo m , comité m de trabajo
Arbeitshaus n, ⁼er casa f, asilo m de trabajo
Arbeitshypothese f, n hipótesis f de trabajo
Arbeitsinspektion f, en (A, CH) inspección f de trabajo
arbeitsintensiv con fuerte coeficiente de trabajo (*od.* mano de obra); de gran densidad (*od.* extensión *od.* intensidad) laboral
Arbeitskampf m, ⁼e lucha f, conflicto m laboral
Arbeitskleidung f, en ropa f de trabajo; indumentaria f de faena
Arbeitsklima n, Ø ambiente m, clima m laboral; condiciones pl de trabajo
Arbeitskluft f, Ø atuendo m de trabajo
Arbeitskollege m, n compañero m de trabajo; compañero m de oficina; colega m
Arbeitskollektiv n, e (R.D.A.) colectivo m, equipo m de trabajo
Arbeitskonflikt m, e conflicto m laboral; conflicto m de trabajo
Arbeitskosten pl costes pl, costos pl de produc-

ción imputables a la mano de obra; costes *pl*, costos *pl* salariales; costo *m* de la mano de obra

Arbeitskraft *f*, ⁼e 1. trabajador *m*; obrero *m*; mano *f* de obra; *geschulte* ~ ⁼e mano de obra cualificada; *Mangel an* ~ ⁼*en*; escasez *f*, falta *f*, penuria *f* de mano de obra 2. capacidad *f*, fuerza *f* de trabajo

Arbeitskräftebedarf *m*, Ø necesidades *pl*, demanda *f* de mano de obra

Arbeitskräftemangel *m*, ⁼e escasez *f*, falta *f*, penuria *f* de mano de obra

Arbeitskreis *m*, e → *Arbeitsgemeinschaft*

Arbeitslager *n*, - campo *m* de trabajo

Arbeitslehre *f*, Ø curso *m* de iniciación a la tecnología y a la economía

Arbeitsleistung *f*, en 1. prestación *f* de trabajo; prestación *f* laboral 2. rendimiento *m*; *die ~ steigern* aumentar el rendimiento 3. trabajo *m*; producto *m* 4. (*Maschine*) potencia *f*

Arbeitslenkung *f*, en organización *f*, planificación *f* del trabajo

Arbeitslohn *m*, ⁼e salario *m*; paga *f*; remuneración *f*, retribución *f* del trabajo; (*Tageslohn*) jornal *m*

arbeitslos en paro; ~ *sein* estar sin empleo; encontrarse en paro; estar parado; ~ *werden* perder el empleo

Arbeitslosenbehörde *f*, n junta *f* de paro

Arbeitslosenfürsorge *f*, Ø → *Arbeitslosenhilfe*

Arbeitslosengeld *n*, er ~ *beziehen* percibir subsidio de paro (*od.* desempleo) (Syn. *Stempelgeld*)

Arbeitslosenheer *n*, e ejército *m* de los parados (*od.* desempleados)

Arbeitslosenhilfe *f*, n auxilio *m* social a los desempleados (que ya no se benefician del subsidio de desempleo)

Arbeitslosenquote *f*, n tasa *f* de desempleo (*od.* paro) sobre la población activa

Arbeitslosenrate *f*, n → *Arbeitslosenquote*

Arbeitslosenunterstützung *f*, en (*Alu*) → *Arbeitslosengeld*

Arbeitslosenvermittlung *f*, en colocación *f* de desempleados

Arbeitslosenversicherung *f*, Ø seguro *m* de desempleo; seguro *m* contra el paro

Arbeitslosenversicherungsbeitrag *m*, ⁼e cuota *f* del seguro de desempleo; cuota *f* del seguro contra el desempleo

Arbeitslosenzahl *f*, en cifra *f* de paro; número *m* de parados; (E) EPA → encuesta sobre la población activa

Arbeitslosenziffer *f*, n → *Arbeitslosenzahl*

Arbeitslose/r (*der/ein*) parado *m*; desempleado *m*; trabajador *m* (*od.* empleado *m*) en régimen de desempleo; (Chile) cesante *m*

Arbeitslosigkeit *f*, Ø desempleo *m*; paro (forzoso) *m*; desocupación *f* 1. *konjunkturbedingte* (*konjunkturelle*) ~ paro, desempleo coyuntural; *saisonbedingte* (*saisonale*) ~ paro, desempleo estacional; *strukturbedingte* (*strukturelle*) ~ paro, desempleo estructural; *technisch bedingte* (*technologische*) ~ paro, desempleo tecnológico 2. *die ~ bekämpfen* combatir el paro; luchar contra el desempleo; *die ~ beseitigen* eliminar el paro (*od.* desempleo)

Arbeitslosigkeitsbescheinigung *f*, en certificado *m* de desempleo

Arbeitslosigkeitsbuch *n*, ⁼er libreta *f*, carné *m* de parado

Arbeitslust *f*, Ø → *Arbeitsfreude*

Arbeitsmangel *m*, Ø *es herrscht* ~ hay escasez de trabajo

Arbeitsmarkt *m*, ⁼e mercado *m* laboral; mercado *m* de(l) trabajo; mercado *m* de empleo; mercado *m* de mano de obra; *die Lage auf dem* ~ la situación del empleo

Arbeitsmarktbehörde *f*, n (CH) → *Arbeitsverwaltung*

Arbeitsmaterial *n*, ien material *m* de trabajo

Arbeitsmedizin *f*, Ø medicina *f* laboral

Arbeitsmensch *m*, en *er ist ein* ~ es una fiera para el trabajo

Arbeitsmethode *f*, n método *m* de trabajo

Arbeitsminister *m*, - ministro *m* de trabajo

Arbeitsministeri|um *m*, -en ministerio *m* de trabajo

Arbeitsmittel *pl* instrumento *m*, medio *m* de trabajo

Arbeitsmoral *f*, Ø moral *f* laboral

Arbeitsnachfrage *f*, n demanda *f* de trabajo

Arbeitsnachweis *m*, e 1. empleo *m* 2. bolsa *f* de trabajo; servicio *m* de colocación; *öffentlicher* ~ (CH) → *Arbeitsamt*

Arbeitsniederlegung *f*, en → *Arbeitseinstellung*

Arbeitsnorm *f*, en 1. norma *f* de producción (que fija el ritmo de trabajo) 2. (R.D.A.) norma *f* de trabajo (que fija la retribución)

Arbeitsordnung *f*, en reglamento *m* laboral; régimen *m* de trabajo

Arbeitsorganisation *f*, en organización *f* del trabajo; *internationale* ~ organización internacional de trabajo (OIT)

Arbeitsort *m*, e lugar *m* de trabajo

Arbeitspapier *n*, e 1. (Pol.) proyecto *m* de estudio 2. ⁼e dossier *m*, expediente *m* del trabajador (*od.* del empleado conservado por el patrón)

Arbeitspa|ß *m*, ⁼sse tarjeta *f* de identidad profesional

Arbeitspause *f*, n descanso *m*

Arbeitspensum *n*, Ø labor *f*, tarea *f*, trabajo *m* a

cumplir; *sein ~ bewältigen* cumplir, terminar, llevar a cabo su labor
Arbeitspferd *n*, **e** → *Arbeitsmensch*
Arbeitspflicht *f*, en trabajo *m* obligatorio; obligatoriedad *f* de trabajar
arbeitspflichtig obligado a trabajar
Arbeitsplan *m*, ⸗e diagrama *m* funcional; plan *m* de trabajo
Arbeitsplanung *f*, en organización *f* del trabajo; planificación *f*, programa *m* de trabajo
Arbeitsplatz *m*, ⸗e 1. empleo *m*; colocación *f*; puesto *m* de trabajo; *~e schaffen* crear empleo 2. lugar *m* de trabajo
Arbeitsplatzbeschaffung *f*, en generación *f*, creación *f* de empleo
Arbeitsplatzbewertung *f*, en cotización *f*, valoración *f* por cargos (= evaluación de la tecnicidad o dificultad del trabajo del que depende la remuneración)
Arbeitsplatzgestaltung *f*, en acondicionamiento *m*, adecuación *f* del puesto de trabajo
arbeitsplatzschaffend generador, creador de empleo
Arbeitsplatzsicherung *f*, Ø seguridad *f* del empleo
Arbeitsplatzstudie *f*, n estudio *m* del puesto de trabajo
Arbeitsplatztausch *m*, Ø permuta *f* (del puesto de trabajo)
Arbeitsplatzwechsel *m*, - cambio *m* del puesto de trabajo
Arbeitsplatzzulage *f*, n complemento *m* de destino; prima *f* por puesto de trabajo
Arbeitsplatzzuweisung *f*, en asignación *f* del puesto de trabajo
Arbeitspolitik *f*, Ø política *f* laboral
Arbeitspolizei *f*, (en) policía *f* (de lo) laboral
Arbeitspotential *n*, Ø potencial *m* laboral; capacidad *f* de trabajo
Arbeitsprobe *f*, n muestra *f* de un trabajo (*od*. de una obra)
Arbeitsproduktivität *f*, Ø productividad *f* por hora de trabajo
Arbeitsprogramm *n*, e – *erstellen* establecer el programa a seguir; establecer un programa (*od.* de acción)
Arbeitspsychologie *f*, Ø psicología *f* del trabajo
Arbeitsraum *m*, ⸗e sala *f* de trabajo; oficina *f*
Arbeitsrecht *n*, Ø derecho *m* del trabajo; derecho *m* obrero; derecho *m*, legislación *f* laboral
Arbeitsrechtler *m*, - laboralista *m*
arbeitsrechtlich jurídico-laboral
Arbeitsregelung *f*, en reglamentación *f* del trabajo
arbeitsreich laborioso; de mucho trabajo; que conlleva mucho trabajo
Arbeitsreserve *f*, n mano de obra *f* flotante

Arbeitsrichter *m*, - magistrado *m* de trabajo; juez *m* de un tribunal (*od*. magistratura) de trabajo
Arbeitsrückstand *m*, ⸗e atrasos *pl* en el trabajo; reserva *f*, de pedidos pendientes
Arbeitsruhe *f*, Ø descanso *m*
Arbeitssachen *pl* causas *pl* laborales
Arbeitsschädigung *f*, en lesión *f* producida por el trabajo
arbeitsscheu refractario al trabajo; vago
Arbeitsscheu *f*, Ø aversión *f* al trabajo; holgazanería *f*
Arbeitsschicht *f*, en turno *m*; tanda *f*; equipo *m*
Arbeitsschiedsgericht *n*, e tribunal *m* de conciliación laboral
Arbeitsschluß *m*, Ø fin *m* del trabajo; final *m* de la jornada
Arbeitsschutz *m*, Ø seguridad *f*, protección *f* (social) del trabajo
Arbeitsschutzgesetz *n*, e ley *f* de protección (social) del trabajo
Arbeitssicherheit *f*, Ø seguridad *f* en el trabajo
Arbeitssitzung *f*, en reunión *f*, sesión *f* de trabajo; *an einer ~ teilnehmen* asistir a una reunión de trabajo
arbeitssparend que ahorra trabajo
Arbeitsspeicher *m*, - (Inform.) memoria *f* de trabajo
Arbeitssprache *f*, n lengua *f*, idioma *m* de trabajo
Arbeitsstätte *f*, n → *Arbeitsstelle*
Arbeitsstelle *f*, n lugar *m* de trabajo
Arbeitsstillegung *f*, en paralización *f* del trabajo
Arbeitsstreckung *f*, en prestación *f* reducida del trabajo
Arbeitsstreitigkeit *f*, en conflicto *m*, disputa *f*, litigio *m* laboral
Arbeitsstudie *f*, n estudio *m* de trabajo; estudio *m* de tareas
Arbeitsstunde *f*, n hora *f* de trabajo; hora-hombre *f*; *ausgefallene ~ n* horas de trabajo perdidas; horas no trabajadas; *nachgeholte ~* hora (de trabajo) recuperada; *Zahl der (geleisteten) wöchentlichen ~ n* número *m* de horas trabajadas por semana; *eine ~ berechnen* facturar una hora de trabajo
Arbeitsstundenbuch *n*, ⸗er libreta *f* de horas de trabajo
Arbeitssuche *f*, Ø busca *f*, búsqueda *f* de trabajo; *auf ~ sein* estar buscando trabajo; buscar trabajo
Arbeitssuchende/r (*der/ein*) 1. solicitante *m* de trabajo 2. parado *m*; desempleado *m*
Arbeitstag *m*, e 1. día *m* de trabajo; día *m* laborable 2. jornada *f* laboral; jornada *f* de trabajo 3. (*Staatsverwaltung*) día *m* hábil
arbeitstäglich por día de trabajo; por jornada
Arbeitstagung *f*, en reunión *f*, sesión *f* de trabajo;

seminario *m*
Arbeitstakt *m*, **e** ciclo *m*; cadencia *f* (para el trabajo en cadena)
Arbeitsteam *n*, **s** equipo *m* de trabajo
arbeitsteilig fundado en la división del trabajo; con división de trabajo
Arbeitsteilung *f*, en división *f* del trabajo; taylorismo *m*
Arbeitstempo *n*, **s** ritmo *m*, cadencia *f* del trabajo
Arbeitstherapie *f*, **n** ergoterapia *f*; laborterapia *f*; terapia *f* laboral
Arbeitstier *n*, **e** 1. animal *m* de labor; animal *m* de trabajo 2. trabajador *m* infatigable
arbeitsunfähig inapto, incapaz para el trabajo; *dauernd ~* inválido; (*vom Arzt*) *~ geschrieben werden* ser dado de baja (por el médico)
Arbeitsunfähigkeit *f*, Ø incapacidad *f* de (*od.* para el) trabajo; inaptitud *f* para el trabajo; *dauernde, vorübergehende ~* incapacidad laboral permanente, temporal
Arbeitsunfähigkeitbescheinigung *f*, en certificado *m* de incapacidad laboral
Arbeitsunfall *m*, **¨e** accidente *m* de (*od.* en el) trabajo; (Cuba) accidente *m* operativo; *tödlicher ~* accidente mortal de trabajo (Syn. *Betriebsunfall*)
Arbeitsunfallversicherung *f*, en seguro *m* de (*od.* contra) accidentes de trabajo
Arbeitsunterbrechung *f*, en interrupción *f* del trabajo
Arbeitsunterlagen *pl* documentos *m* de trabajo
Arbeitsunterteilung *f*, en desglose *m* del trabajo (en sus elementos)
Arbeitsverdienst *m*, **e** remuneración *f*, retribución *f* del trabajo; *entgangener ~* pérdida *f* de retribución (*od.* remuneración) laboral
Arbeitsvereinfachung *f*, en simplificación *f* del trabajo
Arbeitsverfahren *n*, - proceso *m*; técnica *f* (operativa); *ein neues ~ anwenden* utilizar una nueva técnica (de trabajo)
Arbeitsvergütung *f*, en remuneración *f*; retribución *f*; paga *f*
Arbeitsverhältnis *n*, se 1. relación *f* laboral (entre empleado y empleador) 2. contrato *m* de trabajo 3. empleo *m*; *ein ~ eingehen* entrar en relación laboral; *ein ~ lösen* rescindir, terminar una relación laboral; *im ~ stehen* ser asalariado; ser empleado; encontrarse en situación de empleo (por cuenta ajena)
Arbeitsverhältnisse *pl* condiciones *pl* de trabajo
Arbeitsverlust *m*, **e** 1. pérdida *f* (de tiempo) de trabajo 2. dejar de ganar; lucro *m* cesante
Arbeitsvermittlung *f*, en servicio *m*, agencia *f*, oficina *f* de colocación; enganche *m* de trabajadores

Arbeitsversäumnis *f*, se absentismo *m*; ausencia *f* del puesto de trabajo
Arbeitsverteilung *f*, en asignación *f* de actividades
Arbeitsvertrag *m*, **¨e** contrato *m* de trabajo (por tiempo) indefinido; *~ auf Zeit* contrato de trabajo temporal; *einen ~ kündigen* rescindir un contrato de trabajo; *einen ~ unterzeichnen* firmar un contrato de trabajo
Arbeitsvertragsbruch *m*, **¨e** 1. quebrantamiento *m* del contrato de trabajo 2. abandono *m* del trabajo
Arbeitsverwaltung *f*, en autoridad *f*, administración *f* laboral
Arbeitsverwaltungsverfahren *n*, - procedimiento *m* laboral
Arbeitsverweigerung *f*, en denegación *f* de trabajo
Arbeitsvorbereiter *m*, - preparador *m* de trabajo
Arbeitsvorbereitung *f*, en preparación *f* de trabajo
Arbeitsvorgang *m*, **¨e** operación *f*, proceso *m* de trabajo
Arbeitsweise *f*, **n** 1. método *m* de trabajo 2. modo *m* de funcionamiento (de una máquina)
Arbeitswelt *f*, Ø mundo *m* del trabajo; mundo *m*, universo *m* laboral
Arbeitswerttheorie *f*, **n** doctrina *f* del valor del trabajo
arbeitswillig dispuesto a trabajar; deseoso de trabajar (Ggs. *arbeitsscheu*)
Arbeitswillige/r (*der/ein*) (= *Streikbrecher*) antihuelguista *m*; esquirol *m*
Arbeitszeit *f*, en 1. horas *pl* de trabajo 2. horario *m* de trabajo 3. jornada *f* de trabajo (*od.* laboral); *betriebsübliche ~* jornada habitual en el establecimiento; *durchgehende ~* jornada continuada; *nicht durchgehende ~* jornada partida; *gleitende ~* jornada flexible; jornada móvil; *tägliche ~* horario de trabajo diario; horas *pl* de trabajo diarias; jornada diaria; *tarifliche ~* jornada fijada por convenio colectivo
Arbeitszeitgestaltung *f*, en organización *f* del horario (*od.* de la jornada) de trabajo
Arbeitszeitkontrolleur *m*, **e** cronometrador *m*, apuntador *m* de las horas trabajadas
Arbeitszeitkontrolluhr *f*, en reloj *m*, registrador *m* de las horas trabajadas
Arbeitszeitordnung *f*, en (AZO) (E) ley *f* de jornada máxima
Arbeitszeitverkürzung *f*, en reducción *f* de la jornada laboral; *~ auf 35 Stunden* reducción de la jornada laboral a 35 horas semanales
Arbeitszeitverlängerung *f*, en aumento *m* de las horas de trabajo

Arbeitszettel *m*, - (= *Kontrollkarte*) hoja *f* de presencia; tarjeta *f* registradora de horas trabajadas
Arbeitszeug *m*, Ø herramientas *pl*, útiles *pl* de trabajo
Arbeitszeugnis *n*, se certificado *m* de trabajo
Arbeitszimmer *n*, - despacho *m*; estudio *m*
Arbeitszufriedenheit *f*, Ø satisfacción *f* en el trabajo
Arbeitszuteilung *f*, en asignación *f*, reparto *m* de trabajo
Arbeitszuwachs *m*, (¨e) incremento *m* (del volumen) de trabajo
Arbeitszwang *m*, ⁻e obligación *f* de trabajar; trabajo *m* obligatorio
Arbeitszwangverpflichtung *f*, en conscripción *f* industrial
Arbitrage *f*, n (*Börse*) arbitraje *m*; arbitración *f*
Arbitragegeschäft *n*, e operación *f* de arbitraje; arbitraje *m* sobre valores
Arbitragehändler *m*, - negociante *m* de arbitraje
Arbitrageklausel *f*, n (*Außenhandel*) cláusula *f* de arbitraje
Arbitragerechnung *f*, en cálculo *m* del arbitraje
Arbitrageur *m*, e arbitrajista *m*; cambista *m*
Arbitragewerte *pl* valores *pl* cotizados en bolsas distintas
Arbitragist *m*, en → *Arbitrageur*
arbitrieren (*Börse*) arbitrar
Archiv *n*, e archivo *m*
Archivar *m*, e archivero *m*
archivieren archivar; clasificar; *Dokumente* ~ archivar documentos
Archivmappe *f*, n carpeta *f* archivero
Archivzettel *m*, - ficha *f*
ARD *f* (*Arbeitsgemeinschaft der öffentlich-rechtlichen Rundfunkanstalten der* R.F.A.) comunidad *f* alemana de radio y televisión; primera cadena *f* de la televisión alemana
Areal *n*, e área *f*; superficie *f*
Arealsteuer *f*, n (A) impuesto *m* sobre bienes raíces
arglistig doloso; ~*e Täuschung* engaño *m* doloso; ~*es Verschweigen* (*des Verkäufers*) silencio *m* doloso; *einen Fehler* (*der verkauften Sache*) ~ *verschweigen* silenciar, ocultar dolosamente un vicio (de la cosa objeto de compraventa)
arithmetisches Mittel *n*, - media *f* estadística
arm, ~ *an Geld* falto de (*od*. sin) recursos
Armenfürsorge *f*, Ø asistencia *f* pública
Armenrecht *n*, Ø (*jetzt: Prozeßkostenhilfe*) ayuda *f* legal a personas pobres; *Person, der das* ~ *bewilligt worden ist* persona *f* receptora de ayuda legal; persona *f* asistida; *im* ~ *klagen* demandar in forma pauperis; *kraft des* ~*s kann die Partei Befreiung von den Gerichtskosten*

erlangen en virtud de ayuda legal la parte puede obtener exención de las costas judiciales
ärmlich, *in* ~*en Verhältnissen leben* vivir en la pobreza
Armut *f*, Ø 1. pobreza *f* 2. indigencia *f* 3. falta *f* de; ~ *an Bodenschätzen* penuria *f* del subsuelo; falta de recursos mineros; *in* ~ *geraten* empobrecerse; caer en la pobreza (*od*. penuria)
Arrangement *n*, s *mit jdm. ein* ~ *treffen* llegar a un acuerdo (con alg.)
Arrest *m*, e 1. (*persönlich*) arresto *m*; embargo *m* personal 2. (dingl.) embargo *m* preventivo (*od*. real); (Chile) medida *f* precautoria de retención; *einen* ~ *anordnen* ordenar un embargo preventivo; *einen* ~ *aufheben* alzar un embargo preventivo; *die Aufhebung des* ~ el alzamiento del embargo preventivo; *mit* ~ *belegen* embargar; *die Vollziehung des* ~ la ejecución de un embargo preventivo
Arrestbefehl *m*, e orden *f*, mandamiento *m* de embargo
Arrestbeschlu|**ß** *m*, ¨sse auto *m* de embargo (preventivo)
Arrestbewilligung *f*, en (CH) → *Arrestbeschluß*
Arrestgesuch *n*, e solicitud *f* de embargo preventivo
Arrestgläubiger *m*, - acreedor *m* embargante (preventivo)
Arrestschuldner *m*, - embargado *m*
Arrha *pl* (A) arras *pl*
Arrondierung *f*, en concentración *f* parcelaria (Syn. *Flurbereinigung*)
Art *f*, en género *m*; clase *f*; categoría *f*; tipo *m*; modo *m*; manera *f*; ~ *und Höhe der Ausgaben* tipo y cuantía de los gastos; ~ *der Einkünfte* clase de ingresos; ~ *der Erzeugnisse* categoría de productos; ~ *und Menge der Güter* naturaleza *f* y cantidad de bienes; ~ *der Packstücke* clase de bultos; ~ *der Verpackung* método *m* de embalaje; ~ *der Versicherung* modalidad *f* de seguro; ~ *der Waren* categoría (*od*. descripción *f*) de las mercancías; *eine neue* ~ *von Ware* una nueva línea; *Ansprüche anderer* ~ reclamaciones de diferente naturaleza; *durchschnittliche* ~ categoría, clase media (*od*. general); *auf irgendeine* ~ de algún modo; *von mittlerer* ~ *und Güte* de clase y calidad media; *Geräte jeder* ~ aparatos de todas clases
Artikel *m*, - 1. (*Handels* ~) artículo *m*; género *m*; mercancía *f*; (La) mercadería *f* 2. (*Vertrags* ~) artículo *m*; cláusula *f* 3. (*Zeitungs* ~) artículo *m*; colaboración *f*; *ausgegangener* ~ artículo que se ha acabado; género que se ha agotado; *beliebter* ~ artículo de gran demanda; artículo

muy pedido; *billiger ~* artículo barato; línea *f* barata; *gut eingeführter ~* artículo bien introducido; género bien lanzado; *gängiger ~* artículo corriente; artículo frecuente; *preiswerter ~* artículo que vale lo que cuesta; artículo que sale a cuenta; *stets vorrätige ~* artículos siempre en almacén; *einen ~ führen* vender un artículo; tener a la venta un artículo; *einen ~ nicht mehr führen* no tener ya a la venta un artículo; *der ~ ist sehr gefragt* el artículo tiene mucha demanda; el artículo se pide mucho; *einen ~ am Lager haben* tener un artículo en almacén

Arzneikosten *pl* gastos *pl* en medicamentos; gastos *pl* de farmacia; costes *pl* farmacéuticos

Arzthonorar *n*, e honorario *m* del médico

Arztkosten *pl* gastos *pl* médicos

ärztlich médico; facultativo; *ein ~es Attest vorlegen* presentar un certificado médico

Arztrechnung *f*, en factura *m* médica; factura *f* del médico

Aspirant *m*, en aspirante *m*; candidato *m* (Syn. *Bewerber*)

Assekuranz *f*, en *(selten)* industria *f* aseguradora; sector *m* del seguro

Assistent *m*, en 1. asistente *m*; ayudante *m* 2. profesor *m* ayudante

Associated Press *(AP)* agencia *f* de prensa americana

AST → *Antragsteller*

Asyl *n*, Ø asilo *m*; *um politisches ~ bitten* pedir, solicitar asilo político; *~ gewähren* conceder, reconocer, dar asilo político

Asylant *m*, en refugiado *m* político

Asylbewerber *m*, - peticionario *m*, solicitante *m* de asilo político

Asylrecht *n*, Ø derecho *m* de asilo

asymmetrische Liquiditätsverteilung *f*, en distribución *f* asimétrica de liquidez (en el sistema monetario)

ATA-Übereinkommen *n* Convención *f* ATA (para la admisión temporal de mercancías)

Atelier *n*, s 1. estudio *m* 2. taller *m*

Atom- (Pref.) nuclear; atómico; (Syn. *Kern-, Nuklear-*)

Atom *n*, e átomo *m*

atomar, *~e Abrüstung* desarme *m* nuclear; *~e Wirtschaft* economía *f* basada en la energía nuclear

Atomanlage *f*, n instalación *f*, planta *f* nuclear

Atomantrieb *m*, Ø propulsión *f* nuclear

Atombehörde *f*, n comisaría *f* general de la energía atómica

atombombensicher a prueba de bombas atómicas

Atombrennstoff *m*, e combustible *m* nuclear

Atombunker *m*, - refugio *m* antinuclear; refugio *m* atómico

Atomenergie *f*, n energía *f* atómica, nuclear

atomfrei, *~e Zone* zona *f* desnuclearizada

Atomforschung *f*, Ø investigación *f* nuclear

Atomgegner *m*, - antinuclear *m*

Atomgemeinschaft *f*, en *Europäische ~* Comunidad *f* Europea de Energía Atómica (Euratom)

atomgetrieben a propulsión nuclear, atómica

Atomkraft *f*, Ø → *Atomenergie*

Atomkraftwerk *n*, e central *m* nuclear, atómica; (Syn. *Kernkraftwerk*)

Atommeiler *m*, - pila *f* atómica

Atommüll *m*, Ø residuos *pl* radiactivos; desechos *pl* atómicos; basuras *pl* atómicas

Atommülldeponie *f*, n cementerio *m* atómico; depósito *m*, vertedero *m*, basurero nuclear (*od.* atómico)

Atommüllager *n*, - → *Atommülldeponie*

Atomphysik *f*, Ø física *f* nuclear

Atomphysiker *m*, - físico *m* nuclear

Atomrakete *f*, n misil *m*, cohete *m* atómico

Atomreaktor *m*, en reactor *m* nuclear, atómico

Atomregen *m*, Ø lluvia *f*, precipitación *f* radiactiva

Atomrisiklo *n*, -en riesgo *m* nuclear

Atomrüstung *f*, Ø armamento *m* nuclear

Atomschaden *m*, ⁻ daño *m* nuclear

Atomspaltung *f*, en fisión *f* nuclear

Atomstrom *m*, Ø electricidad *f* generada por energía nuclear

Atomtechnik *f*, en técnica *f* nuclear

Atomunfall *m*, ⁻e accidente *m*, incidente *m* nuclear

Atomunterseeboot *n*, e submarino *m* atómico

Atomversuch *m*, e prueba *f* nuclear

Atomwaffensperrvertrag *m*, ⁻e tratado *m* de no proliferación de armas nucleares

Attentat *n*, e *ein ~ auf jdn. verüben* cometer un atentado contra alg.; atentar contra la vida de alg.

Attentäter *m*, - autor *m* del *bzw.* de un atentado

Attest *n*, e certificado *m*; atestado *m*; *ein ärztliches ~ ausstellen* extender un certificado médico; expedir un certificado de enfermedad

Attrappe *f*, n 1. envase *m* vacío 2. objeto *m* imitado; simulacro *m* 3. (Fam.) objeto *m* de pega

ätzend, *~e Güter* bienes *pl*, objetos *pl* corrosivos; *~e Stoffe* corrosivos *pl*

Audienz *f*, en audiencia *f*; *eine ~ gewähren* conceder una audiencia

audio-visuelle Medien *pl* medios *pl* audiovisuales

Audit *m od. n*, s control *m*; verificación *f*

aufarbeiten preparar; acondicionar; tratar

Aufarbeitung *f*, en preparación *f*; acondicionamiento *m*; tratamiento *m*; ~ *von Daten* procesamiento *m* de datos; ~ *der Kohle* preparación del carbón
Aufbau *n*, Ø 1. construcción *f* 2. estructura *f* 3. organización *f* 4. montaje *m*; disposición *f*
aufbereiten poner al día; acabar; terminar; *eine Akte* ~ poner un dossier al día 2. renovar 3. restaurar
Aufbereitung *f*, en puesta *f* al día; acabado *m*; retoque *m*
Aufbereitungsanlage *f*, n planta *f*, instalación *f* de procesamiento
aufbessern, *seine Einkünfte* ~ mejorar, aumentar sus ingresos
Aufbesserung *f*, en mejora *f*, aumento *m* (salarial)
aufbewahren conservar; guardar; depositar; *kühl, trocken* ~ consérvese en frío, en lugar seco
Aufbewahrer *m*, - depositario *m*; (Syn. *Depositär*)
Aufbewahrung *f*, en conservación *f*; custodia *f*; consigna *f* (para el equipaje); *zur* ~ *geben* entregar, dar en depósito; ~ *des Koffers* consigna de la maleta; *in* ~ *haben* tener en custodia
Aufbewahrungsgebühr *f*, en derechos *pl* de depósito
Aufbewahrungsort *m*, e 1. depósito *m* 2. consigna *f*
Aufbewahrungspflicht *f*, en obligación *f* de conservar los documentos
Aufbewahrungsschein *m*, e boletín *m* de depósito *bzw.* de consigna
Aufblähung *f*, Ø ~ *des Geldumlaufs* incremento *m* en la circulación del dinero
Aufbrauch *m*, Ø agotamiento *m* (de los stocks)
aufbrauchen consumir; gastar; agotar; *alle Ersparnisse* ~ consumir, gastar todos los ahorros
aufbrechen 1. abrir; romper 2. forzar, reventar; *ein Schloß* ~ descerrajar
aufbringen 1. *Geldmittel* ~ reunir fondos 2. *eine Mode* ~ lanzar una moda 3. *ein Schiff* ~ apresar un barco
Aufbruch *m*, Ø 1. resurgimiento *m*; auge *m*; despegue *m* 2. marcha *f*; salida *f*; partida *f*
aufdecken, *Mängel* ~ descubrir defectos, vicios
aufdringlich, ~*e Werbung* publicidad *f* insistente
Aufdruck *m*, e (*auf Lebensmittelpackungen*) etiquetado *m* especial
aufdrücken, *ein Siegel* ~ estampar, poner un sello
aufeinanderfolgend, *zwei* ~*e Monate* dos meses consecutivos, seguidos
Aufenthalt *m*, e 1. estancia *f*; estadía *f*; permanencia *f* 2. residencia *f*; domicilio *m* 3. parada *f*; *ohne* ~ sin parada; sin demora; directo; *derzeitiger* ~ residencia actual; *gewöhnlicher* ~ residencia habitual, ordinaria; *vorübergehender* ~ estancia temporal, provisional
Aufenthaltsbeschränkung *f*, en restricción *f* de la residencia
Aufenthaltsdauer *f*, Ø duración *f* de la estancia
Aufenthaltserlaubnis *f*, se → *Aufenthaltsgenehmigung*
Aufenthaltsgenehmigung *f*, en permiso *m* de estancia, de residencia
Aufenthaltsort *m*, e 1. lugar *m* de residencia 2. paradero *m*
Aufenthaltsverlängerung *f*, en 1. prolongación *f* de la estancia 2. prórroga *f*, renovación *f* del permiso de estancia *od.* residencia
auferlegen, *jdm. Bedingungen* ~ imponer condiciones; *Steuern* ~ gravar con impuestos; *eine Strafe* ~ imponer una pena
auffächern variar; diversificar
auffahren, *auf ein anderes Auto* ~ chocar (por alcance) con un coche
Auffahrunfall *m*, ⁻e accidente *m* por alcance
auffangen 1. absorber, compensar; *Kostenerhöhungen* ~ contener, amortiguar, absorber el impacto del incremento de los costes; *Preiserhöhungen* ~ absorber, compensar los aumentos de precios 2. *einen Brief* ~ interceptar una carta
Auffanggesellschaft *f*, en sociedad *f* que adquiere a una empresa en quiebra; (sociedad *f*) holding
auffordern 1. invitar 2. requerir 3. animar
Aufforderung *f*, en 1. invitación *f* 2. requerimiento *m* 3. citación *f*
aufführen 1. *auf einer Liste* ~ incluir, especificar en una lista 2. asentar; inscribir; contabilizar 3. *einen Film* ~ exhibir, proyectar, presentar una película 4. *ein Theaterstück* ~ representar una obra de teatro
auffüllen completar; rellenar; *den Benzintank* ~ llenar el depósito; repostar gasolina; *die Lager* ~ reponer existencias
Aufgabe *f*, n 1. (*Pflicht*) deber *m*; obligación *f* 2. (*Arbeit*) tarea *f* 3. (*Aufgeben*) ~ *eines Amtes* dimisión *f* de un cargo; *wegen* ~ *meines Geschäfts* por cese de mi negocio 4. ~ *eines Briefes* expedición *f* de una carta 5. ~ *von Gepäck* facturación *f* del equipaje
Aufgabebahnhof *m*, ⁻e estación *f* de expedición, de salida, de facturación
Aufgabenbereich *m*, e competencia *f*; esfera *f* de acción; ámbito *m* de funciones; *das fällt in Ihren* ~ este asunto es de su competencia
Aufgabenverteilung *f*, en repartición *f* de tareas; distribución *f* de competencias
Aufgabeschein *m*, e resguardo *m*; recibo *m*

aufgeben 1. abandonar; renunciar a; *ein Geschäft* ~ retirarse de un negocio; cerrar, liquidar un negocio 2. *etw. als Eilgut* ~ expedir por (*od.* en) gran velocidad; *ein Telegramm* ~ poner, cursar un telegrama 3. *eine Bestellung* ~ pasar un pedido 4. *eine Anzeige* ~ poner un anuncio; insertar 5. *Gepäck* ~ facturar el equipaje

Aufgebot *n*, e 1. bando *m*; proclama *f*; *das* ~ *bestellen* correr las amonestaciones 2. gran cantidad *f*; *unter großem* ~ con gran despliegue

Aufgebotsverfahren *n*, - procedimiento *m* edictal

aufgeführt, *nachstehend* ~ especificado a continuación

aufgehen, *in einem anderen Unternehmen* ~ ser absorbido por otra empresa; fusionarse con otra empresa

aufgelaufen, ~*e Zinsen* intereses *pl* acumulados

Aufgeld *n*, er 1. señal *f* 2. prima *f*; agio *m* 3. suplemento *m* 4. mejora *f* del precio

aufgelegt, *zur Zeichnung* ~ ofrecido para suscripción

aufgenommen, ~*es Darlehen* préstamo *m* tomado; *vorher* ~ (*für Fernsehen und Rundfunksendungen*) grabado; *der Vorschlag wird günstig* ~ la propuesta es acogida favorablemente

aufgeopferte Ladung carga *f* sacrificada

aufgerundeter Betrag importe *m* aproximado; suma *f* redondeada (hacia arriba)

aufgeschobene Rente anualidad *f* diferida

aufgestauter Kapitalbedarf demanda *f* de capital acumulada

aufgetreten, ~*e Mängel* defectos *pl*, fallos *pl* que han aparecido; ~*e Schwierigkeiten* dificultades *pl* que se han presentado

aufgewendet, ~*er Betrag* importe *m* gastado; ~*e Mühe* esfuerzo *m* emprendido

aufgewertet, *die DM wurde* ~ el marco ha sido revaluado; el marco se ha apreciado

aufgeworfene Frage pregunta *f* planteada

aufgliedern desglosar; (sub)dividir

aufheben 1. guardar; conservar; reservar (para más tarde) 2. derogar; abrogar (una ley); *ein Urteil* ~ casar una sentencia

Aufhebung *f*, en anulación *f*; abolición *f*; abrogación *f*; derogación *f*; ~ *der Blockade* levantamiento *m* del bloqueo

Aufkauf *m*, -e compra *f* en gran cantidad; acaparamiento *m*

aufkaufen comprar en gran cantidad; acaparar; (Fam.) vaciar una tienda; *die Aktien einer Firma* ~ comprar, acaparar las acciones de una empresa

Aufkäufer *m*, - 1. comprador *m* (en grandes cantidades); acaparador *m* 2. agente *m* de compras

Aufklärungswerbung *f*, Ø publicidad *f* explicativa; publicidad *f* orientadora; publicidad *f* educativa

aufkleben pegar; encolar; *die Adresse auf ein Paket* ~ pegarle, ponerle la dirección a un paquete

Aufkleber *m*, - pegatina *f*

Aufklebezettel *m*, - etiqueta adhesiva

aufkommen 1. *für den Unterhalt der Kinder* ~ costear, sufragar el sustento de los hijos 2. *für den Schaden* ~ responder, responsabilizarse de un daño; resarcir un daño, siniestro

Aufkommen *n*, - 1. ingresos *pl* fiscales; recaudación *f* fiscal 2. volumen *m* global

aufkündigen rescindir; denunciar; 1. *ein Abkommen* ~ rescindir un acuerdo presentar su dimisión 2. *den Dienst* ~ darse de baja del servicio

Aufkündigung *f*, en rescisión *f*; denuncia *f*; destitución *f*; dimisión *f*

aufladen cargar

Auflladen *n*, Ø carga *f*

Auflage *f*, n 1. carga *f*; obligación *f*; tasa *f* 2. edición *f*; tirada *f*; *neu bearbeitete* ~ edición revisada; *unveränderte* ~ reimpresión *f*; nueva impresión *f*; *verbesserte und erweiterte* ~ edición corregida y aumentada

auflassen 1. ceder 2. abandonar

Auflassung *f*, en 1. cesión *f* 2. abandono *m* 3. transmisión *f* de la propiedad (de un inmueble)

Auflaufen von Zinsen *n*, Ø acumulación *f* de intereses

auflegen 1. *eine Anleihe* ~ emitir, lanzar un empréstito; *Aktien zur Zeichnung* ~ abrir la suscripción de acciones 2. *ein Buch* ~ editar un libro 3. *Steuer* ~ imponer tributos; gravar con impuestos 4. *den Hörer* ~ colgar (el auricular d)el teléfono 5. amarrar, desaparejar (un barco) 6. *sich* ~ *auf* apoyarse sobre

Auflegung *f*, en ~ *einer Anleihe* emisión *f*, lanzamiento *m* de un empréstito; ~ *einer 7%igen Anleihe* oferta *f* de un empréstito al 7 %; ~ *von Effekten zum öffentlichen Verkauf* oferta *f* de suscripción pública de títulos valores

aufliefern entregar

Auflieferung *f*, en entrega *f*

auflisten hacer, establecer una lista

Auflockerung *f*, en ~ *des Wertpapiermarktes* relajación *f* del mercado de títulos valores

auflösen disolver; liquidar; *eine Gesellschaft* ~ liquidar una sociedad

Auflösung *f*, en disolución *f*; liquidación *f*; ~ *eines Vertrages* rescisión *f* de un contrato

Auflösungsanteil *m*, e parte *f* en caso de disolu-

ción
aufmachen 1. (*öffnen*) *eine Filiale* ~ abrir una sucursal 2. *ein Paket* ~ abrir un paquete; desempaquetar; 3. (*zurechtmachen*) acondicionar (la mercancía) 4. *eine Rechnung* ~ extender una cuenta 5. *sich ~ nach* ponerse en camino hacia
Aufmachung *f*, **en** acondicionamiento *m*; presentación *f*; embalaje *m*
Aufnahme *f*, **n** 1. admisión *f*; aceptación *f* 2. *~ von fremden Geldern* ~ empréstito *m* de capital extranjero; *~ einer Anleihe* apertura *f* de un empréstito 3. *~ des Warenbestandes* inventario *m* de existencias 4. *~ von Handelsbeziehungen* establecimiento *m* de relaciones comerciales 5. fotografía *f* 6. grabación *f* 7. *~ eines Protokolls* levantamiento *m* de un acta 8. *eine gute, schlechte ~ finden* ser bien, mal recibido
Aufnahmeantrag *m*, ⁻e solicitud *f* de admisión
Aufnahmebedingungen *pl* condiciones *pl* de admisión
Aufnahmefähigkeit *f*, **en** 1. capacidad *f* de absorción; receptividad *f* 2. capacidad *f*; aforo *m*; cabida *f*; número *m* de plazas
Aufnahmegebühr *f*, **en** cuota *f* de ingreso, de entrada
Aufnahmekapazität *f*, **en** → *Aufnahmefähigkeit*
Aufnahmeland *n*, ⁻er país *m* receptor; país *m* de acogida
Aufnahmeprüfung *f*, **en** examen *m* de ingreso; prueba *f* de admisión
aufnehmen 1. admitir 2. tomar (un préstamo) 3. entablar, establecer (relaciones) 4. fotografiar; sacar una foto 5. grabar; registrar 6. filmar 7. albergar; hospedar; alojar
Aufprall *m*, Ø (*Unfall*) choque *m*; colisión *f*; impacto *m*
Aufpreis *m*, **e** sobreprecio *m*; *gegen* ~ contra suplemento; contra recargo; *ohne* ~ sin recargo; sin suplemento; sin carga adicional
aufrechnen 1. compensar; imputar; *eine Schuld* ~ compensar una deuda 2. poner en cuenta; pasar a cuenta
Aufrechnung *f*, **en** compensación *f*; imputación *f*; balance *m*
aufrechterhalten mantener; conservar
Aufrechterhaltung *f*, **en** mantenimiento *m*; conservación *f*; *~ der Kaufkraft* mantenimiento del poder adquisitivo
aufrichtig, *~ bedauern* sentir, lamentar sinceramente
Aufruf *m*, **e** 1. llamamiento *m*; *~ zum Streik* convocatoria *f* de huelga 2. (Inform.) llamada *f* de un programa 3. *~ von Banknoten* retirada *f* de billetes de banco de la circulación
aufrufen 1. *zum Streik* ~ convocar huelga 2. (Inform.) llamar un programa 3. retirar billetes de banco de la circulación
aufrunden redondear una suma (a la unidad superior, hacia arriba)
aufschieben, *eine Entscheidung* ~ diferir, dejar para más tarde una decisión; *eine Frist* ~ prorrogar un plazo; *es läßt sich nicht* ~ no admite demora, retraso
aufschiebende Bedingung condición *f* suspensiva, dilatoria
Aufschlag *m*, ⁻e aumento *m*; suplemento *m*; carga *f* adicional
aufschlagen aumentar; subir; *die Preise schlagen auf* los precios aumentan; *etw. auf die Preise* ~ recargar en el precio; añadir al precio
aufschließen, *Bauland* ~ urbanizar
aufschlüsseln desglosar; clasificar; *die Ausgaben* ~ desglosar, clasificar los gastos
Aufschlüsselung *f*, **en** desglose *m*; clasificación *f*; *~ nach Berufen* clasificación, desglose por (*od.* según) profesiones
Aufschrift *f*, **en** 1. inscripción *f*; letrero *m* 2. etiqueta *f* (de una botella) 3. leyenda *f* (de una moneda)
Aufschub *m*, ⁻e aplazamiento *m*; *um einen* ~ *nachsuchen* solicitar un aplazamiento; pedir una prórroga; *einen* ~ *bewilligen* conceder un aplazamiento, una prórroga
aufschwatzen (Fam.) *sich etw. ~ lassen* dejarse endosar u/c por un vendedor
Aufschwung *m*, (⁻e) auge *m*; expansión *f*; relanzamiento *m*; recuperación *f*; *wirtschaftlicher* ~ auge económico; *einen schnellen* ~ *nehmen* tener un boom; (Ggs. *Abschwung*)
Aufseher *m*, - vigilante *m*; guarda *m*; guardián *m*; supervisor *m*; inspector *m*; capataz *m*
aufsetzen redactar; *einen Brief* ~ redactar una carta; *einen Vertrag* ~ redactar un contrato 2. hacer la minuta (*od.* el borrador) de un documento
Aufsicht *f*, **en** supervisión *f*; control *m*; vigilancia *f*; inspección *f*; *staatliche* ~ control del Estado; *die* ~ *führen über* vigilar, supervisar, inspeccionar u/c
Aufsichtsbehörde *f*, **n** inspección *f*; superintendencia *f*; organismo *m*, autoridad *f* de vigilancia
Aufsichtsinstanz *f*, **en** instancia *f*, órgano *m* de control
Aufsichtspersonal *n*, Ø personal *m* de vigilancia
Aufsichtsrat *m*, ⁻e 1. consejo *m* de vigilancia; consejo *m* de supervisión 2. → *Aufsichtsratsmitglied*
Aufsichtsratsmitglied *n*, **er** miembro *m* del consejo de vigilancia; vocal *m* del consejo de supervisión

Aufsichtsratsitzung *f*, en reunión *f* del consejo de supervisión (*od*. de vigilancia)
Aufsichtsratsvergütung *f*, en remuneración *f*, retribución *f* de los miembros de un consejo de supervisión (*od*. de vigilancia); fichas *pl* de presencia
Aufsichtsratsvorsitzende/r (*der/ein*) presidente *m* del consejo de supervisión (*od*. de vigilancia)
Aufsichtsrecht *n*, Ø derecho *m* de control
aufsparen ahorrar; economizar; reservar; dejar para más tarde; *Reserven für schlechte Zeiten ~* constituir reservas en previsión de una crisis
aufspeichern 1. almacenar 2. (Inform.) memorizar
Aufspeicherung *f*, en 1. almacenamiento *m* 2. memorización *f*
Aufsteiger *m*, - carrierista *m*; persona *f* que hace carrera, que tiene éxito; (Ggs. *Absteiger*)
aufstellen 1. *eine Inventur ~* establecer, formar balance 2. *jdn. als Kandidaten ~* presentar la candidatura de alg.; presentar, proponer a alg. como candidato; designar candidato 3. *Maschinen ~* instalar máquinas 4. *die Kosten ~* especificar los gastos *bzw*. costes
Aufstellung *f*, en establecimiento *m*; especimiento *m*; especificación *f*; presentación *f*; inventario *m*; *eine ~ der Ausgaben* lista *f*, especificación *f* de los gastos
Aufstieg *m*, Ø ascenso *m*; promoción *f*; *beruflicher, sozialer ~* promoción profesional, social; *wirtschaftlicher ~* expansión *f* económica
Aufstiegsberuf *m*, e profesión *f* con posibilidades de ascenso
Aufstiegserwartungen *pl* perspectivas *pl* de ascenso; expectativas *pl* de hacer carrera
aufstocken 1. aumentar, ampliar (el capital) 2. sobreedificar; añadir un nuevo piso
Aufstockung *f*, en aumento *m*, ampliación *f* (del capital)
auftanken repostar, echar gasolina
aufteilbar divisible; repartible; prorrateable; distribuible
aufteilen 1. *in Gruppen ~* distribuir, repartir en (*od*. por) grupos 2. *Grundbesitz ~* desmembrar, parcelar una propiedad inmueble
Aufteilung *f*, en 1. repartición *f*; clasificación *f*; distribución *f*; repartición 2. desmembramiento *m*; desmembración *f*; división *f*; parcelación *f*
Auftr. → *Auftrag*
Auftrag *m*, ⁻e 1. pedido *m*; orden *f*; encargo *m*; mandato *m*; *fester ~* pedido, orden (en) firme; *freibleibender ~* pedido, orden sin compromiso; *laufender ~* pedido, orden en curso; *mündlicher ~* orden, pedido verbal; *~ zum Anfangskurs* orden a la cotización de apertura; *~ „bestens"* orden a lo mejor; *~ zum Schlußkurs* orden a la cotización de cierre; *~ zum Tageskurs* orden a la cotización del día, de la jornada; *im ~ und auf Rechnung von* por orden y cuenta de 2. *einen ~ ausführen* ejecutar un pedido, una orden; *etw. in ~ geben* encomendar u/c a alg.; pasarle una orden a alg.; *einen ~ rückgängig machen* anular un pedido; *jdm. einen ~ geben, erteilen* pasar un pedido, una orden; dar orden de compra o venta en la Bolsa 3. misión *f*; *in besonderem ~* en misión especial; *im ~ von* por orden de; por delegación de; en nombre de; por parte de
auftraggebende Behörde autoridad *f*, instancia *f* que pasa la orden
Auftraggeber *m*, - 1. comitente *m* 2. cliente *m* 3. comprador *m* 4. mandante *m*
Auftragnehmer *m*, - titular *m*; contratante *m*; mandatario *m*; tomador *m* de una orden
Auftragsausführung *f*, en ejecución *f* de una orden, de un pedido
Auftragsbestand *m*, ⁻e volumen *m*, cartera *f* de pedidos
Auftragsbestätigung *f*, en confirmación *f* del pedido; acuse *m* de recibo de la orden
Auftragsbuch *n*, ⁻er libro *m* de pedidos
Auftragseingang *m*, ⁻e 1. entrada *f* de pedidos 2. entrada *f* del pedido
Auftragserteilung *f*, en 1. otorgamiento *m* de un pedido; *zahlbar bei ~* pagadero al pasar el pedido 2. concesión *f* del contrato
Auftragsformular *n*, e boletín *m* de pedido
auftragsgemäß conforme a su pedido
Auftragspolster *n*, - 1. cartera *f* de pedidos 2. libro *m* de pedidos bien lleno; cartera *f* con muchos pedidos
Auftragsrückgang *m*, ⁻e descenso *m* del número de pedidos
Auftragsrückstand *m*, ⁻e retraso *m* en la ejecución de pedidos
Auftragsstreichung *f*, en anulación *f* de pedidos
Auftragsvergabe *f*, n adjudicación *f* de una contrata, de un pedido
Auftragsvergebung *f*, en → *Auftragsvergabe*
Auftragszettel *m*, - boletín *m*, hoja *f* de pedido
auftreiben *Geld ~* conseguir, lograr, encontrar dinero
Auftrieb *m*, Ø alza *f* (*de los precios*)
Aufwand *m*, Ø gasto *m*; dispendio *m*; despliegue *m*; *ein großer ~ an Energie* un gran gasto de energía; *mit großem ~ an Kosten* con gran despliegue de costes *bzw*. gastos
Aufwandskonto *n*, -en cuenta *f* de gastos; cuenta *f* de costes
Aufwandpauschale *f*, n tanto alzado *m* concedi-

do para gastos; suma *f* global asignada para gastos

Aufwandsentschädigung *f*, **en** indemnización *f* por gastos de representación

Aufwandssteuer *f*, **n** impuesto *m* sobre el gasto; impuesto *m* sobre el lujo; impuesto *m* suntuario

Aufwartefrau *f*, **en** asistenta *f*

aufwärts, *mit dem Geschäft geht es* ~ el negocio prospera; el negocio va hacia arriba

Aufwärtsbewegung *f*, **en** tendencia *f*, movimiento *m* al alza; ~ *der Konjunktur* coyuntura *f* en alza; ciclo *m* ascendente

Aufwärtstrend *m*, **s** → *Aufwärtsbewegung*

Aufwartung *f*, Ø servicio *m*

aufweisen registrar; consignar; ostentar; presentar; mostrar; *einen Saldo von (zu) Ihren Gunsten, Lasten* ~ reflejar, consignar un saldo a su favor, a nuestro favor; *einen Verlust* ~ registrar un déficit, un saldo negativo

aufwenden 1. gastar, invertir (dinero) 2. emplear, dedicar (tiempo) 3. prodigar (esfuerzos)

aufwendig costoso; dispendioso

Aufwendung *f*, **en** gasto *m*; empleo *m*; *berufliche ~en gastos pl* profesionales; *für berufliche ~en absetzen* deducir en concepto de gastos profesionales

aufwerten revaluar; revalorizar; apreciarse

Aufwertung *f*, **en** revaluación *f*; revalorización *f*; *die* ~ *der DM um 4%* revaluación del marco en el 4% (Ggs. *Abwertung*)

Aufwertungsausgleich *m*, **e** (Agric.) montante *m* compensatorio (EG)

Aufwertungssatz *m*, **¨e** tasa *f* de revalorización, de apreciación, de revaluación

aufwiegeln incitar a la revuelta; agitar; alborotar

Aufwiegler *m*, **-** alborotador *m*; agitador *m*

Aufwind *m*, Ø viento *m*, corriente *f* ascendente; *im* ~ *sein* ir viento en popa; ~ *haben* tener una coyuntura favorable

aufzählen, *das Geld* ~ contar el dinero; *Waren in der Rechnung* ~ enumerar, especificar, detallar la mercancía en la factura

Aufzahlung *f*, **en** (A) suplemento *m*; recargo *m*

aufzehren, *sein Vermögen* ~ consumir su patrimonio; gastarse la fortuna

aufzeichnen 1. dibujar; trazar 2. apuntar; anotar 3. registrar; grabar

Aufzins *m*, **en** agio *m*; (Arg.) sobreinterés *m*

aufzinsen capitalizar; añadir los intereses no acumulados

Aufzucht *f*, Ø 1. crianza *f*, cría *f* de animales 2. cultivo *m* de plantas

Aufzuchtprämie *f*, **n** prima *f* para la crianza (de animales)

Auktion *f*, **en** subasta *f*; licitación *f*; (LA) remate *m*; *in* ~ *geben* subastar; *zur* ~ *kommen* salir a subasta; *gerichtliche* ~ venta *f* judicial; (Chile) venta *f* forzada; (Syn. *Versteigerung*)

Auktionator *m*, **en** subastador *m*; (Ecuador) martillador *m*; (Arg.) martillero *m*; rematador *m*

auktionieren (*selten*) subastar; rematar; licitar; vender en pública subasta; (Syn. *versteigern*)

Auktionshalle *f*, **n** sala *f*, salón *m* de subastas

Auktionslokal *n*, **e** local *m* de subastas

AUMA (*Ausstellungs- und Messeausschuß der deutschen Wirtschaft*) Comité *m* internacional de ferias y exposiciones

Au-pair-Mädchen *n*, **-** (Gal.) señorita *f* au pair (señorita que vive con una familia para cuidar a los niños o dar clases de idiomas)

ausarbeiten 1. redactar (por escrito) 2. desarrollar (un tema) 3. perfeccionar; acabar 4. elaborar

Ausarbeitung *f*, **en** 1. redacción *f*; composición *f* 2. desarrollo *m* 3. perfeccionamiento *m*; acabado *m* 4. elaboración *f*

ausbaggern escavar; dargar

Ausbaggern *n*, Ø excavación *f*; dragado *m*

ausbalancieren equilibrar; contrapesar; contrabalancear

Ausbau *m*, Ø 1. ampliación *f*; ensanche *m*; desarrollo *m* 2. desmontaje *m* 3. terminación *f*; acabado *m* 4. acondicionamiento *m*; arreglo *m*; disposición *f* 5. intensificación *f*

ausbaufähig ampliable; desarrollable; desmontable; intensificable

ausbauen 1. ampliar; ensanchar 2. desmontar 3. terminar, acabar 4. acondicionar; disponer; ordenar; habilitar 5. intensificar; *die Geschäftsbeziehungen* ~ intensificar las relaciones comerciales

ausbedingen estipular; *sich etw.* ~ reservarse (derechos, libertades, etc.); poner como (*od.* por) condición

ausbessern 1. arreglar; reparar; componer 2. restaurar (una obra de arte) 3. retocar (un cuadro) 4. carenar

Ausbesserung *f*, **en** 1. arreglo *m*; reparación *f*, composición 2. restauración *f* 3. retoque *m* 4. carena *f*

Ausbesserungswerkstatt *f*, **¨e** taller *m* de reparación

ausbeulen desabollar; alisar

Ausbeute *f*, Ø 1. producción *f* física; producto *m*; rendimiento *m*; beneficio *m* 2. (Min.) extracción *f*

ausbeuten 1. explotar 2. extraer; *jdn.* ~ aprovecharse de alg.

Ausbeuter *m*, **-** explotador *m*; (Fam.) aprovechado *m*; aprovechón *m*; logrero *m*

ausbeuterisch explotador

Ausbeutung *f*, en explotación *f*; aprovechamiento *m*; *die ~ des Menschen durch den Menschen* la explotación del hombre por el hombre
ausbeutungsfähig explotable; aprovechable
Ausbeutungsverfahren *n*, - procedimiento *m* de explotación, de extracción
ausbezahlen pagar, liquidar, saldar (íntegramente); *auf Heller und Pfennig ~* pagar hasta el último céntimo 2. pagar, retribuir 3. *Geschwister ~* resarcir (financieramente) a los hermanos y hermanas
Ausbezahlung *f*, en pago *m* íntegro; liquidación *f* total
ausbieten (*selten*) 1. ofrecer; *aus dem Markt ~* poner en venta 2. poner, sacar a subasta; vender al mejor postor
Ausbietung *f*, en ofrecimiento *m*; puesta *f* en venta
ausbilden formar; instruir; perfeccionar; desarrollar; *jdn. an einer Maschine ~* formar a alg. sobre el manejo de una máquina; instruir a alg. sobre el funcionamiento de una máquina
Ausbilder *m*, - instructor *m*
Ausbildung *f*, en formación *f*; aprendizaje *m*; perfeccionamiento *m*; *~ am Arbeitsplatz* aprendizaje, formación en el taller *bzw.* en el puesto de trabajo; *~ von Führungskräften* formación de cuadros; formación del personal directivo
Ausbildungsbeihilfe *f*, n bolsa *f* de formación profesional; bolsa *f* de estudios; subsidio *m*, asignación *f* para la formación profesional; gratificación *f* dada a un meritorio
Ausbildungsförderung *f*, en promoción *f*, fomento *m* de la formación profesional
Ausbildungskurs *m*, e → *Ausbildungslehrgang*
Ausbildungslehrgang *m*, ⁻e curso *m* de formación; cursillo *m* de instrucción (*od.* entrenamiento)
Ausbildungsstand *m*, Ø nivel *m* de formación
Ausbildungsstätte *f*, n centro *m* de formación
Ausbildungsverhältnis *n*, se relación *f* de formación (profesional)
Ausbildungszeit *f*, en período *m*, fase *f* de formación
ausbleiben no venir; no llegar; no aparecer; no comparecer; hacerse esperar; *mit der Zahlung ~* retrasarse, demorarse en el pago
Ausbleiben *n*, Ø incomparecencia *f*; no comparecencia *f*; ausencia *f*; demora *f*, retraso *m* en el pago
ausbooten (Fam.) echar fuera; eliminar; privar a alg. de un cargo
ausborgen 1. *bei jdm. Geld ~* pedir dinero prestado a alg. 2. *eine Maschine an jdn. ~* prestar una máquina a alg.
ausbuchen (Contab.) sacar de una cuenta

ausbürgern privar a alg. de su nacionalidad; retirar la ciudadanía; desnaturalizar; expatriar (Ggs. *einbürgern*)
ausdehnen extender; alargar; agrandar; prolongar (en el tiempo)
Ausdehnung *f*, en extensión *f*; prolongación *f*
ausdrücklich expreso; formal; explícito; *~e Genehmigung* autorización *f* expresa; *~e Zustimmung* consentimiento *m* expreso
auseinandersetzen 1. explicar; exponer 2. *sich mit jdm. ~* discutir con alg. 3. *sich mit seinen Gläubigern ~* llegar a un acuerdo con sus deudores 4. *sich mit einem Problem ~* enfrentarse con un problema
Auseinandersetzung *f*, en 1. discusión *f*; conflicto *m* 2. acuerdo *m*; arreglo *m* 3. liquidación *f*; disolución *f*
ausfahren 1. salir 2. hacer una excursión 3. pasear a alg. en coche 4. salir de la mina
Ausfahrer *m*, - chófer *m* repartidor; repartidor *m*
Ausfahrt *f*, en 1. salida *f* 2. excursión *f* 3. puerta *f* cochera
Ausfall *m*, ⁻e 1. pérdida *f*; déficit *m*; *~ von Arbeitstagen* pérdida de días de trabajo 2. baja *f*; fallo *m*; *bei ~ eines Teilnehmers* en caso de que falle un participante 3. resultado *m*
Ausfallbürgschaft *f*, en garantía *f* para caso de pérdida
ausfallen 1. faltar; no comparecer; perder; *ausgefallene Arbeitsstunden* horas de trabajo perdidas 2. *gut, schlecht ~* salir, resultar bien, mal; tener un buen, mal resultado; *nach Wunsch ~* resultar, salir tal como se esperaba
Ausfallen *n*, Ø supresión *f*; anulación *f*; incumplimiento *m*
Ausfallmuster *n*, - muestra *f* de referencia
Ausfallvergütung *f*, en indemnización *f* en concepto de pérdida de salario
Ausfallzeit *f*, en 1. tiempo *m* de trabajo no efectuado; horas *pl* de trabajo perdidas 2. tiempo *m* durante el que no está en funcionamiento una máquina
ausfertigen 1. extender una cuenta 2. *eine Urkunde ~* librar una escritura (*od.* un documento) 3. despachar; expedir 4. redactar
Ausfertigung *f*, en extensión *f*; expedición *f*; despacho *m*; redacción *f*; *erste ~* original *m*; *zweite ~* duplicado *m*; copia *f*; *in doppelter ~* por duplicado; *in dreifacher ~* por triplicado; *in zweifacher ~* por duplicado
Ausflug *m*, ⁻e excursión *f*; *einen ~ machen* hacer, emprender una excursión
Ausflügler *m*, - excursionista *m*
Ausflugslokal *n*, e merendero *m*
ausfolgen (A) → *aushändigen*
Ausfuhr *f*, en exportación *f*; ventas *pl* al exterior;

sichtbare, unsichtbare ~ exportaciones (de bienes) visibles, invisibles; *zollfreie ~en* exportaciones en franquicia; *die ~en fördern* promover, fomentar las exportaciones (Syn. *Exporte*)
Ausfuhrartikel *m*, - artículo *m* de exportación
ausführbar 1. exportable 2. realizable; ejecutable; factible; viable
Ausfuhrbeschränkung *f*, **en** restricciones *pl* a la exportación; *mengenmäßige* ~ restricciones cuantitativas a la exportación; *wertmäßige* ~ restricciones a la exportación en términos de precios
Ausfuhrbestimmung *f*, **en** disposiciones *pl*, normativa *f* en materia de exportación
Ausfuhrbewilligung *f*, **en** → *Ausfuhrgenehmigung*
Ausfuhrbürgschaft *f*, **en** garantía *f*, caución *f* a la exportación
ausführen 1. (Syn. *exportieren*) exportar 2. *eine Bestellung* ~ ejecutar un pedido, una orden 3. explicar; exponer 4. cometer (un delito)
Ausführer *m*, - → *Ausfuhrhändler*
Ausfuhrerklärung *f*, **en** declaración *f* de exportación
Ausfuhrförderung *f*, **en** fomento *m*, promoción *f* de las exportaciones
Ausfuhrgenehmigung *f*, **en** licencia *f*, permiso *m* de exportación
Ausfuhrgüter *pl* bienes *pl* de exportación; exportaciones *pl*
Ausfuhrhafen *m*, ⸚ puerto *m* de exportación
Ausfuhrhandel *m*, Ø comercio *m* de exportación
Ausfuhrhändler *m*, - exportador *m* (Syn. *Exporteur*)
Ausfuhrkontingent *n*, **e** contingente *m*, cupo *m* de exportación
Ausfuhrland *n*, ⸚**er** país *m* exportador
Ausfuhrprämie *f*, **n** prima *f* a la exportación
Ausfuhrquote *f*, **n** 1. cuota *f*, porcentaje *m* de exportación 2. contingente *m*, cupo *m* de exportación
Ausfuhrschein *m*, **e** permiso *m* de exportación
Ausfuhrsperre *f*, **n** embargo *m* (de las exportaciones)
Ausfuhrsubvention *f*, **en** subvención *f* a la exportación
Ausfuhrüberschu|ß *m*, ⸚**sse** excedente *m*, superávit *m* de las exportaciones (sobre las importaciones)
Ausführung *f*, **en** 1. ejecución *f*; realización *f* 2. tipo *m*; modelo *m* 3. explicación *f*
Ausführungsbestimmungen *pl* decreto *m*, ordenanza *f* de aplicación; disposición *f* reguladora
Ausfuhrverbot *n*, **e** prohibición *f*, embargo *m* de las exportaciones
Ausfuhrvolum|en *n*, - *od*. **-ina** volumen *m* de exportaciones
Ausfuhrwaren *pl* artículos *pl*, mercancías *pl* de exportación
Ausfuhrzoll *m*, ⸚**e** derechos *pl* de exportación
ausfüllen 1. rellenar; complimentar; *einen Scheck, ein Formular* ~ rellenar un cheque, un formulario 2. *der Beruf füllt ihn ganz aus* la profesión le satisface, le llena por completo
Ausgabe *f*, **n** 1. *~n* gasto *m*; desembolso *m*; *außerordentliche ~n* gastos extraordinarios; *kleine ~n* gastos menores; *laufende ~n* gastos corrientes; *öffentliche ~n* gastos públicos; *ordentliche ~n* gastos ordinarios; *unvorhergesehene ~n* gastos imprevistos 2. emisión *f* (de títulos, billetes) 3. distribución *f*; reparto *m*; entrega *f* 4. despacho *m* (de billetes, etc.) 5. (Inform.) salida *f* (de datos) 6. edición *f* (de un libro); *neue* ~ reedición *f*; *bearbeitete* ~ edición revisada 7. *~ einer Zeitung* número *m* de un periódico
Ausgabebank *f*, **en** banco *m* emisor
Ausgabebefehl *m*, **e** (Inform.) instrucción *f*, orden *f* de salida
Ausgabebetrag *m*, ⸚**e** 1. precio *m* de emisión 2. montante *m* de la emisión
Ausgabebewilligung *f*, **en** autorización *f* presupuestaria; autorización *f* de gasto
Ausgabedaten *pl* (Inform.) datos *pl* de salida
Ausgabeeinheit *f*, **en** (Inform.) unidad *f* de salida
Ausgabegeräte *pl* (Inform.) equipos *pl*, equipamientos *pl* de salida
Ausgabekurs *m*, **e** tipo *m* de emisión (Syn. *Emissionskurs*)
Ausgabeland *n*, ⸚**er** país *m* de emisión
Ausgabemarkt *m*, ⸚**e** mercado *m* de emisión
Ausgabenaufgliederung *f*, **en** desglose *m*, clasificación *f* de los gastos
Ausgabenaufstellung *f*, **en** 1. gastos *pl* previstos 2. relación *f*, estado *m* de gastos
Ausgabenbuch *n*, ⸚**er** libro *m* de gastos
Ausgabenbudget *n*, **s** presupuesto *m* de gastos
Ausgabenetat *m*, **s** previsiones *pl* presupuestarias
Ausgabenkürzung *f*, **en** recorte *m* presupuestario
Ausgabenseite *f*, **n** columna *f* gastos
Ausgabenvoranschlag *m*, ⸚**e** → *Ausgabenetat*
Ausgabepreis *m*, **e** precio *m* de emisión, de lanzamiento
Ausgabespeicher *m*, - (Inform.) memoria *f* de salida
Ausgabestelle *f*, **n** 1. oficina *f* de entrega (de documentos) 2. centro *m* de distribución 3. despacho *m* (de billetes); taquilla *f*
Ausgang *m*, ⸚**e** 1. salida *f* 2. resultado *m*; desenlace *m*; *Unfall mit tödlichem* ~ accidente *m* (con

desenlace) mortal 3. ~ *haben* tener permiso; tener libre
Ausgangsbescheinigung *f*, **en** certificado *m*, visado *m* de salida
Ausgangsbuch *n*, ⹀**er** libro *m*, registro *m* de salidas
Ausgangserzeugnis *n*, se producto *m* inicial; producto *m* de base
Ausgangsindustrie *f*, **n** industria *f* de base
Ausgangskapital *n*, Ø capital *m* inicial
Ausgangsmaterial *n*, **ien** material *m* original; material *m* de base
Ausgangspost *f*, Ø correspondencia *f* por salir; correspondencia *f* de salida
Ausgangspreis *m*, **e** precio *m* de salida
Ausgangsprodukt *n*, **e** → *Ausgangserzeugnis*
Ausgangspunkt *m*, **e** 1. punto *m* de salida, de arranque 2. salida *f*; origen *m*
Ausgangswert *m*, **e** valor *m* inicial
Ausgangszoll *m*, ⹀**e** derechos *pl* de salida
Ausgangszollsatz *m*, ⹀**e** tasa *f* de derechos a la salida; derechos *pl* base
ausgeben 1. *sein Geld* ~ gastar su dinero 2. *Aktien* ~ emitir acciones 3. *Banknoten* ~ poner billetes en circulación 4. distribuir, repartir 5. *Fahrkarten* ~ expender billetes 6. *sich* ~ agotar sus fuerzas 7. *sich* ~ *als* hacerse pasar por; dárselas de 8. rendir
ausgebildet , *voll* ~ especializado; cualificado
ausgebucht sein estar completo; estar vendido totalmente; no quedar plazas; *der Flug ist ausgebucht* el vuelo está completo; no hay plazas para este vuelo
ausgedient haben 1. gastado; viejo 2. *diese Maschinen haben ausgedient* estas máquinas están fuera de uso 3. retirado, jubilado
ausgeglichen en equilibrio; equilibrado; ~*er Haushalt* presupuesto equilibrado
Ausgeglichenheit *f*, Ø equilibrio *m*; ~ *des Budgets*, *des Etats* equilibrio *m* del presupuesto, de las previsiones presupuestarias
ausgehen 1. salir 2. acabar; terminar; tener como desenlace 3. acabarse, agotarse (el dinero); escasear (una mercancía) 4. tener su origen en; proceder de
ausgehend, ~*e Fracht* carga de salida; ~*es Schiff* barco saliente
Ausgehtag *m*, **e** día *m* de salida
ausgeklügelt sofisticado; de alto grado técnico
ausgelastet plenamente utilizado; a plena carga; a (*od.* con) funcionamiento completo; ~*e Werke* factorías que trabajan a plena carga
ausgelernt salido del aprendizaje (artesanal)
ausgemacht 1. entendido; convenido; acordado; concertado; ~*er Preis* precio convenido, acordado, estipulado 2. *als* ~ *ansehen* dar por descontado
ausgesucht elegido; seleccionado; selecto, escogido; ~*e Ware* mercancía *f* de primera calidad
ausgewogen equilibrado; ponderado; ecuánime
Ausgleich *m*, **e** 1. compromiso *m*; arreglo *m* 2. perecuación *f* 3. ~ *des Budgets* equilibrio *m* presupuestario 4. saldo *m*; *zum* ~ *Ihrer Rechnung* para saldar su factura 5. liquidación *f* (de una cuenta) 6. indemnización *f* 7. nivelación *f*; igualación *f*
ausgleichen 1. equilibrar 2. conciliar; arreglar (una diferencia) 3. saldar, liquidar una cuenta 4. compensar (una pérdida); perecuar 5. *das Lohngefälle* ~ nivelar las disparidades salariales
Ausgleichs- (Pref.) de compensación; compensatorio; compensador; diferencial
Ausgleichsabgabe *f*, **n** tasa *f* compensatoria
Ausgleichsabkommen *n*, - acuerdo *m* de compensación
Ausgleichsbetrag *m*, ⹀**e** montante *m* compensatorio
Ausgleichsentschädigung *f*, **en** indemnización *f* compensatoria, diferencial
Ausgleichsfonds *m*, - fondo *m* de compensación; fondo *m* de solidaridad
Ausgleichsforderung *f*, **en** 1. reclamación *f* de indemnización 2. crédito *m* de compensación, de perecuación
Ausgleichsgebühr *f*, **en** tasa *f* compensatoria
Ausgleichskasse *f*, **n** caja *f* de compensación
Ausgleichsposten *m*, - partida *f* de compensación; partida *f* por contra
Ausgleichsstelle *f*, **n** oficina *f*, cámara *f* de compensación
Ausgleichssteuer *f*, **n** tasa *f* compensatoria
Ausgleichsumlage *f*, **n** tasa *f* de compensación; distribución *f* de tasas
Ausgleichsverfahren *n*, - 1. procedimiento *m* de compensación 2. (A, CH) acto *m* de conciliación; procedimiento *m* conciliatorio
Ausgleichszahlung *f*, **en** pago *m* compensatorio; pago *m* de liquidación
Ausgleichszoll *m*, ⹀**e** derechos *pl* compensatorios
Ausgleichszulage *f*, **n** → *Ausgleichsentschädigung*
Ausgleichszuschu|ß *m*, ⹀**sse** subvención *f* de perecuación
Ausgleichung *f*, **en** compensación *f*; igualación *f*; ajuste *m*; (Angl.) clearing *m*
aushandeln 1. negociar; *Löhne und Preise* ~ negociar los salarios y los precios 2. regatear
aushändigen entregar; hacer entrega; *jdm. ein Dokument* ~ entregarle un documento a alg.; *persönlich* ~ entregar en propia mano
Aushändigung *f*, **en** entrega *f*

Aushang *m*, ⸚e 1. cartel *m*; anuncio *m*; *durch einen ~ bekanntgeben* dar a conocer por anuncio, por cartel 2. ostentación *f*; exhibición *f* 3. escaparate *m*; muestrario *m*
aushängen 1. fijar carteles 2. desquiciar (la puerta) 3. descolgar (el teléfono) 4. estar expuesto
Aushängeschild *n*, **er** 1. enseña *f*; figura *f* decorativa; *als ~ dienen* servir de argumento publicitario; servir de figura decorativa 2. letrero *m*; rótulo *m*
ausheben, *die Tür ~* desquiciar la puerta
Aushilfe *f*, **n** asistencia *f*; ayuda *f*; auxiliar *m*; *eine Sekretärin zur ~ einstellen* colocar una secretaria interina
Aushilfskraft *f*, ⸚e ayuda *f*; auxiliar *m*; ⸚e personal *m* temporal, interino
Aushilfspersonal *m*, Ø personal *m* auxiliar, temporal, suplente
aushilfsweise provisionalmente; temporalmente; con carácter interino
ausklammern excluir; no tratar; dejar de (*od.* a un) lado
ausklappbar abatible; desplegable
ausklarieren (*Zoll*) declarar *f* de salida
Ausklarierungsschein *m*, **e** certificado *m* de declaración de salida
auskommen, *gut mit jdm. ~* llevarse bien con alg.; *knapp mit dem Geld ~* ir tirando, ir pasando con el dinero de que se dispone; *mit dem Geld ~* arreglarse, manejarse con el dinero disponible
Auskommen *n*, Ø subsistencia *f*; medios *pl* de vida; *sein (gutes) ~ haben* tener ampliamente de qué vivir; tener (lo suficiente) para vivir; *gutes ~ haben* vivir desahogadamente; vivir holgadamente
auskömmlich suficiente
auskosten 1. saborear; paladear 2. gozar de
Auskunft *f*, ⸚e información *f*; informe *m*; *die ~* la oficina de información; *um ~ bitten* pedir, solicitar información; *~ einholen über* informarse sobre; *~ erteilen, geben* dar información; dar informes; informar; (*in Anzeigen*) razón *f*
auskunftsberechtigt sein estar autorizado para dar información
Auskunftsbüro *n*, **s** oficina *f* de informes, de información
Auskunftei *f*, **en** agencia *f* de informes, de informaciones
Auskunftspflicht *f*, **en** obligación *f* de información
Auskunftstelle *f*, **n** → *Auskunftsbüro*
Auskunfts- und Beratungsstelle *f*, **n** oficina *f* de información y orientación
Ausladehafen *m*, ⸚ puerto *m* de descarga

Ausladen *n*, Ø 1. descarga *f* (de mercancías) 2. desembarque *m* (de pasajeros)
ausladen 1. descargar 2. desembarcar 3. anular la invitación
Auslader *m*, - descargadero *m*
Ausladestelle *f*, **n** desembarcadero *m*; descargadero *m*; muelle *m* de desembarque
Auslage *f*, **n** 1. escaparate *m*; vitrina *f* 2. presentación *f*; exposición *f* 3. objeto *m* expuesto
Auslagen *pl* gastos *pl*; desembolso *m*; *jdm. die ~ zurückerstatten* reembolsar los gastos a alg.
Auslagenabrechnung *f*, **en** nota *f* de gastos
auslagern desalmacenar
Ausland *n*, Ø extranjero *m*; país *m* extranjero *Kapital im ~ anlegen* invertir (capital) en el extranjero; *ins ~ fahren* ir al extranjero
Ausländer *m*, - extranjero *m*; *unerwünschter ~* extranjero *m* indeseable; persona *f* extranjera non grata
Ausländerausweis *m*, **e** tarjeta *f* de residencia; cédula *f* de residente
Ausländerbehörden *pl* autoridad *f* de extranjeros; secretaría *f* del Estado para los inmigrados
ausländerfeindlich xenófobo
Ausländerfeindlichkeit *f*, Ø xenofobia *f*
Ausländergesetz *n*, **e** ley *f* de extranjería; (Chile) ley *f* de residencia
Ausländerkont|o *n*, **-en** cuenta *f* de residentes en el extranjero; cuenta *f* de no residente
Ausländerpolizei *f*, Ø policía *f* de extranjeros
Ausländerrecht *n*, Ø derecho *m* de extranjería
ausländisch extranjero; proveniente del extranjero; procedente de otro país; *~e Zahlungsmittel* divisas
Auslands- (Pref.) extranjero; exterior; del extranjero; internacional
Auslandsabsatz *m*, Ø ventas *pl* destinadas a la exportación; ventas *pl* al (*od.* en el) extranjero
Auslandsabteilung *f*, **en** departamento *m* extranjero; departamento *m* exterior; departamento *m* de comercio exterior
Auslandsanlage *f*, **n** → *Auslandsinvestition*
Auslandsanleihe *f*, **n** empréstito *m* exterior
Auslandsaufenthalt *m*, **e** estancia *f* en el extranjero
Auslandsauftrag *m*, ⸚e 1. pedido *m* extranjero; orden *f* proveniente del extranjero 2. misión *f* en el extranjero
Auslandsberichterstatter *m*, - corresponsal *m* en el extranjero
Auslandsbesitz *m*, Ø propiedad *f*, posesión *f* en el extranjero
Auslandsbeteiligung *f*, **en** participación *f* extranjera
Auslandsbeziehungen *pl* relaciones *pl* con el

extranjero
Auslandbonds *pl* títulos *pl* (de empréstito) en moneda extranjera
Auslandsbrief *m*, e carta *f* para el extranjero
Auslandsdeutsche/r (*der/ein*) alemán *m* residente en el extranjero
Auslandsdienst *m*, e servicio *m* exterior; servicio *m* en el extranjero
Auslands(ein)käufer *m*, - comprador *m* extranjero
Auslandsfiliale *f*, n sucursal *f* en el extranjero
Auslandsforderungen *pl* activos *pl* exteriores
Auslandsgelder *pl* fondos *pl*, capitales *pl* extranjeros
Auslandsgeschäft *n*, e operación *f*, transacción *f* con el extranjero; ~ *abwickeln* concluir, concertar, tramitar negocios con el extranjero
Auslandsgespräch *n*, e (Teléf.) conferencia *f* internacional
Auslandsgüter *pl* bienes *pl* extranjeros; bienes *pl* importados
Auslandsguthaben *n*, - haber *m* en el extranjero
Auslandshandel *m*, Ø comercio *m* exterior
Auslandshilfe *f*, n ayuda *f* exterior; ayuda *f* al extranjero
Auslandsinvestitionen *pl* inversiones *pl* en el extranjero
Auslandskapital *n*, Ø capital *m* extranjero
Auslandskorrespondent *m*, en 1. (*Presse*) corresponsal *m* (en el) extranjero 2. encargado *m* de la correspondencia con el exterior; secretaria *f* con idiomas
Auslandskredit *m*, e crédito *m* extranjero
Auslandsmarkt *m*, ⸚e mercado *m* extranjero; mercado *m* exterior
Auslandsniederlassung *f*, en sucursal *f* en el extranjero
Auslandspatent *n*, e patente *m* extranjero
Auslandsporto *n*, s porte *m* para el extranjero; tarifa *f* internacional
Auslandspostanweisung *f*, en giro *m* internacional
Auslandspraktik|um *n*, -a período *m* de prácticas en el extranjero; curso *m* de formación en el extranjero
Auslandsschuld *f*, en deuda *f* externa
Auslandstarif *m*, e tarifa *f* internacional
Auslandsüberweisung *f*, en transferencia *f* internacional
Auslandsverbindlichkeiten *pl* pasivos *pl* extranjeros
Auslandsvermögen *n*, - bienes *pl*, haberes *pl* en el extranjero
Auslandsverschuldung *f*, en endeudamiento *m* externo; deuda *f* exterior
Auslandsvertreter *m*, - agente *m* comercial en el extranjero
Auslandsvertretung *f*, en 1. representación *f* (comercial) en el extranjero 2. embajada *f* 3. consulado *m* 4. legación *f*
Auslandswährung *f*, en moneda *f* extranjera
Auslandswechsel *m*, - letra *f* sobre el extranjero
Auslandswerte *pl* valores *pl* extranjeros
Auslandszulage *f*, n sobresueldo *m* por servicio en el extranjero
Auslassung *f*, en omisión *f*; laguna *f*
Auslastung *f*, en grado *m* de utilización, de ocupación; plena *f* utilización; *ungenügende* ~ infrautilización *f*
auslegen 1. exponer, exhibir (para la venta) 2. anticipar, adelantar (dinero) 3. desembolsar 4. interpretar, comentar (un texto)
Auslegung *f*, en interpretación *f*; *enge, weite* ~ interpretación restrictiva, amplia
Ausleihe *f*, n sección *f* de préstamos (de una biblioteca)
ausleihen, *jdm. Geld* ~ prestar dinero a alg.; *sich etwas* ~ tomar, pedir prestada u/c; (Syn. *leihen*)
Ausleiher *m*, - prestamista *m*; prestador *m*
Ausleihung *f*, en préstamo *m*
auslernen terminar su aprendizaje; acabar los estudios
Auslese *f*, n 1. selección *f* 2. (vino *m* de) cosecha *f* seleccionada 3. lo mejor de lo mejor
Auslesepriifung *f*, en examen *m* de selectividad; examen *m* selectivo; concurso *m*
Auslieferer *m*, - proveedor *m*; distribuidor *m*
ausliefern 1. entregar; distribuir; expedir 2. extraditar
Auslieferung *f*, en 1 entrega *f*; expedición *f* (de mercancías) 2. extradición *f* (de una persona)
Auslieferungslager *n*, - stocks *pl* de venta; depósito *m*; expedición *f* (de mercancías)
Auslieferungsschein *m*, e nota *f*, boletín *m* de entrega
Auslieferungsstelle *f*, n centro *m* de distribución
Auslieferungsvertrag *m*, ⸚e tratado *m* de extradición
Auslobung *f*, en promesa *f* de recompensa
auslosen 1. sortear; echar a suertes 2. (*verlosen*) rifar 3. echar a cara o cruz 4. adjudicar por sorteo
auslösen 1. provocar; producir; desencadenar 2. *ein Pfand* ~ desempeñar 3. redimir (una letra)
Auslosung *f*, en 1. sorteo *m* 2. rifa *f* 3. reembolso *m* por sorteo
Auslösung *f*, Ø 1. provocación *f*; desencadenamiento *m* 2. desempeño *m* 3. redención *f*
Auslosungsanleihe *f*, n empréstito *m* amortizable por sorteo
Ausmaß *n*, e dimensión *f*; proporción *f*; grado *m*;

in geringem, großem ~ en escasa, gran medida
ausmieten 1. expulsar (a un inquilino) 2. (CH) alquilar; arrendar
ausmustern 1. desechar; eliminar; suprimir; *alte Modelle* ~ desechar modelos viejos 2. escoger; clasificar
Ausnahme *f*, n 1. excepción *f*; *eine* ~ *bilden* hacer excepción; *eine* ~ *für jdn. machen* hacer una excepción para alg.; *mit* ~ *von* excepto; excepción hecha de; exceptuando a; *ohne* ~ sin excepción 2. exención *f*
Ausnahmebestimmung *f*, en cláusula *f* de excepción
Ausnahmefall *m*, ⸚e (caso *m* de) excepción *f*; caso *m* excepcional
Ausnahmegenehmigung *f*, en autorización *f* excepcional
Ausnahmegesetz *n*, e ley *f* excepcional; ley *f* de excepción
Ausnahmepreis *m*, e precio *m* excepcional; precio *m* de excepción
Ausnahmeregelung *f*, en reglamento *m*, regulación *f* de excepción
Ausnahmevorschrift *f*, en disposición *f* excepcional
Ausnahmezustand *m*, Ø estado *m* de excepción
ausnahmslos sin excepción; sin exención
ausnahmsweise por excepción; excepcionalmente
ausnutzen 1. utilizar; aprovechar 2. explotar; abusar (de una persona)
ausnützen → *ausnutzen*
Ausnutzung *f*, Ø 1. utilización *f*; aprovechamiento *m* 2. explotación *f*, abuso *m* (de una persona)
Ausnützung *f*, Ø → *Ausnutzung*
auspacken 1. desempaquetar; desenvolver; desembalar; abrir 2. deshacer (la maleta) 3. (Fam.) cantar (de plano)
auspfänden embargar
Auspfändung *f*, en embargo *m*
ausplündern 1. saquear; pillar 2. desvalijar (un coche o a una persona)
Ausplünderung *f*, en 1. saqueo *m*; pillaje *m* 2. desvalijamiento *m*
auspowern (Fam.) explotar
Auspowerung *f*, en (Fam.) explotación *f*; pauperización *f*; empobrecimiento *m*; depauperación *f*
ausquartieren desalojar
Ausquartierung *f*, en desalojamiento *m*
ausrauben robar; desvalijar
ausräumen 1. vaciar; evacuar 2. desamueblar (una habitación) 3. quitar (los muebles) 4. limpiar 5. desvalijar
Ausreise *f*, n salida *f*, partida *f* (de un territorio)
Ausreisesichtvermerk *m*, e visado *m* de salida

Ausreisevis|um *n*, -a → *Ausreisesichtvermerk*
ausrufen 1. vender *f* en subasta 2. proclamar 3. *einen Streik* ~ convocar una huelga 4. publicar 5. vocear (un periódico)
Ausrufpreis *m*, e (A) tasación *f*, fijación *f* del precio
ausrüsten equipar; proveer; dotar; aprovisionar; instalar; *mit Geräten* ~ equipar de aparatos; proveer de herramientas
Ausrüster *m*, - armador *m*; naviero *m*
Ausrüstung *f*, en equipo *m*; instalación *f*; utensilios *pl*; aparejos *pl*; *ungenügende, übermäßige* ~ subequipamiento *m*, sobreequipamiento *m*
Ausrüstungsgegenstände *pl* material *m* de equipamiento
Ausrüstungsgüter *pl* bienes *pl* de equipo; bienes *pl* de inversión; (Syn. *Investitionsgüter*)
Ausrüstungskosten *pl* costes *pl* de equipamiento
Aussage *f*, n declaración *f*; enunciado *m*; *eidliche* ~ declaración bajo juramento
aussagefähig (Inform.) pertinente; ~*e Zahlen* cifras *pl* significativas
Aussagekraft *f*, Ø impacto *m*; eficiencia *f*; pertinencia *f*; eficacia *f* (de un texto publicitario, etc.)
ausschalten 1. eliminar; excluir; *die Konkurrenz* ~ eliminar la competencia 2. desconectar 3. parar (una máquina)
Ausschaltung *f*, en 1. eliminación *f*; supresión *f* 2. desconexión *f*
Ausschank *m*, Ø 1. despacho *m*, venta *f*, quiosco *m* de bebidas 2. taberna *f*; tasca *f*; bar *m*
Ausschankgenehmigung *f*, en licencia *f* de venta de bebidas alcohólicas
Ausschankverbot *n*, e prohibición *f* de venta de bebidas alcohólicas
ausscheiden, *aus dem Dienst* ~ dimitir; abandonar sus funciones; *aus dem Erwerbsleben* ~ retirarse de la vida laboral activa; *aus dem Geschäft* ~ retirarse de los negocios; *aus einem Verein* ~ darse de baja, causar baja en una asociación
ausschenken 1. escanciar 2. vender, despachar bebidas
ausschiffen desembarcar
Ausschiffung *f*, en desembarco *m*; desembarque *m* (de mercancías)
ausschlagen rehusar; rechazar; *ein Angebot* ~ rechazar una oferta; *eine Erbschaft* ~ repudiar una herencia
ausschlaggebend decisivo; ~*er Kapitalanteil* participación *f* decisiva en el capital; control *m* del capital; ~*e Stimme* voto *m* preponderante
ausschließen excluir; eliminar; (*Gericht*) *die Öffentlichkeit* ~ actuar a puerta cerrada; *vom*

71

Umtausch ausgeschlossen no se admite la devolución; excluido el cambio; *jdn. vom Wettbewerb ~* dejar a alg. fuera de la competencia

ausschließlich exclusivo; exclusive; privativo; *~es Recht* derecho *m* exclusivo; monopolio *m*

Ausschließlichkeit *f*, Ø exclusividad *f*

Ausschließlichkeitsklausel *f*, **n** cláusula *f* de exclusividad

Ausschließlichkeitsvertrag *m*, ⁻e contrato *m* de exclusiva

Ausschließung *f*, en → *Ausschluß*

Ausschlu|ß *m*, ⁻sse exclusión *f*; *unter ~ der Öffentlichkeit* a puerta cerrada; *unter ~ des Rechtswegs* sin poder recurrir a los tribunales; con exclusión de la vía judicial

ausschneiden, *aus einer Zeitung ~* recortar de un periódico

Ausschnitt *m*, e corte *m*; *~ aus einer Zeitung* recorte *m* de un periódico

ausschöpfen, *Reserven ~* agotar, apurar las reservas

Ausschöpfungsgrad *m*, e tasa *f* de cobertura

ausschreiben 1. *eine Rechnung ~* hacer, pasar una factura 2. *eine Stelle ~* sacar un puesto a concurso; (LA) llamar a licitación 3. *öffentlich ~* sacar a subasta pública 4. *einen Scheck ~* extender un talón *bzw.* cheque 5. *ein Wort ~* escribir enteramente 6. *eine Zahl ~* escribir en letra 7. *Wahlen ~* convocar elecciones

Ausschreibende/r *(der/ein)* adjudicador *m*

Ausschreibung *f*, en 1. concurso-subasta *m*; licitación *f* 2. *durch ~* por adjudicación 3. *sich um eine ~ bewerben* presentarse a concurso (od. oposición); *an den ~en teilnehmen* acudir a concursos *(bzw.* subastas) 4. anuncio *m* 5. convocatoria *f* (de elecciones)

Ausschreibungsbedingungen *pl* pliego *m* de condiciones

Ausschu|ß *m*, ⁻sse 1. comité *m*; comisión *f*; *beratender ~* comité consultivo; *ständiger ~* comisión, diputación *f* permanente; *einen ~ bilden* constituir una comisión; *einem ~ angehören* formar parte, ser miembro de un comité; pertenecer a una comisión 2. pacotilla *f*; desecho *m*

Ausschußmitglied *n*, er miembro *m* de una comisión *bzw.* comité

Ausschußpapier *n*, e maculatura *f*

Ausschußsitzung *f*, en sesión *f* (de trabajo) de la comisión

Ausschußware *f*, **n** pacotilla *f*; (géneros *pl* de) desecho *m*

ausschüttbar, *~er Gewinn* ganancia *f*, beneficio *m* repartible

ausschütten, *eine Dividende ~* repartir, distribuir (un) dividendo; *einen Gewinn ~* repartir, distribuir un beneficio

Ausschüttung *f*, en *~ von Dividenden, Reserven* reparto *m* de dividendos, de reservas

Ausschüttungsbetrag *m*, ⁻e importe *m* repartible, distribuible

ausschüttungsfähig repartible; distribuible

Aussehen *n*, Ø *~ der Ware* aspecto *m* de la mercancía

Außen- (Pref.) exterior; (Ggs. *Binnen-, Innen-*)

Außenamt *n*, ⁻er ministerio *m* de asuntos exteriores

Außenansicht *f*, en vista *f* exterior

Außenantenne *f*, **n** antena *f* exterior

Außenaufnahme *f*, **n** toma *f* exterior; escena *f* de exteriores; *~n* exteriores *pl*

Außenbeitrag *m*, ⁻e 1. demanda *f* neta del extranjero; diferencia *f* entre la demanda exterior y las importaciones planeadas 2. superávit *m* registrado en el comercio exterior

Außenbeziehungen *pl* relaciones *pl* exteriores

Außenbezirk *m*, e *~ einer Stadt* extrarradio *m*; arrabales *pl*; las afueras *pl*

Außenbilanz *f*, en balanza *f* exterior

Außenbordmotor *m*, en motor *m* fueraborda

Außenbordmotorboot *n*, e fueraborda *m*

aussenden 1. mandar; enviar; remitir 2. emitir

Außendienst *m*, e 1. servicio *m* exterior 2. agencia *f* comercial

Außenhandel *m*, Ø comercio *m* exterior; comercio *m* con el extranjero; *den ~ liberalisieren* liberalizar el comercio exterior

Außenhandelsabkommen *n*, - acuerdo *m*, convenio *m*, tratado *m* de comercio exterior

Außenhandelsbank *f*, en *(AHB)* banco *m* de comercio exterior

Außenhandelsberater *m*, - asesor *m* de comercio exterior

Außenhandelsbeziehungen *pl* relaciones *pl* comerciales exteriores

Außenhandelsbilanz *f*, en balanza *f* comercial exterior; balanza *f* de comercio exterior

Außenhandelsdefizit *n*, e déficit *m* en (*od.* del) comercio exterior

Außenhandelsentwicklung *f*, en evolución *f*, comportamiento *m* del comercio exterior

Außenhandelsfinanzierung *f*, en financiación *f* del comercio exterior

Außenhandelsförderung *f*, en promoción *f*, fomento *m* del comercio exterior

Außenhandelsgeschäft *n*, e transacción *f* de comercio exterior; operación *f* comercial exterior

Außenhandelsgleichgewicht *n*, e equilibrio *f* comercial exterior

Außenhandelsministeri|um *n*, -en ministerio *m*

de comercio exterior
Außenhandelsquote f, n parte f, tasa f, cuota f del comercio exterior dentro del PNB
Außenhandelsstatistik f, en estadísticas pl de comercio exterior
Außenhandelsüberschu|ß m, ⁀sse superávit m, excedente m comercial exterior; saldo m activo (od. acreedor od. positivo) en el comercio exterior
Außenhandelsumsatz m, ⁀e movimiento m comercial exterior; volumen m de negocios con el exterior; cifra f de negocios con el extranjero
Außenhandelsunternehmen n, - empresa f dedicada al comercio exterior
Außenhandelsvolum|en n, - od. -ina volumen m del comercio exterior
Außenminister m, - ministro m de asuntos exteriores; titular m de relaciones exteriores; (LA) canciller m
Außenministeri|um n, -en ministerio m de asuntos exteriores; cartera f, departamento m de relaciones exteriores; (LA) cancillería f
Außenpolitik f, Ø política f exterior
außenpolitisch 1. referente a la política exterior 2. internacional; unter ~er Betrachtung bajo el aspecto internacional
Außenseite f, n fachada f
Außenseiter m, - 1. candidato m poco conocido; deportista m, concursante m sin perspectivas de éxito 2. excéntrico m; inconforme m 3. (Angl.) outsider m
Außenspiegel m, - (Auto.) retrovisor m exterior
Außenstände pl cobros pl pendientes; deudas pl activas; atrasos pl; créditos pl a cobrar; ~ eintreiben cobrar los atrasos
Außenstation f, en (Inform.) puesto m de abonado; terminal m
Außenstelle f, n 1. agencia f; delegación f 2. oficina f en el extranjero; oficina f exterior
Außenwerbung f, en publicidad f exterior
Außenwirtschaft f, Ø comercio m y pagos con el exterior; sector m exterior de la economía; economía f exterior
Außenwirtschaftsbeziehungen pl relaciones pl comerciales exteriores
Außenwirtschaftspolitik f, Ø política f económica en el sector exterior; política f económica con el extranjero
Außenwirtschaftsverkehr m, Ø → Außenwirtschaft
Außenzolltarif m, e gemeinsamer ~ arancel m aduanero común (AAC)
außer 1. exceptuado; excepto; a excepción de; salvo 2. ~ Betrieb no funciona; fuera de servicio 3. ~ Kraft setzen derogar; abrogar; anular

4. ~ Kurs setzen retirar de la circulación
außeramtlich no oficial; extraoficial
außerberuflich extraprofesional
außerbetrieblich externo (a la empresa); fuera de la empresa; ~e Revision revisión f, inspección f, auditoría f externa; für ~e Zwecke con fines externos; con propósito que cae fuera del negocio
Außerbetriebnahme f, n ~ eines Kernkraftwerks puesta f fuera de servicio de una central nuclear
außerbörslich fuera de bolsa; ~e Kurse cotizaciones pl del mercado libre; cursos pl, precios pl en el mercado extraoficial
außerdienstlich fuera de servicio; extraoficial; particular
äußere exterior; externo; Minister des ~n → Außenminister
außerehelich 1. natural; ilegítimo 2. extraconyugal; extramatrimonial
außeretatmäßig extrapresupuestario
außereuropäisch extraeuropeo
außerfahrplanmäßig 1. no previsto (en el horario); fuera de horario 2. (tren m) suplementario; tren m de refuerzo
außergemeinschaftlich (EG) extracomunitario; no comunitario; externo a la comunidad; ~er Handel comercio m extracomunitario; transacciones pl comerciales con países no miembros de la Comunidad; ~e Länder países pl no comunitarios; países pl no miembros de la Comunidad
außergerichtlich extrajudicial; extraprocesal; ~er Vergleich arreglo m, acuerdo m extrajudicial
außergewöhnlich, ~e Ausgaben gastos pl extraordinarios; ~e Belastungen cargas pl extraordinarias
außerhalb, ~ der Arbeitszeit fuera de la jornada laboral; ~ der Saison en la no temporada; fuera de temporada
Außerkraftsetzung f, Ø 1. anulación f; abolición f 2. abrogación f, derogación f (de una ley)
Außerkurssetzung f, en 1. retirada f de la circulación 2. suspensión f de una cotización (bursátil)
außerlandwirtschaftliche Tätigkeit actividad f no agraria, no agrícola; actividad f fuera del sector agrario
äußerlich, das Paket war ~ unbeschädigt el paquete no estaba dañado por fuera; zum ~en Gebrauch para uso externo; ~ anzuwenden para uso externo
außerordentlich 1. ~e Aufwendungen gastos pl extraordinarios; ~e Hauptversammlung (aHV) junta f general extraordinaria 2. eine ~e Persönlichkeit una personalidad excepcional,

singular 3. enorme, descomunal 4. ~*er Professor* catedrático *m* supernumerario
außerparlamentarisch extraparlamentario
außerplanmäßig, ~*er Beamter* funcionario *m* supernumerario; ~*er Flug* vuelo *m* extraordinario, especial; vuelo *m* fuera del horario
äußerst extremo; ~*e Grenze* plafón *m*; límite *m*; ~*e Frist* plazo *m* final; ~*er Preis* precio *m* último; precio *m* máximo *bzw.* mínimo; ~ *niedrige Preise* precios extremadamente bajos; ~*er Termin* fecha *f* tope; fecha *f* límite; fecha *f* última posible
außerstande, ~ *sein zu* no poder hacer u/c; no estar en condiciones de
außertariflich, ~*e Zollvergünstigungen* privilegios *pl* arancelarios no tarifarios; ~*e Zahlungen* pagos *pl* por encima de lo estipulado en convenio colectivo
außervertraglich fuera de contrato; extracontractual
aussetzen 1. *eine Zahlung* ~ suspender, interrumpir el pago; cesar de pagar 2. *eine Strafe zur Bewährung* ~ conceder la remisión condicional de una pena 3. *eine Belohnung, einen Preis* ~ ofrecer una recompensa, un precio 4. *eine Rente* ~ asignar una pensión, un retiro, una jubilación; *ein Gehalt* ~ asignar un sueldo 5. *eine Summe* ~ destinar una suma 6. *ein Kind* ~ abandonar, exponer a un niño; 7. diferir; aplazar 8. *etwas auszusetzen haben* poner reparos; *was haben Sie daran auszusetzen* ¿qué tiene que objetar? 9. *einen Tag* ~ guardar un día de descanso; (Fam.) parar un día 10. *sich einer Gefahr* ~ exponerse a un peligro; incurrir en un peligro
Aussicht *f*, (en) 1. ~ *aufs Meer haben* tener vista al mar; ~ *auf die Straße, auf den Hof* dar a la calle, al patio 2. ~ *auf eine gute Stelle* perspectiva *f*, oportunidad *f*, probabilidad *f* de un buen puesto; ~*en für die Zukunft* perspectivas *pl*, esperanzas *pl* para el futuro; *gute* ~*en haben* tener buenas perspectivas 3. *in* ~ *haben* tener u/c en perspectiva 4. *in* ~ *nehmen* proponerse; planear; proyectar 5. *in* ~ *stehen* ser de esperar 6. *in* ~ *stellen* dejar entrever; prometer; ofrecer
Aussichtwagen *m*, - 1. autocar *m* panorámico 2. vagón *m* panorámico
Aussiedler *m*, - repatriado *m*; emigrado *m*
aussondern retirar; separar; *einen Gegenstand aus der Masse* ~ apartar un objeto de la masa
Aussonderung *f*, en separación *f*; (*Konkurs*) tercería *f* de dominio
aussortieren separar; escoger; eliminar; seleccionar
ausspannen, *Arbeitskräfte* ~ quitar mano de obra (a otra empresa); *Kunden* ~ quitar clientela (a otra empresa)
aussperren, *Arbeiter* ~ suspender de empleo y sueldo a los trabajadores; aplicar el cierre patronal; declarar el lock-out
Aussperrung *f*, en suspensión *f* de empleo y sueldo; cierre *m* patronal; lock-out *m*; *eine* ~ *beschließen* decidir la suspensión de empleo y sueldo; *eine* ~ *verhängen* aplicar, imponer la suspensión de empleo y sueldo
ausspielen, *gegeneinander* ~ aprovechar la rivalidad de; oponer, contraponer a uno contra otro
Ausstand *m*, ∺e huelga *f*; *sich im* ~ *befinden* estar en huelga, en paro; *in den* ~ *treten* declarse en huelga, en paro; (Syn. *Streik*)
Ausstände *pl* créditos *pl*; deudas *pl* activas
ausständig en huelga, en paro
Ausständler *m*, - huelguista *m*; (Syn. *Streikender*)
ausstatten equipar con; dotar de; *jdn. mit Vollmachten* ~ dotar de plenos poderes a alg.; conceder poder a alg.
Ausstattung *f*, en equipamiento *m*; instalación *f*; dotación *f*; presentación *f* (de un producto)
Ausstattungskosten *pl* gastos *pl* de equipamiento
Ausstattungsmaterial *n*, ien material *m* de equipo; material *m* de decoración
ausstehen 1. estar, quedar pendiente; estar en retraso 2. sufrir; soportar; aguantar
ausstehend, ~*e Forderungen* atrasos *pl*; pagos *pl* vencidos; ~*es Geld* dinero *m* sin cobrar; ~ *Lieferungen* suministros *pl* pendientes, atrasados; ~*e Summe* suma *f* por cobrar; ~*e Zahlungen* pagos pl pendientes
aussteigen 1. (Fam.) *aus dem Geschäft* ~ retirarse del negocio 2. (*Börse*) vender títulos especulativos 3. (Sociol.) marginarse; llevar una vida alternativa; rechazar el sistema establecido; volver la espalda al sistema instalado 4. bajar, apearse (de un vehículo) 5. desembarcar
Aussteiger *m*, - miembro *m* del movimiento alternativo; automarginado *m*; (Fam.) „pasota" *m*
ausstellen 1. *eine Ware* ~ exponer una mercancía 2. *einen Paß* ~ extender, expedir un pasaporte; *einen Scheck* ~ extender un talón *bzw.* cheque; *eine Rechnung auf den Namen* ~ extender una factura a nombre de 3. *einen Wechsel auf jdn.* ~ librar, girar una letra sobre
Aussteller *m*, - 1. expositor *m* 2. girador *m*, librador *m* (de una letra) 3. emisor *m* de una acción 4. suscriptor *m*
Ausstelleranmeldung *f*, en inscripción *f* del expositor
Ausstellerbetreuung *f*, en asistencia *f* a los expositores
Ausstellerkatalog *m*, e → *Ausstellerverzeichnis*

Ausstellerland *n*, ⸚er país *m* expositor
Ausstellerverzeichnis *n*, se lista *f*, catálogo *m* de expositores
Ausstellung *f*, en 1. ~ *einer Quittung, eines Schecks* expedición *f*, extensión *f* de un recibo, de un cheque; ~ *eines Wechsels* libramiento *m* de una letra 2. exposición *f*; feria *f*; salón *m*; exhibición *f*; *einmalige* ~ exposición única; *landwirtschaftliche* ~ salón de la agricultura; feria *f* del campo; (Syn. *Grüne Woche*); *technische* ~ exposición *f* técnica
Ausstellungsamt *n*, ⸚er oficina *f* de (ferias y) exposiciones
Ausstellungsdat|um *n*, -en 1. fecha *f* de la exposición; fecha del salón; fecha de la feria 2. fecha *f* del libramiento (de una letra); fecha de expedición (de un pasaporte, de un documento, etc.)
Ausstellungsfläche *f*, n área *f*, superficie *f* de exposición
Ausstellungsgebäude *n*, - palacio *m* de (ferias y) exposiciones
Ausstellungsgelände *n*, - ferial *m*; recinto *m* de la exposición
Ausstellungshalle *f*, n pabellón *m*
Ausstellungskatalog *m*, e catálogo *m* de la exposición
Ausstellungsleitung *f*, en dirección *f* de la exposición
Ausstellungsort *m*, e 1. lugar *m* de la exposición 2. lugar *m* de expedición (de un documento)
Ausstellungspavillon *m*, s pabellón *m*
Ausstellungsraum *m*, ⸚e sala *f* de exposición
Ausstellungsstand *m*, ⸚e puesto *m*, stand *m* de una exposición
Ausstellungsstück *n*, e objeto *m* expuesto; muestra *f*
Aussteuer *f*, Ø 1. ~ *einer Braut* ajuar *m*; equipo *m* de novia 2. (*Mitgift*) dote *f*
Aussteuerung *f*, en (Seg.) suspensión *f* del pago de una renta
Aussteuerversicherung *f*, en seguro *m* dotal
Ausstoß *m*, ⸚e cantidad *f* producida; producción *f* física; (Angl.) output *m*; rendimiento *m*; ~ *je Arbeitsstunde* producción *f*, output *m* por hora (trabajada)
ausstoßen producir; rendir; *täglich 2000 Stück* ~ producir 2000 ejemplares *bzw.* unidades por día
ausstreichen tachar; borrar; suprimir
Ausstreichung *f*, e supresión *f*
ausströmen (*Öl, Gas*) escapar(se)
aussuchen escoger; elegir; seleccionar
Austausch *m*, Ø cambio *m*; intercambio *m*; trueque *m*; ~ *von Auskünften* intercambio de información; ~ *von Fachleuten* intercambio de especialistas; *im* ~ *gegen* a cambio de; a trueque; *innerdeutscher* ~ intercambios comerciales entre las dos Alemanias
austauschbar intercambiable; cambiable; ~ *e Teile* (*einer Maschine*) piezas intercambiables
Austauschbarkeit *f*, Ø intercambiabilidad *f*; cambiabilidad *f*
austauschen cambiar; trocar; permutar; (*untereinander*) intercambiar; (*auswechseln*) sustituir; recambiar; canjear (notas, presos); *mit jdm. etw.* ~ hacer un cambio con alg.
Austauschgeschäft *n*, e trueque *m*
Austauschmotor *m*, en motor *m* de recambio
Austauschprogramm *n*, e programa *m* de intercambio
Austauschrelationen *pl* relaciones *pl*, términos *pl* de intercambio
Austauschstück *n*, e pieza *f* de recambio
Austauschverhältnis *n*, se → *Austauschrelationen*
Austauschvolum|en *n*, -ina volumen *m* de intercambio; volumen *m* de exportaciones e importaciones
Austernbank *f*, ⸚e ostral *m*; banco *m* de ostras
Austernfang *m*, Ø pesca *f* de ostras
Austernpark *m*, s criadero *m* de ostras
Austernzucht *f*, Ø ostricultura *f*
austragen, *Briefe* ~ repartir cartas
Austräger *m*, - repartidor *m*
Austragung *f*, en reparto *m*; distribución *f*
austreten retirarse; salir(se); *aus einer Firma* ~ salir de una empresa; abandonar una empresa; *aus einer Partei* ~ darse de baja de un partido
Austritt *m*, e salida *f*; dimisión *f*; baja *f*; *seinen* ~ *erklären* darse de baja
Austrittserklärung *f*, en dimisión *f*; renuncia *f*
ausüben ejercer; *ein Amt* ~ desempeñar un cargo; *einen Beruf* ~ ejercer una profesión; *sein Stimmrecht* ~ ejercer; practicar su derecho de voto
Ausübung *f*, en ejercicio *m*; práctica *f*; ~ *eines Amtes* desempeño *m* de un cargo; *in* ~ *seines Dienstes* en el ejercicio de sus funciones; en acto de servicio
Ausverkauf *m*, ⸚e saldos *pl*; venta *f* total; remate *m*; liquidación *f* (de saldos); ~ *wegen Geschäftsaufgabe* liquidación a causa de cese del negocio; *im* ~ *kaufen* comprar en las rebajas; *im* ~ *gekaufte Ware* mercancía *f* comprada en las rebajas
ausverkaufen saldar; liquidar; vender todas las existencias; finiquitar; *ein Lager* ~ liquidar un stock
Ausverkaufspreis *m*, e precio *m* de saldo
ausverkauft agotada, vendida (la mercancía); lleno (un teatro); completo (un hotel); *die Karten*

sind ausverkauft agotadas (todas) las localidades
Ausverkaufware *f*, **n** mercancía *f* de las rebajas; mercancía *f* de saldo; fin *m* de serie
Auswahl *f*, Ø 1. elección *f*; selección *f*; surtido *m*; *eine große, reiche ~ haben* tener un gran surtido; *zur ~ a escoger*; *eine ~ treffen* hacer una selección; escoger 2. (*von Personen*) lo más escogido, selecto; la élite 3. (Statist.) muestreo *m*; muestra *f*
auswählen escoger; elegir; seleccionar
Auswahlsendung *f*, **en** envío *m*, remesa *f* de muestra
auswärtig (Pol.) exterior; extranjero; *~es Amt* ministerio *m* de asuntos exteriores, de relaciones exteriores; *~e Angelegenheiten* asuntos *pl* exteriores, extranjeros
auswärts, *~ essen* comer fuera (de casa)
auswechselbar cambiable; intercambiable; recambiable
Auswechselbarkeit *f*, (**en**) intercambiabilidad *f*; posibilidad *f* de intercambiar, de recambiar
auswechseln, *defekte Teile ~* reemplazar piezas defectuosas
ausweichen, *einem Fahrzeug ~* dejar pasar, ceder el paso a un vehículo; *einem Hindernis ~* sortear un obstáculo
ausweichend, *~e Antwort* respuesta evasiva *f*
Ausweichgleis *n*, **e** (Ferr.) (vía *f* de) apartadero *m*
Ausweichklausel *f*, **n** (z.B. GATT) cláusula *f* escapatoria
Ausweichkurs *m*, **e** (*Börse*) cotización *f*, curso *m* nominal; curso *m* no operado
Ausweis *m*, **e** documento *m* de identidad; cédula *f* personal; legitimación *f*; carné *m*; carnet *m*; *den ~ vorzeigen* presentar el documento de identidad
ausweisen 1. *jdn. ~* expulsar, deportar a alg. 2. *einen Verlust ~* arrojar, registrar, consignar una pérdida 3. *sich ~* legitimarse; presentar su documento de identidad; dar, probar su identidad
Ausweiskontrolle *f*, **n** control *m* de identidad
Ausweispapiere *pl* documentación *f*; *ohne ~* indocumentado
Ausweispflicht *f*, Ø deber *m*, obligación *f* de estar documentado
Ausweisung *f*, **en** *~ eines Ausländers* expulsión *f* de un extranjero
ausweiten aumentar; acrecentar; ensanchar; *die Kapazität ~* aumentar la capacidad; *ein Warensortiment ~* diversificar el surtido (de bienes)
Ausweitung *f*, **en** expansión *f*; ensanche *m*; *~ der Gemeinschaft* ampliación *f* de la comunidad; *~ der Handelsbeziehungen* expansión, ensanche de las relaciones comerciales; *wirtschaftliche ~* expansión económica
auswerten evaluar, interpretar, explotar; *Daten ~* interpretar datos; *eine Erfindung ~* explotar una invención; *eine Statistik, eine Umfrage ~* analizar, interpretar la estadística, un sondeo (*od.* encuesta)
Auswertung *f*, **en** evaluación *f*; interpretación *f*; explotación *f*; *zahlenmäßige ~* interpretación de cifras
auswickeln desempaquetar; desenvolver
auswiegen 1. pesar 2. vender al peso
auswirken, *sich ~ auf* repercutir en; tener efecto sobre; tener influencia sobre; afectar a; incidir en; *sich negativ, nachteilig ~ auf etw.* tener un efecto adverso sobre; tener una influencia negativa sobre; repercutir, incidir negativamente en
Auswirkung *f*, **en** *auf* efecto *m* (*od.* impacto *m*) sobre; *~en der Inflation* consecuencias *pl*, repercusiones *pl* de la inflación; *schädliche ~ auf die Gesundheit* efectos *pl* nocivos para la salud
auszahlbar pagadero
auszahlen pagar; hacer efectivo; *jdm. einen Betrag ~* pagar a alg. una suma; *die Dividende ~* hacer efectivo, pagar el dividendo; *seine Gläubiger ~* pagar a sus acreedores; *das zahlt sich aus* vale la pena
auszählen contar; recontar; escrutar; *die Stimmen ~* recontar, escrutar los votos
Auszählung *f*, **en** *~ der Stimmen* recuento *m* de los votos; escrutinio *m*
Auszahlung *f*, **en** pago *m*; paga *f*; reintegro *m*; desembolso *m*; *telegraphische ~* giro *m* telegráfico
Auszahlungsanweisung *f*, **en** orden *f* de pago
Auszahlungsbetrag *m*, ⸚**e** 1. importe *m* pagado 2. importe *m* pagadero, a pagar
Auszahlungsbewilligung *f*, **en** autorización *f* para el pago
Auszahlungsermächtigung *f*, **en** autorización *f*, autoridad *f* para pagar
Auszahlungskasse *f*, **n** caja *f* de pagos
Auszahlungskurs *m*, **e** cotización *f*, precio *m*, curso *m* de desembolso
Auszahlungsliste *f*, **n** nómina *f*
Auszahlungssperre *f*, **n** suspensión *f*, bloqueo *m* del pago
Auszahlungsstelle *f*, **n** pagaduría *f*
auszeichnen 1. marcar; etiquetar; poner etiqueta; rotular; *die Preise ~* poner la etiqueta con los precios; marcar los precios 2. premiar; condecorar; distinguir; galardonar
Auszeichnung *f*, **en** 1. etiqueta *f*; rotulación *f* 2. distinción *f*; condecoración *f*; medalla *f*; premio

m; galardón *m*
ausziehen, *aus einem Haus* ~ mudarse de casa
ausziehender Mieter *m*, - inquilino *m* que se muda; arrendatario *m* saliente
Auszubildende/r (*der/ein*) aprendiz *m* (= *Azubi*)
Auszug *m*, ≃e 1. extracto *m*; resumen *m*; sumario *m*; compendio *m* 2. salida *f*; partida *f*; marcha *f*; éxodo *m*
autark autosuficiente; autárquico (económicamente)
Autarkie *f*, (n) autoarquía *f*; autosuficiencia *f* (económica)
authentifizieren autenti(fi)car
authentisch auténtico; ~*e Urkunde* documento *m* auténtico; *nicht* ~ apócrifo
authentisieren → *authentifizieren*
Authentizität *f*, Ø autenticidad *f*
Auto *n*, s automóvil *m*; auto *m*; coche *m*; (LA) carro *m*; ~ *der Mittelklasse* coche de clase media; auto de precio medio; *im* ~ *fahren* conducir, llevar el coche; *mit dem* ~ *fahren* ir en coche; *ein* ~ *mieten* alquilar, arrendar un coche
Autoabgase *pl* gases *pl* de escape
Autoapotheke *f*, n botiquín *m*
Autoausstellung *f*, en salón *m* del automóvil
Autobahn *f*, en autopista *f*; *gebührenpflichtige* ~ autopista de peaje
Autobahnauffahrt *f*, en entrada *f* a la autopista
Autobahnausfahrt *f*, en salida *f* de la autopista
Autobahngebühr *f*, en peaje *m*; (Syn. *Mautgeld*)
Autobahnhof *m*, ≃e estación *f* de autobuses; estación *f* de autocares
Autobahnkreuz *n*, e cruce *m* a diferentes niveles (de la autopista)
Autobahnnetz *n*, e red *f* de autopistas
Autobus *m*, se 1. autobús *m*; (Fam.) bus *m* 2. autocar *m* 3. coche *m* de línea
Autobusbahnhof *m*, ≃e (estación *f*) terminal *f* de autobuses
Autobushaltestelle *f*, n parada *f* de autobuses
Autobuslinie *f*, n linea *f* de autobuses
Autoersatzteile *pl* recambios *pl*, repuestos *pl* de automóvil
Autofabrik *f*, en fábrica *f* de automóviles; factoría *f*, planta *f* automovilística
Autofähre *f*, n transbordador *m*; (Angl.) ferry (boat) *m*
Autofahrer *m*, - automovilista *m*; conductor *m* del automóvil
Autofahrt *f*, en viaje *m* bzw. excursión *f* en coche
Autofriedhof *m*, ≃e cementerio *m* de coches
Autogiro *n*, Ø autogiro *m*
Autohändler *m*, - concesionario *m* (de automóviles)
Autohersteller *m*, - fabricante *m*, productor *m* de automóviles
Autoindustrie *f*, Ø industria *f* automovilística; sector *m*, ramo *m* del automóvil
Autokarte *f*, n mapa *m* de carreteras
Autokauf *m*, ≃e compra *f* de un automóvil, de un coche
Autokino *n*, s autocine *m*
Autokosten *pl* gastos *pl* del coche
Automat *m*, en 1. distribuidor *m*, expendedor *m* automático; autómata *m*; máquina *f* automática 2. robot *m*
Automatenaufstellung *f*, en instalación *f* de distribuidores automáticos
Automatenrestaurant *n*, s restaurante *m* automático; restaurante *m* con servicio automático
Automatenstraße *f*, n centro *m* comercial (donde la venta se efectúa exclusivamente mediante distribuidores automáticos)
Automatenverkauf *m*, ≃e venta *f* por distribuidor, expendedor automático
Automatik *f*, Ø sistema *m*, funcionamiento *m* automático; secuencia *f* de operaciones automáticas
Automatik-Sicherheitsgurt *m*, e cinturón *m* automático enrollable
Automation *f*, en → *Automatisierung*
Automatisationsgrad *m*, e grado *m* de automatización
automatisch automático; ~*e Abbuchung* adeudo *m* automático; deducción *f* automática; ~*es Sparen* ahorro *m* automático; ahorro *m* por deducción automática; *voll*~ *machen* automatizar; hacer totalmente automático
automatisieren automatizar
Automatisierung *f*, en automatización *f*; automación *f*
Automatisierungsproze|ß *m*, -sse proceso *m* de automatización
Automatisierungstechnik *f*, en técnica *f* de automación, de automatización
Automechaniker *m*, - mecánico *m* de automóviles
Automiete *f*, n 1. alquiler *m* de un coche 2. derechos *pl* a pagar por alquilar un coche
Automobilausstellung *f*, en → *Autosalon*
Automobilbau *m*, Ø construcción *f* de automóviles
Automobilindustrie *f*, n industria *f* automovilística; sector *m*, ramo *m* del automóvil
autonom autónomo
Autonomie *f*, n autonomía *f*; ~ *der Sozialpartner* autonomía *f* de los agentes, de los interlocutores sociales
Autonummer *f*, n número *m* de matrícula
Autopanne *f*, n avería *f* en el coche; pinchazo *m*

de la rueda (del coche)
Autopapiere *pl* documentación *f* del coche
Autopilot *m*, en piloto *m*, pilotaje *m* automático
Autor *m*, en autor *m*
Autoradio *n*, s autoradio *m*; radio *m* del coche
Autoreifen *m*, - neumático *m*; cubierta *f*
Autoreisezug *m*, ⁻e autoexpreso *m*; autotren *m*
Autorenhonorar *n*, e derechos *pl* de autor
Autorenrechte *pl* derechos *pl* del autor, de los autores
Autoreparaturwerkstatt *f*, ⁻e taller *m* de reparación (de automóviles)
Autosalon *m*, s salón *m* del automóvil
Autoschalter *m*, - autobanco *m*
Autoschlange *f*, n caravana *f*, retención *f* de coches
Autoschlosser *m*, - mecánico *m* de automóviles
Autostraße *f*, n carretera *f* (reservada para automóviles)
Autotelefondienst *m*, Ø radioteléfono *m*
Autounfall *m*, ⁻e accidente *m* de circulación, de coche, de automóvil
Autoverkehr *m*, Ø tráfico *m* motorizado; circulación *f* de coches; tráfico *m* automovilístico
Autoverleih *m*, Ø → *Autovermietung*
Autovermietung *f*, en alquiler *m* de automóviles, de coches
Autoversicherung *f*, en seguro *m* de automóviles; seguro *m* del coche
Autozubehör *n*, Ø accesorios *pl* del (*od.* para el) automóvil
Autozug *m*, ⁻e → *Autoreisezug*

a.v. → a vista
Aval *m*, e aval *m*; (Syn. *Wechselbürgschaft*)
Avalakzept *n*, e aval *m* sobre una letra de cambio
Avalgeber *m*, - avalista *m*; garante *m*
avalieren avalar; garantizar; salir fiador de
Avalist *m*, en → *Avalgeber*
Avalkont|o *n*, -en cuenta *f* (de registro) de fianzas prestadas
Avalkredit *m*, e crédito *m* de garantía, de aval
Avallinie *f*, n línea *f*, máximo *m* de garantía
Avalprovision *f*, en comisión *f* por aval, por garantía
Avalwechsel *m*, - letra *f* de cambio avalada
Avis *n od. m*, e aviso *m*; notificación *f*; anuncio *m* (de un envío); *laut* ~ según aviso
avisieren avisar; informar; prevenir; notificar
avisierend, ~*e Bank* banco *m* avisante, avisador; banco *m* notificante
avisiert, ~*e Sendung* envío *m* avisado, notificado
Avisierung *f*, en aviso *m*; ~ *eines Akkreditivs* aviso *m*, notificación *f* (de la apertura) de un crédito documentario
Aviso *m*, s → *Avis*
Avisoklausel *f*, n cláusula *f* de aviso de giro
a vista a la vista
AZ → *Aktenzeichen*
Azoren *pl* las Azores
Azteke *m*, n azteca *m*
aztekisch azteca
Azubi *m*, s → *Auszubildende/r*
azyklisch acíclico

B

B → *Brief*
Baby-Bonds *pl* obligaciones *pl* de bajo valor nominal
Baby-Boom *m*, **s** fuerte natalidad *f*
Baby-Jahr *n*, **e** año *m* de maternidad considerado en el seguro de pensiones
Bafel *m*, - (Fam.) pacotilla *m;* desecho *m*; lo peor (Syn. *Schundware*)
Bafög *n*, Ø *(Bundesausbildungsförderungsgesetz)* bolsa *f* de estudios; ~ *beziehen* ser becario
Bagatelle *f*, **n** bagatela *f;* fruslería *f*
bagatellisieren minimizar; quitar, restar importancia a
Bagatellsache *f*, **n** (Jur.) litigio *m* menor *(od.* de mínima cuantía)
Bagatellschaden *m*, ⸚ daño *m* insignificante *(od.* de poca cuantía)
Bagatellschulden *pl* deudas *pl* de menor cuantía
Bagatellstücke *pl (Wertpapiere)* valores *pl* de menor cuantía
Bahn *f*, **en** 1. vía *f;* camino *m* 2. ferrocarril *m; mit der (per)* ~ por ferrocarril; por vía férrea; *mit der* ~ *befördern* transportar por ferrocarril; *mit der* ~ *fahren* viajar en tren; *mit der* ~ *verschicken* enviar por ferrocarril 3. (Com.) *frei* ~ franco estación
Bahnaktien *pl* acciones *pl* de ferrocarriles
bahnamtlich, *-es Rollfuhrunternehmen* agencia *f* oficial de transportes de los ferrocarriles
Bahnbegleitpapier *n*, **e** documento *m* de acompañamiento
Bahnbus *m*, **se** autobús *m;* autocar *m* (por cuenta de la Bundesbahn)
Bahnfahrt *f*, **en** viaje *m* en ferrocarril
Bahnfracht *f*, **en** transporte *m* por ferrocarril
Bahnfrachtbrief *m*, **e** talón *m* de expedición por ferrocarril; talón resguardo *m*
Bahnfrachtgut *n*, ⸚**er** mercancías *pl* en pequeña velocidad; (LA) encomienda *f*
bahnfrei 1. franco estación 2. porte pagado
Bahn-Haus-Lieferdienst *m*, **e** servicio *m* de entrega a domicilio (de las mercancías enviadas por ferrocarril)
Bahnhof *m*, ⸚**e** estación *f* (de ferrocarril); *(kleiner)* ~ apeadero *m; ab* ~ puesto en estación; *frei* ~ franco estación; *vom* ~ *abholen* ir a recoger a la estación; *eine Sendung am* ~ *aufgeben* despachar un envío en la estación
bahnhofslagernd en consignas

bahnlagernd en depósito (en la estación)
Bahnlieferung *f*, **en** consignación *f* por ferrocarril
bahnmäßig (Com.) ~ *verpackt* embalado para transporte ferroviario
Bahnpapiere *pl* documentos *pl* de transporte por ferrocarril
Bahnpost *f*, Ø estafeta *f* de alcance
Bahnpostamt *n*, ⸚**er** oficina *f* ambulante (de correos)
bahnpostlagernd (en) lista de correos (en la estación)
Bahnspediteur *m*, **e** t*ransportista m* ferroviario
Bahnspedition *f*, **en** → *Bahn-Haus-Lieferdienst*
Bahnsteigkarte *f*, **n** billete *m* de andén
Bahntransport *m*, **e** transporte *m* por ferrocarril *(od.* por vía férrea)
Bahnverbindung *f*, **en** comunicación *f* por ferrocarril *(od.* vía ferroviaria)
Bahnverkehr *m*, Ø tráfico *m* ferroviario
Bahnversand *m*, Ø expedición *f (od.* envío *m)* por ferrocarril
Baisse *f*, **n** *(Börse)* baja *f; auf* ~ *kaufen* comprar, vender a la baja; *auf* ~ *spekulieren* especular a la baja; *sich in einer* ~ *eindecken* abastecerse en un período de baja (Ggs. *Hausse)*
Baisseklausel *f*, **n** *(Börse)* cláusula *f* de baja, de paridad
Baissespekulant *m*, **en** → *Baissier*
Baissespekulation *f*, **en** especulación *f*, operación *f* a la baja
Baissetendenz *f*, **en** tendencia *f* a la baja *(od.* bajista)
Baissier *m*, **s** bajista *m;* especulador *m* a la baja
Bakschisch *n*, **e** (Fam.) propina *f;* gratificación *f;* guante *m;* soborno *m*
balancieren (Contab.) hacer balance
baldig, *-e Antwort* pronta respuesta *f*
baldigst a la mayor brevedad posible; lo antes posible; cuanto antes
Ballast *m*, (e) lastre *m;* (Fig.) carga *f* (inútil); *mit* ~ *beladen* lastrar
Ballen *m*, - bulto *m;* fardo *m;* paca *f;* bala *f; in* ~ *verpacken* embalar; ~ *Papier* diez resmas *pl;* bala *f* de papel
Ballenwaren *pl* géneros *pl* en balas; mercancías *pl* en fardos
ballenweise por fardos; en balas
Ballungsgebiet *n*, **e** → *Ballungsraum*
Ballungsraum *m*, ⸚**e** región *f* con fuerte con-

centración industrial y demográfica; aglomeración *f* urbana; gran asiento *m* urbano

Ballungszentr|um *n*, **-en** centro *m* con fuerte concentración urbana

Band *n*, ⁻er cadena *f* de producción (*od.* de montaje) 1. *Arbeit am laufenden ~* trabajo *m* en cadena; trabajo *m* en serie; *vom ~ laufen* salir de la cadena de montaje 2. cinta magnética; *auf ~ aufnehmen* grabar en cinta (magnetofónica)

Bandarbeit *f*, **en** trabajo *m* en cadena (*od.* en serie)

Bandbreite *f*, **n** margen *m*, banda *f* de fluctuación; margen *m* de intervención (Syn. *Schwankungsbreite*)

Bandenwerbung *f*, **en** publicidad *f* estática (en los estadios y campos de juego)

Banderole *f*, **n** 1. precinta *f*; precinto *m*; sello *m* de timbre (*od.* fiscal) 2. *(Zigarren)* vitola *f*

Banderolensteuer *f*, **n** impuesto *m* percibido en forma de timbre o sello fiscal

Bandfertigung *f*, **en** fabricación *f* en cadena

Bank *f*, **en** banco *m*; establecimiento *m* bancario; *(Spielbank u. Privatbank)* banca *f*; 1. *dem Abrechnungsverkehr angeschlossene ~* banco adherido al sistema de compensación (*od.* de clearing); *auswärtige ~* banco de otra plaza; *auszahlende ~* banco pagador (*od.* desembolsante); *barzahlende ~* banco que paga al contado; *bestätigende ~* banco confirmante; *bezogene ~* banco girado; *einziehende ~* banco recaudador (*od.* cobrador); *eröffnende ~* banco abridor; *als Hinterlegungsstelle fungierende ~* banco depositario; *gemischtwirtschaftliche ~* banco semipúblico; *korrespondierende ~* banco corresponsal; *öffentliche ~* banco (de servicio) público; *städtische ~* banco municipal; *überweisende ~* banco remitente; *zugelassene ~* banco autorizado a operar 2. *Geld auf die ~ bringen* llevar dinero al banco; *Geld bei einer ~ deponieren* depositar dinero (*od.* fondos) en un banco; *auf die ~ gehen* ir al banco; *Geld auf der ~ haben* tener dinero en el banco; *Internationale ~ für Wiederaufbau und wirtschaftliche Entwicklung* Banco Internacional para la Reconstrucción y el Fomento (*od.* Desarrollo) (BIRF); *~ für internationalen Zahlungsausgleich* Banco de Pagos Internacionales (BPI)

Bankakzept *n*, **e** aceptación *f* bancaria

Bankangestellte/r *(der/ein)* empleado *m* de banco (*od.* de banca)

Bankanweisung *f*, **en** talón *m* bancario; letra *f* bancaria; asignación *f* a un banco; giro *m* bancario

Bankaufsicht *f*, **en** superintendencia *f* bancaria (organismo encargado de la inspección bancaria en la R.F.A.)

Bankauftrag *m*, ⁻e orden *f* bancaria; orden *f* dada a un banco

Bankausweis *m*, **e** 1. situación *f* bancaria 2. informe *m* (mensual, anual) bancario

Bankauszug *m*, ⁻e extracto *m* de cuenta

Bankaval *m*, **e** garantía *f* bancaria; aval *m* de un banco

Bankavis *m*, - confirmación *f*, aviso *m* bancario

Bankbetrieb *m*, **e** actividad *f* bancaria

Bankbürgschaft *f*, **en** caución *f*, fianza *f* bancaria

Bankdepot *n*, **s** → *Bankeinlage*

Bankdirektor *m*, **en** director *m* de banco

Bankdiskont *m*, **e** descuento *m* bancario

Bankeinbruch *m*, ⁻e robo *m* en un banco; holdhup *m*

Bankeinbruchversicherung *f*, **en** seguro *m* contra robos en banco

Bankeinlage *f*, **n** depósito *m* (bancario)

Bankkonsorti|um *n*, **-en** consorcio *m* de bancos (*od.* bancario); sindicato *m* bancario; pool *m* bancario

Bankenstimmrecht *n*, **e** derecho *m* de voto de un banco depositario de acciones (Syn. *Depotstimmrecht*)

Banker *m*, - → *Bankier*

Bankfach *n*, ⁻er 1. sector *m* (*od.* ramo *m*) bancario; *im ~ ausgebildet sein* haber recibido una formación bancaria 2. caja *f* de seguridad particular; caja *f* fuerte

Bankfach|mann *m*, **-leute** especialista *m* en cuestiones bancarias

bankfähig bancable; negociable en un banco

Bankfeiertag *m*, **e** día *m* festivo para la banca

Bankfiliale *f*, **n** sucursal *f* de un banco

Bankgebühren *pl* derechos *pl* bancarios

Bankgeheimnis *n*, **se** secreto *m* bancario; *das ~ wahren* guardar el secreto bancario

Bankgeld *n*, **er** dinero *m* contable (Syn. *Giralgeld, Buchgeld*)

Bankgeschäft *n*, **e** 1. *(Firma)* banco *m*; casa *f* de banca; establecimiento *m* bancario 2. *(Branche)* negocios *pl* bancarios; banca *f* 3. *(Vorgang)* operación *f* (*od.* transacción *f*) bancaria; *-e tätigen* efectuar operaciones bancarias

Bankgewerbe *n*, - 1. los bancos *pl* 2. actividad *f* bancaria

Bankguthaben *n*, - haber *m* (bancario); saldo *m* acreedor en un banco; fondos *pl* depositados en un banco

Bankhalter *m*, - 1. *(Spielbank)* banquero *m* 2. *(Spielgehilfe)* cr(o)upier *m*

Bankhaus *n*, ⁻er → *Bankinstitut*

Bankier *m*, s 1. banquero *m* 2. *(großer Finanzmann)* financiero *m*
Bankingprinzip *n*, -ien principio *m* de la cobertura parcial en oro de una moneda (aprox. 30%)
Bankinstitut *n*, e instituto *m* bancario
Bankkauf|mann *m*, -leute diplomado *m* en banca; empleado *m* de banco diplomado
Bankkont|o *n*, s *od.* -en cuenta *f* bancaria; *ein ~ eröffnen, schließen* abrir, cerrar una cuenta bancaria; *Inhaber eines ~s* titular *m* de una cuenta bancaria
Bankkrach *m*, (ᵘe) desastre *m* financiero; crack *m*
Bankkredit *m*, e crédito *m* bancario; *einen ~ gewähren* conceder (*od.* otorgar) un crédito bancario
Bankkreise *pl* círculos *pl* bancarios; *in ~ verkehren* frecuentar los círculos bancarios; tratarse, tener relaciones con los círculos bancarios
Bankleitzahl (BLZ) *f*, en clave *f* bancaria; número *m* de identidad bancaria
bankmäßig bancario; *(Wertpapiere)* negociable; *~e Zahlung* pago *m* por banco
Banknote *f*, n billete *m* (de banco); *gültige ~* billete de curso; *~n ausgeben* emitir billetes; *~n einziehen* retirar billetes de la circulación; *~n fälschen* falsificar billetes (Syn. *Geldschein*)
Banknotenausgabe *f*, n emisión *f* de billetes de banco
Banknotenfälscher *m*, - falsificador *m* de billetes de banco
Banknotenpresse *f*, n prensa *f* para billetes de banco
Banknotenumlauf *m*, Ø circulación *f* monetaria (*od.* fiduciaria); billetes *pl* en circulación
Bankomat *m*, en cajero *m* automático (*od.* permanente); cajero 24 horas (Syn. *Geldautomat*)
Bankrate *f*, n tasa *f* de descuento
Bankraub *m*, Ø atraco *m* bancario
Bankräuber *m*, - atracador *m* de bancos
Bankrott *m*, e bancarrota *f*; quiebra *f*; *betrügerischer ~* quiebra fraudulenta; *~ erklären* declararse en quiebra; *~ machen* quebrar; hacer bancarrota (Syn. *Pleite, Konkurs*)
bankrott en quiebra; insolvente; *~ gehen* quebrar; hacer quiebra (*od.* bancarrota); *für ~ erklären* declarar en quiebra; *~ sein* estar en quiebra
Bankrotterklärung *f*, en declaración *f* de quiebra
Bankrotteur *m*, e quebrado *m*
Banksafe *m*, s caja *f* fuerte de un banco

Bankschalter *m*, - ventanilla *f*
Bankscheck *m*, s cheque *m* (bancario); (Venez.) cheque *m* de gerencia
Banktresen *m*, - → *Bankschalter*
Banktresor *m*, e cámara *f* acorazada
Banküberfall *m*, ᵘe → *Bankraub*
Banküberweisung *f*, en transferencia *f* bancaria; giro *m* bancario; *eine ~ vornehmen* efectuar una transferencia bancaria
banküblich conforme a los usos bancarios; según la práctica bancaria; *~e Zinsen verlangen* exigir intereses (aplicados por los bancos)
Bankverbindung *f*, en 1. *(Konto)* cuenta *f* bancaria 2. *(Bank)* corresponsal *m*
Bankverkehr *m*, Ø operaciones *pl*, transacciones *pl* bancarias
Bankvollmacht *f*, en poder *m* bancario
Bankwechsel *m*, - letra *f* bancaria; efecto *m* bancario
Bankwesen *n*, Ø sistema *m* bancario; régimen *m* bancario; los bancos *pl* ; la banca *f*
Bankzinsen *pl* intereses *pl* bancarios
Bannbruch *m*, ᵘe contrabando *m;* fraude *m* aduanero (*od.* arancelario)
Banngut *n*, ᵘer → *Bannware*
Bannware *f*, n mercancía *f* de contrabando
bar *(Geld)* dinero *m* en metálico; dinero *m* contante y sonante; *gegen (in) ~* al contado; en efectivo; en metálico; en numerario; *~ kaufen (verkaufen)* comprar (vender) al contado; *~ zahlen* pagar al contado (*od.* en efectivo); pagar en numerario; (Fam.) pagar a tocateja; *~ ohne Abzug* al contado sin descuento; *~ gegen 3% Diskont* al contado con 3% de descuento
Barabfindung *f*, en indemnización *f* en efectivo (*od.* en numerario)
Baratt *m*, Ø trueque *m;* permuta *f*
barattieren permutar; canjear; trocar
Barbestand *m*, ᵘe disponibilidades *pl* líquidas (*od.* en efectivo); existencias *pl* en caja; en caje *m; der ~ beläuft sich auf* las disponibilidades líquidas ascienden a
Barbetrag *m*, ᵘe importe *m* líquido; *wir verfügen über einen ~ von* disponemos de un importe líquido de
Barbezüge *pl* emolumentos *pl* (*od.* percepciones *pl*) en efectivo
Bardeckung *f*, en cobertura *f* en metálico (*od.* en efectivo)
Bardepot *n*, s depósito *m* en efectivo
Bareingänge *pl* → *Bareinnahme*
Bareinnahme *f*, n ingresos *pl* en efectivo (*od.* en numerario)
Bareinzahlung *f*, en ingreso *m*, pago *m* en efec-

tivo
Barentnahme *f*, **n** retirada *f* en efectivo
Barerlös *m*, **e** producto *m* líquido; ingresos *pl* líquidos
Barertrag *m*, ᵁᵉ producto *m* neto
Bargeld *n*, **er** numerario *m;* dinero *m* (en) efectivo *(od.* al contado); metálico *m;* moneda *f* contante
bargeldlos sin movimiento de numerario; a través de cuenta; *–er Zahlungsverkehr* pagos *pl* sin movimiento de numerario; pagos (realizados) por cheque *bzw.* a través de cuenta
Bargeldumlauf *m*, Ø circulación *f* fiduciaria
Bargeldverkehr *m*, Ø operaciones *pl*, transacciones *pl* al contado
Bargeschäft *n*, **e** 1. mercado *m* en efectivo 2. operación *f*, negocio *m* al contado
Bargründung *f*, **en** fundación *f* de una sociedad en la que las aportaciones se hacen en dinero
Barkauf *m*, ᵁᵉ compra *f* al contado
Barleistung *f*, **en** prestación *f* en efectivo *(od.* metálico*)*
Barlohn *m*, ᵁᵉ salario *m* en dinero, en efectivo, en metálico
Barmittel *pl* fondos *pl* líquidos, en metálico; disponibilidades *pl* líquidas; dinero *m* en metálico; *über ausreichende ~ verfügen* disponer de liquidez suficiente
Barpreis *m*, **e** precio *m* al contado
Barrel *n*, **s** barril *m; ein ~ Rohöl* un barril de crudo (de petróleo) (159 litros)
Barren *m*, **-** lingote *m;* barra *f*
Barrengold *n*, Ø oro *m* en lingotes; oro *m* en pasta *(od.* barras*)*
Barreserve *f*, **n** reservas *pl* líquidas
Barriere *f*, **n** barrera *f*
Barschaft *f*, **en** dinero *m* efectivo
Barscheck *m*, **s** cheque *m* abierto, no cruzado; cheque *m* pagadero al portador (Ggs. *Verrechnungsscheck*)
Barvermögen *n*, Ø disponibilidades *pl* en efectivo
Barwert *m*, **e** 1. valor *m* efectivo, al contado 2. valor *m* actual, del día
Barzahlung *f*, **en** pago *m* al contado, en metálico, en efectivo; *bei ~ 5% Rabatt* 5% de descuento por pago al contado
Barzahlungsrabatt *m*, **e** descuento *m* por pago al contado (Syn. *Skonto*)
Basar *m*, **e** 1. bazar *m* 2. venta *f* benéfica *(od.* de beneficiencia*)* 3. (R.D.A.) gran almacén *m*
basieren, *~ auf* fundarse, basarse, fundamentarse en
Bas|is *f*, **(-en)** *auf der ~ von* sobre la base de; *auf gleicher ~* en las mismas condiciones
BAT → *Bundesangestelltentarif*

Batzen *m*, Ø *ein schöner ~ Geld* un dineral; una fuerte suma de dinero; "un ojo de la cara"
Bau *m*, **ten** 1. *(Vorgang)* edificación *f;* construcción *f* 2. *(Gebäude)* edificio *m* 3. *(im Bau begriffen)* obra *f* 4. *(Bauart)* estructura *f; im ~ befindlich* en (vías de) construcción; *der ~ von Sozialwohnungen* la construcción de viviendas sociales *(od.* casas baratas*); öffentliche ~ten* obras públicas
Bauabnahme *f*, **n** recepción *f* de la obra
Bauabschnitt *m*, **e** tramo *m (od.* fase *f)* de construcción
Bauakademie *f*, **n** academia *f* de arquitectura
Bauamt *m*, ᵁᵉ**r** negociado *m (od.* sección *f)* de urbanismo; oficina *f* de obras y construcciones
Bauarbeiter *m*, **-** obrero *m* de la construcción
Baud *m*, **-** baud *m* (= unidad de velocidad en las transmisiones telegráficas)
Baudarlehen *n*, **-** préstamo *m* a *(od.* para*)* la construcción
Bauelement *n*, **e** elemento *m* constructivo; componente *m;* módulo *m; elektronisches ~* componente electrónico
bauen 1. *(Gebäude)* edificar; construir 2. *(errichten)* erigir; levantar 3. *(herstellen)* fabricar; elaborar; manufacturar
Bauer *m*, **n** agricultor *m;* campesino *m;* labriego *m;* labrador *m;* (Am.) paisano *(*Syn. *Landwirt)*
Bauerlaubnis *f*, **se** → *Baugenehmigung*
bäuerlich rústico; rural; campesino; aldeano
Bauerngut *n*, ᵁᵉ**r** → *Bauernhof*
Bauernhof *m*, ᵁᵉ 1. granja *f;* finca *f;* heredad *f;* alquería *f* 2. (Prov.) cortijo *m;* caserío *m;* masía *f* 3. (Am.) hacienda *f;* estancia *f;* rancho *m*
Bauernstand *m*, Ø clase *f* campesina; los agricultores *(od.* campesinos*) pl*
Bauerntag *m*, Ø congreso *m* rural
Bauernverband *m*, ᵁᵉ asociación *f*, (E) hermandad *f* de labradores
Bauersfrau *f*, **en** campesina *f;* labradora *f;* aldeana *f*
Baufinanzierung *f*, **en** financiación *f* de la construcción; financiación *f* de la obra
Baugelände *n*, **-** zona *f* edificable; terrenos *pl* para edificar; *(einzelnes Grundstück)* solar *m*
Baugenehmigung *f*, **en** permiso *m (od.* licencia *f)* de obras *(od.* de construcción *od.* de edificación*); eine ~ beantragen* solicitar el permiso de construcción
Baugenossenschaft *f*, **en** cooperativa *f* de construcción; *einer ~ beitreten* adherirse a *(od.* entrar en*)* una cooperativa de construcción
Baugesellschaft *f*, **en** sociedad *f* de construccio-

nes; sociedad *f* (*od.* compañía *f*) inmobiliaria
Baugewerbe *n*, Ø sector *m* (*od.* ramo *m*) de la construcción
Bauherr *m*, en 1. propietario *m;* principal *m* 2. *(Unternehmer)* contratista
Baukonjunktur *f*, Ø coyuntura *f* en el ramo de la construcción
Baukosten *pl* gastos *pl* de construcción
Baukostenzuschuß *m*, ⸚sse 1. aportación *m* personal del arrendatario para la construcción de una vivienda 2. subsidio *m* estatal a los gastos de construcción (de viviendas sociales)
Bauland *n*, Ø terreno *m* edificable
Baulöwe *m*, n (Fam.) 1. gran empresario *m* de construcción 2. empresario *m* un tanto dudoso; tiburón *m* inmobiliario
Baumaschinen *pl* equipo *m* de contratistas; maquinaria *f* de construcción
Baumaschinenversicherung *f*, en seguro *m* de maquinaria de construcción
Baumwolle *f*, Ø algodón *m*
Baumwollindustrie *f*, n industria *f* algodonera (*od.* del algodón)
Baurisikodeckung *f*, en cobertura *f*, seguro *m* de riesgo de construcción
Baurisikoversicherung *f*, en 1. seguro *m* de obras terminadas 2. seguro *m* de construcción
Bauruine *f*, n obra *f* inacabada; inmueble *m* abandonado durante la construcción
Bausch *m*, Ø *in ~ und Bogen kaufen* comprar en bloque; comprar a granel; comprar a ojo
Bauschaffende/r *(der/ein)* (R.D.A.) obrero *m* de la construcción
Bauschpreis *m*, e (precio *m* a) tanto alzado *m*; precio *m* todo incluído (*od.* global) (Syn. *Pauschalpreis*)
Bausparbuch *n*, ⸚er libreta *f* de ahorro-vivienda
Bauspardarlehen *n*, - préstamo *m* de ahorro-vivienda
Bausparen *n*, Ø ahorro-vivienda *m*
bausparen firmar un contrato de ahorro-vivienda
Bausparer *m*, - titular *m* de (una cuenta) ahorro-vivienda
Bausparkasse *f*, n caja *f* de ahorros para la construcción
Bausparvertrag *m*, ⸚e contrato *m* de ahorro-vivienda
Bausparwesen *n*, Ø (sistema *m* de) ahorro-vivienda *m*
Baustelle *f*, n obras *pl; das Betreten der ~ ist verboten* prohibida la entrada a cualquier persona ajena a la obra

Baustoffe *pl* materiales *pl* de construcción
Baustoffindustrie *f*, n industria *f* de materiales de construcción
Bauunternehmen *n*, - empresa *f* constructora
Bauunternehmer *m*, - contratista *m* (de obras)
Bauversicherung *f*, en seguro *m* (contra) todo riesgo de construcción
Bauwesen *n*, Ø 1. arquitectura *f* 2. industria *f*, sector *m*, ramo *m* de la construcción 3. construcciones *pl*
Bauwesenpolice *f*, n póliza *f* de seguro (contra) todo riesgo de construcción; póliza *f* del seguro de construcción
Bauwirtschaft *f*, Ø → *Baugewerbe*
BDA → *Bundesvereinigung der deutschen Arbeitgeberverbände*
BDI → *Bundesverband der deutschen Industrie*
beamtenähnlich, *~e Stellung* empleo *m* asimilado a funcionario; cargo *m* asimilado a la función pública
Beamtenanwärter *m*, - aspirante *m* al cargo de funcionario; aspirante *m* a la función pública
Beamtenapparat *m*, Ø aparato *m* administrativo
Beamtenbestechung *f*, en cohecho *m*, soborno *m* de funcionario(s)
Beamtenlaufbahn *f*, en carrera *f* de funcionario; *die ~ einschlagen* seguir la carrera de funcionario
Beamtenschaft *f*, en → Beamtentum
Beamtentum *n*, Ø 1. funcionariado *m*; (cuerpo *m* de) funcionarios *pl;* clase *f* de los funcionarios 2. función *f* pública
Beamtenverhältnis *n*, Ø calidad *f* de funcionario; *im ~ stehen* ser funcionario, tener calidad de funcionario; *ins ~ übernehmen* nombrar funcionario; dar título de funcionario; incluir en el escalafón de funcionarios
Beamte/r *(der/ein)* 1. *(Staats-)-* funcionario *m* (público) 2. *(Polizei)* agente *m* 3. *(richterlicher)* juez *m;* magistrado *m* 4. *(Bank, Versicherung)* empleado *m* 5. *(Bürokrat)* burócrata *m; ~e und Angestellte des öffentlichen Dienstes* funcionarios y asimilados *pl*; funcionarios y empleados no funcionarios; *kleiner, untergeordneter ~* funcionario subalterno; pequeño funcionario; *~r des einfachen, mittleren Dienstes* funcionario del escalafón bajo y medio; *~r des gehobenen Dienstes* alto funcionario; funcionario del alto escalafón; *~r auf Lebenszeit* funcionario titular (*od*. vitalicio); funcionario de escalafón (*od.* de carrera); *~r auf Zeit (auf Widerruf)* cargo *m* (contratado a título) temporal
beamtet titular; en cargo

beangaben (A) pagar una señal
beanschriften poner una dirección
beanspruchen reclamar; exigir; reivindicar; *Schadenersatz* ~ reclamar indemnización
beanstanden poner reparos a; hacer objeción a; reclamar, protestar contra; hacer una reclamación; *eine Ware* ~ hacer una reclamación por mercancía defectuosa; rechazar, rehusar la aceptación
Beanstandung *f,* en reclamación *f;* reparto *m;* objeción *f;* queja *f; zu ~en Anlaß geben* dar lugar a reclamación
beantragen 1. *(vorschlagen)* proponer 2. *(durch Gesuch)* solicitar; pedir 3. (Parl.) presentar una moción; *ein Stipendium* ~ solicitar una beca; enviar una instancia solicitando la concesión de una beca
Beantragung *f,* en proposición *f;* solicitud *f;* petición *f*
beantworten contestar; responder; dar contestación (*od.* respuesta) a; *eine Anfrage* ~ responder a una demanda (de información)
Beantwortung *f,* en contestación *f;* respuesta *f; bei* ~ *bitte angeben* no se olvide indicar en su respuesta; *in* ~ *Ihres Schreibens* en respuesta, contestando, respondiendo a su carta
bearbeiten 1. *(Akte)* estudiar; examinar 2. *(Gesuche)* tramitar 3. *(Buch)* revisar; refundir 4. *(umarbeiten)* modificar; transformar 5. *(vollenden)* acabar 6. *(erledigen)* despachar; concluir 7. *(ausarbeiten)* elaborar; preparar 8. *(formen)* modelar; formar 9. *(Land bebauen)* labrar; cultivar 10. *(Steine)* labrar 11. *(Metall)* trabajar 12. *(für Bühne, Film, Funk)* adaptar 13. *(Musik)* transcribir; arreglar 14. *(Kunden)* tratar de persuadir a la clientela; (Fam.) trabajar la clientela
Bearbeiter *m,* - persona *f* competente, encargada de un trabajo; responsable *m* de un dossier; redactor *m* (Syn. *Sachbearbeiter*)
Bearbeitung *f,* en 1. estudio *m;* examen *m; in* ~ en preparación 2. redacción *f;* adaptación *f* 3. mecanización *f;* mecanizado *m;* elaboración *f;* transformación *f*
Bearbeitungsgebühr *f,* en derechos *pl* de tramitación; *(bei Kredit)* gastos *pl* corrientes (*od.* de tramitación) de un crédito
beauflagen (R.D.A.) imponer una carga a una empresa
beaufsichtigen vigilar; supervisar; controlar; inspeccionar; *eine Arbeit* ~ inspeccionar un trabajo
Beaufsichtigung *f,* en supervisión *f;* vigilancia *f;* control *m;* inspección *f*
beauftragen 1. comisionar; delegar; dar orden; encargar 2. *(ermächtigen)* autorizar 3. *(Recht)* apoderar; *beauftragter Vertreter* representante *m* delegado; *mit der Geschäftsführung beauftragt sein* estar encargado de la gestión, de la gerencia
Beauftragte/r (*der/ein*) encargado *m;* delegado *m;* comisionado *m;* mandatario *m*
bebauen 1. *(Gelände)* edificar, construir (edificios) en un solar 2. *(Stadtteil)* urbanizar 3. *(Land)* cultivar, labrar; *bebautes Grundstück* terreno edificado
Bebauung *f,* (en) 1. edificación *f,* construcción *f* 2. urbanización *f* 3. cultivo *m;* explotación *f*
Bebauungsplan *m,* ⸚e plan de urbanización
bebunkern (Nav.) poner carburante
Bedarf *m,* Ø 1. *(Bedürfnis)* necesidades *pl;* falta *f* 2. *(erforderliche Menge)* cantidad *f* necesaria 3. *(Verbrauch)* consumo *m* 4. *(Nachfrage)* demanda *f; bei* ~ en caso necesario; en caso de necesidad; *nach* ~ según las necesidades; según fuera preciso; en la medida de las necesidades; a discreción; ~ *an Kapital, an Rohstoffen* necesidad *f* de capital, de materias primas; *Gegenstände des täglichen (gehobenen)* ~*s* artículos *pl* de primera necesidad, de alta calidad; *den* ~ *decken (befriedigen)* cubrir, satisfacer las necesidades; ~ *haben an* tener necesidad de; *den* ~ *übersteigen* exceder las necesidades
Bedarfsartikel *m,* - artículo *m* de consumo (*od.* de primera necesidad); artículos *m* corriente
Bedarfsbefriedigung *f,* en → *Bedarfsdeckung*
Bedarfsdeckung *f,* en aprovisionamiento *m;* cobertura *f* (*od.* satisfacción) de la demanda (*od.* de las necesidades)
Bedarfsermittlung *f,* en determinación *f* de las necesidades
bedarfsgerecht conforme a las necesidades (*od.* a la demanda); ~*es Angebot* oferta *f* adaptada a las necesidades (*od.* a la demanda)
Bedarfsgüter *pl* bienes *pl* de consumo (corriente)
Bedarfsgüterindustrie *f,* n industria *f* de bienes de consumo
Bedarfsprämie *f,* n (Seg.) prima *f* técnica necesaria; prima *f* técnica mínima
Bedarfsprämienermittlung *f,* en (Seg.) determinación *f* de la prima técnica necesaria (*od.* mínima)
Bedarfsträger *m,* - industria *f* de bienes de consumo
bedecken (A) compensar; equilibrar; cubrir; *ein Defizit* ~ cubrir un déficit
bedenken considerar; reflexionar; *jdn. testamentarisch* ~ legar u/c a alg.
Bedenken *n,* Ø 1. *(Überlegung)* reflexión *f;* meditación *f; nach reiflichen* ~ después de re-

flexionar mucho 2. *(Erwägung)* consideración *f* 3. *(Einwand)* reparo *m;* reserva *f;* ~ *gegen etw. äußern* formular reservas sobre algo
Bedenkzeit *f,* **en** plazo *m* para reflexionar; plazo *m* para decidirse a u/c; *sich* ~ *erbitten* solicitar un plazo para reflexionar
bedienen 1. *(im Geschäft)* servir; atender; despachar 2. sich *(einer Sache)* ~ valerse, servirse *(od.* hacer uso) de u/c; ~ *Sie sich* ¡sírvase! 3. *(Maschine)* manejar; hacer funcionar; manipular; maniobrar; *einfach zu* ~ fácil de manejar 4. (Com.) ejecutar las órdenes
bedienen 1. *(verursachen)* condicionar; motivar; producir; causar 2. *(ausmachen)* estipular, convenir 3. *(einschließen)* implicar; incluir 4. *(voraussetzen)* presuponer 5. *(z. Folge haben)* tener como consecuencia 6. *(erfordern)* requerir, reclamar 7. *(Preis, Fracht)* ajustar
bedienstet estar empleado *(od.* al servicio) de alg.
Bedienstete/r *(der/ein)* 1. *(Angestellter)* empleado *m* 2. *(Hauspersonal)* personal *m* de servicio 3. *(Staat)* funcionario *m*
Bedienung *f,* **en** 1. manejo *m;* servicio *m* 2. personal *m* (de servicio) 3. *(Restaurant)* servicio *m;* (Person) camarero *m;* ~ *(e) inbegriffen* servicio incluído
Bedienungsanleitung *f,* **en** → *Bedienungsanweisung*
Bedienungsanweisung *f,* **en** instrucciones *pl* para el *(od.* de) servicio
Bedienungsgeld *n,* **er** *(im Restaurant)* servicio *m;* (Trinkgeld) propina *f*
Bedienungs|mann *m,* **-leute** *(Maschine)* maquinista *m;* operario *m*
Bedienungspersonal *n,* Ø personal *m* de servicio
Bedienungsvorschrift *f,* **en** → *Bedienungsanweisung*
Bedingnis *n,* **se** (A) condición *f* (previa)
bedingt 1. *(an Bedingungen geknüpft)* condicionado; condicional; ~*es Akzept* aceptación *f* condicionada 2. *(beschränkt)* limitado 3. *(abhängig)* dependiente de; debido a; inherente a; *durch den Transport* ~*e Kosten* gastos originados por el transporte *adv.* 4. con reservas; condicionalmente
Bedingung *f,* **en** condición *f;* cláusula *f;* estipulación *f; allgemeine* ~*en* condiciones generales; *übliche* ~*en* condiciones usuales, habituales; *unter diesen* ~*en* en estas, en tales condiciones; *unter der* ~, *daß* con tal que; bajo la condición de que; siempre que; *unter keiner* ~ de ninguna manera; de ningún modo; *eine* ~ *erfüllen* cumplir una condición; ~*en stellen* poner *bzw.* imponer condiciones; *es zur* ~ *machen* poner por condición
bedürfen tener necesidad de; necesitar; requerir; *es bedarf einer Erklärung* esto requiere una explicación
Bedürfnis *n,* **se** necesidad *f;* exigencia *f; das* ~ *nach* la necesidad *(od.* demanda *f)* de; *jds.* ~*se befriedigen* satisfacer las necesidades de alguien
bedürftig necesitado; indigente; pobre; menesteroso; *einer Sache* ~ *sein* tener necesidad de u/c
Bedürftigkeit *f,* Ø indigencia *f;* pobreza *f;* miseria *f*
Bedürftigte/r *(der/ein)* persona *f* necesitada; persona *f* sin medios
beeidigen afirmar u/c bajo juramento: *beeidigter Übersetzer* traductor *m* jurado; *jdn.* ~ tomar juramento a alg.
Beeidigung *f,* **en** (presentación *f* de) juramento *m*
beeinträchtigen menoscabar; afectar negativamente; dañar; perjudicar; *ein Recht* ~ lesionar un derecho
Beeinträchtigung *f,* **en** perjuicio *m;* daño *m;* menoscabo *m*
beerben heredar; *jdn.* ~ ser heredero *(od.* heredar los bienes) de alg.; suceder a alg.
befähigen capacitar; habilitar; facultar; autorizar; *befähigt zu* cualificado *(od.* apto *od.* capacitado) para; facultado; autorizado; habilitado
Befähigung *f,* **en** cualificación *f;* aptitud *f;* capacidad *f; seine* ~ *nachweisen* justificar su aptitud
Befähigungsnachweis *m,* **e** certificado *m* de aptitud; diploma *m* habilitante *(od.* acreditativo)
befahrbar 1. transitable 2. navegable
befassen, *sich* ~ *mit* ocuparse de; tratar de; dedicarse a; estudiar; examinar
Befehl *m,* **e** orden *f;* instrucción *f; ausdrücklicher* ~ orden expresa; *höherer* ~ orden de arriba *(od.* superior); *einen* ~ *ausführen, erteilen* ejecutar, dar una orden
befehlen ordenar; decretar; dictar; *Sie haben mir nichts zu* ~ no admito órdenes de Vd.
befingern, *eine Ware* ~ manosear una mercancía
befliegen, *eine Flugstrecke* ~ servir *(od.* cubrir) una línea
beflissen diligente; aplicado; asiduo; ~*er Mitarbeiter* colaborador *m* diligente
Beflissenheit *f,* Ø celo *m;* empeño *m;* diligencia *f*
beförderbar 1. transportable 2. promocionable
Beförderer *m,* **-** transportista *m;* expedidor *m;*

remitente *m*; *dem ~ die Ware übergeben* entregar la mercancía al transportista
befördern 1. (Syn. *transportieren*) transportar; acarrear 2. *(versenden)* expedir; despachar; enviar; *mit der Post ~* expedir por correo 3. *(Telegramm)* cursar 4. *(an eine andere Stelle bringen)* trasladar 5. *(im Amt od. Rang)* ascender; promover; favorecer; *befördert werden* ser ascendido; *jdn. zum Abteilungsleiter ~* ascender a alg. a jefe de sección *f* (*od.* departamento)
Beförderung *f*, **en** 1. transporte *m;* acarreo *m;* *~ per Bahn* transporte por ferrocarril 2. *(Versand)* envío *m;* despacho *m;* expedición *f* 3. *(Telegramm)* transmisión *f* 4. *(an eine andere Stelle)* traslado *m* 5. *(im Rang)* ascenso *m;* promoción *f*
Beförderungsbedingungen *pl* condiciones *pl* de transporte
Beförderungsdauer *f*, Ø duración *f* del transporte (*od*, envío)
Beförderungskosten *pl* gastos *pl* de transporte
Beförderungsmittel *n*, **-** medio *m* de transporte; *öffentliche ~* transportes *pl* públicos
Beförderungsschein *m*, **e** 1. guía *f* 2. título *m* de transporte; *~ für Gruppenfahrten* billete *m* colectivo; billete *m* de grupo
Beförderungstarif *m*, **e** tarifa *f* de transporte (ferroviario)
Beförderungsvertrag *m*, **-e** contrato *m* de transporte
Beförderungswesen *n*, Ø los transportes *pl*
befrachten cargar; *(chartern)* fletar
Befrachter *m*, **-** cargador *m;* fletador *m*
Befrachtung *f*, **(en)** carga *f;* cargamento *m;* fletamiento *m*
Befrachtungsbrief *m*, **e** póliza *f* de fletamento
Befrachtungsvertrag *m*, **-e** contrato *m* de fletamento
befragen consultar; entrevistar; *(verhören)* interrogar; *befragte Person* persona *f* entrevistada (*od.* consultada)
Befragung *f*, **en** entrevista *f;* encuesta *f;* consulta *f;* sondeo *m;* *(Verhör)* interrogatorio *m*
befreien 1. *(von Abgaben)* exonerar; eximir; *von einer Steuer ~* exonerar, eximir (del pago) de un impuesto 2. *(einer Pflicht entbinden)* dispensar; exentar 3. *(von einer Arbeit)* excusar 4. *(Gefangene)* poner en libertad; liberar 5. *(gegen Lösegeld)* rescatar 6. *(von einer Gefahr)* salvar; 7. *(von einer Sorge)* librar
Befreiung *f*, **en** exención *f;* exoneración *f;* dispensa *f;* liberación *f*
befriedigen satisfacer; pagar; *einen Gläubiger ~* satisfacer, pagar a un acreedor; *die Nachfrage ~* satisfacer la demanda
Befriedigung *f*, **en** satisfacción *f;* pago *m; volle ~* pago íntegro; satisfacción completa
befristen fijar un plazo
befristet limitado; a plazo (fijo); con plazo señalado; de duración determinada; *lang, kurz ~* a largo, a corto plazo; *~er Vertrag* contrato *m* temporal; contrato *m* limitado temporalmente
Befristung *f*, **en** fijación *f* de un plazo; limitación *f*
befugen autorizar; facultar; *jdn. ~* autorizar a alg.; *befugt sein* estar autorizado (*od.* facultado) para
Befugnis *f*, **se** 1. *(Ermächtigung)* autorización *f* 2. *(Erlaubnis)* permiso *m* 3. *(Zuständigkeit)* competencia *f;* atribución *f;* incumbencia *f* 4. *(Recht)* derecho *m* 5. *(Vollmacht)* poder *m; ~ haben, etw. zu tun* estar autorizado a hacer a/ c; *seine ~se überschreiten* sobrepasar sus atribuciones
befürworten 1. *(unterstützen)* apoyar; secundar 2. *(begünstigen)* favorecer; propiciar 3. *(eintreten für)* abogar por; interceder en favor de; ser partidario de 4. *(empfehlen)* recomendar; preconizar; *eine Maßnahme ~* recomendar una medida
Befürwortung *f*, Ø recomendación *f;* apoyo *m*
begaben proveer; dotar de
begaunern engañar; estafar; (Fam.) timar; dar el timo
begebbar 1. *(Börse)* negociable; *~es Papier* título *m* negociable (en bolsa) 2. *(übertragbar)* transferible; transmisible
Begebbarkeit *f*, Ø negociabilidad *f;* transmisibilidad *f*
begeben 1. *(Anleihen)* emitir 2. *(Wechsel)* negociar 3. *(durch Giro)* endosar; *~e Aktie* emitir una acción
Begebung *f*, **en** emisión *f* (de títulos); lanzamiento *m* (de un empréstito); negociación *f* (de una letra de cambio)
Begebungsvermerk *m*, **e** endoso *m* (de negociación)
beglaubigen 1. dar fe de; atestiguar; testimoniar 2. *(Unterschrift)* legalizar; autenticar; certificar 3. *(Vollmachten, Übersetzung, Abschrift)* legalizar; *beglaubigte Abschrift* copia legalizada *bzw.* certificada 4. *(durch Vergleich mit der Urschrift)* compulsar 5. (Jur.) aprobar judicialmente 6. *(gegenzeichnen)* refrendar acta notariada 7. *(bescheinigen)* certificar; *notariell beglaubigte Urkunde* documento *m* legalizado
Beglaubigung *f*, **en** certificación *f;* *(amtliche)* legalización *f;* *(Gegenzeichnung)* refrendo

m; zur ~ *dessen* para que conste; en fe (*od.* en testimonio) de lo cual
Beglaubigungsschreiben *n*, - (Dipl.) cartas *pl* credenciales; ~ *überreichen* presentar las cartas credenciales
begleichen *(Rechnung)* pagar; abonar; satisfacer; saldar; liquidar; arreglar; *eine Schuld* ~ pagar una deuda
Begleichung *f,* en pago *m;* liquidación *f;* arreglo *m;* zur ~ *Ihrer Rechnung* en pago de su factura
Begleitadresse *f,* n boletín *m* de expedición
Begleitbrief *m,* e carta *f* de envío
Begleitpapiere *pl* documentación *f*
Begleitschein *m,* e guía *f* de circulación (*od.* tránsito; *(Zoll)* permiso *m* de aduana
Begleitschreiben *n,* - carta *f* adjunta; carta *f* de envío
Begleitzettel *m,* - hoja *f* de ruta
begrenzen (de)limitar; *(festlegen)* definir; circunscribir; determinar; *begrenzt haltbar* perecedero (alimento); *örtlich begrenzt* local
Begrenzung *f,* en (de)limitación *f;* plafón *m;* restricción *f*
begründen 1. fundar; fundamentar 2. *(Geschäft)* establecer; crear 3. *(Handlung)* justificar; motivar 4. *(Behauptung)* alegar (pruebas); exponer las razones 5. *(Antrag)* apoyar; defender 6. *(Wissenschaft)* iniciar; cimentar; *nicht begründet* sin fundamento; sin justificación; *ein Urteil* ~ exponer los considerandos (de una sentencia)
Begründetheit *f,* Ø fundamentación *f;* fundabilidad *f*
Begründung *f,* en 1. razón *f;* motivo *m* 2. fundación *f;* establecimiento *m;* creación *f*
begünstigen 1. *(Person)* favorecer; proteger 2. *(vorziehen)* preferir; dar preferencia 3. *(Schutzbedürftige)* amparar 4. *(bevorrechten)* privilegiar; aventajar 5. *(fördern)* proteger; fomentar; promocionar 6. *(Sache)* apoyar; auxiliar 7. *(als Schirmherr)* patrocinar 8. *(Verbrechen)* encubrir; *steuerlich begünstigtes Sparen* ahorro *m* de protección fiscal; ahorro *m* con desgravación fiscal
Begünstigung *f,* en favor *m;* favores *pl;* trato *m* preferente, privilegiado; apoyo *m;* protección *f; (Verbrechen)* encubrimiento *m*
Begünstigungsklausel *f,* n cláusula *f* de beneficio
Begünstigungswesen *n,* Ø favoritismo *m;* nepotismo *m;* (Fam.) amiguismo *m*
begutachten 1. dictaminar sobre; dar su opinión (*od.* dictamen) sobre 2. examinar; juzgar; evaluar
Begutachter *m,* - perito *m;* experto *m;* dictaminador *m;* (Syn. *Gutachter, Experte*)
Begutachtung *f,* en dictamen *m;* peritaje *m;* expertisa *f*
begütert rico; pudiente; acaudalado; ~ *sein* ser rico, acaudalado, pudiente; tener una fortuna
behaftet afectado; *mit einem Risiko* ~ *sein* estar expuesto a un riesgo; *mit Mängeln* ~ adolecer de vicios; *mit Schulden* ~ *sein* estar endeudado; (Fam.) estar entrampado
Behälter *m,* - recipiente *m;* receptáculo *m; (großer)* depósito *m; (Tank)* tanque *m; Sammel*~ contenedor *m;* "container" *m*
Behälterinhalt *m,* (e) capacidad *f* del tanque; capacidad *f* del depósito
Behälterschiff *n,* e buque *m* portacontenedores; (Syn. *Containerschiff*)
Behälterverkehr *m,* Ø transporte *m* por contenedores
Behälterwagen *m,* - camión *m* od. vagón *m* cisterna
behandeln 1. tratar; *Obst chemisch* ~ tratar la fruta 2. *ein Thema* ~ tratar (de) un tema 3. manejar; manipular 4. *(vom Arzt)* atender; asistir 5. *(pflegen)* cuidar
Behandlung *f,* en 1. *(Umgang)* trato *m; (vom Arzt)* tratamiento *m;* cura *f;* terapéutica *f* 2. *(mit Arzneien)* medicación *f* 3. *(Handhabung)* manejo *m*
behaupten 1. *(versichern)* afirmar; aseverar; asegurar 2. *sich* ~ imponerse; defenderse; *(Preis, Kurse)* mantenerse firme
Behauptung *f,* en 1. afirmación *f;* aseveración *f;* aserto *m;* aserción *f* 2. mantenimiento *m;* sostenimiento *m*
beheben 1. *(Schaden)* reparar 2. *(Mißstand)* poner remedio a; remediar 3. *(Schwierigkeiten)* allanar; zanjar 4. *(Zweifel)* disipar 5. (A) retirar; (A) *Geld von einem Konto* ~ retirar dinero de una cuenta
beheimatet *(in)* domiciliado en; ser natural (*od.* oriundo) de
beheizen calentar; caldear
Beheizung *f,* (en) calentamiento *m;* caldeo *m*
Behelf *m,* Ø expediente *m;* recurso *m*
beherbergen albergar; alojar; hospedar; (Fig.) cobijar
Beherbergung *f,* en hospedaje *m;* alojamiento *m;* (Fig.) cobijo *m*
Beherbergungsgewerbe *n,* - industria *f* hotelera
behindert impedido; disminuido; minusválido; *körperlich, geistig* ~ *sein* ser minusválido (*od.* disminuido físico); ser subnormal
Behörde *f,* n 1. autoridad *f;* administración *f* 2. *(als Amtsbezeichnung)* oficina *f* de; negociado *m* de; departamento *m* de; *die* ~*n* los

poderes públicos; las autoridades; *die obersten ~n* las primeras autoridades del estado; los cuerpos superiores de la administración; *die vorgesetzte, zuständige ~* la autoridad competente (*od.* superior); los superiores *pl;* los responsables *pl*

Behördenapparat *m,* Ø aparato *m* administrativo

Behördensprache *f,* n lenguaje *m* administrativo

behördlich administrativo; oficial; de la(s) autoridades; de parte (*od.* por orden) de la autoridad; *mit ~er Genehmigung* autorizado oficialmente; con autorización oficial

Behuf (Arc.) *zu diesem ~* a tal fin; al efecto; con tal motivo; *~s* al objeto de; con el propósito de

Beiblatt *n,* ⸚er 1. *(Zeitung)* suplemento *m* 2. cuartilla *f,* página *f* interpuesta; hoja *f* adjunta

beibringen 1. *(Verluste) ~* ocasionar, producir, acarrear pérdidas 2. *(herbeischaffen)* procurar; traer 3. *Beweise ~* aducir pruebas 4. *Unterlagen ~* presentar documentos

beid(er)seitig mutuo; recíproco; bilateral; *in ~ em Einverständnis* de común acuerdo

Beifilm *m* e corto(metraje) *m*

beifolgend, *~ sende ich* adjunto le remito

beifügen 1. añadir; agregar; anexar; *eine Klausel ~* añadir una cláusula 2. *(einem Brief)* enviar adjunto; acompañar a; incluir en 3. *(anheften)* unir

Beigabe *f,* n *gedruckte ~* suplemento *m;* (Fam.) extra *m*

beigeben → *beifügen*

Beigeordnete/r *(der/ein)* adjunto *m;* agregado *m*

Beihilfe *f,* n 1. *(geldliche)* ayuda *f;* socorro *m* 2. *(staatliche)* subvención *f;* subsidio *m; staatliche ~ gewähren* conceder subvención (*od.* subsidio) estatal 3. *(persönliche)* asistencia *f* 4. *(Mitarbeit)* cooperación *f;* concurso *m* 5. *(Jur.)* complicidad *f*

Beihilfeempfänger *m,* - beneficiario *m;* perceptor *m* de ayuda

beil. (Abk.) → *beiliegend*

Beilage *f,* n 1. *(eines Briefes)* anexo *m* 2. *(einer Zeitung)* suplemento *m* 3. *(eingelegtes Blatt)* hoja *f* suelta

beilegen 1. *(im Brief)* adjuntar; acompañar; incluir 2. *(zuschreiben)* atribuir; imputar 3. *(Schwierigkeiten)* orillar; obviar 4. *(Streit)* zanjar; poner término a; allanar; arreglar; dirimir; *gütlich ~ (Streit)* arreglar amistosamente 5. *(Titel)* conceder; otorgar 6. *(Bedeutung, Namen)* dar 7. *sich etw. unrechtmäßig ~* arrogarse; usurpar

Beilegung *f,* (en) adición *f;* atribución *f;* arreglo *m; gütliche ~* arreglo amistoso

beiliegend adjunto; incluido; acompañado

Beirat *m,* ⸚e 1. *(Körperschaft)* consejo *m,* comité *m* consultivo (*od.* asesor); junta *f* consultiva (*od.* asesora); *Ausländerbeirat* consejo consultivo de extranjeros 2. *(Person)* consejero *m;* asesor *m*

beiseite legen, *Geld ~* ahorrar; economizar

Beisitzer *m,* - 1. *(stimmberechtigter ~ im Vorstand)* vocal *m* 2. (Jur.) (juez *m*) asesor *m*

Beistand *m,* (⸚e) 1. *(Hilfe)* ayuda *f;* asistencia *f; jdm ~ leisten* prestar ayuda a alg. 2. *(Stütze)* apoyo *m* 3. *(in der Not)* socorro *m* 4. *(Person)* asistente *m;* defensor *m;* protector *m*

Beisteuer *f,* n subsidio *m;* ayuda *f* financiera; subvención *f*

beisteuern contribuir a; *(Kapital)* aportar

Beitrag *m,* ⸚e 1. contribución *f; einen Beitrag leisten* contribuir a 2. *(Kapital)* aportación *f* 3. *(Versicherung)* prima *f* 4. *(Sozialversicherung)* cuota *f;* ⸚e *zur Sozialversicherung* cuotas *pl* de la Seguridad Social; cotización *f* para la Seguridad Social 5. *(Anteil, Mitglieds-)* cuota *f;* - ⸚e *zahlen* cotizar; pagar la (s) cuota(s) 6. *(schriftlicher)* artículo *m;* colaboración *f*

beitragen zu contribuir a; aportar a; cotizar a

Beitragsanteil *m,* e cuota *f*

Beitragsbemessung *f,* en 1. cotización *f* calculada sobre el salario 2. tasación *f* de la cuota

Beitragsbemessungsgrenze *f,* n salario *m* de cotización; base *f* de cotización

Beitragsberechnung *f,* en cálculo *m* (del montante) de la cotización

beitragsfrei exento, eximido, dispensado de cotización (*od.* de cotizar)

Beitragsmarke *f,* n sello *m* de cotización

Beitragspflicht *f,* en cotización *f* obligatoria; obligación *f* de cotizar

beitragspflichtig, *~er Lohn* salario *m* sujeto (*od.* sometido) a cotización; *(Person)* contribuyente; cotizante

Beitragsrückerstattung *f,* en devolución *f* (*od.* reintegro *m od.* restitución *f*) de las cotizaciones abonadas

Beitragsrückstände *pl* cuotas *pl* atrasadas; atrasos *pl* en la cotización

Beitragssatz *m,* ⸚e tipo *m* de cotización

Beitragszahler *m,* - contribuyente *m;* cotizante *m*

Beitragszahlung *f,* en (pago *m* de la) cotización *f*

Beitragszuschlag *m,* ⸚e sobreprima *f;* recargo *m* de (la) prima

beitreibbar exigible

beitreiben 1. *(fördern)* exigir; reclamar 2. *(Gelder)* cobrar 3. *Steuern* ~ recaudar impuestos 4. *(durch Beschlagnahme)* requisar
Beitreibung *f,* en cobro *m;* cobranza *f;* recaudación *f;* requisición *f*
beitreten 1. *(einer Partei)* afiliarse a 2. *(einem Vertrag)* adherirse a 3. *(einem Plan)* aprobar; convenir en 4. *(einem Verein)* darse de alta; ingresar *(od.* entrar) en 5. *(einer Meinung)* estar de acuerdo con; asentir a; adoptar
Beitritt *m,* e adhesión *f;* entrada *f;* ingreso *m;* acceso *m; der* ~ *von Spanien in die EG* la adhesión de España a la Comunidad Europea; *seinen* ~ *erklären* declarar su adhesión
Beitrittserklärung *f,* en declaración *f* de adhesión *(od.* ingreso)
Beitrittsurkunde *f,* **n** instrumento *m* de adhesión
beitrittswillig *(sein)* estar dispuesto a adherirse
bejahen afirmar; aprobar; *eine Frage* ~ responder afirmativamente; *etw.* ~ estar en pro de a/c; aprobar a/c
Bejahung *f,* Ø afirmación *f;* respuesta *f* afirmativa; (Ggs. *Verneinung*)
Bekanntgabe *f,* **n** publicación *f;* notificación *f*
bekanntgeben comunicar; notificar; anunciar; *öffentlich* ~ hacer público
Bekanntheitsgrad *m,* Ø *(Marketing)* (grado *m* de) popularidad *f (od.* notoriedad *f);* tasa *f* de penetración (de un producto)
bekanntmachen 1. *jdn.* ~ *mit jdm.* presentar alg. a alg. 2. *jdn.* ~ *mit etw.* poner a alg. al corriente de a/c; familiarizar a alg. con a/c 3. hacer saber; notificar; dar a conocer 4. *(öffentlich)* divulgar; hacer público; publicar 5. *(verkünden)* anunciar; proclamar 6. *(feierlich)* promulgar 7. *(in der Zeitung)* anunciar
Bekanntmachung *f,* en publicación *f;* anuncio *m;* notificación *f;*
Bekenntnis *n,* se (A) declaración *f* fiscal
Beklagte/r *(der/ein)* (Jur.) demandado *m;* parte *f* demandada
beklauen (Fam.) robar a/c a alg.
Bekleben *n,* Ø *das* ~ *der Wand ist verboten* prohibido *(od.* se prohibe) fijar carteles
bekleiden 1. vestir; revestir 2. *ein Amt* ~ desempeñar, ejercer, ocupar un cargo
Bekleidung *f,* en 1. vestidos *pl;* vestimenta *f;* ropa *f;* indumentaria *f* 2. *(mit einem Amt)* in*vestidura f* 3. *(eines Amtes)* desempeño *m;* ejercicio *m*
Bekleidungsindustrie *f,* **n** industria *f* del vestir *(od.* de la confección)
bekommen 1. recibir; *Sie* ~ *es zugeschickt* lo recibe a domicilio; se le envía a casa 2. adquirir 3. lograr; conseguir

Beköstigung *f,* en 1. comida *f* 2. sustento *m;* manutención *f; Wohnung und* ~ casa y comida
beladen mit cargar de
Beladung *f,* en carga *f*
Belang *m,* e *das ist nicht von* ~ no tiene importancia; *die* ~*e eines Landes* los intereses de un país; *ohne* ~ sin importancia; insignificante; *von* ~ de interés *(od.* importancia)
belangen, *gerichtlich* ~ demandar a alg.; formar causa *(od.* encausar) a alg.; *was ihn* ~ por lo que a él toca; en cuanto a él
belasten 1. *mit einer Hypothek* ~ hipotecar; *ein Konto* ~ cargar en cuenta; adeudar; debitar; *mit einem Nießbrauch* ~ usufructuar; *mit Steuern* ~ gravar con impuestos; poner impuestos; *mit den Kosten* ~ cargar los gastos 2. (Jur.) acusar; incriminar 3. *(beanspruchen)* solicitar; someter a esfuerzo 4. *(bedrücken)* abrumar; pesar sobre
Belastung *f,* en 1. (Contab.) adeudo *m* en cuenta; débito *m* 2. *(steuerlich)* gravamen *m;* gravación *f* 3. *(finanzielle)* carga *f* 4. *(Grundbesitz)* hipoteca *f* 5. (Jur.) cargo *m* 6. *(beschuldigen)* acusación *f;* incriminación *f* 7. *(Beanspruchung)* solicitación *f;* carga *f; zulässige* ~ carga admisible
Belastungsanzeige *f,* **n** nota *f,* aviso *m* de débito (Ggs. *Gutschriftsanzeige*)
Belastungszeuge *m,* **n** (Jur.) testigo *m* de cargo
belaufen, *sich* ~ *auf* elevarse *(od.* ascender) a; importar; alcanzar la cifra de
beleben, *das Geschäft* ~ (re)animar, (re)activar, estimular el negocio; *belebter Markt* mercado *m* animado
Belebung *f,* Ø auge *m;* reanimación *f;* relanzamiento *m;* ~ *der Konjunktur* relanzamiento de la coyuntura; ~ *des Verbrauchs* reanimación, reactivación del consumo
Beleg *m,* e 1. justificante *m* 2. (Com.) documento *m* justificativo; comprobante *m* 3. *(Beweisstück)* prueba *f* documental 4. *(Quittung)* resguardo *m;* recibo *m; einen* ~ *abheften* clasificar un documento
belegen 1. justificar; probar 2. *mit Steuern* ~ gravar con impuestos 3. *ein Zimmer* ~ ocupar una habitación
Belegexemplar *n,* e ejemplar *m* de prueba; ejemplar *m* justificativo
Belegprinzip *n,* ien principio *m* según el cual cada asiento debe ir acompañado del respectivo justificante
Belegquittung *f,* en recibo *m* justificativo; resguardo *m* contable
Belegschaft *f,* en personal *m* (de una empresa);

plantilla *f;* nómina *f;* (Syn. *Personal*)
Belegschaftsaktie *f,* **n** acción *f* de trabajo; *Mitbesitz in Form von ~n* accionariado *m* obrero
Belegschaftsaktionär *m,* **e** obrero *m,* empleado *m* accionista
Belegschaftsstärke *f* Ø efectivos *pl* en plantilla (*od.* nómina)
Belegschaftsvertreter *m,* - delegado *m,* representante *m* del personal
Belegschein *m,* **e** recibo *m;* comprobante *m*
Belegstück *n,* **e** ejemplar *m* justificativo (*od.* de prueba)
Belegung *f,* **en** reserva(ción) *f;* ocupación *f*
beleihbar pignorable
beleihen 1. *(Geldnehmer)* pignorar; tomar (dinero) prestado sobre; empeñar títulos 2. *(Geldgeber)* conceder un crédito; dar dinero a cuenta de; prestar dinero sobre
Beleihung *f,* **en** 1. *(Geldnehmer)* pignoración *f* empeño *m;* toma *f* de dinero prestado sobre 2. *(Geldgeber)* concesión *f* de un préstamo contra garantía
Beleihungswert *m,* **e** valor *m* venal del objeto pignorado; valor *m* de (*od.* para) préstamos
beliebt 1. *(Person)* querido; estimado; apreciado; bien visto 2. *(beim Volke)* popular 3. *(Sache)* de moda; en boga 4. *~e Artikel* artículos *pl* solicitados
Beliebtheit *f,* Ø popularidad *f*; *sich großer ~ erfreuen* gozar de gran popularidad (*od.* de grandes simpatías)
Belieferer *m,* - suministrador *m;* proveedor *m;* abastecedor *m*
beliefern surtir; proveer; abastecer (de); *den Markt ~ mit* surtir, abastecer el mercado de
Belieferung *f,* **en** abastecimiento *m;* suministro *m*
Belobigungsschreiben *n,* - carta *f* laudatoria
belohnen recompensar; *(mit Geld)* remunerar; gratificar; *(vergelten)* retribuir; *(mit einem Preis)* galardonar; premiar
Belohnung *f,* **en** recompensa *f;* remuneración *f*; retribución *f;* gratificación *f;* *(für Fundsachen)* gratificación *f*; *eine ~ aussetzen* ofrecer una recompensa
bemängeln criticar; censurar; reclamar
Bemängelung *f,* **en** crítica *f;* reclamación *f;* defecto *m;* vicio *m*
bemessen 1. medir 2. evaluar; calcular; determinar
Bemessung *f,* **en** 1. medida *f* 2. evaluación *f*; *~ der Einkommenssteuer* evaluación *f* de impuesto sobre la renta 3. dimensionado *m* 4. limitación *f* 5. fijación *f* de un plazo (corto)
Bemessungsgrundlage *f,* **n** base *f* de cálculo
bemittelt adinerado; acaudalado; acomodado; pudiente
bemogeln (Fam.) engañar; timar; trampear
bemustern acompañar (de) muestras; muestrear
bemustert, *~es Angebot* oferta *f* con muestras
Bemusterung *f,* **en** suministro *m* de muestras; preparación *f* de muestras; muestrario *m;* muestreo *m*
benachbart vecino; limítrofe; colindante; aledaño
benachrichtigen informar; poner al corriente; avisar; comunicar; notificar; advertir; *von dieser Entscheidung wurden die Interessenten benachrichtigt* esta decisión ha sido notificada a las personas interesadas
Benachrichtigung *f,* **en** aviso *m;* comunicación *f*; información *f;* *ohne vorherige ~* sin aviso previo; *schriftliche ~* aviso por escrito; notificación *f* escrita
benachteiligen perjudicar; causar perjuicio; discriminar
Benachteiligung *f,* **en** perjuicio *m;* desventaja *f*; detrimento *m;* discriminación *f*
Benefizvorstellung *f,* **en** función *f* a beneficio de; función *f* benéfica
Benehmen *n,* Ø comportamiento *m;* conducta *f*; *(selten) im ~ mit* tras consulta con; (después de) oído
BENELUX-Staaten *pl* Estados *pl* del Benelux (Bélgica, Países Bajos, Luxemburgo)
benennen designar; nombrar; *einen Nachfolger ~* designar, nombrar (un) sucesor
Benennung *f,* **en** designación *f;* nombramiento *m;* *handelsübliche ~* denominación *f* comercial
benoten calificar
Benotung *f,* **en** calificación *f*
benutzbar utilizable; explotable; aprovechable
benutzen, benützen utilizar; servirse de; *die öffentlichen Verkehrsmittel ~* tomar (*od.* utilizar) los medios de transporte público
Benutzer, Benützer *m,* - usuario *m;* utilizador *m*
Benutzung *f,* **en** utilización *f;* empleo *m;* uso *m;* *mißbräuchliche ~* uso abusivo
Benutzungsgebühr *f,* **en** tasa *f* de utilización; *(Autobahn)* peaje *m*
Benutzungsrecht *n,* **e** derecho *m* de uso (*od.* de explotación, de goce, de disfrute)
Benzin *n,* (**e**) gasolina *f;* *bleifreies ~* gasolina sin (contenido de) plomo; *bleihaltiges (od. verbleites) ~* gasolina con (contenido de) plomo
Benzingutschein *m,* **e** bono *m* de gasolina
Benzinpreis *m,* **e** precio *m* de la gasolina; *die ~ erhöhen, senken* aumentar, bajar (el precio de) la gasolina

Benzinrappen *m,* - (CH) tasa *f* sobre la gasolina
Benzinscheck *m,* s cheque-gasolina *m*
Benzinverbrauch *m,* Ø consumo *m* de gasolina
Beobachter *m,* - *als* ~ *teilnehmen* participar como observador
beordern destinar; enviar; comisionar
berappen (Fam.) apoquinar; apoquillar; aflojar la mosca; pagar
beraten 1. asesorar; aconsejar 2. *über etw.* ~ deliberar sobre a/c
beratend consultivo; deliberante; ~*er Ausschuß* comisión *f* consultiva; ~*er Ingenieur* ingeniero *m* consultor; *mit* ~*er Stimme* con voz pero sin voto
Berater *m,* - consejero *m;* asesor *m;* consultor *m; technischer* ~ asesor técnico
beratschlagen deliberar sobre
Beratung *f,* en 1. *(Rat)* consejo *m* 2. *(Beratschlagung)* deliberación *f; zur* ~ *stellen* someter a deliberación 3. *(fachliche)* asesoramiento *m* 4. *(berufliche)* orientación *f* 5. (Jur.) consulta *f*
Beratungsstelle *f,* n servicio *m* de información y de orientación; asesoría *f;* consultorio *m;* centro *m* de consultas
berauben 1. robar; desvalijar; expoliar 2. *jdn. der Freiheit* ~ privar a alg. de su libertad 3. *(einer Sache)* despojar de 4. *(eines Rechtes)* privar de 5. *(eines Besitzes)* desposeer de
Beraubung *f,* en robo *m;* expoliación *f;* expolio *m;* despojo *m;* privación *f*
Beraubungsversicherung *f,* en seguro *m* de expoliación; seguro *m* de robo
berechenbar calculable; evaluable; computable; previsible; *ein* ~*es Risiko eingehen* asumir un riesgo calculable
berechnen 1. *(errechnen)* calcular; computar; contar 2. *(in Rechnung stellen)* facturar; poner *(od.* cargar en cuenta) 3. *(schätzen)* evaluar; apreciar; suputar 4. *(Rauminhalt)* cubicar 5. *(Umstände)* combinar; considerar
Berechnung *f,* en 1. cálculo *m;* calculación *f;* cómputo *m;* cuenta *f; überschlägige* ~ cálculo aproximativo (por aproximación) ~*en anstellen* efectuar cálculos 2. facturación *f* 3. evaluación *f;* estimación *f;* suputación *f* 4. débito *m;* adeudo *m*
Berechnungsgrundlage *f,* n base *f* de cálculo
Berechnungstabelle *f,* n tabla *f* de cálculo
berechtigen autorizar a; dar derecho a; rehabilitar, capacitar para; *jdn.* ~ *etw. zu tun* autorizar a alg. a hacer a/c
berechtigt justo; legítimo; justificado; ~*er Anspruch* derecho *m* legítimo; reclamación *f* justa; ~ *sein* tener el derecho de; tener derecho a; estar facultado para
Berechtigte/r *(der/ein)* beneficiario *m;* (Jur.) derechohabiente *m*
Berechtigung *f,* en 1. *(Recht)* derecho *m* 2. *(Rechtstitel)* título *m* 3. *(Rechtmäßigkeit)* legitimidad *f* 4. *(Ermächtigung)* autorización *f;* habilitación *f* 5. *(Rechtfertigung)* justificación *f* 6. *(Rechtsgrund)* razón *f* 7. *(Vollmacht)* poder *m* 8. *(Befugnis)* licencia *f*
Berechtigungsnachweis *m,* e legitimación *f*
Berechtigungsschein *m,* e licencia *f;* permiso *m;* autorización *f*
Bereich *m,* e 1. *(abgegrenzter)* recinto *m;* zona *f;* área *f;* ámbito *m* 2. *(Gebiet)* campo *m;* sector *m;* dominio *m* 3. *(Befugnis)* atribuciones *pl;* competencia *f; es fällt nicht in meinen* ~ no es de mi competencia 4. *(Wirkungskreis)* esfera *f; im* ~ *der Möglichkeit* dentro de lo posible
bereichern, *sich an jdm.* ~ enriquecerse a costa de alg.; *sich unrechtmäßig* ~ enriquecerse ilegalmente
Bereicherung *f,* en enriquecimiento *m*
bereinigen 1. *ein Konto* ~ liquidar una cuenta 2. *(ausgleichen)* allanar 3. *(Streit)* zanjar 4. *(Mißverständnis)* aclarar; depurar
Bereinigung *f,* en liquidación *f;* aclaración *f;* arreglo *m;* (Estad.) corrección *f*
Bereitschaft *f,* en 1. disposición *f; Geldmittel in* ~ *halten* tener fondos a disposición 2. *in* ~ *sein* estar dispuesto para; estar en estado de
Bereitschaftsdienst *m,* e servicio *m* móvil *(od.* de prevención); servicio *m* permanente; *(Mediz.)* servicio *m* de guardia; ~ *haben* estar de guardia
Bereitschaftskosten *pl* costes *pl* fijos; costes *pl* internos
bereitstellen poner a disposición; *Kredite* ~ facilitar créditos
Berg *m,* e *über den* ~ *sein* haber pasado lo peor
bergab decayendo; en declive; cuesta abajo; *es geht mit ihm geschäftlich* ~ sus negocios van de mal en peor; sus negocios van decayendo
Bergakademie *f,* n escuela *f* de minas
Bergarbeiter *m,* - minero *m*
Bergarbeitersiedlung *f,* en caserío *m* de mineros
Bergbau *m,* Ø minería *f;* industria *f* minera; explotación *f* minera *(od.* de minas)
Bergbaugebiet *n,* e cuenca *f,* región *f,* comarca *f* minera
Bergbaugesellschaft *f,* en sociedad *f* minera; compañía *f* de minas
Bergbauindustrie *f,* n industria *f* minera
bergbaulich minero; ~*er Betrieb* explotación *f* minera

Bergbaurevier *n*, e cuenca *f* minera
Bergegeld *n*, er → *Bergelohn*
Bergelohn *m*, ⸚e gastos *pl od.* premio *m* de salvamento
Bergfach *n*, Ø minería *f*
Bergführer *m*, - guía *m* de montaña
Bergingenieur *m*, e ingeniero *m* de minas
Berg|mann *m*, -leute minero *m*
bergmännisch minero
Bergmeister *m*, - inspector *m* de minas
Bergrecht *n*, Ø derecho *m* de minas; derecho *m* (*od*. código) minero; concesión *f* minera
Bergung *f*, en salvamento *m;* rescate *m; (Raumkapsel)* recuperación *f*
Bergungsarbeiten *pl* trabajos *pl* de salvamento (*od*. de rescate)
Bergungsdienst *m*, e servicio *m* de rescate
Bergungskosten *pl* gastos *pl* de salvamento
Bergungsmannschaft *f*, **en** equipo *m* de salvamento (*od*. de rescate)
Bergungsschiff *n*, e buque *m* de salvamento; *(Raumfahrt)* buque *m* de recuperación
Bergungsvertrag *m*, ⸚e contrato *m* de salvamento
Bergungswert *m*, e valor *m* rescatado
Bergwerk *n*, e mina *f*; explotación *f* minera
Bergwerksaktie *f*, **n** acción *f* minera
Bergwerkgesellschaft *f*, en → *Bergbaugesellschaft*
Bericht *m*, e informe *m;* comunicado *m*; rendición *f* de cuentas; *amtlicher* ~ boletín *m*, informe *m* oficial; *vertraulicher* ~ informe confidencial; *über etw.* ~ *erstatten* dar, emitir, presentar un informe
berichten informar; exponer; comunicar
Berichterstatter *m*, - 1. informador *m* 2. *(Presse)* reportero *m; (auswärtiger)* corresponsal *m* 3. (Jur.) juez *m* ponente; relator *m* 4. (Parl.) ponente *m*
Berichterstattung *f*, **en** información *f (Presse)* cobertura *f* informativa; *(*Parl.*)* ponencia *f; (Bericht)* informe *m*
berichtigen 1. *(verbessern)* corregir; enmendar 2. *(richtigstellen)* rectificar 3. *(dementieren)* desmentir 4. *(in Ordnung bringen)* arreglar 5. *Schulden* ~ pagar, saldar deudas
Berichtigung *f*, **en** 1. (Contab.) corrección *f;* rectificación *f* 2. ~ *einer Schuld* pago *m* (*od*. saldo *m*) de una deuda; ~ *der Gehälter* ajuste *m* de los sueldos
Berichtigungsaktie *f*, **n** acción *f* gratuita
Berichtigungsanzeige *f*, **n** nota *f* rectificativa
Berichtigungswert *m*, **e** coeficiente *m* de rectificación
Berichtsjahr *n*, **e** año *m*, ejercicio *m* de referencia (*od*. informe)

Berichtsperiode *f*, **n** → *Berichtszeitraum*
Berichtszeitraum *m*, ⸚e período *m* de referencia; período *m* considerado; período *m* de informe
berücksichtigen considerar; tener (*od*. tomar) en cuenta (*od*. consideración); *die Kosten* ~ tener en cuenta los costes
Berücksichtigung *f*, **en** consideración *f; ohne* ~ sin tener en cuenta; dejando de considerar; *unter* ~ en razón de; teniendo en cuenta
Beruf *m*, **e** 1. profesión *f* 2. *(Handwerk)* oficio *m* 3. *(Tätigkeit)* empleo *m;* ocupación *f* 4. *(Aufgabe)* misión *f* 5. *(Laufbahn)* carrera *f* 1. *freier* ~ profesión liberal; *gewerblicher* ~ profesión industrial; *handwerklicher* ~ profesión artesanal; *kaufmännischer* ~ profesión comercial; *nicht selbständiger* ~ profesión asalariada; empleo por cuenta ajena; *technischer* ~ profesión técnica 2. *einen* ~ *ausüben* ejercer, desempeñar una profesión; *einen* ~ *ergreifen* adoptar una profesión; tomar un oficio; emprender una carrera; *einen* ~ *erlernen* aprender una profesión (*od*. oficio); *einem* ~ *nachgehen* dedicarse a (*od*. seguir) una profesión *bzw*. oficio; *von* ~ de profesión; de oficio
berufen 1. nombrar, designar para 2. *sich* ~ *auf* remitirse a a/c; apoyarse en a/c; invocar a/c 3. (Jur.) acogerse a a/c; 4. (A) apelar
beruflich profesional; *-er Aufstieg* ascenso *m*, promoción *f* profesional; *-e Ausbildung* formación *f*, capacitación *f* profesional; *-e Einstufung* clasificación *f* profesional; *-e Fortbildung* perfeccionamiento *m* profesional; formación *f* continua; *-e Qualifikation* calificación *f* profesional; *-e Tätigkeit* actividad *f* profesional; *-e Umschulung* readaptación *f*, reconversión *f* profesional; reciclaje *m* (profesional)
Berufsausbildung *f*, **en** formación *f*, capacitación *f* profesional
Berufsaussichten *pl* perspectivas *pl* profesionales; salida *f* profesional
Berufsausübung *f*, **en** ejercicio *m* de una profesión
Berufsbeamte/r *(der/ein)* funcionario *m* de carrera
Berufsberater *m*, - consejero *m*, orientador *m* profesional
Berufsberatungsstelle *f*, **n** centro *m* (*od*. oficina *f*) de orientación profesional
Berufseignung *f*, Ø aptitud *f* para la profesión; aptitud *f* profesional
Berufserfahrung *f*, **en** experiencia *f* profesional
Berufsethos *n*, Ø ética *f* profesional; deonto-

logía *f* profesional
Berufsfachschule *f*, **n** instituto *m* laboral; centro *m* de formación profesional; (E) instituto *m* laboral
Berufsfahrer *m*, - conductor *m* de oficio
Berufsgeheimnis *n*, se secreto *m* profesional
Berufsgenossenschaft *f*, **en** 1. mutua(lidad *f*) de accidentes 2. asociación *f* profesional
Berufsgruppe *f*, **n** categoría *f* profesional
Berufshaftpflichtversicherung *f*, **en** seguro *m* de responsabilidad civil profesional
Berufskleidung *f*, Ø ropa *f* de trabajo; vestuario *m* profesional
Berufskrankheit *f*, **en** enfermedad *f* profesional
Berufslaufbahn *f*, **en** carrera *f* (profesional)
Berufsleben *n*, Ø vida *f* profesional; *im ~ stehen* ejercer una profesión
berufsmäßig profesional
Berufspflicht *f*, **en** obligaciones *pl*, deberes *pl* profesionales; deberes *pl* del cargo (*od.* de la profesión)
Berufsschule *f*, **n** escuela *f* de aprendizaje; escuela *f* elemental de trabajo; escuela *f*, centro *m* de formación profesional
Berufsschüler *m*, - alumno *m* de formación profesional
Berufsschullehrer *m*, - profesor *m* de formación profesional
Berufsschulwesen *n*, Ø sistema *m* (*od.* régimen *m*) de formación profesional; enseñanza *f*, formación *f*, capacitación *f* profesional
Berufsstand *m*, ⁻e gremio *m*; corporación *f*
berufsständisch, *~e Aufgliederung* estructura *f* corporativa; estructura *f* socio-profesional; estructura *f* gremial; *~e Kammer* colegio *m* profesional, corporativo
Berufsstatistik *f*, **en** estadística *f* de categorías profesionales
Berufsstruktur *f*, **en** estructura *f* (socio-)profesional
berufstätig que ejerce, desempeña una profesión *od.* un oficio; *~ sein* tener un trabajo; desempeñar (*od.* ejercer) un oficio *bzw.* profesión; *~e Bevölkerung* población *f* activa; (Syn. *erwerbstätig*)
Berufstätige/r (der/ein) asalariado *m*; (Syn. *Erwerbstätiger*)
Berufstätigkeit *f*, Ø actividad *f* profesional
berufsunfähig incapacidad (parcial permanente para profesión habitual)
Berufsunfähige/r (der/ein) inválido *m*; incapacitado *m* (parcial permanente para profesión habitual)
Berufsunfähigkeit *f*, Ø incapacidad *f*; invalidez *f* (parcial permanente para profesión habitual)
Berufsunfähigkeitsrente *f*, **n** pensión *f* de incapacidad profesional
Berufsunfall *m*, ⁻e → *Arbeitsunfall*
Berufsverband *m*, ⁻e sindicato *m* profesional (*od.* gremial); asociación *f*, organización *f* profesional; colegio *m* profesional
Berufsverbot *n*, **e** 1. inhabilitación *f* profesional 2. (R.F.A.) interdicción *f* profesional (se prohibe el acceso al trabajo en el sector público a personas sospechosas de tener o propagar ideas contrarias a la Ley Fundamental de Bonn)
Berufsvereinigung *f*, **en** asociación *f*, organización *f* profesional
Berufsverkehr *m*, Ø horas punta *pl*
Berufswahl *f*, Ø elección *f* de (una) profesión (*od.* de (un) oficio)
Berufswechsel *m*, - cambio *m* de profesión
Berufszweig *m*, **e** ramo *m* profesional
Berufung *f*, **en** 1. (*Ernennung*) nombramiento *m* 2. (*Einberufung*) convocatoria *f* 3. (*Verweisung*) referencia *f* a; *unter ~ auf* haciendo referencia a; apoyándose en 4. (*Rechtsmittel*) apelación *f*; *~ einlegen (gegen)* interponer (recurso de) apelación; *einer ~ stattgeben* admitir la apelación; *eine ~ verwerfen* desestimar la apelación
Berufungsbeklagte/r (der/ein) apelado *m*
Berufungsgericht *n*, **e** tribunal *m* de apelación
Berufungsinstanz *f*, **en** instancia *f* de apelación
Berufungskammer *f*, **n** sala *f* de apelación
Berufungsklage *f*, **n** recurso *m* de apelación
Berufungskläger *m*, - apelante *m*
Berufungsrecht *n*, Ø derecho *m* de apelación
Berufungsverfahren *n*, - procedimiento *m* de apelación
beruhigen calmar; sosegar; tranquilizar; estabilizar; *sich ~* calmarse; estabilizarse, estabilizarse; *die Preisentwicklung beruhigt sich* se nota una estabilización, deceleración de los precios
Beruhigung *f*, **en** estabilización *f*; ralentización *f*; apaciguamiento *m* *~ der Konjunktur* ralentización coyuntural; *~ der Lohnentwicklung* ralentización salarial; *~ der Nachfrage* ralentización de la demanda
besagt mencionado; aludido; (suso)dicho
Besatzung *f*, **en** 1. tripulación *f* 2. guarnición *f*; tropas *pl* de ocupación
beschädigen dañar; deteriorar; estropear 1. *beschädigte Ware* mercancía *f* deteriorada, averiada, estropeada 2. *durch einen Arbeitsunfall beschädigt werden* resultar lesionado (*od.* herido) por accidente laboral; 3. (Nav.) averiar

Beschädigtenrente *f*, n pensión *f* de mutilado (de guerra)

Beschädigte/r (*der/ein*) ~ *mit einer 30%igen Minderung der Erwerbstätigkeit* inválido *m* en el 30%

Beschädigung *f*, en 1. daño *m;* deterioro *m;* deterioración *f* 2. (Nav.) avería *f*

beschaffen 1. procurar; facilitar; proporcionar; *sich etw.* ~ procurarse a/c 2. reunir; allegar; *Geld, Kapital* ~ allegar (*od.* reunir) fondos, capital 3. (*erlangen*) adquirir; conseguir; obtener 4. (*liefern*) suministrar 5. (*Deckung*) proveer

Beschaffenheit *f*, en calidad *f;* naturaleza *f;* estado *m;* condición *f*

Beschaffung *f*, en 1. (*Lieferung*) suministro *m;* facilitación *f* 2. (*Erwerb*) adquisición *f* 3. (*von Deckung*) provisión *f* 4. obtención *f;* ~ *eines Darlehens* obtención *f*, consecución *f* de un préstamo; ~ *von Finanzmitteln* reunión *f*, provisión *f* de medios financieros; ~ *von Informationen* obtención, consecución de informaciones; *sich mit der* ~ *von Aufträgen befassen* ocuparse de la consecución de pedidos (*od.* órdenes); *bei* ~ *der nötigen Unterlagen behilflich sein* ayudar a reunir los documentos necesarios

Beschaffungskosten *pl* gastos *pl* de adquisición

Beschaffungsmarkt *m*, -e mercado *m* de aprovisionamiento

beschäftigen 1. dar trabajo (*od.* empleo *od.* colocación); colocar; *dieser Betrieb beschäftigt 100 Arbeitnehmer* esta empresa da trabajo (*od.* ocupa) a 100 personas 2. *sich* ~ *mit* ocuparse de, en

beschäftigt, ~ *sein* estar empleado (*od.* colocado) en; ~ *sein mit* estar ocupado con; *ich bin sehr* ~ estoy muy ocupado; estoy absorbido por el trabajo; el trabajo me absorbe

Beschäftigte/r (*der/ein*) asalariado *m;* empleado *m;* persona *f* en activo; *selbständig* ~*r* trabajador *m* por cuenta propia; autónomo *m; unselbständig* ~*r* trabajador por cuenta ajena; asalariado *m*

Beschäftigung *f*, en 1. (*Tätigkeit*) actividad *f;* trabajo *m;* ocupación *f;* trabajo *m* 2. (*Anstellung*) colocación *f;* empleo *m* 3. (*häusliche*) quehaceres *pl* 4. (*Ausnutzung der Kapazität eines Betriebes*) utilización *f* de la capacidad; *bezahlte* ~ (*gegen Entgelt*) trabajo remunerado; *gelegentliche* ~ empleo ocasional; *gewinnbringende* ~ empleo lucrativo; *hauptberufliche, nebenberufliche* ~ empleo principal, ocupación secundaria; ~ *Jugendlicher* empleo de gente joven (*od.* de jóvenes); *regelmäßige* ~ empleo normal; ocupación regular; ~ *aufnehmen* tomar empleo (*od. trabajo*); ~ *suchen* buscar empleo (*od.* trabajo); ~ *vermitteln* proporcionar (*od.* procurar) trabajo

Beschäftigungsanstieg *m*, Ø aumento *m* del empleo

Beschäftigungsaussichten *pl* perspectivas *pl*, oportunidades *pl* de conseguir empleo

Beschäftigungsbeihilfen *pl* (EG) subsidios *pl* al empleo

Beschäftigungsdauer *f*, Ø período *m*, duración *f* del empleo

Beschäftigungsgrad *m*, Ø 1. grado *m* de empleo (= relación entre el empleo real y el pleno empleo) 2. relación *f* entre la producción real y la producción planeada

Beschäftigungsind|ex *m*, e *od.* **-izes** índice *m* de empleo

Beschäftigungslage *f*, n situación *f* de empleo; *wie ist die jetzige* ~ *?* ¿qué situación presenta el mercado de trabajo?

beschäftigungslos 1. sin empleo, sin trabajo; parado 2. (*untätig*) inactivo

Beschäftigungslosigkeit *f*, Ø → *Arbeitslosigkeit*

Beschäftigungsmöglichkeiten *pl* posibilidades *pl* de empleo

Beschäftigungsnachweis *m*, e certificado *m* de empleo (extendido por el patrono)

Beschäftigungspolitik *f*, Ø política *f* de empleo

Beschäftigungsstand *m*, Ø nivel *m* de empleo

Beschäftigungstherapie *f*, n terapia *f* ocupacional

Beschäftigungsverhältnis *n*, se relación *f* de empleo

Beschau *f*, Ø ~ *der Ware* examen *m* (*od.* inspección *f*) de la mercancía

beschauen, *die Waren* ~ examinar, inspeccionar la mercancía

Beschauer *m*, - inspector *m*

Beschauung *f*, en → *Beschau*

Bescheid *m*, e 1. (*Auskunft*) informes *pl;* información *f* 2. (*Antwort*) respuesta *f; abschlägiger* ~ respuesta negativa 3. (*Anweisung*) instrucciones *pl* 4. (*eines Gerichts*) fallo *m* 5. (*eines Schiedsgerichts*) laudo *m* 6. (*behördlich*) notificación *f*

bescheiden, ~*e Preise* precios *pl* moderados; precios *pl* módicos

bescheinigen certificar; atestar; atestiguar; *den Empfang eines Briefes* ~ acusar recibo de una carta; *den Empfang einer Summe* ~ extender un recibo por una suma

Bescheinigung *f*, en 1. certificación *f* 2. (*Quittung*) recibo *m* 3. (*Schein*) certificado *m; amtliche* ~ certificación oficial; *ärztliche* ~

certificado médico; *zollamtliche* ~ certificado de aduana; *eine* ~ *ausstellen* extender, expedir un certificado
bescheißen (Fam.) estafar; engañar; timar
beschenken 1. hacer un regalo; hacer un obsequio (= regalar u/c a alg; obsequiar a alg. con u/c) 2. donar; hacer una donación
Beschenker *m*, - donante *m*; donador *m*
Beschenkte/r *(der/ein)* donatario *m*; obsequiado *m*
beschicken 1. *(Ausstellung)* exponer; participar en 2. *(Kongreß)* enviar delegados *(od.* representantes*)* a 3. *(Messe)* asistir a; concurrir a; estar representado en 4. *(Märkte)* abastecer
Beschickung *f*, en ~ *eines Marktes* abastecimiento m de un mercado
beschiffen navegar por
beschildern rotular; señalizar
Beschilderung *f*, en rotulación *f*; señalización *f*
Beschiß *m*, Ø (Fam.) timo *m*; engaño *m*
Beschlag *m*, - embargo *m*; confiscación *f*; requisa *f*; secuestro *m*; *in* ~ *nehmen* incautarse de; secuestrar; confiscar
Beschlagnahme *f*, n (= *Beschlag); die* ~ *aufheben* desembargar; levantar el embargo; desincautar
beschlagnahmen embargar; confiscar; decomisar; requisar; secuestrar
beschleunigen acelerar; activar; *beschleunigtes Verfahren* (juicio) sumario *m*
Beschleunigungsspur *f*, en carril *m* de aceleración
Beschleunigungsstreifen *m*, - vía *f* rápida
beschließen 1. *(entscheiden)* decidir; resolver 2. *eine Arbeit* ~ terminar, acabar, concluir un trabajo 3. (Jur.) decretar; disponer; ordenar 4. *die Satzung wurde einstimmig beschlossen* los estatutos fueron adoptados *(od.* aprobados *od.* acordados) por unanimidad
beschließend deliberante; deliberatorio; deliberativo
Beschlu|ß *m*, ⁻sse acuerdo *m*; decisión *f*; resolución *f* 1. *einen* ~ *fassen* adoptar una resolución; tomar una decisión 2. (Jur.) auto *m* 3. voto *m*; deliberación *f*
beschlußfähig, ~ *sein* haber, tener, alcanzar el quórum
beschneiden reducir; recortar; *das Budget drastisch* ~ recortar drásticamente el presupuesto
Beschneidung *f*, en reducción *f*; recorte *m*; acortamiento *m*
beschränken limitar; restringir; *sich* ~ *auf* limitarse a; ceñirse a
beschränkt limitado; restringido; *(ungenügend)* insuficiente; ~*e Annahme* aceptación *f* condicionada; ~ *haftender Teilhaber* (socio) comanditario *m*; ~*e Haftung* responsabilidad *m* limitada
Beschränkung *f*, en limitación *f*; restricción *f*; *devisenrechtliche* ~ restricciones *pl* de cambio *(od.* monetarias *od.* de divisas); *mengenmäßige* ~ restricciones *pl* cuantitativas; *satzungsmäßige* ~ restricciones *pl* estatutarias; ~*en unterliegen* estar sometido a restricciones
beschreiben (Com.) especificar
Beschreibung *f*, en (Com.) especificación *f*
beschreiten, *neue Wege* ~ abrir nuevos caminos; *den Rechtsweg* ~ acudir a la justicia
beschriften *(mit Etikett)* etiquetar; poner etiquetas; rotular; *(Kisten usw.)* marcar
beschuldigen inculpar de; culpar; imputar; incriminar de; acusar de; *(Fam.)* echar la culpa de; *eines Wirtschaftsvergehens* ~ acusar de un delito económico
Beschuldigte/r *(der/ein)* inculpado *m;* encausado *m*
Beschuldigung *f*, en inculpación *f;* incriminación *f;* acusación *f*
Beschulung *f*, en escolarización *f*
beschummeln (Fam.) → *beschwindeln*
Beschwerde *f*, n reclamación *f;* queja *f* 1. *eine* ~ *einlegen* elevar protesta; hacer una reclamación; *gegen jdn.* ~ *führen* formular una queja *(od.* protesto *od.* reclamación) contra; *eine* ~ *zurückweisen* desestimar *(od.* rechazar) una queja *(od.* protesto *od.* reclamación *)* 2. (Jur.) recurso *m* de alzada; recurso *m* de queja
Beschwerdeabteilung *f*, en (servicio *m* de) reclamaciones *pl*
Beschwerdebrief *m*, e carta *f* de reclamación
Beschwerdebuch *n*, ⁻er libro *m* de reclamaciones
Beschwerdeführer *m*, - reclamante *m*
Beschwerdegericht *n*, e tribunal *m* de alzada; tribunal *m* de recurso
Beschwerdeschrift *f*, en escrito *m* de queja
Beschwerdeverfahren *n*, - procedimiento *m* de alzada *(od.* queja)
beschweren 1. cargar de; gravar sobre 2. quejarse de; protestar contra
beschwindeln engañar; (Fam.) socaliñar *(od.* timar)
besehen inspeccionar; examinar
beseitigen eliminar; suprimir; *(abschaffen)* abolir; *Schwierigkeiten* ~ allanar *(od.* orillar) las dificultades; *Schaden* ~ reparar un daño
Beseitigung *f*, en eliminación *f;* supresión *f;* abolición *f;* ~ *der Arbeitslosigkeit* re-(ab)sorción *f* del paro
besetzen ocupar; *eine offene Stelle* ~ cubrir una

vacante
Besetztzeichen n, - (Teléf.) señal f de ocupado (od. de línea ocupada)
Besicherung f, en garantía f; dingliche ~ garantía real
besichtigen visitar; examinar; inspeccionar; wie besichtigt calidad vista y aceptada
Besichtiger m, - (Seg.) inspector m del riesgo
Besichtigung f, en visita f; examen m; inspección f
Besichtigungsfahrt f, en viaje m de inspección
besiedelt poblado; dicht, dünn ~ densamente, escasamente poblado
Besitz m, Ø 1. posesión f; propiedad f; im ~ sein von estar en posesión de; im ~ Ihres Schreibens vom recibida su atenta carta del; gemeinsamer ~ copropiedad f; rechtmäßiger ~ posesión lícita; posesión (con título) legal; unrechtmäßiger ~ detentación f; posesión ilícita (od. ilegal); ~ ergreifen posesionarse; tomar posesión de; in den ~ gelangen entrar en posesión de a/c; in jds ~ übergeben pasar a posesión de alg. 2. (Aktien) tenencia f 3. fortuna f; bienes pl; patrimonio m
Besitzanspruch m, ⁼e derecho m de posesión; auf etw. ~ erheben hacer valer sus derechos sobre u/c
Besitzeinkommen n, - ingresos pl, rentas pl procedentes del patrimonio (od. de la fortuna)
besitzen 1. poseer 2. (unrechtmäßig) detentar 3. (innehaben) ser propietario de; tener; estar en posesión de 4. (ausgestattet sein mit) estar provisto de; estar equipado con
besitzend, die ~en Klassen las clases pudientes; las clases adineradas (od. acomodadas)
Besitzentziehung f, en desposesión f; expropiación f; desposeimiento m
Besitzer m; - poseedor m; (Inhaber) tenedor m; (Eigentümer) propietario m; den ~ wechseln cambiar de propietario; pasar a otras manos
Besitzergreifung f, en 1. toma f de posesión 2. (Jur.) accesión f 3. (widerrechtlich) usurpación f; anexión f
besitzerlos abandonado
Besitzgemeinschaft f, en copropiedad f
Besitznahme f, n → Besitzergreifung
Besitzrecht n, e título m de propiedad
Besitzstand m, Ø estado m de posesión; (Aktiva) activo m; seinen ~ vergrößern aumentar su patrimonio (od. su activo od. su fortuna)
Besitzsteuer f, n impuesto m sobre la propiedad
Besitztitel m, - título m de propiedad
Besitzurkunde f, n escritura f de propiedad
Besitzwechsel m, Ø 1. cambio m bzw. traspaso m de propiedad 2. efecto m a cobrar

besolden retribuir; remunerar; pagar un salario (od. sueldo); asalariar
besoldet asalariado
Besoldung f, en 1. retribución f; remuneración f 2. (Arbeiter) salario m 3. (Angestellte, Beamte) sueldo m 4. (Militär) paga f 5. (für ein Amt) emolumentos pl
Besoldungsgruppe f, n escalafón m
Besoldungsordnung f, en reglamentación f de sueldos y salarios
Besoldungsstelle f, n pagaduría f
Besoldungszulage f, n plus m salarial; suplemento m de sueldo; sobresueldo m
Besonderheit f, en (Com.) especialidad f
besorgen 1. (kaufen) comprar; adquirir 2. (verschaffen) facilitar; proporcionar, procurar u/c a alg.; conseguir u/c para alg. 3. (holen) ir por; ir a buscar 4. (übernehmen) encargarse de 5. (erledigen) agenciar 6. (Aufträge) ejecutar; hacer 7. (Brief) despachar 8. (Korrespondenz) llevar
Besorgung f, en (Beschaffung) consecución f; provisión f; (Erledigung) ejecución f; (Auftrag) encargo m; recado m; (von Geschäften) despacho m; (Wartung) cuidado m; atención f; ~en machen 1. ir de compras 2. hacer recados
besprechen discutir; debatir; consultar; deliberar; sich mit jdm. ~ entrevistarse, conversar con alg.
Besprechung f, en deliberación f; consulta f; entrevista f; ~en aufnehmen iniciar consultas (od. deliberaciones)
bessern 1. perfeccionar; mejorar; (reformieren) reformar 2. (Preise, Kurse) subir; sich ~ corregirse; restablecerse
Besserung f, en mejora f; mejoramiento m; reforma f; (Preis, Kurs) alza f; die ~ auf dem Arbeitsmarkt la recuperación del mercado laboral (od. de trabajo)
bestallen nombrar (a alg. para un cargo od. función)
Bestallung f, en nombramiento m
Bestallungsurkunde f, n nombramiento m; credencial f; patente f
Bestand m, ⁼e 1. existencia f; durabilidad f; estabilidad f; von ~ sein, ~ haben ser estable; ser duradero 2. encaje m; reserva f; fondos pl; stock m; eiserner ~ fondos de reserva; (Kassen) efectivo m en caja; encaje m; (Reserven) reservas pl; (an Effekten) valores pl en cartera; ~ an Arbeitskräften efectivos pl de mano de obra; (Vieh) censo m 3. (Warenverzeichnis) existencias pl; stock m; estocaje m 4. (Sachverzeichnis) inventario m; den ~ aufnehmen inventariar; hacer inven-

tario 5. (A) arrendamiento *m;* arriendo *m*
beständig (Com.) constante; *(Material)* consistente
Bestandsaufnahme *f,* n inventario *m;* (Syn. *Inventur*)
Bestandsbuch *n,* ⁻er libro-inventario *m*
Bestandsliste *f,* n → *Bestandsaufnahme*
Bestandsverzeichnis *n,* se → *Bestandsaufnahme*
Bestandteil *m,* e elemento *m;* componente *m;* *wesentlicher* ~ elemento constitutivo; ~ *der Lohnkosten* elemento componente de los costes salariales
Bestarbeiter *m,* - (R.D.A.) obrero *m* modelo
bestätigen 1. *den Empfang* ~ acusar recibo de 2. *(Auftrag)* confirmar 3. *(bescheinigen)* certificar; *(amtlich)* legalizar 4. *(feststellen)* dejar constancia de; comprobar 5. *(Vertrag)* ratificar 6. *jdn. im Amt* ~ confirmar a alg. en su cargo
bestätigend 1. comprobante 2. (Jur.) confirmatorio
Bestätigung *f,* en confirmación *f;* certificación *f;* legalización *f;* comprobación *f;* ratificación *f; gerichtliche* ~ homologación *f* judicial
Bestätigungsschreiben *n,* - 1. carta *f* confirmativa; 2. cartas *pl* credenciales
bestechen 1. sobornar; corromper 2. *(Beamte, Richter)* cohechar 3. (Fam.) untar
bestechlich corruptible; sobornable; *(käuflich)* venal
Bestechlichkeit *f,* Ø venalidad *f;* corruptibilidad *f*
Bestechung *f,* en soborno *m;* corrupción *f;* cohecho *m; passive* ~ cohecho pasivo; *versuchte* ~ tentativa *f* de corrupción; (Syn. *Korruption*)
Bestechungsgeld *n,* er (Fam.) unto *m;* (Syn. *Schmiergelder*)
Bestehen *n,* Ø *seit* ~ *unserer Firma* desde el establecimiento *(od.* la fundación) de nuestra casa
bestehend vigente; existente; presente; actual
Bestellbuch *n,* ⁻er libro *m* de pedidos; (Syn. *Auftragsbuch*)
bestellen pasar un pedido; ordenar 1. *auf Abruf* ~ ordenar a medida de las necesidades; *fest* ~ pedir *(od.* hacer un pedido) en firme; *mündlich, schriftlich* ~ pedir verbalmente, por escrito 2. *einen Sachverständigen* ~ nombrar a un experto 3. *eine Hypothek* ~ constituir una hipoteca 4. (Jur.) citar; convocar 5. *(landwirtschaftlich)* cultivar 6. *(Zimmer, Platz)* reservar 7. *(Zeitung)* suscribirse
Besteller *m,* - comitente *m;* ordenante *m;* cliente *m;* comprador *m*

Bestellformular *n,* e → *Bestellschein*
Bestellgebühr *f,* en → *Bestellgeld*
Bestellgeld *n,* er derechos *pl* de entrega (a domicilio)
Bestellkarte *f,* n → *Bestellschein*
Bestelliste *f,* n lista *f* de pedidos
Bestellnummer *f,* n número *m* de pedido, número *m* de referencia
Bestellschein *m,* e nota *f,* hoja *f,* boletín *m* de pedido; *einen* ~ *ausfüllen* rellenar la hoja *(od.* nota *od.* boletín de pedido)
Bestellung *f,* en encargo *m;* pedido *m;* orden *f;* 1. *auf* ~ sobre pedido; *auf* ~ *von* por encargo de; *bei* ~ al hacer el pedido; *eine* ~ *erteilen (aufgeben)* pasar, hacer un pedido; *eine* ~ *widerrufen* anular un pedido 2. designación *f;* nombramiento *m* 3. constitución *f* (de un derecho real)
Bestellzettel *m,* - → *Bestellschein*
Bestensauftrag *m,* ⁻e *(Börse)* orden *f* a lo mejor
besteuerbar imponible
besteuern gravar con impuestos; imponer contribuciones
Besteuerung *f,* en gravamen *m;* imposición *f;* tributación *f; direkte, indirekte* ~ imposición directa, indirecta; ~ *an der Quelle* retención *f* en origen *(od.* en la base)
Besteuerungsart *f,* en modo *m* de imposición
Besteuerungsfreigrenze *f,* n exoneración *f* en la base
Besteuerungsgrundlage *f,* n base *f* imponible
bestimmen fijar; determinar; decidir 1. *die Preise* ~ fijar los precios 2. estipular; estatuir 3. *zum Absatz* ~ destinar a la venta
Bestimmung *f,* en 1. fijación *f;* determinación *f;* decisión *f* 2. *gesetzliche* ~ disposición *f,* reglamentación *f* legal; *nach den geltenden* ~ *en* según la normativa vigente 3. *zum Absatz* ~ destinación *f* a la venta
Bestimmungsbahnhof *m,* ⁻e estación *f* de destino
Bestimmungshafen *m,* ⁻ puerto *m* de destino
Bestimmungsland *n,* ⁻er país *m* de destino
Bestimmungsort *m,* e lugar *m (od.* punto *m)* de destino; *frei* ~ porte pagado *(od.* franco) lugar de destino; *am* ~ *eintreffen* llegar al punto de destino
bestrafen penar; castigar; sancionar
Bestrafung *f,* en pena *f;* castigo *m;* sanción *f*
bestreiken, *ein Unternehmen* ~ declarar la huelga a una empresa; *der Betrieb wurde mehrfach bestreikt* la empresa ha sido objeto de huelgas reiteradas
Bestreikung *f,* en paralización *f* de una empresa a causa de *(od.* por) huelga

bestreiten negar; imputar; discutir 1. *die Echtheit einer Urkunde* ~ negar la autenticidad de un documento 2. *(Kosten)* costear; sufragar; asumir

betätigen 1. *(bedienen)* maniobrar; hacer funcionar; accionar 2. *(in Gang setzen)* poner en marcha *(od.* en movimiento) 3. *(sich betätigen)* dedicarse a; estar ocupado en 4. *(sich betätigen an)* tomar parte activa en; participar en 5. *(sich betätigen als)* actuar de

Betätigung *f,* **en** 1. accionamiento *m;* puesta *f* en marcha 2. labor *f;* actividad *f;* dedicación *f; gewerkschaftliche* ~ actividad sindical

Betätigungsfeld *n,* **er** campo *m* de actividad; esfera *f* de acción

beteiligen hacer participar *(od.* interesar) a alg. en u/c; *jdn. am Gewinn* ~ (hacer) participar a alg. en los beneficios; *sich finanziell* ~ *an* tener una participación financiera en

Beteiligte/r *(der/ein)* 1. participante *m;* interesado *m* 2. *(Teilhaber)* socio *m;* asociado *m*

beteiligt sein participar; tener una participación; *mit 5% am Gewinn* ~ participar con el 5% de los beneficios; *zu gleichen Teilen* ~ participar a partes iguales

Beteiligung *f,* **en** 1. *finanzielle* ~ participación *f* financiera; *stille* ~ participación capitalista *(od.* tácita); ~ *der Arbeitnehmer am Gewinn des Unternehmens* participación de la plantilla laboral en los beneficios de la empresa 2. contribución *f;* cuota *f* part 3. cooperación *f;* contribución *f* 4. asistencia *f;* concurrencia *f*

Beteiligungsgesellschaft *f,* **en** sociedad *f* participada; sociedad *f* de participación (financiera); asociación *f* en participación

Beteiligungskonzern *m,* **e** consorcio *m* de participación (= grupo de empresas en el que una de ellas detenta por lo menos el 51% del capital de la otra)

Beteiligungsurkunde *f,* **n** título *m* de participación

Betr. → *Betreff*

Betracht, *etw. in* ~ *ziehen* tomar en consideración; *er kommt für diese Stelle in* ~ reúne los requisitos para este cargo; entra en consideración para este puesto

Betrag *m,* ¨**e** importe *m;* suma *f;* cantidad *f;* monto *m;* montante *m* 1. abgehobener ~ suma retirada; *abgerundeter* ~ suma redondeada; *absetzbarer* ~ cantidad deducible; *angelegter* ~ cantidad invertida; *anteilmäßiger* ~ importe proporcional *(od.* a prorrata); *ausgemachter* ~ importe convenido; *einbehaltener* ~ cantidad retenida; *fälliger* ~ cantidad debida; *geschuldeter* ~ cantidad debida; *hinterlegter* ~ suma depositada; depósito *m; rückständiger* ~ importe pendiente de pago *(od.* retrasado); *steuerfreier* ~ importe exento de impuestos; *veranschlagter* ~ cantidad presupuestada; *voller* ~ cantidad total 2. *(Wert)* valor *m; im* ~ *von* por valor de 3. *(Quittung)* ~ *erhalten* recibí 4. ~ *in Worten* importe (expresado) en letra(s)

betragen → *belaufen*

betrauen, *jdn. mit einer Aufgabe* ~ encomendar, confiar u/c a alg.

Betreff *(Betr.)* asunto *m,* objeto *m* (de una carta); *in* ~ en cuanto a; en lo relativo a; concerniente a

betreffend, *das* ~*e Geschäft* el asunto en cuestión; el asunto que nos ocupa

betreiben ejercer; practicar; dirigir; gestionar; 1. *Dumping* ~ practicar el dumping 2. *gemeinschaftlich* ~ explotar en común 3. *ein Geschäft* ~ dirigir un negocio; tener un negocio 4. *ein Gewerbe* ~ ejercer una actividad profesional 5. *eine Angelegenheit* ~ gestionar un asunto; agenciar un asunto; hacer gestiones en un asunto 6. *einen Prozeß* ~ seguir un proceso; seguir una causa 7. *eine Maschine* ~ accionar una máquina

Betreiben *n,* Ø *auf* ~ *von* 1. a iniciativa de 2. a ruego de; a instancias de

Betreiber *m,* **-** operador *m*

Betreibung *f,* **(en)** ~ *einer Sache* gestión *f* de un asunto

betreuen *(beraten)* asesorar; *(pflegen)* atender a

Betreuung *f,* Ø asesoramiento *m;* asistencia *f*

Betrieb *m,* **e** 1. *(Unternehmen)* empresa *f;* establecimiento *m;* explotación *f;* negocio *m; gemeinnütziger* ~ empresa de utilidad pública; empresa sin fines lucrativos; *genossenschaftlicher* ~ empresa, explotación cooperativa; *gewerblicher* ~ establecimiento industrial o comercial; *handwerklicher* ~ empresa, establecimiento artesanal; *kaufmännischer* ~ casa *f* comercial *(od.* de comercio); *landwirtschaftlicher* ~ explotación agrícola; *öffentlicher (staatlicher)* ~ empresa pública; *privater* ~ empresa privada; (R.D.A.) *volkseigener* ~ empresa nacionalizada 2. *der* ~ *beschäftigt 200 Leute* la empresa da empleo *(od.* emplea) a 200 personas; la nómina *(od.* la plantilla) de esta empresa es de/asciende a 200 personas; *einen* ~ *leiten* dirigir una empresa; *einen* ~ *rationalisieren* racionalizar una empresa; *einen* ~ *stillegen* cesar la explotación *f* 3. *(Fabrikanlage)* fábrica *f;* factoría *f;* manufactura *f* 4. *(Gang, Ablauf)* servicio *m;* funcionamiento *m;* marcha *f; die Anlage ist in, außer* ~ la instalación está en/fuera de servicio; *außer* ~ *setzen* poner fuera

de servicio; *in ~ setzen* poner en marcha; hacer marchar; poner en servicio
betrieblich de la empresa; de la explotación; del negocio; del servicio; empresarial; *~e Aufwendungen* cargas *pl* de explotación; *~e Sozialleistungen* prestaciones *pl* de la empresa; *aus ~en Gründen* por razones técnicas
Betriebs- (Pref.) 1. relativo, tocante, referente a la empresa (*od.* explotación) 2. relativo al funcionamiento, a la marcha, al servicio
Betriebsablauf *m,* ⸚e marcha *f* de la explotación
Betriebsabrechnung *f,* en estado *m* periódico de la contabilidad de la empresa
Betriebsakademie *f,* n (R.D.A.) centro *m* superior de formación profesional orientada a la empresa
Betriebsanalyse *f,* n análisis *m,* estudio *m* de la explotación general; situación *f* analítica de la empresa
Betriebsanforderungen *pl* exigencias *pl,* especificaciones *pl* de la empresa
Betriebsangehörige/r (der/ein) miembro *m* de la plantilla (*od.* de la nómina) de una empresa; *die ~n* el personal *m*
Betriebsanlage *f,* n 1. superficie *f* ocupada por la explotación 2. instalación *f* técnica; planta *f* industrial
Betriebsanleitung *f,* en 1. instrucciones *pl* de servicio 2. modo *m* de empleo; modo *m* de funcionamiento
Betriebsanweisung *f,* en → *Betriebsanleitung*
Betriebsarzt *m,* ⸚e médico *m* de (la) empresa
Betriebsaufw|and *m,* **-endungen** costes *pl,* cargas *pl* de explotación
Betriebsausflug *m,* ⸚e excursión *f* del personal
Betriebsausgaben *pl* gastos *pl* de explotación; gastos *pl* de operación
Betriebsausschuß *m,* ⸚sse comité *m* del establecimiento; delegación *f* de la empresa
betriebsbedingt condicionado por el servicio; imputable a la empresa; *~e Aufwendungen* cargas *pl* condicionadas por la explotación (*od.* operación); *~e Gefahren* peligros *pl* inherentes a la operación y funcionamiento
Betriebsberater *m,* - consultor *m,* asesor *m* de empresa
Betriebsberatung *f,* en asesoría *f,* consultoría *f* (de empresas)
betriebsbereit listo para el empleo; programado; *dieser Taschenrechner ist ~* esta calculadora se puede utilizar inmediatamente
Betriebsbesichtigung *f,* en visita *f* de la empresa
Betriebsbuchführung *f,* en → *Betriebsbuchhaltung*

Betriebsbuchhalter *m,* - (técnico) contable *m*
Betriebsbuchhaltung *f,* en 1. contabilidad *f* de la explotación (*od.* empresa) 2. contabilidad *f* analítica
Betriebsbudget *n,* s previsión *f* de explotación; gestión *f* presupuestaria
Betriebsdirektor *m,* en director *m* de la explotación (*od.* de la fábrica)
betriebseigen perteneciente a la empresa; de la empresa; propio de la empresa
Betriebseinnahmen *pl* ingresos *pl* procedentes de la actividad de la empresa; ingresos *pl* de explotación
Betriebseinrichtung *f,* en instalación *f,* equipo *m* (de empresa)
Betriebseinschränkungen *pl* restricción *f* del servicio
Betriebseinstellung *f,* en cierre *m* de una empresa; cese *m* de explotación; suspensión *f* de servicio
Betriebsergebnis *n,* se resultado *m* de explotación
Betriebserlaubnis *f,* se licencia *f* de explotación
Betriebserweiterung *f,* en extensión *f,* ampliación *f* de un establecimiento industrial o comercial
betriebsfähig en condiciones de servicio; en condiciones de funcionamiento
Betriebsferien *pl wegen ~ geschlossen* cerrado por vacaciones del personal
Betriebsform *f,* en forma *f* (jurídica) de la explotación
Betriebsforschung *f,* en investigación *f* operativa (*od.* operacional) (Syn. *Unternehmensforschung, Operations-research*)
betriebsfremd, *der Zutritt ist ~en Personen nicht gestattet* prohibido el paso a toda persona ajena a la empresa
Betriebsführer *m,* - → *Betriebsleiter*
Betriebsführung *f,* en → *Betriebsleitung*
Betriebsgeheimnis *n,* se secreto *m* de fabricación; secreto *m* de explotación; secreto *m* de empresa; *ein ~ wahren, verletzen* guardar, divulgar un secreto de fabricación
Betriebsgemeinkosten *pl* gastos *pl* de gestión general
Betriebsgemeinschaft *f,* en 1. personal *m* de la empresa 2. explotación *f* en común
Betriebsgewinn *m,* e beneficio *m* de explotación; *einen ~ erzielen* lograr, realizar un beneficio (de explotación)
Betriebsingenieur *m,* e ingeniero *m* técnico comercial
betriebsintern, *~e Schwierigkeiten* dificultades *pl* en el seno de la empresa

Betriebsinventar *n*, Ø material *m* de la instalación y equipo
Betriebsjahr *n*, e ejercicio *m* (económico)
Betriebskapazität *f*, en capacidad *f* de producción; *die ~ einschränken, erweitern* reducir, aumentar la capacidad de producción
Betriebskapital *n*, Ø capital *m* circulante; capital *m* de explotación (*od.* de operación); *das ~ aufstocken* ampliar el capital circulante; (Syn. *Umlaufvermögen*)
Betriebskennzahlen *pl* índices *pl* de la empresa
Betriebsklima *n*, Ø ambiente *m* de trabajo; *das ~ verbessern* mejorar el clima de trabajo
Betriebskollektivvertrag *m*, ⸚e (R.D.A.) obligación *f* anual contraída por un equipo de trabajo en orden a cumplir ciertas normas de producción
Betriebskosten *pl* gastos *pl* generales (de explotación); *allgemeine ~* costes *pl* fijos de explotación
Betriebskrankenkasse *f*, n caja *f* de enfermedad de la empresa
Betriebskredit *m*, e crédito *m* de explotación; (Ggs. *Anlagekredit*)
Betriebsleiter *m*, - jefe *m* de la empresa; director *m* de fábrica; jefe *m* técnico
Betriebsleitung *f*, en dirección *f* de la empresa; gestión *f* (de empresa); *die ~ übernehmen* asumir la dirección de una empresa
Betriebsmaterial *n*, ien material *m* de servicio
Betriebsmittel *pl* medios *pl* de producción; *finanzielle ~* fondos *pl* de explotación; *technische ~* medios *pl* de explotación
betriebsnah adaptado a la empresa; que responde a las necesidades de la empresa
Betriebsnudel *f*, (n) (Fam.) persona *f* excesivamente activa
Betriebsob|mann *m*, ⸚er *od.* -leute representante *m* del personal obrero; hombre *m* de confianza
Betriebsordnung *f*, en reglamento *m* de la empresa
Betriebsorganisation *f*, en organización *f* de la empresa
Betriebspa|ß *m*, ⸚sse (R.D.A.) datos *pl* técnicos y comerciales de una empresa
Betriebspersonal *n*, Ø personal *m* de una empresa; *~ einsparen* ahorrar mano de obra (*od.* personal)
Betriebsplanung *f*, en programa *m* de fabricación; planificación *f* de la gestión
Betriebspolitik *f*, Ø política *f* de la empresa
Betriebsprüfung *f*, en inspección *f* de los libros y de la gestión de una empresa; inspección *f* fiscal
Betriebsrat *m*, ⸚e 1. comité *m* (*od.* consejo *m*) de empresa 2. → *Betriebsratsmitglied*
Betriebsratsmitglied *n*, er miembro *m* del comité (*od.* consejo) de empresa; *~er wählen* elegir el comité (*od.* consejo) de empresa
Betriebsratsvorsitzende/r (*der/ein*) presidente *m* del comité (*od.* consejo) de empresa
Betriebsrechnung *f*, en cuenta *f* de explotación
Betriebsrisik|o *n*, s *od.* -en riesgo *m* de explotación; riesgo *m* de gestión
Betriebsschließung *f*, en → *Betriebsstillegung*
Betriebsschluß *m*, Ø fin *m* de la jornada laboral; salida *f* de la fábrica
betriebssicher en (perfecto) estado de funcionamiento
Betriebssicherheit *f*, Ø seguridad *f* de funcionamiento *bzw.* de servicio; buen funcionamiento *m*; fiabilidad *f*
Betriebssoziologie *f*, Ø sociología *f* de la empresa; sociología *f* industrial
Betriebsstatistik *f*, en 1. estadística *f* de explotación 2. censo *m* de empresas dentro de cada sector
Betriebsstillegung *f*, en cierre *m* (definitivo) de una empresa; suspensión *f* de servicio
Betriebsstockung *f*, en interrupción *f*, paralización *f* del servicio
Betriebsstoff *m*, e materias *f* auxiliares (= combustible, carburante)
Betriebsstörung *f*, en avería *f*; interrupción *f* del funcionamiento; incidente *m* en el funcionamiento
Betriebssystem *n*, e (Inform.) unidad *f* de operación
betriebstechnisch, *-e Anforderungen* exigencias *pl* (*od.* especificaciones *pl*) técnicas de la empresa
Betriebstreue *f*, Ø 1. fidelidad *f* a la empresa 2. antigüedad *f* en la empresa
Betriebsumstellung *f*, en reconversión *f* de la explotación; *eine ~ vornehmen* reconvertir una empresa
Betriebsunfall *m*, ⸚e accidente *m* de trabajo; (Syn. *Arbeitsunfall*)
Betriebsunkosten *pl* gastos *pl* generales de explotación
Betriebsunterbrechung *f*, en interrupción *f* de las operaciones
Betriebsunterbrechungsschäden *pl* daños *pl* por interrupción de las operaciones
Betriebsunterbrechungsversicherung *f*, en *~ nach Feuerschäden* seguro *m* de pérdidas de beneficios a consecuencia de incendios
Betriebsvereinbarung *f*, en acuerdo *m* salarial (convenido entre el jefe de la empresa y los representantes del personal)
Betriebsverfassung *f*, en régimen *m* de la em-

presa; régimen *m* empresarial
Betriebsverfassungsgesetz *n,* Ø *(BVG)* ley *f* constitutiva de empresas
Betriebsvergleich *m,* **e** 1. comparación *f* entre empresas 2. comparación *f* de los índices de producción de la empresa 3. tabla *f* comparativa de la evolución de la empresa
Betriebsverlagerung *f,* **en** → *Betriebsverlegung*
Betriebsverlegung *f,* **en** traslado *m* de la empresa
Betriebsvermögen *n,* - capital *m* de explotación; *unbewegliches ~* inmovilizado *m;* activo *m* fijo
Betriebsversammlung *f,* **en** asamblea *f* general del personal de una empresa (presidida por el presidente del comité de empresa)
Betriebswirt *m,* **e** licenciado *m* en ciencias de la empresa; (Fam.) economista *m* de la empresa
Betriebswirtschaft *f,* Ø economía *f* de la empresa; micro-economía *f; ~ studieren* estudiar (ciencias) empresariales
betriebswirtschaftlich relativo a la gestión (de empresas); *ein ~es Studium absolvieren* cursar estudios de gestión (*od.* administración) de empresas
Betriebswirtschaftslehre *f,* **n** 1. conjunto *m* de conocimientos de la gestión y organización de la empresa 2. teoría *f* (de la economía) de la empresa
Betriebswissenschaft *f,* **en** ciencias *pl* empresariales; ciencia *f* de la gestión empresarial
Betriebswohnung *f,* **en** vivienda *f* de la empresa
Betriebszugehörigkeit *f,* Ø pertenencia *f* a la empresa; *Dauer der ~* antigüedad *f* en la empresa (*od.* en el servicio)
betrifft → *Betreff*
Betrug *m,* Ø fraude *m;* estafa *f;* (Fam.) timo *m*
betrügen estafar; (Fam.) timar
Betrüger *m,* - estafador *m;* (Fam.) timador *m*
Betrügerei *f,* **en** → *Betrug*
betrügerisch fraudulento; *in ~er Absicht* con intención de estafar; con ánimo de dolo; *~er Bankrott* quiebra *f* fraudulenta
betucht adinerado; (Fam.) forrado de dinero
beurkunden 1. escriturar; documentar 2. *(behördlich)* elevar a instrumento público; 3. *(durch Notar)* elevar a escritura pública
Beurkundung *f,* **en** documentación *f;* legalización *f;* atestación *f* documental; *gerichtliche (notarielle) ~* autorización *f* judicial/notarial; *öffentliche ~* autorización *f* por escritura pública
beurlauben 1. conceder la excedencia; *sich ~ lassen* pedir la excedencia 2. suspender (de empleo)
Beurlaubung *f,* **en** excedencia *f;* suspensión *f* (en el cargo); suspensión *f* de empleo
beurteilen enjuiciar; *(fachmännisch)* dictaminar; *(Wert, Leistung)* valorar; apreciar; *falsch ~* juzgar mal; juzgar erróneamente
Beurteilung *f,* **en** juicio *m;* dictamen *m;* valoración *f; ~ der Lage* enjuiciamiento *m* (*od.* dictamen *od.* examen *m*) de la situación
Beute *f,* Ø botín *m*
beuteln (Fam.) escamotear; hurtar sutilmente; estafar; timar
bevölkern poblar; *dicht, dünn bevölkert* de alta, baja densidad de población
Bevölkerung *f,* **en** población *f;* habitantes *pl; erwerbstätige (berufstätige) ~* población activa; *städtische, ländliche ~* población urbana, rural (*od.* del campo); *Mobilität einer ~* mobilidad *f* de una población; *Überalterung der ~* envejecimiento *m* de la población
Bevölkerungsabnahme *f,* Ø descenso *m* de la población; recesión *f* demográfica
Bevölkerungsaufbau *m,* Ø estructura *f* de la población; estructura *f* demográfica
Bevölkerungsbewegung *f,* **en** movimiento *m* demográfico
Bevölkerungsdichte *f,* Ø densidad *f* de población (*od.* demográfica)
Bevölkerungsexplosion *f,* **en** explosión *f* demográfica
Bevölkerungskunde *f,* Ø → *Bevölkerungslehre*
Bevölkerungslehre *f,* Ø demografía *f*
Bevölkerungspolitik *f,* Ø política *f* demográfica
bevölkerungspolitisch (político-)demográfico; *~e Maßnahmen* medidas *pl* demográficas
Bevölkerungspyramide *f,* Ø pirámide *f* demográfica
Bevölkerungsrückgang *m,* ⸚e descenso *m* de la población (*od.* demográfico)
Bevölkerungsschwund *m,* Ø → *Bevölkerungsrückgang*
Bevölkerungsüberschu|ß *m,* ⸚sse exceso *m* de población
Bevölkerungsverschiebung *f,* **en** desplazamiento *m* demográfico
Bevölkerungszuwachs *m,* ⸚e incremento *m* demográfico; aumento *m* de (la) población
bevollmächtigen autorizar; dar poder; apoderar
Bevollmächtigte/r *(der/ein)* apoderado *m;* poderhabiente *m;* mandatario *m*
Bevollmächtigung *f,* **en** autorización *f;* poder *m;* apoderamiento *m; durch ~* por poder (p.p.)
bevormunden tener bajo tutela

Bevormundung *f,* en tutela *f*
Bevorratung *f,* en estocaje *m;* aprovisionamiento *m; betriebsnotwendige* ~ estocaje, aprovisionamiento necesario para la explotación; formación *f* de stocks
bevorrechtigen privilegiar
bevorrechtigt, *~e Aktie, Forderung* acción *f,* crédito *m* privilegiado (*od.* preferente)
bevorschussen dar un anticipo; conceder un adelanto; anticipar; adelantar; *das Gehalt* ~ dar un anticipo sobre (*od.* a cuenta) del sueldo
Bevorschussung *f,* en anticipo *m;* adelanto *m*
bevorstehend inminente; próximo
bevorzugen preferir; favorecer; dispensar un trato de favor; *bevorzugte Behandlung* trato *m* de favor
Bevorzugung *f,* en 1. preferencia *f;* favor *m;* privilegio *m* 2. favoritismo *m*
bewachen velar por la seguridad; guardar; vigilar; custodiar
Bewacher *m,* - vigilante *m;* guardián *m;* guarda *m;* guardia *m*
Bewachungspersonal *n,* Ø personal *m* de vigilancia
Bewachungsunternehmen *n,* - empresa *f* de vigilancia; empresa *f* de seguridad
bewaffnen, *sich* ~ 1. equiparse 2. armarse
Bewaffnung *f,* en 1. armamento *m; atomare* ~ armamento nuclear (*od.* atómico) 2. equipo *m*
bewahren guardar; *Urkunden* ~ guardar, conservar los documentos
bewähren 1. *(Person) sich* ~ dar muestra de la valía que se tiene; salir airoso de; acreditarse como; hacer un buen papel; responder bien; *als Chef hat er sich bewährt* ha dado muestra de su valía como jefe 2. *(Sache)* satisfacer las esperanzas; dar buen resultado; probar su eficacia; dar buenos frutos
Bewahrer *m,* - depositario *m;* custodio *m*
bewährt 1. probado; experimentado 2. eficaz; acreditado 3. seguro
Bewährung *f,* en (Jur.) probación *f;* libertad *f* vigilada; *zur* ~ *aussetzen* poner en libertad condicional; *Strafaussetzung zur* ~ remisión *f* condicional; condena *f* condicional
Bewährungsfrist *f,* en plazo *m* de prueba; (Jur.) *mit* ~ con libertad vigilada (*od.* condicional); con plazo de prueba
Bewährungshelfer *m,* - asistente *m* durante el plazo de prueba
Bewährungsprobe *f,* n prueba *f;* (Fig.) piedra *f* de toque
bewalden poblar de bosques
bewaldet boscoso; poblado de bosques

bewältigen 1. *eine Arbeit* ~ llevar a cabo un trabajo 2. *eine Strecke* ~ cubrir un camino 3. *(meistern)* dominar 4. *eine Schwierigkeit* ~ superar, vencer una dificultad 5. enfrentarse a; hacer frente
bewässern regar; irrigar
Bewässerung *f,* en irrigación *f;* riego *m;* regadío *m*
Bewässerungsanlage *f,* n sistema *m,* instalación *f* de riego
Bewässerungsgraben *m,* ⁼ acequia *f;* regadero *m*
Bewässerungskanal *m,* ⁼e canal *m* de riego
Bewässerungsland *n,* Ø terreno *m* de regadío
bewegen, *die Preise* ~ *sich* los precios fluctúan (*od.* oscilan *od.* varían)
Beweggrund *m,* ⁼e motivo *m;* móvil *m; unerlaubter* ~ causa *f* ilícita
beweglich 1. móvil 2. mueble; mobiliario; *~e Güter, ~e Habe* bienes *pl* muebles; *(Vieh)* semovientes *pl; ~e Teile* partes *pl* móviles; *~e Werte* valores *pl* mobiliarios
Beweglichkeit *f,* Ø movilidad *f* de la mano de obra; (Syn. *Mobilität*)
Beweglichkeiten *pl* (CH) bienes *pl* muebles
Bewegung *f,* en movimiento *m;* evolución *f; rückläufige* ~ *der Preise* evolución descendente *bzw.* baja de los precios; ~ *auf den Bankkonten* movimiento de las cuentas bancarias
Beweis *m,* e prueba *f; unumstößlicher* ~ prueba irrefutable; ~ *erbringen* aportar pruebas; *Freispruch mangels ~e* absolución *f* por falta de pruebas; absolución *f* a beneficio de duda
Beweisaufnahme *f,* n (Jur.) práctica *f* de la prueba
beweisen probar; demostrar; dar prueba de
beweiskräftig fehaciente; probatorio; concluyente
Beweismaterial *n,* ien medio *m* de prueba; medio *m* probatorio; ~ *sammeln* reunir material probatorio
bewerben, *sich* ~ presentarse a; presentarse como candidato; postular; aspirar a; *sich um eine Stelle* ~ tratar de obtener un empleo
Bewerber *m,* - candidato *m;* aspirante *m;* solicitante *m;* postulante *m; (bei einer Ausschreibung)* concursante *m;* (Syn. *Kandidat, Anwärter*)
Bewerbung *f,* en candidatura *f;* concurso *m; die* ~ *um einen Posten* solicitud *f* de un empleo (*od.* cargo); candidatura para un empleo (*od.* cargo)
Bewerbungsakten *pl* → *Bewerbungsunterlagen*
Bewerbungsgesuch *n,* e instancia *f* de can-

didatura

Bewerbungsschreiben *n*, - escrito *m* de candidatura; carta *f* de solicitud de empleo; oferta *f* de servicio; *sein ~ einreichen* enviar su candidatura

Bewerbungsunterlagen *pl* dossier *m* (*od.* documentación) de candidatura; *seine ~ einreichen* enviar el dossier de candidatura

bewerten evaluar; valorar; apreciar; *zu hoch ~* sobrevalorar; sobreestimar; *zu niedrig ~* infravalorar; subestimar; *mit 100% ~* evaluar al 100%

Bewertung *f*, **en** evaluación *f;* estimación *f;* apreciación *f; eine ~ von etw. vornehmen* evaluar u/c

Bewertungsfehler *m*, - error *m* de evaluación

Bewertungsgrundlage *f*, **n** base *f* de evaluación

Bewertungsmaßstab *m*, ¨e escala *f* bzw. criterio *m* de evaluación

bewilligen otorgar; conceder; (*genehmigen*) consentir; autorizar; permitir; *ein Darlehen ~* conceder (*od.* otorgar) un préstamo

Bewilligung *f*, **en** otorgamiento *m;* concesión *f;* autorización *f; ~ von Mitteln* 1. concesión de fondos 2. desbloqueo *m* de créditos

bewirten agasajar

bewirtschaften 1. (*Betrieb*) explotar; *intensiv bewirtschaftete Fläche* superficie *f* de cultivo intensivo 2. (*Ware*) contingentar; racionar; *bewirtschaftete Ware* producto *m* contingentado 3. (*Devisen*) controlar *m* 4. (*Markt*) intervenir; reglamentar; regular

Bewirtschaftung *f*, **en** explotación *f;* contingentación *f;* racionamiento *m;* control *m; ~ der Haushaltsmittel* administración *f,* gestión *f* presupuestaria

Bewirtung *f*, **en** 1. (*Restaurant*) servicio *m* 2. agasajo *m*

Bewirtungskosten *pl* gastos *pl* de agasajo

bewohnen habitar; ocupar; vivir en; *dicht bewohnte Siedlung* asentamiento *m* fuertemente urbanizado

Bewohner *m*, **e** habitante *m;* ocupante *m;* (*Mieter*) inquilino *m*

Bewohnerschaft *f*, Ø habitantes *pl*

bez. → *bezahlt*

bezahlbar pagadero; pagable

bezahlen 1. *eine Rechnung ~* pagar, abonar una factura 2. (*Dienst*) retribuir 3. *eine Schuld ~* saldar, liquidar una deuda 4. (*belohnen*) remunerar 5. (*aufkommen für*) costear; sufragar; *bar (in bar) ~* pagar al contado; *im voraus~* pagar por adelantado; anticipar un pago; *gegen Kasse ~* pagar al contado; *in Monatsraten ~* pagar por mensualidades (*od.* por meses); (*Syn. zahlen, begleichen*)

bezahlt 1. (*Börse*) (*b, bz od. bz.*) cerradas, concluidas todas las operaciones (se pudieron hacer todas las operaciones de compraventa a lo mejor); *~ und Brief (bB, bzB)* predominio *f* del papel; contante (*od.* pagado) vendedor; todavía queda oferta; *~ und Geld (bG, bzG)* predominio del dinero; contante (*od.* pagado) comprador; todavía queda demanda 2. *~er Feiertag* día *m* festivo (*od.* feriado) remunerado; *~er Urlaub* vacaciones *pl* remuneradas; *schlecht ~* mal pagado (*od.* retribuído *od.* remunerado); *sich ~ machen* valer la pena; producir beneficios

Bezahlung *f*, **en** pago *m;* remuneración *f;* liquidación *f; bei ~ von* pagando; *1/2 ~ bei Auftragserteilung* pago de la mitad al pasar el pedido; *gegen ~* contra (*od.* mediante) pago; *~ von Schulden* liquidación de deudas; *sofortige ~* pago inmediato

bezeichnen marcar; etiquetar; designar; (*Schild*) rotular; *den Zustand der Ware als mangelhaft ~* declarar defectuosa la mercancía

Bezeichnung *f*, **en** denominación *f;* etiqueta *f;* (*Schild*) rótulo *m; handelsübliche ~* nombre *m* comercial; denominación *f* comercial; *landesübliche ~ (der Ware)* descripción *f* comercial

bezeugen testimoniar; atestiguar; dar fe de; certificar

bezetteln poner etiquetas; poner letreros; rotular

Bezeugung *f*, **en** testimonio *m;* atestiguamiento *m*

bezichtigen acusar; inculpar; incriminar; *jdn. eines Vergehens ~* acusar a alg. de un delito

beziehbar 1. (*Ware*) de venta en 2. (*Wohnung*) habitable, ocupable (en el acto); *sofort ~es Haus zu verkaufen* casa en venta con posesión inmediata 3. *~ durch* suministrado por

beziehen percibir; comprar; 1. *direkt ~* comprar de primera mano; *eine Rente ~* percibir (*od.* cobrar) una pensión; *eine Wohnung ~* ir a vivir; instalarse; *Waren ~* surtirse de mercancías; *zu ~ über (Waren)* se puede obtener de; *eine Zeitung ~* estar suscrito a un periódico 2. *sich ~ auf* referirse a; hacer referencia a; remitirse a

Bezieher *m*, - *einer Rente* pensionista *m;* perceptor *m,* beneficiario *m* de una pensión; *~ von Waren* comprador *m; ~ einer Zeitung* suscriptor *m*

Bezieherwerber *m*, - adquisidor *m* (de suscripciones a periódicos)

Beziehung *f*, **en** 1. *durch ~en* por relaciones; *diplomatische, geschäftliche ~en* relaciones diplomáticas, comerciales 2. *in dieser ~* a este respecto; *in jeder ~* en todos los sentidos; a todos los efectos 3. ~*en abbrechen* romper las relaciones; *engere* ~ *anknüpfen* establecer relaciones más estrechas con; ~ *aufnehmen* entrar en relaciones con; entablar relaciones con; ~*en erweitern* ampliar las relaciones (existentes); ~*en unterhalten* mantener relaciones con

beziffern 1. numerar 2. cifrarse en; elevarse a; ser del orden de; *sich* ~ *auf* elevarse a; cifrarse en

Bezirk *m*, **e** circunscripción *f;* distrito *m;* zona *f;* barrio *m;* sector *m*

Bezogene/r (*der/ein*) librado *m;* aceptante *m;* girado *m*

Bezug *m*, ⸚e 1. referencia *f* a; respecto de (*od.* a); *in* ~ *auf die Wirtschaft* por lo que se refiere a la economía; ~ *nehmen auf* referirse a; hacer referencia a (*od.* de) 2. *(von Ware)* adquisición *f;* compra *f; bei* ~ *von 100 Stück* adquiriendo 100 unidades; si se toman 100 unidades; al adquirir 100 unidades 3. *(Lohn, Pension)* percepción *f* 4. *(Aktien, Zeitung)* suscripción *f*

Bezüge *pl* 1. emolumentos *pl;* percepciones *pl; laufende* ~ percepciones *pl* periódicas 2. prestaciones *pl;* asignaciones *pl*

Bezugnahme *f,* Ø referencia *f; unter* ~ *auf* con referencia a

Bezugsaktie *f,* n acción *f* nueva

Bezugsanweisung *f,* en orden *m* de entrega

Bezugsbedingungen *pl* condiciones *pl* de entrega; *(Zeitung)* condiciones *pl* de suscripción

Bezugsberechtigte/r (*der/ein*) beneficiario *m;* destinatario *m*

bezugsfertig, ~*e Wohnung* vivienda *f* habitable en el acto

Bezugspreis *m,* e *(Börse)* precio *m* de suscripción *bzw.* de venta; *(Börse)* precio *m* de emisión

Bezugsquelle *f,* n fuente *f* de aprovisionamiento (*od.* de suministro); *die* ~ *wechseln* cambiar de proveedor

Bezugsquellennachweis *m,* e lista *f* de proveedores

Bezugsrecht *n,* e 1. derecho *m* de preferencia; derecho *m* de opción 2. ~ *auf neue Aktien* derecho (preferente) de suscripción de acciones nuevas; *mit, ohne* ~ con, sin derecho (preferente) de suscripción

Bezugsschein *m,* e 1. *(Auftrag)* orden *f* de suministro 2. *(auf Aktien)* boletín *m* de suscripción; certificado *m,* de suscripción 3. *(Ware)* vale *m;* bono *m* 4. *(Mangelware)* vale *m* (*od.* ticket *m*) de racionamiento

bezugsscheinpflichtig racionado

Bezugswert *m,* e valor *m* de referencia

Bezugszeichen *n,* - *(Korrespondenz)* referencia *f*

bezuschussen subvencionar; (Syn. *subventionieren*)

BfA → *Bundesversicherungsanstalt*

BFH → *Bundesfinanzhof*

BGB → *Bürgerliches Gesetzbuch*

BGB-Gesellschaft *f,* en sociedad *f* de derecho civil; asociación *f* jurídico-civil; sociedad *f* sin ánimo de lucro

BI → *Bürgerinitiative*

bieten 1. ofrecer; hacer una oferta 2. licitar; pujar; *höher* ~ pujar más alto; mejorar la postura

Bietende/r (*der/ein*) → *Bieter*

Bieter *m,* - postor *m;* licitador *m;* pujador *m*

Bilanz *f,* en 1. *(Unternehmen)* balance *m;* resultado *m* global; *aktive, passive* ~ balance (con saldo) activo, pasivo; *gefälschte (frisierte, verschleierte)* ~ balance falsificado; (Fam.) balance "afeitado" (*od.* "maquillado"); *jährliche* ~ balance anual; *konsolidierte* ~ balance, consolidado; *überschüssige (positive), defizitäre (negative)* ~ balance excedentario, deficitario; ~ *zum 31. Dezember 19...* balance al 31 de diciembre de 19...; *die* ~ *aufstellen (ziehen)* hacer, formar (el) balance; *die* ~ *frisieren* retocar (*od.* "maquillar") el balance; *die* ~ *prüfen* examinar el balance; *die* ~ *vorlegen* presentar (el) balance 2. *(Außenhandel)* balanza *f;* ~ *des kurzfristigen und langfristigen Kapitalverkehrs* balanza de (transacciones de) capitales a corto y a largo plazo; ~ *der laufenden Posten* balanza por cuenta corriente; ~ *der unentgeltlichen Leistungen* balanza de transferencias; ~ *der unsichtbaren Leistungen* balanza de servicios; balanza de bienes invisibles

Bilanzabschluß *m,* ⸚sse cierre *m,* conclusión *m* de(l) balance

Bilanzanalyse *f,* n análisis *m,* interpretación *f* del balance

Bilanzaufstellung *f,* en formación *f,* establecimiento *m* del balance

Bilanzbereinigung *f,* en ajuste *m* del balance

Bilanzberichtigung *f,* en rectificación *f* del balance

Bilanzbuch *n,* ⸚er libro *m* de balances

Bilanzfälschung *f,* en falsificación *f* del balance

Bilanzfrisur *f,* en retoque *m* (*od.* maquillaje *m*) del balance; balance *m* simulado

bilanzieren hacer, establecer balance

Bilanzierung *f,* en (establecimiento *m* del) balance *m;* compensación *f* de los valores del activo y del pasivo

Bilanzjahr *n*, e ejercicio *m* económico (*od.* comercial)
bilanzmäßig contable; establecido por el balance; *~e Abschreibung* valor *m* contable de la amortización
Bilanzposten *m*, - partida *f* del balance
Bilanzprüfer *m*, - experto *m* contable; interventor *m* de cuentas
Bilanzprüfung *f*, en revisión *f* de(l) balance
Bilanzstichtag *m*, e fecha *f* de cierre de(l) balance; día *m* fijado para el balance
Bilanzsumme *f*, n total *m*, suma *f* del balance
Bilanzverlust *m*, e pérdida *f* contable
Bilanzverschleierung *f*, en balance *m* amañado
Bilanzwert *m*, e valor *m* en balance; valor *m* contable; valor *m* de inventario
Bilanzziehung *f*, en → *Bilanzaufstellung*
bilateral bilateral; *~es Abkommen* acuerdo *m* bilateral; (Syn. *zweiseitig*)
bilden formar; crear; constituir; *Kapital ~* formación *f* de capital; *eine Rücklage ~* constituir una reserva
Bilderhandel *m*, Ø comercio *m* en (*od.* de) pinturas
Bildfunkdienst *m*, e servicio *m* fototelegráfico
Bildideengestalter *m*, - diagramador *m*
Bildpostkarte *f*, n tarjeta *f* ilustrada
Bildschirm *m*, e (Inform.) pantalla *f; die Daten erscheinen auf dem ~* los datos aparecen en la pantalla
Bildschirmtext *m*, e (Inform.) teletexto *m;* videotexto *m*
Bildung *f*, en formación *f*; creación *f*; constitución *f* 1. *~ von Rücklagen* constitución de reservas 2. instrucción *f*; enseñanza *f*
Bildungsurlaub *m*, Ø vacaciones *pl* de reciclaje; permiso *m* para la readaptación profesional
billig 1. (*Preis*) barato; a buen, a bajo precio; módico; *zu ~em Preis* a bajo precio; *~ kaufen* comprar a buen precio; comprar a bajo precio; *sehr ~* tirado; a precio de ganga; *~er werden* abaratarse; bajar de precio 2. (*gerecht*) justo; razonable; *nach ~em Ermessen* según leal saber y entender; después de una apreciación justa; con *bzw.* en toda equidad
billigen aprobar; consentir en; admitir; autorizar; *einen Beschluß ~* aprobar una decisión
Billigflagge *f*, n pabellón *m*, bandera *f* de conveniencia
Billigflaggenländer *pl* países *pl* con banderas de conveniencia
Billigkeit *f*, Ø 1. equidad *f*; justicia *f*; *nach ~ entscheiden* decidir con (toda) equidad 2. baratura *f*; modicidad *f* de precios
Billigpreisland *n*, ¨er 1. país *m* con precios bajos 2. país *m* que practica el dumping
Billigung *f*, en aprobación *f*; consentimiento *m;* admisión *f*; autorización *f*; sanción *f*
Billion *f*, en billón *m*; un millón de millones
Bimetallismus *m*, Ø bimetalismo *m;* sistema *m* de patrón doble; (Ggs. *Monometallismus*)
binär (Inform.) binario
Binärsystem *n*, e sistema *m* binario; sistema *m* principio "sí-no"
bindend obligatorio; vinculante; firme; *ein ~es Angebot* oferta *f* (en) firme
Bindung *f*, en 1. obligación *f*; compromiso *m;* *vertragliche ~* obligación contractual 2. enlace *m;* sujeción *f*
binnen dentro de; en el plazo (*od.* lapso *od.* espacio) de; *~ 8 Tagen* de aquí a 8 días; dentro de 8 días; en el término (*od.* lapso *od.* espacio) de 8 días
Binnen- (Pref.) del país; nacional; interno; interior; (Ggs. *Außen-*)
Binnenfischerei *f*, Ø pesca *f* de agua dulce
Binnenflugverkehr *m*, Ø tráfico *m* aéreo nacional (*od.* doméstico)
Binnengewässer *pl* aguas *pl* interiores; aguas *pl* continentales
Binnenhafen *m* ¨ 1. puerto *m* interior 2. puerto *m* fluvial
Binnenhandel *m*, Ø comercio *m* interior
Binnenland *n*, ¨er 1. país *m* sin acceso al mar; país continental 2. interior *m* del país
Binnenmarkt *m*, ¨e mercado *m* nacional (*od.* interior); *europäischer ~* mercado *m* único europeo
Binnenmeer *n*, e mar *m* interior
Binnenschiffahrt *f*, en navegación *f* por aguas interiores; navegación *f* fluvial
Binnensee *m*, n lago *m* continental
Binnenstaat *m*, en = *Binnenland*
Binnentransportversicherung *f*, en seguro de transporte interior
Binnenverkehr *m*, Ø transporte *m* interior; tráfico *m* interno
Binnenwanderung *f*, en migración *f* interior
Binnenwasserstraße *f*, n vía *f* de navegación interior; vía *f* fluvial
Binnenwirtschaft *f*, Ø economía *f* nacional; economía *f* interna (*od.* interior); comercio y pagos nacionales; (Ggs. *Außenwirtschaft*)
binnenwirtschaftlich relativo a la economía interior; *~e Entwicklung* evolución *f* de la economía interna
Binnenzölle *pl* aranceles *pl* interiores; derechos arancelarios *pl* interiores
BIP → *Bruttoinlandsprodukt*
bis, *~ 1990* hasta 1990; *~ auf weiteres (b.a.w.)* hasta nuevo aviso; hasta nueva orden; *~ da-*

hin hasta entonces; *von Dienstag ~ einschließlich Donnerstag* de lunes a jueves, ambos inclusive; *~ heute* hasta la fecha; hasta hoy; *~ jetzt* hasta ahora; *~ spät in die Nacht (hinein)* hasta muy entrada *(od.* avanzada) la noche 3. *~ 4 Mark* de tres a cuarto marcos; *~ zum 1. Februar* hasta el 1 de febrero; *~ zur Bezahlung* pendiente de pago; *die Geldstrafe beträgt ~ DM 1000,-* el importe de la multa no excederá los 1000 marcos

bisher hasta la fecha; hasta ahora

bisherig, *der ~e Direktor* el hasta ahora director; el directo hasta ahora; el ex director; el director anterior; *~e Tätigkeiten* trabajos *pl* desempeñados hasta la fecha; actividades *pl* desarrolladas hasta la fecha

bißchen, *ein ~* un poco; *nicht ein ~* nada en absoluto; *auch nicht ein ~* ni una pizca; ni pizca siquiera; *ein kleines ~* un poquitín (de); *das ~ Einkommen* (Fam.) lo poquito, la miseria que uno gana; *dein ~ Geld* el poco dinero que tienes

Bit *n,* **s** (Inform.) bit *m;* dígito *m* binario

Bittbrief *m,* **e** → *Bittschrift*

Bitte *f,* **n** ruego *m;* solicitud *f;* instancia *f; ~ um Auskunft* solicitud de información; *eine ~ abweisen* denegar una petición; *einer ~ entsprechen (od. nachkommen od. stattgeben)* acceder *(od.* corresponder) a un ruego; *eine ~ an jdn richten* hacer un ruego *(od.* petición) a alg.; *auf ~n von* a instancias de; a ruego de; a petición de

bitten rogar; solicitar; pedir; *wir ~ Sie* le(s) rogamos; tenga(n) la bondad de; sírva(n)se; *~ um Aufträge* solicitar encargos; *jdn. um Erlaubnis ~* pedir a alg. permiso *(od.* autorización); *wir ~ um Zusendung von* sírvanse expedir

Bittschreiben *m,* - → *Bittschrift*

Bittschrift *f,* **en** carta *f* petitoria; súplica *f;* instancia *f;* memorial *m; eine ~ einreichen* entregar una carta petitoria; hacer una petición *(od.* súplica); cursar una instancia

Bittsteller *m,* - peticionario *m;* solicitante *m;* el que suplica; suplicante *m*

BIZ → *Bank für Internationalen Zahlungsausgleich*

blank sein (Fam.) no tener ni una chica; estar sin blanca; estar a dos velas

blanko en blanco; al *(od.* en) descubierto; *(in) ~ akzeptieren* aceptar en blanco; *(in) ~ unterschreiben* firmar en blanco; *(Börse) ~ verkaufen* vender en descubierto

Blankoakzept *n,* **e** aceptación *f* en blanco; aceptación *f* en descubierto

Blankoformular *n,* **e** formulario *m* en blanco

Blankogiro *n,* **s** giro *m,* endoso *m* en blanco

Blankokredit *m,* **e** crédito *m* en blanco; crédito *m* al descubierto; crédito *m* abierto; *(unbeschränkt)* crédito *m* ilimitado

Blankoscheck *m,* **s** cheque *m* en blanco

Blankounterschrift *f,* **en** firma *f* en blanco; *eine ~ leisten* firmar en blanco

Blankoverkauf *m,* ⁻*e (Börse)* venta *f* en descubierto

Blankovollmacht *f,* **en** carta *f* blanca; pleno poder *m; ~ erteilen* otorgar carta blanca *bzw.* pleno poder

Blankowechsel *m,* - letra *f* en blanco; efecto *m* en blanco

Blatt *n,* ⁻*er* 1. *(Papier)* folio *m* 2. *(Buch)* hoja *f;* página *f* 3. *(Bogen)* pliego *m* 4. *(Quartformat)* cuartilla *f* 5. *(Zettel)* papeleta *f* 6. *loses ~* hoja *f* suelta; volante *m* 7. *(Zeitung)* periódico *m;*

Blätterwald *m,* Ø (Fam.) prensa *f*

blau, blau(en Montag) machen (Fam.) no trabajar; no aparecer por el puesto de trabajo; (Fam.) hacer novillos; hacer puente *(od.* fiest) el lunes; simular estar enfermo el lunes

Blaue/r *(der/ein)* (Fam.) billete *m* de 100 marcos

Blaumann *m,* ⁻*er* (Fam.) mono *m* de trabajo

Blaupause *f,* **n** fotocalco *m* azul

blechen (Fam.) pagar; (Fam.) aflojar la tela *(od.* la mosca); rascarse el bolsillo

Blechwaren *pl* artículos *pl* de hojalata

Blei *n,* Ø plomo *m; ~arm* con poco contenido de plomo; *~freies Benzin* gasolina *f* sin (contenido de) plomo; *zulässiger ~gehalt* contenido *m* de plomo admitido

bleiben, *~ Sie am Apparat* no se retire; *in Geltung (od. in Kraft) bleiben* seguir rigiendo; seguir teniendo validez; *im Geschäft ~* continuar en negocio con

Blickfangreklame *f,* **n** publicidad *m* llamativa

Blindmuster *n,* - simulacro *m*

Blitzgespräch *n,* **e** conversación *f* relámpago

Blitzreise *f,* **n** viaje *m* relámpago

Blitzschaden *m,* ⁻ daño *m* causado por rayo

Blitzstreik *m,* **s** huelga *f* sorpresa *(od.* relámpago)

Blitztelegramm *n,* **e** telegrama *m* urgentísimo

Block *m,* ⁻*e (Schreib-, Notiz-)* bloc *m;* bloque *m* 2. *(Briefmarken-)* hojita-bloque *f* 3. *(Häuser-)* manzana *f;* (LA) cuadra *f* 4. (Met.) lingote *m* 5. *~ der Länder mit Goldwährung* bloque oro

Blockade *f,* **n** bloqueo *m; die ~ aufheben* levantar el bloqueo; *die ~ brechen* romper el bloqueo; *die ~ verhängen (über)* decretar, imponer el bloqueo (sobre); *die Berliner ~* el

bloqueo de Berlín
blockfrei (Pol.) no alineado; *die ~en Länder* los países no alineados
blockieren bloquear; embargar; congelar; *~ tes Guthaben* haberes *pl* congelados *(od.* bloqueados); *ein Konto ~* bloquear, congelar una cuenta
Blockschrift *f*, Ø caracteres *pl* de imprenta; letra *f* de palo; *in ~* en mayúsculas
Bluff *m*, s bluff *m;* farol *m*
bluffen marcarse, hacer un farol
Blüte *f*, n *(Wohlstand)* prosperidad *f* 1. *in ~ stehen* estar en apogeo; estar en auge 2. *(Banknote)* billete *m* falso
BLZ → *Bankleitzahl*
Boden *m*, ⸚ 1. suelo *m;* terreno *m;* tierra *f* 2. bien *m* raíz; inmueble *m* 3. fundamento *m;* base *f*
Bodenabtragung *f*, en erosión *f*
Bodenart *f*, en clase *f* de suelo
Bodenbeschaffenheit *f*, en estructura *f*, naturaleza *f* del suelo
Bodenbewässerung *f*, en irrigación *f*
Bodenbewertung *f*, en tasación *f*, valoración *f* del terreno
Bodenbewirtschaftung *f*, en cultivo *m* del suelo *(od.* de la tierra); *extensive, intensive ~* cultivo *m* extensivo, intensivo
Bodenbonitierung *f*, en tasación *f* del terreno *(od.* suelo)
Bodenentwässerung *f*, en drenaje *m*
Bodenertrag *m*, ⸚e rendimiento *m* del suelo
Bodenerzeugnisse *pl* productos *pl* del suelo
Bodenkredit *m*, e crédito *m* territorial; crédito *m* agrícola *(od.* rural); crédito *m* inmobiliario; crédito *m* hipotecario
Bodenkreditanstalt *f*, en → *Bodenkreditbank*
Bodenkreditbank *f*, en banco *m* de crédito territorial; instituto *m* de crédito agrícola *(od.* rural); banco *m* hipotecario
Bodenkreditinstitut *n*, e → *Bodenkreditbank*
Bodenpreis *m*, e precio *m* del suelo; precio *m* de los terrenos
Bodenreform *f*, en reforma *f* agraria; *eine ~ durchführen* realizar una reforma del suelo; llevar a cabo una reforma agraria
Bodenrente *f*, n renta *f* inmobiliaria
Bodenschätze *pl* riquezas *pl* del subsuelo; recursos *pl* minerales; *~ abbauen* explotar las riquezas *(od.* los recursos) minerales
Bodenschätzung *f*, en → *Bodenbonitierung*
Bodenspekulation *f*, en especulación *f* inmobiliaria; especulación *f* del suelo
Bodenstewarde|ß *f*, -ssen azafata *f* de tierra
Bodmerei *f*, en (Nav.) préstamo *m* a la gruesa; hipoteca *f* marítima

Bogen *m*, ⸚ 1. *(Papier)* pliego *m;* hoja *f* 2. *(Kupon)* hoja *f* de cupones; cupón *m*
bohren perforar; sondear; *nach Erdöl ~* hacer prospecciones petroleras; hacer sondeos petrolíferos
Bohrgesellschaft *f*, en sociedad *f* de prospecciones petroleras
Bohrturm *m*, ⸚e castillete *m* de sondeo; torre *f* de perforación
Bohrung *f*, en perforación *f;* sondeo *m;* prospección *f*
Bombengehalt *n*, ⸚er (Fam.) sueldo *m* fabuloso *(od.* fenomenal *od.* bárbaro); (Fam.) sueldazo *m*
Bombengeschäft *n*, e (Fam.) negocio *m* fabuloso; negocio *m* fenomenal; negocio (para hacerse) de oro
Bon *m*, s bono *m;* vale *m;* ticket *m;* *einen ~ ausstellen* extender un vale; (Syn. *Gutschein*)
Bond *m*, s obligación *f*
Bonifikation *f*, en bonificación *f;* rebaja *f;* *(Vermittlerprovision)* comisión *f*
Bonität *f*, en 1. honradez *f;* honorabilidad *f;* respetabilidad *f* 2. solvencia *f;* crédito *m;* bonanciabilidad *f* 3. excelente calidad *f* de la mercancía 4. productividad *f;* rendimiento *m*
Bonitierung *f*, en evaluación *f* del rendimiento del suelo
Bon|us *m*, se *od.* -i bono *m;* gratificación *f;* prima *f;* *(Dividende)* dividendo *m* extraordinario *(od.* complementario)
Boom *m*, s boom *m;* alta coyuntura *f;* (Ggs. *Rezession*)
Bord *m*, e bordo *m;* *frei an ~* franco a bordo; FOB; *an ~ bringen* embarcar; poner a bordo
Borg *m*, Ø *(selten)* crédito *m;* *auf ~ kaufen* comprar al fiado *(od.* a crédito); *auf ~ leben* vivir del crédito; vivir de fiado
borgen 1. *jdm. Geld ~* prestar dinero al alg. 2. *von jdm. Geld ~* tomar dinero prestado de alg. (Syn. *leihen*)
Börse *f*, n bolsa *f* 1. *feste ~* bolsa firme; *flaue ~* bolsa desanimada; *gedrückte ~* bolsa a la baja; *lebhafte ~* bolsa animada; *lustlose (matte) ~* bolsa desanimada; *rückläufige ~* bolsa bajista; *zurückhaltende ~* bolsa retraída 2. *an der ~ einführen* introducir en Bolsa; *an der ~ handeln* negociar en Bolsa; *an der ~ notieren* cotizar en Bolsa; *an der ~ spekulieren* especular, jugar en la Bolsa; *an der ~ zulassen* admitir a cotización en Bolsa
Börse *f*, n *(Geldbeutel)* bolsa *f*
Börsen- (Pref.) de la Bolsa; bursátil
Börsenbeginn *m*, Ø comienzo *m* de la jornada bursátil; apertura *f* de la Bolsa
Börsenbericht *m*, e boletín *m* de la Bolsa; *(in*

der Zeitung) página(s) *f* (*pl*) bursátil(es); información *f* sobre la Bolsa
Börsenblatt *n*, ⸚er → *Börsenbericht*
börsenfähig → *börsengängig*
börsengängig cotizado en Bolsa; negociable en Bolsa; admitido a cotización (bursátil)
Börsengebäude *n*, - edificio *m* de la Bolsa
Börsengeschäfte *pl* contrataciones *pl*, operaciones *pl*, transacciones *pl* bursátiles
Börsenhandel *m*, Ø comercio *m* bursátil; comercio *m* en Bolsa
Börsenind|ex *m*, e *od*. -izes indicador *m* de tendencia; índice *m* bursátil
Börsenjobber *m*, - bolsista *m*
Börsenkrach *m*, ⸚e hundimiento *m*, crack *m*, derrumbe *m* bursátil (*od*. de la Bolsa); caída *f* vertical de las cotizaciones
Börsenkurs *m*, e cotización *f* bursátil (*od*. en la Bolsa); cambio *m* bursátil; *die ~e steigen, fallen* las cotizaciones, los cambios suben, bajan
Börsenkurszettel *m*, - cotización *f*; boletín *m* de cambios (*od*. cotizaciones)
Börsenmakler *m*, - corredor *m* de Bolsa
Börsenmaklergebühr *f*, en corretaje *m*
börsenmäßig bursátil
börsennotiert → *börsengängig*
Börsennotierung *f*, en cotización *f* (oficial) en Bolsa
Börsenordnung *f*, en reglamento *m* de la Bolsa
Börsenpapiere *pl* valores *pl*, títulos *pl* bursátiles
Börsenpreis *m*, e → *Börsenkurs*
Börsenschluß *m*, Ø cierre *m*, clausura *f* (de la jornada) bursátil
Börsenschwankungen *pl* fluctuaciones *pl* de los cambios (*od*. de las cotizaciones)
Börsenschwindel *m*, Ø fraude *m*, estafa *f* bursátil
Börsenspekulant *m*, en especulador *m* de Bolsa
Börsenspekulation *f*, en especulación *f* en Bolsa; operación *f* especulativa de Bolsa
Börsensturz *m*, ⸚e caída *f* de los cambios (*od*. de las cotizaciones)
Börsentermingeschäft *n*, e operación *f* de Bolsa a plazo; mercado *m* a plazo
Börsentip *m*, s sugerencia *f* bursátil (confidencial)
Börsenumsätze *pl* volumen *m* de contratación; volumen *m* de compraventa; operaciones *pl* formalizadas
Börsenumsatzsteuer *f*, n impuesto *m* de (*od*. sobre la) negociación bursátil
Börsenusancen *pl* usos *pl* bursátiles
Börsenzettel *m*, - → *Börsenbericht*
Börsenzulassung *f*, en admisión *f* a cotización (oficial)
Börsianer *m*, - bolsista *m*
böswillig malintencionado; malicioso; *in ~er Absicht* con intención *f* delictiva
Böswilligkeit *m*, Ø mala intención *f*; malevolencia *f*
Bote *m*, n correo *m*; mensajero *m*; *(Amts-)* ordenanza *m*; *(Dienstmann)* recadero *m*; *(Laufbursche)* botones *m*; mandadero *m*; *durch ~n* entrega *f* a mano; envío *m* por mensajero
Botenfrau *f*, en recadera *f*; mensajera *f*
Botengang *m*, ⸚e recado *m*; *einen ~ tun* llevar un recado
Botenlohn *m*, ⸚e propina *f*
Botenzustellung *f*, en entrega *f* por mensajero; entrega *f* por recadero
Botschaft *f*, en 1. mensaje *m*; recado *m*; noticia *f*; misiva *f*; *eine ~ übermitteln* transmitir *bzw*. entregar un mensaje 2. embajada *f*
Botschafter *m*, - embajador *m*
Boulevardpresse *f*, Ø prensa *f* sensacionalista; prensa *f* amarilla
Boutique *f*, n boutique *f*
Boykott *m*, e *od*. s boicot(eo) *m*
boykottieren boicotear
Br → *Brief*
brach *(zeitweise)* de barbecho; *(dauernd)* yermo
Brachacker *m*, ⸚ → *Brachland*
Brachfeld *n*, er → *Brachland*
Brachland *n*, Ø barbecho *m*; terreno *m* de barbecho
brachliegen *(Land)* estar en (*od*. de) barbecho; *(Anlagen)* no explotar; no utilizar; *~des Kapitals* capital *m* sin utilizar; capital improductivo
Branche *f*, n ramo *m*; especialidad *f*; sector *m*; capítulo *m*; *~ mit Zukunft* ramo con futuro
Branchenadreßbuch *n*, ⸚er → *Branchenverzeichnis*
Branchenerste/r *(der/ein)* el número uno de su especialidad, del ramo
Branchenkenntnis *f*, se conocimiento *m* de la especialidad; conocimiento *m* del ramo
branchenkundig versado en la especialidad (*od*. en el ramo); especialista; competente; conocedor del ramo
branchenüblich usual en el ramo; habitual en la especialidad
Branchenverzeichnis *n*, se 1. anuario *m* de comercio de industria (por ramos de actividad) 2. páginas *pl* amarillas; índice *m* (*od*. guía *f*) comercial
Brandschaden *m*, ⸚ daño *m* *bzw*. siniestro *m* causado por incendio
Brandstiftung *f*, Ø incendiarismo *m*

Brandstiftungsfall *m*, ⁻e incendio *m* provocado
Brandversicherung *f*, en seguro *m* de (*od.* contra) incendios
Branntwein *m*, e aguardiente *m;* alcoholes *pl;* bebidas *pl* espirituosas (*od.* alcohólicas)
Branntweinmonopol *n*, e monopolio *m* del Estado sobre los alcoholes
Branntweinsteuer *f*, n impuesto *m* sobre la fabricación de alcoholes
Braunkohle *f*, Ø lignito *m*
BRD *f*, Ø → *Bundesrepublik Deutschland*
brechen, *die Blockade* ~ romper el bloqueo; *einen Vertrag* ~ quebrantar un contrato
Brennstoff *m*, e combustible *m;* carburante *m*
Brennstoffverbrauch *m*, Ø consumo *m* de combustible
Brett *n*, er tablón *m;* tablero *m; Schwarzes* ~ tablón *m* de anuncios
Bretton-Woods-System *n*, Ø sistema *m* de Bretton-Woods (1944)
Brief *m*, e 1. carta *f;* nota *f; eingeschriebener* ~ carta certificada; *frankierter, unfrankierter* ~ carta franqueada, no franqueada; *unzustellbarer* ~ carta para la que no se encuentra destinatario 2. *einen* ~ *aufgeben* enviar una carta; *einen* ~ *einwerfen* echar (una carta) al buzón (o al correo); *einen* ~ *empfangen* recibir una carta; *einen* ~ *freimachen/frankieren* franquear una carta; *einen* ~ *quittieren* firmar el recibo de una carta (certificada); *einen* ~ *versiegeln* lacrar, sellar, precintar una carta; (*Börse*) oferta *f;* (*Urkunde*) documento *m;* patente
Briefablage *f*, n archivo *m*, clasificación del correo
Briefabfertigung *f*, en (*Büro*) cartería *f*
Briefaufschrift *f*, en señas *pl;* dirección *f*
Briefbeschwerer *m*, - pisapapeles *m*
Briefblock *m*, ⁻e bloc *m* de cartas
Briefbogen *m*, ⁻ pliego *m*
Briefbombe *f*, n carta *f* incendiaria; carta *f* bomba
Briefeinwurf *m*, Ø 1. buzón *m* 2. boca *f* del buzón
Brieffach *n*, ⁻er apartado *m* de correos
Briefgeheimnis *n*, se secreto *m* postal (*od.* de la correspondencia); *das* ~ *verletzen* violar el secreto postal
Briefhypothek *f*, en hipoteca *f* con (*od.* de) cédula; hipoteca *f* inmobiliaria (consignada por título al portador)
Briefing *n*, s reunión *f* de información; briefing *m*
Briefkarte *f*, n tarjeta-carta *f*
Briefkasten *m*, ⁻ buzón *m; den* ~ *leeren* recoger las cartas; *in den* ~ *stecken (werfen)* depositar en el buzón
Briefkastenfirm|a *f*, -en sociedad *f* que consiste en un buzón o dirección postal (en los denominados paraísos fiscales); (Syn. *Sitzgesellschaft*)
Briefkopf *m*, ⁻e 1. (*Anrede*) encabezamiento *m* 2. *vorgedruckter* ~ membrete *m*
Briefkurs *m*, e (*Börse*) cotización *f* ofrecida; cotización *f* de venta; oferta *f*
brieflich por escrito; por carta; *mit jdm.* ~ *verkehren* mantener correspondencia con alg.; ~ *er Verkehr* correspondencia *f*
Briefmarke *f*, n sello *m* (postal); estampilla *f;* (Méx.) timbre *m; eine* ~ *auf einen Brief kleben* (Syn. *freimachen*) franquear; pegar un sello
Briefmarkenalb|um *n*, -en álbum *m* de sellos; álbum *m* filatélico
Briefmarkenanfeuchter *m*, - mojasellos *m*
Briefmarkenautomat *m*, en distribuidor *m* automático, expendedor *m* automático de sellos
Briefmuster *n*, - modelo *m* de carta
Brieföffner *m*, - abrecartas *m*
Briefordner *m*, - clasificador *m*, archivador *m* de la correspondencia
Briefpapier *n*, e papel *m* de cartas
Briefpartner *m*, - correspondiente *m*
Briefporto *n*, s franqueo *m*
Briefpost *f*, Ø correo *m*
Briefpreis *m*, e (*Börse*) precio *m* (exigido) por el vendedor; precio *m* al vendedor
Briefsortierer *m*, - clasificador *m* de cartas
Briefstempel *m*, - matasellos *m*
Brieftelegramm *n*, e telegrama-carta *m*
Briefumschlag *m*, ⁻e sobre *m;* ~ *für Rückantwort* sobre-respuesta *m;* (Syn. *Kuvert*)
Briefverkehr *m*, Ø → *Briefwechsel*
Briefwaage *f*, n pesacartas *m;* geeichte ~ pesacartas *m* homologado
Briefwahl *f*, en (Pol.) voto *m* por correo
Briefwechsel *m*, Ø correspondencia *f;* (Fam.) carteo *m; den* ~ *führen* hacer, encargarse de la correspondencia; *mit jdm. in* ~ *stehen* mantener correspondencia con alg.; (Syn. *Schriftwechsel, Korrespondenz*)
Briefzustellung *f*, en distribución *f* del correo
Brigade *f*, n (R.D.A.) colectivo *m* laboral de una unidad de producción
Bringschuld *f*, en deuda *f* pagadera en el domicilio del acreedor; obligación *f* de aportar
Broschüre *f*, n folleto *m;* opúsculo *m; informative* ~ folleto explicativo (*od.* informativo)
Brot *n*, e pan *m; sein* ~ *haben* tener de qué vivir; *sein* ~ *verdienen* ganarse la vida (*od.* el pan)

Broterwerb *m*, Ø ganapán *m*
Brotherr *m*, en (Arch.) patrono *m;* patrón *m;* empleador *m;* acreedor *m* de trabajo
brotlos, *jdn.* ~ *machen* quitar los medios de existencia a alg.; quitar el pan; dejar en la calle
BRT → *Bruttoregistertonne*
Bruch *m*, ⁻e 1. rotura *f;* fractura *f* 2. ~ *des Amtsgeheimnisses* violación *f* del secreto profesional 3. fracción *f;* quebrado *m*
Bruchteil *m*, e fracción *f;* cuota parte *f*
Bruchteilseigentum *n*, Ø propiedad *f* proindiviso; propiedad *f* indivisa; copropiedad *f*
Bruchteilsgemeinschaft *f*, en comunidad *f* por cuotas; indivisión *f*
Brüter *m*, - → *Brutreaktor*
Brutreaktor *m*, en reactor *m* regenerador; reactor *m* reproductor; *schneller* ~ reactor *m* rápido (*od.* de neutrones rápidos)
brutto bruto; en bruto; ~ *für netto* bruto por neto (el precio comprende el gasto de embalaje)
Brutto- (Pref.) 1. bruto; con embalaje 2. bruto; sin deducción de gastos; (Ggs. *Netto*)
Bruttobetrag *m*, ⁻e importe *m* bruto
Bruttoeinkommen *n*, - ingreso *m* bruto
Bruttoeinnahme *f*, n 1. entrada *f* bruta; ingreso *m* bruto 2. ganancia *f* bruta 3. recaudación *f* bruta
Bruttoertrag *m*, ⁻e rendimiento *m* bruto; producto *m* bruto
Bruttogehalt *m*, ⁻er sueldo *m* bruto
Bruttogewicht *n*, Ø peso *m* bruto
Bruttogewinn *m*, e ganancia *f* bruta, beneficio *m* bruto
Bruttoinlandsprodukt *(BIP) n*, e producto *m* interior bruto; PIB
Bruttopreis *m*, e precio *m* bruto
Bruttoregistertonne *f*, n tonelada *f* bruta de registro
Bruttosozialprodukt *(BSP) n*, e producto *m* nacional bruto (PNB); *das* ~ *ist um 2% gefallen, gestiegen* el PNB ha aumentado, disminuido en el 2%
Bruttotonnage *f*, n tonelaje *m* bruto
Bruttoverdienst *m*, e salario *m bzw.* sueldo *m* bruto; beneficio *m* bruto
Bruttoverdienstspanne *f*, n margen *m* de beneficio bruto; margen *m* comercial; (Syn. *Handelsspanne)*
Buch *n*, ⁻er libro *m;* registro *m;* cuenta *f; die* ⁻*er abschließen* cerrar las cuentas; in die ⁻*er eintragen* asentar en los libros *bzw.* en las cuentas; ~ *über etw. führen* llevar registro (*od.* acta) de a/c; *die* ⁻*er führen* llevar los libros (*od.* la contabilidad); *zu* ~ *schlagen* costar; aparecer en las cuentas; tener una incidencia negativa; *mit 1000 Mark zu* ~ *stehen* estar contabilizado (*od.* asentado) con el valor de 1000 marcos
Buchabschlu|ß *m*, ⁻sse cierre *m* de las cuentas
Buchauszug *m*, ⁻e extracto *m* de cuentas
buchen 1. contabilizar; sentar en cuenta; *einen Posten* ~ contabilizar un artículo (*od.* una partida); *(Syn. verbuchen)* 2. *(Reise usw.)* reservar
Bücherabschlu|ß *m*, ⁻sse → *Buchabschluß*
Bücherrevisor *m*, en → *Buchprüfer*
Buchforderung *f*, en crédito *m* contable; deuda *f* activa; crédito *m* quirografario
Buchführer *m*, - → *Buchhalter*
Buchführung *f*, en teneduría *f* de libros; contabilidad *f; amerikanische* ~ contabilidad americana; *doppelte* ~ contabilidad por partida doble; (Syn. *Doppik); einfache* ~ contabilidad por partida simple; *elektronische* ~ contabilidad electrónica; *handschriftliche* ~ contabilidad manual; *kameralistische* ~ contabilidad de los fondos del Estado; contabilidad cameralista; *kaufmännische* ~ contabilidad comercial; *maschinelle* ~ contabilidad mecanizada; mecanización contable
Buchführungspflicht *f*, en contabilidad *f* obligatoria
Buchführungsmaschine *f*, n → *Buchungsmaschine*
Buchgeld *n*, er dinero *m* en depósitos (*od.* en cuentas); *(Syn. Giralgeld, Bankgeld)*
Buchgewinn *m*, e beneficio *m* contable
Buchhalter *m*, - contable *m;* tenedor *m* de libros; (LA) contador *m; vereidigter* ~ contable *m* jurado
buchhalterisch → *buchmäßig*
Buchhaltung *f*, en 1. → *Buchführung* 2. servicio *m* de contabilidad
Buchhypothek *f*, en hipoteca *f* inscrita en el Registro de la Propiedad; hipoteca *f* sin cédula
Buchkredit *m*, - crédito *m* en cuenta
Buchmacher *m*, - corredor *m* de apuestas
buchmäßig en términos contables; en términos de contabilidad; contable; ⁻*e Forderungen* créditos *pl* contables; ~ *erfassen* contabilizar
Buchmesse *f*, n feria *f* del libro; *die Frankfurter* ~ Feria del Libro de Francfort
Buchprüfer *m*, - revisor *m* de cuentas; censor *m* de cuentas; experto *m* contable
Buchprüfung *f*, en revisión *f* (*od.* control *m*) de cuentas
Buchschuld *f*, en deuda *f* contable; deuda *f* activa (sentada en los libros); crédito *m* quirografario

Buchung f, en 1. contabilización f; asiento m; eine ~ berichtigen rectificar un asiento; eine ~ vornehmen hacer un asiento 2. reserva f; inscripción f; eine ~ rückgängig machen anular una reserva
Buchungsbeleg m, e documento m contable; justificante m; comprobante m
Buchungsfehler m, - error m contable; error m de contabilidad
Buchungsmaschine f, n (máquina f) contabilizadora f; máquina f contable
Buchungsmethode f, n sistema m de contabilidad
Buchungsnummer f, n número m de orden; númer m de registro (od. inscripción)
Buchungsposten m, - partida f
Buchungsstelle f, n punto m, organismo m de contabilidad
Buchungstermin m, e fecha f de inscripción; fecha f de reserva
Buchwert m, e valor m contable
Budget n, s 1. presupuesto m (particular, de una empresa) 2. presupuesto m (conjunto de ingresos y gastos del Estado); ein ~ aufstellen establecer un presupuesto; ein ~ verabschieden votar, aprobar un presupuesto; (Syn. Etat, Haushaltsplan)
budgetär presupuestario; del presupuesto
Budgetberatung f, en discusión f del presupuesto
budgetieren presupuestar; establecer presupuesto; hacer entrar (od. incluir) en el presupuesto
Budgetierung f, en establecimiento m del presupuesto
Bummelstreik m, s huelga f de celo; (Syn. Dienst nach Vorschrift)
Bummelzug m, ¨e tren m ómnibus; (Fam.) tren m botijo (od. carreta)
Bund m, (¨e) 1. (Bundesrepublik) República f Federal; Federación f 2. (Staaten~) (con)federación f 3. (Parteien) coalición f 4. (Vertrag) pacto m 5. (Verband) asociación f; organización f; ~ der Steuerzahler asociación de contribuyentes 6. (Militär) alianza f
Bundes- (Pref.) federal; relativo a la República Federal
Bundesamt n, ¨er oficina f federal; instituto m federal; dirección f general; statistisches ~ oficina, instituto federal de estadística; (E = INE = Instituto Nacional de Estadística); ~ für Finanzen dirección f general de finanzas; D.G. de Hacienda
Bundesangestelltentarif m, e (BAT) convenios pl colectivos para los empleados del sector público (que no tienen carácter de funcionarios)
Bundesanleihe f, n empréstito m de la Federación
Bundesanstalt f für Arbeit instituto m, oficina f federal de trabajo (en Nuremberg); (E: Instituto Nacional de Empleo, INEM)
Bundesanzeiger m, Ø boletín m oficial del gobierno federal
Bundesarbeitsgericht n, Ø tribunal m, corte f federal de trabajo (en Kassel); (E = Sala f de lo Social del Tribunal Supremo)
Bundesaufsichtsamt n, ¨er organismo m federal de supervisión; superintendencia f federal; ~ für das Kreditwesen superintendencia bancaria y de créditos; organismo m de control (od. supervisión) en materia bancaria
Bundesbahn f, Ø ferrocarriles pl federales; Deutsche ~ red f de los ferrocarriles alemanes; österreichische ~ red f de los ferrocarriles austríacos; schweizerische ~ red f de los ferrocarriles suizos
Bundesbank f, Ø banco m federal alemán; banco m emisor alemán; banco m central de la R.F.A.
Bundesbehörde f, n autoridad f, instancia f federal
Bundesbetriebe pl establecimientos pl federales de carácter industrial y comercial
Bundesbürger m, - ciudadano m de la República Federal de Alemania; ciudadano m, habitante m germano-occidental; alemán m federal; alemán m occidental
Bundesbürgschaft f, en garantía f de la federación
bundesdeutsch de la R.F.A.; germano-occidental; alemán federal
Bundesebene f, Ø auf ~ a nivel, a escala federal
Bundesetat m, s presupuesto m federal
Bundesfinanzhof m, Ø (BFH) tribunal m federal de hacienda; tribunal m federal de finanzas; corte f federal de hacienda; (E = tribunal económico-administrativo central)
Bundesfinanzverwaltung f, en administración f federal de hacienda
Bundesgerichtshof m, Ø (BGH) tribunal m federal supremo; corte f federal de justicia; (E = tribunal supremo)
Bundesgesetzblatt n, Ø boletín m oficial del estado alemán; boletín m oficial de la R.F.A.; (E = B.O.E. = boletín m oficial del estado)
Bundesgrenzschutz m, Ø policía f federal de fronteras
Bundeshaushalt m, e → Bundesetat
Bundeskanzler m, - canciller m federal
Bundeskanzleramt n, Ø cancillería f federal; presidencia f del gobierno
Bundeskartellamt n, Ø oficina f federal de cártel (en Berlín)

Bundesminister *m*, - ministro *m* federal; ~ *des Auswärtigen, des Innern* ministro federal de asuntos exteriores, del interior

Bundesnachrichtendienst *m*, Ø *(BND)* servicios *pl* secretos de la R.F.A.

Bundespatentgericht *n*, Ø tribunal *m*, corte *f* federal de patentes

Bundespost *f*, Ø *Deutsche ~ (DBP)* correos *pl* federales alemanes

Bundespräsident *m*, en presidente *m* federal

Bundespresseamt *n*, Ø oficina *f* de prensa e información del gobierno federal

Bundesrat *m*, Ø 1. (R.F.A., A) consejo *m* federal; segunda cámara *f*; representación *f* de los "Länder"; (E = Senado) 2. (CH) gobierno *m* central

Bundesrechnungshof *m*, Ø tribunal *m* federal de cuentas; (E = Tribunal de Cuentas del Reino)

Bundesrepublik Deutschland *f*, República *f* Federal de Alemania (R.F.A.); Alemania *f* Federal; Alemania *f* Occidental

Bundesschatzanweisung *f*, en bono *m* del Tesoro; empréstito *m* del Estado federal a corto o medio plazo

Bundesschatzbrief *m*, e → *Bundesschatzanweisung*

Bundesschätzchen *n*, - → *Bundesschatzanweisung*

Bundessozialgericht *n*, Ø tribunal *m* federal de seguridad social (en Kassel); corte *f* federal del asuntos de seguridad social

Bundesstraße *f*, n (R.F.A., A, CH) carretera *f* federal; (E = carretera *f* nacional)

Bundestag *m*, Ø (R.F.A.) (cámara *f* baja del) parlamento *m* federal; dieta *f* federal; (E = Congreso de los Diputados)

Bundesverband der Deutschen Industrie *m*, asociación *f*, federación *f* de la industria alemana

Bundesvereinigung *f* **der Deutschen Arbeitgeberverbände** *(BDA)* confederación *f* alemana de asociaciones patronales; (E = CEOE = confederación *f* española de organizaciones empresariales)

Bundesverfassungsgericht *n*, Ø tribunal *m* constitucional de la República Federal; corte *f* constitucional federal; (E = Tribunal *m* Constitucional)

Bundesversicherungsanstalt *f* **für Angestellte** *(BfA)* caja *f* central de seguros de pensiones de empleados

Bundeswehr *f*, Ø fuerzas *pl* armadas de la R.F.A.; los tres ejércitos *pl* de la R.F.A.

Bündnis *n*, se alianza *f*; unión *f*; *ein ~ schließen* firmar una alianza

bündnisfrei no alineado

Bündnispolitik *f*, Ø política *f* de alianzas; política *f* de alineamiento

Bunte(n) *f (pl)* (Fam.) ecologistas *pl*

Buntmetalle *pl* metales *pl* no férreos; (Syn. *Nichteisenmetalle*)

Bürge *m*, n fiador *m*; garante *m*; *als ~* a título de fiador (*od.* garante), avalo *m*; por aval; *als ~ auftreten* actuar de fiador; constituirse fiador; *einen ~ stellen* salir fiador; dar fiador

bürgen fiar; garantizar; salir fiador; *für einen Wechsel ~* avalar una letra (*od.* efecto)

Bürger *m*, - ciudadano *m*; vecino *m*

Bürgerinitiative *f*, n comité *m* de acción y defensa; comité *m* de vecinos; iniciativa *f*, campaña *f* ciudadana; asociación *f* de autodefensa

bürgerlich civil; cívico; burgués; de clase media; *Bürgerliches Gesetzbuch (BGB)* código *m* civil; *~e Rechtsklage* acción *f* civil; *Verlust der ~en Rechte* pérdida *f*, privación *f* de los derechos civiles

bürgerlich-rechtlich de derecho privado; de derecho civil, civilmente; *~e Gesellschaft* sociedad *f* (de derecho) civil

Bürgermeister *m*, - alcalde *m*; (LA) intendente *m* municipal

Bürgerrecht *n*, e derecho *m* ciudadano; (derecho *m* de) ciudadanía *f*

bürgerrechtlich, *~es Verfahren* procedimiento *m*, proceso *m* civil; *~er Vertrag* contrato *m* (de derecho) civil

Bürgerschaft *f*, en 1. vecindario *m* 2. burguesía *f* 3. parlamento *m* de Hamburgo, de Brema y de Berlín

Bürgschaft *f*, en fianza *f*; garantía *f*; caución *f*; *gegen ~* bajo fianza; *gesetzliche ~* fianza legal; *kaufmännische ~* fianza mercantil; *selbstschuldnerische ~* fianza solidaria; fianza sin beneficio de excusión; *~ leisten* dar, prestar fianza; afianzar; garantizar; *eine ~ übernehmen* salir fiador; hacerse garante

Bürgschaftserklärung *f*, en promesa *f* de fianza; declaración *f* de fianza (*od.* garantía)

Bürgschaftskredit *m*, e crédito *m* de fianza; crédito *m* de garantía

Bürgschaftsleistung *f*, en 1. prestación *f* de una fianza 2. avalamiento *m*

Bürgschaftsprovision *f*, en comisión *f* por garantía bancaria

Bürgschaftsschein *m*, e escritura *f* de fianza; garantía *f*

Bürgschaftssumme *f*, n suma *f*, importe *m*, cuantía *f* de la fianza (*od.* de la caución)

Bürgschaftswechsel *m*, - letra *f* avalada

Büro *n*, s despacho *m*; agencia *f*; *technisches ~*

oficina *f* técnica
Büroangestellte/r (*der/ein*) (empleado *m*) administrativo *m;* empleado *m* de oficina; oficinista *m;* (Fam.) chupatintas *m*
Büroarbeit *f,* **en** trabajo *m* de oficina; trabajo *m* administrativo
Bürobedarf *m,* Ø artículos *pl* de oficina; material *m* de escritorio
Bürodiener *m,* - ordenanza *m*
Bürohaus *n,* ¨er edificio *m* de oficinas
Büroklammer *f,* **n** clip *m;* sujetapapeles *m*
Bürokraft *f,* ¨e mecanógrafa *f;* secretaria *f;* personal *m* (femenino) de oficina; empleado *m* de oficina
Bürokrat *m,* **en** burócrata *m*
Bürokratie *f,* (n) burocracia *f*
Bürokratismus *m,* Ø burocratismo *m;* formalismo *m* burocrático; expedienteo *m*
Büromöbel *pl* muebles *pl* de escritorio; muebles *pl* de oficina
Büroschluß *m,* Ø hora *f* de cierre de la oficina (*od.* del despacho)

Bürostunden *pl* horas *pl,* horario *m* de oficina
Bürovorsteher *m,* - jefe *m,* encargado *m* de oficina
Bürozeit *f,* **en** → *Bürostunden*
Bus *m,* **se** autobús *m;* bus *m;* autocar *m*
Buße *f,* **n** → *Bußgeld*
Bußgeld *n,* **er** multa *f;* ~*er verhängen* multar; imponer una multa
Bußgeldbehörde *f,* **n** negociado *m* de multas y contravenciones
Bußgeldbescheid *m,* **e** (decisión *f* sobre la imposición de una) multa *f*
Busunternehmen *n,* - empresa *f* de autocares
Busverbindung *f,* **en** servicio *m* de autobuses (*od.* autocares)
Buszubringerdienst *m,* **e** servicio *m* de enlace por autocar; ~ *zum Flughafen* servicio de autobuses para el aeropuerto
Butterberg *m,* **e** enorme stock *m* de mantequilla de la CE
BVG → *Betriebsverfassungsgesetz*
Byte *n,* **s** (Inform.) octet *m*

C

ca. aproximadamente; cerca de; (poco) más o menos
Caddie m, s → *Einkaufswagen*
Camion m, s (CH) camión m
Camionsspesen pl → *Fuhrlohn*
Camionnage f, Ø (CH) transporte m por carretera; camionaje m (transporte y precio)
CAR (= Contractors All Risks) →*Versicherung* seguro m Todo Riesgo de Contratistas; seguro m TRC; seguro m CAR
care of (c/o) a la atención de (en las señas o dirección)
Carnet TIR n, s *(Zollbegleitscheinheft des internationalen Straßengüterverkehrs), Warentransport mit* ~ transporte m de bienes bajo el carnet TIR
Cash n, Ø (Angl.) 1. dinero m contante; metálico m; en efectivo 2. pago m al contado y/o en efectivo; (Fam.) pago m a tocateja 3. (cashdesk) caja f
Cash and carry „paga y llévatelo"
Cash-and-carry-Klausel f, n cláusula f contractual de „paga y llévatelo"
Cash-flow m, Ø (Angl.) cash-flow m; flujo m de caja (= suma de beneficios y amortizaciones); margen m bruto de autofinanciación
Cashgeschäft n, e negocio m al contado; operación f en efectivo; (Fam.) operación f, negocio m a tocateja
cash on delivery pago m contra reembolso; pagadero a la entrega
Cassetten-Recorder m, - → *Kassetten-Recorder*
CDU → *christlich*
Cellophane n, Ø celofán m; *in* ~ *verpackt* envuelto en celofán
Center n, - centro m comercial; centro m de ventas
cf → *cost and freight*
CH (Confoederatio Helvetica) (Confederación Helvética) Suiza f
Chance f, n oportunidad f; ocasión; posibilidad f; *(Aussicht)* perspectiva f
Chancengleichheit f, en igualdad f de oportunidades
Chaot(e) m, n anarcocaótico m
chaotisch caótico
Charge f, n 1. *(Amt)* cargo m; función f; oficio m 2. *(militär. Grad)* graduación f; grado m militar 3. *(Produktion)* serie f; lote m
Charta f, s Carta f; *die* ~ *der Vereinten Nationen* la Carta de las Naciones Unidas

Charte f, n → *Charta*
Charter m, - chárter m; contrato m de fletamento; póliza f de fletamento
Charterer m, - fletador m; fletero m
Charterflug m, ¨e vuelo m chárter; vuelo m fletado *od*. discrecional
Charterfluggesellschaft f, en compañía f de vuelos chárter; compañía f de vuelos discrecionales
Charterflugkosten pl costes pl del vuelo chárter
Charterflugzeug n, e avión m chárter
Chartergesellschaft f, en 1. (Hist.) compañía f de importación-exportación 2. compañía f chárter
Chartermaschine f, n → *Charterflugzeug*
chartern fletar; *ein Schiff, Flugzeug* ~ fletar un buque, avión
Charterpartie f, n → *Chartervertrag*
Charterschiff n, e buque m chárter *(od.* fletado)
Charterung f, en fletamento m
Charterverkehr m, Ø transporte m por chárter; transporte m descrecional
Chartervertrag m, ¨e contrato m de fletamento; póliza f de fletamento
Chauffeur m, e conductor m; chófer m
Check m, s (CH) cheque m
checken verificar el buen funcionamiento de a/c; proceder al (último) control de un aparato
Checkliste f, n lista f de control
Checkpoint m, s puesto m de control
Chef m, s 1. jefe m 2. (Com.) principal m 3. *(Arbeitgeber)* patrón m 4. (Fam.) mandamás m
Chefbuchhalter m, - contable m jefe m
Chefdolmetscher m, - intérprete m jefe; jefe m de intérpretes
Chefeinkäufer m, - jefe m de compras
Chefetage f, n piso m, planta f de la dirección
Chefgrafiker m, - *(einer Werbeagentur)* director m artístico
Chefin f, nen jefa f
Chefredakteur m, e *(Zeitung)* redactor m jefe
Chefsekretärin f, nen secretaria f de dirección
Chemie f, Ø (industria f) química f; sector m químico
Chemiearbeiter m, - trabajador m, obrero m de la industria química
Chemiebetrieb m, e empresa f química
Chemiefaser f, n fibra f química *(od.* sintética)
Chemiefaserindustrie f, n industria f de fibras sintéticas

Chemiewerker → *Chemiearbeiter*
Chemiewerte *pl (Börse)* químicas *pl*; corro *m* químico
Chemikalien *pl* productos *pl* químicos; sustancias *pl* químicas
Chemikalienbeständigkeit *f*, en (Seg.) resistencia *f* a sustancias químicas
Chemiker *m*, - químico *m*
chemisch químico; *~e Erzeugnisse* productos *pl* químicos; *~e Reinigung* limpieza *f* en seco; *~e Schadstoffe* sustancias *pl* contaminantes; su(b)stancias químicas nocivas; *~e Waffe* arma *f* química; *~e Werte* → *Chemiewerte*; *~ rein* químicamente puro
chemisieren (R.D.A.) utilizar cada vez más química en la técnica
Chemotechniker *m*, - químico *m* industrial
chemotechnisch quimiotécnico
Chiffre *f*, n cifra *f*; número *m*; código *m*; iniciales *pl unter der ~* bajo la cifra (*od.* las iniciales)
Chiffreanzeige *f*, n anuncio *m* cifrado
Chiffrierabteilung *f*, en servicio *m* de cifrado
chiffrieren cifrar; escribir en cifra (*od.* clave)
Chiffrieren *n*, Ø cifrado *m*
Chiffriermaschine *f*, n máquina *f* de cifrar
Chiffrierschlüssel *m*, - clave *f*
chiffriert, *~e Anzeige* anuncio *m* cifrado; anuncio *m* en clave, en cifra
Chilesalpeter *m*, Ø nitrato *m*, nitrol *m*, salitre *m* de Chile
Chip *m*, s chip *m*; microprocesador *m*
Chlorgehalt *m*, Ø contenido *m* de cloro
christlich cristiano; *Christlich Demokratische Union (CDU)* unión *f* cristiano-demócrata; unión *f* democristiana; *Christlich Soziale Union (CSU)* unión *f* cristiano-social; *Christlicher Gewerkschaftsbund (CGB)* confederación *f* sindical cristiana
Cie → *Compagnie*
cif (cost, insurance, freight) coste, seguro, flete; *~ verzollt* cif con pago de aduana; cif aduanado; *~ per Luftfracht* cif flete aéreo; *~ als Lieferung* a entregar cif
circa aproximadamente (Syn. *zirka*) (Abk. *ca.*)
City *f*, s centro *m* urbano; (London) centro *m* comercial y bancario
Clearing *n*, s compensación *f*; clearing *m* (en operaciones financieras y comerciales)
Clearingabkommen *n*, - acuerdo *m* de compensación
Clearingforderungen *pl* clearing *m*, compensación *f* por cobrar
Clearinggeschäft *n*, e transacción *f*, operación *f*; negocio *m* de clearing
Clearingguthaben *n*, - activos *pl* en clearing; haber *m* en compensación
Clearinghaus *n*, ⸚er cámara *f* de compensación
Clearingstelle *f*, n oficina *f* de clearing
Clearingverkehr *m*, Ø operaciones *pl* compensatorias
Clearingvorschüsse *pl* adelantos *pl* sobre las operaciones de compensación
Cliquenwesen *n*, Ø → *Cliquenwirtschaft*
Cliquenwirtschaft *f*, en nepotismo *m*; pandillaje *m*; favoritismo *m* (Syn. *Vetternwirtschaft*)
Clou *m*, s atracción *f* principal; (Fam.) plato *f* fuerte; *~ der Saison* éxito *m* de la temporada
c/o → *care of*
Co. → *Compagnie*
COBOL (Common business oriented language) lenguaje *m* informático de programación orientado a la gestión; Cobol *m*
Codekarte *f*, n tarjeta *f* codificada
Codewahlschalter cerradura *f* codificada
Codlex *m*, e *od.* -izes codigo *m* (Syn. *Kodex*)
codieren codificar (Syn. *kodieren*); *codierte Mitteilung* mensaje *m* codificado
Codierung *f*, en codificación *f*
COMECON (Council for Mutual Economic Assistance) consejo *m* de asistencia mutua económica (CAME), consejo *m* de ayuda económica mutua (CAEM) (Syn. *RGW = Rat für gegenseitige Wirtschaftshilfe*)
Compagnie *f*, n compañía *f*
Computer *m*, - ordenador *m* (electrónico); computador *m*; computadora *f*; *Arbeit mit dem ~* trabajo con ordenador; trabajo asistido por ordenador; *mit ~ ausstatten* dotar de ordenador; *Daten vom ~ abrufen* extraer datos de la memoria; consultar el ordenador; *den ~ mit Daten füttern* introducir (*od.* meter) datos en la memoria; *der ~ speichert Informationen* el ordenador memoriza informaciones; *den ~ programmieren* programar el ordenador
Computeranlage *f*, n centro *m*, sistema *m* informático (Syn. *EDV-Anlage*)
Computerbasis *f*, Ø *auf ~ (durchgeführt)* basado en ordenador
Computerbenutzung *f*, Ø uso *m* del ordenador
Computereingabe *f*, n datos *pl* de entrada; input *m*
Computergeneration *f*, en generación *f* de ordenador
computergerecht tratable por ordenador; adaptado al tratamiento por ordenador
computergesteuert con mando por ordenador; (con control) computarizado, informatizado; con mando programado; con programa registrado; *~e Analyse der Kosten* análisis *m* informatizado de los costes
computergestützt asistido por ordenador; *~e Übersetzungen* traducciones *pl* asistidas por

ordenador
Computerhersteller *m*, - fabricante *m* de ordenadores
computerisieren computarizar; informatizar; memorizar; almacenar; introducir en el ordenador 1. *die Versicherungen haben 2 Millionen Akten ~t* los seguros han informatizado 2 millones de dossiers 2. *programmieren* transcribir a un lenguaje de programación *f*
Computerisierung *f,* **en** computarización *f;* programación *f;* informatización *f*
Computerkriminalität *f,* Ø delincuencia *f* informática; fraude *m* por ordenador
Computersimulation *f,* **en** simulación *f* por ordenador
Computerspezialist *m*, **en** informático *m*; especialista *m* en ordenadores
Computerverbund *m*, Ø red *f* de ordenadores
Consols *pl (konsolidierte Staatsanleihen)* fondos *pl* del Estado
Container *m*, - contenedor *m*; (Angl.) container *m*; *beladener ~* contenedor cargado; *zugelassener ~* contenedor admitido (*od.* autorizado); *in einem ~ transportieren* transportar en un contenedor; *~ nach Normen herstellen* construir contenedores según las normas; *den Transport auf ~ umstellen* cambiar el transporte al (sistema de) contenedores; *versiegelter ~* contenedor precintado
Containerbahnhof *m*, ⁼e estación *f* (de tra(n)sbordo) de contenedores; estación *f* terminal de contenedores
Containerbeförderung *f,* **en** transporte *m* contenerizado; transporte *m* por contenedor
Containerhafen *m*, ⁼ puerto *m* terminal de contenedores
containerisieren contenerizar
Containerlastzug *m*, ⁼e portacontenedores *m*
Containerschiff *n*, **e** buque *m* portacontenedores
Containertransport *m*, **e** transporte *m* por contenedor; transporte *m* contenedorizado
Containerumschlag *m*, Ø manutención *f* de contenedores
Containerumschlagbahnhof *m*, ⁼e estación *f* de transbordo de contenedores
Containerverkehr *m*, Ø transporte *m* por contenedor (Syn. *Behälterverkehr*)
Copyright *n*, Ø derechos *pl* de copia; derechos *pl* de reproducción (Syn. *Wiedergaberechte; Urheberrechte*)
cost and freight coste y flete; *~ verzollt* mercancía con aduana pagada
Coupon *m*, **s** cupón *m* (Syn. *Kupon*); *abtrennbarer ~* cupón separable, cortable; *einen ~ einlösen* cobrar un cupón
Couponsteuer *f,* **n** impuesto *m* sobres cupones
courant *(selten)* año en curso; mes en curso
Courtage *f,* **n** corretaje *m*; comisión *f* de corretaje (Syn. *Kurtage*)
Courtagerechnung *f,* **en** factura *f* de corretaje
Courtagesatz *m*, ⁼e tasa *f*, tipo *m* de corretaje
CSU → *christlich*

D

DAC → *Ausschuß für Entwicklungshilfe*
Dach n, ⁻er 1. techo m 2. *(Schutz)* cobijo m; asilo m 3. *(Bau) unter ~ bringen* coger aguas 4. *„alles unter einem Dach"* „todo en un mismo sitio" (fórmula de venta en las grandes superficies) 5. *etw. unter ~ und Fach bringen* a) llevar a término; rematar; terminar b) poner u/c en lugar seguro; poner a salvo; poner a cubierto
Dachboden m, ⁻ desván m
Dachfenster n, - ventana f del tejado; lumbrera f; tragaluz m
Dachgeschoß n, -sse ático m; sotabanco m
Dachgesellschaft f, en holding m; organización f de control; sociedad f matriz
Dachluke f, n tragaluces pl
Dachorganisation f, en organismo m de control; organismo m superpuesto; (organización f) central f; organización f de tutela
Dachrinne f, n canalones pl
Dachterrassenwohnung f, en casa f de azotea; ático m
Dachverband m, ⁻e → *Dachorganisation*
Dachwohnung f, en ático m; sotabanco m
Dachzimmer n, - buhardilla f
DAG → *deutsch*
da haben tener en almacén, en stock; *dieses Modell haber wir leider nicht mehr da* desgraciadamente ya no tenemos este modelo (Syn. *vorrätig haben*)
Dame f, n *die ~ des Hauses* la señora de la casa
Damenfriseur m, e peluquero m de (od. para) señoras
Damenhandtasche f, n bolso m (de señora); (LA) cartera f
Damenkleid n, er vestido m
Damenkleidung f, Ø ropa f de señora; para dama
Damenkonfektion f, en confección f para (od. de) señora
Damenmode f, (n) moda f femenina
Damenoberbekleidung f, Ø prendas pl exteriores de señora
Damenschneider m, - modisto m
Damenschneiderin f, nen modista f
Damenunterwäsche f, Ø ropa f interior de mujer
Dampf- (Pref.) de vapor
dämpfen frenar; aminorar; disminuir; reducir; ralentizar; *den Anstieg der Kosten ~* frenar la subida de los precios; *die Hochkonjunktur ~* frenar el boom
dämpfend, *sich ~ auswirken auf* tener un efecto reductor (od. ralentizador) sobre
Dampfer m, - vapor m; barco m, buque m de vapor
Dampfkraftwerk n, e central f térmica
Dampfschiffahrt f, Ø navegación f a vapor
Dämpfung f, en moderación f; atenuación f; normalización f; *~ der Konjunktur* contención f de la actividad económica; atenuación f del boom
Dank m, Ø agradecimiento m; reconocimiento m; gratitud f; *zum ~ für* en reconocimiento, en recompensa por; *jdm. seinen ~ aussprechen* expresar a alg. su reconocimiento (od. agradecimiento); *jdm. zu ~ verpflichtet sein* quedar agradecido a alg.; quedar reconocido a alg.
„dankend erhalten" recibí
Dankbrief m, e → *Dankschreiben*
Dankesbrief m, e → *Dankschreiben*
Dankschreiben n, - carta f de agradecimiento
d(a)raufgehen, *mein ganzes Geld ist draufgegangen* se me ha acabado todo el dinero
Dargebot n, e conjunto m de materias primas y energéticas a disposición de la empresa
Darlehen n, - préstamo m; mutuo m; crédito m 1. *als ~ a* título de préstamo; *auslaufendes ~* préstamo reembolsable dentro de poco; *bares ~* préstamo en metálico; *gedecktes ~* préstamo garantizado; *kurzfristiges, mittelfristiges, langfristiges ~* préstamo a corto, a medio (od. mediano), a largo plazo; préstamo a Corto, a Medio, a Largo; *partiarisches ~* préstamo parciario; *unentgeltliches ~* crédito, préstamo gratuito; *ungesichertes ~* préstamo sin garantía; préstamo personal; *unverzinsliches ~* préstamo sin intereses; *verzinsliches ~* préstamo que devenga intereses; *zinsgünstiges ~* préstamo a interés ventajoso; *zinsloses ~* préstamo sin intereses 2. *ein ~ aufnehmen* tomar un préstamo; *ein ~ bewilligen (gewähren)* conceder, otorgar un préstamo; *ein ~ kündigen* solicitar el reembolso de un préstamo
Darlehensantrag m, ⁻e solicitud f de préstamo (od. crédito); *einen ~ stellen, ablehnen* presentar, declinar una solicitud de préstamo
Darlehensbedingung f, en condiciones pl del préstamo
Darlehensempfänger m, - → *Darlehensnehmer*
Darlehensfinanzierung f , en financiación f de un préstamo
Darlehensforderung f, en crédito m resultante de un préstamo

Darlehensgeber *m*, - prestamista *m*; dador *m* del crédito; mutuante *m*
Darlehensgeschäft *n*, e operación *f* de préstamo
Darlehensgesellschaft *f*, en sociedad *f* de crédito; sociedad *f* de préstamos
Darlehensgläubiger *m*, - → *Darlehensgeber*
Darlehenskasse *f*, n caja *f* de préstamos; caja *f* de crédito
Darlehensnehmer *m*, - prestatario *m*; tomador *m* del préstamo; mutuatario *m*
Darlehenssumme *f*, n montante *m* del préstamo
Darlehenstilgung *f*, en amortización *f* (progresiva) de un préstamo
Darlehensvertrag *m*, ⁼e contrato *m* de préstamo; contrato *m* de mutuo; *einen* ~ *abschließen* firmar un contrato de préstamo
Darlehenszins *m*, en interés *m* de crédito; réditos *pl*
Darleihe *f*, n (A) → *Darlehen*
daruntersetzen, *seinen Namen* ~ poner su nombre en la parte inferior de un documento
Daseinsbedingungen *pl* condiciones *pl* de existencia
Datei *f*, en fichero *m* de datos informatizado; cartoteca *f*; bloque *m* de informaciones
Daten *pl* 1. características *pl*; precisiones *pl*; *die technischen* ~ *eines neuen Modells* las características técnicas de un nuevo modelo 2. (Inform.) datos *pl*; informaciones *pl*; *ausgegebene* ~ datos de salida; *gespeicherte* ~ datos almacenados; *numerische* ~ datos numéricos; *statistische* ~ datos estadísticos 3. ~ *von einem Computer abrufen (aufrufen)* reclamar datos (de un ordenador); interrogar un ordenador; ~ *austauschen, umspeichern* cambiar, transferir datos; ~ *auswerten* interpretar, evaluar datos (*od.* informaciones); ~ *bereitstellen* proporcionar, facilitar datos; ~ *verarbeiten* procesar, tratar datos; ~ *verwerten* utilizar, explotar informaciones (*od.* datos)
Datenaufzeichnung *f*, en registro *m* de datos
Datenausgabe *f*, n (Inform.) salida *f* de datos; datos *pl* salidos
Datenauswertung *f*, en interpretación *f*, evaluación *f* de datos
Datenbank *f*, en banco *m* de datos
Datenbearbeitung *f*, en tratamiento *m* de datos; manipulación *f* de datos
Dateneingabe *f*, en (Inform.) entrada *f*, introducción *f* de datos; datos *pl* introducidos
Datenendgerät *n*, e → *Datenterminal*
Datenendstation *f*, en → *Datenterminal*
Datenerfassung *f*, en (Inform.) recogida *f* de datos
Datenfernverarbeitung *f*, en (Inform.) teleinformática *f*; telemática *f*; teleproceso *m* de datos

Datenflu|ß *m*, ⁼sse (Inform.) caudal *m* de salida; volumen *m*, flujo *m* de datos
Datenmaterial *n*, ien (Inform.) conjunto *m* de datos; volumen *m* de datos; *das* ~ *aufarbeiten* preparar, explotar los datos
Datenmißbrauch *m*, (⁼e) abuso *m* de datos; abuso *m* de dossiers (*od.* expedientes) informáticos
Datenschutz *m*, Ø protección *f* de la vida privada contra los abusos de la informática; protección *f* de datos (privados)
Datenschutzbeauftragte/r *(der/die)* encargado *m* de controlar la intromisión de la informática en la vida privada; „Señor *m* informático"
Datenschutzgesetz *n*, e ley *f* contra el abuso de la informática
Datensichtgerät *n*, e (Inform.) terminal *m* de visualización; pantalla *f* de control
Datenspeicher *m*, - (Inform.) memoria *f*, memorizador *m* de datos
Datenspeicherung *f*, en (Inform.) almacenamiento *m*, memorización *f* de datos
Datenspezialist *m*, en especialista *m* en informática
Datenterminal *m*, s (Inform.) terminal *m*
Datenträger *m*, - (Inform.) soporte *m* de datos; medio *m* de informaciones (cintas magnéticas, magnetofónicas, disquetes, etc.)
Datentypistin *f*, nen → *Datistin*
Datenübertragung *f*, en transmisión *f* de datos
Datenüberwachung *f*, en supervisión *f* por ordenador
Datenumsetzer *m*, - convertidor *m* de datos
datenverarbeitend (Inform.) informático; informatizado; ~*es Gerät* aparato *m* de tratamiento de datos
Datenverarbeiter *m*, - analista *m* de programación
Datenverarbeitung *f*, en informática *f*; proceso *m* de datos; tratamiento *m*, análisis *m* de datos; *elektronische* ~ *(EDV)* proceso, tratamiento electrónico de datos; *integrierte (koordinierte)* ~ proceso, tratamiento integrado de datos; (Syn. *Informatik*)
Datenverarbeitungsanlage *f*, en centro *m* de proceso de datos; *elektronische* ~ centro informático; centro de proceso electrónico de datos
Datenverletzung *f*, en (Inform.) uso *m* ilícito, abusivo de informaciones
Datenzentr|um *n*, -en (Inform.) centro *m* informático; centro *m* de tratamiento de datos
DATEX servicio *m* DATEX de los correos federales alemanes (transmisión informatizada de datos); telemática *f*; teleinformática *f*
datieren fechar; datar; poner la fecha en un documento; *der Brief ist vom 3. Juni datiert* la carta está fechada el 3 de junio; la carta lleva

la fecha del 3 de junio
Datierer *m*, - fechador *m*; datador *m*; aparato *m* para poner las fechas
Datierung *f*, **en** datación *f*; (puesta *f* de la) fecha *f*; *die ~ eines Schriftstücks vergessen* olvidarse de poner la fecha en un documento
Datistin *f*, **nen** (Inform.) perforadora *f*; operadora *f*
dato, *a ~* a partir de hoy; *bis ~* hasta la fecha; hasta (el día de) hoy
Datowechsel *m*, - letra *f* a tantos días fecha
Datlum *n*, **-en** fecha *f*; *unter dem heutigen ~* con fecha de hoy; *maßgebend ist das ~ des Poststempels* lo que decide, lo determinante es la fecha del matasellos; *~ des Inkrafttretens* fecha de entrada en vigor; fecha del efecto; *das ~ einsetzen* poner la fecha; *ein späteres ~ auf etw. setzen* posfechar; poner la fecha posterior (a la verdadera); *mit einem früheren ~ versehen* antefechar; antedatar; anticipar la fecha
Datumsangabe *f*, **n** indicación *f* de la fecha; *ohne ~* sin fecha
Datumsstempel *m*, - sello *m* de fechas; *(Gerät)* fechador *m*
Dauer *f*, Ø 1. duración *f* 2. *(Zeitspanne)* período *m*; lapso *m* 3. *(Recht)* plazo *m* 4. *(Fortdauer)* permanencia *f*; continuidad *f*; antigüedad *f*; *auf (die) ~* a la larga; *auf bestimmte ~* por una duración limitada; por un período limitado; *für die ~ von* por el período de; *von begrenzter ~ sein* ser de duración limitada; *~ der Betriebszugehörigkeit* antigüedad en la empresa
Dauerarbeitslose/r *(der/die)* parado *m* desde hace mucho tiempo; parado *m* de larga duración
Dauerarbeitslosigkeit *f*, Ø paro *m*, desempleo *m* de larga duración
Dauerauftrag *m*, ¨e orden *f* rotativa; orden *f* permanente; *der Bank einen ~ geben* dar al banco una orden permanente
Dauerausstellung *f*, **en** exposición *f* permanente
Dauerausweis *m*, **e** → *Dauerpassierschein*
Dauerbelastung *f*, **en** carga *f* continua
Dauerbeschäftigung *f*, **en** empleo *m* estable; *eine ~ finden* encontrar un empleo estable
Dauerbetrieb *m*, **e** servicio *m* permanente; funcionamiento *m* continuo; *in ~ sein* funcionar sin interrupción
Dauererfolg *m*, **e** éxito *m* duradero; gran éxito *m*; resultado *m* efectivo; *der Käfer war auf Jahre ein ~* el escarabajo Volkswagen conoció, tuvo durante muchos años un gran éxito
Dauergäste *pl* clientela *f* fija; clientes *pl* fijos
dauerhaft 1. (per)durable 2. resistente; *~es Material* material *m* resistente
Dauerhaftigkeit *f*, Ø 1. duración *f*; durabilidad *f* 2. resistencia *f*

Dauerkarte *f*, **n** abono *m*; tarjeta *f*, billete *m* de abono
Dauerkrise *f*, **n** crisis *f* crónica
Dauerkunde *m*, **n** cliente *m* fiel; cliente *m* fijo (a una marca o casa) (Syn. *Stammkunde*)
Dauerkundschaft *f*, Ø clientela *f* regular
Dauerleistung *f*, **en** rendimiento *m* continuo; potencia *f* continua
dauern durar; perdurar
dauernd permanente; constante; *eine ~e Ausstellung* una exposición permanente; *~e Lasten* cargas *pl* permanentes
Dauerpassierschein *m*, **e** pase *m* permanente
Dauerseller *m*, - éxito *m* permanente de ventas; bestseller *m* duradero
Dauersitzung *f*, **en** sesión *f*, reunión *f* maratoniana
Dauerstellung *f*, **en** → *Dauerbeschäftigung*
Dauerstörung *f*, **en** perturbación *f* permanente
Dauertest *m*, **s** test *m*, ensayo *m* de resistencia
Dauerware *f*, **n** producto *m* no perecedero; mercancía *f* de larga duración; artículo *m* de larga conservación
Dauerwerbung *f*, **en** publicidad *f* permanente
Dauerzustand *m*, ¨e estado *m* endémico; estado *m* permanente
Daumen *m*, - (dedo *m*) pulgar *m*; (Fam.) *über den ~ gerechnet* calculado por aproximación (*od*. aproximadamente); *über den ~ peilen* evaluar a ojo de buen cubero
dazurechnen añadir; incluir en el cálculo, en la factura
DB (Deutsche Bundesbahn) → *deutsch*
DBB (Deutscher Beamtenbund) → *deutsch*
DBP (Deutsche Bundespost) → *deutsch*
DDR → *Deutsche Demokratische Republik*
dealen dedicarse al tráfico de estupefacientes (*od*. de la droga); narcotraficar
Dealer *m*, - traficante *m* de droga; narcotraficante *m*; narco *m*
Debatte *f*, **n** debate *m*; discusión *f*; *stürmische ~* debate tumultuoso (*od*. fogoso); *in die ~ eingreifen* intervenir en el debate; *die ~ eröffnen, schließen* abrir, cerrar el debate; *zur ~ stehen* estar en debate (*od*. en discusión); *zur ~ stellen* hacer objeto de discusión (*od*. debate)
debattieren *(über)* debatir (sobre)
Debet *n*, **s** debe *m*; débito *m*; salida *f* de caja; *~ und Kredit* débito y crédito; *im ~ stehen* deber; estar en débito; estar en el debe; *ins ~ stellen* adeudar en cuenta; poner en el debe; sentar al débito; (Syn. *Soll*)
Debetbeleg *m*, **e** volante *m* de cargo (*od*. débito)
Debetbuchung *f*, **en** entrada *f* en débito
Debetkonto *n*, **-en** cuenta *f* deudora
Debetnote *f*, **n** nota *f* de cargo; nota *f* de débito

Debetposten *m*, - partida *f* de débito; adeudo *m*
Debetsaldo *n*, -en saldo *m* deudor; saldo *m* al debe; *ein ~ aufweisen* arrojar un saldo deudor (*od.* deficitario)
Debetseite *f*, **n** lado *m*, columna *f* del debe; lado *m* deudor
debitieren *(selten)* cargar en cuenta; debitar; adeudar
Debitor *m*, **en** cliente *m* deudor
Debitoren *pl* (clientes) deudores *pl*; cuentas *pl* deudoras; cuentas *pl* a cobrar; facturas *pl* por cobrar
Debitorenauszug *m*, ⸚e extracto *m* de cuentas deudoras; extracto *m* de cuentas a cobrar
Debitorenbuch *n*, ⸚er mayor *m* de deudores
Debitorenkontlo *n*, -en cuenta *f* de facturas por cobrar; cuenta *f* de deudores
Debitorenziehungen *pl* letras *pl* libradas (por un banco)
deblockieren levantar un bloqueo; levantar un embargo; desbloquear
Deckadresse *f*, **n** dirección *f* fingida; buzón *m*
Deckanschrift *f*, en → *Deckadresse*
Decke *f*, **n** cubierta *f*; techo *m*; (Fam.) *sich nach der ~ strecken* amoldarse a las circunstancias
decken cubrir; satisfacer; amparar; *sich ~* protegerse; ampararse; *den Bedarf ~* responder a la demanda; cubrir las necesidades; *ein Defizit ~* cubrir un déficit; (Fam.) tapar un agujero; *die Kosten ~* cubrir los gastos; *einen Schaden ~* cubrir un siniestro *bzw.* daño; *einen Wechsel ~* honrar una letra de cambio
Deckmantel *m*, Ø *unter dem ~* con el pretexto de
Deckname *m*, **n** nombre *m* falso; seudónimo *m*
Deckung *f*, **en** cobertura *f*; provisión *f* (de fondos); garantía *f*; amparo *m*; *ausreichende ~ provisión, cobertura suficiente; mangels ~ zurück* devuelto por falta de fondos; *ohne ~* en descubierto; sin cobertura; *zur ~ der Kosten* para cubrir los costos *bzw.* gastos; *eine zusätzliche ~ verlangen* exigir una cobertura adicional
Deckungsbedarf *m*, Ø demanda *f* de seguro
Deckungsbereich *m*, **e** (Seg.) amparo *m* de seguro
Deckungsbetrag *m*, ⸚e → *Deckungssumme*
deckungsfähig 1. *~e Wertpapiere* valores *pl* que constituyen un fondo de garantía de las compañías aseguradoras 2. asegurable
Deckungsforderung *f*, en 1. petición *f* de remesa de fondos 2. petición *f* de amparo, cobertura (de seguro)
Deckungsformen *pl verfügbare ~* modalidades *pl* de cobertura
Deckungsgeschäft *n*, **e** operación *f* de cobertura
Deckungskapital *n*, Ø 1. fondos *pl* de cobertura; capital *m* de cobertura 2. (Seg.) reserva *f* matemática
Deckungskauf *m*, ⸚e compra *f* de reabastecimiento; compra *f* para reaprovisionar los stocks; compra *f* de cobertura
Deckungsklausel *f*, **n** cláusula *f* de cobertura; cláusula *f* de provisión
Deckungslücke *f*, **n** déficit *m*; agujero *m*; *der Bundeshaushalt weist eine ~ von 2 Milliarden DM auf* el presupuesto federal arroja un déficit (*od.* tiene un agujero) de dos mil millones de marcos
Deckungsmittel *pl* fondos *pl* de cobertura; fondos *pl*, recursos *pl* para cubrir un déficit presupuestario
Deckungsrückstellung *f*, **en** prima *f* (neta) constante; reserva *f* neta
Deckungsstock *m*, Ø (Seg.) bienes *pl* afectos a la cobertura (de las reservas matemáticas)
Deckungssumme *f*, **n** 1. (Seg.) suma *f* asegurada; montante *m* máximo garantizado 2. garantía *f*
Deckungsumfang *m*, Ø (Seg.) (alcance *m* de la) cobertura *f*
Deckungswechsel *m*, - efecto *m* cambial en depósito; letra *f* de provisión
Deckungswerte *pl* activo *m* admitido
Deckungszusage *f*, **n** aceptación *f* provisional de un riesgo; *vorläufige ~* cobertura *f* provisional; carta *f* de garantía
De-facto-Anerkennung *f*, **en** reconocimiento *m* de hecho
defekt defectuoso; que presenta un defecto
Defekt *m*, **e** defecto *m*; vicio *m* de fabricación; *einen ~ haben* presentar un defecto; *einen ~ beheben* subsanar, reparar un defecto
Deficit-spending *n*, **s** → *Defizitfinanzierung*
Defizit *n*, **e** déficit *m*; descubierto *m*; *ein ~ in Milliardenhöhe aufweisen* arrojar un déficit de (varios) miles de millones; *ein ~ decken* (ausgleichen) cubrir un déficit (Syn. *Fehlbetrag*)
defizitär en déficit; deficitario
Defizitfinanzierung *f*, **en** financiación *f* en descubierto; financiación *f* con déficit; gastos *pl* públicos no cubiertos por los ingresos
Defizitjahr *n*, **e** año *m* deficitario
Deflation *f*, **en** deflación *f*; *eine ~ durch erhöhte Steuerausgaben bekämpfen* combatir la deflación incrementando el gasto público; (Ggs. *Inflation*)
deflationär → *deflationistisch*
deflationieren provocar una deflación; tener un efecto deflacionista (*od.* deflacionario)
deflationistisch deflacionista; deflacionario; de tendencia deflacionista
deflatorisch → *deflationistisch*

Degression *f*, en degresión *f*; regresión *f*
degressiv degresivo; regresivo; *~e Abschreibung* amortización *f* degresiva; *~e Kosten* costes *pl* degresivos
dekartellieren → *dekartellisieren*
dekartellisieren desmantelar un cártel; descartelizar (Syn. *entflechten*)
Dekartellisierung *f*, en descartelización *f*; desconcentración *f* de cártels (Syn. *Entflechtung*)
Deklarant *m*, en declarante *m*
deklarieren 1. hacer una declaración (oficial) 2. *(selten)* declarar (en aduana) 3. *(Post)* declarar el valor
deklassieren desclasificar; rebajar (de categoría)
Deklassierung *f*, en desclasificación *f*; rebaja *f* (de categoría)
Dekodierung *f*, en desciframiento *m*; descifrado *m*
Dekonzentration *f*, en descentralización *f*; descartelización *f*; desconcentración *f*
dekonzentrieren descentralizar; descartelizar; desconcentrar
Dekret *n*, e decreto *m*; *ein ~ erlassen* dictar, promulgar un decreto (Syn. *Erlaß, Verfügung*)
Delegation *f*, en delegación *f*; *eine ~ von Arbeitern* una delegación de obreros; *eine ~ zusammenstellen* constituir una delegación
delegieren 1. enviar en delegación 2. delegar; *der Chef delegiert seine Befugnisse an seine Mitarbeiter* el jefe delega sus poderes en sus colaboradores
Delegierte/r *(der/ein)* delegado *m*
Delikatessengeschäft *n*, e (tienda *f* de) ultramarinos *pl* finos; negocio *m* de comestibles finos; (LA) fiambrería *f*
Delikatessenhandlung *f*, en → *Delikatessengeschäft*
Delikt *n*, e (Jur.) delito *m* (civil); infracción *f*
Delinquent *m*, en delincuente *m*
Delkredere *n*, - delcrédere *m*; garantía *f*; seguridad *f*; *das ~ übernehmen* hacerse cargo del delcrédere
Delkrederefonds *m*, - fondos *pl* de garantía; provisiones *pl* para la cobertura de pérdidas eventuales
Delkraderekommissionär *m*, e comisionista *m* de garantía (= responde de la solvencia de los compradores)
Delkredereprovision *f*, en comisión *f* de garantía (percibida por el comisionista)
Delkredereversicherung *f*, en seguro *m* de la garantía
De-Luxe-Ausstattung *f*, en equipamiento *m* de lujo; modelo *m*, versión *f* (de) lujo
Dementi *n*, s desmentido *m*; desmentida *f*; mentís *m*

dementieren dar un mentís; desmentir
Demission *f*, en dimisión *f*
demissionieren dimitir; presentar la dimisión
Demo *f*, s (Fam.) manifestación *f*
Demokrat *m*, en demócrata *m*
Demokratie *f*, n democracia *f*
demokratisch democrático; demócrata
demokratisieren democratizar
demonetisieren desmonetizar; *die Geldstücke wurden demonetisiert* las piezas ya no tienen cotización
Demonetisierung *f*, en desmonetización *f*
Demonstrant *m*, en manifestante *m*
Demonstration *f*, en 1. manifestación *f*; *eine ~ der Werktätigen* manifestación de los trabajadores; manifestación, protesta *f* obrera; *zu einer ~ aufrufen* convocar una manifestación, una concentración de protesta; *eine ~ veranstalten* organizar una manifestación, una concentración de protesta 2. *(Handel)* demostración *f*
Demonstrations- und Dauerversuchsraum *m*, ꞊e sala *f* de demostraciones y ensayos
Demonstrationszug *m*, ꞊e marcha *f* de manifestantes
Demonstrator *m*, en demostrador *m*; presentador *m*
demonstrieren 1. manifestarse; hacer una manifestación; protestar contra 2. *Entschlossenheit ~* (de)mostrar firmeza; reafirmar su determinación; *seinen Willen ~* manifestar su voluntad
Demontage *f*, n desmantelamiento *m*; desmontaje *m*
demontieren desmontar; *Fabriken ~* desmantelar fábricas
Demoskopie *f*, n sondeo *m* de opinión; estudio *m* de opinión; encuesta *f* demoscópica
demoskopisch, *~es Institut* instituto *m* de la opinión pública; instituto *m* de sondeos de opinión; instituto *m* demoscópico
denaturieren desnaturalizar; hacer impropio para el consumo
Denkmünze *f*, n medalla *f* conmemorativa; pieza *f* conmemorativa
Denkschrift *f*, en memoria *f*; memorándum *m*
Dentallabor *n*, e laboratorio *m* odontológico
Depesche *f*, n 1. telegrama *m* 2. despacho *m* (diplomático)
deplaziert fuera de lugar
Deponent *m*, en depositante *m*
Deponie *f*, n vertedero *m* de basuras; (Syn. *Müllabladeplatz*)
deponieren depositar; poner en depósito; deponer; *deponiertes Wertpapier* título(-valor) *m* en depósito; *Geld bei der Bank ~* depositar dine-

ro en el banco; (Syn. *hinterlegen*)
Deponierung f, en depósito m
Deport m, s *(Börse)* deport m; prima f de aplazamiento
Deportgeschäft n, e operación f de deport
Depositar, Depositär m, e depositario m
Depositen pl depósitos pl (de dinero en un banco); *kurzfristige* ~ depósitos a corto plazo; ~ *auf Sicht* depósitos a la vista
Depositenbank f, en banco m de depósitos
Depositengeld n, er fondos pl depositados
Depositengeschäft n, e operación f de depósito
Depositenguthaben n, - haber m en depósito; haber m depositado
Depositenkasse f, n caja f de depósitos
Depositenkonto n, -en cuenta f de depósitos
Depositenschein m, e resguardo m de depósito
Depositogeld n, er fondos pl en depósito judicial
Depositorium n, -en caja f de caudales; depósito m
Depositum n, -en *od.* -a objeto m en depósito; *auf Verlangen zurückzahlbares* ~ depósito a la vista
Depot n, s 1. custodia f; depósito m; *Wertpapiere in* ~ *geben* dar títulos en *(od.* para) su custodia 2. almacén m; *Getreide in einem* ~ *lagern* almacenar cereales
Depotabteilung f, en servicio m de depósitos
Depotbuch n, ¤er libro m de depósitos; libro m del depositante
Depotgebühr f, en derechos pl de custodia; gastos pl de depósito
Depotgeschäft n, e custodia f de valores; operación f de custodia
Depotgesetz n, e legislación f reguladora del depósito, la custodia y la compra de títulos-valores
Depotschein m, e recibo m, resguardo m de depósito
Depotstellung f, en constitución f de un depósito
Depotstimmrecht n, Ø (R.F.A.) derecho m de voto que conceden los accionistas a los bancos; poder m bancario
Depotwechsel m, - efecto m cambial en depósito; letra f entregada en prenda; letra f pignorada
Depression f, en depresión f (económica)
Deputat n, e remuneración f en especie
deputieren diputar; delegar
Derivat n, e derivado m
Design n, s diseño m
Designer m, - diseñador m
Desinflation f, en lucha f contra la inflación; desinflación f; deflación f
Detail n, s detalle m; pormenor m
Detailgeschäft n, e (Arch.) comercio m al por menor; venta f al detalle (Syn. *Detailhandel*)

Detailhändler m, - minorista m; comerciante m al por menor; detallista m
detaillieren (Arch.) vender al por menor
Detailpreis m, e precio m al por menor
Detailverkauf m, ¤e venta f al por menor
Detektei f, en (agencia f de) detectives pl; agencia f de informes
Detektiv m, e 1. detective m 2. agente m policial de investigación
Deut m, Ø *keinen* ~ *wert sein* no tener valor alguno; no valer un comino
deutsch 1. alemán; de Alemania; germano; ~*e Angestelltengewerkschaft DAG* sindicato m alemán de empleados y cuadros; ~*er Beamtenbund DBB* confederación f alemana de funcionarios públicos; ~*e Bundesbahn DB* ferrocarriles pl federales alemanes; ~*e Bundesbank* banco m central alemán; banco m federal alemán; ~*e Bundespost DBP* correos pl y telecomunicaciones pl federales; ~*er Gewerkschaftsbund DGB* confederación f alemana de sindicatos; ~*er Industrie- und Handelstag DIHT* confederación f de cámaras de industria y comercio alemanas; ~*e Industrienorm DIN* norma f industrial alemana; ~*e Mark DM* marco m alemán; ~*e Presseagentur dpa* agencia f de prensa alemana 2. *(R.D.A.)* ~*e Außenhandelsbank* banco m de comercio exterior
Deutsch-Amerikaner m, - americano m de origen alemán
deutsch-deutsch interalemán; ~*er Handel* comercio m entre las dos Alemanias; comercio m interalemán; (Syn. *innerdeutsch*)
Deutsche Demokratische Republik f, Ø República f Democrática Alemana
Deutsche Reichsbahn f, Ø compañía f de ferrocarriles de la R.D.A.
deutsch-spanisch hispano-alemán; germano-español
deutschsprachig, deutschsprechend de lengua alemana
Devalvation f, en *(selten)* devaluación f; devalúo m
Devise f, n divisa f; moneda f extranjera 1. *harte* ~ divisa fuerte; moneda „dura"; ~*n* divisas pl; cambios pl; ~*n kaufen, eintauschen* comprar, cambiar divisas 2. lema m; divisa f; eslogan m
Devisenabkommen n, - acuerdo m sobre los cambios; convenio m sobre divisas; acuerdo m monetario
Devisenabteilung f, en servicio m de cambio
Devisenausgleichfonds m, - fondo m de compensación de divisas
Devisenausländer m, - no residente m
Devisenbeschaffung f, en obtención f de divisas

Devisenbeschränkung f, en → *Devisenbewirtschaftung*
Devisenbestand m, ⸚e reserva f de divisas; disponibilidades pl en divisas
Devisenbestimmungen pl reglamentación f en materia de divisas; régimen m de divisas
Devisenbewirtschaftung f, en control m de divisas (od. de moneda extranjera); control m de los cambios; contingentación f de divisas; reglamentación f de divisas
Devisenbilanz f, en balanza f de divisas; cuenta f de divisas
Devisenbörse f, n Bolsa f de divisas
devisenbringend generador de divisas
Devisenbringer m, - producto m generador de divisas; producto m que se vende muy bien en el extranjero
Devisengenehmigung f, en autorización, f permiso m de cambio; certificado m de cambio (od. de divisas)
Devisengeschäft n, e operación f de cambio; operación f de divisas
Devisengesetz n, e ley f sobre el control de los cambios
Devisenhandel m, Ø comercio m, operaciones pl de divisas
Devisenhandelsplatz m, ⸚e → *Devisenbörse*
Deviseninländer m, - residente m
Devisenknappheit f, Ø escasez f, falta f de divisas
Devisenkontrolle f, n → *Devisenbewirtschaftung*
Devisenkurs m, e cotización f, tipo m de cambio de la moneda extranjera; *amtlicher* ~ cambio m oficial (para la moneda extranjera); *den ~ festsetzen* fijar la cotización de la moneda extranjera
Devisenmarkt m, ⸚e mercado m de cambios; mercado m de divisas; mercado m de moneda extranjera
Devisennotierung f, en cotización f de los cambios; cotización f de la moneda extranjera
Devisenpolster n, - reservas pl de divisas
Devisenreserven pl reservas pl de divisas
Devisenschieber m, - traficante m de divisas
Devisenschiebung f, en tráfico m (ilegal) de divisas
Devisenschmuggel m, Ø → *Devisenschiebung*
Devisenspekulant m, en especulador m en materia de divisas
Devisenspekulation f, en especulación f con los cambios
Devisensperre f, n bloqueo m de divisas
Devisenstelle f, n oficina f de cambios
Devisentermingeschäft n, e mercado m de divisas a plazo
devisenträchtig susceptible de generar divisas
Devisenumrechnungstabelle f, n tablero m de cambios
Devisenvergehen n, - infracción f de la reglamentación de cambios; infracción f en materia de divisas
Devisenverkehr m, Ø → *Devisenhandel*
Devisenvorschrift f, en reglamentación f de los cambios
Devisenzahlung f, en pago m en divisas
Devisenzuteilung f, en asignación f, adjudicación f de divisas
Devisenzwangswirtschaft f, en → *Devisenbewirtschaftung*
Dezennium n, -en decenio m; década f
dezent *(Kleid)* discreto
dezentral descentralizado
Dezentralisation f, en descentralización f
dezentralisieren descentralizar
Dezernat n, e negociado m; sección f; departamento m; oficina f; *das ~ für Bauwesen* el negociado de la construcción
Dezernent m, en jefe m de negociado; encargado m de sección
Dezibel n, - decibelio m (od. decibel)
Dezigramm n, - decigramo m
dezimal decimal
Dezimalbruch m, ⸚e fracción f decimal
Dezimalrechnung f, en cálculo m decimal
Dezimalstelle f, n cifra f decimal
Dezimalsystem n, e sistema m decimal
Dezimalzahl f, en número m, cifra f decimal
Dezimeter m od. n, - decímetro m
dezimieren diezmar
Dezimierung f, en 1. estragos pl 2. mortandad f
DGB *(Deutscher Gewerkschaftsbund)* → *deutsch*
Dia n, s (Fam.) diapositiva f
Diagnose f, n diagnóstico m; *eine ~ stellen* hacer, establecer un diagnóstico; diagnosticar
diagnostizieren diagnosticar
Diagramm n, e representación f gráfica; diagrama m
Dialog m, e diálogo m
Diamant m, en diamante m
Diamantenhändler m, - diamantista m; comerciante m de diamantes
Diamantkronenbohrer m, - (Seg.) perforadoras pl de corona de diamante
Diaprojektor m, en proyector m de diapositivas
Diät f, en dieta f; régimen m; *~ halten* guardar dieta, régimen; *~ leben* hacer, seguir un régimen; estar a dieta
Diäten pl dietas pl; indemnización f
Diätkost f, Ø alimentos pl de régimen; alimentos pl dietéticos
dicht denso; *~er Verkehr* tráfico m denso (od. espeso)
dichtbesiedelt 1. muy urbanizado 2. de gran

densidad de población
dichtbevölkert de gran densidad de población; muy poblado
dichtmachen (Fam.) cerrar; (Fam.) echar el cerrojo
dick grueso; voluminoso; fuerte; *~e Beziehungen haben* (Fam.) estar muy enchufado; tener un buen enchufe; *~e Gelder* capitales *pl*, fondos *pl* importantes; *~e Geschäfte machen* (Fam.) hacer un negocio magnífico; *eine ~e Rechnung bezahlen* (Fam.) pagar una cuenta excesiva; pagar una factura disparatadamente alta
Dieb *m*, ¨e ladrón *m*; (Fam.) caco *m*; chorizo *m*; *einen ~ auf frischer Tat ertappen* pillar a un ladrón con las manos en la masa; sorprender a un ladrón in fraganti od. en flagrante; *haltet den ~!* al ladrón!
Dieberei *f*, **en** ratería *f*
Diebesbande *f*, **n** cuadrilla *f*, banda *f* de ladrones
Diebesgut *n*, ¨**er** botín *m*; objetos *pl* robados; mercancía *f* robada
diebessicher antirrobo; a prueba de robo; perfectamente protegido contra robo
Diebin *f*, **nen** ladrona *f*
diebisch inclinado a robar
Diebstahl *m*, ¨e hurto *m*; latrocinio *m*; ratería *f*; *einfacher ~* hurto simple; *geistiger ~* plagio *m*; *schwerer ~* hurto grave; hurto cualificado; *einen ~ begehen (verüben)* cometer hurto; *gegen ~ versichert sein* estar asegurado contra robo
Diebstahlschutz *m*, Ø protección *f* antirrobo
Diebstahlversicherung *f*, **en** seguro *m* contra robo
dienen servir; estar en filas; hacer el servicio militar; *dem Staat dienen* servir al Estado; *womit kann ich ~* en qué puedo servirle; ¿el señor, la señora desea?
Diener *m*, - 1. sirviente *m*; criado *m*; doméstico *m* 2. *stummer ~* galán *m* de noche 3. reverencia *f*
Dienerschaft *f*, Ø personal *m* de servicio; servidumbre *f*; criados *pl*
Dienst *m*, e servicio *m*; empleo *m*; cargo *m*; función *f* 1. *gehobener ~* cargo elevado; puesto *m* directivo; *der öffentliche ~* servicios *pl* públicos; *außer ~* retirado; jubilado; *im ~ de servicio; ~ am Kunden* servicio pos(t)venta; servicio de asistencia técnica 2. *seine (guten) ~e anbieten* ofrecer sus buenos oficios; *den ~ antreten* entrar en funciones; comenzar el servicio; *aus dem ~ ausscheiden* causar baja en el servicio; retirarse; *einen Beamten seines ~es entheben* relevar, separar del cargo a un funcionario; *aus dem ~ entlassen* despedir; *jdm. einen ~ erweisen* prestar un servicio a alg.; hacer un favor a alg.; *jdm. einen schlechten ~ erweisen* prestar un mal servicio a alg.; *zum ~ gehen* ir al trabajo; *~ haben* estar de servicio; trabajar; *gute ~e leisten* ser de gran utilidad; prestar buenos servicios; *in seine ~e nehmen* tomar a su servicio; contratar; *den ~ quittieren* presentar su dimisión; cesar en el cargo; *(nicht) im ~ sein* (no) estar de servicio; *in jds. ~(en) stehen* estar al servicio de alg.; *in ~ stellen* poner en servicio; *sich in den ~ einer Sache stellen* consagrarse a a/c; *in jds. ~ treten* entrar al servicio de alg.; *~ tun* estar de servicio; *~ nach Vorschrift machen* hacer huelga de celo; trabajar a reglamento; trabajar lentamente
Dienstalter *n*, Ø antigüedad *f* en el servicio (od. en el cargo); *nach dem ~ befördert werden* ascender, ser ascendido por orden de antigüedad; *ein ~ von 25 Jahren haben* tener una antigüedad de 25 años
Dienstaltersstufe *f*, **n** escala *f*, escalafón *m* de antigüedad; *automatisches Aufrücken in die ~* ascenso *m* automático en la escala de antigüedad
Dienstalterszulage *f*, **n** plus *m* de antigüedad
Dienstälteste/r *(der/ein)* el más antiguo; el de mayor antigüedad (en el servicio)
Dienstantritt *m*, Ø entrada *f* en funciones; toma *f* de posesión
Dienstanweisung *f*, **en** → *Dienstvorschrift*
Dienstanzug *m*, ¨e uniforme *m* de servicio, de trabajo
Dienstauffassung *f*, **en** deontología *f* (profesional); espíritu *m* de servicio
Dienstaufsicht *f*, **en** inspección *f*, supervisión *f* jerárquica
Dienstaufsichtsbehörde *f*, **n** autoridad *f* de tutela; autoridad *f* supervisora
Dienstauszeichnung *f*, **en** distinción *f* honorífica (por antigüedad)
dienstbar, *sich jdm. ~ machen* aprovecharse de alg.; *sich etw. ~ machen* utilizar a/c
Dienstbarkeit *f*, **en** servidumbre *f*; *gesetzliche, vertragliche ~* servidumbre legal, convencional
Dienstbefehl *m*, **e** orden *f* de servicio; orden *f* superior; orden *f* jerárquica
dienstbeflissen → *dienststeifrig*
dienstbereit servicial; dispuesto a servir
Dienstbereitschaft *f*, **en** disposición *f* a complacer; obsequiosidad *f*; oficiosidad *f*
Dienstbezüge *pl* emolumentos *pl*; retribución *f*; sueldo *m*
Dienstbote *m*, **n** criado *m*
Dienstboten *pl* personal *m* de servicio; servidumbre *f*

Dienstbotentreppe *f*, n escalera *f* de servicio
Diensteid *m*, e 1. juramento *m* profesional 2. jura *f* del cargo
Diensteifer *m*, Ø celo *m* profesional; *(im schlechten Sinne)* servilismo *m*
diensteifrig solícito; servicial; *(im schlechten Sinne)* servil
Dienstentfernung *f*, en → *Dienstenthebung*
Dienstenthebung *f*, en destitución *f*; *(vorläufig)* suspensión *f*
Dienstentlassung *f*, en separación *f* del cargo; cese *m* en el cargo
dienstfähig apto para el servicio
dienstfrei, ~ *haben* no estar de servicio; *ein ~er Samstag* un sábado libre de servicio; un sábado inhábil
Dienstgeber *m*, - (A) → *Dienstherr*
Dienstgebrauch *m*, Ø *zum* ~ para fines de servicio
Dienstgeheimnis *n*, se secreto *m* profesional; *das ~ verletzen* violar, infringir el secreto profesional
Dienstgespräch *n*, e (Teléf.) conferencia *f* oficial; comunicación *f* de servicio
Dienstgrad *m*, e graduación *f*; categoría *f* en el servicio; grado *m*
diensthabend de servicio; que tiene servicio; de guardia; que tiene guardia; de turno; que tiene turno
Dienstherr *m*, n *od*. en empleador *m*; patrono *m*
Dienstjahre *pl* años *pl* de servicio; años *pl* de antigüedad
Dienstleistung *f*, en (prestación *f* de) servicio *m*; bien *m* inmaterial; bien *m* invisible
Dienstleistungsbetrieb *m*, e empresa *f* (dedicada a la prestación) de servicios
Dienstleistungsbilanz *f*, en balanza *f* de servicios; balanza *f* de bienes invisibles
Dienstleistungsgewerbe *n*, - ramo *m* de servicios; sector *m* terciario
Dienstleistungssektor *m*, en sector *m* terciario; los servicios *pl* (Syn. *tertiärer Sektor*)
Dienstleistungsverkehr *m*, Ø intercambio *m* de (prestaciones de) servicios
Dienstleitung *f*, en (Teléf.) línea *f* de servicio
dienstlich por razones de servicio; de servicio; oficial 1. *~e Angelegenheit* asunto *m* relacionado con el servicio; asunto *m* de servicio; *~es Schreiben* oficio *m*; escrito *m* oficial 2. *er ist ~ unterwegs* está de viaje de servicio; está de viaje oficial; está de viaje por razones de servicio; *~ verhindert sein* estar impedido por razones de servicio
Dienstmädchen *n*, - criada *f*; sirvienta *f*; muchacha *f* de servicio
Dienstmarke *f*, n timbre *m* oficial; sello *m* oficial; marca *f* de servicio

Dienstnehmer *m*, - (A) asalariado *m*
Dienstordnung *f*, en → *Dienstvorschrift*
Dienstpersonal *n*, Ø personal *m* de servicio
Dienstpflicht *f*, en deberes *pl*, obligaciones *pl* del cargo; *allgemeine ~* servicio *m* militar obligatorio
dienstpflichtig sujeto al servicio militar
Dienstplan *m*, ⁼e gráfico *m* de servicio
Dienstraum *m*, ⁼e local *m* reservado al servicio
Dienstreise *f*, n viaje *m* (por razones) de servicio; desplazamiento *m* profesional
Dienstsache *f*, n correspondencia *f* oficial; asunto *m* de servicio; asunto *m* oficial
Dienstsiegel *n*, - sello *m* oficial
Dienststand *m*, ⁼e (A) servicio *m* activo
Dienststelle *f*, n *(Büro)* oficina *f*; *(Behörde)* negociado *m*; sección *f*; *auszahlende* ~ servicio *m* de pagos; pagaduría *f*; *vorgesetzte* ~ autoridad *f* (jerárquica) superior
Dienststellenleiter *m*, - jefe *m* de servicio
Dienststellung *f*, en categoría *f*; rango *m*; funciones *pl*
Dienststrafe *f*, n sanción *f* disciplinaria; sanción *f* administrativa
Dienststrafgewalt *f*, Ø poder *m* disciplinario
Dienststrafrecht *n*, Ø derecho *m* disciplinario
Dienststunden *pl* horas *pl* de servicio; horas *pl* de oficina
diensttauglich apto para el servicio
diensttuend de servicio; de turno; de guardia
dienstuntauglich no apto para el servicio
Dienstvergehen *n*, - falta *f* disciplinaria; delito *m* administrativo
Dienstverhältnis *n*, se relación *f* de servicio; contrato *m* de trabajo; contrato *m* de servicio
dienstverpflichten obligar a prestar un servicio (en caso de catástrofe, guerra, etc.)
dienstverpflichtet obligado a prestar un servicio
Dienstverpflichtung *f*, en prestación *f* obligatoria de servicio
Dienstvertrag *m*, ⁼e contrato *m* de (prestación de) servicio(s)
Dienstvorgesetzte/r *(der/ein)* superior *m* jerárquico
Dienstvorschrift *f*, en ordenanzas *pl*; instrucción *f*, reglamento *m* de servicio; *nach ~ arbeiten* hacer huelga de celo; trabajar lentamente
Dienstwagen *m*, - coche *m* oficial; coche *m* de servicio
Dienstweg *m*, e vía *f* jerárquica; trámite *m* oficial; *auf dem ~* por vía reglamentaria; por vía *(od.* trámite*)* oficial; *den ~ einhalten* seguir la vía reglamentaria; seguir el trámite jerárquico
Dienstwohnung *f*, en vivienda *f* de servicio; vivienda *f* oficial
Dienstzeit *f*, en 1. tiempo *m* de servicio 2. *(Amts-*

dauer) permanencia *f* en el cargo; años *pl* en el cargo 3. servicio *m* activo; situación *f* activa; *die wöchentliche ~ beträgt 39 Stunden* el servicio comprende 39 horas semanales
Dienstzeugnis *n*, se certificado *m* de servicios (expedido por el empleador)
Dienstzulage *f*, n sobresueldo *m*; sobrepaga *f*
Dieselantrieb *m*, Ø propulsión *f*, accionamiento *m* por (motor) Diesel
Dieselmotor *m*, en motor *m* Diesel
Dieselöl *n*, Ø gasóleo *m*; gasoil *m*
Dietrich *m*, e (Seg.) llave *f* falsa; llave *f* maestra; ganzúa *f*
Differentialtarif *m*, e tarifa *f* diferencial; tarifa *f* escalonada (Syn. *Staffeltarif*)
Differentialzölle *pl* aduanas *pl*, derechos *pl* diferenciales
Differenz *f*, en 1. diferencia *f*; saldo *m*; déficit *m*; *eine ~ aufweisen* arrojar una diferencia; registrar un déficit 2. *(Streit)* desavenencia *f*; diferencia *f*; disputa *f*
Differenzgeschäft *n*, e operación *f* a diferencia; operación *f* a plazo
Differenzialquotient *m*, en cociente *m* diferencial
Differenzialrechnung *f*, en cálculo *m* diferencial
differieren diferir; divergir; diferenciarse
digital (Inform.) digital; (Gal.) numérico; *~e Anzeige* indicación *f* digital; *~e Darstellung* representación *f* numérica; *~e Informationen* datos *pl* numéricos
Digitalrechner *m*, - calculadora *f* digital; calculadora *f* numérica
DIHT *(Deutscher Industrie- und Handelstag)* → *deutsch*
Diktaphon *n*, e → *Diktiergerät*
Diktat *n*, e 1. dictado *m*; *nach jds. ~* al dictado de alg.; escribir al dictado 2. (Polit.) dictado *m*; imposición *f*
Diktatzeichen *pl* referencias *pl* del que dicta y de la mecanógrafa
diktieren 1. dictar un texto 2. *der Markt ~t die Preise* el mercado dicta los precios
Diktiergerät *n*, e dictafón *m*; dictáfono *m*
DIN *(Deutsche Industrienorm)* → *deutsch*
Diner *n*, s almuerzo *m*
DIN-Format *n*, e formato *m* DIN (E= formato UNE)
dingen (Arch.) *(einstellen)* contratar; ajornalar; *(Mörder)* pagar; *(bestechen)* sobornar
dinglich (Jur.) real; *~es Recht* derecho *m* real; *~e Sicherheit* garantía *f* material
Dipl. → *Diplom*
Diplom *n*, e diploma *m*
Diplomat *m*, en diplomático *m*
diplomatisch diplomático; *die ~en Beziehungen abbrechen, aufnehmen* romper, establecer las relaciones diplomáticas
Diplombetriebswirt *m*, e diplomado *m* de estudios superiores de gestión (empresarial); licenciado *m* en (ciencias) empresariales; intendente *m* mercantil; (Syn. *Diplomkaufmann*)
Diplomdolmetscher *m*, - intérprete *m* diplomado
Diplomkauf|mann *m*, **-leute** intendente *m* mercantil
Diplomlandwirt *m*, e ingeniero *m* agrónomo
Diplomvolkswirt *m*, e diplomado *m* de estudios económicos superiores; licenciado *m* en economía nacional; *(Dipl. Volksw.)*
direkt directo; inmediato; decidido; *~e Besteuerung* imposición *f* directo; *~e Beschaffung (~er Bezug)* compra *f* directa al productor; *~e Steuern* impuestos *pl* directos; *~e Telefonverbindung* comunicación *f* directa; *~er Vertrieb* venta *f* directa al consumidor
Direktbezieher *m*, - cliente *m*, comprador *m* directo
Direktbezug *m*, ⸚e → *Direkteinkauf*
Direkteinkauf *m*, ⸚e compra *f* directa; aprovisionamiento *m*, abastecimiento *m* directo
Direktflug *m*, ⸚e vuelo *m* directo
Direktgeschäft *n*, e transacción *f* directa
Direktimport *m*, e importación *f* directa (del país de producción)
Direktinvestitionen *pl* inversiones *pl* directas
Direktion *f*, en 1. dirección *f*; *jdm. die ~ einer Bank übertragen* confiar a alg. la dirección de un Banco 2. gremio *m* directivo; órgano *m* rector; dirección *f*; gerencia *f*; *wenden Sie sich an die ~* diríjase a la dirección 3. dirección *f* (= oficina, locales)
Direktionsetage *f*, n planta *f* noble; planta *f* con los despachos de la dirección
Direktionssekretärin *f*, nen secretaria *f* de dirección (Syn. *Chefsekretärin*)
Direktionszimmer *n*, - despacho *m* del director
Direktive *f*, n instrucciones *pl* generales; directiva *f*; directriz *f*
Direktmandat *n*, e mandato *m* (parlamentario) directo
Direktor *m*, en director *m*; jefe *m* de servicio; *geschäftsführender ~* director gerente; director ejecutivo; *kaufmännischer ~* director comercial; *stellvertretender ~* director adjunto; *technischer ~* director técnico; *zweiter ~* subdirector *m*
Direktorat *n*, e dirección *f*
direktorial 1. directoral *(= eines Direktors)* 2. directorial *(= eines Direktoriums)*
Direktori|um *n*, **-en** directorio *m*; comité *m* directivo; *dreiköpfiges ~* directorio de 3

miembros; *in das ~ eines Konzerns berufen werden* ser nombrado miembro (*od.* vocal) del directorio de un grupo
Direktorposten *m*, - puesto *m*, función *f* de director
Direktverkauf *m*, ⸗e venta *f* directa; venta *f* en punto de fábrica
Direktwahl *f*, en elección *f* directa
Direktwerbung *f*, en publicidad *f* directa, individual
Dirigismus *m*, Ø dirigismo *m*; intervencionismo *m*; sistema *m* dirigista
dirigistisch dirigista; intervencionista; *~es Eingreifen* intervención *f* dirigista; *~e Maßnahmen* medidas *pl* dirigistas
Disagio *n*, s disagio *m*; por debajo de la par; (Ggs. *Agio*)
Discount *m*, s descuento *m*; *einen ~ gewähren* conceder una rebaja (*od.* un descuento)
Discounter *m*, - → *Discountgeschäft*
Discountgeschäft *n*, e almacén *m* de descuento; tienda *f* mini-margen
Discounthaus *n*, ⸗er → *Discountgeschäft*
Discountpreis *m*, e precio *m* reducido; precio *m* „discount"; precio *m* mini-margen
Diskette *f*, n (Inform.) disquette *f*
Diskont *m*, e descuento *m*; rebaja *f*; *abzüglich ~* descuento deducido 2. *banküblicher, freier ~* descuento bancario, extrabancario; *zum ~ bringen (einreichen)* presentar a descuento; *den ~ erhöhen, senken* elevar, bajar la tasa de descuento; *einen Wechsel zum ~ ankaufen* tomar un efecto a descuento; *einen Wechsel in ~ geben* (hacer) descontar un efecto
Diskontbank *f*, en banco *m* de descuento
Diskonten *pl* efectos *pl* descontados
Diskonter *m*, - → *Discountgeschäft*
Diskonterhöhung *f*, en aumento *m* del tipo de descuento; elevación *f* de la tasa de descuento
Diskontermäßigung *f*, en → *Diskontherabsetzung*
diskontfähig descontable
Diskontfähigkeit *f*, Ø *~ eines Wechsels* negociabilidad *f* de una letra en un banco
Diskontfuß *m*, Ø tipo *m* de descuento
Diskontgeschäft *n*, e operación *f* de descuento
Diskontherabsetzung *f*, en reducción *f* del tipo de descuento; rebaja *f* de la tasa de descuento
diskontierbar → *diskontfähig*
diskontieren, *einen Wechsel ~ lassen* descontar, entregar un efecto para su descuento
Diskontierung *f*, en descuento *m* de efectos comerciales
Diskontnehmer *m*, - banquero *m* que descuenta
Diskontlo *n*, s *od.* -i → *Diskont*
Diskontpolitik *f*, Ø política *f* de descuento

Diskontsatz *m*, ⸗e tipo *m*, tasa *f* de descuento; *den ~ herabsetzen (senken)* bajar, reducir la tasa (*od.* el tipo) de descuento; *den ~ erhöhen* elevar, aumentar el tipo (*od.* la tasa) de descuento
Diskontsatzpolitik *f*, Ø política *f* en materia de tasa (*od.* tipo) de descuento
Diskontsenkung *f*, en reducción *f* del tipo (*od.* de la tasa) de descuento
Diskontwechsel *m*, - letra *f* negociable; efecto *m* (cambiario) a descontar; letra *f* descontada
diskret discreto; reservado
Diskretion *f*, Ø discreción *f*; reserva *f*; *~ wird zugesichert* discreción garantizada (*od.* asegurada)
Diskussion *f*, en discusión *f*; debate *m*; *zur ~ stellen* someter a debate (*od.* discusión)
diskutieren discutir; debatir
Diskussionsbeitrag *m*, ⸗e intervención *f*; ponencia *f*; hipótesis *f* de discusión
Diskussionsgrundlage *f*, n base *f* de discusión
diskutabel discutible; procedente; *nicht ~* improcedente; fuera de lugar
Dispache *f*, n 1. arbitraje *m* (entre una compañía de seguros marítimos y el asegurado) 2. cálculo *m* de pérdidas y averías en seguro marítimo
Dispatcher *m*, - 1. perito *m* de seguros marítimos 2. jefe *m* de producción en una gran empresa
Dispatchersystem *n*, e control *m* de la producción en una gran empresa
Dispens *m*, en dispensa *f*; exención *f*; autorización *f* excepcional
dispensieren, *~ von* dispensar, eximir de
Display *n*, s 1. presentación *f*, exhibición *f* de mercancías (en un stand o escaparate); apoyo *m*, soporte *m* publicitario 2. (Inform.) terminal *m* de salida de un ordenador con muestra de resultado
Displayer *m*, - decorador *m* de escaparates; dibujante *m* en envases
Disponent *m*, en apoderado *m*; gerente *m*
disponibel disponible
disponieren proyectar anticipadamente; disponer; colocar pedidos
Disposition *f*, en 1. plan *m*; medidas *pl*; *~en treffen* tomar medidas; prevenir; precaver; trazar un plan 2. disposición *f*; *zur ~ stehen* estar a disposición de 3. disponibilidad *f*; *jdn. zur ~ stellen* pasar a alg. a situación de disponible 4. predisposición *f* 5. *(Aufgabe von Bestellungen)* colocacion de pedidos 6. pedido *m*; *kurzfristige ~en der Kundschaft* pedidos *pl* a corto plazo de la clientela 7. instrucciones *pl*; órdenes *pl*
dispositionsfähig capaz de tomar decisiones; capaz de disponer; autorizado

Dispositionsfonds *m*, - 1. fondos *pl* disponibles 2. fondo *m* secreto; (Syn. *Sonderfonds*)
Dispositionsgelder *pl* → *Dispositionsfonds*
Dispositionskredit *m*, e crédito *m* en cuenta corriente; crédito *m* en descubierto; avance *m* del banco en cuenta corriente (Syn. *Überziehungskredit*)
Dispositionspapier *n*, e 1. título *m* transmisible 2. valor *m* en mercancías
Distanzgeschäft *n*, e operación *f* a distancia; venta *f* (de una mercancía) a distancia
Distanzkauf *m*, "e operación *f* de compra a distancia; compra *f* (de una mercancía) a distancia
Distanzscheck *m*, s cheque *m* librado fuera de plaza; cheque *m* indirecto
Distanzwechsel *m*, - letra *f* trayecticia
Distribution *f*, en 1. distribución *f* (Syn. *Vertrieb*) 2. reparto *m*
Disziplinargewalt *f*, Ø potestad *f* disciplinaria; poder *m* disciplinario
disziplinarisch disciplinario
Disziplinarstrafe *f*, n pena *f*, sanción *f* disciplinaria; castigo *m* disciplinario
Disziplinarverfahren *n*, - expediente *m*, procedimiento *m* disciplinario
Disziplinarvergehen *n*, - falta *f*, transgresión *f* disciplinaria
divergent divergente
divergieren divergir (de)
Diverse(s) *pl* géneros *pl* diversos
diversifizieren diversificar; *ein Produktionsprogramm* ~ diversificar un programa de producción
Dividende *f*, n dividendo *m* (activo); renta *f* variable 1. *abgehobene* ~ dividendo cobrado; *aufgehobene* ~ dividendo acumulado; *aufgelaufene* ~ dividendo acumulado; *nicht erhobene* ~ dividendo no percibido; *nicht gezahlte* ~ dividendo no pagado (*od.* no abonado); *rückständige* ~ dividendo atrasado 2. *die* ~ *anheben (erhöhen)* aumentar, elevar el dividendo; *eine* ~ *ausschütten (verteilen)* repartir un dividendo; *die* ~ *festsetzen* fijar el dividendo; *eine* ~ *zahlen* pagar, abonar un dividendo
Dividendenabgabe *f*, n exacción *f* (fiscal) sobre los dividendos
Dividendenabschlag *m*, "e → *Dividendenkürzung*
Dividendenabschnitt *m*, e → *Dividendenschein*
Dividendenaktie *f*, n acción *f* de renta variable
Dividendenanspruch *m*, "e derecho *m* a dividendo; *seine* ~*e anmelden (geltend machen)* hacer valer, presentar sus derechos a dividendo
Dividendenausschüttung *f*, en reparto *m*, distribución *f* de dividendos
dividendenberechtigt con derecho a dividendo; que tiene derecho a dividendo
Dividendenbogen *m*, " → *Dividendenschein*
Dividendenerhöhung *f*, en aumento *m* del dividendo
Dividendenfestsetzung *f*, en fijación *f* del dividendo (a pagar)
Dividendenkupon *m*, s → *Dividendenschein*
Dividendenkürzung *f*, en disminución *f*, recorte *m* del dividendo
dividendenlos sin dividendo; que no arroja dividendo
Dividendenpapier *n*, e valor *m* de renta variable; título *m* que da derecho a dividendo
Dividendenreserve *f*, n = *Dividendenrücklage*
Dividendenrücklage *f*, n reserva *f* para regularización (*od.* pago) de dividendos
Dividendenschein *m*, e cupón *m* de dividendo; cupón *m* de acción
Dividendenverteilung *f*, en → *Dividendenausschüttung*
Dividendenwerte *pl* → *Dividendenpapiere*
dividieren dividir
DIW *(Deutsches Institut für Wirtschaftsforschung)* Instituto *m* de Investigaciones Macroeconómicas
d.J. *(dieses Jahres)* del año en curso
d.M. *(dieses Monats)* del mes en curso; del mes corriente; de este mes
DM → *D-Mark*
D-Mark *f*, - *(Deutsche Mark)* marco *m* alemán; marco *m* occidental; marco *m* de la R.F.A.
DM-Kurs *m*, e (tipo *m* de) cambio *m*, cotización *f* del marco
Dock *n*, s 1. dique *m*; dársena *f*; dock *m*; *schwimmendes* ~ dique flotante 2. muelle *m* 3. *(Lagerhaus für unverzollte Güter)* almacén *m* general (de depósito)
Dockanlagen *pl* docks *pl*
Dockarbeiter *m*, - peón *m* de muelle; docker *m*
Dockempfangsschein *m*, e recibo *m* de dársena; recibo *m* de dock (*od.* muelle); certificado *m* de depósito
Docker *m*, - → *Dockarbeiter*
Dockgebühren *pl* derechos *pl* de dique; derechos *pl* de dársena; derechos *pl* de muelle; (Uruguay) derechos *pl* de piso
Dockgeld *n*, er → *Dockgebühren*
Docklagerschein *m*, e warrant *m*
Dockquittung *f*, en certificado *m* de depósito
Dokument *n*, e documento *m*; *(Bescheinigung)* certificado *m*; justificante *m*; comprobante *m*; ~*e* documentos de transporte y seguro; ~*e gegen Akzept* remesa *f* documentaria; orden *f* de entrega de documentos contra pago/acep-

tación; *~e gegen Zahlung* documentos *pl* contra pago; *Kasse gegen ~e* orden *f* de pago documentaria; *durch die ~ vertretenen Waren* mercancías representadas por los documentos

Dokumentenakkreditiv *n*, **e** crédito *m* documentario; *bestätigtes ~* crédito documentario confirmado; *teilbares ~* crédito documentario divisible; *übertragbares ~* crédito documentario transferible; *unwiderrufliches ~* crédito documentario irrevocable

Dokumenteninkasso *n*, **s** cobro *m* sobre documentos

Dokumententratte *f*, **n** giro *m* documentario; efecto *m* documentario

Dollar *m*, **s** dólar *m*

Dollarblock *m*, Ø bloque *m*, (grupo *m*) del dólar

Dollardiplomatie *f*, Ø diplomacia *f* del dólar; política *f* de expansión basada en el dólar

Dollarguthaben *n*, - activo *m* en dólares

Dollarklausel *f*, **n** cláusula *f* de pago en dólares; cláusula *f* dólar

Dollarkurs *m*, **e** cambio *m*, curso *m* del dólar

Dollarlücke *f*, **n** escasez *f* de dólares

Dollarraum *m*, Ø área *f* del dólar

Dollarzone *f*, Ø zona *f* (del) dólar

dolmetschen servir, actuar de intérprete; interpretar

Dolmetscher *m*, - intérprete *m*; *vereidigter ~* intérprete jurado

Domäne *f*, **n** finca *f* pública; (Fig.) dominio *m*

Domizil *n*, **e** 1. domicilio *m (legal)*; *sein ~ wechseln* cambiar de domicilio; mudarse 2. domicilio (lugar de cobro o pago de un efecto)

domizilieren domiciliar; *einen Wechsel bei einer Bank ~* domiciliar una letra en un banco

Domizilwechsel *m*, - letra *f* domiciliada

Dontgeschäft *n*, **e** *(Börse)* operación *f*, negocio *m* a prima (que permite al comprador rescindir su contrato mediante una indemnización fijada de antemano)

Doppel *n*, - doble *m*; duplicado *m*

Doppelarbeit *f*, **en** empleo *m* doble

Doppelbartschlo|**ß** *m*, **¬sser** (Seg.) cerradura *f* de doble paletón

Doppelbeschäftigung *f*, **en** → *Doppelarbeit*

Doppelbeschluß *m*, Ø (Polit.) opción *f* doble

Doppelbesteuerung *f*, **en** doble imposición *f*

Doppelbesteuerungsabkommen *n*, - acuerdo *m* de doble imposición

Doppelbrief *m*, **e** carta *f* con exceso de peso

Doppelbürgschaft *f*, **en** (A) doble nacionalidad *f*

Doppelgesellschaft *f*, **en** sociedad *f* dual *(od.* fragmentada)

Doppelpatentierung *f*, **en** acto *m* de patentar en doble

Doppelriegelschlo|**ß** *n*, **¬sser** (Seg.) cerradura *f* con pestillo doble

Doppelrohranlage *f*, **n** tubo *m* doble de correo neumático

Doppelschicht *f*, **en** turno *m* doble; equipo *m* doble

doppelt doble 1. *in ~er Ausfertigung* por duplicado; *~e Buchführung* contabilidad *f* por partida doble; (Syn. *Doppik*); *~es Stimmrecht* derecho *m* de voto doble 2. el doble; dos veces; doblemente; por duplicado; *~ soviel bezahlen* pagar el doble

Doppeltarif *m*, **e** tarifa *f* doble

Doppeltür *f*, **en** contrapuerta *f*; puerta *f* doble

Doppelveranlagung *f*, **en** doble tributación *f*

Doppelverdiener *m*, - 1. pareja *f* que trabaja 2. persona *f* que percibe dos sueldos 3. persona *f* que tiene dos empleos

Doppelverdienst *m*, **e** ganancia *f* doble; salario *m*, sueldo *m* doble

Doppelversicherung *f*, **en** seguro *m* doble; seguro *m* cumulativo

Doppelwährung *f*, **en** bimetalismo *m*; doble tipo *m* monetario; doble patrón *m* *f*

Doppelwechsel *m*, - segunda *f* de cambio

Doppelzentner *m*, - quintal *m* métrico

Doppelzimmer *n*, - habitación *f* doble

Doppik *f*, **en** → *doppelt*

Doppler *m*, - (Seg.) detector *m* por efecto Doppler

Dossier *n*, **s** dosier *m*; dossier *m*; expediente *m*; documentación *f*; acta *f*; *Einsicht in ein ~ nehmen* tener acceso a las actas; (Syn. *Akte*)

Dotation *f*, **en** dotación *f*

dotieren dotar; *die Stellung ist gut ~t* el cargo, el puesto está bien retribuído; *der Preis wird mit 3000 Mark ~t* el premio será de 3000 marcos

Dotierung *f*, **en** retribución *f*; dotación *f*; provisión *f*

Dow-Jones-Index *m*, Ø índice *m* Dow-Jones (de valores industriales)

dpa *(Deutsche Presseagentur)* → *deutsch*

Draht *m*, **¬e** 1. hilo *m*; cable *m*; *am anderen ~* al otro lado del hilo; *per ~* por cable; por telégrafo; *heißer ~* teléfono *m* rojo (entre las superpotencias para situaciones de suma gravedad) 2. (Fam.) pasta *f*; (Pop.) parné *m*

Drahtakzept *n*, **e** aceptación *f* telegráfica

Drahtanschrift *f*, **en** dirección *f* telegráfica

Drahtantwort *f*, **en** respuesta *f* telegráfica

Drahtanweisung *f*, **en** orden *f* telegráfica

drahten telegrafiar; cablegrafiar; poner un cable; *an jdn. ~* enviar un cable a alg.; *eine Nachricht ~* telegrafiar una noticia; (Syn. *telegraphieren*)

drahtlos inalámbrico; sin hilos; *~e Telegrafie* radiotelegrafía *f*; telegrafía *f* sin hilos (T.S.H.); *~es Telegramm* radiotelegrama *m*

Drahtüberweisung *f*, en giro *m* telegráfico; transferencia *f* telegráfica

drängen 1. *(Schuldner)* apremiar 2. *(Zur Eile)* meter prisa; urgir 3. *vom Markt ~* eliminar, excluir del mercado 4. *es drängt (nicht)* (no) corre prisa; *die Sache drängt* el asunto no admite demora 5. *die Zeit drängt* el tiempo apremia 6. *auf etwas ~* insistir en a/c

drastisch drástico; draconiano; radical; *~e Maßnahmen ergreifen* adoptar medidas drásticas; arbitrar medidas de restricción radicales

Draufgabe *f*, **n** 1. guante *m*; comisión *f* que se entrega bajo cuerda 2. *etw. als ~ schenken* donar u/c como sobresueldo 3. arras *pl*; señal *f* 4. sobreprecio *m*

draufgehen, *das ganze Kapital wird ~* todo el capital se va a esfumar; *es ist viel Material draufgegangen* (nos) ha costado mucho material

Draufgeld *n*, **er** → *Draufgabe*

drauflegen añadir; agregar; hacer un pequeño esfuerzo (financiero); *noch ein paar Mark ~* añadir unos marcos más

drauflosarbeiten trabajar sin pensar

draufloswirtschaften 1. actuar sin discernimiento 2. derrochar

draufzahlen 1. → *drauflegen* 2. perder dinero en un negocio

Drawback *n*, **s** reembolso *m*, devolución *f* de los derechos de aduana; drawback *m*; prima *f* a la exportación

Dreck, *er hat Geld wie ~* está forrado de dinero; está podrido de rico

Dreckarbeit *f*, en trabajo *m* penoso y sucio

Dreiecksgeschäft *n*, **e** operación *f*, transacción *f* triangular

Dreieckshandel *m*, Ø comercio *m* triangular

dreifach triple; tres veces mayor; *~e Ausfertigung* por triplicado; en tres ejemplares

Dreifelderwirtschaft *f*, en (cultivo *m* de) rotación *f* trienal

Dreimächteabkommen *n*, - acuerdo *m* tripartito

dreijährig de tres años

dreijährlich trienal

Dreimeilenzone *f*, **n** zona *f* de (las) tres millas

dreimonatig de tres meses

dreimonatlich trimestral

Dreimonatsgeld *n*, **er** dinero *m* a tres meses; crédito *m* a tres meses plazo

Dreimonatswechsel *m*, - efecto *m*, letra *f* a tres meses

Dreimonatsziel *n*, **e** (a un) plazo *m* de tres meses; (con un) vencimiento *m* de tres meses; con tres meses de plazo *(od.* vencimiento)

Dreiparteienkoalition *f*, en coalición *f* tripartita

Dreiparteiensystem *n*, **e** tripartidismo *m*

dreiprozentig, *~e Papiere* títulos *pl* al tres por ciento

Dreisatz *m*, **⁼e** regla *f* de tres

Drei-Schichten-Dienst *m*, Ø servicio *m*, trabajo *m* de *(od.* a) tres turnos

dreiseitig trilateral

dreispaltig en *(od.* a *od.* de) tres columnas

dreisprachig trilingüe; en tres idiomas

dreispurig *(Autobahn)* de tres carrilles; de tres bandas

dreißigste trigésimo

Dreißigstel *n*, - trigésimo *m*; trigésima parte *f*

Dreißigste/r *(der/ein) (Witwenanteil)* la trigésima

Dreiviertelmehrheit *f*, en mayoría *f* de tres cuartos

dreiwöchiger Urlaub *m*, Ø vacaciones *pl*, permiso *m* de tres semanas

Drift *f*, en (→ *Lohndrift*) diferencia *f* entre salario o sueldo marcado en convenio colectivo y el salario o sueldo efectivamente pagado

dringend 1. *~e Angelegenheit* asunto *m* urgente; *~er Bedarf* necesidad *f* imperiosa; *~e Bitte* ruego *m* encarecido; *~e Geschäfte* negocios *pl* urgentes; *~es Gespräch* conferencia *f* *(od.* llamada *f)* telefónica urgente 2. *etw. ~ benötigen* necesitar a/c imperiosamente; *es wird ~ empfohlen* se recomienda encarecidamente

Dringlichkeit *f*, en urgencia *f*; perentoriedad *f*; apremio *m*

Dringlichkeitsbescheinigung *f*, en visto *m* bueno de urgencia

Dringlichkeitsliste *f*, **n** lista *f* por grado de urgencia; lista *f* por orden de prioridad

Dringlichkeitsstufe *f*, **n** grado *m* de urgencia; orden *m* de prioridad

dritt, *aus ~er Hand* de (un) tercero; *die ~e Kraft* (Polit.) la tercera fuerza; *ein ~es Land* un país tercero; *~e Person* un tercero; *die ~e Welt* el tercer mundo; *der ~e (Wirtschafts)sektor* los servicios *pl*; el sector terciario

Drittbegünstige/r *(der/ein)* tercero *m* beneficiario

Drittel *n*, - tercio *m*; tercera parte *f*; *drei ~* tres tercios

Drittelbeteiligung *f*, en participación *f* de un tercio

Dritteldeckung *f*, en cobertura *f* oro que representa el tercio de la circulación fiduciaria

Drittelparität *f*, en representación *f* de un tercio

drittens en tercer lugar; tercero

Dritte/r *(der/die)* tercero *m*; tercera *f* persona; *für ~e* por cuenta de terceros; para uso de terceros; *gegenüber ~n* frente a terceros; *~n gegenüber haften* responder frente a terceros; *vor ~n nicht sprechen wollen* no querer decirlo *(od.*

hablar) en presencia de terceros; *Verträge zugunsten ~r* contratos en beneficio de terceros
Dritterwerber *m,* - tercer (o) *m* adquirente
Drittgeschädigte/r *(der/ein)* tercero *m* lesionado; tercero *m* perjudicado
Drittgläubiger *m,* - tercero *m* acreedor
Drittland *n,* ⃟er (CE) país *m* tercero
Drittschuldner *m,* - tercero *m* deudor; deudor *m* de un deudor
Drittverwahrung *f,* en *~ von Wertpapieren* depósito *m* de títulos en un tercero convenido
Drive-in-Bank *f,* en autobanco *m* (el cliente no tiene que apearse del vehículo)
Drohbrief *m,* e carta *f* de amenaza; carta *f* amenazadora; carta *f* conminatoria
drohen amenazar; *einem Land mit einem Embargo ~* amenzar de embargo a un país
Drohung *f,* en amenaza *f*
drosseln disminuir; reducir; frenar; *die Einfuhren ~* disminuir las importaciones; *die Geldmenge ~* reducir la masa monetaria; *den Verbrauch ~* frenar el consumo
Drosselung *f,* en disminución *f;* reducción *f;* freno *m;* moderación *f; ~ der Produktion* reducción de la producción
Druck *m,* e impresión *f;* (*Gedrucktes*) imprenta *f;* (*Bild*) estampa *f;* (*Auflage*) edición *f;* in *~ geben* hacer imprimir; dar a la imprenta; *in ~ gehen* ser publicado; *in ~ sein* estar en prensa
Druck *m,* Ø presión *f; steuerlicher ~* presión fiscal; *der ~ der Gewerkschaften* presión sindical; *einen ~ ausüben auf* ejercer presión sobre; presionar sobre; *einem ~ nachgeben* ceder a una presión
Drückeberger *m,* - 1. (Fam.) holgazán *m;* vago *m* 2. enchufado *m* en un buen puesto
drucken imprimir; editar; publicar; *~ lassen* hacer imprimir; poner en prensa
drücken 1. *(Börse)* hacer bajar; *gedrückt* deprimido; desanimado; *auf die Preise ~* hacer bajar los precios 2. *sich ~* escurrir el bulto; ponerse a cubierto; escabullirse; *sich vor der Arbeit ~* esquivar el trabajo
Drucker *m,* - (Inform.) impresor *m;* (*Computer*) impresora *f*
Druckerei *f,* en imprenta *f*
Druckereipresse *f,* n prensa *f* tipográfica; *frisch aus der ~ kommen* acabar de salir de la prensa (tipográfica)
Druckkosten *pl* gastos *pl* de impresión
Druckmittel *n,* - medio *m* de presión; *ein wirtschaftliches ~ gegen jdn. einsetzen* utilizar un medio de presión económica contra alg.
Drucksache *f,* n impresos *pl; ~ zu ermäßigter Gebühr* impresos a tarifa reducida

Druckschrift *f,* en 1. caracteres *pl* de imprenta; letra *f* de molde; *bitte in ~ ausfüllen* rogamos se rellene con letra de molde 2. *(Veröffentlichung)* folleto *m;* impreso *m*
dt. → *deutsch*
Dtzd. → *Dutzend*
Dualsystem *n,* e 1. (Inform.) sistema *m* binario 2. enseñanza *f* alternada (general y profesional)
dubios dudoso; *~e Forderung* crédito *m* de cobro dudoso
Dubiosa, Dubiosen *pl* créditos *pl* de cobro dudoso
Dumping *n,* s dúmping *m; ~ betreiben* practicar el dúmping
Dumpingpreis *m,* e precio *m* de dúmping
Düngemittel *n,* - fertilizante *m;* abono *m*
düngen abonar; fertilizar; estercolar
Dünger *m,* - → *Düngemittel*
dunkel oscuro; sombrío; misterioso; *~e Geschäfte* negocios *pl* turbios; negocios *pl* oscuros; *das Geld fließt in ~e Kanäle* el dinero va a parar a manos desconocidas; *~e Machenschaften* maniobras *pl,* maquinaciones *pl* sospechosas
Dunkelziffer *f,* n 1. cifra *f* no publicada 2. datos *pl* oficiosos 3. datos *pl* mantenidos en secreto 4. datos *pl* que escapan al censo
Dunkelzone *f,* n zona *f* no controlable; (Syn. *Grauzone*)
dünnbevölkert de baja densidad de población; poco poblado
Dünndruckpapier *n,* e papel *m* biblia
Duopol *n,* s → *Dyopol*
Duplikat *n,* e copia *f;* duplicado *m; ein ~ anfertigen* sacar copia; (Syn. *Abschrift, Kopie*)
Duplikatfrachtbrief *m,* e duplicado *m* de la carta de porte
Duplikatquittung *f,* en copia *f* del recibo
Duplikatrechnung *f,* en copia *f* de la factura
Duplikatwechsel *m,* - duplicado *m* de la letra de cambio
durchbringen 1. *sich ~* ganarse la vida (*od.* el sustento) 2. *ein Vermögen ~* derrochar, despilfarrar, malgastar una fortuna
Durchfahrt *f,* en (flete *m* en) tránsito *m*
Durchfahrtbrief *m,* e carta *f* de porte directo (para flete con tarifa directa)
Durchfahrtzoll *m,* ⃟e derecho *m* de pasaje
Durchfuhr *f,* en tránsito *m;* pasaje *m* en tránsito; *~ von Waren* tránsito de mercancías; (Syn. *Transit*)
Durchfuhrabgabe *f,* n tasa *f* de tránsito
durchführbar realizable; ejecutable; viable
Durchfuhrbescheinigung *f,* en certificado *m* de tránsito
Durchfuhrbewilligung *f,* en permiso *m,* autori-

zación *f* de tránsito
Durchfuhrdeklaration *f*, en declaración *f* de tránsito
durchführen llevar a la práctica; poner en práctica; llevar a cabo; realizar; efectuar; ejecutar; *Geschäfte ordnungsgemäß* ~ llevar los negocios como es debido; *Maßnahmen* ~ efectuar, realizar medidas; *ein Vorhaben* ~ llevar un plan a la práctica; poner en práctica un plan
Durchfuhrerlaubnis *f*, se autorización *f*, permiso *m* de tránsito
Durchfuhrfracht *f*, en gastos *pl* directos (*od*. de tránsito)
Durchfuhrfreiheit *f*, Ø libertad *f* de tránsito
Durchfuhrhafen *m*, ¨ puerto *m* de tránsito; puerto *m* de escala
Durchfuhrhandel *m*, Ø comercio *m* de tránsito
Durchfuhrland *n*, ¨er país *m* de tránsito
Durchfuhrpapier *n*, e *einzelstaatliches* ~ (CE) documento *m* nacional de tránsito
Durchfuhrrecht *n*, Ø derecho *m* de tránsito
Durchfuhrschein *m*, e guía *f*, boleto *m* de tránsito
Durchfuhrspediteur *m*, e agente *m* de tránsito
Durchführung *f*, en realización *f*; ejecución *f*; implementación *f*; ~ *eines Gesetzes* aplicación *f* de una ley
Durchführungsbestimmung *f*, en norma *f*, disposición *f* de aplicación; modalidad *f* de aplicación
Durchführungserlaß *m*, -sse (A) → *Durchführungsbestimmung*
Durchführungsverordnung *f*, en decreto *m* de aplicación
Durchfuhrverbot *n*, e prohibición *f* de tránsito
Durchfuhrverkehr *m*, Ø tráfico *m* en tránsito; tráfico-tránsito *m*
Durchfuhrzölle *pl* derechos *pl* de tránsito; aranceles *pl* (aduaneros) de tránsito
durchfunken cablegrafiar
Durchgang *m*, ¨e tránsito *m*; *im* ~ en tránsito; ~ *von Waren* tránsito de mercancías; *kein* ~ prohibido el paso
Durchgangs- (Pref.) de, en tránsito; (Syn. *Durchfuhr-*)
Durchgangsbahnhof *m*, ¨e estación *f* de tránsito
Durchgangsbeförderung *f*, en encaminamiento *m* en tránsito
Durchgangsfracht *f*, en flete *m* de tránsito
Durchgangsfrachtbrief *m*, e conocimiento *m* directo (*od*. de tránsito)
Durchgangsfrachtsatz *m*, ¨e → *Durchgangstarif*
Durchgangsgüter *pl* mercancías *pl* en tránsito
Durchgangshafen *m*, ¨ puerto *m* de tránsito
Durchgangshandel *m*, Ø comercio *m* en tránsito
Durchgangskonto *n*, -en cuenta *f* transitoria

Durchgangskosten *pl* gastos *pl* de tránsito
Durchgangsladung *f*, en carga *f* de (*od*. en) tránsito
Durchgangsland *n*, ¨er país *m* de tránsito
Durchgangsposten *m*, - efecto *m* en tránsito
Durchgangsreisende/r (*der/ein*) viajero *m* en tránsito
Durchgangstarif *m*, e tarifa *f* de tránsito
Durchgangsverkehr *m*, Ø tráfico *m*; tráfico *m* en (*od*. de) tránsito; *den* ~ *umleiten* desviar el tráfico en tránsito; *Waren im* ~ mercancías *pl* en tránsito; ~ *durch das Hoheitsgebiet eines Mitgliedstaates* (CE) transporte *m* que pasa (*od*. cruza) el territorio de un Estado miembro
Durchgangsware *f*, n mercancía *f* en tránsito
Durchgangszölle *pl* → *Durchfuhrzölle*
Durchgangszollstelle *f*, n oficina *f* de aduana en ruta; aduana *f* de tránsito (*od*. paso)
durchgeben transmitir; radiar; anunciar
durchgehen 1. pasar; atravesar; *Waren* ~ *lassen* dejar pasar las mercancías 2. proseguir sin interrupción 3. *das Gesetz ist durchgegangen* la ley ha pasado; la ley ha sido aprobada 4. examinar; controlar; *ein Projekt Punkt für Punkt* ~ examinar un proyecto punto por punto
durchgehend ininterrumpido; sin interrupción; continuo; continuado; ~*e Arbeitszeit* jornada *f* continuada; jornada *f* intensiva; jornada *f* sin descanso al mediodía; *die Geschäfte sind* ~ *geöffnet* las tiendas no cierran al mediodía
durchkreuzen 1. tachar; *Nichtzutreffendes bitte* ~ táchese lo que no proceda 2. frustrar; desbaratar; contrariar 3. *Scheck* ~ cruzar un cheque
durchlöchern 1. perforar; horadar; agujerear 2. no respetar
durchnumerieren numerar correlativamente
durchpausen calcar; copiar
durchplanen prever u/c en todos sus detalles
durchrationalisieren, *einen Betrieb* ~ racionalizar una empresa a fondo
durchrechnen 1. repasar; verificar 2. calcular detalladamente; (Fam.) hacer números
Durchreise *f*, Ø *auf der* ~ *sein* estar de paso; estar en tránsito
Durchreisekundschaft *f*, Ø (Tur.) clientela *f* de paso
Durchreisende/r (*der/ein*) viajero *m* de paso; viajero *m* en tránsito; cliente *m* de paso
Durchreisevisum *n*, -a visado *m* de tránsito
Durchsage *f*, n aviso *m* radiofónico; aviso *f* televisivo
durchsagen transmitir un aviso (*od*. mensaje)
Durchschlag *m*, ¨e copia *f*; *einen* ~ *anfertigen* hacer, sacar una copia
durchschlagend decisivo, rotundo; *ein* ~*er Erfolg* éxito *m* completo (*od*. rotundo *od*. decisi-

vo)
Durchschlagpapier *n*, Ø papel *m* para copias; *(sehr dünn)* papel *m* cebolla
durchschmuggeln pasar de contrabando
Durchschnitt *m*, e media *f*; promedio *m*; *den ~ ermitteln (errechnen)* calcular la media *(od.* el promedio); *im ~* por término medio; *über, unter dem ~ liegen* situarse por encima, por debajo del promedio; ser superior, inferior a la media; (Syn. *Schnitt)*
durchschnittlich por término medio; *(mittelmäßig)* mediano; *(gewöhnlich)* ordinario; común
Durchschnitts- (Pref.) medio; mediano
Durchschnittsalter *n*, - edad *f* media
Durchschnittsbetrag *m*, ⁻e importe *m* medio
Durchschnittsbürger *m*, - ciudadano *m* medio; hombre *m* de la calle
Durchschnittseinkommen *n*, - ingreso *m* medio; renta *f* media
Durchschnittsernte *f*, n cosecha *f* media
Durchschnittsertrag *m*, ⁻e rendimiento *m* medio
Durchschnittsqualität *f*, Ø 1. calidad *f* mediana 2. calidad *f* media
Durchschnittsrechnung *f*, en cálculo *m* del valor medio; cálculo *m* de la media; cálculo *m* del promedio
Durchschnittsware *f*, n 1. mercancía *m* de calidad mediana 2. mercancía *f* de calidad media
Durchschnittswert *m*, e valor *m* medio
Durchschreibblock *m*, ⁻e bloc *m* para calcar
Durchschreibebuch *n*, ⁻e libro *m* copiador
Durchschreibebuchführung *f*, en contabilidad *f* a (de) calco
durchschreiben escribir con papel carbón; escribir con papel de calco; calcar
Durchschreibepapier *n*, Ø → *Durchschlagpapier*
Durchschreibeverfahren *n*, - procedimiento *m* de calco; procedimiento *m* de calcado
Durchschrift *f*, en copia *f* (con papel carbón); duplicado *m*; *eine ~ anfertigen* hacer una copia; hacer un duplicado
durchsehen examinar; controlar; repasar; *die Post (den Posteingang) ~* repasar el correo
durchsetzbar realizable

durchsetzen imponer; lograr que se acepte; *Lohnforderungen ~* llevar a buen término, hacer prevalecer las reivindicaciones salariales; conseguir la aceptación de las reivindicaciones salariales
durchsickern *(Nachricht)* filtrarse; trascender (información, rumores bursátiles)
durchstellen (Teléf.) *das Gespräch zum Chef ~* pasar la comunicación al jefe
durchstreichen tachar; borrar; *Nichtzutreffendes bitte ~* tache *(od.* táchese) lo que no proceda
Durchsuchung *f*, en registro *m*; cacheo *m*
Durchwahl *f*, Ø (Teléf.) interurbano *m* automático; comunicación *f* automática
durchwählen (Teléf.) marcar directamente
Durchwahlnummer *f*, n número *m* directo; número *m* a marcar directamente
Durchwählsystem *n*, e (Teléf.) interurbano *m* automático
Durchzoll *m*, ⁻e → *Durchgangszoll*
Durststrecke *f*, n paralización *f* de la actividad; depresión *f*; marasmo *m*; periodo *m* difícil
Duty-free-Shop *m*, s tienda *f* libre de impuestos
Dutzend *n*, e *(Dtzd.)* docena *f*; *halbes ~* media docena; *im ~ billiger* trece por docena
Dutzendkarte *f*, n tarjeta *f* que da derecho a doce entradas, viajes, etc.
Dutzendware *f*, n mercancía *f* vendida a docenas; mercancía *f* de batalla; mercancía *f* basta; mercancía *f* basta; (Fam.) género *m* de tres al cuarto
dutzendweise por, a docenas; *einen Artikel ~ kaufen* comprar un artículo por docenas
DV *(Datenverarbeitung)* → *EDV*
DVO → *Durchführungsverordnung*
dynamisch dinámico; *~e Rente* pensión *f* indexada; pensión *f* revalorizada *(od.* actualizada) periódicamente; *~e Sozialpolitik* política *f* social dinámica
dynamisieren 1. dinamizar 2. indexar; indiciar; reajustar; actualizar; revalorizar
Dyopol *n*, e duopolio *m* (el mercado pertenece a dos firmas)
dz. → *Doppelzentner*
D-Zug *m*, ⁻e expreso *m*; tren *m* directo

E

EAG-Vertrag *m* (*Vertrag zur Gründung der Europäischen Atomgemeinschaft*) Tratado *m* de creación de la Euratom
EAGFL → *Europäischer Ausrichtungs- und Garantiefonds für die Landwirtschaft*
EAR-Versicherung *f*, **en** seguro *m* todo riesgo de montaje (TRM)
Ebbe *f*, **n** marea *f* baja; (Fam.) ~ *im Geldbeutel haben* estar sin un céntimo; estar sin un duro
Ebbe- und Flut-Kraftwerk *n*, **e** central *f* mareomotriz (Syn. *Gezeitenkraftwerk*)
Ebene *f*, **n** *auf einzelstaatlicher* ~ (*EG*) a nivel nacional; a nivel de Estado miembro; a nivel de Estado comunitario; *auf Gemeinschafts*~ (*EG*) a nivel comunitario; a nivel de la Comunidad; *auf hoher* ~ a alto nivel; *Verhandlungen auf höchster* ~ negociaciones al más alto nivel
ec → *Euroscheck*
echt auténtico; verdadero; puro; original; ~*e Unterschrift* firma *f* auténtica
Echtheit *f*, Ø autenticidad *f*; genuinidad *f*; legitimidad *f*; *die* ~ *bestreiten* objetar la autenticidad (de un documento)
Echtheitszeugnis *n*, se certificado *m* de autenticidad
Echtzeit *f*, **en** (Inform.) tiempo *m* real
Echtzeit(daten)verarbeitung *f*, Ø tratamiento *m* de tiempos reales (de datos o de informaciones); tiempo *m* real de procesamiento
Eckdaten *pl* datos *pl* de referencia; datos *pl* referenciales
Eckladen *m*, ¨ tienda *f* de la esquina; tienda *f* pequeña (de barrio)
Ecklohn *m*, ¨e salario *m* de referencia (salario por hora establecido por los convenios colectivos para determinadas categorías de trabajadores y que sirve de referencia para el establecimiento del salario de otras categorías laborales)
Ecksatz *m*, ¨e → *Eckzins*
Eckwert *m*, **e** valor *m* de referencia; valor *m* referencial; valor *m* (de) base
Ecomor-Vertrag *m* contrato *m* ecomor (variante del reaseguro más grave)
Economyklasse *f*, **n** clase *f* económica
Ecu *m*, (s) (*European Currency Unit*) ecu *m*; unidad *f* de cuenta europea
ED → *Einbruchsdiebstahl*
Edeka (*Einkaufszentrale der Kolonialwarenhändler*) agrupación *f* de minoristas del ramo de la alimentacion

Edeka-Genossenschaften *pl* cooperativas *pl* de "Edeka"
edel precioso; noble; seleccionado
Edelholz *n*, ¨er madera *f* preciosa
Edelmetall *n*, **e** metal *m* precioso; metal *m* noble
Edelstahl *m*, (e) acero *m* especial; acero *m* inoxidable
Edelstein *m*, (e) piedra *f* preciosa
EDV *f*, Ø (*Elektronische Datenverarbeitung*) (Syn. *Informatik*, *Computer*) tratamiento *m* electrónico de datos; informática *f*
EDV-Anlage *f*, **n** (Inform.) centro *m* informático; unidad *f* central de informática
EDV-Fach|mann *m*, ¨er *od*. **-leute** informático *m*; experto *m* en informática
EDV-Zentrale *f*, **n** (Inform.) centro *m* de informática; centro *m* de cálculo; unidad *f* central de informática
EEF → *Europäischer Entwicklungsfonds*
Effekten *pl* títulos *pl*; valores *pl*; títulos valores *pl*; *börsengängige* ~ valores bursátiles; valores de cotización bursátil; *festverzinsliche* ~ títulos de renta fija; ~ *beleihen* (*lombardieren*) pignorar títulos valores; ~ *bei einer Bank deponieren* (*hinterlegen*) depositar títulos valores en un banco; ~ *handeln* negociar títulos valores; ~ *verwalten* administrar, gestionar títulos valores; (Syn. *Wertpapiere*)
Effektenabteilung *f*, **en** departamento *m*, sección *f* de valores; cartera *f*
Effektenbank *f*, **en** sociedad *f* financiera; banco *m* de inversiones; banco *m* de negocios
Effektenberater *m*, - asesor *m* de inversiones financieras
Effektenbesitzer *m*, - → *Effekteninhaber*
Effektenbestand *m*, ¨e 1. cartera *f* de valores 2. valores *pl*, títulos *pl* en cartera
Effektenbörse *f*, **n** bolsa *f* de valores; (Chile) bolsa *f* de corredores; (Syn. *Wertpapierbörse*)
Effektendepot *n*, **s** depósito *m* de títulos
Effektendiskont *m*, **e** descuento *m* sobre la compra de títulos
Effektengeschäft *n*, **e** → *Effektenhandel*
Effektengiro *n*, **s** giro *m* de valores
Effektengiroverkehr *m*, Ø movimientos *pl* de conversión de títulos; servicio *m* compensatorio en la liquidación de operaciones con valores
Effektenguthaben *n*, - cartera *f* de valores; haber *m* en títulos
Effektenhandel *m*, Ø comercio *m* de valores

mobiliarios; operaciones *pl* de títulos
Effektenhändler *m*, - corredor *m* de bolsa; agente *m* de cambio; corredor *m* de valores mobiliarios
Effekteninhaber *m*, - titular *m*, portador *m* de títulos (mobiliarios)
Effektenkommissionär *m*, e agente *m* (en la mayoría de los casos, un banco) que se dedica a la compraventa de títulos a su nombre, pero por cuenta de un cliente
Effektenkurs *m*, e cotización *f* de valores
Effektenlombard *m*, s préstamo *m* sobre títulos; adelanto *m* sobre valores
Effektenmakler *m*, - corredor *m* de valores mobiliarios; agente *m* de bolsa; agente *m* de cambio
Effektenmarkt *m*, ¨e → *Effektenbörse*
Effektenpaket *n*, e paquete *m* de títulos valores
Effektenplazierung *f*, en colocación *f* de valores
Effektentermingeschäft *n*, e operaciones *pl* a plazo de títulos
Effektenverkehr *m*, Ø transacciones *pl* en (*od.* de) títulos valores; comercio *m* de valores
Effektenverwahrung *f*, en custodia *f*, depósito *m* de títulos
effektiv efectivo; real; ~*es Einkommen* renta *f*, ingreso *m* real; ~*er Stundenlohn* salario *m* efectivo por hora
Effektivbestand *m*, ¨e efectivo *m* (real)
Effektivgeschäft *n*, e operación *f* con entrega inmediata
Effektivklausel *f*, n cláusula *f* de pago en moneda extranjera
Effektivleistung *f*, en 1. prestación *f* efectiva 2. potencia *f* efectiva
Effektivlohn *m*, ¨e salario *m* efectivo (= el salario que paga efectivamente el empleador, es decir, incluyendo las cuotas a la Seguridad Social y las prestaciones sociales de todo tipo)
Effektivverzinsung *f*, en interés *m* efectivo; rendimiento *m* real (de un préstamo)
Effektivwert *m* , e valor *m* real, efectivo
effektuieren, *Aufträge* ~ ejecutar, realizar encargos
effizient eficiente; rentable; ~*e Methode* método *m* eficaz
Effizienz *f*, Ø eficiencia *f*; eficacia *f*; rentabilidad *f*
EFRE (= *Europäischer Fonds für regionale Entwicklung*) → *europäisch*
EFTA *f* (*European Free Trade Association*) pequeña zona *f* de libre-cambio; (A.E.L.C.) asociación *f* europea de libre-cambio; EFTA
EG *f* (*Europäische Gemeinschaft*) comunidad *f* europea; ~-*Agrarpolitik* política *f* agraria (*od.* agrícola) de la comunidad; ~-*Beitrag* contribución *f* financiera de los estados miembros a la caja comunitaria; ~-*Ministerrat* consejo *m* de ministros de la comunidad; ~-*Mitglied* miembro *m* de la comunidad
EGB (= *Europäischer Gewerkschaftsbund*) → *europäisch*
EGKS (= *Europäische Gemeinschaft für Kohle und Stahl*) CECA (→ *europäisch*); ~-*Anleihe* empréstito *m* de la CECA; *vereinheitlichter* ~-*Tarif* tarifa *f* unificada de la CECA
eGmbH → *eingetragen*
Ehe *f*, **n** matrimonio *m*; *aus erster* ~ del primer matrimonio; *in zweiter* ~ en segundas nupcias; *eine* ~ *scheiden* divorciar un matrimonio; *eine* ~ *schließen* contraer matrimonio; casarse
Eheanbahnungsinstitut *n*, e agencia *f* matrimonial
Eheaufhebung *f*, en anulación *f* del matrimonio
Eheauflösung *f*, en disolución *f* del matrimonio
Eheberater *m*, - consejero *m* matrimonial
Ehebruch *m* , Ø ~ *begehen* cometer adulterio
Ehefrau *f*, en esposa *f*; consorte *m*; cónyuge *m*; (Fam.) mujer *f*
Ehegatte *m*, n cónyuge *m*; esposo *m*; marido *m*; consorte *m*; ~*n* cónyuges *pl*; *geschiedener, überlebender* ~ cónyuge *m* divorciado, superviviente
Ehegattenbesteuerung *f*, en imposición *f* de la pareja; régimen *m* fiscal para la pareja
Ehegattenversicherung *f*, en seguro *m* de vida para la pareja
Ehegattin *f*, nen → *Ehefrau*
Ehegemeinschaft *f*, en comunidad *f* conyugal; *in* ~ *leben* vivir en matrimonio
Ehegüterrecht *n*, e régimen *m* de bienes en el matrimonio
ehelich conyugal; marital; matrimonial; ~*es Kind* hijo *m* legítimo; ~*e Gemeinschaft* comunidad *f* conyugal; ~*e Pflichten* débitos *m* conyugales; obligaciones *pl* matrimoniales; *für* ~ *erklären* legitimar
ehelichen contraer matrimonio, casarse
Ehelichkeit *f*, Ø ~ *eines Kindes* legitimidad *f* de un hijo
Ehelichkeitserklärung *f*, en legitimación *f*
Ehelosigkeit *f*, Ø 1. celibato *m* 2. soltería *f*
Ehemann *m*, ¨er marido *m*; esposo *m*; cónyuge *m*; (Fam.) hombre *m*
ehemündig en (*od.* de) edad legal para casarse
Ehemündigkeit *f*, Ø mayoría *f* de edad matrimonial
Ehenichtigkeit *f*, Ø nulidad *f* del matrimonio; nulidad *f* matrimonial
Ehenichtigkeitserklärung *f*, en declaración *f* de nulidad del matrimonio
Ehepaar *n*, e matrimonio *m*

Ehepartner *m*, - cónyuge *m*
Eherecht *n*, Ø derecho *m* matrimonial
Ehescheidung *f*, en divorcio *m*
Ehescheidungsgrund *m*, ⸚e causa *f*, razón *f* del divorcio
Ehescheidungsklage *f*, n demanda *f* de divorcio
Ehescheidungsprozeß *m*, -sse pleito *m*, proceso *m* de divorcio
Ehescheidungsurteil *n*, e sentencia *f* de divorcio
Eheschließende, *die* ~ n los contrayentes; (Fam.) los que se casan
Eheschließung *f*, en celebración *f* del matrimonio; enlace *m* matrimonial; casamiento *m*; *Zahl der ~en* cifra *f* de nupcialidad
Ehestand *m*, Ø matrimonio *m*
Ehestandsbeihilfe *f*, n 1. subsidio *m* de nupcialidad 2. préstamo *m* a la nupcialidad
Ehestandsdarlehen *n*, - préstamo *m* matrimonial
Ehevermittler *m*, - agente *m* matrimonial; agente *m* de matrimonios
Ehevertrag *m*, ⸚e contrato *m* matrimonial; capitulaciones *pl* matrimoniales
Ehre *f*, n honor *m*; estima *f*; consideración *f*; *sich die ~ geben* tener el honor de; *die ~ haben* tener el honor de; *mit wem habe ich die ~?* ¿con quién tengo el gusto, el honor de hablar? *wieder zu ~n kommen* volver a estar de moda; volver a disfrutar (*od.* gozar) del favor (del público); *zu ~n von* en homenaje a; en honor de
ehren honrar; respetar; considerar
Ehrenakzept *n*, (e) → *Ehrenannahme*
Ehrenakzeptant *m*, en → *Ehrenannehmer*
Ehrenamt *n*, ⸚er cargo *m* honorífico
ehrenamtlich 1. honorífico; honorario 2. a título honorífico
Ehrenannahme *f*, n aceptación *f* por honor (de firma); aceptación *f* por intervención
Ehrenannehmer *m*, - aceptante *m* por intervención; interventor *m* por honor
Ehrenbürger *m*, - hijo *m* predilecto; hijo *m* adoptivo; ciudadano *m* honorario
Ehreneintritt *m*, Ø (*bei Wechselprotest*) acto *m* de honor
Ehrengast *m*, ⸚e invitado *m*, huésped *m* de honor
Ehrenmitglied *n*, er miembro *m* de honor; miembro *m* honorario; miembro *m* honorífico
Ehrenrechte *pl die bürgerlichen* ~ derechos *pl* cívicos
Ehrenschuld, en 1. deuda *f* de honor 2. préstamo *m* sobre el honor
Ehrensold *m*, (e) honorario *m*
Ehrentribüne *f*, n tribuna *f* de honor
Ehrenvorsitz *m*, Ø presidencia *f* de honor
Ehrenvorsitzende/r (*der/die*) presidente *m* de honor; presidente *m* honorario

Ehrenzahler *m*, - pagador *m* por intervención; pagador *m* por honor
Ehrenzahlung *f*, en pago *m* por intervención; pago *m* por el honor de firma
ehrlich 1. honesto; sincero 2. honestamente; *~ verdientes Geld* dinero *m* ganado honestamente; dinero *m* ganado limpiamente
Ehrverletzung *f*, en atentado *m* al (*od.* contra el) honor
EIB-Darlehen *n*, - préstamo *m* del BEI (→ *Europäische Investitionsbank*)
Eichamt *n*, ⸚er oficina *f*, administración *f* de pesas y medidas; oficina *f* de contrastes; oficina *f* de aforo
eichen 1. calibrar 2. aforar; contrastar (medidas, pesos) 3. *ein Schiff ~* arquear un barco 4. *das Meßglas ~* graduar la probeta 5. *die Waage ~* tarar la balanza
Eichgewicht *n*, e pesa *f* de contraste
Eichmaß *n*, e medida *f* de aforo; medida *f* de contraste
Eichmeister *m*, - inspector *m* de pesas y medidas
Eichstempel *m*, - sello *m* de contraste
Eichung *f*, en aforo *m*; contraste *m*; arqueo *m*
Eichwert *m*, e valor *m* de contraste
Eid *m*, e juramento *m*; *falscher ~* perjurio *m*; juramento *m* en falso; *einen ~ ablegen* (*schwören*) jurar; prestar juramento; *jdm. einen ~ abnehmen* tomar juramento a alg.; *unter ~ aussagen* declarar bajo juramento; *an ~es Statt erklären* declarar bajo juramento
Eidbrecher *m*, - perjuro *m*
Eidbruch *m*, ⸚e perjurio *m*
eidbrüchig perjuro; *~ werden* faltar a la fe jurada; perjurarse
Eidesabnahme *f*, n toma *f* de juramento
Eidesformel *f*, n fórmula *f* de juramento
Eidesleistung *f*, (en) prestación *f* de juramento
eidesstattlich jurado; *~e Aussage* declaración *f* jurada; *~e Erklärung* declaración, afirmación jurada; *~e Versicherung* afidávit *m*
Eidgenossenschaft *f*, en *die Schweizerische ~* la confederación helvética (CH)
eidlich 1. *~e Aussage* declaración *f*, afirmación *f* bajo juramento 2. *~ bezeugen* testificar bajo juramento 3. *sich ~ verpflichten* jurar; comprometerse, obligarse mediante juramento
Eierhändler *m*, - huevero *m*
Eierhandlung *f*, en huevería *f*
Eierspeise *f*, n plato *m* de huevos
eigen, *~e Aktien pl* (*einer AG*) acciones *pl* propias; *in ~er Angelegenheit* en un asunto propio; en asunto personal; *aus ~r Erfahrung* por propia experiencia; *auf ~e Faust* por sus propios medios; *zu ~en Händen* a sus propias manos; *auf ~e Gefahr* por su riesgo y peligro; *auf ~*

Kosten a expensas propias; *in ~er Person* en persona; *auf ~e Rechnung* por cuenta propia; *in ~er Sache* en un asunto propio (*od.* personal); *~es Haus* casa *f* propia; *~e Unterschrift* firma *f* de puño y letra

Eigenanbau *m*, Ø cosecha *f* propia

Eigenbedarf *m*, Ø 1. necesidades *pl* personales; necesidades *pl* propias 2. consumo *m* propio

Eigenbesitz *m*, Ø 1. propiedad *f* personal 2. posesión *f* en propiedad; posesión *f* civil

Eigenbesitzer *m*, - 1. poseedor *m* personal 2. poseedor *m* con ánimo de propietario

Eigenbeteiligung *f*, en (Seg.) retención *f* propia

Eigenbetrieb *m*, e empresa *f* propia

Eigenbewirtschaftung *f*, Ø explotación *f* directa

Eigenbrandstiftung *f*, en autoincendio *m* (provocado)

Eigenerzeugung *f*, (en) producción *f* propia

Eigenerzeugnis *n*, se 1. producto *m*, artículo *m* propio 2. producto *m* nacional; producto *m* del país

Eigenfabrikat *n*, e artículo *m* de fabricación propia

Eigenfinanzierung *f*, en financiación *f* propia; financiación *f* con recursos propios

Eigengeschäft *n*, e operación *f* por cuenta propia

Eigengewicht *n*, e (*Leergewicht*) tara *f*; peso *m* en vacío

Eigenhandel *m*, Ø comercio *m* por cuenta propia

eigenhändig, *~ unterzeichnetes Testament* testamento *m* (h)ológrafo; *~ übergeben* entregar en propia mano (Abk. E.P.M.); *~er Brief* carta *f* autógrafa; autógrafo *m*; *~e Unterschrift* firma *f* de puño y letra

Eigenhändler *m*, - comerciante *m* por cuenta propia

Eigenheim *n*, e casa *f* en propiedad; casa *f* propia

Eigenheimbesitzer *m*, - propietario *m* de una casa

Eigenhilfe *f*, n autoayuda *f*; esfuerzo *m* personal; sin recurrir a ayuda ajena (Syn. *Selbsthilfe*)

Eigenkapital *n*, Ø capital *m* propio (Ggs. *Fremdkapital*)

eigenmächtig arbitrario; *~e Entscheidung* decisión *f* arbitraria; *~ handeln* actuar sin autorización

Eigenmächtigkeit *f*, (en) arbitrariedad *f*

Eigenmittel *pl* fondos *pl* propios; fondos *pl* personales

Eigennutz *m*, Ø interés *m* personal (*od.* propio)

eigennützig, *~ handeln* actuar en provecho propio; obrar por interés personal; actuar interesadamente

Eigenproduktion *f*, en 1. producción *f* propia 2. producción *f* nacional (*od.* del país); producción *f* regional (*od.* de la región)

Eigenschäden *pl Versicherung für ~* → *Eigenschadenversicherung*

Eigenschadenversicherung *f*, en seguro *m* con cobertura de daños por el propio asegurador; seguro *m* para daños propios

Eigenschaft *f*, en calidad *f*; propiedad *f*; *in der ~ als* en calidad de

eigenstaatlich nacional; *~e Währung* moneda *f* nacional

Eigenstaatlichkeit *f*, en soberanía *f*

eigenständig independiente; autónomo

Eigenständigkeit *f*, en *~ der Gemeinschaft* independencia *f*, autonomía *f* individual de la Comunidad

Eigentum *n*, Ø propiedad *f*; dominio *m*; *belastetes (beschränktes) ~* propiedad con cargas; dominio imperfecto; *bewegliches ~* propiedad mueble; bienes *pl* muebles; *fiduziarisches ~* propiedad fiduciaria; *geistiges ~* propiedad intelectual; *gewerbliches ~* propiedad industrial; *nacktes ~* nuda propiedad; *nutznießerisches ~* propiedad de usufructo; *öffentliches ~* propiedad pública; propiedad del Estado; propiedad de dominio público; bienes comunes; *persönliches ~* propiedad personal (*od.* individual); *treuhänderisches ~* propiedad fiduciaria; *unbelastetes ~* propiedad sin cargas; dominio perfecto; *unbewegliches ~* probiedad inmueble; bienes inmuebles; *verbleibendes ~* propiedad residual; *~ an beweglichen Sachen* propiedad mueble; *~ auf Lebenszeit* propiedad vitalicia; *das ~ aufgeben* deshacerse de la propiedad; desapropiarse; *das ~ entziehen* desapropiar; retirar la propiedad; *das ~ übertragen* transferir la propiedad (*od.* el dominio)

Eigentümer *m*, - propietario *m*; dueño *m*; amo *m*; titular *m* de un derecho de propiedad; nudo propietario; *eingetragener ~* dueño matriculado; *nicht besitzender ~* propietario no poseedor; *rechtmäßiger ~* dueño, propietario en derecho

Eigentumsbeschränkung *f*, en limitación *f* de la propiedad

Eigentumsbildung *f*, en 1. constitución *f* de un patrimonio 2. formación *f*, creación *f* de propiedad

Eigentumsdelikt *n*, e 1. delito *m* contra la propiedad 2. degradación *f* de un bien

Eigentumserwerb *m*, Ø acceso *m* a la propiedad; adquisición *f* de propiedad

Eigentumsklage *f*, n acción *f* en reivindicación de la propiedad; reclamación *f* de propiedad; *eine ~ anstrengen* entablar reclamación de propiedad

Eigentumsnachweis *m*, e título *m*, certificado *m* de propiedad

Eigentumsrecht *n*, e derecho *m*, título *m* de

propiedad
Eigentumsübergang *m*, ⁻e paso *m* de propiedad
Eigentumsübertragung *f*, en transmisión *f* de la propiedad
Eigentumsurkunde *f*, n escritura *f*, título *m* de propiedad
Eigentumsvergehen *n*, - → *Eigentumsdelikt*
Eigentumsvorbehalt *m*, e reserva *f* de dominio; reserva *f* de propiedad
Eigentumswechsel *m*, Ø cambio *m* de propiedad
Eigentumswohnung *f*, en piso *m* de propiedad; vivienda *f* en propiedad
Eigenverantwortlichkeit *f*, Ø responsabilidad *f* propia, personal
Eigenverbrauch *m*, Ø consumo *m* propio; consumo *m* personal, individual
Eigenvermögen *n*, - 1. fortuna *f* personal; patrimonio *m* 2. capital *m* propio; medios *pl*, recursos *pl* propios 3. ~ *der Ehefrau* bienes *pl* parafernales
Eigenversicherung *f*, en seguro *m* personal
Eigenversorgung *f*, en (*eines Landes*) autarquía *f* (económica); autosuficiencia *f*
Eigenwechsel *m*, - letra *f* al propio cargo; (E) pagaré *m* (Syn. *Solawechsel*)
Eigenwert *m*, e valor *m* intrínseco
Eigenwirtschaft *f*, en explotación *f* por cuenta propia; *etw. in* ~ *betreiben* explotar u/c por cuenta propia
eignen, *sich* ~ *als* ser apto para; ser calificado para; *sich für den Verkauf* ~ ser apropiado para la venta; *fachlich geeignet* profesionalmente c(u)alificado
Eigner *m*, - propietario *m*; detentador *m*; titular *m*
Eignung *f*, en cualificación *f*; aptitud *f*; *berufliche* ~ cualificación, aptitud profesional; *der* ~ *entsprechende Stelle* posición acorde con la aptitud
Eignungsprüfung *f*, en examen *m*, prueba *f* de aptitud
Eignungstest *m*, s test *m*, examen *m* psicotécnico
Eignungsuntersuchung *f*, en 1. test *m* de orientación profesional 2. examen *m* de aptitud para el trabajo; visita *f* médica anterior al contrato
Eignungszeugnis *n*, se certificado *m* de aptitud
Eilangebot *n*, e oferta *f* por exprés; oferta *f* urgente
Eilauftrag *m*, ⁻e encargo *m*, pedido *m* urgente
Eilbeförderung *f*, en envío *m* (de paquetes, etc.) por exprés
Eilbestellung *f*, en remesa *f* urgente
Eilbote *m*, n correo *m* urgente; *durch* ~ por expreso; (LA) entrega *f* inmediata
Eilbrief *m*, e carta *f* urgente
Eildienst *m*, e (Ferr.) servicio *m* rápido; régimen *m* acelerado
Eilfracht *f*, en → *Eilgut*
Eilfrachtbrief *m*, e guía *f* de encomienda
Eilgebühr *f*, en tasa *f* de (envío) urgente; tasa *f* de exprés
Eilgespräch *n*, e (Teléf.) conferencia *f* (telefónica) urgente
Eilgut *n*, ⁻er transporte *m* a gran velocidad; mercancías *pl* en gran velocidad; *als* ~ *befördern* enviar por (*od.* en) gran velocidad (Abk. G.V. *od.* en g.v.)
Eilgutabfertigung *f*, en despacho *m* de mercancías en gran velocidad
Eilpaket *n*, e paquete *m* urgente
Eilpost *f*, Ø correo *m*, correspondencia *f* urgente; *mit* (*durch*) ~ por correo urgente
Eilschrift *f*, Ø taquigrafía *f*; estenografía *f*
Eilsendung *f*, en envío *m* urgente; envío *m* por exprés
eilt (*auf Briefen*) urgente
Eilzug *m*, ⁻e (tren) rápido *m*
Eilzustellgebühr *f*, en porte *m*, derechos *pl* por exprés
Eilzustellung *f*, en entrega *f* urgente
Eilzustellungsdienst *m*, e servicio *m* de entrega urgente
einarbeiten, *einen Mitarbeiter* ~ adiestrar, entrenar a un colaborador (para un puesto de trabajo); poner a un colaborador al corriente; *sich* ~ iniciarse; familiarizarse con; ponerse al corriente; ponerse al día; adiestrarse 2. recuperar horas
Einarbeitung *f*, en iniciación *f*; familiarización *f*; rodaje *m*; puesta *f* al día
Einarbeitungszeit *f*, en periodo *m* de adaptación; periodo *m* de iniciación; periodo *m* de prácticas; (periodo de) rodaje *m*
Einbahnstraße *f*, n calle *f* de dirección única
Einbau *m*, ten montaje *m*; instalación *f*; estructuras *pl* internas (Seg.)
einbaubar empotrable; montable
einbauen montar; instalar; insertar; empotrar
Einbaufehler *m*, - defecto *m* de montaje
Einbaufirm|a *f*, **-en** firma *f* especializada en montaje
Einbauküche *f*, n cocina *f* funcional
Einbaumöbel *pl* muebles *pl* empotrados
einbegriffen incluso; inclusive; incluido; *Trinkgeld* ~ propina *f* incluida (Syn. *inbegriffen, inklusive*)
einbehalten retener; deducir; *die Sozialabgaben vom Gehalt* ~ retener las cargas sociales sobre el sueldo; *~er Betrag* retención *f*; suma *f* retenida; importe *m* en retención; *~e Gewinne* beneficios *pl* retenidos
Einbehaltung *f*, en deducción *f*; retención *f*; ~ *des*

Lohns retención del salario; ~ *vom Lohn* retención sobre el salario; *~en der Quelle* retención en origen; deducción en la fuente; ~ *von Steuer* retención de los impuestos (por el patrono)
einberufen convocar; reunir 1. *eine Sitzung* ~ convocar sesión 2. llamar a filas
Einberufung *f*, **en** convocatoria *f*; convocación *f*; llamamiento *m* 1. *~ der Hauptversammlung* convocatoria, convocación de la junta general 2. llamamiento *m* a filas
Einberufungsbekanntmachung *f*, **en** notificación *f* de la convocatoria
Einberufungsschreiben *n*, - convocatoria *f*
Einbettkabine *f*, **n** camarote *m* individual
Einbettzimmer *n*, - habitación *f* individual; habitación *f* de una cama
einbezahlen ingresar
einbeziehen incluir; integrar; *mit in die Kosten* ~ incluir en los costes
Einbeziehung *f*, **en** inclusión *f*; integración *f*
einbinden encuadernar
Einblattdruck *m*, **e** (Typ.) hoja *f* volante
Einbranchen-Messe *f*, **n** feria *f* monográfica (Ggs. *Mehrbranchen-Messe*)
einbrechen penetrar con fractura; (Gal.) penetrar con efracción; *in eine(r) Bank* ~ penetrar, robar en un banco con fractura; *in ein Haus* ~ entrar por la fuerza (*od.* con fractura) en una casa
Einbrecher *m*, - 1. el que penetra con fractura (*od.* efracción) 2. delincuente *m* 3. (*Wohnung*) desvalijador *m* de pisos 4. (Fam.) topero *m*
einbringen 1. *einen Antrag* ~ presentar una solicitud 2. *die Ernte* ~ recoger, acarrear la cosecha 3. *Kapital* ~ aportar, integrar capital 4. *Nutzen* ~ producir (provecho); devengar; rentar 5. *Verluste* ~ reparar, compensar pérdidas 6. *viel* ~ producir, rentar, devengar mucho 7. *Zinsen* ~ devengar intereses
Einbringung *f*, **en** 1. aportación *f* (a una sociedad) 2. cobro *m*; cobranza *f*; recaudación *f* 3. depósito *m* 4. *~ in Verträge* incorporación *f* en (*od.* a) contratos
Einbringungsaktie *f*, **n** acción *f* de aportación
Einbringungsklausel *f*, **n** cláusula *f* de aportación
Einbruch *m*, ⁻ᵉ 1. robo *m* con fractura 2. *~ der Konjunktur* caída *f*, bajón *m* coyuntural; *~ der Kurse* bajón *m*, fuerte retroceso *m* de los cambios (*od.* de las cotizaciones)
Einbruchdiebstahl *m*, ⁻ᵉ robo *m* con fractura
einbruchhemmend (Seg.) *~e Fenster* ventanas anti-penetración
Einbruchmelder *m*, - (Seg.) instalación *f* de alarma contra robo

Einbruchmeldezentrale *f*, **n** (Seg.) central *f* de señalización y control
Einbruchmethode *f*, **n** (Seg.) método *m* de intrusión
einbruch(s)sicher a prueba de robo con fractura; *~e Bank* banco *m* inviolable
Einbruchsversicherung *f*, **en** seguro *m* contra robo
Einbruchsversuch *m*, **e** (Seg.) intento de robo
Einbruchzeit *f*, **en** (Seg.) fase *f* de fractura
einbürgern naturalizar; dar carta de naturaleza; nacionalizar; *in der Bundesrepublik eingebürgert werden* naturalizarse alemán (Ggs. *ausbürgern*)
Einbürgerung *f*, **en** naturalización *f*; nacionalización *f*
Einbuße *f*, **n** merma *f*; menoscabo *m*; pérdida *f*; daño *m*; ~ *an Prestige* pérdida de prestigio; *eine schwere finanzielle ~ erleiden* sufrir un gran daño financiero; *eine ~ im Absatz erleiden* sufrir una merma en las ventas
einbüßen sufrir pérdidas; sufrir mermas; perder; *Kunden* ~ perder clientes; perder clientela; *an Wirtschaftlichkeit* ~ perder rentabilidad; ver mermada su rentabilidad
einchecken facturar el equipaje
eindämmen contener; refrenar; *die Inflation* ~ contener la inflación
Eindämmung *f*, **en** contención *f*; *~ der Preissteigerungen* contención del alza de los precios; contención de la inflación
eindecken, *sich* ~ *mit* surtirse, aprovisionarse, abastecerse de; *sich mit Devisen* ~ aprovisionarse de divisas; *sich mit Vorräten* ~ aprovisionarse de existencias; *sich mit Waren* ~ aprovisionarse, abastecerse, surtirse de bienes; formar un stock de bienes
Eindecker *m*, - monoplano *m*
Eindeckung *f*, **en** aprovisionamiento *m*; surtido *m*; cobertura *f*
Eindeckungskäufe *pl* compras *pl* de aprovisionamiento (*od.* de cobertura)
Eindeckungskurs *m*, **e** cotización *f* de rescate
eindeichen poner diques
eindosen poner en conserva; enlatar
eindringen penetrar; invadir; *auf den amerikanischen Markt* ~ penetrar en el mercado americano
einen unir; unificar; poner de acuerdo
einengen limitar; restringir; *die Kreditmöglichkeiten* ~ restringir el crédito
einernten cosechar; recolectar
Einerstelle *f*, **n** cifra *f* delante de la coma
einfach sencillo; fácil; simple; modesto; *~er Brief* carta *f* ordinaria; *~e Buchführung* contabilidad *f* por partida simple; *~es Essen* comida *f*

frugal; ~e Fahrkarte billete m sencillo (od. de ida); ~er Flug m (ohne Rückflug) vuelo m de ida; ~ e Stimmenmehrheit mayoría f simple

Einfachglas n, ⁻er (Seg.) vidrio m simple

Einfachglasscheiben pl (Seg.) lunas pl de vidrio simple

einfahren 1. die Ernte ~ acarrear la cosecha; entrojar 2. bajar a la mina 3. das Kraftfahrzeug ~ poner en rodaje; rodar 4. entrar; hacer, efectuar su entrada

Einfahren n, Ø (Kfz) rodaje m

Einfahrt f, en 1. entrada f; acceso m (en vehículo) 2. llegada f (del tren) 3. bajada f a la mina

Einfahrtstor n, e puerta f de entrada

Einfahrtzeit f, en periodo m de rodaje (de un automóvil)

Einfamilienhaus n, ⁻er casa f, chalé m unifamiliar

einfinden, sich ~ presentarse; personarse; acudir; sich vor Gericht ~ comparecer ante un tribunal

einfliegen 1. hacer venir en avión; despachar por vía aérea 2. hacer vuelos de prueba 3. hacer una incursión aérea

Einflieger m, - piloto m de pruebas

Einflug m, ⁻e 1. vuelo m de aproximación 2. incursión f aérea

Einflugschneise f, n corredor m de entrada

Einflu||ß m, ⁻sse influencia f; influjo m; incidencia f; ausschlaggebenden ~ haben controlar; tener una influencia decisiva; ~ auf das Konsumverhalten incidencia sobre el comportamiento de los consumidores; influencia sobre el consumo

Einflußbereich m, e ámbito m, zona f, área f, esfera f de influencia

einflußreich influyente; ~e Kreise círculos pl influyentes

einfordern reclamar, exigir el pago; Außenstände ~ reclamar pagos pendientes; eine Schuld ~ exigir, reclamar el pago de una deuda; Steuern ~ recaudar impuestos

Einforderung f, en reclamación f; ~ von Geldern solicitación f, reclamación de fondos; ~ von Steuer recaudación f de impuestos

einfrieren congelar; Lebensmittel ~ congelar alimentos; Bankguthaben ~ bloquear los haberes bancarios; Preise und Löhne ~ congelar precios y salarios

Einfrieren n, Ø congelación f; ~ der Preise congelación de los precios

Einfuhr- (Pref.) de importación; importado, de entrada (Syn. Import)

Einfuhr f, en importación f; entrada f 1. direkte (mittelbare) ~ importación directa; indirekte (unmittelbare) ~ importación indirecta; ~ auf Zeit importación temporal; zollfreie ~ importación en régimen de franquicia aduanera 2. die ~ drosseln limitar la importación; die ~en kontingentieren contingentar, poner cupos a la importación; die ~en steigern intensificar las importaciones

Einfuhrabfertigung f, en formalidad f de importación

Einfuhrabgabe f, n impuesto m sobre la importación; derecho m de entrada

einfuhrabhängig dependiente, tributario de las importaciones

Einfuhrartikel m, - artículo m de importación; artículo m importado; importaciones pl

einführbar importable

Einfuhrbehinderung f, en obstáculo m a la importación

einfuhrberechtigt 1. admitido a importación 2. autorizado a importar

Einfuhrbeschränkung f, en restricción f a la importación; limitación f de las importaciones

Einfuhrbestimmungen pl disposiciones pl reguladoras de la importación; disposiciones pl en materia de importación; modalidades pl de importación

Einfuhrbewilligung f, en licencia f, permiso m de importación; autorización f para (od. de) importar

einführen importar; introducir; einen neuen Artikel ~ introducir, lanzar un nuevo artículo; an der Börse ~ comenzar a cotizar en bolsa; introducir en la bolsa; Waren aus der Bundesrepublik ~ importar mercancías (procedentes) de la República Federal de Alemania; (Syn. importieren)

Einführer m, - importador m

Einfuhrerklärung f, en declaración f de entrada, de importación

Einfuhrerlaubnis f, se → Einfuhrbewilligung

Einfuhrerleichterung f, en facilidades pl de importación

Einfuhrgenehmigung f, en → Einfuhrbewilligung

Einfuhrgut n, ⁻er mercancía f importada; Einfuhrgüter bienes pl, artículos pl importados

Einfuhrhafen m, ⁻ puerto m de entrada, de importación

Einfuhrhandel m, Ø comercio m de importación

Einfuhrhändler m, - importador m (Syn. Importeur)

Einfuhrkontingent n, e contingente m, cupo m de importación

Einfuhrkontingentierung f, en contingentación f de la importación; fijación f de cupos a la importación; cupos pl

Einfuhrkontrolle *f*, **n** control *m* a la importación
Einfuhrland *n*, ⸗er país *m* importador
Einfuhrlizenz *f*, en licencia *f* de importación
Einfuhrmengen *pl* volumen *m*, cantidad *f* de las importaciones; volumen *m* importado; cantidad *f* importada
Einfuhrmöglichkeiten *pl* posibilidades *pl* de importación
Einfuhrneigung *f*, en *geringe* ~ poca, baja propensión *f* a importar
Einfuhrort *m*, e lugar *f* de entrada (*od.* de importación)
Einfuhrpapiere *pl* documentos *pl* de importación (*od.* de entrada)
Einfuhrprämie *f*, **n** prima *f* de importación
Einfuhrpreis *m*, e precio *m* de entrada; precio *m* de importación
Einfuhrschein *m*, e documento *m* de entrada
Einfuhrsperre *f*, **n** → *Einfuhrstopp*
Einfuhrsteuer *f*, **n** impuesto *m*, tasa *f* sobre los productos importados
Einfuhrstopp *m*, s suspensión *f*, bloqueo *m* de las importaciones
Einfuhrüberschuß *m*, ⸗sse excedente *m* de importación; importaciones *pl* excedentarias
Einführung *f*, en 1. introducción *f*; lanzamiento *m*; ~ *einer Ware auf dem Markt* lanzamiento de un artículo al mercado 2. iniciación *f* 3. ~ *in ein Amt* instalación *f* en un cargo 4. importación *f*
Einführungsangebot *n*, e oferta *f* de lanzamiento
Einführungsbrief *m*, e carta *f* de introducción
Einführungspreis *m*, e precio *m* de lanzamiento
Einführungsrabatt *m*, e rebaja *f* de lanzamiento (*od.* de promoción)
Einführungsschreiben *n*, - → *Einführungsbrief*
Einführungsverbot *n*, e prohibición *f* de importar; *ein* ~ *verhängen* declarar la prohibición de importar
Einführungsverkauf *m*, ⸗e venta *f* promocional; venta *f* de promoción
Einführungswerbung *f*, Ø publicidad *f* de lanzamiento
Einfuhrvorschriften *pl* reglamentaciones *pl* de las importaciones
Einfuhrwaren *pl* mercancías *pl* de importación; mercancías *pl* importadas
Einfuhrzoll *m*, ⸗e derecho *m* de importación; ~ ⸗e *erheben* imponer derechos de entrada; ~ ⸗e *oder Abgaben gleicher Wirkung* derechos o cargas que tienen un efecto equivalente
einfüllen llenar; envasar; *Flaschen* ~ embotellar
einfüttern (Inform.) introducir datos; *einem Computer Daten* ~ introducir datos en la memoria

Eingabe *f*, **n** 1. petición *f*; solicitud *f* 2. (Inform.) entrada *f*; programación *f* 3. introducción *f* (*Geldscheine*)
Eingabe/Ausgabe-Bereich *m*, e área *f* de entrada y salida
Eingabe-Ausgabe-Einheit *f*, en (Inform.) unidad *f* de entrada y de salida
Eingabe-Ausgabe-Steuerung *f*, Ø (Inform.) control *m* entrada-salida
Eingabedatei *f*, en (Inform.) fichero *m* de entrada
Eingabedaten *pl* (Inform.) datos *pl* de entrada
Eingabe-Datenübersetzer *m*, - (Inform.) traductor *m*, convertidor *m* de entrada
Eingabegerät *n*, e (Inform.) aparato *m*, unidad *f* de entrada
Eingabekarte *f*, **n** (Inform.) tarjeta *f* de entrada
Eingabespeicher *m*, - (Inform.) memoria *f* de entrada
Eingang *m*, ⸗e entrada *f*; acceso *m*; *beim* ~ a la recepción; *kein* ~! se prohibe la entrada; *nach* ~ previa recepción; ~ *vorbehalten* salvo buen cobro (s.b.c.); salvo buen fin (s.b.f.); *Eingänge von Briefen* correo *m* del día; *Eingänge von Waren* mercancías *pl* recibidas; entradas *pl*; ~ *eines Wechsels* pago *m* de una letra; *Eingänge von Zahlungen* pagos *pl* recibidos
Eingangsanzeige *f*, **n** → *Eingangsbestätigung*
Eingangsbestätigung *f*, en acuse *m* de recibo
Eingangsbuch *n*, ⸗er libro *m*, registro *m* de entradas
Eingangsdat|um *n*, -en fecha *f* de entrada
Eingangsformel *f*, **n** (*im Brief*) encabezamiento *m*
Eingangsschleuse *f*, **n** compuerta *f* de entrada
Eingangsstempel *m*, - sello *m* de entrada
Eingangsvermerk *m*, e nota *f*, anotación *f*, mención *f* de entrada
Eingangszoll *m*, ⸗e derecho *m*, arancel *m* de entrada
eingeben (Inform.) programar; meter; hacer entrar; *Daten* ~ introducir datos en la memoria
eingehalten, *die Frist wurde* ~ se ha cumplido el plazo; el plazo ha sido cumplido
eingehen 1. entrar; llegar; (*Briefe, Waren*) recibirse; (*Gelder*) ingresar en caja 2. *einen Handel* ~ concluir una transacción; *ein Risiko* ~ correr un riesgo; *Verpflichtungen* ~ contraer obligaciones; *einen Vertrag* ~ ajustar, concertar un contrato; *eine Wette* ~ hacer una apuesta 3. abandonar (un negocio); disolverse una firma
eingehend 1. detallado; exacto; minucioso; *etw.* ~ *behandeln* tratar u/c a fondo 2. ~*e Gelder* pagos *pl* entrantes; ~*e Waren* mercancías *pl* entrantes
eingeklagter Betrag importe *m* reclamado; suma

f demandada
eingelagerte Butter mantequilla *f* almacenada
eingelöster Scheck cheque *m*, talón *m* pagado (*od.* cobrado)
eingemeinden incorporar a (*od.* en) un municipio
Eingemeindung *f*, **en** incorporación *f* de un municipio a otro
eingerechnet, ~ *sein* estar incluido; haberlo considerado en la cuenta
eingeschlossen, *im Preis* ~ incluido en el percio
eingeschränkt restringido; *~e Handlungsfreiheit* libertad *f* de acción limitada
eingeschrieben inscrito; registrado; *~er Brief* carta *f* certificada; (LA) carta *f* registrada; registrado *m*; *mittels ~en Briefes* por (*od.* con) carta certificada
eingesehen werden können se puede abrir para inspección (*od.* examen); se puede examinar
eingesessen residente; indígena; *~e Bevölkerung* población *f* indígena
eingetragen declarado; registrado; *~e Genossenschaft mit beschränkter Haftung* cooperativa *f* de responsabilidad limitada; *~e Schutzmarke* marca *f* registrada; *~er Verein* (*e.V.*) asociación *f* registrada
eingetreten, *der Tod ist* ~ ha ocurrido la muerte
eingezahlt pagado; (Venez.) enterado en caja; *~es Kapital* (*von den Aktionären*) capital *m* desembolsado
eingliedern integrar; incorporar; *in eine Gemeinde* ~ integrar en un municipio
Eingliederung *f*, **en** integración *f*; incorporación *f*
eingreifen intervenir; *in einen Streit* ~ intervenir en un conflicto
Eingreifen *n*, Ø *~ des Staates in die Wirtschaft* intervención *f* del Estado en la economía
eingreifend, *~e Maßnahme* medida *f* enérgica (*od.* drástica)
Eingriff *m*, **e** intervención *f*; intromisión *f*; ingerencia *f*; *staatlicher* ~ intervención *f* del estado (Syn. *Intervention*)
Eingriffspunkt *m*, **e** punto *m* de intervención; *oberer, unterer* ~ punto superior, inferior de intervención (Syn. *Interventionspunkt*)
eingruppieren clasificar
einhalten 1. *die Bedingungen* ~ respetar, cumplir las condiciones; *die Richtung* ~ seguir la dirección; *einen Termin* ~ atenerse a un plazo; observar, cumplir un plazo; *seine Verbindlichkeiten nicht* ~ no respetar, no cumplir sus obligaciones; *ein Versprechen* ~ cumplir una promesa 2. detenerse; pararse
Einhaltung *f*, **en** observancia *f*; cumplimiento *m*; ~ *der Frist* observancia, cumplimiento del plazo

einhandeln 1. adquirir; comprar 2. trocar por
einhändigen entregar en mano
Einhebung *f*, **en** (A) percepción *f*; ingreso *m*; cobro *m*; cobranza *f*
Einhebungsbeamte/r (*der/ein*) (A) perceptor *m*; agente *m* de cobro
einheften 1. (*Buch, Heft*) encuadernar 2. (*Akten*) encarpetar
einheimisch nativo; indígena; autóctono; *~es Produkt* producto *m* nacional *bzw.* regional *bzw.* local
Einheimische/r (*der/ein*) indígena *m/f*; autóctono *m*
einheimsen (Fam.) embolsarse; *Gewinn* ~ ganar, embolsarse mucho; ponerse las botas; hacer el agosto
einheiraten, *in eine Familie* ~ emparentar por casamiento; *in ein Geschäft* ~ entrar en un negocio por casamiento
Einheit *f*, **en** unidad *f*; *je* (*pro*) ~ por unidad; *Preis, Zeit je* ~ precio *m*, tiempo *m* unitario; (Telef.) paso *m* de contador
einheitlich uniforme; homogéneo; *~er Plan* plan *m* unitario (*od.* uniforme); *~er Tarif* tarifa *f* única; *~e Tendenz* tendencia *f* general;
Einheitsbauart *f*, **en** tipo *m* normalizado (*od.* estandarizado)
Einheitsbrief *m*, **e** carta *f* estandarizada (*od.* normalizada)
Einheitsform *f*, **en** norma *f*
Einheitsformat *n*, **e** formato *m*, tamaño *m* estándard, normalizado
Einheitsgewerkschaft *f*, **en** sindicato *m* único
Einheitskurs *m*, **e** cambio *m* único; cotización *f* única
Einheitskurzschrift *f*, Ø sistema *m* unificado de taquigrafía; sistema *m* universal de taquigrafía
Einheitsliste *f*, **n** lista *f* unitaria
Einheitspreis *m*, **e** precio *m* único
Einheitspreisgeschäft *n*, **e** tienda *f* de precio único
Einheitsstaat *m*, **en** estado *m* unitario
Einheitstarif *m*, **e** tarifa *f* única
Einheitsversicherung *f*, **en** póliza *f* universal; seguro *m* multiriesgos
Einheitsvertrag *m*, ⸚e contrato *m* tipo
Einheitswährung *f*, **en** monometalismo *m*
Einheitswert *m*, **e** valor *m* unitario; base *f* de imposición; valor *m* fiscal
Einheitszoll *m*, ⸚e derecho *m* (arancelario) uniforme
einhellig 1. unánime 2. de común acuerdo; *einen ~en Beschluß fassen* decidir por unanimidad
einholen 1. *einen Auftrag* ~ procurarse, obtener un pedido 2. *eine Genehmigung* ~ solicitar

una autorización 3. *Verlust* ~ resarcirse de la pérdida; *Zeit* ~ recuperar el tiempo
einig acorde; conforme; *sich* ~ *sein* estar de acuerdo; *sich* ~ *werden* ponerse de acuerdo
einigen 1. unir; unificar; armonizar; conciliar 2. *sich* ~ llegar a un acuerdo; *sich über den Preis* ~ convenir el precio
Einigung *f*, **en** 1. *gütliche* ~ arreglo *m*, acuerdo *m* amistoso; *eine* ~ *erzielen* llegar a un acuerdo; llegar a un arreglo; *eine* ~ *kommt zustande* se alcanza, se logra un acuerdo 2. unificación *f*
Einigungsstelle *f*, **n** instancia *f*, organismo *m* de conciliación
Einigungsverfahren *n*, - procedimiento *m* de conciliación
einjährig de un año; anual
einkalkulieren incluir, tener en cuenta en el cálculo; *ein Risiko* ~ calcular un riesgo; *die MWSt in den Preis mit* ~ incluir el IVA en el precio
Einkammersystem *n*, **e** (Polit.) sistema *m* unicameral; unicameralismo *m*
einkassieren cobrar; recaudar
Einkassierung *f*, **en** cobro *m*; recaudación *f*
Einkauf *m*, ⁻e compra *f*; adquisición *f*; ~⁻e *machen* hacer compras; ir de compras
einkaufen 1. comprar; adquirir; ir de compras 2. *sich in ein Altersheim* ~ adquirir el derecho a una plaza en una residencia para la tercera edad; *sich in eine Lebensversicherung* ~ tomar un seguro de vida
Einkäufer *m*, - comprador *m*; agente *m* de compras (de unos grandes almacenes)
Einkäuferausweis *m*, **e** tarjeta *f* de comprador
Einkaufsabschluß *m*, ⁻sse conclusión *f*, firma *f* de un contrato de compra(venta)
Einkaufsabteilung *f*, **en** departamento *m*, sección *f* de compras
Einkaufsbedingungen *pl* condiciones *pl* de compra
Einkaufsbeutel *m*, - bolsa *f*, bolso *m* de compras
Einkaufsbuch *n*, ⁻er registro *m* de compras
Einkaufsbummel *m*, - *einen* ~ *machen* ir de tiendas; ir de compras
Einkaufsbüro *n*, **s** oficina *f* de compras
Einkaufschef *m*, **s** jefe *m* de compras
Einkaufsgegend *f*, **en** zona *f*, área *f* de compras
Einkaufsgemeinschaft *f*, **en** grupo *m* de compras
Einkaufsgenossenschaft *f*, **en** cooperativa *f* de compras
Einkaufsgewohnheiten *pl* hábitos *pl* de compra
Einkaufskarte *f*, **n** tarjeta *f* de compras
Einkaufskartell *n*, **e** cártel *m* de compra
Einkaufskommissionär *m*, **e** agente *m* de compras
Einkaufsmöglichkeit *f*, **en** posibilidad *f* de compra
Einkaufsnetz *n*, **e** bolsa *f* de malla
Einkaufspreis *m*, **e** precio *m* de compra; *zum* ~ a precio de coste
Einkaufsprovision *f*, **en** comisión *f* de compra
Einkaufstasche *f*, **n** bolsa *f* de compra
Einkaufsverband *m*, ⁻e agrupación *f*, asociación *f* de compra
Einkaufsvereinigung *f*, **en** → *Einkaufsverband*
Einkaufsviertel *n*, - barrio *m* comercial
Einkaufswagen *m*, - carrito *m* de compra
Einkaufszeit *f*, **en** horas *pl* en que están abiertos los comercios
Einkaufszentrale *f*, **n** central *f* de compras
Einkaufszentr|um *n*, -**en** centro *m* comercial; hipermercado *m*; grandes superficies *pl*
einkellern, *Kartoffeln* ~ almacenar patatas
einklagbar reclamable, exigible judicialmente
einklagen reclamar judicialmente; *eine Forderung* ~ reclamar judicialmente la cobranza de un crédito
einklammern 1. unir con grapas 2. poner entre paréntesis
einklarieren (*Seefahrt*) pagar los derechos de aduana; sacar de aduana
einkommen, *um seine Versetzung* ~ solicitar el traslado
Einkommen *n*, - renta *f*; ingresos *pl*; 1. *berufliches* ~ renta profesional; ingresos obtenidos con la profesión; *festes* ~ ingresos fijos; *geringes* ~ renta baja; ingresos bajos; *hohes* ~ renta alta; ingresos elevados; *sicheres* ~ ingresos regulares; renta regular; *steuerfreies* ~ renta libre, exenta de impuestos; ingresos no sujetos a tributación; *steuerpflichtiges* ~ renta sujeta a impuestos 2. *ein* ~ *beziehen* percibir ingresos; *über hohe* ~ *verfügen* disponer de una renta elevada; *sein* ~ *versteuern* declarar sus ingresos; declarar la renta 3. ~ *aus Erwerbstätigkeit* ingresos obtenidos con la profesión; renta profesional; ~ *aus Grundbesitz* renta obtenida con la propiedad inmueble; ~ *nach Steuerabzug* renta neta; ingresos netos
Einkommensanstieg *m*, **e** aumento *m* de los ingresos (*od.* de la renta)
Einkommensausfall *m*, ⁻e pérdida *f* de ingresos; pérdida *f* de renta
Einkommensbeihilfen *pl* subsidios *pl* en concepto de ingresos
Einkommensentwicklung *f*, **en** evolución *f* de las rentas; evolución *f* de los ingresos
Einkommensgrenze *f*, **n** plafón *m* de renta; límite *m* de ingresos
Einkommensgruppe *f*, **n** categoría *f*, grupo *m* de renta
Einkommensnivellierung *f*, **en** nivelación *f* de

las rentas
Einkommenspolitik *f*, Ø política *f* (en materia) de rentas
Einkommensquelle *f*, *n* fuente *f* de ingresos
Einkommensschicht *f*, en clase *f*, categoría *f* de rentas; *die unteren, oberen ~en* los salarios bajos, altos
einkommensschwach de renta baja; de ingresos bajos
Einkommensskala *f*, -en escala *f* de ingresos; escala *f* de la renta
einkommensstark de renta elevada; de ingresos altos; *die Einkommensstarken* los perceptores de rentas altas
Einkommen(s)steuer *f*, *n* impuesto *m* (general) sobre la renta de las personas físicas (IRPF)
Einkommensteuererklärung *f*, en declaración *f* del impuesto sobre la renta
einkommensteuerfrei no imponible; exento de impuesto sobre la renta
einkommensteuerpflichtig sujeto al impuesto sobre la renta
Einkommensteuertabelle *f*, *n* baremo *m*, tabla *f* del impuesto sobre la renta
Einkommensteuerveranlagung *f*, en tasación *f*, estimación *f* del impuesto sobre la renta
Einkommensumverteilung *f*, en redistribución *f* de la renta
Einkommensungleichheit *f*, en desigualdad *f* de las rentas
Einkommensverhältnisse *pl* 1. origen *m*, fuente *f* de la renta 2. medios *pl*; recursos *pl*
Einkommensverteilung *f*, en repartición *f*, reparto *m*, distribución *f* de la renta
Einkommenszuwachs *m*, Ø incremento *m* de la renta
Einkünfte *pl* ingresos *pl*; rentas *pl*; beneficios *pl*; ganancias *pl*; *feste, unregelmäßige ~* ingresos fijos, irregulares; *seine ~ aufbessern* mejorar sus ingresos; *~ aus Aktien* ingresos procedentes de acciones; *~ aus einem Amt* emolumentos *pl*
Einkunftsarten *pl* clases *pl* de ingresos; clases *pl* de renta
einladen 1. *Waren ~* cargar mercancías 2. (Marit.) embarcar en 3. invitar; *zum Essen ~* convidar, invitar a comer 4. convocar
Einladung *f*, en 1. invitación *f*; *eine ~ an jdn. schicken* enviar una invitación a alg. 2. convocatoria *f*; convocación *f*
Einladungskarte *f*, *n* tarjeta *f* de invitación
Einladungsschreiben *n*, - carta *f* de invitación
Einlage *f*, *n* depósito *m*; imposición *f*; *befristete (feste) ~n* depósitos *pl*, imposiciones *pl* a plazo fijo; *kurzfristige, mittelfristige, langfristige ~* depósito a corto, a medio, a largo plazo;

täglich fällige ~n (auf Sicht) depósito a la vista; *~ in eine Gesellschaft* aportación *f* social; *~ mit Kündigungsfrist* depósito con plazo de preaviso; *~ mit 30tägiger Kündigung* depósito con 30 días de previso; *~n mit fester Laufzeit* depósitos a plazo fijo; *verzinsliche ~* depósito con interés; imposición que devenga interés 2. *etw. als ~ verschicken* adjuntar, enviar como anexo
Einlagekapital *n*, Ø capital *m* invertido *bzw.* aportado
Einlagekont|o *n*, -en cuenta *f* de depósito
Einlagenabgänge *pl* salidas *pl* de depósitos
Einlagengeschäft *n*, e (*der Banken*) operación *f* de depósito
Einlagenüberschuß *m*, ¨sse excedente *m*, superávit *m* de depósitos
Einlagenversicherung *f*, en seguro *m* de depósitos
Einlagenzuflüsse *pl* afluencias *pl*, entradas *pl* de depósitos
einlagern almacenar; depositar; *Bestände ~* constituir existencias
Einlagerung *f*, en almacenamiento *m*
Einlagesparen *n*, Ø colocación *f* en imposición de ahorro
Einlagezinsen *pl* intereses *pl* acreedores
Einlaß *m*, ¨sse admisión *f*; entrada *f*
einlassen, *sich auf Spekulationen ~* meterse, aventurarse en especulaciones; lanzarse a especular
Einlaßkarte *f*, *n* tarjeta *f* de admisión
einlaufen 1. *Ihre Bestellung ist heute eingelaufen* su pedido ha llegado hoy a nuestras manos; *Beschwerden laufen täglich ein* diariamente nos llegan reclamaciones 2. *in den Hafen ~* arribar al puerto 3. *sich ~* rodar; encontrar su ritmo; *die Maschine muß sich ~* la máquina tiene que rodar
einlegen 1. poner; meter; *in einen Brief ~* incluir, acompañar en una carta 2. *Geld ~* depositar, imponer dinero; *eine größere Summe ~* depositar una suma importante 3. *Berufung ~* presentar, elevar recurso de apelacion; *Protest gegen etw. ~* protestar, presentar protesta contra a/c 4. *ein gutes Wort für jdn. ~* interceder en favor de alg.
Einleger *m*, - depositante *m*; imponente *m*
einleiten introducir; iniciar, preparar; *ein Verfahren ~* instruir un procedimiento; *Geschäftsverbindungen ~* iniciar relaciones comerciales; *Verhandlungen ~* entablar negociaciones
Einleitung *f*, en introducción *f*; iniciación *f*; apertura *f*; *~ eines Gerichtsverfahrens* enjuiciamiento *m*; instrucción *f* de un proceso
Einlesebereich *m*, e (Inform.) área *f* de lectura

einlesen (Inform.) introducir; *eingelesene Daten* datos *pl* introducidos

Einleseprogramm *n*, **e** (Inform.) programa *m* de lectura

einliefern entregar; transportar; ingresar

Einlieferung *f*, **en** entrega *f*; ingreso *m*; transporte *m*

Einlieferungsschein *m*, **e** resguardo *m*; recibo *m*; ~ *für Einschreibebrief* resguardo, recibo de carta certificada

einliegend, ~ *erhalten Sie* adjunto recibe Vd. (Syn. *beiliegend*)

einlogieren 1. alojar; hospedar 2. alojarse; hospedarse

einlösbar 1. convertible; *in Gold* ~ convertible, canjeable en oro 2. reembolsable; redimible

Einlösbarkeit *f*, **en** convertibilidad *f*; canjeabilidad *f*; reembolsabilidad *f*

einlösen 1. *eine Schuld* ~ pagar, abonar, saldar una deuda 2. *Kupons* ~ cobrar los cupones; *einen Scheck* ~ cobrar, hacer efectivo un cheque; *eine Versicherungsprämie* ~ pagar una prima de seguro; *einen Wechsel* ~ honrar, pagar una letra 3. rescatar; desempeñar; *ein Pfand* ~ rescatar una prenda 4. *Wertpapiere* ~ convertir títulos 5. *sein Akzept* ~ hacer honor a su firma 6. *ein Versprechen* ~ cumplir una promesa

Einlösestelle *f*, **n** organismo *m* pagador

Einlösung *f*, **en** 1. pago *m*; abono *m*; saldo *m*; *die* ~ *verweigern* negarse a pagar 2. cobro *m*; *zur* ~ *vorlegen* presentar al cobro 3. rescate *m* 4. conversión *f*

Einlösungsfrist *f*, **en** plazo *m* de pago *bzw.* cobro *bzw.* rescate *bzw.* conversión

Einlösungsklausel *f*, **n** cláusula *f* de regularización; cláusula *f* de rescate

Einlösungskurs *m*, **e** precio *m* de rescate (*od.* amortización)

Einlösungspapier *n*, **e** título *m* convertible; efecto *m* de pago

Einlösungspflicht *f*, **en** 1. convertibilidad *f* 2. obligación *f* de rescate

Einlösungspreis *m*, **e** precio *m* de rescate (*od.* de amortización)

Einlösungsrecht *n*, **e** derecho *m* de rescate

Einlösungsschein *m*, **e** certificado *m* de reintegro (*od.* de rescate)

Einlösungstermin *m*, **e** fecha *f* de vencimiento; plazo *m* de reembolso

einmahnen requerir; conminar; *eine Schuld* ~ requerir el pago de una deuda

Einmahnung *f*, **en** requerimiento *m*; conminación *f*

Einmaleins *n*, Ø tabla *f* de multiplicar

Einmalentschädigung *f*, **en** (Seg.) indemnización *f* con pago único

Einmalflasche *f*, **n** casco *m*, botella *f* no retornable

Einmalpackung *f*, **en** embalaje *m* perdido

Einmalprämie *f*, **n** (Seg.) prima *f* única

Einmannbetrieb *m*, **e** 1. empresa *f* unipersonal 2. servicio *m* con agente único

Einmanngesellschaft *f*, **en** sociedad *f* compuesta de un solo miembro; sociedad *f* de un solo socio

Einmarkstück *n*, **e** pieza *f* de un marco

einmieten 1. ensilar 2. *sich bei jdm.* ~ alquilar una habitación en casa de alg.

einmischen, *sich in etw.* ~ entrometerse, inmiscuirse en a/c; *sich in fremde Angelegenheiten* ~ ingerirse en los asuntos de otro

einmotten preservar (la ropa) contra la polilla

einmütig → *einhellig*

einnähen coser; estrechar

Einnahme *f*, **n** 1. entrada *f*; ingreso *m*; *öffentliche* ~*n* ingresos *pl* públicos; ~*n und Ausgaben* ingresos y gastos; ingresos y egresos; *etw. in* ~ *stellen* (*bringen*) anotar en (la columna de) los ingresos 2. (*Steuern*) recaudación *f* 3. (*Verdienst*) ganancia *f* 4. (*Kino usw.*) taquillaje *m*

Einnahmeausfall *m*, **ⁿe** pérdida *f* de ingresos; pérdida *f* de beneficios; lucro *m* cesante

Einnahmebuch *n*, **ⁿer** libro *m* de entradas

Einnahmeerwartung *f*, **en** previsiones *pl*, expectativas *pl* de beneficios *bzw.* ingresos *bzw.* taquillaje *bzw.* recaudación

Einnahme-Plus *n*, Ø → *Einnahmeüberschuß*

Einnahmeposten *m*, - artículo *m* de entrada

Einnahmequelle *f*, **n** fuente *f* de ingresos

Einnahmeseite *f*, **n** lado *m*, partida *f* de ingresos

Einnahmeüberschuß *m*, **ⁿsse** excedente *m* de ingresos

Einnahmevoranschlag *m*, **ⁿe** estado *m* provisional de ingresos

einnehmen 1. percibir; recibir; cobrar; *Einkünfte* ~ percibir ingresos 2. *Steuern* ~ recaudar impuestos 3. (*Verdienst*) ganar 4. *jds. Stelle* ~ sustituir a alg. en su puesto; reemplazar a alg. 5. *die Stelle* ~ ocupar el puesto 6. *eine Haltung* ~ adoptar, observar una actitud

Einnehmer *m*, - 1. (*Kassierer*) cobrador *m* 2. ~ *von Steuern* recaudador *m* de impuestos

einordnen clasificar; ordenar; poner en su sitio; *Karten alphabetisch* ~ clasificar, ordenar las tarjetas por orden alfabético

Einordnung *f*, **en** ordenamiento *m*; clasificación *f*

einpacken 1. empaquetar; embalar; envasar; envolver 2. hacer la maleta

Einpackpapier *n*, Ø papel *m* de embalaje

einparken aparcar (entre dos vehículos), estacio-

narse (Méx.)
Einparteiensystem *n*, Ø monopartidismo *m*; sistema *m* de partido único
einpendeln 1. estabilizar; equilibrar; *die Kurse pendeln sich ein* los cursos se estabilizan 2. ir y venir entre dos puntos
Einpersonenhaushalt *m*, **e** hogar *m* de una sola persona; hogar *m* unipersonal
Einpfennigstück *n*, **e** pieza *f* de un pfennig; pieza *f* de un céntimo de marco
einpflanzen 1. plantar 2. inculcar; implantar
einplanen programar; planificar; tener en cuenta; incluir en el plan; *in den Haushalt* ~ presupuestar
Einplanung *f*, **en** planificación *f*; programación *f*; previsión *f*
einprägen imprimir; estampar; grabar
Einprägung *f*, **en** impresión *f*
Einproduktbetrieb *m*, **e** empresa *f* de fabricación única; empresa *f* de un solo producto
einprogrammieren programar; incluir en el programa
Einprogrammierung *f*, **en** programación *f*; inclusión *f* en el programa
einquartieren 1. alojar; hospedar 2. alojarse; hospedarse
Einquartierung *f*, **en** 1. alojamiento *m* 2. (*Gäste*) huéspedes *pl*
einräumen 1. conceder; otorgar; *einem Kunden einen Kredit* ~ conceder un crédito a un cliente; *einen Rabatt von 10 %* ~ conceder una rebaja del 10 por ciento 2. conceder; admitir; reconocer; *ich muß~, daß ich* he de admitir que 3. *ein Zimmer* ~ amueblar la habitación 4. *das Zimmer* ~ arreglar, disponer la habitación 5. *ein Recht* ~ ceder un derecho
Einräumung *f*, **en** concesión *f*; otorgamiento *m*; *~ eines Rechts* constitución *f* de un derecho 2. *~en machen* hacer concesiones
einrechnen incluir en una cuenta; *mit eingerechnet* incluido; *nicht eingerechnet* no incluido
Einrechnung *f*, **en** *unter~ von* incluyendo; incluyendo en cuenta
Einrede, **n** objeción *f*; réplica *f*; contradicción *f*; (Jur.) excepción *f* ; *eine ~ erheben* presentar una objeción
einreichen, *seinen Abschied* ~ solicitar, pedir el retiro; *eine Beschwerde* ~ hacer una reclamación; *ein Gesuch* ~ presentar una solicitud; *eine Klage* ~ presentar una demanda; *seine Versetzung* ~ pedir, solicitar el traslado; *dreifach* ~ presentar por triplicado; *eigenhändig* ~ presentar en mano; *persönlich* ~ presentar en mano (*od.* personalmente); *urschriftlich* ~ presentar (en) original
Einreichende/r (*der/ein*) → *Einreicher*

Einreicher *m*, **-** 1. remitente *m* 2. exponente *m* 3. solicitante *m* 4. el que remite un efecto a su banco
Einreicherbank *f*, **en** banco *m* remitente
Einreichung *f*, **en** entrega *f*; presentación *f*; depósito *m*; *~ der Dokumente* presentación de (los) documentos; *~ zur Zahlung* presentación al pago
Einreichungsfrist *f*, **en** plazo *m* de presentación
einreihen, *Waren in Zolltarife* ~ clasificar mercancías dentro del arancel
Einreise *f*, **n** entrada *f*; *jdm. die ~ in die BRD verweigern* denegar a alg. la entrada al territorio de la R.F.A.
Einreiseerlaubnis *f*, **se** → *Einreisegenehmigung*
Einreisegenehmigung *f*, **en** permiso *m* de entrada
Einreiseverbot *n*, **e** interdicción *f*, prohibición *f* de entrada
Einreisevis|um *n*, **-a** *od.* **-en** visado *m* de entrada; (LA) visa *f* de entrada
einrichten instituir; instalar; equipar; establecer; *ein Haus* ~ amueblar una casa; *sich neu* ~ amueblar de nuevo, reamueblar la casa (de uno)
Einrichtung *f*, **en** 1. instalación *f*; equipo *m*; dispositivo *m* 2. institución *f*; organismo *m*; organización *f*; *gemeinützige* ~ institucion sin fines lucrativos; institución de utilidad pública; *soziale ~en* instituciones *pl* sociales; *ständige ~en* instituciones permanentes;; *technische ~en* instalaciones técnicas
Einrichtungsdarlehen *n*, **-** préstamo *m* de instalación
Einrichtungsgegenstände *pl* enseres *pl*; muebles *pl*
Einrichtungshaus *n*, **⸚er** tienda *f* de muebles (de equipamiento); venta *f* de muebles de oficina
Einrichtungskosten *pl* gastos *pl* de instalación; costes *pl* del (primer) establecimiento
Einrohrpostanlage *f*, **n** tubo *m* único de correo neumático
einrücken 1. insertar, poner (un anuncio) 2. *in eine Schlüsselstellung* ~ pasar a ocupar un puesto clave 3. dejar un espacio (en una carta)
einsacken 1. ensacar; meter en un saco 2. embolsarse (dinero)
einsammeln recoger; colectar; *Geld* ~ recaudar dinero
Einsatz *m*, **⸚e** 1. empleo *m*; utilización *f*; *~ von Arbeitskräften* empleo de mano de obra; *selektiver ~* utilización selectiva 2. dedicación *f*; empeño *m*; *den vollen ~ fordern* exigir plena dedicación 3. (a)puesta *f*; riesgo *m* 4. *im ~* (*Personen*) en acción; (*Maschinen*) en funcionamiento
einsatzbereit disponible; operacional; preparado

para actuar; listo para funcionar
Einsatzbereitschaft *f*, Ø disponibilidad *f*
Einsatzbesprechung *f*, **en** reunión *f* de coordinación; reunión *f* de información; „briefing" *m*
Einsatzerprobung *f*, **en** ensayos *pl*, pruebas *pl* (de aparatos)
einsatzfähig utilizable; operacional; listo para funcionar
Einsatzfahrzeuge *pl* ~ *auf Flughäfen* vehículos *pl* de aplicación en aeropuertos
Einsatzgruppe *f*, **n** grupo *m* de operaciones especiales
Einsatzplan *m*, ⸚e plan *m* de intervención; plan *m* de operación
Einsatzpreis *m*, **e** tasación *f*, fijación *f* de precio (en las subastas)
Einsatzstab *m*, ⸚e equipo *m* de intervención
Einsatzwagen *n*, - (Transp.) coche *m* de reserva; vagón *m* suplementario
Einsatzzug *m*, ⸚e tren *m* de refuerzo; tren *m* suplementario
einschalten 1. encender; conectar; enchufar 2. *sich ~ in* tomar cartas en un asunto; intervenir
Einschaltquote *f*, **n** índice *m* de audiencia; índice *m* de aceptación
Einschaltung *f*, **en** 1. inserción *f* 2. puesta *f* en marcha 3. *ohne ~ eines Bevollmächtigten* sin intervención de un mandatario
einschätzen evaluar; estimar; tasar; valorar; *zu hoch (niedrig) ~* sobrevalorar, sobreestimar (infravalorar; subestimar)
Einschätzung *f*, **en** estimación *f*; tasación *f*; valoración *f* ; *~ des Risikos* evaluación *f* del riesgo
einscheffeln (Fam.) amasar mucho dinero
einschenken 1. servir de beber 2. *Glas ~* llenar el vaso 3. *jdm. Wein ~* escanciar, servir un vaso de vino a alg.
einschichtig, *~er Betrieb* empresa *f* de un solo turno (Ggs. *Mehrschichtbetrieb*)
einschicken enviar; remitir; *etw. zur Reparatur ~* enviar u/c al taller de reparaciones
Einschienenbahn *f*, **en** monoraíl *m*; monocarril *m*
einschießen, *Geld ~* enviar, remitir fondos; aportar dinero; contribuir con dinero
einschiffen, *Waren ~* embarcar mercancía; *sich in Hamburg ~* embarcar(se) para Hamburgo
Einschiffung *f*, **en** 1. (*Personen*) embarco *m* 2. (*Waren*) embarque *m*
Einschiffungshafen *m*, ⸚ puerto *m* de embarco *bzw.* de embarque
einschl. → *einschließlich*
einschlagen 1. hincar; hundir 2. *ein Geschenk ~* hacer un paquete regalo 3. *eine Laufbahn ~ als Beamter* seguir la carrera de funcionario; *einen falschen Weg ~* seguir, echar por mal camino 4. tener mucho éxito
einschlägig 1. relativo a; referente a; correspondiente; *die ~e Literatur* bibliografía *f* especializada 2. del ramo; *~es Geschäft* tienda *f* del ramo; tienda *f* que vende la mercancía en cuestión
Einschlagpapier *n*, Ø papel *m* de envolver
Einschleichdieb *m*, **e** persona *f* que se introduce furtivamente
einschleichen 1. *sich ~* introducirse furtivamente; colarse 2. deslizarse (una equivocación, un error)
einschleppen remolcar (un barco)
einschleusen 1. introducir (clandestinamente); *Falschgeld in den Verkehr ~* poner en circulación billetes falsos 2. infiltrar
einschließen 1. cerrar (con llave); encerrar 2. *Verpackung und Porto eingeschlossen* incluidos embalaje y porte; *mit eingeschlossen* incluido
einschließlich inclusive; incluso; incluido; *~ der Kosten* comprendidos, incluidos los gastos; *~ Verpackung* franco de embalaje
Einschließung *f*, **en** 1. cerco *m*; bloqueo *m* 2. *mit ~ von, unter ~ von* → *einschließlich*
einschmuggeln introducir de contrabando; pasar de estraperlo; (Fam.) pasar de matute; *sich ~* pasar, introducirse, colarse furtivamente
einschneidend incisivo; de rigor; terminante; drástico; *~e Maßnahme treffen* adoptar medidas radicales
einschränken limitar; restringir; *die Ausgaben ~* reducir los gastos; *die Handlungsfreiheit ~* reducir el margen de maniobra; *sich ~* economizar; reducir gastos
einschränkend limitativo; restrictivo; *~e Maßnahmen* medidas *pl* restrictivas
Einschränkung *f*, **en** limitación *f*; restricción *f*; reducción *f*; *~ von Ausgaben* reducción, disminución de gastos; *ohne ~* sin restricción; sin reservas
Einschreib(e)brief *m*, **e** carta *f* certificada; (LA) carta *f* registrada; *einen ~ aufgeben* enviar una carta certificada
Einschreibegebühr *f*, **en** 1. (*Post*) derechos *pl* de certificado 2. (*Schule*) derechos *pl* de matrícula 3. (*Verein*) derechos *pl* de inscripción
Einschreiben *n*, - certificado *m*; carta *f* certificada; *als ~* como carta certificada
einschreiben 1. inscribir; registrar; *sich ~* inscribirse en 2. *einen Brief ~ lassen* certificar una carta; *eingeschriebener Brief* carta *f* certificada; (LA) carta registrada; *etw. eingeschrieben schicken* enviar, remitir algo por certificado 3. (*buchen*) asentar (en)

Einschreibung *f*, **en** 1. registro *m*; inscripción *f*; matriculación *f*; asiento *m* 2. oferta *f* escrita de una venta en subasta

Einschrieb *m*, **e** (CH) → *Einschreiben*

einschulen escolarizar

Einschuß *m*, ⁻sse 1. capital *m* invertido 2. desembolso *m*; pago *m*; cobertura *f* (en operaciones bancarias o bursátiles)

Einschußschäden *pl* (Seg.) siniestros *pl* al contado

einsehen examinar; tomar conocimiento; *die Unterlagen* ~ examinar la documentación

einseitig 1. unilateral; en sentido único 2. parcial

einsenden enviar; remitir; expedir; *den Betrag bar* ~ enviar el importe en efectivo

Einsender *m*, - remitente *m*

Einsendeschluß *m*, Ø cierre *m* de admisión

Einsendung *f*, **en** envío *m*; remesa *f*

einsetzen 1. *eine Anzeige* ~ insertar, poner un anuncio 2. *ausländische Arbeitskräfte* ~ recurrir a la mano de obra extranjera 3. *einen Ausschuß* ~ instituir, constituir una comisión 4. *in den Haushaltsplan* ~ inscribir, asentar en el plan presupuestario 5. *sich für etw.* ~ emplearse a favor de u/c; *sich für jdn.* ~ abogar, interceder a favor de alg.; *sich voll* ~ emplearse a fondo 6. *beim Spiel* ~ hacer una puesta; poner en juego 7. *in ein Amt* ~ instalar en un cargo; investir de un cargo 8. *als Bevollmächtigten* ~ constituir en, designar como apoderado; *als Erbe* ~ instituir heredero; *als Vorsitzenden* ~ designar, nombrar presidente

Einsetzung *f*, **en** 1. establecimiento *m*; instalación *f* 2. ~ *zum Alleinerben* designación *f*, institución *f* como heredero universal 3. ~ *einer Klausel (in einen Vertrag)* inserción *f* de una cláusula

Einsicht *f*, **en** inspección *f*; examen *m*; ~ *nehmen in etw.*, examinar u/c; tomar conocimiento de u/c; *nach* ~ *der Akten* tras haber consultado el dossier; *zur* ~ para su examen

Einsichtnahme *f*, **n** inspección *f*; examen *m*; *zur gefälligen* ~ sírvase examinar; *Recht auf* ~ derecho *m* de inspección; derecho *m* de fiscalización

einsilieren ensilar

Einsitzer *m*, - monoplaza *m*

einsitzig monoplaza

einsortieren clasificar; *Karteikarten* ~ clasificar las cartulinas en una cartoteca

einsparen *Kosten* ~ evitar costes; *Material* ~ economizar material; *einen Posten* ~ ahorrarse un puesto

Einsparung *f*, **en** ahorro *m*; economía *f*; ~ *en im Haushalt vornehmen* ahorrar en el presupuesto

einspeichern (Inform.) registrar; introducir; *Daten* ~ introducir datos en la memoria

Einspeicherung *f*, **en** (Inform.) memorización *f* (de información)

Einspielergebnis *n*, **se** taquillaje *m*; ingresos *pl* por taquilla; recaudación *f*

Einsprache *f*, **n** (A) → *Einspruch*

Einspracherecht *n*, **e** → *Einspruchsrecht*

einsprachig monolingüe

einspringen sustituir; suplir; reemplazar; *für einen Kollegen* ~ sustituir a un compañero

einspritzen, *Kapital* ~ inyectar capital

Einspruch *m*, ⁻e objeción *f*; reclamación *f*; protesta *f*; 1. ~ *erheben* formular reclamación 2. (Jur.) oposición *f*; recurso *m*; ~ *erheben* formar, elevar recurso

Einspruchsfrist *f*, **en** plazo *m* de oposición; plazo *m* de recurso

Einspruchsrecht *n*, **e** derecho *m* de veto; derecho *m* de inhibición; *ein* ~ *geltend machen* ejercer un recurso

Einspruchsschrift *f*, **en** escrito *m* de oposición

Einspruchsverfahren *n*, - procedimiento *m* de oposición

Einspurbahn *f*, **en** → *Einschienenbahn*

einspurig de una sola vía; de vía sencilla; (LA) trocha *f* sencilla

Einstand *m*, ⁻e entrada *f* en funciones; *seinen* ~ *feiern* festejar, celebrar su nombramiento

Einstandspreis *m*, **e** precio *m* de coste comercial (Syn. *Gestehungspreis*)

Einstandsrecht *n*, **e** derecho *m* de retracto; derecho *m* preferente de compra

Einstandswert *m*, **e** valor *m* de coste

einstechen *(mit Stechuhr)* fichar la hora de llegada (al trabajo)

einstecken 1. *einen Brief* ~ echar una carta al correo *bzw*. al buzón 2. *Geld* ~ embolsarse dinero; *Profit* ~ embolsarse las ganancias

Einsteckschloß *n*, ⁻sser (Seg.) cerradura *f* de caja insertada; cerradura *f* embutida

einstehen 1. *für die Schulden eines anderen* ~ responder de, hacerse responsable de las deudas de un tercero 2. (A) (Fam.) *bei jdm.* ~ entrar al servicio de alg.

Einsteigedieb *m*, **e** escalador *m*; (Fam.) palquista *m*

Einsteigediebstahl *m*, ⁻e robo *m* con escala

einsteigen 1. subir; entrar por 2. *in ein Geschäft* ~ entrar en un negocio; adquirir una participación en una compañía; participar en una sociedad 3. ~ *!* (Ferr.) ¡ viajeros al tren!

einstellbar, ~ *e Sperrzeit* (Seg.) tiempo *m* de bloqueo

einstellen 1. reclutar; contratar; dar empleo; *Arbeitskräfte* ~ contratar mano de obra 2. *(vorläufig)* suspender; interrumpir; *die Arbeit* ~

cesar el trabajo; deponer el trabajo; ponerse en huelga; *die Zahlungen* ~ suspender los pagos 3. (*endgültig*) cesar; cerrar 4. *das Verfahren* ~ sobreseer el procedimiento

einstellig de una (sola) cifra; *~e Zahl (número m)* dígito *m*

Einstellung *f*, **en** 1. reclutamiento *m*; contratación *f* 2. ~ *mangels Masse* cierre *m* por insuficiencia del activo 3. ~ *des Verfahrens* sobreseimiento *m* del procedimiento

Einstellungsbedingungen *pl* condiciones *pl* de contratación

Einstellungsbüro *n*, **s** oficina *f* de contratación

Einstellungsstopp *m*, **s** interrupción *f*, suspensión *f* de la contratación

Einstellungsvertrag *m*, ⸗e contrato *m* de empleo

einstimmig unánime; de común acuerdo; *durch ~en Beschluß* por decisión unánime; *~ wählen* votar por unanimidad

Einstimmigkeit *f*, **en** unanimidad *f*; común acuerdo *m*

einstöckig de un piso

einstreichen (Fam.) embolsarse; *den Gewinn* ~ embolsarse las ganancias

einstufen clasificar; *jdn. in eine Steuerklasse* ~ colocar, clasificar a alg. en una categoría fiscal (*od.* tributaria)

Einstufung *f*, **en** clasificación *f*; categoría *f*; evaluación *f*

Einstufungsänderung *f*, **en** cambio *m* en la clasificación

Einstundentakt *m*, Ø *im* ~ todas las horas

einstündig de una hora

einstweilig provisional; temporal; (Jur.) *~e Verfügung* auto *m*, resolución *f* provisional

eintägig de un día

eintasten (Inform.) teclear

Eintausch *m*, Ø cambio *m*; canje *m*; trueque *m*

eintauschen cambiar; trocar; canjear por; *eine Aktie* ~ canjear una acción

einteilen dividir; distribuir; clasificar; organizar *seine Zeit richtig* ~ repartir bien su tiempo

einteilig de una pieza

Einteilung *f*, **en** división *f*; distribución *f*; clasificación *f*

eintippen (Inform.) meter, introducir datos en la memoria

Eintopfgericht *n*, **e** plato *m* único; puchero *m*

Eintrag *m*, ⸗e inscripción *f*; registro *m*; asiento *m*

eintragen, *in die Bücher* ~ asentar en los libros; *ins Einwohnerverzeichnis* ~ empadronar; *ins Handelsregister* ~ inscribir en el registro mercantil; *eingetragene Schutzmarke* marca *f* registrada; *eingetragener Verein* asociación *f* registrada; 2. ser rentable; ser lucrativo; rendir; producir

einträglich productivo; rentable; remunerador; lucrativo; *ein ~es Geschäft* negocio *m* rentable

Einträglichkeit *f*, Ø rentabilidad *f*; rendimiento *m*; productividad *f*

Eintragung *f*, **en** inscripción *f*; registro *m*; asiento *m*; ~ *in Einwohnerverzeichnis* empadronamiento *f*; ~ *im Handelsregister* inscripción en el registro mercantil

eintragungsfähig inscribible; registrable

Eintragungsfähigkeit *f*, **en** inscribibilidad *f*; registrabilidad *f*

Eintragungsgebühr *f*, **en** tasa *f*, cuota *f* de registro

eintragungspflichtig sujeto a inscripción

Eintragungsvermerk *m*, **e** mención *f* de registro

Eintragungszwang *m*, ⸗e registro *m* obligatorio

eintreffen llegar; *die Ware ist eingetroffen* ha llegado la mercancía

eintreibbar exigible; cobrable; recaudable; *~e Forderung* créditos *m* exigibles

Eintreibbarkeit *f*, Ø exigibilidad *f*

eintreiben, *Außenstände, Rückstände* ~ cobrar los pagos pendientes, los atrasos; *Steuern* ~ recaudar impuestos

Eintreibung *f*, **en** cobro *m*; recaudación *f*; *gerichtliche, zwangsweise* ~ cobro por vía judicial, ejecutivo

Eintreibungskosten *pl* gastos *pl* de cobro

eintreten 1. *in einen Verein* ~ afiliarse, adherirse a una asociación; hacerse miembro de un club 2. *für etw.* ~ abogar, interceder, luchar por 3. *ein Schaden ist eingetreten* se ha producido un daño

Eintritt *m*, **e** 1. entrada *f*; *~ frei, verboten* entrada gratuita; prohibida la entrada; *~ eines Gesellschafters* entrada de un socio 2. (*Auftreten*) ocurrencia *f*; *bei ~ des Versicherungsfalles* si se produce la contingencia asegurada; si ocurre el siniestro; *~ des Schadenfalls* acaecimiento *m* del evento dañoso; ocurrencia *f* del siniestro; acaecimiento *m* de la contingencia asegurada

Eintrittsalter *n*, Ø edad *f* de admisión

Eintrittsgebühr *f*, **en** → *Eintrittsgeld*

Eintrittsgeld *n*, **er** cuota *f* de entrada

Eintrittskarte *f*, **n** entrada *f*; localidad *f*; (LA) boleto *m*; *ermäßigte (verbilligte)* ~ entrada a precio reducido

Eintrittslohn *m*, ⸗e salario *m* de entrada; salario *m* inicial

Eintrittspunkt *m*, **e** (Inform.) punto *m* de entrada

Einübungszeit *f*, **en** periodo *m* de adaptación; periodo *m* de prácticas

Ein- und Ausgabegerät *n*, **e** (Inform.) terminal *m*; aparato *m* de entrada y de salida (Syn.

Datenendstation; Terminal)
Ein- und Ausreise *f*, **n** llegada *f* y salida *f*
einverleiben absorber; incorporar; anexionar
Einverleibung *f*, **en** 1. absorción *f*; incorporación *f*; anexión *f* 2. (A) inscripción *f*
Einvernahme *f*, **n** audición *f*; interrogatorio *m*
Einvernehmen *n*, - conformidad *f*; acuerdo *m*; *im ~ mit* de acuerdo con; *gegenseitiges ~* de común acuerdo; *sich mit jdm. ins ~ setzen* ponerse de acuerdo con alg.; *in gutem ~ mit jdm. stehen* entenderse, llevarse bien con alg.
einverstanden, *mit jdm. ~ sein* estar de acuerdo con alg.; *nicht ~ sein* estar en desacuerdo; *sich ~ erklären* declararse conforme
Einverständnis *n*, **se** 1. conformidad *f*; acuerdo *m*; asentimiento *m*; consentimiento *m*; *im ~ mit* de acuerdo con; *stillschweigendes ~* acuerdo *m* tácito 2. *geheimes ~* colusión *f*; connivencia *f*
Einwand *m*, ⸗e objeción *f*; reclamación *f*; reparo *m*; (Jur.) excepción *f*; réplica *f*; *einen ~ erheben* replicar; presentar excepción
Einwanderer *m*, - inmigrante *m*
einwandern inmigrar
Einwanderung *f*, **en** inmigración *f*
Einwanderungsbehörde *f*, **n** servicios *pl*, autoridades *pl* de inmigración
Einwanderungsbeschränkung *f*, **en** limitación *f*, restricciones *pl* a la inmigración
Einwanderungsstrom *m*, ⸗e aflujo *m*, ola *f* de inmigrantes
einwandfrei sin defecto; irreprochable; perfecto; intachable; *⸗e Ware* mercancía *f* impecable
einwechseln 1. *einen Hundertmarkschein ~* cambiar un billete de 100 marcos (para tener suelto) 2. *DM gegen* (*in*) *Peseten ~* cambiar marcos por pesetas
Einwechslung *f*, **en** cambio *m*
einwecken poner en conserva
Einweg- (Pref.) no recuperable; sin devolución; sin retorno; no retornable
Einwegbehälter *m*, - recipiente *m* no recuperable
Einwegflasche *f*, **n** botella *f*, casco *m* no retornable
Einwegpackung *f*, **en** envase *m* no retornable (*od.* no recuperable)
einweihen 1. inaugurar; *einen Autobahnabschnitt ~* abrir al tráfico, inaugurar un tramo de autopista 2. *jdn. in einen Plan ~* poner a alg. en el secreto de u/c
Einweihung *f*, **en** inauguración *f*
Einweihungsrede *f*, **n** discurso *m* de inauguración
einweisen 1. *jdn. in eine Arbeit ~* iniciar a alg. en un trabajo; darle instrucciones a alg. sobre un trabajo 2. *jdn. in sein Amt ~* introducir, instalar a alg. en su cargo 3. *jdn. in ein Krankenhaus ~* hospitalizar al alg.; ingresar, internar a alg. en el hospital 4. *in den Besitz von etw. ~* poner en posesión de u/c 5. *jdn. in eine Wohnung ~* acomodar a alg. en una vivienda
Einweisung *f*, **en** 1. directiva *f*; instrucción *f*; *berufliche ~* iniciación *f* profesional 2. introducción *f*; instalación *f* 3. hospitalización *f* 4. puesta *f* en posesión 5. acomodo *m*
einwenden objetar; poner reparos a; oponerse a; (Jur.) presentar una excepción; excepcionar; oponer excepción; *es ist nichts einzuwenden gegen* no hay que objetar nada contra
Einwendung *f*, **en** objeción *f*; reparo *m*; excepción *f*; (Jur.) *~en machen* excepcionar; oponer excepción
einwerfen, *einen Brief ~* echar una carta
einwickeln 1. envolver en 2. (Fam.) *sich von jdm. ~ lassen* dejarse engatusar; dejarse camelar
Einwickelpapier *n*, Ø papel *m* de envolver; papel *m* de embalaje
einwiegen pesar y ensacar una mercancía
einwilligen consentir; estar conforme con; aprobar; *in die Scheidung ~* aceptar el divorcio
Einwilligung *f*, **en** consentimiento *m*; conformidad *f*; asentimiento *m*; aprobación *f*; aquiescencia *f*; *seine ~ geben* (*erteilen*) dar su aprobación
einwintern recoger los productos alimenticios (para ponerlos al abrigo del frío invierno)
Einwirkung *f*, **en** *katastrophenähnliche ~en* (Seg.) efectos cuasi-catastróficos
einwöchentlich → *einwöchig*
einwöchig de una semana; *~er Lehrgang* cursillo *m* de una semana
Einwohner *m*, - habitante *m*; vecino *m*; *auf 1000 ~ por 1000 habitantes*; *~zahlen* censo *m*
Einwohnerliste *f*, **n** padrón *m*; registro *m* de la población
Einwohnermeldeamt *n*, ⸗er oficina *f* de empadronamiento
Einwohnermeldepflicht *f*, Ø declaración *f* obligatoria del domicilio; censo *m* obligatorio; obligación *f* de censarse
Einwohnerregister *n*, - padrón *m* vecinal; registro *m* municipal
Einwohnerschaft *f*, **en** vecindario *m*; habitantes *pl*; población *f*
Einwohnerverzeichnis *n*, **se** → *Einwohnerliste*
Einwohnerzahl *f*, **en** número *m* de habitantes; población *f*
einzahlbar pagable; a pagar
einzahlen pagar; ingresar; (Méx.) enterar; *eine Aktie ~* liberar, desembolsar una acción; *bar ~* entrar en caja; *Geld bei der Bank ~* imponer, ingresar dinero en una cuenta bancaria; *eine Summe auf ein Konto ~* ingresar una suma en

una cuenta
Einzahler *m*, - imponente *m*; depositante *m*; imponedor *m*
Einzahlung *f*, en pago *m*; imposición *f*; ingreso *m*; abono *m*; ~ *auf Aktien* liberación *f* de acciones; *durch* ~ *auf Ihr Postgirokonto* por ingreso en la cuenta que tiene en la caja postal; ~ *auf ein Sperrkonto* ingreso en una cuenta bloqueada; *~en auf den Nennwert der Aktien leisten* efectuar pagos sobre el valor nominal de las acciones; *eine* ~ *vornehmen* efectuar un ingreso; *volle* ~ (Méx.) exhibición *f* plena
Einzahlungsbeleg *m*, - recibo *m*, resguardo *m* de ingreso; volante *m* de depósito
Einzahlungsbescheinigung *f*, en → *Einzahlungsbeleg*
Einzahlungsformular *n*, e formulario *m*, impreso *m* de ingreso
Einzahlungsfrist *f*, en plazo *m* de ingreso; plazo *m* de abono
Einzahlungskasse *f*, n caja *f* de ingresos; ventanilla *f* de cobros
Einzahlungsquittung *f*, en recibo *m*, resguardo *m* de ingreso
Einzahlungsschalter *m*, - → *Einzahlungskasse*
Einzahlungsschein *m*, e → *Einzahlungsbeleg*
Einzahlungszettel *m*, - → *Einzahlungsbeleg*
Einzel- (Pref.) individual; particular; unitario; por pieza
Einzelabkommen *n*, - convenio *m* individual
Einzelabmachung *f*, en acuerdo *m* individual
Einzelakkord *f*, e destajo *m* individual
Einzelakkordlohn *m*, ⸚e salario *m* de destajo individual
Einzelanfertigung *f*, en 1. producción *f* por pieza; fabricación *f* por pieza 2. producción, fabricación de encargo 3. producción, fabricación fuera de serie
Einzelarbeitsvertrag *m*, ⸚e contrato *m* de trabajo individual
Einzelaufgaben *pl* aplicaciones *pl* individuales
Einzelaufstellung *f*, en relación *f* detallada (*od.* pormenorizada *od.* especificada)
Einzelaussteller *m*, - expositor *m* individual
Einzelbauer *m*, n (R.D.A.) cultivador *m* independiente (que no pertenece a ninguna cooperativa)
Einzelbetrag *m*, ⸚e importe *m* particular, individual
Einzelbetrieb *m*, e 1. empresa *f* individual 2. empresa *f* independiente 3. unidad *f* económica con dirección individual
Einzelbett *n*, en cama *f* individual
Einzelfertigung *f*, en → *Einzelanfertigung*
Einzelfirma *f*, -en razón *f* social individual; empresa *f* individual; establecimiento *m* en nombre personal
Einzelgeschäft *n*, e operación *f*, transacción *f* particular (*od.* individual)
Einzelgewerkschaft *f*, en sindicato *m* de un ramo (*IG-Metall*, por ejemplo)
Einzelgewicht *n*, e peso *m* unitario
Einzelgut *n*, ⸚er mercancía *f* en fardos; bultos *pl* sueltos; bultos *pl* de detalle (Syn. *Stückgut*)
Einzelhandel *m*, Ø comercio *m* al por menor; comercio *m* minorista; comercio *m* al detall(e); *im* ~ al detall(e); *im* ~ *verkaufen* detallar; varear (Ggs. *Großhandel*)
Einzelhandelsgeschäft *n*, e negocio *m* al detalle; negocio *m* minorista; (Méx.) cajón *m*
Einzelhandelsind|**ex** *m*, - **izes** índice *m* de precios al por menor
Einzelhandelskauf|**mann** *m*, **-leute** detallista *m*; minorista *m*; comerciante *m* al por menor; (Méx.) cajonero *m*
Einzelhandelspreis *m*, e precio *m* al por menor; precio *m* minorista; precio *m* al detalle
Einzelhandelsspanne *f*, n margen *m* del minorista
Einzelhandelsumsatz *m*, ⸚e volumen *m* de ventas del comercio al por menor
Einzelhandelsverband *m*, ⸚e asociación *f* de minoristas
Einzelhändler *m*, - detallista *m*; minorista *m*; (Méx.) cajonero *m*
Einzelkasse *f*, n caja *f* individual
Einzelkauf|**mann** *m*, **-leute** comerciante *m* individual; comerciante *m* particular; comerciante *m* en nombre personal
Einzelkind *n*, er hijo *m* único
Einzelmuster *n*, - muestra *f* única
einzeln solo; único; ~ *kaufen* comprar por unidad; comprar por separado; comprar al por menor
Einzelnachweis *m*, e prueba *f* contable, individual
Einzelne/r (*der/ein*) individuo *m*; particular *m*
Einzelpaar *n*, e par *m* suelto (*od.* único) (de zapatos)
Einzelpauschalreise *f*, n viaje *m* todo incluido
Einzelpreis *m*, e precio *m* por unidad
Einzelprokur|**a** *f*, **-en** poder *m* exclusivo
Einzelrisik|**o** *n*, **-en** (Seg.) riesgo *m* individual; riesgo *m* aislado
Einzelschaden *m*, ⸚ (Seg.) daño *m* bzw. siniestro *m* individual
Einzelschadenstatistik *f*, en estadística *f* de daño *bzw.* siniestros individuales; (Angl.) Individual Loss Statistics
Einzelschicht *f*, en turno *m* único; (Méx.) tiempo *m* sencillo
Einzelstand *m*, ⸚e stand *m* individual (feria, exposición)

einzelstehend, ~*es Gebäude* edificio *m* aislado
Einzelstück *n*, **e** pieza *f* única; ejemplar *m* único
Einzelsumme *f*, **n** subtotal *m*
Einzelteil *n*, **e** pieza *f* suelta, única
Einzeltisch *m*, **e** mostrador *m* aislado
Einzelunternehmen *n*, - empresa *f* individual, independiente
Einzelunternehmer *m*, - empresario *m* individual, privado
Einzelverkauf *m*, ⁻ᵉ venta *f* al por menor
Einzelvertrag *m*, ⁻ᵉ contrato *m* individual, particular
Einzelwerbung *f*, Ø publicidad *f* de un producto
Einzelwirtschaft *f*, **en** 1. microeconomía *f*; economía *f* individual 2. unidad *f* económica de dirección individual
Einzelzimmer *n*, - habitación *f* individual
einziehbar cobrable
einziehen 1. *Banknoten* ~ retirar billetes de la circulación 2. *Steuern* ~ recaudar impuestos 3. *jds. Vermögen* ~ confiscar la fortuna de alg. 4. *Geld* ~ cobrar (dinero) 5. *in eine Wohnung* ~ instalarse en una vivienda; mudarse a una vivienda 6. *bei jdm.* ~ ir a vivir en casa de
Einziehung *f*, **en** 1. retirada *f* (de billetes) 2. ~ *von Forderungen* cobro *m* de créditos 3. confiscación *f*
Einziehungsauftrag *m*, ⁻ᵉ orden *f* de cobro
Einziehungsermächtigung *f*, **en** → *Einzugsermächtigung*
Einziehungsgebühr *f*, **en** gastos *pl*, tasa *f* de cobro (*od*. de cobranza)
Einziehungskosten *pl* → *Einzugsspesen*
Einzugsposten *m*, - partidas *pl* a cobrar
Einziehungsprovision *f*, **en** comisión *f* de cobro
Einziehungsverfahren *n*, - domiciliación *f* bancaria de recibos
Einziehungsvollmacht *f*, **en** poder *m*, facultad *f* de cobranza
Einzimmerwohnung *f*, **en** estudio *m*; apartamento *m* de una habitación (*od*. de una pieza)
Einzug *m*, ⁻ᵉ 1. entrada *f*; cobro *m*; cobranza *f* 2. *seinen* ~ *halten in eine Wohnung* hacer su entrada, instalarse en una vivienda
Einzugsbereich *m*, **e** → *Einzugsgebiet*
Einzugsermächtigung *f*, **en** domiciliación *f* bancaria de recibos; domiciliación *f* con recogida de recibos
Einzugsgebiet *n*, **e** 1. ~ *eines Flusses* cuenca *f*, vertiente *f* hidrográfica 2. zona *f* de atracción comercial (de un hipermercado); 3. zona *f* de influencia
Einzugsgeld *n*, **er** tasa *f* de establecimiento
Einzugsgeschäft *n*, **e** operación *f* de cobro
Einzugskosten *pl* → *Einzugsspesen*
Einzugsmandat *n*, **e** (CH) envío *m* contra reembolso
Einzugsspesen *pl* gastos *pl* de cobro (*od*. de cobranza)
Einzugsverkehr *m*, Ø → *Einziehungsverfahren*
Eis *n*, Ø 1. hielo *m*; *auf* ~ *legen* aparcar; congelar; aplazar; diferir; interrumpir provisionalmente; *die Verhandlungen wurden auf* ~ *gelegt* las negociaciones han sido interrumpidas provisionalmente; *jdn. aufs* ~ *führen* tender un lazo a alg. 2. (*Speiseeis*) helado *m*
Eisbahn *f*, en pista *f* de hielo
Eisbeutel *m*, - bolsa *f* de hielo
Eisbrecher *m*, - rompehielos *m*
Eiscreme *f*, **s** mantecado *m*; helado de crema
Eisdecke *f*, **n** capa de hielo
Eisdiele *f*, **n** heladería *f*
Eisen *n*, - hierro *m*; *etw. zum alten* ~ *werfen* tirar por inservible; arrinconar
Eisenbahn- (Pref.) ferroviario
Eisenbahn *f*, **en** ferrocarril *m*; *mit der* ~ por ferrocarril; *mit der* ~ *fahren* tomar el tren
Eisenbahnabteil *n*, **e** departamento *m*; (LA) compartim(i)ento *m*
Eisenbahnarbeiter *m*, - → *Eisenbahner*
Eisenbahnbetrieb *m*, Ø servicio *m* ferroviario; explotación *f* de los ferrocarriles
Eisenbahndirektion *f*, **en** dirección *f* de ferrocarriles
Eisenbahner *m*, - ferroviario *m*
Eisenbahnfähre *f*, **n** transbordador *m*; (Angl.) ferry(boat) *m*
Eisenbahnfahrplan *m*, ⁻ᵉ horario *m* (de trenes)
Eisenbahnfahrt *f*, **en** viaje *m* en tren; viaje *m* en ferrocarril
Eisenbahngesellschaft *f*, **en** compañía *f* de ferrocarriles
Eisenbahnknotenpunkt *m*, **e** nudo *m* ferroviario
Eisenbahn-Kraftwagen-Verkehr *m*, Ø transporte *m* de mercancías por los vehículos de los ferrocarriles federales alemanes
Eisenbahnlinie *f*, **n** línea *f* ferroviaria
Eisenbahnnetz *n*, **e** red *f* de ferrocarriles
Eisenbahnschaffner *m*, - revisor *m*
Eisenbahnschiene *f*, **n** carril *m*; riel *m*; raíl *m*
Eisenbahnstation *f*, **en** estación *f* de ferrocarril
Eisenbahntransport *m*, **e** transporte *m* por ferrocarril
Eisenbahnunglück *n*, **e** accidente *m* ferroviario
Eisenbahnverbindung *f*, **en** comunicación *f* ferroviaria; conexión *f* por tren
Eisenbahnverkehr *m*, Ø tráfico *m* ferroviario
Eisenbahnwagen *m*, - (*Personen*) coche *m*; (*Waren*) vagón *m*
Eisenbahnwaggon *m*, **s** vagón *m* (de mercancías)
Eisenband *n*, ⁻ᵉʳ fleje *m*
Eisenbergwerk *n*, **e** mina *f* de hierro

Eisenbeschlag *m*, Ø herraje *m*
eisenbeschlagen herrado
Eisenbeton *m*, Ø hormigón *m* armado; (LA) concreto *m* armado
Eisenblech *n*, e chapa *f* de hierro
Eisen-, Blech- und Metallwaren (*EBM*) *pl* artículos *pl* metálicos
Eisendraht *m*, ᵘᵉ alambre *m* (de hierro)
Eisenerz *n*, e mineral *m* de hierro
Eisenerzgehalt *m*, Ø contenido *m* en hierro
Eisenerzgewinnung *f*, Ø extracción *f* de mineral de hierro
Eisengießerei *f*, en fundición *f* de hierro
Eisenguß *m*, ᵘˢˢᵉ fundición *f* de hierro
eisenhaltig ferrífero; ferruginoso
Eisenhütte *f*, *n* → *Eisenhüttenwerk*
Eisenhüttenindustrie *f*, *n* industria *f* siderúrgica
Eisenhüttenkombinat *n*, e (R.D.A.) combinado *m* siderúrgico
Eisenhüttenkunde *f*, Ø siderurgia *f*
Eisenhüttenwerk *n*, e planta *f* siderúrgica
Eisenindustrie *f*, *n* industria *f* siderúrgica
eisenschaffend, ~*e Industrie* siderurgia *f*; industria *f* siderúrgica
eisen- und metallverarbeitende Industrie *f*, *n* siderurgia *f*; industria *f* de transformados metálicos
Eisen- und Stahlindustrie *f*, *n* industria *f* del hierro y del acero; metalurgia *f*; siderurgia *f*
eisenverarbeitend siderúrgico; de transformado de hierro
Eisenverhüttung *f*, Ø siderurgia *f*
Eisenwaren *pl* ferretería *f*; artículos *pl* de ferretería
Eisen(waren)händler *m*, - ferretero *m*
Eisenwarenhandlung *f*, en ferretería *f*
Eisenwerk *n*, e 1. herrajes *pl* 2. → *Eisenhüttenwerk*
eisern de hierro; metálico; ~*er Bestand* fondos *pl* de reserva; stock *m* permanente; ~*e Reserve* reserva *f* permanente
Eisfeld *n*, er campo *m* de hielo
Eisfläche *f*, *n* superficie *f* de hielo
eisfrei libre de hielo
Eisgang *m*, Ø deshielo *m*
eisgekühlt helado
Eisglätte *f*, Ø planchas *pl* resbaladizas; suelo *m* resbaladizo (por el hielo)
Eiskaffee *m*, s granizado *m* de café; café *m* helado
Eiskeller *m*, - 1. depósito *m* de hielo 2. nevera *f*
Eiskübel *m*, - cubo *m* de hielo
Eismaschine *f*, *n* heladora *f*
Eismeer *n*, e 1. *Nördliches* ~ océano *m* glacial ártico *m* 2. *Südliches* ~ océano *m* glacial antártico
Eisschrank *m*, ᵘᵉ nevera *f*

Eiswürfel *m*, - cubito *m* de hielo
Eiswürfelbehälter *m*, - cubitera *f*, hielera
EKVM (= *Europäische Konferenz der Verkehrsminister*) CEMT Conferencia *f* europea de ministros de transporte
elektrifizieren electrificar
Elektrifizierung *f*, en electrificación *f*
Elektriker *m*, - electricista *m*
elektrisch eléctrico; (Fam.) *die Elektrische* tranvía *m*; ~*e Kraft* fuerza *f* eléctrica; ~*e Leitung* línea *f* eléctrica; ~*e Lokomotive* locomotora *f* eléctrica; ~*er Strom* corriente *f* eléctrica; fluido *m*
elektrizierbar electrizable
Elektrizität *f*, Ø electricidad *f*
Elektrizitätserzeugung *f*, en producción *f*, generación *f* de electricidad
Elektrizitätsmesser *m*, - electrómetro *m*
Elektrizitätsmessung *f*, en electrometría *f*
Elektrizitätsversorgung *f*, en suministro *m*, aprovisionamiento *m* de energía eléctrica
Elektrizitätswerk *n*, e central *f* eléctrica
Elektrizitätswirtschaft *f*, en sector *m* (económico) de la electricidad; sector *m* de producción y venta de fuerza eléctrica
Elektrizitätszähler *m*, - contador *m* (de electricidad)
Elektrochemie *f*, Ø electroquímica *f*
elektrochemisch electroquímico
Elektrogerät *n*, e 1. aparato *m* eléctrico 2. electrodoméstico *m*
Elektrogeschäft *n*, e 1. tienda *f* de artículos eléctricos 2. tienda *f* de electrodomésticos
Elektroherd *m*, e cocina *f* eléctrica
Elektroindustrie *f*, *n* industria *f* electrotécnica; industria *f* eléctrica
Elektroingenieur *m*, e ingeniero *m* electricista
Elektromechanik *f*, Ø (mecánico *m*) electricista *m*
elektromechanisch electromecánico; ~*e Schaltschlösser* cerraduras *pl* electromecánicas
Elektrometer *n*, - electrómetro *m*
Elektromobil *n*, e electromóvil *m*
Elektromotor *m*, en motor *m* eléctrico
elektromotorisch electromotor; electromotriz
Elektronengehirn *n*, e cerebro *m* electrónico; ordenador *m*
Elektronenkamera *f*, s cámara *f* electrónica
Elektronenrechner *m*, - calculadora *f* electrónica; ordenador *m* electrónico
Elektronik *f*, Ø electrónica *f*
elektronisch electrónico; ~*e Datenverarbeitung* (*EDV*) tratamiento *m* electrónico de datos; informática *f*; ~*e Datenverarbeitungsanlage* centro *m* de informática; centro *m* informático; centro *m* de cálculo; ~ *gesteuert* (con man-

do) programado; ~*er Taschenrechner* calculadora *f* electrónica; *das ~e Zeitalter* la era *f* de la electrónica
Elektrotechnik *f*, Ø electrotécnica *f*
Element *n*, e elemento *m*; (*Bauteil*) módulo *m*
Elementarschäden *pl* (= *Sturm, Hagel, Blitzschlag, Überschwemmung etc.*) daños *pl* elementales (= tormenta, granizo, impacto de rayo, inundación etc.)
Elementarschule *f*, n escuela *f* primaria
Elementarunterricht *m*, Ø enseñanza *f* primaria (*od.* elemental)
Elemente *pl* elementos *pl*; rudimentos *pl*
Elend *n*, Ø miseria *f*; pobreza *f*; desgracia *f*; *ins ~ geraten* empobrecer(se); caer en la miseria; *im ~ leben* vivir en la miseria; *im größten ~ leben* vivir en la mayor miseria; *jdn. ins ~ stürzen* llevar a alg. a la miseria; arruinar a alg.
elend (Fam.) *das ist ~ teuer* cuesta una fortuna; cuesta un dineral
Elendsquartier *n*, e tugurio *m*; cuchitril *m*; zaquizamí *m*
Elendsviertel *n*, - barriada *f*, barrio *m* de chabolas; barrio *m* pobre; barrida *f* pobre; barrio *m* miseria
Elendswohnung *f*, en chabola *f*
Elfenbein *n*, Ø marfil *m*
Elfenbeinküste *f*, Ø costa *f* de marfil
elffach once veces
elfmal → *elffach*
elfte undécimo; ~*s Jahrhundert* siglo *m* once; siglo XI
Elftel *n*, - onceavo *m*
elftens undécimo
eliminieren eliminar; *einen Konkurrenten ~* eliminar a la competencia
Elle *f*, n vara *f*
ellenlang de una vara de largo: (Fig.) larguísimo
elterlich de los padres; paterno; ~*e Gewalt* patria *f* potestad; ~*e Sorge* custodia *f* parterna
Elternhaus *n*, Ø casa *f* paterna: hogar *m* paterno
elternlos huérfano; sin padres
Elternrat *m*, ⸚e asociación *f* de padres de familia
Elternrecht *n*, e derecho *f* discente
Elternteil *m*, e el padre *m* bzw. la madre *f*
Emailarbeiter *m*, - esmaltador *m*
Embargo *n*, s embargo *m*; *etw. mit einem ~ belegen* embargar; *ein ~ verhängen* decretar, imponer, ordenar un embargo sobre; *das ~ aufheben* levantar el embargo; *einem ~ unterliegen* ser sujeto de un embargo; estar sujeto a un embargo
Emigrant *m*, en 1. emigrante *m* 2. refugiado *m* político (Syn. *Auswanderer*)
emigrieren emigrar (Syn. *auswandern*)
eminent insigne; ilustre; eminente

Eminenz *f*, en eminencia *f*; (*Rede*) eminentísimo señor
Emirat *n*, e emirato *m*; *die Vereinigten Arabischen ~e* Emiratos *pl* Árabes Unidos; Unión *f* de Emiratos Árabes
Emission *f*, en emisión *f*; *Zeichner einer ~* suscriptor *m* de una emisión; *~ von jungen Aktien, einer Anleihe* emisión de nuevas acciones, de un empréstito; *eine ~ unterbringen* colocar una emisión
Emissionsbank *f*, en banco *m* de emisión de valores
Emissionsgeschäft *n*, e operación *f* de emisión
Emissionsinstitut *n*, e → *Emissionsbank*
Emissionskurs *m*, e tipo *m* de emisión
Emissionssteuer *f*, n impuesto *m* sobre la emisión de títulos
Emittent *m*, en emisor *m*
emittieren 1. *eine Anleihe ~* emitir un empréstito; *Aktien ~* emitir acciones 2. emitir (productos nocivos); polucionar
EMNID-Institut *n*, Ø (R.F.A.) instituto *m* de sondeo de la opinión pública; instituto *m* de investigaciones sociológicas
Empf. → *Empfänger*
Empfang *m*, ⸚e 1. *bei ~ Ihres Schreibens* a la recepción, al recibo de su carta; *nach dem ~ von* después de recibir 2. *jdm. einen guten (schlechten) ~ bereiten* deparar un buen, un mal recibimiento a alg. 3. *den ~ eines Betrags bescheinigen* certificar el recibo de un importe 4. *den ~ eines Briefs, einer Ware bestätigen* acusar el recibo de una carta, de una mercancía 5. *etw. in ~ nehmen* recibir 6. *der ~ eines Gehaltes* la percepción *f*, el cobro *m* de un sueldo 7. *einen ~ geben* dar una recepción; dar un cóctel
empfangen 1. *Betrag ~ (erhalten)* percibir, cobrar un importe 2. (*Gäste*) recibir; acoger 3. (*TV, Radio*) captar
Empfänger *m*, - 1. destinatario *m*; *~ unbekannt* destinatario desconocido; *~ verzogen* el destinatario se marchó sin dejar señas; *dem ~ aushändigen* entregar al destinatario 2. (*z.B. von Beihilfe*) beneficiario *m*; perceptor *m*; *der ~ der Unterstützung* el perceptor, el beneficiario de una subvención 3. (*von Waren*) consignatario *m* 4. (*Radio*) receptor *m*
Empfängerabschnitt *m*, e talón *m*
Empfängerland *n*, ⸚er país *m* receptor; país *m* beneficiario
Empfangnahme *f*, Ø recepción *f*
Empfangsantenne *f*, n antena *f* receptora
Empfangsanzeige *f*, n → *Empfangsbestätigung*
empfangsberechtigt autorizado para recibir
Empfangsberechtigte/r (*der/ein*) beneficiario *m*;

destinatario *m*
Empfangsbescheinigung *f*, **en** → *Empfangsbestätigung*
Empfangsbestätigung *f*, **en** (acuse *m* de) recibo *m*; resguardo *m*; *gegen* ~ contra entrega de recibo; contra acuse de recibo; *eine ~ ausstellen* extender un (acuse de) recibo
Empfangsbevollmächtigte/r (*der/ein*) persona *f* habilitada, autorizada para recibir
Empfangsbüro *n*, s recepción *f*; *sich im ~ melden* presentarse en (la) recepción
Empfangschef *m*, s recepcionista *m*; jefe *m* de recepción
Empfangsdame *f*, n (señorita) recepcionista *f*
Empfangsschein *m*, e resguardo *m*; recibo *m*
Empfangsstation *f*, **en** 1. estación *f* de destino 2. estación *f* receptora (de radio)
Empfangsstelle *f*, n 1. lugar *m* de destino 2. recepción *f*
empfehlen recomendar; *einen Preis ~* recomendar un precio
Empfehlung *f*, **en** recomendación *f*; referencias *pl*; *auf ~ von* por recomendación *f* de; *mit den besten ~en* con muchos saludos, recuerdos de mi parte; permita expresarle mis mejores saludos; *ausgezeichnete ~en haben* tener excelentes referencias
Empfehlungsbrief *m*, e → *Empfehlungsschreiben*
Empfehlungsschreiben *n*, - carta *f* de recomendación
empfindliche Waren *pl* productos *pl* sensibles (*od.* delicados)
empfohlen, *~er Ladenpreis* precio *m* venta al publico (P.V.P.) aconsejado; precio *m* aconsejado al por menor; *~er Preis* precio *m* sugerido *bzw.* recomendado
emporarbeiten, *sich ~* ascender a fuerza de trabajo; hacer carrera; abrirse paso; *sich zum Abteilungsleiter ~* ascender al puesto de jefe de servicio
emporkommen prosperar
Emporkömmling *m*, e arribista *m*; advenedizo *m*; nuevo rico *m*
emporschnellen dispararse (los precios)
emportreiben, *die Preise ~* subir los precios
emsig 1. (*fleißig*) laborioso; aplicado; estudioso (*geschäftig*) diligente; activo
en bloc en bloque; a tanto alzado
Endabnehmer *m*, - → *Endverbraucher*
Endabrechnung *f*, **en** saldo *m*; cuenta *f* final
Endbahnhof *m*, ⸚e estación *f* terminal; estación *f* término (Syn. *Zielbahnhof*)
Endbestand *m*, ⸚e 1. activo *m* final 2. stock *m* final
Endbetrag *m*, ⸚e total *m*; montante *m*, importe *m* definitivo; suma *f* final

Ende *n*, Ø 1. fin *m*; final *m*; término *m*; *am ~* al final; después de todo; a lo mejor; finalmente; *am ~ des Monats* a fines, a últimos, a finales de mes 2. (*Abschluß*) conclusión *f*; terminación *f*; *eine Arbeit zu ~ bringen* terminar, concluir un trabajo 3. (*Ausgang*) desenlace *m* 4. (*Ergebnis*) resultado *m* 5. *an allen Ecken und ~n sparen* ahorrar en todos los sentidos; (Fam.) ahorrar de chicha y nabo 6. *einer Sache ein ~ machen* poner término a, dar fin a, acabar con u/c 7. *zu ~ gehen* tocar a su fin; ir acabándose; ir agotándose; ir extinguiéndose 8. *am ~ sein* estar rendido
enden 1. (*aufhören*) cesar 2. (*Frist*) vencer; caducar; expirar
Endergebnis *n*, se resultado *m* final
Enderzeugnis *n*, se → *Endprodukt*
Endfertigung *f*, **en** acabado *m*; última mano *f*; último toque *m*
Endgehalt *n*, ⸚er sueldo *m* final; paga *f* de fin de carrera
Endgerät *n*, e (Inform.) → *Datensichtgerät*
endgültig, *~er Nettoschaden* (Seg.) pérdida *f* neta definitiva; (Angl.) net ultimate loss; *~e Schadenshöhe* (Seg.) cuantía *f* definitiva del siniestro
Endlagerung *f*, **en** almacenamiento *m* definitivo
Endmontage *f*, n montaje *m* bzw. ensamblaje *m* final
End of transmission (Inform.) fin *m* de la transmisión
endogen, *der Krise liegen ~e Faktoren zugrunde* factores *pl* endógenos son la causa (*od.* el origen) de la crisis (Ggs. *exogen*)
Endprodukt *n*, e producto *m* final
Endstation *f*, **en** estación *f* final; estación *f* término
Endstufe *f*, n fase *f*, estadio *m* final
Endsumme *f*, n → *Endbetrag*
Endurteil *n*, e sentencia *f* final, definitiva; (Urug.) sentencia *f* decisoria
Endverbraucher *m*, - consumidor *m* final
Endverbraucherpreis *m*, e (*EVP*) precio *m* a pagar por el consumidor final
Endverkauf *m*, ⸚e venta *f* al público
Endverkaufspreis *m*, e precio *m* venta al público (PVP)
Endwert *m*, e valor *m* final; valor *m* definitivo
Energie *f*, n energía *f*; fuerza *f*; potencia *f*; *~ sparen* ahorrar energía
Energieabgabe *f*, n emisión *f* de energía
energieabgebend exoenergético
Energieaufkommen *n*, Ø producción *f* energética
Energieaufwand *m*, Ø consumo *m* de energía;

155

gastos *pl* en energía
Energieausschuß *m*, ⁻sse comisión *f* para la energía
Energiebedarf *m*, Ø demanda *f* de energía; demanda *f* energética; *den ~ einschränken* reducir la demanda (*od.* las necesidades) de energía
Energiebereich *m*, e sector *m* de la energía; sector *m* energético
energiebewußt, *~es Verhalten* conducta *f* encaminada al ahorro energético
Energiebewußtsein *n*, Ø sensibilización *f* en orden al ahorro energético
Energieeinheit *f*, en unidad *f* de energía
Energieeinsparungen *pl* ahorros *pl* de (*od.* en) energía
Energieerzeugung *f*, en producción *f* energética
Energiegewinnung *f*, en → *Energieerzeugung*
Energiehaushalt *m*, e presupuesto *m* energético
energieintensiv de gran consumo energético; de gran densidad (*od.* intensidad) energética
Energieknappheit *f*, Ø escasez *f* de energía
Energiekrise *f*, **n** crisis *f* energética
Energielücke *f*, **n** déficit *m* de energía; laguna *f* energética
Energiemenge *f*, **n** cantidad *f* de energía
Energienachfrage *f*, **n** demanda *f* energética; demanda *f* de energía
Energiepolitik *f*, Ø política *f* energética
energiepolitisch, *~e Maßnahmen* medidas *pl* en materia de política energética
Energiepotential *n*, Ø potencial *m* energético
Energieproblem *n*, e problema *m* energético
Energiequelle *f*, **n** fuente *f* energética; fuente *f* de energía; *neue ~n erschließen* encontrar nuevas fuentes energéticas
Energiereserve *f*, **n** reserva *f* energética
Energieträger *m*, - elemento *m* energético; portador *m* de energía
Energieüberschuß *m*, ⁻sse exceso *m*, excedente *m*, superávit *m* energético
Energieverbrauch *m*, Ø consumo *m* de energía; gasto *m* de energía
Energieverschwendung *f*, **en** despilfarro *m*, derroche *m*, malgasto *m* de energía
Energieversorgung *f*, **en** suministro *m* de energía; abastecimiento *m* energético
Energieversorgungsbetrieb *m*, e empresa *f* de producción y de distribución de energía
Energievorrat *m*, ⁻e → *Energiereserve*
Energiewirtschaft *f*, Ø economía *f* energética; sector *m* económico de la energía
Energiezufuhr *f*, Ø aprovisionamiento *m*, aportación *f* de energía
Engineering *n*, Ø ingeniería *f*; concepción *f* y supervisión *f* de un proyecto

Engineering-Büro *n*, **s** oficina *f* de proyectos; oficina *f* de estudios
Engineering-Unternehmen *n*, - empresa *f* de ingeniería
Engpaß *m*, ⁻sse estrangulamiento *m*; cuello *m* de botella; (Gal.) impasse *m*
en gros, *~ verkaufen* vender al por mayor
Engroshandel *m*, Ø comercio *m* al por mayor
Engroshändler *m*, - (comerciante) mayorista *m*; comerciante *m* al por mayor; grosista *m* (Syn. *Grossist*)
Engrospreis *m*, e precio *m* al por mayor
Engrossist *m*, en (A) → *Engroshändler*
Enquete *f*, **n** 1. encuesta *f* oficial; examen *m* 2. (A) sesión *f* de trabajo; seminario *m*
entamten suspender; destituir; (Fam.) poner a alg. en la puerta de la calle
entäußern, *sich einer Sache ~* deshacerse, desprenderse de u/c
Entäußerung *f*, en cesión *f*; desposeimiento *m*; enajenación *f*; alienación *f*
entbehren 1. echar de menos; echar en falta 2. estar privado, desprovisto de; carecer de 3. *nicht ~ können* no poder prescindir de; no poder pasarse sin
entbehrlich innecesario; superfluo; inútil
Entbehrung *f*, en privación *f*
entbinden, *von Pflichten ~* relevar, eximir, dispensar de las obligaciones
entblocken desbloquear (*auch* Inform.)
entbürokratisieren desburocratizar; disminuir la burocracia
Entbürokratisierung *f*, (en) desburocratización *f*
Entdeckung *f* **des Schadens** descubrimiento *m* del daño *bzw.* siniestro
enteignen expropiar; desposeer; *das Großkapital ~* nacionalizar el gran capital
Enteignung *f*, en expropiación *f*; desposeimiento *m*; *~ im öffentlichen Interesse* expropiación *f* declarada de utilidad pública
Enteignungsbescheid *m*, e auto *m* de expropiación
Enteignungsentschädigung *f*, en indemnización *f*, precio *m* de la expropiación
Enteignungsgegenstand *m*, ⁻e bien *m* expropiado
enterben desheredar; exheredar
Enterbte/r (*der*/*ein*) desheredado *m*
Enterbung *f*, en desheredamiento *m*; desheredación *f*
entfallen 1. recaer en; corresponder a; ser atribuido a 2. *entfällt* nada; ninguno (en un cuestionario) 3. (*wegfallen*) suprimirse 4. (*nicht in Frage kommen*) ser improcedente; no proceder 5. olvidarse de

entfernen alejar; apartar, eliminar; *aus dem Amt* ~ separar del cargo
Entfernung *f*, **en** 1. distancia *f*; *in einer* ~ *von* a una distancia de; *aus einiger* ~ desde una cierta distancia; *auf kurze, weite* ~ a corta, larga distancia 2. ~ *aus dem Dienst* suspensión *f*, separación *f* del servicio 3. ausencia *f*
Entfernungsmesser *m*, - telémetro *m*
Entfernungsskala *f*, **-en** escala *f* de distancias
entflechten desconcentrar *f*; descentralizar; *Kartelle* ~ descartelizar; disolver legalmente un cártel (Ggs. *verflechten*)
Entflechtung *f*, **en** desconcentración *f*; descentralización *f*; desmantelamiento *m*; (*Kartelle*) disolución *f* legal de un cartel; descartelización *f*
Entfremdung *f*, **en** alienación *f*, enajenación *f*
entführen secuestrar; raptar
Entführer *m*, - secuestrador *m*; (*eines Flugzeugs*) pirata *m* aéreo; secuestrador *m* de avión
Entführung *f*, **en** secuestro *m*; rapto *m*
entgangener Gewinn lucro *m* cesante; pérdida *f* de beneficios
entgegengesetzt 1. opuesto; contrario; antagónico 2. contradictorio 3. *genau, gerade* ~ diametralmente opuesto 4. *in* ~*er Richtung* en sentido contrario; en sentido opuesto
entgegenkommen 1. *jdm. preislich* ~ mostrarse complaciente en el precio; acordar una rebaja de precio; *jdm. weit* ~ hacer a alg. considerables concesiones; (Corresp.) *um Ihnen entgegenzukommen* para complacerle(s) 2. *ein Fahrzeug kommt entgegen* se acerca un vehículo en dirección opuesta
entgegenkommend complaciente; atento; servicial; que se aviene a todo fácilmente
Entgegennahme *f*, **n** aceptación *f*; recepción *f*; *die* ~ *der Ware verweigern* negarse a aceptar la mercancía;
entgegennehmen aceptar; recibir; 1. *eine Bestellung* ~ hacerse cargo, tomar un pedido 2. *Anweisungen* ~ recibir instrucciones; 3. *Zahlungen* ~ recibir pagos 4. (Telef.) atender una llamada
entgegensehen, *wir sehen Ihrem Auftrag entgegen* esperamos su pedido; quedamos a la espera de su pedido
entgegensehend (Corresp.) *Ihrer* (*baldigen*) *Antwort* ~ en espera de su (pronta) contestación
Entgelt *n*, (**e**) 1. compensación *f*; indemnización *f*; resarcimiento *m* 2. retribución f; remuneración *f*; *gegen* ~ a título oneroso; *ohne* ~ a título gratuito; gratuitamente; gratis 3. recompensa *f*
entgelten 1. indemnizar; resarcir; compensar 2. retribuir; remunerar 3. expiar 4. hacer pagar

entgeltlich a título oneroso; mediante pago (Ggs. *unentgeltlich*)
entgiften descontaminar
enthalten 1. contener; comprender; incluir 2. *sich der Stimme* ~ abstenerse de votar
Enthaltung *f*, **en** abstención *f*
entheben, *jdn. seines Amts* ~ relevar de sus funciones
Enthebung *f*, **en** relevo *m*; suspensión *f*; separación *f*
Enthumanisierung *f*, Ø deshumanización *f*
entindustrialisieren desindustrializar
Entindustrialisierung *f*, Ø desindustrialización *f*
entkartellisieren → *entflechten*
Entkartellisierung *f*, **en** → *Entflechtung*
entkoloni(ali)sieren descolonializar
Entkoloni(ali)sierung *f*, (**en**) descolonización *f*
entkräften 1. agotar; extenuar; consumir; acabar 2. anular; invalidar; desvirtuar; infirmar
Entkräftung *f*, **en** 1. agotamiento *m*; extenuación *m*; achicamiento *m* 2. anulación *f*; invalidación *f*
entladen, *einen Lkw* ~ descargar un camión
Entlader *m*, - descargador *m*
Entladerampe *f*, **n** rampa *f* de descarga
Entladung *f*, **en** 1. descarga *f* 2. descargue *m* 3. desembarque *m* (de mercancías)
entlassen 1. despedir; *einen Arbeiter* ~ despedir a un trabajador; *jdn. fristlos* ~ despedir sin preaviso; despedir fulminantemente; despedir en el acto 2. *einen Beamten* ~ destituir a un funcionario; relevar, suspender de sus funciones 3. *einen Gefangenen* ~ excarcelar; desencarcelar; poner en libertad 4. *einen Patienten* ~ dar de alta 5. *einen Soldaten* ~ licenciar a un soldado
Entlassung *f*, **en** 1. despido *m*; *fristlose* ~ despido sin preaviso; despido en el acto; despido fulminante; ~ *mit vorheriger Kündigung* despido con preaviso; *kollektive* ~ despido colectivo; *ungerechtfertigte* ~ despido injusto; *seine* ~ *einreichen* presentar su dimisión 2. destitución *f*, relevo *m* (de un funcionario) 3. excarcelación *f* (de un preso) 4. alta *f* (de un paciente) 5. licencia *f* (de un soldado)
Entlassungsabfindung *f*, **en** indemnización *f* por (*od.* de) despido
Entlassungsgesuch *n*, **e** 1. dimisión *f* 2. petición *f* de libertad condicional
Entlassungsschein *m*, **e** 1. certificado *m* de alta (de un paciente) 2. licencia *f* absoluta (de un militar)
Entlassungsschreiben *n*, - carta *f* de despido
entlasten 1. descargar; aliviar 2. *den Vorstand* ~ aprobar la gestión de la junta directiva 3. *den Verkehr* ~ descongestionar el tráfico 4. *von*

Pflichten ~ exonerar, eximir de obligaciones

Entlastung *f*, **en** 1. descarga *f*; alivio *m* 2. *dem Vorstand ~ erteilen* aprobación *f* de la gestión de la junta directiva 3. ~ *des Verkehrs* descongestión *f* del tráfico 4. ~ *von Pflichten* exoneración *f*; exención *f*; liberación *f* 5. (Jur.) descargo *m*

Entlastungsstraße *f*, **n** carretera *f*, vía *f* de descongestión

Entlastungszug *m*, ⁼e tren *m* suplementario; tren *m* de refuerzo

entledigen 1. *sich* ~ deshacerse, desprenderse de 2. *sich eines Auftrages* ~ cumplir, ejecutar una orden

Entledigung *f*, Ø cumplimiento *m*; ejecución *f* (de una orden)

entlehnen tomar prestado de; tomar de

Entlehner *m*, - (A) → *Entleiher*

entleihen, *Geld von jdm.* ~ tomar dinero prestado de alg.

entleihend, ~*r Betrieb* empresa *f* que emplea mano de obra prestada

Entleiher *m*, - prestatario *m*; el que pide prestado; comodatario *m*; (Fam.) pedigüeño *m*

Entleihung *f*, **en** comodato *m*; préstamo *m*

entlohnen remunerar; retribuir; *in Waren* ~ pagar en especie

entlöhnen (CH) → *entlohnen*

Entlohnung *f*, **en** remuneración *f*; retribución *f*; pago *m*; (Arg.) gaje *m*; ~ *von Arbeitnehmern* remuneración de la mano de obra; retribución de los asalariados (*od.* trabajadores)

entmündigen poner bajo tutela; (Jur.) incapacitar

entmündigt incapacitado; (Venez.) entredicho; ~ *werden* sufrir interdicción

Entmündigung *f*, **en** incapacitación *f*; (Jur.) interdicción *f* civil; ~ *wegen Verschwendungssucht* declaración *f* de prodigalidad

Entnahme *f*, **n** 1. toma *f*; ~ *von Proben* toma de pruebas 2. ~ *von Geld* retirada *f* de fondos 3. emisión *f*, libranza *f* (de un efecto)

entnationalisieren desnacionalizar; reprivatizar (Syn. *reprivatisieren*)

entnehmen 1. *aus der Kasse* ~ tomar, sacar, retirar de (la) caja 2. deducir, concluir de 3. emitir, librar (un efecto)

entpolitisieren despolitizar

Entpolitisierung *f*, Ø despolitización *f*

Entproletarisierung *f*, **en** desproletarización *f*; mejora *f* de las condiciones de vida de una población

entrichten pagar; abonar; hacer efectivo; *eine Gebühr* ~ pagar un derecho; abonar una tasa

Entrichtung *f*, **en** abono *m*; pago *m*

entriegeln desbloquear

Entrümpelung *f*, **en** eliminación *f* de trastos

Entsafter *m*, - licuadora *f*; extractor de jugos (LA)

entsalzen desali(ni)nar

Entsalzungsanlage *f*, **n** planta *f* desalinizadora

entschädigen indemnizar; compensar; *sich* ~ desquitarse, resarcirse de

Entschädigung *f*, **en** indemnización *f*; resarcimiento *m*; compensación *f*; *als ~ für* como indemnización; a título indemnizatorio; *eine ~ leisten, fordern, erhalten* pagar, exigir, percibir una indemnización; ~ *in Geld* compensación *bzw.* indemnización pecuniaria; *doppelte ~ bei Unfalltod* (Seg.) indemnización doble en caso de muerte por accidente; ~ *für Verdienstausfall* indemnización por pérdida de beneficios; indemnización por lucro cesante; (Seg.) ~*en mit Strafcharakter* indemnizaciones con carácter punible; daños *pl* punitivos; *die Versicherer lehnen die ~ wegen Versicherungsbetrug ab* los aseguradores rechazan el pago de una indemnización a causa de estafa (*od.* fraude) de seguro

Entschädigungsanspruch *m*, ⁼e 1. derecho *m* a indemnización 2. reclamación *f* de indemnización 3. indemnización *f*

Entschädigungsberechtigte/r (*der/ein*) 1. el que tiene derecho a indemnización; persona *f* a indemnizar 2. reclamante *m* de indemnización

Entschädigungsbetrag *m*, ⁼e (importe *m* de la) indemnización *f*

Entschädigungsforderung *f*, **en** reclamación *f*, exigencia *f* de indemnización

Entschädigungsklage *f*, **n** acción *f* reclamatoria de daños y perjuicios

Entschädigungssumme *f*, **n** → *Entschädigungsbetrag*

entschärfen 1. *einen Konflikt* ~ quitarle hierro a un conflicto; aliviar un conflicto 2. desactivar (una bomba)

Entscheid *m*, **e** (Jur.) decisión *f*; resolución *f*; fallo *m*; *letztinstanzlicher* ~ fallo en última instancia

entscheiden 1. *auf Grund der Akten* ~ decidir, juzgar según actas (*od.* autos) 2. *sich für etw.* ~ decidirse a favor de u/c 3. *einen Streit* ~ zanjar un conflicto 4. (*wählen*) optar por 5. (*Sport*) desempatar

entscheidend decisivo; determinante; (Jur.) definitivo; (Jur.) ~ *sein* hacer jurisprudencia; ser decisorio

Entscheidung *f*, **en** 1. *ablehnende* ~ sentencia *f* denegatoria; *amtliche* ~ decisión *f* administrativa (*od.* oficial); *gerichtliche* ~ decisión *f* judicial; *die ~ der Geschworenen* veredicto *m*; *schiedsgerichtliche* ~ laudo *m*; *vorläufige* ~ decisión provisional 2. *eine ~ begründen, tref-*

fen fundamentar, adoptar una decisión; *sich eine ~ vorbehalten* reservarse la decisión
Entscheidungsbefugnis *f*, **se poder** *m* decisorio; poder *m* de decisión; competencia *f* para decidir
entschließen, *sich ~* decidirse, resolverse a
Entschließung *f*, **en** resolución *f* (parlamentaria)
Entschluß *m*, **-sse** decisión *f*; resolución *f*; *einen ~ fassen* tomar, adoptar una resolución
entschlüsseln descifrar; (Inform.) de(s)codificar
Entschlüsselung *f*, **en** desciframiento *m*; (Inform.) de(s)codificación *f*
Entschlüsselungsgerät *n*, **e** (Inform.) de(s)codificador *m*
entschulden liquidar deudas; desendeudarse
entschuldigen, *sich ~* disculparse; exculparse; pedir perdón; *~ Sie bitte die Verzögerung* perdóneme el retraso; *ich möchte mich ~ für* permita(n)me disculparme por; *wir bitten, diesen Irrtum zu ~* sírva(n)se aceptar nuestras disculpas por tal equivocación; *wir bitten Sie, den Lieferverzug zu ~* rogamos nos disculpe(n) el retraso en el suministro
Entschuldigungsbrief *m*, **e** carta *f* de disculpa; carta *f* de excusa
Entschuldigungsschreiben *n*, **-** escrito *m* de excusa; escrito *m* de disculpa
Entschuldung *f*, **en** liquidación *f* de deudas; desendeudamiento *m*
entsenden enviar; delegar; *einen Delegierten zu einer Versammlung ~* enviar un delegado a una asamblea; delegar a alg. a una asamblea
entseuchen descontaminar; desinfectar
Entseuchung *f*, **en** descontaminación *f*; desinfección *f*
Entseuchungsanlage *f*, **n** planta *f* descontaminadora
entsiegeln desellar; romper el sello; romper el precinto
entsorgen eliminar, evacuar los desechos radiactivos; *ein Kraftwerk ~* quitar, eliminar los residuos radiactivos de una central nuclear
Entsorgung *f*, **en** eliminación *f*; evacuación *f* de desechos radiactivos; *~ mit Wiederaufbereitung* eliminación y reprocesamiento (de desechos radiactivos)
Entsorgungsanlage *f*, **n** planta *f* de tratamiento de desechos nucleares
Entsorgungsunternehmen *n*, **-** empresa *f* especializada en la recogida y eliminación de desechos nucleares
Entsorgungszentrium *n*, **-en** → *Entsorgungsanlage*
entsprechen corresponder a; ser conforme a; *die Ware entspricht nicht dem Muster* la mercancía no (se) corresponde con la muestra
entsprechend 1. conforme a; según; *~ unserer Bestellung* según nuestro pedido; *jdn. seinen Leistungen ~ bezahlen* retribuir a alg. según su trabajo 2. *die ~en Mengen* las cantidades respectivas
entstaatlichen desnacionalizar
Entstaatlichung *f*, **en** desnacionalización *f*
entstädtern desurbanizar
Entstädterung *f*, **en** desurbanización *f*
entstanden, *der Anspruch auf Versicherungsleistung ist ~ am* el derecho a percibir prestación de seguro tiene su origen en; *ihm ~e Kosten* costes en los que ha incurrido; costes que se le han originado; *ein Schaden ist ~* ha ocurrido un daño *bzw.* siniestro; *eine Verpflichtung ist ~* ha nacido una obligación; *die Verzögerung ist ~ durch* el retraso se debe a
entstehen 1. surgir; originarse, formarse; resultar; *es ~ für Sie zusätzliche Kosten* le surgen a usted gastos suplementarios 2. ser causado, originado, producido por; *er ist für den entstandenen Schaden verantwortlich* es responsable del daño ocasionado; *die daraus entstandenen Kosten* los gastos ocasionados por
Entstehen, *im ~ begriffen* en proceso, en fase de formación
Entstehung *f*, **en** origen *m*; formación *f*
entsteigen, *einem Wagen ~* apearse, bajar de un coche
entsteinen, *Obst ~* deshuesar la fruta
entstören desparasitar; eliminar perturbaciones
entstört antiparasitado
Entstörungsstelle *f*, **n** (Teléf.) servicio *m* de averías
entstrahlen descontaminar
enttrümmern des(es)combrar
Enttrümmerung *f*, *Ø* des(es)combro *m*
entvölkern despoblar
Entvölkerung *f*, **en** despoblación *f*
entwalden desforestar; despoblar de árboles
Entwaldung *f*, *Ø* desforestación *f*; desmonte *m*
entwarnen dar la señal de fin de alarma
Entwarnung *f*, **en** fin *m*, cese *m* de la alarma
entwässern 1. drenar; desaguar; avenar; agotar 2. desecar (un pantano) 3. derivar el agua; desaguar 4. deshidratar
Entwässerung *f*, **en** 1. drenaje *m*; desagüe *m*; avenamiento *m*; agotamiento *m* 2. desecado *m* (de un pantano) 3. extracción *f* del agua 4. deshidratación *f*
Entwässerungsanlage *f*, **n** instalación *f*, sistema *m*, obras *pl* de drenaje
entwenden hurtar; sustraer; robar; quitar; *Geld aus der Kasse ~* sustraer dinero (*od.* fondos) de la caja
Entwendung *f*, **en** robo *m*; sustracción *f*; hurto *m*
entwerfen 1. *ein Projekt ~* concebir un proyecto 2. *einen Plan ~* trazar, idear un plan 3. *Muster ~*

diseñar modelos 4. *eine Konstruktion* ~ delinear, planear una construcción (*od.* obra) 5. *einen Vertrag* ~ formular un contrato 6. *schriftlich* ~ redactar por escrito; hacer un borrador de 7. (*flüchtig*) esbozar; bosquejar
Entwerfer *m*, - delineante *m*; estilista *m*; diseñador *m*; proyectista *m*
entwerten 1. depreciar, desvalorizar, desvalorar (dinero) 2. obliterar, matasellar; inutilizar (timbres) 3. fechar (el billete)
Entwerter *m*, - cancelador *m*; fechador *m*; *die Fahrkarte in den* ~ *stecken* fechar el billete; (Fam.) picar el billete
Entwertung *f*, **en** 1. depreciación *f*; desvalorización *f*; desvaloración *f* 2. obliteración *f*; inutilización *f* 3. matasellado *m* (de un billete); (Fam.) picado *m* de un billete
Entwertungsstempel *m*, - matasellos *m* (de timbres); obliterador *m*
entwickeln 1. *ein Verfahren* ~ concebir, desarrolar un procedimiento 2. *sich* ~ *zu* evolucionar hacia; transformarse en; *sich zum größten Exportland* ~ pasar a ser, convertirse en el mayor país exportador
Entwicklung *f*, **en** en desarrollo *m*; evolución *f*; desenvolvimiento *m*; *noch in der* ~ todavía en fase de desarrollo; *finanzielle* ~ evolución *f* financiera; *rückläufige* ~ retroceso *m*; regresión *f*; involución *f*
Entwicklungsabteilung *f*, **en** departamento *m*, sección *f* de estudios
Entwicklungsdienst *m*, **e** (R.F.A.) organismo *m* federal encargado de la ayuda al tercer mundo
entwicklungsfähig desarrollable; susceptible, capaz de desarrollo; evolutivo; que puede ser desarrollado; *-er Wirtschaftssektor* sector *m* económico susceptible de ser desarrollado; sector *m* económico evolutivo
Entwicklungsfonds *m*, - fondo *m* de desarrollo
Entwicklungsgebiet *n*, **e** región *f* subdesarrollada; región *f* en vías de desarrollo
Entwicklungshelfer *m*, - cooperante *m* (voluntario)
Entwicklungshilfe *f*, **n** ayuda *f* a los países del tercer mundo; ayuda *f* al desarrollo
Entwicklungskosten *pl* costes *pl* de desarrollo
Entwicklungsland *n*, ⸚**er** país *m* en (vías) de desarrollo; país *m* menos desarrollado (PMD) (Ggs. *hochindustrialisiertes Land*)
Entwicklungsmöglichkeit *f*, **en** posibilidad *f* de desarrollo (*od.* de evolución)
Entwicklungspolitik *f*, Ø política *f* de desarrollo; política *f* desarrollista
Entwicklungsstand *m*, Ø grado *m* de evolución; fase *f*, estadio *m* de desarrollo
Entwicklungsstufe *f*, **n** → *Entwicklungsstand*

Entwicklungstempo *n*, Ø ritmo *m* de desarrollo
Entwurf *m*, ⸚**e** 1. (*Konzept*) borrador *m* 2. (*Skizze*) esbozo *m*; boceto *m* 3. (*Modell*) modelo *m* 4. (*Plan*) plano *m*; (*Projekt*) plan *m*; proyecto *m* 5. (*Zeichnung*) diseño *m*; dibujo *m*; trazado *m*; *abgeänderter* ~ proyecto enmendado; *endgültiger* ~ proyecto definitivo; *einen* ~ *anfertigen* elaborar un proyecto; *im* ~ *sein* estar en planeamiento
Entwurfsbüro *n*, **s** → *Entwicklungsabteilung*
Entwurfszeichner *m*, - delineante *m* proyectista
Entzerrung *f*, **en** 1. ~ *der Abflüge* espaciamiento *m* de los vuelos 2. ~ *des Ferienbeginns* escalonamiento *m* de las vacaciones
entziehen 1. *den Führerschein* ~ retirar el permiso de conducir; *die Prokura* (*Vollmacht*) ~ revocar, retirar el poder; *die Unterschrift* ~ retirar la firma 2. *jdm. ein Amt* ~ destituir a alg. del cargo 3. *sich einer Pflicht* ~ eludir una obligación
Entziehung *f*, **en** retirada *f*; privación *f*
entzifferbar descifrable
entziffern descifrar; de(s)codificar
Entzifferung *f*, **en** desciframiento *m*; de(s)codificación *f*
Entzug *m*, ⸚**e** retirada *f*; privación *f*
EP (*Europäisches Parlament*) → *europäisch*
Equipage *f*, **n** 1. carruaje *m* de lujo; carroza *f* 2. tripulación *f*, dotación *f* de un navío o avión 3. séquito *m*; comitiva *f*; acompañamiento *m* 4. indumentaria *f*; equipo *m*
Erachten *n*, Ø *meines* ~**s** (Abk. *m. E.*) en mi opinión; a mi juicio; a mi parecer; a mi modo de ver; a mi entender
erarbeiten 1. conseguir trabajando 2. adquirir (conocimientos) 3. elaborar; poner a punto
Erbadel *m*, Ø nobleza *f* hereditaria
Erbanfall *m*, Ø delación *f* de la herencia (*od.* sucesión)
Erbanspruch *m*, ⸚**e** derecho *m* sucesorio; derecho *m* hereditario
Erbanteil *m*, **e** parte *f* sucesoria; participación *f* hereditaria
erbanteilberechtigt con derecho a participación sucesoria (*od.* hereditaria)
Erbantritt *m*, Ø adición *f* de la herencia
Erbauseinandersetzung *f*, **en** liquidación *f* de la herencia
erbberechtigt con derecho hereditario; con derecho sucesorio
Erbberechtigte/r (*der/ein*) heredero *m*; titular *m* de un derecho sucesorio
Erbberechtigung *f*, **en** derecho *m* a la herencia; derecho *m* a la sucesión
Erbe *m*, **n** heredero *m*; sucesor *m*; (CH) asignatario *m*; *alleiniger* ~ heredero universal; *benannter*

~ heredero instituido; *als ~ berufen sein* ser llamado como heredero; *eingesetzter* ~ heredero instituido; *ernannter* ~ heredero instituido; *gesetzlicher, mutmaßlicher, testamentarischer* ~ heredero legítimo, presunto, testamentario; *jdn. als ~n einsetzen* instituir, constituir a alg. heredero

Erbe *n*, Ø → *Erbschaft*

erbeigen heredado; adquirido por herencia; hereditario

erbeingesessen, *~er Grundbesitzer* propietario *m* hereditario de bienes raíces

Erbeinigung *f*, en acuerdo *m* de herederos

Erbeinsetzung *f*, en institución *f* de heredero; ~ *zum Alleinerben* institución como heredero universal

erben heredar; *von jdm. etw.* ~ heredar u/c de alg.; *jds. ganzes Vermögen* ~ suceder a alg. en todos sus bienes; heredar todos los bienes de alg.

Erbengemeinschaft *f*, en comunidad *f* sucesoria; comunidad *f* de herederos; comunidad *f* hereditaria

Erbenhaftung *f*, Ø responsabilidad *f* sucesoria

erbfähig sucesible, capaz de heredar; hábil para suceder

Erbfähigkeit *f*, en sucesibilidad *f*; capacidad *f* sucesoria

Erbfall *m*, ⸚e 1. muerte *f* del causante 2. caso *m* de sucesión 3. hecho *m* sucesorio

Erbfolge *f*, n orden *m* de sucesión; orden *m* hereditario; sucesión *f*; herencia *f*; ~ *in gerader Linie* sucesión lineal; sucesión en línea directa; *gesetzliche* ~ sucesión intestada; sucesión ab intestato; *testamentarische* ~ sucesión testamentaria; sucesión testada; *testamentslose* ~ sucesión intestada

Erbgang *m*, Ø transmisión *f* hereditaria

Erbgut *n*, ⸚er patrimonio *m*; bien *m* relicto

Erbhof *m*, ⸚e heredad *f* no enajenable

erbieten, *sich* ~ ofrecerse a (*od.* para)

Erbin *f*, nen heredera *f*; sucesora *f*

erbitten pedir; solicitar

Erblasser *m*, - testador *m*; (Jur.) causante *m*

erblich heredable; sucesible; hereditario; *~er Titel* título *m* hereditario

Erblichkeit *f*, Ø heredabilidad *f*; carácter *m* hereditario

Erbmasse *f*, n masa *f* de bienes hereditarios; herencia *f*; acervo *m* hereditario; caudales *pl* de la herencia

Erbonkel *m*, - tío *m* rico; (Fam.) tío *m* de América

Erbpacht *f*, en enfiteusis *f*; censo *m* enfitéutico

Erbpächter *m*, - enfiteuta *m*

Erbprinz *m*, en príncipe *m* heredero

Erbrecht *n*, e derecho *m* sucesorio

erbringen aportar; producir; rendir; rentar; *den Beweis* ~ aducir una prueba; *eine Leistung* ~ efectuar una prestación

Erbringer *m*, - ~ *von Dienstleistungen* prestador *m* de servicios

Erbschaft *f*, en herencia *f*; *eine* ~ *antreten, ausschlagen, machen* adir, repudiar, hacer una herencia

Erbschaftsannahme *f*, n aceptación *f* de la herencia

Erbschaftsanspruch *m*, ⸚e 1. título *m* sucesorio 2. pretensión *f* sucesoria

Erbschaftsausschlagung *f*, e repudiación *f* de la herencia

Erbschaftsgericht *n*, e tribunal *m* de sucesiones

Erbschaftssache *f*, n causa *f* sucesoria

Erbschaftssteuer *f*, n impuesto *m* sobre sucesiones; impuesto *m* sucesorio

Erbschaftsverzicht *m*, Ø → *Erbverzicht*

Erbschein *m*, e certificado *m* de heredero

Erbschleicher *m*, - heredípeta *m*; captador *m* de herencias

Erbschleicherei *f*, en captación *f* de herencias

Erbstück *n*, e 1. pieza *f* heredada; objeto *m* heredado 2. mueble *m* de familia

Erbtante *f*, n tía *f* rica; (Fam.) tía *f* de América

Erbteil *n*, e cuota *f* hereditaria; hijuela *f*; *elterliches* ~ patrimonio *m*

Erbteilung *f*, en partición *f* de la herencia

erbunfähig incapaz de heredar

Erbunfähigkeit *f*, Ø incapacidad *f* sucesoria; incapacidad *f* de suceder

erbunwürdig indigno de suceder

Erbunwürdigkeit *f*, Ø indignidad *f* sucesoria

Erbvergleich *m*, e arreglo *m*, composición *f* entre herederos

Erbvermächtnis *n*, se legado *m* universal

Erbverpächter *m*, - censualista *m*

Erbvertrag *m*, ⸚e contrato *m*, pacto *m* sucesorio

Erbverzicht *m*, Ø renuncia *f* a la herencia

Erbzins *m*, en censo *m* enfitéutico

Erdarbeiten *pl* obras *pl* de excavación; movimientos *pl* de tierras

Erdarbeiter *m*, - terraplenador *m*

Erdbeben *n*, - seísmo *m*; sismo *m*; terremoto *m*; temblor *m* de tierra

Erdbebendeckung *f*, en (Seg.) cobertura *f* de terremoto

Erdbebengebiet *n*, e zona *f* sísmica

Erdbebengefährdung *f*, en exposición *f* sísmica; sismicidad *f*; exposición *f* a terremoto

Erdbebengefährdungszonen *pl* (Seg.) zonas *pl* de siniestro de cúmulo de terremoto

Erbbebenhaftung *f*, en (Seg.) responsabilidad *f* por terremoto

Erdbebenherd *m*, e foco *m* sísmico

Erdbebeninstrument *n*, e instrumento *m* de

medición de seísmos
Erdbebenkartei f, n (Seg.) fichero m de terremoto
Erdbebenkumulerfassungszonen pl (Seg.) zonas pl de control de cúmulo
Erdbebenkumulschadenzonen pl (Seg.) zonas pl de siniestro de cúmulo de terremoto
Erdbebenmesser m, - sismógrafo m
erdbebensicher asísmico; antisísmico; ~e Gebäude edificios pl a prueba de terremoto
Erdbebenzonen pl (Seg.) zonas pl sísmicas
Erdbewegung f, en (trabajos pl de) movimiento m de tierras
Erde f, (n) tierra f; mundo m; suelo m; terreno m; über der ~ por encima del suelo; unter der ~ por debajo del suelo; subterráneo
Erdgas n, Ø gas m natural
Erdgasbeförderung f, Ø explotación f de gas natural
Erdgasleitung f, en gasoducto m
Erdgasversorgung f, en aprovisionamiento m, suministro m de gas natural
Erdgasvorkommen n, - yacimiento m de gas natural
Erdöl n, Ø petróleo m
Erdölbedarf m, Ø necesidades pl, demanda f de petróleo
Erdölbohrung f, en prospección f, sondeo m petrolífero
Erdölchemie f, Ø petroquímica f
Erdölerzeuger m, - (país m) productor m de petróleo
Erdölerzeugnis n, se producto m petrolífico; producto m del petróleo
erdölexportierend exportador m de petróleo; die ~en Staaten países pl exportadores de petróleo
Erdölfeld n, er campo m petrolífero
Erdölförderländer pl países pl productores de petróleo
Erdölförderung f, en producción f de petróleo
Erdölgebiet n, e región f petrolífera
Erdölgesellschaft f, en compañía f petrolera
Erdölgewinnung f, en → Erdölförderung
erdölhaltig petrolífero
Erdölindustrie f, n industria f petrolífera; industria f del petróleo; industria f petrolera; industria f petroquímica
Erdölkrise f, n crisis f del petróleo
Erdölleitung f, en oleoducto m; (Angl.) pipeline m
Erdöllieferung f, en suministro m de petróleo; abastecimiento m de petróleo
Erdölpreis m, e precio m del petróleo
Erdölprodukt n, e → Erdölerzeugnis
Erdölproduzent m, en → Erdölerzeuger

erdölproduzierend productor de petróleo
Erdölraffinerie f, n refinería f de petróleo
Erdölreichtum m, Ø riqueza f petrolera; riqueza f en petróleo; grandes yacimientos pl de petróleo
Erdölverarbeitung f, en transformación f del petróleo
Erdölvorkommen n, - yacimiento m de petróleo; yacimiento m petrolífero
ERE (Europäische Rechnungseinheit) → europäisch
Ereignisse pl (Seg.) eventos pl (dañosos); unvorhergesehene ~ eventos imprevistos
ererben, etw. von jdm. ~ heredar u/c de alg.; ein ererbtes Grundstück un terreno heredado
erfahren, ~ sein in etw. ser versado, experimentado en u/c
Erfahrung f, en experiencia f; práctica f; viel ~ auf einem Gebiet haben tener una gran experiencia en un campo
Erfahrungsaustausch m, Ø intercambio m de experiencias
erfaßbar, statistisch ~ registrado estadísticamente; steuerlich nicht ~ que escapa, que se sustrae a los impuestos
erfassen asir; coger; comprender; captar; (buchmäßig) ~ contabilizar; (karteimäßig) ~ catalogar; (statistisch) ~ registrar
Erfassung f, en registro m; contabilización f; steuerliche ~ imposición f
erfinden inventar; crear; descubrir
Erfinder m, - inventor m; descubridor m; creador m; der Anmelder des Patents ist der wirkliche und erste ~ el depositante de la solicitud de patente es el verdadero primer inventor
Erfindung f, en invención f; descubrimiento m; patentfähige, patentierte ~ invención patentable, patentada
Erfindungspatent n, e patente f de invención
Erfindungswesen m, Ø (R.F.A.) conjunto m de medidas destinadas a promover las innovaciones industriales
Erfolg m, e 1. ~ haben tener éxito, triunfar 2. resultado m; consecuencia f 3. efecto m
erfolgen tener lugar; efectuarse; producirse; realizarse; suceder; Zahlung erfolgt bei Lieferung el pago se efectuará a la entrega; pago simultáneo a la entrega
erfolglos infructuoso; en vano; ineficaz
erfolgreich con éxito; coronado por el éxito; (LA) exitoso; eine ~e Laufbahn una carrera brillante
Erfolgsaussichten pl perspectivas pl de éxito
Erfolgsbeteiligung f, en participación f en los beneficios
Erfolgsbilanz f, en cuenta f final de resultados;

cuenta *f* de pérdidas y beneficios
Erfolgsbuch *n*, ≝er libro *m* de gran venta; (libro *m*) superventa *m*
Erfolgschance *f*, n → *Erfolgsaussichten*
Erfolgsfilm *m*, e película *f* taquillera
Erfolgshonorar *n*, e honorario *m* calculado a prorrata del resultado; cuota *f* litis; quota *f* litis
Erfolgskont|o *n*, **-en** cuenta *f* de resultados; cuenta *f* de explotación
Erfolgsprämie *f*, n prima *f* por el éxito (*od.* resultado) obtenido
Erfolgsrechnung *f*, en cuenta *f* de resultados
Erfolgsschlager *m*, - gran éxito *m* de venta; superventa *m*; (Angl.) best seller *m*
erfolgsversprechend prometedor
erforderlich necesario; preciso; *falls* ~ si es (*od.* fuera) necesario; si hace (*od.* hiciera) falta; *unbedingt* ~ indispensable; de todo punto necesario; *~e Anzahl* quórum *m*; número *m* requerido; *die ~e Zeit* el tiempo requerido
erfordern exigir; demandar; requerir; reclamar; *Arbeit, Kosten* ~ suponer trabajo, costes
Erfordernis *n*, se exigencia *f*; necesidad *f*; requisito *m*; *~se* imperativos *pl*; requisitos *pl*; *den ~en entsprechen, gerecht werden* satisfacer las exigencias
erforschen examinar a fondo; indagar; explorar; investigar; estudiar
Erforschung *f*, en investigación *f*; estudio *m* (a fondo); exploración *f*; indagación *f*; ~ *der öffentlichen Meinung* sondeo *m* de opinión
erfragen, *zu ~ bei Herrn X* dirigirse al señor X; diríjase al señor X; póngase en contacto con el señor X; el señor X le dará razón
Erfrischungsgetränk *n*, e refresco *m*; bebida *f* refrescante
Erfrischungsraum *m*, ≝e bar *m*; cantina *f*
Erfrischungstuch *n*, ≝er toallita *f* refrescante
erfüllen, *seine Aufgabe* ~ desempeñar su tarea; *einen Auftrag* ~ ejecutar un pedido; *die Bedingungen* ~ cumplir (con) las condiciones; *eine Bitte* ~ acceder, corresponder a un ruego (*od.* a una solicitud); *die Erwartungen* ~ satisfacer las expectativas; *Pflicht, Versprechen, Vertrag* ~ cumplir el deber, lo prometido, el contrato; *seinen Zweck* ~ cumplir su función; *sich* ~ realizarse; cumplirse
Erfüllung *f*, en ejecución *f*; desempeño *m*; cumplimiento *m*; desempeño *m* 1. *in* ~ *seiner Pflichten* en el ejercicio de sus funciones 2. pago *m*
Erfüllungsgehilfe *m*, n auxiliar *m* ejecutivo
Erfüllungsklage *f*, n acción *f* de cumplimiento
Erfüllungsort *m*, e 1. lugar *m* de cumplimiento (de una prestación *od.* obligación) 2. lugar *m* de pago

Erfüllungstag *m*, e 1. fecha *f* de liquidación 2. fecha *f* de vencimiento
ergänzen completar; añadir; *das Lager* ~ completar las existencias; *sich gegenseitig* ~ completarse, complementarse mutuamente; *sich* ~ *zu* ser el complemento de
ergänzend complementario; suplementario; adicional
Ergänzungs- (Pref.) complementario; suplementario; adicional
Ergänzungsabgabe *f*, n → *Ergänzungssteuer*
Ergänzungsgebühr *f*, en complemento *m* de tasa; tasa *f* complementaria
Ergänzungskredit *m*, e crédito *m* complementario (*od.* adicional)
Ergänzungsladung *f*, en carga *f* adicional
Ergänzungssteuer *f*, n impuesto *m* suplementario
ergattern (Fam.) procurarse; obtener con habilidad; *einen Auftrag* ~ cazar, pescar, birlar un pedido
ergaunern (Fam.) obtener con engaño; estafar; timar
ergeben dar (por resultado); arrojar; resultar; ascender a; *es ergibt sich ein Fehlbetrag von* resulta un déficit de
ergeben, *Ihr ~er* suyo afectísimo; suyo afmo.; *Ihr sehr ~er* de Vd. atento y seguro servidor; de vd. atto. y s.s.; *~st* de vd. atentísimo; respetuosamente
Ergebnis *n*, se 1. resultado *m*; *zu einem ~ kommen* llegar a un resultado 2. (*Folge*) consecuencia *f* 3. (*Wirkung*) efecto *m* 4. fruto *m*; producto *m* 5. (Seg.) *versicherungstechnisches ~* resultado técnico del seguro
Ergebnisbeteiligung *f*, en participación *f* en los beneficios de la empresa
Ergebniskarte *f*, n (Inform.) tarjeta *f* resultado
ergebnislos sin resultado; infructuoso
Ergebnisrechnung *f*, en cuenta *f* de resultados
ergiebig productivo; lucrativo; abundante
Ergiebigkeit *f*, Ø productividad *f*; rendimiento *m*; abundancia *f*
Ergonometrie *f*, Ø ergonometría *f*
Ergonomik *f*, Ø ergonomía *f*
ergreifen 1. *einen Beruf* ~ abrazar, seguir una profesión; entrar en un oficio 2. *Besitz* ~ tomar posesión de 3. *die Gelegenheit* ~ aprovechar la oportunidad 4. *Maßnahmen* ~ tomar, adoptar medidas 5. *einen Verbrecher* ~ aprehender, captar a un delincuente 6. (Arg.) agarrar
Erhalt *m*, Ø recibo *m*; recepción *f*; *bei ~ Ihres Schreibens* al recibo de su carta; *den ~ einer Ware bestätigen* acusar recibo de una mercancía
erhalten 1. percibir; recibir; obtener; *Betrag (dan-*

kend) ~ recibí; recibimos; agradecemos el envío del importe; *das Gehalt* ~ percibir, cobrar el sueldo; *Stimmen* ~ reunir, conseguir, lograr votos 2. mantener; conservar 3. *sich* ~ mantenerse; conservarse 4. *sich* ~ *von* vivir, mantenerse de 5. *gut* ~ bien conservado 6. *sehr gut* ~ en perfecto estado 7. *schlecht* ~ en malas condiciones

erhältlich, ~ *in* (*od. bei*) en venta en; se puede obtener; *nur im Fachgeschäft* ~ en venta únicamente en tiendas del ramo; *Auskünfte sind* ~ *bei* (le) informarán en; (le) darán razón en; para informarse sírvase dirigirse a

Erhaltung *f*, **en** mantenimiento *m*; conservación *f*

Erhaltungskosten *pl* costes *pl* de mantenimiento

erhandeln 1. comprar, adquirir (regateando) 2. regatear

erheben 1. *Steuern* ~ recaudar impuestos 2. (*einen*) *Anspruch* ~ reclamar; *Einwände* ~ hacer objeciones a; (*eine*) *Klage* ~ promover, ejercitar, presentar una demanda; *Protest* (*Einspruch*) ~ formular, presentar protesta 3. *es erhebt sich eine Frage, ein Problem* se plantea, surge una cuestión, un problema; *sich* ~ *gegen* rebelarse, sublevarse contra

Erhebung *f*, **en** 1. ~ *von Steuern* recaudación *f*, cobro *m* de impuestos 2. *statistische* ~ *en machen* censar; llevar a cabo recolección de datos estadísticos 3. encuesta *f* 4. edificación *f* 5. levantamiento *m*; sublevación *f*

erheiraten adquirir por matrimonio

Erhebungsbogen *m*, ⁼ formulario *m* de encuesta; boletín *m* de recuento

erhöhen, *auf 5%* ~ elevar, aumentar, subir, incrementar a(l) cinco por ciento; *um 10%* ~ elevar, aumentar subir, incrementar en (el) 10%; *die Preise, die Gehälter* ~ elevar, aumentar, subir, incrementar los precios, los salarios

Erhöhung *f*, **en** aumento *m*; incremento *m*; subida *f*; elevación *f*; ~ *des Geldumlaufs* aumento de la masa monetaria en circulación; ~ *der Steuern* aumento, subida, incremento, elevación de los impuestos

erholen 1. *sich* ~ descansar; recrearse; recobrar fuerzas (después del trabajo) 2. *die Börsenkurse, die Preise* ~ *sich* se recuperan los cambios bursátiles, los precios; se nota una recuperación de las cotizaciones bursátiles, de los precios; *die Konjunktur, die Wirtschaft erholt sich* se reestablece, se recupera, mejora la coyuntura, la economía; *sich von Verlusten* ~ resarcirse, rehacerse de las pérdidas

Erholung *f*, **en** 1. recuperación *f* 2. descanso *m*; reposo *m*; recreo *m*

erholungsbedürftig necesitado de reposo

Erholungsgebiet *n*, **e** zona *f* recreativa

Erholungsheim *n*, **e** sanatorio *m*; casa *f* de reposo; casa *f* de salud

Erholungskur *f*, **en** cura *f* de reposo

Erholungspause *f*, **n** descanso *m*

Erholungsreise *f*, **n** viaje *m* de recreo

Erholungssuchende/r (*der/ein*) turista *m*; veraneante *m* bzw. invernante *m*; persona *f* de vacaciones

Erholungsurlaub *m*, **e** 1. vacaciones *pl* anuales 2. vacaciones *pl* de convalecencia, de reposo

Erholungszentr|um *n*, **-en** centro *m* de ocio y reposo; centro *m* de recuperación

erinnern, *jdn. an eine fällige Zahlung* ~ recordar a alg. el vencimiento de un pago

Erinnerung *f*, **en** 1. memoria *f*; recuerdo *m* 2. (*Mahnung*) recordatorio *m*

Erinnerungsposten *m*, - (Contab.) partida *f* de memoria

Erinnerungsschreiben *n*, - carta *f* recordatoria; carta *f* de insistencia

Erinnerungswerbung *f*, **en** publicidad *f* de recuerdo; publicidad *f* de apoyo

Erinnerungswert *m*, **e** (Contab.) valor *m* residual; valor *m* para memoria

erkämpfen obtener, conseguir, lograr luchando; *bessere Tarifverträge* ~ conseguir mediante lucha mejores convenios colectivos

erkaufen adquirir, comprar caro; pagar caro; *sich die Gunst der Wähler* ~ conseguir con artimañas el favor de los electores

erklären, *Konkurs* ~ declarar la quiebra; *etw. für nichtig* ~ anular u/c; *seinen Rücktritt* ~ declarar su dimisión; *sich solidarisch* ~ declararse solidario; *sich für nicht zuständig* ~ declararse incompetente; *sich für zahlungsunfähig* ~ declararse insolvente

Erklärung *f*, **en** declaración *f*; explicación *f*; exposición *f*; interpretación; *durch mündliche* ~ por declaración verbal; *standesamtliche* ~ declaración de estado civil; *urkundliche* ~ declaración por acta, por escritura (notarial)

erkletterbar, **-e** *Fassadenkonstruktion* (Seg.) construcción *f* de fachadas escalables

erkranken caer, ponerse enfermo; enfermar de

erkrankt, ~ *sein* estar enfermo; estar aquejado (de)

Erkrankung *f*, **en** enfermedad *f*; dolencia *f*

Erkrankungsfall *m*, ⁼e *im* ~ en caso de enfermedad

erkundigen, *sich* ~ informarse de (*od.* sobre); preguntar por; *sich bei jdm. über etw.* ~ preguntar u/c a alg.; pedir a alg. información sobre u/c

Erkundigung *f*, **en** información *f*; informe *m*; *über jdn. ~en einziehen* recoger información,

informes sobre alg.
Erkundigungsschreiben *n*, - carta *f*, escrito *m* para pedir informes
Erlag *m*, Ø (A) pago *m*; depósito *m*; *etw. gegen ~ erhalten* obtener u/c contra pago
Erlagschein *m*, e (A) ingreso *m* para giro postal
erlahmen ir debilitándose; decaer; disminuir; *die Investitionen ~* las inversiones disminuyen; va decayendo la actividad inversora
Erlahmung *f*, en decaimiento *m*; debilitamiento *m*; disminución *f*
erlangen obtener; alcanzar; lograr; conseguir; *die Gewißheit ~ daß* llegar a la certeza de que; *die absolute Mehrheit ~* obtener la mayoría absoluta
Erlangung *f*, en obtención *f*; consecución *f*; logro *m*
Erlaiß *m*, ¨sse 1. exención *f*; dispensa *f*; 2. *~ einer Schuld* condonación *f* de una deuda 3. *~ einer Strafe* remisión *f* de una pena 4. *~ eines Gesetzes* promulgación *f* de una ley 5. *~ einer Verordnung* promulgación *f* de un decreto, bando, edicto 6. rebaja *f*; reducción *f*
erlassen 1. *eine Verordnung ~* promulgar un decreto 2. *ihm wurde der Rest der Strafe ~* se ha beneficiado de una remisión de la pena 3. *eine Geldschuld ~* condonar una deuda (pecuniaria); (Fam.) perdonar una deuda 4. *einen Befehl ~* decretar; publicar, dictar un decreto
Erlassung *f*, en → *Erlaß*
erlauben autorizar; permitir; *erlaubt* lícito; permitido; autorizado
Erlaubnis *f*, se permiso *m*; autorización *f*; licencia *f*; consentimiento *m*; *jdn. um ~ bitten* pedir permiso a alg. para; solicitar licencia a alg. para; *jdm. die ~ erteilen, verweigern* conceder, denegar permiso para
Erlaubnispflicht *f*, Ø autorización *f* obligatoria;
erlaubnispflichtig sujeto, supeditado a autorización
Erlaubnisschein *m*, e permiso *m*; licencia *f*
Erlaubnisvorbehalt *m*, e *mit ~* bajo reserva de autorización
Erlebensfallversicherung *f*, en seguro *m* en caso de vida; seguro *m* de supervivencia; *~ mit Prämienerstattung* seguro *m* con capital diferido
erledigen 1. *die Arbeit, die Post ~* despachar el trabajo, el correo 2. *einen Auftrag ~ (eine Bestellung)* ejecutar un pedido 3. *Formalitäten ~* cumplir las tramitaciones 4. *laufende Geschäfte ~* despachar, tramitar los negocios corrientes 5. *einen Streit ~* resolver una disputa 6. *auf dem Dienstweg ~* gestionar, tramitar reglamentariamente 7. *damit ~ sich die übrigen Punkte* con ello quedan resueltos los demás puntos 8. *(beenden)* terminar; ultimar; acabar 9. *(in Ordnung bringen)* arreglar 10. *(durchführen)* ejecutar; realizar; efectuar; llevar a cabo
erledigt, *~er Auftrag* pedido *m* ejecutado; *noch nicht ~er Auftrag* pedido todavía pendiente de ejecución; *diese Frage ist ~* esta cuestión ya está zanjada
Erledigung *f*, en terminación *f*; conclusión *f*; cumplimiento *m*; gestión *f*; tramitación *f*; arreglo *m*; *in ~ Ihrer Anfrage* en contestación a su requerimiento (*od.* demanda)
Erledigungsvermerk *m*, e „cumplido"; fecho *m*
erleichtern 1. facilitar; aligerar; aliviar 2. (Fam.) *jdn. um 100 Mark ~* birlarle, mangarle a alg. 100 marcos
Erleichterung *f*, en aligeramiento *m*; medida *f* favorable; alivio *m*; descarga *f*
erleiden, *großen Schaden ~* sufrir grandes daños; *Veränderungen ~* experimentar cambios; *große Verluste ~* soportar grandes pérdidas
erlesen exquisito; selecto; de excelente calidad; *~e Weine* vinos *pl* seleccionados; vinos *pl* exquisitos
Erliegen, *den Verkehr zum ~ bringen* paralizar el tráfico; colapsar la circulación
Erlös *m*, e producto *m*; ingresos *pl*; recaudación *f*; *~ einer Veranstaltung* recaudación de un acto
erloschen caduco; caducado; prescrito; extinguido; expirado; *~e Firma* empresa *f* (*od.* firma) extinguida; *~es Patent* patente *f* extinguida, expirada; *die Forderung ist ~* la reclamación ha caducado; *die Verbindlichkeiten sind ~* las obligaciones han prescrito (*od.* han caducado)
erlöschen extinguirse; apagarse; caducar; dejar de existir; *die Ansprüche sind erloschen* los derechos han prescrito; *die Firma ist erloschen* la empresa, la casa ha dejado de existir; *die Frist erlischt* el plazo vence; *ein Mandat, eine Schuld erlischt* un mandanto, una deuda expira; *der Vertrag erlischt* el contrato expira (*od.* caduca)
Erlöschen *n*, Ø caducidad *f*; vencimiento *m*; expiración *f*; prescripción; *~ eines Patents* caducidad de una patente; *~ des Schadensersatzanspruchs* extinción *f* del derecho (*od.* de la reclamación) de indemnización; *~ der Vollmacht* cesación *f* del poder
Erlöseinbuße *f*, n merma *f* del producto
erlosen ganar en una tómbola; ganar a la lotería
Erlöskonto *n*, -en cuenta *f* (de resultados) sobre las ventas
Erlösmaximierung *f*, en maximización *f*, maximalización *f* del producto
Erlösminderung *f*, en disminución *f* del producto
ermächtigen autorizar; habilitar; dar poder; apo-

derar
Ermächtigung f, en autorización f; habilitación f; poder m; *schriftliche* ~ autorización escrita; poder por escrito
Ermächtigungsgesetz n, e (Pol.) ley f de plenos poderes
Ermächtigungsschreiben n, - carta f de autorización
ermahnen amonestar; exhortar; prevenir; advertir
Ermahnung f, en amonestación f; exhortación f; advertencia f
ermangeln faltar; no haber; necesitarse
Ermangelung f, Ø *in ~ von besonderen Bestimmungen im Kaufvertrag* a falta de estipulaciones especiales en el contrato de compraventa
ermäßigen reducir; bajar; *den Preis* ~ reducir el precio
ermäßigt, *~er Eintrittspreis* entrada f a precio reducido; *Drucksachen zu ~er Gebühr* impresos pl a tarifa reducida; *zu ~en Preisen* a precios reducidos
Ermäßigung f, en reducción f; rebaja f; disminución f ; ~ *der Steuern* disminución, rebaja de los impuestos; *eine ~ gewähren* conceder, otorgar una rebaja
Ermessen n, Ø *richterliches ~* discreción f judicial; *nach bestem ~* según el mejor criterio; *nach eigenem ~* según juicio propio; según buen criterio propio; *nach freiem ~ entscheiden* decidir a discreción; *nach meinem ~* a mi juicio; a mi modo de ver; en mi opinión; *nach menschlichem ~* según puede preverse; *ich stelle es in Ihr ~* lo dejo a su buen criterio; lo dejo a su discreción
Ermessensentscheidung f, en decisión f discrecional
Ermessensmißbrauch m, ᵘᵉ abuso m de poder
Ermessensspielraum m, ᵘᵉ margen m, libertad f de apreciación
ermitteln 1. *den Kursindex* ~ calcular el índice de las cotizaciones (*od.* de los cambios) 2. averiguar; indagar 3. *gegen jdn.* ~ instruir sumario contra alg. 4. *nicht zu* ~ ilocalizable
Ermittlung f, en 1. cálculo m; evaluación f; ~ *der Löhne* determinación f de los salarios 2. investigación f; indagación f; *polizeiliche* ~ investigación policial; ~ *des steuerpflichtigen Einkommens* determinación f de la renta imponible; ~ *des Zollwerts* determinación f del valor con efectos arancelarios; aforo m
Ermittlungsausschuß m, ᵘsse comisión f investigadora
Ermittlungsrichter m, - juez m instructor
Ermittlungsverfahren n, - sumario m
ernähren alimentar; mantener; sustentar; *eine Familie* ~ tener a su cargo una familia; sustentar una familia; *sich ~ von* vivir de; alimentarse de
Ernährer m, - mantenedor m, sostén m de una familia
Ernährung f, en 1. alimentación f 2. sustento m; sostén m
Ernährungsgewerbe n, Ø sector m agroalimentario
Ernährungsgüter pl alimentos pl; bienes pl alimentarios
Ernährungsindustrie f, n industria f agroalimentaria
Ernährungskosten pl costes pl alimentarios; gastos pl en alimentación
Ernährungskunde f, Ø → *Ernährungswissenschaft*
Ernährungslage f, Ø situación f alimentaria
Ernährungs- und Landwirtschaftsorganisation f, Ø (*der Vereinten Nationen*) → FAO
Ernährungswirtschaft f, Ø economía f de la alimentación; economía f alimentaria; sector m agroalimentario
Ernährungswissenschaft f, Ø bromatología f; dietética f; trofología f
Ernährungswissenschaftler m, - bromatólogo m; nutricionista m
Ernährungszustand m, Ø estado m de nutrición
ernennen nombrar; designar; *jdn. zum Direktor* ~ nombrar director a alg.; designar a alg. para el cargo, para el puesto de director; *einen Nachfolger* ~ designar, nombrar un sucesor
Ernennung f, en designación f; nombramiento m; (Angl.) nominación f
Ernennungsurkunde f, n (acta f de) nombramiento m; credencial f
erneuern 1. reemplazar (lo nuevo por lo viejo) 2. revisar; raparar (una máquina) 3. *ein Abonnement, einen Paß* ~ renovar *bzw.* prorrogar una suscripción, un pasaporte 4. restaurar (un cuadro, un edificio)
Erneuerung f, en reemplazamiento m; renovación f; cambio m; restauración f; *stillschweigende* ~ prórroga f, renovación f tácita
Erneuerungsschein m, e (Com.) talón m de renovación
erneut 1. repetido; reiterado 2. de nuevo; nuevamente; otra vez
Ernstfall m, ᵘᵉ *im ~* en caso de necesidad; en caso de que las cosas se compliquen; si hubiera necesidad; si fuera necesario
Ernte f, n 1. cosecha f 2. recolección f 3. (*Weinernte*) vendimia f 4. (*Getreideernte*) mies f 5. (*Zucker; Ölernte*) zafra f; *die ~ einbringen* recoger, acarrear la cosecha; *die ~ auf dem Halm verkaufen* vender mies en pie

Erntearbeit *f*, en faenas *pl* de recolección
Erntearbeiter *m*, - segador *m*; agostero *m*; bracero *m* (del campo); peón *m* (Syn. *Tagelöhner*)
Ernteausfall *m*, ⸗e 1. cosecha *f* evaluada en cantidad y en calidad 2. pérdida *f* de la cosecha
Ernteaussichten *pl* cosecha *f* prevista; previsiones *pl*, perspectivas *pl* de cosecha
Erntebrigade *f*, n (R.D.A.) colectivo *m*, brigada *f* de trabajo para la recolección de las cosechas
Erntedankfest *n*, e (fiesta *f* de) acción *f* de gracias por la cosecha
Ernteertrag *m*, ⸗e rendimiento *m*, producto *m* de la cosecha
Erntejahr *n*, e campaña *f*
Ernteleistung *f*, en rendimiento *m* de la cosecha
ernten 1. cosechar; recoger; recolectar; hacer la recolección 2. *Lob* ~ recibir elogios
Ernteschäden *pl* daños *pl* de la cosecha
Erntesegen *m*, - cosecha *f* abundante
Ernteversicherung *f*, en seguro *m* de cosechas
Erntezeit *f*, en época *f* de la recogida; época *f* de la recolección; tiempo *m* de la cosecha
eröffnen, *ein Geschäft* ~ abrir, inaugurar un negocio; *den Konkurs* ~ entablar el procedimiento de quiebra; *einen Kredit* ~ abrir un crédito; ein *Konto bei einer Bank* ~ abrir una cuenta en un banco; *eine Sitzung* ~ abrir una sesión (*od.* reunión); *ein Testament* ~ abrir un testamento
Eröffnung *f*, en 1. abertura *f* 2. apertura *f*; ~ *des Konkursverfahrens* apertura *f* de la quiebra; ~ *eines Kontos* apertura de una cuenta; ~ *einer Sitzung* apertura de una sesión (*od.* reunión) 3. inauguración *f*; ~ *einer Messe* inauguración de una feria (*od.* exposición)
Eröffnungsansprache *f*, n discurso *m* inaugural; discurso *m* de apertura
Eröffnungsbeschluß *m*, ⸗sse 1. auto *m* de procesamiento; auto *m* de apertura; (Col.) auto *m* de sustanciación 2. juicio *m* declarativo de quiebra
Eröffnungsbilanz *f*, en balance *m* de apertura
Eröffnungsfeier *f*, n acto *m* inaugural; ceremonia *f* de apertura
Eröffnungskurs *m*, e (*Börse*) cambio *m* de apertura; cotización *f* inicial
Eröffnungssitzung *f*, en sesión *f* inaugural; sesión *f* de apertura
Eröffnungstag *m*, e fecha *f* de inauguración; día *m* de apertura
erpicht, ~ *auf Geld* estar sediento de dinero; codiciar el dinero; *sehr* ~ *sein auf Geld* desvivirse, estar loco por el dinero
erpressen extorsionar; (Gal.) chantajear; hacer chantaje a
Erpresser *m*, - extorsionista *m*; extorsionador *m*; chantajista *m*
Erpressung *f*, en extorsión *f*; chantaje *m*
Erpressungsversuch *m*, e intento *m* de extorsión; tentativa *f* de chantaje
erproben ensayar; experimentar; probar; someter a prueba
erprobt seguro; experimentado; experto; probado
Erprobung *f*, en ensayo *m*; test *m*; prueba *f*
erprobungshalber con fines de ensayo (*od.* de prueba); como test
Erprobungszeit *f*, en periodo *m* de ensayo; *die* ~ *läuft ab* termina, expira el periodo de ensayo
errechenbar calculable; determinable
errechnen calcular; determinar por (*od.* mediante) cálculo; computar
Errechnung *f*, Ø ~ *des Schadens* cálculo *m* del daño *bzw.* siniestro
erreichen 1. alcanzar; lograr 2. llegar (a un lugar) 3. *ich bin telefonisch zu* ~ se me puede llamar por teléfono; *wo kann ich Sie telefonisch* ~? ¿a dónde puedo llamarle (por teléfono)?
errichten crear; establecer; fundar; erigir; *ein Gebäude* ~ construir un edificio; *ein Geschäft* ~ fundar, montar un negocio; *eine Gesellschaft* ~ crear, fundar una sociedad; *ein Konto* ~ abrir una cuenta; *einen Messestand* ~ instalar, levantar un stand de feria; *ein Testament* ~ otorgar testamento
Errichtung *f*, en 1. construcción *f* (de un edificio) 2. fundación *f* (de un negocio) 3. creación *f* (de una sociedad) 4. apertura *f* (de una cuenta) 5. otorgamiento *m* (de un testamento)
erringen, *einen Preis* ~ ganar un premio
Errungenschaft *f*, en adquisición *f*; conquista *f*; avance *m*; progreso *m*; *soziale* ~*en* progresos sociales
Errungenschaftsgemeinschaft *f*, en (Jur.) comunidad *f* de gananciales
Ersatz *m*, Ø 1. sustitución *f*; reemplazo *m*; equivalente *m*; sucedáneo *m*; recambio *m*; *als* ~ *dienen* hacer las veces de 2. indemnización *f*; recompensa *f*; compensación *f*; ~ *leisten* indemnizar *bzw.* compensar
Ersatzanspruch *m*, ⸗e derecho *m* a indemnización; reclamación *f* por daños y perjuicios; derecho *m* a resarcimiento de daños a perjuicios; ~ *anmelden* hacer valer un derecho a indemnización
Ersatzbatterie *f*, n pila *f* de recambio
Ersatzbetrag *m*, ⸗e indemnización *f*; suma *f* indemnizatoria; importe *m*, montante *m* de la indemnización
Ersatzdeckung *f*, en (Seg.) cobertura *f* sustitutoria; cobertura *f* suplente
Ersatzdienst *m*, Ø 1. servicio *m* sustitutorio 2.

servicio *m* civil (para los objetores de conciencia)
Ersatzerbe *m*, **n** heredero *m* sustituto; heredero *m* vulgar
Ersatzfonds *m*, - fondo *m* de reconstitución; *gesellschaftlicher* ~ fondo *m* social de reconstitución (de los medios de producción utilizados)
Ersatzforderung *f*, **en** derecho *m* a indemnización; reclamación *f* de resarcimiento de daños y perjuicios
Ersatzinvestitionen *pl* inversiones *pl* de reposición
Ersatzkaffee *m*, Ø sucedáneo *m* del café
Ersatzkandidat *m*, **en** sustituto *m*
Ersatzkasse *f*, **n** caja *f* de enfermedad asimilada (a las de la seguridad social); caja *f* subsidiaria de enfermedad
Ersatzleistung *f*, **en** indemnización *f* compensatoria; indemnización *f*, pago *m* de daños
Ersatzlösung *f*, **en** solución *f* de recambio
Ersatzpflicht *f*, Ø obligación *f* de indemnizar; obligación *f* de resarcir (daños y perjuicios); obligación *f* de reparar
ersatzpflichtiger Schaden unter der Sachdeckung daño *m* con obligación de indemnización bajo la cobertura de bienes
Ersatzprodukt *n*, **e** sucedáneo *m*
Ersatzstoff *m*, **e** sustitutivo *m*; sucedáneo *m*
Ersatzteil *n*, **e** pieza *f* de recambio; pieza *f* de repuesto
Ersatzwechsel *m*, - letra *f* de reemplazo
ersatzweise sustitutoriamente; en sustitución de
Ersatzwertberechnung *f*, **en** cálculo *m* del valor de reemplazo
Ersatzzeit *f*, Ø periodo *m* sustitutivo; periodo *m* en el que no se ha cotizado a la seguridad social, pero sí se tiene en cuenta en el cómputo de cotización general
erschachern (Fam.) obtener con regateo más o menos lícito
erschaffen producir; hacer; crear
erscheinen 1. aparecer, salir, publicarse (un libro); *vor Gericht* ~ comparecer en juicio 2. *nicht* ~ faltar; no presentarse; no comparecer; no acudir
Erscheinen *n*, Ø 1. ~ *eines Buches* publicación *f*, salida *f*, aparición *f* de un libro 2. (*vor Gericht*) comparecencia *f*
Erscheinungsjahr *n*, **e** año *m* de publicación
Erschienene/r (*der/ein*) (Jur.) compareciente *m*
erschleichen obtener por astucia; captar; conseguir por malas artes; *eine Erbschaft* ~ captar una herencia
Erschleichung *f*, **en** obtención *f* fraudulenta; (Jur.) subrepción *f*
erschließen 1. abrir; crear; poner en valor; *neue Absatzgebiete* ~ abrir nuevos mercados (para la venta); *ein Gebiet für den Fremdenverkehr* ~ abrir una región al turismo; *ein Grundstück* ~ urbanizar un solar (*od.* terreno); *neue Wirtschaftsräume* ~ poner en valor nuevas zonas económicas 2. (*folgern*) deducir; inferir; derivar
Erschließung *f*, **en** puesta *f* en valor; puesta *f* en explotación *f*; creación *f*; ~ *von Bodenschätzen* aprovechamiento *m* de recursos del subsuelo; ~ *neuer Energiequellen* desarrollo *m* de nuevas fuentes energéticas
erschlossen (*Bauland*) urbanizado; *wenig* ~*er Markt* mercado *m* poco explotado
erschöpfen, *Reserven* ~ agotar las reservas; *alle Verhandlungsmöglichkeiten* ~ agotar todas las posibilidades de negociación
erschöpft, ~*e Reserven* reservas *pl* agotadas
Erschöpfung *f*, Ø ~ *der Haftung* (Seg.) agotamiento *m* de la responsabilidad
Erschütterungsmelder *m*, - (Seg.) detector *m* de vibración
erschweren agravar; ~*de Umstände* circunstancias *pl* agravantes
Erschwerniszulage *f*, **n** prima *f*, plus *m* por trabajos penosos
Erschwerniszuschlag *m*, ⁼e → *Erschwerniszulage*
Erschwerung *f*, **en** agravación *f*; complicación *f*; ~ *der Kreditbeschaffung* agravación del crédito
erschwindeln timar; estafar; obtener fraudulentamente
erschwingen, *das Geld für etw.* ~ *können* poder pagar
erschwinglich asequible; un precio accesible; a un precio razonable; *für jeden* ~ (Fam.) al alcance de todos los bolsillos; ~*er Preis* a un precio accesible (*od.* razonable *od.* asequible)
ersetzbar, ~*er Verlust* pérdida *f* recuperable; pérdida *f* compensable
ersetzen 1. reemplazar; restituir 2. *die Auslagen* ~ reintegrar, reembolsar los gastos 3. reparar; (Seg.) indemnizar, resarcir (un daño) 4. cambiar 5. hacer las veces de
Ersetzung *f*, **en** reparación *f*; resarcimiento *m*; indemnización *f*; reembolso *m*; reintegro *m*; restitución *f*; compensación *f*; ~ *eines Schadens* indemnización, reembolso *m* de un daño
Ersetzungskosten *pl* gastos *pl* de reposición (*od.* reemplazamiento)
Ersetzungswert *m*, Ø valor *m* de reposición (*od.* reemplazamiento)
ersitzen usucapir; adquirir por usucapión
Ersitzung *f*, **en** usucapión *f*; prescripción *f* adquisitiva

ersparen ahorrar; economizar; ~ *Sie sich die Mühe* no se moleste

Ersparnis *f*, se ahorro *m*; economía *f*; *~se* ahorros; economías; *eine ~ an Zeit* ahorro, economía de tiempo; *seine ~se anlegen* colocar sus ahorros; *~se machen* ahorrar

-ersparnis (Suf.) ahorro de; economía de; ganancia de; *Zeit~* ahorro, economía, ganancia de tiempo; *Kosten~* economía, ahorro de costes

erspart *n, ~es Geld* dinero *m* ahorrado

Ersparte *n*, Ø *das ~* lo ahorrado; (Fam.) el dinero puesto aparte

erst primero; primeramente; en primer lugar; al principio; (LA) recién; *~e Adressen* prestatarios *pl* de gran honorabilidad; *~er Erwerb* primera adquisición *f*; *~es Gebot* primera puja *f*; *eine Fahrkarte ~er Klasse* un billete de primera clase; *aus ~er Hand* de primera mano; *in ~er Instanz* en primera instancia *f*; *~es Risiko* (Seg.) primer riesgo *m*; *~e Wahl* (de) primera calidad *f*

erstatten restituir; reintegrar; reembolsar 1. *die Kosten ~* reintegrar, reembolsar los costes 2. *einen Bericht ~* informar sobre; dar cuenta de 3. *Anzeige ~* presentar una denuncia

erstattet, *seine Auslagen ~ bekommen* reintegrarle sus gastos (a alg.)

Erstattung *f*, en 1. reembolso *m*; reintegro *m*; restitución *f*; *~ der Auslagen* reembolso, reintegro de los gastos (en los que se ha incurrido); *~ der zuviel einbehaltenen Steuer* devolución *f* de los impuestos retenidos de más 2. *~ eines Berichts* presentación *f* de un informe

erstattungsfähig, *~e Kosten* costes *pl* reembolsables, recuperables

erstattungspflichtig con obligación de devolución (*od.* de reembolso)

Erstaufführung *f*, en estreno *m* (de una película, de una obra de teatro)

Erstaufführungstheater *n*, - cine(ma) *m* de estreno

Erstauftrag *m*, ⸚e pedido *m* inicial; primera orden *f*

Erstausführung *f*, en prototipo *m*; modelo *m* recién presentado

Erstausgabe *f*, n 1. primera edición *f*; edición *f* príncipe 2. primera emisión *f* (timbres) 3. (*von Investmentanteilen*) primera oferta *f*; oferta *f* inicial

Erstausstattung *f*, en dotación *f*, equipamiento *m* inicial

Erstaussteller *m*, - 1.expositor *m* nuevo 2.primer expositor *m*

Erstbegünstigte/r (*der/ein*) primer beneficiario *m*

Erstbesitz *m*, Ø *ein Wagen aus ~* un coche de primera mano

erste, *~ Wahl* primera calidad *f*; *Waren ~r Wahl* bienes *pl* de primera clase; mercancías *pl* de primera calidad

erstehen adquirir; comprar en subasta; hacerse adjudicatorio

Erstehung compra *f*, adquisición *f* en subasta

Ersteigerer *m*, - adjudicatario *m*

ersteigern adquirir, adjudicarse en subasta

erstellen 1. *einen Bericht ~* redactar, elaborar un informe 2. *ein Gebäude ~* edificar; levantar, construir un edificio 3. *ein Gutachten ~* hacer una expertisa; redactar un informe pericial

Ersterwerb *m*, e primera adquisición *f*; *~ von Wertpapieren* adquisición *f*, compra *f* de títulos que acaban de ser emitidos

Ersterwerber *m*, - primer adquisidor *m*; primer adquirente *m*

Erstfinanzierung *f*, en financiación *f* inicial

Erstgebärende *f*, n primípara *f*

erstgeboren primogénito

Erstgebot *n*, e primera postura *f*; primera puja *f*

Erstgeburtenrecht *n*, e derecho *m* de primogenitura

erstgenannt antedicho; susodicho; citado en primer lugar

Erstinstanz *f*, en (Jur.) primera instancia *f*

Erstjahresprovision *f*, en (Seg.) comisión *f* de primer año

erstklassig de primera calidad; de calidad superior; de primera clase; (fam.) de primera; *~e Waren* mercancía *f* de primera clase (*od.* calidad)

Erstlingsversuch *m*, e primer ensayo *m*

erstrangig, *~e Hypothek* hipoteca *f* de primer grado

erstrecken, *sich über mehrere Jahre ~* extenderse por (*od.* durante) varios años

Erstrisikobasis *f*, Ø *auf ~* a base de primer riesgo

Erstrisikoversicherung *f*, en seguro *m* a primer riesgo

Erststimme *f*, n (R.F.A.) „primer voto" (de que dispone el elector alemán en las elecciones legislativas para elegir al candidato; el segundo voto es para el partido que crea conveniente)

Erstverbraucher *m*, - primer usuario *m*; usuario *m* de primera mano

Erstverfrachter *m*, - transportista *m* inicial

Erstversicherer *m*, - asegurador *m* directo

Erstversicherung *f*, en seguro *m* directo

Erstwagen *m*, ⸚ coche *m* principal de un hogar (el segundo se denomina „Zweitwagen")

Erstzulassung *f*, en primera matriculación *f*; primer permiso *m* de circulación; primera patente *f* de circulación

ersuchen solicitar; requerir; reclamar; *jdn. um etw.* ~ solicitar u/c a alg.
Ersuchen *n*, Ø solicitud *f*; requerimiento *m*; (Jur.) exhorto *m*; *auf* ~ *von* a petición, a instancia, a requerimiento de; ~ *um Auskunft* pedir información
Ersuchende/r *(der/ein)* requirente *m*; suplicante *m*; solicitante *m*
ertappen sorprender; pillar; atrapar; *jdn. auf frischer Tat* ~ sorprender en flagrante; sorprender en flagrante delito; sorprender in fraganti; (Fam.) sorprender con las manos en la masa
erteilen, *einen Auftrag* ~ pasar, dar un pedido; *notariell* ~ otorgar ante notario; *jdm. Prokura* ~ conceder, otorgar poder; *Unterricht* ~ impartir clases; *ein Visum* ~ extender, expedir un visado; *Weisungen* ~ dar, pasar instrucciones
Erteilung *f*, en concesión *f*; otorgamiento *m*; ~ *eines Auftrags* concesión *f* de un pedido; ~ *eines Patents* despacho *m*, concesión *f*, expedición *f* de una patente
Ertrag *m*, ⸗e 1. producto *m*; rendimiento *m* 2. *(Einnahme)* ingreso *m*; beneficio *m*; ganancia *f* 3. *(Kapital)* renta *f*; rédito *m*; *abnehmender* ~ rendimiento decreciente; ~ *einer Arbeit* producto de un trabajo; *betriebsbedingter* ~ producto de explotación; *betriebsfremder* ~ producto no incorporable; ~ *pro ha* producto por hectárea; *kapitalisierte Erträge* ingresos, beneficios capitalizados; ~ *aus Kapitalanlagen* réditos capitalizados; ~ *abwerfen* ser productivo; arrojar, devengar ganancia; *gute Erträge bringen* arrojar, proporcionar buenos rendimientos; redituar; *den* ~ *steigern* aumentar el rendimiento
Ertrag(s)ausfall *m*, ⸗e 1. pérdida *f* de rendimiento 2. lucro *m* cesante; beneficio *m* previsto no obtenido
Ertrag(s)aussichten *pl* perspectivas *pl* de rendimiento, de producción; resultado *m* que se confía obtener
ertragsbringend productivo; ~*er Boden* suelo *m* productivo; suelo *m* que produce en abundancia
Ertrag(s)einbuße *f*, n → *Ertragsausfall*
ertrag(s)fähig productivo; lucrativo; rentable
Ertrag(s)fähigkeit *f*, en productividad *f*; capacidad *f* de rendimiento; rentabilidad *f*
Ertragsklasse *f*, n categoría *f* de rendimiento (agricultura, pesca, etc.)
Ertragskraft *f*, Ø *(eines Unternehmens)* capacidad *f* de rendimiento (de una empresa)
Ertrag(s)lage *f*, n nivel *m* de rendimiento; situación *f* de rentabilidad; ~ *des Konzerns* resultados *pl* del grupo, del concorcio
ertrag(s)los improductivo; no productivo

Ertrag(s)losigkeit *f*, en improductividad *f*; no productividad *f*
Ertrag(s)minderung *f*, en disminución *f* del rendimiento; baja *f* de la productividad
Ertrag(s)rechnung *f*, en cuenta *f* de pérdidas y ganancias
ertrag(s)reich → *ertragsfähig*
Ertrag(s)steigerung *f*, en aumento *m* del rendimiento; incremento *m* de la productividad
Ertrag(s)steuer *f*, n impuesto *m* de utilidades; impuesto *m* sobre el producto; impuesto *m* sobre las ganancias; impuesto *m* sobre los beneficios
Ertrag(s)voranschlag *m*, ⸗e ingresos *pl* presupuestados
Ertrag(s)wert *m*, e valor *m* productivo; valor *m* capitalizado; valor *m* de rendimiento
Ertrag(s)zinsen *pl* intereses *pl* cobrados; intereses *pl* de préstamos (*od.* haberes)
Ertrag(s)zuwachs *m*, Ø incremento *m* del rendimiento; incremento *m* de la productividad
Erwachsenenbildung *f*, Ø educación *f*; formación *f* de adultos; enseñanza *f* continua, permanente
erwägen considerar; tomar en consideración; pesar; ponderar; examinar
Erwägung *f*, en consideración *f*; examen *m*; *in der* ~ *daß* considerando que; *nach reiflicher* ~ después de mucha reflexión; tras la debida reflexión; *in* ~ *ziehen* tomar en consideración
erwarten esperar; aguardar; contar con; *wir* ~ *Ihre Bestellung* quedamos a la espera de su pedido; *wir* ~ *(beim Arbeitsangebot)* se requiere; pedimos; requisitos; perfil de los candidatos; los candidatos deberán poseer; imprescindible; exigimos; deseamos; el puesto requiere; requerimientos
erwartet previsto; esperado
Erwartung *f*, en *entgegen allen* ~*en* contra toda previsión; en contra de lo esperado; *mit gedämpften* ~*en* con un optimismo moderado; *in* ~ *Ihrer Antwort, Ihres Schreibens* en espera de su respuesta, de su carta; *in* ~ *einer günstigen Antwort* en espera de una favorable respuesta; *alle* ~*en übertreffen* sobrepasar todo lo que se esperaba
erwartungsgemäß como se esperaba; como era de esperar
erweitern ensanchar; ampliar; aumentar; agrandar; *den Kundenkreis* ~ aumentar la clientela
erweiternd extensivo
erweitert, ~*e (europäische) Gemeinschaft* la Comunidad Europea amplia; ~*e Mitbestimmung* cogestión *f* ampliada
Erweiterung *f*, en ensanchamiento *m*; ampliación *f*; prórroga *f*; ~ *der Gemeinschaft (EG)* am-

pliación de la Comunidad; ~ *des Marktes* ampliación, ensanchamiento del mercado
Erweiterungsbau *m*, ten (edificio *m*) anexo *m*; ensanche *m*
Erweiterungsinvestition *f*, en inversión *f* de ampliación
Erwerb *m*, (e) 1. adquisición *f*; ~ *von Eigentum* acceso *m* a la propiedad; adquisición de propiedad; ~ *unter Lebenden* adquisición inter vivos; ~ *einer Maschine* adquisición de una máquina 2. actividad *f*; empleo *m*; medio *m* de sustento *m*; *einen neuen* ~ *suchen* buscar un nuevo empleo; buscar un nuevo medio de sustento 3. ganancia *f*; lucro *m*; *von seinem* ~ *leben* vivir de sus ganancias
erwerben 1. adquirir; comprar 2. granjearse 3. merecer; *jds. Achtung, Dank* ~ merecer el respeto, el agradecimiento de alg.; *Beteiligungen an Gesellschaften* ~ adquirir, comprar participaciones en sociedades (*od.* compañías); *sich sein Brot* ~ ganarse la vida; ganarse el sustento; ganarse el pan; *jds. Freundschaft* ~ granjearse, ganarse la amistad de alg.; *seinen Lebensunterhalt* ~ ganarse la vida; ganarse el pan; *ein Vermögen* ~ adquirir, hacer, conseguir una fortuna
Erwerber *m*, - adquisidor *m*; adquirente *m*
erwerbsbehindert impedido, incapacitado para el trabajo
Erwerbsbeschränkung *f*, en capacidad *f* laboral disminuida; incapacidad *f* de trabajo
Erwerbsbetrieb *m*, e empresa *f* de carácter lucrativo
Erwerbsbevölkerung *f*, Ø población *f* activa; población *f* trabajadora
Erwerbseinkommen *n*, - renta(s) *f* (*pl*) del trabajo; ingresos *pl* procedentes de una actividad remunerada
Erwerbseinkünfte *pl* → *Erwerbseinkommen*
erwerbsfähig capaz de trabajar; apto para el trabajo; capaz de ejercer una actividad profesional (*od.* laboral); *im ~en Alter sein* estar en edad laboral activa; *Ende des ~en Alters* terminación *f* de la edad laboral activa
Erwerbsfähige/r (*der/ein*) persona *f* en edad de trabajar; persona *f* en edad de ganarse la vida; persona *f* en edad de desempeñar una profesión
Erwerbsfähigkeit *f*, en capacidad *f* de trabajo; aptitud *f* para el trabajo
erwerbsgemindert, *20%* ~ *sein* tener una incapacidad laboral del 20%
Erwerbsgenossenschaft *f*, en sociedad *f* cooperativa
Erwerbsgesellschaft *f*, en sociedad *f* con fines de lucro

Erwerbsintensität *f*, Ø tasa *f* de actividad; número *m* de personas activas
Erwerbskosten *pl* gastos *pl* de adquisición
Erwerbsleben *n*, Ø vida *f* profesional; vida *f* laboral activa; *aus dem* ~ *ausscheiden* causar baja en, dejar, abandonar la vida laboral activa; *in das* ~ *eintreten* acceder a, incorporarse a, entrar en la vida laboral activa
erwerbslos sin trabajo; parado *m*; desempleado *m* (Syn. *arbeitslos*)
Erwerbslosenfürsorge *f*, Ø asistencia *f* a los parados (*od.* desempleados)
Erwerbslosenunterstützung *f*, en subsidio *m* de paro
Erwerbslose/r (*der/ein*) sin trabajo; parado *m*; desempleado; en régimen de paro (*od.* desempleo) (Syn. *Arbeitsloser*)
Erwerbslosigkeit *f*, Ø paro *m*; desempleo *m* (Syn. *Arbeitslosigkeit*)
Erwerbsminderung *f*, en incapacidad *f* parcial para el trabajo
Erwerbsmittel *pl* medios *pl* de vida; medios *pl* de subsistencia
Erwerbsperson *f*, en persona *f* laboralmente activa; *die ~en* población *f* activa; personas *pl* que ejercen una profesión
Erwerbsquelle *f*, n medios *pl* de existencia; fuente *f* de existencia; fuente *f* de ingresos; fuente *f* de recursos
Erwerbssinn *m*, Ø espíritu *m*, sentido *m* de los negocios; espíritu *m* industrioso
erwerbstätig que ejerce una profesión; que ejerce un oficio; que desempeña una actividad laboral; asalariado; *~e Bevölkerung* población *f* activa
Erwerbstätige/r (*der/ein*) persona *f* que desempeña una profesión; asalariado *m*
Erwerbstätigkeit *f*, en actividad *f* remunerada; *selbständige, unselbständige* ~ actividad (profesional) autónoma, actividad asalariada
Erwerbstrieb *m*, Ø afán *m* de lucro
erwerbsunfähig incapacitado para el trabajo
Erwerbsunfähigkeit *f*, Ø incapacidad *f* para el trabajo; *verminderte, vorübergehende* ~ incapacidad laboral parcial, temporal (*od.* transitoria)
Erwerbsurkunde *f*, n (Jur.) escritura *f* de compra
Erwerbswirtschaft *f*, Ø sector *m* económico *bzw.* comercial
Erwerbszweck *m*, e *zu ~en* con fin lucrativo; con ánimo de lucro
Erwerbszweig *m*, e ramo *m*, rama *f* industrial; sector *m*; profesión *f*; oficio *m*
Erwerbung *f*, en adquisición *f*
erwidern, *einen Besuch* ~ devolver una visita
Erwiderung *f*, en *in* ~ *Ihres Schreibens* en con-

testación a su carta
erwirken hacer efectivo (un pago)
erwirtschaften realizar; obtener, lograr (por medio de una actividad económica); *hohe Gewinne ~* realizar, obtener, conseguir importantes ganancias
erwirtschaftet, *~er Gewinn* beneficio *m* conseguido, obtenido
erworben, *~es Recht* n derecho *m* adquirido
erwünscht *(beim Arbeitsangebot) vorzugsweise ~* se valorará (positivamente); preferible
Erz *n,* e mineral *m*; *~ aufbereiten (verhütten)* tratar, preparar el mineral; *~ fördern* extraer mineral
Erzabbau *m,* Ø extracción *f* de mineral
Erzader *f,* n vena *f*; veta *f*; venera *f*; venero *m*; filón *m*
Erzaufbereitung *f,* **en** tratamiento *m* del mineral
Erzbergbau *m,* Ø minería *f*; explotación *f* de minas
erzeugen producir; fabricar; cultivar; (Syn. *herstellen)*
Erzeuger *m,* - productor *m*; fabricante *m*; *landwirtschaftlicher ~* productor agrícola; *direkt vom ~ zum Verbraucher* distribución *f* sin intermediarios; directamente del productor al consumidor
Erzeugerabgabe *f,* n tasa *f,* exacción *f* a la producción
Erzeugerbetrieb *m,* e empresa *f,* establecimiento *m* de producción
Erzeugergemeinschaft *f,* **en** agrupación *f* de productores; productores *pl* agrupados
Erzeugergenossenschaft *f,* **en** cooperativa *f* de productores
Erzeugerhandel *m,* Ø venta *f* directa (del productor al consumidor); comercio *m* directo
Erzeugerland *n,* ⁻er país *m* productor
Erzeugerpreis *m,* e precio *m* al productor; *landwirtschaftlicher ~* precio *m* en granja
Erzeugnis *n,* se producto *m*; artículo *m*; *einheimisches ~* producto nacional (*od.* regional *od.* local); *gewerbliches ~* producto manufacturado, artesanal; *landwirtschaftliches ~* producto agrícola; *weiterverarbeitetes ~* producto transformado
Erzeugnisse *pl* producción *f*; fabricación *f*
Erzeugung *f,* **en** producción *f*; fabricación *f*
Erzeugungskosten *pl* costes *pl* de producción; gastos *pl* de fabricación
Erzeugungskraft *f,* ⁻e fuerza *f* generativa
Erzförderung *f,* **en** → *Erzabbau*
Erzgang *m,* ⁻e → *Erzader*
Erzgießer *m,* - fundidor *m* de bronce
Erzgießerei *f,* **en** fundición *f* de bronce
Erzgrube *f,* n mina *f*

erzhaltig que contiene mineral; metalífero
Erzhütte *f,* n fundición *f* de metales
erzielen realizar; alcanzar; obtener; *hohe Preise ~* alcanzar precios elevados
Erzielung *f,* **en** obtención *f*; realización *f*; *~ eines Gewinns* obtención, realización de un beneficio
Erzlagerstätte *f,* n → *Erzvorkommen*
Erzmine *f,* n → *Erzgrube*
Erzreichtum *m,* ⁻er riqueza *f* en minerales
Erzscheider *m,* - separador *m* de minerales
Erzverhüttung *f,* Ø → *Erzaufbereitung*
Erzvorkommen *n,* - yacimiento *m* mineral
Eskalation *f,* **en** escalada *f*; *politische ~en* escalada política
Eskalatorklausel *f,* n (R.F.A.) cláusula *f* de indexación; cláusula *f* del „ascensor" (estipulación entre los agentes sociales sobre el reajuste de salarios en función de la tasa de carestía de vida)
eskalieren provocar la escalada (de u/c)
Espresso *m,* s (café *m*) exprés *m*
Eßapfel *m,* ⁻ manzana *f* de mesa
eßbar comestible
Eßbesteck *n,* e cubierto *m*
essen, *zu Abend ~* cenar; *zu Mittag ~* almorzar; comer; *man ißt in diesem Restaurant sehr gut* en ese restaurante se come muy bien
Essensmarke *f,* n bono *m* para comida
Essensträger *m,* - portacomidas *m*
Essenszeit *f,* **en** horario *m* de comidas; hora *f* de comer *bzw.* de cenar
Eßgeschirr *n,* e vajilla *f*
Essigfabrik *f,* **en** vinagrería *f*
Essig- und Ölständer *m,* - vinagreras *pl*
Eßwaren *pl* productos *pl* alimentarios; productos *pl* alimenticios; alimentos *pl*; comestibles *pl*; viandas *pl,* víveres *pl*
Eßzimmer *n,* - comedor *m*
ESt → *Einkommen(s)steuer*
Establishment *n,* Ø 1. clase *f* dirigente, dominante; clase *f* directora; centro *m* de poder 2. (Pey.) clases *pl* sociales bien instaladas, decididas a conservar sus prerrogativas
E-Straße *f,* n → *Europastraße*
etablieren, *sich geschäftlich ~* establecerse comercialmente; empezar un negocio
Etage *f,* n piso *m*
Etagenbett *n,* **en** litera *f* superpuesta; (LA) cama *f* superpuesta
Etagenheizung *f,* **en** calefacción *f* individual
Etagenwohnung *f,* **en** piso *m*
Etappe *f,* n etapa *f*; *eine schwierige ~ zurücklegen* recorrer una etapa difícil
Etappenflug *m,* ⁻e vuelo *m* con etapas (Ggs. *Non-stop-Flug*)

etappenweise por etapas
Etat *m*, s presupuesto *m*; plan *m* financiero; 1. *ausgeglichener* ~ presupuesto equilibrado (*od.* en equilibrio); *einen* ~ *aufstellen* establecer presupuesto; *einen* ~ *verabschieden* aprobar, votar un presupuesto 2. previsiones *pl* presupuestarias; *den* ~ *kürzen, überschreiten* recortar, sobrepasar, exceder las previsiones presupuestarias (Syn. *Haushalt, Budget*)
Etatausgleich *m*, Ø equilibrio *m* presupuestario; presupuesto *m* en equilibrio
etatisieren presupuestar; incluir, hacer entrar en el presupuesto
Etatisierung *f*, **en** 1. presupuestación *f* 2. nacionalizaión *f*
Etatjahr *n*, **e** año *m* presupuestario
Etatkürzung *f*, **en** reducción *f* presupuestaria; recorte *m* del presupuesto
etatmäßig 1. presupuestario; incluido en el presupuesto 2. *-er Beamte* funcionario *m* de plantilla
Etatmittel *pl* medios *pl*, fondos *pl*, recursos *pl* presupuestarios
Etatposten *m*, - partida *f* presupuestaria
Etikett *n*, s etiqueta *f*; rótulo *m*; *ein* ~ *aufkleben* pegar una etiqueta; poner un rótulo; *mit einem* ~ *versehen* proveer de una etiqueta
Etikettenmaschine *f*, **n** (máquina *f*) etiquetadora *m*; máquina *f* de etiquetar
Etikettenschwindel *m*, Ø fraude *m*, timo *m* con etiquetas
etikettieren etiquetar; rotular
Etikettierung *f*, **en** etiquetado *m*; rotulación *f*
etwa 1. alrededor de; más o menos; ~ *hundert Mark* aproximadamente cien marcos (Syn. *an die, circa, ungefähr*) 2. quizá; tal vez; acaso 3. por ejemplo
etwaig, ~*e Unkosten* gastos *pl* que hubieren; gastos *pl* que se pudieran presentar
etwas, ~ *über 500 Mark* quinientos marcos y pico; algo más de 500 marcos; ~ *Geld* algo de dinero; un poco de dinero
etw. bez. B. (*etwas bezahlt und Brief*) mercado *m* vendedor estancado (*Börse*)
etw. bez. G. (*etwas bezahlt und Geld*) mercado *m* comprador apagado
Euratom *f*, Ø Comunidad *f* Europea de la Energía Atómica; Euratom *f*; ~-*Anleihen pl* empréstitos *pl* (de la) Euratom; ~-*Verschlußsachen* (EVS) información *f* clasificada de la Euratom (ICE); ~-*Vertrag* Tratado *m* de fundación de la Euratom
Eurco *m*, s (*EG*) (European Composit unit) eurco *m* (nueva unidad de valor para los empréstitos)
Eurobank *f*, **en** eurobanco *m*

Eurobondmarkt *m*, ⁓e → *Eurokapitalmarkt*
Eurocheque *m*, s → *Euroscheck*
Eurodevisen *pl* eurodivisas *pl* (préstamos hechos por una institución europea en la moneda de otro país europeo)
Eurodollar *m*, s eurodólar *m* (dólar americano colocado a corto plazo fuera de los Estados Unidos)
Euro-Dollar-Markt *m*, Ø mercado *m* (mundial) de eurodólares
Eurogeldmarkt *m*, ⁓e (mercado *m* de) eurodivisas *pl* (operaciones a menos de un año)
Eurokapitalmarkt *m*, ⁓e euroobligaciones *pl* (operaciones a más de 7 años); mercado *m* financiero europeo
Eurokrat *m*, **en** eurócrata *m*
Eurokredite *pl* eurocréditos *pl* (a más de dos y a menos de 7 años)
Europa *n*, Ø Europa *f* ; *das grüne* ~ la Europa verde; la agricultura *f* europea (comunitaria)
Europäer *m*, - europeo *m*
Europagedanke *m*, Ø europeísmo *m*; idea *f* europea; *Verfechter m des ~ns* integracionista *m* europeo; defensor *m* del europeísmo
europäisch europeo
Europäische Atomgemeinschaft *f*, Ø (*EAG*) → *Euratom*
Europäische Freihandelsassoziation *f*, Ø → *EFTA*
Europäische Gemeinschaften *pl* (*EG*) las Comunidades Europeas *pl* (= *CE, CECA, Euratom*)
Europäische Gemeinschaft für Kohle und Stahl Comunidad *f* Europea del Carbón y del Acero (ECA) (*EGKS*)
Europäische Investitionsbank *f*, Ø (*EIB*) Banco *m* Europeo de Inversiones (BEI)
Europäische Konferenz der Verkehrsminister (*EKVM*) *f*, Ø Conferencia *f* Europea de Ministros de Transporte (CEMT)
Europäische Rechnungseinheit *f*, Ø (*ERE*) unidad *f* de cuenta europea (ECU)
Europäische Währungseinheit *f*, Ø (*EWE*) unidad *f* monetaria europea
Europäische Wirtschaftsgemeinschaft *f*, Ø (*EWG*) Comunidad *f* Económica Europea
Europäischer Ausrichtungs- und Garantiefonds für die Landwirtschaft *m*, Ø (*EAGFL*) Fondo *m* Europeo de Orientación y Garantía Agrícola (FEOGA); *Zuschuß aus dem* ~ ayuda *f* del FEOGH
Europäischer Entwicklungsfonds *m*, Ø (*EEF*) Fondo *m* Europeo de Desarrollo (FED)
Europäischer Fonds für Regionale Entwicklung *m*, Ø (*EFRE*) Fondo *m* Europeo de Desarrollo Regional (FEDER)

Europäischer Gerichtshof m, Ø (*EuGH*) Tribunal m de Justicia Europeo; Corte f Europea de Justicia

Europäischer Gewerkschaftsbund m, Ø (*EGB*) Confederación f Europea de Sindicatos (CES)

Europäischer Rat m, Ø Consejo m Europeo; Cumbre f de la CE

Europäischer Rechnungshof m, Ø Tribunal m Europeo de Cuentas

Europäischer Sozialfonds m, Ø Fondo m Social Europeo

Europäischer Währungsfonds m, Ø (*EWE*) Fondo m Monetario Europeo (FME)

Europäisches Parlament n, Ø (*EP*) Parlamento m Europeo (PE)

Europäisches Patentamt n, Ø Oficina f Europea de Patentes

Europäisches Währungssystem n, Ø (*EWS*) Sistema m Monetario Europeo (SME)

Europaparlament n, Ø (*EP*) Parlamento m Europeo (PE)

Europarat m, Ø Consejo m de Europa

Europarecht n, Ø derecho m europeo; derecho m comunitario; derecho m de la CEE

Europastraße f, n carretera f internacional (señalada con una „E" blanca sobre fondo verde)

Euroscheck m, s eurocheque m

Euroscheck-Karte f, n tarjeta f de eurocheque; ~ *mit Magnetstreifen* tarjeta de eurocheque magnética

Eurosyndikat n, Ø eurosindicato m (agrupación de bancos europeos con sede en Bruselas)

e. V. (*eingetragener Verein*) → *eingetragen*

E. v. → *Eingang vorbehalten*

Eventualfall m, ⸗e *für den* ~ en caso eventual; en la eventualidad

Eventualforderung f, en acreencia f eventual

Eventualhaushalt m, e presupuesto m de reserva

Eventualität f, en eventualidad f; contingencia f; posibilidad f

Eventualverbindlichkeit f, en obligación f, pasivo m eventual

Evidenzzentrale f, n central f de evidencia

evolutorisch evolutivo; creciente; no estacionario

EVP → **Endverbraucherpreis**

E-Werk → *Elektrizitätswerk*

EWG (*Europäische Wirtschaftsgemeinschaft*) → *europäisch*

ewig, ~*e Anleihe* empréstito m perpetuo; deuda f perpetua; ~*e Rente* renta f perpetua; renta f de duración ilimitada

EWS (*Europäisches Währungssystem*) → *europäisch*

exakt 1. exacto; preciso 2. esmerado; cuidadoso

Exaktheit f, Ø exactitud f; precisión f; esmero m

Exekution f, en 1. ejecución f; ajusticiamiento m 2. (*Börse*) ejecución f de órdenes (dadas) 3. (A) embargo m; decomiso m; incautación f

Exekutive f, n → *Exekutivgewalt*

Exekutivgewalt f, Ø (poder m) ejecutivo m

Exekutivorgan n, e órgano m ejecutivo

Exekutor m, en 1. ejecutor m 2. (A) ordenanza m, ujier m de justicia

Exemplar n, e ejemplar m; número m

Exequatur n, en (Diplom.) exequátur m

Existenz f, en existencia f; *sich eine* ~ *aufbauen* crearse una posición; *eine sichere* ~ una posición segura; *keine sichere* ~ *haben* no tener medios de existencia

Existenzbedingungen pl condiciones pl de vida

Existenzkampf m, ⸗e lucha f por la existencia; lucha f por la vida

Existenzlohn m, ⸗e salario m para subsistir; salario m que sólo basta para cubrir las necesidades más perentorias

Existenzminim|um n, -a mínimo m vital

Existenzmittel pl medios pl de subsistencia (*od.* de existencia)

Exklave f, n exclave m

exklusiv exclusivo; selecto; distinguido; ~*es Modell* modelo m exclusivo

Exklusivartikel m, - artículo m exclusivo; artículo m en exclusiva

exklusive no comprendido; con exclusión; exclusive; sin contar; ~ *Nebenkosten* sin contar (los) gastos pl subsidiarios; ~ *Porto* sin contar el franqueo (Ggs. *inklusive*)

Exklusivität f, Ø 1. exclusividad f 2. exclusiva f 3. exclusivismo m

Exklusivrecht n, e derecho m exclusivo

Exklusivvertrag m, ⸗e contrato m en exclusiva

expandieren expanderse; estar en expansión

Expansion f, en expansión f; *eine auf* ~ *ausgerichtete Wirtschaft* una economía orientada a la expansión; una economía expansionista

Expansionsdrang m, Ø afán m, empuje m expansionista; expansionismo m

expansionsfreudig expansionista; que estimula la expansión

Expansionspolitik f, Ø política f expansionista; política f de expansión; expansionismo m

Expansionsrate f, n tasa f de expansión

expansiv expansivo; expansionista; ~*e Bevölkerungspolitik* política f demográfica expansiva; ~*e Lohnpolitik* política f expansiva de salarios; ~*es Unternehmen* empresa f en (plena) expansión

expedient expedidor m

expedieren (*selten*) expedir; remitir; mandar; despachar

Expedition f, en expedición f; facturación f (de

equipajes)
Expeditionsabteilung f, **en** servicio m de expedición
Expeditionsgeschäft n, e casa f bzw. negocio m de expedición
Experte m, n experto m; especialista m; perito m; ~ *für* (in) *Steuerfragen* experto m fiscal; *einen* ~*n zu Rate ziehen* consultar a un experto (Syn. *Gutachter, Sachverständiger*)
Expertenausschuß m, ⸚sse → *Expertenkommission*
Expertenkommission f, **en** comisión f de expertos
Expertise f, **n** informe m de peritos; peritaje m; peritación f; dictamen m pericial; (Gal.) expertisa f; *eine* ~ *über etw. einholen* solicitar, obtener un dictamen pericial; *eine* ~ *erstellen* elaborar, confeccionar, hacer un informe pericial (Syn. *Gutachten*)
expertisieren someter al juicio pericial; hacer una peritación de
Exponat n, **e** (R.F.A.) productos pl, artículos pl expuestos; material m, objeto m expuesto
Export m, **e** exportación f; (*Güter*) exportaciones pl; *zum* ~ *bestimmt* destinado a la exportación; *zollfreier* ~ exportación en (régimen de) franquicia; *den* ~ *fördern* estimular, promover la exportación (Syn. *Ausfuhr*; Ggs. *Import*)
Exportabteilung f, **en** servicio m, sección f, departamento m de exportación
Exportanteil m, **e** cuota f, tasa f, porcentaje m de exportaciones
Exportartikel m, - artículo m de exportación
Exportauftrag m, ⸚e orden f de exportación; pedido m destinado a la exportación
Exportausführung f, **en** versión f de exportación; modelo m destinado a la exportación
Exportbeschränkung f, **en** restricción f a las exportaciones
Exportbestimmungen pl reglamentación f en materia de exportación
Exportbewilligung f, **en** → *Exporterlaubnis*
Exporte pl 1. mercancías pl destinadas a la exportación; artículos pl de exportación 2. exportaciones pl; bienes pl exportados
Exporterlaubnis f, **se** licencia f, permiso m de exportación
Exporteur m, **e** exportador m (Ggs. *Importeur*)
exportfähig exportable
Exportfirm|a f, **-en** casa f, empresa f exportadora
Exportförderung f, **en** ayuda f, promoción f de la exportación; estímulo m a las exportaciones
exportfreudig, ~*e Länder* países pl exportadores; países pl con gran cuota de exportación
Exportgenehmigung f, **en** → *Exporterlaubnis*
Exportgeschäft n, **e** 1. negocio m de exportación

2. casa f, firma f, empresa f exportadora
Exportgüter pl 1. bienes pl de exportación 2. productos pl exportados
Exporthandel m, Ø comercio m de exportación
Exporthändler m, - → *Exporteur*
exportieren, *Waren nach Spanien* ~ exportar mercancías a España (Syn. *ausführen*)
Exportindustrie f, **n** sector f de exportación; industria f exportadora
exportintensiv con fuerte coeficiente de exportación; de gran densidad exportadora; muy exportador; orientado a la exportación
Exportkartell n, **e** cártel m (comercial) de exportación
Exportkaufmann m, -leute (negociante m, comerciante m) exportador m
Exportkommissionär m, **e** comisionista m de exportación; comisionista m especializado en exportación
Exportkontingent n, **e** contingente m, cupo m de exportación
Exportkredit m, **e** crédito m a la exportación
Exportland n, ⸚er país m exportador; país m de origen, de producción
Exportleiter m, - jefe m de exportación
Exportmarkt m, ⸚e mercado m de exportación
Exportprämie f, **n** prima f a la exportación
Exportpreis m, **e** precio m de las mercancías exportadas; precio m de exportación
Exportquote f, **n** cuota f, procentaje m de exportación
Exportrückgang m, ⸚e descenso m, disminución f, involución f de las exportaciones
Exportsteigerung f, **en** aumento m de las exportaciones
Exportüberschuß m, ⸚sse excedente m de exportación; superávit m exportador
Exportvalutaerklärung f, **en** declaración f del valor a la exportación
Exportvolumen n, - volumen m de exportación
Exportware f, **n** mercancía f a exportar; mercancía f destinada a la exportación
Exportziffer f, **n** cifra f de exportaciones
Exportzweig m, **e** ramo m, sector m exportador
Exposure (Seg.) (grado m de) exposición f (a riesgos)
expreß, (*selten*) *einen Brief* ~ *schicken* remitir, enviar, mandar por expreso
Expreßbrief m, **e** 1. carta f urgente (dentro de un país) 2. carta f exprés (a nivel internacional) 3. (LA) carta f de entrega inmediata
Expreßdienst m, **e** servicio m (por) exprés
Expreßgut n, ⸚er paquete m exprés; *etw. als* ~ *schicken* remitir, enviar, mandar por exprés
Expreßsendung f, **en** envío m bzw. paquete m bzw. carta exprés

175

Expreßzug *m*, ⁻e (A) (tren *m*) expreso; (tren *m*) rápido *m*

Expropriation *f*, en → *Enteignung*

extensiv extensivo; *~e Bebauung* cultivo *m* extensivo; *~e Landwirtschaft* agricultura *f* extensiva (política de menor coste); *~e Nutzung* explotación *f* extensiva; aprovechamiento *m* extensivo

extern (Inform.) *~e Geräte* aparatos *pl* auxiliares, periféricos; *~er Speicher* memoria *f* externa, periférica

Extra- (Pref.) excepcional; suplementario; especial; extra (automóvil)

Extrablatt *n*, ⁻er 1. (número *m*) extraordinario *m*; edición *f* especial 2. suplemento *m*; página *f* suplementaria

Extradividende *f*, n dividendo *m* extra(ordinario); dividendo *m* suplementario

Extraklasse *f*, n calidad *f*, categoría *f* extra; de primerísima clase

Extrakosten *pl* gastos *pl* especiales (*od.* extraordinarios); costes *pl* suplementarios

Extranummer *f*, n número *m* especial

extrapolieren extrapolar

Extrasitzung *f*, en (CH) sesión *f* extraordinaria

Extrasteuer *f*, en (CH) impuesto *m*, tasa *f* especial

Exzedent *m*, en (Seg.) excedente *m*

Exzedentenabgabe *f*, n (Seg.) cesión *f* de excedentes

Exzedentenverträge *pl* (Seg.) contratos *pl* de excedentes

Exzellenz *f*, en excelencia; *Eure* ~ Vuecencia; Su Excelencia; (*in Briefen*) Excelentísimo señor; (Abk. Excmo. Sr.)

Exzeß *m*, -sse exceso *m*; abuso *m*; demasía *f*

Exzeßschaden *m*, ⁻ (Seg.) exceso *m* de pérdida

F → 1. *Fernschnellzug* 2. *Fernsprecher*
Fa. → *Firma*
F/A (*Februar/August*) título *m* de renta fija (pago de intereses el 1/2 y el 1/8)
Fabrik *f*, en fábrica *f*; manufactura *f*; planta *f*; *ab ~ puesto en od.* vendido en fábrica, ex fábrica; *bestreikte ~* fábrica afectada por una huelga; *eine ~ betreiben* explotar una fábrica; *frei ~* franco fábrica; *eine ~ gründen, stillegen, übernehmen* fundar, cerrar, hacerse cargo de una fábrica
Fabrikabgabepreis *m*, e precio *m* (de venta) ex fábrica
Fabrikanlage *f*, n instalación *f* industrial; superficie *f* de explotación; planta *f* industrial
Fabrikant *m*, en fabricante *m*; productor *m*; industrial *m*; *~ von Spezialartikeln* fabricante de artículos especiales
Fabrikarbeit *f*, en 1. trabajo *m* de fábrica *od.* fabril 2. producto *m*; artículo *m* manufacturado
Fabrikarbeiter *m*, - obrero *m* (de fábrica); trabajador *m*; operario *m*
Fabrikat *n*, e producto *m* industrial; artículo *m* manufacturado; *ausländisches, einheimisches ~* producto extranjero, nacional; *eigenes ~* marca *f* propia; producto *m* propio
Fabrikation *f*, en fabricación *f*; producción *f* (Syn. *Produktion*); *in die ~ geben* comenzar a producir
Fabrikationsablauf *m*, ⁼e proceso *m* de fabricación
Fabrikationsabteilung *f*, en departamento *m od.* sección *f* de producción
Fabrikationsaufnahme *f*, n lanzamiento *m* de la producción
Fabrikationsauftrag *m*, ⁼e orden *f* de fabricación
Fabrikationsbuch *n*, ⁼er libro *m od.* registro *m* de fabricación
Fabrikationseinrichtung *f*, en equipo *m od.* instalaciones *pl* de fabricación
Fabrikationsfehler *m*, - defecto *m*, falla *f* de fabricación; *wegen eines ~s beanstandete Waren* mercancías *pl* reclamadas por defecto de fabricación
Fabrikationsgang *m*, ⁼e proceso *m* de fabricación
Fabrikationsgeheimnis *n*, se secreto *m* de fabricación
Fabrikationsgemeinkosten *pl* costes *pl* generales de fabricación
Fabrikationskont|o *n*, -en cuenta *f* de explotación de la producción
Fabrikationskontrolle *f*, n control *m* de (la) fabricación
Fabrikationskosten *pl* costes *pl* de (la) fabricación
Fabrikationskostenaufstellung *f*, en desglose *m od.* estado *m* de los costes de fabricación
Fabrikationslizenz *f*, en licencia *f* de fabricación
Fabrikationslöhne *pl* salarios *pl* directos; costo *m* de mano de obra de la producción
Fabrikationsmittel *pl* medios *pl* de fabricación
Fabrikationsnummer *f*, n número *m* de fabricación
Fabrikationspreis *m*, e precio *m od.* coste *m* de la producción (Syn. *Herstellungskosten*)
Fabrikationsprogramm *n*, e programa *m* de fabricación
Fabrikationsprozeß *m*, -sse proceso *m* de fabricación
Fabrikationsrisik|o *n*, -en riesgo *m* de fabricación
Fabrikationsstätte *f*, n fábrica *f*; planta *f* de fabricación
Fabrikationsverfahren *n*, - procedimiento *m* de fabricación
Fabrikationszweig *m*, e rama *f* de fabricación
Fabrikbesitzer *m*, - fabricante *m*; propietario *m* de una fábrica
Fabrikbetrieb *m*, e empresa *f* industrial; fábrica *f*
Fabrikdirektor *m*, en director *m* (de fábrica)
Fabrikfahrer *m*, - (deporte) conductor *m* de carreras que porta los colores de una marca que financia el equipo (Syn. *Werksfahrer*)
fabrikfertig fabricado
fabrikfrisch directamente de (la) fábrica
Fabrikgarantie *f*, n garantía *f* de fabricación
Fabrikgebäude *n*, - fábrica *f*; dependencias *pl* de la fábrica
Fabrikgeheimnis *n*, se → *Fabrikationsgeheimnis*
Fabrikgelände *n*, - zona *f* industrial; terreno *m* de la fábrica
Fabrikgleis *n*, e ramal *m* (ferroviario) industrial
Fabrikhalle *f*, n nave *f* (industrial)
Fabrikhandel *m*, Ø venta *f* directa de fábrica; venta *f* directa al consumidor; comercio *m* directo de manufacturas
Fabrikklausel *f*, n cláusula *f* „puesto en *od.* vendido en fábrica"

Fabrikleiter m, - → *Fabrikdirektor*
Fabrikleitung f, en dirección f de la fábrica
Fabrikler m, - (CH) obrero m (de fábrica)
Fabrikmarke f, n marca f registrada od. de fábrica
fabrikmäßig fabril; ~*e Herstellung* fabricación f en serie; ~*e Ware* artículo m fabricado en serie
fabrikneu, ~*es Erzeugnis* producto m salido de fábrica
Fabriknummer f, n ~ *des Herstellers* número m de fabricación; número m de fábrica
Fabrikpreis m, e (*Preis ab Werk*) precio m en (od. ex) fábrica
Fabrikschornstein m, e chimenea f de (la) fábrica; (Fam.) *die* ~*e rauchen* los negocios marchan
Fabrikschutzmarke f, n marca f registrada
Fabriksiedlung f, en ciudad f industrial od. fabril; centro m industrial
Fabriksignet n, s → *Fabrikmarke*
Fabrikstadt f, ⁻e ciudad f industrial
Fabrikwaren pl artículos pl, productos pl de fábrica; mercancías pl producidas en fábrica
fabrizieren fabricar; producir (Syn. *herstellen; produzieren*)
Fach n, ⁻er 1. ramo m; sector m; especialidad f; materia f; *Mann vom* ~ especialista m; experto m 2. cajón m; estante m; gaveta f; compartimiento m; *in jds.* ~ *schlagen* caer dentro de la esfera de actividad de alg.; *sein* ~ *verstehen* conocer a fondo su profesión
Fachabteilung f, en servicio m especializado od. técnico; departamento m especializado
Fachanwalt m, ⁻e ~ *für Steuerrecht* abogado m especializado en derecho fiscal
Facharbeiter m, - trabajador m cualificado, profesional; *hochqualifizierter* ~ trabajador altamente cualificado
Facharbeiterbrief m, e certificado m de aptitud profesional
Facharbeiterprüfung f, en examen m de aptitud profesional
Fach(arbeits)kräfte pl mano de obra f cualificada
Facharzt m, ⁻e (médico m) especialista m
Fachausbildung f, en formación f profesional, técnica
Fachausdruck m, ⁻e término m técnico; tecnicismo m
Fachausschuß m, ⁻sse comisión f técnica; comité m de expertos
Fachausstellung f, en feria f od. exposición f especializada; certamen m técnico
Fachbeirat m, ⁻e consejo m técnico; servicio m de asistencia técnica
Fachberater m, - asesor m técnico; experto m

Fachbericht m, e informe m técnico, de especialista
Fachbranche f, n ramo m especializado, profesional
Fachbücher pl literatura f especializada
Facheinkäufer m, - comprador m profesional (de un gran negocio)
Fächer m, - (Seg.) compartimiento m; casillero m (*Kasse*); *gesicherter* ~ depósito m protegido
Fächerung f, en diversificación f
fachfremd no especializado; ~*e Arbeitskräfte* mano de obra f no cualificada
Fachgebiet n, e especialidad f; ramo m especial
Fachgeschäft n, e establecimiento m del ramo od. especializado; negocio m od. comercio m especializado
Fachgewerkschaft f, en sindicato m del ramo; *örtliche* ~ sindicato del ramo local; *unabhängige* ~ sindicato independiente; *vereinigte* ~ sindicato profesional unificado; ~ *für mehrere Spezialberufe* sindicato para varias profesiones
Fachgröße f, n autoridad f en la materia
Fachgruppe f, n agrupación f profesional
Fachhandel m, Ø comercio m especializado
Fachhochschule f, n escuela f técnica superior
Fachidiot m, en bárbaro m especialista
Fachinnungsverband m, ⁻e agrupación m corporativa; sindicato m profesional
Fachjargon m, s jerga f profesional, técnica; jerga f de expertos
Fachkatalog m, e catálogo m especializado
Fachkenner m, - especialista m; experto m
Fachkenntnisse pl conocimientos pl especiales, técnicos od. del ramo
Fachkommission f, en → *Fachausschuß*
Fachkräfte pl mano de obra f cualificada; profesionales pl; personal m cualificado
Fachkreise pl medios pl competentes; *in* ~*n* entre expertos
Fachkundenkreis m, e → *Fachkundschaft*
fachkundig competente; experto; especializado
Fachkundschaft f, en clientela f profesional
Fachlehrgang m, ⁻e cursillo m de especialización
fachlich profesional; ~ *geeignet* cualificado
Fachliteratur f, Ø bibliografía f especializada, técnica
Fachlmann m, ⁻er od. -leute experto m; especialista m; perito m; *einen* ~ *zu Rate ziehen* consultar a un especialista
fachmännisch especializado; experto; ~*e Beratung* consejo m de especialista; asistencia f técnica; *etw.* ~ *ausführen* ejecutar u/c conforme a las reglas del arte
Fachmesse f, n feria f especializada
Fachnorm f, en estándar m, norma f industrial

Fachorgan *n*, e organismo *m* bzw. órgano *m* profesional
Fachpersonal *n*, Ø personal *m* cualificado; personal *m* especializado; personal *m* técnico
Fachpresse *e*, Ø prensa *f* especializada
Fachsalon *m*, s exposición *f* especializada; certamen *m* especializado
Fachschaft *f*, en → *Fachverband*
Fachschau *f*, en → *Fachsalon*
Fachschrift *f*, en publicación *f* técnica; revista *f* del ramo *od.* especializada
Fachschule *f*, n instituto *m* de formación profesional *od.* técnica; escuela *f* de peritos
fachsimpeln (Fam.) hablar de asuntos profesionales
Fachsprache *f*, n lenguaje *m* técnico, profesional; terminología *f* técnica; tecnicismos *pl*
Fachstudium *n*, -en estudios *pl* profesionales *od.* especiales
Fachtagung *f*, en seminario *m*; congreso *m*; jornadas *pl* especializadas; *an einer ~ teilnehmen* participar en un congreso de especialistas
Fachveranstaltung *f*, en reunión *f* especializada
Fachverband *m*, ¨e asociación *f*, agrupación *f* profesional
Fachverkäufer *m*, - vendedor *m* especializado
Fachwelt *f*, Ø los especialistas *pl* (de un ramo); el mundo *m* profesional
Fachwissen *n*, Ø competencia *f* técnica; *technisches ~* conocimientos *pl* técnicos; (Angl.) Know-how técnico
Fachzeitschrift *f*, en revista *f* especializada
Factoring *n*, Ø facturación *f*; (Angl.) factoring *m*; venta *f* comercial de activos exigibles (pendientes); *offenes od. notifiziertes ~* facturación (de forma) expresa, facturación notificada; *stille Form des ~* facturación (de forma) tácita
Factoringgesellschaft *f*, en factor *m*; instituto *m* de facturación; (Angl.) compañía *f* dedicada al factoring
Factoringkunde *m*, n cliente *m* de factoring
FAD → *Fernsprechauftragsdienst*
Fadenzugkontakt *m*, e (Seg.) contacto *m* de tracción del hilo
Fadenzugschalter *m*, - (Seg.) interruptor *m* por tracción
fähig capaz; competente; apto; *~er Mitarbeiter* colaborador *m* competente
Fähigkeit *f*, en capacidad *f*; aptitud *f*; competencia *f*; disposición *f*; habilidad *f*; *berufliche ~en* capacidades profesional; *geistige ~en* aptitud intelectual; *handwerkliche ~en* habilidades manuales
Fähigkeitsausweis *m*, e certificado *m* de aptitud
Fähigkeitsnachweis *m*, e → *Fähigkeitsausweis*
fahnden, *nach jdm. ~* perseguir a alg.; buscar u/c *od.* a alg.
Fahndung *f*, en pesquisas *pl* (policiales); búsqueda *f*; investigación *f*
Fahndungsdienst *m*, e (*Zoll*) servicio *m* de pesquisas
fahndungssicher protegido de las pesquisas (p. ej. fiscales); *~es Land* paraíso *m* fiscal
Fahrausweis *m*, e 1. billete *m* (de ferrocarril, tranvía); (LA) boleto *m*; *im Besitz eines gültigen ~es sein* tener un billete válido 2. (CH) permiso *m* de conducir
Fahrbahn *f*, en 1. calzada *f* 2. pista *f*; *zweispurige ~* calzada, pista de dos carriles; *~ mit Gegenverkehr* calzada con doble circulación *od.* con circulación en sentido contrario
fahrbar 1. transitable 2. conducible
Fahrdienst *m*, e servicio *m* de ferrocarriles
Fahrdienstleiter *m*, - jefe *m* de estación
Fähre *f*, n transbordador *m*; (LA) ferry-boat *m*
fahren ir; conducir; partir; *im Zustand der Trunkenheit ~* conducir en estado de embriaguez; *in die Grube ~* bajar a la mina; *gut bei einem Handel ~* hacer un buen negocio; *erste Klasse ~* viajar en primera (clase); *in (auf) Urlaub ~* ir de vacaciones
fahrend, *~es Gut (~e Habe)* bien *m* mueble; *~er Verkäufer* vendedor *m* ambulante
Fahrer *m*, - conductor *m*; chófer (*auch* chofer)*m*; *flüchtiger ~* conductor que se da a la fuga
Fahrerlaubnis *f*, se → *Führerschein*
Fahrerflucht *f*, Ø huida *f* en caso de accidente
Fahrersitz *m*, e asiento *m* del conductor
Fahrgast *m*, ¨e pasajero *m*; viajero *m*
Fahrgeld *n*, er 1. precio *m* *od.* importe *m* del pasaje; precio *m* del billete 2. subvención *f* para gastos de viaje; viático *m*
Fahrgelderstattung *f*, en restitución *f* del importe del pasaje *od.* billete
Fahrgemeinschaft *f*, en grupo *m* de personas que viajan conjuntamente a su trabajo
Fahrgeschwindigkeit *f*, en velocidad *f* (de marcha); *höchstzulässige ~* velocidad máxima (permitida)
Fahrgestell *n*, e 1. (Auto.) chas(s)is *m* 2. (Aviac.) tren *m* de aterrizaje
Fahrkarte *f*, n billete *m*; (LA) boleto *m* 1. *abgelaufene, ausgedruckte ~* billete vencido, de destino fijo; *ermäßigte, gelochte ~* billete de tarifa reducida, perforado; *eine ~ zum halben, vollen Preis* un billete de tarifa media, normal 2. *eine ~ ausgeben* emitir un billete; *eine ~ lösen* comprar, sacar un billete 3. *einfache ~* billete de ida; *~ hin und zurück* billete de ida y vuelta

Fahrkartenausgabe f, n despacho m de billetes; venta f de billetes; (LA) boletería f
Fahrkartenautomat m, en distribuidor m, expendedor m automático de billetes
Fahrkartenkontrolleur m, e revisor m (de billetes)
Fahrkartenzuschuß m, ᵘsse subsidio m para gastos de viaje
Fahrkosten pl costes pl de transporte, de viaje
fahrlässig descuidado; negligente; imprudente; ~e Tötung homicidio m culposo, involuntario
Fahrlässigkeit f, Ø imprudencia f; negligencia f; grobe ~ negligencia grave; leichte ~ negligencia leve; zum Schadenersatz verpflichtende ~ negligencia que obliga a indemnización; zu vertretende ~ negligencia disculpable
Fahrlässigkeitsdeckung f, en (Seg.) cobertura f de negligencia
Fahrlehrer m, - profesor m de autoescuela
Fahrnis f, se bienes pl muebles
Fahrnishypothek f, en hipoteca f sobre bienes muebles
Fahrniskauf m, ᵘe transacción f de bienes muebles
Fahrnisversicherung f, en (Seg.) seguro m de cosas od. bienes muebles
Fahrplan m, ᵘe 1. horario m (de trenes) 2. itinerario m 3. guía f de ferrocarriles
fahrplanmäßig conforme al horario; ~er Zug ferrocarril m regular; ~ ankommen llegar a la hora reglamentaria, puntualmente
Fahrplanwechsel m, - cambio m de horario (s)
Fahrpraxis f, -en experiencia f od. práctica f en la conducción de automóviles
Fahrpreis m, e precio del billete; zu ermäßigtem ~ de tarifa reducida; den vollen ~ bezahlen (entrichten) pagar la tarifa normal
Fahrpreisanzeiger m, - taxímetro m; indicador m de tarifas
Fahrpreisberechnung f, en tarificación f (del precio del billete)
Fahrpreiserhöhung f, en aumento m de la tarifa od. del precio del billete
Fahrpreisermäßigung f, en reducción f de la tarifa od. del precio del billete
Fahrpreiserstattung f, en restitución f de la tarifa od. del precio del billete
Fahrprüfung f, en examen m de conducir
Fahrschein m, e → Fahrkarte
Fährschiff n, e → Fähre
Fahrschule f, n auto-escuela f; escuela f de chóferes; (LA) academia f de conducir
Fahrstrecke f, n trayecto m; recorrido m
Fahrstuhl m, ᵘe ascensor m (Syn. Lift, Aufzug)
Fahrstunde f, n lección f de conducir
Fahrt f, en trayecto m; viaje m; marcha f; auf der ~ nach camino de; en viaje para; ~ ins Blaue viaje con destino desconocido; excursión del personal de una empresa
Fahrtauslagen pl gastos pl de viaje; die ~ zurückerstatten restituir los gastos en concepto de viaje
Fahrtausweis m, e → Fahrausweis
Fahrtenbuch n, ᵘer libro m de ruta, de a bordo
Fahrtenschreiber m, - (Auto.) tacógrafo m
Fahrtkosten pl → Fahrkosten
Fahrtreppe f, n escalera f mecánica
Fahrtrichtung f, en sentido m de marcha; dirección f; ein Platz in ~ un lugar en sentido de marcha
Fahrtroute f, n itinerario m
Fahrtspesen pl → Fahrtauslagen
Fahrtstrecke f, n → Fahrstrecke
Fahrtüchtigkeit f, Ø aptitud f para conducir
Fahrverbot n, e prohibición f de conducir un vehículo
Fahrverkehr m, Ø tráfico m od. tránsito m rodado
Fahrvorschrift f, en reglamento m de circulación (Syn. Verkehrsordnung)
Fahrzeit f, en viaje m; duración f del trayecto
Fahrzeug n, e vehículo m; coche m; automóvil m; embarcación f
Fahrzeugbau m, Ø construcción f de automóviles, de vehículos
Fahrzeugbenutzer m, - usuario m de un vehículo
Fahrzeugbestand m, ᵘe → Fahrzeugpark
Fahrzeugbrief m, e título m de propiedad de un vehículo; carta f de vehículo (de motor)
Fahrzeugeigentümer m, - propietario m de un vehículo
Fahrzeuggeschwindigkeit f, (en) velocidad f del vehículo
Fahrzeughalter m, - titular m del vehículo (de motor)
Fahrzeuginsasse m, n ocupante m del vehículo; viajero m
Fahrzeugklasse f, n categoría f de vehículo
Fahrzeugmiete f, n alquiler m, arrendamiento m de vehículos
Fahrzeugpapiere pl documentación f del vehículo
Fahrzeugpark m, s parque m de vehículos; parque m móvil
Fahrzeugunterhaltung f, Ø mantenimiento m del vehículo
Fahrzeugverkehr m, Ø circulación f (de vehículos); für den ~ gesperrt prohibido el tráfico od. la circulación de vehículos
Fahrzeugversicherung f, en seguro m de automóviles
Fahrzulage f, n plus m de transporte
Faksimile n, s facsímil(e) m

Fakten *pl* hechos *pl*; *sich an die ~ halten* atenerse a los hechos
faktisch efectivo, real, de hecho
Faktor *m*, ⁻e 1. factor *m* 2. gerente *m*; administrador *m* 3. jefe *m* de taller; contramaestre *m*
Faktorenanalyse *f*, n análisis *m* factorial (Estad.)
Faktorenmarkt *m*, ⁻e mercado *m* de los factores
Faktorkosten *pl* costo *m* de los factores (de producción); *zu ~* al costo de los factores
Faktorpreis *m*, e coste *m* de un factor
Faktot|um *n*, *s od*. -en factótum *m*
Faktur|a *f*, -en (A) factura *f*; *beglaubigte ~* factura legalizada; *~ ausstellen* extender una factura
Fakturawert *m*, e valor *m* facturado; valor *m* de factura
fakturieren facturar
Fakturiermaschine *f*, n facturadora *f*; máquina *f* de facturar
Fakturierung *f*, en facturación *f*
Fakturist *m*, en empleado *m* encargado de las facturas; empleado *m* facturador
Fakultät *f*, en Facultad *f*; *Juristische ~* Facultad de derecho
fakultativ facultativo; (Seg.) *~e Übernahme* asunción *f* facultativa; *~e Zeichnung* suscripción *f* facultativa
Fall *m*, ⁻e 1. caso *m*; asunto *m*; estudio *m* de un caso; *auf jeden ~* en todo caso; *einen ~ bearbeiten* tramitar un caso; *im ~e, daß* en caso (de) que; *im vorliegenden ~* en el caso presente; *in dringenden ~en* en caso de urgencia; *in den Bestimmungen nicht vorgesehener ~* caso no previsto en el reglamento; *je nach Lage des ~es* según se presente el caso; según sea la situación; *strittiger ~* caso polémico; *von ~ zu ~ gebildeter Ausschuß* comité *m* ad hoc 2. fracaso *m*; quiebra *f*; mal éxito *m*; *einen Plan zu ~ bringen* hacer fracasar un plan; desaprobar
Falle *f*, n (Seg.) pestillo *m* de golpe; pestillo *m* en bisel; resbalón *m*
fallen 1. caer; bajar; tender a la baja; descender; disminuir; *die Aktien, die Preise ~* las acciones *pl* tienden a la baja, los precios bajan; *in eine andere Kategorie ~* pertenecer a otra categoría; *in die Kompetenz der Regierung ~* ser de la competencia del Gobierno; *unter ein Gesetz ~* estar sujeto a la ley; *zur Last ~* correr a cargo de, pasar a ser una carga para 2. recaer en; *die Erbschaft fällt an Paul* la herencia *f* recae en Paul
Fällen *n*, Ø *~ von Entscheidungen* adopción *f* de decisiones
fallend degresivo; decreciente; descendente; *~e Kosten* costes *pl* degresivos; *~e Tendenz* tendencia *f* a la baja

Fallensicherung *f*, en (Seg.) protección *f* mediante trampas
fallieren constituirse en quiebra *od*. concurso; quebrar
fällig 1. pagadero; vencido; a pagar; pendiente; exigible; *~ sein, am 30. ~ werden* haber vencido, expirar, vencer el 30; *der Wechsel wird ~ am* la letra vence el; *~er Betrag* importe *m* exigible; *~e Forderung* crédito *m* a pagar; *~e Schulden* deudas *pl* exigibles; *in dreißig Tagen ~er Wechsel* letra *f* a treinta días; *~e Zahlung* pago *m* pendiente; *~e Zinsen* intereses *pl* a pagar 2. necesario; indispensable; *die längst ~e Reform* la reforma indispensable, tan necesitada
Fälligkeit *f*, en vencimiento *m*; expiración *f*; *die ~ hinausschieben (verlängern)* prorrogar los pagos pendientes; *ab ~* contado a partir de la fecha de vencimiento; *bei ~* pagadero al vencimiento; *~ bei Sicht* vencimiento a la vista; *vor ~* antes del vencimiento; *~ der Steuern* exigibilidad *f* tributaria; *Wechsel bei ~ einlösen* pagar una letra al vencimiento
Fälligkeitsaufstellung *f*, en fijación *f* del vencimiento
Fälligkeitsaufschub *m*, ⁻e prórroga *f* del plazo de vencimiento
Fälligkeitsdat|um *n*, -en fecha *f* de vencimiento; *das ~ einhalten* respetar la fecha de vencimiento
Fälligkeitsfrist *f*, en plazo *m* de vencimiento
Fälligkeitshypothek *f*, en hipoteca *f* reembolsable a plazo fijo
Fälligkeitstag *m*, e día *m* del vencimiento
Fälligkeitstermin *m*, e fecha *f*, día *m* del vencimiento
Fälligwerden *n*, Ø llegar al vencimiento; expirar
Falliment *n*, e quiebra *f*; bancarrota *f*; (Syn. *Bankrott*)
fallit *~ sein* tener que suspender los pagos; estar en quiebra
Fallit *m*, en deudor *m* común; quebrado *m*
Fallklappe *f*, n (Seg.) soporte *m* basculante
Fallklappensicherung *f*, en (Seg.) protección *f* con soportes basculantes
Fallstudie *f*, n estudio *f* de caso
Fallschacht *m*, ⁻e (Seg.) conducto *m* de caída
Fallschachtöffnung *f*, en (Seg.) abertura *f* del conducto de caída
Falltür *f*, en (Seg.) puerta *f* de gravedad
falsch mal; erróneo; incorrecto; falso; impropio 1. *~e Angaben* indicaciones *pl* falsas; *~e Banknoten* billetes *pl* falsificados; *unter ~em Namen* con un nombre supuesto *od*. falso; *~er Paß* pasaporte *m* falsificado 2. (Teléf.) *Sie sind ~ verbunden* se equivocó de número

Falschaussage f, en testimonio m falso; declaración f falsa
Falschbeurkundung f, en falsedad f material
Falschbuchung f, en (Contab.) asiento m falso od. erróneo; entrada f falsa
Falscheid m, e juramento m (en) falso
fälschen falsificar; falsear; alterar; *Banknoten* ~ falsificar billetes (de banco); *eine Bilanz, einen Scheck* ~ falsear un balance, un cheque; *eine Unterschrift* ~ falsificar od. imitar una firma; *Lebensmittel* ~ adulterar alimentos
Fälscher m, - falsificador m
Fälscherbande f, n banda f de falsificadores
Falschgeld n, Ø moneda f falsa; ~ *in Umlauf bringen* poner moneda falsa en circulación; ~ *aus dem Verkehr ziehen* retirar la moneda falsa de la circulación
fälschlich por error, equivocación; falsamente; injustamente
Falschlieferung f, en 1. suministro m falso 2. suministro m de bienes distintos a los pedidos
Falschmeldung f, en aviso m, parte m falso
Falschmünzer m, - falsificador m de moneda
Falschmünzerei f, Ø falsificación f de moneda; acuñación f de moneda falsa
Falschpackung f, en embalaje m falso *bzw.* fraudulento
Falschparker m, - automovilista m en estacionamiento prohibido
Fälschung f, en falsificación f; alteración f; imitación f; falsedad f; ~ *begehen* falsificar; cometer una falsificación; *sich als* ~ *herausstellen* resultar ser una falsificación
Falsifikat n, e → *Fälschung*
falsifizieren → *fälschen*
Faltblatt n, ⁼er → *Faltprospekt*
Faltkarton m, e → *Faltschachtel*
Faltprospekt m, e prospecto m; (Publ.) folleto m
Faltschachtel f, n caja f plegable
Familie f, n familia f; hogar m; *angesehene* ~ familia respetable; *fürsorgebedürftige* ~ familia necesitada de asistencia pública; *kinderreiche* ~ familia numerosa; ~ *mit höherem Einkommen* familia con ingresos elevados, con alto nivel de renta
Familienabzug m, ⁼e exoneración f por cargas de familia
Familienangehörige/r (*der/ein*) miembro m de (la) familia; familiar m; *mithelfende* ~ 1. familiares *pl* que ayudan dentro de la familia 2. miembros *pl* de la familia que trabajan en la empresa familiar
Familienausgleichskasse f, n caja f de compensación familiar
Familienbeihilfe f, n subvención f familiar; *eine* ~ *beziehen* percibir subvenciones familiares
Familienbesitz m, Ø patrimonio m familiar
Familienbetrieb m, e empresa f, explotación f familiar
Familienbuch n, ⁼er libro m de familia
Familienbudget n, s (Fam.) presupuesto m familiar
Familieneinkommen n, - renta f familiar; ingresos *pl* de la familia
Familienermäßigung f, en rebaja f en concepto de familia numerosa
Familienernährer m, - padre m od. jefe m de familia
Familienfürsorge f, n (medidas *pl* de) subvención f familiar
Familiengesellschaft f, en compañía f familiar
Familiengesetzbuch n, ⁼er código m de la familia
Familiengut n, ⁼er bien m familiar
Familien-Haftpflichtversicherung f, en seguro m de responsabilidad civil del jefe de (la) familia
Familienlastenausgleich m, Ø perecuación f de cargas familiares
Familienlohn m, ⁼e salario m familiar
Familienoberhaupt n, ⁼er padre m, jefe m, cabeza m de familia
Familienpackung f, en tamaño m familiar
Familienpflegerin f, nen ayuda f familiar
Familienplanung f, en planificación f familiar; control m de la natalidad
Familienpolitik f, Ø política f familiar
Familienrecht n, e derecho m de familia
Familienstammbuch n, ⁼er → *Familienbuch*
Familienstand m, Ø estado m civil; *Alter und* ~ *angeben* indique su edad y su estado civil
Familienstiftung f, en fundación f familiar
Familienunterhalt m, Ø medios *pl* de subsistencia de la familia; alimentos *pl*; manutención f; *für den* ~ *aufkommen* mantener *od.* sustentar una familia; pagar alimentos
Familienunternehmen n, - → *Familienbetrieb*
Familienverhältnisse *pl* situación f familiar
Familienvermögen n, - patrimonio m familiar
Familienvorstand m, ⁼e → *Familienoberhaupt*
Familienwohnung f, en vivienda f familiar
Familienzulage f, n 1. plus m familiar (Estado) 2. puntos *pl* en concepto de familia (empresa)
Familienzuschlag m, ⁼e → *Familienzulage*
Familienzuschüsse *pl* remuneraciones *pl* por cargas familiares; subvenciones *pl* familiares
Fang m, ⁼e captura f, pesca f; *auf* ~ *gehen* faenar (el pescador)
Fanggebiet n, e zona f de pesca; zona f de captura
Fanggeld n, er (Seg.) dinero m marcado od. preparado; dinero m „cebo"
Fanggeräte und -vorrichtungen *pl* aparejos *pl* de pesca

Fanggrund *m*, ⁻e caladero *m*
Fangquote *f*, **n** cuota *f* de captura
FAO (*Food and Agriculture Organization*) Organización *f* de las Naciones Unidas para la Agricultura y la Alimentación
Farbband *n*, ⁻er cinta *f* mecanográfica; cinta *f* de máquina de escribir
Farbenindustrie *f*, **n** industria *f* de colorantes
Färberei *f*, **en** tintorería *f*; (Fam.) tinte *m*
Farbfernsehen *n*, Ø televisión *f* a color
Farbstoff *m*, **e** colorante *m*
Färbung *f*, **en** *politische* ~ *einer Zeitschrift* tendencia *f* política de una revista
Farm *f*, **en** granja *f* agrícola; hacienda *f*; finca *f*; (Arg.) estancia *f*
Farmer *m*, - agricultor *m*; granjero *m*; (Arg.) estanciero *m*
FAS (*free alongside ship* = *frei Längsseite Schiff*) *f*.a.s. franco al costado del buque
Faser *f*, **n** fibra *f* (*textil*); *chemische (synthetische)* ~ fibra sintética; *pflanzliche* ~ fibra vegetal; *tierische* ~ fibra de origen animal
Faß *n*, ⁻sser tonel *m*; barril *m*; cuba *f*; *Bier vom* ~ cerveza *f* de barril
fassen 1. tomar; asir; *einen Beschluß* ~ tomar una decisión 2. detener 3. engarzar, engastar 4. contener 5. *in Worte* ~ formular
Fassung *f*, **en** 1. engarce *m*, engaste *m* (joyas) 2. versión *f*; redacción *f*; *kürzere* ~ versión resumida; *ergänzte* ~ versión enmendada 3. contenido *m* 4. *mit* ~ con calma
Fassungsvermögen *n*, - capacidad *f* mental; capacidad *od.* cabida *f*
Faßwagen *m*, - vagón *m* fudre *od.* cuba
faßweise en barriles; por barriles
faul corrompido; putrefacto; ~*e Aktien* acciones poco seguras; ~*e Forderung* deuda incobrable; ~*e Geschäfte machen* hacer negocios turbios, sospechosos; ~*er Kunde* mal pagador; ~*e Sache* asunto turbio; ~*er Scheck* cheque no cubierto; ~*er Zahler* deudor que no paga; deudor moroso
faulenzen haraganear; holgazanear; ser perezoso
Faulenzer *m*, - holgazán *m*; perezoso *m*; haragán *m*
Fäulnis *f*, Ø putrefacción *f*; *der* ~ *ausgesetzt sein* estar sometido a putrefacción
Faustpfand *n*, ⁻er prenda *f*; garantía *f* en mano
Faustpfanddarlehen *n*, - préstamo *m* pignoraticio
Faustrecht *n*, Ø derecho *m* del más fuerte
Faustregel *f*, **n** regla *f* empírica, general
Fautfracht *f*, **en** flete *m* sobre vacío
Favoriten *pl* (*Börse*) títulos *pl* muy demandados; valores *pl* de primera fila
Fazilitäten *pl* facilidades *pl*; servicio *m*; ayudas *pl*

Fazit *n*, **e** *od.* **s** resultado *m* final; suma *f* total; *das* ~ *aus etw. ziehen* llegar a una conclusión sobre u/c
F.D.P. (*Freie Demokratische Partei*) (R.F.A.) partido *m* liberal
fdR (*für die Richtigkeit der Abschrift*) copia conforme al original
federführend competente; responsable
Federkontaktzunge *f*, **n** (Seg.) lámina *f* de contacto provista de un muelle *od.* resorte
Fehl- (Pref.) erróneo; error de; perjudicial
Fehlabschluß *m*, ⁻sse → *Fehlbetrag*
Fehlalarm *m*, **e** (Seg.) alarma *f* intempestiva; falsa alarma *f*
Fehlalarmgefahr *f*, **en** (Seg.) riesgo *m* de falsas alarmas
fehlalarmträchtig (Seg.) posibilidad *f* de falsa alarma
Fehlanlage *f*, **n** inversión *f* improductiva *od.* mal orientada; ~*n vornehmen* hacer inversiones equivocadas
Fehlanzeige *f*, **n** (Téc.) „ninguno" *od.* „nada"
Fehlauslösung *f*, **en** (Seg.) falsa alarma *f*
Fehlbedarf *m*, Ø demanda *f* no cubierta
Fehlbedienung *f*, **en** error *m* de maniobra; servicio *m* inadecuado de un aparato
fehlbelegt, *eine* ~*e Sozialwohnung* vivienda *f* social ocupada indebidamente
Fehlbelegung *f*, **en** ocupación *f* indebida de una vivienda
fehlbesetzen ocupar un cargo, puesto inadecuadamente
Fehlbestand *m*, ⁻e déficit *m*; falta *f* de existencias
Fehlbetrag *m*, ⁻e déficit *m*; *einen* ~ *aufweisen (verzeichnen)* acusar un déficit; *einen* ~ *ausgleichen (decken)* cubrir un déficit; *mit einem* ~ *abschließen* cerrar con un déficit (Syn. *Defizit*)
Fehlbewertung *f*, **en** → *Fehleinschätzung*
Fehleinschätzung *f*, **en** evaluación *f*, estimación *f* inexacta; error *m* de apreciación
fehlen 1. faltar; carecer de; *es fehlt ihr an Geld* (ella) carece de dinero; *in der Kasse* ~ *100 DM* en la caja faltan 100 DM 2. faltar; estar ausente; *unentschuldigt* ~ faltar, estar ausente sin excusa razonable
fehlend faltante; deficiente; que falta; *wegen* ~*er Mittel* por falta de fondos
Fehlentscheidung *f*, **en** decisión *f* errónea; *eine* ~ *treffen* tomar una decisión equivocada
Fehlentwicklung *f*, **en** desarrollo *m* perjudicial; consecuencias *pl* negativas; evolución *f* nefasta
Fehler *m*, - falta *f*; error *m*; defecto *m*; ~ *und Auslassung vorbehalten* salvo error u omisión; *einen* ~ *ausbessern* eliminar un defecto; *einen*

~ *berichtigen* corregir un error; *einen ~ wiedergutmachen* reparar un error; *absoluter ~* (Estad.) error absoluto; *offensichtlicher ~* defecto manifiesto; *verzerrender ~* error desfigurante, distorsionante
fehleranfällig sujeto a errores, a equivocación
Fehlerbereich m, e margen m de errores
Fehlereingrenzung f, en (Estad.) localización f de errores
fehlerfrei sin errores; intachable; exento de defectos; *~e Ware* mercancía f irreprochable, impecable
Fehlergrenze f, n (Estad.) margen m de error autorizado; tolerancia f
fehlerhaft defectuoso; *~e Ware* mercancía f defectuosa, en mal estado
Fehlerhaftigkeit f, Ø deficiencia f; vicio m
Fehlerprozentsatz m, ⁻e porcentaje m de errores
Fehlerquelle f, n fuente f de errores
Fehlerquote f, n tasa f de errores
Fehlfracht f, en → *Fautfracht*
fehlgeleitet extraviado; mal dirigido; *~er Brief* carta f notificada a una dirección incorrecta
Fehlgewicht n, Ø falta f de peso; merma f
Fehlinvestition f, en → *Fehlanlage*
Fehlkalkulation f, en 1. error f en el cálculo de costes; error m en el presupuesto previsto 2. cálculo m incorrecto
Fehlkauf m, ⁻e compra f no acertada
Fehlleitung f, en colocación f errónea; *~ von Geldern* mala colocación od. inversión de capitales
Fehllieferung f, en error m en el suministro; suministro m equivocado
Fehlmenge f, n déficit m; merma f
Fehlplanung f, en error f de planificación; pronóstico m erróneo
Fehlproduktion f, en producción f defectuosa
Fehlrechnung f, en cálculo m equivocado, erróneo
Fehlschichten pl abstención f (del turno); horas pl no efectuadas, no trabajadas
Fehlschlag m, ⁻e golpe m en falso; fracaso m; revés m; *wirtschaftlicher ~* revés económico
Fehlspekulation f, en especulación f equivocada
Fehlstelle f, n puesto m vacante
Fehlstreuung f, en difusión f equivocada de los medios publicitarios
Fehlstück n, e pieza f defectuosa; *ein ~ aussondern* eliminar una pieza defectuosa
fehlt, *es ~ uns an Personal (Arbeitern)* nos hace falta personal; tenemos falta de personal; necesitamos mano de obra
Fehlurteil n, e 1. fallo m errado 2. error m judicial
Fehlzeiten pl horas pl no efectuadas, trabajadas; abstención f del puesto de trabajo; *die ~ senken* bajar la tasa de abstención
Feierabend m, e fin m de la jornada laboral od. de trabajo; *~ machen* terminar el trabajo (del día)
Feierabendarbeit f, en 1. trabajos pl caseros 2. trabajo m nocturno
Feierabendheim n, e (R.D.A.) hogar m de retiro
feiern 1. celebrar; festejar 2. terminar el trabajo; cesar de trabajar; abandonar el trabajo
Feierschicht f, en turno m libre; turno m „muerto" (Min.); jornada f sin trabajar od. de huelga; *~en einlegen* introducir turnos libres; intercalar jornadas sin trabajar
Feiertag m, e día m festivo od. de fiesta; *gesetzlicher ~* día festivo legal od. oficial (Ggs. *Werktag*)
feiertags, *sonn- und ~ geschlossen* cerrado (el) domingo y (los) días festivos
Feiertagsarbeit f, en trabajo m efectuado un día festivo
Feiertagszuschlag m, ⁻e paga f suplementaria (en concepto) de día festivo
feil a la venta; vendible
feilbieten ofrecer, poner a la venta
Feilbietung f, en 1. puesta f a la venta 2. (A) subasta f
feilhalten → *feilbieten*
feilschen regatear; *um den Preis ~* regatear el precio
fein fino; de calidad; de precisión; selecto; *~er Wechsel* letra de primer orden
Feinarbeit f, en trabajo m de precisión
Feinbeton m, Ø hormigón m fino
Feinfrost m, Ø (R.D.A.) productos pl congelados
Feingehalt m, e título m legal; quilate m (metales); *~ feststellen* aquilatar, comprobar el quilate; *Waren aus Gold mit vorgeschriebenem ~* artículos pl de oro de calidad estándar
Feingehaltsstempel m, - sello m de ley; *mit einem ~ versehen* marcar con el sello de ley
Feingewicht n, e peso m aquilatado
Feingold n, Ø oro m de ley od. fino
Feinkost f, Ø ultramarinos pl; comestibles pl finos (Syn. *Delikatessen*)
Feinkostgeschäft n, e tienda f de comestibles finos; (Arg.) fiambrería f
Feinmechanik f, en mecánica f de precisión
Feinmechaniker m, - mecánico m de precisión
feinmechanisch, *~e Industrie* industria f de la mecánica de precisión
Feinsilber n, Ø plata f de ley od. fina
Feinsilberdraht m, ⁻e (Seg.) fino alambre m de plata
Feld n, er 1. campo m; *bebautes, brachliegendes ~* campo cultivado, de barbecho od. improductivo 2. casilla f (de un formulario); *die leeren ~er ausfüllen* rellenar las casillas en

blanco

Feldänderungsmelder m, - (Seg.) detector m de campo electromagnético; detector m de proximidad (volumétrico)

Feldarbeit f, en trabajo m agrícola; cultivo m del campo; labranza f

Feldarbeiter m, - labrador m; agricultor m; bracero m; (LA) peón m

Feldbaubrigade f, n (R.D.A.) cooperativa f agrícola

Feldbereinigung f, en concentración f parcelaria (Syn. *Flurbereinigung*)

Felddiebstahl m, ⁻e hurto m campestre

Felderwirtschaft f, en rotación f de cultivos (Syn. *Fruchtwechsel*)

Feldstudien pl estudios pl de campo

Fellhandel m, - peletería f; comercio m de pieles

Fellhändler m, - peletero m

Fenster n, - ventana f; (Seg.) *aufgedoppeltes* ~ ventana con segundo acristalamiento adosado; *festverglastes* ~ ventana de acristalamiento fijo; *Kipp*~ ventana abatible; *Schiebe*~ ventana de corredera; *Schwing*~ ventana basculante; *Dreh*~ ventana giratoria; *Drehkipp*~ ventana abatible-giratoria

Fensterbank f, ⁻e (Seg.) repisa f (de la ventana)

Fenster(brief)umschlag m, ⁻e sobre m de ventana

Fensterflügel m, - (Seg.) hoja f de ventana

Fensterflügelverschraubung f, en (Seg.) sistema m de fijación de ventanas

Fenstergriff m, e (Seg.) manilla f de cierre de ventana

Fensterprofil n, e (Seg.) perfil m de ventana

Fensterstock m, ⁻e (Seg.) marco m de la ventana

Ferien pl vacaciones pl; *Gerichts*~ vacaciones judiciales; *große* ~ vacaciones de verano

Ferienaufenthalt m, e residencia f de vacaciones

Ferienbeschäftigung f, en trabajo m, ocupación f de (*bzw.* en) vacaciones

Ferienbudget n, s presupuesto m de vacaciones

Ferienscheck m, s (R.D.A.) cheque m de vacaciones (recompensa otorgada a los trabajadores laboriosos en forma de un viaje gratuito o de tarifa reducida)

Ferienstaffelung f, (en) escalonamiento m de las vacaciones

Ferienvertretung f, en suplencia f, sustitución f en tiempo de vacaciones

Ferienwohnung f, en vivienda f de vacaciones

Ferienzeit f, en (período m *od.* tiempo m de) vacaciones pl

Fernamt n, ⁻er central f telefónica interurbana

Fernanschluß m, ⁻sse conexión f interurbana; comunicación f interurbana; (LA) llamada f de larga distancia

Fernanzeige f, n (Inform.) indicación f a distancia

Fernbedienung f, en telemando m; telecontrol m; (LA) control m remoto

Fernbeförderung f, en transporte m a larga distancia

fernbleiben ausentarse; abstenerse; *von der Arbeit* ~ no presentarse en el trabajo; ausentarse del trabajo

Fernbleiben n, - *unentschuldigtes* ~ ausencia f injustificada

Fernbuchung f, en reserva f a distancia

Ferndienst m, e (Teléf.) servicio m interurbano

Fern-D-Zug m, e tren m directo; (tren) rápido m

Fernfahrer m, - camionero m de larga distancia

Fernflug m, ⁻e raid m aéreo; vuelo m a larga distancia

Fernfrachtverkehr m, Ø → *Güterfrachtverkehr*

Ferngespräch n, e conferencia f interurbana *bzw.* a larga distancia; *ein ~ anmelden* pedir conferencia interurbana; ~ *herstellen* establecer una conferencia interurbana

Ferngesprächsgebühr f, en tarifa f de conferencias interurbanas

ferngesteuert telemandado; con mando a distancia; con telemando

Ferngüterzug m, ⁻e tren m de mercancías de larga distancia

Fernheizung f, en calefacción f a distancia

Fernkopierer m, - telefax m

Fernlaster m, - camión m para transportes a larga distancia

Fernlastfahrer m, - → *Fernfahrer*

Fernlastverkehr m, Ø transporte m de mercancías a distancia

Fernlastzug m, ⁻e unidad f de camión y remolque para transportes de mercancías a larga distancia

Fernmeldeanlage f, n instalación f de telecomunicación (Teléf., telégrafo y radio)

Fernmeldedienst m, e servicio m de telecomunicaciones

Fernmeldeverkehr m, Ø → *Fernmeldewesen*

Fernmeldewesen n, - telecomunicación m

Fernmeßtechnik f, en telemetría f

Fernmessung f, en telemedición f; telemedida f

fernmündlich por teléfono (Syn. *telephonisch*)

Fernprüfsystem n, e (Seg.) sistema m de control a distancia

Fernscheck m, s cheque m sobre otra plaza; cheque m indirecto

Fernschnellzug m, ⁻e tren m *od.* rápido m directo

Fernschreiben n, - teletipo m; télex m

Fernschreiber m, - 1. (*Gerät*) teletipo m; teleimpresor m; teleinscriptor m; *den ~ bedienen* operar, manejar el teletipo 2. (*Bedienungsperson*) operador m de teletipo

185

Fernschreibkraft f, ⁓e operador m de teletipo
Fernschreibleitungen pl líneas pl de télex
Fernschreibnetz n, e red f de teletipo; red f de télex
Fernschreibnummer f, n número m de télex
Fernschreibteilnehmer m, - abonado m de teletipo
Fernschreibverkehr m, Ø comunicación f por teletipo od. télex
fernschriftlich por télex; ~ *bestätigen* confirmar por télex
Fernsehapparat m, e → *Fernseher*
fernsehen mirar, ver la televisión
Fernsehen n, Ø televisión f; *im* ~ en la televisión; *vom* ~ *übertragen* televisar; emitir por televisión
Fernseher m, - 1. televisor m (aparato) 2. (raro) tele(e)spectador m; televidente m
Fernsehgebühr f, en canon m (de televisión) (Syn. *Rundfunkgebühr*)
Fernsehkamera f, s (Seg.) videotape m; telecámara f
Fernsehreklame f, n publicidad f televisada, televisiva; publicidad f por televisión
Fernsehsender m, - emisor f de televisión
Fernsehspot m, s (Publ.) spot m televisado, televisivo
Fernsehteilnehmer m, - tele(e)spectador m; televidente m
Fernsehüberwachung f, en (Seg.) vigilancia f mediante monitor de televisión
Fernsehüberwachungsanlage f, n (Seg.) circuito m cerrado de televisión para vigilancia
Fernsehwerbung f, Ø publicidad f televisada, televisiva; publicidad f por televisión
Fernsehzuschauer m, - tele(e)spectador m; televidente m
Fernspediteur m, e agente m de expediciones a larga distancia
Fernsprech- (Pref.) telefónico; de teléfono (Syn. *Telefon-*)
Fernsprechamt n, ⁓er central f telefónica
Fernsprechansagedienst m, Ø informaciones pl telefónicas (p. ej. bursátiles)
Fernsprechanschluß m, ⁓sse línea f de teléfono
Fernsprechanschlußgebühr f, en tarifa f de instalación de teléfono
Fernsprechapparat m, e (aparato m de) teléfono m; (Syn. *Telefon*); *öffentlicher* ~ teléfono público; cabina f telefónica
Fernsprechauftragsdienst m, e servicio m de encargos; (Arg.) servicio m de secretaría
Fernsprechauskunftsdienst m, e servicio m de información telefónica
Fernsprechautomat m, en teléfono m automático; estación f telefónica automática

Fernsprechbetrieb m, Ø servicio m de teléfonos
Fernsprechbuch n, ⁓er guía f de teléfonos od. telefónica; listín m de teléfonos (Syn. *Telefonbuch*)
fernsprechen llamar por teléfono
Fernsprecher m, - → *Fernsprechapparat*
Fernsprechgebühr f, en tarifa f telefónica
Fernsprechhauptanschluß m, ⁓sse línea f (telefónica) principal
Fernsprechleitung f, en línea f telefónica
Fernsprechlinie f, n → *Fernsprechleitung*
Fernsprechnebenstelle f, n poste m telefónico auxiliar
Fernsprechnetz n, e red f telefónica
Fernsprechsäule f, n poste m od. borne m telefónico (en las autopistas)
Fernsprechstelle f, n estación f telefónica; *öffentliche* ~ teléfono m público; locutorio m telefónico
Fernsprechtarif m, e tarifa f telefónica
Fernsprechteilnehmer m, - abonado m de teléfono
Fernsprechverbindung f, en comunicación f telefónica; *keine* ~ *bekommen* no obtener comunicación; *die* ~ *herstellen* establecer una comunicación telefónica
Fernsprechverkehr m, Ø servicio m telefónico
Fernsprechvermittlung f, en central f (telefónica); ~ *mit Handbetrieb* central telefónica manual od. de operadora
Fernsprechverzeichnis n, se → *Fernsprechbuch*
Fernsprechwesen n, Ø telecomunicaciones pl
Fernsprechzelle f, n cabina f telefónica
Fernspruch m, ⁓e (*selten*) mensaje m telefónico
fernsteuern telemandar; teleguiar
Ferntransport m, e → *Fernverkehr*
Fernverkehr m, Ø transporte m a larga distancia
Fernverkehrsnetz n, e red f de carreteras principales
Fern(verkehr)straße f, n carretera f de gran circulación; ruta f principal
Fernwahl f, Ø (Teléf.) selección f interurbana
fertig terminado; manufacturado; de confección; acabado; ~ *verpackt* preembalado
Fertigbau m, ten obra f prefabricada
Fertigbauteil n, e componente m, elemento m prefabricado
Fertigbauweise f, n construcción f prefabricada
Fertigbearbeitung f, en trabajo m de acabado, terminado
fertigen fabricar; hacer; manufacturar; producir; *Ersatzteile* ~ fabricar piezas de repuesto od. recambio
Fertigerzeugnis n, se producto m acabado, elaborado, manufacturado
Fertigfabrikat n, e → *Fertigprodukt*

Fertiggericht *n*, e plato *m* precocinado
Fertighaus *n*, ⸚er casa *f* prefabricada
Fertigkeit *f*, en habilidad *f*; destreza *f*; práctica *f*
Fertiglager *n*, - existencias *pl* *od*. stock *m* de productos acabados
Fertigmahlzeit *f*, en comidas *pl* precocinadas
Fertigmontage *f*, n montaje *m* de productos prefabricados
Fertigpackung *f*, en mercancía *f* preembalada
Fertigprodukt *n*, e producto *m* *od*. artículo *m* manufacturado
fertigstellen terminar; acabar; concluir; *rechtzeitig* ~ terminar dentro del plazo previsto
Fertigstellung *f*, en terminación *f*; conclusión *f*; confección *f*; ~ *eines Bauabschnitts* terminación parcial de una obra (de construcción)
Fertigstellungstermin *m*, e fecha *f* de conclusión; plazo *m* de terminación
Fertigteil *n*, e 1. pieza *f* terminada, acabada 2. elemento *m* prefabricado; pieza *f* prefabricada
Fertigung *f*, en fabricación *f*; producción *f*; *sich in der* ~ *befinden* estar en la fase de producción
Fertigungsablauf *m*, ⸚e proceso *m* de producción
Fertigungsabteilung *f*, en departamento *m* de producción
Fertigungsanlagen *pl* instalaciones *pl* de producción
Fertigungsbetrieb *m*, e planta *f* de producción, industrial
Fertigungsbrigade *f*, n (R.D.A.) brigada *f* *od*. equipo *m* de producción
Fertigungsdiagramm *n*, e diagrama *m* de producción
Fertigungseinheit *f*, en unidad *f* de producción
Fertigungsindustrie *f*, n industria *f* de producción
Fertigungsingenieur *m*, e ingeniero *m* de producción
Fertigungsjahr *n*, e año *m* de fabricación
Fertigungskapazität *f*, en capacidad *f* de producción
Fertigungskette *f*, n cadena *f* de producción
Fertigungskontenrahmen *m*, - plan *m* de contabilidad industrial
Fertigungskontrolle *f*, n control *m* de la producción
Fertigungskosten *pl* costes *pl* de producción *od*. fabricación
Fertigungskostenrechnung *f*, en cálculo *m* de los costes de producción
Fertigungslenkung *f*, (en) → *Fertigungskontrolle*
Fertigungslöhne *pl* coste *m* de la mano de obra; salarios *pl* directos
Fertigungsmaterial *n*, ien materias *pl* primas (de fabricación)
Fertigungsplaner *m*, - encargado *m* de la planificación de la producción a largo plazo
Fertigungsplanung *f*, en (Angl.) planning *m* de producción
Fertigungsprogramm *n*, e programa *m* de fabricación
Fertigungsprozeß *m*, -sse → *Fertigungsablauf*
Fertigungsserie *f*, n serie *f* de fabricación
Fertigungssortiment *n*, e surtido *m* de producción
Fertigungssteuerung *f*, en control *m* del flujo de materiales y productos en los talleres
Fertigungsstraße *f*, n cadena *f* de producción (Syn. *Taktstraße*)
Fertigungsstufe *f*, n fase *f* de producción
Fertigungstechnik *f*, en técnica *f* de fabricación
Fertigungsüberwachung *f*, en control *m* de la producción; control *m* del proceso productivo
Fertigungsvorgang *m*, ⸚e fabricación *f*; proceso *m* de producción
Fertigungsweise *f*, n → *Fertigungstechnik*
Fertigware *f*, n → *Fertigprodukt*
Fertigwarenindustrie *f*, n industria *f* de productos acabados, elaborados; industria *f* manufacturera

fest fijo; sólido; firme; permanente; regular 1. ~*es Angebot* oferta *f* en firme; ~*er Auftrag* orden *f* en firme; ~*es Einkommen* renta *f* fija, regular; ~*er Ertrag* ingresos *pl* fijos; ~*e Geldanlage* dinero *m* invertido a plazo fijo; ~*e Gelder* fondos *pl* a plazo fijo; ~*es Geschäft* negocio *m* concluido; ~ *angelegtes Kapital* capital *m* invertido a plazo fijo; ~*e Kosten* (Syn. *Fixkosten*) costes *pl* fijos, constantes; ~*e Kundschaft* clientela *f* fija; ~*er Kurs* cotización *f* estable; ~*er Preis* precio *m* fijo; ~*e Stellung* empleo *m* *od*. puesto *m* fijo (permanente); ~*e Verpackung* embalaje *m* sólido; ~*er Wohnsitz* domicilio *m* permanente; ~*e Zusage* promesa *f* en firme 2. (Seg.) ~*e Einbauten* tabiques *pl* de separación fijos
Festangebot *n*, e oferta *f* en firme
festangestellt con empleo fijo
Festangestellte/r (*der/ein*) empleado *m* fijo; empleado *m* con contrato
Festauftrag *m*, ⸚e orden *f* en firme
festbesoldet perceptor de un sueldo *bzw*. salario fijo; con salario fijo
Festfracht *f*, en flete *m* fijo
Festgebot *n*, e → *Festangebot*
Festgelder *pl* capitales *pl* a plazo; depósitos *pl* a término
festigen, *sich* ~ reafirmarse; estabilizarse; consolidarse
Festigkeit *f*, Ø firmeza *f*; estabilidad *f*; (Seg.)

resistencia *f*; ~ *der Kurse* estabilidad de las cotizaciones
Festigung *f*, en consolidación *f*; estabilización *f*; ~ *der Preise* estabilización de los precios
Festkauf *m*, ⁻ᵉe compra *f* en firme
Festkosten *pl* costes *pl* fijos
Festkredit *m*, e crédito *m* fijo; adelanto *m* en firme
festlegen 1. estipular; fijar; determinar; establecer; *vertraglich* ~ estipular contractualmente *od.* por contrato; *einen Termin* ~ fijar una fecha 2. colocar; *Bankgelder* ~ colocar *od.* inmovilizar fondos bancarios
Festlegung *f*, en 1. fijación *f* 2. colocación *f*
festliegend inmóvil; ~*es Kapital* capital colocado a plazo fijo *od.* inmovilizado
Festlohn *m*, ⁻ᵉe salario *m* fijo; *einen* ~ *beziehen* percibir un salario fijo
festmachen confirmar; convenir; decidir; *ein Geschäft* ~ concluir un negocio; *einen Termin* ~ fijar una fecha
Festmeter *m*, - metro *m* cúbico (sólido)
Festofferte *f*, n → *Festangebot*
Festpreis *m*, e precio *m* fijo
festsetzen fijar; establecer; determinar; estipular; *einen Preis* ~ fijar un precio; *Gerichtskosten* ~ fijar *od.* tasar las costas (judiciales)
Festsetzung *f*, en fijación *f*; determinación *f*; estipulación *f*; *die* ~ *der Dividende* fijación del dividendo
Festspeicher *m*, - (Inform.) memoria *f* fija
feststehend (Seg.) fijo
feststellen establecer; determinar; constatar; comprobar; *die Schäden* ~ comprobar *od.* tasar los daños
Feststellung *f*, en establecimiento *m*; determinación *f*; constatación *f*; ~ *der Personalien* tomar la filiación
Feststellungsbescheid *m*, e aviso *m* de comprobación, de evaluación fiscal
Festübernahme *f*, n aceptación *f* en firme; toma *f* en firme (forma de colocación en las operaciones de emisión)
festverzinslich de renta fija; de interés fijo; ~*e Wertpapiere* títulos valores de renta fija
fettgedruckt (impreso) en caracteres gruesos
Fettkohle *f*, Ø carbón *m* bituminoso; hulla *f*
feuerbeständig resistente al fuego; refractario
feuerfest refractario; ininflamable; ~*es Material* material refractario
Feuergefahr *f*, en peligro *m* *od.* riesgo *m* de incendio
feuergefährlich inflamable
feuerhemmend ignífugo
Feuerleiter *f*, n (Seg.) escalerilla *f* contra incendios

Feuerrate *f*, n (Seg.) prima *f* de incendios
Feuerschaden *m*, ⁻ᵘ daño *m* causado por un incendio; siniestro *m* por incendio
Feuerschutzbestimmungen *pl* reglamentación *f* en materia de proteccón contra incendios
Feuerschutzschrank *m*, ⁻ᵉe (Seg.) armario *m* ignífugo
Feuerversicherung *f*, en seguro *m* contra incendios
Feuerversicherungspolice *f*, n póliza *f* de (seguro contra) incendio
Feuerwache *f*, n servicio *m* *od.* puesto *m* de bomberos
FF (*französischer Franc*) franco *m* francés
ff. de primera calidad
FHZ → *Freihandelszone*
Fiasko *n*, s fracaso *m*
Fideikommiß *n*, -sse fideicomiso *m*; mayorazgo *m* (herencia encomendada a alguien para que haga con ella lo que se le encarga); ~ *ablösen* rescatar un fideicomiso; ~ *erreichen* crear un fideicomiso
Fifo-Verfahren *n*, Ø (*first in first out*) método *m* de gestión de existencias según la regla „primero en entrar - primero en salir"
fiktiv ficticio; proforma; ~*er Kurs* cotización *f* ficticia
Filialbetrieb *m*, e sucursal *f*
Filiale *f*, n sucursal *f*; *eine* ~ *eröffnen* abrir una sucursal; ~*en in verschiedenen Städten unterhalten* tener sucursales en diferentes ciudades (Syn. *Zweiggeschäft; Tochtergesellschaft*)
Filialengeschäft *n*, e red *f*, cadena *f* de sucursales múltiples
Filialist *m*, en 1. gerente *m* de una sucursal 2. propietario *m* de una cadena de sucursales
Filialleiter *m*, - director *m* *od.* gerente *m* de una sucursal
Filialnetz *n*, e red *f* de sucursales
Filialprokur|a *f*, -en poder *m* general limitado a la explotación de una sucursal
Filialunternehmen *n*, - negocio *m* *od.* comercio *m* de sucursales múltiples
Film *m*, e filme *m*; película *f*; cinta *f*; ~ *drehen* rodar una película; ~ *synchronisieren* doblar, sincronizar una película
Filmindustrie *f*, n industria *f* cinematográfica
Filmversicherung *f*, en (Seg.) seguro *m* de películas
Filmwelt *f*, Ø mundo *m* de la pantalla
Filmwerbung *f*, en publicidad *f* cinematográfica
Finanz *f*, en mundo *m* financiero; hacienda *f*; *die öffentlichen* ~*en* economía *f* financiera del sector público; finanzas *pl* del Estado
Finanz- (Pref.) financiero; fiscal
Finanzabkommen *n*, - acuerdo *m* financiero

Finanzabteilung *f*, en sección *f* financiera; departamento *m* de finanzas
Finanzadel *m*, Ø → *Finanzaristokratie*
Finanzamt *n*, ⸚er (E) Delegación *f* de Hacienda; (LA) oficina *f* de recaudación
Finanzanalyse *f*, n análisis *m* financiero
Finanzanlagevermögen *n*, Ø activo *m* fijo financiero; inversiones *pl* financieras
Finanzaristokratie *f*, (n) aristocracia *f* del mundo financiero
Finanzaufkommen *n*, Ø → *Finanzerträge*
Finanzaufw|and *m*, -endungen gastos *pl* financieros
Finanzausgleich *m*, e compensación *f* od. nivelación *f* financiera
Finanzausschu|ß *m*, ⸚sse comisión *f* financiera
Finanzautonomie *f*, Ø autonomía *f* financiera
Finanzbeamte/r (*der/ein*) funcionario *m* de Hacienda; (LA) funcionario *m* de la recaudación fiscal
Finanzbedarf *m*, Ø necesidades *pl* financieras
Finanzbehörden *pl* autoridades *pl* financieras; administración *f* fiscal
Finanzberater *m*, - asesor *m*, técnico *m* financiero
Finanzbericht *m*, e informe *m* financiero; *einen* ~ *erstellen, vorlegen* elaborar, presentar un informe financiero
Finanzblatt *n*, ⸚er diario *m* od. periódico *m* de finanzas
Finanzbuchführung *f*, en → *Finanzbuchhaltung*
Finanzbuchhalter *m*, - contable *m*
Finanzbuchhaltung *f*, en contabilidad *f* general od. financiera
Finanzdecke *f*, n cobertura *f*, previsión *f* financiera; *sich nach der* ~ *strecken* adaptar los gastos al desarrollo presupuestario
Finanzer *m*, - (A) funcionario *m* de aduanas
Finanzerträge *pl* ingresos *pl* financieros
Finanzgebaren *n*, - política *f* financiera; régimen *m* financiero
Finanzgericht *n*, e (E) Tribunal *m* Económico-Administrativo; tribunal *m* de Hacienda; tribunal *m* financiero
Finanzgerichtsbarkeit *f*, Ø jurisdicción *f* en materia fiscal; jurisdicción *f* económico-administrativa
Finanzgeschäft *n*, e transacción *f*, operación *f* financiera
Finanzgesellschaft *f*, en sociedad *f* financiera; *bankähnliche* ~ sociedad financiera con funciones similares a las de un banco
Finanzgesetzbuch *n*, ⸚er código *m* financiero; legislación *f* financiera
Finanzgewalt *f*, Ø → *Finanzhoheit*
Finanzgröße *f*, n celebridad *f*, autoridad *f* del mundo de las finanzas
Finanzgruppe *f*, n grupo *m* financiero
Finanzhai *m*, e (Fam.) tiburón *m* financiero
Finanzhilfe *f*, n ayuda *f*, asistencia *f* financiera
Finanzhoheit *f*, (en) soberanía *f* fiscal; autonomía *f* financiera (derecho del Estado a recaudar impuestos)
finanziell financiero; pecuniario; *~e Beihilfe* ayuda *f* financiera; subvención *f*; *~e Belastung* carga *f* financiera; *~e Beteiligung* participación *f* financiera; *~e Lage* situación *f* financiera; *~e Sanierung* medidas *pl* financieras de saneamiento; *~e Schwierigkeiten* problemas *pl* pecuniarios
Finanzier *m*, s financiero *m*
finanzieren financiar; costear; sufragar; procurar fondos para; *aus Eigenmitteln* ~ autofinanciar; *gemeinsam* ~ financiar en común
Finanzierung *f*, en financiación *f*; ~ *aus öffentlichen Mitteln* financiación mediante fondos públicos; *Eigen~* financiación propia; financiación con recursos propios; *Selbst~* autofinanciación *f*; financiación mediante las ganancias no repartidas
Finanzierungsart *f*, en modo *m* de financiación
Finanzierungsgeschäfte *pl* 1. operaciones *pl* de financiación; transacciones *pl* financieras 2. (*Börse*) operaciones *pl* de colocación de acciones
Finanzierungsgesellschaft *f*, en sociedad *f* financiera od. de inversión
Finanzierungskosten *pl* coste *m* de financiación
Finanzierungsleasing *n*, Ø leasing *m* de financiación
Finanzierungsmittel *pl* medios *pl* od. recursos *pl* de financiación
Finanzierungsplan *m*, ⸚e plan *m* de financiación
Finanzierungsquelle *f*, n fuente *f* de financiación; recursos *pl* financieros
Finanzierungstätigkeit *f*, en actividad *f* financiera
Finanzierungsträger *m*, - entidad *f* od. organización *m* de financiación
Finanzierungsüberschu|ß *m*, ⸚sse superávit *m* financiero
Finanzjahr *n*, e año *m* fiscal; ejercicio *m* financiero
Finanzkapital *n*, Ø capital *m* financiero
Finanzklemme *f*, n dificultades *pl* financieras; *in einer* ~ *sitzen* tener problemas financieros
Finanzkonsorti|um *n*, -en grupo *m* financiero; consorcio *m* de financiación
Finanzkontrolle *f*, n control *m* financiero
Finanzkorporation *f*, Ø *Internationale* ~ (*IFC*) Sociedad *f* Financiera Internacional
finanzkräftig, *~es Unternehmen* empresa *f* con

un fundamento sólido
Finanzkredit *m*, **e** crédito *m* financiero (crédito bancario por una suma fija y a plazo fijo)
Finanzkreise *pl* círculos *pl* financieros
Finanzkrise *f*, **n** crisis *f* financiera; crisis *f* económica
Finanzlage *f*, **n** situación *f* financiera
Finanzlasten *pl* cargas *pl* financieras
Finanzloch *n*, ⁼er déficit *m* financiero *od.* presupuestario
Finanzmakler *m*, - corredor *m* financiero
Finanz|mann *m*, ⁼er *od.* **-leute** financiero *m*; banquero *m*; (LA) financista *m*
Finanzmarkt *m*, ⁼e mercado *m* financiero *od.* de capitales
Finanzminister *m*, - (E) ministro *m* de Hacienda; (LA) ministro *m* de Finanzas
Finanzministerilum *n*, **-en** (E) ministerio *m* de Hacienda; (LA) ministerio *m* de Finanzas
Finanzmittel *pl* recursos *pl* financieros
Finanzplan *m*, ⁼e presupuesto *m*; programa *m* financiero
Finanzpolitik *f*, Ø política *f* financiera *od.* fiscal
finanzpolitisch, *~e Maßnahmen* medidas *pl* político-financieras
Finanzprüfer *m*, - revisor *m od.* censor *m* financiero
Finanzrecht *n*, Ø legislación *f* financiera; derecho *m* financiero
Finanzreform *f*, **en** reforma *f* financiera; *eine ~ durchführen* implementar una reforma financiera
Finanzsachverständige/r (*der/ein*) experto *m* financiero
Finanzschieber *m*, - traficante *m* de divisas; timador *m* financiero
finanzschwach financieramente débil
Finanzspritze *f*, **n** (Fam.) inyección *f* de capital
finanzstark → *finanzkräftig*
Finanzsystem *n*, **e** sistema *m* financiero
finanztechnisch, *aus ~en Gründen* por razones técnico-financieras
Finanz- und Rechnungswesen *n*, Ø 1. hacienda *f* (pública) 2. servicio *m* financiero
Finanzvergleich *m*, **e** convenio *m* contable financiero
Finanzverwaltung *f*, **en** (administración *f* de) Hacienda *f*; administración *f* financiera *od.* de recaudación
Finanzvorlage *f*, **n** proyecto *m* presupuestario *od.* financiero
Finanzvorschulß *m*, ⁼sse anticipo *m* de tesorería
Finanzwechsel *m*, - letra *f* financiera; letra *f* bancaria; (a menudo letra al propio cargo = pagaré; no ofrece la seguridad de una letra comercial)

Finanzwelt *f*, Ø mundo *m* financiero; mundo *m* de las finanzas
Finanzwesen *n*, Ø hacienda *f* (pública); asuntos *pl* financieros
Finanzwirtschaft *f*, Ø economía *f* financiera (pública)
Finanzwissenschaft *f*, **en** ciencia *f* de la administración de Hacienda; ciencia *f* financiera
Finanzzölle *pl* derechos *pl* fiscales
Finder *m*, - persona *f* que halla un objeto perdido
Finderlohn *m*, ⁼e recompensa *f* (que se da al hallador de un objeto perdido)
fingiert imaginario; ficticio; *~e Rechnung* factura *f* ficticia *od.* proforma; *~er Wert* valor *m* imaginario
Firm|a *f*, **-en** casa *f* (de comercio); firma *f*; establecimiento *m*; empresa *f*; negocio *m*; razón *f* social; *eingetragene ~* firma registrada (inscrita en el registro mercantil); *erste Firmen* casas de primer orden (solventes); *führende ~* empresa líder; *gemeinschaftliche ~* nombre *m* colectivo; *renommierte ~* firma de buena reputación; *unter der ~* bajo la razón social; *zahlungsfähige ~* firma solvente
Firmenänderung *f*, **en** modificación *f* de la razón social
Firmenanmeldung *f*, **en** solicitud *f* de un puesto en una feria (presentada por una casa de comercio)
Firmenaufdruck *m*, **e** membrete *m*; *Briefpapier mit ~* papel *m* de cartas con el membrete de la firma
Firmenbezeichnung *f*, **en** razón *f* social
Firmenchef *m*, **s** patrón *m*; jefe *m* de una casa de comercio
Firmendetektiv *m*, **e** detective *m* (empleado en una firma)
firmeneigen perteneciente a la empresa; *~er Wagen* automóvil *m* de la empresa
Firmeneintragung *f*, **en** inscripción *f* de la razón social (en el registro mercantil)
Firmeninhaber *m*, - propietario *m* de una empresa
Firmenkopf *m*, ⁼e → *Firmenaufdruck*
Firmenname *m*, **n** nombre *m* comercial
Firmenregister *n*, - registro *m* mercantil (Syn. *Handelsregister*)
Firmenschild *n*, **er** rótulo *m* del establecimiento
Firmensitz *m*, **e** sede *f* de la firma; sede *f* social
Firmenstempel *m*, - sello *m* de la firma
Firmenvertreter *m*, - representante *m* de una sociedad
Firmenverzeichnis *n*, **se** guía *f* comercial; anuario *m* de comercio; *ins ~ eintragen* inscribir en la guía comercial
Firmenwagen *m*, - automóvil *m* perteneciente a

la empresa; vehículo *m* de la firma
Firmenwert *m*, e fondo *m* de comercio; (Angl.) „goodwill" *m* (Syn. „*Goodwill*"); notoriedad *f* de la empresa
Firmenzeichen *n*, - marca *f* de fábrica
firmieren firmar bajo la razón social; tener como razón social; *das Unternehmen ~t unter dem Namen Müller & Co.* la empresa tiene como razón social Müller & Co.
Fischerei *f*, Ø pesca *f*
Fischereierzeugnis *n*, se producto *m* pesquero
Fischereiflotte *f*, n flota *f* pesquera
Fischereigebiet *n*, e zona *f* de pesca
Fischereihafen *m*, ⁻ puerto *m* pesquero
Fischfang *m*, ⁻e captura *f*; pesca *f*; *guter ~* buena pesca
Fischgründe *pl* caladeros *pl*
Fischhandel *m*, Ø comercio *m* pesquero
Fischhändler *m*, - pescadero *m*
Fischhandlung *f*, en pescadería *f*
Fischwilderei *f*, Ø pesca *f* furtiva
Fischzucht *f*, Ø piscicultura *f*
fiskalisch fiscal (Syn. *steuerlich*)
Fiskallasten *pl* cargas *pl* fiscales
Fiskalpolitik *f*, Ø política *f* fiscal
Fiskus *m*, Ø fisco *m*; Tesoro *m*; erario *m* público; *die Einnahmen des ~* ingresos *pl* del Tesoro; *sein Vermögen fällt an den ~* su fortuna revierte al fisco
fix fijo; firme; *~er Auftrag* orden *f* en firme; *~es Gehalt* sueldo *m* fijo; *~e Kosten* gastos *pl* fijos; *~e Preise* precios *pl* fijos
Fixangestellte/r (*der/ein*) (A) empleado *m* fijo; empleado *m* con contrato
Fixautrag *m*, ⁻e orden *f* en firme
fixen 1. vender a término; especular a la baja 2. tomar drogas
Fixen *n*, Ø venta *f* al descubierto; especulaciones *pl* a la baja (en las operaciones a plazo con títulos valores) (Syn. *Leerverkauf*)
Fixer *m*, - bajista *m* (que especula a la baja) 2. drogadicto *m*
Fixgeschäft *n*, e operación *f od.* transacción *f* a término (Syn. *Termingeschäft*)
Fixing *n*, s (*Börse*) (Angl.) fixing *m*; fijación *f* de las cotizaciones de divisas
Fixkauf *m*, ⁻e compra *f* a término
Fixkosten *pl* costes *pl* fijos, constantes
Fixprämie *f*, n (Seg.) prima *f* fija
Fixpreis *m*, e precio *m* fijo; *den ~ unterlaufen* vender por debajo de la tarifa oficial
Fixlum *n*, -a 1. cantidad *f od.* suma *f* fija; importe *m* fijo 2. sueldo *m od.* salario *m* fijo
Fixzeit *f*, en horario *m* fijo obligatorio de la mano de obra
Fläche *f*, n superficie *f*; espacio *m*; área *f*; *bebaute*,

nutzbare ~ superficie construida, útil; *überdachte ~* superficie cubierta
Flächenbelegung *f*, en superficie *f* ocupada
Flächenertrag *m*, ⁻e rendimiento *m* por hectárea
Flächennutzungsplan *m*, ⁻e proyecto *m* de urbanización; plan *m* de urbanismo preparatorio (Syn. *vorbereitender Bauleitplan*)
Flächenstillegung *f*, en abandono *m* de cultivo(s)
Flächenüberwachung *f*, en (Seg.) (dispositivos *pl* de) vigilancia *f* superficial *od.* de superficie
Flächenvermietung *f*, en alquiler *m* de puestos (feria)
Flachglas *n*, ⁻er (Seg.) vidrio *m* plano
Flackerstreik *m*, s huelga *f* de celo (Syn. *Bummelstreik*)
Flagge *f*, n pabellón *m*; bandera *f*; *billige ~* pabellón de conveniencia; *unter fremder ~ fahren* disfrazar el navio; (Fig.) utilizar un nombre fingido *od.* supuesto
Flaggendiskriminierung *f*, en obligación *f* impuesta por un estado de navegar bajo su pabellón
Flaschenwein *m*, e vino *m* embotellado
Flaschenweinsteuer *f*, n impuesto *m* sobre vinos embotellados
flau (*Börse*) desanimado; débil; flojo; estancado (Syn. *lustlos*)
Flauheit *f*, Ø (*Börse*) calma *f*; estancamiento *m*; poca animación *f*
Flaute *f*, n calma *f*; depresión *f*; estancamiento *m*; baja *f*
Fleiper-Verkehr *m*, Ø (*Flug-Eisenbahn-Personenverkehr*) transporte *m* (de personas) combinado de avión y ferrocarril
Fleischbeschau *f*, Ø inspección *f* (sanitaria) de carnes (efectuada por encargo del matadero)
Fleischerei-Fachausstellung *f*, Ø *Internationale ~ (IFFA)* Exposición *f* Internacional del Ramo de Carnicería (*IFFA*)
Fleischversorgung *f*, en abastecimiento *m* de carnes
Fleiß *m*, Ø aplicación *f*; celo *m*; asiduidad *f*; empeño *m*
Fleißzulage *f*, n plus *m* de asiduidad
flexibel flexible; móvil; *~ble Altersgrenze* edad *f* de jubilación flexible; posibilidad *f* de retirarse anticipadamente; *~ble Arbeitszeit* jornada *f* laboral variable; *~bler Wechselkurs* tasa *f* de cambio flotante *od.* oscilante
Flexibilität *f*, Ø flexibilidad *f*
fliegen viajar en avión; volar; *nach Deutschland ~, in die USA ~* viajar en avión a Alemania; volar a los EE.UU.
fliegend volante; ambulante; *~e Bauten* construcciones *pl* demontables; *~er Händler* vendedor *m* ambulante; *~es Personal* personal *m* de

vuelo
Fließarbeit *f*, en → *Fließbandarbeit*
Fließband *n*, ⁼er cadena *f* de fabricación *od.* montaje; *am ~ arbeiten* trabajar en la cadena de montaje; *vom ~ rollen* quitar de la cadena
Fließbandarbeit *f*, en trabajo *m* en cadena (de montaje); producción *f* en serie
Fließbandarbeiter *m*, - trabajador *m*, obrero *m* en la cadena
Fließ(band)fertigung *f*, en fabricación *f* en cadena; producción *f* en serie
Fließbandmontage *f*, n montaje *m* en la cadena de fabricación
Fließbandproduktion *f*, en → *Fließbandfertigung*
Fließ(band)straße *f*, n cadena *f* de producción; *eine vollautomatische ~ mit Robotern* una cadena enteramente robotizada (Syn. *Taktstraße*)
floaten flotar; oscilar; variar; *eine Währung ~ lassen* liberar las tasas de cambio; dejar flotar una moneda; *die Wechselkurse ~* las cotizaciones *pl* flotan, oscilan, varían
Floating *n*, s fluctuación *f*; oscilación *f*; variación *f*; *schmutziges ~* fluctuación manipulada; *~ der Währungen* fluctuación de las paridades; liberalización *f* de las tasas de cambio
Flohmarkt *m*, ⁼e mercadillo *m* de viejo; mercado *m* de pulgas (Syn. *Trödelmarkt*)
florieren florecer; prosperar; *das Geschäft ~t* el negocio prospera, florece
flott, *das Geschäft geht ~* los negocios *pl* marchan bien
Flotte *f*, n flota *f*; marina *f*; *eine ~ abtakeln* desarmar una flota
Flottenstützpunkt *m*, e base *f* naval
flottierend, *~e Papiere* valores *pl* flotantes; *~e Schuld* deuda *f* no consolidada; deuda flotante
Fluchtgeld *n*, er → *Fluchtkapital*
Fluchtkapital *n*, Ø evasión *f* de capitales (capitales transferidos al extranjero sin atenerse a las disposiciones existentes)
Flüchtling *m*, e fugitivo *m*; refugiado *m*; evadido *m*
Flüchtlingslager *n*, - campo *m* de refugiados
Fluchtlinie *f*, n alineación *f*
Fluchtmöglichkeiten *pl* (Seg.) posibilidades *pl* de escape
Fluchtweg *m*, e (Seg.) vía *f* de escape
Flug *m*, ⁼e vuelo *m*; *ein ~ nach* un vuelo a; *einen ~ buchen* reservar un pasaje (de avión)
Flugansagen *pl* anuncios *pl* de vuelo
Flugbegleiterin *f*, nen azafata *f* (de vuelo); (LA) aeromoza *f* (Syn. *Stewardeß*)
Flugbesatzung *f*, en tripulación *f* (de vuelo)
Flugblatt *n*, ⁼er octavilla *f*; hoja *f* volante; *~er verteilen* distribuir octavillas
Flug-Bus-Verbindung *f*, en transporte *m* combinado de avión y autobús
Flugdauer *f*, Ø duración *f* de vuelo
Flug-Eisenbahnverkehr *m*, Ø transporte *m* combinado de avión y ferrocarril
Flügel *m*, - (Pol.) ala *f*; extremo *m*; *linker, rechter ~ einer Partei* ala izquierda, derecha de un partido
flugfähig apto para el vuelo; capaz de volar
Fluggast *m*, ⁼e pasajero *m*
Fluggesellschaft *f*, en compañía *f* aérea
Flughafen *m*, ⁼ aeropuerto *m*
Flughof *m*, ⁼e terminal *m* aéreo (Syn. *Air Terminal*)
Flughöhe *f*, (n) altura *f* de vuelo
Fluginklusivreise *f*, n viaje *m* IT (= inclusive tour) (viaje por avión todo incluido)
Flugkarte *f*, n 1. pasaje *m od.* billete *m* de avión 2. mapa *m* de navegación aérea
Fluglinie *f*, n línea *f* aérea
Fluglinienverkehr *m*, Ø servicio *m* aéreo; tráfico *m* aéreo
Flugmaschine *f*, n avión *m*
Flugnetz *n*, e red *f* aérea
Flugpauschale *f*, n precio *m* global del pasaje; (Gal.) forfait *m* del pasaje
Flugpauschalreise *f*, n → *Fluginklusivreise*
Flugpersonal *n*, Ø personal *m* de a bordo; personal *m* de navegación
Flugplan *m*, ⁼e horario *m* de vuelo; horario *m* de salidas del servicio aéreo
Flugplatz *m*, ⁼e aeródromo *m*; campo *m* de aviación
Flugpost *f*, Ø correo *m* aéreo; *per ~* por avión
Flugpreis *m*, e tarifa *f* de vuelo; precio *m* del transporte aéreo
Flugreisende/r (*der/ein*) → *Fluggast*
Flugroute *f*, n itinerario *m* de vuelo
Flugschein *m*, e pasaje *m* de avión; billete *m* de avión
Flugsicherheit *f*, Ø seguridad *f* de vuelo
Flugsicht *f*, - visibilidad *f* (de vuelo)
Flugstützpunkt *n*, e base *f* aérea
Flugticket *n*, s → *Flugschein*
Flugverkehr *m*, Ø tráfico *m od.* transporte *m* aéreo
Flugwerbung *f*, Ø publicidad *f* aérea
Flugwetterdienst *m*, e servicio *m* meteorológico aeronáutico
Flugzeug *n*, e avión *m*; aeroplano *m*
Flugzeugentführer *m*, - pirata *m* del aire; pirata *m* aéreo
Flugzeugentführung *f*, en secuestro *m* de avión
Flugzeughypothek *f*, en hipoteca *f* de aeronaves *od.* aérea (crédito garantizado mediante un

derecho de prenda de una aeronave)
Flugzeugindustrie *f*, **n** industria *f* aeronáutica
Fluktuation *f*, **en** fluctuación *f*; ~ *der Arbeitskräfte* fluctuación de la mano de obra
fluktuieren fluctuar; cambiar; ~*de Gelder* capital *m* flotante; ~*de Preise* fluctuación *f* de los precios
Flurbereinigung *f*, **en** concentración *f* parcelaria; ordenación *f* de suelos; *eine* ~ *vornehmen* efectuar una concentración parcelaria
Flurschaden *m*, ⁼ daños *pl* causados en un campo
Flurzersplitterung *f*, **en** parcelación *f* excesiva
flüssig disponible; líquido; ~*e Gelder* capital *m* disponible; ~*e Mittel* tesorería *f*; *Geld* ~ *machen* desbloquear fondos; *kein* ~*es Geld haben* no disponer de fondos líquidos, en efectivo
Flüssigkeit *f*, **en** liquidez *f*; disponibilidad *f*; activo *m* líquido
flüssig machen desbloquear, movilizar, realizar fondos
Flüssigmachung *f*, **en** movilización *f* de capitales; realización *f* de fondos
Flußkaskoversicherung *f*, **en** (Seg.) seguro *m* de casco fluvial (River Hull)
Flußschiffahrt *f*, **en** navegación *f* fluvial (Syn. *Binnenschiffahrt*)
Flüsterpropaganda *f*, Ø campaña *f* de rumores
Flut *f*, **en** 1. marea *f* entrante *od*. alta; flujo *m* 2. enorme cantidad *f*
Flutkraftwerk *n*, **e** central *f* maremotriz (Syn. *Gezeitenkraftwerk*)
fm → *Festmeter*
fob (*free on bord = frei an Bord*) f. o. b. franco a bordo
fob-Preis *m*, **e** precio *m* f. o. b.; precio *m* franco a bordo
Föderalismus *m*, Ø (Pol.) federalismo *m*
föderalistisch federalista
Föderation *f*, **en** (con)federación *f*
föderativ federativo
Folge *f*, **n** resultado *m*; consecuencia *f*; *einer Sache* ~ *leisten* cumplir a/c.; aceptar u/c
Folgeerscheinung *f*, **en** consecuencia *f*; fenómenos *pl* secundarios; secuela *f*
Folgeerzeugnis *n*, **se** (producto *m*) derivado *m*
Folgekosten *pl* costes *pl* inherentes
Folgelasten *pl* cargas *pl* inherentes
folgenschwer de graves consecuencias; fatal; serio; grave
Folgeprämie *f*, **n** (Seg.) prima *f* de renovación
Folgeprovision *f*, **en** (Seg.) comisión *f* de cartera
Folgeschaden *m*, ⁼ (Seg.) daño *m* consecuencial
Folie *f*, **n** hoja *f*; película *f*; lámina *f*; (Seg.) ~ *zur Fensterüberwachung* lámina adhesiva para vigilancia de ventanas; lámina conductora;

hoja *f* intermedia plástica *od*. de resina
Fonds *m*, - 1. fondo *m*; capital *m* (con un fin concreto); *ein* ~ *aus öffentlichen Mitteln* fondo público; ~ *zur Förderung des Fremdenverkehrs* fondo de fomento del turismo; *einen* ~ *bilden* crear un fondo 2. (nombre abreviado para) fondo *m* de inversión (Syn. *Investmentfonds*) *Aktien*~ fondo de renta variable; *Auslands*~ fondo extranjero; *gemischter* ~ fondo mixto; *Inlands*~ fondo nacional; *Immobilien*~ fondo de inversión inmobiliaria; *Renten(papier)*~ fondo de renta fija; *Universal*~ fondo universal; *Wertpapier*~ fondo de inversión mobiliaria 3. (denominación anticuada para) obligaciones *pl* del Estado
Fondsbörse *f*, **n** Bolsa *f* de valores; mercado *m* de valores
Fondsgeschäfte *pl* transacciones *pl* de valores
Fondsinhaber *m*, - titular *m* de un fondo
Fondsmakler *m*, - agente *m* de cambio y bolsa (*Börsenmakler*); corredor *m* de comercio (*freier Makler*)
Fondsvermögen *n*, - patrimonio *m* del fondo (de inversión)
Fonds-Zertifikat *n*, **e** certificado *m* (de un fondo de inversión) (Syn. *Anteilscheine*)
foq (*free on quay = frei Kai*) franco muelle; puesto en el muelle
for (*free on rail = frei Eisenbahngleis*) puesto en la estación; franco estación
forcieren forzar (por ej. la producción)
Förder- (Pref.) 1. de fomento; promocional 2. relativo a la producción y a la extracción (minera, petrolífera)
Förderabgaben *pl* royalties *pl*; impuestos *pl* sobre la extracción
Förderanlage *f*, **n** (Min.) instalación *f* de transporte *od*. de producción
Förderausfall *m*, ⁼**e** (Min.) pérdida *f od*. merma *f* de extracción; déficit *m* de producción
Förderband *n*, ⁼**er** cinta *f* transportadora
Förderdrosselung *f*, **en** disminución *f* de la producción, de la extracción
Förderleistung *f*, **en** producción *f*; extracción *f* (por día u hora)
Fördermenge *f*, **n** cantidad *f* extraída; producción *f*
Fördermittel *pl* fondos *pl*, recursos *pl* de fomento; subvención *f* estatal destinada a la promoción de un proyecto, una región etc.
fordern 1. exigir; reclamar; pedir; solicitar; demandar; reivindicar; *einen unerschwinglichen Preis* ~ exigir un precio exorbitante; *die 35-Stunden-Woche* ~ reivindicar la semana laboral de 35 horas 2. *jdn. vor Gericht* ~ citar ante el juez; incoar un proceso contra alg. ante

un tribunal
fördern 1. fomentar; promover; favorecer; estimular; patrocinar; *den Handel ~* estimular el comercio; *die betroffenen Regionen ~* fomentar el desarrollo en las regiones afectadas; *den Verkauf ~* promover las ventas 2. producir; extraer; *Kohle, Erz ~* extraer carbón, minerales
Förderprogramm *n*, **e** medidas *pl* de fomento; programa *m* de promoción
Förderschacht *m*, ⸚e (Min.) pozo *m* de extracción
Förderturm *m*, ⸚e (Min.) castillete *m* de extracción
Forderung *f*, **en** 1. exigencia *f*; reclamación *f*; petición *f*; solicitud *f*; demanda *f*; reivindicación *f*; *eine ~ stellen* presentar una exigencia; exigir; *seine ~en geltend machen* hacer valer sus pretensiones; presentar una reclamación 2. crédito *m*; derecho *m*; título *m*; activo *m* exigible; deuda *f* activa; reclamación *f*; *abgeschriebene ~* crédito amortizado; *abgetretene ~* crédito cedido; *ausstehende ~* cobro *od.* crédito pendiente; *befristete ~* crédito a término; *dubiose ~* crédito de cobro dudoso; *eingefrorene ~* crédito congelado *od.* bloqueado; *eintreibbare ~* crédito *od.* activo exigible; *fällige ~* crédito vencido; *fingierte ~* crédito ficticio; *gesicherte ~* crédito asegurado; *getilgte ~* deuda saldada *od.* liquidada; *rückständige ~* deuda atrasada; *sichergestellte ~* deuda garantizada; *verjährte ~* crédito prescrito; *uneinbringliche ~* crédito incobrable; *zugrundeliegende ~* crédito subyacente; *von seinen ~en abgehen* retirar sus reclamaciones; *eine ~ abschreiben, abtreten* amortizar, cancelar, ceder un crédito; *eine ~ anerkennen* reconocer un crédito *od.* una deuda; *eine ~ zur Aufnahme in die Konkurstabelle anmelden* solicitar la inclusión del crédito en la masa pasiva; *eine ~ aufgeben* abandonar una reclamación; *eine ~ befriedigen* satisfacer un crédito; pagar una deuda; *eine ~ einklagen* exigir judicialmente el pago de una deuda; *eine ~ eintreiben (einziehen)* cobrar una deuda *od.* un crédito 3. (Jur.) citación *f* ante el juez
Förderung *f*, **en** 1. fomento *m*; promoción *f*; ayuda *f*; *~ der Spartätigkeit* fomento del ahorro 2. producción *f*; extracción *f*
Forderungsabschreibung *f*, **en** amortización *f* de un crédito
Forderungsabtretung *f*, **en** subrogación *f* convencional
Forderungsanerkennung *f*, **en** reconocimiento *m od.* admisión *f* de un crédito
Forderungsanmeldung *f*, **en** presentación *f* de una reclamación *od.* deuda

förderungsbedürftig que necesita ayuda; necesitado; *~er Wirtschaftszweig* ramo *m* económico desfavorecido
Förderungsbeihilfe *f*, **n** subvención *f* (destinada a la promoción); *eine ~ gewähren* otorgar una ayuda financiera *od.* subvención
Forderungsberechtigte/r *(der/ein)* acreedor *m*; reclamante *m*
Forderungseinziehung *f*, **en** cobro *m* de un crédito
Forderungskatalog *m*, **e** catálogo *m* de reivindicaciones
Förderungsmaßnahme *f*, **n** medida *f* de fomento; *~n treffen* tomar medidas destinadas a la promoción de a/c.
Forderungspfändung *f*, **en** cobro *m* de un crédito mediante un embargo
Forderungstilgung *f*, **en** liquidación *f* de un crédito *od.* una deuda
Forderungsübergang *m*, ⸚e cesión *f od.* traspaso *m* de un derecho; *~ kraft Gesetz* (cessio legis) cesión *f* legal *od.* subrogación *f* legal
Forderungsübertragung *f*, **en** traspaso *m od.* cesión *f* de activos pendientes; subrogación *f*
Forderungsverzicht *m*, (e) abandono *m* de un crédito; renuncia *f* a una deuda
Forfaitierung *f*, **en** operación *f* sin recurso (compra de activos extranjeros, renunciando al derecho de recurso frente al vendedor)
Formalität *f*, **en** formalidad *f*; trámite *m*; *die notwendigen ~en erledigen* cumplir las formalidades requeridas
Format *n*, **e** tamaño *m*; (Angl.) formato *m*; *genormtes ~* tamaño estandardizado
Formblatt *n*, ⸚er formulario *m*; impreso *m*
Formel *f*, **n** fórmula *f*
formell formal; *~er Antrag stellen* presentar una solicitud en forma
Formfehler *m*, - error *m* de forma; defecto *m* formal
Formgestalter *m*, - diseñador *m*
Formgestaltung *f*, **en** diseño *m* (Syn. *Design*)
formlos informal
Formmangel *m*, ⸚ → *Formfehler*
formnichtig nulo por vicio formal
Formsache *f*, **n** formalidad *f*; cuestión *f* de forma
Formular *n*, **e** formulario *m*; impreso *m*; *vorgedrucktes ~* impreso; *ein ~ ausfüllen* rellenar un formulario
Forschung *f*, **en** investigación *f* (científica, industrial etc.)
Forschungsinstitut *n*, **e** instituto *m* de investigación
Forschungsreaktor *m*, **en** reactor *m* de investigación
Forst *m*, **e** *od.* **en** bosque *m*; explotación *f* forestal;

selva *f*; monte *m*
Forstamt *n*, ⸗**er** inspección *f* forestal
Forstbetrieb *m*, **e** explotación *f* forestal
Forstwirtschaft *f*, **en** silvicultura *f*
forstwirtschaftlich forestal
fortbilden, *sich* ~ perfeccionarse profesionalmente; asistir a un curso de perfeccionamiento profesional
Fortbildung *f*, **en** perfeccionamiento *m* profesional (Syn. *Weiterbildung*)
Fortbildungskurs *m*, **e** curso de perfeccionamiento (para adultos); *an einem* ~ *teilnehmen* asistir a un curso de perfeccionamiento profesional
Fortbildungslehrgang *m*, ⸗**e** curso *m* complementario *od.* de perfeccionamiento
Fortbildungsschulwesen *n*, - formación *f* técnico-profesional
fortgeschritten avanzado; adelantado; *Lehrgang für Fortgeschrittene* curso *m* superior
fortlaufend continuo; continuado; periódico; ~*e Notierung* cotización *f* continua; ~*e Nummern* números *pl* correlativos
FORTRAN (formula translator) (Inform.) lenguaje *m* de programación FORTRAN
fortschicken enviar; expedir (por correo)
fortschreiben actualizar; reevaluar; poner al día; extrapolar (Syn. *hochrechnen*)
Fortschreibe-Methode *f*, **n** método *m* por extrapolación
Fortschreibung *f*, **en** actualización *f*; (Contab.) inventario *m* permanente
Fortschreibungsveranlagung *f*, **en** actualización *f* de los asientos
Fortschritt *m*, **e** progreso *m*; adelanto *m*; ~*e machen* progresar
fortschrittlich progresista; avanzado
Fortzahlung *f*, **en** continuación *f* de los pagos; ~ *der Löhne und Gehälter* continuar los pagos de sueldos y salarios
fot (*free on truck* = *frei Waggon*) franco vagón; puesto en vagón
Fotokopierautomat *m*, **en** fotocopiadora
fotokopieren fotocopiar
Fotozelle *f*, **n** (Seg.) célula *f* fotoeléctrica
Fr. → *Franken*
Fracht *f*, **en** 1. flete *m*; carga *f*; mercancía *f* transportada; cargamento *m*; porte *m*; gastos *pl* de transporte; *in* ~ *geben* dar en flete; *in* ~ *nehmen* cargar; *die* ~ *umschlagen* transbordar un cargamento; *ausgehende* ~ carga de salida; *durchgehende* ~ carga de tránsito; *eingehende* ~ carga de entrada; ~*frei* flete libre 2. flete *m*; precio *m* del transporte; *die* ~ *beträgt* el flete asciende a; ~ *im voraus bezahlt* flete pagado (por adelantado); *Kosten, Versicherung und* ~ (cif: cost, insurance and freight) costo, seguro y flete
Frachtabfertigungsdienst *m*, **e** servicio *m* de fletamento
Frachtanteil *m*, **e** primaje *f* del flete
Frachtaufschlag *m*, ⸗**e** suplemento *m* de flete; porte *m* adicional; sobreporte *m*; recargo *m*
Frachtbehälter *m*, - contenedor *m*
Frachtberechnung *f*, **en** cálculo *m* del flete
Frachtbörse *f*, **n** Bolsa *f* de fletes; Bolsa *f* de mercancías transportadas
Frachtbrief *m*, **e** carta *f* de porte; talón *m* de ferrocarril; (LA) boleta *f* de expedición
Frachtbriefdoppel *n*, - duplicado *m* de la carta de porte (Syn. *Frachtbriefduplikat*)
Frachtdampfer *m*, - → *Frachter*
Frachtenbildung *f*, **en** formación *f* de fletes
Frachtenbruch *m*, ⸗**e** rotura *f* de la carga; menoscabo *m* de la carga
Frachter *m*, - 1. buque *m* de carga; cargero *m* 2. porteador *m*; transportista *m*
Frachterhöhung *f*, **en** aumento *m* de (l) flete
Frachtflugzeug *n*, **e** avión *m* de carga
frachtfrei flete (buque *od.* avión) pagado; porte (ferrocarril) pagado; libre de porte *od.* flete; ~*e Lieferung* entrega *f* libre de porte
Frachtführer *m*, - porteador *m*; transportista *m*
Frachtgebühr *f*, **en** → *Frachtgeld*
Frachtgeld *n*, **er** precio *m* del transporte; flete *m*; acarreo *m*
Frachtgut *n*, ⸗**er** mercancías *pl* en pequeña velocidad; (LA) mercadería *f* por encomienda; carga *f*; *als* ~ *versenden* (*schicken*) expedir algo en pequeña velocidad; (LA) enviar algo por encomienda
Frachtgutsendung *f*, **en** envío *m* en pequeña velocidad
Frachtkahn *m*, ⸗**e** bote *m* de carga; embarcación *f od.* lancha *f* de carga
Frachtkarte *f*, **n** hoja *f* de ruta
Frachtkosten *pl* flete *m*; gastos *pl* de transporte
Frachtmakler *m*, - corredor *m* de transporte *od.* de buques
Frachtpreis *m*, **e** precio *m* de transporte; flete *m*
Frachtraum *m*, ⸗**e** bodega *f* (buque); espacio *m* de carga (avión); ~ *belegen* reservar espacio de carga
Frachtrechnung *f*, **en** factura *f* de porte; cuenta *f* de flete(s)
Frachtsatz *m*, ⸗**e** tipo *m* de flete; tasa *f od.* tarifa *f* de flete; *ermäßigter* ~ tarifa de fletes reducida
Frachtschein *m*, **e** → *Frachtbrief*
Frachtschiff *n*, **e** buque *m* de carga; buque *m* mercante; carguero *m*
Frachtspesen *pl* gastos *pl* de transporte

Frachtstück n, e bulto m; fardo m
Frachttarif m, e tarifa f de carga od. de fletes
Frachtübernahme f, n asunción f del flete
fracht- und zollfrei franco flete y derechos (aduaneros); libre de flete y derechos
Frachtverkehr m, Ø transporte m de mercancías
Frachtversender m, - expedidor m
Frachtversicherung f, en seguro m de fletes
Frachtvertrag m, ⸚e contrato m od. póliza f de fletamento; carta f partida od. de fletamento
Fragebogen m, - od. ⸚ cuestionario m; *Erhebung durch ~* encuesta f por cuestionario; *einen ~ ausfüllen* rellenar un cuestionario
Fragebogenaktion f, en encuesta f; *eine ~ durchführen* efectuar una encuesta
fragen interrogar; preguntar; *nach (um) Arbeit ~* buscar trabajo; *dieser Artikel ist sehr gefragt* este artículo es muy demandado
fraglich 1. incierto; problemático 2. *die ~en Bestellungen* las órdenes en cuestión
Fraktion f, en 1. (Pol.) grupo m parlamentario 2. fracción f (en las operaciones con acciones con un lote inferior a la cuantía establecida)
Fraktionsvorsitzende/r *(der/ein)* presidente m de un grupo parlamentario
Fraktionszwang m, (⸚e) disciplina f de voto; obligación f de adherirse al voto del grupo parlamentario
Franc m, s franco m francés; *belgischer ~* franco belga
Franchise f, n exoneración f; franquicia f; exención f (de derechos de aduana)
Franchise n, Ø (Seg.) franquicia f; retención f propia (Syn. *Selbstbehalt*)
Franchising n, Ø franquicia f; (Angl.) franchising m (una empresa A autoriza a una empresa B por contrato a utilizar su marca o su razón social para comercializar sus productos)
Frankatsvermerk m, e indicación f del franqueo *(bei der Bahnfracht)*
Frankatur f, en franqueo m; porte m; derechos pl
Franken m, - franco m suizo
frankieren franquear; *ungenügend ~te Sendung* franqueo insuficiente; *~t* porte pagado (Syn. *freimachen*)
Frankierung f, en → *Frankatur*
franko franco transporte, porte pagado; libre de porte; *~ Fracht* franco de porte; *~ Haus* franco domicilio; puesto a domicilio; *~ aller Kosten* franco de todo gasto; *~ Verpackung* embalaje m incluido
Frankolieferung f, en entrega f franco
Frankopreis m, e precio m franco
Frankorechnung f, en factura f franco a domicilio
Frau f, en mujer f; *erwerbstätige ~ (berufstätige)* mujer que ejerce una actividad profesional; mujer en régimen laboral activo
Frauenarbeit f, en 1. trabajo m de la mujer 2. trabajo m para mujeres
Frauenarbeitsschutz m, Ø reglamentación f del trabajo de la mujer
Frauenausschuß m, ⸚sse (R.D.A.) comité m de una empresa encargado de representar los intereses de la mujer
Frauenberuf m, e profesión f femenina
Frauenbeschäftigung f, Ø empleo m femenino (en una empresa)
Frauenbewegung f, en movimiento m feminista
Frauenbrigade f, n (R.D.A.) brigada f femenina
Frauenförderungsplan m, ⸚e (R.D.A.) promoción f en el seno de la empresa de la mujer asalariada
Frauenlohn m, ⸚e salario m de la mujer
Frauenrechtlerin f, nen feminista f (Syn. *Feministin*)
Frauenschutz m, Ø → *Frauenarbeitsschutz*
Frauentag, *Internationaler ~* (R.D.A.) día m de la mujer (día 8 de marzo, celebrado en todos los países socialistas)
Frauenwahlrecht n, Ø derecho m de voto de la mujer
frei 1. franco; exento de; libre de; *~ Grenze* franco frontera; *~ Haus liefern* entrega puesta a domicilio od. franco domicilio; *~ Hof* puesto en la granja; *20 kg Gepäck ~ haben* tener un equipaje libre de 20 kilogramos 2. libre; facultativo; vacante; *der Posten ist ~ geworden* el puesto ha quedado vacante; *~e Stelle* puesto vacante; *im ~en Handel* en el mercado libre
Freiaktie f, en acción f gratuita
Freiantwort f, en respuesta f pagada
Freiberufler m, - profesional m liberal; autónomo m
freiberuflich, *~ tätig sein* ejercer una profesión liberal
Freibetrag m, ⸚e importe m libre od. exento de impuestos
freibleibend sin compromiso; sujeto a confirmación od. alteración
Freiexemplar n, e ejemplar m gratuito
Freifahrschein m, e permiso m de libre circulación; pase m de transporte gratuito
Freifahrt f, en viaje m gratuito
Freiflächenstand m, ⸚e puesto m al aire libre
Freigabe f, n desbloqueo de m; liberalización f; *~ der eingefrorenen Gelder, Löhne* desbloqueo de los haberes congelados, los salarios; *~ der Preise, der Wechselkurse* liberalización de los precios, de las cotizaciones
freigeben desbloquear; liberar; *die Mieten ~* desbloquear los alquileres; *zum Verkauf ~* poner a

la venta
Freigelände *n*, Ø recinto *m* al aire libre
Freigepäck *n*, Ø equipaje *m* exento de porte
Freigrenze *f*, **n** margen *m* libre; tolerancia *f*; límite *m* de exención (impositiva)
Freigut *n*, ⸗er mercancía *f* libre de derechos
Freihafen *m*, ⸗ puerto *m* libre *od.* franco
Freihandel *m*, Ø librecambio *m*; comercio *m* libre
Freihandelszone *f*, **n** zona *f* de libre comercio; *Europäische* ~ (EFTA) Asociación Europea de Libreacambio
Freihändler *m*, - librecambista *m*; partidario *m* del librecambio
freihändlerisch librecambista
Freihandverkauf *m*, ⸗e venta *f* directa *od.* a la vista
Freiheit *f*, **en** libertad *f*; exención *f*; franquicia *f*; ~ *des Marktes* libertad del mercado; ~ *der Meinungsäußerung* libertad de expresión; *jdn. der* ~ *berauben* privar a alg. de su libertad
Freiheitsstrafe *f*, **n** (Jur.) pena *f* privativa de libertad
Freilager *n*, - depósito *m* de tránsito
Freilandüberwachung *f*, (**en**) (Seg.) vigilancia *f* de campo abierto
Freiliste *f*, **n** lista *f* de mercancías exentas de derechos de aduana
Freimachung *f*, **en** → *Frankatur*
Freimachungsgebühr *f*, **en** tasa *f* de franqueo
Freimachungszwang *m*, (⸗e) franqueo *m* obligatorio
Freimarke *f*, **n** sello *m*; estampilla *f* (Syn. *Briefmarke*)
Freimarkt *m*, ⸗e mercado *m* libre
freinehmen, *sich einen Tag* ~ tomarse un día libre
Freischicht *f*, **en** turno *m* suplementario
freistehend independiente; (Seg.) ~ *es Haus* chalet *m* aislado; ~ *e Vitrine* vitrina *f* fuera de las tiendas
freistellen liberar; exonerar; eximir; *von den Steuern* ~ eximir de los impuestos
Freiumschlag *m*, ⸗e sobre *m* franqueado
Freiverkehr *m*, Ø (*Börse*) mercado *m* libre; bolsa *f* extraoficial
Freiverkehrskurs *m*, **e** (*Börse*) cotización *f* del mercado libre
freiwillig voluntario; facultativo; ~ *e Leistung* prestación *f* voluntaria; ~ *e Versicherung* seguro *m* privado, voluntario
Freizeichen *n*, - (Teléf.) señal *f*, tono *m* de marcar (Ggs. *Besetztzeichen*)
Freizeichnungsklausel *f*, **n** cláusula *f* de no responsabilidad
Freizeit *f*, (**en**) tiempo *f* libre; ocio *m*; *seine* ~ *ausfüllen* ocuparse durante su tiempo libre
Freizeitgesellschaft *f*, **en** sociedad *f* de ocio

Freizeitgestaltung *f*, **en** aprovechamiento *m* del tiempo libre
Freizeitindustrie *f*, **n** industria *f* del ocio
Freizettelgebühr *f*, **en** tasa *f* por franquicia en la entrega
Freizügigkeit *f*, Ø libertad *f* de circulación; libertad *f* de elegir (su) residencia; ~ *der Arbeitskräfte* libre circulación *f* de los trabajadores
fremd extranjero; desconocido; ajeno; ~ *e Arbeitskräfte ins Land holen* traer mano de obra extranjera; ~ *e Mittel* capital *m* externo; *für* ~ *e Rechnung* por cuenta ajena; ~ *es Verschulden* falta *f* cometida por un tercero
Fremd- (Pref.) desconocido; ajeno; extranjero; exterior
Fremdarbeiter *m*, - trabajador *m* extranjero (Syn. *Gastarbeiter*)
Fremdenbuch *n*, ⸗er (Tur.) registro *m* de viajeros
Fremdenführer *m*, - guía *m* turístico
Fremdenindustrie *f*, **n** industria *f* del turismo
Fremdenschein *m*, **e** ficha *f* de viajero
Fremdenverkehr *m*, Ø turismo *m* (Syn. *Tourismus*)
Fremdenverkehrsamt *n*, ⸗er oficina *f* de turismo
Fremdenverkehrsgebiet *n*, **e** region *f* turística
Fremdenverkehrsgewerbe *n*, Ø profesión *f* od. actividad *f* turística
Fremdenverkehrsindustrie *f*, **n** → *Fremdenindustrie*
Fremdenverkehrswerbung *f*, **en** publicidad *f* turística
Fremdenverzeichnis *n*, **se** registro *m* de viajeros
Fremdenzimmer *n*, - habitación *f* de huéspedes en un hotel; *verfügbare* ~ (capacidad *f* en cuanto a las) habitaciones *pl* disponibles
Fremdfinanzierung *f*, **en** financiación *f* por terceros; financiación *f* ajena; *direkte* ~ financiación ajena directa (mediante la venta de obligaciones); *indirekte* ~ financiación ajena indirecta (mediante la intervención de un banco) (Ggs. *Selbstfinanzierung*)
Fremdgeld *n*, **er** → *Fremdkapital*
Fremdguthaben *n*, - haber *m* en divisas extranjeras
Fremdhypothek *f*, **en** hipoteca *f* de terceros administrada fiduciariamente
Fremdkapital *n*, Ø capital *m* extranjero; pasivo *m* exigible *od.* ajeno (total de los compromisos de una empresa en contraposición a los recursos propios)
Fremdmittel *pl* medios *pl* od. recursos *pl* ajenos
Fremdnutzung *f*, **en** (Seg.) utilización *f* por personas ajenas
Fremdschuld *f*, **en** deuda *f* en divisas extranjeras
Fremdsprachenkorrespondent *m*, en encargado *m* de la correspondencia extranjera

Fremdversicherung *f*, en seguro *m* por cuenta ajena
Fremdwährung *f*, en moneda *f* extranjera
Fremdwährungskont|o *n*, -en cuenta *f* en moneda extranjera
Frequenzbereich *m*, e (Seg.) gama *f* de frecuencia
Frequenzfilter *m*, - (Seg.) filtro *m* de frecuencia
freundlich 1. *~e Börse* Bolsa animada *od.* de tendencia favorable; (Corresp.) *mit ~en Grüßen* muy atentamente 2. (Suf.) *käufer~* dentro de los intereses del cliente; *umwelt~* filoecológico
freundschaftlich amistoso; *~e Beziehungen* relaciones *pl* amistosas; *etw. ~ regeln* arreglar un asunto amistosamente
Freundschaftskauf *m*, ¤e compra *f* a un precio de favor
Friedensklausel *f*, n cláusula *f* de paz social (acuerdo gobierno - sindicatos)
Friedenspflicht *f*, (en) → *Friedensklausel*
Friedenswirtschaft *f*, en economía *f* de (tiempos de) paz
frisch fresco; *~en Datums* de fecha *f* reciente; *~es Gemüse* verduras *pl* frescas
Frischgewicht *n*, e peso *m* antes de efectuar la conserva
Frischhaltebeutel *m*, - bolsa *f* para la conservación de alimentos
Frischhaltedat|um *n*, -en fecha *f* (límite) de consumo; consumir preferentemente antes de
Frischhaltepackung *f*, en envase *m* de conservación fresca
Frischhaltung *f*, Ø conservación *f* (de alimentos)
frisieren falsear; trucar; *eine Bilanz ~* retocar, falsear un balance
Frisieren *n*, Ø *~ der Bilanz* retoque *m* del balance; (Angl.) „window dressing" *m*
Frist *f*, en período *m*; plazo *m*; tiempo *m*; demora *f*; retraso *m*; término *m* 1. *abgelaufene ~* plazo expirado, vencido; *innerhalb einer angemessenen ~* dentro de un plazo razonable; *gesetzliche Kündigungs~* plazo de preaviso legal; *gesetzte ~* plazo señalado, estipulado; *kurz~ig* a corto plazo; *vereinbarte ~* plazo acordado; *vor, nach Ablauf einer ~* antes, después de la expiración de un plazo 2. *eine ~ einhalten* observar un plazo; *eine ~ einräumen* (*gewähren*) conceder un plazo; *einen weiteren Monat ~ erhalten* prorrogar el plazo un mes más; *eine ~ festsetzen* señalar, fijar un plazo; *eine ~ verlängern* prorrogar un plazo
Fristablauf *m*, ¤e expiración *f* od. vencimiento *m* de un plazo; *nach, vor ~* después, antes del vencimiento
Fristberechnung *f*, en cómputo *m* de un plazo

Fristbewilligung *f*, en concesión *f* de un plazo; (*Konkurs*) moratoria *f*
Fristende *n*, Ø → *Fristablauf*
Friststreckung *f*, en (CH) prórroga *f* de un plazo
fristgebunden, *~e Kündigung* denuncia *f* con (pre)aviso
fristgemäß dentro del plazo fijado, señalado
fristgerecht → *fristgemäß*
Fristigkeit *f*, en duración *f* de un plazo
fristlos en el acto; de inmediato; *~e Entlassung* despido *m* en el acto; despido sin preaviso
Fristsetzung *f*, en fijación *f* de un plazo
Fristüberschreitung *f*, en incumplimiento *m* de un plazo
Fristverlängerung *f*, en prórroga *f* de un plazo
Fristversäumnis *n od. f*, se falta *f* de observación de un plazo; incumplimiento *m* del plazo
Fristzahlung *f*, en pago *m* a plazos
Frontkontaktmatte *f*, n (Seg.) alfombra *f* de contacto en la parte frontal
Frontplatte *f*, n (Seg.) placa *f* frontal
Fruchtsorte *f*, n variedad *f* de cultivo
Fruchtwechsel *m*, Ø cambio *m* de cultivos (Syn. *Fruchtfolge*)
Frühdienst *m*, Ø → *Frühschicht*
Frühjahrsgeschäft *n*, e ventas *pl* de primavera
Frühjahrskatalog *m*, e catálogo *m* de primavera
Frühjahrsmesse *f*, n feria *f* de primavera
frühkapitalistisch precapitalista
Frührente *f*, n retiro *m* anticipado; prejubilación *f*
Frührentner *m*, - persona *f* en régimen de prejubilación
Frühschicht *f*, en turno *m* de la mañana; *~ haben* tener turno de la mañana; (Ggs. *Spätschicht*)
Frühverrentung *f*, Ø prejubilación *f*; retiro *m* anticipado
Fuge *f*, n (Seg.) junta *f*
Fühlung *f*, Ø contacto *m*; *mit jdm. ~ aufnehmen* entrar en contacto con alg.
führen 1. conducir; dirigir; desempeñar; administrar; *Bücher ~* llevar la contabilidad; *ein Geschäft ~* dirigir un negocio; *die Kasse ~* tener la caja; *Verhandlungen ~* entablar negociaciones; negociar; *den Vorsitz ~* presidir 2. vender; tener en el negocio; tener; *wir ~ diese Marke nicht* no vendemos esta marca
führend líder; de renombre; eminente; destacado; dirigente; *auf einem Gebiet ~ sein* ser una autoridad en un campo; *ein ~er Betrieb* una empresa líder; *eine ~e Position im Markt haben* tener una posición destacada, de primer orden en el mercado
Führerschein *m*, e permiso *m* de conducir
Führerscheinentzug *m*, - retirada *f* del permiso

de conducir
Fuhrgeld *n*, er gastos *pl* de transporte
Fuhrpark *m*, s parque *m* de vehículos
Führung *f*, en dirección *f*; responsabilidad *f*; gestión *f*; administración *f*; *die ~ haben (Börse)* ir a la cabeza; dominar; ser de primer orden; *~ der Bücher* teneduría *f* de libros; *die ~ einer Firma übernehmen* encargarse de la dirección de una empresa (Syn. *Leitung*)
Führungsentscheidung *f*, en decisión *f* tomada por la dirección *od.* gerencia
Führungsgremium *n*, -en órgano *m od.* grupo *m* dirigente
Führungskraft *f*, ¨e personal *m* directivo; alto empleado *m*; mando *m*; ejecutivo *m*; directivo *m*
Führungsmannschaft *f*, en equipo *m* directivo *od.* de dirección
Führungsprofil *n*, e (Seg.) perfil-guía *m*
Führungsschicht *f*, en clase *f* dirigente
Führungsschiene *f*, n (Seg.) carril-guía *m*
Führungsspitze *f*, n personal *m* directivo; dirección *f*; altos responsables *pl* de una empresa; „top-management" *m*
Führungsstab *m*, ¨e gabinete *m* directivo; „Staff" *m*
Führungsstil *m*, e estilo *m* de la dirección
Führungsteam *n*, s → *Führungsmannschaft*
Fuhrunternehmen *n*, - agencia *f* de transporte (Syn. *Spediteur*)
Fuhrunternehmer *m*, - transportista *m*
Füllung *f*, en (Seg.) panel *m*; cerramiento *m* (*Fenster*)
Fund *m*, e objeto *m* hallado; hallazgo *m*
Fundamt *n*, ¨er → *Fundbüro*
Fundbüro *n*, s oficina *m* de objetos hallados
fundieren fundamentar; garantizar; consolidar; *~te Anleihe* empréstito *m* consolidado; *~te Schuld* deuda *f* consolidada
fündig rico; explotable; *~ werden* descubrir
Fünfjahresplan *m*, ¨e plan *m* quinquenal
Fünfmarkstück *n*, e moneda *f* de cinco marcos
Fünfprozent-Klausel *f*, Ø (R.F.A.) cláusula *f* del „cinco por ciento" (según la cual no pueden entrar al parlamento los partidos que no hayan obtenido por lo menos un 5% de los votos)
Fünftagewoche *f*, n semana *f* de cinco días, de 40 horas laborales
fungibel fungible; substituible; *~ Wertpapiere* títulos *pl* fungibles
Fungibilität *f*, Ø fungibilidad *f* (posibilidad de reemplazar un bien por otro de las mismas características)
fungieren funcionar; actuar; hacer las veces de; *diese Organisation ~t als Instrument des Staates* esta organización hace las veces de instrumento del Estado
Funk *m*, Ø radio(difusión) *f*; *~ und Fernsehen* radio y televisión; *~ hören* escuchar la radio; *durch ~ übertragen* transmitir por radio; radiar; *per ~ anmelden* comunicar por radio (Syn. *Rundfunk; Radio*)
Funkamateur *m*, e radioaficionado *m*
Funkbearbeitung *f*, en adaptación *f* radiofónica
Funkempfänger *m*, - (radio)receptor *m*
funken radiar; radiotelegrafiar; transmitir por radio
Funkfernschreiber *m*, - radioteletipo *m*
Funkhörer *m*, - radioyente *m*; radioescucha *m*
Funksignal *n*, e (Seg.) señal *f* radioeléctrica
Funksprechgerät *n*, e (Seg.) equipo *m* de radioteléfono
Funktion *f*, en función *f*; *eine leitende ~ innehaben* ocupar una función dirigente
Funktionär *m*, e responsable *m* sindical (*od.* de un partido)
funktionell funcional
Funktionsablauf *m*, ¨e (Inform.) secuencia *f* de funcionamiento
funktionsbereit (Seg.) listo para *f* funcionar
Funktionskontrolleuchte *f*, n (Seg.) lámpara *f* de control del funcionamiento
Funktionswechsel *m*, Ø cambio *m* de puesto, de función
Funkwerbung *f*, en publicidad *f* radiada
Fürsorge *f*, n asistencia *f*; ayuda *f*; *öffentliche ~* asistencia pública; *soziale ~* asistencia *f* social; servicio *m* social (Syn. *Sozialhilfe*)
Fürsorgeamt *n*, ¨er servicio *m* (de asistencia) social; oficina *f od.* centro *m* de asistencia pública (Syn. *Sozialamt*)
Fürsorgearzt *m*, ¨e médico *m* de la asistencia (pública)
Fürsorgeberechtigte/r (*der/ein*) persona *f* asistida
Fürsorgeempfänger *m*, - persona *f* asistida; beneficiario *m* de la asistencia social
Fürsorgeerziehung *f*, Ø (Jur.) educación *f* confiada a un establecimiento tutelar
Fürsorger *m*, - empleado *m* de la asistencia pública
Fürsorgerin *f*, nen asistente *f* social
fürsorgerisch, *~e Maßnahmen* medidas *pl* de ayuda social
Fürsprache *f*, Ø intercesión *f*; mediación *f*; intervención *f*; *bei jdm. ~ für jdn. einlegen* interceder en favor de alg.
Fusion *f*, en fusión *f*; integración *f*; concentración *f*; *~ durch Aufnahme* fusión por absorción; *~ von Gesellschaften* fusión de sociedades; *horizontale, vertikale ~* fusión *od.* concentración horizontal, vertical (Syn. *Zusammenschluß; Verschmelzung*)

fusionieren fusionarse; *der Familienbetrieb ~te mit einer Auslandsgesellschaft* la explotación familiar se fusionó con una empresa extranjera
Fusionierung *f*, **en** → *Fusion*
fusionistisch, *~e Absichten haben* tener la intención de efectuar una fusión
Fusionsabkommen *n*, **-** acuerdo *m* de fusión entre dos o más empresas
Fusionsvertrag *m*, ¨e contrato *m* de fusión
Fußgänger *m*, **-** peatón *m*
Fußgängerunterführung *f*, **en** paso *m* subterráneo para peatones
Fußgängerzone *f*, **n** (zona *f*) peatonal *f*; *eine Straße zur ~ erklären* transformar una calle en zona peatonal
Fußmelder *m*, **-** (Seg.) pedal *m* (Syn. *Fußtaster*)
Fußnote *f*, **n** nota *f* (al pie de la página)
Fustage *f*, **n** embalaje *m*; embotellado *m*
Futtergetreide *n*, Ø cereales *pl* secundarios *od.* forrajeros
füttern alimentar; *einen Computer mit Daten ~* introducir datos en un ordenador
FV → 1. *Fachverband* 2. *Fernverkehr*
F-Zug → *Fernschnellzug*

G

G → *Geld*
Gabelstapler *m*, - carretilla *f* elevadora por horquilla
Gage *f*, **n** (*Theater*) sueldo *m*; remuneración *f*
GAL *f* (*grün-alternative Liste*) lista *f* ecologista
galoppierend, *~e Inflation* inflación *f* galopante
Gang *m*, ⸚e 1. marcha *f*; curso *m*; *in ~ befindliche Arbeit* trabajo *m* (que está) en marcha, en curso; *der ~ der Geschäfte ist schleppend* los negocios no marchan muy bien 2. *eine Maschine in ~ bringen* poner en funcionamiento, en marcha una máquina 3. *den Handel wieder in ~ bringen* reanimar, relanzar el comercio 4. *im zweiten ~ fahren* conducir, ir en segunda 5. pasillo *m*; corredor *m* 6. *erster ~* entrada *f*; *zweiter ~* segundo plato
gangbar 1. *~e Münze* moneda *f* en circulación 2. (*passierbar*) transitable
gängig 1. usado; de uso corriente 2. *~e Ware* mercancía *f* de fácil salida; mercancía *f* vendible, solicitada
Gant *f*, **en** (CH, A) venta *f* en pública subasta
ganz, *~ od. teilweise* total o parcialmente; en todo o en parte
Ganzfabrikat *n*, **e** producto *m* acabado
Ganzglas *n*, - todo vidrio *m*, cristal *m*
Ganzglastür *f*, **en** puerta *f* todo cristal
Ganzglastürblatt *n*, ⸚er hoja *f* de puerta todo cristal
Ganzinvalide *m*, **n** inválido *m* total
Ganzsache *f*, **n** (*Post*) sobre *m* bzw. tarjeta *f* con sello impreso
ganztägig, *~e Beschäftigung* empleo *m* de (*od.* a) jornada completa
Ganztagsarbeit *f*, **en** → *Ganztagsbeschäftigung*
Ganztagsbeschäftigung *f*, **en** trabajo *m*, empleo *m* a jornada completa, entera
Ganztagskraft *f*, ⸚e trabajador *m*, empleado *m*, asalariado *m* a jornada completa, en régimen de jornada completa
Ganztagsstelle *f*, **en** puesto *m* de trabajo a jornada completa
Ganzverglasung *f*, **en** acristalamiento *m* completo
GAP (*Gemeinsame Agrarpolitik*) PAC (Política *f* Agraria *od.* Agrícola Común)
Garagenmiete *f*, **n** alquiler *m*, arrendamiento *m* de garaje
Garant *m*, **en** garante *m*; fiador *m* (Syn. *Bürge*)
Garantie *f*, **n** garantía *f*; fianza *f*; seguridad *f*; caución *f*; *ohne ~* sin garantía; *als ~* a título de garantía; *stillschweigende ~* garantía tácita; *die ~ auf ein Gerät* la garantía de un aparato; *die ~ des Gerätes ist abgelaufen* el plazo de garantía del aparato ha expirado; *unter ~ stehen* estar bajo garantía; *die ~ für eine Anleihe übernehmen* salir garante de un empréstito, responder por un empréstito
Garantieabkommen *n*, - acuerdo *m* de garantía
Garantiebetrag *m*, ⸚e (importe *m* de) garantía *f*
Garantiefonds *m*, - fondos *pl*, depósito *m* de garantía
Garantiefrist *f*, **en** plazo *m* de garantía
Garantiegeber *m*, - → *Garant*
Garantiegeschäft *n*, **e** negocio *m* de garantía; operación *f* bancaria bajo contrato de caución
Garantiehinterlegung *f*, **en** depósito *m* de garantía
Garantiekapital *n*, Ø capital *m* de garantía; capital *m* propio
Garantieklausel *f*, **n** cláusula *f* de garantía
Garantielohn *m*, ⸚e salario *m* (mínimo) garantizado
Garantienehmer *m*, - garantizado *m*
Garantiepreis *m*, **e** precio *m* garantizado
garantieren 1. garantizar 2. *~ für* responder de, hacerse responsable de; *für die Qualität einer Ware ~* hacerse responsable de la calidad de un producto 3. (*als Bürge*) salir garante de 4. *einen Wechsel ~* prestar el aval
garantiert, *~er Mindestlohn* salario *m* mínimo garantizado
Garantieschein *m*, **e** garantía *f*; aval *m*
Garantiesumme *f*, **n** → *Garantiebetrag*
Garantieversicherung *f*, **en** seguro *m* de garantía
Garantievertrag *m*, ⸚e contrato *m* de garantía
Garantiewechsel *m*, - efecto *m*, letra *f* de garantía
Garantiezeichen *n*, - etiqueta *f* de garantía
Garten *m*, ⸚ jardín *m*; huerto *m*; huerta *f*; *botanischer (zoologischer) ~* jardín *m* botánico (zoológico)
Gartenanlage *f*, **n** 1. zona *f* ajardinada 2. jardines *pl* públicos
Gartenarbeit *f*, **en** trabajo *m* de jardinería; trabajo *m* en el jardín
Gartenarbeiter *m*, - 1. jardinero *m* 2. hortelano *m*
Gartenarchitekt *m*, **en** arquitecto *m* paisajista
Gartenbau *m*, Ø horticultura *f*
Gartenbauausstellung *f*, **en** exposición *f* de horticultura
Gartenbaubetrieb *m*, **e** explotación *f* hortícola (*od.* de horticultura)

Gartenbauerzeugnis *n*, se producto *m* hortícola
Gartengeräte *pl* utensilios *pl*, útiles *pl* de jardinería
Gartenhaus *n*, ⁻er 1. pabellón *m* 2. anexo *m*
Gartenland *n*, ⁻er huerta *f*
Gartenlokal *n*, e restaurante *n*, café *m*, cervecería *f* con jardín
Gartenmöbel *pl* muebles *pl* de jardín
Gartenschau *f*, en exposición *f* de horticultura; certamen *m* de jardinería, de floricultura
Gärtner *m*, - 1. jardinero *m* 2. horticultor *m*
Gärtnerei *f*, en jardinería *f*; horticultura *f*
Gasbeton *n*, - hormigón *m* gaseoso
Gasbetonsteine *pl* paredes *pl* hechas de hormigón conformado al gas
Gasindustrie *f*, n industria *f* gasista
Gas-Pipeline *f*, s gasoducto *m*
Gast *m*, ⁻e *(geladener)* huésped *m*; invitado *m*; *(Tisch)* convidado *m*; *(Hotel)* huésped *m*; viajero *m*; *(Fremder)* forastero *m*; *(Besucher eines öffentliches Orts)* visitador *m*
Gastanker *m*, - buque tanque *m*; cisterna *f* para gas líquido
Gastarbeiter *m*, - trabajador *m* extranjero; *die* ~ mano *f* de obra extranjera
Gästebetreuung *f*, Ø → *Gästebewirtung*
Gästebewirtung *f*, Ø servicio *m*, agasajo *m* a los invitados *bzw.* huéspedes
Gästebuch *n*, ⁻er álbum *m* de visitantes
Gästeheim *n*, e residencia *f*
Gästekartei *f*, en fichero de clientes
Gästeverkehr *m*, Ø movimientos *pl* de la clientela
Gästezimmer *n*, - → *Gastzimmer*
Gastgeber *m*, - anfitrión *m*
Gastgewerbe *n*, Ø → *Gaststättengewerbe*
Gasthaus *n*, ⁻er → *Gasthof*
Gasthof *m*, ⁻e fonda *f*; posada *f*; restaurante *m*; (rustical) hostelería *f*; mesón *m*; *(Gästehaus)* hospedería *f*; pensión *f*; casa *f* de huéspedes; fonda *f*
Gastland *n*, ⁻er país *m* receptor; país *m* anfitrión, país *m* huésped
Gastmahl *n*, e banquete *m*; convite *m*
Gastronom *m*, e gastrónomo *m*
Gastronomie *f*, Ø gastronomía *f*
Gaststätte *f*, en restaurante *m*
Gaststättengewerbe *n*, Ø industria *f* gastronómica; hostelería *f*
Gaststube *f*, n comedor *m*
Gastwirt *m*, e 1. dueño *m* de un restaurante 2. tabernero *m* 3. hostelero *m*; fondista *m*
Gastwirtschaft *f*, en 1. restaurante *m* 2. casa *f* de comidas 3. taberna *f*
Gastzimmer *n*, - habitación *f*, cuarto *m* de huéspedes

Gasversorgung *f*, Ø servicio *m*, suministro *m* de gas
GATT *(General Agreement on Tariffs and Trade, 1948)* GATT; Acuerdo *m* General sobre Aranceles y Comercio
Gattung *f*, en género *m*; especie *f*; variedad *f*; tipo *m*; categoría *f*; clase *f*; *Waren jeder* ~ mercancías de todo tipo
Gattungskauf *m*, ⁻e venta *f* de cosa genérica; venta *f* por descripción
gattungsmäßig, ~ *bezeichnete Waren* mercancías *pl* sin identificar
Gebarung *f*, en (A) gestión *f*; contabilidad *f*
Gebäude *n*, - edificio *m*; *öffentliche* ~ edificios *pl* públicos
Gebäudeblock *m*, ⁻e *bzw.* s grupo *m* de edificios; *(Straßenblock)* manzana *f* de casas; (LA) cuadra *f*
Gebäudekomplex *m*, e → *Gebäudeblock*
Gebäudeschaden *n*, ⁻ daños *pl* causados en edificios
Gebäudesteuer *f*, n impuesto *m* sobre los edificios
Gebäudeüberwachung *f*, - (Seg.) protección *f* de edificios
Gebäudeversicherung *f*, en seguro *m* de edificios
geben 1. *Auskunft* ~ dar información 2. *einen Brief auf die Post* ~ llevar, echar una carta al correo 3. *jdm. eine Frist* ~ conceder, otorgar un plazo a alg.; *den Kunden Kredit* ~ conceder, otorgar crédito a los clientes; (Fam.) fiar a los clientes 4. *eine Quittung* ~ entregar un recibo (*od.* resguardo) 5. *Rabatt* ~ hacer una rebaja; rebajar; conceder, otorgar rebaja 6. *etw. in Verwahrung* ~ dar en custodia; depositar para su custodia
Geber *m*, - 1. dador *m* 2. donante *m*; donador *m* 3. (Teléf.) transmisor *m*
Geberland *n*, ⁻er país *m* donante
Gebiet *n*, e territorio *m*; área *f*; distrito *m*; *auf wirtschaftlichem* ~ en el campo económico
Gebietsabtretung *f*, en cesión *f* territorial, de territorio
Gebietsansässige/r *(der/ein)* residente *m*
Gebietsanspruch *m*, ⁻e reivindicación *f* territorial
Gebietsfremde/r *(der/ein)* no residente; (CE) no nacional
Gebietsgrenze *f*, en límite *m* territorial
Gebietshoheit *f*, en soberanía *f* territorial
Gebietskartell *n*, e cártel *m* regional
Gebietskörperschaft *f*, en ente *m* territorial; corporación *f* territorial (Municipio, Estado federado, Federación)
Gebietsverletzung *f*, en violación *f* territorial, de

territorio
Gebietswerbung f, Ø publicidad f regional
Gebläse n, - (Seg.) soplador m
geboren (in) natural de; ~er nativo, de nacimiento; *(Frau Anna Molinero, geb. Müller)* Doña Anna Müller de Molinero
Gebot n, e 1. *(Angebot)* oferta f 2. *(Auktion)* licitación f; postura f; *(höheres ~ bei Auktion)* puja f 3. *jdm. zu ~e stehen* estar a la disposición de alg.
Gebr. → *Gebrüder*
Gebrauch m, ᵘe od. Ø 1. empleo m, aplicación f 2. utilización f; uso m; *eigener ~* uso propio; *zum täglichen ~* para el uso diario; *~ machen* servirse de; utilizar; usar; aprovechar; emplear; hacer uso de; *von einem Anerbieten ~ machen* servirse de un ofrecimiento; *außer ~ kommen* caer en desuso; *im ~ sein* estar en uso; *in ~ nehmen* emplear; usar; utilizar; *erster ~* estreno m; primera utilización f; *vor ~ gut schütteln* agítese bien antes de usar; *sparsam im ~* económico
gebrauchen emplear; aplicar; usar; utilizar; servirse de; aprovechar; valerse de; *(zum erstenmal)* estrenar; *die erhaltene Ware können wir nicht ~* la mercancía recibida no nos sirve de nada
Gebrauchsanweisung f, en modo m de empleo; instrucciones pl para el uso; instrucciones pl de servicio
Gebrauchsartikel m, - artículo m de uso corriente
Gebrauchsausführung f, en modelo m corriente
Gebrauchsdiebstahl m, ᵘe hurto m de uso
Gebrauchsfahrzeug n, e vehículo m utilitario
gebrauchsfertig utilizable; listo para el uso; acabado; en perfecto estado de uso; en condición de marcha
Gebrauchsgegenstand m, ᵘe objeto m de uso corriente; *persönliche ~e* objetos pl personales
Gebrauchsgraphik f, en arte f gráfica; dibujo m publicitario; grafismo m
Gebrauchsgraphiker m, - dibujante m publicitario
Gebrauchsgüter pl 1. bienes pl de consumo duradero 2. artículos pl de uso corriente
Gebrauchsmuster n, - muestra f, modelo m, dibujo m de utilidad (industrial); marca f; *eingetragenes ~* modelo m registrado
Gebrauchsmusterschutz m, Ø protección f de modelos y dibujos registrados; *Internationales Abkommen über den ~* Convención f internacional sobre Marcas Registradas
Gebrauchsvorschrift f, en → *Gebrauchsanweisung*

Gebrauchsware f, en → *Gebrauchsgüter*
Gebrauchswert m, e valor m útil od. de utilidad od. de uso
gebraucht usado; de ocasión, de segunda mano; *~ kaufen* comprar de segunda mano
Gebrauchtwagen m, - coche m, auto m de ocasión; coche m de segunda mano
Gebrauchtwagenhändler m, - vendedor m de coches usados
Gebrauchtwagenschau f, Ø exposición f de automóviles de ocasión
Gebrüder pl hermanos pl; *~ Maier* Hermanos Maier; Maier Hermanos; (Abk. *Gebr.*) Hnos.
Gebühr f, en 1. *(Beitrag)* cuota f 2. *(Tarif)* tarifa f; tasa f 3. *(Prämie)* prima f 4. *feste ~* canon m 5. *~en pl (Honorare)* honorarios pl; *(Kosten)* gastos pl; *(Abgaben)* derechos pl; tasas pl; impuestos pl; arbitrios pl 6. *Post~* porte m 7. *Vermittlungs~* comisión f 8. *(Makler~, Courtage)* corretaje m 9. *Autobahnbenutzungs~* peaje m 10. *zu ermäßigter ~* a tarifa reducida; *frei von allen ~en* exento de derechos 11. *gesetzliche ~* tasa legal 12. *mit ~en belegen* cargar de, gravar con derechos, impuestos; *die ~en berechnen* calcular las tasas, los derechos; *eine ~ entrichten* pagar od. satisfacer una tasa; *die ~en erstatten* reembolsar los derechos
Gebührenansage f, n indicación f de tasa
Gebührenbefreiung f, en exención f, exoneración f de derechos; *(Post, Zoll)* franquicia f
Gebührenberechnung f, en tarificación f
Gebühreneinheit f, en (Teléf.) paso m de contador
Gebührenerhebung f, en cobro m, cobranza f, recaudación f de derechos
Gebührenerhöhung f, en subida f de los derechos
Gebührenerlaß m, -sse → *Gebührenbefreiung*
Gebührenermäßigung f, en reducción f, rebaja f de los derechos
gebührenfrei exento, libre, exonerado de derechos
Gebührenfreiheit f, Ø → *Gebührenbefreiung*
Gebührenmarke f, n timbre m fiscal; viñeta f que muestra el pago de un derecho
Gebührennachlaß m, -sse → *Gebührenermäßigung*
Gebührenordnung f, en tarifa f *(z.B. Ärzte)*; arancel m
gebührenpflichtig sujeto a derechos; *~e Autobahn* autopista f de peaje
Gebührenrechnung f, en minuta f, cálculo m de honorarios
Gebührensatz m, ᵘe tarifa f
Gebührentabelle f, n tabla f de tasas; índice m de derechos

Gebührentafel *f*, n → *Gebührenordnung*
Gebührenüberhebung *f*, en concusión *f*; exación *f* indebida de derechos
Gebührenvorschuß *m*, ⁻sse anticipo *m*, adelanto *m* de derechos
Gebührenzähler *m*, - (Teléf.) contador *m*
Gebührenzuschlag *m*, ⁻e recargo *m*, suplemento *m* sobre las tasas
gebunden, ~es Buch libro *m* encuadernado; ~er Preis precio *m* controlado; vertraglich ~ obligado contractualmente; obligado por contrato; wir halten unser Angebot ~ bis consideramos nuestra oferta (en) firme hasta; nos sentimos obligados en nuestra oferta hasta; ~er Verkehr tráfico *m* sometido a controles aduaneros; ~e Währung moneda *f* controlada; ~er Zoll derecho *m* de consolidación
Geburtenbeschränkung *f*, en limitación *f* del número de nacimientos; limitación *f* de la natalidad; malthusianismo *m*
geburtenfördernd, eine ~e Politik betreiben instrumentar una política natalista od. promotora de la natalidad od. de fomento de la natalidad
Geburtenkontrolle *f*, Ø → *Geburtenregelung*
Geburtenregelung *f*, en control *m* de la natalidad
Geburtenrückgang *m*, ⁻e desnatalidad *f*; descenso *m* de la natalidad
geburtenschwach de baja, de exigua natalidad; ~ Jahrgänge años *pl* de baja natalidad
Geburtenschwund *m*, Ø regresión *f* de la natalidad
geburtenstark de fuerte natalidad; ~e Jahrgänge años *pl* de fuerte natalidad
Geburtenüberschuß *m*, ⁻sse excedente *m* de nacimientos (sobre fallecimientos)
Geburtenzahl *f*, en cifra *f* de nacimientos; tasa *f* de natalidad
Geburtenziffer *f*, n → *Geburtenzahl*
gebürtiger Spanier español *m* de nacimiento; español *m* nativo; nativo *m* español
Geburtsdatum *n*, -en fecha *f* de nacimiento
Geburtsname *m*, n nombre *m* de soltera
Geburtsort *m*, e lugar *m* de nacimiento
Geburtsurkunde *f*, n partida *f* de nacimiento; (LA) acta *f* de nacimiento
Gedächtnis *n*, se (Inform.) memoria *f* (Syn. *Speicher*)
Gedächtnisfeier *f*, n acto *m* conmemorativo
Gedächtniskunst *f*, Ø mnemotecnia *f*; mnemotécnica *f*
gedämpft, ~e Absatzerwartung expectativas *pl* amortiguadas, atenuadas, rebajadas en cuanto a las ventas
gedeckt, ~er Kredit crédito *m* con cobertura; durch die Versicherung voll ~ sein estar cubierto, amparado totalmente por el seguro
gedenken *(feierlich)* conmemorar
Gedenkfeier *f*, n conmemoración *f*; acto *m* conmemorativo; celebración *f*
Gedenkrede *f*, n discurso *m* conmemorativo
Gedinge *n*, - precio *m* convenido; destajo *m*; ~arbeit trabajo *m* a tanto alzado od. a destajo; im ~ a destajo; a tanto alzado
gedruckt, ~es Formblatt formulario *m* impreso; hoja *f* impresa
gedrückt, ~e Börse mercado *m*, bolsa *f* a la baja
geehrt (Corresp.) Sehr ~er Herr Maier Estimado señor Maier; Sehr ~e Herren Muy señores míos
geeignet apropiado; propio; capaz; persönlich und fachlich ~ calificado personal y técnicamente; die Waren sind für den Markt ~ las mercancías son apropiadas para el mercado
Gefahr *f*, en peligro *m*; riesgo *m*; für Rechnung und ~ von por cuenta y riesgo de; auf ~ des Empfängers a riesgo del destinatario; gegen alle ~en versichern asegurar contra todos los riesgos
gefährden 1. poner en peligro; exponer a un peligro; comprometer 2. *(riskieren)* arriesgar 3. *(bedrohen)* amenazar
Gefährdung *f*, en peligro *m*; amenaza *f*; grado *m* de peligro
Gefährdungsdelikt *n*, e delito *m* de peligro
Gefährdungsgrad *m*, - (Seg.) grado *m* de peligro od. de exposición
Gefährdungshaftung *f*, en responsabilidad *f* objetiva
Gefahrentatsache *f*, en (Seg.) existencia *f* de riesgo relevante
Gefahrenzulage *f*, en plus *m* de trabajo peligroso
Gefahrenübergang *m*, Ø transferencia *f* de riesgos
Gefälle *n*, - 1. *(Abhang)* pendiente *f* 2. *(Gelände)* declive *m* 3. desnivel *m*; diferencia *f* de nivel; diferencial *m*; ~ ausgleichen nivelar; soziales ~ desnivel *m* social
gefällig atento; obsequioso; amable; afable; Ihrer ~en Antwort entgegensehend a la espera de, esperando su respuesta
Gefälligkeit *f*, en favor *m*; servicio *m*
Gefälligkeitsakzept *n*, e → *Gefälligkeitswechsel*
Gefälligkeitswechsel *m*, - letra *f* de complacencia, de favor
Geflecht *n*, - (Seg.) malla *f*
gefragt demandado, solicitado; stark ~er Artikel artículo *m* muy demandado, solicitado
Gefrierware *f*, n productos *pl* congelados (Syn. *Tiefkühlkost*)
Gefüge *n*, - estructura *f*; sistema *m*; contextura *f*
gegen 1. contra 2. *(etwa)* sobre 3. *(im Austausch)*

a cambio de 4. ~ *bar* al contato 5. ~ *Entgelt* a título oneroso; ~ *Quittung* contra recibo; ~ *Bezahlung der Gebühren* mediante (el) pago de los derechos; *Kasse* ~ *Dokumente* al contado contra documentos
Gegenangebot *n*, e contraoferta *f*
Gegenantrag *m*, ⁼e contraproposición *f*; ~ *einbringen* formular una contraproposisión
Gegenauftrag *m*, ⁼e contraorden *f*; contraaviso *m*; *wenn wir keinen* ~ *von Ihnen erhalten* sin contraorden de su parte
gegenbieten sobrepujar
Gegenbieter *m*, - el que sobrepuja
gegenbuchen extornar
Gegenbuchung *f*, en contrapartida *f*
Gegenbürge *m*, n fiador *m* subsidiario; segundo fiador *m*
Gegenbürgschaft *f*, en caución *f* subsidiaria; fianza *f* de fianza
Gegendemonstration *f*, en contramanifestación *f*
Gegendienst *m*, e desquite *m*; favor *m*; servicio *m* recíproco; reciprocidad *f*; (Corresp.) *zu* ~*en gern bereit* estamos siempre dispuestos a devolver servicios; nos ofrecemos a la recíproce
Gegenexpertise *f*, n → *Gegengutachten*
Gegenforderung *f*, n pretensión *f* a título de reciprocidad; (Jur.) demanda *f* reconvencional, recíproca
Gegengebot *n*, e → *Gegenangebot*
Gegengeschäft *n*, e compensación *f*
Gegengewicht *n*, e contrapeso *m*
Gegengutachten *n*, - dictamen *m* contrario
Gegenklage *f*, n (Jur.) reconvención *f*; demanda *f* reconvencional
Gegenleistung *f*, en contraprestación *f*; *als* ~ *für en cambio* (de); como contraprestación; como compensación; en pago de
Gegenmarke *f*, n contramarca *f*
Gegenmaßnahme *f*, n (Pol.) represalia *f*; medida en contra; contramedida *f*
Gegenposten *m*, - (Contab.) contrapartida *f*
Gegenprojekt *n*, e contraproyecto *m*; *ein* ~ *vorlegen* presentar un contraproyecto
Gegenrechnung *f*, en 1. descuento *m* 2. verificación *f* 3. cuenta *f* deudora
Gegenschein *m*, e (*Quittung*) recibo *m*; (Jur.) contracédula *f*; contraescritura *f*
Gegenseite *f*, n 1. lado *m* opuesto; revés *m*; reverso *m* 2. (Jur.) parte *f* contraria
gegenseitig mutuo; recíproco; ~*er Beistand* asistencia *f* mutua; *im* ~*en Einvernehmen* de común acuerdo; ~*er Handelsverkehr* intercambio *m* comercial recíproco; ~*e Abhängigkeit* interdependencia *f*

Gegenseitigkeit *f*, en reciprocidad *f*; mutualidad *f*; solidaridad *f*; *Gesellschaft auf* ~ mutualidad *f*; sociedad *f* mutua; *Versicherung auf* ~ mutua *f* de seguros; (Seg.) *Verein auf* ~ mutual *m*; mutualidad *f*; *auf* ~ *gegründeter Vertrag* tratado *m* de reciprocidad; *Verbürgung der* ~ garantía *f* de reciprocidad
Gegenseitigkeitsabkommen *n*, - acuerdo *m* de reciprocidad
Gegenseitigkeitsklausel *f*, n cláusula *f* de reciprocidad
Gegenseitigkeitsversicherung *f*, n seguro *m* mutuo
Gegenseitigkeitsvertrag *m*, ⁼e tratado *m* de reciprocidad
Gegensprechverkehr *m*, Ø (Teléf.) servicio *m* dúplex
Gegenstand *m*, ⁼e 1. objeto *m*; sujeto *m*; materia *f*; *kunstgewerblicher* ~ artículo *m* artesanal; ~⁼*e des dringenden Bedarfs* objetos de primera necesidad; ~⁼*e des täglichen Bedarfs* objetos de uso corriente; ~ *des Unternehmens* objeto de la sociedad; *einen* ~ *von der Konkursmasse absondern* separar un objeto de la masa 2. elemento *m*; ~⁼*e des Anlagevermögens* elementos del activo fijo; ~⁼*e des Umlaufvermögens* elementos del activo circulante
gegenteilig contrario; opuesto; *vorbehaltlich* ~*er Mitteilung* salvo aviso en contrario
Gegenunterschrift *f*, en refrendo *m*
Gegenverkehr *m*, Ø circulación *f* en sentido opuesto; doble circulación *f*; *Straße mit* ~ calle *f* de doble circulación
Gegenversicherung *f*, en contraseguro *m*
Gegenvorschlag *m*, ⁼e contraproposición *f*
Gegenwart *f*, Ø *in* ~ *aller Beteiligten* en presencia de todos los interesados
gegenwärtig, *die* ~*en Verhandlungen* las negociaciones *pl* en trámite
Gegenwartsgüter *pl* bienes *pl* presentes, disponibles de inmediato
Gegenwartswert *m*, e valor *m* actual
Gegenwert *m*, e contravalor *m*; valor correspondiente *m*; equivalente *m*; *den vollen* ~ *ausgezahlt bekommen* obtener el equivalente integral en líquido; ~ *in anderer Währung* equivalente en otra moneda
gegenzeichnen contrafirmar; contrasignar; (Amtl.) refrendar
Gegenzeichner *m*, - refrendario *m*
Gegenzeichnung *f*, en refrendo *m*
Gegner *m*, - contrario *m*; adversario *m*; *politischer* ~ adversario político
gegr. → *gründen*
Gehalt 1. *m*, e contenido *m*; nivel *m*; concentración *f*; riqueza *f*; *ein geringer* ~ *an Metall* un exi-

guo contenido de metal 2. *n*, ⸚er sueldo *m*; *ein ~ beziehen* percibir un sueldo; *das ~ auf ein Konto überweisen* domiciliar la nómina
gehaltarm pobre en
Gehaltsabbau *m*, Ø → *Gehaltskürzung*
Gehaltsabrechnung *f*, en nómina *f*
Gehaltsabrechnungsstreifen *m*, - tira *f* de liquidación del sueldo
Gehaltsabzug *m*, ⸚e deducción *f* del sueldo; retención *f* sobre el sueldo
Gehaltsanspruch *m*, ⸚e 1. derecho *m* a sueldo 2. reivindicaciones *pl* salariales (*nur pl*)
Gehaltsanweisung *f*, en nómina *f*
Gehaltsaufbesserung *f*, en → *Gehaltserhöhung*
Gehaltsauszahlung *f*, en pago *m* de los sueldos
Gehaltsbescheinigung *f*, en recibo *m* del sueldo
Gehaltsempfänger *m*, - asalariado *m*; perceptor *m* de un sueldo
Gehaltserhöhung *f*, en aumento *m*, elevación *f* de sueldo; *eine ~ bekommen, gewähren, verlangen* obtener, conceder, exigir un aumento de sueldo
Gehaltsforderung *f*, en → *Gehaltsanspruch*
Gehaltsfortzahlung *f*, en 1. tramitación *f* de salarios 2. salarios *pl* de tramitación
Gehaltsgruppe *f*, n categoría *f* de sueldo
Gehaltsherabsetzung *f*, en → *Gehaltskürzung*
Gehaltskonto *n*, -en cuenta-salario *f*; cuenta *f* corriente de empleados y perceptores de salario
Gehaltskürzung *f*, en reducción del sueldo
Gehaltsliste *f*, n nómina *f*
Gehaltsnachzahlung *f*, en pago *m* del resto del salario
Gehaltsordnung *f*, en baremo *m*
Gehaltspfändung *f*, en embargo *m* del sueldo
Gehaltssperre *f*, n suspensión *f* del pago de sueldos
Gehaltsstreifen *m*, - tiras *pl* del sueldo
Gehaltsstufe *f*, n categoría *f*; (*Beamte*) escalafón *m*; *in eine höhere ~ aufrücken* subir de categoría
Gehaltstabelle *f*, n escalafón *m*, tabla *f* de sueldos
Gehaltsvorrückung *f*, en (A) promoción *f* salarial de funcionarios
Gehaltsvorschuß *m*, ⸚sse anticipo *m* del sueldo
Gehaltswünsche *pl* → *Gehaltsanspruch*
Gehaltszulage *f*, n suplemento *m*, aumento *m* de sueldo; sobresueldo *m*
Gehäusestift *m*, e (Seg.) contrapistón *m*
geheim secreto; clandestino; confidencial; privado; oculto; *streng ~* estrictamente confidencial; *~e Abstimmung, Wahl* voto *m* secreto; elección *f* secreta; *~e Mitteilung* nota *f* confidencial
Geheimfonds *m*, - fondo *m* secreto
geheimhalten mantener en secreto; *Bewerbungen von ungekündigten Kandidaten werden streng ~* bajo estricta reserva colocados
Geheimhaltung *f*, en discreción *f*
Geheimhaltungspflicht *f*, Ø obligación *f* de mantener el secreto (profesional)
Geheimkonto *n*, -en cuenta *f* secreta, privada
Geheimnis *n*, se secreto *m*; *ein ~ verraten* revelar el secreto
Geheimnummer *f*, n 1. (Teléf.) número *m* secreto 2. número *m* de cuenta secreta
Geheimzahl *f*, en número *m* secreto
gehen ir; andar; marchar; *die Geschäfte ~ gut* los negocios marchan bien; *die Preise ~ in die Höhe* los precios se disparan; *in Serie ~* ser fabricado en serie 2. venderse, colocarse bien
Gehilfe *m*, n (*Handwerk*) oficial *m*; (Com.) empleado *m*; (*Assistent, Amts-*) asistente *m*; ayudante *m*
gehoben, *Güter des ~en Bereichs* bienes *pl* de lujo; *eine ~e Position bekleiden* ocupar un puesto importante
Geistesarbeiter *m*, - trabajador *m* intelectual
geizen ser avaro; *mit jedem Pfennig ~* ser tacaño
Geizhals *m*, ⸚e tacaño *m*; avaro *m*; avariento *m*; mezquino *m*
geklemmt (Seg.) embornado, fijado mediante bornes
gekoppelt acoplado; puesto en función (de); *~er Auftrag* pedido *m* condicionado
Gelände *n*, - terreno *m*; (*Bauplatz*) solar *m*; (*Ausstellungs~*) recinto *m* ferial
Geld *n* 1. er → *Gelder* 2. dinero *m*; plata *f*; (Fam.) pasta *f* 3. *angelegtes ~* dinero invertido, colocado; *falsches ~* dinero falso, falsificado; *flüssiges ~* dinero disponible; *heißes ~* dinero flotante od. especulativo; dinero robado; *leichtes ~* dinero fácilmente ganado 4. *~ abheben* retirar dinero; *~ anlegen* invertir, colocar dinero; *~ einzahlen* ingresar dinero; *von seinem ~ leben* vivir de sus rentas; vivir de cupones; *~ wechseln* cambiar dinero 5. (Börse) compra *f*
Geldabfindung *f*, en indemnización *f* dineraria
Geldabwertung *f*, en devaluación *f*, depreciación *f* monetaria
Geldanforderung *f*, en (Seg.) orden *f* de retirada (de dinero)
Geldanlage *f*, n colocación *f*, inversión *f* de capital
Geldanweisung *f*, en giro *m*
Geldaufnahme *f*, n recurso *m*, apelación *f* al crédito, préstamo empréstito
Geldaufwland *m*, **-endungen** desembolso *m*, despliegue *m* de capital
Geldaufwertung *f*, en revaluación *f*, apreciación *f* monetaria
Geldaufzug *m*, ⸚e (Seg.) ascensor *m* de dinero

Geldausgabe *f*, n entrega *f* de dinero; *verzögerte* ~ entrega diferida de dinero
Geldausgabeautomat *m*, en → *Geldautomat*
Geldausgabeschacht *m*, ⁻ᵉ (Seg.) conducto *m* de expendición de dinero
Geldausgabeschalter *m*, - ventanilla *f* de pagos
Geldautomat *m*, en cajero *m* automático; expendedor *m* automático de dinero; telebanco *m*
Geldbehälter *m*, - (Seg.) caja *f* de caudales
Geldbeihilfe *f*, en subsidio *m*; ayuda *f* financiera; subvención *f*
Geldbeitrag *m*, ⁻ᵉ 1. *(staatlicher* ~ *)* subvención *f*; subsidio *m* 2. contribución *f*, aportación *f* financiera 3. cotización *f* (a)
Geldbeschaffung *f*, en procuración *f*, mobilización *f* de fondos
Geldbestand *m*, ⁻ᵉ → *Geldreserven*
Geldbeutel *m*, - portamonedas *m*; *(für Scheine)* cartera *f*
Geldbewegung *f*, en movimiento *m* de fondos, capital *m*
Geldbezüge *pl* percepciones *pl* dinerarias, en dinero
Geldbombe *f*, n (Seg.) arqueta *f* de dinero
Geldbote *m*, n (Seg.) persona *f* que transporta dinero; responsable *m* del transporte de dinero
Geldbörse *f*, n 1. → *Geldbeutel* 2. mercado *m* monetario
Geldbrief *m*, e carta *f* (certificado) con valores (declarados)
Geldbündel *n*, - → *Geldscheinbündel*
Geldbuße *f*, n sanción *f* pecuniaria; sanción *f* administrativa; *(Geldstrafe)* pena *f* pecuniaria; multa *f*; *eine* ~ *verhängen* imponer una sanción pecuniaria; multar
Geldcontainer *m*, - (Seg.) contenedor *m* de dinero
Geldeingang *m*, ⁻ᵉ entradas *pl*, entrada *f* de dinero
Geldeinheit *f*, en unidad *f* monetaria
Geldeinlage *f*, n 1. aportación *f* de fondos; colocación *f*, inversión *f* de fondos 2. *(Bank)* fondos *pl* depositados; depósitos *pl* 3. *(Firma)* capital *m* aportado
Geldeinnehmer *m*, - cobrador *m*
Geldeinwurf *m*, ⁻ᵉ (Teléf., *Automat)* ranura *f* para echar la moneda
Geldentschädigung *f*, en → *Geldabfindung*
Geldentwertung *f*, en 1. depreciación *f* monetaria; desmonetización *f* 2. disminución *f* del poder adquisitivo
Gelder *pl* capital *m*; fondos *pl*; medios *pl* financieros; recursos *pl* pecuniarios 1. *eingefrorene* ~ capital bloqueado, congelado; *heiße* ~ capital flotante, especulativo; *öffentliche* ~ fondos, recursos públicos 2. ~ *festlegen* inmovilizar capital

Gelderwerb *m*, Ø *auf* ~ *angelegtes Unternehmen* empresa *f* comercial, con fines de lucro; *auf* ~ *angewiesen sein* tener que ganarse la vida
Geldflüssigkeit *f*, en liquidez *f*
Geldforderung *f*, en crédito *m* (pecuniario); deuda *f* activa; haber *m*
Geldgeber *m*, - prestamista *m*; capitalista *m*; financiero *m*
Geldgeschäft *n*, e operación *f*, transacción *f* financiera
Geldgeschenk *n*, e regalo *m*, donación *f* en dinero; *steuerabzug(s)fähiges* ~ regalo en dinero deducible de los impuestos
geldgierig codicioso
Geldherrschaft *f*, (en) plutocracia *f*; capitalismo *m*
Geldhortung *f*, en acaparamiento *m* de dinero
Geldinstitut *n*, e instituto *m* bancario; instituto *m* crediticio; banco *m*; *(Syn. Kreditinstitut)*
Geldkassette *f*, n (Seg.) arqueta *f* de dinero
Geldklemme *f*, Ø (Fam.) *er befindet sich in einer augenblicklichen* ~ se encuentra de momento en un apuro, aprieto financiero
Geldknappheit *f*, en escasez *f* de dinero, de fondos; penuria *f*
Geldkredit *m*, e crédito *m* monetario
Geldkreislauf *m*, ⁻ᵉ 1. circuito *m* monetario 2. circulación *f* monetaria
Geldkrise *f*, n crisis *f* monetaria
Geldkurs *m*, e 1. tipo *m* de cambio de la moneda; cotización *f*; valuta *f* 2. *(Börse)* cotización de demanda, de compra (Ggs. *Briefkurs*)
Geldlage *f*, n situación *f* monetaria
Geldleiher *m*, - 1. *(der entleiht)* prestatario *m* 2. *(der leiht)* prestamista *m*
Geldleihpreis *m*, e precio *m*, interés *m* del dinero
Geldleistung *f*, en prestación *f* en efectivo, pecuniaria
Geldleute *pl* financieros *pl*; banqueros *pl*; capitalistas *pl*; hacendistas *pl*
geldlich monetario; pecuniario; financiero
Geldlohn *m*, ⁻ᵉ salario *m* en efectivo
Geldmangel *m*, Ø escasez *f*; falta *f* de fondos, de dinero
Geldmarkt *m*, ⁻ᵉ mercado *m* monetario, dinerario; mercado *m* de capitales a corto plazo
Geldmarkt-Buchforderung *f*, en crédito *m* en cuenta del mercado monetario; crédito *m* quirográfico
Geldmarktpapiere *pl* valores *pl* negociables en el mercado monetario
Geldmasse *f*, n → *Geldmenge*
Geldpreis *m*, e 1. precio *m* del dinero 2. *(Gewinn)* premio *m* en metálico, en efectivo
Geldquelle *f*, n recursos *pl* financieros, monetarios; fuente *f* de recursos

Geldreserven pl reservas pl monetarias
Geldrolle f, n cartucho m, rollo m de moneda
Geldsammlung f, en colección f; *(Kirche)* colecta f
Geldschaffung f, en → *Geldschöpfung*
Geldschein m, e billete m de banco
Geldscheinbündel n, - faja f, fajo m de billetes
Geldscheinkontakt m, e (Seg.) contacto m, pinza f de dinero
Geldscheinsorte f, n tipo m de billete
Geldschleuse f, n (Seg.) compuerta f de entrega de dinero
Geldschöpfung f, en creación f de dinero
Geldschrank m, ¨e 1. caja f fuerte; cofre m; caja f de caudales; *einbruchsicherer* ~ arca f invulnerable 2. *(Bank)* cámara f acorazada
Geldschrankknacker m, - expoliador m de cajas de caudales
Geldschuld f, en deuda f (de dinero)
Geldsendung f, en envío m de dinero; remesa f en metálico
Geldsorten pl 1. clases pl de dinero 2. *(Bank)* billetes pl y monedas
Geldspende f, n donativo m
Geldspritze f, n inyección f, ayuda f financiera
Geldstrafe f, n pena f pecuniaria; multa f; *eine ~ verhängen* imponer una multa; multar; *bei ~* bajo multa
Geldstück n, e (pieza f de) moneda f
Geldsurrogat n, e sucedáneo m de dinero; sustitutivo m de dinero
Geldtasche f, n billetero m
Geldtransport m, e (Seg.) transporte m de dinero
Geldtransportbehälter m, - cofre m contenedor de los fondos del transporte
Geldtransportfahrzeug n, e vehículo m especial para el transporte de dinero
Geldtransportfirm|a f, -en empresa f dedicada profesionalmente al transporte de dinero
Geldtransporttasche f, n bolsa f especial para el transporte de dinero
Geldüberflu|ß m, Ø abundancia f de dinero; plétora f dineraria
Geldüberhang m, ¨e → *Geldüberfluß*
Geldumlauf m, Ø masa f monetaria en circulación; circulación f monetaria
Geldumtausch m, Ø cambio m (de dinero); operación f de cambio; conversión f monetaria
Geldvergütung f, en → *Geldabfindung*
Geldverkehr m, Ø circulación f monetaria; movimientos pl de capital
Geldverlegenheit f, en dificultades pl económicas; *(momentan)* apuro m; aprieto m; *(Staat)* crisis f financiera; *in ~ geraten* estar muy apurado de medios

Geldverleiher m, - prestamista m
Geldverlust m, e pérdida f (de dinero)
Geldvermögen n, Ø activo m financiero; medios pl financieros; patrimonio m en efectivo
Geldvermögensbildung f, en formación f de riqueza monetaria
Geldverschlechterung f, en devaluación f, erosión f monetaria
Geldverschwendung f, en despilfarro m, derroche m de dinero
Geldvolumen n, - → *Geldmenge*
Geldwechsel m, - → *Geldumtausch*
Geldwechsler m, - agente m de cambio; cambista m; banquero m
Geldwert m, Ø valor m monetario, efectivo, pecuniario; ~ *verleihen* monetarizar
Geldwertstabilisierung f, Ø estabilización f monetaria
Geldwertstabilität f, Ø estabilidad f monetaria
Geldwesen n, Ø sistema m monetario; (LA) finanzas pl
Geldwirtschaft f, en economía f monetaria
Geldwucher m, Ø usura f; agiotaje m; especulación f fraudulenta sobre los cambios; ~ *treiben* agiotar
Geldzählmaschine f, n máquina f para contar moneda
Geldzuwendung f, en asignación f de dinero; ayuda f financiera
Gelegenheit f, en ocasión f; oportunidad f
Gelegenheitsarbeit f, en trabajo m accidental, ocasional, eventual
Gelegenheitsarbeiter m, - trabajador m eventual, ocasional, accidental
Gelegenheitsgesellschaft f, en sociedad f civil constituida a título temporal; grupo m bancario; consorcio m
Gelegenheitskauf m, ¨e (compra f de) ocasión f; *günstiger* ~ ganga f
Gelegenheitskaufabteilung f, en sección f de ocasiones, oportunidades
Geleise n, - → *Gleis*
Geleitschein m, e pasavante m; (Angl.) navicert m
gelenkt dirigido; (re)conducido; controlado; *~er Preis* precio m fijo, controlado; *~e Wirtschaft* economía f planificada, dirigida
gelernt cualificado; *~er Arbeiter* trabajador m cualificado
Gellasystem n, e (sistema f de) publicidad f bola de nieve
gelocht perforado; agujereado; *(mit Bohrer)* taladrado; *~e Fahrkarte* billete m picado; (Inform.) tarjeta f perforada
gelten 1. valer 2. ser válido 3. regir 4. ser considerado; pasar por

geltend en vigor; vigente; *nach ~em Recht* según las leyes vigentes
geltend machen, *einen Anspruch ~* hacer valer, aducir una pretensión; *ein Eigentumsrecht ~* reivindicar la propiedad de u/c
Geltendmachung *f*, Ø reivindicación *f*; ejercicio *m*; *gerichtliche ~* ejercicio de una acción
Geltung *f*, (**en**) 1. valor *m* 2. validez *f* 3. crédito *m*; prestigio *m*; autoridad *f* 4. *das Gesetz hat ~* la ley está en vigor
Geltungsbereich *m*, e ámbito *m* de validez
Geltungsdauer *f*, Ø plazo *m*, período *m* de validez
gemäß conforme a; en virtud de; según; en conformidad con; de acuerdo con; al compás de; *(nach Maßgabe)* con arreglo a; con sujeción a
gemein común; público; ordinario; *~er Wert* valor *m* ordinario, normal
Gemeinbesitz *m*, Ø → *Gemeineigentum*
Gemeinde *f*, **n** municipio *m*; (LA) comuna *f*; *(Einwohnerschaft)* vecindario *m*; *ländliche ~* comunidad *f* rural
Gemeindeabgaben *pl* arbitrios *pl*; impuestos *pl* municipales, comunales
Gemeindeanleihe *f*, **n** empréstito *m* municipal
Gemeindebeamte/r *(der/ein)* empleado *m* de ayuntamiento, municipal
Gemeindebetrieb *m*, e empresa *f* municipal
Gemeindebezirk *m*, e término *m*, circunscripción *f* municipal
gemeindeeigen comunal; municipal
Gemeindeeigentum *n*, Ø colectividad *f*; bienes *pl* comunes; propiedad *f* pública; *etw. in ~ überführen* convertir u/c en propiedad pública; colectivizar; socializar
Gemeindefinanzen *pl* hacienda *f* municipal; finanzas *pl* locales
Gemeindegebrauch *m*, Ø uso *m* público
Gemeindenhaushalt *m*, e presupuesto *m* municipal
Gemeinderat *m*, ⸚e 1. *(Organ)* concejo *m* municipal; cabildo *m*; (LA) municipalidad *f* 2. *(Person)* concejal *m*
Gemeindesteuern *pl* impuestos *pl* municipales, locales
Gemeindeverband *m*, ⸚e agrupación *f* intercomunal; mancomunidad *f*
Gemeindeväter *pl* concejales *pl*
Gemeindevorsteher *m*, - alcalde *m*
Gemeindewahlen *pl* elecciones *pl* municipales
Gemeindegläubiger *m*, - acreedor *m* de un quebrado
gemeingültig de aplicación general; de aceptación general; generalmente admitido
Gemeingut *n*, ⸚er bien *m* común, público; patrimonio *m* general; *zum ~ machen* poner al alcance de todos; popularizar
Gemeinjahr *n*, e año *m* normal (de 365 días)
Gemeinkosten *pl* gastos *pl* generales
Gemeinnutz *m*, Ø interés *m* general, público; *~ geht vor Eigennutz* el interés general prima sobre el particular
gemeinnützig de utilidad pública; de interés público; *~e Gesellschaft* sociedad *f* de utilidad pública; *~e Vereinigung* asociación *f* sin ánimo de lucro; *zu ~en Zwecken* con, para fines benéficos
gemeinrechtlich de derecho común
gemeinsam *(äußerlich verbunden)* combinado; aunado; *(innerlich verbunden)* solidario; *(allen gemeinsam)* común; compartido; conjunto; *(zusammengefaßt)* colectivo; mancomunado; *(gegenseitig)* mutuo; *~e Erklärung* declaración *f* conjunta; *~er Besitz* coposesión *f*; (régimen *m* de la) comunidad *f* de los bienes; *~er Markt* Mercado *m* Común; *~ haften* responder solidariamente (de)
Gemeinschaft *f*, **en** comunidad *f*; colectividad *f*; *(Unauflösbarkeit)* indivisión *f*; *Auflösung der ~* disolución *f* de la comunidad
Gemeinschafts- (EG) comunitario
Gemeinschaftsanschlu|ß *m*, ⸚sse (Teléf.) línea *f* colectiva
Gemeinschaftsarbeit *f*, **en** trabajo *m* en común, en equipo
Gemeinschaftsausfuhr *f*, **en** (EG) exportaciones *pl* comunitarias
Gemeinschaftsautorität *f*, **en** (EG) autoridad *f* comunitaria
Gemeinschaftsbetrieb *m*, e empresa *f* colectiva, en participación
Gemeinschaftseigentum *n*, Ø 1. copropiedad *f* 2. propiedad *f* colectiva
Gemeinschaftskont|o *n*, -en cuenta *f* colectiva, mancomunada
Gemeinschaftspräferenz *f*, **en** (EG) preferencia *f* comunitaria
Gemeinschaftspreis *m*, e (EG) precio *m* comunitario
Gemeinschaftsproduktion *f*, **en** coproducción *f*
Gemeinschaftsraum *m*, ⸚e sala *f* común
Gemeinschaftsschlo|ß *n*, ⸚sser (Seg.) cerradura *f* colectiva
Gemeinschaftsschlüssel *m*, - (Seg.) llave *f* colectiva
Gemeinschaftssteuern *pl* (EG) impuestos *pl* comunitarios
Gemeinschaftsverfahren *n*, - (EG) procedimiento *m* comunitario
Gemeinschaftsvermögen *n*, - bienes *pl* indivisos; masa *f* social; patrimonio *m* común
Gemeinschaftswerbung *f*, en publicidad *f* colec-

tiva (por todo un sector industrial para un producto sin mencionar ninguna empresa o marca especiales)
Gemeinschuld *f*, en deuda *f* común
Gemeinschuldner *m*, - quebrado *m*
Gemeinwert *m*, e valor *m* común
Gemeinwirtschaft *f*, en orden *m* económico que da prioridad a la satisfacción de intereses colectivos
gemeinwirtschaftlich, ~*e Lasten* cargas *pl* económicas y sociales
Gemeinwohl *n*, Ø bien *m* común; utilidad *f* pública
gemischt mixto; mezclado; ~*e Kommission* comisión *f* mixta; ~*es Konto* cuenta *f* mixta
Gemischtbauweise *f*, n construcción *f* mixta
Gemischtwarenhandlung *f*, en colmado *m*; tienda *f* de ultramarinos
genau 1. exacta; justo; preciso; *die Postleitzahl* ~ *angeben* indicar con precisión el código postal 2. detallado; minucioso
genehmigen autorizar; aprobar; *(nachträglich)* sancionar; aceptar; *(zugestehen)* conceder; *(einwilligen)* consentir; *(Vertrag)* ratificar; *amtlich* ~ autorizar oficialmente; homologar
Genehmigung *f*, en aprobación *f*; autorización *f*; permiso *m*; licencia *f*; aceptación *f*; sanción *f*; consentimiento *m*; beneplácito *m*; Visto *m* Bueno; concesión *f*; ratificación *f*; *(amtliche, behördliche* ~) homologación *f* (oficial); ~ *erteilen* conceder una autorización; *mit Ihrer* ~ con su permiso, venia; *befristete* ~ autorización temporal; *gewerbliche* ~ licencia profesional; *schriftliche* ~ autorización por escrito
genehmigungspflichtig sujeto a autorización previa; sujeto a permiso previo
Genehmigungsvermerk *m*, e Visto *m* Bueno
Generalagent *m*, en → *Generalvertreter*
Generalbevollmächtigte/r *(der/ein)* apoderado *m* general
Generaldirektor *m*, en director *m* general
Generalhandel *m*, Ø comercio *m* general (exportaciones, importaciones, tránsito)
General-Hauptschlüssel *m*, - (Seg.) llave *f* maestra general
General-Hauptschlüsselanlage *f*, n sistema *m* con llave maestra general
Generalstaatsanwalt *m*, ⸚e fiscal *m* general
Generalstreik *m*, s huelga *f* general
Generalversammlung *f*, en asamblea *f*, junta *f* general
Generalversammlungsvollmacht *f*, en poder *m* de representación en la Junta general
Generalvertreter *m*, - representante *m* general, en exclusivo; (Seg.) agente *m* general
Generalvertretung *f*, en representación *f* general, exclusiva; (Seg.) agencia *f* general
Generalvertrieb *m*, Ø distribución *f* exclusiva
Generalvollmacht *f*, en poder *m* general
genormt normalizado; estandar(d)izado; ~*es Format* formato *m* normalizado
Genosse *m*, n (Pol.) compañero *m*; (Com.) socio *m* cooperativo; cooperador *m*; asociado *m*
Genossenschaft *f*, en (sociedad *f*) cooperativa *f*; *eingetragene* ~ cooperativa registrada; *gewerbliche* ~ cooperativa industrial; *landwirtschaftliche* ~ cooperativa agrícola
genossenschaftlich cooperativo
Genossenschaftsbank *f*, en banco *m* cooperativo
Genossenschaftsbauer *m*, n agricultor *m* cooperador, cooperativo
Genossenschaftsbewegung *f*, en cooperativismo *m*; movimiento *m* cooperativista
Genossenschaftsbund *m*, -*Internationaler* ~ (IGB od. ICA) Alianza *f* Cooperativa Internacional (ACI)
Genossenschaftskasse *f*, n ~ *auf Gegenseitigkeit* Mutualidad *f*
Genossenschaftsrecht *n*, Ø derecho *m* cooperativo
Genossenschaftsregister *n*, - registro *m* de cooperativas
Genossenschaftsverband *m*, ⸚e federación *f* de cooperativas
Genossenschaftswesen *n*, Ø las cooperativas *pl*
Genuß *m*, Ø *(Nutzen)* provecho *m*; disfrute *m*; usufructo *m*; *(Speisen)* degustación *f*; ~ *eines Rechtes* goce *m* de un derecho; *in den* ~ *von etw. kommen* beneficiarse de a/c
Genußaktie *f*, n acción *f* de disfrute, goce
Genußmittel *pl* estimulantes *pl*; *Nahrungs- und* ~ productos *pl* alimenticios y estimulantes
Genußmittelindustrie *f*, n industria *f* de estimulantes
Genußrecht *n*, e derecho *m* de disfrute
Genußschein *m*, e bono *m* de disfrute
geöffnet abierto; *durchgehend* ~ abierto permanentemente; *ganzjährig* ~ abierto todo el año; *ab neun Uhr* ~ abierto a partir de las nueve *bzw.* de las 9.00
Gepäck *n*, -stücke equipaje *m*; (LA) valijas *pl*; (Mil.) bagaje *m*; *Stück* ~ bulto *m*; ~ *aufgeben* facturar
Gepäckabfertigung *f*, en despacho *m*; facturación *f*; recepción *f*; registro *m* de equipajes
Gepäckabholung *f*, Ø 1. *(Ausgabe)* entrega *f*, retirada *f* de equipajes 2. *(von Zuhause)* (servicio *m* de) recogida *f* de equipajes del domicilio
Gepäckanhänger *m*, - etiqueta *f*
Gepäckannahme *f*, n → *Gepäckabfertigung*
Gepäckaufbewahrung *f*, en consigna *f*

Gepäckaufgabe f, n → *Gepäckabfertigung*
Gepäckausgabe f, n entrega f de equipajes
Gepäckbeförderung f, en transporte m de equipajes
Gepäckfracht f, en precio m del transporte de equipajes
Gepäckfreigrenze f, n franquicia f de equipajes
Gepäckschalter m, - taquilla f, ventanilla f de equipajes
Gepäckschein m, e resguardo m de consigna
Gepäckschließfach n, ⊔er consigna f automática
Gepäckstück n, e bulto m; (LA) valija f
Gepäckträger m, - mozo m; (Arg.) changador m
Gepäckzustellung f, en (servicio m de) entrega f de equipajes a domicilio
geradestehen responder de; salir garante de
Gerant m, en (CH) gerente m; administrador m
Gerät n, e instrumento m; aparato m; utensilios pl; útiles pl; *(Hilfsmittel)* insumo m; *(Werkzeug)* herramientas pl; *(Zubehör)* accesorios pl; *datenverarbeitende ~e* ordenadores pl
Gerätebestand m, ⊔e parque m de material
geraten llegar a; ir a parar a; resultar; *in Konkurs ~* declararse en quiebra; *in eine Krise ~* sufrir una crisis; *in Schulden ~* endeudarse
gerecht justo; equitativo; *~e Forderung* reivindicación f legítima; *~er Preis* precio m justo; *~ werden* hacer justicia a
Gerechtigkeit f, Ø justicia f; equidad f; *(von Forderungen)* legitimidad f, justificación f; *steuerliche ~* equidad fiscal; *soziale ~* justicia social
gereichen *(zugunsten)* redundar en beneficio
Gericht n, e tribunal m; *(niedriges)* juzgado m 1. *Oberstes ~* Tribunal Supremo; *zuständiges ~* tribunal competente 2. *eine Sache vor(s) ~ bringen* llevar una causa ante los tribunales; *ein ~ anrufen* apelar a un tribunal; *vor ~ erscheinen* comparecer en juicio; *vor ~ klagen* presentar acción privada; poner pleito; demandar en juicio; formar causa
gerichtlich *(Verfahren)* judicial; *(Richterstand)* forense; foral; *auf ~em Wege* por vía judicial; *jdn. ~ belangen* formar causar a alg.; poner pleito a alg.
Gerichtsbarkeit f, Ø jurisdicción f; *streitige ~* jurisdicción contenciosa; *freiwillige ~* jurisdicción voluntaria; *ordentliche ~* jurisdicción ordinaria
Gerichtsbeschluß m, ⊔sse auto m
Gerichtsentscheidung f, en decisión f judicial
Gerichtsgebühren pl → *Gerichtskosten*
Gerichtshof m, ⊔e corte f, tribunal m de justicia; *Oberster ~* Tribunal Supremo; *Internationaler ~* Tribunal Internacional de Justicia
Gerichtshoheit f, Ø → *Gerichtsbarkeit*
Gerichtskosten pl costas pl judiciales
Gerichtsort m, (e) → *Gerichtsstand*
Gerichtsstand m, (⊔e) fuero m; jurisdicción f competente; *(~) des Wohnsitzes* fuero del domicilio; *~ des Erfüllungsorts* fuero del lugar de cumplimiento; *allgemeiner ~* competencia f general; *dinglicher ~* competencia f real; *vereinbarter ~* competencia f pactada, convenida
Gerichtsverfahren n, - procedimiento m judicial; proceso m; pleito m; juicio m
Gerichtsvollzieher m, - alguacil m; ujier m
gering pequeño; diminuto; bajo; exiguo; menguado
geringwertig inferior; mediocre; *~e Wirtschaftsgüter* bienes pl inferiores
Gerste f, Ø cebada f
Ges. → *Gesellschaft; Gesetz*
Gesamt - (Pref.) global; total; colectivo; agregado; solidario; entero; completo
Gesamtarbeitsvertrag m, ⊔e (CH) convenio m colectivo
Gesamtausfuhr f, en exportaciones pl totales
Gesamtbedarf m, Ø necesidades pl globales
Gesamtbetrag m, ⊔e importe m, suma f total
Gesamteigentum n, Ø propiedad f global
Gesamteinbruchzeit f, en tiempo m total necesario para el robo
Gesamteinkommen n, - renta f total; total m de ingreso; (Com.) entradas pl
Gesamteinnahme f, n entrada f (total)
Gesamterbe m, n heredero m universal
Gesamterlös m, e → *Gesamteinnahme*
Gesamtertrag m, ⊔e (Com.) producto m total; (Agric.) rendimiento m total
Gesamtforderung f, en crédito m total
Gesamtgläubiger m, - acreedor m solidario
Gesamtgut n, ⊔er bienes pl comunes; caudal m común
Gesamthaftung f, en responsabilidad f, garantía f solidaria; solidaridad f colectiva
Gesamthänder m, - asociado m que tiene una parte social
Gesamthandseigentum n, Ø copropiedad f en mano común
Gesamtheit f, Ø totalidad f; colectividad f; conjunto m; *die ~ der Lohn- und Gehaltsempfänger* el conjunto de los asalariados
Gesamthypothek f, en hipoteca f conjunta; hipoteca f sobre varios inmuebles
Gesamtkapital n, Ø capital m total
Gesamtkosten pl gastos pl generales; coste m global
Gesamtlage f, n situación f general
Gesamtliste f, n lista f general, completa
Gesamtobligo n, s (Seg.) responsabilidad f total

Gesamtpreis *m*, e precio *m* total, global
Gesamtprokur|a *f*, **-en** procuración *f* colectiva, conjunta
Gesamtrate *f*, n tasa *f* total; *pauschale* ~ tasa total a tanto alzado
Gesamtrechnung *f*, en Ø *volkswirtschaftliche* ~ contabilidad *f* nacional
Gesamtregelung *f*, en regulación *f* global
Gesamtrendite *f*, n rendimiento *m* de inversión, global
Gesamtschaden *m*, ⸚ totalidad *f* del daño; *der ~ beläuft sich auf* el importe total del siniestro asciende a
Gesamtschuld *f*, en deuda *f*, obligación *f* solidaria
Gesamtschuldner *m*, - deudor *m* solidario
gesamtschuldnerisch solidariamente; *~e Haftung* responsabilidad *f* solidaria
Gesamtsumme *f*, n → *Gesamtbetrag*
Gesamtumsatz *m*, ⸚e facturación *f* total; cifra *f* total de ventas
gesamt und gesondert conjuntamente y solidariamente
Gesamtverband *m*, ⸚e federación *f*, unión *f* general; central *f*
Gesamtvereinbarung *f*, en (CH) convenio *m* colectivo
Gesamtvergebung *f*, en adjudicación *f* en bloque
Gesamtvermögen *n*, - fortuna *f* total; totalidad *f* de los bienes; *steuerliches* ~ capital *m* global imponible
Gesamtvertretung *f*, en representación *f* colectiva
Gesamtvolumen *n*, - volumen *m* total, global
Gesamtwert *m*, Ø valor *m* total, global
Gesamtwirtschaft *f*, Ø economía *f* agregada; macroeconomía *f*
gesamtwirtschaftlich macroeconómico
Gesamtzahl *f*, en totalidad *f*; cifra *f* total; número *m* total
gesättigt saturado; *~er Markt* mercado *m* saturado
gesch. 1. *(geschieden)* divorciado 2. *(geschätzt)* estimado
geschädigt dañado; damnificado
Geschäft *n*, e 1. negocio *m*; trabajo *m*; comercio *m*; industria *f*; tienda *f*; *seinen ~en nachgehen* atender sus negocios 2. transacción *f*; operación *f*; actividad *f*; *einträgliches* ~ negocio rentable, redondo; *laufende ~e* operaciones *pl* corrientes; *ein ~ abschließen* negociar, concertar un negocio; *die ~e blühen* los negocios florecen 3. *(Firma)* razón *f* social; casa *f* de comercio; empresa *f* 4. *einfaches/schweres* ~ negocio *m* sencillo/agravado
geschäftehalber por asuntos de negocio, de negocios
geschäftig activo; industrioso; laborioso; *(beschäftigt)* ocupado; atareado
geschäftlich 1. de negocios, comercial; profesional; *~e Beziehungen* relaciones *pl* comerciales; *~e Interessen* intereses *pl* comerciales, profesionales 2. impersonal, formal
Geschäftsablauf *m*, ⸚e marcha *f*, evolución *f* de los negocios
Geschäftsabschlu|ß *m*, ⸚sse 1. conclusión *f* de un negocio 2. balance *m*; cierre *m* del ejercicio
Geschäftsabwicklung *f*, en tramitación *f*, desarrollo *m*, liquidación *f* de un negocio
Geschäftsadresse *f*, n dirección *f* comercial; *(Gesellschaft)* domicilio *m* social
Geschäftsangelegenheiten *pl in ~* por asuntos de negocio
Geschäftsanteil *m*, e participación *f*
Geschäftsaufgabe *f*, n cesación *f* del comercio; liquidación *f* del negocio
Geschäftsauflösung *f*, en → *Geschäftsaufgabe*
Geschäftsaufschwung *m*, ⸚e auge *m* de los negocios; relanzamiento *m* de la actividad comercial
Geschäftsaussichten *pl* perspectivas *pl* comerciales, del negocio; coyuntura *f*
Geschäftsauto *n*, s → *Geschäftswagen*
Geschäftsbank *f*, en banco *m* comercial
Geschäftsbedingungen *pl* condiciones *pl* de negocio
Geschäftsbereich *m*, e 1. ámbito *m*, esfera *f*, campo *m* de actividades 2. jurisdicción *f* 3. atribuciones *pl* 4. (Pol.) cartera *f*
Geschäftsbericht *m*, e memoria *f*
Geschäftsbetrieb *m*, e 1. explotación *f* comercial 2. actividad *f* comercial; operaciones *pl* comerciales
Geschäftsbeziehungen *pl* relaciones *pl* comerciales
Geschäftsbrief *m*, e carta *f* comercial
Geschäftsbücher *pl* libros *pl* de contabilidad
Geschäftseröffnung *f*, en inauguración *f*, apertura *f* de un negocio
Geschäftserweiterung *f*, en ampliación *f* del negocio
Geschäftsessen *n*, - comida *f* de trabajo
geschäftsfähig capaz de contratar; *beschränkt ~ sein* tener una capacidad limitada de contratar
Geschäftsfähigkeit *f*, Ø capacidad *f* de contratar
Geschäftsflaute *f*, n → *Geschäftsstille*
Geschäftsfrau *f*, en mujer *f* de negocios; comerciante *f*
Geschäftsfreund *m*, e corresponsal *m*; *(Kunde)* cliente *m*; *(Partner)* socio *m*, interlocutor comercial; (LA) partenaire *m* comercial
geschäftsführend gerente; encargado de la ges-

tión; ~er *Direktor* director *m* gerente; ~es *Organ* (Parl.) órgano *m* gestor; ~er *Ausschuß* junta *f* gestora; (LA) comisión *f* gestora
Geschäftsführung *f*, en gerencia *f*; gestión *f*; dirección *f*
Geschäftsgang *m*, ⸚e 1. marcha *f* de los negocios 2. *(amtlicher)* tramitación *f*; trámite *m*
Geschäftsgebaren *n*, - proceder *m*, trato *m* comercial; prácticas *pl* comerciales; modo *m* de hacer negocios
Geschäftsgeheimnis *n*, se 1. secreto *m* comercial, industrial 2. secreto *m* de fabricación
Geschäftsgeist *m*, Ø espíritu *m* comercial; sentido *m* para los negocios
Geschäftsgepflogenheiten *pl* prácticas *pl* comerciales
geschäftsgewandt, ~ *sein* 1. tener rutina comercial 2. tener un buen sentido para negocios
Geschäftsgrundlage *f*, n base *f* comercial
Geschäftsgründung *f*, en fundación *f* de un negocio
Geschäftshaus *n*, ⸚er casa *f*, establecimiento *m* comercial
Geschäftsherr *m*, en (CH) → *Geschäftsmann*
Geschäftsinhaber *m*, - propietario *m*; jefe *m*; principal *m*; (Fam.) patrón *m*
Geschäftsinteressen *pl* intereses *pl* comerciales
Geschäftsjahr *n*, e ejercicio *m*; *abgelaufenes* ~ ejercicio *m* finalizado; *laufendes* ~ ejercicio *m* en curso
Geschäftskapital *n*, Ø capital *m* social
Geschäftskarte *f*, n tarjeta *f* comercial
Geschäftskette *f*, n cadena *f* comercial, de negocios
Geschäftskorrespondenz *f*, en correspondencia *f* comercial
Geschäftskosten *pl* gastos *pl* (generales); *auf* ~ en concepto de gastos; a cargo de la empresa
Geschäftskreise *pl* círculos *pl* comerciales
geschäftskundig experto en negocios
Geschäftslage *f*, n 1. situación *f* comercial, de los negocios 2. coyuntura *f* 3. *(Ort) sich in guter* ~ *befinden* estar bien situado; en situación céntrica
Geschäftsleben *n*, Ø vida *f* comercial, de los negocios
Geschäftsleitung *f*, en → *Geschäftsführung*
Geschäftsleute *pl* comerciantes *pl*; hombres *pl* de negocio
Geschäftsliste *f*, n (CH) orden *m* del día
Geschäftslokal *n*, e → *Geschäftsraum*
geschäftslos *(Börse)* inactivo; tranquilo
Geschäfts|mann *m*, -leute hombre *m* de negocios; comerciante *m*
geschäftsmäßig 1. rutinario; normal; burocrático; mecánico 2. comercial; profesional 3. formal; frío; impersonal; *in* ~*em Ton* en un tono impersonal
Geschäftsmethoden *pl* métodos *pl* comerciales
Geschäftsordnung *f*, en (Parl.) reglamento *m*; *(zur* ~*!)* a la orden!
Geschäftspapiere *pl* documentos *pl*; papeles *pl* de negocio
Geschäftspartner *m*, - socio *m*, interlocutor *m* comercial; (LA) partenaire *m* comercial
Geschäftspolitik *f*, Ø política *f* comercial
Geschäftsraum *m*, ⸚e local *m* comercial; oficina *f*; tienda *f*
Geschäftsraummiete *f*, n alquiler *m* de un local comercial
Geschäftsreise *f*, n viaje *m* de negocios; *auf* ~ *gehen* salir en viaje de negocios
Geschäftsreisende/r *(der/ein)* viajante *m*; agente *m* comercial; comisionista *m*
Geschäftsrisiko *n*, -en riesgo *m* comercial, de los negocios
Geschäftsrückgang *m*, ⸚e regresión *f* de los negocios
Geschäftssache *f*, n (asunto *m* de) negocio(s) *m*
geschäftsschädigend perjudicial para los negocios
Geschäftsschluß *m*, Ø cierre *m* de los negocios
Geschäftssinn *m*, Ø → *Geschäftsgeist*
Geschäftssitz *m*, e sede *f*; domicilio *m*; *(Gesellschaftssitz)* domicilio *m* social; *mit* ~ *in* con sede en
Geschäftssprache *f*, n habla *f* comercial *od.* de negocios
Geschäftsstelle *f*, n oficina *f*; despacho *m*; *(Verein, Behörde, Gericht)* secretaría *f*; (Pol.) negociado *m*; (Com.) secretariado *m*
Geschäftsstille *f*, Ø calma *f* en los negocios
Geschäftsstockung *f*, en estancamiento *m*, marasmo *m*, paralización *f* de los negocios
Geschäftsstraße *f*, n calle *f* comercial
Geschäftsstunden *pl* horas *pl* de despacho
Geschäftstätigkeit *f*, en actividad(es) *f(pl)* comercial(es)
Geschäftsteilhaber *m*, - socio *m*
Geschäftsträger *m*, - (Dipl.) encargado *m* de negocios; *(Kommissar)* comisionado *m*
geschäftstüchtig ducho, hábil en los negocios; buen comerciante
Geschäftsübergabe *f*, n traspaso *m* de negocio
Geschäftsübernahme *f*, n adquisición *f*
Geschäftsunfähigkeit *f*, Ø incapacidad *f* (de contratar)
Geschäftsunkosten *pl* gastos *pl* generales de negocio
Geschäftsverbindung *f*, en relaciones *pl* comerciales, de negocio; *mit jdm. in* ~ *treten* entablar relaciones comerciales

213

Geschäftsverkehr *m*, Ø 1. intercambio *m*, tráfico *m* comercial 2. cifra *f* de transacciones
Geschäftsverlegung *f*, en traslado *m* de negocio
Geschäftsviertel *n*, - barrio *m*, centro *m* comercial
Geschäftsvorgang *m*, ⁼e operación *f*; transacción *f*
Geschäfswagen *m*, - coche *m* de empresa
Geschäftswelt *f*, Ø comercio *m*; mundo *m* comercial; círculos *pl* comerciales
Geschäftswert *m*, Ø valor *m* comercial de una empresa
Geschäftszeichen *n*, - 1. (Corresp.) referencia *f* 2. número *m* de registro
Geschäftszeit *f*, en horario *m* comercial; horas *pl* de despacho
Geschäftszentr|um *n*, -en → *Geschäftsviertel*
Geschäftszweig *m*, e ramo *m* comercial; sector *m* de actividad; *besonderer* ~ especialidad *f*
Geschenk *n*, e regalo *m*; obsequio *m*; *(Spende)* donativo *m*; *(Schenkung)* donación *f*
Geschenkartikel *pl* artículos *pl* para regalo
Geschenkgutschein *m*, e cheque-regalo *m*
Geschenkpackung *f*, en *(Geschenkverpackung)* embalaje *m* para regalo
Geschenkpaket *n*, e paquete *m*, envío *m* de regalo
geschieden divorciado
geschlossen cerrado; ~*er Betrieb* empresa *f* que contrataba exclusivamente trabajadores que pertenecen a un sindicato determinado; ~*e Gesellschaft* reunión *f* privada; círculo *m* privado; club *m*
Geschmacksmuster *n*, - diseño *m* ornamental
Geschwindigkeitsbegrenzung *f*, en → *Geschwindigkeitsbeschränkung*
Geschwindigkeitsbeschränkung *f*, en limitación *f* de velocidad
Geselle *m*, n oficial *m*
Gesellenbrief *m*, e certificado *m* de oficial
Gesellenprüfung *f*, en examen *m* de oficial
Gesellenstück *n*, e pieza *f* de examen (pieza hecha por el aprendiz para el examen de oficial); maestría *f*
Gesellschaft *f*, en sociedad *f*; compañía *f*; asociación *f*; *bürgerlich-rechtliche* ~ sociedad (de Derecho) civil; ~ *mit beschränkter Haftung* sociedad (de responsabilidad) limitada (E) S.L.; S.R.L.; (LA) Ltda. *stille* ~ contrato *m* de cuentas en participación; (Seg.) *führende* ~ compañía abridora
Gesellschafter *m*, - socio *m*; participante *m*; *stiller* ~ socio tácito, capitalista; *ausscheidender* ~ socio saliente; *(persönlich) haftender* ~ socio personalmente responsable, colectivo
Gesellschaftereinlage *f*, n → *Gesellschaftseinlage*

gesellschaftlich social; de la sociedad; sociológico; *(gemeinschaftlich)* colectivo; ~*e Stellung* posición *f* social
Gesellschaftsanteil *m*, e participación *f* en el capital; acción *f*
Gesellschaftseinlage *f*, n aportación *f* (de capital)
Gesellschaftsfirm|a *f*, -en razón *f* social
Gesellschaftsform *f*, en 1. estructura *f* jurídica de la sociedad 2. estructura *f* social
Gesellschaftskapital *n*, Ø capital *m* social
Gesellschaftskarte *f*, n billete *m* de grupo, colectivo
Gesellschaftsname *m*, n → *Gesellschaftsfirma*
Gesellschaftsordnung *f*, en 1. orden *m* social 2. (Com.) estatutos *pl*
Gesellschaftsrecht *n*, Ø Derecho *m* de sociedades
Gesellschaftssatzung *f*, en estatutos *pl* de una sociedad
Gesellschaftsschicht *f*, en capa *f* social
Gesellschaftsschulden *pl* deudas *pl* de la sociedad
Gesellschaftssitz *m*, e sede *f* social
Gesellschaftssteuer *f*, n impuesto *m* de sociedades
Gesellschaftsstruktur *f*, en → *Gesellschaftsform*
Gesellschaftsurkunde *f*, n acta *f* de constitución de la sociedad
Gesellschaftsvermögen *n*, - partrimonio *m* social
Gesellschaftsvertrag *m*, ⁼e contrato *m* de sociedad
Gesellschaftswissenschaft *f*, en sociología *f*
Gesetz *n*, e ley *f* 1. *das* ~ *von Angebot und Nachfrage* la ley de la oferta y de la demanda 2. *ein* ~ *abändern* enmendar una ley; *ein* ~ *verabschieden* aprobar una ley; *ein* ~ *außer Kraft setzen* derogar una ley; *ein* ~ *umgehen* eludir una ley
Gesetzbuch *n*, ⁼er código *m*
Gesetzentwurf *m*, ⁼e proyecto *m* de ley
Gesetzesänderung *f*, en enmienda *f*
Gesetzesinitiative *f*, n iniciativa *f* legal; (Pol.) derecho *m* de iniciativa
Gesetzeskraft *f*, Ø ~ *haben* tener fuerza de ley
Gesetzesnovelle *f*, n → *Gesetzesänderung*
Gesetzesverletzung *f*, en violación *f* de una ley; *(Übertretung)* contravención *f*, transgresión *f* de una ley
Gesetzesverstoß *m*, ⁼e infracción *f* de una ley
Gesetzesvorlage *f*, n proposición *f* de ley
gesetzgebend, ~*e Gewalt* poder *m* legislativo; ~*e Versammlung* Cortes *pl* Constituyentes; (LA) Asamblea *f* legislativa
Gesetzgeber *m*, - legislador *m*
Gesetzgebung *f*, en legislación *f*
gesetzlich legal; ~ *anerkannt* legítimo; ~*e Bestim-*

mungen disposiciones *pl* legales; ~ *anerkennen* legitimar; *die ~e Frist einhalten* observar el plazo legal; ~ *vorgeschrieben* mandado por la ley; decretado por vía legal; prescrito por la ley
gesetzmäßig 1. legal; conforme a la ley 2. regular 3. por vía legal
Gesetzmäßigkeit *f*, en legalidad *f*; legitimidad *f*; regularidad *f*
gesetzwidrig ilegal; ilícito; contrario a la ley; *(unberechtigt)* ilegítimo; ~*e Handlung* contravención *f*; acto *m* ilegal; ilegalidad *f*
Gesetzwidrigkeit *f*, en infracción *f* a la ley; ilegalidad *f*; ilegitimidad *f*
gesondert separado; por separado; ~ *verpacken* embalar por separado; *mit ~er Post* por correo separado
gespeichert (Inform.) almacenado
gesperrt cerrado; bloqueado; ~*es Konto* cuenta *f* bloqueada; ~*es Gelände* terreno *m* vedado; ~*e Straße* calle *f* cortada; *das Gas, Telephon ist* ~ el gas, el teléfono está cortado
Gespräch *n*, e 1. conversación *f*; discusión *f*; diálogo *m*; debate *m*; comunicación *f*; (Fam.) charla *f* 2. (Teléf.) conferencia *f*; llamada *f* telefónica; *ein ~ mit Voranmeldung* conferencia con preaviso; *ein ~ nach München anmelden* solicitar una conferencia con Múnich; *das ~ wurde unterbrochen* se ha cortado (la línea)
Gesprächsanmeldung *f*, en (Teléf.) pedido *m*, solicitud *f* de comunicación
Gesprächsaufforderung *f*, en (Teléf.) aviso *m* de llamada
Gesprächsdauer *f*, Ø duración *f* de la conversación; (Teléf.) duración *f* de la llamada, conferencia
Gesprächseinheit *f*, en unidad *f*
Gesprächsgebühr *f*, en tasa *f* (de base) de una comunicación
Gesprächspartner *m*, - interlocutor *m*
Gesprächsteilnehmer *m*, - → *Gesprächspartner*
Gesprächszähler *m*, - contador *m* telefónico, de llamadas
gestaffelt escalonado; graduado
gestalten configurar; decorar; dar forma; estructurar; desarrollar; redactar
Gestalter *m*, - creador *m*; diseñador *m*; organizador *m*; decorador *m*
Gestaltung *f*, en configuración *f*; estructuración *f*; formación *f*; presentación *f*; diseño *m*; confección *f*; contextura *f*; ~ *des Arbeitsplatzes* acondicionamiento *m* del puesto de trabajo
Gestaltungsklage *f*, n acción *f* constitutiva
Gestehungskosten *pl* costes *pl* de fabricación, producción

Gestehungspreis *m*, e precio *m* de fabricación, producción
Gestellung *f*, en presentación *f*; ~ *von Eisenbahnwagen* provisión *f* de material rodante; ~ *der Ware* presentación de la mercancía
gestellungspflichtig sujeto a reclutación; (LA) sujeto a enrolamiento; (llamado a) servicio
Gestellungsverzeichnis *n*, se lista *f* de bultos sueltos
Gesuch *n*, e solicitud *f*; petición *f*; *(Bitte)* ruego *m*; súplica *f*; instancia *f*; demanda *f*; *(Anforderung)* requisición *f*
Gesuchsteller *m*, - solicitante *m*; peticionario *m*
gesucht demandado; buscado; solicitado; *sehr ~ sein* ser muy solicitado; estar muy en boga
gesund sano; ~*es Unternehmen* empresa *f* sana
gesunden sanearse; mejorar; restablecerse; recobrar la salud; curarse
Gesundheit *f*, Ø salud *f*; sanidad *f*
gesundheitlich sanitario; higiénico; *aus ~en Gründen* por motivos de salud
Gesundheitsamt *n*, ⸚er Servicio *m* de Higiene Pública
Gesundheitsministeri|um *n*, -en Ministerio *m* de la Sanidad Pública
Gesundheitsreform *f*, en reforma *f* de la sanidad pública
gesundheitsschädlich nocivo; insalubre
gesundheitsunschädlich inofensivo a la salud
Gesundheitswesen *n*, Ø sanidad *f* pública
gesundschrumpfen sanear (una empresa)
Gesundschrumpfung *f*, en saneamiento *m* de una empresa (por medio de reducción de plantilla o reducción de la producción)
Gesundung *f*, en saneamiento *m*; restablecimiento *m*; curación *f*
Getränk *n*, e bebida *f*, *geistige ~e* bebidas *pl* alcohólicas, espirituosas
Getränkeausschank *m*, Ø despacho *m* de bebidas
Getränkeausschankautomat *m*, en expendedor *m* automático de bebidas
Getränkekarte *f*, n lista *f* de bebidas
Getränkesteuer *f*, n impuesto *m* sobre las bebidas
Getränkezwang *m*, Ø consumición *f* obligatoria de bebidas
Getreide *n*, -arten cereales *pl*; grano *m*
Getreideanbau *m*, Ø cultivo *m* de cereales
Getreidebörse *f*, n Bolsa *f* de cereales
Getreidehandel *m*, Ø comercio *m* de cereales
Getreidekammer *f*, n granero *m*
Getreideland *n*, ⸚er 1. país *m* productor de cereales 2. suelo *m* triguero; *(fruchtbares)* tierras *pl* de pan
Getreidewirtschaft *f*, Ø economía *f* cerealista

215

Getreidewirtschaftsjahr *n*, e año *m* triguero
Getriebe *n*, - ~ *mit Getriebekasten* (Seg.) engranaje *m* con caja
Getriebestange *f*, n (Seg.) barra *f* de engranajo
Gewähr *f*, Ø garantía *f*; caución *f*; *(Sicherheit)* seguridad *f*; *die beste ~ bieten* ofrecer las majores garantías; *für etw. ~ leisten* garantizar a/c; salir garante de; *ohne ~* sin garantía, compromiso
gewähren 1. dar; deparar; conferir; otorgar 2. corresponder; acceder; *jdm. eine Bitte ~* acceder a una súplica 3. *einen Kredit ~* conceder un crédito
Gewährfrist *f*, en plazo *m* de garantía
gewährleisten garantizar; *(Bürge)* salir garante *od.* fiador de
Gewährleistung *f*, en garantía *f*; caución *f*; responsabilidad *f*; *~ wegen Sachmängel* responsabilidad por vicios físicos
Gewahrsam *m*, e custodia *f*; *polizeilicher ~* arresto *m* policíaco; *in ~ nehmen* detener; arrestar
Gewahrsaminhaber *m*, - transitario *m* (persona que tiene la guarda de la mercancía)
Gewahrsamklausel *f*, n cláusula *f* de transitario
Gewähr(s)mangel *m*, ⁼ vicio *m* redhibitorio
Gewährs|mann *m*, ⁼er *od.* -leute 1. fiador *m*; garante *m* 2. corresponsal *m* 3. persona *f* de confianza
Gewährsträger *m*, - garante *m*; fiador *m*
Gewährung *f*, en 1. prestación *f*; otorgamiento *m*; asignación *f* 2. permiso *m*; consentimiento *m*; aprobación *f* 3. concesión *f*; *~ eines Kredits* concesión de un crédito
Gewalt *f*, en 1. violencia *f*; fuerza *f*; *höhere ~* fuerza mayor 2. autoridad *f*; facultad *f*; potestad *f* 3. poder *m*; *ausübende, vollziehende ~* poder ejecutivo; *gesetzgebende ~* poder legislativo; *richterliche ~* poder judicial
Gewaltanwendung *f*, en uso *m* de la fuerza, violencia
Gewaltenteilung *f*, Ø división *f* de poderes
Gewaltentrennung *f*, Ø → *Gewaltenteilung*
Gewaltherrschaft *f*, en régimen *m* totalitario; dictadura *f*; tiranía *f*; despotismo *m*
Gewerbe *n*, - 1. actividad *f* industrial *od.* comercial *od.* artesanal; actividad *f* profesional 2. industria *f*; ramo *m*, sector *m*; *produzierendes ~* industria manufacturera; *verarbeitendes ~* industria transformadora 3. empresa *f* (industrial, comercial, artesanal) 4. profesión *f*; oficio *m*; *ein ~ ausüben, betreiben* ejercer un oficio
Gewerbe- (Pref.) industrial; comercial; profesional; del comercio y de la industria
-gewerbe (Suf.) el ramo de; el sector de
Gewerbeamt *n*, ⁼er → *Gewerbeaufsichtsamt*
Gewerbeaufsicht *f*, en inspección *f* del trabajo

Gewerbeaufsichtsamt *n*, ⁼er oficina *f* de la inspección del trabajo
Gewerbeaufsichtsbeamte/r *(der/ein)* inspector *m* de trabajo
Gewerbeausstellung *f*, en feria *f* industrial; exposición *f* industrial
Gewerbebank *f*, en banco *m* industrial y artesanal
Gewerbeberechtigung *f*, en (A) concesión *f* de una industria; licencia *f* profesional, de oficio
Gewerbebetrieb *m*, e empresa *f* industrial; explotación *f*
Gewerbeerlaubnis *f*, se concesión *f* de una industria; licencia *f* profesional, de oficio
Gewerbeertrag *m*, ⁼e beneficio *m* industrial *od.* comercial
Gewerbeertragssteuer *f*, n impuesto *m* sobre los beneficos industriales y comerciales
Gewerbeerzeugnis *n*, se producto *m* fabricado
Gewerbefreiheit *f*, en libertad *f* de industria
Gewerbegebiet *n*, e polígono *m* industrial
Gewerbegericht *n*, e consejo *m* de conciliación
Gewerbehygiene *f*, Ø higiene *f* laboral
Gewerbekammer *f*, n cámara *f* profesional
Gewerbekapital *n*, Ø capital *m* de explotación
Gewerbekrankheit *f*, en enfermedad *f* profesional
Gewerbekunde *f*, Ø tecnología *f*; artes *pl* industriales
gewerbemäßig 1. profesional; industrial; comercial 2. por, como oficio; como profesión
Gewerbeordnung *f*, en (R.F.A.: *GewO*) Código *m* industrial; (E) Estatuto *m* industrial
Gewerbepolizei *f*, Ø servicios *pl* encargados de la represión de las infracciones del código de trabajo
Gewerberecht *n*, Ø Derecho *m* industrial
Gewerbeschein *m*, e concesión *f* de una industria; licencia *f* profesional, de oficio; patente *f* industrial
Gewerbeschule *f*, n escuela *f* profesional; *Kunst- und -schule* escuela *f* de artes y oficios
Gewerbesteuer *f*, n impuesto *m* industrial
Gewerbetreibende/r *(der/ein)* comerciante *m*; artesano *m*; industrial *m*; fabricante *m*; manufacturero *m*; titular *m* de la licencia; *selbständig ~* autónomo *m*
Gewerbezulassung *f*, en → *Gewerbeerlaubnis*
Gewerbezweig *m*, e sector *m*, ramo *m* industrial, comercial, artesanal
gewerblich profesional; comercial, industrial; artesanal; manufacturero; fabril; técnico; *nicht ~er Beruf* profesión *f* liberal; *~es Eigentum* propiedad *f* industrial; *Räume zu ~er Nutzung* locales *pl* comerciales; *~er Rechtsschutz* protección *f* de la propiedad industrial

gewerbstätig industrial; profesional
Gewerbstätigkeit f, en actividad f profesional independiente
Gewerke m, n (Min.) asociado m de una sociedad minera; (A) fabricante m
Gewerkschaft f, en 1. sindicato m; (LA) gremio m (obrero) 2. (Min.) sociedad f minera
Gewerkschafter m, - → *Gewerkschaftler*
Gewerkschaftler m, - sindicalista m; *aktiver* ~ militante m sindicalista; *führender* ~ dirigente m, líder m sindicalista
gewerkschaftlich sindicalista; sindical; *~organisiert* sindicado
Gewerkschaftsbank f, en banco m sindical; banco m de los sindicatos obreros
Gewerkschaftsbewegung f, en sindicalismo m; movimiento m sindicalista
Gewerkschaftsbund m, ⁼e confederación f sindical; (R.F.A.) *Deutscher ~ (DGB)* Confederación f germano-occidental de sindicatos (obreros); (R.D.A.) *Freier Deutscher ~ (FDGB)* Confederación f de sindicatos (obreros) de la R.D.A.
Gewerkschaftsführer m, - dirigente m, líder m sindicalista
Gewerkschaftsfunktionär m, e (alto) funcionario m sindicalista
Gewerkschaftsgruppe f, n sección f sindical
Gewerkschaftshaus n, ⁼er bolsa f de trabajo
Gewerkschaftskongreß m, -sse congreso m sindical
Gewerkschaftsmitglied n, er miembro m de un sindicato
Gewerkschaftsorganisation f, en organización f sindical
Gewerkschaftspresse f, Ø prensa f sindical(ista)
Gewerkschaftssekretär m, e secretario m sindical
Gewerkschaftstag m, e → *Gewerkschaftskongreß*
Gewerkschaftsverband m, ⁼e federación f de sindicatos
Gewerkschaftsvertreter m, - representante m, delegado m sindical; *Vertrauensmann einer Gewerkschaft im Betrieb* enlace m sindical
Gewerkschaftsvorsitzende/r *(der/ein)* secretario m general de un sindicato
Gewerkschaftswesen n, Ø → *Gewerkschaftsbewegung*
Gewerkschaftszugehörigkeit f, en afiliación f a un sindicato
Gewicht n, e 1. peso m; *etw. nach ~ verkaufen* vender a/c al peso; *Internationales Büro für Maße und ~e* Oficina f Internacional de Pesos y Medidas; *zu verzollendes ~* peso adeudable 2. importancia f; influencia f; autoridad f; *auf etw. ~ legen* atribuir importancia a

Gewichtsabgang m, ⁼e → *Gewichtsverlust*
Gewichtsangabe f, n declaración f, indicación f de peso
Gewichtslimit n, s límite m de peso
Gewichtsnota f, s nota f de peso
Gewichtssatz m, ⁼e 1. juego m de pesas 2. tarifa f al peso, por tonelaje
Gewichtsschwund m, Ø → *Gewichtsverlust*
Gewichtstabelle f, n especificación f del peso; baremo m del peso
Gewichtstoleranz f, Ø tolerancia f de peso; excedente m de peso tolerado
Gewichtsvergütung f, en refacción f; destara f
Gewichtsverlust m, e merma f, pérdida f de peso
Gewichtszoll m, ⁼e derecho m específico; aduanas pl, derechos pl por peso
Gewichtszunahme f, n aumento m de peso
Gewichtung f, en ponderación f; *eine ~ vornehmen* ponderar
Gewinn m, e beneficio m; producto m; ganancia f; rendimiento m; lucro m; ventaja f 1. *ausschüttbarer ~* beneficio a repartir; *betriebswirtschaftlicher ~* beneficio económico de la empresa; *entgangener ~* lucro cesante; *imaginärer ~* beneficio probable; *unverteilte ~e, nicht ausgeschüttete ~* beneficios pl no repartidos; *ahorro m de las sociedades* 2. *~ abwerfen* rendir beneficios; ser lucrativo; *~ ausschütten* repartir beneficios; *am ~ beteiligt sein* participar en los beneficios; *aus etw. ~ ziehen* sacar provecho de
Gewinnabschluß m, ⁼sse → *Gewinnbilanz*
Gewinnabschöpfung f, en retiro m de ganancias, beneficios
Gewinnanteil m, e participación f en los beneficios; *(Dividende)* dividendo m
Gewinnanteilreserve f, n (Seg.) reserva f de participación en los beneficios
Gewinnanteilschein m, e cupón m de dividendo
Gewinnaufschlag m, ⁼e margen m de beneficio
Gewinnausfall m, ⁼e pérdida f de beneficio; lucro m cesante
Gewinnausfallversicherung f, en seguro m de pérdida de ganancias
Gewinnausschüttung f, en reparto m de beneficios
Gewinnaussicht f, en → *Gewinnchance*
Gewinn-Bar-Wert m, e (Seg.) valor m actual de beneficio
gewinnberechtigt con derecho a participación en los beneficios
gewinnbeteiligt con participación en los beneficios
Gewinnbeteiligung f, en participación f en los beneficios, las utilidades; *~ der Arbeitnehmer*

participación *f* (directa) de los asalariados en los beneficios
Gewinnbilanz *f*, **en** balance *m* excedentario; balance *m* con beneficio
gewinnbringend lucrativo; ganancioso; beneficioso; remunerativo; reumunerador
Gewinnchance *f*, **n** posibilidades *pl* de (obtener) beneficios
gewinnen 1. ganar; salir ganancioso 2. *(Lotterie)* salir premiado; *ich habe das große Los gewonnen* me ha tocado el gordo 3. *(fördern)* extraer; *Kohle* ~ extraer carbón
Gewinnentnahme *f*, **n** retiro *m* de beneficios, ganancias
Gewinnerwartung *f*, **en** expectativa *f*, expectación *f* de ganancias, beneficios 1. posibilidades *pl* de ganar 2. beneficio *m* esperado; expectativas *pl* de beneficio, rentabilidad; (Seg.) *technische* ~ expectativas *pl* de beneficios técnicos
Gewinner *m*, - ganador *m*; *(Sieger)* vencedor *m*; triunfador *m*
Gewinn(er)gemeinschaft *f*, **en** 1. comunidad *f* de ganancias 2. grupo *m* de sociedades con ganancias en común
Gewinnmarge *f*, **n** → *Gewinnspanne*
Gewinnmaximierung *f*, **en** maximización *f* de las ganancias
Gewinnmaximum *n*, Ø punto *m* de máximo beneficio
Gewinnmitnahme *f*, **n** *(Börse)* realización *f* de beneficios; beneficio *m* rescatado
Gewinnobligation *f*, **en** → *Gewinnschuldverschreibung*
Gewinnoptimierung *f*, **en** optimación *f* de los beneficios
Gewinnplan *m*, ⸚e plan *m* de participación en beneficios
Gewinnpoolung *f*, **en** pooling *m* de beneficios
Gewinnquote *f*, **n** cuota-parte *f* de beneficios
Gewinnrendite *f*, **n** rédito *m* de beneficio
Gewinnsaldo|**o** *m*, **-en** saldo *m* excedentario; saldo *m* activo; superávit *m*
Gewinnschrumpfung *f*, **en** disminución *f*, regresión *f*, merma *f* de los beneficios
Gewinnschuldverschreibung *f*, **en** 1. obligación *f* no convertible con derecho a dividendo 2. obligación *f* indexada, a lotes
Gewinnschwelle *f*, **n** umbral *m* de la rentabilidad; punto *m* de beneficio nulo
Gewinnspanne *f*, **n** margen *m* de beneficios, de (las) ganancias
Gewinnsparen *n*, Ø ahorro *m* con prima
Gewinnsteuer *f*, **n** impuesto *m* sobre los beneficios
Gewinnstreben *n*, Ø afán *m* de lucro
Gewinnsucht *f*, Ø afán *m* de ganar; *(Habsucht)* codicia *f*
Gewinnsystem *n*, **e** sistema *m* de participación en beneficios
gewinnträchtig, ⸚*er Markt* mercado *m* prometedor
Gewinnüberschuß *m*, ⸚sse saldo *m* activo; excedente *m* de beneficios
Gewinn und Verlust pérdidas *pl* y ganancias *pl*
Gewinn- und Verlustrechnung *f*, **en** cuenta *f* de pérdidas y ganancias
Gewinnung *f*, **en** 1. *(fabrikmäßige* ~*)* producción *f* 2. (Min.) extracción *f*; *die* ~ *von Kohle* la extracción de carbón
Gewinnverteilung *f*, **en** → *Gewinnausschüttung*
Gewinnvortrag *m*, ⸚e arrastre *m* de beneficios; beneficios *pl* a cuenta nueva
GewO → *Gewerbeordnung*
Gewohnheitsrecht *n*, **e** derecho *m* consuetudinario
gewunden, ⸚*e Flachstahlschienen* (Seg.) barras *pl* de acero torcidas
gezeichnet suscrito; ⸚*e Aktien* acciones *pl* suscritas; ⸚*es Kapital* capital *m* suscrito
Gezeitenkraft *f*, Ø energía *f* maremotriz
Gezeitenkraftwerk *n*, **e** central *f* maremotriz
gezogen girado; *auf jdn.* ⸚*er Wechsel* letra *f* girada a cargo de; *einen Wechsel ziehen auf* girar una letra sobre
Gezogene/r *(der/ein)* librado *m*; persona *f* contra la que se gira una letra
GG → *Grundgesetz*
g.g.u. *(gelesen, genehmigt, unterschrieben)* leído y aprobado
Gießkannenprinzip *n*, Ø asignación *f* uniforme de subvenciones con independencia de eventuales diferencias entre los beneficiarios
Giftstoff *m*, **e** sustancia *f* tóxica
Gigant *m*, **en** gigante *m*
Gilde *f*, **n** (Hist.) corporación *f*; *(Innung)* gremio *m*
Gipfel *m*, - cumbre *f*
Gipfelkonferenz *f*, **en** (conferencia *f* en la) cumbre *f*
Gipfeltreffen *n*, - (reunión *f* en la) cumbre *f*
Giralgeld *n*, **er** dinero (bancario) *m* en depósitos, en cuentas
Girant *m*, **en** endosante *m*
Girat *m*, **en** → *Giratar*
Giratar *m*, **e** endosado *m*
girierbar endosable; ⸚*er Scheck* cheque *m* endosable
girieren endosar; *Scheck* ~ endosar un cheque
Giro *n*, **s** 1. endoso *m*; *beschränktes* ~ endoso condicional 2. giro *m*; transferencia *f*; *eine Summe durch* ~ *überweisen* girar un importe
Girobank *f*, **en** banco *m* de giros

Giroeinlagen *pl* depósitos *pl* en cuenta corriente; depósitos *pl* a la vista
Girogelder *pl* → *Giroeinlagen*
Girogeschäft *n*, e operación *f* de giro
Girokonto *n*, -en cuenta *f* corriente, de giros
Giroscheck *m*, s cheque *m* cruzado
Giroverkehr *m*, Ø operaciones *pl* de giros; *im ~ por giro*
Girozentrale *f*, *n* (institución *f*) central *f* de giros; (oficina *f* de) giro *m* mutuo; (especie de organización central de compensación de las cajas de ahorro alemanas)
Girozettel *m*, - aviso *m* de transferencia
Gitter *n*, - (Seg.) reja *f*
Gitterstab *m*, ⸚e (Seg.) barra *f* de celosía, empotrada
Gittertor *n*, e (Seg.) puerta *f* enrejada
Gitterzaun *m*, ⸚e (Seg.) verja *f*
G-Konto → *Gehaltskonto*
Glasbausteine *pl* (Seg.) ladrillos *pl* vítreos
Glasbruchmelder *m*, - (Seg.) detector *m* de rotura de cristal
Glasbruchsensor *m*, en (Seg.) detector *m* de rotura de cristal
Glas(bruch)versicherung *f*, en seguro *m* (contra rotura) de lunas y cristales
Glasdach *n*, ⸚er (Seg.) tejado *m* de vidrio
Glaseinsatz *m*, ⸚e (Seg.) parte *f* acristalada
Glasfalz *m*, e (Seg.) galce *m*
Glasfalzanschlag *m*, ⸚e (Seg.) tope *m* del galce
Glasfolienverbund *m*, Ø (Seg.) combinación *f* vidrio-lámina
Glasfüllung *f*, en (Seg.) entrepaño *m* de cristal
Glashalteleiste *f*, n (Seg.) galce *m* cerrado
Glaskombinationen *pl* (Seg.) vidrios *pl* combinados
Glas-Kunststoff-Verbund *m*, Ø (Seg.) acristalamiento *m* vidrio-plástico
Glasleiste *f*, n (Seg.) junquillo *m*
Glasrohr *n*, e (Seg.) ampolla *f* de vidrio
Glasstösse *pl* uniones *pl* de las lunas
glattstellen realizar; equilibrar; *die Buchung ~* equilibrar las cuentas
Glattstellung *f*, en realización *f*; liquidación *f*
Gläubiger *m*, - acreedor *m*; *bevorrechtigter ~* acreedor privilegiado *od.* preferente; *einen ~ abfinden, befriedigen* satisfacer al acreedor; *sich mit den ~n vergleichen* arreglarse, acomodarse con los acreedores
Gläubigeranfechtung *f*, en acción *f* revocatoria; acción *f* paulina
Gläubigeranspruch *m*, ⸚e 1. pretensión *f* del acreedor 2. derecho *m* a ser pagado
Gläubigeraufgebot *n*, e convocatoria *f* de acreedores
Gläubigerausschuß *m*, ⸚sse comisión *f* de acreedores
Gläubigerbegünstigung *f*, en tratamiento *m* preferencial de un acreedor
Gläubigermasse *f*, n 1. masa *f* de la quiebra 2. unión *f* de acreedores
Gläubigerregister *n*, - registro *m* de acreedores
Gläubigerschutzverband *m*, ⸚e asociación *f* de defensa de acreedores
Gläubigerversammlung *f*, en junta *f* de acreedores
Gläubigerverzug *m*, ⸚e mora *f* del acreedor
glaubwürdig creíble; fidedigno; digno de fe; veraz
gleich igual; *(völlig)* idéntico; *(gleichförmig)* uniforme; homogéneo; *(gleichwertig)* equivalente; *~ groß* del mismo tamaño; *~er Lohn für ~e Arbeit* equidad *f* salarial; *mit ~er Post* por correo separado; *zu ~en Teilen* en, a partes iguales
Gleichbehandlung *f*, en (Jur.) trato *m* igual; (Pol.) igualdad *f* de trato; no discriminación *f*; *frachtliche ~* tratamiento *m* igualitario en materia de fletes
Gleichbehandlungsgrundsatz *m*, ⸚e principio *m* de trato igual; *(im Betrieb)* principio *m* de la igualdad en el trato del personal
gleichberechtigt con igualdad de derechos; *(Mitglied)* parigual; *(Vertretung)* paritario
gleichbleibend constante; estable; invariable
Gleichgewicht *n*, Ø equilibrio *m*; *das ~ der Kräfte* el equilibrio de las fuerzas; *ins ~ bringen* equilibrar; poner en equilibrio; nivelar; *aus dem ~ bringen* desequilibrar; desnivelar; sacar del equilibrio
Gleichgewichtspreis *m*, e precio *m* de equilibrio
Gleichheit *f*, Ø *~ beruflicher Ausbildungschancen* igualdad *f* de oportunidades en la formación profesional
Gleichstellung *f*, en equiparación *f*; paridad *f*; *~ von Arbeit und Kapital in den Aufsichtsräten* paridad de los representantes del factor trabajo y del factor capital en los consejos de supervisión; *~ (von Ausländern) mit eigenen Staatsbürgern* asimilación *f* a los nacionales
Gleis *n*, e vía *f*; *(Schiene)* carril *m*; *wieder ins ~ bringen* arreglar; *auf ein totes ~ schieben* destinar a una vía muerta; llevar a un callejón sin salida
-gleisig (Suf.) de vía(s)
gleitend variable; flexible; móvil; *~e Arbeitszeit* jornada *f* flexible; *~e Lohnskala* escala *f* móvil de salarios; *~e Mischzölle* aduanas *pl* móviles mixtas; derechos *pl* móviles mixtos; *~e Preise* precios *pl* variables
Gleitklausel *f*, n cláusula *f* de escala móvil; *eine ~ in einen Vertrag einbauen* ajustar un contrato con cláusula de indexación

Gleitlohn m, ⁻e salario m flexible, indexado, móvil
Gleitpreis m, e precio m móvil
Gleitzeit f, en jornada f flexible
Gleitzoll m, ⁻e aduanas pl, derechos pl móviles
Gliedertaxe f, n (Seg.) cláusula f de desmembramiento; baremo m de invalidez
Gliederung f, en estructura f; organización f; estructuración f; clasificación f; *alphabetische* ~ orden m alfabético; ~ *der Ausgaben* desglose m de los gastos
Gliederzug m, ⁻e tren m articulado
Gliedstaat m, en Estado m miembro
global global; total; general; universal
Global- (Pref.) global; universal; total
Globalangebot n, e oferta f global
Globalkontingent n, e contingente m, cupo m global
Globalsteuerung f, en 1. control m global 2. concertación f económica
Globalsumme f, n suma f, importe m global, total
Globalzession f, en cesión f en bloque
Glücksspiel n, e juego m de azar
GmbH f, s *(Gesellschaft mit beschränkter Haftung)* sociedad f (de responsabilidad) limitada; (E) S.L. *od.* S.R.L.; (LA) Ltda.; ~ *Gesetz* Ley f de sociedades limitadas
Gnadenfrist f, en plazo m de gracia; (Com.) días pl de favor
Gnadengehalt n, ⁻er sueldo m de gracia (abonado un cierto tiempo)
Gnadengesuch n, e recurso m de gracia
Gold n, Ø oro m; *in* ~ *einlösbar* convertible en oro
Goldabfluß m, ⁻sse salida f de oro
Goldanleihe f, n empréstito m en oro; empréstito m con garantía oro
Goldaufkauf m, ⁻e compra f de oro
Goldautomatismus m, Ø mecanismo m automático del patrón oro
Goldbarren m, - lingote m de oro
Goldbarrenwährung f, en → *Goldkernwährung*
Goldbestand m, ⁻e reserva f, existencia f de oro; reservas pl oro
Golddeckung f, en cobertura f, reserva f oro; garantía f de oro
Golddevise f, n cambio m oro
Golddevisenstandard m, Ø patrón m cambio oro; patrón m oro-divisas
Golddevisenwährung f, Ø → *Golddevisenstandard*
Goldgehalt m, e contenido m, título m de oro
Goldgewinnung f, (en) obtención f, extracción f de oro
Goldgrube f, n 1. mina f de oro, aurífera 2. fuente f de riquezas
Goldkernwährung f, en moneda f de núcleo oro

Goldklausel f, n cláusula f oro
Goldkurs m, e cotización f, precio m del oro
Goldmark f, Ø marco m oro
Goldmarkt m, ⁻e mercado m del oro
Goldmünze f, n moneda f de oro
Goldparität f, en paridad f oro
Goldpool m, Ø pool m del oro
Goldprägung f, en acuñación f del oro
Goldpreis m, e precio m del oro
Goldpunkt m, e punto m del oro; paridad f oro (límites extremos de fluctuación de las cotizaciones flotantes del oro); *oberer* ~ punto de oro superior de salida; *unterer* ~ punto de oro inferior de entrada
Goldreserve f, n reserva f de oro
Goldstandard m, Ø → *Goldwährung*
Goldstück n, e → *Goldmünze*
Goldumlaufwährung f, en patrón m de numerario oro
Gold- und Devisenreserven pl reservas pl en oro y en divisas
Goldvorkommen n, - presencia f de oro; *(größere)* yacimientos pl de oro
Goldvorrat m, ⁻e → *Goldreserve*
Goldwährung f, en moneda f (de) oro
Goldwährungseinheit f, Ø patrón m oro
Goldwert m, Ø valor m oro
Goldwertklausel f, n cláusula f valor oro
Goldzahlung f, en pago m en oro
Goldzertifikat n, e certificado m de oro
Goldzufluß m, ⁻sse afluencia f de oro
Goodwill m, Ø 1. valor m comercial (subjetivo); fondo m de comercio; goodwill m 2. notoriedad f; buena reputación f 3. buena voluntad f
GOST-Normen pl (R.D.A.) normas pl industriales de la Unión Soviética
Grad m, e grado m; nivel m
Gramm n, e gramo m
Gratifikation f, en gratificación f; retribución f; paga f extraordinaria f; *(an Beamte)* adehala f
gratis gratuito; a título gratuito; gratuitamente; *etw.* ~ *ins Haus liefern* entrega f gratuita a domicilio; ~ *und franko* gratis y libre de portes
Gratisaktie f, n acción f gratuita
Gratisangebot n, e oferta f gratuita
Gratisbeilage f, n suplemento m gratuito
Gratisexemplar n, e ejemplar m gratuito
Gratismuster n, - muestra f gratuita
Gratisprobe f, n → *Gratismuster*
Gratisvorstellung f, en función f gratuita
Gratiswiederauffüllung f, en (Seg.) reinstalación f gratuita; *unbeschränkte* ~ reinstalación gratuita ilimitada
grau 1. gris 2. al margen de la legalidad; al borde de la ilegalidad; ~*er Markt* mercado m ilegal, tolerado por las autoridades

Graubuch *n*, ⸗er libro *m* gris
Grauzone *f*, **n** zona *f* situada entre la legalidad y la ilegalidad
greifbar 1. tangible 2. disponible; *~e Mittel* fondos *pl* disponibles
Gremium *n*, -en gremio *m*; entidad *f*; comité *m*; comisión *f*; órgano *m*; asociación *f*; *ständiges ~* organismo *m* permanente
Grenz- (Pref.) 1. fronterizo; que linda con; de fronteras; limítrofe 2. aduanero 3. marginal 4. límite
Grenzabfertigung *f*, en despacho *m* de aduana
Grenzangebot *n*, e oferta *f* límite
Grenzausgleich *m*, e → *Grenzausgleichsbeträge*
Grenzausgleichsbeträge *pl* montantes *pl* compensatorios
Grenzbahnhof *m*, ⸗e estación *f* fronteriza, de frontera
Grenzbeamte/r *(der/ein)* aduanero *m*; funcionario *m* de aduana
Grenzbereich *m*, e 1. zona *f* fronteriza; *(jenseits der Grenze)* zona *f* limítrofe 2. margen *m*; límite *m*
Grenzbereinigung *f*, en → *Grenzberichtigung*
Grenzberichtigung *f*, en rectificación *f* de fronteras
Grenzbetrieb *m*, e empresa *f* marginal
Grenzbevölkerung *f*, en población *f* (de la zona) fronteriza
Grenzbewohner *m*, - fronterizo *m*
Grenzbezirk *m*, e zona *f* fronteriza; distrito *m* fronterizo, limítrofe
Grenze *f*, **n** 1. frontera *f*; línea *f* fronteriza; *frei ~* franco frontera; *natürliche/künstliche ~* frontera *f* natural/artificial; *jdn. über die ~ abschieben* expulsar a alg. del país; *eine ~ berichtigen* rectificar una frontera 2. aduana *f* 3. margen *m*; borde *m* 4. límite *m*; extremo *m ~ der Wirtschaftlichkeit* límite *m* de la rentabilidad 5. *(Schranke)* barrera *f*
Grenzer *m*, - aduanero *m*
Grenzerlös *m*, e ingreso *m* marginal
Grenzertrag *m*, ⸗e productividad *f* marginal
Grenzfall *m*, ⸗e caso *m* extremo, límite
Grenzfestsetzung *f*, en trazado *m* de fronteras, fronteriza
Grenzfluß *m*, ⸗sse río *m* fronterizo
Grenzformalitäten *pl* formalidades *pl* aduaneras
Grenzgänger *m*, - trabajador *m* fronterizo
Grenzgängerkarte *f*, **n** → *Grenzschein*
Grenzgebiet *n*, e zona *f*, región *f* fronteriza; *(jenseits der Grenze)* territorio *m* limítrofe
Grenzgewässer *m*, - aguas *pl* fronterizas; *(jenseits der Grenze)* aguas *pl* limítrofes
Grenzkontrolle *f*, **n** control *m* de aduana, en la aduana, en la frontera

Grenzkontrollpunkt *m*, e punto *m* de control de aduana
Grenzkosten *pl* costos *pl* marginales; coste *m* marginal
Grenzkurs *m*, e cotización *f*, precio *m* límite
Grenzland *n*, ⸗er → *Grenzgebiet*
Grenzlinie *f*, **n** línea *f* de frontera, fronteriza
Grenzneigung *f*, en propensión *f* marginal; *~ zur Investition/zum Sparen/zum Verbrauch* propensión marginal a la inversión/al ahorro/al consumo
Grenznutzen *m*, Ø utilidad *f* marginal, límite
Grenzpolizei *f*, Ø policía *f* de frontera
Grenzposten *m*, - 1. puesto *m* fronterizo, de aduana 2. guardia *m* fronterizo
Grenzpreis *m*, e precio *m* límite
Grenzproduktivität *f*, en → *Grenzertrag*
Grenzproduktivitätstheorie *f*, Ø teoría *f* de la productividad marginal
Grenzregion *f*, en región *f* fronteriza
Grenzschein *m*, e pase *m* fronterizo
Grenzschließung *f*, en cierre *m* de la frontera
Grenzsparneigung *f*, en → *Grenzneigung zum Sparen*
Grenzspediteur *m*, e agente *m* fronterizo, transitario
Grenzsperre *f*, **n** cierre *m* de la frontera
Grenzstation *f*, en → *Grenzbahnhof*
Grenzstreit *m*, igkeiten litigio *m* de frontera, fronterizo
Grenzübergangspunkt *m*, e paso *m* de la frontera; puesto *m* fronterizo; *trockener ~* puesto fronterizo interior
Grenzübergangsstelle *f*, **n** puesto *m* fronterizo; paso *m* de la frontera
grenzüberschreitend transfronterizo; *~er Handel* comercio *m* con el exterior, transfronterizo
Grenzüberschreitung *f*, en paso *m* de la frontera
Grenzübertritt *m*, e → *Grenzüberschreitung*
Grenzverkehr *m*, Ø tráfico *m* fronterizo; *kleiner ~* tráfico *m* fronterizo
Grenzverletzung *f*, en violación *f* de la frontera
Grenzverrückung *f*, en alteración *f* de términos, lindes
Grenzvertrag *m*, ⸗e tratado *m* de límites
Grenzwert *m*, e valor *m* límite
Grenzziehung *f*, en → *Grenzfestsetzung*
Grenzzwischenfall *m*, ⸗e incidente *m* fronterizo
grob 1. aproximado; aproximativo; *in ~en Zahlen* en cifras aproximativas 2. sin entrar en detalles 3. grave; *~er Fehler* falta *f* grave; *~e Fahrlässigkeit* negligencia *f* grave 4. *~e Arbeit* trabajos *pl* pesados
Groborientierung *f*, en guía *f* aproximativa
Gros *n*, - 1. grueso *m*; mayoría *f*

Groschen *m*, - 1. (A) *(Münze)* groschen *m* 2. (Fam.) *(deutsche Münze)* moneda *f* de 10 peniques
groß 1. gran(de); *~er Steuertermin* gran plazo *m* impositivo 2. *(hoch)* alto 3. *(weit)* vasto; amplio 4. *(ausgedehnt)* espacioso; extenso 5. *(bedeutend)* importante; considerable; notable 6. *das ~e Los* el gordo
Großabnehmer *m*, - 1. comprador *m* al por mayor; consumidor *m* al por mayor 2. comprador *m* importante
Großaktionär *m*, e accionista *m* importante; gran accionista *m*; (E) accionista *m* mayoritario
Großauftrag *m*, ⸗e pedido *m* importante
Großbank *f*, en gran banco *m*
Großbanken *pl* la gran banca *f*
Großbauer *m*, n latifundista *m*; gran propietario *m*
Großbetrieb *m*, e gran empresa *f*; gran explotación *f*; (Agric.) latifundio *m*
Großbezüger *pl* (CH) → *Großabnehmer*
Großbezugsrabatt *m*, e rebaja *f* por cantidad
Großcomputer *m*, - superordenador *m*
Größe *f*, n 1. talla *f*; dimensión *f*; *in allen ~en erhältlich* disponible en todas las tallas 2. autoridad *f*; eminencia *f*; celebridad *f*; *er ist eine ~ auf seinem Gebiet* es una autoridad en su campo 3. grandeza *f* 4. variable *f*; magnitud *f*; *unbekannte ~* incógnita *f*; *wirtschaftliche ~* magnitud económica
Großeinkauf *m*, ⸗e 1. compra *f* al por mayor 2. gran compra *f*
Größenordnung *f*, en dimensión *f*; magnitud *f*; (Fig.) envergadura *f*
Großerzeuger *m*, - productor *m* a gran escala
Großfamilie *f*, n familia *f* numerosa
großgeschrieben, *es wird ~* 1. se escribe con mayúscula 2. se atribuye suma importancia a
Großgewerbe *n*, - → *Großindustrie*
Großgrundbesitz *m*, Ø latifundio *m*; gran propiedad *f*
Großgrundbesitzer *m*, - terrateniente *m*; latifundista *m*; hacendado *m*; gran propietario *m*
Großhandel *m*, Ø comercio *m* al por mayor
Großhandelsgeschäft *n*, e almacén *m* al por mayor; casa *f* mayorista
Großhandelspreis *m*, e precio *m* al por mayor, mayorista
Großhandelspreisindl**ex** *m*, -izes índice *m* de precios al por mayor
Großhandelsrabatt *m*, e → *Großbezugsrabatt*
Großhandelsunternehmen *n*, - empresa *f* de venta al por mayor
Großhandelsverband *m*, ⸗e asociación *f* del comercio al por mayor

Großhändler *m*, - mayorista *m*; comerciante *m* al por mayor; almacenista *m*
Großhandlung *f*, en casa *f* mayorista; almacén *m* al por mayor
Großindustrie *f*, n gran industria *f*
Großindustrielle/r *(der/ein)* gran industrial *m*
Grossist *m*, en → *Großhändler*
großjährig mayor de edad
Großjährigkeit *f*, Ø mayoría *f* de edad
Großkapital *n*, Ø los grandes capitales *pl od.* capitalistas *pl*
Großkaufmann *m*, -leute 1. → *Großhändler* 2. hombre *m* de negocios
Großkraftwerk *n*, e central *f* eléctrica de gran potencia
Großkredit *m*, e crédito *m* importante
Großmacht *f*, ⸗e gran potencia *f*; superpotencia *f*
Großmarkt *m*, ⸗e 1. mercado *m* para los comerciantes al por menor 2. hipermercado *m*
Großpackung *f*, en paquete *m*, embalaje *m* grande
Großproduktion *f*, Ø producción *f*, fabricación *f* a gran escala
Großprojekt *n*, e gran proyecto *m*
Großraum *m*, ⸗e 1. gran espacio *m* 2. aglomeración *f*; circunscripción *f*; *im ~ Frankfurt* en el gran Francfort
Großraumbüro *n*, s conjunto *m* de oficinas divididas en pequeñas unidades funcionales
Großraumflugzeug *n*, e avión *f* de gran capacidad
Großraumgeschäft *n*, e negocio *m* con gran superficie
Großraumwagen *m*, - *(Eisenbahn)* coche *m*, vagón *m* de gran capacidad *od.* sin compartimentos
Großraumwirtschaft *f*, Ø economía *f* de grandes espacios
Großschadendeckung *f*, en (Seg.) cobertura *f* de grandes dimensiones
Großserie *f*, n gran serie *f*; *in ~ herstellen* fabricar en gran serie *od.* a gran escala
Großspeicher *m*, - (Inform.) memoria *f* de gran capacidad
Großstadt *f*, ⸗e gran ciudad *f*; urbe *f*; (Com.) emporio *m*; gran centro *m* comercial, industrial
Großtagebau *m*, Ø (Min.) explotación *f* a cielo abierto en gran escala
Großunternehmen *n*, - gran empresa *f*; explotación *f*
Großverbraucher *m*, - gran consumidor *m*
Großverdiener *m*, - perceptor *m* de una renta alta
Großverkauf *m*, ⸗e venta *f* al por mayor
Großversandhaus *n*, ⸗er gran casa *f* de venta por correspondencia

Großverschleiß *m*, Ø (A) → *Großverkauf*
Großversender *m*, - → *Großversandhaus*
Großwohnanlagen *pl* grandes edificios *pl* de vivienda
Grube *f*, n 1. fosa *f* 2. (Min.) mina; *in die ~ einfahren* bajar a la mina; *eine ~ stillegen* cerrar, paralizar una mina
Grubenanteil *m*, e participación *f* minera
Grubenarbeiter *m*, - minero *m*
Grubenausbau *m*, Ø entibación *f* de la mina
Grubenbau *m*, Ø 1. trabajos *pl* de mina 2. explotación *f*, extracción *f* minera
Grubenbetrieb *m*, e explotación *f* (subterránea) de minas; minería *f*; industria *f* minera
Grubenbrand *m*, ¨e incendio *m* de mina
Grubenkatastrophe *f*, n catástrofe *f* minera
Grubenunglück *n*, e → *Grubenkatastrophe*
grün verde 1. *die Grünen* „los verdes" *pl*; los ecologistas *pl*; el movimiento ecologista; *~er Bericht* informe *m* anual sobre la situación de la agricultura; *das ~e Europa* la Europa verde; (EG) *~e Kurse* tasas *pl*, tipos *pl*, cambios *pl*, paridades *pl* verdes; *~e Liste* lista *f* ecologista; *~er Plan m* verde (plan agrícola anual del Gobierno federal); *~e Welle* semáforos *pl* (en verde) sincronizados; *die ~e Woche* Salón *m* de la Agricultura 2. *~es Licht geben* dar luz verde para; autorizar; dar la señal de partida; *auf keinen ~en Zweig kommen* no lograr nada
Grünanlagen *pl* → *Grünflächen*
Grund *m*, ¨e 1. suelo *m*; terreno *m*; fondo *m*; *etw. in ~ und Boden wirtschaften* malbaratar u/c; *den ~ für od. zu etw. legen* sentar las bases para 2. razón *f*; causa *f*, motivo *m*; *aus beruflichen Gründen* por motivos, de carácter profesional; *Gegenstand und ~ des Ersuchens* objetivo *m* y motivo *m* de la comisión rogatoria
Grund- (Pref.) de base; de fondo; fundamental; básico
Grundausbildung *f*, en formación *f* básica militar
Grundbesitz *m*, Ø propiedad *f* inmueble; bienes *pl* raíces; *(Stück Land)* finca *f*; terreno *m*; *(Bauplatz)* solar *m*
Grundbesitzer *m*, - propietario *m* (de un terreno *od.* de bienes raíces)
Grundbilanz *f*, en balanza *f* básica
Grundbrief *m*, e título *m* de propiedad inmueble
Grundbuch *n*, ¨er (R.F.A.) libro *m* fundiario; (E) registro *m* de la propiedad; catastro *m*; *etw. ins ~ eintragen* inscribir en el registro de la propiedad; *~ führen* llevar el Registro; *öffentlicher Glaube des ~s* fe *f* pública registral; *Schutz des ~s* protección *f* registral
Grundbuchamt *n*, ¨er registro *m* de la propiedad; (E) *Vorsteher des ~s* Registrador *m* de la Propiedad
Grundbuchauszug *m*, ¨e extracto *m* del libro fundiario, registro de la propiedad
Grundbuchführer *m*, - registrador *m* de la propiedad
Grunddeckung *f*, en (Seg.) cobertura *f* base
Grunddienstbarkeit *f*, en servidumbre *f* real, inmobiliaria, predial
Grundeigentum *n*, Ø → *Grundbesitz*
gründen fundar; crear; instituir; establecer; constituir; instaurar; *sich ~ auf* basarse en; fundarse en; apoyarse en; ser debido a
Gründer *m*, - fundador *m*; creador *m*; promotor *m*; (Fig.) padre *m* espiritual; arquitecto *m*
Gründeraktie *f*, n acción *f* de fundador
Gründeranteil *m*, e parte *f* de fundador
Gründeranteilschein *m*, e cédula *f* de fundación; acción *f* bono; parte *f* de fundador
Gründerhaftung *f*, Ø responsabilidad *f* (civil) de los fundadores
Gründerjahre *pl* (Hist.) (D) Revolución *f* industrial alemana (después de 1871)
Gründerkrach *m*, Ø (Hist.) (D) crash *m* de los años de especulación; crisis *f* del progreso (1871-1873)
Grunderwerb *m*, Ø adquisición *f* de terreno *od.* bienes raíces
Grunderwerbssteuer *f*, n impuesto *m* sobre la adquisición de terreno *od.* de bienes inmuebles
Gründerzeit *f*, Ø → *Gründerjahre*
Grundfahrpreis *m*, e (*~ je km*) precio *m* (de) base por kilómetro
Grundfreiheiten *pl* libertades *pl* fundamentales
Grundgebühr *f*, en tasa *f* básica; derechos *pl* básicos; (Teléf.) tarifa *f* básica
Grundgehalt *n*, ¨er sueldo *m* base
Grundgesamtheit *f*, Ø (Estad.) universo *m*; población *f*
Grundgesetz *n*, e (R.F.A.) ley *f* fundamental; constitución *f*; (E) *~ der Arbeit* Fuero *m* del Trabajo
Grundindustrie *f*, n → *Grundstoffindustrie*
Grundkapital *n*, Ø 1. capital *m* inicial 2. *(einer Gesellschaft)* capital *m* social; *Aufstockung des ~s* aumento *m* del capital social
Grundkredit *m*, e crédito *m* hipotecario
Grundkreditanstalt *f*, en banco *m* hipotecario
Grundlagenvertrag *m*, ¨e tratado *m* fundamental entre la R.D.A. y la R.F.A. (1972)
Grundlast *f*, en carga *f* real; gravamen *m* sobre bienes inmuebles; *~en* servidumbres *pl* reales
Grundlohn *m*, ¨e salario *m* base
Grundmaterial *n*, ien material *m* básico, de base
Grundmiete *f*, n alquiler *m* básico
Grundpfand *n*, ¨er hipoteca *f*

Grundpfandrecht n, e derecho m de prenda inmobiliario, fundiario
Grundprämie f, n prima f base, básica
Grundprämiensatz m, ᵘᵉ tasa f de prima base
Grundpreis m, e precio m básico, base
Grundprovision f, en (Seg.) comisión f base
Grundrecht n, e 1. derecho m fundamental 2. derecho m hipotecario
Grundrente f, n 1. renta f del suelo 2. pensión f base
Grundriß m, -sse plano m de sección
Grundsatz m, ᵘᵉ principio m; base f; axioma m; lema m; máxima f; ~ *der Billigkeit* principio de equidad
Grundschuld f, en deuda f inmobiliaria, territorial
Grundsteinlegung f, en colocación f de la primera piedra
Grundsteuer f, n contribución f territorial
Grundsteuerveranlagung f, en cálculo m del impuesto sobre terrenos, de la contribución territorial
Grundstoff m, e base f; *(Chemie)* elemento m; ~*e pl* materias pl básicas; carbón y minerales; *(Rohstoffe)* materias pl primas
Grundstoffindustrie f, n industria f básica, de base
Grundstoffsektor m, en sector m primario
Grundstück n, e (Jur.) inmueble m; terreno m, finca f; *(Bau-)* solar m; terreno m; ~*e pl* bienes pl raíces; *baureifes* ~ terreno preparado, adaptado para la edificación; *bebautes* ~, *bebaubares* ~ finca, terreno edificable; solar; *unbelastetes* ~ finca sin hipotecar; *(Bilanz)* ~*e und Gebäude* Inmuebles y Edificios
Grundstücksanrechtversicherung f, en seguro m de derecho a propiedad inmueble
Grundstücksbesitzer m, - propietario m de un terreno, solar
Grundstückseigentümerhaftpflicht f, Ø (Seg.) responsabilidad f civil de propietarios de inmuebles
Grundstücksmakler m, - corredor m de fincas, inmuebles; agente m de la propiedad inmobiliaria
Grundstückspfändung f, en pignoración f de bienes raíces
Grundstücksspekulant m, en especulador m inmobiliario; el que especula con inmuebles
Grundstücksspekulation f, en especulación f inmobiliaria
Grundstücksumlegung f, en concentración f parcelaria
Grundstücksveräußerung f, en enajenación f, venta f de un terreno, una finca
Grundstücksverwalter m, - administrador m de fincas
Grundtarif m, e tarifa f base
Grund und Boden tierras pl; bienes pl raíces; propiedades pl; terreno m; propiedad f rural
Gründung f, en fundación f; creación f; constitución f; institución f; establecimiento m; instauración f
Gründungsakte f, n → *Gründungsurkunde*
Gründungsaktie f, n acción f de fundación
Gründungsjahr n, e año m de fundación
Gründungskapital n, Ø capital m de fundación, inicial
Gründungsmitglied n, er miembro m, socio m fundador
Gründungsurkunde f, n cédula f de fundación, creación; acta f de constitución; escritura f
Gründungsvertrag m, ᵘᵉ acta f constituyente
Grundvermögen n, Ø bienes pl inmobiliarios
Grundvermögenssteuer f, n impuesto m sobre la propiedad immobiliaria
Grundvertrag m, ᵘᵉ → *Grundlagenvertrag*
Grundwert m, e 1. valor m inmobiliario 2. valor m fundamental
Grüne Karte f, n (Seg.) Carta f Verde
Grünen (R.F.A.) *die* ~ los „verdes" pl; los ecologistas pl; el partido m ecologista
Grünflächen pl áreas pl verdes; zonas pl ajardinadas
Grünland n, Ø prados y pastizales pl
Grünlandwirtschaft f, Ø pasticultura f; herbicultura f
Gruppe f, n grupo m; agrupación f; clase f; categoría f; colectivo m
Gruppenakkord m, e destajo m colectivo
Gruppenakkordlohn m, ᵘᵉ salario m de destajo colectivo
Gruppenarbeit f, en trabajo m en equipo
Gruppenarbeitsvertrag m, ᵘᵉ contrato m de grupo, colectivo
Gruppenfahrkarte f, n billete m de grupo, colectivo
Gruppengeschäft n, e negocio m colectivo
Gruppenreise f, n viaje m organizado
Gruppenrisiko n, -en riesgo m colectivo
Gruppenschlüssel m, - (Seg.) llave f principal; maestra f simple
Gruppenunfallversicherung f, en seguro m colectivo de accidentes
Gruppenvergleich m, e comparación f por grupos
Gruppenversicherung f, en seguro m colectivo
Gruppenversicherungsvertrag m, ᵘᵉ contrato m de seguro colectivo
gruppieren agrupar; disponer en grupos; clasificar
Gruß m, ᵘᵉ saludo m; salutación f; (Corresp.) *mit*

herzlichen Grüßen/ mit besten Grüßen/ mit freundlichen Grüßen les saludamos atentamente; con un cordial saludo
Grußformel *f*, n fórmula *f* de salutación, cortesía
GRVST → *Grundvermögenssteuer*
gültig válido; vigente; en vigor; valedero; *~ bis* valedero hasta
Gültigkeit *f*, Ø validez *f*; vigor *m*; (LA) vigencia *f*; *(Münze, Geld)* circulación *f*; curso *m* (legal); *keine ~ haben* no ser válido; *rückwirkende ~* efecto *m* retroactivo
Gültigkeitsdauer *f*, Ø plazo *m* de validez; tiempo *m* de vigor
Gültigkeitserklärung *f*, en validación *f*
Gültigkeitskontrolle *f*, n control *m* de validez
Gunst *f*, Ø favor *m*; gracia *f*; *zu ~en* en/a favor de; en pro de; en beneficio de; *zu Ihren ~en* a su crédito; a su favor
günstig favorable; *zu ~en Bedingungen* bajo unas condiciones favorables; *zu ~em Preis* a precio de ganga, positivo, oportuno; *~er Zeitpunkt* momento *m* oportuno, conveniente, ventajoso, propicio
Günstling *m*, e favorito *m*
Günstlingswirtschaft *f*, Ø favoritismo *m*; (Pol.) nepotismo *m*; caciquismo *m*
Gürtel *m*, - 1. cinturón *m*; *sich den ~ enger schnallen* apretarse el cinturón 2. *(Streifen)* franja *f*; faja *f*
Gut *n*, ⁻er 1. bien *m*; producto *m*; mercancía *f*; patrimonio *m*; fortuna *f*; *bewegliche ⁻er* bienes *pl* muebles; *liegende, unbewegliche ⁻er* bienes *pl* inmuebles, raíces; *frei Schiff, frei ~* el pabellón cubre la mercancía 2. finca *f*; propiedad *f* rural; cortijo *m*
Gutachten *n*, - *(Meinung)* opinión *f*; juicio *m*; *sachverständiges ~* dictamen *m* pericial; *schriftliches ~* informe *m*; *ärztliches ~* dictamen facultativo; *schiedsrichterliches ~* arbitraje *m*; laudo *m* arbitral; *ein ~ anfertigen* emitir un dictamen; dictaminar
Gutachter *m*, - experto *m*; perito *m*; dictaminador *m*; *einen ~ hinzuziehen* consultar un experto
Gutachtergebühren *pl* gastos *pl* de peritación
Gutachterverfahren *n*, - procedimiento *m* consultivo
gutachtlich pericial; consultivo; informativo
gutbringen → *gutschreiben*
Güte *f*, Ø 1. bondad *f*; favor *m*; amabilidad *f* 2. calidad *f*; *erster ~* de primera calidad, clase 3. *sich in ~ einigen* arreglar u/c amigablemente
Gütegrad *m*, e grado *m* de calidad, categoría *f*
Güteklasse *f*, n (Com.) categoría *f* de calidad
Gütekontrolle *f*, n control *m* de calidad
Güter *pl* bienes *pl*; mercancías *pl*; productos *pl*; *nicht abgeholte ~* mercancías no reclamadas; *~ des gehobenen Bedarfs* productos de lujo; *bewirtschaftete ~* mercancías contingentadas; *gewerbliche ~* productos industriales; *haltbare (langlebige) ~* bienes duraderos; *kurzlebige ~* productos perecederos; *lebenswichtige ~* bienes de primera necesidad; *sachliche (körperliche) ~* bienes materiales, corporales
Güterabfertigung *f*, en expedición *f* de mercancías
Güterangebot *f*, e oferta *f* de mercancías
Güterannahmestelle *f*, n centro *m* de recepción de mercancías
Güteraustausch *m*, Ø intercambio *m* de bienes
Güterbahnhof *m*, ⁻e estación *f* de mercancías; (LA) estación *f* de carga; *frei ~* franco estación
Gütereinteilung *f*, en clasificación *f* de mercancías, bienes
Güterexpedition *f*, en → *Güterabfertigung*
Güterfernverkehr *m*, Ø transporte *m*, tráfico *m* de mercancías a gran, larga distancia; (LA) transporte *m*, tráfico *m* de carga a gran, larga distancia
Gütergemeinschaft *f*, Ø comunidad *f* de bienes; *fortgesetzte ~* comunidad de bienes continuada
Güterhafen *m*, ⁻ puerto *m* de mercancías
Güterhalle *f*, n nave *f* de mercancías
Güterrecht *n*, Ø régimen *m* de bienes; *eheliches ~* régimen de bienes en el matrimonio
Güterregister *n*, - registro *m* de bienes
Güterschiffahrt *f*, Ø transporte *m* naval de mercancías
Güterstand *m*, Ø régimen *m* de bienes; *~ der Verwaltung und Nutznießung* régimen de administración y usufructo; *gesetzlicher ~*; (R.F.A. *Zugewinngemeinschaft*) régimen de separación con participación en las ganancias; régimen de partición de ganancias
Gütertarif *m*, e tarifa *f* (para el transporte de) mercancías
Gütertransport *m*, e transporte *m* de mercancías; (LA) transporte *m* de carga
Gütertransportversicherung *f*, en seguro *m* de mercancías transportadas
Gütertrennung *f*, Ø separación *f* de bienes
Güterumschlag *m*, Ø transbordo *m* (de mercancías)
Güter- und Leistungsaustausch *m*, Ø intercambio *m* de bienes y servicios
Güterverkehr *m*, Ø tráfico *m*, transporte *m* de mercancías
Güterversicherung *f*, en seguro *m* de mercancías
Güterverteilung *f*, en reparto *m* de riquezas
Güterwagen *m*, - vagón *m* de mercancías; (LA) vagón *m* de carga; *offener ~* batea *f*; vagón *m* descubierto, abierto; (LA) zorra *f*; geschlos-

sener ~ vagón *m* cubierto, cerrado
Güterzug *m*, ⁻e tren *m* de mercancías; (LA) tren *m* de carga
Güteverfahren *n*, - juicio *m* de conciliación
Gütevorschrift *f*, en normas *pl* de calidad
Gütezeichen *n*, - etiqueta *f*, marca *f* de calidad
Gutgewicht *n*, Ø tolerancia *f*
gutgläubig de buena fé; (Jur.) *~er Dritter* tercero *m* de buena fé
guthaben ser acreedor de la suma de; tener abonada la suma de
Guthaben *n*, - haber *m*; saldo *m* activo, acreedor; crédito *m*; ~ *bei ausländischen Banken* haberes *pl* en bancos extranjeros; *verfügbares* ~ haber disponible; ~ *in ausländischer Währung* haber en moneda extranjera; ~ *einfrieren, sperren* congelar, bloquear haberes
Guthabenkont|o *n*, -**en** cuenta *f* corriente simple
Guthabenposten *m*, - partida *f* acreedora
Guthabensald|o *m*, -**en** saldo *m* activo, acreedor
Guthabenscheck *m*, **s** cheque *m* con provisión de fondos
gütlich amigable; amistoso; *auf ~em Weg(e)* por vía amistosa

Gutsbesitzer *m*, - → *Gutsherr*
Gutschein *m*, **e** vale *m*; bono *m*
Gutscheinheft *n*, **e** carnet *m* de vales
gutschreiben abonar; acreditar; *auf einem Konto* ~ abonar en cuenta; llevar al haber
Gutschrift *f*, **en** 1. *(im Handelsbuch)* crédito *m*; haber *m* 2. *(auf laufende Rechnung)* abono *m* en cuenta
Gutschrift(s)anzeige *f*, **n** nota *f* de crédito, n/c; aviso *m*, nota *f* de abono
Gutschriftenseite *f*, **n** columna *f* del haber; columna *f* acreedora; columna *f* a su favor
Gutsherr *m*, en dueño *m* de la finca; terrateniente *m*
Gutshof *m*, ⁻e finca *f*; cortijo *m*; (LA) hacienda *f*; quinta *f*
gutsituiert acomodado; en buena situación social
Gutspacht *f*, **en** arrendamiento *m* de una explotación en su totalidad
Gutsverwalter *m*, - administrador *m* de finca; (LA) mayordomo *m*
GuV → *Gewinn und Verlust*
Gz → *Geschäftszeichen*

H

ha → *Hektar*
Haager Abkommen *n*, Ø Convención *f* de La Haya
Haarinstitut *n*, **e** instituto *m* capilar
Haarpflegemittel *n*, - producto *m* para el cuidado del cabello
Haarspray *n*, **s** laca *f*; spray *m*
Haartrockner *m*, - secador *m*; secador *m* de mano
Haarwaschmittel *n*, - champú *m*
Haarwasser *n*, - loción *f* capilar
Hab *n*, Ø ~ **und Gut** todos los bienes; toda la hacienda
Habe *f*, Ø bienes *pl*; haber *m*; fortuna *f*; *fahrende (bewegliche)* ~ bienes *pl* muebles; *liegende* ~ bienes *pl* inmuebles; *unbewegliche* ~ bienes *pl* raíces, inmuebles; *um seine ganze* ~ *kommen* perder todos sus bienes
haben 1. *(besitzen)* tener; poseer 2. *die Ware ist zu* ~ la mercancía está, se encuentra, se halla a la venta; la mercancía está disponible 3. *dieses Produkt ist nicht mehr zu* ~ este producto está agotado 4. *zu* ~ *bei* de venta en 5. *was wollen Sie dafür* ~? ¿cuánto quiere, exige, cobra usted? 6. *jdn. über sich* ~ tener a alg. como superior 7. *die Kasse unter sich* ~ estar encargado de la caja; llevar la caja
Haben *n*, Ø haber *m*; crédito *m*; a su favor; *das Soll und* ~ el debe y el haber; *ins* ~ *stellen* pasar al crédito
Habenbuchung *f*, **en** asiento *m*, anotación *f* en el haber
Habenichts *m*, **e** pobre *m*; pobretón *m*; pobre diablo *m*; *Klub der* ~**e** club *m* de los países pobres
Habenposten *m*, - partida *f* del haber; partida *f* de abono; partida *f* a su favor
Habensald|o *m*, **-en** saldo *m* acreedor; saldo *m* a su favor
Habenseite *f*, **n** lado *m*, columna *f* del haber; crédito *m*; *auf der* ~ *stehen* figurar en la columna del haber; *einen Betrag auf der* ~ *verbuchen* contabilizar un importe en el lado del haber; *in der* ~ *buchen* consignar, anotar en el haber
Habenzeichen *n*, - (Inform.) signo *m* de crédito; símbolo *m* del haber
Habenzins *m*, **en** interés *m* acreedor; interés *m* a su favor; interés *m* pagado por los bancos a sus clientes
Habenzinssatz *m*, ⸚e tasa *f*, tipo *m* de interés acreedor

Habseligkeiten *pl* efectos *pl* personales; (Fam.) bártulos *pl*; chismes *pl*; trastos *pl*
Hackbraten *m*, - asado *m* de carne picada
hacken 1. cavar; azadonar 2. *Holz* ~ cortar, partir madera; *Fleisch* ~ cortar carne
Hackfleisch *n*, Ø carne *f* picada
Hackfrüchte *pl* raíces y tubérculos *pl*; (LA) plantas *pl* carpidas
Hackmaschine *f*, **n** 1. binadora *f* (para el jardín, para el campo) 2. picadora *f*
Hackmesser *n*, - machete *m*
Häckselmaschine *f*, **n** picadora *f*; cortapajas *f*
Hafen *m*, ⸚ puerto *m*; *einen* ~ *anlaufen* hacer escala en un puerto; tocar un puerto; *in den* ~ *einlaufen* entrar en el puerto
Hafenabgabe *f*, **n** *eine* ~ *bezahlen* pagar una tasa portuaria
Hafenamt *n*, ⸚er administración *f* bzw. capitanía *f* del puerto
Hafenanlagen *pl* instalaciones *pl* portuarias
Hafenarbeiten *pl* obras *pl*, faenas *pl* portuarias
Hafenarbeiter *m*, - obrero *m*, trabajador *m* portuario; estibador *m*; (des)cargador *m* de muelle; (Syn. *Dockarbeiter, Schauermann*)
Hafenarbeiterstreik *m*, **s** huelga *f* portuaria; huelga *f* de estibadores
Hafenbahnhof *m*, ⸚e estación *f* marítima
Hafenbecken *n*, - dársena *f*
Hafenbehörde *f*, **n** autoridades *pl* marítimas bzw. del puerto; capitanía *f* del puerto
Hafeneinfahrt *f*, **en** entrada *f*, boca *f* del puerto
Hafengebühren *pl* derechos *pl* portuarios; (derechos *pl* de) anclaje *m*
Hafenkonnossement *n*, **e** conocimiento *m* de embarque portuario
Hafenkran *m*, ⸚e grúa *f* de muelle
Hafenlotse *m*, **n** práctico *m* del puerto
Hafenmeister *m*, - capitán *m* de puerto
Hafenpolizei *f*, Ø policía *f* del puerto
Hafenschleuse *f*, **n** esclusa *f* de puerto
Hafensperre *f*, **n** 1. cierre *m* del puerto 2. embargo *m* (de un buque)
Hafenstadt *f*, ⸚e 1. ciudad *f* portuaria; ciudad *f* marítima 2. puerto *m*
Hafenumschlag *m*, Ø tráfico *m* portuario; transbordo *m*
Hafen- und Küstendienste *pl* servicios *pl* portuarios y costeros
Hafenverwaltung *f*, **en** administración *f* del puerto
Hafenviertel *n*, - barrio *m* portuario; barrio *m* del puerto; puerto *m*

227

Hafenwache f, n vigilancia f de muelles
Hafenwächter m, - vigilante m de muelles
Hafenzoll m, ⁻e derechos pl portuarios
Hafenzollamt n, ⁻er aduana f marítima
Hafer m, Ø avena f
Haferflocken pl copos pl de avena
haftbar responsable; *für etw. ~ sein* responder de u/c; *jdn. für etw. ~ machen* hacer a alg. responsable de u/c; *persönlich ~ sein* ser personalmente responsable; responder personalmente; *unbeschränkt ~ sein* ser responsable ilimitadamente; responder ilimitadamente; *mit seiner Einlage ~ sein* responder con su aportación
Haftbefehl m, e orden m de detención; auto m de prisión
haften 1. responder; ser responsable; salir garante; *für die Schulden persönlich ~* ser responsable personalmente de las deudas; *beschränkt, unbeschränkt ~* tener una responsabilidad limitada, ilimitada; *Dritten gegenüber ~* responder frente a terceros; *solidarisch ~* responder solidariamente; ser responsable, responder solidariamente; *mit seinem Vermögen ~* ser responsable, responder con su patrimonio (*od.* fortuna); *der Verkäufer haftet wie folgt* el vendedor responderá, será responsable como sigue 2. *(kleben)* pegar; estar adherido; estar pegado; estar fijado
Haften n, Ø adherencia f
haftend 1. *~es Kapital* capital m riesgo; capital m con el que se responde; *persönlich ~er Teilhaber* socio m personalmente responsable 2. adhesivo
Haftende/r *(der/ein)* responsable m
Haftpflicht f, en responsabilidad f civil; obligación f de reparar daños; *beschränkte ~* responsabilidad limitada; *gesetzliche ~* responsabilidad civil legal
haftpflichtig civilmente responsable
Haftpflichtklage f, n acción f de responsabilidad civil
Haftpflichtversicherung f, en seguro m de responsabilidad civil; seguro m obligatorio; seguro m de responsabilidad frente a terceros
Haftsumme f, n garantía f; fianza f
Haftung f, en responsabilidad f (jurídica y financiera); *die ~ für Schäden tragen* responder de los daños; ser responsable de los daños; *die ~ übernehmen, ablehnen* asumir, declinar la responsabilidad; *es wird keine ~ übernommen* no se acepta responsabilidad alguna; *von der ~ ganz oder teilweise befreien* eximir total o parcialmente de (la) responsabilidad; *Gesellschaft mit beschränkter ~ (GmbH)* sociedad de responsabilidad limitada (SRL *od.* SL); *frei von ~ für Verluste oder Beschädigung* exento de responsabilidad por pérdida o daños; *verschulden, unabhängige ~* responsabilidad absoluta *od.* estricta; *~ des Verkäufers* responsabilidad del vendedor; *~ für Mängel* responsabilidad por defectos *od.* por vicios; *~ für Schulden* responsabilidad por deudas; *~ für fremdes Verschulden* responsabilidad por la actuación de terceros; *~ ohne Verschulden* responsabilidad estricta (*od.* absoluta); *~ aus Vertrag* responsabilidad contractual
Haftungsanteil m, e parte f de responsabilidad
Haftungsausschluß m, Ø exclusión f de responsabilidad; no responsabilidad f; exclusión f de garantía
Haftungsbeschränkung f, en (de)limitación f de la responsabilidad, de la garantía
Haftungsfreiheit f, (en) no responsabilidad f; sin responsabilidad
Haftungsfreistellung f, en dispensa f, exención f de responsabilidad
Haftungsgrenze f, n límite m de responsabilidad
Haftungsübernahme f, n asunción f, aceptación f de responsabilidad
Haftungsumfang m, Ø alcance m, extensión f de la responsabilidad
Hagelversicherung f, en seguro m contra el granizo; seguro m contra el pedrisco
Hakenriegel m, - (Seg.) pasador m de enclavamiento
halb, *der ~e Betrag* la mitad del importe; *~es Jahr* medio año; un semestre; *nur den ~en Preis zahlen* pagar solamente la mitad del precio; *zum ~en Preis* a mitad de precio
halbamtlich oficioso; semi-oficial; (Syn. *offiziös*)
halbautomatisch semiautomático
Halbdeckung f, en (Seg.) cobertura f, amparo m parcial
halbe-halbe machen (Fam.) compartir a medias
halber, *der Einfachheit ~* para mayor sencillez; para hacerlo más sencillo; *der größeren Genauigkeit ~* para mayor exactitud
Halberzeugnis n, se semiproducto m; producto m semiacabado *od.* semielaborado *od.* semimanufacturado
Halbfabrikat n, e → *Halberzeugnis*
halbfertig 1. a medio hacer; a medio acabar 2. semiacabado
Halbfertigbereich m, e sector m de productos semiacabados
Halbfertigware f, n → *Halberzeugnis*
halbieren dividir por dos; partir por la mitad
Halbierung f, en división f por dos; reducción f en la mitad
Halbjahr n, e semestre m; seis meses

Halbjahres- (Pref.) semestral; de seis meses; semianual
Halbjahresbilanz *f*, en balance *m* semestral (*od.* semi-anual)
Halbjahresprognose *f*, **n** previsiones *pl* semestrales; previsiones *pl* a (*od.* sobre) seis meses
Halbjahreszahlung *f*, en pago *m* semestral; pago *m* semi-anual; pago *m* cada medio año
halbjährig 1. semestral; de seis meses (de edad)
halbjährlich, ~ *zahlbar* pagadero cada medio año; a pagar cada semestre; de pago semestral; pagadero cada seis meses; de pago semianual; a pagar semestralmente
Halbkonserven *pl* semiconservas *pl*
Halblederband *m*, ⁻er encuadernación *f* de media pasta
Halbleinen *n*, Ø tela *f* mixta; medio hilo *m*
Halbleinenband *m*, ⁻er encuadernación *f* de media tela
Halbleiter *m*, - semiconductor *m*
Halbleiterindustrie *f*, **n** industria *f* de semiconductores
halbmonatlich quincenal; bimensual; dos veces por mes; cada medio mes; cada quince días
Halbmonatsschrift *f*, en revista *f* quincenal; revista *f* bimensual; revista *f* que aparece dos veces al mes *od.* cada quince días
Halbpacht *f*, en aparcería *f*; (Col.) medianía *f*
Halbpächter *m*, - aparcero *m*; (Col.) medianero *m*
halbpart, *mit jdm.* ~ *machen* ir a medias, ir por mitad con alg.
Halbpension *f*, en (*HP*) media pensión *f*; *in* ~ en régimen de media pensión
halbstaatlich semipúblico; semiestatal
Halbtag *m*, e medio día *m*
halbtägig de medio día
halbtags, ~ *arbeiten* trabajar (a) media jornada
Halbtagsarbeit *f*, en trabajo *m*, empleo *m* a (*od.* de) media jornada (Ggs. *Ganztagsarbeit*)
Halbtagsbeschäftigte/r (*der/ein*) trabajador *m* de (*od.* a) media jornada
Halbtagsbeschäftigung *f*, en → *Halbtagsarbeit*
Halbtagskraft *f*, ⁻e persona *f* empleada a media jornada; persona *f* que trabaja media jornada
Halbtagsstelle *f*, **n** puesto *m* de trabajo de (*od.* a) media jornada
Halbtagsstellung *f*, en → *Halbtagsarbeit*
Halbware *f*, **n** → *Halberzeugnis*
halbwöchentlich bisemanal; dos veces a la semana
Halbzeug *n*, Ø → *Halberzeugnis*
Halde *f*, **n** 1. escorial *m*; escombrera *f* 2. stock *m*; existencias *pl*; *unverkaufte Autos stehen auf* ~ los coches no vendidos son almacenados en los depósitos

Haldenbestand *m*, ⁻e existencias *pl* (a bocamina); depósito *m*
Haldenvorräte *pl* → *Haldenbestand*
Hälfte *f*, **n** mitad *f*; *die* ~ *der Kosten übernehmen* asumir, aceptar la mitad de los gastos; *die Kosten zur* ~ *tragen* pagar la mitad de los gastos; *sich zur* ~ *an einem Geschäft beteiligen* tener, detentar una participación del 50%; *bis zur* ~ hasta la mitad; *um die* ~ *mehr, um die* ~ *weniger* la mitad más; la mitad menos; *um die* ~ *teurer* la mitad más caro; más caro en la mitad; *über die* ~ *größer* más grande, superior en más de la mitad; *zur* ~ a medias; a partes iguales; *zur* ~ *besetzt mit* compuesto en su mitad (*od.* a partes iguales) por; *zur* ~ *beteiligt sein* participar por mitad
hälftig paritario; mitad-mitad; a medias
Halle *f*, **n** 1. sala *f* 2. pabellón *m* (de una exposición 3. hall *m* (de un hotel) 4. hangar *m*, cobertizo *m* (de aviones) 5. nave *f* (industrial) 6. vestíbulo *m* (de la estación)
Hallenbad *n*, ⁻er piscina *f* cubierta
Hallenkapazität *f*, en capacidad *f* (de una exposición); capacidad *f* de la sala
Halm *m*, e paja *f*; brizna *f*; tallo *m*; *Weizen vom* ~ *kaufen* comprar el trigo en pie; *Getreide auf dem* ~ *verkaufen* vender cereales en pie
Halmfrüchte *pl* cereales *pl*; granos *pl*
Halogenscheinwerfer *m*, - (Seg.) faros *pl* halógenos
halsabschneiderisch exorbitante; usurario; ~*er Preis* precio *m* exorbitante; (Fam.) mazazo *m*
haltbar, *nur begrenzt* ~ perecedero; *nicht* ~*e Lebensmittel* alimentos *pl* que no se conservan bien, que se estropean; alimentos perecederos; *die Lebensmittel* ~ *machen* conservar los alimentos; hacer conservables los alimentos
Haltbarkeit *f*, en durabilidad *f*; conservabilidad *f*; solidez *f*; *Lebensmittel von begrenzter* ~ alimentos *pl* perecederos; comestibles *pl* que se echan a perder, que se estropean
Haltbarkeitsdat|um *n*, **-en** 1. fecha *f* límite de conservación; fecha *f* hasta la que se conserva (bien) 2. fecha *f* límite de venta
Haltbarmachen von Lebensmitteln *n*, Ø conservación *f* de alimentos
halten 1. tener; poseer 2. detener 3. mantener; conservar 4. observar, cumplir (un contrato) 5. pronunciar (una conferencia) 6. impartir (una clase)
Halteplatz *m*, ⁻e parada *f*
Haltepunkt *m*, e 1. (Ferr.) apeadero *m* 2. punto *m* de apoyo
Halter *m*, - titular *m*; poseedor *m*; propietario *m*; ~ *eines Fahrzeugs* titular de un vehículo

Halterung *f*, **en** (Seg.) dispositivo *m* de sujeción
Haltesignal *n*, **e** señal *f* de parada, de alto
Haltestelle *f*, **n** 1. parada *f* 2. (Ferr.) apeadero *m*
Halteverbot *n*, **e** estacionamiento *m* prohibido
Haltezeichen *n*, - → *Haltesignal*
haltmachen hacer una pausa; hacer un alto; descansar
Haltung *f*, **en** 1. *eine feste ~ des Dollar* la firmeza del dólar; *unentschlossene ~ der Börse* comportamiento *m* fluctuante de los cambios bursátiles 2. *eine gemeinsame ~ einnehmen* adoptar una postura (*od.* actitud) común
Hammelbraten *m*, - asado *m* de carnero
Hammelfleisch *n*, Ø (carne *f* de) carnero *m*
Hammelkeule *f*, **n** pierna *f* de carnero
Hammelrippchen *n*, - chuleta *f* de carnero
Hammelrücken *m*, - lomo *m* de carnero
Hammer *m*, ⸚ martillo *m*; *unter den ~ kommen* subastar; (LA) licitar; (Syn. *versteigern*)
Hamsterkäufe machen acaparar; almacenar en vista de una crisis; efectuar compras de pánico
hamstern (Fam.) acaparar; hacer compras de pánico; comprar por precaución
Hand *f*, ⸚e 1. *mit der ~ gearbeitet* hecho a mano 2. *die öffentliche ~* sector público *m*; tesoro *m* (público); poderes *pl* públicos; administración *f* y empresas públicas; *in die öffentliche ~ überführen* nacionalizar 3. *aus zweiter ~ kaufen* comprar de segunda mano; comprar de ocasión 4. *etwas in die ~ nehmen* encargarse de u/c 5. *etwas unter der ~ verkaufen* vender u/c bajo cuerda
Handabzug *m*, ⸚e impresión *f* a mano
Handarbeit *f*, **en** trabajo *m* manual; trabajo *m*, fabricación *f*, elaboración *f* a mano
handarbeiten hacer a mano; fabricar a mano; hacer un trabajo artesanal
Handarbeiter *m*, - obrero *m*, trabajador *m* manual
Handarbeitslehrerin *f*, **nen** profesora *f* de labores
Handausgabe *f*, **n** edición *f* manual
Handauslösekontakt *m*, **e** (Seg.) pulsador *m* de alarma
Handbedienung *f*, **en** manejo *m*, mando *m* manual
Handbuch *n*, ⸚er manual *m*
Hände *pl* 1. *alle ~ voll zu tun haben* estar agobiado de trabajo 2. *in andere ~ übergehen* cambiar de dueño; pasar, ir a parar a otras manos 3. *von seiner ~ Arbeit leben* vivir de su trabajo; *zu ~n von* (z. *Hd. von*) a la atención de (c/o)
Handel *m*, Ø comercio *m*; negocio *m*; mercado *m*; intercambio *m*; *~ mit* comercio de *bzw.* con 1. *ausländischer ~* comercio con el extranjero; *binnenländischer* (*inländischer*) *~* comercio interior, nacional; *innerdeutscher ~* comercio interalemán; comercio entre las dos Alemanias; *innergemeinschaftlicher ~* comercio intracomunitario; comercio dentro de la Comunidad; *selbständiger ~* comercio independiente 2. *im ~ befindlich sein* estar en venta; (*nicht mehr*) *im ~ sein* no estar ya en venta, en el mercado; *ein Produkt in den ~ bringen* comercializar, poner a la venta un producto; *einen ~ abschließen* concertar, concluir un negocio; *mit jdm. in den ~ kommen* entrar en relaciones comerciales con alg.; *einen ~ rückgängig machen* anular un negocio, una operación; *die Firma treibt ~ mit Spanien* la empresa comercia con España;. *aus dem ~ ziehen* retirar del comercio, del mercado
handelbar negociable (en Bolsa)
handeln 1. actuar; obrar; proceder; *im Namen von ~* actuando en nombre de 2. *en gros ~* comerciar al por mayor; *im kleinen ~* comerciar al por menor 3. regatear 4. *an der Börse gehandelte Aktien* acciones *pl* negociadas en Bolsa 5. dedicarse a la compraventa; vender y comprar
Handeln *n*, Ø regateo *m*
Handels- (Pref.) comercial; mercantil
Handelsabkommen *n*, - acuerdo *m* comercial; *ein ~ unterzeichnen* firmar un acuerdo comercial; firmar un convenio mercantil
Handelsabschlag *m*, ⸚e rebaja *f* (sobre el precio de venta)
Handelsadreßbuch *n*, ⸚er guía *f* comercial
Handelsagent *m*, **en** agente *m* comercial
Handelsagentur *f*, **en** agencia *f* comercial
Handelsartikel *m*, - artículo *m* de comercio; artículo *m* de consumo
Handelsattaché *m*, **s** agregado *m* comercial
Handelsauskunftei *f*, **en** agencia *f* de informaciones comerciales
Handelsaustausch *m*, Ø intercambio *m* comercial; intercambios *pl* comerciales
Handelsbank *f*, **en** banco *m* de comercio; banco *m* comercial
Handelsbericht *m*, **e** informe *m* comercial
Handelsbeschränkungen *pl* restricciones *pl* comerciales; limitaciones *pl* al comercio; *mengenmäßige ~* contingentes *pl*, cupos *pl* comerciales cuantitativos; *wertmäßige ~* contingentes *pl*, cupos *pl* comerciales en cuanto al valor
Handelsbesprechungen *pl* negociaciones *pl* comerciales
Handelsbetrieb *m*, **e** empresa *f* (de explotación) comercial; establecimiento *m* comercial; establecimiento *m* de comercio
Handelsbevollmächtige/r (*der/ein*) apoderado *m*
Handelsbezeichnung *f*, **en** denominación *f* co-

mercial; nombre *m* de fábrica
Handelsbeziehungen *pl* relaciones *pl* comerciales; ~ *abbrechen* romper las relaciones comerciales; ~ *aufnehmen* establecer, entablar relaciones comerciales; entrar en relaciones comerciales; ~ *mit, nach* intercambio comercial con, hacia
Handelsbilanz *f*, en balanza *f* comercial; balanza *m* de comercio; balanza *f* de mercancías; balanza *f* de bienes visibles; *aktive (positive, überschüssige)* ~ balanza comercial activa (positiva, excedentaria); *passive (defizitäre, unausgeglichene)* ~ balanza comercial pasiva (deficitaria, desequilibrada); *die* ~ *ausgleichen* equilibrar la balanza comercial; *die* ~ *schloß mit einem Aktivsaldo ab* la balanza comercial cerró con superávit (de las exportaciones)
Handelsbilanzdefizit *n*, e déficit *m* comercial; saldo *m* pasivo, saldo *m* negativo, saldo *m* deudor de la balanza de mercancías; balanza *f* comercial deficitaria
Handelsbilanzüberschu|ß *m*, ¨sse superávit *m* comercial; saldo *m* activo, saldo *m* positivo, saldo *m* acreedor de la balanza comercial; balanza *f* comercial excedentaria
Handelsblatt *n*, ¨er periódico *m* de información comercial
Handelsblockade *f*, n → *Handelssperre*
Handelsbörse *f*, n bolsa *f* de comercio
Handelsbranche *f*, n → *Handelszweig*
Handelsbrauch *m*, ¨e → *Handelsusancen*
Handelsbücher *pl* 1. libros *pl* de comercio 2. libros *pl* de contabilidad
Handelsdampfer *m*, - → *Handelsschiff*
Handelsdelegation *f*, en delegación *f* comercial
handelseinig, ~ *sein, werden* estar de acuerdo, convenir el precio
handelseins → *handelseinig*
Handelsembargo *n*, s → *Handelssperre*
Handelsfachzeitschrift *f*, en revista *f* de información comercial
handelsfähig negociable; comerciable
Handelsfaktur|a *f*, -en factura *f* comercial
Handelsfirm|a *f*, -en razón *f* social; casa *f*, empresa *f* comercial
Handelsflagge *f*, n pabellón *m* de la marina mercante
Handelsflotte *f*, n flota *f* mercante
Handelsfreiheit *f*, (en) libertad *f* de comercio
Handelsgärtner *m*, - horticultor *m*
Handelsgärtnerei *f*, en 1. horticultura *f* 2. empresa *f* hortícola
Handelsgeist *m*, Ø mercantilismo *m*; espíritu *m* comercial, mercantil
Handelsgenossenschaft *f*, en cooperativa *f* comercial
Handelsgericht *n*, e tribunal *m* de comercio; tribunal *m* comercial
handelsgerichtlich, ~ *eingetragen* inscrito en el registro mercantil
Handelsgerichtsbarkeit *f*, Ø jurisdicción *f* mercantil (*od.* comercial)
Handelsgeschäft *n*, e 1. transacción *f*, operación *f* comercial; ~*e abschließen* concertar, concluir una operación (comercial) 2. casa *f*, establecimiento *m* comercial
Handelsgesellschaft *f*, en sociedad *f*, compañía *f* mercantil
Handelsgesetz *n*, e ley *f* mercantil; ley *f* reguladora del comercio
Handelsgesetzbuch *n*, ¨er código *m* de comercio
Handelsgesetzgebung *f*, (en) legislación *f* mercantil, comercial
Handelsgewerbe *n*, Ø actividad *f* comercial; actividad *f* mercantil; comercio *m*; *ein* ~ *betreiben* ejercer una actividad mercantil, comercial
Handelsgewicht *n*, e peso *m* de comercio
Handelsgewinn *m*, e beneficio *m* comercial
Handelsgremi|um *n*, -en gremio *m*, comisión *f*, órgano *m* comercial
Handelsgut *n*, ¨er mercancía *f*; ~ *mittlerer Art und Güte* mercancía de calidad media
Handelshafen *m*, ¨ puerto *m* comercial
Handelshaus *n*, ¨er casa *f* comercial
handelshemmend perjudicial para el comercio; ~ *sein* ser perjudicial para el comercio; constituir una traba para el comercio
Handelshemmnis *n*, se obstáculo *m*, traba *f* para el comercio
Handelshemmung *f*, en → *Handelshemmnis*
Handelshindernisse *pl* → *Handelshemmnis*
Handelshochschule *f*, n escuela *f* superior de comercio; escuela *f* de altos estudios mercantiles
Handelskammer *f*, n *Industrie- und* ~ *(IHK)* cámara *f* de comercio e industria (CCI)
Handelskauf *m*, ¨e compraventa *f* mercantil; transacción *f* comercial
Handelskette *f*, n circuito *m* de distribución; cadena *f* voluntaria
Handelsklasse *f*, n categoría *f*, clase *f* de calidad (de los productos alimentarios)
Handelsklausel *f*, n cláusula *f* comercial
Handelskorrespondent *m*, en encargado *m* de la correspondencia comercial; encargado *m* de la correspondencia con el extranjero
Handelskorrespondentin *f*, nen (E) secretaria *f* con idiomas
Handelskorrespondenz *f*, (en) correspondencia *f* comercial

Handelskredit *m*, e crédito *m* comercial
Handelskreise *pl* círculos *pl* comerciales; mundo *m* del comercio
Handelskrieg *m*, e guerra *f* comercial; guerra *f* económica
Handelsmakler *m*, - corredor *m*, agente *m* comercial
Handelsmarine *f*, n marina *f* mercante
Handelsmarke *f*, n marca *f* comercial; marca *f* de fábrica
handelsmäßig comercial; ~ *verpackt* con embalaje comercial; con el embalaje usual en el mercado
Handelsmesse *f*, n feria *f* comercial
Handelsminister *m*, - ministro *m*, titular *m* de comercio (exterior)
Handelsministeri|um *n*, -en ministerio *m*, departamento *m*, cartera *f* de comercio (exterior)
Handelsmission *f*, en misión *f* comercial
Handelsmonopol *n*, e monopolio *m* comercial
Handelsname *m*, n firma *f*; razón *f* social; nombre *m* comercial
Handelsnetz *n*, e red *f* comercial
Handelsniederlassung *f*, en establecimiento *m* comercial; factoría *f* (en el extranjero)
Handelsorganisation *f*, en *(HO)* (R.D.A.) organización *f* nacionalizada de comercio (al por mayor y al por menor)
Handelspackung *f*, en embalaje *m*, envase *m* usual en el comercio
Handelspapier *n*, e efecto *m* comercial
Handelspartner *m*, - 1. amigo *m* de negocios 2. socio *m* comercial 3. país *m* con el que se comercia; *die ~ Spaniens* países *pl* que comercian con España
Handelsplatz *m*, ⸚e 1. plaza *f* comercial 2. centro *m* de comercialización
Handelspolitik *f*, Ø política *f* comercial
handelspolitisch, *~e Maßnahmen* medidas *pl* (político-) comerciales; *~e Schutzmaßnahmen* medidas *pl* para proteger el comercio; *~e Zusammenarbeit* cooperación *f* comercial
Handelspräferenzen *pl* preferencias *pl* comerciales
Handelspraktiken *pl unlautere* ~ prácticas *pl* comerciales sin equidad
Handelspreis *m*, e precio *m* comercial
Handelsrechnung *f*, en factura *f* comercial; *~ dreifach* factura comercial por triplicado (*od.* en tres ejemplares)
Handelsrecht *n*, Ø derecho *m* mercantil
Handelsregister *n*, - *(HR)* registro *m* mercantil; *eine Firma ins ~ eintragen* inscribir una empresa en el registro mercantil; *eine Firma aus dem ~ streichen* tachar, borrar, dar de baja una empresa en el registro mercantil

Handelsregistereintragung *f*, en inscripción *f* en el registro mercantil
Handelsreise *f*, n viaje *m* de negocios
Handelsreisende/r *(der/ein)* viajante *m*
Handelsrichter *m*, - juez *m* de un tribunal comercial
Handelsriese *m*, n gigante *m* comercial; supergrande *m* comercial; gran superficie *f*
Handelsrisik|o *n*, -en riesgo *m* comercial
Handelssachen *pl* causas *pl*, casos *pl* mercantiles (*od.* comerciales)
Handelsschiedsgerichtsbarkeit *f*, Ø jurisdicción *f* comercial internacional; arbitraje *m* comercial internacional
Handelsschiff *n*, e buque *m* mercante
Handelsschiffahrt *f*, Ø navegación *f* mercante
Handelsschranken *pl* barreras *pl* aduaneras; restricciones *pl* al comercio
Handelsschule *f*, n escuela *f* de comercio
Handelsspanne *f*, n margen *m* comercial; *hohe, niedrige* ~ elevado, bajo margen comercial
Handelssperre *f*, n embargo *m* comercial; interdicción *f* del comercio; *über etw. eine ~ verhängen* decretar, imponer un embargo sobre u/c; *eine ~ aufheben* suprimir, levantar un embargo (Syn. *Embargo*)
Handelsstadt *f*, ⸚e ciudad *f* comercial
Handelsstand *m*, Ø 1. comercio *m* 2. profesión *f* mercantil 3. comerciantes *pl*; gremio comercial *m*
Handelsstopp *m*, s suspensión *f*, bloqueo *m*, congelación *f* del intercambio comercial (con un país)
Handelsstraße *f*, n ruta *f* comercial
Handelsströme *pl* flujos *pl*, corrientes *pl* comerciales
Handelsstruktur *f*, en estructura *f* comercial; estructura *f* del comercio
Handelsstufe *f*, n fase *f* de la comercialización
Handelsteil *m*, e sección *f* económica y financiera (de un periódico)
Handelsüberschu|ß *m*, ⸚sse excedente *m*, superávit *m* comercial
handelsüblich usual en el comercio; conforme a los usos comerciales; de acuerdo con los hábitos mercantiles; *~ verpackte Güter* mercancía *f* con embalaje comercial normal; *~e Größe* tamaño *m* comercial; *~er Rabatt* descuento *m*, rebaja *f* comercial
Handelsumsatz *m*, ⸚e cifra *f* de negocios; volumen *m* de intercambios (comerciales)
Handels- und Zahlungsabkommen *n*, - acuerdo *m* comercial de pagos
Handelsunternehmen *n*, - empresa *f* mercantil; casa *f* comercial; casa *f* dedicada al comercio
Handelsunternehmung *f*, en (*selten*) → *Han-*

delsunternehmen
Handelsusancen *pl* usos *pl* comerciales; costumbres *pl*, hábitos *pl* mercantiles
Handelsveranstaltung *f*, **en** manifestación *f* comercial
Handelsverbindungen *pl* → *Handelsbeziehungen*
Handelsverbot *n*, **e** interdicción *f* de comercio
Handelsvereinbarung *f*, **en** convención *f*, acuerdo *m* comercial; *eine ~ treffen* concluir un acuerdo comercial
Handelsverflechtungen *pl* interdependencia *f* comercial
Handelsverkehr *m*, Ø → *Handelsaustausch*
Handelsverlagerung *f*, **en** desvío *m* del comercio
Handelsvertrag *m*, ⁼e tratado *m* comercial; contrato *m* mercantil; *einen ~ abschließen* concluir un contrato mercantil; *einen ~ unterzeichnen* firmar un contrato mercantil
Handelsvertreter *m*, - agente *m* comercial; representante *m* de comercio; *~ in fremdem Namen* comisionista *m*; *~ mit Ausschließlichkeitsrecht für ein Gebiet* agente en exclusiva (para una zona)
Handelsvertretung *f*, **en** agencia *f*, representación *f* comercial
Handelsvollmacht *f*, **en** poder *m* comercial; *jdm. eine ~ erteilen* conceder, otorgar poder comercial a alg.
Handelsvolumen *n*, - volumen *m* de intercambio
Handelsvorschriften *pl* prescripciones *pl*, reglas *pl* comerciales
Handelsvorteil *m*, **e** ventaja *f* comercial
Handelsware *f*, **n** artículo *m* comercial; producto *m* comercializado; producto *m* comercializable
Handelswechsel *m*, - efecto *m* comercial; letra *f* de comercio
Handelsweg *m*, **e** 1. vía *f* comercial 2. circuito *m* comercial (del productor al consumidor)
Handelswert *m*, **e** valor *m* comercial
Handelszeichen *n*, - marca *f* de fábrica
Handelszentr|um *n*, **-en** centro *m* comercial
Handelszugeständnisse *pl* concesiones *pl* comerciales
Handelszweig *m*, **e** 1. ramo *m*, rama *f* comercial 2. línea *f* de negocio
handeltreibend que ejerce una actividad comercial; mercante
Handeltreibende/r *(der/ein)* comerciante *m*; traficante *m*
Handexemplar *n*, **e** ejemplar *m* de trabajo
Handfach *n*, ⁼er (Auto.) guantera *f*
Handfertigkeit *f*, Ø habilidad *f*, destreza *f* manual
Handfeuerlöscher *m*, - extintor *m* de mano
handgearbeitet hecho a mano; *~er Schmuck* joya

f hecha a mano
Handgebrauch *m*, Ø *zum ~* para uso diario
handgefertigt hecho a mano
handgeknüpft anudado a mano
Handgeld *n*, (er) (selten) 1. arras *pl*; señal *f*; (Arg.) seña *f* 2. comisión *f* que se entrega bajo cuerda 3. prima *f* de enganche
handgemacht hecho a mano
handgenäht cosido a mano
Handgepäck *n*, Ø equipaje *m* de mano; bultos *pl* de mano
Handgepäckaufbewahrung *f*, **en** consigna *f*
handgerecht fácil de manejar; (fácilmente) manejable
Handgeschäft *n*, **e** guantería *f*
handgeschmiedet forjado a mano
handgeschrieben escrito a mano; manuscrito
handgestickt bordado a mano
handgewebt → *handgewirkt*
handgewirkt tejido a mano
Handhabe *f*, **n** motivo *m*; pretexto *m*; *eine juristische ~ gegen jdm. besitzen* tener un motivo jurídico contra alg.
handhaben manejar; manipular; utilizar; emplear; *ein Gesetz ~* aplicar una ley; *leicht zu ~* de fácil manejo; fácilmente manejable
Handhabung *f*, **en** 1. manejo *m*; maniobra *f*; manipulación *f*; *falsche ~ eines Geräts* manejo falso, mal uso *m*, empleo *m* equivocado de un aparato 2. (Jur.) aplicación *f*
Handhebelsicherung *f*, **en** (Seg.) protección *f* en la manecilla (de una puerta levadiza)
Handikap *n*, **s** handicap *m*; desventaja *f*
handikapen dificultar; poner dificultades; disminuir las posibilidades
Handkarre *f*, **n** carretilla *f*, carretón *m* de mano
Handkasse *f*, **n** fondos *pl* para viático; dinero *m* para gastos de poca importancia
Handkauf *m*, ⁼e venta *f* manual; venta *f* natural; (Col.) compra *f* a la vista
Handkoffer *m*, - maletín *m*; maleta *f* de mano
Handkorb *m*, ⁼e cesta *f*
Handlanger *m*, - 1. obrero *m* no cualificado; peón *m*; bracero *m*; (Syn. *ungelernter Arbeiter*) 2. cómplice *m*
Händler *m*, - 1. comerciante *m*; negociante *m*; traficante *m* 2. corredor *m* 3. vendedor *m*; *fliegender ~* vendedor ambulante 4. distribuidor *m*; concesionario *m* 5. buhonero *m*; vendedor *m* de baratijas
Händlergewinn *m*, **e** beneficio *m* del corredor
Händlernetz *n*, **e** red *f* de concesionarios; red *f* de revendedores
Händlerpanel *n*, **s** 1. panel *m* de revendedores 2. revendedores *pl* interrogados (en una encuesta)

Händlerpreis *m*, e 1. precio *m* al por mayor 2. precio *m* para revendedores

Händlerrabatt *m*, e rebaja *f* concedida a los comerciantes

Händlervereinigung *f*, en asociación *f* de comerciantes (minoristas)

Handlung *f*, en 1. acto *m*; hecho *m*; acción *f*; *betrügerische* ~ acto fraudulento; acción fraudulenta; *fahrlässige* ~ acción culposa; *geschäftliche* ~ acción, acto de naturaleza negocial; *strafbare* ~ acción penal (*od*. penada); acto punible; *unerlaubte* ~ acto ilícito 2. tienda *f*; comercio *m* 3. argumento *m* (de una película, novela, etc.)

Handlungsbevollmächtige/r *(der/ein)* apoderado *m* especial

Handlungsfreiheit *f*, (en) autonomía *f*; libertad *f* de acción

Handlungsgehilfe *m*, n dependiente *m*; mancebo *m*

Handlungsreisende/r *(der/ein)* representante *m*; viajante *m* (de comercio)

Handlungsspielraum *m*, ⁻e margen *m* de acción, de maniobra

Handlungsunfähigkeit *f*, Ø incapacidad *f* (para ejercer sus derechos)

Handlungsvollmacht *f*, en poder *m* especial; poder *m* mercantil; *jdm. die* ~ *erteilen* otorgar poder especial (*od*. mercantil) a alg.

Handmelder *m*, - (Seg.) pulsador *m* manual

Handpflege *m*, Ø manicura *f*

Handpfleger *m*, - manicuro *m*

Handschlag *m*, Ø *mit* ~ *versprechen* prometer con un apretón de manos; prometer solemnemente

Handschreiben *n*, - carta *f* autógrafa

Handschrift *f*, en 1. manuscrito *m* 2. letra *f*; escritura *f*

handschriftlich manuscrito; olografo; autógrafo; escrito a mano

Handschuhmacher *m*, - guantero *m*

Handschuldschein *m*, e letra *f* al propio cargo

Handstickerei *f*, en bordado *m* a mano

Handtuch *n*, ⁻er toalla *f*

Handtuchhalter *m*, - toallero *m*

Handtuchständer *m*, - → *Handtuchhalter*

handvermittelt por comunicación *f* telefónica manual

Handvermittlung *f*, en (Telef.) comunicación *f* manual

Handwebstuhl *m*, ⁻e telar *m* de mano

Handwerk *n*, e 1. oficio *m*, profesión *f* manual 2. artesanía *f*; *ein* ~ *erlernen* aprender un oficio; *ein* ~ *betreiben* ejercer un oficio (*od*. profesión)

Handwerker *m*, - trabajador *m* manual; artesano *m*

Handwerkergenossenschaft *f*, en cooperativa *f* artesanal

Handwerkerschule *f*, n taller-escuela *m*

Handwerkerstand *m*, ⁻e artesanado *m*

handwerklich artesanal; de artesano; de artesanía

Handwerksausstellung *f*, en exposición *f* de artesanía; certamen *m* artesanal

Handwerksberuf *m*, e profesión *f*, oficio *m* artesanal

Handwerksbetrieb *m*, e 1. empresa *f* artesanal 2. taller *m* de artesanía

Handwerksinnung *f*, en gremio *m*, corporación *f* (de artesanos)

Handwerkskammer *f*, n cámara *f* (oficial) de artesanía

Handwerkskarte *f*, n tarjeta *f* de artesano

handwerksmäßig de artesano; de artesanía; mecánico

Handwerksmeister *m*, - maestro *m* artesano

Handwerkswesen *m*, Ø artesanado *m*

Handwerkzeug *n*, Ø aperos *pl*; útiles *pl*; herramientas *pl*

Handwörterbuch *n*, ⁻er diccionario *m* manual

Handzeichen *n*, - 1. rúbrica *f* 2. señal *f* con la mano; *Abstimmung durch* ~ votación *f* a mano alzada

Handzeichnung *f*, en dibujo *m* a mano

Handzettel *m*, - octavilla *f*; hoja *f* volante; folleto *m* manual

Hang *f*, Ø 1. propensión *f*; tendencia *f*; disposición *f*; ~ *zum Konsum* inclinación *f*, propensión a consumir; ~ *zum Sparen* inclinación, propensión al ahorro 2. pendiente *f*; cuesta *f*; declive *m*

Hangar *m*, - hangar *m*

Hängeantenne *f*, n antena *f* colgante

Hängebahn *f*, en ferrocarril *m* colgante, suspendido

Hängeboden *m*, ⁻ 1. desván *m*; 2. secadero *m*

Hängebrücke *f*, n puente *m* colgante, suspendido

Hängegerüst *n*, e andamio *m* colgado

Hängelampe *f*, n lámpara *f* colgante; lámpara *f* de suspensión

Hängematte *f*, n hamaca *f*

Hängeschlo|ß *n*, ⁻sser candado *m*

Hängeschrank *m*, ⁻e armario *m* suspendido

Hansa → *Hanse*

Hanse *f*, Ø *die* ~ la (H)ansa *f*

Hanseat *m*, en (h)anseático *m*

hanseatisch (h)anseático

Hansestadt *f*, ⁻e ciudad *f* (h)anseática; ~ *Hamburg (HH)* la ciudad (h)anseática de Hamburgo

hantieren 1. manejar; manipular 2. ocuparse de

Hantierung *f*, Ø 1. manejo *m*; manipulación *f* 2.

ocupación *f*
HAPAG *f*, Ø *(Hamburg Amerika Paketfahrt AG)* compañía *f* de navegación Hamburgo-EE.UU.
hapern, - *es hapert mir an Geld* ando mal de dinero
Happen *m*, - *einen ~ essen* tomar un piscolabis, un bocado
happig, *ein ~er Preis* un precio exorbitante, exagerado
Hardselling *n*, (s) comercialización *f* agresiva; venta *f* intensa
Hardware *f*, (s) material *m*; (Angl.) hardware *m*; conjunto *m* de elementos materiales de un ordenador (Ggs. *Software*)
Harmonisierung *f*, en armonización *f*; *~ des Steuerwesens* armonización (del sistema) fiscal; homogeneización *f* (del régimen) fiscal
Harmonisierungsmaßnahmen *pl* medidas *pl* de armonización
hart duro; fuerte; *~e Konkurrenz* competencia *f* dura; competencia *f* intensa; *die ~e Mark* el marco fuerte; *eine ~e Währung* una moneda dura, fuerte
Hartdach *n*, ⸗er (Seg.) tejado *m* duro
Härte *f*, n 1. dureza *f*; firmeza *f* 2. *soziale ~n →Härtefall* 3. injusticia *f* 4. temple *m* (del acero)
Härtefall *m*, ⸗e caso *m* extremo; caso *m* social; caso *m* difícil
Härtefonds *m*, - fondo *m* de solidaridad
Härterei *f*, en taller *m* de templado
Hartfasern *pl* fibras *pl* duras
Hartgeld *n*, Ø moneda *f* metálica; piezas *pl* (a diferencia de los billetes); moneda *f* contante y sonante
Hartwährung *f*, en divisa *f*, moneda *f* fuerte
Hartwährungsland *n*, ⸗er país *m* con (*od.* de) moneda fuerte
Hartweizen *m*, Ø trigo *m* duro
Hauer *m*, - picador *m* de minas
Haufen *m*, Ø *ein ~ Geld* una pila *f* de dinero; un dineral *m*
häufen, *die Arbeit häuft sich* se amontona, se acumula el trabajo; *die Bestellungen ~ sich* se incrementan los pedidos; se multiplican las órdenes
Häufung *f*, en 1. acumulación *f* 2. cúmulo *m* 3. amontonamiento *m*; apilamiento *m* 4. aumento *m* 5. repetición *f*
Haupt- (Pref.) principal; central
Hauptabnehmer *m*, - cliente *m*, adquirente *m*, adquisidor *m* principal
Hauptabsatzgebiet *n*, e mercado *m* principal; zona *f* principal de ventas
Hauptagentur *f*, en agencia *f*, representación *f* principal
Hauptaktionär *m*, e accionista *m* principal

Hauptamt *n*, ⸗er 1. central *f* (de teléfonos) 2. oficina *f* central
hauptamtlich (a título) profesional; titularizado; de carrera; profesionalmente; *~e Beschäftigung* empleo *m* a jornada completa
Hauptanliegen *n*, - objetivo *m* principal
Hauptanschlu|ß *m*, ⸗sse 1. (Teléf.) conexión *f* principal 2. línea *f* principal
Hauptanteil *m*, e mayor parte *f*; parte mayor *f*; (Fam.) parte *f* del león
Hauptarbeit *f*, en *die ~ ist schon erledigt* está terminada la parte principal del trabajo
Hauptartikel *m*, - 1. artículo *m* principal 2. editorial *m*; artículo *m* de fondo (de un periódico)
Hauptbahnhof *m*, ⸗e estación *f* central, principal
Hauptbedarf *m*, Ø demanda *f* principal
Hauptberuf *m*, e actividad *f*, oficio *m*, profesión *f* principal (*od.* regular); *im ~* a jornada completa; como ocupación regular
hauptberuflich profesional; profesionalmente
Hauptbeschäftigung *f*, en empleo *m*, trabajo *m*, actividad *f*, oficio *m* principal
Hauptbestandteil *m*, e elemento *m* constitutivo (principal); componente *m* principal
Hauptbetrag *m*, ⸗e principal *m*; suma *f*, importe *m* total; (Méx.) suerte *f* principal
Hauptbetroffene/r *(der/ein)* víctima *f* principal (de una crisis, de la inflación, etc.); *die ~n* los más afectados
Hauptbieter *m*, - postor *m*, licitador *m* principal
Hauptbilanz *f*, en balance *m* general; (Arg.) balance *m* de activo y pasivo
Hauptbuch *n*, ⸗er libro *m* mayor; (Arg.) libro *m* de cuentas
Hauptbuchhalter *m*, - jefe *m* de contabilidad; contador *m* jefe; jefe *m* contador; jefe *m* de contaduría
Hauptbuchhaltung *f*, Ø contabilidad *f* general
Hauptbürge *m*, n fiador *m* principal
Hauptbüro *n*, s oficina *f* principal, central
Hauptdatei *f*, en → *Hauptkartei*
Hauptdeck *n*, s cubierta *f* principal
Haupteinfuhrwaren *pl* importaciones *pl* principales
Haupteingang *m*, ⸗e entrada *f* principal
Haupteingangstür *f*, en puerta *f* de entrada principal
Haupteinnahmequelle *f*, n principal fuente *f* de ingresos
Hauptentlohnung *f*, en retribución *f* principal
Haupterbe *m*, n heredero *m* principal
Haupterfordernis *n*, se requisito *m*, condición *f* principal
Haupterzeugerländer *pl* principales países *pl* productores; países *pl* con mayor producción

Haupterzeugnisse pl productos pl principales
Hauptfach n, ⸗er 1. especialidad f 2. asignatura f principal
Hauptgebäude n, - edificio m principal
Hauptgeschäft n, e casa f central; casa f matriz
Hauptgeschäftsstelle f, n oficina f, agencia f principal
Hauptgeschäftszeit f, en horas pl punta, de afluencia
Hauptgewinn m, e primer premio m; (Fam.) gordo m
Hauptgläubiger m, - acreedor m principal
Hauptkartei f, en fichero m central
Hauptkasse f, n caja f central, principal
Hauptkassierer m, - cajero m principal
Hauptkonkurrenz f, Ø competencia f bzw. competidor m principal
Hauptkostenstelle f, n central f, oficina f de costes; centro m principal de costes
Hauptkunde m, n cliente m principal
Hauptlieferant m, en suministrador m, proveedor m principal
Hauptlieferland n, ⸗er principal m país suministrador (od. proveedor)
Hauptlinie f, n (Ferr.) línea f principal
Hauptmahlzeit f, en comida f principal
Hauptmarkt m, ⸗e mercado m central, principal
Hauptmeldezentrale f, n (Seg.) central f de detectores principal
Hauptmieter m, - inquilino m principal
Hauptniederlage f, n depósito m general, central
Hauptniederlassung f, en casa f, establecimiento m principal
Hauptpostamt n, ⸗er central f de correos
Hauptposten m, - partida f principal
Hauptregister n, - índice m general
Hauptreisezeit f, en temporada f alta; plena temporada f
Hauptsaison f, s plena temporada f; temporada f alta
Hauptschlüssel m, - llave f maestra
Hauptschlüsselanlage f, n sistema m con llave maestra
Hauptschulabschluß m, ⸗sse certificado m de escolaridad
Hauptschuld f, en deuda f principal
Hauptschuldner m, - deudor m principal
Hauptschule f, n (E) enseñanza f general básica; E.G.B.
Hauptsendezeit f, en horas pl de mayor audiencia
Hauptsitz m, e sede f (principal)
Hauptspeicher m, - (Inform.) memoria f principal, central
Hauptstadt f, ⸗e capital f
hauptstädtisch de la capital; capitalino; metropolitano

Hauptstraße f, n 1. calle f mayor, principal 2. carretera f de primer orden; carretera f principal
Hauptstrecke f, n (Ferr.) línea f, tramo m principal
Hauptsumme f, n suma f, importe m principal
Haupttätigkeit f, en ocupación f principal
Haupttreffer m, - primer premio m; (Fam.) gordo m
Hauptveranlagung f, en tasación f, estimación f general de impuestos
Hauptverbindlichkeit f, en obligación f principal
Hauptverfahren n, - plenario m
Hauptverhandlung f, en vista f oral (de la causa)
Hauptverkehr m, Ø 1. gran circulación f 2. tráfico m principal
Hauptverkehrsstunden pl → Hauptverkehrszeit
Hauptverkehrszeit f, en horas pl punta; horas pl de mayor tráfico od. circulación (Syn. Stoßzeit)
Hauptversammlung f, en (HV) junta f general; junta f de accionistas; (LA) asamblea f general; (außer)ordentliche ~ junta general (extra)ordinaria; die ~ einberufen convocar junta general
Hauptversammlungsbeschluß m, ⸗sse decisión f, resolución f adoptada en (od. por) la junta general
Hauptvertreter m, - representante m general
Hauptverwaltung f, en administración f central, general
Hauptwohnsitz m, e domicilio m general
Hauptzollamt n, ⸗er dirección f general de aduanas
Haus- (Pref.) 1. de la casa 2. perteneciente a la empresa
Haus n, ⸗er 1. casa f; chalé m; chalet m 2. domicilio m 3. empresa f; firma f; frei ~ geliefert franco (od. puesto a) domicilio; ins ~ liefern entregar a domicilio; vom ~e abholen recoger a domicilio; von ~ zu ~ puerta a puerta
Hausangestellte f, n empleada f del hogar; criada f; sirvienta f; (Arg.) mucama f
Hausanschluß m, ⸗sse enchufe m telefónico de particulares
Hausapotheke f, n botiquín m
Hausarbeit f, en 1. labores pl caseras, domésticas; quehaceres pl domésticos 2. deberes pl (de la escuela)
Hausarbeitstag m, e (R.D.A.) día m de asueto mensual concedido a las mujeres que trabajan
Hausarzt m, ⸗e 1. médico m de cabecera 2. médico m de la familia
Hausbank f, en 1. banco m habitual (p.ej. de una empresa) 2. banco m particular (en el que una

persona tiene su cuenta)
Hausbar *f*, s mueble-bar *m*
Hausbedarf *m*, Ø *für den* ~ para uso doméstico
Hausbesetzer *m*, - ocupante *m* ilegal de casas; intruso *m*
Hausbesetzung *f*, en ocupación *f* ilegal de casas; intrusismo *m*
Hausbesitzer *m*, - → *Hauseigentümer*
Hausbesuch *m*, e visita *f* a domicilio; visita *f* en casa
Hausbewohner *m*, - 1. inquilino *m* 2. vecino *m*
Hausbrandkohle *f*, n carbón *m* para uso doméstico
Hausdetektiv *m*, e detective *m* de la empresa; detective *m* de la casa
Hausdiener *m*, - criado *m*; sirviente *m*; mozo *m*
Hausdurchsuchung *f*, en registro *m* domiciliario
Hauseigentümer *m*, - propietario *m*, dueño *m* de una casa; casero *m*
Hauseinrichtung *f*, en mobiliario *m*; menaje *m*
hausen 1. vivir; habitar 2. malvivir 3. devastar
Häuserblock *m*, ⸚e manzana *f*; bloque *m* de casas; (LA) cuadra *f*
Häuserflucht *f*, en → *Häuserreihe*
Häusermakler *m*, - agente *m* de la propiedad inmobiliaria
Häuserreihe *f*, n hilera *f* de casas
Hausfrau *f*, en 1. ama *f* de casa; 2. sus labores (como profesión)
Hausfrauenzulage *f*, n subsidio *m*, plus *m* de ama de casa
Hausfriedensbruch *m*, Ø allanamiento *m* de morada
Hausgarten *m*, ⸚ jardín *m* particular
hausgemacht interno *m*; doméstico; *~e Inflation* inflación *f* de origen interno; inflación *f* hecha en el propio país
Hausgeräte *pl* enseres *pl*, utensilios *pl* domésticos
Haushalt *m*, e 1. casa *f*; hogar *m* 2. presupuesto *m*; *ausgeglichener* ~ presupuesto equilibrado; *öffentlicher* ~ presupuesto público; *den* ~ *für das kommende Jahr aufstellen* establecer el presupuesto del próximo año; *den* ~ *ausgleichen* equilibrar el presupuesto; *den* ~ *verabschieden* aprobar el presupuesto
haushalten 1. administrar, llevar sus negocios 2. economizar; *nicht* ~ *können* no saber administrarse; no poder ahorrar; gastar mucho
Haushälterin *f*, nen ama *f* de llaves
haushälterisch, ~ *mit etw. umgehen* economizar; ahorrar
Haushaltsabführung *f*, en (R.D.A.) pagos *pl* presupuestarios efectuados por las empresas nacionalizadas
Haushaltsansatz *m*, ⸚e 1. → *Haushaltsvoranschlag* 2. créditos *pl* presupuestarios
Haushaltsartikel *m*, - → *Haushaltswaren*
Haushaltsausgaben *pl* gastos *pl* presupuestarios
Haushaltsausgleich *m*, Ø equilibrio *m* presupuestario
Haushaltsausschu|ß *m*, ⸚sse comisión *f* de presupuestos
Haushaltsausstellung *f*, en exposición *f* de artes domésticas
Haushaltsbelastung *f*, en carga *f* presupuestaria
Haushaltsberatung *f*, en discusión *f* del presupuesto
Haushaltsbeschränkung *f*, en restricción *f* presupuestaria
Haushaltsbesteuerung *f*, en imposición *f* por hogar
Haushaltsbewilligung *f*, en aprobación *f*, adopción *f* del presupuesto
Haushaltsdebatte *f*, n debate *m* presupuestario; discusión *f* del presupuesto
Haushaltsdefizit *n*, e déficit *m* presupuestario
Haushaltseinnahmen *pl* ingresos *pl* presupuestarios
Haushaltsentwurf *m*, ⸚e proyecto *m*, borrador *m* de presupuesto
Haushaltsfehlbetrag *m*, ⸚e → *Haushaltsdefizit*
Haushaltsführung *f*, en 1. gestión *f* presupuestaria 2. gobierno *m* de la casa (*od.* del hogar); *doppelte* ~ mantenimiento *m*, sostenimiento *m* de dos casas (*od.* hogares) a la vez
Haushaltsgegenstände *pl* enseres *pl*, utensilios *pl* domésticos
Haushaltsgeld *n*, er fondos *pl*, dinero *m* para los gastos domésticos
Haushaltsgelder *pl* → *Haushaltsmittel*
Haushaltsgerät *n*, e aparato *m* bzw. utensilio *m* doméstico; *elektrisches* ~ (aparato *m*) electrodoméstico *m*
Haushaltsgesetz *n*, e ley *f* de presupuestos
Haushaltsgleichgewicht *n*, (e) equilibrio *m* presupuestario
Haushaltsjahr *n*, e ejercio *m*, año *m* presupuestario; (Syn. *Rechnungsjahr*)
Haushaltskonsum *m*, Ø consumo *m* doméstico; consumo *m* del hogar
Haushaltskosten *pl* gastos *m* domésticos; gastos *pl* del hogar
Haushaltskürzung *f*, en restricción *f* presupuestaria
Haushaltslasten *pl* cargas *pl* presupuestarias
Haushaltslücke *f*, n déficit *m* presupuestario; agujero *m* en el presupuesto
Haushaltsmittel *pl* créditos *pl* bzw. fondos *pl* presupuestarios; ~ *beantragen, bewilligen* solicitar, aprobar fondos presupuestarios; ~ *streichen, verwenden* suprimir, utilizar crédi-

tos presupuestarios
Haushaltsnachtrag *m*, ⁻ᵉe presupuesto *m* suplementario
Haushaltspackung *f*, en envase *m*, embalaje *m* familiar; paquete *m* familiar
Haushaltsplan *m*, ⁻ᵉe plan *m* de presupuesto; plan *m* presupuestario; *den ~ erstellen, aufstellen* establecer el plan de presupuesto; *in den ~ aufnehmen* incluir, inscribir en el plan de presupuesto
Haushaltsposten *m*, - partida *f* presupuestaria
Haushaltsprüfer *m*, - controlador *m*, censor *m* del presupuesto
Haushaltsrecht *n*, Ø derecho *m* presupuestario
Haushaltsüberschreitung *f*, en rebasamiento *m* del presupuesto
Haushaltsüberschu|ß *m*, ⁻sse excedente *m*, superávit *m* presupuestario
Haushaltsvoranschlag *m*, ⁻ᵉe previsiones *pl* presupuestarias
Haushaltsvorstand *m*, ⁻ᵉe cabeza *m* de familia; jefe *m* del hogar
Haushaltswaren *pl* artículos *pl* domésticos; artículos *pl* de menaje (excluida la alimentación)
Haushaltswäsche *f*, Ø lencería *f*; ropa *f* de casa
Haushaltszulage *f*, n suplemento *m*, plus *m* familiar
Haushaltung *f*, en 1. menaje *m*; economía *f* de la casa; economía *f* doméstica 2. gestión *f*
Haushaltungsbuch *n*, ⁻ᵉer libro *m* de gastos domésticos
Haushaltungsliste *f*, n hoja *f* censal (de los hogares)
Haushaltungsschule *f*, n escuela *m* del hogar
Haus-Haus-Verkehr *m*, Ø transporte *m* de puerta a puerta
Hausherr *m*, en 1. dueño *m*, amo *m* de la casa 2. jefe *m* (de la casa)
Hausherrin *f*, nen señora *f* de la casa
Haushofmeister *m*, - mayordomo *m*
hausieren vender por las casas; hacer el comercio ambulante
Hausieren *n*, Ø comercio *m* ambulante; venta *f* por las casas
Hausierer *m*, - vendedor *m*, comerciante *m* ambulante; buhonero *m*; mercachifle *m*
Hausierhandel *m*, Ø venta *f*, comercio *m* ambulante; venta *f* por las casas; venta *f* callejera; buhonería *f*
Hausindustrie *f*, n industria *f* doméstica; industria *f* casera
Hausjurist *m*, en 1. consejero *m* jurídico de la casa 2. abogado *m* de la casa
Hauslehrer *m*, - profesor *m* particular; preceptor *m*

Hauslehrerin *f*, nen institutriz *f*
häuslich 1. económico 2. *~es Leben* vida *f* casera, hogareña 3. *~e Angelegenheit* asunto *m* privado
Hausmacherart *f*, Ø *nach ~* de fabricación *f* casera
Hausmädchen *n*, - criada *f*; chica *f*, muchacha *f* (de servicio); (Arg.) mucama *f*; (Fam.) marmota *f*
Hausmann *m*, ⁻ᵉer „amo *m* de casa" (equivalente a *Hausfrau* - ama de casa)
Hausmannskost *f*, Ø cocina *f* casera 2. comida *f* casera
Hausmarke *f*, n 1. marca *f* favorita 2. marca *f* de la casa
Hausmeister *m*, - empleado *m* de fincas urbanas; portero *m*; conserje *m*
Hausmeisterloge *f*, n portería *f*
Hausmüll *m*, Ø basuras *pl* domiciliarias
Hausmutter *f*, ⁻ 1. patrona *f* (de una pensión) 2. madre *f* de familia
Hausnummer *f*, n número *m* de la casa
Hausordnung *f*, en reglamento *m*, régimen *m* interior (de la casa)
Hauspersonal *n*, Ø personal *m* de servicio; servicio *m* doméstico
Hauspflege *f*, Ø asistencia *f* a domicilio
Hausrat *m*, Ø mobiliario *m*; utensilios *pl*, enseres *pl* domésticos
Hausratrisik|o *n*, -en riesgo *m* de hogar
Hausratsmesse *f*, n salón *m* de las artes domésticas
Hausratversicherung *f*, en seguro *m* del hogar
Hausrecht *n*, Ø 1. derecho *m* doméstico 2. derecho *m* de casa (del cabeza de familia)
Hausrufanlage *f*, n 1. sistema *m* amplificador de discursos públicos 2. sistema *m* de intercomunicación; sistema *m* intercom
Haussammlung *f*, en cuestación *f* a domicilio; cuestación *f* puerta a puerta
Hausschlüssel *m*, - llave *f* de la casa
Hausschneiderin *f*, nen costurera *f* a domicilio
Hausse *f*, n alza *f*; *auf ~ spekulieren* especular al alza
Haussebewegung *f*, en movimiento *m* alcista; movimiento *m* al alza
Haussespekulant *m*, en especulador *m* al alza; alcista *m*
Haussespekulation *f*, en especulación *f* al alza
Haussestimmung *f*, en *es herrscht ~ am Markt* el mercado se ve dominado por un ambiente alcista
Haussetendenz *f*, en tendencia *f* alcista; tendencia *f* al alza
Haussier *m*, s alcista *m*
haussieren estar en alza; subir

Hausstein *m*, e piedra *f* labrada; piedra *f* de talla
Haustelefon *n*, e interfono *m*; teléfono *m* interior
Haus- und Grundbesitz *m*, Ø bienes *pl* raíces
Hausvermittlung *f*, en (Teléf.) centralista *f*
Hausverwalter *m*, - administrador *m* de fincas
Hausverwaltung *f*, en administración *f* de fincas
Hauswart *m*, e → *Hausmeister*
Hauswirt *m*, e casero *m*
Hauswirtschaft *f*, Ø economía *f* doméstica
Hauswirtschaftsschule *f*, n escuela *f* del hogar
Hauszins *m*, en alquiler *m*
Haut *f*, Ø *seine ~ zu Markte tragen* exponerse a un riesgo; *auf der faulen ~ liegen* holgazanear; *mit ~ und Haaren* completamente
Haute Couture *f*, Ø (Gal.) alta costura *f*
Havanna, *~(zigarre)* (puro *m*, cigarro *m*) habano *m*
Havarie *f*, n avería *f*; *besondere ~* avería particular; avería-gasto *f*; *frei von ~* libre de (toda) avería; *große ~* avería gruesa, común; avería-daño *f*; *kleine ~* avería pequeña, simple; (Chile) avería acostumbrada; *eine ~ erleiden* sufrir una avería; averiarse; *die ~ anmelden* avisar, comunicar la avería; *die ~ aufmachen* tasar, regular la avería
Havarieagent *m*, en agente *m* de averías
Havarieattest *n*, s certificado *m* de avería
Haverieklausel *f*, n cláusula *f* de avería (limitativa de la garantía)
havarieren 1. averiarse; sufrir una avería 2. (A) tener un accidente de vehículo
Havarist *m*, en dueño *m* de un barco naufragado
Haverei *f*, n → *Havarie*
HBV *f*, Ø (*Handel, Banken und Versicherungen*) sindicato *m* del comercio, de la banca y del seguro
Hearing *n*, s audición *f*, audiencia *f* de expertos; (Angl.) hearing *m* (Syn. *Anhörung*)
Hebamme *f*, n partera *f*; comadrona *f*; matrona *f*
Hebel *m*, - palanca *f*; manivela *f*; *die ~ der Wirtschaft* las palancas (de mando) de la economía
Hebelwirkung *f*, en efecto *m* de palanca (cuando los beneficios evolucionan de una manera desproporcionada respecto a la cifra de negocios)
heben 1. levantar 2. *den Zinssatz von 3% auf 5% ~* elevar, aumentar la tasa de interés del 3% al 5% 3. mejorar; recuperarse; animarse (la coyuntura económica) 4. poner a flote (un barco) 5. destacar, poner de relieve (un punto)
Heber *m*, - (Auto.) gato *m*
Heberolle *f*, n función *f* contributiva
Hebesatz *m*, ⁼e tasa *f* de percepción; tipo *m* estimativo
Hebeschiebetür *f*, en puerta *f* levadizo-corredíza
Hebeschiff *n*, e buque-grúa *m*

Hebetür *f*, n puerta *f* levadiza
Hebetürsicherung *f*, en (Seg.) dispositivo *m* de seguridad para puertas levadizas
Hebevorrichtung *f*, en mecanismo *m* de elevación; elevador *m*
Hebewerk *n*, e → *Hebevorrichtung*
Hebewerkzeuge *pl* (Seg.) *hydraulische ~* aparatos *pl* hidráulicos de elevación
Hebezeug *n*, Ø elevador *m*
Hebung *f*, en 1. levantamiento *m*; elevación *f*; *~ der Agrarpreise* elevación de los precios agrícolas 2. *~ des Lebensstandards* mejora *f*, fomento *m*, aumento *m* del nivel de vida 3. *~ eines Schiffes* puesta *f* a flote de un barco
Heck *n*, Ø 1. popa *f* (de un barco) 2. cola *f* (de un avión) 3. parte *f* trasera (de un coche)
Heckantrieb *m*, Ø propulsión *f* trasera
Heckflagge *f*, n pabellón *m* de popa
Heckmotor *m*, en motor *m* trasero
Heckscheibe *f*, n luneta *f* trasera
Hedgegeschäft *n*, e operación *f* a plazo acoplada
Heer *n*, e *das ~ der Arbeitslosen* el ejército *m*, la multitud *f* de (los) parados
Heeresbedarf *m*, Ø material *m* del ejército; material *m* de guerra; material *m* militar
Heeresbestände *pl* material *m* militar sobrante; *aus ~en verkaufen* vender el material militar sobrante
Heereslieferant *m*, en proveedor *m* del ejército
Heereslieferungen *pl* suministros *pl* para el ejército
Heft *n*, e 1. puño *m*; empuñadura *f* 2. cuaderno *m* (para escribir) 3. número *m*; ejemplar *m* (de una revista) 4. folleto *m* 5. fascículo *m*
heften 1. *ein Buch ~* encuadernar en rústica 2. grapar; poner grapas 3. pegar 4. coser
Hefter *m*, - clasificador *m*
Heftklammer *f*, n grapa *f*; sujetapapeles *m*; clip *m*
Heftmaschine *f*, n 1. grapadora *f* 2. máquina *f* de coser
hehlen encubrir
Hehler *m*, - encubridor *m*; receptador *m*; (Fam.) perista *m*
Hehlerei *f*, en encubrimiento *m*; receptación *f*
Heidengeld *n*, er suma *f* exorbitante; suma *f* enorme; *ein ~ kosten* costar un (verdadero) dineral
Heiermann *m*, ⁼er (Fam.) pieza *f*, moneda *f* de cinco marcos
Heilanstalt *f*, en 1. sanatorio *m*; casa *f* de salud 2. (*Heil- und Pflegeanstalt*) clínica *f* psiquiátrica; clínica *f* mental
Heilbad *n*, ⁼er 1. balneario *m*; estación *f* termal 2. baño *m* medicinal
heilen 1. subsanar 2. curar; remediar
Heilgehilfe *f*, n auxiliar *m* de clínica

Heilgymnast *m*, en fisioterapeuta *m*
Heilgymnastik *f*, Ø fisioterapia *f*; gimnasia *f* terapéutica
Heilmittellehre *f*, n farmacología *f*
Heilmittelwerbung *f*, Ø publicidad *f* de medicamentos
Heilstätte *f*, n sanatorio *m*
Heim *n*, e domicilio *m*; hogar; local *m* social; residencia *f*; ~ *für Obdachlose* asilo *m* de personas sin hogar; ~ *für ledige Mütter* hogar para madres solteras
Heimarbeit *f*, en trabajo *m* a domicilio; trabajo *m* en casa
Heimarbeiter *m*, - trabajador *m* a domicilio
Heimatanschrift *f*, en dirección *f* fija, habitual
Heimatflughafen *m*, ⁻ aeropuerto *m* de origen; aeropuerto *m* de matrícula
Heimathafen *m*, ⁻ puerto *m* de matrícula; puerto *m* de origen
Heimatland *n*, ⁻er país *m* de origen
heimatlos apátrida
Heimatmarkt *m*, ⁻e mercado *m* doméstico; mercado *m* nacional
Heimatort *m*, e lugar *m* de origen; lugar *m* de nacimiento
Heimatrecht *n*, Ø 1. derecho *m* nacional 2. legislación *f* nacional 3. derecho *m* de domicilio
Heimatschein *m*, e certificado *m* de nacionalidad, de ciudadanía
Heimatstaat *m*, en país *m* de origen
Heimatvertriebene/r *(der/ein)* expulsado *m* (del país de origen)
Heimcomputer *m*, - ordenador *m* personal; micro-ordenador *m*
Heimfahrt *f*, en viaje *m* de regreso, de vuelta; regreso *m*; *auf der* ~ al regresar, al volver; durante el viaje de regreso; durante la vuelta
heimgesucht, *von Naturkatastrophen* ~*e Gebiete* regiones *pl*, zonas *pl* azotadas por catástrofes naturales
Heimindustrie *f*, n industria *f* a domicilio
heimisch interior; indígena; nacional; nativo; vernáculo; ~*e Erzeugnisse* a) productos *pl* del lugar; productos locales b) productos *pl* nacionales c) productos *pl* regionales; ~*er Markt* mercado local *bzw.* regional *bzw.* nacional; ~ *sein* tener su domicilio en; estar domiciliado en; *in etwas* ~ *sein* entender de u/c; ser versado en una materia
Heimkehrer *m*, - retornado *m*; repatriado *m*
Heimleiter *m*, - director *m* de una residencia
heimlich secreto; a escondidas; *(in betrügerischer Absicht)* colusorio; ~*e Absprache* colusión *f*
Heimreise *f*, n → *Heimfahrt*

Heimsonne *f*, n lámpara *f* bronceadora
Heimstätte *f*, n hogar *m*
Heimtrainer *m*, - bicicleta *f* de ejercicio
Heimwerken *n*, Ø (Gal.) bricolaje *m*; trabajos *pl* menudos en casa
heimwerken trabajar en casa (de uno); hacer bricolaje; dedicarse al bricolaje
Heimwerker *m*, - bricolador *m*
Heirat *f*, Ø 1. boda *f* 2. matrimonio *m*
Heiratsbüro *n*, s agencia *f* matrimonial
Heiratsdarlehen *n*, - préstamo *m* de nupcialidad
Heiratsgut *n*, ⁻er dote *f*; bienes *pl* dotales
Heiratsregister *n*, - registro *m* matrimonial; registro *m* de matrimonios
Heiratsschwindel *m*, - timo *m*, estafa *f* de casamiento
Heiratsschwindler *m*, - estafador *m* de novias
Heiratsstifter *m*, - casamentero *m*
Heiratsurkunde *f*, n acta *f*, partida *f* de matrimonio
Heiratsvermittler *m*, - agente *m* matrimonial; agente *m* de matrimonios
Heiratsvermittlung *f*, en agencia *f* matrimonial; agencia *f* de matrimonios
Heiratsziffer *f*, n cifra *f* de matrimonios; nupcialidad *f*
heiß, ~*er Draht* teléfono *m* rojo; ~*e Quelle* fuente *f* termal; ~*e Ware* (mercancía *f* de) contrabando *m*; ~*es Eisen* cuestión *f* delicada, espinosa, muy complicada; ~*es Geld* dinero *m* caliente; dinero *m* especulativo; dinero *m* colocado para especular
Heißwasserbereiter *m*, - calentador *m* de agua
Heißwasserheizung *f*, en calefacción *f* de agua caliente
Heißwasserspeicher *m*, - depósito *m* de agua caliente
Heizanlage *f*, n instalación *f* de calefacción
Heizapparat *m*, e aparato *m* de calefacción; (aparato *m*) calefactor *m*
heizbar, ~*es Zimmer* habitación *f* con calefacción
Heizdecke *f*, n manta *f* eléctrica
Heizgas *n*, Ø gas *m* de calefacción
Heizgerät *n*, e → *Heizapparat*
Heizlüfter *m*, - ventilador *m* de aire caliente
Heizmaterial *n*, Ø combustible *m*; combustibles *pl*
Heizofen *m*, ⁻ estufa *f*
Heizöl *n*, Ø fuel *m*; fuel-oil *m*; *leichtes, schweres* ~ fuel ligero, pesado
Heizung *f*, en 1. calefacción *f* 2. radiador *m*
Heizungsanlage *f*, n instalación *f* de calefacción
Heizungskosten *pl* costes *pl* de calefacción
Heizungsmonteur *m*, e calefactor *m*
Hektar *m*, e hectárea *f*
Hektar-Ertrag *m*, ⁻e rendimiento *m* por hectárea

hell 1. *~es Bier* cerveza *f* rubia, blanca, clara; 2. *~er Himmel* cielo *m* despejado 3. *~er Tabak* tabaco *m* rubio 4. transparente

Heller *m*, - (Hist.) *auf ~ und Pfennig bezahlen* pagar hasta el último céntimo; *das ist keinen roten ~ wert* no vale ni un céntimo; (Fam.) no vale un bledo; *keinen roten ~ haben* estar sin blanca; no tener ni un céntimo; estar sin un cuarto (*od.* quinto)

hellhörig de paredes delgadas

Helligkeitsmesser *m*, - luxímetro *m*

Hemdengeschäft *n*, e camisería *f*

Hemdenmacher *m*, - camisero *m*

hemmen (re)frenar; retardar; poner un obstáculo; *die Verjährung ~* suspender la prescripción; *das Wachstum ~* frenar el crecimiento

-hemmend (Suf.) 1. nocivo; perjudicial; *investitions~* desfavorable para la inversión 2. (Seg.) *durchbruch~* resistente a la penetración, a la fractura; *durchschuß~* resistente a la perforación a balas; *durchwurf~* resistente a la rotura; *spreng~* resistente a explosivos

Hemmschuh *m*, e traba *f*; cortapisa *f*; freno *m*; *~ für den Fortschritt* traba para el progreso

Hemmnis *n*, se *nichttarifäre ~se* barreras no tarifarias; *Beseitigung technischer ~se* eliminación *f* de las barreras técnicas; *unvorhergesehene ~se traten in der Produktion auf* se han presentado obstáculos imprevistos

Hemmung *f*, en *~ der Verjährung* suspensión *f* de la prescripción

herabdrücken, *die Preise ~* bajar, reducir los precios

herabgesetzt reducido; *Ausverkauf zu ~en Preisen* saldos *pl*, liquidación *f* (a precios reducidos); venta *f* de saldos; *Butter zu ~em Preis* mantequilla *f* a precio reducido

herabsetzen 1. *die Preise ~* bajar los precios; *den Diskontsatz ~* bajar, reducir la tasa (*od.* el tipo) de descuento; *die Waren im Preis ~* reducir el precio de las mercancías 2. desacreditar; desprestigiar; denigrar; hablar mal de

herabsetzend, *~e Äußerungen über jds. Erzeugnisse* hablar mal de los productos de otro; *~e Werbung* publicidad *f* despreciativa

Herabsetzung *f*, en 1. *~* reducción *f*; disminución *f*; *~ der Altersgrenze (des Rentenalters)* adelantamiento *m* de la edad de jubilación; *~ des Kaufpreises* reducción del precio de venta; *~ der Miete* reducción del alquiler; *~ der Steuer* reducción fiscal, de los impuestos; *~ einer Strafe* reducción, mitigación *f* de una pena 2. descrédito *m*; detracción *f*

Herabstufung *f*, en degradación *f*; retrogradación *f*; clasificación *f* en una categoría inferior; *berufliche ~* degradación profesional; traslado *m*, paso *m* a una categoría inferior; rebaje *m* en el escalafón (de funcionarios)

herankommen, *nahe ~ an die Konkurrenten* acercarse a la competencia (en cuanto a precio, calidad etc.)

heranschaffen, *Waren ~* transportar, acarrear mercancías (a un lugar)

herantreten, *an Kunden ~* aproximarse, dirigirse a los clientes

heranziehen 1. consultar; recurrir 2. referirse a 3. criar

heraufarbeiten, *sich ~* crearse una posición; elevarse por el esfuerzo propio

heraufschrauben, *den Preis ~* subir, aumentar el precio

heraufsetzen, *die Preise ~* aumentar los precios; *den Diskontsatz ~* aumentar, elevar, subir la tasa (*od.* el tipo) de descuento

herausbekommen, *Sie bekommen DM 20 heraus* recibe de vuelta 20 marcos; la vuelta es de 20 marcos; *wieviel bekomme ich heraus?* ¿cuánto se me da de vuelta? ¿qué se me devuelve? *wieviel bekommen Sie heraus?* ¿cuánto recibe usted de vuelta? ¿cuánto tengo que darle de vuelta? ¿cuánto tengo que devolverle?

herausbringen *(Ware)* sacar; llevar fuera; lanzar al mercado; *ein Buch ~* publicar, editar un libro

herausdrängen, *jdn. aus einer Stellung ~* forzar, obligar a alg. a abandonar su posición; quitarle a alg. su puesto

herausfliegen (Fam.) *aus der Firma ~* ser despedido de la empresa; ser echado a la calle por la empresa; ser puesto de patitas en la calle

Herausforderung *f*, en desafío *m*; reto *m*; provocación *f*

Herausgabe *f*, en 1. *~ eines Buches* publicación *f*, edición *f* de un libro 2. *(Auslieferung)* entrega *f* 3. *(von Diebesgut)* devolución *f*; restitución *f*

Herausgeber *m*, - 1. editor *m* (de un libro) 2. director *m* (de un periódico, revista)

herausgehen, *Rechnungen ~ lassen* enviar facturas

heraushalten, *sich aus etw. ~* no mezclarse en u/c; mantenerse al margen de u/c

heraushebeln (Seg.) sacar

heraushelfen, *jdm. aus der Not ~* ayudar a alg. a salir de un apuro

herausholen, *Gewinn ~* sacar provecho; sacar ganancia; *etw. aus jdm. ~* hacer que alg. rinda; sacar rendimiento a alg.

herauskommen 1. *~ mit (neue Ware herausbringen)* lanzar 2. estrenarse (una película) 3. aparecer, publicarse (un libro) 4. *dabei kommt nichts heraus* eso no conduce a nada; con eso

no se adelanta nada
herausnehmbar separable
herausnehmen quitar; sacar; separar; *sich etw.* ~ permitirse u/c
herauspressen, *Geld* ~ sacar dinero
herausreden, *sich* ~ poner excusas; buscar pretextos
herausrücken (Fam.) *Geld* ~ aflojar la pasta, la mosca, la bolsa
herausschaffen sacar; transportar, acarrear a fuerza
herausschlagen 1. sacar a golpes 2. ganar; sacar provecho; *seine Kosten* ~ cubrir gastos; resarcirse de los gastos
herausschmuggeln (hacer) sacar de contrabando
heraussprengen (Seg.) *aus dem Rahmen* ~ hacer saltar (el vidrio) de su marco
herausstoßen, *den Schlüssel* ~ (Seg.) empujar la llave hacia fuera
herauswirtschaften sacar, obtener un beneficio de
herausziehen 1. hacer un extracto; extractar 2. *Geld aus einem Geschäft* ~ sacar, extraer dinero de un negocio
herbeibringen 1. traer 2. llevar
herbeiholen ir a recoger; ~ *lassen* enviar a buscar; enviar a recoger
herbeirufen llamar; hacer venir
herbeischaffen 1. procurar, proporcionar 2. hacer venir 3. traer
herbekommen conseguir; procurarse; obtener; *wo soll er das Geld* ~? ¿de dónde va a sacar el dinero?
Herberge *f,* **n** 1. albergue *m;* posada *f;* hospedería *f* 2. alojamiento *m;* hospedaje *m* 3. refugio *m*
Herbstbedarf *m,* Ø demanda *f* de otoño
Herbstkollektion *f,* **en** colección *f* de otoño
Herbstmesse *f,* **n** feria *f* de otoño
Herdbuch *n,* ⸗**er** registro *m* pecuario
hereinbekommen 1. recibir 2. cobrar
hereinbringen recoger
hereinfallen dejarse engañar; (Fam.) caer en la trampa
hereinholen 1. recoger; *Aufträge* ~ asegurar, solicitar, recoger, procurar nuevos pedidos 2. traer
hereinkommen, *Geld* ~ ingresar dinero en caja
Hereinkommen *n,* Ø ~ *neuer Aufträge* entrada *f,* afluencia *f* de nuevos pedidos
hereinschleichen entrar furtivamente
herfahren, *Güter* ~ acarrear bienes; traer en coche
hergestellt, *im Ausland* ~ hecho en el extranjero
herhinken, *hinter dem Fortschritt* ~ ir a remolque del progreso; ir a la cola del progreso
Hering *m,* **s** arenque *m*
Heringsfang *m,* ⸗**e** pesca *f* del arenque
Heringsfänger *m,* **-** pescador *m* de arenques

Heringsfangzeit *f,* **en** época *f* de la pesca del arenque
Herkunft *f,* (⸗**e**) *Waren ausländischer* ~ mercancías *pl* de origen extranjero; mercancías *pl* de procedencia extranjera
Herkunftsangabe *f,* **n** indicación *f* de origen
Herkunftsbescheinigung *f,* **en** certificado *m* de origen
Herkunftsbezeichnung *f,* **en** → *Herkunftsangabe*
Herkunftsland *n,* ⸗**er** país *m* de origen, de procedencia
Herkunftsmarke *f,* **n** marca *f* de origen
Herkunftszeichen *n,* **-** → *Herkunftsmarke*
Hermes-Bürgschaft *f,* **en** (R.F.A.) garantía *f* "Hermes" (ayuda financiera del Estado a la exportación)
Hermes-Garantie *f,* **n** (R.F.A.) seguro *m* del riesgo de insolvencia
Herr *m,* **n** *od.* **en** 1. señor *m;* ~ *Martínez* el señor Martínez 2. ~ *Antonio Martínez* don Antonio Martínez (Abk. D.) 3. *(Anrede)* caballero *m* 4. jefe *m;* patrón *m* 5. dueño *m;* amo *m;* (Corresp.) *Sehr geehrter* ~ *Maier* muy señor mío *bzw.* muy señor nuestro; estimado señor Maier; *Sehr geehrte* ~*en* muy señores míos *bzw.* muy señores nuestros; distinguidos, estimados señores
Herrenanzug *m,* ⸗**e** traje *m* de caballero
Herrenartikel *pl* artículos *pl* de (*od.* para) caballero
Herrenbekleidung *f,* **en** ropa *f* de caballero; artículos *pl* de vestir para caballero
Herrenfriseur *m,* **e** peluquero *m* de caballeros
Herrenkonfektion *f,* **en** confección *f* para caballero
herrenlos sin dueño; abandonado; ~*es Gut* bien *m* mostrenco
herrschend, *nach* ~*er Ansicht* en opinión de la mayoría; según la opinión dominante
herstellbar elaborable
herstellen producir; fabricar; manufacturar; *serienweise* ~ fabricar en serie; *enge Wirtschaftsbeziehungen* ~ establecer estrechas relaciones económicas
Hersteller *m,* **-** fabricante *m;* constructor *m;* productor *m*
Herstellerfirm|a *f,* **-en** empresa *f* constructora
Herstellung *f,* **en** fabricación *f;* producción *f;* construcción *f;* confección *f;* creación *f*
Herstellungsfehler *m,* **-** defecto *m,* vicio *m* de fabricación
Herstellungsformeln und -verfahren *pl* fórmulas *pl* y procedimiento *m* de fabricación
Herstellungsgenehmigung *f,* **en** → *Herstellungslizenz*

Herstellungskosten *pl* gastos *pl* de fabricación, de producción
Herstellungsland *n*, ⸚er país *m* productor
Herstellungslizenz *f*, en licencia *f* de fabricación
Herstellungsmenge *f*, n 1. cantidad *f* a producir 2. cantidad *f* producida
Herstellungsort *m*, e lugar *m* de fabricación, de producción
Herstellungspreis *m*, e → *Herstellungskosten*
Herstellungsverfahren *n*, - procedimiento *m* de fabricación
herunterdrücken disminuir; reducir; hacer bajar; *die Preise* ~ hacer bajar los precios
heruntergegangen, *der Preis ist* ~ ha bajado el precio
heruntergehen, *mit dem Preis* ~ bajar, disminuir el precio
heruntergewirtschaftet llevado a la ruina; arruinado (por la mala gestión)
herunterhandeln, *den Preis* ~ lograr un precio más bajo; hacer bajar el precio
herunterschrauben → *herunterdrücken*
heruntersetzen, *Waren im Preise* ~ bajar, disminuir el precio de las mercancías
herunterwirtschaften arruinar (una empresa debido a la mala gestión)
hervorgehen, *aus Ihrem Brief geht hervor* de su carta se infiere, se desprende
Heu *n*, Ø *Geld wie* ~ *haben* estar forrado de dinero; *Geld wie* ~ *verdienen* ganar un dineral; forrarse
heuer este año; hogaño
Heuer *f*, n 1. paga *f* de los marinos 2. → *Heuervertrag*
heuern 1. contratar; enrolar (Syn. *anheuern*) 2. fletar (un barco)
Heuernte *f*, n siega *f* del heno; henificación *f*
Heuervertrag *m*, ⸚e contrato *m* de trabajo (de un marinero)
heurig (A, CH) de este año; ~*e Ernte* cosecha *f* de este año
HGB *n*, Ø → *Handelsgesetzbuch*
Hierarchie *f*, n jerarquía *f* (Syn. *Rangfolge*)
Hierarchie-Ebene *f*, n nivel *m* jerárquico
hierarchisch, ~ *aufgebaut sein* tener una estructura jerárquica
Hierarchisierung *f*, en jerarquización *f*
hiermit por la presente; ~ *wird bestätigt, daß* por la presente confirmamos, certificamos que
hieven, *an die Spitze* ~ colocar a la cabeza
Hilfe *f*, n ayuda *f*; apoyo *m*; respaldo *m*; colaboración *f*; *mit* ~ *von* por medio de
hilfeleistend, ~*e Personen* personas *pl* que acuden en ayuda; personas *pl* que intervienen ayudando; personal *m* de intervención
Hilfeleistung *f*, en ayuda *f*; asistencia *f*; socorro *m*

Hilfs- (Pref.) auxiliar; improvisado; de repuesto; de emergencia
Hilfsarbeiter *m*, - peón *m*; trabajador *m* auxiliar (Syn. *ungelernter Arbeiter*)
Hilfsarbeiter-Job *m*, s empleo *m* temporal
Hilfsbedürftige/r *(der/ein)* persona *f* económicamente débil; persona *f* necesitada
Hilfsbedürftigkeit *f*, Ø desamparo *m*; desvalimiento *m*; indigencia *f*; necesidad *f* de ayuda
hilfsbereit dispuesto a ayudar; dispuesto a prestar ayuda complaciente; servicial
Hilfsbereitschaft *f*, Ø altruismo *m*; disposición *f* a prestar ayuda
Hilfsdienst *m*, e 1. servicio *m* de urgencia 2. servicio *m* auxiliar, de auxilio
Hilfsfonds *m*, - fondo *m* de auxilio, de socorro, de ayuda, de apoyo
Hilfsgelder *pl* subvenciones *pl*; subsidios *pl*; ayudas *pl*
Hilfskasse *f*, n caja *f* de socorro, de auxilio
Hilfskraft *f*, ⸚e (personal *m*) auxiliar *m*, ayudante *m*
Hilfsmaßnahmen *pl* medidas *pl* de socorro
Hilfsmittel *n*, - 1. (Seg.) instrumentos *pl* técnicos 2. (re)medio *m*; recurso *m* 3. expediente *m*; arbitrio *m*
Hilfspersonal *n*, Ø personal *m* auxiliar
Hilfsprogramm *n*, e programa *m* de ayuda
Hilfsquellen *pl* recursos *pl*
Hilfsspeicher *m*, - (Inform.) memoria *f* auxiliar
Hilfsverein *m*, e asociación *f* de beneficencia
Hilfswerk *n*, e obra *f* benéfica; obra *f* asistencial; obra *f* benéfico-asistencial; obra *f* de caridad
hin 1. ~ *und zurück* ida y vuelta 2. arruinado; agotado
hinarbeiten, *auf etw.* ~ trabajar para; trabajar con la mirada puesta en; aspirar a; proponerse
hinaufarbeiten, *sich* ~ hacer carrera; abrirse paso; lograr
hinaufschrauben hacer subir; aumentar; *die Preise* ~ hacer subir, aumentar los precios; *die Steuern* ~ aumentar, subir los impuestos
hinaufsetzen, *die Preise* ~ aumentar, elevar, subir los precios
hinaus, *auf Jahre* ~ por, para varios años
hinauslaufen, *das läuft auf eine Rationalisierung des Unternehmens hinaus* viene a ser, va a acabar en una racionalización de la empresa
hinausschieben aplazar en el tiempo; diferir; trasladar; *die Zahlung* ~ diferir, posponer el pago
hinauszögern diferir; retardar; *die Zahlung eines Wechsels* ~ diferir el pago de una letra de cambio
Hindernis *n*, se obstáculo *m*; traba *f*; impedimento *m*; ~*se im internationalen Handel* obstáculos,

trabas al comercio internacional; ~*se schrittweise abbauen* reducir paulatinamente las trabas (*od.* los obstáculos); ~*se beseitigen* eliminar las trabas (*od.* obstáculos); *ein ~ werden* convertirse en un obstáculo (*od.* en una traba)
Hinderung *f,* en impedimento *m*
Hinderungsgrund *m,* ⁻e impedimento *m*; óbice *m*
hindurch, *das ganze Jahr ~* (durante) todo el año
hineinarbeiten 1. *sich ~* familiarizarse con 2. intercalar; agregar
hineinbauen empotrar en
hineinfahren 1. entrar en coche en 2. (*Autounfall*) chocar con
hineinstecken, *Geld ~* colocar, poner, invertir dinero en
Hinfahrt *f,* en (viaje *m* de) ida *f*; *auf der ~* a, durante la ida
hinfällig werden caduco; caducado; sin validez; *der Vertrag wird ~* el contrato caduca
Hinflug *m,* ⁻e vuelo *m* de ida
hinfort en lo sucesivo; de ahora en adelante
Hinfracht *f,* en 1. carga *f* de ida 2. flete *m* de ida
hinhalten, *seine Gläubiger ~* hacer esperar, entretener a sus clientes
hinreichend, *~e Mittel* medios *pl* suficientes
Hinreise *f,* n viaje *m* de ida
Hinsicht *f,* en *in ~ auf* por lo que se refiere a; *in geschäftlicher ~* en términos comerciales; en el aspecto comercial; en lo tocante al negocio
hinsichtlich en lo que toca, se refiere, concierne a; en lo tocante, referente, concerniente a; en cuanto a; *~ Ihres Schreibens* hacemos referencia a su carta
Hinterbliebenenrente *f,* n pensión *f* de superviviente; pensión *f* pagada a los deudos
Hinterbliebene/r (*der/ein*) superviviente *m*; supérstite *m*; deudos *pl*
hintereinander, *an drei Tagen ~* (en) tres días consecutivos, sucesivos
Hintereingang *m,* ⁻e entrada *f* de servicio; entrada *f* trasera
Hinterfront *f,* en fachada *f* posterior
Hintergebäude *n,* - edificio *m* trasero
Hinterhaken *m,* - (Seg.) pivote *m* de seguridad
Hinterhaus *n,* ⁻er edificio *m* trasero
hinterherhinken quedar rezagado; ir (por) detrás; rezagarse; retrasarse; ir a la zaga
Hinterhof *m,* ⁻e patio *m* trasero
hinterlassen 1. dejar; *eine Nachricht ~* dejar un recado, un mensaje 2. legar
Hinterlassenschaft *f,* en herencia *f*; sucesión *f*; bienes *pl* relictos
Hinterlassung *f,* en *sterben unter ~ von Immobilien* morir dejando bienes inmuebles; *sterben unter ~ großer Schulden* morir dejando muchas deudas
hinterlegen 1. depositar; poner, dejar en depósito; consignar 2. *als Pfand ~* dar en prenda; dejar como prenda; *als Sicherheit ~* dejar como garantía; *Wertpapiere bei einer Bank ~* depositar en un banco títulos valores (Syn. *deponieren*)
Hinterleger *m,* - depositante *m* (Syn. *Deponent*)
hinterlegt, *bei Gericht ~e Gelder* dinero *m* depositado, pagado en un tribunal; *~e Sicherheit* importe *m* consignado como garantía
Hinterlegung *f,* en consignación *f*; depósito *m*; *gegen ~ von Wertpapieren* contra consignación, depósito de títulos valores, *~ von Pflichtexemplaren* depósito *m* legal
Hinterlegungsbescheinigung *f,* en boleta *f* de depósito; (Arg.) libranza *f*, giro *m* judicial
Hinterlegungsbetrag *m,* ⁻e suma *f* depositada; importe *m* en depósito
Hinterlegungsfrist *f,* en plazo *m* de depósito
Hinterlegungsgelder *pl* fondos *pl* retenidos a cuenta de un tercero; fondos *pl* depositados, consignados; fondos *pl* en depósito
Hinterlegungspflicht *f,* en obligación *f*, obligatoriedad *f* de depósito; depósito *m* obligatorio
Hinterlegungsschein *m,* e boleta *f*, certificado *m* de depósito; resguardo *m* de depósito; (Chile) boleta *f* de consignación
Hinterlegungsstelle *f,* n depositaría *f*; oficina *f* de depósitos; *~ bei Gericht* depositaría judicial
Hintermann *m,* ⁻er 1. endosante *m* posterior; endosante *m* subsiguiente 2. informador *m* 3. instigador *m* ; maquinador *m*
hinterziehen, *Steuern ~* evadir el pago de impuestos; defraudar (en los) impuestos
Hinterziehung *f,* en fraude *m*; defraudación *f*
Hinterzimmer *n,* - 1. habitación *f* de atrás 2. *~ eines Ladens* trastienda *f*
hinterzogen, *~e Steuer* impuestos *pl* defraudados; impuestos *pl* evadidos
Hin- und Rückfahrkarte *f,* n billete *m* de ida y vuelta
hin und zurück ida y vuelta; *eine Fahrkarte ~ lösen* sacar un billete de ida y vuelta
hinwegsetzen, *sich ~ über* ignorar; hacer caso omiso de; (Fam.) saltarse a la torera
hinzufügen añadir; agregar
hinzukommen 1. sobrevenir 2. reunirse (expertos)
Hinzuwahl *f,* (en) cooptación *f* (Syn. *Kooptation*)
hinzuwählen cooptar (Syn. *kooptieren*)
hinzuziehen 1. consultar 2. incluir
Hinzuziehung *f,* en 1. consulta *f* 2. inclusión *f*
Hit *m,* s éxito *m*; éxito *m* de venta; sensación *f*; superventa *m*; „hit" *m* (Syn. *Schlager, Ren-*

ner)
Hitliste *f*, **n** lista *f* de superventas
Hitzeferien *pl* vacaciones *pl* caniculares
Hitzezulage *f*, **n** → *Hitzezuschlag*
Hitzezuschlag *m*, ⁼e prima *f*, plus *m* de canícula
H-Milch *f*, Ø leche *f* UHT; leche *f* de larga conservación; leche *f* que se conserva (por) mucho tiempo
HO → *Handelsorganisation*
Hobby *n*, s hobby *m*; pasatiempo *m*; entretenimiento *m*
hoch, *die Kurse stehen* ~ la cotización es muy alta; *wie* ~ *ist der Preis?* ¿cuánto vale? ¿qué cuesta? ¿qué precio tiene? *Wie* ~ *stehen die Aktien?* ¿qué cotización tienen las acciones? *Wie* ~ *ist die Rechnung?* ¿cuál es el importe de la factura? ¿a cuánto asciende la factura? ~ *im Preise stehen* cotizarse mucho; ser muy caro; *übertrieben* ~ excesivo; excesivamente alto
Hochachtung *f*, Ø (Corresp.) alta consideración *f*; estima *f*; *mit vorzüglicher* ~ le saluda(mos) muy atentamente
hochachtungsvoll (Corresp.) con el testimonio de nuestra *bzw.* mi mayor consideración; le saluda(mos) (muy) atentamente; suyo(s) afmo(s)
hochaktuell de gran actualidad; muy actual
Hochantenne *f*, **n** antena *f* exterior
hocharbeiten, *sich* ~ hacer carrera; conseguir ascender a fuerza de trabajo
Hochbau *m*, Ø *bzw.* **ten** 1. construcción *f* de edificios; edificación *f* 2. ~*ten* superestructuras *pl*; edificios *pl* altos
hochbesteuert gravado con impuestos altos
Hochbetrieb *m*, Ø periodo *m* punta; gran actividad *f*; *im Kaufhaus herrscht heute* ~ hay mucha afluencia hoy a los grandes almacenes
hochbezahlt bien pagado, retribuido, remunerado; con salario alto
hochdotiert → *hochbezahlt*
hochentwickelt, *ein* ~*es Industrieland* país *m* altamente industrializado
Hochfinanz *f*, Ø altas finanzas *pl*
Hochfrequenzgeräte *pl* (Seg.) aparatos *pl* de microondas
hochgehen → *hochklettern*
hochhalten, *die Preise* ~ mantener elevados los precios
Hochhaus *n*, ⁼er 1. rascacielos *m* 2. edificio *m* de muchas plantas
hochindustrialisiert altamente, fuertemente industrializado
hochkarätig de alto quilate
hochklettern, *die Preise klettern hoch* los precios suben, aumentan
Hochkonjunktur *f*, Ø alta coyuntura *f*; periodo *m* de prosperidad económica; boom *m* coyuntural; *anhaltende* ~ alta coyuntura persistente; *in der Zeit einer* ~ durante el boom; ~ *haben* reinar el boom
Hochleistung *f*, **en** 1. alto, gran rendimiento *m* 2. proeza *f*; hazaña *f*
hochmodern modernísimo; muy moderno; ultramoderno; supermoderno
Hochofen *m*, ⁼ alto horno *m*
hochpäppeln (Fam.) poner, sacar a flote; poner en pie; sacar adelante
Hochparterre *n*, Ø entresuelo *m*
Hochprozenter *m*, - título *m* con un interés elevado
hochprozentig 1. de porcentaje elevado 2. muy concentrado; de alto grado de concentración
hochqualifiziert, ~*e Arbeitskräfte* personal *m* altamente calificado
hochrechnen extrapolar; hacer una estimación; calcular con muestras computerizadas; efectuar un cálculo remoto
Hochrechnung *f*, **en** extrapolación *f*; estimación *f*; proyección *f*; cálculo *m* con muestras computerizadas; cálculo *m* remoto
hochrentierlich de alta rentabilidad; de gran producto
Hochsaison *f*, s alta temporada *f*; temporada *f* alta; *in der* ~ en plena temporada
hochschnellen, *der Goldpreis schnellt hoch* se dispara el precio del oro
hochschrauben → *hinaufschrauben*
Hochschulbildung *f*, Ø formación *f* universitaria
Hochschule *f*, **n** escuela *f* superior; universidad *f*
Hochschüler *m*, - (estudiante *m*) universitario *m*
Hochschullehrer *m*, - profesor *m* universitario; catedrático *m* de universidad
Hochschulreife *f*, Ø bachillerato *m*
Hochseefischerei *f*, Ø pesca *f* de (gran) altura
Hochseeflotte *f*, **n** flota *f* de alta mar
Hochseeschiffahrt *f*, Ø navegación *f* de altura
Hochseeschlepper *m*, - remolcador *m* de alta mar
Hochsommer *m*, Ø pleno verano *m*; canícula *f*
hochsommerlich estival; canicular
hochspekulativ altamente especulativo
hochspielen dramatizar
höchst- (Pref.) máximo, -a; más elevado; más grande; plafón *m*
Höchstalter *n*, - edad *f* límite; edad *f* máxima; ~ *zum Eintritt in* edad límite para entrar en; edad límite de admisión
Höchstangebot *n*, e oferta *f* más elevada
Höchstarbeitszeit *f*, **en** jornada *f* máxima de trabajo
Höchstbetrag *m*, ⁼e suma *f* máxima; importe *m* máximo; plafón *m*; *bis zu einem* ~ *von* hasta un importe máximo de

Höchstbietende/r *(der/ein)* mejor postor *m*
höchstens, ~ *100 DM* 100 marcos como máximo; que no exceda los 100 marcos
Höchstgebot *n*, e → *Höchstangebot*
Höchstgehalt *n*, ⁻ᵉr sueldo *m* máximo
Höchstgeschwindigkeit *f*, **en** *zulässige* ~ velocidad *f* limitada; velocidad *f* máxima autorizada
Höchstgewicht *n*, **e** peso *m* máximo; *zulässiges* ~ peso máximo autorizado
Höchstgrenze *f*, **n** plafón *m*; límite *m* superior; límite *m* a no sobrepasar; *die* ~ *erreichen* llegar al límite, al máximo, al tope; *die* ~ *überschreiten* superar, sobrepasar el límite
Höchsthöhe *f*, **n** altura *f* máxima; altura *f* total
Höchstkredit *m*, **e** línea *f* de crédito; crédito *m* límite
Höchstkurs *m*, **e** cotización *f* máxima
Höchstladegewicht *n*, **e** carga *f* máxima
Höchstlänge *f*, **n** longitud *f* máxima, total
Höchstleistung, *f*, **en** rendimiento *m* máximo; productividad *f* máxima; potencia *f* máxima; (Sport) plusmarca *f*; récord *m*
Höchstlohn *m*, ⁻ᵉ salario *m* máximo, tope
Höchstmaß *n*, **e** (grado *m*) máximo *m*; dimensión *f* máxima; *ein* ~ *an Fachwissen* un máximo de conocimientos técnicos, especializados; ~ *an Leistungsfähigkeit* estándar *m* máximo de eficiencia, de rendimiento (Syn. *Maximum*)
Höchstmenge *f*, **n** cantidad *f* máxima; volumen *m* máximo
Höchstmiete *f*, **n** *erlangbare* ~ alquiler *m* máximo alcanzable
höchstpersönlich personalísimo; eminentemente personal; entrega en la mismísima mano
Höchstpreis *m*, **e** precio *m* máximo, límite, tope; *zum* ~ *verkaufen* vender al precio más alto; *(Börse)* vender „a lo mejor"
Höchststand *m*, ⁻ᵉ nivel *m* máximo; *den* ~ *erreichen* alcanzar el nivel máximo
Hochstapelei *f*, **en** estafa *f*; timo *m*
Hochstapler *m*, - estafador *m*; timador *m*; caballero *m* de industria; impostor *m*
Höchsttarif *m*, **e** tarifa *f* máxima
Höchstversicherungssumme *f*, **n** suma *f* asegurada máxima
Höchstwert *m*, **e** valor *m* máximo
höchstzulässig máximo admisible
hochtechnisch altamente técnico; de alta tecnicidad
Hochtour *f*, **en** 1. excursión *f* alpina 2. cadencia *f* elevada; alto ritmo *m*; *auf ~en laufen* a toda marcha; funcionar a pleno rendimiento; estar en su apogeo
hochverschuldet muy endeudado; lleno de deudas; acribillado de deudas; (Fam.) empeñado hasta la camisa

hochverzinslich que devenga, arroja un interés alto; de un interés elevado; a tasa de interés elevada
hochverzinst (remunerado) con interés elevado; a tasa de interés elevada
Hochwasserschaden *m*, ⁻ daños *pl* (causados) por inundación
hochwertig 1. de gran valor; de (gran) calidad; precioso; sofisticado; ~*e Konsumgüter* bienes *pl* de consumo de (gran) calidad 2. (mineral) rico; de alto contenido; de alta proporción
Hochzinspolitik *f*, Ø política *f* de intereses altos; política *f* de tasas de interés elevadas
Hof *m*, ⁻ᵉ granja *f*; finca *f*; explotación *f* agrícola; *Preis ab* ~ precio ex granja; *einen* ~ *aufgeben* abandonar la tierra; abandonar la explotación agrícola
hoffen (Corresp.) esperar; *wir* ~ *auf baldige Antwort* en espera, a la espera de una pronta respuesta
Hoffnung *f*, **en** esperanza *f*; espera *f*; *in der* ~ *auf etw.* en la esperanza de que; *in der* ~, *daß* esperando que
Höflichkeitsformel *f*, **n** fórmula *f* de cortesía
HO-Geschäft *n*, **e** → *Handelsorganisation*
hohe, ~*r Beamter* alto funcionario *m*; ~*e Besteuerung* imposición *f* elevada; gravamen *m* alto; *übertrieben* ~*r Preis* precio *m* excesivo; *zu. einem* ~*n Preis* a precio alto, elevado; ~ *Zinsen* intereses *pl* altos, elevados; *zu* ~*n Zinsen* a tasa de interés elevada; a alta tasa de interés
Höhe *f*, **n** nivel *m*; altura *f*; cuantía *f*; *auf gleicher* ~ al mismo nivel; de la misma cuantía; *bis zur* ~ von hasta una cuantía, un importe de; *in* ~ *von* en una cuantía, importe de; *in die* ~ *gehen* subir; estar en alza; *die Preise in die* ~ *treiben* hacer subir los precios
Hoheit *f*, **(en)** soberanía *f*; autonomía *f*; autoridad *f*
Hoheitsgebiet *n*, **e** territorio *m* de un Estado; territorio *m* nacional
Hoheitsgewalt *f*, **(en)** soberanía *f*; jurisdicción *f*; poder *m*
Hoheitsgewässer *pl* aguas *pl* jurisdiccionales
Hoheitsrecht *n*, **e** derecho *m* de soberanía
höher más elevado; superior; ~*er Beamter* funcionario *m* del escalafón medio; ~*e Gewalt* fuerza *f* mayor; ~*e Instanz* instancia *f* superior
Höherbewertung *f*, **en** apreciación *f*; plusvalía *f*
Höhereinstufung *f*, **en** 1. ascenso *m*; avance *m*; clasificación *m* en una categoría superior 2. paso *m* a un tramo de imposición más alta
Höhergruppierung *f*, **en** avance *m*, ascenso *m* dentro del escalafón; clasificación *f* en una categoría más alta
höherstufen promover; ascender; pasar a una

categoría superior
Höherstufung *f*, en → *Höhereinstufung*
Höker *m*, - vendedor *m* ambulante; buhonero *m*; baratillero *m*
Hökerhandel *m*, Ø venta *f* en puestos ambulantes; chamarileo *m*; ~ *treiben* comerciar con objetos usados; practicar el chamarileo
Holding *f*, s holding *m*
Holdinggesellschaft *f*, en sociedad *f*, compañía *f* holding; sociedad *f* de gerencia de valores
Holzarbeit *f*, en 1. trabajo *m* en madera 2. obra *f* tallada
Holzbau *m*, ten construcción *f* de madera
Holzbearbeitung *f*, en trabajo *m* de madera
Holzhändler *m*, - (comerciante *m*) maderero *m*; comerciante *m* de maderas
Holzhandlung *f*, en almacén *m* de madera
Holzhaus *n*, ⸚er casa *f* de manera
Holzheizung *f*, Ø calefacción *f* de (*od.* con) leña
Holzindustrie *f*, n industria *f* de la madera
Holzlagerplatz *m*, ⸚e almacén *m* de maderas; leñera *f*
Holzumkleidung *f*, en (Seg.) revestimiento *m* de madera
Holzverarbeitungsindustrie *f*, n industria *f* de transformación de la madera
Holzwaren *pl* artículos *pl* de madera
homogen, ~*e Güter pl* bienes *pl* homogéneos
Honigerzeugung *f*, Ø producción *f* de miel
Honorant *m*, en aceptante *m* por intervención
Honorar *n*, e honorario *m*; *gegen* ~ *arbeiten* trabajar contra la percepción de un honorario; *für etw. ein-* ~ *zahlen* pagar un honorario por u/c
Honorarrechnung *f*, en minuta *f*
Honorarsatz *m*, ⸚e tasa *f* de honorarios
Honoratioren *pl* notables *pl*; notabilidades *pl*; ciudadanos *pl* importantes
honorieren pagar honorarios; retribuir; remunerar; *einen Wechsel* ~ atender, honrar una letra
Honorierung *f*, en 1. remuneración *f*; retribución *f* 2. aceptación *f* de una letra
Hopfenanbau *m*, Ø cultivo *m* de lúpulo
Hörer *m*, - 1. oyente *m*; escucha *m*; radioyente *m* 2. receptor *m*; auricular *m* ; casco *m*; *den* ~ *abnehmen, auflegen* descolgar, colgar el auricular 3. estudiante *m*; oyente *m*
Hörfunk *m*, Ø radio(difusión) *f*; *im* ~ en la radio (Syn. *Rundfunk*)
Hörfunkwerbung *f*, Ø 1. publicidad *f* en la radio; publicidad *f* radiofónica 2. guías *pl* comerciales
horizontal horizontal; ~*e Konzentration* concentración *f* horizontal
Horizontalkonzern *m*, e concentración *f* industrial horizontal; conjunto industrial de empresas del mismo estadio de producción
horten acumular; acaparar; retener (mercancías); atesorar (dinero)
Hortung *f*, en acumulación *f*; acaparamiento *m*; retención *f* (de mercancías); atesoramiento *m* (de dinero)
Hortungskauf *m*, ⸚e compra *f* especulativa
Hotel *n*, s hotel *m*; ~ *garni* residencia *f*
Hotelanbau *m*, ten anexo *m*, edificio *m* contiguo al hotel
Hotelanmeldung *f*, en registro *m*, inscripción *m* en un hotel
Hotelbesitzer *m*, - hotelero *m*; dueño *m* de un hotel
Hotelboy *m*, s botones *m*
Hoteldieb *m*, e rata *f* de hoteles
Hoteldiebstahl *m*, ⸚e robo *m* en un hotel
Hoteldiener *m*, - mozo *m* de hotel
Hoteldirektor *m*, - director *m* del *bzw*. de un hotel
Hotelfach *n*, Ø ramo *m*, sector *m* hotelero
Hotelfachschule *f*, n escuela *f* superior de hostelería
Hotelfinanzierung *f*, en financiación *f* a la hostelería
Hotelführer *m*, - guía *f* de hoteles
Hotelgewerbe *n*, Ø industria *f* hotelera
Hotelgutschein *m*, e vale *m* de hotel; (Angl.) voucher *m*
Hotelhalle *f*, n vestíbulo *m*; (Angl.) hall *m* del hotel
Hotelier *m*, s hotelero *m*
Hotelkette *f*, n cadena *f* hotelera, de hoteles
Hotelkosten *pl* gastos *m* de hotel
Hotellerie *f*, Ø → *Hotelgewerbe*
Hotelschlüssel *m*, - *(bei der Zimmerbestellung)* código *m* hotelero (internacional)
Hotelunterbringung *f*, en alojamiento *m*, acomodo *m* en un hotel
Hotelliste *f*, n guía *f*, lista *f* de hoteles
HR → *Handelsregister*
HR./Hrn. → *Herr*
Hubraum *m*, ⸚e cilindrada *f*
Hubschrauber *m*, - helicóptero *m*
Hubschrauberlandeplatz *m*, ⸚e helipuerto *m*
Hubschrauberträger *m*, - portahelicópteros *m*
Huckepackverkehr *m*, Ø sistema *m* combinado ferrocarril-carretera
Hühnerfarm *f*, en granja *f* avícola
Hühnerzucht *f*, Ø avicultura *f*; cría *f* de gallinas
Hühnerzüchter *m*, - avicultor *m*
Hülle *f*, n envoltura *f*; cubierta *f*; *in* ~ *und Fülle* en abundancia; (Fam.) a manta, a patada, a porrillo; *Geld in* ~ *und Fülle haben* nadar en dinero, en la abundancia
Human engineering *n*, Ø estudio *m* de las condiciones psicológicas y de las condiciones de

trabajo
Humanisierung f, Ø humanización f; ~ *der Arbeitswelt* humanización del mundo del trabajo
humanitär, ~*e Hilfe* ayuda f humanitaria
Hummer m, - bogavante m
Hundearbeit m, Ø trabajo m pesado, ímprobo
hundert cien; *fünf von* ~ cinco por ciento; 5%; ~*e von centenares* de; *zu* ~*en* a centenares
Hunderter m, - → *Hundertmarkschein*
hundertfach cien veces más; céntuplo; centuplicado
hundertgradig centígrado
Hundertjahrfeier f, n centenario m
hundertjährig secular; centenario
hundertmal cien veces
Hundertmarkschein m, e billete m de 100 marcos
hundertprozentig cien por cien; ciento por ciento
Hundertsatz m, ⸚e porcentaje m; tanto m por ciento (Syn. *Prozentsatz*)
hundertst centésimo
hundertstel 1. centavo m 2. centésimo; centésima parte f
hunderttausend cien mil; ~*e von Personen* centenares pl de miles de personas
hundertteilig centesimal
hundertweise a centenares
Hundesteuer f, n impuesto m sobre la tenencia de perros
Hunger m, Ø hambre f; ~ *leiden* pasar hambre; *Länder, in denen* ~ *herrscht* países pl en los que se pasa hambre; *Bekämpfung des* ~*s in der Welt* lucha f contra el hambre en el mundo; *vor* ~ *sterben* morir de hambre
Hungerkur f, en régimen m de hambre; dieta f absoluta
Hungerleider m, - (Fam.) muerto m de hambre
Hungerlohn m, ⸚e salario m de hambre; salario m irrisorio, miserable; *für einen* ~ *arbeiten* trabajar por una miseria
hungern 1. tener, pasar hambre 2. ayunar; guardar dieta absoluta
hungernd, ~*e Bevölkerung in der Welt* la población que pasa hambre en el mundo
Hungersnot f, ⸚e hambre f; (LA) hambruna f
Hungerstreik m, s huelga f de hambre
Hungertod m, Ø *den* ~ *sterben* morir de hambre
Hupe f, n (Auto) bocina f; claxon m
hupen tocar la bocina; hacer sonar el claxon
Hupverbot n, e prohibición f de señales acústicas
Hut m, ⸚e sombrero m; (Fam.) *den* ~ *nehmen* dimitir
Hutablage f, n percha f
Hüter m, - 1. guardia m; guardián m 2. pastor m
Hutfabrik f, en sombrerería f
Hutladen m, ⸚ sombrerería f; tienda f de sombreros
Hutmacher m, - sombrerero m
Hutständer m, - percha f (para sombreros)
Hütte f, n 1. cabaña f; choza f; (LA) bohío m 2. planta f metalúrgica *bzw.* siderúrgica 3. fundición f
Hüttenarbeiter m, - obrero m siderúrgico *bzw.* metalúrgico (Syn. *Metaller*)
Hüttenerzeugnis n, se producto m siderúrgico
Hüttenindustrie f, n industria f siderúrgica *bzw.* metalúrgica
Hütteningenieur m, e ingeniero sidero-metalúrgico
Hüttenkombinat n, e (R.D.A.) combinado m siderúrgico
Hüttenkonzern m, e grupo m siderúrgico
Hüttenkunde f, Ø metalurgia f
Hüttenwerk n, e planta f metalúrgica *bzw.* siderúrgica
Hüttenwesen n, Ø metalurgia f; industria f metalúrgica *bzw.* siderúrgica
HV → *Hauptversammlung*
Hypothek f, en hipoteca f 1. *eingetragene* ~ hipoteca registrada; *erste, zweite* ~ hipoteca en primer grado *od.* primera hipoteca, en segundo grado *od.* segunda hipoteca 2. *eine* ~ *auf ein Haus aufnehmen* constituir, tomar una hipoteca sobre una casa; *eine* ~ *ablösen* desempeñar, rescatar una hipoteca; *mit einer* ~ *belasten* hipotecar; gravar con una hipoteca; *eine* ~ *bestellen* constituir, celebrar una hipoteca; *eine* ~ *löschen (tilgen)* deshipotecar; cancelar, amortizar una hipoteca
Hypothekargläubiger m, - → *Hypothekengläubiger*
hypothekarisch hipotecario; ~ *sichern* hipotecar; *gegen* ~*e Sicherheit* sobre hipoteca
Hypothekarkredit m, e crédito m hipotecario
Hypothekenanlagen pl fondos pl hipotecarios
Hypothekenanleihe f, n préstamo m hipotecario, sobre hipoteca
Hypothekenbank f, en banco m hipotecario
Hypothekenbestellung f, en constitución f de una hipoteca
Hypothekendarlehen n, - préstamo m hipotecario, sobre hipoteca
Hypothekeneintragung f, en inscripción f hipotecaria
Hypothekenforderung f, en crédito m hipotecario
hypothekenfrei sin, libre de hipotecas
Hypothekengläubiger m, - acreedor m hipotecario
Hypothekenklausel f, n *negative* ~ cláusula f hipotecaria negativa
Hypothekenlöschung f, en cancelación f de una

hipoteca
Hypothekenordnung *f*, en régimen *m* hipotecario
Hypothekenpfandbrief *m*, e cédula *f* hipotecaria
Hypothekenrecht *n*, Ø derecho *m* hipotecario
Hypothekenrechtler *m*, - hipotecarista *m*
Hypothekenschuld *f*, en deuda *f* hipotecaria
Hypothekenschuldner *m*, - deudor *m* hipotecario
Hypothekenschuldverschreibung *f*, en obligación *f* hipotecaria
Hypothekentilgung *f*, en amortización *f*, purga *f* de una hipoteca

Hypothekenübernahme *f*, n asunción *f* de una hipoteca
Hypothekenumwandlung *f*, en conversión *f* de hipoteca
Hypothekenurkunde *f*, n documento *m*, contrato *m* hipotecario
Hypothekenversicherungsbank *f*, en banco *m* hipotecario de seguros
Hypothekenvorrang *m*, Ø prelación *f* de hipoteca
Hypothekenzinsen *pl* intereses *pl* hipotecarios
Hypothekenzwangsvollstreckung *f*, en ejecución *f* forzosa de una deuda hipotecaria

i.A. 1. *im Auftrag* por poder (p.p.); por orden (p.o.); por delegación 2. *in Abwicklung* en liquidación 3. *in Auflösung* en disolución; en liquidación; en rescisión
IAA 1. → *Internationales Arbeitsamt* 2. *(Internationale Automobil-Ausstellung)* Salón *m* (Internacional) del Automóvil
IAEO → *Internationale Atomenergie Organisation*
IAO → *Internationale Arbeitsorganisation*
IAP *(Industrieabgabepreis)* (R.D.A.) precio *m* de venta de productos industriales
IATA *(Internationaler Verband der Luftfahrtgesellschaften, Internationaler Luftverkehrsverband, Verband des Internationalen Luftverkehrs)* Asociación *f* de Transporte Aéreo Internacional (IATA, ATAI)
Iberer *m*, - ibero *m*
Iberien *n*, Ø Iberia *f*
iberisch ibero, ibérico; *die ~e Halbinsel* la península ibérica
Iberoamerika *n*, Ø Iberoamérica *f*
Iberoamerikaner *m*, - iberoamericano *m*
IBFG *(Internationaler Bund freier Gewerkschaften)* Confederación *f* Internacional de Organizaciones Sindicales Libres (CIOSL)
IBNER (Seg.) siniestros *pl* ocurridos, pero sin suficiente reserva; (Angl.) Ibner *m*; *~-Effekt* efecto *m* Ibner
IBNR (Seg.) siniestros *pl* ocurridos, pero no avisados; (Angl.) Ibnr *m*; *~-Effekt* efecto Ibnr
IBRD *(Internationale Bank für Wiederaufbau und Entwicklung, Weltbank, Wiederaufbaubank)* Banco *m* Internacional de Reconstrucción y Fomento (*od.* Desarrollo) (BIRD); Banco *m* Mundial
Idealverein *m*, e asociación *f* sin ánimo de lucro
ideell, *~er Schaden* daño *m* no pecuniario
Identifikationsnummer *f*, n número *m* de identificación
identifizierbar identificable
identifizieren identificar; *sich ~* identificarse (con)
Identifizierungsmöglichkeit *f*, en (posibilidad *f* de) identificación
identisch idéntico
Identität *f*, en identidad *f*; *die ~ feststellen* identificar; comprobar la identidad
Identitätsausweis *m*, e (A) → *Personalausweis*
Identitätskarte *f*, n tarjeta *f*, carnet *m*, carné *m* de identidad
Identitätskontrolle *f*, n control *m* de la identidad (de la persona)
Identitätsnachweis *m*, e prueba *f* de identidad
IFO *(Institut für Wirtschaftsforschung)* Instituto *m* de investigaciones económicas
IG 1. → *Industrie-Gewerkschaft* 2. → *Interessen-Gemeinschaft*
IG-Farben *(Interessen-Gemeinschaften der deutschen Farbindustrie)* trust *m* de la industria química bajo el Tercer Reich; agrupación *f* de la industria alemana de colorantes
IHB *(Industrie- und Handelsbank)* Banco *m* de Comercio e Industria de la R.D.A.
IHK 1. *(Internationale Handelskammer)* Cámara de Comercio Internacional (CCI) 2. → *Industrie- und Handelskammer*
i.J. *(im Jahre)* en el año
IKR *(Industrie-Kontenrahmen)* cuadro *m* contable industrial
i.L. *(in Liquidation)* en liquidación
illegal ilegal
Illegalität *f*, Ø ilegalidad *f*
illiquid 1. sin liquidez; falto de liquidez, de recursos 2. insolvente (Syn. *zahlungsunfähig*)
Illiquidität *f*, en falta *m* de liquidez; iliquidez *f*; falta *f* de recursos; falta *f* de medios disponibles
illustriert, *~er Katalog* catálogo *m* ilustrado
Illustrierte *f*, n revista *f* (ilustrada)
Image *n*, s imagen *f* (pública); *~ eines Produkts* imagen de un producto; *ein gutes ~ haben* tener una buena imagen (de marca)
imagebewußt consciente de la imagen
Imagegestaltung *f*, en creación *f* de imagen
Imbiß *m*, -sse refrigerio *m*; colación *f*; (Fam.) tentempie *m*; piscolabis *m*
Imbißhalle *f*, n bar *m*; cafetería *f*; snackbar *m*; (LA) lonchería *f*
Imbißstube *f*, n → *Imbißhalle*
Imitation *f*, en imitación *f*; copia *f*
Imitator *m*, en imitador *m*
imitieren imitar; copiar
immateriell inmaterial; moral; incorporal; no corporal, no físico; *~e Güter* bienes *pl* intangibles, inmateriales; *~er Schaden* daño *m*, perjuicio *m* inmaterial (*od.* moral)
Immatrikulation *f*, en matricula(ción) *f*; inscripción *f*; registro *m*
immatrikulieren, *sich ~* matricularse; inscribirse; registrarse
Immigrant *m*, en inmigrante *m*
Immigration *f*, Ø inmigración *f*

immigrieren inmigrar
Immission f, en inmisión f
Immissionsgrenzwerte pl límite m máximo de inmisión
Immissionsschutz m, Ø protección f contra la inmisión
Immobiliarkredit m, e crédito m inmobiliario
Immobiliarpfändung f, en embargo m inmobiliario
Immobiliarversicherung f, en seguro m de inmuebles
Immobilien pl (bienes pl) inmuebles pl; fincas pl; propiedad f inmobiliaria; bienes raíces
Immobilienanlage f, n inversión f en inmuebles
Immobilienanzeige f, n anuncio m, publicidad f de inmuebles
Immobilienfirm|a f, -en (empresa f) inmobiliaria f
Immobilienfonds m, - fondo m de inversión inmobiliaria; fondo m inmobiliario
Immobiliengeschäfte pl transacciones pl, operaciones pl, negocios pl de propiedad inmobiliaria
Immobiliengesellschaft f, en (sociedad f) inmobiliaria f
Immobilienhandel m, Ø compraventa f de inmuebles; ~ *betreiben* dedicarse a la compraventa de inmuebles
Immobilienhändler m, - corredor m de inmuebles
Immobilienmakler m, - agente m de la propiedad inmobiliaria
Immobilienmaklerbüro n, s agencia f (de la propiedad) inmobiliaria
Immobilienmarkt m, ⸚e mercado m del inmueble; mercado m inmobiliario
Immobilienspekulation f, en especulación f inmobiliaria (*od.* con inmuebles)
Immobilienversicherung f, en seguro m inmobiliario, de inmuebles
Impact m, s impacto m (publicitario)
imperativ, ~*es Mandat* (Polit.) mandato m que obliga al diputado a respetar las consignas del partido
Imperialismus m, Ø imperialismo m
Imperialist m, en imperialista m
imperialistisch imperialista
Imperi|**um** n, -en imperio m
Impfarzt m, ⸚e vacunador m; médico m vacunador
impfen vacunar
Impfpa|**ß** m, ⸚sse carné m de vacunación
Impfpflicht f, Ø vacunación f obligatoria
Impfschein m, e certificado m de vacunación
Impfzwang m, Ø obligatoriedad f, obligación f de vacunarse

Import m, e 1. importación f; *eine Firma für ~ und Export* empresa f de (*od.* dedicada a) importación exportación 2. importaciones pl; mercancías pl importadas; ~*e aus Deutschland nach Spanien* importaciones españolas de mercancías alemanas; *zollpflichtige* ~*e* importaciones pl sujetas al pago de aranceles (Syn. *Einfuhr*)
Importabgabe f, n exacción f, tasa f a la importación
Importanstieg m, e aumento m, crecimiento m de las importaciones
Importbeschränkung f, en restricción f a la importación; limitación f de las importaciones
Importbestimmungen pl disposiciones pl legales en materia de importación; modalidades pl de importación
Importbewilligung f, en autorización f para importar; permiso m, licencia f de importación
Importdeckungsrate f, n tasa f de cobertura (proporción de las compras al extranjero pagadas por las exportaciones)
Importdrosselung f, en reducción f, freno m de las importaciones
Importembargo n, s → *Importsperre*
Importeur m, e (comerciante m) importador m (Syn. *Einfuhrhändler*)
Importfinanzierung f, en financiación f de las importaciones
Importfirm|a f, -en empresa f importadora; casa f, firma f dedicada a la importación
Importförderung f, (en) fomento m, promoción f de la importación
Importgenehmigung f, en → *Importbewilligung*
Importgeschäft n, e 1. empresa f importadora 2. comercio m de importación; operaciones pl de importación
Importgut n, ⸚er mercancía f de importación; artículo m importado
Importhandel m, Ø comercio m de importación
Importhändler m, - → *Importeur*
importieren importar; comprar en el (*od.* al) extranjero; *etw. aus einem Land* ~ importar u/c de un país (Syn. *einführen*)
importiert, ~*e Inflation* inflación f importada
Importkaufmann m, -leute comerciante m importador
Importkontingent n, e → *Importquote*
Importkontingentierung f, en contingentación f de la importación; cupos pl a la importación
Importkredit m, e crédito m a la importación
Importliberalisierung f, en liberalización f, desbloqueo m de las importaciones
Importlizenz f, en → *Importbewilligung*
Importquote n, 1. contingente m de importación

2. tasa *f*, cuota *f* de importación (con referencia al producto nacional bruto)
Importrestriktion *f*, **en** → *Importbeschränkung*
Importsog *m*, Ø fuerza *f* atractiva de las importaciones
Importsperre *f*, **n** embargo *m* sobre (*od.* a) la importación
Importsteuer *f*, **n** impuesto *m* sobre las importaciones
Importstopp *m*, **s** suspensión *f*, congelación *f* de las importaciones; *einen ~ verhängen* imponer un embargo sobre las importaciones
Importüberschuß *m*, ¨**sse** excedente *m*, superávit *m* de las importaciones
importunabhängig independiente de las importaciones; sin necesidad de importar
Importunternehmen *n*, **-** 1. casa *f*, empresa *f*, compañía *f* importadora 2. importador *m*
Importverbot *n*, **e** prohibición *f* de importar; prohibición *f* de entrada
Importverteuerung *f*, **en** encarecimiento *m* de las importaciones
Importvertreter *m*, **-** agente *m* de importaciones; agente *m* importador
Importvertretung *f*, **en** agencia *f* de importación
Importvolumen *n*, Ø volumen *m* de importaciones; volumen *m* de mercancías importadas
Importware *f*, **n** mercancía *f*, género *m*, producto *m* de importación
Importzoll *m*, ¨**e** → *Einfuhrzoll*
imprägnieren 1. impregnar 2. impermeabilizar
Imprägnierung *f*, **en** 1. impregnación *f* 2. impermeabilización *f*
Impresario *m*, **s** 1. empresario *m* 2. apoderado *m* (de un torero)
Impressum *n*, **s** oder **-en** (Typ.) pie *m* de imprenta
Impuls *m*, **e** impulso *m*; *dem Handel neue ~e geben* relanzar el comercio; dar nuevos impulsos al comercio
imstande, *~ sein* ser capaz de, estar capacitado para, estar en condiciones de; poder hacer u/c
Imstichlassen *n*, Ø abandono *m*
in 1. *~ Spanien* en España; *~ die Arbeit gehen* ir, dirigirse al (puesto de) trabajo; *im Norden* al Norte 2. *~ vier Wochen (binnen vier Wochen)* dentro de cuatro semanas; *(im Laufe von vier Wochen)* en tres semanas; *(nach Ablauf von vier Wochen)* al cabo de tres semanas 3. *heute ~ vierzehn Tagen* de hoy en quince días; *~ der nächsten Woche* la semana próxima; la semana que viene; *im Winter* en (el) invierno; *im August* en (el mes de) agosto 4. *3.000 DM im Monat verdienen* ganar 3.000 marcos al mes 5. *~ sein* estar de moda; estar en boga; estar „in"
IN → *Industrienorm*

inaktiv *(Militär)* retirado; *(Beamter)* jubilado
Inangriffnahme *f*, (**n**) *~ eines Projektes* iniciación *f*, comienzo *m*, implementación *f* de un proyecto
Inanspruchnahme *f*, (**n**) utilización *f*; empleo *m*; ocupación *f*; demanda *f*; recurso *m*; uso *m*; *starke ~* absorción *f*; *unter ~* recurriendo a; *~ eines Dokumentenakkreditivs* empleo, utilización de un crédito documentario; *~ eines Fonds* utilización, uso de un fondo; *~ des Kapitalmarkts* recurso al mercado de capitales; *~ von Personen* ocupación de personas; *~ eines Rechts* ejercicio *m* de un derecho; *~ eines Zahlungsziels* haciendo uso de un plazo concedido para el pago
Inauftraggabe *f*, Ø colocación *f* de pedidos
Inaugenscheinnahme *f*, **n** inspección *f*
inbegriffen incluido; comprendido; inclusive; *alles ~* todo incluido; *die Fracht ist im Preis ~* el flete está incluido en el precio; *im Preis sind alle Unkosten ~* el precio contiene todos los gastos; todos los gastos están incluidos en el precio (Syn. *inklusive*, *einbegriffen*)
Inbesitznahme *f*, (**n**) toma *f* de posesión
Inbetriebnahme *f*, (**n**) *~ einer Anlage* puesta *f* en marcha, puesta *f* en servicio, puesta *f* en funcionamiento de una planta
Inbetriebsetzung *f*, **en** → *Inbetriebnahme*
Incoterms *pl (International Commercial Terms; International Chamber of Commerce Trade Terms)* Incoterms *pl*; fórmulas *pl*, condiciones *pl* de entrega en el comercio internacional
Ind|ex *m*, **e** *od.* **-izes** índice *m*; indicador *m* 1. *~ der Aktienkurse* índice del precio de las acciones; *~ der Einzelhandelspreise* índice de precios al por menor; *~ der Großhandelspreise* índice de precios al por mayor; *~ der Lebenshaltungskosten* índice de precios al consumo (IPC); índice del coste de vida; *~ der Verbraucherpreise* índice de precios al consumidor; *bereinigter (berichtigter) ~* índice corregido; *gewichteter (gewogener) ~* índice ponderado 2. *Dow-Jones-~* índice Dow Jones
Indexanleihe *f*, **n** empréstito *m* acoplado a un índice
Indexberechnung *f*, **en** cómputo *m* del índice
Indexbindung *f*, **en** index(iz)ación *f*; iniciación *f*; ajustamiento *m*, sometimiento *m* a la variación del índice; *~ der Löhne* escala *f* móvil de los salarios
Indexfamilie *f*, **n** familia *f* tipo
indexgebunden → *indexiert*
indexieren index(iz)ar; indiciar; ajustar, someter a la variación de un índice
indexiert index(iz)ado; indiciado; ajustado, sometido a la variación de un índice; *~e Anleihe*

empréstito *m* acoplado a un índice; *auf den Goldpreis* ~ indiciado en función del precio del oro
Indexierung *f*, **en** → *Indexbindung*
Indexklausel *f*, **n** cláusula *f* de index(iz)ación; *an eine* ~ *knüpfen* ajustar a una cláusula de indiciación; *mit* ~ index(iz)ado; indiciado; ajustado a la variación de un índice
Indexlohn *m*, »e salario-índice *m*
Indexpreis *m*, **e** precio *m* (acoplado a un) índice
Indexrente *f*, **n** pensión-índice *f*
Indexrückgang *m*, »e descenso *m*, retroceso *m*, regresión *f* del índice
Indexwährung *f*, **en** moneda-índice *f*
Indexzahl *f*, **en** índice *m*; cifra-índice *f*; número-índice *m*
Indexziffer *f*, **n** → *Indexzahl*
Indienststellung *f*, **en** puesta *f* en servicio
Indikationsmodell *n*, **e** → *Fristenlösung*
Indikator *m*, **en** indicador *m*, índice *m* (económico)
indirekt, *~e Abschreibung* amortización *f* indirecta; *~er Boykott* boicot *m*, boicoteo *m* secundario; *~es Geschäft* negocio *m* indirecto; *~e Steuern* impuestos *pl* indirectos; *~er Vertrieb* venta *f* indirecta (de productos industriales)
indisch, *der ~e Ozean* el oceano índico
Individualeinkommen *n*, - ingreso *m*, renta *f* individual
Individualverkehr *m*, Ø tráfico *m* individual
Individualversicherung *f*, **en** seguro *m* individual
individuelle Sicherung *f*, **en** (Seg.) protección *f* individualizada
indiziell indiciario
Indizienbeweis *m*, **e** prueba *f* indiciaria; prueba *f* circunstancial
indossabel endosable; transferible por endoso; *indossable Wertpapiere* títulos *pl* a la orden; títulos *pl* cesibles, transferibles por endoso
Indossament *n*, **e** endoso *m*; (Arg.) endosada *f*; endorso *m*; *durch~übertragbar* cesible, transmisible, transferible por endoso; *durch~übertragen* ceder, transmitir, transferir por endoso; *beschränktes* ~ endoso limitado; *gefälschtes* ~ endoso falsificado; *unbedingtes* ~ endoso absoluto; ~ *zur Einziehung* endoso al cobro
Indossant *m*, **en** endosante *m*; endosador *m*; girante *m*; cedente *m* (Syn. *Girant*)
Indossat *n*, **en** → *Indossatar*
Indossatar *m*, **e** endosado *m*; endosatario *m*; tenedor *m* por endoso; girado *m* (Syn. *Girat, Giratar*)
Indossent *m*, **en** → *Indossant*
indossierbar → *indossabel*

indossieren endosar; (Arg.) endorsar (Syn. *girieren*)
Indossierung *f*, **en** → *Indossament*
Indoss|o *n*, **s** *od.* **-i** → *Indossament*
industrialisieren industrializar
Industrialisierung *f*, **en** industrialización *f*
Industrialisierungsgrad *m*, **e** grado *m* de industrialización
Industrialisierungsprozeß *m*, **-sse** proceso *m* de industrialización
Industrie *f*, **n** industria *f*; sector *m*; ~ *der Steine und Erde* industria de la piedra y de la tierra; ~ *der Tone und Erden* industria cerámica; ~ *für Inlandsbedarf* industria de plaza; industria no exportadora; *ausstellende* ~ industria expositora; *blechverarbeitende* ~ industria elaboradora de chapa; *chemiefasererzeugende* ~ industria productora de fibras sintéticas; *chemisch-pharmazeutische* ~ industria químico-farmacéutica; *chemische und verwandte* ~ industrias químicas y afines; *einschlägige* ~ industria del ramo; *eisenschaffende* ~ industria de producción de hierro; *eisenverarbeitende* ~ industria elaboradora del hierro; *elektrochemische* ~ industria electroquímica; *elektromechanische* ~ industria electromecánica; *elektrometallurgische* ~ industria electrometalúrgica; *elektrotechnische* ~ industria electrotécnica; *exportintensive* ~ industria de gran densidad exportadora, con gran intensidad en la exportación; *feinmechanische* ~ industria de la mecánica de precisión; *heimische* ~ industria nacional; *holzverarbeitende* ~ industria de transformación de la madera; *in der ganzen* ~ *geltend* válido, que rige para todo el sector industrial; *kautschukverarbeitende* ~ industria elaboradora del caucho; *kohlechemische* ~ industria química del carbón; *kohleverarbeitende* ~ industria carboquímica; *kosmetische* ~ industria cosmética; *kunststoffferzeugende* ~ industria productora de plásticos; *kunststoffverarbeitende* ~ industria transformadora de plásticos; *maschinenherstellende* ~ industria productora de maquinaria; *metallurgische* ~ industria metalúrgica; industria siderúrgica; *metallverarbeitende* ~ industria metalúrgica; industria de transformación del metal; industria del trabajado de metales; *nukleare* ~ industria nuclear; *optische* ~ industria óptica; *ortsansässige* ~ industria local; *papierverarbeitende* ~ industria del papel; *pharmazeutische* ~ industria farmacéutica; *photochemische* ~ industria fotoquímica; *polygraphische* ~ industria de artes gráficas; industria gráfica; *verstaatlichte* ~ industria nacionalizada; *verwandte* ~ industria afín;

(weiter)verarbeitende ~ industria de transformación
Industrieabfälle *pl* → *Industriemüll*
Industrieabgase *pl* gases *pl* de escape industriales
Industrieabwässer *pl* aguas *pl* industriales
Industrieaktie *f*, n acción *f* industrial
Industrieanlagen *pl* 1. instalaciones *pl*, plantas *pl* industriales 2. polígono *m* industrial 3. equipamientos *pl* industriales
Industrieanleihe *f*, n empréstito *m* industrial
Industrieansiedlung *f*, en implantación *f*, asentamiento *m* industrial
Industriearbeiter *m*, - trabajador *m*, obrero *m* de la industria; operario *m* (industrial)
industriearm, *~es Gebiet* zona *f* con escasa industria; área *f* con poca industria
Industrieartikel *m*, - artículos *pl*, bienes *pl* manufacturados
Industrieauftragseingang *m*, ¨e cartera *f* de pedidos de la industria
Industrieausrüstung *f*, en equipo *m* industrial
Industrieausstellung *f*, en exposición *f* industrial
Industrieausweitung *f*, en expansión *f* industrial
Industrieballungsgebiet *n*, e zona *f*, área *f* de fuerte concentración industrial
Industriebauten *pl* construcciones *pl*, obras *pl* industriales
Industriebank *f*, en banco *m* industrial
Industriebereich *m*, e sector *m* industrial; *im ~* en el campo, el sector, la esfera, el capítulo industrial
Industriebesatz *m*, Ø implantación *f* industrial; *mit hohem ~* fuertemente industrializado
Industriebeschäftigte/r *(der/ein)* persona *f* empleada en la industria; trabajador *m* de la industria
Industriebeteiligung *f*, en 1. participación *f* industrial 2. título *m* de participación en una sociedad industrial
Industriebetrieb *m*, e empresa *f* industrial
Industriebezirk *m*, e distrito *m* industrial
Industriebranche *f*, n → *Industriebereich*
Industrieerzeugnis *n*, se producto *m* industrial
Industriefernsehen *n*, Ø televisión *f* industrial
Industriefernsehgerät *n*, e televisor *m* industrial
Industriefirm|a *f*, -en empresa *f*, firma *f* industrial
Industriegebäude *n*, - edificio *m*, edificación *f* industrial
Industriegebiet *n*, e región *f*, zona *f* industrial; distrito *m* industrial
Industriegelände *n*, - terreno *m* industrial; recinto *m* industrial
Industriegesellschaft *f*, en sociedad *f* industrial
Industrie-Gewerkschaft *f*, en *(IG)* sindicato *m* (obrero) industrial; *IG-Bergbau* unión *f* general, sindicato de mineros; *IG-Metall* sindicato del metal; sindical del ramo del metal
Industriegüter *pl* productos *pl*, bienes *pl* industriales
Industriekammer *f*, n cámara *f* de industria
Industriekapitän *m*, e (Arch.) gran industrial *m*; capitán *m* industrial
Industriekassamarkt *m*, ¨e mercado *m* al contado de valores industriales
Industriekauf|mann *m*, **-leute** 1. *(selbständig)* comerciante *m* en productos industriales; industrial *m* 2. *(unselbständig)* agente *m* técnico-comercial; empleado *m* de una empresa industrial
Industriekombinat *n*, e (R.D.A.) combinado *m* industrial
Industriekomplex *m*, e complejo *m* industrial
Industriekontenrahmen *(IKR) m*, - sistema *m* de contabilidad para todas las empresas industriales
Industriekooperation *f*, (en) cooperación *f* industrial
Industriekredit *m*, e crédito *m* industrial
Industriekreise *pl* círculos *pl* industriales
Industrieladen *m*, ¨ (R.D.A.) central *f* de venta para las empresas nacionalizadas (lugar donde venden sus productos las empresas industriales germano-orientales)
Industrieland *n*, ¨er país *m* industrial(izado)
Industrielärm *m*, Ø ruido *m* industrial
Industrielaser *m*, - láser *m* industrial
industriell industrial; *~ genutzt* utilizado, usado, empleado en la industria; *~es Rechnungswesen* contabilidad *f* industrial; *~er Rückgang* decaimiento *m*, decadencia *f* industrial; *für ~e Zwecke* para *(od.* con) fines industriales
Industrielle/r *(der/ein)* industrial *m*; *führender ~* dirigente *m* industrial; líder *m* industrial; magnate *m* industrial
Industriemacht *f*, ¨e potencia *f* industrial
Industriemagnat *m*, en magnate *m* de la industria
industriemäßig 1. de tipo industrial 2. a escala industrial
Industriemesse *f*, n feria *f* industrial
Industriemüll *m*, Ø desperdicios *pl* industriales
Industrienation *f*, en nación *f* industrial(izada)
Industrienetz *n*, (e) red *f* de corriente industrial
Industrienorm *f*, en *Deutsche ...(en)* norma(s) *f (pl)* industrial(es) alemana(s)
Industrieobligation *f*, en obligación *f* industrial
Industrieofen *m*, ¨ horno *m* industrial
Industriepapiere *pl* → *Industriewerte*
industriepolitisch, *~e Entscheidung* decisión *f* en materia de política industrial; decisión *f* político-industrial

Industriepotential *n*, e potencial *m* industrial
Industriepreisindlex *m*, **-izes** índice *m* de precios industriales
Industrieprodukte *pl* productos *pl* industriales; productos *pl* de la industria
Industrieproduktion *f*, en producción *f*, output *m* industrial
Industrieprojekte *pl* proyectos *pl* industriales
Industriereaktor *m*, en reactor *m* industrial
Industrierohstoffe *pl* materias *pl* primas para la industria
Industrieschuldverschreibung *f*, en → *Industrieobligation*
industrieschwach débilmente industrializado; con exiguo grado de industrialización
Industriesektor *m*, en → *Industriebereich*
Industriespionage *f*, Ø espionaje *m* industrial
Industriestaat *m*, en país *m* industrial(izado)
Industriestadt *f*, ⸗e ciudad *f* industrial(izada)
Industriestandortbedingungen *pl* condiciones *pl* de emplazamiento industrial
Industriestrom *m*, Ø corriente *f* industrial
Industriestromnetz *n*, e red *f* de corriente industrial
Industriestruktur *f*, en estructuras *pl* industriales; infraestructura *f* industrial
Industrietätigkeit *f*, en actividad *f* industrial; operación *f* industrial
Industrietechnik *f*, en técnica *f* industrial; tecnología *f* industrial
Industrieumsatz *m*, (⸗e) (cifra *f* de) facturación *f* industrial; volumen *m* de negocio industrial; volumen *m* de ventas industrial; negocios *pl*, ventas *pl* del sector secundario
Industrie- und Handelskammer *f*, n *(IHK)* Cámara *f* de comercio e industria
Industrieunternehmen *n*, - → *Industriebetrieb*
Industrieverband *m*, ⸗e federación *f* industrial; federación *f* de la industria; lobby *m* industrial; agrupación *f* sindical de la industria
Industrieverlagerung *f*, en desplazamiento *m* industrial
Industriewaren *pl* bienes *pl*, productos *pl* industriales
Industriewerbung *f*, en publicidad *f* industrial
Industriewerte *pl* valores *pl* industriales
Industriewirtschaft *f*, Ø 1. sector *m* industrial 2. economía *f* industrial
Industriezeitalter *n*, Ø era *f* industrial
Industriezentrlum *n*, **-en** centro *m* industrial
Industriezone *f*, n zona *f*, área *f* industrial
Industriezweig *m*, e → *Industriebereich*
ineffizient ineficaz; ineficiente; no rentable
Ineffizienz *f*, (en) ineficiencia *f*; ineficacia *f*; no rentabilidad *f*
Inempfangnahme *f*, n recepción *f*

inferiore Güter bienes *pl* inferiores
Infinitesimalrechnung *f*, en cálculo *m* infinitesimal
Inflation *f*, en inflación *f* 1. *anhaltende ~* inflación persistente; *galoppierende ~* inflación galopante; *gesteuerte (zurückgestaute) ~* inflación contenida, reabsorbida; *hausgemachte ~* inflación casera, interna; *heimliche (verkappte, verpuppte) ~* inflación latente, larvada; *importierte ~* inflación importada; *kosteninduzierte ~* inflación (inducida) por el alza de los costes; *lohninduzierte ~* inflación (inducida) por el aumento de los salarios; *nachfrageinduzierte ~* inflación (inducida) por el exceso de demanda; *schleichende ~* inflación reptante 2. *die ~ bekämpfen* combatir la inflación; luchar contra la inflación; *die ~ eindämmen* contener la inflación; poner coto a la inflación; *die ~ in die Höhe treiben* atizar, favorecer la inflación; hacer subir la inflación; *die ~ stoppen* parar, detener, dominar, reprimir la inflación (Ggs. *Deflation)*
inflationär → *inflationistisch*
inflationieren *(selten)* favorecer la inflación; *~de Länder* países *pl* inflacionistas
inflationistisch inflacionista; inflacionario
Inflationsanzeichen *n*, - signo *m*, síntoma *m* de inflación
Inflationsauswirkungen *pl* efectos *pl* de la inflación
Inflationsbekämpfung *f*, (en) lucha *f* contra la inflación
inflationsbereinigt deflactado; eliminados los factores inflacionistas
Inflationsbeschleunigung *f*, en aceleración *f* de la inflación
Inflationsdruck *m*, Ø 1. presión *f* ejercida por la inflación 2. ola *f*, empuje *m* inflacionista
Inflationserscheinung *f*, en síntoma *m* de inflación
Inflationserwartung *f*, en expectativa(s) *f (pl)* inflacionistas
Inflationsfaktor *m*, en factor *m* inflacionista, de inflación
inflationsfördernd generador de inflación; inflacionista; que promueve, que fomenta la inflación
Inflationsfurcht *f*, Ø miedo *m* a la inflación; miedo *m* de que se produzca inflación
Inflationsgefahr *f*, en peligro *m*, riesgo *m* de inflación
Inflationsgefälle *n*, - diferencial *m*, disparidad *f* de la tasa de inflación
Inflationsgewinn *m*, e beneficio *m* debido a la inflación; ganancia *f* derivada de la inflación
Inflationsgewinnler *m*, - beneficiario *m* de la

inflación
inflationshemmend antiinflacionista
Inflationskampf *m*, ⸗e → *Inflationsbekämpfung*
Inflationsklima *n*, Ø clima *m*, ambiente *m* inflacionista; opinión *f* general inflacionista
Inflationskrise *f*, n crisis *f* inflacionista
Inflationslücke *f*, n vacío *m*, laguna *f* inflacionista
Inflationsneigung *f*, en → *Inflationstendenz*
Inflationspolitik *f*, Ø política *f* inflacionista; inflacionismo *m*
Inflationsrate *f*, n tasa *f*, índice *m* de inflación; *hohe, niedrige* ~ índice alto, bajo de inflación; tasa alta, baja de inflación; *zweistellige* ~ (tasa de) inflación de dos dígitos; (índice) de inflación de dos cifras; *die* ~ *geht zurück* se reduce, baja la tasa de inflación
Inflationsrisik|o *n*, -en riesgo *m*, peligro *m* de inflación
Inflationsschub *m*, ⸗e ola *f*, empuje *m* inflacionista
inflationssicher a cubierto, al abrigo de la inflación
Inflationsspirale *f*, n espiral *f* inflacionaria
Inflationssto|ß *m*, ⸗sse ráfaga *f*, choque *m*, golpe *m* inflacionista
Inflationstempo *n*, (s) ritmo *m* de la inflación
Inflationstendenzen *pl die* ~ *beruhigen sich* se alivan, se mitigan, se suavizan las tendencias inflacionistas
inflationstreibend inflacionista; inflacionario; generador de inflación
Inflationstrend *m*, s tendencia *f* inflacionista
inflatorisch → *inflationistisch*
Informant *m*, en informador *m*; informante *m*
Informatik *f*, Ø informática *f*; teoría *f*, ciencia *f* de la informática
Informatiker *m*, - informático *m*; especialista, *m*, experto *m* en informática; técnico *m* de informática
Informatikingenieur *m*, e ingeniero *m* informático; ingeniero *m* de informática
Information *f*, en 1. información *f* 2. (Inform.) dato *m*; datos *pl*; información *f*; ~*en auf den neuesten Stand bringen* actualizar las informaciones; ~*en einholen* recoger informaciones; ~*en erteilen* facilitar, proporcionar, dar informaciones; ~*en löschen* borrar las informaciones; ~*en speichern* almacenar, registrar, memorizar las informaciones; ~*en übertragen* transmitir las informaciones; ~*en verarbeiten* tratar, procesar las informaciones; *nach den neuesten* ~ de acuerdo con las últimas informaciones; según los últimos datos; *wir möchten Sie um* ~ *bitten über* quisiéramos pedirle información sobre; ¿sería tan amable de informarnos sobre ...? ~*en zugänglich machen* revelar información; dar acceso a la información; *zur* ~ a título informativo
Informationsbroschüre *f*, n folleto *m*, opúsculo *m* informativo
Informationsbüro *n*, s oficina *f* de información; agencia *f* de informes
Informationseinheit *f*, en unidad *f* de información
Informationsfluß *m*, Ø flujo *m* informativo; circulación *f* de la información
Informationsgespräch *n*, e charla *f*, conversación *f* informativa; coloquio *m* informativo
Informationslücke *f*, n falta *f* de información
Informationsmanagement *n*, Ø gestión *f* de la información
Informationsmangel *m*, Ø desinformación *f*
Informationspflicht *f*, en 1. obligación *f* de informar 2. obligación *f* de informarse
Informationsquelle *f*, n fuente *f* de información; fuentes *pl* informativas
Informationsspeicher *m*, - (Inform.) memoria *f* de datos
Informationsstand *m*, ⸗e 1. stand *m*, mostrador *m* de información 2. nivel *m* de conocimientos
Informationstechnologie *f*, n tecnología *f* de la información
Informationstheorie *f*, Ø teoría *f* de la información
Informationsverarbeitung *f*, en (Inform.) tratamiento *m* de la información
Informationswege *pl* canales *pl*, vías *pl* de información
Informationszentr|um *n*, -en centro *m* de información
Informationszweck *m*, e propósito *m* informativo; fines *pl* informativos
informativ informativo; ~*es Plakat* cartel *m* informativo; ~*e Werbung* publicidad *f* informativa
informell, ~*es Treffen* encuentro *m*, reunión *f* informal
informieren *(über)* informar de, sobre; *nach Angaben informierter Kreise* según fuentes bien informadas; según círculos bien informados; según fuentes solventes
Informierung, ~ *des Käufers* (auf dem Etikett) etiqueta *f* de información
Infragestellung *f*, Ø puesta *f* en tela de juicio
Infrarot-, ~*Bewegungsmelder* (Seg.) detector *m* infrarrojo (pasivo); ~*Bild* (Seg.) imagen *f* infrarroja; ~*Energie* (Seg.) energía *f* infrarroja; ~*Fernsehkamera* (Seg.) cámara *f* infrarroja de televisión; ~*Melder* (Seg.) detector *m* infrarrojo; ~*Nachtsichtgerät* prismático *m* infrarrojo para visión nocturna

Infrastruktur f, en infraestructura f
Infrastrukturarbeiten pl trabajos pl, operaciones pl de infraestructura
Infrastrukturfehlbedarf m, Ø deficiencia f infraestructural
Infrastrukturinvestitionen pl inversiones pl en la infraestructura
Infrastrukturkredit m, e crédito m para financiar la infraestructura
Infrastrukturnetz n, e red f de infraestructura
Infrastrukturvorhaben n, - proyecto m de infraestructura
Ingangsetzung f, en puesta f en marcha, en funcionamiento, en servicio
Ingenieur m, e ingeniero m
Ingenieurbüro n, s oficina f técnica
Ingenieurschule f, n escuela f de ingenieros
Ingenieurwesen n, Ø ingeniería f
Ingenieurwissenschaft f, en → *Ingenieurwesen*
Inhaber- (Pref.) al portador
Inhaber m, - ~ *von Aktien* tenedor m de acciones; accionista m; ~ *einer Firma* propietario m, dueño m de una empresa; ~ *eines Passes* titular m de un pasaporte; ~ *eines Pfandbriefes* cedulista m; ~ *eines Schecks* portador m, tenedor m de un cheque; ~ *einer Schuldverschreibung* obligacionista m; ~ *eines Wechsels* portador m de una letra; *auf den ~ lautendes Papier* efecto m al portador; *an den ~ zahlbar* pagadero, pagable al portador; *gutgläubiger ~* tenedor de buena fe
Inhaberaktie f, n acción f al portador
Inhabergrundschuld f, en deuda f inmobiliaria al portador
Inhaberklausel f, n cláusula f al portador
Inhaberkonnossement n, e conocimiento m al portador
Inhaberladeschein m, e carta f de porte al portador
Inhaberlagerschein m, e resguardo m al portador
Inhaberluftfrachtbrief m, e carta f de porte aéreo al portador
Inhaberpapiere pl efectos pl, títulos pl, documentos pl al portador
Inhaberrecht n, Ø ~ *an Warenzeichen* derechos pl sobre la marca
Inhaberschaft f, Ø posesión f; propiedad f; detentación f; titularidad f; tenencia f
Inhaberscheck m, s cheque m al portador (Syn. *Überbringerscheck*)
Inhaberschuldverschreibung f, en 1. obligación f, pagaré m al portador 2. título m mobiliario 3. promesa f escrita al portador
Inhaberwechsel m, - 1. cambio m de dueño (de una empresa); cambio m de titularidad 2. letra f al portador

Inhaberzinsschein m, e cupón m de intereses al portador
inhaftieren encarcelar; detener
Inhaftierte/r *(der/ein)* detenido m; encarcelado m
Inhaftierung f, en encarcelamiento m; detención f
Inhaftnahme f, n detención f
Inhalt m, e 1. contenido m 2. capacidad f 3. superficie f; área f 4. volumen m 5. asunto m; tema m 6. argumento m; trama f (de una película) 7. ~ *und Form* el fondo y la forma
Inhaltsangabe f, n 1. sumario m; resumen m 2. declaración f del contenido
Inhaltserklärung f, en declaración f del contenido
Inhaltsverzeichnis n, se índice m; tabla f de materias; sumario m
Inkassant m, en (A) cobrador m
Inkasso n, s (A), -i cobro m; cobranza f; *die mit dem ~ beauftragte Bank* el banco encargado del cobro; *einen Wechsel zum ~ vorlegen* presentar una letra al cobro; presentar una letra para su cobro
Inkassoabteilung f, en sección f, departamento m de cobros
Inkassoauftrag m, ⸗e orden f de cobro
Inkassobüro n, s oficina f, agencia f de cobros
Inkassogebühr f, en derechos pl de cobro
Inkassogeschäft n, e operación f de cobro
Inkassopapier n, e efecto m remitido al cobro
Inkassoprovision f, en comisión f de (*od.* al) cobro
Inkassospesen pl gastos pl de cobro
Inkassostelle f, n → *Inkassobüro*
Inkassovollmacht f, en ~ *haben* tener poder de cobro
Inkassowechsel m, - efecto m, letra f a cobrar; efecto m remitido al cobro
Inkaufnahme f, Ø aceptación f; conformidad f (conociendo los inconvenientes)
inklusive inclusive; incluido; ~ *aller Versandkosten* incluidos todos los gastos de expedición; ~ *Porto* franqueo m, porte m incluido (Syn. *einbegriffen, inbegriffen*)
Inklusivpreis m, e precio m global; precio m todo incluido; precio m del paquete
inkognito, ~ *reisen* viajar de incógnito
inkompetent 1. incompetente 2. sin competencia; no competente; no autorizado; no habilitado
Inkompetenz f, en incompetencia f
Inkraftsetzung f, (en) puesta f en vigor
Inkrafttreten n, Ø entrada f en vigor
inkulant *(nicht entgegenkommend im Geschäftsverkehr)* poco complaciente; poco servicial
Inkurssetzung f, en puesta f en circulación

Inland *n*, Ø interior *m*; territorio *m* nacional; *die Waren sind für das ~ bestimmt* las mercancías están destinadas al mercado nacional; *im In- und Ausland (von Deutschland aus gesehen)* en Alemania y en el extranjero; *Nachfrage im ~* demanda interior, interna, nacional
Inlands- (Pref.) nacional; interno; interior
Inländer *m*, - 1. habitante *m*, nacional *m* del país 2. nativo *m*; indígena *m*
Inlandflug *m*, ⁻e vuelo *m* interior, doméstico, nacional
inländisch 1. nacional; interior; del país; metropolitano 2. nativo; indígena
Inlandsabsatz *m*, ⁻e venta *f* (al) interior
Inlandsanlage *f*, n inversión *f* (en el) interior; inversión *f* doméstica
Inlandsanleihe *f*, n empréstito *m* interior
Inlandsauftrag *m*, ⁻e pedido *m* (del) interior; pedido *m* del mercado interior; pedido *m* de clientes nacionales (*od.* del país)
Inlandsbedarf *m*, Ø demanda *f* interior; demanda *f* procedente del propio país
Inlandsbestellung *f*, en → *Inlandsauftrag*
Inlandserzeugung *f*, en producción *f* nacional; producción *f* del país
Inlandsgebühr *f*, en tarifa *f* nacional
Inlandsgeschäft *n*, e negocio *m*, transacción *f*, operación *f* interior; *Inlands- und Auslandsgeschäft* negocios en el interior y con el extranjero
Inlandshandel *m*, Ø comercio *m* interior; comercio *m* dentro del propio país
Inlandsinvestitionen *pl* inversiones *pl* en el propio país; inversiones *pl* interiores
Inlandskonjunktur *f*, Ø coyuntura *f* nacional; coyuntura *f* del país; coyuntura *f* interior
Inlandsmarkt *m*, ⁻e mercado *m* interior (*od.* nacional) (Syn. *Binnenmarkt*)
Inlandsnachfrage *f*, n demanda *f* interior
Inlandsporto *n*, s franqueo *m* interior
Inlandspreis *m*, e precio *m* en el mercado nacional; precio *m* interior
Inlandsproduktion *f*, en producción *f* nacional, interior
Inlandstarif *m*, e tarifa *f*, régimen *m* interior
Inlandsumsatz *m*, ⁻e facturación *f* interior; ventas *pl* en el mercado nacional
Inlandsverbrauch *m*, Ø consumo *m* interior
Inlandswährung *f*, en moneda *f* nacional
Inlandswechsel *m*, - letra *f* de cambio sobre el interior
inliegend (A) adjunto; incluido
innehaben 1. tener en posesión 2. ocupar un puesto, un cargo; ejercer una función
Innenansicht *f*, en (vista *f*) interior *m*
Innenantenne *f*, n antena *f* interior

Innenarchitekt *m*, en arquitecto *m*, decorador *m* de interiores
Innenarchitektur *f*, Ø arquitectura *f* interior; diseño *m* de interiores
Innenausstattung *f*, en 1. interiorismo *m* 2. (Auto.) acabado *m* interior
Innenbewachung *f*, en (Seg.) vigilancia *f* del interior
innenbords intraborda
Innendekorateur *m*, e interiorista *m*; decorador *m* de interiores
Innendienst *m*, e servicio *m* de oficina; servicio *m* interno
Inneneinrichtung *f*, en decoración *f* interior
Innenfinanzierung *f*, en financiamiento *m* interno; financiación *f* interior
Innenfläche *f*, n superficie *f* interior
Innenhof *m*, ⁻e patio *m* (interior)
Innenminister *m*, - ministro *m* del Interior
Innenministerium *n*, -en ministerio *m*, departamento *m*, cartera *f* del Interior
Innenorganisation *f*, en organización *f* interna
Innenpolitik *f*, Ø política *f* interior
innenpolitisch en materia de política interior
Innenraum *m*, ⁻e 1. espacio *m* interior 2. (Auto.) habitáculo *m*
Innenrevision *f*, en auditoría *f* interna
Innenrevisor *m*, en auditor *m* interno
Innensicherung *f*, en (Seg.) protección *f* interna
Innenstadt *f*, ⁻e centro *m*, casco *m* urbano (por oposición a la periferia) (Syn. *City*)
Innenumsatz *m*, ⁻e facturación *f*, ventas *pl* dentro de la compañía
Innenverbindung *f*, en (Telef.) comunicación *f* local, interior, urbana
Innenverhältnis *n*, se relación *f* interna
Innenverriegelung *f*, en (Seg.) cerrojo *m* interior
inner interior; interno; *~e Abdeckung* (Seg.) cubierta *f* interior (de los cerrojos); *~e Angelegenheit* asunto *m* interno; *~er Wert* valor *m* intrínseco
innerbetrieblich dentro de la empresa (*od.* de la compañía *od.* de la explotación *od.* de la factoría); intraempresa; intracompañía; intrafirma; *~e Ausbildung* formación *f* dentro de la empresa; formación *f* profesional interna
innerdeutsch interalemán; *~er Handel* comercio *m* interalemán; comercio *m* entre las dos Alemanias; *~er Verkehr* 1. líneas *pl* interiores; tráfico *m* interior 2. tráfico *m* entre las dos Alemanias
innergemeinschaftlich intracomunitario; entre países de la CE; entre los Doce; *~e Grenzen* fronteras *pl* interiores de la Comunidad; *~er Handelsverkehr* comercio *m* intracomunitario; comercio *m* entre los países miembros (de

la CE); *~es Versandverfahren* tránsito *m* dentro de la comunidad; *~er Warenverkehr* comercio *m* intracomunitario; comercio *m* entre los Doce; comercio *m* entre los países miembros de la comunidad

innergewerkschaftlich dentro del sindicato; interno al sindicato; en el seno del sindicato; *~e Konflikte* querellas *pl* sindicales intestinas

innerhalb 1. *~ der Landesgrenzen* en el interior de las fronteras nacionales (*od.* de un país); 2. *~ einer Woche* en el plazo, al término de una semana; *~ von fünf Monaten* en un plazo, en el lapso de cinco meses

innerpolitisch → *innenpolitisch*

innerstaatlich nacional; doméstico; *die ~en Rechtsvorschriften angleichen* armonizar la legislación nacional; *~e Stellen* autoridades *pl* nacionales; *~e Vorschriften* regulaciones *pl* nacionales

inner- und außerbetrieblich dentro y fuera de la empresa

Innovation *f*, **en** innovación *f*; introducción *f* de un producto nuevo; aplicación *f* de un procedimiento nuevo; empleo *m* de una nueva técnica de producción; *industrielle ~* innovación industrial

innovationsfeindlich hostil a las innovaciones; retrógrado

innovationsfördernd, *~e Maßnahmen* medidas *pl* para la promoción, el fomento de la innovación

innovationsfreudig innovador; innovativo

innovationsorientiert, *~e Politik* política *f* orientada a la innovación

innovatorisch innovador; innovativo

Innung *f*, **en** gremio *m*; corporación *f* (Syn. *Zunft*)

inoffiziell no oficial; oficioso

Inpfandnahme *f*, **n** toma *f* en prenda

Input *n*, **s** 1. (Inform.) entrada *f* de datos en un ordenador; input *m* 2. factores *pl* de producción (contratados)

Input-Output-Tabelle *f*, **n** tabla *f* intercambios interindustriales; tabla *f* input-output; entradas-salidas *pl*

Inrechnungstellung *f*, **en** puesta *f* en cuenta; inclusión *f* en factura

in saldo débito; todavía en el debe (Syn. *im Rückstand*)

Insasse *m*, **n** 1. *~ eines Fahrzeugs* ocupante *m* 2. *(Fahrgast)* pasajero *m* 3. *~ eines Gefängnisses* recluso *m* 4. *~ eines Hauses* vecino *m*; inquilino *m*

Insassen-Unfallversicherung *f*, **en** seguro *m* de ocupantes

Inschrift *f*, **en** 1. inscripción *f* 2. leyenda *f* (en una moneda)

Insektenvertilgung *f*, **en** desinsectación *f*

Insektenvertilgungsmittel *n*, **-** insecticida *m*

Insel *f*, **n** isla *f*; *kleine ~* islote *m*

Inselgruppe *f*, **n** archipiélago *m*; grupo *m* de islas

Inselstaat *m*, **en** Estado *m* insular

Inserat *n*, **e** anuncio *m*; *ein ~ aufgeben* poner un anuncio (Syn. *Anzeige, Annonce*)

Inseratbüro *n*, **s** agencia *f* de publicidad

Inseratenteil *m*, **e** sección *f* de anuncios; página *f* de pequeños anuncios

Inserent *m*, **en** anunciante *m*

inserieren poner un anuncio; insertar; *~ in einer Zeitung* poner un anuncio en un periódico; *eine Wohnung in der Zeitung ~* poner un anuncio en el periódico para vender una vivienda; insertar en las páginas de anuncios de inmuebles

insgesamt en conjunto; en total; en términos globales; globalmente

Insider *m*, **-** 1. „insider" *m*; iniciado *m*; persona *f* bien informada; persona *f* que tiene información confidencial; persona *f* con información privilegiada 2. miembro *m* de una comunidad económica

Insidergeschäft *n*, **e** negocio *m* basado en la información privilegiada; negocio *m* con la confidencialidad; operación *f* hecha por un iniciado; operación *f* bursátil realizada por consejo de un „insider" o por un „insider"

Insiderhandel-Richtlinien *pl* directrices *pl* sobre las operaciones de „insiders"

insolvent insolvente (Syn. *zahlungsunfähig*)

Insolvenz *f*, **en** insolvencia *f* (Syn. *Zahlungsunfähigkeit*)

Insolvenzversicherung *f*, **en** garantía *f* contra la insolvencia

Inspekteur *m*, **e** inspector *m*

Inspektion *f*, **en** 1. inspección *f* 2. vigilancia *f*; control *m*

Inspektionsreise *f*, **n** viaje *f* de inspección

Inspektor *m*, **en** inspector *m*

inspizieren inspeccionar; examinar; someter a inspección

Instabilität *f*, **(en)** inestabilidad *f*; *eine große ~ aufweisen* mostrar, registrar una gran inestabilidad

Installateur *m*, **e** 1. instalador *m* 2. electricista *m*; lampista *m* 3. fontanero *m*

Installation *f*, **en** instalación *f*

installieren instalar; montar; conectar

instandhalten mantener en buen estado; conservar; *(nach Verkauf)* prestar servicio postventa

Instandhaltung *f*, **en** mantenimiento *m*; conservación *f*

Instandhaltungskosten *pl* gastos *pl* de conserva-

ción, de entretenimiento de manutención, de mantenimiento
inständig urgente; encarecido; ~*e Bitte* ruego *m* encarecido; *jdn.* ~ *bitten* rogar encarecidamente; encarecer a alg.
instand setzen reparar; arreglar; poner en condiciones; *wieder* ~ reacondicionar
Instandsetzung *f*, **en** arreglo *m*; compostura *f*; reparación *f*
Instandsetzungsarbeiten *pl* trabajos *pl* de reparación
Instandsetzungskosten gastos *pl* de reparación
Instanz *f*, **en** 1. instancia *f*; autoridad *f* competente; *Gericht erster* ~ tribunal *m* de primera instancia; *Gericht zweiter* ~ tribunal de segunda instancia; tribunal de apelación; *höhere* ~ instancia superior; tribunal superior; *in letzter* ~ en última instancia 2. vía *f* jerárquica
Instanzenweg *m*, **e** vía *f* jerárquica; trámite *m*; tramitación *f*; *auf dem* ~ por vía jerárquica; por vía de trámite; *den* ~ *nehmen* seguir la vía jerárquica (Syn. *Behördenweg*)
Instanzenzug *m*, Ø tramitación *f*; trámite *m*; prosecución *f* de la vía jerárquica
Institut *n*, **e** instituto *m*; ~ *für Konjunkturforschung* instituto de estudios coyunturales; ~ *für Meinungsforschung* instituto de la opinión (pública); instituto de sondeo de la opinión; instituto de encuestas
Institution *f*, **en** 1. institución *f* 2. institución *f* pública, estatal, oficial; organismo *m* público
institutionalisieren institucionalizar
institutionell, ~*e Anleger* inversores *pl* institucionales; ~*e Werbung* publicidad *f* institucional; publicidad *f* de buena voluntad
instruieren instruir; dar instrucciones
Instrument *n*, **e** instrumento *m*; herramienta *f*; *die* ~*e der Bundesbank* las disposiciones y medidas del banco emisor alemán
Instrumentari|um *n*, **-en** instrumental *m*; instrumentario *m*; instrumentos *pl*; arsenal *m*; medios *pl* (de una política)
Insulaner *m*, - isleño *m*
Inswerksetzen *n*, Ø puesta *f* en práctica; realización *f*
Integralfranchise *f*, **n** franquicia *f* integral
Integralrechnung *f*, **en** cálculo *m* integral
Integration *f*, **en** integración *f*
Integrationsproze|ß *m*, **-sse** proceso *m* de integración
Integrationsstufe *f*, **n** tramo *m*, etapa *f*, fase *f* de integración
integrieren integrar
integrierend, ~*er Bestandteil* parte *f* integrante; elemento *m* constitutivo
integriert, ~*es Rohstoffprogramm* programa *m* integrado de materias primas; ~*e Schaltkreise* circuitos *pl* integrados
Intelligenzquotient *m*, **en** cociente *m* de inteligencia; cociente *m* intelectual
Intelligenztest *m*, **s** prueba *f* de inteligencia
Intendant *m*, **en** 1. director *m* general (de radio, teatro, etc.) 2. intendente *m*
intensiv (Agric.) ~*e Bebauung* cultivo *m* intensivo, intenso
intensivieren intensificar
Intensivierung *f*, **en** intensificación *f*; ~ *der Ausfuhren* intensificación de las exportaciones
interamerikanisch interamericano; ~*e Entwicklungsbank* Banco *m* Interamericano de Desarrollo (BID); ~*e Kernenergie-Kommission* Comisión *f* Interamericana de Energía Nuclear (CIEN); ~*e Konferenz für Soziale Sicherheit* Comité *m* Interamericano de Seguridad Social (CISS); ~*es Institut für Agrarwissenschaften* Instituto *m* Interamericano de Ciencias Agrícolas
Interbankbeziehungen *pl* relaciones *pl* interbancarias; relaciones *pl* entre bancos
Interbankengeschäft *n*, **e** operaciones *pl*, transacciones *pl* interbancarias
Interbankrate *f*, **n** tasa *f* del mercado interbancario
Inter-City-Netz *n*, **e** red *f* ferrocarril interurbano
Intercity-Verkehr *m*, Ø tráfico *m* interurbano; líneas *pl* rápidas entre las grandes ciudades; tráfico *m* intercity
Intercity-Zug *m*, ⸚e *(IC)* (tren *m*) „intercity" *m*
Interesse *n*, **n** interés *m*; *berechtigtes* ~ interés legítimo; ~ *erwecken* despertar, suscitar interés; *ein berechtigtes* ~ *haben* estar legítimamente interesado; *geringes* ~ poco, escaso interés; *geschäftliche* ~*en* intereses comerciales; *großes* ~ *haben an* estar muy interesado en; tener mucho interés en; *im* ~ *der Allgemeinheit* en interés general; en interés de todos; *das öffentliche* ~ el interés común; *in jds.* ~ en interés de alg.; *lebhaftes* ~ gran, vivo, hondo interés; *kollidierende* ~*n* intereses en conflicto, en colisión; *es liegt in Ihrem* ~ está en su interés; es de interés para usted; *den* ~*n abträglich sein* ser perjudicial para los intereses; *die* ~*n berühren* afectar los intereses; *die* ~*en schädigen* perjudicar los intereses; *das* ~ *an etwas verlieren* desinteresarse de a/c; perder el interés por u/c; *jds.* ~*n vertreten* defender los intereses de alg.; *jds.* ~*n wahren* velar por los intereses de alg.; *jds.* ~*en wahrnehmen* salvaguardar los intereses de alg.; ~ *zeigen* mostrar interés
Interessenausgleich *m*, **e** compromiso *m* entre intereses en conflicto

Interessengebiet *n*, e esfera, área *f* de intereses; zona *f* de influencia
Interessengegensatz *m*, ⸗e intereses *pl* contradictorios, opuestos
Interessengemeinschaft *f*, en comunidad *f* de intereses; *mit jdm. eine ~ eingehen* fundar una comunidad de intereses
Interessengemeinschafts-Vertrag *m*, ⸗e contrato *m* de intereses mancomunados
Interessengruppe *f*, n grupo *m* de presión
Interessenkäufe *pl* compra *f* de títulos con voluntad de apoyo; compra *f* con propósito especial
Interessenkollision *f*, en colisión *f*, conflicto *m* de intereses
Interessenkonflikt *m*, e conflicto *m* de intereses
Interessent *m*, en 1. persona *f* interesada; interesado *m* 2. cliente *m* en perspectiva; cliente *m* posible; comprador *m* probable
Interessentenorganisation *f*, en (CH) → *Interessenverband*
Interessenverband *m*, ⸗e grupo *m* de presión; asociación *f* de intereses; (Angl.) lobby *m* (Syn. *Pressure-Group*, *Lobby*)
Interessenverknüpfungen *pl* entrelazamiento *m* de intereses
Interessenvertretung *f*, en → *Interessenverband*
interessiert, *an einem Angebot, Kauf ~ sein* estar interesado en una oferta, en una compra
Interflug(-Gesellschaft) *f*, Ø (R.D.A.) compañía *f* aérea
Interhotel *n*, s (R.D.A.) hotel *m* de lujo para extranjeros
Interim *n*, s 1. interim *m*; interimidad *f* 2. solución *f* transitoria; reglamentación *f* provisional
interimistisch interino; provisional
Interimsbilanz *f*, en balance *m* provisional
Interimskonto *n*, -en cuenta *f* provisional; avance *m* de cuenta
Interimsquittung *f*, en resguardo *m* provisional
Interimsregelung *f*, en reglamentación *f* provisional, interina
Interimsschein *m*, e certificado *m* provisional
Interna *pl* informaciones *pl* internas (para no ser divulgadas)
international internacional; *in ~er Hinsicht* internacionalmente; en el aspecto, el contexto internacional; desde el punto de vista internacional; *~ tätiges Unternehmen* empresa *f* que opera a nivel internacional
Internationale Absatzwirtschaftliche Vereinigung *f* Federación *f* Internacional de Márketing
Internationale Arbeitskonferenz (= Vollkonferenz der ILO) *f* Conferencia *f* Internacional del Trabajo
Internationale Arbeitsorganisation (ILO) *f* Organización *f* Internacional de Trabajo (OIT)
Internationale Atomenergieorganisation *f* Agencia *f* Internacional de la Energía Atómica
Internationale Bank für Wiederaufbau und Entwicklung (IBRD) *f* Banco *m* Internacional de Reconstrucción y Fomento (BIRF)
Internationale Christliche Arbeiterjugend *f* Juventud *f* Obrera Católica Internacional (JOC)
Internationale Einfuhrbescheinigung *f*, en Certificado *f* Internacional de Importación
Internationale Eisenbahnunion *f* Unión *f* Internacional de Ferrocarriles
Internationale Entwicklungsorganisation *f* Asociación *f* Internacional de Fomento (AIF)
Internationale Finanzierungsgesellschaft *f* Corporación *f* Financiera Internacional (entidad del grupo Banco Mundial)
Internationale Gewerbe-Union (IGU) *f* Unión *f* Internacional de la Artesanía y de las Pequeñas y Medianas Empresas
Internationale Handelskammer *f* Cámara *f* de Comercio Internacional (CCI)
Internationale Handelsschiedsgerichtsbarkeit *f*, Ø arbitraje *m* comercial internacional
Internationale Kaffeeorganisation *f* Organización *f* Internacional del Café
Internationale Kakaoorganisation *f* Organización *f* Internacional del Cacao
Internationale Kommission der Ernährungsindustrien *f* Comisión *f* Internacional de Industrias Agrícolas (CIIA)
Internationale Kommission zur wissenschaftlichen Erforschung des Mittelmeeres *f* Comisión *f* Internacional para la exploración científica del Mediterráneo
Internationale Pappelkommission *f* Comisión *f* Internacional del Chopo (*od*. Alamo)
Internationale Regeln für die Auslegung von Handelsklauseln *pl* → *Incoterms*
Internationale Rohstoffbank *f* Banco *m* Internacional de Materias Primas
Internationale Schiedsgerichtsbarkeit *f*, Ø arbitraje *m* internacional
Internationale Schiffahrtskammer *f* Cámara *f* Internacional de Navegación
Internationale Seeschiffahrtsorganisation *f* Organización *f* Marítima Internacional
Internationale Seidenbau Kommission (ISK) *f* Comisión *f* Sericícola Internacional (CSI)
Internationale Straßentransport-Union *f* Unión *f* Internacional de Transportes por Carretera
Internationale Union für die Veröffentlichung der Zolltarife *f* Unión *f* Internacional para la Publicación de los Aranceles
Internationale Vereinigung für gewerblichen

Rechtsschutz (IVfgR) *f* Asociación *f* Internacional para la Protección de la Propiedad Industrial

Internationale Vereinigung der Leitenden Angestellten *f* Confederación *f* Internacional de Técnicos

Internationale Vereinigung für Steuerrecht *f* Asociación *f* Fiscal Internacional

internationale Verkehrszeichen *pl* señales *pl* de tráfico internacionales

Internationale Walfangkommission *f* Comisión *f* internacional ballenera

internationale Warenklasseneinteilung *f*, **en** clasificación *f* internacional de mercancías (*od*. bienes *od*. mercaderías)

Internationale Zivilluftfahrt-Organisation *f* Organización *f* de Aviación Civil Internacional (OACI)

Internationaler Agrarentwicklungsfonds *m* Fondo *m* Internacional para el Desarrollo Agrícola (FIDA)

internationaler Antwortschein *m*, **e** cupón-respuesta internacional

Internationaler Arbeitgeberverband *m* Organización *f* Internacional de Empleadores

Internationaler Bund Christlicher Gewerkschaften *m* (IBCG) Confederación *f* Internacional de Sindicatos Cristianos

Internationaler Bund Freier Gewerkschaften *m* Confederación *f* Internacional de Organizaciones Sindicales Libres (CIOSL)

Internationaler Bund der Übersetzer *m* Federación *f* Internacional de Traductores (FIT)

Internationaler Genossenschaftsbund *m* (IGB) Alianza *f* Cooperativa International (ACI)

Internationaler Gerichtshof *m* (IGH) Tribunal *m* (*od*. Corte *f*) International de Justicia

Internationaler Luftverkehrsverbund *m* (= *Verband des Internationalen Luftverkehrs*) (IATA) Asociación *f* de Transporte Aéreo Internacional (ATAI)

Internationaler Messeverband *m* (= *Union Internationaler Messen*) (IMR) Unión *f* de Ferias Internacionales (UFI)

Internationaler Reis-Ausschuß *m* Comisión *f* Internacional del Arroz

Internationaler Tee-Ausschuß *m* Comité *m* Internacional del Té

Internationaler Touring-Verband *m* Alianza *f* Internacional de Turismo (AIT)

Internationaler Verband der Konferenzdolmetscher *m* Asociación *f* Internacional de Intérpretes de Conferencia (AIIC)

Internationaler Verband der Konferenzübersetzer *m* Asociación *f* International de Traductores de Conferencia (AITC)

Internationaler Verband der Landwirtschaft *m* Comisión *f* Internacional de Agricultura

Internationaler Verein für öffentliches Verkehrswesen *m* Unión *f* Internacional de Transportes Públicos (UITP)

Internationaler Währungsfonds (IWF) *m* Fondo *m* Monetario Internacional (FMI)

Internationaler Weizenrat *m* Consejo *m* Internacional del Trigo

Internationaler Zinnrat *m* Consejo *m* Internacional del Estaño

Internationaler Zuckerrat *m* Consejo *m* Internacional del Azúcar

internationales Abkommen *n*, **-** acuerdo *m*, convenio *m*, convención *f* internacional

Internationales Arbeitsamt *n* (IAA) Oficina *f* Internacional del Trabajo

internationales Ausstellungsbüro *n*, **s** Oficina *f* Internacional de Exposiciones

Internationales Büro für Maße und Gewichte *n* Oficina *f* Internacional de Pesos y Medidas

internationales Gewässer *n*, **-** aguas *pl* internacionales

Internationales Institut für Statistik *n* Instituto *m* Internacional de Estadística

Internationales Konsortium für Nachrichtensatelliten *n* Consorcio *m* internacional de comunicación por satélite (INTERSAT)

Internationales Patentinstitut *n* Instituto *m* Internacional de Patentes

Internationales Weinamt *n* Oficina *f* Internacional de la Viña y del Vino

Internationales Weizenabkommen *n* Acuerdo *m* International del Trigo

Internationales Wollsekretariat *n* Secretaría *f* Internacional de la Lana

Internationales Zuckerabkommen *n* Acuerdo *m* Internacional del Azúcar

Inter-Rail-Karte *f*, **n** billete *m* de tren reducido para los jóvenes

Intershop *m*, **s** (R.D.A.) tienda *f* de venta contra divisas

Intershopladen *m*, **¨** (R.D.A.) → *Intershop*

Intertankstelle *f*, **n** (R.D.A.) gasolinera *f* para turistas extranjeros

intervalutarisch, **~er Devisenhandel** arbitraje *m* en (*od*. de) divisas; **~er Kurs** paridad *f*

intervenieren intervenir; *bei jdm. für jdn.* ~ intervenir ante alg.; intervenir a favor de alg.; *am Devisenmarkt* ~ intervenir en el mercado de cambios, de divisas

Intervention *f*, **en** intervención *f*; *(bei Nichtzahlung eines Wechsels)* aceptación *f* por intervención; acto *m* de intervención

Interventionsakzeptant *m*, **en** aceptante *m* por intervención

Interventionsfonds *m*, - fondo *m* de intervención
Interventionsgrenze *f*, **n** umbral *m* de intervención; *obere, untere* ~ tasa-pivote *f* inferior, superior de intervención
Interventionskäufe *pl* compras *pl* de apoyo (para estabilizar el precio)
Interventionspreis *m*, **e** precio *m* de intervención; precio *m* mínimo garantizado al productor
Interventionspunkt *m*, **e** punto *m*, umbral *m* de intervención
Interventionsspanne *f*, **n** margen *m* de intervención
Interventionszahlung *f*, **en** pago *m* sobre protesto, protesta, protestación
Interview *n*, **s** entrevista *f*; interviú *f*; *ein ~ geben* conceder una entrevista
interviewen entrevistar; interviuvar
Interviewer *m*, - entrevistador *m*; encuestador *m*
Interviewpartner *m*, - interlocutor *m*
Interviewte/r (*der/ein*) entrevistado *m*; encuestado *m*
Interzonenhandel *m*, Ø comercio *m* interzonal; tráfico *m* entre zonas; tráfico *m* interalemán
Intestatabfolge *f*, **n** sucesión *f* intestada
Intimsphäre *f*, **n** vida *f* privada
Inumlaufsetzen *n*, Ø puesta *f* en circulación
Invalidenrente *f*, **n** pensión *f* de invalidez
Invalidenversicherung *f*, **en** seguro *m* de invalidez
Invalidität *f*, (**en**) invalidez *f*; incapacidad *f* laboral; *dauernde ~* invalidez permanente; *~ infolge Krankheit* invalidez a consecuencia de enfermedad; *~ infolge Unfall* invalidez a consecuencia de accidente; *vollständige ~* gran invalidez; *vorläufige ~* invalidez temporal; *vorzeitige ~* invalidez prematura; *zeitweilige ~* invalidez temporal
Invaliditätsgeld *n*, **er** subsidio *m* de invalidez
Invaliditätsrisiko *n*, -**en** riesgo *m* de invalidez
Inventar *n*, **e** inventario *m*; *ein ~ aufstellen, erstellen* hacer, formar, establecer inventario; *lebendes ~* bienes *pl* semovientes; *totes ~* material *m* de explotación
Inventaraufnahme *f*, **n** confección *f*, levantamiento *m*, formación *f*, establecimiento *m* de inventario
inventarisieren inventarizar; formar, hacer, establecer, levantar inventario
Inventarstück *n*, **e** pieza *f*, objeto *m* de inventario; pieza *f* inventariada; objeto *m* inventariado
Inventarverzeichnis *n*, **se** (especificación *f* del) inventario *m*
Inventur *f*, **en** inventario *m*; *~ machen* hacer inventario; inventariar

Inventurausverkauf *m*, *"*e venta *f* posbalance; liquidación *f* de saldos
Inventurdifferenzen *pl* diferencias *pl* de inventario
Inventurstichtag *m*, **e** día *m* de inventario
Inverkehrbringen *n*, Ø puesta *f* en circulación; colocación *f* en el mercado
Inverzugsetzung *f*, (**en**) constitución *f* en mora
investieren invertir; *Kapital in einen Betrieb ~* invertir capital en una empresa (Syn. *anlegen*)
Investierung *f*, **en** inversión *f* (= acción *f* de invertir); colocación *f* de capital
Investition *f*, **en** inversión *f*; *gewinnbringende ~* inversión rentable, lucrativa; *indirekte ~en* inversiones de cartera; inversiones indirectas; *~en der öffentlichen Hand* inversiones públicas; inversiones del sector público; *aus öffentlichen Mitteln finanzierte ~* inversión financiada con fondos públicos; *selbstfinanzierte ~* inversión autofinanciada; *~en durchführen* efectuar, realizar, llevar a cabo inversiones; *die ~en erhöhen* aumentar, incrementar las inversiones; *eine ~ in Höhe von einer Million DM vornehmen* realizar, efectuar una inversión por valor de un millón de marcos (Syn. *Anlage*)
Investitionsabbau *m*, Ø recorte *m*, reducción *f* de las inversiones
Investitionsanleihe *f*, **n** préstamo *m* de inversión
Investitionsanreiz *m*, **e** incentivo *m* para invertir
Investitionsaufw|and *m*, -**endungen** gastos *pl*, despliegue *m* en inversiones
Investitionsausgaben *pl* → *Investitionsaufwand*
Investitionsaussichten *pl* perspectivas *pl* en materia de inversión
Investitionsbank *f*, **en** banco *m* de inversiones
Investitionsbedarf *m*, Ø necesidades *pl* en inversión; demanda *f* de inversión
Investitionsbereitschaft *f*, (**en**) → *Investitionslust*
Investitionsboom *m*, **s** boom *m*, relanzamiento *m*, expansión *f* de las inversiones
Investitionsfinanzierung *f*, **en** financiación *f*, financiamiento *m* de las inversiones
Investitionsflaute *f*, **n** ralentización *f* de las inversiones; desinversión *f*
Investitionsförderung *f*, **en** ayuda *f*, fomento *m*, promoción *f* de la inversión
Investitionsförderungsgesetz *n*, **e** ley *f* de promoción de la inversión
Investitionsförderungsmaßnahme *f*, **n** medida *f* de promoción, de fomento de la inversión
Investitionsgelder *pl* → *Investitionskapital*
Investitionsgüter *pl* bienes *pl* de equipo; bienes *pl* de inversión; bienes *pl* (de) capital (Syn. *Ausrüstungsgüter*)

Investitionsgüterindustrie *f*, n industria *f* de bienes de equipo
investitionshemmend que frena la inversión; contrario a la inversión
Investitionshilfe *f*, n ayuda *f* a la inversión
Investitionskapital *n*, Ø capitales *pl* de inversión; capitales *pl* a invertir
Investitionskredit *m*, e crédito *m* de inversión
Investitionslenkung *f*, en orientación *f*, dirección *f* de las inversiones; reconducción *f* de las inversiones; cuasi-dirigismo *m* en materia de inversiones
Investitionslücke *f*, n insuficiencia *f* de las inversiones
Investitionslust *f*, Ø propensión *f* a invertir
Investitionsneigung *f*, en → *Investitionslust*
Investitionspläne *pl* planes *pl*, proyectos *pl* de inversión
Investitionsplanung *f*, en inversiones *pl* planeadas, en proyecto; (Angl.) planning *m* de inversiones
Investitionsprämie *f*, n prima *f* a la inversión
Investitionsquote *f*, n → *Investitionsrate*
Investitionsrate *f*, n tasa *f* de inversión
Investitonsrücklage *f*, n reserva *f* para inversiones
Investitionsschub *m*, ⸚e empuje *m*, acrecentamiento *m*, aumento *m* de la inversión
Investitionsschutz *m*, Ø protección *f* de las inversiones
Investitionsschwäche *f*, Ø nivel *m* bajo de inversión
Investitionsschwund *m*, Ø desinversión *f*
Investitionsspritze *f*, n inyección *f* de capitales de inversión
Investitionsstau *m*, s bloqueo *m* de las inversiones; tapón *m* a nivel de las inversiones
Investitionsstoß *m*, ⸚sse → *Investitionsschub*
Investitionssumme *f*, n suma *f* invertida; importe *m* que implica la inversión
Investitionstätigkeit *f*, en 1. inversiones *pl* 2. actividad *f* inversora
Investitionsvolumen *n*, Ø volumen *m* de la inversión, de las inversiones
Investitionsvorhaben *n*, - → *Investitionspläne*
investitionswillig dispuesto a invertir; con ánimo de invertir
Investitionszurückhaltung *f*, en reticencia *f*, cautela *f* de los inversionistas
Investivlohn *m*, ⸚e parte *f* del salario invertido en acciones de trabajo
Investment *n*, s 1. capitales *pl* colocados en certificados de inversión 2. inversión *f*
Investmentanteil *m*, e → *Investmentzertifikat*
Investmentfonds *m*, - fondo *m* de inversión; ~ *mit begrenzter, variabler Emissionshöhe* fondo cerrado, abierto; ~ *mit auswechselbarem Wertpapierbestand* fondo flexible; ~ *mit festem Wertpapierbestand* fondo fijo
Investmentgesellschaft *f*, en sociedad *f* de cartera, de inversión (Syn. *Kapitalanlagegesellschaft*)
Investmentkäufer *m*, - comprador *m* de certificados de inversión
Investmentsparer *m*, - inversionista *m*; inversor *m*; ahorrador *m*
Investmenttrust *m*, s → *Investmentgesellschaft*
Investmentzertifikat *n*, e certificado *m* de inversión
Investor *m*, en inversor *m*; inversionista m (Syn. *Anleger*)
Investträger *m*, - (R.D.A.) inversor *m*; el que financia la inversión
Investvorhaben *n*, - (R.D.A.) plan *m*, proyecto *m* de inversión
i.R. 1. *im Ruhestand* jubilado; retirado 2. *im Rückfall* en caso de reincidencia; en caso de recaída
irreführend engañoso; ~*e Angaben, Auskunft* información *f* engañosa; ~*e Bezeichnung* indicación *f* errónea *bzw.* engañosa; ~*e Werbung* publicidad *f* engañosa; publicidad *f* que induce a error
Irreführung *f*, en engaño *m*; maniobra *f* fraudulenta, falaz; ~ *des Käufers* engaño *m* hecho al cliente
irrelevant irrelevante; sin importancia
irremachen desconcertar; desorientar
irrig, ~*e Ansicht* opinión *f* equivocada, falsa, errónea
Irrtum *m*, ⸚er error *m*; equivocación *f*; *grundlegender* ~ error, equivocación fundamental; *offensichtlicher* ~ error palpable, obvio; *wesentlicher* ~ error material, esencial; ~ *über die Person* error en la, acerca de la persona; *einen* ~ *begehen* cometer un error, una equivocación; *wir bitten, diesen* ~ *zu entschuldigen* le rogamos nos disculpe el error cometido; *jdm. ist ein* ~ *unterlaufen* alg. ha cometido un error; a alg. se le ha deslizado un error; *einen* ~ *verursachen* causar un error; inducir a error; ~ *vorbehalten* salvo error (u omisión); salvo omisión; a reserva de error; *es scheint ein* ~ *Ihrerseits vorzuliegen* parece haber un error, una equivocación de su parte
irrtümlich erróneamente; ~ *gezahlter Betrag* importe *m* pagado por error, por equivocación; suma *f* pagada equivocadamente
irrtümlicherweise por error; por equivocación
ISE *(Institut für statistische Erhebungen)* **n** (R.F.A.) Instituto *m* de investigaciones estadí-

sticas
isoliert, *gut* ~ bien aislado
Isolierung *f*, **en** ~ *von Gebäuden* aislamiento *m* de edificios
Isotopenanreicherung *f*, **en** enriquecimiento *m* isotópico; concentración *f* isotópica
Ist- (Pref.) real; efectivo
Ist-Aufkommen *n*, - ingresos *pl* reales, efectivos; recaudación *f* real, refectiva
Ist-Ausgaben *pl* gastos *pl* reales, efectivos
Ist-Bestand *m*, ⸚e efectivo *m*, stock *m*, inventario *m* real (Ggs. *Sollbestand*)
Ist-Größen *pl* → *Ist-Zahlen*
Ist-Kosten *pl* costes *pl* reales; ~ *der Vergangenheit* costes *pl* históricos
Ist-Stärke *f*, **n** → *Ist-Bestand*
Ist-Werte *pl* valores *pl* reales
Ist-Zahlen *pl* cifras *pl* reales, realizadas; resultados *pl* contables
I.v. → *Irrtum vorbehalten*
i.V. 1. *in Vertretung* en representación; por delegación 2. *in Vollmacht* por poder
IW *(Institut der deutschen Wirtschaft)* **n** Instituto *m* de la economía alemana
IWF → *Internationaler Währungsfonds*

J

Ja, ~ *Stimme f* voto *m* afirmativo; *mit ~ antworten* contestar afirmativamente; *mit ~ oder Nein stimmen* votar a favor o en contra
Jacht *f*, **n** yate *m*
Jachthafen *m*, ⸚ puerto *m* de recreo; puerto *m* de yates
Jachtklub *m*, **s** club *m* náutico
Jacke *f*, **n** 1. chaqueta *f*, americana *f*; (LA) saco *m* 2. chaquetón *m*, chaqueta *f* (de señora) 3. cardigán *m*
Jackenkleid *n*, **er** traje de dos piezas *m*; traje *m* de chaqueta
Jackett *n*, **s** chaqueta *f*, americana *f*; (LA) saco *m*
Jagd *f*, Ø caza *f*; cacería *f*
Jagdanzug *m*, ⸚e traje *m* de caza; traje *m* de cazador
Jagdaufseher *m*, - montero *m*; guarda *m* de caza
Jagdausflug *m*, ⸚e partida *f* de caza; cacería *f*
jagdberechtigt con licencia de caza; con derecho, autorizado a cazar
Jagdberechtigung *f*, **en** derecho *m* de caza
Jagdbeute *f*, Ø piezas *pl* cobradas; caza *f*
Jagderöffnung *f*, **en** apertura *f* de la temporada de caza
Jagdflinte *f*, **n** escopeta *f* de caza
Jagdfrevel *m*, Ø delito *m* de caza
Jagdgebiet *n*, **e** terreno *m* de caza
jagdgerecht conforme a las reglas de la caza
Jagdgesetz *n*, **e** ley *f* de caza
Jagdgewehr *n*, **e** rifle *m*; escopeta *f* de caza
Jagdhaus *n*, ⸚er pabellón *m* de caza
Jagdhorn *n*, ⸚er cuerno *m*, trompa *f* de caza
Jagdhund *m*, **e** perro *m* de caza; perro *m* cazador
Jagdhüter *m*, - guarda *f* de caza
Jagdhütte *f*, **n** → *Jagdhaus*
Jagdmesser *m*, - cuchillo *m* de monte
Jagdmunition *f*, Ø munición *f* de caza
Jagdpacht *f*, Ø arrendamiento *m* de un terreno de caza
Jagdpächter *m*, - arrendatario *m* de un terreno de caza
Jagdpachtrecht *n*, Ø derecho en materia de arrendamiento de caza
Jagdpatrone *f*, **n** cartucho *m* de caza
Jagdrecht *m*, Ø derecho *m* de caza
Jagdrevier *n*, **e** coto *m* de caza; cazadero *m*; vedado *m*
Jagdschein *m*, **e** licencia *f* de caza
Jagdschlößchen *n*, - pabellón *m* de caza
Jagdsport *m*, Ø deporte *m* cinegético
Jagdtasche *f*, **n** morral *m*

Jagdunfall *m*, ⸚e accidente *m* de caza
Jagdverbot *n*, Ø veda *f*
Jagdvergehen *n*, - infracción *f*, delito *m* de caza
Jagdvorschriften *pl* regulaciones *pl*, reglamento *m* de la caza
Jagdwaffenschein *m*, **e** licencia *f* de uso de escopeta
Jagdwesen *n*, Ø cinegética *f*; montería *f*; caza *f*
Jagdwilderei *f*, Ø caza *f* furtiva
Jagdzeit *f*, **en** época *f*, temporada *f* de caza; época *f*, temporada *f* cinegética
jagen 1. cazar; dar caza 2. *aus der Firma ~* echar de la empresa 3. perseguir
Jäger *m*, - cazador *m*; montero *m*
Jägerei *f*, Ø 1. cacería *f*, montería *f*, caza *f* 2. arte *f* venatoria
Jägersmann *m*, (⸚er) → *Jäger*
Jägersprache *f*, Ø lenguaje *m* cinegético
Jahr *n*, **e** 1. *dieses ~* este año; *das ganze ~ hindurch* (durante) todo el año; *fette, magere ~e* años *pl*, periodos *pl* de las vacas gordas, de las vacas flacas; *laufendes ~* año corriente; año en curso; el presente año; *die nächsten 10 ~e* la próxima década; los próximos 10 años; *im vergangenen ~* (en) el año pasado; *voriges ~* año pasado; *vorvergangenes ~* año anterior, precedente 2. *alle ~e* todos los años; *auf viele ~e hinaus* para muchos años; *in einem ~* en bzw. dentro de un año; *heute in einem ~* de aquí a un año; *~ für ~* año tras año; *seit ~ und Tag* desde hace mucho tiempo; *übers ~* de aquí a un año; *von ~ zu ~* de año en año 3. *im ~e 1990* en (el año) 1990 4. *er ist 50 ~e alt* tiene 50 años
Jahrbuch *n*, ⸚er anuario *m*; *(R.F.A.) statistisches ~* anuario estadístico
jähren, *1992 jährt sich zum 500. Mal die Entdeckung Amerikas* en 1992 se cumple el 500 aniversario del descubrimiento de América
Jahres- (Pref.) anual
Jahresabonnement *n*, **s** suscripción *f* anual; abono *m* anual
Jahresabrechnung *f*, **en** cuentas *pl* de fin de año; balance *m* anual, de fin de año; cierre *m* del ejercicio
Jahresabschluß *m*, ⸚sse cierre *m* de cuentas; liquidación *f*, balance *m* anual; *den ~ aufstellen* establecer el balance anual; *den ~ offenlegen* publicar las cuentas de fin de año; dar a conocer el balance; *festgestellter ~* balance anual aprobado
Jahresabschreibung *f*, **en** amortización *f* anual

Jahresabzugsfranchise f, n (Seg.) franquicia f deducible anual
Jahresanfang m, Ø comienzo m del año; *zu* ~ a principios, a comienzos de(l) año
Jahresausstoß m, ⸗e producción f anual
Jahresbeitrag m, ⸗e cotización f anual
Jahresbericht m, e memoria f anual; informe m anual
Jahresbezüge pl percepciones pl anuales; sumas pl percibidas anualmente
Jahresbilanz f, en balance m del ejercicio; balance m de fin de año; balance m anual
Jahresdefizit n, e déficit m anual
Jahresdurchschnitt m, e promedio m anual; media f anual; *im* ~ de media, de promedio anual; por término medio al año
Jahreseinkommen n, - renta f anual
Jahreseinnahmen pl ingresos pl anuales
Jahresende n, Ø *per* ~ al final de año
Jahresendprämie f, n prima f de fin de año (Syn. *Weihnachtsgeld*)
Jahresergebnis n, se resultado m anual
Jahresertrag m, ⸗e ganancias pl, ingresos pl al año; producto m anual
Jahresfehlbetrag m, ⸗e → *Jahresdefizit*
Jahresfrist f, (en) periodo m de un año; *binnen* ~ de aquí a un año; dentro de un año; *nach* ~ pasado un año; al cabo de un año
Jahresgebühr f, en 1. tasa f anual 2. anualidad f
Jahresgehalt n, ⸗er sueldo m anual
Jahresgewinn m, e beneficio m anual; ganancia f del ejercicio
Jahresgutachten n, - dictamen m, peritaje m, peritación f anual
Jahreshauptfälligkeit f, en vencimiento m principal anual
Jahreshauptversammlung f, en junta f general ordinaria; (LA) asamblea f general (ordinaria)
Jahreshöchsthaftung f, (en) (Seg.) responsabilidad f máxima anual
Jahresinventur f, en inventario m anual; *die* ~ *machen* proceder al inventario anual; *der Laden ist wegen* ~ *geschlossen* cerrado por inventario
Jahreskupon m, s cupón m anual
Jahresplan m, ⸗e (R.D.A.) plan m anual; *Fünfjahresplan* plan quinquenal
Jahresprämie f, n prima f anual
Jahresproduktion f, en producción f, output m anual
Jahresprogramm n, e programa m anual
Jahresquoten pl ~ *festlegen* fijar cuotas pl anuales
Jahresrate f, n anulidad f; plazo m anual
Jahresrechnung f, en cuenta f anual
Jahresrente f, n renta f anual; anualidad f; jdm.

eine ~ *aussetzen* asignar, señalar a alg. una renta anual
Jahresschlußdividende f, n dividendo m al fin de año
Jahresschlußprämie f, n prima f al fin de año
Jahresschnitt m, e → *Jahresdurchschnitt*
Jahressoll n, Ø (R.D.A.) producción f anual impuesta, prevista; contingente m anual
Jahressteigerungsrate f, n *(der Preise)* tasa f de carestía anual; índice m de crecimiento anual de los precios
Jahrestief n, (s) nivel m anual más bajo
Jahrestiefstand m, ⸗e nivel m más bajo del año
Jahres-Tranche f, n tramo m, emisión f anual
Jahresüberschuß m, ⸗sse superávit m, excedente m anual; *einen* ~ *aufweisen* consignar, mostrar, registrar un excedente anual
Jahresumsatz m, ⸗e cifra f anual de ventas; cifra f anual de transacciones; facturación f anual; *einen hohen* ~ *erzielen* realizar una elevada cifra de ventas al año
Jahresurlaub m, e vacaciones pl anuales; *bezahlter* ~ vacaciones anuales pagadas, remuneradas
Jahresverbrauch m, Ø consumo m anual
Jahresversammlung f, en asamblea f anual
Jahresverzeichnis n, se registro m anual
Jahreswechsel m, - cambio m de año; año m nuevo; *zum* ~ al cambiar de (*od.* el) año; al pasar de un año a otro
Jahreswirtschaftsbericht m, e informe m anual (sobre la economía)
Jahreszahlungen pl anualidades pl; pagos pl anuales; pagos pl al año
Jahreszeit f, en *ruhige* ~ periodo m flojo; periodo m con poca actividad en el mercado; fuera de temporada
jahreszeitlich ~ *bedingt* condicionado por la estación, por la temporada; de inducción estacional; por motivos estacionales; *um die* ~*en Schwankungen bereinigt* corregidas, eliminadas las oscilaciones estacionales; desestacionalizado
Jahreszins m, en *ein* ~ *von* 6% un interés anual del 6%
Jahreszinssatz m, ⸗e tasa f de interés anual; tasa f anual de intereses
Jahreszuwachsrate f, n tasa f de crecimiento anual; tasa f anual de incremento, de aumento, de subida
Jahrfünf n, Ø *(selten)* quinquenio m; lustro m; cinco años
Jahrgang m, ⸗e 1. año m; *geburtenschwache, geburtenstarke* ~e años pl de fuerte, de baja natalidad 2. añada f; cosecha f (de vino) 3. quinta f (de soldados) 4. promoción f (univer-

sitaria)
Jahrhundert *n*, e siglo *m*
jahrhundertealt secular; de varios siglos
jahrhundertelang durante (varios) siglos
Jahrhundertfeier *f*, **n** 1. fiesta *f* del centenario 2. centenario *m*
Jahrhundertwende *f*, **n** fin *m* de siglo; *um die ~* en el entresiglo; entre siglos; al filo, a caballo de los dos siglos
jährlich 1. anualmente; por, al año; cada año 2. anual; *~ abrechnen* liquidar, saldar, ajustar por año
Jahrmarkt *m*, ⁼e feria *f*
Jahrmarktsbude *f*, **n** puesto *m*, barraca *f* de feria
Jahrtausend *n*, e milenio *m*
Jahrtausendfeier *f*, **n** 1. fiesta *f* del milenario 2. milenario *m*
Jahrzehnt *n*, e década *f*; decenio *m*
jahrzehntelang 1. durante (varios) decenios; durante (varias) décadas 2. de muchos decenios; de muchas décadas
Ja-Quote *f*, **n** porcentaje *m* de „síes"
Ja-Stimme *f*, **n** sí *m*; voto *m* afirmativo; voto *m* a favor
J/D *(Juni/Dezember)* intereses *pl* a abonar el 1 de junio y el 1 de diciembre (en títulos de renta fija)
je, *~ Kopf* per cápita; por cabeza (Syn. *pro Kopf*)
Jeans *pl* (pantalones *pl*) tejanos *pl*, vaqueros *pl*
Jedermannsaktie *f*, **n** acción *f* popular (Syn. *Volksaktie*)
jeder, *~ zweite (dritte, vierte etc.)* uno de cada dos (tres, cuatro etc.)
Jeep *m*, **s** (Angl.) jeep *m*; (LA) campero *m*
Jet *m*, **s** (Angl.) jet *m*; avión *m* a reacción
Jet-set *m*, **s** (Angl.) jet set *m*
jetten desplazarse, viajar en jet; tomar un avión a reacción
J/J *(Januar/Juli)* intereses *pl* a abonar el 1 de enero y el 1 de julio (en títulos de renta fija)
Job *m*, **s** trabajo *m* provisional; *einen ~ suchen* buscar un trabajo, una tarea, una ocupación
jobben tener un trabajo temporal; ejercer una actividad temporal; desempeñar una actividad remunerada
Jobber *m*, - 1. agente *m* de cambio en la Bolsa de Londres 2. agiotista *m*; especulador *m*
Jobkiller *m*, - (Fam.) destructor *m* de empleos; que elimina, suprime puestos de trabajo
Jobrotation *f*, **en** paso *m* de un futuro ejecutivo por todos los departamentos de una empresa
Job-sharing *m*, **s** jornada *f* partida; trabajo *m* a media jornada (dos personas se reparten un puesto de trabajo)
Joint *m*, **s** porro *m*
Joint-Venture *n*, **s** agrupación *f*, colaboración *f*, cooperación *f* temporal de empresas; fusión *f* pasajera o duradera de empresas que colaboran en un proyecto; (Angl.) joint-venture *f*
Joint-Venture-Betrieb *m*, **e** 1. empresa *f* agrupada con otra para colaborar en un proyecto 2. participación *f* común
Journal *n*, **e** 1. diario *m*; *im ~ buchen, Eintragungen im ~ machen* anotar, asentar en el diario 2. periódico *m*; revista *m*
Jubilar *m*, **e** que celebra aniversario; persona *f* homenajeada; homenajeado *m*
Jubiläum *n*, **-en** aniversario *m*; *fünfzigjähriges ~* cincuenta aniversario
Jubiläumsbon|us *m*, **-i** prima *f*, gratificación *f* de aniversario
Judikative *f*, Ø poder *m* judicial
Jugendamt *n*, ⁼er oficina *f* de protección de menores
Jugendarbeitslosigkeit *f*, Ø paro *m*, desempleo *m* juvenil
Jugendarbeitsschutzgesetz *n*, **e** ley *f* de protección de los trabajadores jóvenes
Jugendarrest *m*, Ø arresto *m* de menores
jugendfrei, *~er Film* película *f* apta para menores; (película) *f* tolerada para todos los públicos
Jugendfreizeitheim *n*, **e** centro *m*, residencia *f* juvenil
Jugendgericht *n*, **e** tribunal *m* (tulelar) de menores
Jugendheim *n*, **e** centro *m*, hogar *m* juvenil
Jugendherberge *f*, **n** albergue *m* juvenil
Jugendkriminalität *f*, Ø delincuencia *f* juvenil
Jugendlager *n*, - campamento *m* juvenil
Jugendliche *pl* jóvenes *pl*; menores *pl*
Jugendpflege *f*, Ø asistencia *f* a la juventud
Jugendrichter *m*, - juez *m* de menores
Jugendschutz *m*, Ø protección *f* de menores
Jugendschutzgesetz *n*, **e** ley *f* de protección de menores
Jugendverbot *n*, **e** prohibición *f* de entrada para menores; prohibida la entrada a los mejores
Jugendzeitschrift *f*, **en** revista *f* para la juventud
jung, *~e Aktie* acción *f* nueva (emitida al ampliar el capital)
Jungakademiker *m*, - universitario *m* recién titulado, recién licenciado; joven *m* que acaba de sacar el título de licenciado
Jungaktivist *m*, **en** (R.D.A.) activista *m* del trabajo socialista
Jungfernfahrt *f*, **en** primer viaje *m*; viaje *m* inaugural
Jungfernflug *m*, ⁼e vuelo *m* inaugural; primer vuelo *m*
Junggeselle *m*, **n** soltero *m* (Syn. *ledig, unverheiratet*)
Junggesellenwohnung *f*, **en** piso *m* de soltero

Jungmanager *m*, - joven *m* jefe de empresa; joven ejecutivo *m*
Jungunternehmer *m*, - joven *m* empresario; empresario *m* joven; joven *m* jefe de empresa
Juniorchef *m*, s hijo *m* del jefe (de una empresa)
Junktim *n*, s 1. dependencia *f* mutua; interdependencia *f* de dos proyectos de contrato 2. voto *m* bloqueado
Jura, ~ *studieren* estudiar derecho; cursar la carrera de derecho
Jurisprudenz *f*, Ø jurisprudencia *f*
Jurist *m*, en jurista *m*; experto *m* en leyes
juristisch jurídico; ~*e Fakultät* facultad *f* de derecho; ~*e Person* persona *f* jurídica
Jury *f*, s jurado *m* (calificador)
Juso *m*, s *(R.F.A.)* joven socialista *m*; miembro *m* de las juventudes socialistas; miembro *m* de la sección juvenil socialdemócrata
justieren ajustar
Justierung *f*, en ajuste *m*; reajuste *m*; ~ *nach oben*, *nach unten* reajustar al alza, a la baja
Justitiar *m*, e jefe *m* de un servicio jurídico; asesor *m* jurídico; síndico *m*
Justiz *f*, Ø justicia *f*
Justizbeamte/r *(der/ein)* funcionario *m* judicial
Justizbehörde *f*, n autoridad *f* judicial
Justizgebäude *n*, - palacio *m* de justicia
Justizminister *m*, - ministro *m*, titular *m* de justicia
Justizministeri|um *n*, -en ministerio *m*, departamento *m*, cartera *f* de justicia
Justizpalast *m*, ⸚e palacio *m* de justicia
Justizverwaltung *f*, en administración *f* de justicia
Juwelenarbeit *f*, en obra *f* de joyería, de orfebrería
Juwelendiebstahl *m*, ⸚e robo *m* de joyas
Juwelenhandel *m*, Ø joyería *f*; tienda *f*, comercio *m* de joyas
Juwelenhändler *m*, - joyero *m*
Juwelier *m*, e joyero *m*; platero *m*
Juweliergeschäft *n*, e joyería *f*; platería *f*
Juwelierwaren *pl* 1. artículos *pl* de joyería 2. artículos *pl* de bisutería fina

K

Kabel n, - cable m; cable(grama) m; telegrama m (Syn. *Telegramm*)
Kabeladresse f, n dirección f telegráfica
Kabelanweisung f, en giro m telegráfico
Kabelauftrag m, ⁼e orden f por cable; pedido m telegráfico
Kabelauszahlung f, en transferencia f cablegráfica (Syn. *Kabelüberweisung*)
Kabelfernsehen n, Ø cablevisión f; televisión f por cable
Kabelkurs m, e cambio m cablegráfico; cotización f telegráfica
kabeln cablegrafiar; *nach Amerika, in die USA ~* poner un cable, dirigir, enviar un cablegrama a América, a los EE.UU.
Kabelnachricht f, en cablegrama m; telegrama m; mensaje m cablegráfico
Kabelnotierung f, en cotización f cablegráfica, telegráfica
Kabeltelegramm n, e cable(grama) m
Kabine f, n camarote m (barco); cabina f (avión); *~ erster Klasse* camarote m de primera clase
Kabinett n, e (Pol.) gabinete m; consejo m de ministros; gobierno m; *aus dem ~ ausscheiden* dejar de formar parte del gobierno
Kabinettbeschlu|ß m, ⁼sse decisión f de(l) gabinete
Kabinettsbildung f, en constitución f, formación f del gobierno
Kabinettschef m, s jefe m del gobierno; (E) presidente m del gobierno
Kabinettskrise f, n crisis f ministerial
Kabinettsmitglied n, er miembro m del gabinete od. consejo de ministros
Kabinettssitzung f, en sesión f, reunión f del consejo de ministros
Kabinettsumbildung f, en remodelación f (del gabinete) del gobierno
Kabotage f, Ø 1. cabotaje m; navegación f costera 2. transporte m de personas o mercancías al interior de un país
Kader m, - 1. (R.D.A.) cuadro m superior; persona f o grupo m de personas responsables en alto grado en el campo económico o político 2. (CH) cuadro m
Kaderabteilung f, en (R.D.A.) servicio m de una empresa encargado de la colocación del personal y de su asistencia
Kaderleiter m, - responsable m de una *Kaderabteilung* en la R.D.A.
kaduzieren caducar

Kaduzierung f, en 1. declaración f de nulidad 2. declaración f de caducidad (por ej. de acciones)
Kaffeefahrt f, en excursión f publicitaria (organizada por una empresa para personas de edad avanzada, que vende sus productos aprovechando la situación y la credulidad de los participantes)
Kaffeesteuer f, n impuesto m sobre el café
Kai m, s od. e muelle m; *ab ~ (verzollt)* franco, ex muelle; puesto en el muelle (porte pagado)
Kaianlagen pl muelles pl
Kaigebühren pl derechos pl de muellaje; muellaje m
Kaigeld n, er → *Kaigebühren*
Kaigewicht n, e peso m comprobado en el muelle
Kaispesen pl → *Kaigebühren*
Kalenderjahr n, e año m civil
Kalenderjahrstatistik f, en (Seg.) estadística f del año civil
Kalenderjahr-Versicherung f, en (Seg.) seguro m a base de año civil
Kalkulation f, en cálculo m; *~ der Selbstkosten* cálculo de costes propios; *~ aufstellen* hacer un cálculo; calcular
Kalkulationsabteilung f, en sección f de cálculos
Kalkulationsaufschlag m, ⁼e recargo m de cálculo
Kalkulationbas|is f, -en base f de cálculo
Kalkulationsfehler m, - error m de cálculo
Kalkulationsgrundlage f, n → *Kalkulationsbasis*
Kalkulationspreis m, e precio m de coste calculado; precio m calculado
Kalkulator m, en calculador m; tenedor m de libros; contable m
kalkulatorisch calculatorio; *~e Kosten* costes pl calculatorios; *~e Abschreibung* amortización f incorporable en el presupuesto; *~e Buchführung* contabilidad f de (los) costes; *~e Vorrechnung* costes pl preestablecidos
kalkulierbar calculable
kalkulieren calcular; computar; estimar; hacer un cálculo; *falsch ~* hacer un cálculo erróneo; *scharf ~* calcular de modo muy justo
Kälteindustrie f, n industria f frigorífica
kambieren efectuar operaciones de cambio
Kambist m, en cambista m; persona f que se ocupa de los cambios
kameralistische Buchführung f, en contabilidad f pública

Kammer *f*, **n** cámara *f*; oficina *f*; sala *f*; audiencia *f*; ~ *der Technik* (R.D.A.) Cámara de arte industrial, de artesanía; ~ *für Handelssachen* sala de lo mercantil; *zweite* ~ sala de casación (tribunal); segunda Cámara (Parl.)
Kammerauflösung *f*, **(en)** disolución *f* del parlamento
Kammergericht *n*, Ø tribunal *m* de justicia colegiado
Kampagne *f*, **n** campaña *f* publicitaria *od.* electoral; *eine* ~ *starten* lanzar una campaña; *eine* ~ *läuft* una campaña está en curso
Kampf *m*, ⁻e lucha *f*; combate *m*; contienda *f*; *der* ~ *um höhere Löhne* lucha por aumentos salariales; *der* ~ *um den Absatz* lucha por el mercado
Kampfansage *f*, **n** desafío *m*, reto *m*; ~ *der Gewerkschaften an die Arbeitgeber* desafío lanzado por los sindicatos a la patronal
Kampffonds *m*, - fondo *m* para la huelga; fondo *m* de lucha (de los sindicatos)
Kampfhandlung *f*, **en** acción *f* de lucha (social)
Kampfleitung *f*, **en** dirección *f* de las partes oponentes (dirección de los sindicatos y de la patronal)
Kampflust *f*, Ø deseo *m* de luchar; ardor *m* de combate
Kampfmaßnahme *f*, **n** medida *f* de lucha; ~*n der Gewerkschaften* movimiento *m* reivindicativo de los sindicatos; acción *f* sindical; huelga *f*
Kampfmittel *n*, - medio *m* de lucha
Kampfpreis *m*, **e** precio *m* de competencia, de lucha; (Angl.) dumping *m*
Kampfstrategie *f*, **n** estrategia *f* de combate
Kampfziel *n*, **e** objetivo *m* en disputa; objetivo *m* perseguido por la lucha
Kampfzölle *pl* derechos *pl*, aranceles *pl* de represalia (medidas tomadas en el comercio exterior contra estados que obstaculizan la importación por medio de aranceles)
Kanalabgaben *pl* derechos *pl* de canal
Kanalschiffahrt *f*, Ø navegación *f* por canales, cauces artificiales
Kandidat *m*, **en** candidato *m*; aspirante *m*; *einen* ~ *aufstellen* presentar, proponer un candidato; *sich als* ~ *aufstellen lassen* presentarse como candidato; presentar su candidatura; *unter den* ~*en sein* figurar entre los candidatos; *einen* ~*en unterstützen* apoyar, abogar en favor de un candidato; *als* ~ *zurücktreten* retirar su candidatura (Syn. *Bewerber*)
Kandidatenaufstellung *f*, **en** creación *f* de una lista de candidatos
Kandidatur *f*, **en** candidatura *f*; *seine* ~ *anmelden* presentar su candidatura; *seine* ~ *zurückziehen* retirar su candidatura
kandidieren presentar su candidatura; *für etw.* ~ aspirar a un cargo; presentar su candidatura para un cargo
Kann-Bestimmung *f*, **en** disposición *f* facultativa
Kannkauf|mann *m*, **-leute** (R.F.A.) empresario *m* con derecho de adquirir la cualidad de comerciante mediante inscripción
Kann-Leistung *f*, **en** prestación *f* facultativa
Kann-Vorschrift *f*, **en** → *Kann-Bestimmung*
Kantonalrecht *n*, **e** (CH) Derecho *m* cantonal
Kanzlei *f*, **en** bufete *m*; estudio *m*; secretaría *f*; oficina *f*
Kanzleidiener *m*, - portero *m*; ordenanza *m*; ujier *m*
Kanzleigebühr *f*, **en** tasa *f*, derechos *pl* de la secretaría
Kanzleipapier *n*, **e** papel *m* de oficio
Kanzleischreiber *m*, - secretario *m* del bufete, estudio; secretario *m* de la oficina
Kanzleistil *m*, **e** estilo *m* cancilleresco, oficinesco
Kanzleivorsteher *m*, - jefe *m* del bufete, estudio; jefe *m* de la secretaría
Kanzler *m*, - canciller *m*; (LA) canciller *m* (Syn. *Außenminister*)
Kanzleramt *n*, Ø (R.F.A.) cargo *m* de canciller; cancillería *f*
Kapazität *f*, **en** capacidad *f* (de producción); *ausgelastete (voll ausgenutzte)* ~ capacidad plenamente utilizada; capacidad totalmente aprovechada; *freie* ~ capacidad disponible; ~*en ausbauen* desarrollar, ampliar las capacidades
Kapazitätsabbau *m*, Ø reducción *f* de la capacidad
Kapazitätenausbau *m*, Ø aumento *m*, incremento *m* de la capacidad
Kapazitätsauslastung *f*, **en** utilización *f* plena de la capacidad
Kapazitätsauslastungsplan *m*, ⁻e plan *m* de utilización plena de la capacidad
Kapazitätsausnutzung *f*, **en** utilización *f* de la capacidad de producción
Kapazitätsausnutzungsgrad *m*, **e** grado *m* de utilización (de la capacidad)
Kapazitätsausweitung *f*, **en** aumento *m* de la capacidad de producción
Kapazitätserweiterung *f*, **en** → *Kapazitätsausweitung*
Kapazitätsgrenze *f*, **n** límite *m* de capacidad
kapazitiv (Seg.) ~*e Detektoren* detectores *pl* capacitivos
Kapital *n*, **(e)** *od.* **(ien)** capital *m*; fondos *pl*; recursos *pl*; capitales *pl* 1. *angegebenes* ~ capital declarado; *im Ausland angelegtes* ~ capital invertido en el extranjero; *arbeitendes*

(*produktives*) ~ capital activo, productivo; *aufgenommenes* ~ capital tomado en préstamo; *brachliegendes* ~ capital improductivo, inactivo; *fixes (stehendes)* ~ capital fijo; *flüssiges* ~ capital líquido, disponible; *nicht eingezahltes* ~ capital no liberado; *umlaufendes* ~ capital en circulación, circulante; *verzinsliches* ~ capital que produce intereses; ~ *und Zinsen* principal e intereses 2. ~ *anlegen in (investieren)* invertir, colocar capital en; ~ *aufbringen* reunir, aportar capital; ~ *aufnehmen* tomar capital en préstamo; ~ *festlegen* inmovilizar el capital; ~ *aufstocken (erhöhen)* aumentar el capital; *das* ~ *einfrieren* congelar, inmovilizar el capital; *ein* ~ *flüssig machen* movilizar el capital; (Fig.) ~ *schlagen aus* sacar partido de a/c

Kapitalabfindung *f*, en indemnización *f* en capital

Kapitalabflu|ß *m*, ¨sse → *Kapitalabwanderung*

Kapitalabwanderung *f*, en evasión *f*, fuga *f*, éxodo *m*, huída *f* de capitales

Kapitalanlage *f*, n inversión *f* de capital; colocación *f* de fondos; *zur* ~ *geeignet* apropiado para la inversión de capital; *kurzfristige, langfristige* ~ *n* inversiones de capital a corto, largo plazo; *mündelsichere* ~ inversión de capital con garantía pupilar

Kapitalanlagegesellschaft *f*, en sociedad *f* gestora del fondo (de inversión); sociedad *f* de cartera

Kapitalanlagegüter *pl* bienes *pl* (de inversión) de capital

Kapitalanlagenberater *m*, - asesor *m* de inversiones de capital

Kapitalansammlung *f*, en acumulación *f* de capital

Kapitalanteil *m*, e participación *f* de capital; título *m* de participación; acción *f*; *stimmberechtigter* ~ participación en el capital con derecho de voto

Kapitalanteilschein *m*, e título *m* de participación; acción *f*

kapitalarm falto de fondos; pobre en capitales; ~*e Gesellschaft* sociedad *f* poco sólida

Kapitalaufstockung *f*, en ampliación *f* de capital; aumento *m* del capital social de una sociedad; ~ *vornehmen* efectuar un aumento del capital

Kapitalaufwand *m*, Ø gasto *m*, desembolso *m* de capital; inversión *f* financiera

Kapitalaufwendung *f*, en → *Kapitalaufwand*

Kapitalausfuhr *f*, en exportación *f* de capital(es); movimiento *m* de capital de un país a otro

Kapitalausfuhrland *n*, ¨er país *m* exportador de capital(es)

Kapitalausstattung *f*, en capitalización *f*; dotación *f* de capital; *ungenügende* ~ capitalización insuficiente

Kapitalauszahlung *f*, en pago *m*, reembolso *m* de capital

Kapitalbedarf *m*, Ø demanda *f* de capital; necesidades *pl* financieras

Kapitalberichtigung *f*, en reajuste *m* del capital

Kapitalbeschaffung *f*, en obtención *f*, provisión *f* de capital

Kapitalbeteiligung *f*, en participación *f* en el capital; acción *f*; ~ *der Arbeiter* trabajadores *pl* titulares de acciones

Kapitalbewegung *f*, en movimiento *m* de capitales, de fondos

Kapitalbilanz *f*, en movimientos *pl* de capital(es); cuenta *f* de capital; balanza *f* de capital

Kapitalbildung *f*, (en) formación *f* de capital; capitalización *f*

Kapitaldeckung *f*, en cobertura *m* de la demanda de capital

Kapitaldienst *m*, (e) servicio *m* de capital(es); pago *m* de intereses y amortización; servicio *m* de la deuda (Syn. *Schuldendienst*)

Kapitaleigner *m*, - tenedor *m* de capitales, de fondos

Kapitaleinbringung *f*, en aportación *f* de capital; ~ *eines Gesellschafters* aportación de capital de un socio

Kapitaleinbuße *f*, n pérdida *f* de capital

Kapitaleinkommen *n*, - renta *f* de capital; rédito *m* del capital (en dividendos e intereses)

Kapitaleinlage *f*, n → *Kapitaleinbringung*

Kapitaleinsatz *m*, Ø recursos *pl* invertidos, utilizados, colocados; utilización *f*, movilización *f* de capital(es)

Kapitaleinzahlung *f*, en desembolso *m* de capital

Kapitalentwertung *f*, en desvalorización *f*, depreciación *f* del capital

Kapitalerhöhung *f*, en → *Kapitalaufstockung*

Kapitalertrag *m*, e réditos *pl*, beneficios *pl*, rentas *pl* del capital; ~ *von 8% bringen* arrojar un rédito del 8%

Kapitalertragssteuer *f*, n impuesto *m* sobre la renta del capital

Kapitalexport *m*, e → *Kapitalausfuhr*

Kapitalfehlbetrag *m*, ¨e déficit *m* de capital; déficit *m* financiero

Kapitalflucht *f*, en → *Kapitalabwanderung*

Kapitalflu|ß *m*, ¨sse flujo *m* de fondos, capitales; (Angl.) cash-flow *m* (Syn. *Geldstrom*)

Kapitalfreisetzung *f*, (en) liberación *f* de capital

Kapitalgeber *m*, - capitalista *m*; inversor *m*

Kapitalgesellschaft *f*, en sociedad *f* (de carácter) capitalista

Kapitalgewinn *m*, e beneficio *m*, excedente *m*, ganancia *f* del capital

Kapitalgüter *pl* bienes *pl* de inversión *od.* equipo (Syn. *Investitionsgüter*)
Kapitalherabsetzung *f*, **en** reducción *f* del capital
Kapitalhilfe *f*, **n** asistencia *f* financiera; ayuda *f* en capital
Kapitalhypothek *f*, **en** hipoteca *f* de capital; hipoteca *f* mobiliaria para garantizar una determinada deuda
kapitalintensiv con un alto coeficiente de capital; ~*e Produktion* producción sujeta principalmente a los costes financieros
Kapitalinvestition *f*, **en** inversión *f* de capital
Kapitalisation *f*, ∅ → *Kapitalisierung*
kapitalisieren capitalizar; formar capital
Kapitalisierung *f*, ∅ capitalización *f*
Kapitalisierungsanleihe *f*, **n** empréstito *m* de capitalización
Kapitalisierungsmehrwert *m*, **e** plusvalía *f* en concepto de capitalización
Kapitalisierungssatz *m*, ⸗e tasa *f*, tipo *m* de capitalización
Kapitalismus *m*, ∅ capitalismo *m*
Kapitalist *m*, **en** capitalista *m*
kapitalistisch capitalista; ~*es System* sistema *m* capitalista
Kapitalknappheit *f*, ∅ escasez *f* de capital; *der* ~ *abhelfen* remediar la penuria de capitales
Kapitalkoeffizient *m*, **en** coeficiente *m* de capital
Kapitalkonto *n*, **-en** cuenta *f* de capital; cuenta *f* consolidada de las operaciones de capital
Kapitalkontrolle *f*, **n** control *m* de capital
Kapitalkonzentration *f*, **(en)** concentración *f* de capital(es)
kapitalkräftig financieramente sólido; en buena, fuerte posición financiera; ~ *sein* disponer de abundantes recursos financieros
Kapitalleistungen *pl* movimientos *pl* de capital(es)
Kapitalmangel *m*, ⸗ insuficiencia *f* de capital
Kapitalmarkt *m*, ⸗e mercado *m* de capitales a largo plazo; *den* ~ *stützen* sostener, apuntalar el mercado de capitales; *freier* ~ mercado libre de capitales
Kapitalmehrheit *f*, **en** mayoría *f* financiera; *die* ~ *haben* detentar la mayoría del capital; tener el control financiero
Kapitalnachfrage *f*, **n** demanda *f* de capital(es)
Kapitalnachfrager *m*, **-** demandante *m* de capital(es)
Kapitalnachschub *m*, ⸗e obtención *f* de capital
Kapitalnettoertrag *m*, ⸗e beneficio *m* neto del capital
Kapitalnettoverlust *m*, **e** pérdida *f* neta de capital
Kapitalneubildung *f*, **en** formación *f*, inversión *f* neta de capital
Kapitalrendite *f*, **n** ingresos *pl* financieros; ingreso *m* de capital; rentabilidad *f*
Kapitalrente *f*, **n** renta *f* de capital
Kapitalrückfluß *m*, ⸗sse reflujo *m* de capital
Kapitalrückwanderung *f*, **en** repatriación *f* de capital
Kapitalsammelbecken *n*, **-** → *Kapitalsammelstelle*
Kapitalsammelstelle *f*, **n** inversor *m* institucional
Kapitalschöpfung *f*, **(en)** creación *f* de capital
kapitalschwach financieramente débil
Kapitalschwund *m*, ∅ consunción *f*, erosión *f* de capital(es)
Kapitalsparvertrag *m*, ⸗e contrato *m* de capitalización
Kapitalspritze *f*, **n** inyección *f* de capital; *einem Unternehmen eine* ~ *verabreichen* dar una inyección de capital a una empresa; sacar a flote a una empresa
Kapitalsteuer *f*, **n** impuesto *m* sobre el capital
Kapitalstock *m*, ∅ (fondo *m* de) capital *m*; capital *m* disponible
Kapitaltransfer *m*, **s** transferencia *f* de capitales, de fondos
Kapitalüberfluß *m*, ∅ exceso *m*, plétora *f* de capital
Kapitalumsatz *m*, ⸗e movimiento *m*, circulación *f* de(l) capital
Kapitalumschlag *m*, ∅ circulación *f*, volumen *m* de capitales
Kapitalumstellung *f*, **en** reorganización *f* del capital
Kapitalverflechtung *f*, **en** concentración *f* de capitales; participaciones *pl* cruzadas; interdependencia *f* de sociedades de capital sujetas a participaciones
Kapitalverkehr *m*, ∅ movimiento *m* de capital; transacciones *pl*, operaciones *pl* de capital
Kapitalverkehrsbilanz *f*, **en** cuenta *f*, balance *m* de los movimientos de capital
Kapitalverkehr(s)steuer *f*, **n** impuesto *m* sobre la transferencia de capital
Kapitalverknappung *f*, **(en)** disminución *f*, reducción *f* del capital
Kapitalverlust *m*, **e** → *Kapitaleinbuße*
Kapitalverminderung *f*, **en** → *Kapitalverknappung*
Kapitalvermögen *n*, **-** capital *m*; patrimonio *m* pecuniario
Kapitalverwaltungsgesellschaft *f*, **en** sociedad *f* de gestión de capitales; sociedad *f* de inversión
Kapitalverwässerung *f*, ∅ dilución *f* del capital
Kapitalverzinsung *f*, **en** remuneración *f* del capital; interés *m*, rédito *m*, renta *f* del capital
Kapitalwert *m*, **e** valor *m* en capital; valor *m* capitalizado

Kapitalwertzuwachs *m*, Ø aumento *m* del valor del capital
Kapitalzeichnung *f*, en suscripción *f* de capital
Kapitalzins *m*, en interés *m* (de las operaciones) a largo plazo; interés *m* del mercado de capitales; rédito *m* del capital
Kapitalzuflu|ß *m*, (¨sse) afluencia *f*, aflujo *m* de capital
Kapitalzusammenfassung *f*, en concentración *f* de capital(es)
Kapitalzusammenlegung *f*, en fusión *f*, concentración *f* de capital(es)
Kapitalzuwachs *m*, Ø aumento *m*, incremento *m* del capital
kappen cortar, parar; *die Inflation* ~ parar, frenar la inflación
Karat *n*, e quilate *m* (Syn. *Karatgewicht*)
Karenzfrist *f*, en → *Karenzzeit*
Karenzzeit *f*, en período *m* de espera; plazo *m* de carencia
Kargo *m*, s cargamento *m*
Kargoversicherung *f*, en seguro *m* del cargamento
Karriere *f*, n carrera *f*; ~ *machen* hacer carrera (Syn. *Laufbahn*)
Karrieremacher *m*, - arrivista *m*
Karrierist *m*, en → *Karrieremacher*
Karte *f*, n ficha *f* 1. *gelochte* ~ tarjeta perforada; *grüne* ~ tarjeta verde; seguro *m* de automóvil internacional; *ungelochte* ~ tarjeta no perforada 2. *Daten von* ~ *zu* ~ *übertragen* transferir datos de una tarjeta a la otra
Kartei *f*, en fichero *m*; *eine* ~ *anlegen* hacer, crear un fichero; *in der* ~ *nachsehen* consultar un fichero
Karteiblatt *n*, ¨er → *Karteikarte*
Karteikarte *f*, n ficha *f*; tarjeta *f*
Karteikasten *m*, - fichero *m*
Karteileiche *f*, n ficha *f* carente de validez (en un fichero)
Karteizettel *m*, - → *Karteikarte*
Kartell *n*, e cártel *m*; consorcio *m* (entidad creada entre diversas empresas del mismo ramo industrial para defender los precios, limitando la producción y la competencia); *horizontales* ~ consorcio horizontal; *internationales* ~ consorcio internacional; *ein* ~ *auflösen* disolver un consorcio
Kartellabrede *f*, n → *Kartellabsprache*
Kartellabsprache *f*, n acuerdos *pl* de carácter consorcial; convenio *m* cartelista
Kartellamt *n*, Ø (R.F.A.) oficina *f* de cártel; *Bundeskartellamt (in Berlin)* oficina *f* federal de (reglamentación de) cártels
Kartellbehörde *f*, n oficina *f* de cártels; autoridades *pl* competentes en materia de cártels, consorcios
Kartellbildung *f*, en formación *f* de cártels, consorcios; cartelización *f*
Kartellfahnder *m*, - funcionario *m* encargado de la represión de fraudes en materia de cártels
Kartellgesetz *n*, e ley *f* relativa a los cártels
Kartellgesetznovelle *f*, n enmienda *f* de la ley relativa a los cártels
kartellieren constituir, formar un cártel; cartelizar
Kartellierung *f*, en → *Kartellbildung*
Kartellklage *f*, n demanda *f* judicial anticartelista
Kartellpreis *m*, e precio *m* cartelista
Kartellverbot *n*, e prohibición *f* de cártels
Kartellvereinbarung *f*, en convenio *m* cartelista
Kartellvertrag *m*, ¨e contrato *m* de asociación de empresas
Kartellwesen *n*, Ø cartelismo *m*
Kartenabfühlgerät *n*, e → *Kartenabtaster*
Kartenabtaster *m*, - (Inform.) lector *m* de tarjetas
Kartenanweisung *f*, n giro-tarjeta *m*
Kartenbrief *m*, e carta-tarjeta *f*
kartengesteuert mandado por tarjetas perforadas; *~e Datenverarbeitungseinrichtung* unidad *f* de procesamiento por medio de tarjetas; *~e Rechenmaschine* calculadora *f* mandada por tarjetas perforadas
Kartenlesegerät *n*, e → *Kartenabtaster*
Kartenlocher *m*, - perforador *m* (de tarjetas)
kartenprogrammiert → *kartengesteuert*
kartieren clasificar en un fichero
Karton *m*, s caja *f* de cartón; caja *f* de embalaje; *Waren in* ~*s verpacken* embalar las mercancías
Kartothek *f*, en → *Kartei*
Kasko-Kriegsrisiko-Versicherung *f*, en (Seg.) seguro *m* de casco de riesgo de guerra
Kasko- und Ladungspolice *f*, n (Seg.) póliza *f* del buque y del cargamento
kaskoversichert asegurado a todo riesgo
Kaskoversicherung *f*, en (Seg.) seguro *m* de casco; seguro *m* a todo riesgo; seguro *m* del buque (Syn. *Seeversicherung*)
Kass|a *f*, -en (A) caja *f*; *gegen* ~ al contado; ~ *gegen Dokumente* pagadero al contado contra documentos
Kassaabzug *m*, ¨e descuento *m* por pago al contado
Kassaanweisung *f*, en orden *f* de pago al contado
Kassabericht *m*, e (A) situación *f* de caja
Kassabuch *n*, ¨er libro *m* de caja; libro *m* de (las) operaciones al contado
Kassageschäft *n*, e operación *f* al contado (Syn. *Lokogeschäft*)
Kassakauf *m*, ¨e compra *f* al contado
Kassakurs *m*, e cotización *f* en efectivo

Kassamarkt *m*, ⁻e mercado *m* al contado
Kassanotiz *f*, **en** 1. cotización *f* al contado 2. nota *f* de cotización de divisas
Kassapapier *n*, **e** título *m*, valor *m* negociado al contado
Kassapreis *m*, **e** precio *m* al contado
Kassaschein *m*, **e** bono *m* de caja
Kassation *f*, **(en)** (Jur.) casación *f*; anulación *f*
Kassationsgericht *n*, **e** tribunal *m* de casación
Kassationshof *m*, ⁻e → *Kassationsgericht*
Kassawert *m*, **e** → *Kassapapier*
Kassazahlung *f*, **en** pago *m* al contado
Kasse *f*, **n** caja *f*; efectivo *m*; fondos *pl* disponibles 1. *gemeinschaftliche* ~ caja común; *öffentliche* ~ caja pública 2. *einer* ~ *beitreten* darse de alta en una caja; adherirse a una caja; *die* ~ *führen* llevar la caja; ser cajero; ~ *machen* hacer caja; ajustar cuentas; *gut bei* ~ *sein* tener dinero disponible; *schlecht bei* ~ *sein* no tener dinero disponible 3. ~ *bei Auftragserteilung* pago al otorgar el pedido; *gegen* ~ al contado; ~ *gegen Dokumente* pagadero al contado contra documentos; *netto* ~ neto al contado
Kasse der gegenseitigen Hilfe (R.D.A.) fondo *m* de asistencia mutua; mutualista *f*
Kassenabschluß *m*, ⁻sse cierre *m* de caja
Kassenarzt *m*, ⁻e médico *m* de una caja de enfermedad; médico *m* del seguro
Kassenaufnahme *f*, **n** arqueo *m*, revisión *f* (de caja)
Kassenausgänge *pl* desembolsos *pl*, pagos *pl* en efectivo
Kassenbeleg *m*, **e** comprobante *m* de caja; recibo *m*
Kassenbericht *m*, **e** estado *m* de cuentas; memoria *f*
Kassenbestand *m*, ⁻e efectivos *pl* de caja; balance *m* de caja; fondos *pl* en caja; ~ *der Kreditinstitute* encaje *m* bancario
Kassenbilanz *f*, **en** balance *m* de caja
Kassenbon *m*, **s** bono *m* de caja
Kassenbox *f*, **en** (Seg.) mostrador *m*, ventanilla *f* de caja
Kassenbuch *n*, ⁻er libro *m* de caja
Kassenbucheintragung *f*, **en** asiento *m* de entrada en efectivo
Kassendefizit *n*, **e** déficit *m* de caja
Kassendiebstahl *m*, ⁻e desfalco *m*; robo *m* cometido en perjuicio de la caja
Kasseneingänge *pl* entradas *pl* en caja
Kasseneintrag *m*, ⁻e asiento *m* en caja
Kassenerfolg *m*, **e** éxito *m* de taquilla, de venta (Syn. *Verkaufschlager*)
Kassenfehlbetrag *m*, ⁻e → *Kassendefizit*
Kassenfüller *m*, **-** → *Kassenerfolg*

Kassenhalle *f*, **n** (Seg.) zona *f* de caja
Kassenlage *f*, **n** situación *f* de caja; estado *m* de cuentas
Kassenobligationen *pl* (CH) bonos *pl* de caja; medio *m* de financiación de los créditos hipotecarios
Kassenquittungsmaschine *f*, **n** (Seg.) máquina *f* distribuidora de resguardos de caja
Kassenraum *m*, ⁻e (Seg.) sala *f* de caja
Kassenreserve *f*, **n** recursos *pl* en caja; reserva *f* líquida
Kassenschein *m*, **e** → *Kassenbon*
Kassenschlager *m*, **-** → *Kassenerfolg*
Kassenschrank *m*, ⁻e caja *f* de caudales; caja *f* fuerte
Kassenkonto *m od. n*, **s** descuento *m* por pago al contado
Kassenstand *m*, ⁻e situación *f* de caja; estado *m* de cuentas
Kassenstunden *pl* horario *m* de caja
Kassensturz *m*, (⁻e) arqueo *m*, control *m*, revisión *f* (de caja)
Kassentresor *m*, **e** (Seg.) cámara *f* acorazada reservada para la caja
Kassenüberschuß *m*, ⁻sse excedente *m*, superávit *m* de caja
Kassenumsatz *m*, ⁻e movimiento *m* de caja
Kassenverkehr *m*, Ø → *Kassenumsatz*
Kassenverwalter *m*, **-** cajero *m*; tesorero *m*; cobrador *m*
Kassenvorgang *m*, ⁻e operación *f* de caja
Kassenzettel *m*, **-** vale *m*, bono *m* de caja
Kassette *f*, **n** cassette *m*; cinta *f*
Kassettenaufnahmeschrank *m*, ⁻e (Seg.) caja *f* de recepción de arquetas
Kassier *m*, **e** (A) cajero *m*
kassieren cobrar; percibir; *die Miete* ~ cobrar la renta de alquiler; *Zinsen* ~ percibir intereses
Kassierer *m*, **-** cajero *m*; cobrador *m*
Kastenfenster *n*, **-** (Seg.) doble ventana *f*
Kastenförderanlage *f*, **n** (Seg.) transporte *m* en forma de cajones
Kastenschloß *n*, ⁻sser (Seg.) cerradura *f* de caja
KaT → *Kammer der Technik*
KatA. → *Katasteramt*
Katalog *m*, **e** catálogo *m*; *illustrierter* ~ catálogo ilustrado; ~ *mit Preisangaben* catálogo con lista de precios; *in einem* ~ *aufführen* incluir en un catálogo
katalogisieren catalogar; componer un catálogo
Katalogpreis *m*, **e** precio *m* de catálogo
Katalogversand *m*, Ø envío *m* de catálogos
Kataster *m od. n*, **-** catastro *m*
Katasteramt *n*, ⁻er oficina *f* del catastro
Katasterauszug *m*, ⁻e extracto *m* catastral
Katastrierung *f*, **(en)** catastro *m*

Katastrophendeckung f, en (Seg.) cobertura f de catástrofe
Katastrophenrückversicherung f, en (Seg.) reaseguro m contra catástrofe
Katastrophenschaden m, ⁻e daños pl acaecidos por una catástrofe
Kauf m, ⁻e compra f; compraventa f; adquisición f 1. *fester* ~ compra en firme; ~ *auf Abzahlung (auf Raten)* compra a plazos; ~ *auf Baisse* compra a la baja; ~ *auf Kredit* compra a crédito; ~ *auf Muster* compra sobre muestra; ~ *auf Probe* compra a prueba; ~ *auf Zeit* compra a plazo *od.* término 2. *einen* ~ *abschließen* concertar una compra; *etw.* zum ~ *anbieten* ofrecer a/c a la venta; *einen* ~ *rückgängig machen* anular una compra; *zum* ~ *stehen* estar en venta
Kaufabschlu|ß m, ⁻sse concertación f, conclusión f de una compra
Kaufabsichten pl intenciones pl de compra
Kaufangebot n, e oferta f de compra
Kaufanreiz m, Ø incentivo m a la compra
Kaufauftrag m, ⁻e → *Kauforder*
Kaufbedingungen pl condiciones pl de compra *bzw.* de venta
Kaufbrief m, e → *Kauforder*
kaufen comprar; adquirir; *von (bei) jdm. etw.* ~ comprar a/c en la casa, tienda de alg.; *gegen bar* ~ comprar al contado; *billig, teuer* ~ comprar barato, caro; *aus zweiter Hand* ~ comprar de segunda mano; *auf Kredit, auf Raten* ~ comprar a crédito, a plazos
kaufenswert que vale la pena comprar; interesante
Kaufentscheidung f, en decisión f de compra
Käufer m, - comprador m; cliente m; parroquiano m; ~ *finden* encontrar clientes
Käuferandrang m, Ø afluencia f de clientes, compradores
Käuferansturm m, ⁻e → *Käuferandrang*
Käuferschaft f, Ø clientela f
Käuferschicht f, en categoría f de clientes; grupo m de compradores
Käuferschlange f, n fila f de compradores; cola f
Käuferstreik m, s huelga f de compradores, consumidores
Käuferstrom m, ⁻e afluencia f de compradores
Käufervereinigung f, en asociación f de compradores
Kauffrau f, en comerciante f (inscrita en el Registro Mercantil)
Kaufgegenstand m, ⁻e objeto m de la compra
Kaufgeld n, Ø precio m de compra *od.* adquisición *bzw.* de venta
Kaufgenehmigung f, en autorización f de compra
Kaufgewohnheiten pl costumbres pl, hábitos pl (de compra) de la clientela
Kaufhalle f, n (grandes) almacenes pl
Kaufhandlung f, en (R.D.A.) exposición f de venta organizada por los fabricantes
Kaufhaus n, ⁻er grandes almacenes pl
Kaufhausdetektiv m, e detective m empleado en un almacén
Kaufhauspapiere pl títulos-valores pl de grandes almacenes
Kaufhauswerte pl → *Kaufhauspapiere*
Kaufhöhe f, n importe m, suma f de la compra; *je nach* ~ de acuerdo al valor de la compra
Kaufinteresse n, n interés m de los compradores *od.* de compra
Kaufinteressent m, e comprador m interesado; cliente m potencial
Kaufkontrakt m, e → *Kaufvertrag*
Kaufkraft f, Ø poder m adquisitivo; *überschüssige* ~ *abschöpfen* absorber el poder adquisitivo excesivo; ~ *der Löhne* poder adquisitivo salarial
Kaufkraftabschöpfung f, (en) absorción f del poder adquisitivo excesivo
Kaufkraftausfall m, Ø → *Kaufkraftverlust*
Kaufkraftentzug m, Ø pérdida f, deterioro m del poder adquisitivo
Kaufkrafterhaltung f, (en) mantenimiento m del poder adquisitivo
kaufkräftig, ~es *Publikum* clientela f solvente; compradores pl financieramente sólidos
Kaufkraftparität f, en paridad f del poder adquisitivo
Kaufkraftschöpfung f, en creación f de poder adquisitivo
Kaufkraftschwund m, Ø → *Kaufkraftverlust*
Kaufkraftüberhang m, (⁻e) exceso m de poder adquisitivo
Kaufkraftverlust m, e disminución f, pérdida f del poder adquisitivo
Kaufkraftzuwachs m, Ø aumento m, incremento m del poder adquisitivo
käuflich 1. comprable; adquirible; en venta; ~*e Ware* mercancía f en venta 2. venal; corruptible; ~*er Kaufmann* comerciante m sobornable, corruptible
Käuflichkeit f, Ø venalidad f; corrupción f
Kauflust f, Ø propensión f a la compra; deseo m, ansia f de comprar; tendencia f a comprar; demanda f; *die* ~ *anregen* incentivar la compra
Kauf|mann m, -leute comerciante m; negociante m
kaufmännisch comercial; mercantil; desde el punto de vista comercial; ~*er Angestellter* empleado m de comercio; ~*er Betrieb* empresa f, explotación f comercial; ~*e Beziehungen* relaciones pl comerciales; ~*er Direktor* director

m comercial; *~e Korrespondenz* correspondencia *f* comercial
Kaufmannsdeutsch *n*, Ø jerga *f* comercial
Kaufmannslehrling *m*, e aprendiz *m* de comercio
Kaufmannssprache *f*, Ø → *Kaufmannsdeutsch*
Kaufoption *f*, en opción *f* de compra; *eine ~ erwerben* adquirir una opción de compra
Kauforder *f*, s orden *f* de compra
Kaufpläne *pl* intenciones *pl* de compra
Kaufpreis *m*, e precio *m* de compra, adquisición; *der ~ beträgt 100 DM* el precio de compra es de, asciende a 100 DM; *einen Betrag auf den ~ anrechnen* descontar una suma del precio de compra; *den ~ zurückerstatten* restituir el precio de compra
Kaufrausch *m*, Ø fiebre *f* de compra
Kaufrückvergütung *f*, en restitución *f* del precio de compra
Kaufstelle *f*, n lugar *m*, sitio *m*, punto *m* de compra
Kaufsucht *f*, Ø manía *f*, obsesión *f* de compra
Kaufsumme *f*, n → *Kaufpreis*
Kaufunlust *f*, Ø resistencia *f* a comprar
Kaufurkunde *f*, n certificado *m* de compraventa; *~ über ein Grundstück* escritura *f* de compra de un inmueble
Kaufverhalten *n*, Ø comportamiento *m* de compra *bzw.* de los compradores
Kaufverpflichtung *f*, en obligación *f* de compra
Kaufversprechen *n*, - promesa *f* de compra *bzw.* de venta
Kaufvertrag *m*, ⁼e contrato *m* de compra (venta); *erfüllter ~* contrato de compra cumplimentado; *~ mit Eigentumsvorbehalt* contrato de compra con reserva de propiedad *od.* de dominio; *~ unterzeichnen* firmar un contrato de compra (venta)
Kaufwelle *f*, n ola *f*, flujo *m* de compra
Kaufwert *m*, e valor *m* de compra
Kaufzurückhaltung *f*, Ø reticencia *f* de los compradores, clientes; clientela *f* reacia a la compra
Kaufzwang *m*, (⁼e) obligación *f* de compra; *ohne ~* sin obligación de compra
Kaution *f*, en fianza *f*; caución *f*; garantía *f*; *gegen ~* contra caución; *hinterlegte ~* caución depositada; *~ bei Gericht* fianza judicial; *eine ~ festsetzen* fijar una caución; *sich gegen ~ auf freiem Fuß befinden* hallarse en libertad bajo fianza; *~ leisten* dar, otorgar caución (Syn. *Bürgschaft*)
kautionsfähig capaz de servir de garantía; que puede dar fianza
Kautionskredit *m*, e crédito *m* de aval, caución, garantía (Syn. *Avalkredit*)
kautionspflichtig de caución obligatoria; sujeto a prestar caución
Kautionssumme *f*, n importe *m*, suma *f* de la caución
Kautionswechsel *m*, - efecto *m* cambial en depósito; efecto *m* para garantizar un compromiso incierto (Syn. *Depotwechsel, Sicherungswechsel*)
Kavaliersdelikt *n*, e delito *m* menor; bagatela *f*
Kellerrost *m*, e (Seg.) parrilla *f* de sótano
Kellerschacht *m*, ⁼e (Seg.) abertura *f* para sótanos; acceso *m* al sótano
Kellerwechsel *m*, - letra *f* ficticia, proforma; efecto *m* ficticio
Kenndaten *pl* características *pl* de identificación
Kennedy-Runde *f*, Ø (Angl.) Kennedy Round *m* (negociaciones entabladas de 1964 a 1967 bajo la iniciativa del presidente Kennedy, con el fin de desmantelar las barreras arancelarias)
Kennkarte *f*, n documento *m*, carnet *m* de identidad
Kenn-Nr. → *Kennummer*
Kennummer *f*, n número *m* de referencia *bzw.* pedido
Kenntlichmachen *n*, Ø (Seg.) *~ von Banknoten* dispositivos *pl* para el reconocimiento de billetes (de banco)
Kenntnis *f*, se conocimiento *m*; *jdm. von etw. in ~ setzen* notificar a/c a alg.; *von etw. ~ nehmen* tomar nota de a/c; *umfassende ~se auf einem Gebiet* conocimientos amplios, de fondo en un ámbito; *seine ~se erweitern* ampliar sus conocimientos
Kennwert *m*, e (Seg.) consigna *f*; código *m*
Kennzahl *f*, en índice *m*; cifra *f* índice; número *m* indicador
Kennzeichen *n*, - marca *f*; distintivo *m*; característica *f*; (Auto.) *polizeiliches ~* matrícula *f*
Kennzeichenschild *n*, er (Auto.) placa *f*; matrícula *f*
Kennziffer *f*, n índice *m*; cifra *f* índice; coeficiente *m*; *erzeugnisbezogene ~* índice de producción; *~n der Industrie* normas e índices industriales
Kennzifferanschrift *f*, en dirección *f* cifrada, codificada
kerbempfindlich (Seg.) sensible al corte
Kern *m*, e núcleo *m*; centro *m*; punto *m* principal; *der harte ~ der Belegschaft* los miembros intransigentes, inflexibles de la plantilla
Kern- (Pref.) nuclear; atómico (Syn. *Atom, Atomkraft*)
Kernarbeitszeit *f*, en jornada *f* laboral fija (Syn. *Fixzeit*)
Kernbrennstoff *m*, e combustible *m* nuclear
Kernenergie *f*, n energía *f* nuclear, atómica (Syn. *Atomenergie*)

Kernenergieantrieb *m*, e propulsión *f* nuclear (Syn. *Atomantrieb*)
Kernenergienutzung *f*, en utilización *f* de la energía nuclear
Kernenergierisik|o *n*, -en riesgo *m*, peligro *m* nuclear
Kernforschung *f*, en investigación *f* nuclear
Kernforschungszentr|um *n*, -en centro *m* de investigación nuclear
Kernindustrie *f*, n industria *f* nuclear
Kerningenieur *m*, e ingeniero *m* nuclear
Kernkraft *f*, Ø energía *f* nuclear; *der Anteil der ~ an der Energieversorgung beträgt* la participación de la energía nuclear en el abastecimiento energético es de, asciende a
Kern(kraft)anlage *f*, n instalación *f* nuclear
Kernkraftbefürworter *m*, - partidario *m* de la (utilización de la) energía nuclear
Kernkraftgegner *m*, - adversario *m*, contrario *m* a la (utilización de la) energía nuclear; antinuclear *m*
Kernkraftwerk *n*, e *(KKW)* central *f* nuclear (Syn. *Atomkraftwerk*)
Kernkraftwerksunfall *m*, ⁻e accidente *m* acaecido en una central nuclear
Kernreaktor *m*, en reactor *m* nuclear; pila *f* atómica (Syn. *Atommeiler*)
Kernspeicher *m*, - (Inform.) memoria *f*
Kernstift *m*, e (Seg.) pistón-guía *m*
Kette *f*, n cadena *f*; *freiwillige ~* cadena voluntaria
Kettengeschäft *n*, e comercio *m* de sucursales múltiples
Kettenhandel *m*, Ø comercio *m* por intermediarios
Kettenladen *m*, ⁻e almacén *m* de sucursales múltiples
Kettenreaktion *f*, en reacción *f* en cadena
Kettenvertrag *m*, ⁻e contrato *m* (de trabajo) de duración indeterminada; contrato *m* renovable por tácita aceptación; contrato *m* en cadena
Kfz → *Kraftfahrzeug*
Kfz-Bestand *m*, ⁻e parque *m* de coches, automóviles
Kfz-Steuer *f*, n impuesto *m* sobre (vehículos) automóviles; patente *f*
Kfz-Versicherung *f*, en seguro *m* de automóviles
Kfz-Zulassung *f*, en autorización *f* para circular; patente *f* de circulación
KG *f*, s 1. *Kommanditgesellschaft* sociedad *f* comanditaria, en comandita (S. en C.) 2. (R.D.A.) *Kooperations-Gemeinschaft* cooperativa *f* que comprende a las pequeñas y medianas empresas
KGaA *f (Kommandit-Gesellschaft auf Aktien)* sociedad *f* comanditaria, en comandita por acciones
KGV *n*, s *(Kurs-Gewinn-Verhältnis)* relación *f* cotización/beneficio
Kibbuz *m*, im *od.* e kibutz *m*; granja *f* colectiva (en Israel)
Kilo *n*, s kilo(gramo) *m*
Kilometergeld *n*, Ø 1. subvención *f* para gastos de viaje 2. (Ferr.) precio *m* por kilómetro
Kilometerpauschale *f*, n tasa *f* kilométrica
Kilometersatz *m*, ⁻e → *Kilometerpauschale*
Kilometertarif *m*, e tarifa *f* kilométrica
Kilopreis *m*, e precio *m* por kilo(gramo)
Kilowatt *n*, Ø *(kw)* kilovatio *m*
Kilowattstunde *f*, n *(kWh)* kilovatio-hora *m*
Kind *n*, er niño *m*; hijo *m*; *ausgesetztes ~* expósito *m*; *minderjähriges ~* hijo menor de edad (Syn. *unmündiges ~*); *unterhaltberechtigtes ~* niño con derecho a alimentos; *jdn. an ~es Statt nehmen* adoptar un niño
Kinderarbeit *f*, en trabajo *m* infantil *od.* de menores
Kinderbeihilfe *f*, n → *Kindergeld*
Kinderermäßigung *f*, en descuento *m* por familia numerosa
Kinderfreibetrag *m*, ⁻e desgravación *f* por cargas familiares
Kindergeld *n*, er plus *m* familiar (Estado) *bzw.* puntos *pl* por esposa e hijos (Empresa)
kinderreiche Familie *f*, n familia *f* numerosa
Kinderschutzgesetz *n*, e ley *f* sobre la protección de menores
Kindersterblichkeit *f*, Ø mortalidad *f* infantil
Kinderzulage *f*, n → *Kindergeld*
Kinderzuschlag *m*, ⁻e → *Kindergeld*
Kippeinrichtung *f*, en (Seg.) mecanismo *m* basculante
Kippen *n*, Ø (Seg.) vuelco *m*
Kippfenster *n*, - (Seg.) ventana *f* abatible
Kippschere *f*, n (Seg.) dispositivo *m* basculante
Kippstellung *f*, en (Seg.) posición *f* inclinada
Kirchenrecht *n*, e derecho *m* eclesiástico
Kirchensteuer *f*, n (R.F.A.) impuesto *m* eclesiástico (recogido por el Estado para las diferentes confesiones, destinado a la restauración y manutención de las instituciones religiosas respectivas)
Kitt *m*, Ø (Seg.) masilla *f*
KKW *n*, s → *Kernkraftwerk*
klagbar demandable por vía judicial; *~ vorgehen* recurrir a los tribunales
Klage *f*, n acción *f*; demanda *f* judicial; causa *f*; pleito *m*; queja *f*; reclamación *f* 1. *im Wege der ~* por vía judicial; *dingliche ~* demanda, acción real; *~ auf Zahlung des Kaufpreises* demanda por pago del precio de compra; *~ in bürgerlichen Rechtsstreitigkeiten* acción civil

2. *eine ~ abweisen* rechazar una acción; recusar, denegar una demanda judicial; *eine ~ gegen jdn. anstrengen* presentar, interponer demanda contra alg.; *eine ~ begründen* alegar pruebas; motivar la acción; *~ einreichen* formular, interponer demanda; *einer ~ stattgeben* dar curso a, admitir una acción; *eine ~ zustellen* notificar una demanda
Klageabweisung *f*, **en** denegación *f* de una demanda; *zwingende ~* denegación perentoria
Klagebefugnis *f*, **(se)** derecho *m* de presentar una demanda judicial
Klageerhebung *f*, **en** presentación *f* de una demanda, acción judicial
Klageerwiderung *f*, **en** contestación *f* a la demanda
klagen formar causa a alg.; entablar una acción judicial; querellar contra; reclamar en juicio
Kläger *m*, **-** (parte *f*) demandante *m*; actor *m*; *als ~ auftreten* presentarse, comparecer en calidad de demandante; *zugunsten des ~s entscheiden* decidir en favor del demandante; *mit dem ~ ein Abkommen treffen* llegar a un acuerdo con el demandante
Klagerecht *n*, **e** derecho *m* de acción; derecho *m* de recurrir a los tribunales
Klagerücknahme *f*, **n** desistimiento *m* de la acción, demanda
Klageschrift *f*, **en** escrito *m* de demanda
Klageweg *m*, *Ø auf dem ~* por vía judicial; judicialmente
Klagezustellung *f*, **en** notificación *f* de la demanda, acción
Klappenautomatik *f*, *Ø* (Seg.) dispositivo *m* automático anti-retorno
Klappflügelfenster *n*, **-** (Seg.) ventana *f* de fuelle
Klapp- und Vorsatzläden *pl* (Seg.) cierres *pl* de tijera y desmontables; postigo *m* plegable y antepuesto
Kläranlage *f*, **n** instalación *f* de depuración
klarmachen aclarar; explicar
Klarsichtpackung *f*, **en** embalaje *m* transparente
Klartext *m*, *Ø* texto *m* en claro; *im ~* en claro
Klasse *f*, **n** clase *f* social; categoría *f*; clase *f*; *arbeitende ~* clase trabajadora; *besitzende ~n* clases acomodadas; burguesía *f*; *herrschende ~n* clases dominantes, dirigentes
Klassenauseinandersetzung *f*, **en** conflicto *m* de clases
Klassenbewußtsein *n*, *Ø* conciencia *f* de clase
Klassengeist *m*, *Ø* espíritu *m* de clase
Klassengesellschaft *f*, **en** sociedad *f* clasista
Klassenkampf *m*, **ⁿe** lucha *f* de clases
Klassenstruktur *f*, **en** estructura *f* de clases
Klassenunterschied *m*, **e** diferencia *f* entre las clases sociales

Klaue *f*, **n** (Seg.) garra *f*
Klausel *f*, **n** cláusula *f*; condición *f*; estipulación *f*; *einschränkende ~* cláusula restrictiva; *handelsübliche ~* cláusula usual en el comercio; *eine ~ einfügen* insertar una cláusula; *eine ~ einem Vertrag beifügen* añadir una cláusula a un contrato; *5%-Klausel* correctivo *m* electoral
klein pequeño; corto; breve; exiguo; reducido 1. *~er Angestellter* empleado *m* subalterno; *~e Anzeigen* anuncios *pl* por palabras; (LA) (avisos *pl*) clasificados *pl* 2. *im ~en verkaufen* vender al por menor *od.* al detalle
Kleinaktie *f*, **n** acción *f* de valor (nominal) reducido; acción *f* pequeña
Kleinaktionäre *pl* pequeños accionistas *pl*
Kleinanleger *m*, **-** pequeños inversores *pl*
Kleinausfuhrerklärung *f*, **en** declaración *f* de aduana simplificada
Kleinbauer *m*, **n** pequeño agricultor *m*
Kleinbesitz *m*, *Ø* pequeña propiedad *f*; minifundio *m*
Kleinbetrieb *m*, **e** pequeña explotación *f*, empresa *f*
Kleinbürgertum *n*, *Ø* pequeña burguesía *f*
Kleincomputer *m*, **-** mini-ordenador *m* (Syn. *Minicomputer*)
Kleindruck *m*, **- in ~** en caracteres pequeños; en tipo chico
Kleineigentum *n*, *Ø* → *Kleinbesitz*
Kleinen, *die ~* los pequeños; *die ~ der Autoindustrie* los pequeños de la industria de la automoción
kleine und mittlere Betriebe *pl* → *Klein- und Mittelbetriebe*
Kleinformat *n*, *Ø* tamaño *m* reducido; (Angl.) formato *m* reducido
Kleingedrucktes cláusulas *pl* en letra pequeña
Kleingeld *n*, *Ø* calderilla *f*; dinero *m* suelto; cambio *m*
Kleingewerbe *n*, *Ø* pequeña industria *f*; pequeño comercio *m*
Kleingewerbetreibende/r *(der/ein)* comerciante *m* al por menor; detallista *m*
Kleingut *n*, **ⁿer** paquete *m* postal
Kleinhandel *m*, *Ø* comercio *m* al por menor *od.* al detalle
Kleinhandelsgeschäft *n*, **e** comercio *m* de venta al por menor *od.* al detalle
Kleinhandelspreis *m*, **e** precio *m* al por menor *od.* de detalle
Kleinhändler *m*, **-** (comerciante *m*) minorista *m*; detallista *m*
Kleinkredit *m*, **e** crédito *m* personal (crédito relativamente pequeño, cuya devolución se efectúa a plazos) (Syn. *Privatkredit*)

Kleinrechner *m*, - mini-ordenador *m*
Kleinrentner *m*, - pequeño jubilado *m*
Kleinsparer *m*, - pequeño ahorrador *m*
Kleinst- (Pref.) mínimo; mini-
Kleinstbetrag *m*, ⁻ᵉe importe *m* mínimo; suma *f* mínima
Kleinstbetrieb *m*, e explotación *f* muy pequeña; miniexplotación *f*
Kleinstpackung *f*, en modelo *m* de embalaje más pequeño
Kleinstpreis *m*, e precio *m* mínimo
Klein- und Mittelbetriebe *pl* pequeñas y medianas empresas *pl* (PYME)
Kleinverdiener *m*, - perceptor *m* de poco salario
Kleinverkauf *m*, Ø venta *f* al por menor *od.* al detalle
Kleinverkaufspreis *m*, e precio *m* de venta al por menor *od.* al detalle
klettern escalar; subir; *der Preis ist auf 100 DM geklettert* el precio se disparó hasta alcanzar los 100 DM; *der Preis ~t über 100 DM* el precio sobrepasa los 100 DM
Klient *m*, en 1. cliente *m*; mandante *m* (de un abogado) 2. cliente *m* (Syn. *Kunde*)
Klientel *f*, en clientela *f* (de un abogado) (Syn. *Kundschaft*)
Klima- und Heizungsanlagen *pl* (Seg.) instalaciones *pl* de climatización y calefacción
Klimakanal *m*, ⁻ᵉe (Seg.) canal *m* de climatización
Klinkermauerwerk *n*, e (Seg.) mampostería *f* de ladrillo refractario
knapp escaso; reducido; estrecho; *eine ~e Mehrheit* una mayoría justa; *~ bei Kasse sein* disponer de poco dinero; *die Preise so ~ wie möglich berechnen* calcular los precios lo más justamente posible; *ein ~es Auskommen haben* tener un modesto vivir
Knappe *m*, n (Min.) minero *m*
knapphalten restringir; limitar; *eine Ware künstlich ~* limitar una mercancía artificialmente
Knappheit *f*, Ø escasez *f*; falta *f*; insuficiencia *f*; *~ an Devisen* escasez de divisas
Knappschaft *f*, en corporación *f* de mineros
Knappschaftskrankenkasse *f*, n (R.F.A.) Caja *f* de Enfermedad para Mineros
Knappschaftsrente *f*, n jubilación *f* de los mineros
Knappschaftsversicherung *f*, en seguro *m* de enfermedad para mineros
knausern escatimar; *er ~t mit dem Geld* es tacaño, mezquino
Knebelungsvertrag *m*, ⁻ᵉe (Jur.) contrato *m* leonino; contrato *m* de dependencia
Kniekontaktschiene *f*, n (Seg.) rail *m* de contacto accionado por rodilla

Kniff *m*, e truco *m*; estratagema *f*; artificio *m*; *ein juristischer ~* un artificio jurídico
Knotenpunkt *m*, e centro *m* neurálgico; (Ferr.) empalme *m*; nudo *m* ferroviario
Know-how *n*, Ø (Angl.) know-how *m*; conocimientos *pl* técnicos, científicos, tecnología
Knüller *m*, - (Fam.) éxito *m* de venta, de taquilla
Koalition *f*, en coalición *f*; *eine ~ bilden* formar una coalición; *sozialliberale ~* coalición socio-liberal
Koalitionsbeschlu|ß *m*, ⁻ᵉsse resolución *f* tomada por un grupo parlamentario
Koalitionskanzler *m*, Ø (R.F.A.) canciller *m* de la coalición
Koalitionspartner *m*, - partido *m* integrante de la coalición
Koalitionsrecht *n*, e derecho *m* de coalición, de asociación; derecho *m* sindical
Koalitionsregierung *f*, Ø gobierno *m* de coalición
Koalitionszwang *m*, ⁻ᵉe disciplina *f* de voto (en el seno de una coalición)
Kod|ex *m*, e *od.* -izes código *m*
kodiert codificado; (Seg.) *~er Verschluß* cerradura *f* codificada
kodifizieren cifrar; poner en clave; codificar
Koeffizient *m*, en coeficiente *m*
Ko-Finanzierung *f*, en cofinanciación *f*; financiación *f* conjunta
Kohle *f*, n 1. carbón *m*; hulla *f*; *weiße ~* hulla blanca (Syn. *elektrische Energie*); *~ abbauen (fördern)* extraer carbón 2. (Fam.) dinero *m*
Kohle(n)- (Pref.) carbonero/a; carbonífero/a; de carbón *od.* hulla
Kohlenabbau *m*, Ø extracción *f*, explotación *f* de carbón *od.* hulla; producción *f* carbonera
Kohlenabgabe *f*, n contribución *f* sobre el carbón
Kohlenbecken *n*, - cuenca *f* carbonífera; yacimientos *pl* de carbón
Kohlenbergbau *m*, Ø explotación *f* de carbón; minería *f* del carbón; industria *f* carbonera *od.* hullera
Kohlenbergwerk *n*, e → *Kohlengrube*
Kohlendampfer *m*, - buque *m* carbonero; vapor *m* para el transporte de carbón
Kohlenflöz *n*, e capa *f* carbonera; estrato *m*, veta *f* de carbón
Kohlenförderung *f*, en → *Kohlenabbau*
Kohlengas *n*, e gas *m* de hulla *od.* carbón
Kohlengebiet *n*, e cuenca *f* carbonífera *od.* hullera; yacimientos *pl* de carbón
Kohlengrube *f*, n mina *f* de carbón (Syn. *Kohlenzeche*)
Kohlenknappheit *f*, Ø escasez *f* de carbón
Kohlenkraftwerk *n*, e central *f* térmica (a carbón)
Kohlenkrise *f*, n crisis *f* carbonera

Kohlenlager n, - 1. yacimiento m de carbón 2. depósito m, almacén m de carbón
Kohlenlagerstätte f, n yacimiento m de carbón
Kohlenpott m, Ø (Fam.) cuenca f del Ruhr
Kohlenrevier n, e → *Kohlengebiet*
Kohlensyndikat n, e sindicato m del carbón
Kohlenverbrauch m, Ø consumo m de carbón
Kohlenversorgung f, en abastecimiento m, suministro m de carbón
Kohlenvorkommen n, - → *Kohlenlager*
Kohlenvorrat m, ⁻e provisiones pl de carbón
Kohlenzeche f, n → *Kohlengrube*
Kohlepapier n, e papel m carbón
Kohlpfennig m, e (R.F.A.) impuesto m sobre el carbón (para la financiación de la energía)
Kohleveredelung f, Ø refinación f del carbón
Kohleverflüssigung f, (en) hidrogenación f del carbón
Kohlevergasung f, (en) gasificación f del carbón
Kokerei f, en coquería f; planta f de coque
Koks m, e coque m
Kolchos m od. n, e koljoz m; explotación f agrícola colectiva
Kolchosbauer m, n agricultor m que trabaja en un koljoz
Kolchose f, n → *Kolchos*
Kollaps m, e colapso m; declive m (económico)
Kollege m, n colega m
kollegial colegial; ~*es Verhalten* actitud f, comportamiento m colegial
Kollegialführung f, en dirección f colegial
Kollektiv n, e od. s 1. colectividad f; grupo m; comunidad f 2. (R.D.A.) equipo m de trabajo, de producción socialista; ~ *der sozialistischen Arbeit* colectividad socialista de trabajo que comprende las brigadas socialistas de trabajo o empresas mixtas
Kollektiv- (Pref.) colectivo
Kollektivbedürfnisse pl nececidades pl colectivas
Kollektivbetrieb m, e empresa f colectiva
Kollektiveigentum n, Ø propiedad f colectiva
Kollektivhaftung f, en responsabilidad f colectiva
kollektivieren nacionalizar
Kollektivierung f, en nacionalización f
Kollektivismus m, Ø colectivismo m
kollektivistisch colectivista
Kollektivkont|o n, -en cuenta f colectiva; cuenta f mancomunada (Syn. *Gemeinschaftskonto*)
Kollektivleiter m, - (R.D.A.) director m de un equipo socialista de trabajo
Kollektivprokur|a f, -en poder m colectivo
Kollektivsparen n, Ø ahorro m obligatorio
Kollektivüberweisung f, en transferencia f colectiva

Kollektivvereinbarung f, en acuerdo m, convenio m colectivo
Kollektivversicherung f, en seguro m colectivo
Kollektivvertrag m, ⁻e contrato m colectivo
Kollektivvollmacht f, en → *Kollektivprokura*
Kollektivwirtschaft f, en economía f colectivista; colectivismo m
Kollisionshaftpflichtversicherung f, en (Seg.) seguro m de responsabilidad civil de colisión
kolonial colonial
kolonialisieren → *kolonisieren*
Kolonialwaren pl productos m exóticos provenientes de ultramar; ultramarinos pl
Kolonialwarenhändler m, - comerciante m de ultramarinos
Kolonialwarengeschäft n, e comercio m de ultramarinos
kolonisieren colonializar
Kombinat n, e (R.D.A.) combinado m, complejo m industrial; grupo m de empresas de un mismo ramo industrial
Komitee n, s comité m (Syn. *Ausschuß*)
Komitee des Rates n, Ø (R.D.A.) comité m del COMECON
Kommanditaktiengesellschaft f, en sociedad f comanditaria, en comandita por acciones
Kommanditaktionär m, e accionista m comanditario
Kommanditanteil m, e participación f comanditaria
Kommanditär m, e (CH) → *Kommanditist*
Kommanditeinlage f, n aportación f comanditaria
Kommanditgesellschaft f, en *(KG)* sociedad f en comandita, comanditaria
Komanditist m, en socio m comanditario
Kommandohebel pl palanca f de mando
Kommastelle f, n cifra f decimal
kommen 1. llegar a; ascender a; *das Personal* ~*t auf 2000 Beschäftigte* la plantilla asciende a 2000 empleados 2. venir
kommerzialisieren comercializar
Kommerzialisierung f, en comercialización f
kommerziell comercial; ~*es Risiko* riesgo m comercial
Kommis m, - empleado m, dependiente m de comercio
Kommission f, en 1. comisión f; comité m; *eine* ~ *bilden* formar, crear una comisión; *gemischte* ~ comisión mixta; *ständige* ~ comisión permanente; ~ *von Sachverständigen* comisión de expertos (Syn. *Ausschuß*) 2. comisión f (pago de una determinada suma por la prestación de un servicio); *eine Ware in* ~ *nehmen* tomar mercancía en comisión; *einer* ~ *unterliegen* estar sujeto a una comisión (Syn. *Pro-*

vision)
Kommission *f* **der Europäischen Gemeinschaften** Comisión *f* de las Comunidades Europeas
Kommissionär *m*, **e** comisionista *m* (en nombre propio)
Kommissionsagent *m*, **en** agente *m* de comisiones
Kommissionsgebühr *f*, **en** comisión *f*; porcentaje *m*
Kommissionsgeschäft *n*, **e** operaciones *pl* de comisión
Kommissionstratte *f*, **n** → *Kommissionswechsel*
Kommissionswechsel *m*, - letra *f* de comisión; letra *f* por cuenta de un tercero
Kommittent *m*, **en** comitente *m*; mandatario *m*
kommunal municipal; comunal
Kommunalabgaben *pl* impuestos *pl* municipales
Kommunalanleihe *f*, **n** empréstito *m* municipal
Kommunalbetrieb *m*, **e** empresa *f* municipal
Kommunaldarlehen *n*, - préstamo *m* municipal
Kommunalobligation *f*, **en** obligación *f* municipal
Kommunalpolitik *f*, Ø política *f* comunal, municipal
Kommunalrecht *n*, **e** derecho *m* municipal
Kommunalschuldverschreibung *f*, **en** obligación *f* municipal
Kommunalsteuer *f*, **n** impuesto *m* municipal
kommunalsteuerpflichtig sujeto a tributación municipal
Kommune *f*, **n** municipio *m*; municipalidad *f*; *Bund, Länder und ~n* la Federación, los länder, los municipios (Syn. *Gemeinde*)
Kommunikation *f*, **n** comunicación *f*; *eine ~ herstellen* establecer una comunicación
Kommunikationsmittel *n*, - medio *m* de comunicación
Kommuniqué *n*, **s** comunicado *m*; *ein ~ herausgeben* publicar un comunicado
Kompaktanlage *f*, **n** (Seg.) instalación *f* compacta
Kompensation *f*, **en** 1. compensación *f* 2. reparación *f*; indemnización *f*
Kompensationsforderung *f*, **en** exigencia *f* de compensación
Kompensationsgeschäft *n*, **e** operación *f* de compensación
Kompensatonskurs *m*, **e** tipo *m*, cotización *f* de compensación
Kompensationsmechanismen *pl* mecanismos *pl* de compensación
kompensatorisch compensatorio
kompensieren compensar
kompetent competente; indicado; autorizado; *er fühlt sich nicht ~ für diese Aufgabe* no se siente competente para abordar esta tarea (Syn. *zuständig*)

Kompetenz *f*, **en** competencia *f*; jurisdicción *f*; *die Verteilung der ~en* la repartición de las competencias; *es fällt in die ~ der Verwaltungsbehörden* corresponde a la competencia de las autoridades administrativas
Kompetenzstreit *m*, **e** conflicto *m* de jurisdicción *bzw.* de competencia
Kompetenzüberschreitung *f*, **en** abuso *m* de poder
Komplementär *m*, **e** socio *m* colectivo; socio *m* personalmente responsable (Syn. *Vollhafter*)
Komplementärgüter *pl* bienes *pl* complementarios
komplett completo; entero
Komplex *m*, **e** conjunto *m*; grupo *m*; complejo *m*; lote *m* de terrenos; *industrieller ~* complejo industrial
Komplexbrigade *f*, **n** (R.D.A.) brigada *f* mixta de trabajo (compuesta de diferentes gremios para resolver una tarea común)
Komplexprogramm *n*, **e** (R.D.A.) plan *m* económico diseñado y realizado por diferentes países del COMECON
Komponente *f*, **n** componente *f*
Kompromiß *m*, **-sse** compromiso *m*
kompromißbereit dispuesto a llegar a un compromiso; dispuesto a transigir
Kompromißbereitschaft *f*, **en** disposición *f* a transigir
Kompromißformel *f*, **n** fórmula *f* de(l) compromiso
Kompromißlösung *f*, **en** componenda *f*; *nach einer ~ suchen* buscar una componenda
Komptantgeschäft *n*, **e** operación *f* al contado (el envío y el pago de los bienes negociados se efectúan inmediatamente) (Syn. *Kassagegeschäft*)
Konditionen *pl* condiciones *pl*; *Waren zu gewissen ~ anbieten* ofrecer mercancías bajo ciertas condiciones (Syn. *Bedingungen*)
konditionieren condicionar; poner en función de; *~ter Reflex* reflejo *m* condicionado
Konditionsrabatt *m*, **e** descuento *m* condicional
Kondolenzbesuch *m*, **e** visita *f* de condolencia, de pésame
Konfektion *f*, **en** (ramo *m* de) confección *f*; artículos *pl* de confección
Konfektionsgeschäft *n*, **e** comercio *m* de confección
Konfektionsmesse *f*, **n** *Spanische ~* Salón *m* Nacional de la Confección (Barcelona)
Konferenz *f*, **en** conferencia *f*
Konferenzdolmetscher *m*, - intérprete *m* de conferencias
Konferenzteilnehmer *m*, - participante *m* en una

conferencia
konferieren conferenciar; celebrar una conferencia
Konfiskation *f*, **en** confiscación *f*; incautación *f*; embargo *m*; decomiso *m*
konfiszieren confiscar; incautar; embargar
Konflikt *m*, **e** conflicto *m*
Konfliktfall *m*, ⸚e caso *m* conflictivo *od*. de conflicto
Konfliktkommission *f*, **en** comisión *f* de arbitraje en caso de conflicto
Konfliktlösung *f*, **en** solución *f* de (un) conflicto
Konföderation *f*, **en** confederación *f*
Konjunktur *f*, **en** coyuntura *f*; ciclo *m* económico
Konjunkturabhängigkeit *f*, (**en**) dependencia *f* coyuntural
Konjunkturabschwächung *f*, **en** debilitación *f*, aflojamiento *m* de la coyuntura
Konjunkturabschwung *m*, (⸚e) recesión *f*, atonía *f*, depresión *f* coyuntural
Konjunkturabstieg *m*, Ø → *Konjunkturabschwung*
Konjunkturanalyse *f*, **n** análisis *m* coyuntural
konjunkturanfällig sensible a las variaciones coyunturales; sujeto a las fluctuaciones coyunturales
Konjunkturanfälligkeit *f*, Ø sensibilidad *f* con respecto a las fluctuaciones coyunturales
Konjunkturankurbelung *f*, **en** reanimación *f*, relanzamiento *m* coyuntural
konjunkturanregend destinado a estimular la coyuntura
Konjunkturaufschwung *f*, ⸚e expansión *f*, auge *m* coyuntural
Konjunkturausgleichsrücklage *f*, **en** (R.F.A.) reserva *f* (de acción) anticíclica
Konjunkturbarometer *n*, - barómetro *m* coyuntural
konjunkturbedingt coyuntural; cíclico; en función de la coyuntura; sujeto a la situación coyuntural
Konjunkturbelebung *f*, **en** reanimación *f*, recuperación *f* coyuntural
Konjunkturbericht *m*, **e** informe *m*, nota *f* sobre la situación coyuntural
Konjunkturbewegung *f*, **en** movimiento *m* coyuntural; cambios *pl* coyunturales
Konjunkturbild *n*, (**er**) perfil *m*, tabla *f* coyuntural; situación *f* económica
konjunkturdämpfend destinado a suavizar, moderar la coyuntura; *~e Maßnahmen* medidas *pl* destinadas a moderar la coyuntura
Konjunkturdämpfung *f*, **en** moderación *f*, suavización *f* de la coyuntura
Konjunktureinbruch *m*, ⸚e caída *f*, derrumbe *m* coyuntural

konjunkturell coyuntural; cíclico; de la coyuntura; *~e Arbeitslosigkeit* desempleo *m*, paro *m* coyuntural
konjunkturempfindlich → *konjunkturanfällig*
Konjunkturentwicklung *f*, **en** desarrollo *m*, evolución *f* de la coyuntura
Konjunkturflaute *f*, **n** depresión *f*, estancamiento *m*, baja *f* coyuntural
Konjunkturforscher *m*, - investigador *m* de los ciclos económicos; analista *m* del mercado
Konjunkturforschung *f*, **en** investigación *f* de los ciclos económicos; análisis *m* del mercado
Konjunkturforschungsinstitut *n*, **e** instituto *m* de investigación de los ciclos económicos
Konjunkturkurve *f*, **n** curva *f* coyuntural
Konjunkturlenker *pl* responsables *pl* de la coyuntura
Konjunkturlenkung *f*, **en** → *Konjunktursteuerung*
Konjunkturpolitik *f*, Ø política *f* de coyuntura
Konjunkturprognosen *pl* pronósticos *pl*, predicciones *pl* sobre la coyuntura
Konjunkturrisik|o *n*, **-en** riesgo *m* coyuntural
Konjunkturrückgang *m*, ⸚e recesión *f*; contracción *f* coyuntural
Konjunkturrückschlag *m*, ⸚e contracción *f* coyuntural; debilitamiento *m* coyuntural
Konjunktursachverständige/r (*der/ein*) → *Konjunkturforscher*
Konjunkturspritze *f*, **n** inyección *f* de capital para reanimar la coyuntura
Konjunktursteuerung *f*, **en** control *m* de la economía
Konjunktursturz *n*, **e** bajón *m*, depresión *f* coyuntural
Konjunkturtief *n*, **s** depresión *f*, estancamiento *m*, paralización *f* coyuntural
Konjunkturüberhitzung *f*, **en** sobrecalentamiento *m*, recalentamiento *m* coyuntural, de la coyuntura
Konjunkturumschlag *m*, ⸚e cambio *m*, viraje *m* coyuntural
Konjunkturumschwung *m*, ⸚e → *Konjunkturumschlag*
Konjunkturuntersuchung *f*, **en** análisis *m* coyuntural
Konjunkturverlangsamung *f*, **en** ralentización *f* de la coyuntura
Konjunkturverlauf *m*, Ø evolución *f*, marcha *f* de la coyuntura, coyuntural; ritmo *m* de la coyuntura
Konjunkturvoraussagen *pl* pronósticos *pl*, predicciones *pl* sobre la coyuntura, coyunturales
Konjunkturwellen *pl* ondas *pl* de la coyuntura
Konjunkturzufälle *pl* → *Konjunkturrisiko*
Konjunkturzusammenbruch *m*, ⸚e derrumbe

m, desplome *m* de la coyuntura, coyuntural
Konjunkturzuschlag *m*, ⁻ᵉe recargo *m* coyuntural
Konjunkturzykl|us *m*, -en ciclo *m* económico
Konkurrent *m*, en competidor *m*
Konkurrenz *f*, en 1. competencia *f*; *freie* ~ libre competencia; *jdm.* ~ *machen* hacer (la) competencia a alg.; competir con alg. 2. concurso *m*; certamen *m*
Konkurrenzausschreibung *f*, en convocatoria *f* del concurso
Konkurrenzdruck *m*, Ø presión *f* de la competencia
Konkurrenzfabrikat *n*, e producto *m* de la competencia
konkurrenzfähig competitivo; capaz de competir
Konkurrenzfähigkeit *f*, en competitividad *f*; capacidad *f* competitiva, de competir
Konkurrenzfirm|a *f*, -en empresa *f*, casa *f* competidora
Konkurrenzgeschäft *n*, e → *Konkurrenzfirma*
Konkurrenzkampf *m*, ⁻ᵉe 1. competencia *f* 2. lucha *f* por la competencia 3. rivalidad *f*
Konkurrenzklausel *f*, n cláusula *f* de competencia
Konkurrenzland *n*, ⁻ᵉer país *m* competidor
konkurrenzlos sin, fuera de competencia
Konkurrenzmodell *n*, e 1. modelo *m* de la competencia. 2. modelo *m* competidor
Konkurrenzunternehmen *n*, - → *Konkurrenzfirma*
konkurrieren 1. competir (Con.); hacer (la) competencia (A) 2. hacer oposición (A)
Konkurs *m*, e (Com.) quiebra *f*; *(privat)* concurso *m* (de acreedores); *betrügerischer* ~ quiebra fraudulenta; bancarrota *f*; ~ *anmelden* declararse, presentarse en quiebra, concurso; ~ *abwenden* eludir la quiebra, el concurso; ~ *eröffnen* declarar el concurso, la quiebra; *in* ~ *geraten* quebrar; constituirse en quiebra
Konkursanfechtung *f*, en impugnación *f* de la quiebra
Konkursanmeldung *f*, en declaración *f*, presentación *f* en quiebra, concurso
Konkursantrag *m*, ⁻ᵉe solicitud *f* de quiebra; ~ *stellen* solicitar la declaración de la quiebra, del concurso; denunciar la quiebra, el concurso
Konkursdividende *f*, n dividendo *m* de la quiebra
Konkurserklärung *f*, en (E) declaración *f* (judicial) de la quiebra, del concurso
Konkurseröffnung *f*, en apertura *f* de la quiebra, del concurso; ~ *beantragen* pedir la declaración de la quiebra, del concurso
Konkurseröffnungsantrag *m*, ⁻ᵉe solicitud *f* de quiebra, concurso

Konkursforderung *f*, en crédito *m*; ~ *geltend machen* presentar un crédito; *Einstufung der* ~*en* graduación *f* de los créditos
Konkursgericht *n*, e tribunal *m* de la quiebra
Konkursgläubiger *m*, - acreedor *m* de la quiebra
Konkursgründe *pl* motivos *pl* de la quiebra
Konkurskosten *pl* costas *pl* de la quiebra
Konkursmasse *f*, n masa *f* activa, de la quiebra; *aus der* ~ *aussondern* separar de la masa; *zur* ~ *zurückgewähren* reintegrar a la masa
Konkursordnung *f*, en ley *f* sobre la quiebra y el concurso (de acreedores)
Konkursprivileg *n*, ien privilegio *m* de quiebra
konkursreif a bordo de la quiebra; a punto de quebrar
Konkursrichter *m*, - juez *m* de la quiebra
Konkurstabelle *f*, n lista *f*, relación *f* de los créditos
Konkursverfahren *n*, - procedimiento *m* de quiebra; ~ *einstellen* clausurar la quiebra
Konkursverkauf *m*, ⁻ᵉe liquidación *f* por motivo de quiebra, concurso
Konkursverwalter *m*, - síndico *m*
Konkursverwaltung *f*, en administración *f* de la quiebra
Konkursware *f*, Ø saldo *m* de la quiebra
Könner *m*, - experto *m*
Konnossement *n*, e conocimiento *m* de embarque, (LA) de carga; *auf einem* ~ *verladen* consignar en un conocimiento
Konnossementsinhaber *m*, - tenedor *m* del conocimiento
Konnossementsteilschein *m*, e orden *f* de entrega
Konsens *m*, (e) consenso *m*
Konsignant *m*, en consignador *m*
Konsignatar *m*, e consignatario *m*
Konsignatär *m*, e → *Konsignatar*
Konsignation *f*, en consignación *f*
Konsignationsrechnung *f*, en factura *f* de consignación
Konsignationssendung *f*, en envío *m* de consignación
konsignieren consignar
konsolidieren consolidar
Konsolidierung *f*, en consolidación *f*
Konsolidierungsanleihe *f*, n empréstito *m* de consolidación
Konsols *pl* (fondos) consolidados *pl*
Konsorte *m*, n 1. consorte *m* 2. cómplice *m*
Konsortialbank *f*, en banco *m* participante; banco *m* consorcial
Konsortialgeschäft *n*, e negocio *m* de consorcio; operación *f* en común
Konsortialkredit *m*, e crédito *m* sindicado; crédito *m* consorcial
Konsorti|um *n*, -en consorcio *m*; sindicato *m*;

cártel *m*
Konstante *f*, n constante *f*
Konstantgeschäft *n*, e operación *f* al contado
Konstellation *f*, en constelación *f*; situación *f*; coyuntura *f*
konstruieren 1. proyectar; diseñar 2. erigir; edificar; construir
Konstrukteur *m*, e constructor *m*; proyectista *m*
Konstruktion *f*, en 1. construcción *f*; *ortsfeste* ~ construcción *f* estacionaria; *schwimmende* ~ construcción *f* flotante 2. (Fig.) modalidad *f*
Konstruktionsbüro *n*, s oficina *f* de proyectos
Konstruktionsentwurf *m*, ⁻e diseño *m* de construcción
Konstruktionsfehler *m*, - falta *f*, vicio *m*, defecto *m* de construcción; construcción *f* defectuosa
Konstruktionsleiter *m*, - encargado *m*, jefe *m* de la construcción
Konstruktionsmängel *pl* → *Konstruktionsfehler*
Konstruktionszeichner *m*, - diseñador *m*, dibujante *m* de construcción
Konsul *m*, n cónsul *m*
Konsulargerichtsbarkeit *f*, en jurisdicción *f* consular
konsularisch consular
Konsulat *n*, e consulado *m*
Konsulatsbericht *m*, e informe *m* consular
Konsulatsbescheinigung *f*, en certificado *m* consular
Konsulatsdienst *m*, e servicio *m* consular
Konsulatsfaktur|a *f*, -en factura *f* consular; *eine* ~ *aufmachen* extender una factura consular
Konsulatsgebühren *pl* derechos *pl*, tasas *pl* consulares
Konsulatssekretär *m*, e secretario *m*, canciller *m* del consulado
Konsulatsvis|um *n*, -a visado *m* consular
Konsultation *f*, en consulta *f*
Konsum *m*, Ø consumo *m*
Konsumartikel *m*, - artículo *m* de consumo
Konsument *m*, en consumidor *m*
Konsumentenbefragung *f*, en encuesta *f* entre los consumidores
Konsumentengruppe *f*, n grupo *m* de consumidores
Konsumentenkredit *m*, e crédito *m* al consumidor, para fines de consumo, al consumo
Konsumentenwünsche *pl* deseos *pl* de los consumidores
Konsumerismus *m*, Ø consumerismo *m*
Konsumfähigkeit *f*, (en) capacidad *f* consuntiva
Konsumfinanzierung *f*, en financiación *f* del consumo
Konsumfunktion *f*, en función *f* del consumo
Konsumgenossenschaft *f*, en cooperativa *f* de consumo
Konsumgesellschaft *f*, en sociedad *f* de consumo
Konsumgewohnheiten *pl* hábitos *pl* consuntivos
Konsumgüter *pl* bienes *pl* de consumo; *dauerhafte, langlebige* ~ bienes de consumo duraderos
Konsumgüterindustrie *f*, n industria *f* de bienes de consumo
konsumieren consumir
Konsumkraft *f*, Ø capacidad *f* consuntiva
Konsumkredit *m*, e → *Konsumentenkredit*
Konsumnachfrage *f*, n demanda *f* consuntiva
konsumorientiert orientado al consumo
Konsumpreisverhalten *n*, Ø comportamiento *m*, evolución *f* de los precios al consumo
Konsumption *f*, Ø → *Konsum*
Konsumrausch *m*, Ø propensión *f* excesiva al consumo
Konsumterror *m*, Ø terror *m* del consumo; consumo *m* frenético; frenetismo *m* consumidor
Konsumtion *f*, Ø → *Konsum*
konsumtiv consuntivo
Konsumtivkredit *m*, e → *Konsumentenkredit*
Konsumverein *m*, e economato *m*
Konsumverhalten *n*, Ø comportamiento *m* consuntivo
Konsumverzicht *m*, (e) renuncia *f* al consumo
Konsumware *f*, n mercancía *f* de consumo
Konsumzuwachs *m*, Ø incremento *m* del consumo
Konsumzwang *m*, ⁻e obligación *f* de consumir
Kontakt *m*, e contacto *m*
kontaktarm poco sociable; inadaptado; con poca facilidad de contacto
Kontaktaufnahme *f*, n 1. toma *f* de contacto 2. puesta *f* en contacto
Kontaktfläche *f*, n (Seg.) superficie *f* de contacto
kontaktfreudig sociable; con facilidad de contacto; amante de los contactos
Kontakthebel *m*, - (Seg.) palanca *f*, leva *f* de contacto
Kontaktgespräch *n*, e conversación *f* inicial
Kontaktmatte *f*, n (Seg.) alfombra *f* de contacto
Kontaktperson *f*, en persona *f* de contacto
Kontaktring *m*, Ø (R.D.A.) circuito *m* de contacto
Kontaktstelle *f*, n oficina *f*, centro *m* de contacto
Kontaktzunge *f*, n (Seg.) lengüela *f* de contacto
Konten *pl* cuentas *pl*; *gemischte* ~ cuentas *pl* mixtas, especulativas
Kontenbezeichnung *f*, en título *m* de la cuenta
Kontenführung *f*, en teneduría *f* de cuentas
Kontenkarte *f*, n tarjeta *f* de cuenta
Kontennummer *f*, n número *m* de (la) cuenta
Kontenplan *m*, ⁻e plan *m* de cuentas
Kontenrahmen *m*, - 1. plan *m* general contable 2. cuadro *m* contable

Kontensperre *f*, **n** cierre *m*, bloqueo *m* de la cuenta
Kontensperrung *f*, **en** → *Kontensperre*
Kontensystem *n*, **e** *das standardisierte ~ der OECD* Sistema *m* Normalizado de Cuentas de la OCDE
Kontenmarke *f*, **n** contramarca *f*
Kontinentalhandel *m*, *Ø* comercio *m* continental
Kontingent *n*, **e** contingente *m*; cupo *m*; cuota *f*; prorrata *f*; *bilaterales ~* cupo bilateral
kontingentieren contingentar; someter al régimen de cupos
kontingentiert, *global ~ Waren* mercancías *pl* globalizadas
Kontingentierung *f*, **en** contingentación *f*; implantación *f* de cupos; prorrateo *m*
Kontingentzuteilung *f*, **en** asignación *f* de cupos, contingentes
kontinuierlich continuo; continuado
Kontinuitätstrennung *f*, **en** solución *f* de continuidad
Kont|o *n*, **s** *od.* -**en** cuenta *f*; *laufendes ~* cuenta corriente; *überzogenes ~* cuenta rebasada; un descubierto en cuenta; *ein ~ abschließen* cerrar una cuenta; *ein ~ eröffnen* abrir una cuenta; *ein ~ saldieren* saldar una cuenta; *ein ~ überziehen* rebasar una cuenta
Kontoabschlu|ß *m*, ⸚**sse** cierre *m* de cuenta
Kontoausgleich *m*, **e** saldo *m* (de cuenta)
Kontoauszug *m*, ⸚**e** extracto *m* de cuenta
Kontoberichtigung *f*, **en** rectificación *f* de la cuenta
Kontobezeichnung *f*, **en** título *m* de la cuenta
Kontoblatt *n*, ⸚**er** extracto *m* de cuenta
Kontobuch *n*, ⸚**er** libro *m* de (las) cuentas
Kontoeröffnung *f*, **en** apertura *f* de la cuenta
Kontoführung *f*, **en** 1. teneduría *f* de una cuenta 2. llevanza *f* de una cuenta
Kontoführungsgebühren *pl* derechos *pl* por llevanza de una cuenta
Kontoguthaben *n*, - abono *m* en cuenta
Kontoinhaber *m*, - titular *m* de la cuenta
Kontokorrent *n*, **e** → *Kontokorrentkonto*
Kontokorrentauszug *m*, ⸚**e** extracto *m* de cuenta corriente
Kontokorrentbuch *n*, ⸚**er** libro *m* de (las) cuentas corrientes
Kontokorrentgeschäft *n*, **e** operaciones *pl* en cuenta corriente
Kontokorrentinhaber *m*, - cuentacorrentista *m*; titular *m* de una cuenta corriente
Kontokorrentkont|o *n*, **s** *od.* -**en** cuenta *f* corriente
Kontokorrentkredit *m*, **e** crédito *m* en cuenta corriente
Kontokorrentnummer *f*, **n** número *m* de (la) cuenta corriente
Kontokorrentstand *m*, *Ø* saldo *m*, estado *m* de la cuenta corriente
Kontokorrentüberziehung *f*, **en** giro *m* en descubierto
Kontokorrentverkehr *m*, *Ø* servicio *m* bzw. relaciones *pl* de cuentas corrientes
Kontonummer *f*, **n** número *m* de (la) cuenta
Kont|o pro Diverse *n*, -**en** cuenta *f* de varios
Kontor *m*, **e** 1. oficina *f*; despacho *m* 2. escritorio *m* 3. agencia *f* 4. *(Hanse)* factoría *f* 5. (R.D.A.) departamento *m* de exportación o importación de una empresa
Kontorist *m*, **en** oficinista *m*; empleado *m* de oficina
Kontostand *m*, ⸚**e** estado *m*, saldo *m* de (la) cuenta
Kontoüberziehung *f*, **en** descubiertos *pl*; cuenta *f* al descubierto; giro *m* en descubierto
Kontrahent *m*, **en** 1. contratante *m*; *die ~en pl* las partes *pl* contratantes 2. adversario *m*
kontrahieren 1. contraer 2. contratar 3. desafiar
Kontrakt *m*, **e** contrato *m*
Kontraktabschlu|ß *m*, ⸚**sse** celebración *f*, conclusión *f*, perfección *f* de un contrato
kontraktbestimmt → *kontraktlich*
Kontraktbindung *f*, **en** vinculación *f* contractual; contrato *m*
Kontraktbruch *m*, ⸚**e** violación *f*, inobservancia *f* de un contrato
kontraktbrüchig, *~ werden* romper, violar, infringir un contrato
kontraktiv contractivo; *auf das Geldvolumen ~ wirken* actuar en sentido contractivo sobre la masa monetaria
kontraktlich contractual
kontraktwidrig contrario al contrato, a lo estipulado
Kontrollabschnitt *m*, **e** talón *m* (de comprobación)
Kontrollausschu|ß *m*, ⸚**sse** comisión *f* de control, interventora; (CE) Comisión *f* de Intervención
Kontrolle *f*, **n** control *m*
Kontrolleur *m*, **e** inspector *m*; interventor *m*; revisor *m*; registrador *m*
Kontrollgang *m*, ⸚**e** 1. ronda *f* de control 2. camino *m* de ronda 3. pasillo *m* de control
Kontrollgruppe *f*, **n** grupo *m* de control
kontrollierbar verificable; controlable
kontrollieren comprobar; controlar; registrar; revisar; inspeccionar; verificar
Kontrollkarte *f*, **n** tarjeta *f*, ficha *f* de control
Kontrollkasse *f*, **n** caja *f* registradora
Kontrollmuster *n*, - muestra *f* de control, verificación
Kontrollnummer *f*, **n** número *m* de control, refe-

rencia
Kontrollorgan *n*, e órgano *m* interventor, de control; ~ *für die Finanzgebarung* órgano fiscalizador de la gestión económica, financiera
kontrollpflichtig de comprobación obligatoria; sujeto a control
Kontrollrecht *n*, e derecho *m* a examinar los libros; derecho *m* a información
Kontrollschein *m*, e contraseña *f*; comprobante *m*
Kontrollschließung *f*, en (Seg.) cierre *m* de control
Kontrollstelle *f*, n oficina *f* de verificación, control
Kontrollstempel *m*, - timbre *m*, sello *m* de revisión
Kontrolluhr *f*, en reloj *m* de control, contrastador, registrador
Kontrollvermerk *m*, e visado *m*, mención *f* de control
Kontrollvorrichtung *f*, en dispositivo *m* de control
Kontrollzettel *m*, - → *Kontrollschein*
Kontroverse *f*, n controversia *f*
Konvention *f*, en convenio *m*; tratado *m*; convención *f*
Konventionalstrafe *f*, n multa *f*, pena *f* convencional, contractual
Konversion *f*, en conversión *f*
Konversions- (Pref.) de conversión
Konversionsanlage *f*, n instalación *f*, planta *f* de conversión
Konversionsanleihe *f*, n empréstito *m* de conversión
Konversionsaufgeld *n*, Ø prima *f* de conversión
Konversionsschuldverschreibung *f*, en obligación *f* de conversión
Konversionssoulte *f*, n ajuste *m* de conversión
Konverter *m*, - convertidor *m*
konvertibel → *konvertierbar*
Konvertibilität *f*, en → *Konvertierbarkeit*
konvertierbar convertible; *beschränkt* ~ limitadamente convertible; *frei* ~ libremente convertible
Konvertierbarkeit *f*, (en) convertibilidad *f*; *beschränkte (volle)* ~ convertibilidad limitada (plena)
konvertieren convertir
Konvertierung *f*, en conversión *f*
Konvertierungsanleihe *f*, n → *Konversionsanleihe*
Konvoi *m*, s 1. convoy *m* 2. escolta *f* 3. *im, unter* ~ *fahren* navegar en conserva
Konvolut *n*, (e)s 1. compendio *m* 2. fascículo *m*; legajo *m*
Konzentration *f*, en concentración *f*

Konzentrationsproze|ß *m*, -sse proceso *m* de concentración
Konzentrationstheorie *f*, Ø teoría *f* de la acumulación
konzentrieren concentrar
Konzentrierung *f*, en concentración *f*
Konzept *n*, e 1. borrador *m*; primera redacción *f* 2. esbozo *m*; bosquejo *m*
Konzepthalter *m*; - portaoriginales *m*
Konzern *m*, e consorcio *m*; grupo *m* (empresarial); grupo *m* industrial
Konzernbilanz *f*, en balance *m* del consorcio, consolidado (de un grupo empresarial)
konzertierte Aktion *f*, en concertación *f*; acción *f* concertada
Konzertzeichnung *f*, en mayorización *f*
Konzession *f*, en concesión *f*; *(Bilanz)* ~*en*, *Lizenzen*, *Patente* concesiones, licencias, patentes
Konzessionär *m*, e concesionario *m*
konzessionieren 1. autorizar; permitir 2. otorgar una licencia *bzw.* concesión
Konzessionsgebiet *n*, e ámbito *m*, área *f* de concesión
Konzessionsinhaber *m*, - → *Konzessionär*
konzipieren concebir; redactar
Kooperation *f*, en cooperación *f*
Kooperationsabkommen *n*, - convenio *m*, acuerdo *m* de cooperación
Kooperationskette *f*, n cadena *f*, asociación *f* de cooperación
Kooperationspartner *m*, - socio *m* de cooperación
Kooperationsverband *m*, ⸚e → *Kooperationskette*
Kooperationsvertrag *m*, ⸚e contrato *m*, tratado *m* de cooperación
kooperativ cooperativo
Kooperative *f*, n cooperativa *f*
kooperieren cooperar
Kooptation *f*, en cooptación *f*
kooptieren cooptar
Koordination *f*, en → *Koordinierung*
koordinieren coordinar
Koordinierung *f*, en coordinación *f*; (CE) ~ *der Kernforschung* coordinación de las investigaciones nucleares; ~ *der Wirtschaftspolitik* coordinación de la política económica
Kopf *m*, ⸚e 1. cabeza *f* 2. (Corr.) encabezamiento *m* 3. persona *f*; cápita *f*; *pro* ~ por persona; per cápita
Kopfarbeiter *m*, - trabajador *m* intelectual
Kopfbahnhof *m*, ⸚e estación *f* terminal, de término
Kopfbetrag *m*, ⸚e cuota *f* per cápita
Kopfdüngung *f*, en abonado *m* de cobertera
Kopfertrag *m*, ⸚e producto *m* per cápita

Kopfgeld n, er talla f; precio m, prima f por la cabeza de alg.
-köpfig (Suf.) de x miembros; integrado por x personas; *eine zwölf~e Belegschaft* una plantilla de, integrada por doce miembros
Kopfquote f, n porcentaje m, tasa f per cápita
Kopfsteuer f, n capitación f
Kopfzahl f, en número m de personas, asistentes
kopieren 1. copiar; sacar una copia; hacer una copia 2. imitar
Kopiergerät n, e (máquina f) (foto)copiadora f
Kopiermaschine f, n → *Kopiergerät*
Kopierpapier n, Ø 1. papel m cebolla, de copia
Kopierstift m, e lápiz m copiativo, (de) tinta
Kopp(e)lung f, en acoplamiento m; unión f
Kopp(e)lungsgeschäft n, e operación f emparejada, acoplada
Kopp(e)lungsverkauf m, ¨e venta f emparejada, acoplada
Koppelwirtschaft f, Ø cultivo m alternado
Korbwährung f, en (CE) moneda f tipo cesta
Kornkammer f, n granero m
Körperbehinderte/r *(der/ein)* impedido m físico; minusválido m
Körperschaden m, ¨ daño m corporal
Körperschaft f, en corporación f; entidad f; cuerpo m; *~ des öffentlichen Rechts* persona f jurídica, entidad de derecho público
körperschaftlich corporativo
Körperschaft(s)steuer f, n impuesto m de sociedades; impuesto m sobre las rentas de las personas jurídicas
Körperverletzung f, en lesiones pl
Korporationsrecht n, Ø derecho m de asociación
Korps n, - cuerpo m
Koreferent m, en segundo ponente m
Korrektur f, en corrección f; enmienda f; rectificación f
Korrekturlesen n, Ø corrección f de pruebas
Korrektur-Mechanism|us m, -en mecanismo m de corrección
Korrelation f, en correlación f
Korrespondent m, en 1. corresponsal m 2. *Wirtschafts~* empleado m de correspondencia comercial
Korrespondenz f, en correspondencia f
Korrespondenzabteilung f, en sección f de correspondencia
Korrespondenzbank f, en banco m corresponsal
korrespondieren 1. estar en correspondencia (con) 2. (Seg.) sincronizar
korrigieren corregir; enmendar; rectificar
Kost f, Ø 1. nutrición f; alimentación f 2. comida f; pensión f; *~ und Logis* comida y alojamiento 3. *sich in ~ begeben bei* hospedarse en casa de; *in ~ sein bei* estar de pupilo, ser huésped en casa de
kosten 1. gustar; probar; *(Wein)* catar 2. costar; valer; estar cotizado a
Kosten pl 1. costes; costos 2. gastos 3. *(Gerichts-)* costas 4. *degressive ~* costes degresivos; *direkte ~* costes directos, individuales; *fixe ~* costes fijos; *indirekte ~* costes, gastos generales, indirectos; *variable ~* costes variables 5. *~ auffangen* absorber los costes; *~ umlegen auf* distribuir los costes entre
Kostenabschreibung f, en amortización f de los costes
Kostenanalyse f, n análisis m de costes
Kostenänderung f, en modificación f de los costes
Kostenanschlag m, ¨e → *Kostenvoranschlag*
Kostenanstieg m, e aumento m, incremento m de los costes
Kostenanteil m, e cuota f, parte f de los gastos
Kostenart f, en clase f de costes
Kostenaufschlüsselung f, en desglose m de gastos, costes
Kostenaufstellung f, en nota f de gastos
Kostenaufteilung f, en reparto m de los gastos, costes
Kostenaufw|and m, **-endungen** despliegue m de gastos
Kostenbeitrag m, ¨e contribución f a los gastos
Kostenbelastung f, en carga f de gastos
Kostenberechnung f, en cálculo m de los gastos
Kostenbestandteil m, e partida f, elemento m de los gastos, costes
Kostenbeteiligung f, en participación f en los gastos
Kostendämpfung f, (en) disminución f, reducción f de gastos
kostendeckend que cubre los gastos
Kostendeckung f, en cobertura f de gastos
Kosteneinsparungen pl economía f de gastos
Kosteneintreibung f, en cobro m, recaudación f de gastos
Kostenentlastung f, en descarga f, alivio m, rebaja f de costes
Kostenentwicklung f, en evolución f, desarrollo m, comportamiento m de los costes
Kostenerfassung f, en determinación f de los costes
Kostenerhöhung f, en aumento m, incremento m de los costes
Kostenermittlung f, en → *Kostenerfassung*
Kostenersatz m, Ø → *Kostenerstattung*
Kostenersparnis f, se → *Kosteneinsparungen*
Kostenerstattung f, en restitución f de costes
Kostenexplosion f, en explosión f del costo, de los costos
Kostenfaktor m, en factor m de coste
Kostenfestsetzung f, en fijación f de costes, gas-

tos
Kostenfrage *f*, **n** cuestión *f* de (los) gastos
kostenfrei → *kostenlos*
Kostenfreiheit *f*, **en** exención *f* de gastos
kostengerecht conforme a los costes, gastos
Kostengründe *pl aus ~n* por motivos de gastos, costes
kostengünstig económico; barato; ventajoso
Kostenherabsetzung *f*, **en** → *Kostendämpfung*
Kosteninflation *f*, **en** inflación *f* (inducida) por los costes
kostenintensiv intensivo en gastos; de gran densidad de costes; costoso
Kostenlage *f*, **n** situación *f* de gastos, costes
Kostenlawine *f*, **n** avalancha *f* de gastos
kostenlos gratuito; a título gratuito, sin gastos; libre de todo gasto, coste; franco de porte
kostenmäßig en términos de gastos, costes
Kostenminderung *f*, **en** → *Kostendämpfung*
Kostenminimierung *f*, **en** minimización *f* de gastos, costes
Kosten-Nutzen-Analyse *f*, **n** análisis *m* coste-rentabilidad
kostenpflichtig sujeto a gastos
Kostenpreis *m*, **e** coste *m* de fabricación; *zum ~ a* precio de coste
Kostenrechnung *f*, **en** 1. nota *f* de gastos; minuta *f*; tasa *f* 2. cálculo *m* de costes; cuenta *f* de gastos 3. contabilidad *f* del precio de coste
Kostensatz *m*, ⁻e tasa *f* de gastos
Kostenschub *m*, ⁻e subida *f* de costes
kostensenkend que reduce los costes, gastos
Kostensenkung *f*, **en** → *Kostendämpfung*
kostensparend que ahorra gastos
Kostensteigerung *f*, **en** → *Kostenerhöhung*
Kostenstelle *f*, **n** lugar *m*, centro *m* de costes
Kostenstellenrechnung *f*, **en** contabilidad *f* analítica
Kostenteilung *f*, **en** repartición *f* de (los) gastos
Kostenträger *m*, - 1. portador *m* de costes 2. partida *f* de producción que sufraga los costes
kostentreibend que genera gastos; costoso; oneroso
Kostenübernahme *f*, **n** asunción *f* de los gastos
Kostenüberschlag *m*, ⁻e → *Kostenvoranschlag*
Kosten- und Ertragslage *f*, **n** situación *f* de costes y rentabilidad
Kosten und Fracht *pl* costo y flete *m*
Kostenvergütung *f*, **en** remuneración *f* de costes
Kostenverlauf *m*, ⁻e → *Kostenentwicklung*
Kostenverringerung *f*, **en** → *Kostendämpfung*
Kostenverteilung *f*, **en** → *Kostenaufschlüsselung*
Kostenvoranschlag *m*, ⁻e presupuesto *m* (de gastos); estimación *f* de costos
Kostenvorausrechnung *f*, **en** → *Kostenvoran-*
schlag
Kostenvorschu|ß *m*, ⁻sse anticipo *m* de, sobre gastos
Kostenvorteil *m*, **e** ventaja *f* financiera
Kostenwelle *f*, **n** ola *f*, desencadenamiento *m* de costes
Kostenwert *m*, **e** 1. importe *m*, montante *m* de costes 2. precio *m* de coste
kostenwirksam rentable
Kostenwirksamkeit *f*, Ø rentabilidad *f*
Kostgänger *m*, - pensionista *m*; pupilo *m*
Kostgeld *n*, **er** pupilaje *m*; pensión *f*
kostspielig caro; costoso
kotieren cotizar
Kotierung *f*, **en** cotización *f*
Krach *m*, (s) *od.* (e) *(Börse)* crash *m* (bursátil)
Kraft *f*, ⁻e 1. fuerza *f*; energía *f* 2. efecto *m*; vigor *m*; *in ~ treten* entrar en vigor; surtir efectos; *außer ~ setzen* derogar 3. colaborador *m*; empleado *m*; *vollbeschäftigte ~* empleado *m* a jornada completa
Kraftaufwand *m*, Ø despliegue *m* de fuerzas; desgaste *m* de energías
Kräftebedarf *m*, Ø necesidades *pl* de mano de obra, personal
Kräftegleichgewicht *n*, Ø equilibrio *m* de fuerzas
Kräfteknappheit *f*, **en** escasez *f* de personal, mano de obra
Kräftemangel *m*, Ø → *Kräfteknappheit*
Kräftenachfrage *f*, **n** demanda *f* de mano de obra, personal
Kräfteverhältnis *n*, (se) proporción *f* de fuerzas
Kraftfahrer *m*, - automovilista *m*
Kraftfahrt-Geschäft *n*, **e** (Seg.) negocio *m* de automóviles
Kraftfahrt-Haftpflichtversicherung *f*, **en** seguro *m* de responsabilidad civil de automóviles
Kraftfahrt-Unfallversicherung *f*, **en** seguro *m* de accidentes de automóviles
Kraftfahrtversicherung *f*, **en** seguro *m* de automóviles
Kraftfahrzeug *n*, **e** automóvil *m*; coche *m*; (LA) carro *m*; auto *m*
Kraftfahrzeugbestand *m*, ⁻e parque *m* de automóviles
Kraftfahrzeughalter *m*, - propietario *m* de un (vehículo) automóvil
Kraftfahrzeugindustrie *f*, **n** industria *f* del automóvil, automovilística
Kraftfahrzeugschein *m*, **e** permiso *m* de circulación
Kraftfahrzeugsteuer *f*, **n** → *KFZ-Steuer*
Kraftfahrzeugversicherung *f*, **en** seguro *m* de automóviles
kraftlos 1. sin fuerza; débil 2. ineficaz 3. insu(b)stancial 4. nulo; inválido

Kraftloserklärung f, (en) declaración f de nulidad; anulación f; cancelación f; invalidación f
Kraftpostverkehr m, Ø servicio m de autocares postales
Kraftprobe f, n pulso m; prueba f de fuerza
Kraftquelle f, n fuente f, manantial m de energía
Kraftstoff m, e carburante m; combustible m
kraftstoffsparend de bajo consumo de combustible, carburante
Kraftstoffverbrauch m, Ø consumo m de carburante, combustible
Kraftverkehr m, Ø tráfico m, circulación f de automóviles
Kraftwagenbestand m, ⁻e → *Kraftfahrzeugbestand*
Kraftwerk n, e central f eléctrica; (LA) usina f eléctrica
Krämer m, - tendero m; (LA) almacenero m
Krämergeist m, Ø (Pey.) espíritu m mercantil; mercantilismo m
Kramladen m, ⁻ bazar m; tiendecilla f; tenducho m
Krankenbericht m, e boletín m médico; parte m facultativo
Krankengeld n, er subsidio m de enfermedad
Krankengeschäft n, e (Seg.) negocio m de enfermedad
Krankengeschichte f, n historia f clínica; anamnesia f
Krankenhauskosten pl gastos pl de clínica
Krankenhaustagegeld n, er (Seg.) indemnización f en caso de hospitalización
Krankenkasse f, n caja f de enfermedad
Krankenrücktransport m, e (Seg.) ~ *aus dem Ausland* traslado m del enfermo desde el extranjero
Krankenschein m, e volante m de asistencia médica
Krankenstand m, Ø número m de enfermos (dentro de la plantilla de una empresa)
Krankentagegeld n, er (Seg.) indemnización f diaria normal
Krankentarif m, e (Seg.) tarifa f del seguro de enfermedad
Krankenversicherung f, en seguro m de enfermedad; *(privat)* seguro m médico, de asistencia sanitaria
krankfeiern 1. estar ausente del trabajo; estar enfermo 2. fingir estar enfermo
Krankfeiern n, Ø absentismo m por enfermedad
Krankheiten pl *langwierige* ~ enfermedades pl de larga duración
krankheitshalber por (causa de) enfermedad; *der Laden ist* ~ *geschlossen* la tienda está cerrada por causa de enfermedad
Krankheitskosten pl costes pl de asistencia médica; ~ *bei Auslandsreisen* costes pl de asistencia médica en viajes al extranjero
krank melden *(sich)* darse de baja por enfermedad
Krankmeldung f, en parte m de baja por enfermedad; declaración f de enfermedad
krankschreiben dar de baja por enfermedad
kreativ creativo
Kreativität f, Ø creatividad f
Kredit m, e crédito m 1. *dinglich gesicherter* ~ crédito con garantía real; *eingefrorener* ~ crédito congelado; *gewerblicher* ~ crédito industrial; *kurzfristiger (mittelfristiger, langfristiger)* ~ crédito a corto (medio, largo) plazo 2. ~ *in Anspruch nehmen, aufnehmen* utilizar un crédito; ~ *eröffnen* abrir un crédito; ~ *streichen* anular un crédito; ~ *überziehen* rebasar un crédito
Kreditabteilung f, en departamento m de créditos
Kreditabwicklung f, en liquidación f del crédito; *vertragsmäßige* ~ liquidación del crédito como convenido
Kreditanstalt f, en → *Kreditinstitut*
Kreditantrag m, ⁻e solicitud f de crédito
Kreditaufnahme f, n utilización f del crédito; apelación f al crédito
Kreditauftrag m, ⁻e orden f de abrir un crédito
Kreditausleihung f, en concesión f, otorgamiento m, facilitación f de un crédito
Kreditausschuß m, ⁻sse comité m, comisión f de crédito
Kreditausweitung f, en expansión f del crédito, crediticia; flujos pl de crédito
Kreditbank f, en banco m de crédito, comercial
Kreditbegrenzung f, en restricción f de créditos
Kreditbeschaffung f, en obtención f de un crédito
Kreditbeschränkung f, en → *Kreditbegrenzung*
Kreditbetrag m, ⁻e suma f, importe m del crédito
Kreditbewilligung f, en → *Kreditgewährung*
Kreditbewirtschaftung f, (en) racionamiento m, contingentación f de créditos
Kreditbrief m, e carta f de crédito
Kreditbriefaussteller m, - acreditante f
Kreditbriefinhaber m, - acreditado m
Kreditbürgschaft f, en fianza f, garantía f, afianzamiento m de un crédito
Kreditdrosselung f, en reducción f de los créditos
Krediteinbuße f, n merma f crediticia
Krediteinräumung f, en → *Kreditgewährung*
Krediteinschränkung f, en → *Kreditbegrenzung*
Krediterleichterung f, en facilidades pl de crédito
Krediteröffnung f, en apertura f de crédito
Kreditexpansion f, (en) → *Kreditausweitung*
kreditfähig → *kreditwürdig*

Kreditfähigkeit f, (en) solvencia f; crédito m
Kreditfazilitäten pl facilidades pl de crédito
Kreditgeber m, - prestamista m; dador m, prestador m del crédito
Kreditgefährdung f, en amenaza f del crédito
Kreditgenossenschaft f, en cooperativa f de crédito; *ländliche* ~ caja f, cooperativa f rural de crédito; *gewerbliche* ~ cooperativa f industrial de crédito
Kreditgeschäft n, e operaciones pl de crédito; (Seg.) negocio m de crédito
Kreditgesellschaft f, en sociedad f de crédito
Kreditgewährung f, en concesión f, otorgamiento m, facilitación f del crédito
Kreditgewerbe n, Ø industria f crediticia
Kreditgrenze f, n margen m, límite m de crédito
Kredithai m, e tiburón m de créditos
Kredithilfe f, n ayuda f crediticia
kreditieren 1. abonar en cuenta 2. acreditar; pasar al crédito 3. vender al fiado
Kreditinanspruchnahme f, n → *Kreditaufnahme*
Kreditinstitut n, e instituto m de crédito, crediticio; banco m; *öffentlich rechtliche* ~e entidades pl oficiales de crédito
Kreditkarte f, n tarjeta f de crédito
Kreditkasse f, n caja f de crédito
Kreditkauf m, ⸗e compra f a crédito *bzw.* a plazos
Kredit-/Kautions-Geschäft n, e (Seg.) negocio m de crédito/caución
Kreditknappheit f, Ø escasez f de créditos
Kreditkommission f, en comisión f de crédito
Kreditkosten pl gastos pl, costes pl del crédito
Kreditlaufzeit f, en plazo m, vencimiento m, duración f del crédito
Kreditlenkung f, en control m, reconducción f, orientación f del crédito
Kreditlimit n, s → *Kreditgrenze*
Kreditlinie f, n línea f de crédito
Kreditlockerung f, en flexibilización f del crédito
Kreditmarkt m, ⸗e mercado m crediticio
kreditmäßig crediticio
Kreditmißbrauch m, ⸗e abuso m de créditos
Kreditmittel medios pl, fondos pl, recursos pl crediticios, prestados
Kreditnachfrage f, Ø demanda f de crédito
Kreditnehmer m, - prestatario m; tomador m del crédito
Kreditnote f, n nota f de crédito
Kreditor m, en acreedor m
Kreditorenauszug m, ⸗e extracto m acreedor
Kreditorenkont|o n, -en cuenta f de créditos (a pagar)
Kreditorenposten m, - partida f acreedora
Kreditorensald|o m, -en saldo m, balance m acreedor
Kreditpapier n, e título m de crédito
Kreditplafond m, s → *Kreditlimit*
Kreditpolitik f, Ø política f crediticia, (en materia) de crédito
kreditpolitisch político-crediticio
Kreditprotokoll n, e protocolo m de crédito
Kreditrestriktionen pl → *Kreditbegrenzung*
Kreditrückzahlung f, en → *Kredittilgung*
Kreditsald|o m, -en saldo m acreedor
Kreditschere f, Ø diferencial m entre créditos y depósitos en un banco
Kreditschöpfung f, en creación f de crédito; expansión f crediticia; flujos pl de crédito
Kreditseite f, n columna f del crédito
Kreditsperre f, n suspensión f de créditos
Kreditspielraum m, ⸗e margen m de crédito
Kreditstopp m, s → *Kreditsperre*
Kreditsumme f, n crédito m
Kreditsystem n, e régimen m, sistema m crediticio, de créditos.
Kredittilgung f, en amortización f, reintegro m reembolso m del crédito; *vorzeitige* ~ reintegro anticipado
Kreditüberschreitung f, en → *Kreditüberziehung*
Kreditüberziehung f, en crédito m en descubierto
kredittunfähig → *kreditunwürdig*
Kreditunterlage f, n base f de crédito; garantía f real
kreditunwürdig indigno de crédito; insolvente
Kreditvergabe f, n → *Kreditgewährung*
Kreditverkauf m, ⸗e venta f a crédito
Kreditverknappung f, en escasez f de créditos
Kreditverkürzung f, en reducción f de la duración del crédito
Kreditverlängerung f, en prolongación f del crédito
Kreditvermittler m, - → *Kreditgeber*
Kreditvermittlung f, en → *Kreditgewährung*
Kreditversicherung f, en seguro m de crédito
Kreditvertrag m, ⸗e contrato m, póliza f de crédito
Kreditvolumen n, - volumen m del crédito
Kreditwechsel m, - efecto m financiero; letra f de cambio
Kreditwesen n, Ø (sistema m de) crédito m; *handwerkliches* ~ régimen m crediticio artesanal
Kreditwesengesetz n, e *(KWG)* Ley f de ordenación bancaria; Ley f general de bancos; (E) Ley f de bases de ordenación del crédito y la banca
Kreditwirtschaft f, Ø 1. economía f crediticia 2. sistema m crediticio

kreditwürdig digno de crédito; solvente
Kreditwürdigkeit f, Ø solvencia f
Kreditzinsen pl intereses pl del crédito
Kreditzusage f, n promesa f de od. aprobación f del crédito
Kreditzuteilung f, en asignación f del crédito
Kreide, in der ~ stehen bei tener deudas con
Kreis m, e 1. círculo m; gut unterrichtete ~e círculos bien informados; in weiten ~en der Bevölkerung en vastos sectores de la población 2. distrito m; partido m (judicial); circunscripción f
Kreiselstreik m, s huelga f escalonada, alternativa; huelga f por turno
Kreislauf m, ⁼e circuito m
Kreisproze|ß m, -sse ciclo m
Kreissparkasse f, n caja f de ahorro del partido (judicial)
Kreisstadt f, ⁼e (cabeza f, capital f de) partido m
Kreisstraße f, n carretera f comarcal
Kreisverkehr m, Ø tráfico m circular, giratorio
Kreuzbandsendung f, en envío m bajo faja
Kreuzelastizität f, Ø ~ der Nachfrage elasticidad f cruzada de la demanda
Kreuzfahrtschiff n, e crucero m turístico
Kreuzpreisvergleich m, e comparación f cruzada de precios
Kreuzung f, en 1. cruce m 2. (Ferr.) empalme m
Kreuzpunkt m, e 1. punto m de cruce; cruce m de líneas 2. (Ferr.) bifurcación f
Kreuzungsweiche f, n (Ferr.) transversal f de unión
Krida f, - (A) bancarrota f; delito m de quiebra
Kriechspur f, en pista f, carril m para vehículos lentos
Krieg m, e guerra f; kalter ~ guerra fría
Kriegsbeschädigte/r (der/ein) lisiado m, mutilado m de guerra
Kriegsdienst m, - servicio m militar
Kriegsdienstverweigerer m, - objetor m de conciencia
Kriegsgewinn m, e beneficios pl, lucro m de la guerra
Kriegsgewinnler m, - logrero m de (la) guerra
Kriegshinterbliebenenfürsorge f, Ø asistencia f a viudas y huérfanos de guerra
Kriegsopferversorgung f, Ø asistencia f a los mutilados de od. víctimas de od. damnificados por la guerra
Kriegsrisikoversicherung f, en seguro m contra riesgos de guerra
Kriegsschäden pl daños pl de guerra
Kriegsschieber m, - → Kriegsgewinnler
Kriegsversehrte/r (der/ein) mutilado m de guerra
Kriegswirtschaft f, en economía f de guerra

Kriegszulage f, n plus m de campaña
Krise f, n crisis f 1. sektorielle ~ crisis sectorial; zyklische ~ crisis cíclica 2. die ~ steht bevor la crisis está inminente; in eine ~ geraten entrar en una crisis; eine ~ überwinden salir de una crisis; in der ~ stecken estar en plena crisis
kriselt, es ~ la situación se hace crítica
krisenabhängig tributario, dependiente de la crisis
krisenanfällig sensible a las crisis
Krisenapparat m, Ø dispositivo m de crisis
Krisenbevorratung f, en constitución f de reservas para una crisis
Krisenbranche f, n sector m, rama f, ramo m en crisis
krisenempfindlich → krisenanfällig
Krisenerscheinungen pl fenómenos pl de crisis
krisenfest a prueba de crisis
Krisengefahr f, en peligro m, amenaza f de crisis
krisengeplagt azotado por crisis
krisengeschüttelt sacudido por la crisis
Krisenhaushalt m, e presupuesto m de crisis
Krisenherd m, e foco m de la crisis
Krisenkartell n, e cártel m de crisis
Krisenmanagement n, Ø gestión f od. contención f de (la) crisis
Krisenprogramm n, e programa m de crisis
krisensicher → krisenfest
Krisensituation f, en situación f crítica
Krisenstab m, ⁼e gabinete m de crisis
Krisenstimmung f, en ambiente m de crisis
Krisentief n, s valle m de la crisis
Krisenzeit f, en tiempo m, período m de crisis
Kristallspiegelglas n, ⁼er (Seg.) vidrio m templado
Kriteri|um n, -en criterio m; punto m de vista; piedra f de toque
Kritik f, en crítica f; censura f; (Buch) reseña f; ~ üben criticar; censurar
Kritiker m, - crítico m; criticador m; censurador m; comentarista m
kritisieren criticar; censurar; comentar; (Buch) hacer una reseña
Kronanwalt m, ⁼e Procurador m del Rey
Kronzeuge m, n testigo m de cargo
Krügerrand m, Ø Krugerrand m
Kto. → Konto
KtoNr. → Kontonummer
Kubikfuß m, - pie m cúbico
Kubikmeter m, - metro m cúbico
Kubikzoll n, - pulgada f cúbica
Küche f, n cocina f; arte m culinario; bürgerliche ~ cocina f casera; kalte ~ viandas pl frías; fiambres pl
Kuhhandel m, Ø regateo m
Kühlanlage f, n instalación f de refrigeración

frigorífica
Kühlbox *f*, en frigorífico *m* portátil
Kühlfrachter *m*, - carguero *m* frigorífico
Kühlgutversicherung *f*, en seguro *m* de deterioro de bienes refrigeradores
Kühlhauslagerung *f*, en almacenamiento *m* frigorífico
Kühlraum *m*, ⸗e cámara *f* frigorífica
Kühlschiff *n*, e buque *m* frigorífico
Kühlschrank *m*, ⸗e frigorífico *m*; nevera *f*
Kühltruhe *f*, n mueble *m* frigorífico
Kühlwagen *m*, - vagón *m* frigorífico
kulant 1. amable; afable; complaciente 2. (Com.) de fácil avenencia 3. aceptable; favorable
Kulanz *f*, Ø 1. complacencia *f*; amabilidad *f* 2. (Com.) facilidad *f* en los negocios
Kulanzweg *m*, e *auf dem* ~ amigablemente; amistosamente
Kulisse *f*, n 1. bastidor *m* 2. *(Börse)* bolsín *m*
kultivierbar cultivable; aprovechable para el cultivo
Kulturattaché *m*, s agregado *m* cultural
Kumpel *m*, - 1. compañero *m* 2. (Min.) minero *m*
Kumul *n*, e (Seg.) cúmulo *m*; *unabwendbares* ~ cúmulo *m* ineludible
kumulativ acumulativo
Kumulbereich *m*, e (Seg.) ámbito *m* de cúmulo
Kumulerfassung *f*, en (Seg.) registro *m* de cúmulo
Kumulerwartung *f*, en (Seg.) cúmulo *m* esperado
kumulgefährdet (Seg.) ~*es Risiko* riesgo *m* de exposición a cúmulo
kumulieren (a)cumular
kumulierend (Seg.) ~*e Gefahren* riesgos *pl* acumulados
Kumulierung *f*, en (Seg.) cúmulo *m*; acumulación *f*
Kumulierungsgefahr *f*, en (Seg.) riesgo *m* de cúmulo
Kumulkontrolle *f*, n control *m* de cúmulo
Kumullimit *n*, s (Seg.) límite *m* de cúmulo
Kumulobligo *n*, s (Seg.) responsabilidad *f* de cúmulo
Kumulpotential *n*, e (Seg.) potencial *m* del cúmulo
Kumulschadendeckung *f*, en (Seg.) cobertura *f* de siniestros de cúmulo
Kumulschadenexzedent *m*, en (Seg.) excedente *m* de cúmulo de siniestro
Kumulsituation *f*, en (Seg.) situación *f* de cúmulo
Kumulusexzedent *m*, en (Seg.) exceso *m* de pérdida de cúmulo
kündbar 1. revocable; rescindible; ~*er Angestellter* empleado *m* que puede ser despedido en cualquier momento 3. ~*e Anleihe* empréstito

m reembolsable
Kunde *m*, n cliente *m*; comprador *m*; ~*n pl* clientela *f*; *Dienst am* ~*n* servicio *m* al cliente
Kundenaufklärung *f*, en información *f* del cliente *od.* de la clientela
Kundenberatung *f*, en asesoramiento *m* del cliente
Kundenbesuch *m*, e visita *f* al cliente
Kundenbetreuung *f*, en asistencia *f* al cliente
Kundendienst *m*, e 1. servicio *m* técnico, de pos(t)venta 2. (Auto.) revisión *f*; puesta *f* a punto
Kundendienstnetz *n*, e red *f* de servicio de pos(t)venta
Kundendienstwerkstatt *f*, ⸗en taller *m* de servicio técnico
Kundeneinlage *f*, n depósito *m* cliente
Kundenfang *m*, Ø (Pey.) atracción *f* de la clientela; caza *f* de clientes
Kundenforderung *f*, en exigencia *f* de la clientela, del cliente
Kundenguthaben *n*, - haberes *pl* de clientes
Kundenkarte *f*, n tarjeta *f* de cliente
Kundenkartei *f*, en fichero *m* de clientes
Kundenkreis *m*, e → *Kundschaft*
Kundennummer *f*, n número *m* de cliente
Kundenpflege *f*, Ø → *Kundenbetreuung*
Kundenrabatt *m*, e descuento *m* de fidelidad
Kundenschließfach *n*, ⸗er (Seg.) caja *f*, compartimiento *m* de alquiler
Kundenschließung *f*, en (Seg.) cierre *m* accionado por el cliente
Kundenstamm *m*, Ø clientela *f* fija
Kundentermineinlagen *pl* depósitos *pl* a plazo de clientes
Kundentresor *m*, e → *Kundentresorraum*
Kundentresorraum *m*, ⸗e (Seg.) cámara *f* acorazada con cajas de alquiler
Kundenverkehr *m*, Ø relaciones *pl* con la clientela
Kundenwechsel *m*, - letra *f* dada en pago por un cliente
Kundenwerber *m*, - captador *m* (de clientes)
Kundenwerbung *f*, (en) 1. publicidad *f*; propaganda *f* 2. atracción *f*, captación *f* de clientes
Kundenwünsche *pl* deseos *pl* de la clientela
kundgeben, *seinen letzten Willen* ~ otorgar sus últimas voluntades
Kundgebung *f*, en 1. manifestación *f*; mitín *m* 2. *(Diplomatie)* notificación *f*
kundig perito; experto; técnico; versado; *einer Sache* ~ *sein* ser versado, práctico en; conocer a/c a fondo; saber hacer a/c
kündigen 1. *(Vertrag; Pol.)* denunciar; rescindir; revocar; *Haftungsverpflichtungen* ~ revocar compromisos de responsabilidad 2. *(Vermie-*

ter) despedir; desahuciar; desalojar 3. *(Arbeitgeber)* despedir; dar aviso de despedida 4. *(Mieter)* dar parte del traslado 5. *(Arbeitnehmer)* avisar el cese

Kündigung *f*, **en** 1. rescisión *f* 2. revocación *f*; ~ *seitens des Auftraggebers* revocación por parte del mandante 3. renuncia *f*; ~ *seitens des Beauftragten* renuncia por parte del mandatario 4. *(Arbeitgeber)* despido *m*; denuncia *f*; *fristlose* ~ denuncia sin (pre)aviso; *fristgebundene* ~ denuncia con (pre)aviso; *verhaltensbedingte* ~ denuncia basada en la conducta del trabajador; *betriebsbedingte* ~ denuncia basada en necesidades de la empresa; *personenbedingte* ~ denuncia basada en la persona del trabajador; *sozial ungerechtfertigte* ~ despido socialmente no justificado 5. aviso *m*; *mit monatli*cher ~ con un mes de aviso; *mit beiden Teilen freistehender* ~ con aviso recíproco

Kündigungsbrief *m*, **e** carta *m* de despido; (Seg.) aviso *m* de rescisión

Kündigungsentschädigung *f*, **en** indemnización *f* por despido

Kündigungsfreiheit *f*, **en** libertad *f* de despedir

Kündigungsfrist *f*, **en** 1. *(bei Arbeitnehmern)* plazo *m* de denuncia, preaviso 2. *(Vertrag)* plazo *m* de anticipación (para rescindir un contrato) 3. (Seg.) plazo *m* de rescisión

Kündigungsgelder *pl* depósitos *pl*, imposiciones *pl* con plazo de preaviso

Kündigungsgrund *m*, ⁼e causa *f*, razón *f*, motivo *m f* de rescisión *bzw.* despido *bzw.* desahucio

Kündigungsmöglichkeit *f*, **en** facultad *f* rescisoria

Kündigungsrecht *m*, Ø (Seg.) derecho *m* de rescisión

Kündigungsschreiben *n*, - → *Kündigungsbrief*

Kündigungsschutz *m*, Ø protección *f* contra los despidos

Kündigungsschutzgesetz *n*, **e** (R.F.A. *KSchG*) ley *f* de protección contra los despidos

Kündigungstermin *m*, **e** última fecha *f* de aviso

Kundin *f*, **nen** cliente *f*; compradora *f*

Kundschaft *f*, **en** clientela *f*

Kunst- (Pref.) 1. artístico; artista; del arte 2. artificial

Kunstbauten *pl* (Ferr.) viaductos y túneles *pl*; obras *pl* civiles

Kunstdruck *m*, **e** impresión *f* artística

Kunstdünger *m*, - fertilizante *m* artificial

Kunstfälschung *f*, **en** falsificación *f* de objetos de arte

Kunstfaser *f*, **n** fibra *f* artificial

Kunstgärtner *m*, - horticultor *m*; floricultor *m*; jardinero *m*

Kunstgärtnerei *f*, (en) horticultura *f*; floricultura *f*; jardinería *f*

Kunstgewerbe *n*, Ø artes *pl* industriales, útiles

Kunstgewerbeschule *f*, **n** escuela *f* de arte industrial; (E) Escuela *f* de Artes y Oficios

kunstgewerblich de arte industrial; (E) de artes y oficios

Kunsthafen *m*, ⁼ puerto *m* artificial

Kunsthandel *m*, Ø comercio *m* de objetos de arte

Kunsthandwerk *n*, Ø artesanía *f*

Kunsthandwerker *m*, - artesano *m*

künstlich artificial; artificioso; facticio

Kunststoffindustrie *f*, **n** industria *f* de materias plásticas, de plásticos

Kupferbergwerk *n*, **e** mina *f* de cobre

Kupfergeld *n*, Ø moneda *f* de cobre, vellón; cobre *m*

Kupferhütte *f*, **n** fábrica *f* metalúrgica de cobre

Kupon *m*, **s** cupón *m*

Kuponbogen *m*, - hoja *f* de cupones

Kuponsteuer *f*, **n** tasa *f*, impuesto *m* sobre cupones

Kuppelproduktion *f*, **en** producción *f* acoplada

kurant corriente; de fácil venta; ligeramente realizable

Kurantgeld *n*, **er** dinero *m* corriente

Kurantmünze *f*, **n** moneda *f* corriente

Kuratel *f*, **en** curatela *f*; curaduría *f* ejemplar; tutela *f*; *unter* ~ *stellen* someter a tutela

Kurator *m*, **en** 1. *(Vormund)* curador *m* 2. *(Universität)* secretario *m* 3. ~ en *pl* *(Konkurs)* síndicos *pl*

Kurbehandlung *f*, **en** tratamiento *m* en un balneario

Kurort *m*, **e** balneario *m*; estación *f* termal

Kurs *m*, **e** 1. rumbo *m*; derrotero *m* 2. curso *m*; cursillo *m* 2. cotización *f*; precio *m*; (tipo *m* de) cambio *m*; *die* ~*e feststellen* fijar los cambios; *fortlaufender* ~ cotización variable; *am* ~ *gewinnen* ganar en el cambio; *in* ~ *sein* tener curso; cotizarse; estar en circulación

Kursabbröckelung *f*, **en** desmantelamiento *m* de las cotizaciones

Kursabschlag *m*, ⁼e baja *f* del cambio; prima *f* de aplazamiento

Kursabschwächung *f*, **en** debilitación *f* de la cotización

Kursabweichung *f*, **en** desviación *f*, diferencia *f* de la cotización

Kursangabe *f*, **n** indicación *f* de la cotización

Kursangleichung *f*, **en** ajuste *m* de las cotizaciones

Kursanstieg *m*, **e** subida *f*, alza *f* de los cambios, de las cotizaciones

Kursausschläge *pl* oscilaciones *pl*, fluctuaciones *pl* de los cambios, de las cotizaciones

Kursbericht m, e → *Kursblatt*
Kursbesserungen pl mejora f de los cambios, las cotizaciones
Kursbeständigkeit f, en estabilidad f de las cotizaciones, de los cambios
Kursbewegungen pl fluctuaciones pl de las cotizaciones, del cambio
Kursblatt n, ⸗er boletín m de cotizaciones; (E) boletín m de bolsa
Kursdämpfung f, en contención f de las cotizaciones
Kursdifferenz f, en diferencia f del cambio
Kurseinbruch m, ⸗e bajón m en la cotización
Kurseinbuße f, n → *Kursverlust*
Kursentwicklung f, en evolución f, desarrollo m, comportamiento m de las cotizaciones, de los cambios
Kurserholung f, en recuperación f de la cotización, del cambio
kursfähig cotizable; negociable
Kursfestigung f, en consolidación f de las cotizaciones, de los cambios
Kursfestsetzung f, en fijación f de los cambios, de las cotizaciones
Kursfeststellung f, en → *Kursfestsetzung*
Kursfreigabe f, n liberación f, desbloqueo m de las cotizaciones
Kursgebühr f, en matrícula f
Kursgeld n, er matrícula f
Kursgewinn m, e beneficio m sobre el cambio
Kurs-Gewinn-Verhältnis n, Ø relación f cotización/beneficio
kursieren estar en circulación; circular; *(Geld)* tener curso (legal)
Kursind|ex m, -izes índice m de cotizaciones
Kurslimit n, s límite m de cambios; cambio m límite
Kursmakler m, - agente m de cambio y bolsa
Kursmanipulation f, en manipulación f de los cambios, de las cotizaciones
Kursniveau n, s nivel m de las cotizaciones, de los cambios
Kursnotierung f, en cotización f de cambios
Kursparität f, en cambio m a la par
Kurspflege f, Ø → *Kursstützung*
Kurspunkt m, e punto m
kursregulierend que ejerce un efecto regulador sobre las cotizaciones, los cambios
Kursrückgang m, ⸗e baja f, contracción f de las cotizaciones
Kursrutsch m, e bajón m de las cotizaciones
Kursschwankungen pl fluctuaciones pl del cambio
Kurssicherung f, en garantía f de cambio (Syn. *Hedgegeschäft*)
Kursspekulation f, en agiotaje m

Kursstabilisierung f, en estabilización f de las cotizaciones
Kursstand m, Ø nivel m del cambio
Kurssteigerung f, en alza f del cambio
Kurssturz m, ⸗e baja f (repentina), bajón m del cambio
Kursstützung f, en cuidado m de, asistencia f a las cotizaciones; compras pl de sostén, apoyo
Kursteilnehmer m, - cursi(lli)sta m
Kurstreiber m, - alcista m
Kurstreiberei f, en manipulación f al alza de las cotizaciones
Kurstrend m, s tendencia f bursátil, de las cotizaciones
Kursveränderungen pl modificaciones pl, alteraciones pl de las cotizaciones
Kursverfall m, Ø decaimiento m, debilitación f de las cotizaciones
Kursverfälschung f, en falsificación f de las cotizaciones, de los cambios
Kursverlauf m, ⸗e → *Kursentwicklung*
Kursverlust m, e pérdida f de cotización, de (*od.* en el) cambio, bursátil; *einen ~ erfahren* perder puntos
Kursverschiebung f, en dislocación f, movimiento m de las cotizaciones, de los cambios
Kursversicherung f, en seguro m de cambio
Kurswagen m, - vagón m, coche m directo; vagón m internacional
Kurswechsel m, - (Pol.) cambio m de línea
Kurswert m, e valor m de cotización, efectivo, real, cotizado; *(Devisen)* tipo m
Kurszettel m, - boletín m, listín m de bolsa
Kurszusammenbruch m, ⸗e derrumbamiento m de las cotizaciones, de los cambios
Kurszuschlag m, ⸗e recargo m sobre el cambio
Kurtage f, n corretaje m
Kurtaxe f, n póliza f de turismo; tasa f de balneario
Kurve f, n curva f; *eine ~ ausbauen* aumentar la amplitud de la curva; *die ~ der Produktionsmöglichkeiten* curva de las posibilidades de producción; curva de transformación
kurvengängig adaptable a curvas
Kurvenüberhöhung f, en peralte m en curva
Kurzanschrift f, en dirección f telegráfica
Kurzarbeit f, en (régimen m de) jornada f reducida; trabajo m a jornada reducida
kurzarbeiten trabajar, estar en régimen de jornada reducida
Kurzarbeiter m, - trabajador m en régimen de jornada reducida
Kurzarbeiterfonds m, - fondo m de jornada reducida
Kurzarbeitergeld n, er subsidio m de jornada reducida

Kurzausbildung *f*, en formación *f* acelerada
Kurzbericht *m*, **e** sumario *m*; informe *m* breve
Kürzel *n*, - abreviación *f*; símbolo *m*
kurzfristig a corto plazo; *~e Versicherung* seguro *m* a corto plazo
Kurzläufer *m*, - título *m* de renta fija reembolsable a corto plazo
kurzlebig de poca duración; efímero
Kurzlehrgang *m*, ⁻e cursillo *m*
Kurznachrichten *pl* noticias *pl* breves; titulares *pl* de noticias; flash *m*
Kurzschrift *f*, (en) taquigrafía *f*
Kurzstreckenverkehr *m*, Ø transporte *m* de trayecto corto, a corta distancia
Kurz- und Maschinenschrift *f*, Ø taquimecanografía *f*
Kürzung *f*, en reducción *f*; cercenamiento *m*
Kurzwaren *pl* (artículos *pl* de) mercería *f*, pasamanería *f*
Kurzwarenhändler *m*, - tendero *m*; pasamanero *m*
Kurzwoche *f*, **n** semana *f* reducida
Küstenfischerei *f*, (en) pesca *f* costera
Küstengewässer *pl* aguas *pl* costeras
Küstenhandel *m*, Ø comercio *m* cost(an)ero, de cabotaje
Küstenland *n*, ⁻er 1. → *Küstenstaat* 2. costa *f*; litoral *m*
Küstenschiffahrt *f*, en cabotaje *m* regular; navegación *f* cost(an)era
Küstenstaat *m*, en Estado *m* cost(an)ero
Kuvert *n*, s sobre *m*
kuvertieren meter en el sobre
Kux *m*, **e** (R.F.A.) título *m* de participación en una sociedad minera
Kuxinhaber *m*, - (R.F.A.) titular *m* de un „Kux" (Syn. *Gewerke*)
KWG → *Kreditwesengesetz*
Kybernetik *f*, Ø cibernética *f*
kybernetisch cibernético *m*

l → Liter
Label *n*, s etiqueta *f*; marca *f*
labil inestable; *~es Wirtschaftssystem* sistema económico en desequilibrio
Labor *n*, s *od.* e laboratorio *m*
Laboratori|um *n*, -en → *Labor*
Ladeanlage *f*, n instalación *f* de carga
Ladearbeiten *pl* operaciones *pl* de carga y descarga
ladebereit pronto, listo para la carga
Ladebrief *m*, e carta *f*, hoja *f* de carga; conocimiento *m* de embarque; carta *f* de porte
Ladebuch *n*, ⸚er libro *m* de carga
Ladefähigkeit *f*, en capacidad *f* de carga
Ladefläche *f*, n superficie *f* de carga
Ladefrist *f*, en plazo *m* de admisión de la carga; tiempo *m* de carga
Ladegebühren *pl* derechos *pl* de carga bzw. embarque
Ladegeld *n*, er derechos *pl* de cargamento
Ladegewicht *n*, e carga *f* útil; *(Schiff)* tonelaje *m*
Ladegrenze *f*, n límite *m* de carga
Ladegut *n*, ⸚er flete *m*; cargamento *m*
Ladehafen *m*, ⸚ puerto *m* de carga bzw. embarque
Ladekapazität *f*, en tonelaje *m*; capacidad *f* de carga
Ladelinie *f*, n nivel *m* de flotación; línea *f* de calado
Ladeliste *f*, n nota *f*, lista *f* de carga; manifiesto *m* de flete
Lademenge *f*, n (volumen *m* de) carga *f*
laden 1. cargar; admitir, recibir carga; embarcar; *Stückgüter ~* cargar por piezas bzw. bultos 2. convocar; citar; *Aktionäre zur Hauptversammlung ~* convocar a los accionistas a la junta general; *jdn. vor Gericht ~* citar a alg. ante los tribunales
Laden *m*, ⸚ tienda *f*; comercio *m*; negocio *m*; *einen ~ eröffnen* abrir una tienda; *~ mit Selbstbedienung* tienda de autoservicio (Syn. *Geschäft*)
Ladenangestellte/r *(der/ein)* dependiente *m* (de tienda); vendedor *m*
Ladenbesitzer *m*, - propietario *m* de una tienda; tendero *m*; patrón *m*
Ladendieb *m*, e ladrón *m* de tiendas
Ladendiebstahl *m*, ⸚e hurto *m* de tienda
Ladenfenster *n*, - escaparate *m*; (LA) vidriera *f*
Ladenfläche *f*, n superficie *f* de la tienda; superficie *f* comercial
Ladenhüter *m*, - género *m* invendible

Ladeninhaber *m*, - → *Ladenbesitzer*
Ladenkasse *f*, n (Seg.) caja *f* de una tienda
Ladenkette *f*, n cadena *f* de tiendas
Ladenmädchen *n*, - aprendiza *f* de tienda
Laden- oder Geschäftsbereich *m*, e (Seg.) ámbito *m* de la tienda o del negocio
Ladenöffnungszeiten *pl* horario *m* comercial; horas *pl* de apertura de la tienda
Ladenpreis *m*, e precio *m* de venta (al público); precio *m* ordinario; *(im Buchhandel)* precio *m* de librero
Ladenschild *n*, er letrero *m*
Ladenschluß *m*, (⸚sse) cierre *m* de los comercios
Ladenschlußgesetz *n*, Ø ley *f* reguladora del horario comercial; ley *f* ordenadora de las horas legales de cierre de los comercios en la R.F.A.
Ladenstraße *f*, n calle *f* comercial
Ladentisch *m*, e mostrador *m*
Ladenzeiten *pl* horas *pl* de apertura y de cierre de una tienda
Laderaum *m*, ⸚e (Nav.) bodega *f*; cala *f*; espacio *m* de carga
Ladeschein *m*, e certificado *m* de carga; carta *f* de porte; (Nav.) conocimiento *m* de embarque
Ladung *f*, en 1. carga *f*; cargamento *m*; consignación *f*; *eine ~ löschen* descargar; *mit ~ fahren* transportar un cargamento 2. citación *f*; emplazamiento *m*; convocatoria *f*; *formgerechte ~* citación en buena y debida forma; *~ zur Hauptversammlung* convocatoria a junta general
Ladungsfrist *f*, en (Jur.) plazo *m* de comparecencia
Ladungsschreiben *n*, - (Jur.) (cédula *f* de) citación *f*
Lage *f*, n situación *f*; condiciones *pl*; emplazamiento *m*; *~ an der Börse* situación en la Bolsa; *finanzielle ~* situación financiera; *in der ~ sein* estar en condiciones; *~ eines Werkes* emplazamiento de una fábrica
Lagebericht *m*, e informe *m* sobre la situación
Lageplan *m*, ⸚e (Seg.) plano *m* general
Lager *n*, - almacén *m*; depósito *m*; existencias *pl*; (Angl.) stock *m*; *auf ~ bleiben* sin vender; *auf ~ haben* tener en almacén; *auf ~ nehmen* almacenar; hacer provisión de; aprovisionarse de; *ein ~ räumen* liquidar las existencias
Lagerabbau *m*, Ø reducción *f* de (las) existencias
Lagerauffüllung *f*, en reposición *f* de (las) existencias

Lageraufnahme *f*, n (formación *f* del) inventario *m*
Lagerbestand *m*, ⁻e existencias *pl* (disponibles); inventario *m*
Lagerbestandsführung *f*, en contabilidad *f* de las existencias
Lagerempfangsschein *m*, e recibo *m* de almacén; certificado *m* de depósito; (Angl.) warrant *m*
Lagerfähigkeit *f*, en capacidad *f* de almacenaje
Lagerführer *m*, - → *Lagerverwalter*
Lagergebühren *pl* derechos *pl* bzw. gastos *pl* de almacén; tasa *f* de depósito
Lagergut *n*, ⁻er existencias *pl*; mercancías *pl* en almacén
Lagerhaltung *f*, en almacenaje *m*; *verstärkte* ~ aumento *m* de las existencias
Lagerist *m*, en → *Lagerverwalter*
Lagerkapazität *f*, en → *Lagerfähigkeit*
Lagerkartei *f*, en fichero *m* de almacén *bzw.* de las existencias
Lagerkosten *pl* → *Lagergebühren*
Lagermiete *f*, n alquiler *m* de almacén; *(Kosten)* gastos *pl*, derechos *pl* de almacén
lagern almacenar; depositar; estar en almacén, depósito
Lagerraum *m*, ⁻e (espacio *m* de) almacén *m*, depósito *m*
Lagerräumung *f*, en liquidación *f* de (las) existencias
Lagerschein *m*, e certificado *m* de depósito; resguardo *m*, talón *m* de almacén; (Angl.) warrant *m*
Lagerschuppen *m*, - nave *f* de almacén; *(Hafen)* tinglado *m*
Lagerstätte *f*, n 1. depósito *m* 2. (Min.) yacimiento *m*
Lagerumschlag *m*, Ø rotación *f* bzw. movimiento *m* de las existencias
Lagerung *f*, en almacenaje *m*; depósito *m*
Lagerverwalter *m*, - depositario-almacenista *m*; jefe *m* de almacén
Lagerverzeichnis *n*, se registro *m* de inventario *bzw.* de existencias
Lagervorrat *m*, ⁻e existencias *pl* (en almacén)
lähmen → *lahmlegen*
lahmlegen paralizar; inmovilizar; *ein Unternehmen* ~ paralizar una empresa
Lahmlegung *f*, en paralización *f*
Laie *m*, n lego *m*; profano *m*; aficionado *m*
Lampenschirm *m*, e (Seg.) pantalla *f*
lancieren lanzar; *eine Anleihe* ~ lanzar un empréstito
Land *n*, ⁻er 1. país *m*; Estado *m*; nación *f*; *assoziiertes* ~ país asociado; *blockfreies* ~ Estado no alineado; *industrialisiertes* ~ país industrializado 2. tierra *f*; suelo *m*; territorio *m*; *angebautes* ~ tierra cultivada; *urbar gemachtes* ~ tierra roturada; *melioriertes* ~ tierra bonificada 3. (R.F.A.) Land *m od.* estado *m* federado
Landarbeit *f*, en trabajo *m* agrícola
Landarbeiter *m*, - bracero *m*; (LA) peón *m*; mozo *m* de labranza
Landbevölkerung *f*, en población *f* rural
Länderkammer *f*, Ø Cámara *f* de los Länder (Syn. *Bundesrat*)
Länderrisik|o *n*, -en riesgo *m* país (peligro de pérdida al que se expone la concesión de un crédito a un país determinado)
Landesbank *f*, en (R.F.A.) instituto *m* bancario de los Länder; banco *m* central regional
Landesbehörde *f*, n autoridades *pl* regionales *bzw.* locales
Landesbrauch *m*, ⁻e costumbre *f* del país
Landesgruppe *f*, n (Pol.) federación *f* local
Landesgruppenchef *m*, Ø *(Bayern)* jefe *m* de la agrupación del CSU
Landesministeri|um *n*, -en ministerio *m* de un Land
Landesplanung *f*, en planificación *f* rural; urbanismo *m* regional
Landesregierung *f*, en gobierno *m* nacional *od.* autónomo; gobierno *m* de un Land
Landesversicherungsanstalt *f*, en *(LVA)* (R.F.A.) dirección *f* de la Seguridad Social de un Land
Landeswährung *f*, en moneda *f* nacional
Landeszentralbank *f*, en *(LZB)* (R.F.A.) banco *m* central de un Land; sucursal *f* del Bundesbank
Landflucht *f*, en éxodo *m* rural
Landgemeinde *f*, n comunidad *f* rural
Landgericht *n*, e (R.F.A.) *etwa*: Audiencia *f* Provincial; tribunal *m* regional, de un Land
Landhaus *n*, ⁻er casa *f* de campo
Landleute *pl* labradores *pl*; campesinos *pl*; aldeanos *pl*
ländlich rural; ~*e Genossenschaft* cooperativa *f* rural
Landrat *m*, ⁻e *etwa*: jefe *m* de distrito; prefecto *m*; gobernador *m*
Landratsamt *n*, ⁻er *etwa*: jefatura *f* de distrito
Landschaftsschutzgebiet *n*, e zona *f* en régimen de protección del paisaje
Landtag *m*, e dieta *f* regional; parlamento *m* autónomo
Landtagswahlen *pl* elecciones *pl* autónomas
Landtransport *m*, e transporte *m* por tierra *od.* terrestre
Landwirt *m*, e agricultor *m*; labrador *m*; granjero *m*; *(graduierter)* perito *m* agrícola
Landwirtschaft *f*, en agricultura *f*
landwirtschaftlich agrícola; agrario; ~*er Betrieb* explotación *f* agraria; ~*e Erzeugnisse* pro-

ductos *pl* agrícolas; *~e Pfandbriefe* cédulas *pl* hipotecarias agrícolas; *~e Genossenschaft* cooperativa *f* agrícola; *~er Beratungsdienst* servicio *m* de extensión agraria
landwirtschaftliche Produktionsgenossenschaft *f*, en *(LPG)* (R.D.A.) cooperativa *f* de producción agrícola
Landwirtschaftskammer *f*, n camára *f* agrícola
Landwirtschaftsministeri|um *n*, -en ministerio *m* de Agricultura
langfristig a largo plazo; *~es Darlehen* préstamo *m* a largo plazo (Ggs. *kurzfristig*)
langjährig viejo; antiguo; *~e Erfahrungen* experiencias *pl* de muchos años; *~e Geschäftsbeziehungen* relaciones *pl* comerciales de muchos años
Langläufer *m*, - título *m* reembolsable a largo plazo; bono *m* del Tesoro a largo plazo (Ggs. *Kurzläufer*)
langlebig de larga duración, vida; *~e Konsumgüter* bienes *pl* de consumo durables
Längsseite *f*, n: *frei ~ Schiff* (F.A.S.) franco al costado del buque (f.a.s.)
Langstreckendienst *m*, e servicio *m* de largo trayecto
Langstreckenflug *m*, ⁔e vuelo *m* de largo trayecto
Langstreckenflugzeug *n*, e avión *m* para vuelos a gran distancia
Langzeitarbeitslose *pl* desempleados *pl* de larga duración *od.* desanimados
Langzeitverhalten *n*, Ø (Seg.) comportamiento *m* a largo plazo
Langzeitwirkung *f*, en efecto *m* a largo plazo
Lärmbekämpfung *f*, en lucha *f* contra el ruido
Lärmbelästigung *f*, en contaminación *f* sonora
Lärmschutz *m*, Ø protección *f* contra el ruido
Lärmschutzwand *f*, ⁔e muro *m* antirruidos; muro *m* protector contra el ruido
lasch flojo; negligente; *~e Kontrollen* controles *pl* poco severos
Last *f*, en 1. gravamen *m*; carga *f*; *zu ~en von* por cuenta de; a cargo de; *öffentliche ~* carga pública; *ein Saldo zu Ihren ~en aufweisen* presentar un saldo pasivo a su cargo 2. carga *f*; cargamento *m*; tonelaje *m*
Lastauto *n*, s → *Lastkraftwagen*
Lastenausgleich *m*, e perecuación *f*, compensación *f* de cargas; (R.F.A.) tasa *f* única en beneficio de las víctimas de la Segunda Guerra Mundial
Lastenausgleichsfonds *m*, - fondo *m* de compensaciones *od.* de compensación de cargas
lastenfrei *(Grundstück)* libre, exento de gravámenes *bzw.* hipotecas; *(Dividende)* saneado

Lastenverteilung *f*, en repartición *f* de (las) cargas
Lastenverzeichnis *n*, se pliego *m* de condiciones (Syn. *Pflichtenheft*)
Laster *m*, - → *Lastkraftwagen*
Lastkraftwagen *m*, - *(LKW)* camión *m*
Lastschrift *f*, en nota *f* de cargo (en cuenta); nota *f* de débito
Lastschriftanzeige *f*, n aviso *m* de cargo
Lastschriftverfahren *n*, - 1. procedimiento *m* de nota de cargo 2. domiciliación *f* bancaria de recibos
Lastzug *m*, ⁔e camión *m* con remolque; tren *m* de camiones
Laterne *f*, n linterna *f*; *die rote ~ bilden* ocupar la última posición
Lauf *m*, Ø curso *m*; vencimiento *m*; *im ~(e) eines Jahres* en el curso *od.* transcurso de un año
Laufbahn *f*, en carrera *f*; *eine ~ einschlagen* decidirse por una carrera (Syn. *Karriere; Werdegang*)
Laufdauer *f*, Ø → *Laufzeit*
laufen 1. estar en circulación; tener validez 2. funcionar; marchar; *durchgehend ~* estar en servicio día y noche; *leer ~* marchar en ralentí
laufend permanente; continuo; corriente; en curso; *~e Ausgaben* gastos *pl* fijos; *am ~en Bande* en serie; *~e Geschäfte* operaciones *pl* corrientes; *auf dem laufenden halten* tener al corriente; *~es Jahr* año *m* en curso; *~es Konto* cuenta *f* corriente; *~e Police* póliza *f* abierta *bzw.* flotante; *~er Wechsel* letra *f* en circulación *od.* negociada
Lauffrist *f*, en → *Laufzeit*
Laufjunge *m*, n chico *m* para recados; *(Hotel)* botones *m*; *(Büro)* ordenanza *m*; mensajero
Laufkundschaft *f*, en clientela *f* ocasional
Laufzeit *f*, en 1. duración *f*; validez *f*; vencimiento *m*; *~ einer Hypothek* plazo *m* de vencimiento de una hipoteca; *dreißig Tage ~ haben* tener treinta días de vencimiento *od.* vista; *~ eines Kredits* duración, plazo de un crédito 2. (Seg.) tiempo *m* de bloqueo
Laufzettel *m*, - 1. circular *f* 2. póliza *f* de aviso
laut según; con arreglo a; conforme a; en virtud de; *~ Vertrag* según lo acordado contractualmente; *~ wirtschaftlichem Gutachten* según el informe económico
lauten rezar; decir; *auf einen Betrag von 100 DM ~* estar extendido por un importe de 100 marcos; *auf den Inhaber ~* ser pagadero al portador; *an Order ~* ser pagadero a la orden
Lautsprecherwerbung *f*, (en) publicidad *f* por altavoces
leasen tener en „leasing"; suscribir una fórmula de „leasing"; *ein geleaster Wagen* un coche en

„leasing"
Leasing *n*, s „leasing" *m*; arrendamiento *m* con opción de compra
Leasing-Gesellschaft *f*, en sociedad *f* de „leasing"
Lebensarbeitszeit *f*, Ø vida *f* laboral activa
Lebensbedingungen *pl* condiciones *pl* de vida
Lebensdauer *f*, Ø duración *f*; durabilidad *f*; ~ *von Gebrauchsgütern* duración útil de bienes de consumo
Lebenserwartung *f*, en expectativa *f* de vida
Lebenshaltung *f*, en coste *m* de (la) vida; nivel *m* de vida; *Hebung der* ~ alza del nivel de vida
Lebenshaltungsind|ex *m*, e *od.* **-izes** índice *m* del coste de (la) vida *bzw.* índice *m* de precios al consumo
Lebenshaltungskoeffizient *m*, en coeficiente *m* del coste de (la) vida
Lebenshaltungskosten *pl* coste *m* de (la) vida
Lebenslauf *m*, ⁻e curriculum *m* vitae; *handgeschriebener, tabellarischer* ~ curriculum vitae manuscrito, sinóptico
Lebensmittel *pl* productos *pl* alimenticios; comestibles *pl*; alimentos *pl*
Lebensmittelanbau *m*, Ø cultivos *pl* alimentarios
Lebensmittelbranche *f*, n ramo *m*, sector *m* alimentario
Lebensmittelgeschäft *n*, e tienda *f* de comestibles *od.* de productos alimenticios
Lebensmittelgesetz *n*, (e) código *m* alimentario
Lebensmittelhändler *m*, - comerciante *m* en productos alimenticios
Lebensmittelkarte *f*, n cartilla *f* de racionamiento
Lebensmittelknappheit *f*, Ø escacez *f* de alimentos
Lebensmittelnotstand *m*, ⁻e emergencia *f* alimentaria
Lebensmittelpreise *pl* precios *pl* de los alimentos
Lebensniveau *n*, s → *Lebensstandard*
Lebensqualität *f*, Ø calidad *f* de (la) vida
Lebensraum *m*, (⁻e) espacio *m* vital; *natürlicher* ~ habitat *m* natural
Lebensstandard *m*, s nivel *m* de vida; *den* ~ *heben (erhöhen)* elevar el nivel de vida
Lebensunterhalt *m*, e (medios *pl* de) subsistencia *f*; *seinen* ~ *verdienen* ganarse la vida
Lebensversicherung *f*, en seguro *m* de vida; *eine* ~ *abschließen* suscribir un seguro de vida; ~ *auf den Erlebensfall* seguro en caso de vida *od.* seguro de vida de supervivencia; ~ *auf den Todesfall* seguro en caso de deceso *od.* seguro de vida ordinario
Lebensversicherungspolice *f*, n póliza *f* de seguro de vida

Lebensversicherungsvertrag *m*, ⁻e contrato *m* de seguro de vida
Lebenszeit *f*, en (tiempo *m* de) vida *f*; *auf* ~ vitalicio; perpetuo; permanente; *Beamter auf* ~ funcionario *m* inamovible
lebhaft *(Börse)* animado; activo; *~e Nachfrage* demanda *f* animada; *~er Verkehr* tráfico *m* animado
leer vacío; en blanco; vacante; ~ *laufen* marchar en ralentí
leeren *(Post)* hacer la recogida; recoger la correspondencia
Leergut *n*, Ø envases *pl* vacíos; embalaje *m* vacío
Leerkapazität *f*, en capacidad *f* libre, no explotada
Leerkassettenausgabe *f*, n (Seg.) distribuidor *m* de arquetas libres
Leerstelle *f*, n plaza *f*, puesto *m* vacante
Leerung *f*, en *(Post)* recogida *f*; *nächste* ~ *um 15.00 Uhr* próxima recogida a las 15.00 hs.
Leerverkauf *m*, ⁻e venta *f* al descubierto (especulaciones a la baja en las operaciones a plazo con títulos-valores) (Syn. *Fixen*)
Leerzeiten *pl* tiempo *m* muerto; (Seg.) tiempos *pl* en que el personal no tiene trabajo
legal legal; prescrito por la ley (Syn. *gesetzlich; gesetzmäßig*)
legalisieren legalizar; *eine Urkunde* ~ legalizar un documento
Legalisierung *f*, Ø legalización *f*; legitimación *f*; certificación *f* oficial de documentos o firmas
Legalität *f*, Ø legalidad *f*
Legatar *m*, e legatario *m*; beneficiario *m* de un legado
legen meter; poner; colocar; *auf Zinsen* ~ colocar a interés; *ad acta* ~ archivar
Legierung *f*, en aleación *f*
Legislative *f*, n (poder *m*) legislativo *m*
Legislaturperiode *f*, n (período *m* de) legislatura *f*
legitim legítimo; *~er Streik* huelga *f* legal
Legitimation *f*, en legitimación *f*; certificación *f* de la identidad
Legitimationspapier *n*, e 1. documento *m* de identidad 2. título *m* (nominal) transmisible
Lehrabschlu|ß *m*, ⁻sse certificado *m* de aptitud profesional
Lehre *f*, n aprendizaje *m*; *in die* ~ *gehen* hacer un aprendizaje en; entrar de aprendiz; *aus der* ~ *kommen* haber terminado su aprendizaje; *jdn. in die* ~ *nehmen* tomar a alg. de aprendiz
Lehrgang *m*, ⁻e curso *m*; cursillo *m*
Lehrgeld *n*, Ø (Hist.) dinero *m* de aprendizaje; (Fig.) pagar caro; escarmentar
Lehrherr *m*, n *od.* en patrón *m*; principal *m*
Lehrkombinat *n*, e (R.D.A.) centro *m* de apren-

dizaje
Lehrling *m*, **e** aprendiz *m*; *gewerblicher ~* aprendiz en el ramo industrial; *handwerklicher ~* aprendiz artesano; *als ~ eingestellt werden* estar de aprendiz
Lehrlingsabgabe *f*, **n** tasa *f* de aprendizaje
Lehrlingsausbilder *m*, - instructor *m* de aprendices
Lehrlingsgeld *n*, **er** dinero *m* de aprendizaje
Lehrstelle *f*, **n** plaza *f* de aprendiz
Lehrstellenbewerber *m*, - candidato *m* a una plaza de aprendiz
Lehrzeit *f*, **en** duración *f* del aprendizaje
Leibrente *f*, **n** renta *f* *od.* pensión *f* vitalicia
Leichtbauwand *f*, ⸚e (Seg.) pared *f* de construcción ligera
Leichtgut *n*, ⸚er mercancía *f* de poco peso
Leichtindustrie *f*, **n** industria *f* de bienes de consumo
Leichtlohngruppe *f*, **n** salarios *pl* poco elevados para trabajos denominados „fáciles"
leicht verderblich perecedero; de fácil deterioro
Leidtragende/r *(der/ein)* víctima *f*
Leihamt *n*, ⸚er → *Leihhaus*
Leihanstalt *f*, **en** → *Leihhaus*
Leiharbeit *f*, Ø trabajo *m* en régimen de cesión (una empresa cede uno de sus asalariados a otra empresa)
Leiharbeiter *m*, - 1. trabajador *m* en régimen de cesión 2. temporero *m* (obrero del campo que se contrata sólo por cierta temporada)
Leihe *f*, **n** préstamo *m* de uso; comodato *m*
leihen prestar; adelantar; anticipar; *sich etw. ~* tomar en préstamo a/c; *Geld auf Hypotheken ~* prestar dinero sobre *od.* contra hipoteca
Leihen *n*, Ø préstamo *m*; empréstito *m*
Leihfirm|a *f*, **-en** 1. empresa *f* cedente (a otra empresa) de asalariados 2. empresa *f* de trabajos temporales
Leihgabe *f*, **n** → *Leihe*
Leihgebühr *f*, **en** (derechos *pl* de) alquiler *m*; tasa *f* de cesión
Leihhaus *n*, ⸚er casa *f* de empeño; (E) Monte *m* de Piedad; Montepío *m*
Leihkapital *n*, Ø capital *m* prestado; fondos *pl* en préstamo
Leihpacht *f*, **en** contrato *m* de préstamo *bzw.* arriendo
Leihschein *m*, **e** papeleta *f* de empeño
Leihvertrag *m*, ⸚e contrato *m* de préstamo
Leihware *f*, **n** mercancía *f* en depósito
leihweise a título de préstamo; en préstamo
Leipziger Messe *f*, (n) Feria *f* de Leipzig
leisten realizar; ejecutar; proveer; entregar; *sich etw. (finanziell) ~ können* poder permitirse; tener los medios para sufragar a/c; *eine Anzahlung ~* pagar a cuenta; *eine Kaution ~* salir fiador; otorgar fianza; *eine Zahlung ~* efectuar un pago
Leistung *f*, **en** rendimiento *m*; prestación *f*; servicio *m*; potencia *f*; poder *m*; suministro *m*; contribución *f*; *~en beziehen* percibir prestaciones; *die ~ einer Fabrik steigern* elevar la producción de una fábrica; *die ~ einer Maschine* el rendimiento de una máquina; *~en in Naturalien* prestaciones en especie; *soziale ~en* prestaciones sociales; *~ pro Arbeitsstunde* rendimiento por hora
Leistungsabfall *m*, ⸚e pérdida *f* de rendimiento
Leistungsanspruch *m*, ⸚e derecho *m* a prestaciones; derecho *m* a obtener beneficios
Leistungsanstieg *m*, **e** incremento *m* de la capacidad de rendimiento
Leistungsberechtigte/r *(der/ein)* titular *m* de una prestación; prestatario *m* (Seg. Social)
Leistungsbilanz *f*, **en** balanza *f* por cuenta corriente; balanza *f* de los intercambios de mercancías y servicios; cuenta *f* bruta de resultados
Leistungsdruck *m*, Ø presión *f* del rendimiento; *er steht unter ~* (él) está sujeto a la presión del rendimiento
Leistungsdurchschnitt *m*, Ø rendimiento *m* medio
Leistungsempfänger *m*, - → *Leistungsberechtigter*
Leistungsentgelt *n*, **e** remuneración *f* (según rendimiento)
leistungsfähig capaz; eficiente; productivo; de gran rendimiento *bzw.* capacidad
Leistungsfähigkeit *f*, **en** capacidad *f* de rendimiento
leistungsgebundener Lohnteil *m*, **e** (R.D.A.) parte *f* variable del salario (conforme al rendimiento)
leistungsgerecht acorde con el rendimiento
Leistungsgesellschaft *f*, **en** sociedad *f* orientada al rendimiento
Leistungsgrenze *f*, **n** 1. límite *m* de potencia 2. tope *m* de prestaciones
leistungshemmend que frena el rendimiento; que obstaculiza la producción
Leistungskennziffer *f*, **n** índice *m* de rendimiento
Leistungsknick *m*, **s** *od.* **e** baja *f* vertiginosa del rendimiento
Leistungskraft *f*, Ø → *Leistungsfähigkeit*
Leistungskurve *f*, **n** curva *f* de rendimiento; *die ~ der Arbeiter aufzeichnen* trazar la curva del rendimiento de los trabajadores
Leistungslohn *m*, ⸚e salario *m* conforme al rendimiento
Leistungsniveau *n*, **s** nivel *m* de rendimiento

leistungsorientiert orientado al rendimiento; ~*e Gesellschaft* sociedad *f* de rendimiento
Leistungspflicht *f*, en (Seg.) obligatoriedad *f* de prestación
Leistungsprämie *f*, n prima *f* de productividad; plus *m* por rendimiento
leistungsschwach de poco rendimiento
Leistungssoll *n*, Ø (R.D.A.) producción *f* prevista
Leistungsstaffelung *f*, en (Seg.) escalonamiento *m* de la prestación
Leistungsstandard *m*, (e) nivel *m* de rendimiento; *hoher technischer* ~ alto nivel técnico; tecnología *f* sofisticada, de punta
leistungsstark de alto rendimiento
Leistungssteigerung *f*, en → *Leistungsanstieg*
Leistungsstücklohn *m*, ⁻e salario *m* por unidad (de obra)
Leistungsträger *m*, - entidad *f* prestataria
Leistungsverkehr *m*, Ø operaciones *pl* corrientes
Leistungsverzeichnis *n*, se lista *f* de cláusulas y condiciones generales
Leistungswettbewerb *m*, e producción *f* competitiva; competencia *f* de rendimiento *bzw.* eficiencia
Leistungszulage *f*, n → *Leistungsprämie*
Leitartikel *m*, - artículo *m* de fondo; editorial *m*
Leitbetrieb *m*, e (R.D.A.) empresa *f* piloto, de punta (en un sector determinado)
leiten dirigir; estar a la cabeza de; *(Staat)* gobernar; *eine Versammlung* ~ presidir una asamblea
Leitende/r *(der/ein)* mando *m* superior; *die Leitenden* dirección *f*; personal *m* de mando (Syn. *Führungskräfte*)
Leiter *m*, - director *m*; gerente *m*; jefe *m*; administrador *m*; *kaufmännischer* ~ director comercial; *technischer* ~ director técnico; ~ *der Werbeabteilung* jefe del departamento publicitario
Leitkurs *m*, e curso *m* de referencia
Leitlinien *pl* (líneas *pl*) directrices *pl*
Leitsatz *m*, ⁻e 1. tasa *f* de referencia 2. directiva *f*
Leitung *f*, en 1. dirección *f*; gestión *f*; administración *f*; *die* ~ *einer Firma übernehmen* hacerse cargo de la dirección de una empresa 2. línea *f* (de teléfono); *die* ~ *ist besetzt* la línea está ocupada; *in der* ~ *bleiben* quedar al habla; *die* ~ *ist überlastet* la línea está sobrecargada
Leitungsebene *f*, n nivel *m* directivo
Leitungskader *m*, - (R.D.A.) personal *m* de dirección; mandos *pl* superiores
Leitungskollektiv *n*, e (R.D.A.) colectivo *m* de dirección
Leitungsnetz *n*, e red *f* de líneas telefónicas
Leitungsorgan *n*, e órgano *m* directivo
Leitungsstab *m*, ⁻e estado *m* mayor de dirección

Leitwährung *f*, en moneda *f* guía *bzw.* de referencia; moneda *f* de reserva (Syn. *Reservewährung*)
Leitungsweg *m*, e (Seg.) línea *f*
Leitungswiderstand *m*, ⁻e (Seg.) resistencia *f* de línea
Leitzahl *f*, en código *m* postal
Leitzins *m*, en interés *m* básico; tasa *f* de descuento (Syn. *Diskontsatz*)
lenken controlar; dirigir; guiar; gobernar
Lenkung *f*, - dirección *f*; orientación *f*; control *m*; ~ *der Kaufkraft* orientación del poder adquisitivo; ~ *der Wirtschaft* dirigismo *m* económico
Lenkungsauschu|ß, ⁻sse comisión *f* de control económico
lenkungsfrei no dirigista; de libre competencia
Lenkungsmaßnahmen *pl* medidas *pl* dirigistas
leoninisch leonino (una persona se reserva la parte del león); ~*e Teilung* repartición *f* leonina; ~*er Vertrag* contrato *m* leonino
Lesung *f*, en *(Parlament)* lectura *f*; *in zweiter* ~ en segunda lectura; *zur dritten* ~ *gelangen* llegar a la tercera lectura
Letztbietende/r *(der/ein)* último y mejor postor *m*
Letztverbraucher *m*, - consumidor *m* final
letztwillig testamentario; ~*e Verfügung* disposición *f* testamentaria; última voluntad *f*
Leuchtreklame *f*, n → *Lichtreklame*
Leuchtschild *n*, er letrero *m* luminoso
Leuchtwerbung *f*, en → *Lichtreklame*
Leumundszeugnis *n*, se certificado *m* de buena conducta
Leute *pl* gente *f*; *einflußreiche* ~ personas *pl* influyentes
lfd. J. *(laufendes Jahr)* año *m* en curso
lfd. M. *(laufender Monat)* mes *m* en curso
lfd. Nr. *(laufende Nummer)* número *m* correlativo *od.* de orden
liberal liberal; ~*e Wirtschaftsordnung* sistema *m* económico liberal
liberalisieren liberalizar
Liberalisierung *f*, en liberalización *f*
Liberalismus *m*, Ø liberalismo *m*
LIBOR *London Inter-Bank Offered Rate* tipo *m* de interés londinense para créditos en euromonedas (válido y reconocido mundialmente entre los bancos para la toma de capital a corto plazo)
Licht *n*, er luz *f*; *grünes* ~ *für etw.* luz verde para a/c
Lichtblitze *pl* (Seg.) destellos *pl* de luz; *grellblendende* ~ deslumbrantes destellos de luz (emitidos en un rápido orden de sucesión)
Lichtblitzstäbe *pl* (Seg.) lámparas *pl* tipo flash

lichtdurchlässig (Seg.) translúcido
Lichteinfall *m*, Ø (Seg.) admisión *f* de luz
Lichtkuppel *f*, *n* (Seg.) lucernario *m*
Lichtreklame *f*, *n* publicidad *f* luminosa
Lichtschacht *m*, ⸚e (Seg.) tragaluz *m*
Lichtschachtgitterrost *m*, e (Seg.) parrilla *f* de enrejado de tragaluces
Lichtschalter *m*, - (Seg.) interruptor *m* de luz
Lichtschranke *f*, *n* (Seg.) barrera *f* luminosa *od.* infrarroja
Liebhaberpreis *m*, e precio *m* entre aficionados
Liebhaberwert *m*, e valor *m* para un aficionado
Lieferant *m*, en proveedor *m*; suministrador *m*; contratista *m*
Lieferantendatei *f*, en fichero *m* de suministradores
Lieferanteneingang *m*, ⸚e entrada *f* de servicio
Lieferauftrag *m*, ⸚e orden *f* de entrega *od.* suministro
lieferbar suministrable; disponible; *kurzfristig ~* listo para la entrega inmediata; *nicht mehr ~* no estar ya en venta
Lieferbedingungen *pl* condiciones *pl* de entrega
Lieferengpa|ß *m*, ⸚sse dificultades *pl* de entrega; cuello *m* de botella en el suministro
Lieferfirm|a *f*, -en casa *f* proveedora *od.* suministradora
Lieferfrist *f*, en plazo *m* de entrega; *die ~ einhalten* observar el plazo de entrega
Liefergarantie *f*, *n* garantía *f* de entrega
Lieferkette *f*, *n* cadena *f* de transporte
Lieferland *n*, ⸚er país *m* suministrador *od.* proveedor
Liefermenge *f*, *n* cantidad *f* a entregar *od.* suministrar; lote *m* de entrega
Liefermonopol *n*, e monopolio *m* de suministros; *das ~ auf sw. haben* detentar el monopolio de suministro de a/c
liefern suministrar; entregar; proveer; facilitar; *frei Haus ~* entrega franco domicilio
Lieferschein *m*, e talón *m* de entrega; resguardo *m*; recibo *m* de entrega
Liefersoll *n*, Ø (R.D.A.) producción *f* establecida por el plan
Liefersperre *f*, *n* embargo *m* sobre los suministros; bloqueo *m* de la entrega
Lieferstopp *m*, s suspensión *f* de suministro *od.* entrega
Liefertermin *m*, e fecha *f* bzw. día *m* de entrega
Liefer- und Zahlungsbedingungen *pl* condiciones *pl* de pago y suministro
Lieferung *f*, en entrega *f*; suministro *m*; *bei ~ zahlbar* pagadero a la entrega; *~ am Tag des Abschlusses (Börse)* entrega en el día de concertarse en firme la transacción; *gegen sofortige ~ kaufen* comprar contra entrega inmediata; *~ erfolgt gegen Barzahlung* entrega contra pago al contado
Lieferungsangebot *n*, e oferta *f* de entrega
Lieferungsembargo *n*, s → *Lieferungssperre*
Lieferungsgeschäft *n*, e operación *f* a término; *(Prämiengeschäft)* operación *f* a opción
Lieferungsort *m*, e lugar *m* de entrega
Lieferungsschein *m*, e recibo *m*, talón *m* de entrega
Lieferungssperre *f*, *n* bloqueo *m* de la entrega; embargo *m* sobre el suministro
Lieferungsverzug *m*, Ø demora *f*, retraso *m* de la entrega
Lieferzeit *f*, en plazo *m* de entrega
Liegegeld *n*, er 1. derechos *pl* de estadía 2. indemnización *f* por retraso
liegen estar situado en; figurar; *gut ~* estar en una buena posición; *gedrückt ~ (Kurse)* estar bajos; estar bajo presión; *drei Punkte tiefer ~ (Börse)* perder tres enteros
Liegenschaften *pl* bienes *pl* raíces; terrenos *pl*; inmuebles *pl*
Liegetage *pl* días *pl* de estadía *bzw.* de retraso
Limit *n*, s *od.* e 1. tope *m*; límite *m* máximo (de un crédito) 2. precio *m* límite (para la compra o venta de valores)
limitieren limitar; *~te Auflage* tirada *f* limitada
limitiert limitado (clase de orden para la compra o la venta de valores) (Ggs. *Bestens, Billigst*)
Limitpreis *m*, e precio *m* límite
line (Inform.) *off~* fuera de línea; desconectado; *on~* en línea; conectado
linear linear; *~e Steuersenkung* reducción *f* linear de los impuestos
Linie *f*, *n* 1. línea *f*; *feststehende politische ~* línea política firme 2. tendencia *f*; *~ einer Zeitung* tendencia de un periódico
Linienflug *m*, ⸚e vuelo *m* regular, de línea
Linienschiff *n*, e navío *m* de línea
Linienverkehr *m*, Ø tráfico *m* regular, servicio *m* regular
Linke *f*, *n* (Pol.) izquierda *f*; *äußerste ~* extrema izquierda; *gemäßigte ~* izquierda moderada (Ggs. *Rechte*)
Linksdrall *m*, Ø tendencia *f* izquierdista
Linksextremismus *m*, Ø ultraizquierda *f*; extremismo *m* de izquierda
Linkskoalition *f*, en coalición *f* de izquierda
Linkskurs *m*, (e) → *Linksorientierung*
Linksopposition *f*, (en) oposición *f* de izquierda
linksorientiert orientado a la izquierda
Linksorientierung *f*, (en) orientación *f* izquierdista (de un gobierno)
Linkspartei *f*, en partido *m* izquierdista
linksradikal de extrema izquierda; *~e Gruppe* agrupación *f* izquierdista radical
Linksregierung *f*, en gobierno *m* izquierdista

Linksruck *m*, (e) deslizamiento *m*, giro *m* hacia la izquierda (elecciones)
Linksverkehr *m*, Ø circulación *f* por la izquierda
liquid líquido; solvente; ~*e Mittel* fondos *pl* disponibles; ~*e Reserven* reservas *pl* líquidas
Liquidation *f*, en liquidación *f*; *in* ~ *gehen (treten)* entrar en liquidación; *in* ~ *zeichnen* firmar en liquidación
Liquidationsanteil *m*, e dividendo *m* de liquidación
Liquidatonsantrag *m*, ⁼e solicitud *f* de liquidación
Liquidationsbilanz *f*, en balance *m* de liquidación
Liquidationserlös *m*, e producto *m* de la liquidación
Liquidationstage *pl* fecha *f*, plazo *m* de liquidación
Liquidationsverkauf *m*, ⁼e venta *f* de liquidación; saldos *pl*
Lizenz *f*, en licencia *f*; *eine* ~ *erteilen* otorgar una licencia; *in* ~ *fertigen* fabricar bajo licencia; *eine* ~ *zurückziehen* retirar una licencia
Lizenzantrag *m*, ⁼e solicitud *f* de licencia
Lizenzbewilligung *f*, en concesión *f* de licencia
Lizenzerteilung *f*, en → *Lizenzbewilligung*
lizenzfrei exento, libre de licencia
Lizenzgeber *m*, - otorgante *m* de una licencia
Lizenzgebühren *pl* derechos *pl* de licencia; impuesto *m* sobre las licencias
Lizenzinhaber *m*, - títular *m* de una licencia; concesionario *m*
Lizenznehmer *m*, - → *Lizenzinhaber*
Lizenzvertrag *m*, ⁼e contrato *m* de licencia *bzw.* de explotación
Lkw *od.* **LKW** *m*, s camión *m*
Lkw-Fahrer *m*, - conductor *m* de camión; camionero *m*
Lkw-Transport *m*, e transporte *m* por camión
Lkw-Verbot *m*, (e) prohibición *f* de circulación de camiones
Lobby *f*, s grupo *m* de presión (Syn. *Interessensgruppe*)
Lobbyist *m*, en miembro *m* de un grupo de presión
Loch *n*, ⁼er hueco *m*; déficit *m*; *Löcher in den Finanzen stopfen* llenar un vacío financiero; *ein* ~ *in die Ersparnisse reißen* abrir brecha en los ahorros
Lochblech *n*, e (Seg.) chapa *f* perforada
lochen perforar
Locher *m*, - perforadora *f*
Lochkarte *f*, n (Inform.) ficha *f*, tarjeta *f* perforada
Lochkartenmaschine *f*, n (Inform.) máquina *f* perforadora

Lochkartenstanzer *m*, - (Inform.) punzonadora *f*; perforadora *f*
Lochstreifen *m*, - (Inform.) cinta *f* perforada
Lochstreifenabtaster *m*, - (Inform.) lector *m* de cintas perforadas
Lockangebot *n*, e oferta *f* tentadora, atractiva
Lockartikel *m*, - artículo *m* de reclamo *od.* atracción
Lockerung *f*, en 1. relajación *f*; mitigación *f*; alivio *m*; liberación *f* (precios, créditos) 2. (Seg.) aflojamiento *m*
Lockerungsmaßnahme *f*, n medida *f* de liberación
Lockpreis *m*, e precio *m* de atracción
Lockvogelpreis *m*, e precio *m* de reclamo
Lockvogelwerbung *f*, en publicidad *f* de reclamo
logisch lógico; ~*e Auswerteschaltung* (Seg.) circuito *m* analizador lógico
Lohn *m*, ⁼e salario *m*; remuneración *f*; retribución *f* 1. *fester* ~ salario fijo; *geltender* ~ salario vigente; *rückständiger* ~ salario retrasado; *steuerpflichtiger* ~ salario imponible; *übertariflicher* ~ salario superior al del convenio colectivo; *vereinbarter* ~ salario contractual 2. *den* ~ *auszahlen* pagar el salario; *der* ~ *beträgt* el salario asciende a; *den* ~ *erhöhen* aumentar el salario; *den* ~ *senken* reducir el salario 3. *gleiche Arbeit, gleicher* ~ a trabajo igual, salario igual; *Freigabe der Löhne* liberación *f* salarial; *Nivellierung der Löhne* nivelación *f* salarial; *Ungleichgewicht der Löhne* disparidad *f* salarial
Lohnabbau *m*, Ø reducción *f* de los salarios
Lohnabhängige/r *(der/ein)* asalariado *m*
Lohnabkommen *n*, - convenio *m* colectivo sobre los salarios
Lohnabmachungen *pl* → *Lohnabkommen*
Lohnabrechnung *f*, en hoja *f* de paga; pago *m* de salarios
Lohnabschlag *m*, ⁼e → *Lohnabzug*
Lohnabschlüsse *pl* acuerdos *pl* colectivos relativos a los salarios
Lohnabzug *m*, ⁼e deducción *f* *od.* descuento *m* del salario
Lohnangleichung *f*, en reajuste *m* de salarios
Lohnanhebung *f*, en aumento *m*, incremento *m* salarial
Lohnanpassung *f*, en → *Lohnangleichung*
Lohnanspruch *m*, ⁼e exigencia *f* de un salario superior
Lohnanstieg *m*, e aumento *m* de los salarios
Lohnarbeit *f*, en trabajo *m* remunerado
Lohnarbeiter *m*, - obrero *m* asalariado; jornalero *m*
Lohnaufbesserung *f*, en → *Lohnanhebung*
Lohnaufkommen *n*, - masa *f*, volumen *m* salarial

Lohnauftrieb *m*, e tendencia *f* alcista de los salarios
Lohnaufw|and *m*, **-endungen** → *Lohnkosten*
Lohnauseinandersetzungen *pl* discusiones *pl*, conflictos *pl* salariales
Lohnausfall *m*, ⁼e pérdida *f* de salario
Lohnausgleich *m*, e ajuste *m* de salarios
Lohnauszahlung *f*, en pago *m* del salario; paga *f*
Lohnbedingungen *pl* condiciones *pl* salariales
Lohnbescheinigung *f*, en comprobante *m* del salario
Lohnbuchhalter *m*, - empleado *m* encargado de la teneduría del libro de salarios
Lohnbuchhaltung *f*, en contaduría *f* salarial; teneduría *f* del libro de salarios
Lohndrift *f*, Ø diferencial *m* entre los salarios reales y los acordados en los convenios colectivos
Lohndruck *m*, Ø presión *f* salarial
Lohndumping *n*, (s) „dumping" *m* salarial
Lohneinbehaltung *f*, en retención *f* sobre el salario
Lohneinbuße *f*, **n** pérdida *f* de salario
Lohneinstufung *f*, en clasificación *f* de los salarios
Lohnempfänger *m*, - asalariado *m*; perceptor *m* de salario
lohnen pagar; recompensar; retribuir
lohnend lucrativo; beneficioso; ventajoso; que vale la pena
Lohnentwicklung *f*, en evolución *f*, movimiento *m* de los salarios
Lohnerhöhung *f*, en aumento *m* salarial
Lohnfestsetzung *f*, en fijación *f* del salario
Lohnforderungen *pl* reivindicaciones *pl* salariales
Lohnfortzahlung *f*, en continuación *f* del pago del salario; salario *m* de tramitación; ~ *im Krankheitsfall* pago *m* continuado del salario en caso de enfermedad
Lohnfrage *f*, **n** cuestión *f* salarial
Lohnfront *f*, en frente *m* salarial
Lohngefälle *n*, (-) diferencia *f* de salarios
Lohngefüge *n*, (-) estructura *f* de los salarios
Lohngleichheit *f*, en igualdad *f* de salarios *bzw*. de remuneración
Lohngruppe *f*, **n** categoría *f* salarial; *in* ~ *2 eingestuft* clasificado en la categoría salarial 2
Lohnhöhe *f*, **n** cuantía *f* salarial
Lohnind|ex *m*, **-izes** índice *m* salarial
Lohninflation *f*, en inflación *f* provocada por los salarios
lohnintensiv de alto coste salarial; ~*e Produktion* producción *f* de alto coeficiente salarial (los costes salariales absorben una parte importante del presupuesto global)

Lohnkampf *m*, ⁼e conflicto *m* salarial; lucha *f* por el aumento de los salarios
Lohnkont|o *n*, **-en** cuenta *f* de salarios
Lohnkosten *pl* costes *pl* salariales
Lohnkürzung *f*, en reducción *f* de los salarios
Lohnlenkungspolitik *f*, Ø dirigismo *m* en materia de política salarial
Lohnliste *f*, **n** nómina *f* de salarios
Lohnnebenkosten *pl* percepciones *pl* variables
Lohnnivellierung *f*, en nivelación *f* salarial
Lohnparität *f*, en paridad *f* de los salarios
Lohnpause *f*, **n** → *Lohnstopp*
Lohnpfändung *f*, en embargo *m* del salario
Lohnpolitik *f*, Ø política *f* salarial
Lohn-Preis-Spirale *f*, **n** espiral *f* de precios y salarios
Lohnpyramide *f*, **n** pirámide *f* de los salarios
Lohnquote *f*, **n** cuota *f* salarial
Lohnrichtlinien *pl* directivas *pl* en materia de salarios
Lohnrückstufung *f*, en retrogradación *f* salarial
Lohnrunde *f*, **n** negociaciones *pl* salariales (entre patronal y sindicatos)
Lohnsenkung *f*, en reducción *f* salarial
Lohnskal|a *f*, **-en** escala *f* de los salarios; *gleitende* ~ escala móvil de salarios
Lohnsteigerung *f*, en aumento *m*, incremento *m* de los salarios
Lohnsteuer *f*, **n** impuesto *m* sobre salarios; (E) (IRTP) impuesto *m* sobre los rendimientos del trabajo personal
Lohnsteuerabzug *m*, ⁼e retención *f* del impuesto sobre salarios *bzw*. del IRTP
Lohnsteuerjahresausgleich *m*, e devolución *f* anual de impuestos sobre salarios
Lohnsteuerkarte *f*, **n** tarjeta *f* de impuestos sobre salarios; (E) cartilla *f* del IRTP
Lohnsteuerrückvergütung *f*, en reembolso *m* del impuesto sobre salarios *bzw*. del IRTP (E)
Lohnsteuertabelle *f*, **n** tabla *f* del impuesto sobre salarios *bzw*. del IRTP (E)
Lohnstopp *m*, (s) congelación *f*, bloqueo *m* de los salarios
Lohnstreifen *m*, - hoja *f* de salario
Lohnsummensteuer *f*, **n** tasa *f*, impuesto *m* sobre la masa salarial (que el empresario transfiere al fisco)
Lohntabelle *f*, **n** tabla *f* salarial *od*. de salarios
Lohntag *m*, **e** día *m* de la paga
Lohntarif *m*, **e** tarifa *f* de salarios; *geltender* ~ tarifa de salarios vigente; *üblicher* ~ tarifa corriente de salarios
Lohntarifverhandlungen *pl* negociaciones *pl* colectivas sobre los salarios
Lohntarifvertrag *m*, ⁼e convenio *m* colectivo salarial

Lohntüte f, n sobre m de la paga
Lohn- und Gehaltsabrechnung f, en cuenta f de sueldos y salarios
Lohn- und Gehaltsempfänger pl asalariados pl; perceptores pl de sueldos y salarios
Lohn- und Gehaltserhöhung f, en aumento m de sueldos y salarios
Lohn- und Gehaltsforderungen pl reivindicaciones pl en materia de sueldos y salarios
Lohn- und Gehaltskont|o n, -en cuenta f de sueldos y salarios
Lohn- und Gehaltsskal|a f, -en escala f de sueldos y salarios
Lohn- und Gehaltsstufe f, n clasificación f de sueldos y salarios
Lohn- und Preisstopp m, s bloqueo m de salarios y precios
Lohnvereinbarung f, en → *Lohnabkommen*
Lohnverhandlungen pl negociaciones pl salariales
Lohnvertrag m, ⁻e contrato m salarial
Lohnverzicht m, (e) disminución f (voluntaria) del salario; renuncia f a una parte del salario o al aumento del salario
Lohnzahlung f, en pago m de salarios; ~ *für Feiertage* remuneración f de los días festivos
Lohnzugeständnisse pl concesiones pl salariales
Lohnzulage f, n plus m, prima f salarial
Lohnzuschlag m, ⁻e complemento m salarial
Lohnzuwachs m, Ø incremento m, aumento m de los salarios
Lohnzuwachsrate f, n tasa f de aumento de los salarios
lokal local; *~er Teil einer Zeitung* página f regional de un periódico; informaciones pl regionales
Lokalberaubung f, en (Seg.) expoliación f de locales
Lokalmarkt m, ⁻e mercado m local
Lokalpresse f, Ø prensa f local
Lokogeschäft n, e negocio m en efectivo od. al contado; operación f de entrega inmediata
Lokomarkt m, ⁻e mercado m de entrega inmediata (Syn. *Kassamarkt; Spotmarkt*)
Lokopreis m, e precio m en plaza; precio m local
Lokoware f, n mercancía f disponible en plaza
Lombard m od. n, e préstamo m bancario sobre valores bzw. mercancías; préstamo m pignoraticio
lombardfähig capaz de ser pignorado; pignorable; susceptible de pignoración
Lombardgeschäft n, e → *Lombardkredit*
lombardieren pignorar; *(Darlehensgeber)* prestar dinero sobre valores; *(von Entleiher)* tomar dinero prestado sobre valores
Lombardierung f, en pignoración f de títulos-valores
Lombardkredit m, e crédito m pignoraticio; adelanto m sobre valores
Lombardsatz m, ⁻e tasa f pignoraticia; tipo m pignoraticio
Lombardschein m, e certificado m de pignoración
Lombardzinsen pl intereses pl de los créditos pignoraticios
Long-Tail-Sparte f, n (Seg.) ramo m completo (long tail)
Los n, e bono m; lote m; partida f
Losanleihe f, n empréstito m a prima od. sorteo
löschen 1. borrar; amortizar; cancelar; anular; *eine Hypothek* ~ cancelar una inscripción hipotecaria; *eine Schuld* ~ amortizar una deuda 2. descargar; desembarcar
Löschen n, Ø 1. amortización f; anulación f; cancelación f 2. descarga f de un navío
lose suelto; sin embalar; a granel; *~ Ware* mercancía f a granel
Loseblattbuch n, ⁻er libro m de hojas sueltas od. cambiables
Loseblattbuchführung f, en contabilidad f por hojas sueltas
Lösegeld n, er (precio m de) rescate m; *gegen ein ~ freilassen* liberar a cambio de un rescate
lösen 1. resolver; solucionar (un problema) 2. anular; *einen Vertrag* ~ anular un contrato 3. comprar; sacar (un billete) 4. separar
loskaufen rescatar; redimir
Losung f, en 1. (Seg.) consigna f 2. (A) ganancia f; beneficio m
Lösung f, en solución f; anulación f; ~ *eines Vertrages* rescisión f de un contrato; *Null~ (NATO)* opción f cero (OTAN)
Lotse m, n práctico m
lotsen pilotear; guiar; conducir
Lotsengebühr f, en derechos pl de pilotaje od. practicaje
Lotterie f, n lotería f; *in der ~ spielen* jugar a la lotería
Löwenanteil m, (e) parte f del león; *den ~ kassieren* cobrar la parte leonina
LPG f, s → *landwirtschaftliche Produktionsgenossenschaft*
LPG-Mitgliederversammlung f, en (R.D.A.) asamblea f de los cooperadores agrícolas
LPG-Vorstand m, ⁻e (R.D.A.) comité m de dirección de una cooperativa de producción agrícola
lt. → *laut*
Lücke f, n laguna f; vacío m; hueco m; *eine ~ schließen* llenar un vacío; colmar una laguna
Lückenbüßer m, - suplente m; sustituto m
lückenlos completo; sin excepción; *ein ~es Ver-*

triebsnetz aufbauen crear una red de distribución completa
Lückensuche *f*, Ø búsqueda *f* de un hueco en el mercado
Luftfahrt *f*, Ø aviación *f*; aeronáutica *f*
Luftfahrtausstellung *f*, en exposición *f* aeronáutica
Luftfahrtgesellschaft *f*, en compañía *f*, línea *f* aérea (Syn. *Fluggesellschaft*)
Luftfahrtindustrie *f*, n industria *f* aeronáutica
Luftfahrtversicherung *f*, en seguro *m* de aviación
Luftfracht *f*, en flete *m* aéreo
Luftfrachtbrief *m*, e carta *f* de flete aéreo
Lufthansa *f*, Ø Lufthansa *f* (compañía aérea germano-occidental)
Luftkissenfahrzeug *n*, e aerodeslizador *m*
Luftpassagier *m*, e pasajero *m* (Syn. *Fluggast*)
Luftpirat *m*, en pirata *m* del aire; pirata *m* aéreo
Luftpost *f*, Ø correo *m* aéreo; *mit ~* por avión
Luftpostbrief *m*, e carta *f* por avión
Luftpostgesellschaft *f*, en compañía *f* de servicio aeropostal
Luftpostsendung *f*, en envío *m* por avión
Luftraum *m*, ⸚e espacio *m* aéreo; aire *m*
Luftreinhaltung *f*, en preservación *f* de la atmósfera; *Bestimmungen zur ~* disposiciones sobra la lucha contra la contaminación atmosférica
Luftreklame *f*, n → *Luftwerbung*
Luftschall *m*, (e) (Seg.) ondas *pl* del aire
Luftschiffahrt *f*, (en) navegación *f* aérea
Luft- und Raumfahrtindustrie *f*, n industria *f* aeroespacial

Lüftungskanal *m*, ⸚e (Seg.) canal *m* de ventilación
Lüftungsklappen *pl* (Seg.) trampillas *pl* de ventilación; chapaletas *pl* de evacuación
Lüftungsöffnungen *pl* (Seg.) aberturas *pl* para ventilación
Luftverkehr *m*, Ø tráfico *m* aéreo
Luftverkehrsgesellschaft *f*, en compañía *f* de transportes aéreos
Luftverschmutzung *f*, en contaminación *f* atmosférica
Luftverunreinigung *f*, en → *Luftverschmutzung*
Luftweg *m*, e *auf dem ~* por avión
Luftwerbung *f*, en publicidad *f* aérea
Luftzwischenraum *m*, ⸚e (Seg.) cámara *f* de aire
lukrativ lucrativo; ventajoso; remunerativo; beneficioso
Lumpenproletariat *n*, Ø lumpenproletariado *m*; subproletariado *m*
Lupe *f*, n lupa *f*; *etw. unter die ~ nehmen* examinar a/c detenidamente
Lustbarkeitssteuer *f*, n impuesto *m* sobre los espectáculos públicos
lustlos (*Börse*) flojo; desanimado; estancado
Luxus *m*, Ø lujo *m*
Luxusartikel *m*, - artículo *m* de lujo
Luxusausführung *f*, en modelo *m* de lujo
Luxusgüter *pl* artículos *pl* de lujo
Luxussteuer *f*, n impuesto *m* sobre los artículos de lujo
Luxuszoll *m*, ⸚e derecho *m*, tasa *f* aduanera sobre los artículos de lujo
LVA → *Landesversicherungsanstalt*
LZB → *Landeszentralbank*

M

M → *Mark*
Machart *f*, (en) hechura *f*; forma *f*
machbar realizable; factible; posible
Machenschaften *pl* intrigas *pl*; maquinaciones *pl*; manipulaciones *pl*
Macher *m*, - ejecutante *m*; autor *m*
Macht *f*, ⸚e 1. poder *m*; fuerza *f*; *wirtschaftliche* ~ poder económico; *an die* ~ *kommen* subir, llegar al poder; ~ *ausüben* ejercer el poder; ~ *ergreifen* asumir el poder; ~ *übernehmen* hacerse cargo del poder 2. potencia *f*; *kriegsführende* ~ potencia beligerante
machtausübend que detenta el poder
Machtbefugnis *f*, se autoridad *f*; poder *m*; facultad *f*; *seine* ~*se überschreiten* ir más allá de, traspasar sus poderes
Machtbereich *m*, e esfera *f* de influencia *bzw.* de poder
Machtgruppe *f*, n grupo *m* de intereses, de poder
mächtig poderoso; ~*e Gewerkschaft* sindicato *m* influyente
Machtkampf *m*, ⸚e lucha *f* por el poder
Machtkonzentration *f*, en concentración *f* de(l) poder
Machtmißbrauch *m*, ⸚e abuso *m* de poder
Machtpolitik *f*, Ø política *f* imperialista; imperialismo *m*
Machtposition *f*, en posición *f* clave; poderío *m*; influencia *f*
Machtprobe *f*, n prueba *f* de fuerza
Machtübernahme *f*, n 1. advenimiento *m* al poder 2. adquisición *f* de la mayoría de las acciones de una sociedad
Machtverhältnis *n*, se relación *f* de poder; proporción *f* de fuerzas
machtvoll → *mächtig*
made in (Angl.) made in; fabricado, hecho en; ~ *Argentina* industria *f* argentina
Maf(f)ia *f*, Ø ma(f)fia *f*
Mafioso *m*, -i miembro *m* de la mafia; mafioso *m*
Magazin *n*, e 1. almacén *m*; depósito *m* 2. revista *f* ilustrada *od.* de actualidades
Magazinarbeiter *m*, - empleado *m* de almacén
Magazineur *m*, e (A) jefe *m* de almacén; almacenista *m*
magazinieren almacenar; depositar
Magerkohle *f*, Ø carbón *m* magro; hulla *f* seca
magisches Viereck *n*, Ø cuadrado *m* mágico (cada arista representa uno de los objetivos destinados a asegurar la estabilidad económica: nivel de precios; pleno empleo; equilibrio del comercio exterior y crecimiento adecuado)

Magnat *m*, en magnate *m*
Magnetband *n*, ⸚er (Inform.) cinta *f* magnética
Magnetkarte *f*, n (Seg.) tarjeta *f* magnética
Magnetkontakt *m*, e (Seg.) contacto *m* magnético
Magnetplatte *f*, n (Inform.) disco *m* magnético
Magnetplattengerät *n*, e (Inform.) unidad *f* de disco magnético
Magnetschalter *m*, - (Seg.) interruptor *m* electromagnético
Magnettrommelspeicher *m*, - (Inform.) memoria *f* de tambor magnético
Mähdrescher *m*, - segadora-trilladora *f*; cosechadora *f*
mahnbar exigible
Mahnbrief *m*, e carta *f* de reclamación, aviso; carta *f* monitoria; (Jur.) carta *f* exhortatoria
mahnen reclamar a/c de alg.; notificar; advertir
Mahnfrist *f*, en plazo *m* de reclamación *bzw.* de expiración
Mahnung *f*, en aviso *m*; recordatorio *m*; reclamación *f* (del pago); (Jur.) monición *f*; *formelle* ~ reclamación formal; *gerichtliche* ~ apremio *m* judicial; *jdm. eine zweite* ~ *schicken* enviar a alg. un segundo aviso
Mahnverfahren *n*, - procedimiento *m* monitorio
Majorat *n*, e mayorazgo *m*; derecho *m* de primogenitura
Majoratserbe *m*, n heredero *m* del mayorazgo
majorisieren obtener la mayoría en un sufragio
Majorität *f*, en → *Mehrheit*
Majoritätsbeschlu|ß *m*, ⸚sse decisión *f* de la *od.* por mayoría
MAK-Bilanzen *pl* (*Material-, Ausrüstungs- und Konsumgüterbilanzen*) balances *pl* de material, bienes de equipo y de consumo
Makel *m*, - defecto *m*; falta *f*; ~ *aufweisen* presentar un defecto
makeln realizar operaciones de compra-venta de valores mobiliarios
Makler *m*, - corredor *m* (de comercio); agente *m* (mediador); (*Börse*) agente *m* de Cambio y Bolsa; agente *m* de la propiedad inmobiliaria; *freier* ~ corredor inscrito, colegiado; agente libre; *vereidigter* ~ corredor jurado
Mäkler *m* - → *Makler*
Maklerberuf *m*, Ø profesión *f* de corredor; corretaje *m*; correduría *f*
Maklergebühr *f*, en corretaje *m*; correduría *f*;

comisión *f*
Maklergeschäft *n*, e (operación *f* de) corretaje *m*; correduría *f*
Maklerkammer *f*, (n) Colegio *m* de Agentes de Cambio y Bolsa
Maklervereinigung *f*, en asociación *f* de corredores libres; colegio *m* de agentes de cambio y bolsa
Makroökomonie *f*, n macroeconomía *f*
Malthusianer *m*, - maltusiano *m* (partidario de la ralentización de la producción y de la regulación del crecimiento demográfico)
Malthusianismus *m*, Ø maltusianismo *m*; limitación *f* demográfica y económica
malthusianistisch → *malthusisch*
malthusisch maltusiano
Malus *m*, se → *Maluszuschlag*
Maluszuschlag *m*, ⸗e malus *m*; suplemento *m* de prima a pagar
Mammut- (Pref.) gigantesco; enorme; colosal
Mammutprojekt *n*, e proyecto *m* de gran envergadura, gigantesco
Mammutunternehmen *n*, - empresa *f* gigantesca
Management *n*, s dirección *f*; administración *f*; gerencia *f*; ejecutiva *f*; mandos *pl* superiores (Syn. *Unternehmensführung*)
Management-Audit *n*, s revisión *f* de cuentas de la dirección
Management-Fehler *m*, - error *m* de (la) dirección
managen dirigir; organizar
Manager *m*, - director *m* de una empresa; empresario *m*; gerente *m* (Syn. *Leiter; Betriebsleiter; Führungskraft*)
Manager-Krankheit *f*, en tensión *f*, fatiga *f* nerviosa (característica) de los directores *od.* empresarios
Manchestertum *n*, Ø teorías *pl* de la escuela de Manchester; librecambio *m*; manchesterismo *m*
Mandant *m*, en 1. comitente *m*; mandante *m* 2. cliente *m* (de un abogado)
Mandat *n*, e orden *f*; mandato *m*; poder *m*; *sein* ~ *niederlegen* renunciar a su mandato
Mandatar *m*, e 1. mandatario *m*; apoderado *m* 2. (A) diputado *m*
Mandatsgebiet *n*, e protectorado *m*; (Pol.) territorio *m* bajo fideicomiso
Mandatsmacht *f*, ⸗e (Pol.) potencia *f* mandataria
Mangel *m*, ⸗ déficit *m*; escasez *f*; defecto *m*; vicio *m*; falta *f*; *augenscheinlicher* ~ defecto visible; *technischer* ~ deficiencia *f* técnica; *versteckter* ~ defecto oculto; *einen* ~ *beseitigen* eliminar un defecto; *einen* ~ *rügen* notificar, avisar un defecto
Mangelartikel *m*, - artículo *m* escaso

Mangelberuf *m*, e profesión *f* poco concurrida; oficio *m* con escasez de personal
mangelfrei libre de defectos; exento vicios; impecable
mangelhaft defectuoso; deficiente; con vicios; ~*e Verpackung* embalaje *m* defectuoso
Mangelhaftigkeit *f*, Ø deficiencia *f*; estado *m* defectuoso; vicio *m* de fabricación
Mängelhaftung *f*, en responsibilidad *f*, garantía *f* por defectos
Mangellage *f*, n penuria *f*; escasez *f*
mangeln carecer de; faltar; *es mangelt mir an Geld* carezco de dinero; me falta dinero
Mängelrüge *f*, n reclamación *f* por defecto de calidad *bzw.* por vicios de la mercancía
mangels por falta de; debido a la falta de; ~ *Annahme* por falta de aceptación; ~ *Masse* por falta de capital; ~ *notwendiger Geldmittel* debido a la falta de fondos indispensables; ~ *Zahlung* por falta de pago
Mangelware *f*, n bienes *pl* escasos; mercancía *f* en escasez; artículos *pl* racionados; *Zucker ist* ~ el azúcar escasea
Mangelwirtschaft *f*, en economía *f* en escasez
Manifest *n*, e manifiesto *m*; proclama *f*; *Kommunistisches* ~ manifiesto del partido comunista
Manipulation *f*, en manipulación *f*; especulación *f*; *geschäftliche* ~ manipulación comercial
manipulieren manipular; *manipulierte Bedürfnisse* necesidades *pl* creadas artificialmente; *den Markt* ~ manipular el mercado
Manko *n*, s déficit *m*; falta *f*; merma *f* (Syn. *Defizit*)
Mankogeld *n*, Ø indemnización *f* de caja; margen *m bzw.* asignación *f* del cajero
Mann, *seine Waren an den* ~ *bringen* colocar, vender sus mercancías
Männerberuf *m*, e profesión *f* masculina *bzw.* reservada a los hombres
Mannschaft *f*, en equipo *m*; personal *m* (Syn. *Team*)
Mantel *m*, (⸗) 1. título *m*; nombre *m*; ~ *einer Aktie* (hoja *f* principal de una) acción *f* sin cupones ni talón 2. totalidad *f* de los derechos y participaciones de una sociedad
Mantelgesetz *n*, e ley *f* orgánica, fundamental (Syn. *Rahmengesetz*)
Mantelgründung *f*, en creación *f*, fundación *f* simulada de una sociedad
Manteltarifvertrag *m*, ⸗e convenio *m* colectivo marco *od.* básico
manuell manual; ~*e Arbeit* trabajo *m* manual
Manufaktur *f*, en manufactura *f* (textil)
Manufakturwaren *pl* artículos *pl* manufacturados *bzw.* textiles
Manuskript *n*, e manuscrito *m*; *(Film)* guión *m*

Marge *f*, **n** margen *m*; diferencia *f*
Mark *f*, Ø *od.* **~ stücke** marco *m*; (R.F.A.) *Deutsche ~ (DM)* marco alemán; (R.D.A.) *~ der DDR* marco de la R.D.A.; *drei ~ (Markstücke)* tres monedas de un marco
Markaufwertung *f*, **en** revaluación *f* del marco
Marke *f*, **n** 1. marca *f*; *eingetragene ~* marca registrada 2. sello *m*; (LA) estampilla *f*; *~ entwerten* inutilizar un sello
Markenartikel *m*, - artículo *m* de marca
Markenartikler *m*, - 1. distribuidor *m* de artículos de marca 2. fabricante *m* de artículos de marca
Markenbetreuer *m*, - jefe *m* de producto
Markenbild *n*, **er** imagen *f* de (la) marca
Markenfabrikat *n*, **e** → *Markenartikel*
markenfrei de venta libre
markenpflichtig sein estar racionado
Markenregister *n*, - registro *m* de marcas de fábrica
Markenschutz *m*, Ø protección *f* de (las) marcas de fábrica
Markentreue *f*, Ø fidelidad *f* a una marca
Markenware *f*, **n** → *Markenartikel*
Markenzeichen *n*, - emblema *m*; signo *m* de marca; marca *f* de fábrica; *eingetragenes ~* marca *f* registrada (Syn. *Warenzeichen*).
Marketing *n*, Ø mercadotecnia *f*; técnicas *pl* de comercialización; estudio *m* del mercado
Marketing-Agentur *f*, **en** consultoría *f* (en materia) de mercadotecnia
Marketing-Berater *m*, - asesor *m*, consultor *m* de mercadotecnia
Marketing-Consultant *m*, **en** → *Marketing-Berater*
Marketing-Manager *m*, - especialista *m*, experto *m* en mercadotecnia
Marketing-Mix *n*, Ø conjunto *m* de instrumentos para promover las ventas
marketingorientiert de acuerdo con los métodos mercadotécnicos; *~ produzieren* producir basándose en los principios de la mercadotecnia
markieren marcar (la mercancía)
Markt *m*, ⸚e mercado *m* 1. *amtlicher ~* mercado oficial; *auf dem ~* en el mercado; *fester ~* mercado firme; *freier ~* mercado libre; *Gemeinsamer ~* mercado común; *gesättigter ~* mercado saturado; *grauer ~* mercado ilegal, mas tolerado por las autoridades; *(ein)heimischer ~* mercado nacional; *lebhafter ~* mercado animado; *offener ~* mercado abierto; *potentieller ~* mercado potencial; *schwarzer ~* mercado negro; *stockender ~* mercado desanimado; *unvollkommener ~* mercado imperfecto; *vollkommener ~* mercado perfecto 2. *aus dem ~ ausscheiden* retirarse del mercado; *den ~ beherrschen* dominar el mercado; *auf den ~ bringen* introducir en el mercado; lanzar al mercado; *den ~ beliefern* proveer, abastecer un mercado; *den ~ für etw. erschließen* abrir el mercado a a/c; *auf dem ~ notiert werden* ser cotizado en el mercado; *den ~ überschwemmen* inundar el mercado; *vom ~ verdrängen* desplazar del mercado; *auf den ~ werfen* arrojar al mercado; *aus dem ~ ziehen* retirar del mercado
Marktanalyse *f*, **n** análisis *m* del mercado
Marktanteil *m*, **e** participación *f* en el mercado; *seinen ~ vergrößern* aumentar su participación en el mercado
Marktaufnahmefähigkeit *f*, **en** capacidad *f* de absorción del mercado
Marktaufspaltung *f*, **en** división *f*, escisión *f* del mercado
Marktaufteilung *f*, **en** repartición *f*, distribución *f* de mercados
Marktausgleich *m*, Ø compensación *f* de las cotizaciones del mercado
marktbedingt determinado por la situación del mercado; en función del mercado
Marktbedürfnisse *pl* necesidades *pl*, demanda *f* del mercado
Marktbeeinflussung *f*, (**en**) influencia *f* sobre el mercado
marktbeherrschend dominante en el mercado; que detenta el monopolio del mercado; *eine ~e Stellung haben* dominar el mercado; tener una posición dominante en el mercado
Marktbeherrschung *f*, Ø dominio *m*, monopolio *m* del mercado
Marktbeobachtung *f*, **en** observación *f* del mercado
Marktbereinigung *f*, **en** saneamiento *m* del mercado
Marktbericht *f*, **e** informe *m* sobre la situación del mercado
Marktbewirtschaftung *f*, **en** reglamentación *f*, control *m* del mercado
Marktchancen *pl* perspectivas *pl* de mercado; posibilidades *pl* comerciales; *alle Länder sollen gleiche ~ haben* todos los países deberían tener las mismas posibilidades en el mercado
Marktdrückerei *f*, Ø (*Börse*) manipulación *f* del mercado
Markteinführung *f*, **en** introducción *f* en el mercado
Marktenge *f*, Ø atolladero *m* del mercado
Marktentwicklung *f*, **en** desarrollo *m* del mercado
Markterfordernisse *pl* exigencias *pl* del mercado; *das Modellprogramm den ~n anpassen* adap-

tar la gama de productos a las exigencias del mercado
Markterholung *f*, (en) recuperación *f* del mercado
Markterkundung *f*, en exploración *f*, prospección *f* del mercado; estudio *m* del mercado
Markterschließung *f*, en apertura *f* de un (del) mercado
Markterste/r *(der/ein)* primer productor *m* en el (del) mercado
Markterweiterung *f*, en expansión *f* del mercado
marktfähig comercializable; vendible; negociable; *das Produkt ist noch nicht ~* este producto no se puede comercializar aún
Marktfaktor *m*, en factor *m* del mercado
Marktform *f*, en forma *f*, configuración *f* del mercado
Marktforscher *m*, - especialista *m*, experto *m* en mercadología; analista *m* del mercado
Marktforschung *f*, en mercadología *f*; análisis *m*, estudio *m* del mercado
Marktführer *m*, - líder *m*, empresa *f* dominante en el mercado; *einer der ~ in der Elektronik* una de las empresas más importantes (en el mercado) de la electrónica
marktgängig negociable; vendible; comerciable; *~e Ware* mercancía *f* fácil de comercializar
Marktgängigkeit *f*, Ø comercialización *f* fácil; negociabilidad *f*
Marktgefälle *n*, Ø diferencia *f* entre el precio de compra y el de venta
Marktgegebenheiten *pl* elementos *pl*, condiciones *pl* del mercado
Marktgeltung *f*, (en) notoriedad *f*, protagonismo *m* en el mercado (Syn. *Bekanntheitsgrad*)
marktgerecht conforme a las condiciones del mercado; de acuerdo con el estado del mercado
Marktgeschehen *n*, - funcionamiento *m* del mercado
Marktgesundung *f*, Ø saneamiento *m* del mercado
Marktgleichgewicht *n*, (e) equilibrio *m* del mercado
Markthalle *f*, n mercado *m* cubierto
marktkonform → *marktgerecht*
Marktkonformität *f*, Ø compatibilidad *f*, tolerabilidad *f* con la economía de mercado
Marktkonstellation *f*, en estado *m* general del mercado; constelación *f*, situación *f* del mercado
Marktkonzentration *f*, en concentración *f* del mercado
Marktlage *f*, n situación *f* del mercado; *schwache ~* debilidad *f* del mercado; *bei der gegenwärtigen ~* dada la actual situación del mercado

Marktlücke *f*, n vacío *m*, hueco *m* del mercado; *eine ~ füllen* llenar un vacío del mercado
Marktmanipulation *f*, en manipulación *f* del mercado
Marktmechanism|us *m*, - en mecanismo *m* del mercado
Marktmonopol *n*, e monopolio *m* del mercado
Marktnähe *f*, Ø proximidad *f* del mercado; orientación *f* al mercado
Marktnische *f*, n → *Marktlücke*
Marktordnung *f*, en organización *f*, régimen *m* del mercado
Marktordnungsgesetz *n*, e ley *f* en materia *od.* ordenadora de la organización del mercado
Marktparteien *pl* partes *pl* presentes en el mercado
Marktpflege *f*, Ø control *m* del mercado (para mantener *od.* fortalecer su posición)
Marktpolitik *f*, Ø política *f* de mercado; *offene ~ der Bundesbank* (R.F.A.) política de mercado abierto del banco emisor germano-occidental
Marktposition *f*, en posición *f* en el mercado; *die ~ ausbauen* mejorar, consolidar su posición en el mercado
Marktpreis *m*, e precio *m* en el (del) mercado; cotización *f* usual en el mercado; *die ~e unterschreiten* practicar el dumping; *Bruttosozialprodukt zu ~en* Producto Nacional Bruto al precio del mercado
Marktprognosen *pl* pronósticos *pl* económicos
Marktpsychologie *f*, Ø psicología *f* del mercado y de los consumidores
Marktregelung *f*, en reglamentación *f* del mercado
Marktregulierung *f*, en regulación *f* del mercado
Marktrisik|o *n*, - en riesgo *m* del mercado
Marktsanierung *f*, en → *Marktgesundung*
Marktsättigung *f*, en saturación *f* del mercado
Marktschreierei *f*, Ø charlatanería *f*; (Pol.) charlatanismo *m*; reclamo *m* excesivo
marktschreierisch charlatán; con mucho bombo
Marktschwankungen *pl* fluctuaciones *pl* del mercado
Marktschwemme *f*, n inundación *f* del mercado (por una mercancía)
Marktsegmentierung *f*, en segmentación *f* del mercado
Marktsicherung *f*, en mantenimiento *m* del control del mercado
Marktsignale *pl* señales *pl*, signos *pl* del mercado
Marktstabilisierung *f*, (en) estabilización *f* del mercado
Marktstand *m*, ⁻e puesto *m*
Marktstörung *f*, en perturbación *f* del mercado
Marktstudie *f*, n → *Marktanalyse*
Markttag *m*, e día *m* de mercado

311

Marktteilnehmer *m*, - participante *m* en el mercado
Markttendenz *f*, **en** tendencia *f* del mercado; *günstige* ~ tendencia favorable del mercado
Markttheorie *f*, **n** teoría *f* del mercado
Markttransparenz *f*, Ø transparencia *f* del mercado
Markttrend *m*, **s** → *Markttendenz*
Marktübersicht *f*, (en) informe *m* general sobre el mercado
marktüblich de acuerdo con las costumbres del mercado; *~e Zinsen* intereses *pl* impuestos en el mercado
Marktuntersuchung *f*, (en) → *Marktanalyse*
Marktveränderungen *pl* cambios *pl* ocurridos en el mercado; variaciones *pl* del mercado
Marktverflechtung *f*, **en** interdependencia *f*, entramado *m* de (los) mercados
Markverhalten n, Ø comportamiento m del mercado
Marktverhältnisse *pl* → *Marktlage*
Marktverlauf *m*, (⁼e) evolución *f*, desarrollo *m* del mercado; configuración *f* del mercado
Marktverschärfung *f*, **en** deterioro *m* del mercado; empeoramiento *m* de las condiciones del mercado
Marktversorgung *f*, **en** suministro *m*, abastecimiento *m* del mercado
Marktverzerrung *f*, **en** distorsión *f* del mercado; distorsión *f* entre los mercados
Marktvorgang *m*, ⁼e → *Marktmechanismus*
Marktwert *m*, **e** valor *m* en el mercado; valor *m* comercial; *(Börse)* valor *m* de cambio
Marktwirtschaft *f*, (en) economía *f* de mercado; *freie* ~ economía libre; *soziale* ~ economía social de mercado
Marktwirtschaftler *m*, - defensor *m*, partidario *m* de la economía de mercado
marktwirtschaftlich de economía libre; *~es Gleichgewicht* equilibrio *m* de la economía (de mercado) libre
Marktzugang *m*, ⁼e acceso *m* al mercado
Marschbefehl *m*, **e** (Mil.) orden *f* de marcha
Marschflugkörper *m*, - (Mil.) misil *m* de crucero
Marschroute *f*, (n) itinerario *m* (de marcha)
Marshall-Plan *m*, Ø plan *m* Marshall (programa de ayuda para mejorar la situación económica de Europa después de la Segunda Guerra Mundial)
Marxismus *m*, Ø marxismo *m*
Marxist *m*, **en** marxista *m*
marxistisch marxista *m*
Maschendrahtzaun *m*, ⁼e (Seg.) cercado *m* de tela mecánica
Maschine *f*, **n** máquina *f*; aparato *m*; *arbeitseinsparende* ~ máquina ahorradora de mano de obra; *betriebsbereite* ~ máquina lista para el servicio; máquina en condiciones de funcionamiento; *eine* ~ *abschreiben* amortizar una máquina; *alte ~n ersetzen* reemplazar máquinas obsoletas; *auf (mit) der* ~ *schreiben* escribir a máquina; mecanografiar; *das Zeitalter der* ~ la era de la máquina *od.* industrial
maschinell mecánico; a máquina; *~e Verpackung* embalaje *m* mecánico
Maschinen-Ausleih-Station *f*, **en** (R.D.A.) estación *f* de préstamo de maquinaria agrícola
Maschinenbau *m*, Ø construcción *f* mecánica *od.* de máquinas
Maschinenbetriebsunterbrechungsversicherung *f*, **en** (Seg.) seguro *m* de pérdida de beneficio por rotura de maquinaria
Maschinenbuchführung *f*, **en** contabilidad *f* mecáncia
Maschinenbuchhaltung *f*, **en** → *Maschinenbuchführung*
Maschinencode *m*, **s** → *Maschinensprache*
Maschineneinsatz *m*, ⁼e empleo *m* de máquinas; puesta *f* en servicio de máquinas
maschinengeschrieben escrito a máquina; mecanografiado
maschinenlesbar (Inform.) asimilable, descifrable por (la) máquina
maschinenorientiert, *~e Programmiersprache* lenguaje *m* (de programación) orientado a máquina
Maschinenpark *m*, **s** parque *m* de máquinas
Maschinenschrift *f*, (en) escritura *f* a máquina
Maschinensprache *f*, **n** (Inform.) lenguaje *m* de máquina
Maschinen-Traktoren-Station *f*, **en** (R.D.A.) estación *f* de máquinas y de tractores
Maschinenversicherung *f*, **en** (Seg.) seguro *m* de rotura de maquinaria
maschineschreiben mecanografiar; escribir a máquina
Maß n, **e** medida *f*; dimensión *f*; tamaño *m*; proporción *f*; *in hohem ~e* en alto grado; *~e und Gewichte* medidas y pesas; *nach ~ anfertigen* hacer a medida
Maßarbeit *f*, **en** trabajo *m* a medida
Maßbezeichnung *f*, **en** *(bei Plänen)* escala *f*; indicación *f* de medida(s)
Masse *f*, **n** 1. masa *f*; cantidad *f*; volumen *m*; *in ~n herstellen* fabricar en serie, en gran escala; *die breiten ~n* las masas populares 2. activo *m*, masa *f* de la quiebra; *bare* ~ masa realizable; *verfügbare* ~ masa disponible; *mangels* ~ por falta de capital
Massegläubiger *m*, - acreedor *m* de la masa (de quiebra)
Maßeinheit *f*, **en** unidad *f* de medida

Massenabsatz *m*, ⁼e venta *f* en masa *bzw.* en gran escala
Massenarbeitslosigkeit *f*, Ø desempleo *m*, paro *m* masivo
Massenartikel *m*, - artículo *m* de gran consumo *bzw.* de serie
Massenauflage *f*, **n** gran tirada *f*
Massenaussperrung *f*, en suspensión *f* general de empleo y sueldo; cierre *m* patronal general; (Angl.) lock-out *m* general
Massenaustritt *m*, e dimisión *f*, retiro *m* colectivo
Massenbedarf *m*, Ø necesidades *pl* colectivas; demanda *f* general; *der ~ an Konsumgütern* la gran demanda de bienes de consumo
Massenbedarfsgüter *pl* → *Massenkonsumgüter*
Massenbeförderungsmittel *n*, - (medios *pl* de) transporte *m* colectivo
Massenblatt *n*, ⁼er periódico *m* de gran tirada; periódico *m* sensacionalista
Massendemonstration *f*, en manifestación *f* en masa
Massenentlassungen *pl* despidos *pl* en masa, colectivos
Massenerzeugung *f*, en → *Massenproduktion*
Massenfabrikation *f*, en → *Massenproduktion*
Massenfertigung *f*, en → *Massenproduktion*
Massengesellschaft *f*, Ø sociedad *f* de masas
Massengüter *pl* 1. artículos *pl* fabricados en serie *bzw.* de gran venta 2. mercancías *pl* a granel, de gran tonelaje
Massenherstellung *f*, en → *Massenproduktion*
Massenkaufkraft *f*, Ø poder *m* adquisitivo de las masas *bzw.* de los asalariados
Massenkommunikationsmittel *n*, - → *Massenmedien*
Massenkonsum *m*, Ø consumo *m* en masa *od.* en gran escala
Massenkonsumgüter *pl* bienes *pl* de consumo en masa
Massenkundgebung *f*, en → *Massendemonstration*
Massenmedien *pl* medios *pl* de comunicación social *od.* de masa (prensa, radio, televisión, etc.)
Massenorganisation *f*, en organización *f* en masa
Massenproduktion *f*, en fabricación *f* en serie; producción *f* en gran escala
Massenstreik *m*, s huelga *f* general
Massentierhaltung *f*, en explotación *f* ganadera en masa
Massentourismus *m*, Ø turismo *m* de masas, en gran escala
Massentransportmittel *n*, - → *Massenbeförderungsmittel*
Massenverbrauch *m*, Ø → *Massenkonsum*
Massenverbrauchsgüter *pl* → *Massenkonsumgüter*
Massenverkehrsmittel *n*, - → *Massenbeförderungsmittel*
Massenvertrieb *m*, Ø venta *f*, distribución *f* en masa
Masseschuld *f*, en deuda *f* de la masa
Masseverwalter *m*, - síndico *m* de la masa
Maßgabe *f*, Ø medida *f*; norma *f*; *nach ~ von* conforme a; en conformidad con; *mit der ~, daß* con la reserva de que
maßgebend → *maßgeblich*
maßgeblich competente; determinante; decisivo; *~ sein* prevalecer; ser determinante; *einen ~en Anteil an etw. haben* participar de forma preponderante en a/c; tener gran protagonismo en a/c
maßgeschneidert (hecho) a medida
Maßhalte-Appell *m*, e llamamiento *m* a la moderación
Massierung *f*, en concentración *f*; reagrupación *f* masiva; *die ~ von Arbeitskräften in den Städten* la concentración urbana de la mano de obra
mäßig moderado; *~e Gangart der Investitionen* ritmo *m* moderado de las inversiones; *~er Preis* precio moderado, módico
Mäßigung *f*, en moderación *f*
Maßnahme *f*, **n** medida *f*; *drastische ~* medida draconiana; *finanzpolitische ~* medida político-financiera; *steuerliche ~* medida fiscal; *wirtschaftliche ~* medida económica; *~n treffen, ergreifen* tomar, instrumentar medidas
Maßnahmenkatalog *m*, e catálogo *m*, serie *f* de medidas
Maßstab *m*, ⁼e pauta *f*; norma *f*; criterio *m*; escala *f*; *in großem, kleinem ~* en gran, pequeña escala; *etw. zum ~ nehmen* tomar a/c como criterio; *~e setzen* sentar pautas
maßstab(s)gerecht conforme a la escala
Maßzahl *f*, en índice *m*; cota *f*; *aus Stichproben gewonnene ~* índice obtenido por muestreo
Material *n*, ien material *m*; equipo *m*; instalaciones *pl*; materia *f*; documentación *f*; *rollendes ~* material rodante; *schwimmendes ~* material flotante; *statistisches ~* estadísticas *pl*; datos *pl* estadísticos; *urkundliches ~* documentos *pl*
Materialaufzug *m*, ⁼e (Seg.) montacargas *m*
Materialbedarf *m*, Ø demanda *f* de material; material *m* requerido
Materialbeschaffung *f*, en obtención *f*, adquisición *f* de material
Materialbestand *m*, ⁼e inventario *m* de material(es); existencias *pl* de material
Materialeinsparung *f*, en ahorro *m* de material
Materialfehler *m*, - defecto *m* del material
Materialismus *m*, Ø materialismo *m*; *dialekti-*

scher, historischer ~ materialismo dialéctico, histórico
Materialkosten *pl* costes *pl* de material; costes *pl* de (la) materia prima
Materialprüfung *f*, en ensayo *m* de(l) material
Materialschaden *m*, ᵘ → *Materialfehler*
Materialuntersuchung *f*, en → *Materialprüfung*
materiell 1. material; físico; tangible; *~e Güter* bienes *pl* materiales; *~e Bedürfnisse* necesidades *pl* materiales; *~er Schaden* daños *pl* materiales 2. financiero; económico; pecuniario; *~e Hilfe* ayuda *f* pecuniaria
Matriarchat *n*, e matriarcado *m*
matt (*Börse*) desanimado; estancado; débil; lánguido; flojo; abatido
Mattheit *f*, Ø *(Börse)* desanimación *f*; flojedad *f*; falta *f* de animación
Mattscheibe *f*, (n) pantalla *f* chica; televisión *f*; *er sitzt den ganzen Tag vor der ~* se pasa todo el día mirando televisión
Matura *f*, Ø (A,CH) bachillerato *m*
Mauervorsprung *m*, ᵘe (Seg.) resalte *m*
Mauerwerk *n*, e (Seg.) mampostería *f*
Maut *f*, en → *Mautgebühr*
Mautgebühr *f*, en (A) peaje *m*
maximal máximo; *~e Kapazität* capacidad *f* máxima; rendimiento *m* máximo
Maximalbetrag *m*, ᵘe montante *m*, importe *m* máximo
Maximalhypothek *f*, en hipoteca *f* máxima (hipoteca en la que el inmueble no se responsabiliza de ninguna cantidad superior a la suma máxima del registro inmobiliario)
Maximalladung *f*, en carga *f* máxima
Maximalleistung *f*, en rendimiento *m* máximo
Maximalpreis *m*, e precio *m* máximo *od.* tope
maximieren fijar un límite; elevar al máximo
Maximierung *f*, en (Seg.) determinación *f* de los plenos
Maxim|um *n*, -a máximo *m*; *~ an Rentabilität* rentabilidad *f* máxima; máximo de rentabilidad (Syn. *Höchstmaß*, Ggs. *Minimum*)
mbH (*mit beschränkter Haftung*) de responsabilidad limitada; *Gesellschaft ~* sociedad *f* (de responsabilidad) limitada (E) S.L.; S.R.L.; (LA) Ltda.
Md./Mrd. → *Milliarde*
MdB (*Mitglied des Bundestages*) miembro *m* del Bundestag (de la Cámara Baja del Parlamento Alemán)
MDN *f (Mark der Deutschen Notenbank)* unidad *f* monetaria de la R.D.A. de 1964 a 1968, que después fue reemplazada por el *Mark der Deutschen Demokratischen Republik* (M)
mechanisch mecánico; (Seg.) *~e Barrieren* barreras *pl* mecánicas; *~e Sicherung* seguridad *f* mecanica
mechanisieren mecanizar
Mechanisierung *f*, en mecanización *f*
Media *pl* medios *pl* publicitarios *bzw*. de información (prensa, radio y televisión)
Mediaabteilung *f*, en departamento *m* de los medios publicitarios
Mediawerbung *f*, (en) publicidad *f* en la prensa, por radio, televisión, etc.
Medien *pl* → *Media*
Medienverbund *m*, Ø sistema *m* de múltiples medios de comunicación
Medio *m*, s mitad *f* del mes; *zum ~ getätigte Abschlüsse* contratos *pl* concertados con efectos al 15 del mes; *~ November* a mitad de noviembre
Mediogeld *n*, er dinero *m* a mitad del mes; préstamos *pl* a liquidar el quince del mes
Mediowechsel *m*, - letra *f* quincenal *od.* a mitad del mes
Meeresbodenschätze *pl* riquezas *pl* submarinas
Mehr- (Pref.) suplementario; excesivo; adicional
Mehrarbeit *f*, en horas *pl* extraordinarias; trabajo *m* adicional; jornada *f* ampliada
Mehraufwland *m*, -endungen gastos *pl* adicionales
Mehrausgaben *pl* → *Mehraufwand*
Mehrbedarf *m*, Ø demanda *f* suplementaria; exceso *m bzw*. aumento *m* del consumo
Mehrbelastung *f*, en sobrecarga *f*; carga *f* excesiva
Mehrbesteuerung *f*, en imposición *f* acumulativa
Mehrbetrag *m*, ᵘe excedente *m*; saldo *m*; superávit *m*
Mehrbieter *m*, - mejor postor *m*
Mehrdividende *f*, *n* dividendo *m* suplementario, adicional
Mehreinkommen *n*, - aumento *m* de la renta; ingresos *pl* suplementarios
Mehreinnahme *f*, n aumento *m* de los ingresos; superávit *m*
mehren aumentar; incrementar; *seine Habe ~* aumentar sus bienes
Mehrerlös *m*, e superávit *m*; excedente *m*
Mehrertrag *m*, ᵘe → *Mehrerlös*
mehrfach múltiple; reiterado; repetido; *~e Preiserhöhungen* sucesivos aumentos *pl* de precio; *~es Stimmrecht* derecho *m* de voto plural
Mehrfachbesteuerung *f*, en imposición *f* múltiple
Mehrfachsprengköpfe *pl* ojivas *pl* nucleares múltiples
Mehrfachverriegelung *f*, en (Seg.) cerrojo *m* múltiple
Mehrfachversicherung *f*, en seguro *m* múltiple

Mehrfachzoll *m*, ⁻e arancel *m* múltiple
Mehrfamilienhaus *n*, ⁻er casa *f* plurifamiliar
Mehrfirmen-Handelsvertreter *m*, - representante *m* que trabaja por cuenta de diferentes empresas comerciales
Mehrgebot *n*, e sobrepostura *f*; mayor postura *f*; puja *f*
Mehrgewicht *n*, Ø sobrepeso *m*; excedente *m* de peso
Mehrgewinn *m*, e beneficio *m* suplementario
Mehrheit *f*, en mayoría *f*; 1. *absolute* ~ mayoría absoluta; *einfache* ~ mayoría simple; *knappe* ~ mayoría escasa; *qualifizierte* ~ mayoría calificada; *relative* ~ mayoría relativa; *überwältigende* ~ mayoría abrumadora; *die* ~ *der abgegebenen Stimmen* la mayoría de los votos emitidos 2. *sich der* ~ *anschließen* adherirse a la opinión de la mayoría; ~ *aufbringen, erzielen* obtener la mayoría
Mehrheitsaktionär *m*, e accionista *m* mayoritario
Mehrheitsbeschlu|ß *m*, ⁻sse decisión *f* de la mayoría; acuerdo *m* adoptado por la mayoría
Mehrheitsbesitzer *m*, - → *Mehrheitseigner*
Mehrheitsbeteiligung *f*, en participación *f* mayoritaria
Mehrheitseigner *m*, - accionista *m* mayoritario; tenedor *m* de la mayoría de las acciones
Mehrheitserwerb *m*, Ø adquisición *f* de la mayoría de las acciones; toma *f* de control; ~ *bei* mayoría obtendida en
Mehrheitsfraktion *f*, en grupo *m* parlamentario que detenta la mayoría de los escaños
Mehrheitsgesellschafter *m*, - socio *m* mayoritario
Mehrheitswahlrecht *n*, Ø derecho *m* electoral mayoritario
Mehrkosten *pl* costes *pl* suplementarios, adicionales
Mehrleistung *f*, en 1. excedente *m* de producción; mayor rendimiento *m* 2. prestación *f* suplementaria
Mehrleistungsprämie *f*, n prima *f* de productividad
Mehrmarkenhändler *m*, - comerciante *m* de diferentes marcas
Mehrparteiensystem *n*, (e) (Pol.) pluripartidismo *m*
Mehrpersonenhaushalt *m*, e hogar *m* de múltiples personas
Mehrphasensteuer *f*, n impuesto *m* acumulativo
Mehrporto *n*, s sobretasa *f* postal; franqueo *m* adicional; exceso *m* de franqueo
Mehrpreis *m*, e recargo *m*; precio *m* adicional
Mehrprodukt *n*, e excedente *m* de producción; aumento *m* de la producción

Mehr-Programm-Verarbeitung *f*, en (Inform.) → *Multi-Programm-Verfahren*
Mehrscheibenverbundglas *n*, ⁻er (Seg.) vidrio *m*, cristal *m* laminado (de múltiples hojas)
Mehrschichtensystem *n*, e sistema *m* de tres turnos (Syn. *Dreischichtensystem*)
mehrseitig (Pol.) multilateral; ~*es Abkommen* acuerdo *m* multilateral (Syn. *multilateral*)
Mehrstimmenrechtsaktie *f*, n acción *f* de voto plural
Mehrumsatz *m*, (⁻e) aumento *m* de la cifra de ventas
Mehrung *f*, en aumento *m*; incremento *m*
Mehrverbrauch *m*, Ø aumento *m* de(l) consumo; *(Strom)* sobrecarga *f*
Mehrverdienende *pl* personas *pl* de alto nivel de renta
Mehrwert *m*, Ø plusvalía *f*
Mehrwertsteuer *f*, n *(MwSt)* impuesto *m* sobre el valor añadido I.V.A.
Mehrwertsteueraufkommen *n*, Ø recaudación *f* del impuesto sobre el valor añadido
Mehrwertsteuererhöhung *f*, en aumento *m* del I.V.A.
Mehrwertsteuersatz *m*, ⁻e tasa *f* del I.V.A.
Mehrwerttheorie *f*, Ø teoría *f* de la plusvalía
Mehrzweck- (Pref.) multiuso; polivalente
Mehrzweckfahrzeug *n*, e vehículo *m* multiuso
Meile *f*, n milla *f*
Meiler *m*, - pila *f* atómica; reactor *m* nuclear (Syn. *Kernreaktor*)
Meineid *m*, e perjurio *m*; juramento *m* en falso
Meinung *f*, en opinión *f*; punto *m* de vista; parecer *m*; *abweichende* ~ opinión divergente; *einhellige* ~ opinión unánime; *vorgefaßte* ~ prejuicio *m*; *seine* ~ *äußern* manifestar su opinión; *gleicher* ~ *sein* ser de la misma opinión
Meinungsaustausch *m*, Ø intercambio *m* de pareceres
Meinungsbefragung *f*, en → *Meinungsumfrage*
meinungsbildend que influye en la opinión; ~*e Gruppen* personas *pl* que sirven de orientación a la opinión pública
Meinungsbildner *m*, - persona *f* que influye en la opinión
Meinungsbildung *f*, (en) orientación *f* de la opinión
Meinungserhebung *f*, en → *Meinungsumfrage*
Meinungsforscher *m*, - analizador *m*, investigador *m* de la opinión pública
Meinungsforschung *f*, en estudio *m* de la opinión pública; demoscopia *f*
Meinungsforschungsinstitut *n*, e instituto *m* demoscópico *od.* de estudio de la opinión pública
Meinungsfreiheit *f*, en libertad *f* de opinión

Meinungskauf *m*, ⁻e *(Börse)* compra *f* especulativa (de acciones *od.* títulos, esperando que suban las cotizaciones)
Meinungsmacher *m*, - → *Meinungsbildner*
Meinungsmonopol *n*, (e) (Pey.) monopolio *m* de la opinión pública
Meinungspflege *f*, Ø relaciones *pl* públicas (Syn. *Öffentlichkeitsarbeit; Public Relations*)
Meinungsstreit *m*, (e) conflicto *m*, divergencia *f* de opiniones; discrepancia *f* de pareceres
Meinungsumfrage *f*, n sondeo *m*, encuesta *f* de la opinión pública
Meinungsumschwung *m*, ⁻e cambio *m* de opinión
Meinungsverschiedenheit *f*, en divergencia *f* de opiniones; discrepancia *f* de pareceres; disención *f*
Meistbegünstigung *f*, en tratamiento *m* preferencial; trato *m* de la nación más favorecida
Meistbegünstigungsklausel *f*, n cláusula *f* de la nación más favorecida (consiste en conceder a un país ventajas económicas, sobre todo aduaneras, que redundan en beneficio de otros socios comerciales)
Meistbegünstigungstarif *m*, e tarifa *f* preferencial *od.* de la nación más favorecida
meistbenachteiligt más perjudicado
meistbeteiligt que detenta la participación mayoritaria
meistbietend, ~ *verkaufen* vender, subastar al mejor postor
Meistbietende/r *(der/ein)* mejor postor *m*
Meister *m*, - 1. *(Lehr-)* maestro *m*; jefe *m*; patrón *m*; *bei einem* ~ *in die Lehre gehen* hacer un aprendizaje con un maestro; *seinen* ~ *machen* hacer su título de maestro 2. *(Industrie)* contramaestre *m*; jefe *m* del taller
Meisterbrief *m*, e diploma *m* de maestría
Meisterprüfung *f*, en examen *m* de maestría
Meistgebot *n*, e mejor postura *f*, oferta *f*
meistgefragt más demandado; que tiene el mayor éxito de ventas
meistgehandelt más demandado *bzw.* negociable
Meldeamt *n*, ⁻er oficina *f* de empadronamiento *od.* del censo
Meldefrist *f*, en plazo *m* de registro
Meldelinienauswerteeinheit *f*, en (Seg.) unidad *f* analizadora de las líneas de alarma
melden notificar; avisar; comunicar; dar parte; *zu* ~ *bei (Annoncen)* dirigirse a; *sich* ~ *bei* presentarse en; *sich krank* ~ dar parte de enfermo; *den Empfang eines Briefes* ~ acusar recibo de una carta; *sich zu einem Examen* ~ inscribirse para (tomar parte en) un examen; *sich zum Wort* ~ pedir la palabra
Meldepflicht *f*, (en) registro *m* obligatorio; obligación *f* de hacerse registrar (en la oficina del censo)
meldepflichtig sujeto a aviso obligatorio; *(Krankheit)* de declaración obligatoria
Meldetermin *m*, e → *Meldefrist*
Meldezettel *m*, - formulario *m*, impreso *m* de registro
Meldung *f*, en anuncio *m*; aviso *m*; registro *m*; inscripción *f*; información *f*; *dienstliche* ~ notificación *f* oficial; *polizeiliche* ~ inscripción en el registro de la policía; *eine* ~ *im Fernsehen* una noticia televisiva
Meliorationsarbeiten *pl* trabajos *pl* de bonificación
meliorieren bonificar; fertilizar el suelo
Menge *f*, n cantidad *f*; cuantía *f*; volumen *m*; abundancia *f* 1. *garantierte* ~ cantidad garantizada; *gelieferte* ~ cantidad suministrada; *verfügbare* ~ cantidad disponible 2. *in* ~*n absetzen* vender en gran cantidad; *in ausreichender* ~ *vorhanden sein* estar disponible en suficientes cantidades (Syn. *Quantität*)
Mengenabsatz *m*, ⁻e venta *f* en gran escala *od.* por cantidades
Mengenangabe *f*, n indicación *f* de la cantidad; datos *pl* cuantitativos
Mengengeschäft *n*, e operaciones *pl* cuantitativas, de volumen
Mengenindlex *m*, -izes índice *m* de volumen, de cantidad
Mengenkartell *n*, e cártel *m* con la intención de controlar cuantitativamente el mercado
mengenmäßig cuantitativo; en términos reales; a precio constante; ~*e Beschränkung* limitación *f* cuantitativa (Syn. *quantitativ*)
Mengennotierung *f*, en cotización *f* real (valor en moneda nacional de una divisa extranjera)
Mengenplus *n*, Ø aumento *m* de la cantidad
Mengenpreis *m*, e precio *m* por cantidad
Mengenrabatt *m*, e descuento *m*, rebaja *f* por cantidad
Mengenrechnung *f*, Ø cálculo *m* cuantitativo de las existencias
Mengensteuer *f*, n impuesto *m* sobre la cantidad; impuesto *m* cuantitativo
Mengenumsatz *m*, ⁻e cifra *f* de ventas expresada en cantidades
Mengenvorschrift *f*, en reglamentación *f* cuantitativa
Mengenzoll *m*, ⁻e derecho *m* específico; arancel *m* por cantidad
Merchandiser *m*, - especialista *m*, experto *m* en materia de comercialización
Merchandising *n*, - comercialización *f* (técnicas comerciales relativas a la creación, presentación y distribución de las mercancías)

merkantil mercantil; *eine ~e Einstellung* una actitud mercantil
Merkantilismus *m*, Ø mercantilismo *m*
Merkblatt *n*, ⁼er (hoja *f* de) instrucciones *pl*; hoja informativa; *(in Karteien)* ficha *f* indicadora
Merkbuch *n*, ⁼er 1. libreta *f*; agenda *f*; memorándum *m* (Syn. *Notizbuch*)
Merkposten *m*, - partida *f* de referencia; cifra *f* nominal; *nur als ~ bestehen* figurar sólo a título de cifra nominal (en el balance)
meßbar mensurable; *~e Größe* variable *f* apreciable cuantitativamente
Messe *f*, n feria *f*; exposición *f*; certamen *m*; *sich zu einer ~ anmelden* participar en una feria; *eine ~ abhalten* organizar una feria; *auf einer ~ vertreten sein* estar representado en una feria; *eine ~ beschicken* participar en una feria; exponer (mercancías) en una feria; *eine ~ besuchen* asistir a, visitar una feria; *eine gut beschickte ~* una feria bien surtida
Messeabzeichen *n*, - emblema *m* de la feria
Messeamt *n*, ⁼er secretaría *f*, oficina *f* de la feria
Messeausschu|ß *m*, ⁼sse comité *m* de la feria; *AUMA (Ausstellungs- und Messeausschuß) der deutschen Wirtschaft* comité de ferias y exposiciones de la economía germano-occidental
Messeaussteller *m*, - expositor *m*
Messeausweis *m*, e tarjeta *f* de expositor
Messebesucher *m*, - visitante *m* de la feria
Messebeteiligung *f*, en participación *f* en la feria
Messeerfolg *m*, e éxito *m* (de venta) en la feria
Messeeröffnung *f*, en inauguración *f* de la feria
Messefläche *f*, n → *Messegelände*
Messefreigelände *n*, - superficie *f* de exposición al descubierto
Messegebäude *n*, - edificio *m* de la feria; pabellón *m*; *das eingeschossige ~* el pabellón de un piso
Messegelände *n*, - recinto *m* ferial; terreno *m* de la feria, exposición
Messegüter *pl* artículos *pl* expuestos; mercancías *pl* expuestas
Messehalle *f*, n pabellón *m*; salón *m*
Messekalender *m*, - calendario *m* de la feria
Messekatalog *m*, e catálogo *m* de la feria, exposición
Messekontingente *pl* contingentes *pl*, cupos *pl* para ferias
Messeleitung *f*, en dirección *f* de la feria
messen medir; arquear; *sich ~ können* poder competir con
Messeneuheit *f*, en novedad *f* en la feria, ferial
Messen und Ausstellungen *pl* ferias y exposiciones *pl*
Messeordnung *f*, en reglamento *m* de la feria
Messepalast *m*, ⁼e palacio *m* de la feria
Messeplan *m*, ⁼e plan *m* de la feria

Messeschlager *m*, - éxito *m* de ventas en la feria
Messeschlu|ß *m*, ⁼sse clausura *f* de la feria, exposición
Messesensation *f*, en gran éxito *m* ferial; sensación *f* de la exposición
Messestand *m*, ⁼e puesto *m* de (la) feria; (Angl.) stand *m*
Messeteilnehmer *m*, - expositor *m*; participante *m* en la feria
Messeunterlagen *pl* documentación *f* sobre las ferias y exposiciones
Messeverband *m*, ⁼e *Internationaler ~* Unión *f* de Ferias Internacionales (con sede en Bruselas)
Messeverlauf *m*, Ø desarrollo *m*, (trans)curso *m* de la feria
Messevertretung *f*, en representación *f* en la feria
Meßfühler *m*, - (Seg.) captador *m*
Messung *f*, en medición *f*; medida *f*
Meßzahl *f*, en índice *m*; *(Statistik) ~en* valores *pl*
Meßziffer *f*, n → *Meßzahl*
Metageschäft *n*, e negocio *m* a medias; negocio *m* por cuenta colectiva (transacción efectuada por dos firmas, con repartición equitativa de pérdidas y beneficios)
Metall *n*, e metal *m*
Metallabdeckung *f*, en (Seg.) protección *f* de metal
Metallarbeiter *m*, - obrero *m* metalúrgico
Metallbelag *m*, ⁼e (Seg.) lámina *f* fina de metal
Metallbörse *f*, n bolsa *f* de metales
Metalldetektoren *pl* (Seg.) detectores *pl* de metales
Metaller *m*, - 1. (Fam.) → *Metallarbeiter* 2. miembro *m* del sindicato metalúrgico *(IG-Metall)*
Metallfolie *f*, n (Seg.) lámina *f* metálica
Metallgeld *n*, Ø moneda *f* en metálico
Metallhüttenwerk *n*, e → *Metallindustrie*
Metallindustrie *f*, n industria *f* metalúrgica
Metallschlauch *m*, ⁼e (Seg.) tubo *m* metálico
Metallstab *m*, ⁼e (Seg.) varilla *f* metálica
metallverarbeitende Industrie *f*, n industria *f* metalúrgica *od.* de transformación de metales
Metallverarbeitung *f*, en transformación *f* de metales; metalurgia *f*
Metallwährung *f*, en moneda *f* metálica
Meter *m od.* *n*, - metro *m*
Meterware *f*, n mercancía *f* vendida por metro
Methode *f*, n método *m*; sistema *m*; procedimiento *m*; *analytische ~* método analítico; *analoge ~* método analógico; *eine ~ anwenden* aplicar un método; *progressive ~* método progresivo, directo
methodisch metódico
Metier *n*, s profesión *f*; oficio *m*; ocupación *f*; *sein ~ kennen* conocer bien su oficio, profesión

Metist *m*, en participante *m* en un negocio por cuenta colectiva → *Metageschäft*
metrisch, ~*es System* sistema *m* métrico
MEZ *(mitteleuropäische Zeit)* hora *f* de la Europa central
Mia. → *Milliarde*
Mietaufw|and *m*, **-endungen** gastos *pl* de alquiler
Mietausfall *m*, ⁻ᵉe renta *f* no percibida; impago *m* del alquiler
Mietausfallversicherung *f*, en (Seg.) seguro *m* de impago del alquiler
Mietauto *n*, s vehículo *m*, coche *m* de alquiler
Mietbeihilfe *f*, **n** subsidio *m* para el alquiler; suplemento *m* de alquiler
Miete *f*, **n** alquiler *m*; renta *f* de inquilinato, de arrendamiento; *fällige* ~ alquiler exigible, pendiente; *gesetzlich geschützte* ~ alquiler protegido por la ley; *rückständige* ~ alquiler retrasado; *die* ~ *zahlen* pagar el alquiler
Mieteinnahmen *pl* → *Mietertrag*
Mieteinnehmer *m*, - cobrador *m* de alquileres
mieten alquilar; tomar en arrendamiento
Mieter *m*, - arrendatario *m*; inquilino *m*
Mieterhöhung *f*, en aumento *m* de alquiler
Mieterinitiative *f*, **n** asociación *f* de defensa de los arrendatarios, inquilinos
Mieterschutz *m*, Ø protección *f* a los arrendatarios
Mieterschutzgesetz *n*, **e** ley *f* ordenadora, en materia de los derechos de los arrendatarios
Mietertrag *m*, ⁻ᵉe producto *m* del alquiler *od.* de la renta; ingresos *pl* en concepto de alquileres
Mieterversammlung *f*, en asamblea *f*, reunión *f* de arrendatarios; *eine* ~ *einberufen* convocar una reunión de arrendatarios
mietfrei exento, libre de alquiler
Mietgebühr *f*, en alquiler *m*; arriendo *m*
Mietkaserne *f*, **n** gran casa *f* de vecindad *od.* de alquiler; (LA) casa *f* de departamentos
Mietnebenkosten *pl* costes *pl* en concepto de alquiler
Mietrückstand *m*, ⁻ᵉe alquiler *m* retrasado
Mietshaus *n*, ⁻ᵉer casa *f* de vecindad *od.* de alquiler
Miet- und Pachtzinsen *pl* rentas *pl* de alquiler y arrendamiento
Mietverlust *m*, e → *Mietausfall*
Mietvertrag *m*, ⁻ᵉe contrato *m* de arrendamiento urbano *bzw.* de inquilinato; *den* ~ *kündigen* resolver, rescindir el contrato de arrendamiento
Mietvorauszahlung *f*, en anticipo *m* del alquiler; pago *m* adelantado del alquiler
Mietwagen *m*, - → *Mietauto*
Mietwert *m*, e valor *m* del alquiler *od.* de la renta

Mietwohnung *f*, en piso *m*, apartamento *m* de alquiler
Mietwucher *m*, Ø alquiler *m* exhorbitante
Mietzahltag *m*, e día *f*, fecha *f* de pago del alquiler
Mietzeit *f*, en duración *f* del alquiler
Mietzins *m*, en alquiler *m*; renta *f* (de arrendamiento)
Mikrobauteil *n*, e (Inform.) microelemento *m*
Mikrobefehl *m*, e (Inform.) microinstrucción *f*
Mikroelektronik *f*, Ø (Inform.) microelectrónica *f*
Mikrofiche *m*, s (Inform.) microficha *f*
Mikrofilm *m*, e microfilm *m*
Mikroökonomie *f*, (n) microeconomía *f* (Ggs. *Makroökonomie*)
Mikroprozessor *m*, en (Inform.) microprocesador *m*
Mikros *pl* → *Mikroprozessor*
Milchprodukte *pl* productos *pl* lácteos
Milchüberschüsse *pl* excedentes *pl* lácteos
Mill./Mio. → *Million*
Mille *n*, - mil *m*; *zwei pro*~ dos mil
Milliardär *m*, e multimillonario *m*
Milliarde *f*, **n** *(Md./Mrd./Mia.)* mil millones *pl*
Million *f*, en *(Mill./Mio.)* millón *m*; *eine* ~ *berufstätige Frauen* un millón de mujeres que desempeñan una actividad profesional; ~*en von Arbeitslosen* millones de parados, desempleados; *die Verluste gehen in die* ~*en* las pérdidas se cifran en millones
Millionär *m*, e millionario *m*
Millionenauflage *f*, **n** gran tirada *f*; tirada *f* de muchos millones de ejemplares
Millionenauftrag *m*, ⁻ᵉe orden *f*, pedido *m* de un millón y más
Millionengeschäft *n*, e operación *f*, negocio *m* de un millón y más
Millionengrenze *f*, **n** límite *m*, tope *m* de un millón; *die* ~ *überschreiten* sobrepasar el límite de un millón
Millionenstadt *f*, ⁻ᵉe ciudad *f* de un millón *od.* más habitantes
minderbemittelt escaso de recursos; económicamente débil
Minderbetrag *m*, ⁻ᵉe déficit *m* (de caja); importe *m* deficitario
Minderbewertung *f*, en demérito *m*; subestimación *f*
Mindereinnahme *f*, **n** déficit *m*; ingresos *pl* deficitarios
Minderheit *f*, en minoría *f*; *in der* ~ *sein* estar, hallarse en minoría; *die* ~ *überstimmen* vencer a la minoría por mayoría de votos
Minderheitenfrage *f*, (**n**) cuestión *f* de las minorías *od.* los grupos étnicos
Minderheitenkanzler *m*, - canciller *m* minorita-

rio
Minderheitenrecht *n*, e derecho *m* minoritario *od.* de las minorías
Minderheitsaktionär *m*, e accionista *m* minoritario
Minderheitsbeteiligung *f*, en participación *f* minoritaria
Minderheitsregierung *f*, en gobierno *m* minoritario
minderjährig menor (de edad)
Minderjährige/r *(der/ein)* menor *m* de edad
Minderkauf|mann *m*, **-leute** pequeño comerciante *m* (no sujeto a todas las reglas del derecho comercial)
mindern reducir; rebajar; disminuir
Minderung *f*, en reducción *f*; acción *f* „cuanto minoris"; rebaja *f*; disminución *f*; ~ *der Erwerbsfähigkeit* disminución de la capacidad de trabajo; ~ *des Kaufpreises* rebaja del precio de compra
Minderwert *m*, e menor valor *m*; inferioridad *f*; depreciación *f* (de una mercancía)
minderwertig de menor valor; de calidad inferior; ~*e Ware* mercancías *pl* de calidad inferior
Mindest- (Pref.) mínimo; el más bajo
Mindestbeitrag *m*, ⁻e cuota *f*, cotización *f* mínima
Mindestbesteuerung *f*, en imposición *f* mínima
Mindestbetrag *m*, ⁻e → *Minimalbetrag*
Mindestbietende/r *(der/ein)* menor postor *m*
Mindesteinlage *f*, n inversión *f* mínima; *(Bank)* depósito *m* mínima
Mindestfordernde/r *(der/ein)* el que menos exige
Mindestforderung *f*, en reclamación *f* mínima *bzw.* oferta *f* mínima
Mindestgebot *n*, e postura *f* mínima, menor
Mindestgebühr *f*, en tasa *f* mínima
Mindestimportpreis *m*, e precio *m* mínimo de importación
Mindestlohn *m*, ⁻e salario *m* mínimo *od.* base; *gesetzlicher* ~ salario mínimo interprofesional
Mindestlöhner *m*, - perceptor *m* de(l) salario mínimo
Mindestmaß *n*, Ø mínimo *m*; *auf ein* ~ *festsetzen* reducir al mínimo
Mindestpreis *m*, e precio *m* mínimo; *etw. zum* ~ *berechnen* calcular el precio mínimo
Mindestreserve *f*, n reserva *f* mínima legal (capital que los bancos deben depositar en el Banco Emisor en el volumen prescrito y sin devengo de intereses)
Mindestreservesatz *m*, ⁻e coeficiente *m* mínimo de reserva obligatoria
Mindestreservepflicht *f*, Ø obligación *f* de constituir un fondo de reserva
Mindestreservepolitik *f*, Ø política *f* de reserva mínima
Mindestsatz *m*, ⁻e tipo *m* mínimo; tasa *f* mínima
Mindesttarif *m*, e tarifa *f* mínima
Mindestumtausch *m*, Ø (R.D.A.) cambio *m* mínimo obligatorio (p. ej. para los visitantes de la R.F.A. a la R.D.A.); *den* ~ *heraufsetzen* aumentar el montante de cambio obligatorio
Mindestumtauschpflicht *f*, Ø (R.D.A) cambio *m* mínimo obligatorio
Mindesturlaub *m*, (e) permiso *m* mínimo; licencia *f* mínima
Mindestzeichnungsbetrag *m*, ⁻e montante *m* mínimo de suscripción; suscripción *f* mínima
Mineralöl *n*, e petróleo *m*; aceite *m* mineral (Syn. *Erdöl*)
Mineralölgesellschaft *f*, en compañía *f* petrolera *od.* petrolífera
Mineralölprodukt *n*, e derivado *m* del petróleo
Mineralölsteuer *f*, n impuesto *m* sobre los derivados del petróleo; impuesto *m* sobre aceites minerales
Minicomputer *m*, - (Inform.) miniordenador *m*; (Angl.) minicomputador *m*
Miniformat *n*, e tamaño *m*, formato *m* reducido
Minimal- (Pref.) mínimo; el más bajo (Ggs. *Maximal-*)
Minimalbetrag *m*, ⁻e importe *m* mínimo
Minimalprogramm *n*, e programa *m* mínimo; miniprograma *m*
Minimalsatz *m*, ⁻e tipo *m* mínimo; tasa *f* mínima
Minimalwert *m*, e valor *m* mínimo
minimieren minimizar
Minimierung *f*, en minimización *f*
minimisieren → minimieren
Minim|um *n*, - a mínimo *m*; *unter dem* ~ por debajo del mínimo; *auf ein* ~ *bringen* reducir al mínimo
Minister m, - ministro *m*; ~ *des Auswärtigen* ministro de Asuntos Exteriores; (LA) canciller *m*; ~ *ohne Geschäftsbereich* ministro sin cartera; ~ *des Innern* ministro del Interior; ~ *der Justiz* ministro de Justicia; ~ *für Wirtschaft* ministro de Economía
Ministerialbeamte|r *(der/ein)* empleado *m* ministerial
Ministerialrat *m*, ⁻e consejero *m* ministerial
ministeriell ministerial
Ministeri|um *n*, - en ministerio *m*
Ministerpräsident *m*, en primer ministro *m*; (R.F.A.) presidente *m* de ministros *bzw.* presidente del gobierno de un Land; (R.D.A.) presidente del Consejo de ministros
Minorität *f*, en minoría *f* (Syn. *Minderheit*)
Minus *n*, - 1. déficit *m*; saldo *m* negativo; *ein* ~

aufweisen acusar un déficit; *ins ~ rutschen* volverse deficitario 2. desventaja *f*; *das ist ein ~ für* es una desventaja para
Minusbetrag *m*, ⁻e suma *f* deficitaria; déficit *m*
Minuskorrekturen *pl* correcciones *pl* a la baja
Minusposten *m*, - partida *f* con saldo negativo; partida *f* deficitaria (de un balance)
Minuspunkt *m*, e punto *m* negativo
Minuswachstum *n*, Ø crecimiento *m* negativo
Minuszeichen *n*, - signo *m* de suscripción *od.* de menos; signo *m* negativo
Mio. → *Million*
Mischfinanzierung *f*, en financiación *f* mixta (p. ej. por la federación y los Länder)
Mischkalkulation *f*, en cálculo *m* mixto *od.* de compensación de los precios (para asegurar la cobertura de los costes)
Mischkonzern *m*, e consorcio *m* (de carácter) mixto; grupo *m* mixto
Mischwirtschaft *f*, en economía *f* mixta
Mischzoll *m*, ⁻e derecho *m* de aduana mixto
Misere *f*, (n) miseria *f*; penuria *f*; situación *f* catastrófica
Mißbrauch *m*, ⁻e abuso *m*; empleo *m* abusivo; uso *m* impropio; *~ der Amtsgewalt* abuso del poder
mißbrauchen abusar
Mißbrauchsaufsicht *f*, Ø control *m* del abuso
Mißerfolg *m*, e fracaso *m*; *einen ~ erleiden* sufrir un fracaso
Mißernte *f*, n mala cosecha *f*
Mißjahr *n*, e año *m* nefasto; año *m* de pérdidas
Mißkredit *m*, Ø descrédito *m*; mala reputación *f*; *eine Firma in ~ bringen* desacreditar una empresa
Mißmanagement *n*, s mala dirección *f*; error *m* de dirección
Mißstand *m*, ⁻e situación *f* precaria; inconveniente *m*; abuso *m*; *einen ~ beheben* remediar, paliar un inconveniente; corregir un error
Mißtrauen *n*, Ø desconfianza *f*
Mißtrauensantrag *m*, ⁻e moción *f* de censura; *einen ~ aussprechen* presentar moción de censura
Mißtrauensvot|um *n*, -en → *Mißtrauensantrag*
Mißverhältnis *n*, se desequilibrio *m*; desproporción *f*
Mißwirtschaft *f*, (en) desorden *m* económico; mala administración *f*, gestión *f*
Mitarbeit *f*, (en) colaboración *f*; cooperación *f*
mitarbeiten colaborar; cooperar; *an einer Zeitung ~* colaborar en un periódico
Mitarbeiter *m*, - colaborador *m*; asistente *m*; *~ in leitenden Stellungen* colaboradores en los mandos directivos
Mitarbeiterstab *m*, ⁻e equipo *m* de colaboradores
Mitarbeiterunternehmen *n*, - empresa *f* de colaboradores (donde todos los colaboradores son socios)
Mitbegründer *m*, - cofundador *m*
Mitbenutzung *f*, en utilización *f* común; uso *m* en común *od.* colectico
mitbestimmen participar en la decisión, gestión; *im Betrieb ~* tener derecho de cogestión en su empresa; *in Fragen der Rationalisierung ~* codeterminar en materia de racionalización
Mitbestimmung *f*, (en) cogestión *f*; codeterminación *f*; participación *f* en la gestión de una empresa; *kleine (33%ige) ~* pequeña cogestión; ley *f* ordenadora del régimen empresarial de 1952 (Syn. *Betriebsverfassungsgesetz*); *paritätische (50%ige) ~* cogestión paritaria
Mitbestimmungsgesetz *n*, e ley *f* en materia de cogestión
Mitbestimmungsrecht *n*, e derecho *m* de cogestión
mitbeteiligt sein ser consocio de
Mitbewerber *m*, - competidor *m*; rival *m* (Syn. *Konkurrent*)
Mitbürger *m*, - conciudadano *m*
Miteigentum *n*, Ø copropiedad *f*; propiedad *f* (en) común
Miteigentümer *m*, - copropietario *m*
Miteigentumsanteil *m*, e participación *f* en la copropiedad
Mitentscheidung *f*, en codecisión *f*; decisión *f* tomada en común
Miterbe *m*, n coheredero *m*
mitfinanzieren cofinanciar; participar en la financiación
Mitfinanzierung *f*, en cofinanciación *f*; participación *f* en la financiación
Mitgesellschafter *m*, - consocio *m*
Mitglied *n*, er miembro *m*; socio *m*; *beitragzahlendes ~* miembro cotizante, que paga una cuota; *eingeschriebenes ~* miembro inscrito; *ordentliches (aktives) ~* miembro activo; *ein ~ aufnehmen* admitir como miembro, socio; *~ werden* afiliarse; darse de alta
Mitgliederbestand *m*, ⁻e totalidad *f* de miembros; número *m* de socios
Mitgliedsbeitrag *m*, ⁻e cuota *f* de miembro
Mitgliedschaft *f*, en calidad *f* de socio; asociación *f*; afiliación *f*
Mitgliedstaat *m*, en Estado *m* miembro; *die 12 ~en der Europäischen Gemeinschaft* los doce Estados miembros de la Comunidad Europea
mithaftend corresponsable
Mithaftung *f*, Ø corresponsabilidad *f*; responsabilidad *f* colectiva; solidaridad *f*
Mitinhaber *m*, - (socio *m*) copropietario *m*

Mitkläger *m*, - codemandante *m*
Mitläufer *m*, - simpatizante *m*; adepto *m*; partidario *m*
Mitnahmepreis *m*, e precio *m* de mercancía retirada por cuenta del comprador
Mitnehmerpreis *m*, e → *Mitnahmepreis*
Mitspracherecht *n*, e derecho *m* de intervención
mitteilen comunicar; informar; dar parte; informar; hacer saber; *amtlich* ~ notificar
Mitteilung *f*, en comunicación *f*; aviso *m*; notificación *f*; información *f*; comunicado *m*; *amtliche* ~ notificación (oficial); *mündliche* ~ aviso verbal; *vertrauliche* ~ mensaje *m* confidencial
Mittel *n*, - 1. medio *m*; instrumento *m* 2. promedio *m*; media *f*; *arithmetisches* ~ media aritmética
Mittel *pl* medios *pl*; capital *m*; fondos *pl*; recursos *pl*; *eigene* ~ recursos propios; *flüssige* ~ medios líquidos, disponibles; *öffentliche* ~ fondos públicos, del Estado; *verfügbare* ~ fondos disponibles
Mittelaufbringung *f*, en movilización *f* de fondos
mittelbar indirecto; *~e Stellvertretung* representación *f* indirecta (Syn. *indirekt*)
Mittelbetrieb *m*, e empresa *f* mediana
Mittelbewirtschaftung *f*, en control *m* de los recursos; regulación *f* de los fondos financieros
Mittelentzug *m*, ⁓e retirada *f* de fondos, capital
mitteleuropäische Zeit → *MEZ*
Mittelfreigabe *f*, n desbloqueo *m* de fondos disponibles
mittelfristig a medio plazo; *~er Kredit* crédito *m* a medio plazo
Mittelklasse *f*, n clase *f* media
Mitte-Links (Pol.) centro-izquierda; *~-Koalition* coalición *f* de centro-izquierda
mittellos sin recursos; falto de recursos, medios
Mittellosigkeit *f*, Ø falta *f* de medios, recursos; indigencia *f*; pobreza *f*
Mittelschicht *f*, en clase *f* media; *obere* ~ clase media superior; *untere* ~ pequeña burguesía *f*; *er gehört zur* ~ él pertenece a la clase media
Mittels|mann *m*, -leute *od.* ⁓er mediador *m*; intermediario *m*; árbitro *m* (persona encargada de arbitrar los conflictos)
Mittelsorte *f*, n calidad *f* media
Mittelsperson *f*, en → *Mittelsmann*
Mittelstadt *f*, ⁓e ciudad *f* de importancia media (entre 20.000 y 100.000 habitantes)
Mittelstand *m*, Ø 1. → *Mittelschicht* 2. pequeñas y medianas empresas *pl*, PYME
mittelständisch 1. relativo a la clase media 2. *~e Betriebe* pequeñas y medianas empresas *pl*
Mittelständler *m*, - 1. representante *m* de la clase media 2. jefe *m* de una pequeña *od.* mediana empresa
Mittelstrecke *f*, n medio alcance *m*
Mittelstreckenflugzeug *n*, e avión *m* de medio alcance
Mittelstreckenrakete *f*, n misil *m* de alcance medio
Mittelwert *m*, e valor *m* medio
Mittelzufluß *m*, ⁓sse aflujo *m*, afluencia *f* de fondos
Mittler *m*, - → *Mittelsmann*
mittler medio; *~e Führungskräfte* mandos *pl* medios (de una empresa); *~er Osten* Oriente *m* Medio
Mitunterzeichner *m*, - cofirmante *m*; firmante *m* en común
Mitunterzeichnete/r (der/ein) → *Mitunterzeichner*
mitverantwortlich corresponsable
Mitverantwortung *f*, en corresponsabilidad *f*
mitverdienen, *seine Frau muß* ~ su mujer está obligada a trabajar
Mitversicherung *f*, en coaseguro *m*; seguro *m* adicional
Mitwirkung *f*, en participación *f*; colaboración *f*; *unter* ~ con la participación de
Mitwirkungsrecht *n*, e derecho *m* de participación
mobil móvil; *~ machen* movilizar; *~e Gesellschaft* sociedad *f* caracterizada por una gran movilidad (de empleo)
Mobiliar *n*, e mueblaje *m*; mobiliario *m*; muebles *pl*
Mobiliarkredit *m*, e crédito *m* mobiliario
Mobilien *pl* bienes *pl* muebles
mobilisieren movilizar
Mobilität *f*, Ø movilidad *f*; *~ der Arbeitnehmer* movilidad de los asalariados
Mode *f*, n moda *f*; *aus der* ~ *kommen* pasar de moda; *(in)* ~ *sein* estar de moda
Modeartikel *m*, - artículo *m* de moda
Modeberuf *m*, e profesión *f* de moda
Modekollektion *f*, en colección *f* de modas
Modell *n*, e modelo *m*; prototipo *m*; *gewerbliches* ~ modelo industrial
Modellrechnung *f*, en cálculo *m* modelo
Mode(n)schau *f*, en presentación *f* de una colección; desfile *m* de modelos
Moderator *m*, en (*Rundfunk*) presentador *m*; locutor *m*
modern moderno; *~e Arbeitsmethode* método *m* de trabajo moderno
modernisieren modernizar
Modernisierung *f*, en modernización *f*
Modernisierungsaufwendungen *pl* costes *pl* de modernización

Modernisierungsgrad *m*, e grado *m* de modernización
Molkerei *f*, en lechería *f*; vaquería; (Río de la Plata) tambo *m*
Molkereiprodukte *pl* productos *pl* lácteos
Monat *m*, e mes; *am 10. dieses* ~s el diez del corriente; *im* ~ *Januar* en el mes de enero; en enero; im ~ (*monatlich*) por mes
monatlich por mes; mensual; ~*e Rate* mensualidad *f*; plazo *m* mensual
Monats- (Pref.) mensual
Monatsabschlu|ß *m*, ⸗sse balance *m* mensual
Monatsaussto|ß *m*, (⸗sse) producción *f* mensual
Monatsbericht *m*, e informe *m*, estado *m* mensual
Monatseinkommen *n*, - renta *f* mensual
Monatserste: *der* ~ el primero del mes
Monatsgeld *n*, Ø préstamo *m* con un mes de plazo; dinero *m* a 30 días
Monatskarte *f*, n abono *m* mensual
Monatsletzte: *der* ~ el último del mes
Monatslohn *m*, ⸗e salario *m* mensual
Monatsrate *f*, n mensualidad *f*; plazo *m* mensual; *einen Betrag in* ~*n bezahlen* pagar un importe a plazos mensuales
Monatsultimo *m*, s → *Monatsletzte*
Monatswechsel *m*, - letra *f* a 30 días
Monatszins *m*, e → *Mietzins*
Mondpreis *m*, e precio *m* abusivo, prohibitivo
Mondscheintarif *m*, e (Teléf.) tarifa *f* nocturna (reducida)
monetär monetario; ~*e Stabilität* estabilidad *f* monetaria
Monitor *m*, en (Inform.) monitor *m*
Monokultur *f*, (en) monocultura *f*
Monometallismus *m*, Ø monometalismo *m*
Monopol *n*, e monopolio *m*; *ein ~ ausüben* ejercer un monopolio; *bilaterale*s ~ monopolio bilateral; *staatliches* ~ monopolio estatal
monopolartig monopolístico; con carácter de monopolio
Monopolbetrieb *m*, e empresa *f* monopolística
monopolisieren monopolizar
Monopolisierung *f*, en monopolización *f*
Monopolist *m*, en monopolista
Monopolkapitalismus *m*, Ø capitalismo *m* monopolístico (caracterizado por una concentración monopolística de empresas)
Monopolmißbrauch *m*, ⸗e abuso *m* de monopolio
Monopolstellung *f*, en situación *f*, posición *f* monopolística
Montage *f*, n montaje *m*
Montageabteilung *f*, en departamento *m*, sección *f* de montaje
Montagearbeit *f*, en trabajo *m* de montaje

Montageband *n*, ⸗er cadena *f* de montaje
Montagehalle *f*, n planta *f*, nave *f* de montaje
Montagekapazität *f*, en capacidad *f* de montaje
Montagewerk *n*, e fábrica *f* de montaje
Montagewerkstatt *f*, ⸗en planta *f* de montaje
Montagsproduktion *f*, en producción *f* defectuosa; mercancía *f* imperfecta
Montan- (Pref.) minero y siderúrgico
Montanbereich *m*, Ø sector *m* de la industria del carbón y del acero
Montangemeinschaft *f*, Ø → *Montanunion*
Montangesellschaft *f*, en sociedad *f* minera
Montanindustrie *f*, n industria *f* del carbón y del acero
Montanist *m*, en experto *m* de la industria del carbón y del acero
montanmitbestimmt sociedad *f* con régimen de cogestión de acuerdo con el modelo de la industria del carbón y del acero
Montanmitbestimmung *f*, Ø cogestión *f* paritaria en la industria del carbón y del acero (→ *Mitbestimmung*)
Montanunion *f*, Ø Comunidad *f* Europea del Carbón y del Acero (C.E.C.A.) (Syn. *EGKS*)
Montanwerte *pl* títulos-valores *pl* de la industria del carbón y del acero
Monteur *m*, e mecánico *m*; montador *m*
montieren montar; ajustar; armar
Montierung *f*, en montaje *m*; instalación *f*
Moratori|um *n*, -en moratoria *f*
Mortalität *f*, Ø mortalidad *f* (Syn. *Sterblichkeit*)
Motel *n*, s motel *m*
Motivation *f*, en motivación *f*; incentivación *f*
Motivator *m*, en factor *m* motivante; incentivo *m*
Motivforschung *f*, Ø investigación *f*, análisis *m* de los motivos; estudio *m* del comportamiento de los consumidores
motivieren motivar; incentivar
Motto *n*, s lema *m*; divisa *f*
Mrd. → *Milliarde*
m.u.H. (*mit unbeschränkter Haftpflicht*) de responsabilidad ilimitada
Müll *m*, Ø basura *f*; residuos *pl*; *radioaktiver* ~ residuos *pl* radi(o)activos
Müllabfuhr *f*, Ø recogida *f* de basuras; servicio *m* de limpieza pública *od.* municipal
Mülladestelle *f*, n → *Mülldeponie*
Müllaufbereitungsanlage *f*, n planta *f* de reciclaje, tratamiento de basuras
Mülldeponie *f*, n vertedero *m*
Müllkippe *f*, n → *Mülldeponie*
Müllverbrennungsanlage *f*, n planta *f* de incineración de basuras
Multi *m*, s multinacional *f*
multilateral multilateral; ~*e Verträge* acuerdos *pl* multilaterales

Multimillionär *m*, e multimillonario *m*
multinational multinacional; *~er Konzern* consorcio *m* multinacional
Multipack *n, od. m*, s embalaje *m* múltiple
Multiplikator *m*, en multiplicador *m*
multiplizieren multiplicar
Multi-Programm-Verfahren *n*, - (Inform.) multiprogramación *f*
Mündel *n*, - pupilo *m*; persona *f* bajo tutela
Mündelgelder *pl* fondos *pl* pupilares; capital *m* de menores
mündelsicher con garantía pupilar; *~e Papiere* títulos *pl* con garantía pupilar
mündig mayor; *~ werden* llegar a, alcanzar la mayoría de edad
Mündigkeit *f*, Ø mayoría *f* de edad
Mündigkeitserklärung *f*, en declaración *f* de (la) mayoría de edad
mündlich verbal; oral; de palabra; *ussees Versprechen* promesa *f* verbal
Mundraub *m*, Ø hurto *m* famélico
Münzautomat *m*, en distribuidor *m* automático
Münze *f, n* moneda *f*; metálico *m*; *fehlerhafte ~n* monedas defectuosas; *vollwertige ~n* monedas de pleno contenido; *unterwertige ~n* monedas sin pleno contenido
Münzeinwurf *m*, ᵘe introducción *f* de monedas (en el distribuidor)
münzen acuñar moneda; amonedar (oro)
Münz(en)händler *m*, - comerciante *m* de monedas y medallas
Münz(en)sammler *m*, - coleccionista *m* de monedas; numismático *m*
Münz(en)sammlung *f*, en colección *f* numismática, de monedas

Münzfälscher *m*, - falsificador *m* de moneda
Münzfernsprecher *m*, - cabina *f* telefónica automática
Münzgehalt *m*, Ø ley *f*, título *m* de monedas
Münzgeld *n*, Ø calderilla *f*; dinero *m* suelto; cambio *m*
Münzprägung *f*, en acuñación *f* de moneda
Münzumlauf *m*, Ø circulación *f* monetaria
Münzwesen *n*, Ø sistema *m* monetario
Münzzähler *m*, - contador *m* de monedas
Muster *n*, - muestra *f*; patrón *m*; modelo *m*; norma *f*; *gewerbliches ~* diseño *m* industrial; *nach ~ bestellen* pedir sobre muestra
Musterbetrieb *m*, e empresa *f*, explotación *f* modelo; *landwirtschaftlicher ~* granja *f* modelo, piloto
Musterbrief *m*, e carta *f* modelo
Mustereinrichtung *f*, en instalación *f* piloto
Musterexemplar *n*, e ejemplar *m* modelo
mustergetreu conforme a la muestra
Musterkollektion *f*, en colección *f* de modelos
Mustermesse *f*, n feria *f* de muestras
Mustersendung *f*, en envío *m* de muestras
Mustervertrag *m*, ᵘe contrato *m* tipo
Muttergesellschaft *f*, en casa *f* matriz, central
Mutterland *n*, ᵘer patria *f*; país *m* de origen
Mutterschaftsgeld *m*, er subsidio *m* de maternidad
Mutterschaftsurlaub *m*, e licencia *f* de maternidad
Mutterschutz *m*, Ø protección *f* de la maternidad
Mutterschutzgesetz *n*, e ley *f* de protección a la madre
MwSt *od.* **MWSt** → *Mehrwertsteuer*
m.Z. → *mangels Zahlung*

N

N → *Nahschnellverkehrszug*
nachahmen imitar; copiar; falsificar; *eine Unterschrift* ~ falsificar una firma
Nachahmer *m*, - imitador *m*; falsificador *m*; *gegen die* ~ *vorgehen* perseguir a los falsificadores
Nachahmung *f*, en imitación *f*; falsificación *f*
Nachahmungseffekt *m*, **e** (Seg.) efecto *m* imitador
Nachanfertigung *f*, en (Seg.) reproducción *f*
Nacharbeit *f*, en trabajo *m* de repaso, acabado, retocado; revisión *f*; reparación *f*
Nachbarland *n*, ⁼er país *m* vecino
Nachbarschaft *f*, Ø vecindad *f*; proximidad *f*; inmediaciones *pl*
nachbessern retocar
Nachbesserung *f*, en retoque *m*; reparación *f* de un daño; revisión *f*
nachbestellen hacer un nuevo pedido; volver a encargar; repetir la orden
Nachbestellung *f*, en nueva orden *f*; pedido *m* complementario
nachbezahlen hacer un pago adicional, suplementario; pagar más tarde
Nachbörse *f*, n mercado *m* libre; operaciones *pl* después del cierre; bolsa *f* extraoficial
nachbörslich en mercado libre; fuerabolsa; extraoficialmente; después del cierre
nachdatieren postfechar; poner una fecha posterior
Nachdatierung *f*, en fecha *f* posterior
Nacherbe *m*, n heredero *m* subsidiario; segundo heredero; *als* ~ *n einsetzen* su(b)stituir un heredero
N(a)chf. → *Nachfolger*
Nachfinanzierung *f*, en financiación *f* complementaria
Nachfolge *f*, n sucesión *f*; ~ *in gerader Linie* sucesión en línea directa
Nachfolgemangel *m*, - carencia *f* de sucesión
Nachfolgeorganisation *f*, en organización *f* sucesora
Nachfolgeproblem *n*, e problema *m* de la sucesión
Nachfolger *m*, - sucesor *m*; *als* ~ *eingesetzt werden* ser nombrado sucesor de
nachfordern reclamar subsecuentemente, posteriormente; exigir adicionalmente
Nachforderung *f*, en reclamación *f* suplementaria, adicional
Nachfrage *f*, n demanda *f* 1. *anhaltende* ~ demanda sostenida; *lebhafte* ~ demanda animada; *steigende* ~ demanda creciente; *übermäßige* ~ demanda excesiva; *weltweite* ~ demanda mundial 2. *die* ~ *befriedigen* satisfacer la demanda; *die* ~ *dämpfen* frenar la demanda; *eine künstliche* ~ *hervorrufen* provocar una demanda artificial 3. ~ *nach Arbeitskräften* demanda de mano de obra; ~ *nach Gütern* demanda de bienes; *Verlangsamung der* ~ ralentización *f* de la demanda; *Zunahme der* ~ aumento *m* de la demanda
Nachfrageänderung *f*, en modificación *f* de la demanda
Nachfrageanstieg *m*, e aumento *m* de la demanda
Nachfrageausfall *f*, ⁼e demanda *f* inexistente; falta *f* de demanda
Nachfrageausweitung *f*, en expansión *f* de la demanda
Nachfragebelebung *f*, en reanimación *f* de la demanda
Nachfrageberuhigung *f*, en retroceso *m*, abatimiento *m* de la demanda
Nachfragedämpfung *f*, en freno *m*, ralentización *f* de la demanda
Nachfragedruck *m*, Ø presión *f* de la demanda
nachfragen 1. informarse; pedir informes 2. demandar; pedir (una mercancía)
Nachfrager *m*, - demandante *m*; comprador *m*
Nachfragerückgang *m*, ⁼e retroceso *m* de la demanda
Nachfragestoß *m*, ⁼e empuje *m*, aumento *m* de la demanda
Nachfrageüberhang *m*, ⁼e demanda *f* excesiva
Nachfrageumschichtung *f*, en reestructuración *f*, reconversión *f* de la demanda
Nachfrageverlangsamung *f*, en ralentización *f* de la demanda
Nachfrageverschiebung *f*, en desplazamiento *m* de la demanda
Nachfrist *f*, en días *pl*, plazo *m* de gracia; prórroga *f*; prolongación *f* del plazo
nachgeben 1. ceder; aflojar; *die Preise geben nach* los precios bajan; ~*de Kurse* cotizaciones *pl* a la baja 2. hacer concesiones
Nachgebühr *f*, en sobretasa *f*
nachgemacht falsificado
nachgeordnet inferior; subalterno (jerarquía) (Syn. *untergeordnet*)
Nachholbedarf *m*, Ø demanda *f* de reconstitución de existencias; atrasos *pl* que han de ser recuperados
nachholen recuperar; *Arbeitsstunden* ~ recuperar

horas de trabajo
nachkaufen comprar posteriormente; *das Übrige können Sie ~* Vd. puede comprar lo demás posteriormente
nachkommen satisfacer; cumplir; *seinen Verpflichtungen ~* cumplir sus compromisos, obligaciones
Nachkriegserscheinung *f*, en fenómeno *m* de la postguerra
Nachkriegsgeneration *f*, en generación *f* de la postguerra
Nachkriegszeit *f*, (en) postguerra *f*
Nachla|ß *m*, ⁻sse 1. rebaja *f*; descuento *m*; remisión *f*; reducción *f*; *einen ~ bekommen* obtener una rebaja; *einen ~ gewähren* otorgar, conceder un descuento; *ein ~ von 10% auf den Grundpreis* una rebaja del 10% sobre el precio de base 2. (Jur.) sucesión *f*; legado *m*; herencia *f*; *den ~ eröffnen* inaugurar una sucesión; *einen ~ verwalten* administrar una herencia
nachlassen 1. rebajar; disminuir; *die Hälfte vom Preis ~* conceder una rebaja del 50% 2. legar
nachlassend a la baja; en disminución; *~er Verbrauch* consumo *m* decreciente
Nachlaßeröffnung *f*, en (Jur.) apertura *f* de una sucesión
Nachlaßgegenstand *m*, ⁻e objeto *m* de herencia *od.* de la sucesión
Nachlaßgläubiger *m*, - acreedor *m* de una herencia
Nachlaßinventar *n*, e inventario *m* de una herencia
Nachlaßkonkurs *m*, e quiebra *f* sobre una herencia
Nachlaßsteuer *f*, n impuesto *m* sobre herencias, sucesiones
Nachlaßverwalter *m*, - administrador *m* de una herencia
Nachleistung *f*, en prestación *f* complementaria
nachliefern suministrar posteriormente; completar la entrega
Nachlieferung *f*, en entrega *f*, suministro *m* posterior
Nachlieferungsanspruch *m*, ⁻e derecho *m* de devolución (de un cliente, a devolver mercancía defectuosa)
Nachmann *m*, (⁻er) tenedor *m* subsecuente; endosante *m* subsiguiente (Syn. *Indossant; Hintermann*)
Nachmessegeschäft *n*, e negocios *pl* concluidos después de la feria
Nachmittagsfixing *n*, s fixing *m* de la tarde
Nachmittagsschicht *f*, en turno *m* de la tarde
Nachnahme *f*, n reembolso *m*; *gegen ~* contra reembolso; *per ~ schicken* enviar contra reembolso

Nachnahmegebühr *f*, en → *Nachnahmekosten*
Nachnahmekosten *pl* gastos *pl* de reembolso
Nachnahmesendung *f*, en envío *m* contra reembolso
Nachporto *n*, s → *Nachgebühr*
nachprüfen verificar; controlar; revisar; *die Richtigkeit der Angaben ~* controlar la veracidad de las indicaciones
Nachprüfung *f*, en verificación *f*; control *m*; revisión *f*; *steuerliche ~* control fiscal; *~ der Gesetzmäßigkeit* control de la legalidad
nachrechnen verificar un cálculo; revisar las cuentas
Nachrechnung *f*, en verificación *f*
Nachricht *f*, en 1. noticia *f*; información *f*; *eine ~ erhalten* recibir una noticia 2. correo *m*; carta *f*; *Ihre ~ vom* su carta del; *wir erwarten Ihre baldige ~* a la espera de su pronta respuesta
Nachrichtenagentur *f*, en agencia *f* de prensa *od.* de información
Nachrichtennetz *n*, e red *f* de telecomunicaciones
Nachrichtenquelle *f*, n fuente *f* de información
Nachrichtensatellit *m*, en satélite *m* de telecomunicaciones
Nachrichtensendung *f*, en (*Rundfunk*) noticiero *m*; informativo *m*; telediario *m*
Nachrichtensperre *f*, n bloqueo *m* de noticias
Nachrichtenübermittlung *f*, en transmisión *f* de noticias, informaciones
Nachrichtenübertragung *f*, en → *Nachrichtenübermittlung*
Nachrichtenwesen *n*, Ø comunicaciones *pl*; informaciones *pl*
nachrüsten (Milit.) modernizar e incrementar el potencial de armamento
Nachrüstung *f*, en rearme *m*
Nachsaisonermäßigung *f*, en rebaja *f*, descuento *m* de fin de temporada
Nachsatz *m*, ⁻e → *Nachschrift*
nachschießen pagar el resto; hacer un pago adicional, suplementario; efectuar un pago ulterior de libración
Nachschrift *f*, en posdata *f* (P.D.); nota *f* final (Syn. *Postskriptum*)
Nachschub *m*, ⁻e avituallamiento *m*; nuevo aprovisionamiento *m*; reabastecimiento *m*
Nachschu|ß *m*, ⁻sse pago *m* suplementario, adicional; suplemento *m* de pago; cobertura *f* adicional
Nachschußpflicht *f*, Ø obligación *f* de efectuar un pago adicional
nachsehen consultar a alg.; verificar; *auf einer Liste ~* verificar en una lista
Nachsendegebühr *f*, en tasa *f* de reexpedición
nachsenden reexpedir; enviar a la nueva direc-

ción
Nachsendung *f*, en reexpedición *f*
Nachsichtwechsel *m*, - letra *f* a tantos días fecha (que vence en una determinada fecha después de su libramiento)
Nachsperrsicherheit *f*, Ø (Seg.) resistencia *f* contra llaves falsas
Nachspiel *n*, e secuelas *pl*; consecuencias *pl*; *ein gerichtliches ~ haben* tener consecuencias judiciales
nachstehend expresado a continuación; siguiente; que sigue
Nachtarbeit *f*, en trabajo *m* nocturno
Nachteil *m*, e desventaja *f*; inconveniente *m*; perjuicio *m*; *finanzielle ~e* inconvenientes financieros; *die Fusion bringt uns nur ~e* la fusión nos crea sólo desventajas
nachteilig perjudicial; desventajoso; desfavorable; *für ~e Folgen nicht verantwortlich sein* no ser responsable de consecuencias adversas
Nächtigungsgeld *n*, (er) (A) indemnización *f* por viaje; gastos *pl* de alojamiento
Nachtluftpostnetz *n*, Ø (R.F.A.) servicio *m* aeropostal nocturno
Nachtrag *m*, ⁻e 1. posdata *f* (P.D.); suplemento *m* 2. *(Testament)* codicilio *m* 3. *(Versicherung)* apéndice *m*
nachträglich 1. ulterior; posterior; *~e Genehmigung* autorización *f* concedida ulteriormente 2. adicional; suplementario
Nachtragshaushalt *m*, e presupuesto *m* adicional
Nachtragsliste *f*, n lista *f* adicional
Nachtragspolice *f*, n póliza *f* adicional; rectificación *f* de la póliza de seguro
Nachtragszahlung *f*, en pago *m* adicional, suplementario
Nachtschicht *f*, en turno *m* de noche, nocturno
Nachtschichtarbeit *f*, en trabajo *m* nocturno
Nachtschichtzulage *f*, n plus *m* por turno de noche
Nachttarif *m*, e tarifa *m* nocturna
Nachttresor *m*, e (Seg.) caja *f* nocturna (de un banco)
Nacht- und Nebel-Aktion *f*, en operación *f* por sorpresa; acción *f* llevada a cabo discreta y rápidamente; *die Besetzung der Fabrik war eine echte ~* la ocupación de la fábrica fue una verdadera operación (por) sorpresa
Nachtwächterstaat *m*, en Estado *m* vigilante; liberalismo *m* económico (caracterizado por una no-intervención estatal)
Nachtzulage *f*, en → *Nachtzuschlag*
Nachtzuschlag *m*, ⁻e plus *m*, suplemento *m* por trabajo de noche
Nachvermächtnis *n*, se legado *m* adicional
Nachversteuerung *f*, en imposición *f* suplementaria
Nachwahl *f*, en segunda elección *f*; elección *f* complementaria
Nachweis *m*, e prueba *f*; justificación *f*; certificado *m*; *den ~ für etw. erbringen (liefern)* presentar la prueba de a/c
nachweisen probar; demostrar; comprobar; *seine Fähigkeit ~* probar su cualificación
Nachwuchs *m*, Ø descendientes *pl*; sucesores *pl*; nueva generación *f*; *den ~ ausbilden* formar a los jóvenes
Nachwuchskader *pl* (CH, R.D.A.) mandos *pl* jóvenes
Nachwuchskräfte *pl* nueva generación *f*; generación *f* futura, del mañana
Nachwuchsmangel *m*, - falta *f* de personal de renuevo; falta de aprendices
nachzahlen 1. pagar ulteriormente, posteriormente 2. pagar un suplemento; *Steuern ~* pagar un suplemento fiscal
nachzählen volver a contar; recontar; *zählen Sie die Geldscheine bitte nach* sírvase verificar el número de billetes
Nachzahlung *f*, en 1. pago *m* ulterior, posterior; *eine Aufforderung zur ~* un recordatorio de pago 2. suplemento *m*; pago *m* adicional
Nachzoll *m*, ⁻e arancel *m* adicional
Nachzügler *m*, - retrasado *m*; rezagado *m*
Nagelauszieher *m*, - (Seg.) sacaclavos *m*
nahe cercano; aproximativo; contiguo; *der Nahe Osten* el Cercano Oriente *m*; *~r Verwandter* pariente *m* cercano
Naherholungsgebiet *n*, e centro *m* de vacaciones (próximo a una ciudad)
Nahgespräch *n*, e (Teléf.) llamada *f* local *od.* urbana
Nahost *(der Nahe Osten)* → *nahe*
Nährstand *m*, Ø mundo *m* agrícola; sector *m* agro-alimenticio
Nahrung *f*, en nutrición *f*
Nahrungsgüterwirtschaft *f*, Ø → *Nahrungsmittelindustrie*
Nahrungsmittel *pl* productos *pl* alimenticios; alimentos *pl*; víveres *pl*; comestibles *pl*
Nahrungsmittelindustrie *f*, n industria *f* alimenticia
Nahrungs- und Genußmittel *pl* productos *pl* alimenticios y estimulantes
Nahschnellverkehrszug *m*, ⁻e tren *m* rápido (que recorre distancias cortas); tren *m* de cercanías
Nahverkehr *m*, Ø 1. transporte *m* (sub)urbano 2. servicio *m* telefónico local, urbano
Name *m*, n nombre *m*; denominación *f* 1. *~ und Anschrift* nombre y dirección; *in meinem ~n* en nombre propio; *unter falschem ~n* bajo un nombre falso 2. *die Aktien lauten auf den ~n*

las acciones son nominativas; *seinen ~n unter etw. setzen* firmar a/c
Namenfirm|a *f*, **-en** razón *f* social
namenlos anónimo; *~e Produktion* productos *pl* sin marca
Namensaktie *f*, n acción *f* nominativa; *vinkulierte ~* acción nominativa negociable
Namensliste *f*, n → *Namensverzeichnis*
Namenspapier *n*, e título *m* nominativo
Namensscheck *m*, s cheque *m* nominativo
Namensverzeichnis *n*, se nómina *f*; lista *f* nominativa; registro *m* de los accionistas
Namenszug *m*, ⁼e firma *f*
Nämlichkeitsbeschreibung *f*, en certificado *m* de identidad (permiso de circulación librado por la aduana)
NASDAQ COMPOSITE *m*, Ø (*Börse*) índice *m* NASDAQ
Natalität *f*, Ø natalidad *f* (Syn. *Geburtenhäufigkeit*)
national nacional; *wirtschaftliche Erfoge auf ~en und internationalen Märkten* éxitos *pl* económicos en el mercado nacional e internacional
Nationale *n*, Ø (A) 1. datos *pl* personales 2. ficha *f* personal
Nationaleinkommen *n*, - renta *f* nacional
nationalisieren nacionalizar (Syn. *verstaatlichen*)
Nationalisierung *f*, en nacionalización *f*
Nationalität *f*, en nacionalidad *f* (Syn. *Staatsangehörigkeit*)
Nationalökonomie *f*, Ø economía *f* política
Nationalrat *m* (A) 1. Asamblea *f* nacional 2. ⁼e diputado *m*, miembro *m* de la Asamblea nacional
Nationalvermögen *n*, Ø patrimonio *m*, propiedad *f* nacional
Nationalwährung *f*, en moneda *f* nacional
NATO *f* (*North Atlantic Treaty Organization*) OTAN Organización *f* del Tratado del Atlántico Norte
Natural- (Pref.) en especie
Naturalaustausch *m*, Ø intercambio *m* en especie
Naturalbezüge *pl* ingresos *pl* en especie
Naturaleinkommen *n*, - renta *f* en especie
Naturalentlohnung *f*, en remuneración *f* en especie (Syn. *Sachvergütung*)
Naturalersatz *m*, Ø indemnización *f* en especie
Naturalien *pl* productos *pl* de la naturaleza *od.* del suelo; *in ~ bezahlen* pagar en especie
naturalisieren naturalizar; nacionalizar; *sich in Deutschland ~ lassen* ser naturalizado en Alemania
Naturalisierung *f*, en naturalización *f* (Syn. *Einbürgerung*)
Naturallohn *m*, ⁼e salario *m* en especie

Naturalsteuer *f*, n impuesto *m* en especie
Naturalverteilung *f*, en (R.D.A.) pago *m* en especie a los miembros de cooperativas agrícolas
Naturerzeugnis *n*, se producto *m* natural
natürliche Person *f*, en persona *f* física *od.* natural (Ggs. *juristische Person*)
Naturprodukt *n*, e → *Naturerzeugnis*
Naturschutzgebiet *n*, e reserva *f*, parque *m* nacional
Naturschutzpark *m*, s → *Naturschutzgebiet*
NB → notabene
ND (*Nebenkosten und Dienstleistungen*) costes *pl* adicionales y servicios
NDR (*Norddeutscher Rundfunk*) radio *m* y televisión *f* de Alemania del Norte (Hamburgo)
Nebenabgabe *f*, n impuesto *m* suplementario
Nebenamt *n*, ⁼er empleo *m* secundario
nebenamtlich → *nebenberuflich*
Nebenanschluß *m*, ⁼sse (Teléf.) línea *f* suplementaria, secundaria
Nebenapparat *m*, e (Seg.) aparato *m* supletorio
Nebenarbeit *f*, en actividad *f* secundaria
Nebenausgaben *pl* gastos *pl* adicionales, extraordinarios
Nebenberuf *m*, e actividad *f*, ocupación *f* secundaria
nebenberuflich a título de ocupación secundaria; *~e Beschäftigung* ocupación *f* secundaria remunerada
Nebenbeschäftigung *f*, en → *Nebenarbeit*
Nebenbestimmung *f*, en cláusula *f* anexa
Nebenbuch *n*, ⁼er libro *m* auxiliar
Nebeneffekt *m*, e efecto *m* secundario
Nebeneingang *m*, ⁼e (Seg.) *versteckter ~* entrada *f* lateral escondida
Nebeneinkünfte *pl* ingresos *pl* secundarios, accesorios
Nebenerwerb *m*, Ø → *Nebenarbeit*
Nebenerwerbsbetrieb *m*, e explotación *f* (agrícola) secundaria
Nebenerwerbslandwirtschaft *f*, Ø agricultura *f* paralela (en la cual se trabaja después de las horas de cierre de fábrica *od.* oficina)
Nebenerzeugnis *n*, se → *Nebenprodukt*
Nebenjobber *m*, - trabajador *m* ocasional; persona *f* que ejerce una actividad secundaria remunerada
Nebenkläger *m*, - (Jur.) parte *f* civil; demandante *m bzw.* acusador *m* privado
Nebenkosten *pl* costes *pl* adicionales
Nebenleistungen *pl* prestaciones *pl* accesorias, periódicas
Nebenmarkt *m*, ⁼e mercado *m* secundario, paralelo

Nebenprodukt *n*, e derivado *m*
Nebenstelle *f*, **n** 1. dependencia *f*; sucursal *f*; agencia *f* 2. (Teléf.) línea *f* suplementaria, secundaria
Nebenstellenteilnehmer *m*, - (Teléf.) abonado *m* privado
Nebenstrecke *f*, **n** línea *f* secundaria
Nebentätigkeit *f*, **en** → *Nebenarbeit*
Nebenverdienst *m*, e remuneración *f* secundaria; ganancias *pl* suplementarias
Nebenwirkung *f*, **en** → *Nebeneffekt*
negativ negativo; sin resultados; ~*e Auswirkung* consecuencia *f*, repercusión *f* negativa; ~*er Saldo* saldo *m* deficitario; *die Verhandlungen blieben* ~ las negociaciones no dieron resultados
Negativtest *m*, e examen *m* negativo
Nehmer *m*, - comprador *m*; adquisidor *m*; tomador *m*
Nehmerland *n*, ⁻er país *m* perceptor; nación *f* beneficiaria
Nehmerstaat *m*, **en** Estado *m* comprador; país *m* perceptor
Neigung *f*, **en** tendencia *f*; propensión *f*; *die ~ zu Investitionen* la tendencia a invertir
Nein-Stimme *f*, **n** voto *m* en contra *od.* negativo
NE-Metalle *pl* metales *pl* no férreos
Nennbetrag *m*, ⁻e → *Nominalbetrag*
Nennkapital *n*, Ø → *Nominalkapital*
Nennwert *m*, e → *Nominalwert*
Neonreklame *f*, **n** publicidad *f* luminosa
netto neto; ~ *Barzahlung, Kasse* neto al contado; ~ *verdienen* ganar neto; *der Wagen kostet* ~ el precio neto del coche asciende a
Netto- (Pref.) neto
Nettoeinkommen *n*, - renta *f* neta; ingreso *m* neto; ~ *pro Kopf* renta neta per cápita
Nettoeinnahmen *pl* ingresos *pl* netos
Nettoertrag *m*, ⁻e producto *m*, beneficio *m* neto
Nettokreditaufnahme *f*, (**n**) recurso *m* neto al mercado financiero; utilización *f* neta de créditos
Nettolohn *m*, ⁻e salario *m* neto
Nettopreis *m*, e precio *m* neto; precio *m* de coste
Nettoregistertonne *f*, **n** tonelada *f* neta de registro
Nettosozialprodukt *n*, e producto *m* nacional neto
Nettoumsatzsteuer *f*, **n** impuesto *m* neto sobre la cifra de ventas
Nettoverdienst *m*, e ganancia *f* neta; ingreso *m* neto
Netz *n*, e 1. red *f*; ~ *von Tochtergesellschaften* red de sucursales 2. *soziales* ~ protección *f* social; infraestructura *f* social
Netzanschluß *m*, ⁻sse (Teléf.) conexión *f* a la red
Netzdichte *f*, Ø densidad *f* de la red

Netzkarte *f*, **n** 1. tarjeta *f* por zonas 2. abono *m* mensual de transporte
Netzwerk *n*, e (Inform.) red *f* 2. red *f* de entrada
Neu- (Pref.) nuevo; reciente
Neuanlage *f*, **n** instalación *f* nueva; colocación *f* nueva de capital
Neuausgabe *f*, **n** 1. (*Börse*) nueva emisión *f* 2. nueva edición *f*
Neubau *m*, **ten** construcción *f* nueva; inmueble *m* nuevo
Neubegebung *f*, **en** → *Neuemission*
Neubesetzung *f*, **en** nuevo reparto *m* (de los escaños)
Neubewertung *f*, **en** revalorización *f*; reevaluación *f*
Neueinstellung *f*, **en** nueva colocación *f* (de personal)
Neueinstufung *f*, **en** nueva clasificación *f*
Neuemission *f*, **en** (*Börse*) nueva emisión *f* (de acciones, títulos)
Neuentwicklung *f*, **en** novedad *f*; producto *m* nuevo
Neuerer *m*, - 1. reformador *m* 2. (R.D.A.) inventor *m*
Neuerung *f*, **en** innovación *f*; mejora *f*; *technische* ~ innovación técnica
Neufassung *f*, **en** revisión *f*; reforma *f*; *(Gesetz)* texto *m* revisado; edición *f* revisada
Neufestsetzung *f*, **en** nueva fijación *f*; ~ *einer Rente* revisión *f* de una pensión
Neugeschäft *n*, e nuevos clientes *pl* bzw. contratos *pl*
Neugestaltung *f*, **en** reestructuración *f*; reconversión *f*
Neuheit *f*, **en** novedad *f*; *eine* ~ *bieten* presentar una novedad
Neukotierung *f*, **en** introducción *f* en la Bolsa
Neulieferung *f*, **en** nueva entrega *f*; nuevo suministro *m*
Neuordnung *f*, **en** reorganización *f*; reestructuración *f*; reconversión *f*
Neuorganisation *f*, **en** reorganización *f*
Neuorientierung *f*, **en** nueva orientación *f*; reorientación *f*
Neuregelung *f*, **en** reglamentación *f* nueva; reforma *f*; *die* ~ *der Arbeitszeit fordern* exigir una reforma de la jornada laboral
Neureiche/r *(der/ein)* nuevo rico *m*
neutral neutral; ~*er Ertrag* producto *m* neutral, no incorporado; ~*e Person* persona imparcial, neutral
neutralisieren neutralizar
Neutralität *f*, Ø neutralidad *f*
Neutralitätsverletzung *f*, **en** violación *f*, incumplimiento *m* de la neutralidad
Neuverschuldung *f*, **en** endeudamiento *m* nuevo

Neuverteilung *f*, en redistribución *f*; ~ *der Einkommen* redistribución de la renta
Neuwert *m*, Ø valor *m* en estado nuevo
Neuwertversicherung *f*, en seguro *m* de valor en estado nuevo; póliza *f* móvil *(Feuerversicherung)*
Neuzulassung *f*, en nueva matriculación *f* (de automóviles)
New-Deal-Politik *f*, Ø política *f* del New Deal; (política *f* económica instrumentada por el presidente Roosevelt a partir de 1933 para combatir la crisis)
New-look *m*, Ø nuevo estilo *m*; nueva concepción *f*
NGG *(Gewerkschaft Nahrung, Genuß, Gaststätten)* sindicato *m* de la alimentación, de los estimulantes y de la hotelería
nichtabzugsfähig no deducible
Nichtabzugsfähigkeit *f*, Ø (carácter *m* de) no deducibilidad *f*
nichtamtlich no oficial; inoficial
Nichtannahme *f*, n no aceptación *f*; rechazo *m*
Nicht-Ansässige/r *(der/ein)* persona *f* no residente
Nichtanwendung *f*, en no utilización *f*
Nichtausführung *f*, en no ejecución *f*
Nichtbanken *pl* sector *m* no bancario
Nichtbeachtung *f*, en incumplimiento *m*; inobservancia *f*; ~ *von Verträgen* incumplimiento de contratos
Nichtbefolgung *f*, en → *Nichtbeachtung*
Nichtbeitreibung *f*, Ø imposibilidad *f* de recaudación
Nichtbelastungsgebiet *n*, en zona *f* protegida (en la que está prohibida la implantación de industrias)
Nichtbenutzung *f*, Ø no utilización *f*
Nichtberechtigte/r *(der/ein)* persona *f* no autorizada
nichtberufstätig no activo; que no trabaja
Nichtberufstätige *pl* → *Nichterwerbstätige*
Nichtbestätigung *f*, en no confirmación *f*
nichtbetrieblich exterior; no perteneciente a la empresa; ~*e Mittel einsetzen* utilizar recursos exteriores, ajenos
Nichtbezahlung *f*, en falta *f* de pago; impago *m*
Nichteinbringungsfall *m*, ⁼e caso *m* de insolvencia *od.* de imposibilidad de cobro
Nichteinhaltung *f*, Ø → *Nichtbeachtung*
nicht einlösbar inconvertible; irrecuperable
Nichteinlösbarkeit *f*, Ø inconvertibilidad *f*
Nichteinlösung *f*, en impago *m*; imposibilidad *f* de cobro
Nichteinmischung *f*, (en) no intervención *f*; no ingerencia *f*
Nichteisen-Metalle *pl* → *NE-Metalle*

Nichterfüllung *f*, en incumplimiento *m*; inobservancia *f*
Nichterscheinen *n*, Ø no comparecencia *f*; ausencia *f*; ~ *vor Gericht* no comparecer ante el juez
Nichterwerbstätige *pl* población *f* no activa
Nichtfach|mann *m*, -leute no experto *m*; lego *m*; aficionado *m*
Nichtgebrauch *m*, Ø no utilización *f*; inmovilización *f*; *Entschädigung für* ~ indemnización *f* por inmovilización
nichtgewerblich no lucrativo; ~*er Verkehr* tráfico *m* del personal de una empresa; tráfico *m* no perteneciente a los medios de comunicación públicos
nichtig nulo; sin efecto, valor; *für null und* ~ *erklären* declarar nulo y sin valor
Nichtigkeit *f*, en nulidad *f*
Nichtigkeitserklärung *f*, en declaración *f* de nulidad
Nichtigkeitsklage *f*, n acción *f* de nulidad
Nicht-Inländer- (Pref.) no nacional; extranjero; ~-*Depositen* depósitos *pl* extranjeros
Nicht-Kauf|mann *m*, -leute no comerciante *m*; no inscrito en el registro de Comercio
Nichtlebensmittel *pl* productos *pl* no alimenticios
Nichtmitglied *n*, er no miembro *m*
nichtöffentlich no público; privado; ~*e Sitzung* sesión *f* a puertas cerradas
Nicht-Öl-Länder *pl* países *pl* no productores de petróleo
Nichtorganisierte/r *(der/ein)* persona *f* no perteneciente a un sindicato
nicht rechtsfähig sin capacidad jurídica
nichtselbständig dependiente; ~*e Arbeit* trabajo *m* asalariado
Nicht-Teilnahme *f*, (n) no participación *f*
nicht übertragbar no transmisible; no negociable
Nichtunterzeichnerstaat *m*, en Estado *m* no signatario
Nichtverbreitung *f*, Ø no proliferación *f*; ~ *von Atomwaffen* no proliferación de armas nucleares
nichtverbrieft no garantizado por escrito
Nichtvermarktung *f*, Ø no comercialización *f*
Nichtvollziehung *f*, en no ejecución *f*
Nichtzahlung *f*, en impago *m*; falta *f* de pago
Niedergang *m*, ⁼e fracaso *m*; decadencia *f*
Niederlage *f*, n 1. fracaso *m* 2. depósito *m*; almacén *m*
niederlassen, *sich* ~ establecerse; instalarse; establecer su domicilio
Niederlassung *f*, en sucursal *m*; emplazamiento *m*; agencia *f*; *gewerbliche* ~ establecimiento

m industrial *od.* comercial
Niederlassungsfreiheit *f*, en libertad *f* de establecimiento
Niederlassungsnetz *n*, e red *f* de sucursales
Niederlassungsvertrag *m*, ⁼e contrato *m* de establecimiento
niederlegen 1. depositar; almacenar 2. cesar (de trabajar) 3. dimitir; renunciar; *sein Amt ~* renunciar a sus funciones
niederschlagen 1. reprimir; subyugar; *einen Streik ~* reprimir una huelga 2. suspender; parar; *einen Prozeß ~* suspender un proceso 3. repercutir sobre; *sich ~ auf* repercutir sobre; incidir en; *die Erhöhung der Ölpreise schlägt sich auf die Produktion nieder* el aumento de los precios del petróleo incide en la producción
niederschreiben escribir; redactar; apuntar; *Protokoll ~* levantar acta
Niederschrift *f*, en escrito *m*; actas *pl*; minuta *f*
Niederstwertprinzip *n*, Ø principio *m* del valor mínimo *od.* de la más baja evaluación
niedrig bajo; moderado; módico; *~er Preis* precio *m* módico
Niedriglohn *m*, ⁼e salario *m* bajo
Niedriglohnempfänger *m*, - perceptor *m* de bajo salario
Niedriglohnland *n*, ⁼er país *m* con bajo nivel de renta
Niedrigpreis *m*, e bajo precio *m*
Niedrigpreisland *n*, ⁼er país *m* de precios bajos
Niedrigpreispolitik *f*, Ø política *f* de precios bajos; *eine ~ treiben* instrumentar, practicar una política de bajos precios
Niedrigpreis(waren)haus *n*, ⁼er almacén *m* barato
niedrigprozentig de poco porcentaje; de baja graduación (alcohólica)
Niedrigstkurs *m*, e cotización *f* mínima, más baja
Niedrigstwert *m*, e valor *m* mínimo
Niemandsland *n*, Ø zona *f* desmilitarizada, neutral; tierra *f* de nadie
Nießbrauch *m*, Ø usufructo *m*; *lebenslänglicher ~* usufructo vitalicio; *den ~ an einem Haus haben* tener el derecho de usufructo de una casa
Nießbraucher *m*, - usufructuario *m*; beneficiario *m*
Niveau *n*, s nivel *m*; *das ~ der Preise* el nivel de los precios; *das aktuelle ~ wahren* mantener el nivel actual
nivellieren nivelar; *soziale Unterschiede ~* nivelar diferencias sociales
n.J. *(nächsten Jahres)* del año próximo, siguiente
n.M. *(nächsten Monats)* del mes siguiente
Nochgeschäft *n*, e *(Börse)* transacción *f* a opción *bzw.* suplementaria; negocio *m* de opción
Nominal- (Pref.) nominal

Nominalbetrag *m*, ⁼e importe *m*, montante *m* nominal
Nominaleinkommen *n*, - renta *f* nominal
Nominalkapital *n*, Ø 1. capital *m* nominal *od.* suscrito, declarado (de una S.R.L.) 2. capital *m* social (de una S.A.)
Nominallohn *m*, ⁼e salario *m* nominal
Nominalwert *m*, e valor *m* nominal
Nominalzins *m*, en interés *m* nominal
nominell nominal; *der ~e Wert einer Aktion* el valor nominal de una acción
nominieren nombrar; designar; *einen Nachfolger ~* nombrar un sucesor
Nominierung *f*, en nombramiento *m*
nonstop sin escala *bzw.* interrupción; (Angl.) non stop
Nonstopflug *m*, ⁼e vuelo *m* sin escalas
Nonvaleur *m*, s valores *pl* depreciados; títulos *pl* sin valor
Nordrhein-Westfalen Renania del Norte-Westfalia *f*
Norm *f*, en 1. norma *f*; estándar *m*; *technische ~en festsetzen* fijar normas técnicas 2. rendimiento *m* exigido; producción *f* exigida; *die ~ erfüllen* realizar el rendimiento exigido
Normabweichung *f*, en desviación *f* de la norma
normalisieren normalizar; *die Beziehung zu einem Land ~* normalizar las relaciones con un país
Normalisierung *f*, en normalización *f*
Normalprofil *n*, e (Seg.) perfil *m* normal
Normalverbraucher *m*, - consumidor *m* medio (sin exigencias)
Normalverteilung *f*, en distribución *f* normal
Normalvertrag *m*, ⁼e contrato *m* tipo
normativ normativo
Normativ *n*, e (R.D.A.) norma *f*; regla *f*; estándar *m*; directivas *pl* económicas a largo plazo
Normativkosten *pl* (R.D.A.) costes *pl* normativos
Normblatt *n*, (⁼er) hoja *f* de normas
normen normalizar; estandarizar
Normenausschuß *m*, (⁼sse) comisión *f* de normalización; *deutscher ~ (DNA)* Oficina *f* alemana de normalización
Normenerhöhung *f*, en aumento *m* de las normas
Normenfestsetzung *f*, en fijación *f* de las normas
Normenkontrolle *f*, n control *m* de la constitucionalidad de las leyes
normieren → *normen*
Normung *f*, en normalización *f*; estandarización *f*
Normungskartell *n*, e cártel *m* en materia de normalización de productos
N.Ö.S.P.L. *(Neues Ökonomisches System der Planung und Leitung der Volkswirtschaft)*

nuevo sistema *m* económico de planificación y gestión de la económía de la R.D.A. en los años 60; liberalismo *m* económico
Nostroguthaben *n*, - activo *m* propio
Nostrokontlo *n*, -**en** nuestra cuenta *f*
Not- (Pref.) de urgencia, emergencia; de seguridad
Notabgabe *f*, **n** impuesto *m* de solidaridad
Notadresse *f*, **n** dirección *f* en caso necesario
Notar *m*, **e** notario *m*; (LA) escribano *m*
Notariat *n*, **e** notaría *f*; (LA) escribanía *f*
Notariatsgehilfe *m*, **n** asistente *m* de notario
notariell notarial; ~ *beglaubigte Urkunde* documento *m* notarialmente legalizada; documento *m* notarial
Notaufnahme *f*, **n** 1. urgencia *f* 2. (R.F.A.) admisión *f* provisional (de refugiados políticos)
Notausgang *m*, ⸚**e** (Seg.) salida *f* de emergencia
Notausstieg *m*, **e** (Seg.) bajada *f* de emergencia
Notbehelf *m*, **e** recurso *m* en caso de urgencia; expediente *m*
Note *f*, **n** 1. nota *f*; memorándum *m*; memoria *f*; (Pol.) ~*n wechseln* intercambiar notas 2. billete *m* de banco; *falsche* ~ billetes falsos (Syn. *Banknote*)
Notenausgabe *f*, **n** emisión *f* de billetes de banco
Notenaustausch *m*, Ø intercambio *m* de notas diplomáticas
Notenautomat *m*, **en** cajero *m* automático (Syn. *Geldautomat; Banknotenautomat*)
Notenbank *f*, **en** banco *m* emisor, central (Syn. *Zentralbank*)
Notenbankausgaberecht *n*, Ø derecho *m* de emitir billetes de banco
Notenbankgouverneur *m*, **e** gobernador *m* del banco emisor
Notendeckung *f*, **en** cobertura *f* monetaria
Notenpresse *f*, **n** imprenta *f* de billetes de banco
Notenprivileg *n*, **ien** privilegio *m* de emisión de billetes de banco
Notenumlauf *m*, Ø circulación *f* de billetes de banco
Notenwechsel *m*, - → *Notenaustausch*
Noterbe *m*, **n** heredero *m* forzoso, legal
Notfall *m*, ⸚**e** caso *m* de urgencia, emergencia; caso *m* de fuerza mayor
Notgeld *n*, **(er)** moneda *f* provisional; papel moneda *m* de circulación forzosa
Notgesetz *n*, **e** ley *f* de emergencia
Notgroschen *m*, - dinero *m* de reserva
Nothafen *m*, - puerto *m* de refugio *od.* arribada
Nothilfe *f*, **n** primeros socorros *pl*; *technische* ~ organización *f* para mantener los servicios públicos
notieren 1. apuntar; tomar nota de 2. (*Börse*) cotizar; *amtlich* ~ cotizar oficialmente; *hoch* ~ cotizarse alto
Notierung *f*, **en** cotización *f*; *erste* ~ primera cotización; *zur* ~ *zulassen* admitir para la cotización oficial
Notierungsanstieg *m*, **e** aumento *m* de la cotización
Notierungsrückgang *m*, ⸚**e** retroceso *m* de la cotización
Notifikation *f*, **en** notificación *f*; aviso *m*; noticia *f*
Notiz *f*, **en** 1. nota *f*; apunte *m* 2. (*Börse*) → *Notierung*
Notizblock *m*, **s** bloque *m* para *od.* de apuntes
Notizbuch *n*, ⸚**er** libreta *f*; agenda *f*
Notlage *f*, **n** situación *f* precaria; apuro *m*; crisis *f*; *in eine finanzielle* ~ *geraten* encontrarse en una crisis financiera
notleidend 1. indigente; pobre; necesitado; afectado por la crisis 2. (*Wechsel*) pendiente de pago; no recuperado; ~*er Aktie* acción *f* que no arroja dividendo; ~*er Wechsel* letra *f* pendiente de pago; letra *f* no retirada
Notmaßnahme *f*, **n** medida *f* de urgencia, emergencia
Notpfennig *m*, **e** → *Notgroschen*
Notprogramm *n*, **e** programa *m* de urgencia
Notruf *m*, **e** (Teléf.) número *m* de socorro, emergencia
Notsender *m*, - emisora *f* de urgencia, emergencia
Notsituation *f*, **en** → *Notlage*
Notsparen *n*, Ø ahorros *pl* en caso de necesidad
Notstand *m*, ⸚**e** (Pol.) estado *m* de alarma
Notstandsgebiet *n*, **e** zona *f* del siniestro
Notstandsgesetz *n*, **e** ley *f* de excepción
Notstandsgesetzgebung *f*, **en** legislación *f* de urgencia
Nottür *f*, **en** (Seg.) salida *f* de emergencia
Notverkauf *m*, ⸚**e** venta *f* forzada
Notverordnung *f*, **en** ordenanza *f* de emergencia *od.* excepción; decreto-ley *m*
Notverriegelung *f*, **en** (Seg.) bloqueo *m* de emergencia
Notzeiten *pl* período *m* de restricción
Novelle *f*, **n** enmienda *f*; ley *f* modificada por enmienda
Novität *f*, **en** novedad *f* en el mercado
Nr. → *Nummer*
NRT → *Nettoregistertonne*
NRW → *Nordrhein-Westfalen*
NS (*nach Sicht*) a la vista
Nuklear- (Pref.) nuclear; atómico (Syn. *Atom-; Kern-*)
nuklear nuclear; ~*e Abrüstung* desarme *m* nuclear; ~ *angetriebenes U-Boot* submarino *m* de propulsión nuclear
Nuklearmacht *f*, ⸚**e** potencia *f* nuclear

null cero; *null und nichtig* → *nichtig*
Null *f*, **en** cero *m*; ~ *Uhr* hora *f* cero; *die Zahl* ~ el número *m* cero
Nullpunkt *m*, **e** punto *m* cero; *auf den* ~ *sinken* tocar fondo; llegar al punto cero
Nullsatz *m*, ᴗe tasa *f* cero
Nulltarif *m*, (e) tarifa *f* gratuita
Nullwachstum *n*, Ø crecimiento *m* cero
numerieren numerar
Numerierung *f*, **en** numeración *f*
Numerik *f*, Ø (Inform.) programación *f* numérica
Numerus clausus *m*, Ø cupo *m* de estudiantes; número *m* cerrado; contingente *m* fijo
Numismatik *f*, Ø numismática *f*
Numismatiker *m*, - numismático *m*
Nummer *f*, **n** número *m*
Nummernkonto *n*, **-en** cuenta *f* anónima
Nummernscheibe *f*, **n** (Teléf.) disco *m* de llamada
Nummernschild *n*, **er** placa *f*; matrícula *f* (del automóvil)
Nummernverzeichnis *n*, **se** índice *m* de números
Nutzbarmachung *f*, (en) aprovechamiento *m*; utilización *f*
nutzbringend provechoso; beneficioso; fructífero; *~e Kapitalanlage* inversión lucrativa
Nutzeffekt *m*, **e** efecto *m* útil; rendimiento *m*
Nutzeffektberechtigung *f*, **en** cálculo *m* del rendimiento

Nutzeffektnormativ *n*, **e** (R.D.A.) norma *f* del rendimiento
Nutzen *m*, Ø uso *m*; ganancia *f*; beneficio *m*; rendimiento *m*; utilidad *f*; ~ *bringen* redundar en beneficio; *mit* ~ *verkaufen* vender con beneficio
Nutzen-Kosten-Analyse *f*, **n** análisis *m* rentabilidad-costes
Nutzfahrzeug *n*, **e** vehículo *m* utilitario
Nutzfläche *f*, **n** superficie *f* útil, cultivable; *landwirtschaftliche* ~ superficie agrícola cultivable
Nutzladung *f*, **en** → *Nutzlast*
Nutzlast *f*, **en** carga *f* útil
Nutzleistung *f*, **en** rendimiento *m* efectivo
Nutznießer *m*, - usufructuario *m*; beneficiario *m*; usuario *m*
Nutznießung *f*, Ø usufructo *m*; disfrute *m*
Nutzung *f*, **en** utilización *f*; explotación *f*; empleo *m*; *friedliche ~ der Kernenergie* utilización pacífica de la energía nuclear
Nutzungsausfall *m*, Ø falla *f* de servicio, explotación
Nutzungsdauer *f*, Ø duración *f* de la utilización
Nutzungslizenz *f*, **en** licencia *f* de explotación
Nutzungsrecht *n*, **e** derecho *m* de usufructo
Nutzungswert *m*, **e** valor *m* útil *bzw.* de alquiler
NYSE-Index *m*, Ø índice *m* NYSE de valores industriales (Bolsa de Nueva York)

O

o.a. *(oben angegeben)* mencionado, indicado arriba
Obdachlosensiedlung *f*, en urbanización *f* de desamparados
Obdachlose/r *(der/ein)* desamparado *m*; mendigo *m*; vago *m*
obenerwähnt mencionado arriba; lo susodicho, sobredicho
Obengenannte, *der* ~ el mencionado arriba
obenstehend → *obenerwähnt*
obenzitiert → *obenerwähnt*
ober superior; principal; *~e Grenze* límite *m* superior; tope *m*; *die ~en Klassen* las clases superiores; *die ~en Zehntausend* la flor y nata de la sociedad
Ober- (Pref.) jefe; superior; principal
Oberaufseher *m*, - inspector *m* general; superintendente *m*; capataz *m*
Oberaufsicht *f*, en superintendencia *f*; inspección *f* general
Oberbuchhalter *m*, - jefe *m* contable *od.* de contabilidad
Oberbürgermeister *m*, - alcalde *m* gobernador; primer alcalde *m* (de una gran ciudad)
Oberfinanzdirektion *f*, en (R.F.A.) dirección *f* regional de Hacienda
Obergesellschaft *f*, en sociedad *f*, casa *f* matriz
Obergrenze *f*, n límite *m* superior
Oberhaupt *n*, ⸗er jefe *m*; director *m*; ~ *des Staates* jefe de(l) Estado
Oberherrschaft *f*, Ø supremacía *f*
Oberklasse *f*, n → *Oberschicht*
Oberlandesgericht *n*, e (OLG) (R.F.A.) *etwa* Audiencia *f* Provincial; tribunal *m* superior
Oberlichte *f*, n (Seg.) claraboya *f*
Oberlichtöffner *m*, - (Seg.) manecilla *f* de claraboya
Oberschicht *f*, en clase *f*, estrato *m* superior
oberst supremo; el más alto; *~es Gericht* tribunal *m* supremo; *~e Gewalt* poder *m* supremo
Oberstaatsanwalt *m*, ⸗e fiscal *m* superior; procurador *m* general
Obhut *f*, Ø custodia *f*; protección *f*; tutela *f*; *Waren in seine ~ übernehmen* encargarse de las mercancías
Objekt *n*, e 1. objeto *m*; mercancía *f* (de un cierto valor); *preisgünstiges ~* oferta ventajosa, lucrativa 2. (R.D.A.) unidad *f* de distribución *od.* de prestación de servicios en interés de la colectividad (hoteles, restaurantes, etc.) 3. (A) inmueble *m*

objektiv objetivo; real; *~es Urteil* fallo *m* objetivo (Ggs. *subjektiv*)
Objektleiter *m*, - (R.D.A.) director *m*, responsable *m* de una empresa estatal (p. ej. de un restaurante, supermercado, etc.)
Objektprogramm *n*, e (Inform.) programa *m* objeto
Objektschutz *m*, Ø (Seg.) protección *f* del objeto
Objektsteuer *f*, n impuesto *m* real
Objektüberwachung *f*, (en) (Seg.) vigilancia *f* individualizada
obliegen estar a cargo de alg.; *diese Aufgabe obliegt mir* esta tarea me corresponde; *dem Schuldner ~de Leistung* prestación *f* a cargo del deudor
Obliegenheit *f*, en deber *m*; obligación *f*
obligat (A) → *obligatorisch*
Obligation *f*, en obligación *f*; *kündbare (tilgbare) ~* obligación amortizable, rescatable, cancelable; *sichergestellte ~* obligación garantizada; *~en ausgeben* emitir obligaciones; *~en einlösen* reembolsar obligaciones (Syn. *Schuldverschreibung*)
Obligationär *m*, e → *Obligationeninhaber*
Obligationenausgabe *f*, n emisión *f* de obligaciones
Obligationeninhaber *m*, - tenedor *m* de obligaciones; obligacionista *m*
Obligationsanleihe *f*, n empréstito *m* sobre obligaciones
Obligationseinlösung *f*, en reembolso *m* de obligaciones
Obligationsinhaber *m*, - → *Obligationeninhaber*
Obligationsmarkt *m*, ⸗e mercado *m* de obligaciones
Obligationsschuld *f*, en deuda *f* en obligaciones
Obligationsschuldner *m*, - deudor *m* de obligaciones *od.* obligacionista
obligatorisch obligatorio; forzoso; *~e Sitzung* sesión *f* obligatoria (Syn. *Pflicht~*; *verbindlich*)
Obligo *n*, s obligación *f*; compromiso *m*; garantía *f*; *ohne ~* sin garantía (ni responsabilidad)
Ob|mann *m*, ⸗er *od.* -leute jefe *m*; director *m*; presidente *m*
Obrigkeit *f*, en autoridad *f*; *Respekt vor der ~* respeto *m* de las autoridades
Obrigkeitsdenken *n*, Ø sentido *m* de la autoridad *bzw.* de la jerarquía
Obrigkeitsstaat *m*, en Estado *m* autoritario

Obstbau *m*, Ø fruticultura *f*
Ödland *n*, ≈er terreno *m* baldío, inculto; terreno *m* no cultivado
OECD (Organization for Economic Cooperation and Development) O.C.D.E. Organización *f* de cooperación y desarrollo económico (compuesta de una veintena de países, sucesora en 1961 de la O.E.C.E.)
OECD-Länder *pl* países *pl* de la O.C.D.E.
OEEC (Organization for European Economic Cooperation) Organización *f* europea de cooperación económica (O.E.C.E.) (reemplazada en 1961 por la O.C.D.E.)
offen 1. abierto; al descubierto; ilimitado; *~e Frage* cuestión *f* en suspenso; *~es Giro* giro *m*, endoso *m* en blanco; *~es Konto* cuenta *f* abierta; *~er Markt* mercado *m* abierto 2. vacante; *~e Stelle* puesto *m*, plaza *f* vacante 3. visible; declarado; *~e Handelsgesellschaft* sociedad *f* colectiva; *~e Reserven* reservas *pl* declaradas
Offenbarungseid *m*, e juramento *m* declarativo; *einen ~ leisten* prestar un juramento declarativo
offenlegen publicar; *die Parteien müssen ihre Finanzen ~* los partidos deben publicar el estado de sus finanzas
Offenlegung *f*, en publicación *f*; *~ der Vermögensverhältnisse* publicación de la situación patrimonial, pecuniaria
Offenmarktpolitik *f*, Ø política *f* de mercado libre, abierto (practicada por el banco central en el mercado monetario por compra-venta de títulos)
offensiv ofensivo; *~e Verkaufspolitik* política *f* de ventas ofensiva
Offensive *f*, n ofensiva *f*; *die ~ ergreifen* tomar la ofensiva
offenstehen 1. estar vacante; *eine Stelle steht offen* un puesto está vacante 2. estar en descubierto, no pagado; *~de Rechnung* factura *f* no pagada
öffentlich público; oficial 1. *~es Aktienkaufangebot* oferta *f* pública de compra; *~e Ausgaben* gastos *pl* públicos; *~e Bekanntmachung* declaración *f* en público; *~er Betrieb* empresa *f* estatal, pública; *~er Dienst* función *f* pública; *~e Fürsorge* asistencia *f* pública; *~e Gelder* fondos *pl* públicos; *~e Hand* sector *m* público; el Estado *m*; *~e Lasten* cargas *pl* públicas; *~es Recht* derecho *m* público; *~er Versorgungsbetrieb* empresa *f* de abastecimiento pública 2. *~ ausschreiben* llamar a concurso; *~ bekanntmachen* declarar en público
Öffentlichkeit *f*, Ø opinión *f* pública; público *m*; *in der ~* en público; (Jur.) *unter Ausschluß der ~* a puertas cerradas; *vor die ~ bringen* hacer público; *an die ~ treten* presentarse ante el público
Öffentlichkeitsarbeit *f*, en relaciones *pl* públicas (Syn. *Public Relations; PR-Arbeit*)
öffentlich-rechtlich de derecho público; *~e Körperschaft* corporación *f* de derecho público (p. ej. la radio y televisión, cajas de ahorro, etc.)
offerieren ofrecer; *fest ~* ofrecer en firme
Offert *n*, e (A) → *Offerte*
Offerte *f*, n oferta *f*; *eine ~ machen* hacer una oferta (Syn. *Angebot*)
Offizial *m*, e (A) funcionario *m*
Offizialverteidiger *m*, - defensor *m*, abogado *m* de oficio
offiziell oficial; *zum ~en Kurs* al cambio oficial (Syn. *amtlich*)
off line (Inform.) autónomo; *~e Verarbeitung* procesamiento *m*, tratamiento *m* autónomo de las informaciones
öffnen abrir; *hier ~* ábrase por este lado
Öffnungscode *m*, s (Seg.) combinación *f* de la cerradura
Öffnungsfreigabe *f*, n (Seg.) desbloqueo *m* de la apertura
Öffnungshebel *m*, - (Seg.) palanca *f* de apertura
Öffnungskontakt *m*, e (Seg.) contacto *m* de apertura
Öffnungsmelder *m*, - (Seg.) detector *m* de periferia
Öffnungszeit *f*, en horas *pl* de apertura
Off-shore *n*, Ø 1. exploración *f*, prospección *f* marítima 2. compras *pl* en el extranjero efectuadas por el gobierno americano en el marco de su política de ayuda internacional
Off-shore-Bohrung *f*, en perforación *f* costafuera
Off-shore-Lieferung *f*, en suministro *m* costafuera
Off-shore-Steuerabkommen *n*, - acuerdo *m* fiscal „off-shore"
ÖGB *m* (*Österreichischer Gewerkschaftsbund*) confederación *f* austríaca de sindicatos
OHG *f*, s (*Offene Handelsgesellschaft*) sociedad *f* colectiva
ÖIG *f* (*Österreichische Industrie-Verwaltungsgesellschaft*) organismo *m* administrativo de la industria nacionalizada de Austria
Öko- (Pref.) ecológico; natural
Ökobewegung *f*, en movimiento *m* ecologista
Ökologe *m*, n ecologista *m*
Ökologie *f*, Ø ecología *f*
ökologisch ecológico
Ökonom *m*, en 1. inspector *m* (de una explotación agrícola) 2. (R.D.A.) economista *m*
Ökonometrie *f*, n econometría *f* (técnica de investigación económica)

Ökonomie *f*, n 1. ciencias *pl* económicas. 2. (R.D.A.) economía *f*; *die ~ der COMECON-Länder* la economíca de los países del Comecon 3. (A) explotación *f* agrícola
Ökonomik *f*, Ø 1. ciencias *pl* económicas. 2. (R.D.A.) modo *m* de producción y de estructura económica 3. factores *pl* económicos 4. análisis *m* científico de un sector económico
ökonomisch 1. económico; *~er Sachverständiger* experto *m* económico 2. económico (que consume poco); *~es Produktionsverfahren* procedimiento *m* de producción económico
Ökopartei *f*, en partido *m* ecologista; partido *m* verde
Öl *n*, e aceite *m*; petróleo *m*
Öldollar *m*, s petrodólar *m*
Öleinfuhrabgabe *f*, n impuesto *m* sobre la importación de petróleo
Öleinfuhrland *n*, ⸚er país *m* importador de petróleo
Ölembargo *n*, s embargo *m* sobre el petróleo
Ölersparnisse *pl* ahorros *pl* de petróleo
ölexportierendes Land *n*, ⸚er país *m* exportador de petróleo
Ölförderland *n*, ⸚er país *m* productor de petróleo
Ölförderung *f*, en extracción *f* de petróleo; producción *f* petrolífera
Ölfund *m*, e descubrimiento *m* de un yacimiento de petróleo
OLG *n* → *Oberlandesgericht*
Ölgesellschaft *f*, en compañía *f* petrolífera
Ölgewinnung *f*, en → *Ölförderung*
Ölhafen *m*, ⸚ puerto *m* petrolífero
Ölheizung *f*, en calefacción *f* a fuelóleo
Oligopol *n*, e oligopolio *m*; mercado *m* dominado por algunas empresas grandes
oligopolistisch oligopolístico
Ölkonzern *m*, e grupo *m*, consorcio *m* petrolífero
Ölkrise *f*, n crisis *f* del petróleo
Ölleitung *f*, en oleoducto *m* (Syn. *Pipeline*)
Ölmagnat *m*, en magnate *m* del petróleo
Ölmarkt *m*, ⸚e mercado *m* del petróleo; *auf dem freien ~* en el mercado libre del petróleo
Ölmulti *m*, s multinacional *f* del petróleo
Ölpest *f*, Ø marea *f* negra
Ölpreiserhöhung *f*, en aumento *m* de precio del petróleo, del crudo
Ölpreiseskalation *f*, en escalación *f* del precio del petróleo
Ölpreissteigerung *f*, en → *Ölpreiserhöhung*
Ölprodukt *n*, e derivado *m* del petróleo
Ölproduktbesteuerung *f*, en imposición *f*, gravación *f* de los derivados del petróleo
Ölproduzent *m*, en productor *m* de petróleo
Ölrechnung *f*, en factura *f* petrolífera
Ölschock *m*, s crisis *f* del petróleo; aumento *m* vertiginoso del precio del petróleo
Öltanker *m*, - petrolero *m*; buque *m* cisterna
Ölverbraucherländer *pl* países *pl* consumidores de petróleo
Ölversorgung *f*, en abastecimiento *m* de petróleo
Ölvorräte *pl* reservas *pl* petrolíferas, de petróleo
Ombudsmann *m*, ⸚er mediador *m*; árbitro *m*; intermediario *m* (encargado de arbitrar los litigios entre los ciudadanos y el gobierno); (E) defensor *m* del pueblo
Ombudsstelle *f*, n servicio *m* de reclamaciones y comisión de arbitraje
On-line-Verarbeitung *f*, en (Inform.) procesamiento *m* en línea; procesamiento *m* inmediato en el ordenador central
OPEC *f (Organization of Petroleum Exporting Countries)* Organización *f* de Países Exportadores de Petróleo O.P.E.P.
OPEC-Länder *pl* países *pl* de la O.P.E.P
Open-shop *m*, s (Inform.) ordenador *m* en modo abierto
Operateur *m*, e → *Operator*
Operation *f*, en operación *f*; *diese Maschine führt gleichzeitig mehrere ~en aus* esta maquina realiza diversas operaciones simultáneamente
operationell → *operativ*
Operations-research *f*, Ø investigación *f* operativa *bzw.* de empresas (conjunto de técnicas de cálculo que permiten a la empresa resolver problemas complejos: distribución, existencias etc.) (Syn. *Unternehmensforschung*)
operativ operativo; estratégico; *ein Unternehmen ~ leiten* dirigir una empresa de forma operativa
Operativplan *m*, ⸚e (R.D.A.) plan *m* operativo (a corto plazo, anual)
Operator *m*, en 1. (Inform.) operador *m* 2. agente *m* de publicidad encargado de la colocación de carteles publicitarios en los medios públicos de transporte
operieren operar; maniobrar
Opfer *n*, - víctima *f*; sacrificio *m*; *~ der Computer-Revolution* víctimas de la revolución informática
Opiumschmuggel *m*, Ø contrabando *m*, tráfico *m* de opio
opponieren oponerse; hacer oposición a; poner resistencia contra
Opportunist *m*, en oportunista *m*
opportunistisch oportunista
Opposition *f*, en oposición *f*; *der Vorschlag kam aus der Reihe der ~* la propuesta emanó de las filas de la oposición
oppositionell de la oposición; oposicionista
Oppositionschef *m*, s (Pol.) jefe *m* de la oposición

Oppositionspartei *f*, en (Pol.) partido *m* oposicionista *od.* de oposición
optieren optar; elegir; *für etw.* ~ optar por a/c
optimal óptimo; *~e Kapazität* capacidad *f* óptima
Optimalkosten *pl* costes *pl* óptimos
Optimierung *f*, en optimización *f*
Option *f*, en opción *f*; *eine ~ ausüben* ejercer un derecho de opción; *eine ~ auf etw. erwerben* adquirir una opción sobre a/c
Optionsanleihe *f*, n empréstito *m* de opción
Optionsgeber *m*, - dador *m* de la opción
Optionsgeschäft *n*, e → *Optionshandel*
Optionshandel *m*, Ø mercado *m* de opciones
Optionsnehmer *m*, - aceptante *m*, beneficiario *m* de una opción
Optionsrecht *n*, e derecho *m* de opción
ordentlich regular; ordinario; titular; *~e Ausgaben* gastos *pl* ordinarios; *~e Hauptversammlung* asamblea *f* general ordinaria; *~es Mitglied* miembro *m* titular, activo
Order *f*, s orden *f*; pedido *m*; instrucción *f*; *an ~* a la orden de; *an eigene ~* a nuestra orden; *an fremde ~* a la orden de un tercero; *auf ~ lautend* pagadero a la orden; *auf ~ und für Rechnung* a la orden y cuenta de; *telegraphisch erteilte ~* instrucciones telegrafiadas
Orderbestand *m*, ¨e cartera *f* de pedidos, órdenes
Orderbuch *n*, ¨er libro *m* de pedidos
Ordergeber *m*, - dador *m* de una orden; comitente *m*
Orderklausel *f*, n cláusula *f* a la orden
Orderkonnossement *n*, e conocimiento *m* a la orden
Orderlagerschein *m*, e talón *m* de almacén a la orden
ordern pedir; pasar una orden; *die Firma hat die Waren geordert* la casa ha pedido las mercancías
Orderpapier *n*, e título *m* endosable a la orden
Orderscheck *m*, s cheque *m* a la orden
Orderwechsel *m*, - letra *f* a la orden
ordnen ordenar; arreglar; clasificar; *die Karteikarten alphabetisch ~* clasificar las fichas por orden alfabético
Ordner *m*, - clasificador *m*
Ordnung *f*, en orden *m*; disposición *f*; clasificación *f*; reglamento *m*; *gesellschaftliche ~* orden social; *in ~* en orden; *(Paß)* válido; *(Scheck)* cubierto; *(Wechsel)* bueno; *der ~ halber* para el buen orden; *marktwirtschaftliche ~* economía *f* de mercado; *die ~ wiederherstellen* restablecer el orden
ordnungsgemäß reglamentario; conforme a las reglas; *~e Vollmacht* poder *m* en debida forma
Ordnungsmäßigkeit *f*, en regularidad *f*
Ordnungsstrafe *f*, n pena *f* reglamentaria *bzw.* coercitiva; castigo *m* disciplinario
ordnungswidrig irregular
Ordnungswidrigkeit *f*, en infracción *f*; irregularidad *f*
ORF *(Österreichischer Rundfunk)* radio *f* austríaca
Organ *n*, e órgano *m*; organismo *m*; institución *f*; *ausführendes ~* órgano ejecutivo; *beratendes ~* órgano consultativo; *leitendes ~* órgano de dirección; *ständiges ~* órgano permanente; *supranationales ~* institución supranacional
Organgesellschaft *f*, en sociedad *f* afiliada *od.* orgánica (jurídicamente independiente, mas sujeta financiera y administrativamente a otra empresa)
Organigramm *n*, e organigrama *m*
Organisation *f*, en organización *f* 1. *gemeinnützige ~* organización sin fines de lucro *od.* de utilidad pública; *gewerkschaftliche ~* organización sindical; *gemeinsame ~* organización común; *supranationale (überstaatliche) ~* organización supranacional 2. *einer ~ angehören* pertenecer a una organización; *eine ~ gründen* fundar una organización; *sich zu einer ~ zusammenschließen* reagruparse en el seno de una organización 3. *~ der Erdölexportierenden Länder → OPEC*; *~ für wirtschaftliche Zusammenarbeit → OEEC*; *~ für wirtschaftliche Zusammenarbeit und Entwicklung → OECD*; *~ der Vereinten Nationen für Ernährung und Landwirtschaft (FAO)* Organización de las Naciones Unidas para la agricultura y la alimentación
Organisationsplan *m*, ¨e → *Organigramm*
Organisationstalent *n*, e talento *m*, espíritu *m* de organización
Organisator *m*, en organizador *m*
organisatorisch organizativo; de la organización
organisch orgánico; *~es Wachstum* crecimiento *m* orgánico
organisieren organizar; *eine Demonstration ~* organizar una manifestación
organisiert organizado; *(gewerkschaftlich) ~e Arbeiter* obreros *pl* organizados en sindicatos
Organism|us *m*, -en organismo *m*; *beratender ~* organismo consultativo
Organmandat *n*, e (A) multa *f*; *~ wegen falschen Parkens* multa por estacionamiento no autorizado
Organschaft *f*, (en) 1. concentración *f* de sociedades 2. relaciones *pl* entre las sociedades afiliadas y la casa matriz
Organvertrag *m*, ¨e contrato *m* orgánico (por el cual la casa matriz asume la gestión de una o más sociedades dependientes)
orientieren orientar; *sich an (nach) den Konsu-*

mentenbedürfnissen ~ orientarse en función de la demanda, las necesidades de los consumidores
Orientierung *f*, en orientación *f*
Orientierungsdaten *pl* informaciones *pl*, datos *pl* relativos a la orientación económica (Syn. *Indikatoren*)
Orientierungspreis *m*, **e** precio *m* de orientación
Original *n*, **e** (documento *m*) original *m*; *vom* ~ *Abschriften nehmen* sacar, hacer copias del original
Originalfaktur|a *f*, **-en** factura *f* original
Originalpackung *f*, **en** embalaje *m* de origen
Originaltext *m*, **e** texto *m* original
originaltreu conforme al original
Originalurkunde *f*, **n** documento *m* original
Ort *m*, **e** lugar *m*; sitio *m*; ~ *der Lieferung* lugar de entrega; *der Plan wurde höheren ~es genehmigt* el provecto ha sido adoptado a alto nivel; *an* ~ *und Stelle* en el lugar convenido
ortsansässig residente; vecino de una ciudad
Ortschaft *f*, **en** localidad *f*; pueblo *m*; *geschlossene* ~ población *f*
Ortsgebühr *f*, **en** (Teléf.) tarifa *f* local
Ortsgespräch *n*, **e** (Teléf.) conferencia *f* local; llamada *f* urbana
Ortskennzahl *f*, **en** (Teléf.) prefijo *m* interurbano
Ortsklasse *f*, **n** zona *f* de residencia (tomada en consideración para el tratamiento de los funcionarios públicos)
Ortskrankenkasse *f*, **n** caja *f* local de enfermedad *od.* de asistencia médica
Ortsleitzahl *f*, **en** prefijo *m* de localidad
Ortsnetz *n*, **e** (Teléf.) red *f* local, urbana
Ortsnetzkennzahl *f*, **en** (Teléf.) prefijo *m* urbano

Ortsverkehr *m*, Ø 1. tráfico *m* local 2. servicio *m* telefónico urbano
Ortsvermittlung *f*, **en** central *f* telefónica local
Ortszentr|um *n*, **-en** (Seg.) núcleo *m* urbano
Ortszuschlag *m*, ⸚e plus *m* de residencia (para funcionarios públicos)
Ostblock *m*, Ø bloque *m* de los países del Este; países pl socialistas
ostdeutsch relativo a la R.D.A.
Ostdeutschland *n*, Ø Alemania *f* oriental (Syn. *DDR*)
Osten *m*, Ø el Este *m*; el Oriente *m*; *der Nahe, Mittlere, Ferne* ~ el Cercano, Medio, Lejano Oriente
Ostpolitik *f*, Ø política *f* de la R.F.A. concerniente a los países del Este; ostpolitik *f*
Ost-West-Dialog *m*, **e** diálogo *m* Este-Oeste
Ost-West-Handel *m*, Ø comercio *m* Este-Oeste
Otto-Normalverbraucher *m*, Ø (Fam.) consumidor *m* medio; el hombre *m* de la calle
ÖTV *(Öffentliche Dienste, Transport und Verkehr)* sindicato *m* de los servicios públicos y del transporte en la R.F.A.
Output *n*, **s** 1. (Inform.) resultados *pl* de un tratamiento; salida *f* de datos 2. producción *f* total de una empresa (Ggs. *Input*)
Overflow *m*, **s** (Inform.) desborde *m* de capacidad (de memorización del ordenador); fin *m* de página
ÖVP *(Österreichische Volkspartei)* partido *m* popular austríaco
Ozean *m*, **e** océano *m*; *den Atlantischen* ~ *überqueren* cruzar el océano Atlántico
Ozeandampfer *m*, **-** transatlántico *m*

P *(Papier)* término *m* bursátil que indica oferta de títulos
p.a. *(pro anno)* por año
Paar *n*, e par *m*; *ein ~ Schuhe* un par de zapatos
Pacht *f*, en (contrato *m* de) arrendamiento *m*; locación *f*; arriendo *m*; canon *m*; *zeitlich begrenzte* ~ arrendamiento temporalmente limitado; *landwirtschaftliche* ~ arrendamiento agrícola; *von Jahr zu Jahr verlängerte* ~ arrendamiento prorrogable de año en año; *~ auf Lebensdauer* arrendamiento vitalicio; *~ eingehen* arrendar; tomar en arriendo; *in ~ geben* arrendar; dar en arriendo
Pachtablauf *m*, ⁼e expiración *f* de un arrendamiento
Pachtdauer *f*, Ø período *m* de arrendamiento
pachten arrendar; tomar en arriendo; *ein Grundstück* ~ arrendar un terreno
Pächter *m*, - arrendatario *m*; locatario *m*; inquilino *m*; colono *m*
Pachterhöhung *f*, en aumento *m* del arriendo *bzw.* del canon de arrendamiento
Pachtgeld *n*, er arrendamiento *m*; arriendo *m*; canon *m*; *~- und Leihgesetz* ley *f* sobre arrendamientos y préstamos
Pachtgrundstück *n*, e → *Pachtgut*
Pachtgut *n*, ⁼er finca *f od.* tierra *f* arrendada; terreno *m* arrendado
Pachtvertrag *m*, ⁼e contrato *m* de arrendamiento; *unbefristeter* ~ contrato de arrendamiento ilimitado; *einen ~ gewähren* conceder un arrendamiento
Pachtzins *m*, en arrendamiento *m*; canon *m*
Päckchen *n*, - paquete *m* (pequeño)
packen empaquetar; embalar *(Ballen)*; encajonar *(in Kisten)*; envasar *(in Gefäße)*; envolver *(in Papier)*; estibar *(verstauen)*
Packer *m*, - empaquetador *m*; embalador *m*; envasador *m*
Packerei *f*, en servicio *m* de embalaje
Packkosten *pl* costes *pl* de embalaje
Pack-Set *n*, s (R.F.A.) material *m* de embalaje prefabricado y normalizado
Packung *f*, n embalaje *m*; envase *m*; presentación *f*; *wiederverwendbare* ~ embalaje ulteriormente utilizable
Paket *n*, e paquete *m*; bulto *m*; fardo *m*; *postlagerndes* ~ paquete remitido a lista de correo; *~ aufgeben* despachar, enviar, remitir un paquete; *~ als Eilgut befördern lassen* expedir un paquete a *bzw.* en gran velocidad

Paketannahme *f*, n recepción *f* de paquetes
Paketausgabe *f*, n entrega *f* de paquetes
Paketbeförderung *f*, en transporte *m* de paquetes; (LA) encomiendas *pl*
Paketbestellung *f*, en → *Paketzustellung*
Paketporto *n*, s franqueo *m* de paquetes
Paketpost *f*, Ø servicio *m* de paquetes postales
Paketzustellung *f*, en entrega *f* de paquetes a domicilio
Pakt *m*, e pacto *m*; tratado *m*; acuerdo *m*; *einen ~ abschließen* concertar, celebrar un pacto
paktieren pactar
Palette *f*, n paleta *f* (de carga); gama *f* (de productos); *eine breitgefächerte ~ von Konsumgütern* una amplia gama de bienes de consumo
PAL-System *n*, Ø sistema *m* de televisión en color PAL
Panelbefragung *f*, en encuesta *f* (de) panel
Paneltechnik *f*, en técnica *f* de encuestas (de) panel
Panzerglas *n*, ⁼er (Seg.) vidrio *m* acorazado, blindado
Paperback *n*, s libro *m* de bolsillo
Papier *n*, e 1. papel *m*; *etw. zu ~ bringen* poner por escrito; *~e* documentos *pl* de identidad 2. títulos-valores *pl*; efecto *m*; *auf den Inhaber lautendes* ~ título *m* al portador; *diskontfähiges* ~ título, efecto descontable; *erstklassige ~e* valores de primera clase; *festverzinsliches ~* título de renta fija; *notleidendes ~* valor defectuoso; *schwere ~e* valores de alta cotización; *übertragbares ~* título transmisible; *ungestempeltes ~* valor no sellado, libre; *~ mit Laufzeit* valor con plazo de vencimiento; *~e einziehen* retirar valores de la circulación
Papiergeld *n*, Ø papel *m* moneda
Papiergeldumlauf *m*, Ø circulación *f* fiduciaria
Papierhandlung *f*, en papelería *f*
Papierkram *m*, Ø papeleo *m* (burocrático)
Papierkrieg *m*, e guerra *f* burocrática; papeleo *m*
Paragraph *m*, en párrafo *m*; (Jur.) artículo *m*
parallel paralelo *bzw.* paralelamente
Parallelmarkt *m*, ⁼e mercado *m* sumergido *bzw.* paralelo
Parameter *m*, - parámetro *m*
pari a la par; (del italiano) al pari; *unter, über ~* bajo, sobre pari *bzw.* la par; *~ begeben* emitir, negociar a la par; *unter ~ sinken* descender por debajo de la par; *unter ~ gehandelt werden* ser negociado por debajo de la par *od.* con des-

cuento
Pariausgabe *f*, n emisión *f* a la par
Pariemission *f*, en → *Pariausgabe*
Parikurs *m*, e cotización *f*, cambio *m* a la par
Parität *f*, en paridad *f* (relación de intercambio entre dos monedas); igualdad *f*; *Londoner* ~ cambio *m* a la par de Londres; *soziale* ~ igualdad social; ~*en festlegen* fijar las paridades
paritätisch a la par; paritario; ~*e Mitbestimmung* cogestión *f* paritaria
Paritätsanpassung *f*, en adaptación *f* de las paridades
Paritätsklausel *f*, n cláusula *f* de paridad
parken estacionar; aparcar; parquear (Col.)
Parkett *n*, e entarimado *m*; parqué *m*; Bolsa *f* oficial
Parkgebühr *f*, en tarifa *f* de aparcamiento *od.* estacionamiento
Parkplatz *m*, ¨e aparcamiento *m*; aparcadero *m*; (Angl.) parking *m*
Parkscheibe *f*, n disco *m* de aparcamiento
Parkuhr *f*, en parquímetro *m*
Parlament *n*, e parlamento *m*; (E) Cortes *pl*
Parlamentarier *m*, - parlamentario *m*; diputado *m*
parlamentarisch parlamentario; ~*e Demokratie* democracia *f* parlamentaria
Parole *f*, n consigna *f*; santo *m* y seña; lema *m*; *die ~ ausgeben* dar la consigna
Partei *f*, en 1. (Pol.) partido *m*; *einer ~ beitreten* adherirse a un partido; *Kommunistische* ~ partido comunista; *Labour* ~ partido laborista; *Republikanische* ~ partido republicano; *sozialistische* ~ partido socialista 2. (Jur.) parte *f*; *beklagte* ~ parte demandada; *gegnerische* ~ parte oponente *od.* contraria; *klägerische* ~ parte demandante; *streitende* ~ parte litigante
Parteiabsprache *f*, n (Jur.) convenio *m* entre las partes
Parteianhänger *m*, - afiliado *m* a un partido; miembro *m* de un partido
Parteiapparat *m*, e aparato *m* partidista; organización *f* de un partido
Parteiaufbau *m*, Ø estructura *f* interna de un partido
Parteibuch *n*, ¨er carnet *m* de partido
Parteidisziplin *f*, Ø disciplina *f* de partido
Parteienlandschaft *f*, en los (diferentes) partidos *pl* de un país; paisaje *m* político
Parteienverkehr *m*, Ø horario *m* al público (oficinas, administración)
Parteienwirtschaft *f*, en favoritismo *m* de los partidos; nepotismo *m*; partidarismo *m*
Parteifreund *m*, e amigo *m* político
Parteiführer *m*, - jefe *m*, líder *m* de un partido

parteiisch interesado; parcial; *(Urteil)* preconcebido
Parteimann *m*, ¨er miembro *m* (activo) de un partido
Parteimitglied *n*, er miembro *m* de un partido
Parteiprogramm *n*, e programa *m* de un partido
Parteitag *m*, e congreso *m* de un partido
Parteivorstand *m*, ¨e ejecutiva *f* de un partido; comité *m* ejecutivo
Parteizugehörigkeit *f*, en afiliación *f*
Partizipation *f*, en participación *f*
Partizipationsgeschäft *n*, e negocio *m* en participación; negocio *m* a cuenta común
Partizipationskonto *n*, -en cuenta *f* común
Partizipationsschein *m*, e bono *m* de participación (título-valor que garantiza la participación en una sociedad anónima, sin derecho corporativo)
Partner *m*, - socio *m*; parte *f* contratante; colaborador *m*; interlocutor *m*
Partnerland *n*, ¨er → *Partnerstaat*
Partnerschaft *f*, en asociación *f* (en participación); colaboración *f*; participación *f*
Partnerstaat *m*, en Estado *m* asociado, miembro
Partnerstädte *pl* ciudades *pl* hermanadas *od.* gemelas
Parzelle *f*, n parcela *f*; lote *m* de terreno
parzellieren parcelar; dividir en parcelas *od.* lotes
Parzellierung *f*, en parcelación *f*; división *f* en lotes
Paß *m*, ¨sse pasaporte *m*; *abgelaufener* ~ pasaporte expirado; *einen ~ ausstellen* extender un pasaporte; *einen ~ mit Sichtvermerk versehen* visar un pasaporte; *einen ~ verlängern, erneuern* prolongar, renovar un pasaporte
Passagier *m*, e pasajero *m*; *blinder* ~ polizón *m*; pasajero clandestino
Passagierdampfer *m*, - buque *m* de pasajeros; paquebote *m*
Passagierschein *m*, e salvoconducto *m*; pase *m*; *(Zoll)* permiso *m* de libre tránsito
Passagierscheinabkommen *n*, Ø acuerdo *m* concluido entre la R.D.A. y el gobierno de Berlín Oeste sobre libre tránsito entre Berlín Oeste y Berlín Este
Passagierschiff *n*, e navío *m* de línea
Paßamt *n*, ¨er oficina *f* de pasaportes
passiv pasivo; ~ *abschließen* cerrar con déficit; ~ *legitimiert sein* tener capacidad procesal pasiva; ~*es Wahlrecht* derecho *m* de voto pasivo
Passiva *pl* pasivo *m*; deudas *pl* a pagar; *Aktiva und* ~ activo y pasivo; deber y haber; *transitorische* ~ pasivo transitorio
Passivbilanz *f*, en balance *m* pasivo *od.* deficitario

Passivgeschäft *n*, e operación *f* pasiva (en las que el banco acepta capitales para otorgar créditos)
Passivhandel *m*, Ø comercio *m* de importación (Syn. *Einfuhrhandel*)
passivieren sentar como pasivo; sentar un importe en el lado del pasivo
Passivmasse *f*, n → *Passiva*
Passivposten *m*, - partida *f* pasiva
Passivsaldo *m*, **-en** saldo *m* pasivo *od.* deficitario
Passivseite *f*, n lado *m* del pasivo
Passivzinsen *pl* intereses *pl* pasivos (abonados por el banco por los capitales ingresados)
Paßkontrolle *f*, n control *m*, revisión *f* de pasaportes
Passus *m*, - cláusula *f*; pasaje *m*; párrafo *m*
Patenbetrieb *m*, e (R.D.A.) empresa *f* en régimen de padrinazgo
Patenschaft *f*, en padrinazgo *m*; *die ~ übernehmen* apadrinar
Patenschaftsvertrag *m*, ⸚e (R.D.A.) contrato *m* de padrinazgo
Patent *n*, e patente *f*; *ein ~ anmelden* solicitar una patente; hacer registrar una patente; *ein ~ erteilen* extender, conceder una patente; *auf etw. ein ~ nehmen* patentar a/c; *ein ~ verwerten* explotar una patente
Patentamt *n*, ⸚er oficina *f* de patentes
Patentanmeldung *f*, en solicitud *f* de una patente
Patentanwalt *m*, ⸚e agente *m* de patentes *od.* de la propiedad industrial
patentierbar susceptible de ser patentado; patentable
patentieren patentar; sacar una patente; otorgar una patente
Patentrecht *n*, Ø derecho *m* de patentes; derecho *m* en materia de propiedad industrial
patentrechtlich, *~ geschützt* protegido por marca de fábrica
Patentschrift *f*, en memoria *f* descriptiva de una patente; escritura *f* de patente
Patentschutz *m*, Ø protección *f* de patentes y marcas; protección *f* de la propiedad industrial
Patentsucher *m*, - solicitante *m* de una patente
Patentübertragung *f*, en traspaso *m*, cesión *f* de patente
Patentverletzung *f*, en violación *f* de (una) patente
Patronatsfirma *f*, **-en** *(Rundfunk)* firma *f* patrocinadora
Patronatssendung *f*, en *(Rundfunk)* emisión *f* patrocinada
Patt *n*, s empate *m*; tablas *pl*; *nukleares ~* equilibrio *m* nuclear
Patt-Situation *f*, en situación *f* de empate; igualdad *f* de votos
pauschal global; en conjunto; a tanto alzado
Pauschalabfindung *f*, en indemnización *f* global
Pauschalabschlag *m*, ⸚e → *Pauschalabzug*
Pauschalabzug *m*, ⸚e descuento *m* global
Pauschalbesteuerung *f*, en imposición *f* global
Pauschalbetrag *m*, ⸚e tanto *m* alzado; importe *m* global
Pauschalbewertung *f*, en evaluación *f*, estimación *f* global
Pauschalentschädigung *f*, en indemnización *f* global
pauschalieren globalizar; fijar una cantidad global
Pauschalierung *f*, en globalización *f*
Pauschalkauf *m*, ⸚e compra *f* en conjunto *od.* en bloque
Pauschalpreis *m*, e precio *m* global
Pauschalreise *f*, n viaje *m* incluidos todos los gastos; viaje *m* a forfait
Pauschalsteuer *f*, n impuesto *m* global
Pauschalsumme *f*, n suma *f* global; *eine ~ entrichten* pagar una suma global
Pauschalvergütung *f*, en pago *m* global
Pauschalversicherung *f*, en seguro *m* global *od.* en blanco
Pausenregelung *f*, en reglamentación *f* de la duración de las pausas en el trabajo
p.c. *(pro centum)* por ciento (Syn. *Prozent; v.H.*)
pendeln 1. oscilar 2. viajar diariamente entre el domicilio y el lugar de trabajo
Pendeltür *f*, en (Seg.) puerta *f* pendular
Pendelverkehr *m*, Ø (tráfico *m* de) vaivén *m*
Pendler *m*, - trabajador *m* que viaja diariamente entre su domicilio y su lugar de trabajo
Pension *f*, en 1. pensión *f*; casa *f* de huéspedes; *mit Voll~* con pensión completa 2. pensión *f*; retiro *m*; *(besonders Beamte)* jubilación *f*; haberes *pl* pasivos; *in ~ gehen* retirarse; pasar al régimen pasivo; retirarse; jubilarse
Pensionär *m*, e pensionista *m*; jubilado *m*; retirado *m* (Syn. *Rentner*)
pensionieren jubilar; *sich ~ lassen* jubilarse; pedir la jubilación; retirarse
Pensionierte/r *(der/ein)* → *Pensionär*
Pensionierung *f*, en jubilación *f*; retiro *m*; *vorzeitige ~* jubilación anticipada
Pensionsalter *n*, Ø edad *f* de jubilación
Pensionsanspruch *m*, ⸚e derecho *m* a jubilación *bzw.* a retiro
pensionsberechtigt con derecho a jubilación *bzw.* a retiro
Pensionsberechtigung *f*, en → *Pensionsanspruch*
Pensionsempfänger *m*, - perceptor *m* de haberes pasivos; jubilado *m*; pensionista *m*; retirado *m*
Pensionsgeschäft *n*, e operación *f* de reporte

(forma de financiar las operaciones de últimos de mes de los bancos suizos y alemanes)
Pensionskasse *f*, **n** caja *f* de jubilaciones *bzw.* de pensiones
pensionsreif, ~ *sein* haber alcanzado la edad de jubilación
Pensionsrückstellungen *pl* reservas *pl* para la jubilación del personal (efectuadas por la empresa)
per por; ~ *Adresse* en casa de; ~ *Aval* en concepto de aval; ~ *Medio* para saldar a mediados de mes; ~ *Saldo* por saldo
Periode *f*, **n** período *m*; ciclo *m*; lapso *m* de tiempo
Periodenbilanz *f*, en balance *m* periódico
Periodenerfolg *m*, e resultado *m* parcial (pérdida o ganancia)
Periodenrechnung *f*, en → *Periodenerfolg*
periodisch periódico; cíclico
peripher periférico; (Inform.) ~*e Zusatzgeräte* periféricos *pl*
Peripherie *f*, **n** periferia *f*; ~ *einer Stadt* extrarradio *m*
Peripheriegerät *n*, **e** (Inform.) (dispositivo *m*) periférico *m*
Person *f*, en persona *f*; individuo *m*; *erwerbstätige* ~ persona activa; *juristische* ~ persona jurídica; *natürliche* ~ persona natural *od*. física; *unterstützungsbedürftige* ~ persona necesitada; *Angaben zur* ~ señas *pl*; datos *pl* personales
Personal *n*, Ø personal *m*; plantilla *f*; nómina *f* 1. *geschultes* ~ personal cualificado; *leitendes* ~ personal de dirección 2. ~ *abbauen* reducir personal *od*. la plantilla; ~ *anwerben* contratar personal (Syn. *Belegschaft*)
Personalabbau *m*, Ø reducción *f* de personal; flexibilización *f* de la plantilla
Personalabteilung *f*, en sección *f od*. departamento *m* de personal
Personalakte *f*, **n** expediente *m* personal; hoja *f* de servicios
Personalangaben *pl* datos *pl* personales
Personalaufw|and *m*, **-endungen** gastos *pl* de personal
Personalauswahl *f*, Ø selección *f* del personal
Personalausweis *m*, **e** documento *m* de identidad; cédula *f* personal
Personalbearbeiter *m*, - empleado *m* en el departamento de personal
Personalbedarf *m*, Ø demanda *f* de personal
Personalbeschaffung *f*, en procuración *f* de personal
Personalbestand *m*, ¨e plantilla *f*; nómina *f*; efectivos *pl*
Personalbogen *m*, - hoja *f* de servicios; cuestionario *m* personal

Personalbüro *n*, **s** oficina *f* de colocación de personal
Personalchef *m*, **s** jefe *m* de personal
Personalcomputer *m*, - *(PC)* ordenador *m* personal
Personaleinstellung *f*, en contratación *f*, reclutamiento *m* de personal
Personalgesellschaft *f*, en sociedad *f* de carácter personalista
Personalien *pl* señas *pl* personales; datos *pl* de filiación
personalintensiv de alto coeficiente de mano de obra; que emplea un personal numeroso
Personalkosten *pl* costes *pl* de personal
Personalkredit *m*, **e** crédito *m* personal
Personalleiter *m*, - → *Personalchef*
Personalmangel *m*, Ø escasez *f* de personal
Personalpapiere *pl* documentos *pl* de identidad
Personalplanung *f*, **en** gestión *f* de personal; planning *m* de efectivos
Personalpolitik *f*, Ø política *f* de (reclutamiento) de personal
Personalrat *m*, ¨e consejo *m* del personal
Personalsachbearbeiter *m*, - responsable *m* del personal
Personalschnitt *m*, **e** reducción *f* de personal
Personalschwierigkeiten *pl* dificultades *pl* de personal
Personalsteuer *f*, **n** impuesto *m* personal
Personalunion *f*, en unión *f* personal
Personalunterlagen *pl* documentación *f* sobre el personal
Personalvertreter *m*, - representante *m* del personal
Personalvertretung *f*, en representación *f* del personal
Personalwechsel *m*, - cambios *pl* en el personal
Personalwesen *n*, Ø personal *m* (término general)
personell 1. con respecto al personal 2. personal
Personenbeförderung *f*, en transporte *m* de viajeros
Personengesellschaft *f*, en sociedad *f* personalista
Personenkraftwagen *m*, - (automóvil *m* de) turismo *m*
Personenschaden *m*, ¨ daño *m od*. perjuicio *m* personal; daño *m* a personas
Personenstand *m*, Ø estado *m* civil
Personenstandsbuch *n*, ¨er registro *m* del estado civil
Personensteuer *f*, n impuesto *m* personal
Personenverkehr *m*, Ø tráfico *m* de viajeros
Personenversicherung *f*, en seguro *m* de personas
Personenwagen *m*, - 1. turismo *m* (Syn. *Pkw*) 2. *(Eisenbahn)* coche *m* de viajeros

Personenzug *m*, ⸗e tren *m* de viajeros, pasajeros; tren *m* tranvía
persönlich personal; en persona; particular; ~ *haftbar* personalmente responsable; ~ *zustellen* entregar personalmente; ~*es Erscheinen* acto *m* de presencia; comparecencia *f* personal; ~*e Haftung* responsabilidad *f* personal; ~*er Kredit* crédito *m* personal
Perspektive *f*, **n** perspectiva *f*; evolución *f* previsible; *die ~n der Chemieindustrie* el futuro de la industria química
Perspektivplan *m*, ⸗e (R.D.A.) plan *m* perspectivo; planificación *f* a medio plazo
Perzent *n*, **e** (A) → *Prozent*
Petition *f*, **en** petición *f*
Petrodollar *m*, **s** petrodólar *m*
Pf. → *Pfennig*
Pfand *n*, ⸗er prenda *f*; objeto *m* empeñado; caución *f*; garantía *f*; *als* ~ en prenda de; *als ~ auslösen* desempeñar, rescatar una prenda; *als ~ bestellen* dar en concepto de prenda; pignorar; *gegen ~ leihen* prestar sobre prenda *od.* con garantía prendaria
Pfandanleihe *f*, **n** empréstito *m* hipotecario; empréstito *m* sobre prenda
pfändbar embargable; hipotecable
Pfandbrief *m*, **e** cédula *f* hipotecaria; título *m* de valor hipotecario
Pfandbriefanleihe *f*, **n** empréstito *m* hipotecario; empréstito *m* obligatorio
Pfandbriefanstalt *f*, **en** banco *m* hipotecario
Pfandbriefzentrale *f*, **n** central *f* hipotecaria; banco *m* hipotecario (instituto especializado en la emisión de cédulas hipotecarias y en la concesión de créditos a largo plazo a los bancos asociados)
Pfanddarlehen *n*, - préstamo *m* sobre prenda
pfänden pignorar; embargar; poner embargo sobre; *jdn. ~ lassen* (hacer) ejecutar los bienes de alg.
Pfandflasche *f*, **n** botella *f* multiuso *od.* retornable
Pfandgläubiger *m*, - acreedor *m* hipotecario *bzw.* pignoraticio; tenedor *m* de una prenda
Pfandhaus *n*, ⸗er monte *m* de piedad; casa *f* de empeño; montepío *m*; (LA) prendería *f*
Pfandinhaber *m*, - tenedor *m* de una prenda
Pfandnahme *f*, **n** aceptación *f* de una prenda
Pfandrecht *n*, Ø derecho *m* de poner embargo sobre una cosa; derecho *m* prendario
Pfandschein *m*, **e** papeleta *f* de empeño; resguardo *m* de prenda
Pfandschuld *f*, **en** deuda *f* pignoraticia *bzw.* hipotecaria
Pfändung *f*, **en** embargo *m*; *(durch den Gerichtsvollzieher)* ejecución *f* judicial
Pfändungsbefehl *m*, **e** orden *f* de embargo
Pfändungsbeschluß *m*, ⸗sse auto *m* de embargo

Pfändungspfandrecht *n*, **e** derecho *m* de embargo ejecutivo
Pfändungsschuldner *m*, - deudor *m* embargado
Pfändungsschutz *m*, Ø protección *f* contra embargos abusivos
Pfandzettel *m*, - → *Pfandschein*
Pfd. → *Pfund*
Pfennig *m*, **e** penique *m*; pfennig *m*; (LA) centavo *m*; *nicht einen ~ wert sein* no valer un céntimo
Pfennigfuchser *m*, - (Fam.) tacaño *m*; cicatero *m*; roñoso *m*
Pflege *f*, **n** cuidado *m*; entretenimiento *m*; mantenimiento *m*; asistencia *f*
Pflegeeltern *pl* padres *pl* adoptivos *bzw.* tutelares
Pflegegeld *n*, **er** pensión *f* de asistencia (para personas necesitadas de cuidados)
pflegen entretener; mantener; asistir
Pfleger *m*, - 1. tutor *m* (de menores) 2. curador *m* (testamentario)
Pflege und Wartung *f*, Ø mantenimiento *m*; entretenimiento *m* (de instalaciones, maquinaria)
Pflegevertrag *m*, ⸗e contrato *m* de entretenimiento (Syn. *Wartungsvertrag*)
Pflicht *f*, **en** deber *m*; obligación *f*; misión *f*; *seine ~ erfüllen* cumplir con su obligación; *mit gleichen Rechten und ~en* con los mismos derechos y deberes
Pflichtbeitrag *m*, ⸗e cotización *f*, contribución *f* obligatoria
Pflichtexemplar *n*, **e** ejemplar *m* destinado al depósito legal
Pflichtleistung *f*, **en** 1. (R.D.A.) producción *f* que deben alcanzar los trabajadores de acuerdo a las normas fijadas 2. ~*en* prestaciones *pl* reglamentarias (Seg. Social)
Pflichtmitglied *n*, **er** asegurado *m*, afiliado *m* obligatorio (Seg. Social)
Pflichtreserven *pl* reservas *pl* (legales) obligatorias
Pflichtteil *m od.* *n*, **e** (Jur.) legítima *f*; reserva *f* hereditaria
Pflichtverletzung *f*, **en** incumplimiento *m* del deber
Pflichtversicherung *f*, **en** seguro *m* obligatorio
Pflichtverteidiger *m*, - defensor *m* de oficio; defensor *m* nombrado por el tribunal
Pflichtvorrat *m*, ⸗e existencias *pl* obligatorias
pflichtwidrig contrario al deber; ~ *handeln* no cumplir con su deber
Pfund *n*, **e** 1. libra *f* (500 grs.) 2. ~ *Sterling* libra *f* (esterlina); ~ *abwerten* devaluar la libra esterlina

Pharmasektor *m*, **en** sector *m* de la industria farmacéutica
Pharmazeutika *pl* productos *pl* farmacéuticos

pharmazeutisch farmacéutico
Pillenknick m, (e) (Fam.) descenso m de la natalidad debido a la píldora
Pilot- (Pref.) piloto; experimental; que sirve de ejemplo
Pilotbetrieb m, e empresa f piloto
Pionier m, e precursor m; pionero m
Pionierarbeit f, en trabajo m, obra f de pionero
Pipeline f, s (Öl) oleoducto m; (Gas) gasoducto m
Piratensender m, - emisora f pirata
Piraterie f, n piratería f
Pkw/PKW m, s (Personenkraftwagen) (automóvil m de) turismo m
placieren → plazieren
plädieren defender una causa; abogar por
Plädoyer n, s informe m; gegnerisches ~ defensa f de la parte contraria
Plafond m, s techo m; tope m; unterer, oberer ~ límite m inferior, superior; über den ~ hinausgehen sobrepasar el tope (de un crédito)
Plagiat n, e plagio m; ~ begehen plagiar; cometer un plagio
Plakat n, e cartel m; anuncio m; ein ~ anschlagen (ankleben) fijar un cartel
Plakatanschlag m, e anuncio m mediante cartel bzw. fijación f de carteles
Plakatentwerfer m, - diseñador m de carteles; cartelista m
Plakatkleber m, - cartelero m; fijador m de carteles
Plakatsäule f, n columna f anunciadora
Plakatträger m, - hombre-anuncio m
Plakatwerbung f, en publicidad f mediante carteles
Plan m, ⸗e 1. plan m; proyecto m; programa m; einen ~ ausarbeiten elaborar un plan; einen ~ entwerfen trazar, concebir un plan 2. (R.D.A.) plan directivo; den ~ erfüllen ejecutar el plan; alcanzar la meta fijada por el plan; nach ~ verkaufen, kaufen vender, comprar según el plan
Planaufgabe f, n (R.D.A.) objetivo m fijado por el plan
Plandurchführung f, en realización f, consecución f del plan
planen planificar; proyectar; proponerse; idear, concebir un plan
Planer m, - proyectista m; planificador m
Planerfüllung f, en (R.D.A.) ejecución f del plan; realización f del objetivo fijado por el plan
Planfeststellungsverfahren n, - procedimiento m de aprobación de un proyecto od. de su rechazo
Planifikateur m, e planificador m de la economía
Planifikation f, en planificación f (de la economía)

Plan-Ist-Kostenrechnung f, en (R.D.A.) cálculo m comparativo de los costes previstos y de los costes reales
Planjahrfünft n, e (R.D.A.) plan m quinquenal (Syn. Fünfjahresplan)
Plankennziffer f, n (R.D.A.) índice m de referencia de un plan económico
Plankommission f, en comisión f de planificación
Plankorrekturen pl correcciones pl realizadas en un plan
Plankostenrechnung f, en cálculo-presupuesto m; cálculo m de costes del plan
planmäßig metódico; sistemático; con arreglo a un plan
Planrückstand m, ⸗e (R.D.A.) retraso m acusado por el plan
Plansoll n, Ø (R.D.A.) producción f impuesta por el plan; rendimiento m previsto
Planspiel n, e estudio m de caso; simulación f (Syn. Fallstudie)
Planstelle f, n plaza f, puesto m de plantilla
Planung f, en planificación f; fijación f del presupuesto; trabajos pl de urbanización; organización f; langfristige ~ planificación a largo plazo
Planungsabteilung f, en sección f, departamento m de planificación
Planungsbüro n, s oficina f de planificación
Planungskommission f, en comisión f de planificación
Planvorsprung m, ⸗e (R.D.A.) avance m en el plan
Planwirtschaft f, en economía f planificada; economía f dirigida; dirigismo m estatal
Planwirtschaftler m, - planificador m de la economía
Planziel n, e objetivo m de un plan; das ~ erreichen alcanzar el objetivo fijado por el plan
Plastikkarte f, n (Fam.) tarjeta f de crédito
Plattform f, en plataforma f; eine gemeinsame ~ finden encontrar una plataforma común
Platz m, ⸗e lugar m; emplazamiento m; sitio m; ubicación f; den ersten ~ einnehmen ocupar el primer puesto
platzen reventar; no ser retirado, pagado; geplatzter Wechsel letra f reventada; letra f no retirada; letra f protestada
Platzgeschäft n, e comercio m local; operación f en plaza
plazieren colocar; invertir; einen Wechsel ~ negociar una letra; eine Anleihe ~ colocar un empréstito
Plazierung f, en (Anzeige) inserción f; inversión f; colocación f; bevorzugte ~ inserción en lugar preferente; ~ oben rechts posición f

arriba a la derecha
Platzkarte *f*, **n** *(Bahn)* reserva *f* de asiento; *(Theater)* entrada *f*
Platzreservierung *f*, **en** reserva *f* de asiento
Platzvertreter *m*, - agente *m*, representante *m* local
Platzwechsel *m*, - 1. cambio *m* de sitio 2. letra *f* de plaza
Pleite *f*, **n** quiebra *f*; bancarrota *f*; ~ *machen* declararse en quiebra; quebrar; hacer quiebra (Syn. *Bankrott, Konkurs*)
pleite en quiebra
Plenarsitzung *f*, **en** sesión *f* plenaria; pleno *m*
Plenarversammlung *f*, **en** asamblea *f* plenaria
Plenum *n*, Ø pleno *m*
plündern pillar; saquear; desvalijar
Plünderung *f*, **en** saqueo *m*; pillaje *m*; desvalijamiento *m*
Pluralismus *m*, Ø pluralismo *m*; *der ~ der Interessengruppen* el pluralismo de los grupos de presión
pluralistisch pluralista; *~e Gesellschaft* sociedad *f* pluralista
plus más; *(Temperatur)* sobre cero; *Abweichungen von maximal ~/minus 5%* errores máximos de más/menos 5%
Plus *n*, Ø excedente *m*; superávit *m*; *ein ~ aufweisen* arrojar un excedente; *im ~ sein* ser excedentario (Ggs. *Minus*)
Plusbetrag *m*, **-e** diferencia *f* positiva; excedente *m*; superávit *m*
Plusdifferenz *f*, **en** → *Plusbetrag*
Pluspunkt *m*, **e** punto *m* positivo; ventaja *f*
Podiumsdiskussion *f*, **en** 1. *(Rundfunk)* tribuna *f* de críticas 2. mesa *f* redonda; debate *m*; coloquio *m* (público)
Police *f*, **n** póliza *f* de seguro; *eine ~ ausstellen* extender, emitir una póliza; *eine ~ erneuern* renovar una póliza
Polier *m*, **e** capataz *m* (Syn. *Vorarbeiter*)
Politbüro *n*, **s** politburó *m*; buró *m* político
Politik *f*, Ø política *f*; *auswärtige ~* política exterior; *kurzsichtige ~* política con miras estrechas; *~ der Stärke* política de fuerza; *~ der Öffnung* política aperturista; aperturismo *m*; *~ der offenen Tür* política de puerta abierta; *eine ~ verfolgen* perseguir una política
Politiker *m*, - político *m*; estadista *m*; *einflußreicher ~* político influyente; *kommender ~* futuro político
politisch político
Politische/r *(der/ein)* prisionero *m* político
politisieren hablar de política; (despectivo) politiquear; politizar
Polizei *f*, (**en**) policía *f*
Polizeibeamte/r *(der/ein)* funcionario *m* de policía

Polizeieinsatz *m*, **¨e** intervención *f* de policía
polizeilich policial; *sich ~ anmelden* dar parte de su llegada a la policía; inscribirse en el registro de policía; *~es Kennzeichen* (Auto) matrícula *f*; *~es Meldeformular* formulario *m* de inscripción policial; *~es Führungszeugnis* certificado *m* de buena conducta
Polizeinotrufanschluß *m*, **¨sse** línea *f* de alarma a la policía
Polizeipräsidium *n*, Ø jefatura *f* superior de policía
Polizeirevier *n*, **e** comisaría *f* (de policía)
Polizeistaat *m*, **en** Estado *m* policial
Polizeistunde *f*, **n** hora *f* de cierre
Polster *n*, - cojín *m*; almohadón *m*; (Fig.) reserva *f*; *ein finanzielles ~ besitzen* tener un buen almohadón financiero; *ein dickes ~ von Aufträgen* un libro de pedidos bien lleno
Pool *m*, **s** sindicato *m*; consorcio *m*; (Angl.) pool *m*; cártel *m*; *einen ~ bilden* constituir un pool
Poolabkommen *n*, - acuerdo *m* de pool *od.* consorcial
poolen constituir un pool
Portefeuille *n*, **s** 1. cartera *f* de títulos; *sein ~ enthält Aktien und Obligationen* su portafolio comprende acciones y obligaciones 2. cartera *f*; *Minister ohne ~* ministro *m* sin cartera
Portefeuille-Investitionen *pl* inversiones *pl* de cartera
Portemonnaie *n*, **s** monedero *m*; portamonedas *m*; (Fam.) *jds. ~ erleichtern* aligerar el monedero de alg.
Porto *n*, **s** *od.* **-i** porte *m* (de correos); franqueo *m*; *~ bezahlt* porte pagado
Portoermäßigung *f*, **en** tarifa *f* reducida
portofrei exento, libre de porte; franco de porte
Portokasse *f*, **n** caja *f* de franqueo
Portokosten *pl* (gastos *pl* del) franqueo *m*
portopflichtig sujeto a franqueo
Portozuschlag *m*, **¨e** franqueo *m* adicional; recargo *m* de franqueo
Position *f*, **en** posición *f*; situación *f*; *in einer hohen ~* en elevada posición; *verantwortliche ~* posición de responsabilidad
positiv positivo; *~e Antwort* respuesta *f* afirmativa; *~es Recht* derecho *m* positivo
Post *f*, Ø correo *m*; servicio *m* postal; oficina *f* de correos; correspondencia *f*; *mit der ersten ~* por el próximo correo; *mit gleicher ~* por correo separado; *mit umgehender ~* a vuelta de correo; *abgehende ~* correo de salida; *noch nicht zugestellte ~* correspondencia no distribuida todavía
Postabholungsstelle *f*, **n** servicio *m* de recogida de la correspondencia (en grandes empresas)

postalisch postal; *auf ~em Weg* por correo
Postamt *n*, ⸚er oficina *f* de correos
Postangestellte/r *(der/ein)* empleado *m* de correos
Postanschrift *f*, en dirección *f* postal; señas *pl* postales
Postanweisung *f*, en giro *m* postal
Postauftrag *m*, ⸚e orden *f* postal
Postauto *n*, s furgoneta *f* de correos
Postbeamte/r *(der/ein)* funcionario *m* de correos
Postbeförderung *f*, en transporte *m* del correo
Postbestellung *f*, en distribución *f* postal
Postbote *m*, n cartero *m*
Postdienst *m*, (e) servicio *m* postal
Postdirektion *f*, en dirección *f* de correos; administración *f* general *od.* central de correos
Posteingang *m*, ⸚e llegada *f* del correo; correo *m* recibido
Posteinlieferungsschein *m*, e resguardo *m* de entrada
Posten *m*, - 1. puesto *m*; empleo *m*; colocación *f*; *einen ~ ausschreiben* sacar un puesto a concurso; *einen guten ~ haben* tener un buen puesto; *von einem ~ zurücktreten* renunciar a un cargo 2. suma *f*; montante *m*; importe *m*; partida *f*; asiento *m*; renglón *m*; posición *f*; *durchlaufender ~* cuenta *f* de orden; *offener ~* partida no pagada; *unsichtbarer ~* partida invisible; *~ im Hauptbuch* partida del libro mayor; *~ im Journal* entrada *f* en el diario; *einen ~ buchen* contabilizar un asiento; sentar una cuenta; *einen ~ eintragen* sentar una partida
Poster *n od. m*, - poster *m od.* póster *m*
Postfach *n*, ⸚er apartado *m* de correos; casilla *f* postal
postfrei franco de porte; libre de franqueo; porte pagado
Postgebühr *f*, en tasa *f*, tarifa *f* postal
Postgeheimnis *n*, (se) secreto *m* postal
Postgiroamt *n*, ⸚er oficina *f* de cheques postales
Postgirodienst *m*, (e) servicio *m* de cheques postales
Postgirokont|**o** *n*, -en cuenta *f* (corriente) de cheques postales
Postgirokunde *m*, n → *Postscheckinhaber*
Postgiroverkehr *m*, Ø servicio *m* de cheques postales
Posthorn *n*, ⸚er corneta *f* de postillón
postkapitalistisch postcapitalista
Postkarte *f*, n tarjeta *f* postal
postlagernd (en) lista de correos; *~ aufbewahrt werden* permanecer en lista de correos
Postleitzahl *f*, en código *m* postal
Postnebenstelle *f*, n estafeta *f* de correos

Postordnung *f*, en reglamentación *f* postal
Postpaket *n*, e paquete *m* postal
Postsack *m*, ⸚e saca *f*
Postschalter *m*, - ventanilla *f* de correos
Postscheck *m*, s cheque *m* postal
Postscheckinhaber *m*, - titular *m*, tenedor *m* de un cheque postal
Postscheküberweisung *f*, en giro *m*, transferencia *f* mediante cheque postal
Postschließfach *n*, ⸚er apartado *m* de correos; casilla *f* postal
Postskript *n*, e *(PS)* postdata *f*
Postskript|**um** *n*, -a → *Postskript*
Postsortieranlage *f*, n instalación *f* de clasificación postal
Postsparbuch *n*, ⸚er libreta *f* de ahorro postal
Postspareinlage *f*, n depósito *m* en la caja postal de ahorros
Postsparkasse *f*, n caja *f* postal de ahorros
Postsparkont|**o** *n*, -en cuenta *f* postal de ahorros
Poststelle *f*, n oficina *f* de correos
Poststempel *m*, - matasellos *m*
Postüberweisung *f*, en giro *m*, transferencia *f* postal
postumgehend → *postwendend*
Post- und Fernmeldewesen *n*, Ø Correos y Telecomunicaciones *pl*
Postverkehr *m*, Ø servicio *m* postal
Postverwaltung *f*, en administración *f* de correos
Postvollmacht *f*, Ø poder *m* postal
Postweg *m*, e *auf dem ~* por correo
postwendend a vuelta de correo; con el próximo correo
Postwertzeichen *n*, - sello *m* de correos; (LA) estampilla *f*
Postwesen *n*, Ø (administración *f* de) correos *pl*
Postwurfsendung *f*, en envío *m* colectivo
Postzusteller *m*, - (R.D.A.) cartero *m*
Postzustellung *f*, en reparto *m* (de correspondencia)
Potential *n*, e potencial *m*; capacidad *f*; *wirtschaftliches ~* potencial económico; *das ~ an Rohstoffen* el potencial de materias primas
potentiell potencial; teórico; *~er Käufer* cliente *m* potencial
p.p. / p.p.a. → *Prokura*
PR *(Public Relations)* relaciones *pl* públicas; *~-Arbeit* trabajo *m* de relaciones públicas; *~-Mann* especialista *m* en *bzw.* encargado *m* de relaciones públicas
präferentiell preferencial
Präferenz *f*, en preferencia *f*; privilegio *m*
Präferenzabkommen *n*, - acuerdo *m* preferencial
Präferenzliste *f*, n lista *f* preferencial
Präferenzsatz *m*, ⸚e tasa *f* preferencial

Präferenzstellung *f*, en posición *f*, situación *f* preferencial
Präferenzsystem *n*, e sistema *m* preferencial
Präferenzzoll *m*, ⁻ᵉe arancel *m* preferencial
Prägeanstalt *f*, en casa *f* de (la) moneda
prägen acuñar; *Geld* ~ acuñar moneda
Prägestempel *m*, - troquel *m*; cuño *m*
Prägung *f*, en acuñación *f*
Praktikant *m*, en practicante *m*; *(Rechts-)* pasante *m* de abogado
Praktik|um *n*, -a período *m* de prácticas
praktisch práctico; *~er Arzt* médico *m* de medicina general
Prämie *f*, n prima *f*; cuota *f*; bono *m*; aliciente *m*; *gleichbleibende ~* prima constante; *gleitende ~* prima móvil; *~n abwerfen* arrojar una prima; *durch ~n fördern* fomentar, promover mediante primas; *~n genießen* gozar de una prima
Prämienangleichsklausel *f*, n cláusula *f* de reajuste de las primas
Prämienanleihe *f*, n empréstito *m* con prima
Prämienbemessung *f*, (en) cálculo *m* del montante de las primas de seguro
Prämienfälligkeit *f*, en día *m*, fecha *f* de vencimiento de la prima
Prämiengeschäft *n*, e operación *f* a od. con prima
Prämienlohn *m*, ⁻ᵉe prima *f* al salario; salario *m* con primas
Prämienobligation *f*, en obligaciones *pl* de prima
Prämienschein *m*, e bono *m* de prima
Prämiensparen *n*, - ahorro *m* por primas
Prämiensparvertrag *m*, ⁻ᵉe contrato *m* de ahorro (por primas)
Prämienvereinbarung *f*, en (R.D.A.) acuerdo *m* de fijación del montante y de la naturaleza de las primas
Prämienzuschlag *m*, ⁻ᵉe recargo *m* de prima
Pränumeration *f*, en pago *m* anticipado
Präsident *m*, en presidente *m* (Syn. *Vorsitzender*)
Präsidentschaft *f*, (en) presidencia *f*
Präsidialsystem *n*, e sistema *m* presidencial
präsidieren presidir; *eine(r) Sitzung ~* presidir una sesión
Präsidi|um *n*, -en 1. presidencia *f*; *das ~ übernehmen* asumir la presidencia 2. directorio *m*
Prax|is *f*, -en 1. consulta *f* 2. práctica *f*; *in die ~ umsetzen* llevar a la práctica 3. clientela *f*
praxisbezogen orientado a la práctica; *~e Ausbildung* formación *f* práctica
Präzedenzfall *m*, ⁻ᵉe precedente *m*; *sich auf einen ~ berufen* invocar, alegar un precedente; *einen ~ schaffen* sentar, establecer un precedente
präzise preciso; exacto
Präzision *f*, en precisión *f*
Präzisionsarbeit *f*, en trabajo *m* de precisión

Preis *m*, e precio *m*; importe *m*; cantidad *f* 1. *angemessener ~* precio razonable; *nicht amtlicher ~* (Börse) precio extraoficial; *zu ermäßigtem ~* tarifa reducida; *vertraglich ausbedungener ~* precio convenido contractualmente; *gebundener ~* precio controlado; *zum halben ~* a mitad de precio; *hoch im ~ stehen* tener alto precio; *unerschwinglicher ~* precio exorbitante; *vereinbarter ~* precio convenido 2. *einen ~ ausmachen* convenir, fijar un precio; *~e binden* imponer un precio; *sich auf einen ~ einigen* convenir un precio; *die ~e erhöhen* aumentar los precios; *einen ~ festsetzen* fijar un precio; *die ~e freigeben* liberar los precios; *die ~e herabsetzen* bajar los precios; *die ~e rutschen ab* los precios bajan; *die ~e sinken ins Bodenlose* los precios se hunden, tocan fondo; *die ~e senken* bajar los precios; *die ~e sinken* los precios caen, bajan; *die ~e schießen in die Höhe* los precios se disparan; *die ~e steigen* los precios aumentan; *die ~e überwachen* controlar los precios 3. *~ ab Werk* precio de fábrica; *~ frei Haus* precio franco domicilio; *~ ohne Mehrwertsteuer* precio sin el impuesto sobre el valor añadido
Preisabbau *m*, Ø reducción *f* (progresiva) de (los) precios
Preisabkommen *n*, - convenio *m* sobre los precios
Preisabmachungen *pl* → *Preisabkommen*
Preisabschlag *m*, ⁻ᵉe disminución *f*, descenso *m*, rebaja *f* de precio
Preisänderung *f*, en modificación *f* de precio; cambio *m* de tarifa
Preisangabe *f*, n indicación *f* bzw. fijación *f* de precio
Preisanpassung *f*, en reajuste *m* de precios
Preisanstieg *m*, e subida *f*, alza *f* de precios
Preisaufbesserung *f*, en mejora *f* de (los) precios
Preisauftrieb *m*, e movimiento *m*, tendencia *f* alcista de (los) precios
Preisausgleich *m*, (e) perecuación *f* de precios
Preisausschreiben *n*, - concurso *m*; certamen *m*
Preisauszeichnung *f*, en indicación *f* de precios
Preisauszeichnungspflicht *f*, en indicación *f* obligatoria de (los) precios
Preisbehörde *f*, n comisión *f* de control de precios
Preisberechnung *f*, en cálculo *m* de precios
preisbereinigt deflactado; expresado en cifras reales
Preisberichtigung *f*, en corrección *f*, rectificación *f*, ajuste *m* de los precios
Preisbeschränkung *f*, en limitación *f* de (los) precios
Preisbewegungen *pl* movimiento *m* de los pre-

cios
preisbewußt que es consciente de los precios; ~ *einkaufen* comprar inteligentemente, teniendo en cuenta los precios
preisbildend que determina el precio
Preisbildung f, **en** formación f de precios
Preisbindung f, **en** acuerdo m sobre precios; limitación f de precios
Preisdiktat n, **e** dictado m de los precios
Preisdirigismus m, Ø dirigismo m en materia de precios
Preisdruck m, Ø presión f sobre los precios
Preiselastizität f, Ø elasticidad f de los precios
Preisempfehlung f, **en** recomendación f de precios; precio m recomendado
Preisentwicklung f, **en** desarrollo m, evolución f de los precios
Preiserhöhung f, **en** aumento m de los precios
Preisermäßigung f, **en** reducción f, rebaja f de precio
Preisermittlung f, **en** determinación f del precio
Preiserwartungen pl perspectivas pl de precios
Preisexplosion f, (**en**) explosión f de precios
Preisfestsetzung f, **en** fijación f de precios
Preisflexibilität f, **en** flexibilidad f de los precios
preisgebunden de precio controlado
Preisgefälle n, - disparidad f de los precios; curva f, diferencia f de precios
Preisgefüge n, Ø estructura f de los precios
preisgekrönt premiado; ~*es Modell* modelo que ha obtenido un premio
preisgesenkt a precio reducido; que vale lo que cuesta; económico
Preisgestaltung f, **en** → *Preisbildung*
preisgestoppt de precio bloqueado
Preisgleitklausel f, **n** cláusula f de indexación
Preisgrenze f, **n** límite m de precio
preisgünstig barato; de precio favorable; económico
Preisherabsetzung f, **en** reducción f, rebaja f de precios
Preisindlex m, **e** od. **-izes** índice m de precios
Preiskalkulation f, **en** cálculo m de los precios
Preiskartell n, **e** cártel m de precios
Preisklasse f, **n** categoría f, clase f de precios
Preiskonjunktur f, **en** coyuntura pl de precios
Preiskonkurrenz f, (**en**) competencia f (de precios)
Preiskonvention f, **en** acuerdo m en materia de precios
Preiskontrolle f, **n** control m de precios
Preislage f, **n** categoría f de precios; nivel m, estado m de precios; *in derselben* ~ en la misma categoría de precios
Preisliste f, **n** lista f de precios
Preis-Lohn-Spirale f, **n** espiral f de los salarios y precios
Preismanipulation f, **en** manipulación f de los precios
Preismechanism|us m, (**-en**) mecanismo m de los precios
Preisniveau n, **s** nivel m de precios
Preisnotierung f, **en** cotización f de precios
Preispolitik f, Ø política f de precios
Preis-Qualitätsverhältnis n, **se** relación f calidad-precio
Preisregelung f, **en** regulación f de precios
Preisrückgang m, ⁼e disminución f, retroceso m, descenso m de precios
Preisschild n, **er** etiqueta f del precio
Preisschleuderei f, (**en**) venta f a precios tirados od. ruinosos
Preisschwankungen pl oscilación f, fluctuación f de precios
Preissenkung f, **en** disminución f, baja f, reducción f de precios
Preisskal|a f, **s** od. **-en** escala f de precios; *gleitende* ~ escala móvil de precios
Preisspanne f, **n** margen m de precios
Preisspiegel m, - tabla f sinóptica de los precios
Preisstabilisierung f, (**en**) estabilización f de los precios
Preisstabilität f, (**en**) estabilidad f de los precios
Preisstaffelung f, **en** escalonamiento m de los precios
Preisstand m, Ø → *Preisniveau*
Preissteigerung f, **en** aumento m, subida f, elevación f de los precios
Preisstopp m, **s** bloqueo m, congelación f de los precios
Preisstufe f, **n** → *Preisklasse*
Preissturz m, ⁼e caída f vertiginosa od. brusca de los precios
Preistabelle f, **n** tabla f, baremo m de precios
preistreibend inflacionista; *sich ~ auswirken* provocar un disparo de los precios
Preistreiber m, - generador m del alza de los precios
Preistreiberei f, **en** alza f especulativa od. ilícita de precios; aumento m abusivo de los precios
Preistrend m, **s** tendencia f de los precios
Preisüberschreitung f, **en** excedente m de precios
Preisunterbietung f, **en** (Angl.) dumping m; venta f por debajo del precio
Preisverderber m, - persona f od. empresa f que practica el dumping
Preisverfall m, Ø deterioro m, caída f de precios
Preisverordnung f, **en** disposición f, ordenanza f oficial en materia de precios
Preisverteuerung f, **en** encarecimiento m de los precios

Preisverzeichnis n, se → *Preisliste*
Preisverzerrung f, en distorsión f de los precios
Preisvorschriften pl reglamentación f en materia de precios
Preisvorteil m, e ventaja f en materia de precios; *~e an die Kunden weitergeben* los precios reducidos redundan en beneficio de los clientes
preiswert que vale lo que cuesta; económico; *~es Angebot* oferta f interesante
Preiswucher m, Ø exageración f en materia de precios
Preiszettel m, - etiqueta f del precio
Preiszuschlag m, ⸗e sobreprecio m; recargo m
Premier m, s Primer Ministro m
Premierminister m, - → *Premier*
Presse f, Ø prensa f; periodismo m; *eine gute, schlechte ~ haben* tener buena, mala prensa
Presseagentur f, en agencia f de prensa
Presseattaché m, s agregado m de prensa
Presseausweis m, e carnet m de periodista
Pressedienst m, e servicio m de prensa
Pressekampagne f, n campaña f de prensa
Presseschau f, (en) resumen m de prensa
Pressestimmen pl ecos pl, comentarios pl de la prensa
Presse- und Informationsdienst m der Bundesregierung servicio m de prensa e información del gobierno federal
Pressevertreter m, - corresponsal m de prensa
Preßholz n, ⸗er madera f prensada
Pressure-group f, s grupo m de presión (Syn. *Interessengruppe; Lobby*)
Prestigewerbung f, en publicidad f de prestigio
prima de primera calidad; de calidad superior
Primapapier n, e valor m de primera
Primaqualität f, Ø primera calidad f
primär primario; *~er Sektor* sector m primario (agricultura)
Prima Rate f, Ø → *Prime rate*
Primärenergie f, n energía f primaria
Primärenergiebedarf m, Ø demanda f de energía primaria
Primaware f, n mercancías pl, artículos pl de primera calidad
Primawechsel m, - primera f de cambio
Prime rate f, Ø *(USA)* tasa f de interés preferencial (ofrecida por los bancos a los mejores clientes)
Primgeld n, (er) prima f
Priorität f, en prioridad f
Prioritätsaktie f, n acción f privilegiada, preferente *od.* de prioridad
Prioritätsanleihe f, n empréstito m de prioridad
Prioritätsgläubiger m, - acreedor m preferente
Prioritätsobligationen f, en obligaciones pl preferentes

privat privado; particular; *in ~en Besitz übergehen* pasar a propiedad privada
Privatbesitz m, Ø propiedad f privada
Privateigentum n, Ø → *Privatbesitz*
Privateinkommen n, - ingresos pl particulares
Privatindustrie f, n industria f privada
Privatinitiative f, n iniciativa f privada
Privatinteresse n, n interés m privado
privatisieren 1. privatizar 2. vivir de sus rentas
Privatisierung f, en privatización f
Privatkläger m, - acusador m particular *od.* privado
Privatkorrespondenz f, en correspondencia f particular
Privatkundschaft f, Ø clientela f privada
Privatlmann m, -leute particular m
Privatperson f, en particular m
Privatrecht n, Ø derecho m privado; *internationales ~* derecho internacional privado
privatrechtlich de(l) derecho privado
Privatsache f, n asunto m particular
Privatsektor m, en sector m privado
Privatunternehmen n, - empresa f privada
Privatverbrauch m, Ø consumo m particular
Privatvermögen n, - bienes pl particulares; fortuna f privada
Privatversicherung f, en seguro m privado
Privatwirtschaft f, en economía f privada
Privileg n, ien privilegio m
pro, *~ Kopf* per cápita; por cabeza; *~ Stück* por pieza, unidad
Pro n, Ø a favor de; *das ~ und Kontra* el pro y el contra
Probe f, n prueba f; examen m; ensayo m; *auf ~ einstellen* dar empleo, contratar a título de prueba
Probeauftrag m, ⸗e → *Probebestellung*
Probebestellung f, en pedido m de prueba
Probeexemplar n, e ejemplar m de muestra
probehalber a título de prueba
Probejahr n, e año m de prueba *bzw.* de prácticas
Probekauf m, ⸗e compra f a prueba *od.* por vía de ensayo
Probelauf m, ⸗e carrera f de ensayo; marcha f de prueba
Probelieferung f, en suministro m a título de prueba
proben probar; ensayar
Probenummer f, n → *Probeexemplar*
Probesendung f, en envío m de muestra *od.* prueba
Probezeit f, en período m de prueba *od.* ensayo
Problem n, e problema m; *ein ~ lösen* solucionar un problema
Problemregion f, en región f en crisis; región f

problemática
Produkt *n*, e producto *m*; *fertiges* ~ producto acabado; *gewerbliches* ~ producto industrial; *halbfertiges* ~ producto semielaborado; *landwirtschaftliches* ~ producto agrícola; *pflanzliche* *~e* productos de origen vegetal
Produktenbörse *f*, n Bolsa *f* de mercancías *od.* contratación
Produktenmarkt *m*, ⸚e mercado *m* de productos
Produktion *f*, en producción *f*; *die* ~ *ankurbeln* estimular, relanzar la producción; *die* ~ *einstellen* paralizar la producción; *die* ~ *erhöhen (steigern)* aumentar la producción; *die* ~ *senken (drosseln)* bajar la producción (Syn. *Herstellung; Fertigung; Erzeugung*)
Produktionsablauf *m*, ⸚e marcha *f* de la producción
Produktionsabteilung *f*, en sección *f*, departamento *m* de producción
Produktionsaufnahme *f*, n comienzo *m* bzw. reanudación *f* de la producción
Produktionsausfall *m*, ⸚e pérdida *f* de producción
Produktionsausstoß *m*, ⸚sse producción *f*; cantidad *f* producida; volumen *m* de producción; producción *f* física
Produktionsbereich *m*, e sector *m* de producción
Produktionsbeschränkung *f*, en restricción *f* de la producción
Produktionsbetrieb *m*, e empresa *f* de producción
Produktionsbrigade *f*, n (R.D.A.) brigada *f* de producción (agrícola)
Produktionsdrosselung *f*, en reducción *f* de la producción
Produktionseinbuße *f*, n pérdida *f* de producción
Produktionseinheit *f*, en unidad *f* de producción
Produktionseinschränkung *f*, en → *Produktionsbeschränkung*
Produktionsfaktor *m*, en factor *m* de producción
Produktionsgenossenschaft *f*, en (R.D.A.) cooperativa *f* de producción
Produktionsgüter *pl* bienes de producción
Produktionsinstrumente *pl* (R.D.A.) aparato *m* de producción
Produktionskapazität *f*, en capacidad *f* de producción
Produktionskosten *pl* costes *pl* de producción
Produktionsleistung *f*, en → *Produktivität*
Produktionsleiter *m*, - jefe *m* de producción
Produktionslenkung *f*, (en) orientación *f*, control *m* de la producción
Produktionsmenge *f*, n cantidad *f* producida
Produktionsmittel *pl* medios *pl* de producción
Produktionspotential *n*, Ø potencial *m* productivo

Produktionsprogramm *n*, e programa *m* de producción
Produktionsprozeß *m*, -sse proceso *m* de producción
Produktionsrückgang *m*, ⸚e baja *f* de producción
Produktionsrythm|us *m*, (-en) ritmo *m* de producción
Produktonsschwankungen *pl* fluctuaciones *pl* de la producción
Produktionssoll *n*, Ø producción *f* impuesta
Produktionsstand *m*, Ø nivel *m* de producción
Produktionsstandort *m*, e emplazamiento *m*, ubicación *f* de la producción
Produktionsstätte *f*, n → *Produktionsstandort*
Produktionssteigerung *f*, en aumento *m* de la producción
Produktionssteuerung *f*, en control *m* de la producción
Produktionsstraße *f*, n cadena *f* de producción (Syn. *Fließband*)
Produktionsstufe *f*, n fase *f* de la producción
Produktionsteam *n*, s equipo *m* de producción
Produktionstempo *n*, (s) cadencia *f* de producción; ritmo *m* de la producción
Produktionsüberschuß *m*, ⸚sse excedente *m* de la producción
Produktionsumfang *m*, (⸚e) → *Produktionsvolumen*
Produktionsumstellung *f*, (en) reconversión *f* de la producción
Produktionsunterlagen *pl* instalaciones *pl* industriales
Produktionsverfahren *n*, - procedimiento *m* de producción
Produktionsverlagerung *f*, en desplazamiento *m* de la producción
Produktionsvolumen *n*, - volumen *m* de la producción
Produktionsweise *f*, n método *m* de producción
Produktionswert *m*, Ø valor *m* de producción
Produktionsziffer *f*, n cifra *f* de producción
Produktionszuwachs *m*, (⸚e) aumento *m*, incremento *m* de la producción
Produktionszweig *m*, e sector *m*, rama *f* de producción
produktiv productivo; *~e Arbeit* trabajo *m* productivo, directo; *~es Kapital* capital *m* productivo
Produktivgüter *pl* bienes *pl* de producción
Produktivität *f*, (en) productividad *f*; *die* ~ *steigern* aumentar la productividad
Produktivitätsgrenze *f*, n límite *m* de productividad
Produktivitätsprämie *f*, n prima *f*, plus *m* de productividad
Produktivitätssteigerung *f*, en aumento *m* de la

349

productividad
Produktivitätszuwachs *m*, (¨e) incremento *m* de la productividad
Produktivkapital *n*, Ø capital *m* productivo
Produktivkräfte *pl* (*Marx*) fuerzas *pl* productivas (medios de producción, mano de obra, ciencia, tecnología, etc.)
Produktivvermögen *n*, - patrimonio *m*, capital *m* productivo
Produkt-Manager *m*, - jefe *m* de producto (Syn. *Markenbetreuer*)
Produktpalette *f*, *n* gama *f* de productos
Produkttest *n*, s ensayo *m* de productos
Produzent *m*, en productor *m*; *vom ~en zum Verbraucher* del productor al consumidor (Syn. *Hersteller*)
Produzentenpreis *m*, e precio *m* de producción
produzieren producir; fabricar; *nach Bedarf ~* producir en función de la demanda; (R.D.A.) *~tes Nationaleinkommen* renta *f* nacional (Syn. *herstellen, erzeugen*)
Professional *m*, s → *Profi*
professionell profesional; *~er Sportler* deportista *m* profesional
Profi *m*, s profesional *m*
Profil *n*, e perfil *m*; *das gewünschte ~ haben* tener el perfil requerido
Profit *m*, e beneficio *m*; ganancia *f*; lucro *m*; *~ von etw. erzielen* sacar provecho de algo
profitieren ganar; aprovechar; sacar provecho
Profitmaximierung *f*, en maximización *f* de los beneficios
Profitsucht *f*, Ø avidez *f*, ansia *f* de sacar provecho
pro forma proforma
Proforma-Rechnung *f*, en factura *f* proforma
Proforma-Wechsel *m*, - letra *f* proforma
Prognose *f*, *n* pronóstico *m*; *~ wirtschaftspolitischer Entwicklung* pronóstico sobre el desarrollo político-económico
Programm *n*, e 1. programa *m*; plan *m*; *ein ~ aufstellen* elaborar un programa 2. (Inform.) programa *m*; *dem Computer ein ~ eingeben* programar un ordenador 3. *(TV) Erstes, Zweites ~* primer, segundo canal *m*
Programmabruf *m*, e (Inform.) llamada *f* de un programa
Programmation *f*, en → *Programmierung*
Programm-Einheit *f*, en (Inform.) unidad *f* de programa
Programmgestaltung *f*, en (Inform.) programación *f*
programmgesteuert (Inform.) asistido por ordenador; equipado con un programa de mando
programmieren programar; introducir un programa

Programmierer *m*, - (Inform.) programador *m* (especialista en la concepción, realización y utilización de programas)
Programmiersprache *f*, *n* (Inform.) lenguaje *m* de programación (por ej. FORTRAN, PROLOG)
Programmierung *f*, en programación *f*
Programmsteuerung *f*, en (Inform.) mando *m* por programa
Programmverzahnung *f*, (en) (Inform.) multiprogramación *f* (Syn. *Mehrprogrammverarbeitung*)
Progression *f*, en progresión *f*
Progressionstarif *m*, e tarifa *f* progresiva
progressiv 1. progresivo; que avanza regularmente; *~e Abschreibung* amortización *f* progresiva 2. progresista; de progreso; *~e Partei* partido *m* progresista
Progressivsteuer *f*, *n* impuesto *m* progresivo
Prohibition *f*, en prohibición *f* (de bebidas alcohólicas en los EE.UU. de 1919 a 1933)
Projekt *n*, e proyecto *m*; empresa *f* de gran envergadura
Projektion *f*, en proyección *f*
projizieren proyectar; efectuar una proyección
Pro-Kopf-Einkommen *n*, - renta *f* per cápita
Pro-Kopf-Verbrauch *m*, Ø consumo *m* per cápita; consumo *m* individual
Prokura *f*, -en poder *m*; *per ~* por poder; *die ~ entziehen* revocar el poder
Prokurist *m*, en apoderado *m*; *erster ~* primer apoderado
Proletariat *n*, - proletariado *m*; *akademisches ~* proletariado intelectual
Proletarier *m*, - proletario *m*
Prolongation *f*, en prolongación *f*; prórroga *f*; operación *f* de reporte; negocio *m* a término
Prolongationsgeschäft *n*, e operación *f* de reporte *od.* prolongación
Prolongationswechsel *m*, - letra *f* prolongada *bzw.* prolongable
prolongieren prolongar; conceder una prórroga; prorrogar
pro mille por mil (Syn. *pro tausend; fürs Tausend*)
Promille *n*, - 1. tanto *m* por mil; *die Provision beträgt 7 ~* la comisión asciende a 7 por mil 2. grado *m* de alcoholemia
Promillgrenze *f*, *n* alcoholemia *f*; grado *m* de alcohol autorizado en la sangre
Promillesatz *m*, ¨e tanto *m* por mil
Promotion *f*, Ø venta *f* promocional
Promotion *f*, en doctorado *m*
promovieren pasar su doctorado
prompt sin demora; inmediato; en el acto; pronto; *~e Lieferung* entrega *f* inmediata
Promptgeschäft *n*, e negocio *m*, operación *f* al

contado
Propaganda *f*, Ø publicidad *f*; propaganda *f*
proportional proporcional; *direkt, umgekehrt ~* directamente, inversamente proporcional; *~e Besteuerung* imposición *f* proporcional
Proportionalwahl *f*, **en** → *Proporzwahl*
Proporz *m*, **e** (A, CH) → *Proporzwahl*
Proporzdenken *n*, Ø (Pol.) repartición *f* proporcional y sistemática de los escaños (entre el CDU y el SPD por ej.)
Proporzwahl *f*, (**en**) representación *f* proporcional; elección *f* proporcional
Prospekt *m*, **e** folleto *m*; prospecto *m*; nota *f* circular
Prospektion *f*, **en** prospección *f*
Prospektmaterial *n*, **ien** material *m* de publicidad; folletos *pl*; prospectos *pl*
Prospektwerbung *f*, **en** publicidad *f* por prospectos
prosperieren prosperar
Prosperität *f*, Ø prosperidad *f*
Protektionismus *m*, Ø proteccionismo *m*
protektionistisch proteccionista
Protest *m*, **e** protesta *f*; (Jur.) recurso *m*; *(Wechsel)* protesto *m*; *mangels ~* por falta de protesto; *schriftlicher ~* protesto por escrito; *~ aufnehmen* protestar; *mit ~ zurückgehen lassen* devolver protestado
Protestaktion *f*, **en** acción *f* de protesta
Protestanzeige *f*, **n** notificación *f* de protesto
Protestbewegung *f*, **en** movimiento *m* de protesta
Proteststreik *m*, **s** huelga *f* de protesta
Protestwelle *f*, **n** ola *f* de protestas
Protokoll *n*, **e** acta *f*; protocolo *m*; minuta *f*; *amtliches ~* acta oficial; *~ aufnehmen* levantar acta; *~ führen* redactar el acta de una sesión; estar encargado de redactar el acta
Protokollführer *m*, **-** redactor *m* del acta; secretario *m*
protokollieren hacer constar en acta; registrar; protocol(iz)ar
Prototyp *m*, **en** prototipo *m*
Proviant *m*, **e** aprovisionamiento *m*; víveres *pl*
Provision *f*, **en** comisión *f*; porcentaje *m*; *eine ~ von 3% berechnen* cargar el 3% de comisión; *einer ~ unterliegen* estar sujeto a comisión
Provisionsberechnung *f*, **en** liquidación *f* de una comisión
provisionsfrei sin comisión; libre de comisión
provisionspflichtig sujeto a comisión
Provisionssatz *m*, **ⁿe** tipo *m* de comisión
Prozent *n*, **e** porcentaje *m*; tanto *m* por ciento; *gegen ~e* en régimen de comisión; *~e abwerfen* devengar intereses
prozentig por ciento
Prozentsatz *m*, **ⁿe** porcentaje *m*; tanto *m* por ciento; tipo *m* de interés; *hoher ~* porcentaje elevado
prozentual al tanto por ciento; proporcional
Prozentwert *m*, Ø valor *m* expresado en porcentaje
Prozeß *m*, **-sse** (Jur.) proceso *m*; litigio *m*; pleito *m*; causa *f*; acción *f* legal; *anhängiger ~* proceso pendiente; *~ gegen den Staat* causa incoada contra el Estado; *~ anstrengen* incoar un proceso; *~ aufnehmen* instruir una causa; *~ aussetzen* suspender una causa
Prozeßakten *pl* autos *pl* de procesamiento
prozeßfähig con capacidad procesal
Prozeßführer *m*, **-** (parte *f*) litigante *m*
Prozeßgegner *m*, **-** parte *f* contraria
prozessieren procesar; poner pleito a; seguir una causa contra
Prozeßkosten *pl* costas *pl* procesales; gastos *pl* judiciales; *zu den ~ verurteilt sein* ser condenado a pagar las costas
Prozeßordnung *f*, **en** ley *f* de enjuiciamiento; procedimiento *m* judicial
Prozessor *m*, **en** (Inform.) procesador *m*
prüfen examinar; verificar; controlar; ensayar; *die Bilanz ~* controlar el balance; *ein Produkt auf Schädlichkeit ~* verificar las propiedades nocivas, tóxicas de un producto
Prüfer *m*, **-** 1. examinador *m* 2. revisor *m*, censor *m* de cuentas; (LA) contador *m* público
Prüfgerät *n*, **e** aparato *m* de ensayos *bzw.* de control
Prüfsender *m*, **-** (Seg.) emisor *m* de control
Prüfsignal *f*, **e** (Seg.) señal *f* de control
Prüfstand *m*, Ø banco *m*, puesto *m* de ensayos
Prüfung *f*, **en** ensayo *m*; examen *m*; prueba *f*
Prüfungsausschuß *m*, **ⁿsse** comisión *f* examinadora
Prüfungsbericht *m*, **e** informe *m* sobre la revisión
PS *n*, **-** 1. *(Pferdestärke)* caballos *pl* de vapor, de fuerza 2. → *Postskriptum*
publik público
Publikum *n*, Ø público *m*
publizieren publicar
Publizistik *f*, Ø periodismo *m*
Publizität *f*, Ø publicidad *f*
Pufferstaat *m*, **en** Estado *m* intermedio, tapón
Pump (Fam.) crédito *m*; *auf ~ kaufen* comprar a crédito; *auf ~ leben* vivir del crédito, de sablazos
pumpen, *in ein Unternehmen Geld ~* inyectar capital a una empresa; *von jdm. Geld ~* sablear, dar un sablazo a alg.
Punkt *m*, **e** punto *m*; *~ für ~* punto por punto; *strittiger ~* punto litigioso; *toter ~* punto muerto
Punktnachteil *m*, **e** malus *m*
Punktstreik *m*, **s** huelga *f* puntual

punktuell puntual
Punktverlust *m*, **e** pérdida *f* de un punto *bzw.* puntos
putativ putativo
Putsch *m*, **s** intentona *f* de golpe de estado; golpe *m* (de estado)
Putschist *m*, **en** golpista *m*

Putschversuch *m*, **e** intento *m* golpista; intentona *f* golpista
Putzfrau *f*, **en** mujer *f* de limpieza; asistenta *f*
Pyrenäen *pl* Pirineos *pl*
Pyrenäenhalbinsel península *f* ibérica
pyrenäisch pirenático

Q

qkm → *Quadratkilometer*
Quadrat *n*, e cuadrado *m*
Quadratkilometer *m*, - kilómetro *m* cuadrado
Quadratmeter *m od. n*, - metro *m* cuadrado
Quadratzahl *f*, en número *m* al cuadrado
Qualifikation *f*, en cualificación *f*; *berufliche* ~ cualificación profesional
Qualifikationsniveau *n*, s nivel *m* de cualificación
qualifizieren cualificar; *er hat sich für diesen Posten qualifiziert* ha obtenido la cualificación exigida por esta plaza
qualifiziert cualificado; *~er Arbeiter* trabajador *m* cualificado; *~e Mehrheit* mayoría *f* calificada
Qualifizierung *f*, en → *Qualifikation*
Qualität *f*, en calidad *f*; *erster* ~ de primera calidad; *von ausgesuchter* ~ de calidad selecta *od.* escogida; *von geringer* ~ de calidad inferior; *mangelnde* ~ calidad deficiente
qualitativ cualitativo; ~ *verschieden ausfallen* variar de calidad; diferir en cuanto a la calidad
Qualitätsabschlag *m*, ⸗e descuento *m* por calidad defectuosa
Qualitätsforderungen *pl* exigencias *pl* en materia de calidad
Qualitätsgarantie *f*, (n) garantía *f* de calidad
Qualitätskontrolle *f*, n control *m* de calidad
Qualitätsmarke *f*, n etiqueta *f*, marca *f* de calidad
Qualitätsminderung *f*, (en) baja (*od.*) reducción *f* de calidad
Qualitätsnachweis *m*, e garantía *f* de calidad
Qualitätsnorm *f*, en norma *f* cualitativa
Qualitätsprüfung *f*, en ensayo *m*, verificación *f* de la calidad
Qualitätssiegel *n*, - sello *m* de calidad
Qualitätsstandard *m*, s estándar *m* de calidad; *den ~ erfüllen* satisfacer las normas de calidad
Qualitätssteigerung *f*, en mejora *f* de calidad
Qualitätsunterschied *m*, e diferencia *f* de calidad
Qualitätsware *f*, n mercancía *f* de calidad; artículo *m* de marca
Qualitätswettbewerb *m*, e 1. (R.D.A.) concurso *m* de calidad (destinado a fabricar los mejores productos) 2. competencia *f* de calidad
Quantität *f*, en cantidad *f*; lote *m*; bulto *m*; importe *m* (Syn. *Menge, Masse*)
Quantlum *n*, -en cantidad *f*; cuota *f*; tanto *m*
Quarantäne *f*, n cuarentena *f*; *die ~ aufheben* levantar la cuarentena; *in ~ gehen* ser sometido a cuarentena

Quartal *n*, e trimestre *m*; *zum* ~ a plazo *od.* vencimiento trimestral
Quartal(s) - (Pref.) trimestral
Quartal(s)abrechnung *f*, en cuenta *f*, liquidación *f* trimestral
Quartal(s)abschluß *m*, ⸗sse balance *m* trimestral
Quartal(s)ergebnis *n*, se resultado *m* trimestral
quartal(s)weise por trimestre; trimestralmente; cada tres meses
Quartal(s)zahlung *f*, en pago *m* trimestral
Quartier *n*, e alojamiento *m*; habitación *f*; ~ *beziehen* alojarse; tomar alojamiento
quasi cuasi; por así decirlo
Quasidelikt *n*, e cuasi delito *m*
Quasigeld *n*, er fondos *pl* no disponibles de inmediato
Quasimonopol *n*, e cuasi monopolio *m*
Quelle *f*, n fuente *f*; origen *m*; procedencia *f*; *aus gut unterrichteter* ~ de buena fuente; de fuente bien informada; *Steuern an der ~ einbehalten* retener los impuestos en la base
Quellenabzug *m*, ⸗e retención *f*, deducción *f* en la base
Quellenabzugsverfahren *n*, - procedimiento *m* de retención en la base
Quellenangabe *f*, n indicación *f* de fuentes, referencias
Quellenbesteuerung *f*, en imposición *f* en la base
Quellensteuer *f*, n impuesto *m* de retención en la base
Querschnitt *m*, e sección *f*; corte *m* transversal; *repräsentativer* ~ media representativa
quittieren dar recibo (de un pago)
Quittung *f*, en recibo *m*; resguardo *m*; comprobante *m* (de pago)
Quittungsbuch *n*, ⸗er libro *m od.* talonario *m* de recibos
Quittungsformular *n*, e formulario *m*, impreso *m* de recibo
Quittungsstempel *m*, - sello *m* de recibo
Quorum *n*, Ø quórum *m*; *das ~ ist nicht erreicht* no se alcanzó el quórum
Quotation *f*, en cotización *f* en Bolsa
Quote *f*, n cuota *f*; contingente *m*; cupo *m*; *nach* ~ por cuotas; a prorrata
Quotenaktie *f*, n acción *f* proporcional *od.* de cuota
Quotenfestsetzung *f*, en fijación *f* de cuotas
quotenmäßig por cuotas; a prorrata; según cupos; *~es Miteigentum* copropiedad proporcional

Quoten-Rückversicherung *f*, **en** reaseguro *m* cuota parte
Quotenstichprobe *f*, **n** sondeo *m* por cuotas
Quotensystem *n*, **e** sistema *m* de cuotas
Quotient *m*, **en** cociente *m*

quotieren cotizar; *einen Preis* ~ cotizar un precio
Quotierung *f*, **en** cotización *f*
quotisieren dividir en cuotas partes
Quotisierung *f*, **en** reparto *m* a prorrata; repartición *f* proporcional

R

Rabatt m, e rebaja f; reducción f; descuento m; *auf* ~ sobre rebaja; *mit einem* ~ *von* con un descuento de; ~ *bei Barzahlung* descuento por pago al contado; *einen* ~ *gewähren* conceder una rebaja
Rabattbestimmungen pl reglamento m sobre descuentos
Rabattmarke f, n sello m de descuento
Rabattrechnung f, en cálculo m de (un) descuento
Rabattsatz m, ⸚e tasa f de descuento
Rabattstaffel f, n escala f de descuentos; descuento m escalonado
Radarmelder m, - (Seg.) detector m de radar
Radarschranke f, n (Seg.) → *Radarmelder*
Raddampfer m, - vapor m de ruedas
Radikalenerlaß m, Ø (R.F.A.) decreto m sobre los extremistas; ley f relativa al desempeño de funciones públicas por parte de extremistas
Radikalkur f, en cura f radical; *eine* ~ *für die Wirtschaft* una cura radical de la economía (Syn. *Roßkur*)
Radio n, s radio f; radiodifusión f; ~ *hören* escuchar la radio; *Nachrichten durchs* ~ *senden (übertragen)* radiar, transmitir noticias
radioaktiv radiactivo; ~*er Abfall* residuos, desechos pl radiactivos; ~*e Niederschläge* precipitaciones pl radiactivas; ~*e Strahlung* radiación f radiactiva; ~*e Verseuchung* contaminación f radiactiva; ~*e Zerfallsreihe* familia f radiactiva
Radioaktivität f, en radiactividad f
Radioapparat m, e (aparato m de) radio f; radiorreceptor m
Radioastronomie f, Ø radioastronomía f
Radiobiologie f, Ø radiobiología f
Radiochemie f, Ø radioquímica f
Radiodurchsage f, n mensaje m radiado *od.* radiodifundido
Radiohändler m, - comerciante m en artículos de radiotelefonía; vendedor m de radios
Radioisotop n, e radioisótopo m
Radiomeldung f, en noticia f radiada *od.* radiodifundida
Radioprogramm n, e programa m de radio *od.* de emisiones radiofónicas
Radioübertragung f, en (re)transmisión f radiofónica
Raffinat n, e producto m refinado
Raffination f, en refinación f
Raffinerie f, n refinería f

Rahmen m, - marco m; margen m; límite m; ámbito m; (Seg.) marco m continuo; *im* ~ *des Abkommens* en el marco del acuerdo
Rahmenabkommen n, - acuerdo m base *od.* marco (Syn. *Rahmenvertrag*)
Rahmeneinstand m, ⸚e (Seg.) bastidor m
Rahmengesetz n, e ley f básica *od.* de bases (normas relativas a las directivas que deben atender los Länder en ciertos ámbitos)
Rahmenkontakte pl (Seg.) contacto m de la armadura
Rahmenkredit m, e crédito m marco (límite o plafón de crédito general, el cual está a disposición para la utilización durante cierto tiempo)
Rahmenplan m, ⸚e plan m básico
Rahmentarifvertrag m, ⸚e convenio m colectivo marco
Raiffeisengenossenschaft f, en cooperativa f agrícola „Raiffeisen" (caja de préstamos con círculo local de clientes, basada en los principios cooperativistas del alcalde alemán F. W. Raiffeisen)
Raiffeisenkasse f, n caja f de crédito agrícola „Raiffeisen"
Rakete f, n cohete m; misil m; *bodengestützte* ~ misil con base terrestre; *mehrstufige* ~ cohete de escalones múltiples *od.* de varias fases
Raketen(abschuß)basⅼis f, -en base f de lanzamiento de cohetes *od.* misiles
Raketenabschußrampe f, n rampa f de lanzamiento de cohetes
Raketenabwehrrakete f, n misil m antimisil
Raketenantrieb m, Ø propulsión f por cohete
Raketengescho|ß n, -sse proyectil m cohete; misil m
Raketentechnik f, Ø cohetería f
Raketenträger m, - portacohetes m; portamisiles m
Raketenwerfer m, - lanzacohetes m; lanzamisiles m
RAL m (*Reichsausschuß für Lieferbedingungen und Gütersicherung*) comisión f de estudio y control de las normas de calidad
Ramsch m, e baratillo m; pacotilla f; cachivaches pl; *im* ~ *kaufen* comprar en liquidación
Ramschgeschäft n, e casa f de saldos
Ramschhändler m, - baratillero m
Ramschware f, n (artículos pl de) baratillo m *od.* pacotilla f

Rand *m*, ⁻er margen *m*; borde *m*; *am ~e* al margen
Randbemerkung *f*, en nota *f* marginal; glosa *f*; anotación *f*; apostilla *f*
Randgebiet *n*, e alrededores *pl*; afueras *pl*; periferia *f* (de una ciudad)
Randgruppe *f*, **n** grupo *m* marginal; *soziale ~n* marginados *pl* sociales
randomisieren (Estad.) hacer una elección al azar; asegurar una repartición aleatoria
Randomisierung *f*, **en** (Estad.) casualización *f*; elección *f* aleatoria; probabilización *f*
Randomzahl *f*, **en** (Estad.) número *m* aleatorio *od.* elegido al azar
Randstaat *m*, **en** Estado *m* marginal
Randstreifen *m*, **-** cenefa *f*; (Transp.) arcén m (Syn. *Standspur*)
Randvermerk *m*, **e** mención *f* marginal
Rang *m*, ⁻e rango *m*; grado *m*; clase *f*; categoría *f*; *ersten ~es* de primer orden *bzw.* de primera clase; *ehrenhalber verliehener ~* rango honorífico; *~ nach Dienstalter* antigüedad *f* de servicio; *den ~ abtreten* ceder el rango *bzw.* el primer puesto
Rangälteste/r *(der/ein)* oficial *m* de más antigüedad *bzw.* de más alta graduación
Rangerhöhung *f*, **en** ascenso *m*; promoción *f*
Rangfolge *f*, **n** → *Rangordnung*
Rangierbahnhof *m*, ⁻e estación *f* de maniobras *od.* de clasificación
rangieren 1. (Transp.) maniobrar; hacer maniobras; formar los trenes 2. clasificar; colocar en cierto orden; *an erster Stelle ~* ocupar el primer lugar
Rangliste *f*, **n** lista *f* de preferencias; escalafón *m*
Rangordnung *f*, **en** jerarquía *f*; orden *m* de precedencia *bzw.* distribución
Rankgerüst *n*, **e** (Seg.) espaldera *f*
Rapport *m*, **e** informe *m*; parte *m* (Syn. *Bericht*)
rar raro; escaso; *~ sein* escasear
Rassendiskriminierung *f*, **en** discriminación *f* racial
Rassenfrage *f*, **(n)** problema *m* racial
Rassentrennung *f*, **en** segregación *f* racial; segregacionismo *m*
Rastplatz *m*, ⁻e lugar *m* de descanso *bzw.* de parada; área *f* de reposo (en las autopistas)
Raststätte *f*, **n** albergue *m* de carretera; parador *m*
Rat *m*, ⁻e 1. consejo *m*; junta *f*; comité *m*; asamblea *f*; *(Stadtrat)* concejo *m*; *gesetzgeberischer ~* junta legislativa 2. miembro *m* de un consejo; consejero *m*; concejal *m*
Rat *m*, **-schläge** consejo *m*; advertencia *f*; recomendación *f*; *fachmännischen ~ erteilen* dar un consejo pericial; *jdn. zu ~e ziehen* consultar a alg.
Ratazins *m*, **en** interés *m* fraccional (que va desde un vencimiento ordinario hasta un plazo intermedio) (Syn. *Bruchzins; Stückzins*)
Rate *f*, **n** cuota *f*; parte *f*; pago *m* parcial; prorrata *f*; plazo *m* 1. *vierteljährliche ~* plazo trimestral; *erste ~ (Anzahlung)* primer plazo; *überfällige ~* plazo vencido 2. *auf ~n kaufen* comprar a plazos; *in monatlichen ~n (be)zahlen* pagar a plazos mensuales
Ratengeschäft *n*, **e** 1. venta *f* a plazos 2. casa *f* de ventas a crédito; tienda *f* de pago a plazos
Ratenkauf *m*, ⁻e 1. compra *f* a plazos 2. venta *f* a plazos
Ratenkäufer *m*, **-** comprador *m* a plazos
Ratensystem *n*, **e** sistema *m* de compra *bzw.* venta a plazos
ratenweise a plazos
Ratenzahlung *f*, **en** pago *m* a plazos; *jährliche ~* plazo anual; *~en einhalten* cumplir con los plazos
Räteregierung *f*, **en** (Pol.) gobierno *m* soviético *od.* de los soviets
Rätesystem *n*, **e** régimen *m* soviético
Ratgeber *m*, **-** consejero *m*; asesor *m*
Rathaus *n*, ⁻er ayuntamiento *m*; casa *f* consistorial; (LA) municipalidad *f od.* municipio *m*
Ratifikation *f*, **en** → *Ratifizierung*
Ratifikationsurkunde *f*, **n** instrumento *m* de ratificación
ratifizieren ratificar; *einen Vertrag ~* ratificar un tratado
Ratifizierung *f*, **en** ratificación *f*; *die ~ eines Vertrages, eines Abkommens* ratificación de un tratado, de un acuerdo
Ration *f*, **en** ración *f*; porción *f*; *knappe ~* ración escasa; *eiserne ~* (ración de) última reserva *f*; *volle ~* ración completa
rationalisieren racionalizar; *Arbeitsabläufe ~* racionalizar el trabajo (condiciones, procedimientos, etc.)
Rationalisierung *f*, **en** racionalización *f*
Rationalisierungsprozeß *m*, **-sse** proceso *m* de racionalización
rationell racional; económico
rationieren racionar
Rationierung *f*, **en** racionamieno *m*; fijación *f* de un contingente; contingentación *f*
Ratio-System *n*, **e** técnicas *pl* de venta altamente racionalizadas
Ratstagung *f*, **en** (R.D.A.) Asamblea *f* del Comecón (órgano supremo)
Raubbau *m*, Ø sobreexplotación *f*; explotación *f* abusiva; *mit etw. ~ treiben* explotar abusivamente a/c; (Min.) agotar una mina; (Agric.) agotar un campo
Raubdruck *m*, **e** edición *f* pirata *od.* clandestina
Raubpressung *f*, **en** impresión *f* clandestina *od.*

pirata de discos y casetes
Raubüberfallversicherung *f*, en (Seg.) seguro *m* contra atracos
Rauchmelder *m*, - (Seg.) avisador *m* de humo
Rauchpatrone *f*, **n** (Seg.) cartucho *m* que desprende humo
Rauchwaren *pl* peletería *f* (Syn. *Pelze*)
Rauchwarenmesse *f*, **n** feria *f* de (la) peletería
Raum *m*, ⁻e espacio *m*; lugar *m*; local *m*; sala *f*; área *f*; *gewerblicher ~* local profesional; *im ~ Frankfurt/Köln* en la región Francfort/Colonia; *der europäische ~* el espacio europeo
räumen vaciar; despejar (calle); evacuar (ciudad); liquidar; *das Lager ~* liquidar las existencias
Raumfahrt *f*, Ø astronáutica *f*; cosmonáutica *f*; navegación *f* interplanetaria *od.* espacial
Raumforschung *f*, en investigación *f* espacial
Raumflug *m*, ⁻e vuelo *m* espacial
Raumgestalter *m*, - decorador *m* de interiores; interiorista *m*
Raumindustrie *f*, **n** industria *f* espacial
Raumkapsel *f*, **n** cápsula *f* espacial
Raumlabor(atorium) *n*, -en laboratorio *m* espacial
Raumordnung *f*, en ordenación *f*, planificación *f* territorial
Raumplanung *f*, en 1. planificación *f* territorial 2. (empresa) organización *f* funcional de los locales
Raumpolitik *f*, Ø política *f* de planificación territorial
Raumschutz *m*, Ø (Seg.) protección *f* volumétrica
Raumschutzanlagen *pl* (Seg.) instalaciones *pl* de protección volumétrica
Raumüberwachung *f*, en (Seg.) vigilancia *f* del local, lugar
Räumung *f*, en 1. liquidación *f* 2. evacuación *f*; expulsión *f*; *die ~ einer besetzten Fabrik anordnen* ordenar la evacuación de una fábrica ocupada 3. *(zwangsweise)* desahucio *m*; *auf ~ klagen* demandar el desahucio
Räumungs(aus)verkauf *m*, ⁻e liquidación *f* total *od.* general
Räumungsbefehl *m*, e (Jur.) orden *f* de desahucio
Räumungsklage *f*, **n** (Jur.) demanda *f* de desahucio
Raumverkauf *m*, ⁻e venta *f* a causa de liquidación de las existencias
Rauschgift *n*, e estupefaciente *m*; droga *f*; *mit ~ handeln* traficar con estupefacientes (Syn. *Droge*)
Rauschgifthandel *m*, Ø tráfico *m* de estupefacientes *od.* de drogas; narcotráfico *m*
Rauschgifthändler *m*, - traficante *m* de estupefacientes *od.* de drogas; narcotraficante *m*
Rauschgiftsüchtige/r *(der/ein)* toxicómano *m*; drogadicto *m*
Rayon *m*, **s** (A) sección *f* (de los grandes almacenes)
Razzia *f*, -en batida *f*; redada *f*
Rbl → *Rubel*
rd. → *rund*
RE → *Rechnungseinheit*
reagieren reaccionar; responder; *die Börse ~te auf die Dollar-Aufwertung* la Bolsa reaccionó a la revaluación del dólar
Reaktor *m*, en reactor *m* (nuclear)
Reaktorbau *m*, Ø construcción *f* de centrales nucleares
real real; efectivo; concreto; material
Realeinkommen *n*, - renta *f* real
Realisation *f*, en realización *f*; venta *f*; liquidación *f*; *ausländische ~en* liquidaciones extranjeras
Realisationswert *m*, e valor *m* de realización
realisierbar realizable; liquidable; convertible; *(Effekten)* negociable
Realisierbarkeit *f*, Ø realizabilidad *f*
realisieren realizar; vender; hacer efectivo; liquidar
Realisierung *f*, en realización *f*; venta *f*; liquidación *f*
Realkauf *m*, ⁻e compra *f* al contado
Realkaufkraft *f*, Ø poder *m* adquisitivo real
Realkontrakt *m*, e → *Realvertrag*
Realkredit *m*, e crédito *m* inmobiliario *od.* real (garantizado por ciertos valores patrimoniales)
Reallast *f*, en carga *f* real
Reallohn *m*, ⁻e salario *m* real (poder adquisitivo efectivo del salario)
Realobligation *f*, en cédula *f* hipotecaria (Syn. *Pfandbrief*)
Realprodukt *n*, e producto *m* real
Realsteuer *f*, **n** impuesto *m* real (sobre bienes raíces)
Realvermögen *n*, - propiedad *f* real
Realvertrag *m*, ⁻e contrato *m* real
Realwert *m*, e valor *m* real
Reassekuranz *f*, en → *Rückversicherung*
Rechenanlage *f*, **n** (Inform.) ordenador *m*; unidad *f* central; centro *m* de cálculos informáticos; *elektronische ~* ordenador; *numerische (digitale) ~* calculadora *f* numérica; *programmgesteuerte ~* calculadora con programa incorporado (Syn. *Computer; EDV-Anlage*)
Rechenfehler *m*, - error *m* de cálculo; *einen ~ begehen* cometer un error de cálculo
Rechenmaschine *f*, **n** máquina *f* de calcular; calculadora *f*
Rechenschaft *f*, en cuenta *f*; *~ ablegen* dar cuenta;

rendir cuentas; *jdn. zur ~ ziehen* pedir cuentas a alg.
Rechenschaftsbericht *m*, e informe *m*, relación *f* de cuentas; *jährlicher ~* informe, memoria *f* anual; *~ über die Generalversammlung* informe sobre la junta general
Rechenschaftslegung *f*, en → *Rechenschaftsbericht*
Rechenwerk *n*, e (Inform.) órgano *m* de cálculo
Rechenzentr|um *n*, -en centro *m* de cálculo *od.* de computación
Recherchen *pl* pesquisas *pl*; indagaciones *pl*; *~ anstellen* indagar; hacer pesquisas; *die ~ unserer Rechtsabteilung haben nichts ergeben* las pesquisas de nuestro servicio jurídico no han dado resultado
rechnen 1. calcular; contar; hacer cálculos 2. estimar; evaluar; cifrar en; *wir ~ mit einer Preissteigerung von 10%* contamos con un aumento de 10%
Rechner *m*, - calculador *m*; calculadora *f*; *elektronischer ~* ordenador *m*; *programmgesteuerter ~* calculadora con programa incorporado
Rechnung *f*, en factura *f*; cuenta *f*; nota *f*; cálculo *m* 1. *auf eigene ~* por cuenta propia; *auf fremde ~* por cuenta ajena; *detaillierte ~* factura especificada; *falsche ~* cálculo erróneo; *getrennte ~* cuenta por separado; *laufende ~* cuenta corriente; *offenstehende ~* cuenta no saldada, pendiente; *quittierte ~* cuenta con recibo, pagada, saldada 2. *eine ~ aufstellen* extender, hacer una factura; *eine ~ ausgleichen* saldar una cuenta; liquidar una factura; *in der ~ erscheinen* figurar en la factura; *auf ~ kaufen* comprar a cuenta; *etw. auf die ~ setzen (in ~ stellen)* cargar a/c en cuenta
Rechnungsabgrenzung *f*, en ajuste *m* de cuenta
Rechnungsabgrenzungsposten *m*, - cuenta *f* de orden
Rechnungsabschluß *m*, ⸚sse cierre *m* de cuentas; saldo *m* de una cuenta
Rechnungsaufstellung *f*, en especificación *f* de la cuenta; estado *m* de cuentas
Rechnungsauszug *m*, ⸚e extracto *m* de cuenta
Rechnungsbeleg *m*, e comprobante *m* de cuenta; justificante *m* contable
Rechnungsbuch *n*, ⸚er libro *m* de cuentas
Rechnungseinheit *f*, en (RE) unidad *f* de cuenta (se utiliza para empréstitos, pagos internacionales y en calidad de moneda bancaria para instituciones internacionales)
Rechnungsführer *m*, - contador *m*
Rechnungsführung *f*, en contabilidad *f*
Rechnungsgeld *n*, er moneda *f* de cuenta
Rechnungshof *m*, ⸚e Tribunal *m* de Cuentas
Rechnungsjahr *n*, e año *m* económico *bzw.* fiscal; ejercicio *m*
Rechnungsposten *m*, - asiento *m* contable; *(im Etat)* partida *f*; *einmaliger ~* asiento no recurrente; partida única
Rechnungsprüfer *m*, - censor *m*; revisor *m* de cuentas; auditor *m*
Rechnungsprüfung *f*, en revisión *f* de cuentas; auditoría *f* (de cuentas); *(bsd. im Etat)* fiscalización *f*
Rechnungsrat *m*, ⸚e consejero *m* del Tribunal de Cuentas
Rechnungsstellung *f*, en facturación *f*
Rechnungsvorlage *f*, n presentación *f* de una cuenta
Rechnungswesen *n*, Ø contabilidad *f*; teneduría *f* de libros
Recht *n*, e 1. derecho *m*; regla *f* jurídica 2. ley *f*; legislación *f*; justicia *f* 3. derecho *m* (subjetivo); demanda *f* 4. *bürgerliches ~* derecho civil; *geltendes ~* derechos vigente; *internationales ~* derecho internacional; *öffentliches ~* derecho público; *positives ~* derecho positivo; *ungeschriebenes ~* derecho no escrito; *unveräußerliches ~* derecho inalienable 5. *ein ~ ausüben* ejercer un derecho; *sein ~ behaupten* hacer valer sus derechos; *ein ~ auf etw. haben* tener derecho a a/c; *von einem ~ Gebrauch machen* ejercer un derecho; hacer uso de un derecho; *ein ~ geltend machen* hacer valer sus derechos; *ein ~ genießen* gozar de un derecho; *sich selbst ~ verschaffen* tomarse la justicia por su mano; *sich ein ~ vorbehalten* reservarse un derecho 6. *~ auf Arbeit* derecho al trabajo; *~ zur Banknotenausgabe* privilegio *m* de emisión de billetes de banco; *~ auf Einsichtnahme* derecho de inspección; *von ~s wegen de* (pleno) derecho; conforme a derecho; *alle ~e vorbehalten* reservados todos los derechos
Rechte *f*, (n) (Pol.) derecha *f*; *äußerste ~* extrema derecha; *gemäßigte ~* derecha moderada
rechtlich legal; de derecho; jurídico; legítimo; *im ~en Sinne* en sentido jurídico; *bürgerlich-~* jurídico-civil; de derecho civil; *~ und sachlich begründet sein* tener un fundamento legal y objetivo; *~es Gehör* audiencia *f* jurídica; *~ anerkennen* legalizar; legitimar
rechtmäßig legítimo; legal; válido; *~ besitzen* poseer legítimamente; *~ handeln* actuar legalmente; *~er Anspruch* derecho *m*, título *m* legal
Rechtmäßigkeit *f*, Ø legitimidad *f*; autenticidad *f*; legalidad *f*; validez *f*; *~ eines Rechtmittels* legalidad de un recurso
rechts (Pol.) de derecha; *~ stehen* ser de derechas *od.* derechista

Rechtsabteilung *f*, en sección *f* jurídica; departamento *m* jurídico
Rechtsanwalt *m*, ⸗e abogado *m*; letrado *m*; *(nicht plädierender)* procurador *m*; *plädierender* ~ (abogado) defensor *m*; *zugelassener* ~ abogado colegiado; *jdn. zu seinem* ~ *bestellen* nombrar a alg. abogado suyo; *sich als* ~ *niederlassen* abrir bufete
Rechtsbehelf *m*, e recurso *m* jurídico
Rechtsbeistand *m*, (⸗e) asistencia *f* judicial; consultor *m* jurídico; abogado *m*
Rechtsberater *m*, - asesor *m* jurídico
Rechtsbruch *m*, ⸗e violación *f* del derecho
Rechtseinwand *m*, ⸗e objeción *f*; excepción *f*; *auf Formfehler begründeter* ~ excepción fundada en un vicio de forma; *einen* ~ *erheben* elevar, formular una objeción
rechtsfähig con capacidad jurídica; ~ *sein* tener capacidad jurídica; ~ *er Verein* asociación *f* registrada *bzw.* con personalidad jurídica
Rechtsfähigkeit *f*, Ø capacidad *f* jurídica
Rechtsfall *m*, ⸗e caso *m* jurídico; cuestión *f* de derecho
Rechtsform *f*, en forma *f* jurídica
Rechtsgeschäft *n*, e negocio *m*, acto *m* jurídico
Rechtsgrundlage *f*, n base *f* jurídica *od.* legal
rechtsgültig válido; legal; auténtico; ~ *ausgestellt und bestätigt* extendido legalmente y confirmado; ~ *er Anspruch* pretensión *f* válida *od.* legal
Rechtsgültigkeit *f*, Ø validez *f* jurídica; ~ *eines Schriftstückes* autenticidad *f* de un documento; *die* ~ *eines Vertrages herbeiführen* ratificar un contrato *bzw.* tratado
Rechtsgutachten *n*, - dictamen *m* judicial *od.* pericial; dictamen *m* del asesor jurídico
Rechtsirrtum *m*, ⸗er error *m* de derecho
Rechtskraft *f*, Ø fuerza *f* de ley; validez *f*; firmeza *f*; *die* ~ *eines Urteils* la firmeza de una sentencia
rechtskräftig legal; firme; válido; que tiene fuerza de ley; ~ *sein* tener fuerza de ley; ~ *werden* adquirir fuerza de ley; (Allg.) entrar en vigor; ~ *es Urteil* fallo *m*, sentencia *f* firme
Rechtskunde *f*, Ø jurisprudencia *f*
rechtskundig versado en leyes
Rechtskundige/r *(der/ein)* jurisperito *m*; jurisconsulto *m*
Rechtslage *f*, n situación *f* jurídica
Rechtslehre *f*, n derecho *m*; ciencia *f* jurídica
Rechtsmangel *m*, ⸗ vicio *m* jurídico; defecto *m* legal
Rechtsmittel *n*, - recurso *m*; ~ *der Berufung* recurso de apelación; ~ *der Revision* recurso de casación; *ein* ~ *einlegen* interponer recurso
Rechtmittelbelehrung *f*, (en) indicación *f* del recurso procedente; información *f* sobre los medios legales
Rechtsnachfolger *m*, - causahabiente *m*
Rechtspartei *f*, en (Pol.) partido *m* de derechas *od.* derechista
Rechtspersönlichkeit *f*, Ø personalidad *f* jurídica
Rechtspflege *f*, Ø administración *f* de justicia
rechtsprechende Gewalt *f*, (en) poder *m* judicial
Rechtsprechung *f*, en administración *f* de justicia; jurisdicción *f*; jurisprudencia *f*
rechtsradikal de la extrema derecha; ultraderechista
Rechtsradikale/r *(der/ein)* extremista *m* de derechas; ultraderechista *m*
Rechtsruck *m*, Ø (Pol.) giro *m* hacia la derecha; derechización *f*
Rechtsschutz *m*, Ø protección *f* jurídica; garantía *f* legal; *gewerblicher* ~ protección de la propiedad industrial
Rechtsschutzversicherung *f*, en seguro *m* de protección jurídica
Rechtsstaat *m*, en Estado *m* de derecho; Estado *m* constitucional
Rechtsstaatlichkeit *f*, Ø constitucionalidad *f*; legalidad *f*
Rechtsstreit *m*, (e) litigio *m*; pleito *m*; proceso *m*; *zu den Kosten eines* ~ *verurteilt werden* ser condenado en costas
Rechtstitel *m*, - título *m* legal *od.* jurídico; *urkundlicher* ~ título documentado
rechtsverbindlich obligatorio; legal; válido; vinculante legalmente
Rechtsverbindlichkeit *f*, Ø obligatoriedad *f* jurídica; obligación *f* legal
Rechtsverdreher *m*, - rábula *m*; leguleyo *m*
Rechtsverdrehung *f*, en rabulismo *m*; charlatanería *f*; *mit* ~ *en arbeiten* tergiversar el derecho
Rechtsverhältnisse *pl* condición *f*, relación *f* jurídica; ~ *der Aktiengesellschaft* condición jurídica de la sociedad anónima
Rechtsverkehr *m*, Ø circulación *f* por la derecha
Rechtsverletzung *f*, en → *Rechtsverstoß*
Rechtsverstoß *m*, ⸗e violación *f* del derecho; infracción *f*
Rechtsweg *m*, e vía *f* judicial; *auf dem* ~ por vía judicial; *den* ~ *beschreiten* proceder judicialmente; tomar medidas judiciales; recurrir a los tribunales
rechtswidrig ilegal, antijurídico; contrario al derecho
Rechtswidrigkeit *f*, en ilegalidad *f*; antijuricidad *f*
rechtswirksam → *rechtskräftig*
Rechtswissenschaft *f*, en jurisprudencia *f*
Recycling *n*, Ø reciclaje *m*; reutilización *f* de

materias primas
Rediskont *m*, e redescuento *m* (transmisión de una letra ya descontada para el redescuento)
Rediskontbank *f*, en banco *m* de redescuento
rediskontfähig redescontable; *~er Wechsel* letra *f* redescontable
Rediskontgeschäft *n*, e operación *f* de redescuento
rediskontierbar redescontable
rediskontieren redescontar
Rediskontkredit *m*, e crédito *m* de redescuento
Rediskontsatz *m*, ᵘe tipo *m* de redescuento
Redistribution *f*, en redistribución *f*; *~ der Einkommen* redistribución de la renta
Redundanz *f*, en (Inform.) redundancia *f*
reduzieren reducir; disminuir; *den Verbrauch, das Personal, die Ausgaben ~* reducir el consumo, el personal, los gastos
Reeder *m*, - armador *m*; naviero *m*
Reederei *f*, en compañía *f* naviera
Reed-Schalter *m*, - (Seg.) interruptor *m* tipo Reed
Reexport *m*, e reexportación
REFA *m* (en 1924: *Reichsausschuß für Arbeitszeitermittlung*) REFA *m*; grupo *m* de estudio de la organización y la racionalización laborales
REFA-Fach|mann *m*, -leute representante *m*, experto *m* del REFA
Refaktie *f*, n indemnización *f* por pérdida
refaktieren acordar un descuento sobre el flete
Referat *n*, e 1. sección *f*; negociado *m* (Syn. *Dienststelle*) 2. ponencia *f*; informe *m*; exposición *f*; *ein ~ halten* pronunciar un discurso; hacer una ponencia
Referatsleiter *m*, - jefe *m* de sección
Referend|um *n*, -en *od.* -a referéndum *m*
Referent *m*, en 1. jefe *m* de negociado; jefe *m* adjunto de la Sección 2. ponente *m*; relator *m*
Referenz *f*, en referencia *f*; recomendación *f*; información *f*; *~en angeben* indicar, dar referencias; *bei jdm. ~en einholen* pedir referencias a alg.; *gute ~en haben* tener buenas referencias
Referenzind|ex *m*, -izes índice *m* de referencia
Referenzperiode *f*, n período *m* de referencia; *gegenüber ~ des Vorjahres* en comparación con el período de referencia del pasado año
Referenzpreis *m*, e precio *m* de referencia
referieren hacer una relación; referir; relatar; hacer un informe
refinanzieren refinanciar; volver a financiar
Refinanzierung *f*, en refinanciación *f*
Refinanzierungskredit *m*, e crédito *m* de refinanciación
Reflation *f*, en reflación *f* (aumento de la masa monetaria en circulación)
Reform *f*, en reforma *f*; *durchgreifende ~* reforma radical; *einschneidende ~* reforma a fondo; *eine ~ durchführen* efectuar, realizar una reforma
reformbedürftig que necesita una reforma
Reformer *m*, - reformador *m*; reformista *m*
Reformhaus *n*, ᵘer tienda *f* de productos dietéticos *od.* de régimen
reformieren reformar
Regal *n*, e estantería *f*; estante *m* 2. -ien regalía *f*; prerrogativa *f* real; monopolio *m* (Syn. *Staatsmonopol*)
rege animado; activo; intenso; *~ Beteiligung* participación *f* activa; *~r Handel* comercio *m* sostenido; *~r Verkehr* tráfico *m* intenso
Regel *f*, n regla *f*; reglamento *m*; norma *f*; pauta *f*; *eine ~ beachten (befolgen)* observar una regla
Regelbeförderung *f*, en ascenso *m* por antigüedad
regeln regular; reglamentar; ordenar; arreglar; *gütlich ~* arreglar amistosamente; *eine Rechnung ~* pagar, saldar una cuenta
Regeltarif *m*, e tarifa *f* normal, usual
Regelung *f*, en 1. reglamentación *f*; regulación *f*; *gesetzliche ~* reglamentación legal *bzw.* oficial 2. acuerdo *m*; gestión *f*; *gütliche ~* acuerdo amistoso
Regelungstechnik *f*, en cibernética *f*
Regen *m*, Ø lluvia *f*; *saurer ~* lluvia ácida
Regenabflußrohr *n*, e (Seg.) tubería *f* de desagüe de agua de lluvia
Regenbogenpresse *f*, Ø prensa *f* del corazón
Regie *f*, n 1. *(Leitung)* administración *f* 2. *(Staatsmonopol)* monopolio *m* del Estado 3. *(Theater)* dirección *f* artística *od.* de escena; *(Film)* dirección *f*; realización *f*
Regiebetrieb *m*, e empresa *f* estatal
regieren gobernar; dirigir
Regierung *f*, en gobierno *m* 1. *de facto ~* gobierno de facto; *de jure ~* gobierno legal; *parlamentarische ~* gobierno parlamentario; *provisorische ~* gobierno provisional; *rechtmäßige ~* gobierno legítimo 2. *eine ~ auflösen* disolver un gobierno; *eine ~ bilden* formar gabinete, gobierno; *eine ~ stürzen* derribar el gobierno; *die ~ umbilden* remodelar, reorganizar el gobierno; *zur ~ gelangen* llegar al poder
Regierungsabkommen *n*, - acuerdo *m* intergubernamental
Regierungsantritt *m*, Ø advenimiento *m*, acceso *m* al poder
Regierungsbezirk *m*, e distrito *m* (administrativo)
Regierungschef *m*, s jefe *m* del gobierno
Regierungsebene *f*, n nivel *m* gubernamental; *auf*

~ a nivel gubernamental
Regierungserklärung *f*, en declaración *f* gubernamental
regierungsfeindlich antigubernamental
regierungsfreundlich progubernamental
Regierungskoalition *f*, en coalición *f* gubernamental
Regierungskreise *pl* círculos *pl* gubernamentales
Regierungsrat *m*, ⸚e consejero *m* gubernamental
Regierungssprecher *m*, - portavoz *m* del gobierno; (LA) vocero *m* gubernamental
Regierungsumbildung *f*, en remodelación *f*, reorganización *f* del gobierno
Regierungsvertreter *m*, - representante *m* gubernamental; delegado *m* del gobierno
Regierungsvorlage *f*, n proyecto *m* gubernamental
Regierungswechsel *m*, - cambio *m* de gobierno
Regime *n*, - *od.* s régimen *m*; *autoritäres* ~ régimen autoritario; *totalitäres* ~ régimen totalitario
regional regional; provincial; *~ begrenzt* limitado a una región
Regionalbank *f*, en banco *m* regional
Regionalförderung *f*, en desarrollo *m* de las regiones
Regionalindustrie *f*, n industria *f* regional
Regionalpolitik *f*, Ø política *f* regional
Regionalpresse *f*, n prensa *f* regional
Regionalstruktur *f*, en estructura *f* regional
Register *n*, - registro *m*; índice *m*; tabla *f* de materias; catálogo *m*; *in ein ~ eintragen* registrar; inscribir en un registro; *ein ~ führen* llevar un registro
Registerauszug *m*, ⸚e extracto *m*, certificado *m* de un registro
Registernummer *f*, n número *m* de registro; número *m* de inscripción en el registro
Register-Pfandrecht *n*, (e) garantía *f* hipotecaria inscrita en el registro; derecho *m* prendario en una cosa mueble (p.ej. ganado, buques, aviones)
Registertonne *f*, n tonelada *f* de arqueo *od.* de registro
Registratur *f*, en oficina *f* de registro; archivo *m*
Registraturgebühren *pl* → *Registraturkosten*
Registraturkosten *pl* costes *pl* de registro
Registriereinrichtung *f*, en (Seg.) equipo *m* automático de control
registrieren registrar; inscribir; archivar
Registrierkasse *f*, n caja *f* registradora
Registrierung *f*, en registro *m*; inscripción *f*; archivo *m*
reglementieren reglamentar; regular
Reglementierung *f*, en reglamentación *f*; regulación *f*

Regreß *m*, -sse recurso *m* (de un deudor responsable que ha pagado contra el deudor principal; en el caso de letras y cheques, recurso del titular contra sus obligados anteriores); *~ nehmen gegen* recurrir contra
Regreßanspruch *m*, ⸚e derecho *m* de recurso *bzw.* a indemnización
Regression *f*, en regresión *f*; *fehlerfreie ~* regresión exacta
Regreßklage *f*, n acción *f* recursoria; *~ erheben* promover recurso
Regreßnehmer *m*, - recurrente *m*
regreßpflichtig responsable civilmente; *jdn. ~ machen* recurrir contra alg.
Reg.-T → *Registertonne*
Regulator *m*, en regulador *m*
regulieren regular; regularizar; reglamentar; *ein Konto ~* proveer de fondos una cuenta; nivelar una cuenta
Regulierung *f*, en regulación *f*; (ajuste *m* de) liquidación *m*; arreglo *m*
Rehabilitation *f*, en 1. reinserción *f*; *berufliche, soziale ~* reinserción profesional, social 2. → *Rehabilitierung*
rehabilitieren 1. rehabilitar 2. reintegrar
Rehabilitierung *f*, en rehabilitación *f*
Reibach *m*, Ø (Fam.) ganancia *f* (fraudulenta); *seinen ~ machen* hacer su agosto
Reibereien *pl* fricciones *pl*; roces *pl*
Reibungspunkt *m*, e punto *m* de fricción
Reichsabgabenordnung *f*, Ø (RAO) código *m* fiscal de 1919 (Syn. *Abgabenordnung*)
Reichsmark *f*, Ø (RM) marco *m* del Reich; Reichsmark *m* (sustituido por el marco alemán „DM" en 1948)
Reichtum *m*, ⸚er riqueza *f*; abundancia *f*
Reihe *f*, n fila *f*; serie *f*; sucesión *f*; *die Abfertigung der Kunden geht der ~ nach* el servicio de los clientes se realiza por su turno; *an der ~ sein* tocarle (a uno) el turno
Reihenfolge *f*, n serie *f*; sucesión *f*; orden *m* numérico; *in alphabetischer ~* por orden alfabético; *in chronologischer ~ aufzählen* enumerar por orden cronológico
rein neto; líquido; puro; *~er Ertrag* ingresos *pl* netos; *der ~e Gewinn beträgt* el beneficio neto es de; *~er Verlust* pérdida *f* neta
Reineinkommen *n*, - renta *f* neta
Rein(e)machefrau *f*, en mujer *f* de (la) limpieza
Reinerlös *m*, e producto *m* neto; rendimiento *m* neto
Reingewicht *n*, e peso *m* neto
Reingewinn *m*, e beneficio *m* neto; ganancia *f* neta; *konsolidierter ~* beneficio neto consolidado; *einen ~ abwerfen von* arrojar un beneficio neto de

Reinigungspersonal n, Ø personal m de limpieza
Reinverdienst m, e ganancia f neta
Reinvermögen n, - activo m neto; patrimonio m neto
reinvestieren reinvertir
Reinvestition f, en reinversión f
Reise f, n viaje m; *eine ~ ins Ausland* un viaje al extranjero; *eine ~ antreten* emprender un viaje
Reiseakkreditiv n, e carta f de crédito de viaje
Reisebüro n, s agencia f de viajes
Reisebüroverband m, ⁼e unión f sindical de agencias de viaje
Reisedevisenzuteilung f, en subvención f, asignación f turística en divisas
Reisegesellschaft f, en viaje m colectivo; grupo m turístico
Reisekosten pl gastos pl de viaje
Reisekostenvergütung f, en indemnización f por desplazamiento
Reisekreditbrief m, e letra f de crédito circular, turística
Reisekreditdokument n, e título m turístico
Reiseleiter m, - guía m turístico
Reisemarkt m, ⁼e mercado m turístico
reisen viajar; hacer un viaje; ir de viaje; *mit der Bahn, mit dem Flugzeug ~* viajar en tren, en avión; *ins Ausland ~* viajar al extranjero
Reisende/r *(der/ein)* 1. viajero m 2. viajante m (de comercio); comisionista m
Reisepa|ß m, ⁼sse pasaporte m
Reisescheck m, s cheque m de viaje (Syn. *Travellerscheck*)
Reiseveranstalter m, - agente m de viajes; operador m turístico
Reiseverkehr m, Ø 1. tráfico m de viajeros 2. turismo m (Syn. *Fremdenverkehr*)
Reisezuschu|ß m, ⁼sse subvención f para gastos de viaje
Reißbrett n, er tablero m de dibujo
Reißer m, - artículo m de mucha venta; éxito m de venta
reißerisch (Publ.) chillón; *~e Reklame* bombo m
Reißfaden m, ⁼ (Seg.) hilo m de desgarre
Reißwolf m, (⁼e) abridor m de lana; *Dokumente in den ~ werfen* destruir documentos
Reitwechsel m, - letra f cruzada
Reklamation f, en reclamación f; protesta f; objeción f; *berechtigte ~* reclamación justificada; *zwecks ~ einschicken* enviar con fines de reclamación
Reklamationsabteilung f, en departamento m contencioso *od.* de reclamaciones
Reklame f, n publicidad f; reclamo m; propaganda f; anuncio m; *ganzseitige ~* anuncio a toda plana; *~ in den Zeitungen* publicidad en la prensa

Reklameartikel m, - artículo m de propaganda
Reklamefach|mann m, -leute especialista m en publicidad
Reklamefläche f, n espacio m publicitario
Reklamepreis m, e precio m de progaganda
Reklameprospekt m *od.* n, e folleto m publicitario
Reklameschild n, er cartel m publicitario
Reklametafel f, n valla f publicitaria
Reklametrick m, s truco m publicitario *od.* de propaganda
Reklameverkauf m, ⁼e venta f publicitaria
Reklamezeichner m, - dibujante m publicitario
Reklamezettel m, - hoja f *bzw.* octavilla f publicitaria
reklamieren reclamar; protestar contra; exigir
Rekord m, e récord m; marca f; *einen ~ aufstellen* establecer una marca; *einen ~ brechen (schlagen)* superar, batir una marca
Rekordabsatz m, ⁼e venta f récord
Rekordzahl f, en cifra f récord
Rekordziffer f, n → *Rekordzahl*
rekrutieren reclutar; (LA) enrolar; *die Firma ~t ihre Leitenden aus den Akademikern* la casa recluta sus mandos directivos entre los universitarios
Rekrutierung f, en reclutamiento m
Rektaklausel f, n cláusula f nominativa *bzw.* de intransferibilidad
Rektapapier n, e títulos pl nominativos; valores pl intransferibles
Rektascheck m, s cheque m intransferible *bzw.* nominativo
Rektawechsel m, - letra f nominativa *bzw.* intransferible
relevant pertinente; significativo; relevante; *einen ~en Einwand vorbringen* presentar una objeción pertinente
Relevanz f, (en) relevancia f; importancia f
Rembours m, - reembolso m
Remboursgeschäft n, e operación f de crédito documentario (para la financiación de operaciones con el extranjero)
Rembourskredit m, e crédito m de reembolso *bzw.* de aceptación contra documentos
Remigrant m, en repatriado m; emigrante m que vuelve a su país de origen después de muchos años
Remittent m, en remitente m; tenedor m de una letra; portador m por endoso
remittieren remitir; enviar; remesar
Rendite f, n rédito m; rendimiento m de inversión; rentabilidad f; *~ eines angelegten Kapitals* renta f de un capital invertido
Rennen n, - carrera f; *diese Firma liegt in der Spitzentechnologie gut im ~* esta empresa figura

en una buena posición en el sector de la tecnología de punta
Renner *m*, - éxito *m* de venta (Syn. *Verkaufsschlager*)
rentabel rentable; lucrativo; que rinde beneficio; productivo (Syn. *gewinnbringend; lohnend*)
Rentabilität *f*, en rentabilidad *f*; productividad *f*; utilidad *f*; (capacidad *f* de) rendimiento *m* (Syn. *Wirtschaftlichkeit*)
Rentabilitätsgrenze *f*, n límite *m* de rentabilidad
Rente *f*, n 1. pensión *f* (de vejez); jubilación *f*; haberes *pl* pasivos; *eine ~ beziehen* percibir una pensión; *eine ~ gewähren* conceder una pensión; *die ~n erhöhen, kürzen* aumentar, disminuir las pensiones 2. renta *f* (de capital); interés *m*; rédito *m*; beneficio *m*; *ablösliche ~* renta perpetua; *eine ~ auswerfen* arrojar una renta; *eine ~ tilgen* redimir, amortizar una renta
Rentenalter *n*, Ø edad *f* de retiro, de pensión, de jubilación; *das ~ erreichen* alcanzar la edad de retiro
Rentenangleichung *f*, en reajuste *m* de las pensiones
Rentenanleihe *f*, n empréstito *m* por anualidades
Rentenanpassung *f*, en revalorización *f* de las pensiones
Rentenanspruch *m*, ¨e derecho *m* a pensión
Rentenanstalt *f*, en caja *f* de pensiones
Rentenantrag *m*, ¨e solicitud *f* de pensión
Rentenbemessung *f*, en determinación *f* del montante de una pensión
Rentenbemessungsgrundlage *f*, n base *f* de cálculo de pensiones
Rentenberechtigte/r *(der/ein)* beneficiario *m*, titular *m* de una pensión
Rentenbezieher *m*, - → *Rentner*
Rentenempfänger *m*, - → *Rentner*
Rentenentzug *m*, ¨e supresión *f* de una pensión
Rentenfonds *m*, - fondo *m* de inversión (compuesto casi exclusivamente de títulos de renta fija)
Rentengrenze *f*, n límite *m* de(l) retiro; *über die ~ hinaus arbeiten* trabajar más allá de la edad normal de retiro
Rentenmark *f*, Ø marco *m* renta (moneda creada a causa de la inflación de 1923)
Rentenmarkt *m*, ¨e mercado *m* de renta fija
Rentenpapiere *pl* → *Rentenwerte*
Rentenschein *m*, e título *m* de renta
Rentenschuld *f*, en deuda *f* en rentas
Rentenversicherung *f*, en seguro *m* de pensiones
Rentenwerte *pl* títulos *pl* de renta fija
rentieren ser rentable; rentar bien; arrojar un buen beneficio; *die Anschaffung eines Computers rentiert sich* la adquisición de un ordenador es rentable
Rentner *m*, - pensionista *m*; beneficiario *m* de una pensión
Reparationen *pl* reparaciones *pl*
Reparationsleistung *f*, en prestación *f*, pago *m* a título de reparación
Reparationszahlung *f*, en → *Reparationsleistung*
Reparatur *f*, en reparación *f*; compostura *f*; arreglo *m*; *in ~ geben* dar a reparar
reparieren reparar; arreglar; componer
repartieren repartir; distribuir
repatrileren repatriar
Report *m*, e 1. informe *m* 2. reporte *m* (operación bursátil relativa a la prolongación de un plazo de último o de liquidación)
Reporteur *m*, e (*Börse*) tomador *m*; recibidor *m*
Reportgeld *n*, er derechos *pl* de prolongación
Reportgeschäft *n*, e (operación *f* de) reporte *m*; operación *f* aplazada
Reportkurs *m*, e cotización *f* de reporte
Repräsentation *f*, en representación *f*; *die ~ einer Firma* la representación de una empresa
Repräsentationsspesen *pl* indemnización *f* para gastos de representación
repräsentativ representativo; *~er Querschnitt* media *f* representativa; *~e Umfrage* encuesta *f* representativa; *~ für die USA* típicamente americano; *zu ~en Zwecken* para fines de representación
Repräsentativbefragung *f*, en encuesta *f* representativa; sondeo *m* representativo
Repräsentativerhebung *f*, en → *Repräsentativbefragung*
Repräsentativität *f*, Ø representatividad *f*
repräsentieren representar; *XY ~t die Firma im Ausland* XY representa a la empresa en el extranjero
Repressalie *f*, n represalia *f*; *zu wirtschaftlichen ~en greifen* recurrir a represalias económicas
Reprise *f*, n segunda lectura *f* od. ronda *f* en el corro (en la Bolsa)
reprivatisieren reprivatizar; desnacionalizar; traspasar al sector privado
Reprivatisierung *f*, en desnacionalización *f*; reprivatización *f*
Reptilienfonds *m*, - fondos *pl* secretos; fondo *m* de reptiles
Reputation *f*, en reputación *f*
requirieren requisar; requerir; exigir
Reserve *f*, n reserva *f*; *bare ~* reserva en efectivo; *freie ~n* reservas disponibles; *eiserne ~n* reservas mínimas obligatorias; *offene ~n* reservas declaradas, visibles; *stille ~n* reservas tácitas, latentes; *~n angreifen* tocar las reservas; *~n bilden* formar reservas; *auf seine ~n zurückgreifen* recurrir a sus reservas

Reservefonds *m*, - fondo *m* de reserva; *in festverzinslichen Wertpapieren angelegter* ~ fondo de reserva invertido en títulos de renta fija

Reservegebläse *n*, - (Seg.) soplador *m* de emergencia

Reserve-Ist *n*, Ø (Banca) reserva *f* actual *od.* efectiva

Reservekont|o *n*, -en cuenta *f* de reserva

Reservelager *n*, - depósito *m* de reserva

Reserve-Soll *n*, Ø (Banca) reserva *f* legal obligatoria; reserva *f* teórica; reserva *f* mínima exigida

Reservewährung *f*, en moneda *f* de referencia, de reserva (Syn. *Leitwährung*)

Reservoir *n*, e reservas *pl*; ~ *an Arbeitskräften* reservas de mano de obra

Resolution *f*, en resolución *f*; *eine ~ annehmen, verabschieden, verwerfen* adoptar, aprobar, rechazar una resolución

Respektfrist *f*, en plazo *m* de gracia

respektieren respetar; *Gesetze, Vorschriften ~* atenerse a la ley, a las normas; *(Wechsel)* honrar

Respektierung *f*, Ø observancia *f*; respeto *m*; *~ der gegenseitigen Interessen* respeto de los intereses recíprocos

Ressort *n*, s departamento *m*; sección *f*; negociado *m*; cartera *f* (ministerial); *ein ~ in einem Ministerium leiten* estar a la cabeza de una cartera ministerial; *es gehört nicht zu meinem ~* no es de mi incumbencia, competencia

Ressourcen *pl* recursos *pl* (financieros, energéticos, etc.)

Rest *m*, e resto *m*; residuo *m*; excedente *m*; remanente *m*

Restantenliste *f*, n lista *f* de deudores

Restaurantkette *f*, n cadena *f* de restaurantes

Restbetrag *m*, ⸚e suma *f*, importe *m* restante; remanente *m*; saldo *m*; *der ~ ist 8 Tage vor der Abreise einzuzahlen* saldo pagadero 8 días antes de la partida

Restdividende *f*, n complemento *m* de dividendo; dividendo *m* de liquidación

Restforderung *f*, en remanente *m* de un crédito

restlich restante; remanente; *~es Guthaben* saldo *m* activo restante

Restmasse *f*, n masa *f* restante; activo *m* restante

Restposten *pl* partida *f* de cierre *od.* residual

Restriktion *f*, en restricción *f*; *es ist mit erheblichen ~en zu rechnen* hay que contar con considerables restricciones

restriktiv restrictivo; *~er Kurs* cambio *m* restrictivo

Restsald|o *m*, -en saldo *m* restante; remanente *m*; resto *m*

Restsperrzeit *f*, en (Seg.) período *m* de bloqueo restante

Resultat *n*, e resultado *m*; *ein ~ erzielen* obtener un resultado (Syn. *Ergebnis*)

Retentionsrecht *n*, e derecho *m* de retención (de garantía real del acreedor de retener en determinados casos las cosas muebles y valores de un deudor)

Retorsionszoll *m*, ⸚e arancel *m* de represalia

Retouren *pl* devoluciones *pl*; mercancías *pl* devueltas

Retourenjournal *n*, e libro *m* de devoluciones

Retrozession *f*, en retrocesión *f* (transmisión de un banco a otro o a un intermediario, de un porcentaje de la comisión cobrada por uno de ellos)

retten salvar; rescatar; *sich aus den roten Zahlen ~* salir de una situación deficitaria

Reugeld *n*, er (prima *f* de) rescate *m*; indemnización *f*; multa *f* (por incumplimiento de contrato)

Reukauf *m*, ⸚e retroventa *f*; retracto *m*

Revalorisierung *f*, en revalorización *f*; revaluación *f*

Revers *m*, e garantía *f*; resguardo *m*; recibo *m*

revidieren revisar; examinar; corregir; volver a considerar; *Rechnungen, Geschäftsbücher einer Firma ~* verificar las cuentas, los libros de una empresa

Revier *n*, e 1. cuenca *f* minera 2. cuenca *f* del Ruhr (Syn. *Ruhrgebiet*)

Revision *f*, en 1. examen *m*; verificación *f*; revisión *f*; *eine ~ der Geschäftsbücher* verificación de los libros contables; *eine ~ vornehmen* proceder a una verificación 2. (Jur.) (recurso *m* de) casación *f*; *bei Gericht gegen ein Urteil ~ einlegen* interponer recurso de casación contra un fallo ante el tribunal

Revisionsinstanz *f*, en instancia *f* de casación

Revisor *m*, en interventor *m*; revisor *m*; inspector *m*

Revolving-Kredit *m*, e crédito *m* revolving; crédito *m* de renovación automática

revozieren revocar

Rezession *f*, en recesión *f* (fase recesiva en el proceso coyuntural)

R-Gespräch *n*, e (Teléf.) conferencia *f* con cobro revertido

RGW *(Rat für gegenseitige Wirtschaftshilfe)* Consejo *m* de asistencia económica mutua; Comecón *m* (Syn. *Comecon*)

Richtbetrieb *m*, e explotación *f* tipo; empresa *f* piloto

Richter *m*, - juez *m*; magistrado *m*; *die ~* los jueces; judicatura *f*; *abgelehnter ~* juez recusado; *vor den ~ bringen* llevar a los tribunales

Richtgeschwindigkeit *f*, en velocidad *f* máxima aconsejable
Richtigbefundsanzeige *f*, n aviso *m* de reconocimiento de exactitud (firmado por el cliente y devuelto al banco, certificando la exactitud del extracto de cuenta o del depósito)
Richtigkeit *f*, en rectitud *f*; exactitud *f*; precisión *f*; veracidad *f*; autenticidad *f*; *für die ~ der Abschrift* es conforme con la copia
richtigstellen rectificar; puntualizar; poner en su sitio
Richtlinie *f*, n directiva *f*; directriz *f*; norma *f*; *die ~n außer acht lassen* ignorar las directivas; *die ~n beachten* observar las directrices
Richtlohn *m*, ⸚e salario *m* indicativo *bzw*. de base
Richtpreis *m*, e precio *m* de orientación *od*. indicativo
Richtpreis-Index *m*, -izes índice *m* de referencia
Richtsatz *m*, ⸚e tasa *f* normal; tarifa *f* de base
Richtzahl *f*, en cifra *f* de referencia
Riegel *m*, - (Seg.) cerrojo *m*; *(im Schloß)* pestillo *m* fijo
Riegelkontakt *m*, e (Seg.) contacto *m* de pestillo *od*. cerradura
Riegelschloß *n*, ⸚sser (Seg.) cerradura *f* sencilla
Riegelwerk *m*, e (Seg.) conjunto *m* sincronizado de cerrojos
Riese *m*, n 1. gigante *m* 2. (Fam.) billete *m* de 1000 marcos
Riesenerfolg *m*, e enorme éxito *m* de venta
Riesengewinn *m*, e ganancia *f* exhorbitante; beneficio *m* enorme
Rimesse *f*, n remesa *f*; envío *m*; reintegro *m*; reembolso *m*
Rimessenbrief *m*, e carta *f* de remesa
Ringanker *m*, - (Seg.) marco *m* anular
Risiko *n*, s *od.* -en riesgo *m* 1. *auf eigenes ~* a riesgo propio; *finanzielles ~* riesgo financiero; *gedecktes ~* riesgo cubierto; *kalkulierbares ~* riesgo calculable; *zweifelhaftes ~* riesgo dudoso 2. *ein ~ eingehen* correr un riesgo; *ein ~ übernehmen* asumir la responsabilidad
Risikoabschätzung *f*, en evaluación *f* de un riesgo
Risikobeurteilung *f*, en (Seg.) enjuiciamiento *m* del riesgo
Risikodeckung *f*, en cobertura *f* de riesgo
Risikoerhöhung *f*, en (Seg.) elevación *f*, agravación *f* del riesgo
Risikofreudigkeit *f*, Ø espíritu *m* de riesgo
Risiko-Management *n*, s gestión *f* de riesgos (política empresarial consistente en reconocer y evaluar los riesgos para poder minimizar las eventuales pérdidas)
Risikominderung *f*, en disminución *f* del riesgo
Risikoprämie *f*, n prima *f* de riesgo

risikoreich arriesgado; aventurado; peligroso
Risikostreuung *f*, en repartición *f* de los riesgos
Risikoversicherung *f*, en seguro *m* de riesgos
Risikoverteilung *f*, en distribución *f* del riesgo (dispersión de las inversiones para conseguir más seguridad contra los riesgos de pérdida)
riskant → *risikoreich*
riskieren arriesgar; aventurar; *einen Prozeß ~* arriesgar un pleito; *er hat sein ganzes Vermögen ~t* ha arriesgado toda su fortuna
RKW *n (Rationalisierungskuratorium der deutschen Wirtschaft)* consejo *m* de aumento de la productividad y racionalización de la economía alemana
roh bruto; sin manufacturar; *~er Kostenüberschlag* presupuesto *m* aproximativo
Rohbilanz *f*, en balance *m* aproximativo *bzw*. provisional
Roheinkommen *n*, - renta *f* bruta; ingresos *pl* brutos
Rohertrag *m*, ⸚e rendimiento *m* bruto
Roherzeugnis *n*, -se producto *m* bruto
Rohgewicht *n*, e peso *m* bruto
Rohöl *n*, e (aceite *m*) crudo *m*
Rohölpreis *m*, e precio *m* del crudo
Rohprodukt *n*, e → *Roherzeugnis*
Rohrpost *f*, Ø (Seg.) correo *m* neumático *od*. tubular
Rohrpostbehälter *m*, - (Seg.) cartucho *m* de correo neumático
Rohrpostbrief *m*, e carta *f* neumática
Rohrpostleitungen *pl* (Seg.) conductos *pl*, tubos *pl* neumáticos
Rohrpostsystem *n*, e (Seg.) sistema *m* de transporte neumático
Rohstahl *m*, (⸚e) acero *m* bruto
Rohstoff *m*, e materia *f* prima (Syn. *Grundstoff*)
rohstoffarm pobre en materias primas
Rohstoffbedarf *m*, Ø demanda *f* de materias primas
Rohstofferzeugung *f*, en producción *f*, explotación *f* de materias primas
Rohstoffgewinnung *f*, en → *Rohstofferzeugung*
Rohstoffknappheit *f*, (en) escasez *f* de materias primas
Rohstoffland *n*, ⸚er país *m* productor de materias primas
Rohstoffmangel *m*, ⸚ escasez *f*, penuria *f* de materias primas
Rohstoffmarkt *m*, ⸚e mercado *m* de materias primas
Rohstoffpreis *m*, e precio *m* de las materias primas
Rohstoffquellen *pl* recursos *pl* en materias primas
rohstoffreich rico en materias primas

Rohstoffversorgung *f*, en abastecimiento *m* de materias primas
Rolladen *m*, - (Seg.) persiana *f*
Rollfuhrunternehmen *n*, - empresa *f* de acarreo
Rollgeld *n*, er gastos *pl* de(l) acarreo; camionaje *m*
Rollgitter *n*, - (Seg.) reja *f* arrollable
Rolltreppe *f*, **n** (Seg.) escalera *f* mecánica
Rom-Abkommen *n*, - → *Römische Verträge*
Römische Verträge *pl* tratado *m* de Roma (25.3.57)
Roßkur *f*, en cura *f* radical; *der Wirtschaft eine ~ verordnen* administrar una cura radical a la economía
rot rojo; *in die ~n Zahlen geraten* volverse deficitario; *aus den ~en Zahlen herauskommen* salir de una situación financiera difícil
Rotation *f*, en rotación *f*
Round-Table-Konferenz *f*, en mesa *f* redonda
Routine *f*, Ø rutina *f*; práctica *f*; experiencia *f*
Routinearbeit *f*, en trabajo *m* rutinario
RPG *(Report Programm Generator)* (Inform.) lenguaje *m* de programación
Rubel *m*, - rublo *m*
Rückabtretung *f*, en retrocesión *f*; contraprestación *f*
Rückantwort *f*, en respuesta *f*; *~ bezahlt* respuesta pagada
rückbuchen extornar
Rückbuchung *f*, en extorno *m*
Rückbürge *m*, **n** fiador *m* subsidiario
Rückbürgschaft *f*, en garantía *f*, fianza *f* subsidiaria
rückdatieren antefechar; poner una fecha anterior (a la real)
Rückdatierung *f*, en antedata *f*
Rückdeckung *f*, en reaseguro *m*
Rückenkontaktmatte *f*, **n** (Seg.) alfombra *f* de contacto fijado en la parte posterior
rückerstatten reembolsar; restituir; devolver
Rückerstattung *f*, en reembolso *m*; restitución *f*; devolución *f*
Rückerstattungsantrag *m*, ⸗e demanda *f* de restitución; solicitud *f* de reembolso
Rückfahrkarte *f*, n billete *m* de ida y vuelta; (LA) boleto *m* de ida y vuelta
Rückfahrschein *m*, e → *Rückfahrkarte*
rückfordern demandar, exigir la restitución
Rückforderung *f*, en demanda *f* de restitución *od.* reembolso
Rückfracht *f*, en carga *f* de retorno; flete *m* de regreso
Rückfrachtkosten *pl* costes *pl* de flete de retorno
Rückfrage *f*, **n** demanda *f* de información *od.* aclaración; contrapregunta *f*
rückfragen pedir informes suplementarios; *wir haben beim Arbeitsamt rückgefragt, ob* hemos pedido información suplementaria a la oficina de trabajo si
Rückfragetaste *f*, n (Inform.) tecla *f* de interrogación
Rückgabe *f*, **n** devolución *f*; restitución *f*; redhibición *f*
Rückgabefrist *f*, en plazo *m* de devolución
Rückgang *m*, ⸗e retroceso *m*; disminución *f*; baja *f*; descenso *m* 1. *konjunktureller ~* recesión *f* coyuntural; *saisonaler (saisonbedingter) ~* baja estacional; *struktureller ~* retroceso estructural 2. *einen ~ an Geburten verzeichnen* registrar una disminución de la natalidad
rückgängig machen anular; rescindir (Syn. *annullieren*)
Rückgewinnung *f*, en (Inform.) recuperación *f*; *~ von Informationen* recuperación de informaciones
Rückgriff *m*, e → *Regreß*
rückholen (Seg.) retirar; *die Geldkassette ~* retirar la arqueta
Rückholsperre *f*, **n** (Seg.) mecanismo *m* basculante
Rückkauf *m*, ⸗e retroventa *f*; readquisición *f*; retracto *m* convencional (el retrayente tiene el derecho de que el comprador le venda lo comprado en cualquier momento)
rückkaufen readquirir; retraer
Rückkaufsrecht *n*, e derecho *m* de retracto
Rückkaufswert *m*, e valor *m* de retracto
Rückkehrbereitschaft *f*, Ø disposición *f* de trabajadores en el extranjero a retornar a su país de origen
Rückkehrhilfe *f*, **n** subsidio *m* de repatriación
Rücklage *f*, n reserva *f*; recursos *pl* propios (obtenidos de los beneficios no distribuidos); *gesetzliche ~n* reservas legales; *offene ~n* reservas declaradas; *zweckgebundene ~n* reservas vinculadas
rückläufig descendiente; regresivo; de baja; bajista; *~e Bewegung an der New Yorker Börse* movimiento de baja en la Bolsa neoyorkina
Rücknahme *f*, n retirada *f*; anulación *f*; revocación *f*
Rücknahmepreis *m*, e precio *m* de readquisición
Rückporto *n*, s franqueo *m* de vuelta
Rückscheck *m*, s cheque *m* devuelto *od.* rechazado
Rückschlag *m*, ⸗e contratiempo *m*; revés *m*; *einen geschäftlichen ~ erleiden* sufrir un revés comercial
Rückschritt *m*, e paso *m* atrás; retroceso *m*
rückschrittlich (Pol.) reaccionario; retrógrado
Rückseite *f*, n dorso *m*; parte *f* trasera *od.* posterior;

siehe ~ véase al dorso
Rücksendung *f*, **en** reexpedición *f*; retorno *m*; devolución *f*
Rücksicht *f*, **en** consideración *f*; respeto *m*; deferencia *f*; *finanzielle* ~en consideraciones financieras; *ohne* ~ *auf Verluste* sin tener en cuenta las pérdidas
Rückspesen *pl* gastos *pl* de retorno; *(Wechsel)* gastos *pl* de resaca
Rücksprache *f*, **n** consulta *f*; conversación *f*; *nach* ~ *mit* después de consultar a; *mit jdm.* ~ *nehmen* consultar a alg.
Rückspulvorgang *m*, ⸚e (Seg.) rebobinado *m*
Rückstand *m*, ⸚e atraso *m*; pago *m* atrasado; *im* ~ *sein* estar atrasado
Rückstände *pl* atrasos *pl*; ~ *eintreiben* recuperar los pagos atrasados
rückständig anticuado; vencido; moroso; atrasado; no pagado; ~ *e Beträge* atrasos *pl*; *mit dem Zahlungen* ~ *sein* estar atrasado en los pagos
Rückstelleinrichtung *f*, **en** (Seg.) dispositivo *m* de reposición
Rückstellung *f*, **en** reserva *f*; provisión *f*; *nach* ~ *für unvorhergesehene Ausgaben* después de hacer una reserva para gastos imprevistos; ~*en vornehmen* constituir reservas
Rücktritt *m*, **e** renuncia *f* del cargo; dimisión *f*; retirada *f*; desistimiento *m*; *einseitiger* ~ *eines Vertragsteiles* desistimiento de un contrato efectuado por una de las partes contratantes
Rücktrittsgesuch *n*, **e** demanda *f* de renuncia; solicitud *f* de dimisión
Rückverflechtung *f*, **en** reconcentración *f*; constitución *f* de nuevos cárteles
rückvergüten reembolsar; reintegrar
Rückvergütung *f*, **en** reembolso *m*; reintegro *m*; restitución *f*
rückversichern reasegurar
Rückversicherte/r *(der/ein)* reasegurado *m*
Rückversicherung *f*, **en** reaseguro *m*
Rückversicherungsvertrag *m*, ⸚e contrato *m* de reaseguro
Rückwanderer *m*, - repatriado *m*
Rückwaren *pl* mercancías *pl* devueltas, rechazadas
Rückwechsel *m*, - letra *f* de resaca (para ejercer la acción de recurso, el tenedor de una letra protestada gira otra nueva a cargo del librador para reembolsarse del nominal, de los gastos de protesto y de los de recambio)
rückwirkend retroactivo; ~ *in Kraft treten* entrar en vigor con efecto retroactivo
Rückwirkung *f*, **en** efecto *m* retroactivo; (Pol.) repercusión *f*
rückzahlbar reintegrable; reembolsable; *(Anleihe)* redimible

rückzahlen reembolsar; reintegrar; *(Anleihe einlösen)* redimir
Rückzahlung *f*, **en** reintegro *m*; reembolso *m*; redención *f*
Rückzahlungsagio *n*, **s** prima *f* de reembolso
Rückzahlungsanspruch *m*, ⸚e derecho *m* de reembolso
Rückzahlungsbedingungen *pl* condiciones *pl* de reembolso
Rückzahlungsrate *f*, **n** tasa *f* de amortización
Rückzahlungstermin *m*, **e** fecha *f* de reembolso
Ruf *m*, **e** 1. reputación *f*; renombre *m*; *einen guten* ~ *genießen* gozar de una reputación excelente 2. (Teléf.) llamada *f*
Rufnummer *f*, **n** número *m* de teléfono
Rüge *f*, **n** reclamación *f*; censura *f*; reprensión *f*; amonestación *f*
Rügefrist *f*, **en** plazo *m* de reclamación
Ruhegehalt *n*, ⸚er pensión *f* (de retiro); jubilación *f*; haberes *pl* pasivos; *ein* ~ *beziehen* percibir, cobrar una pensión (Syn. *Pension*)
Ruhegehaltsanspruch *m*, ⸚e derecho *m* a pensión
Ruhegehaltsempfänger *m*, - perceptor *m* de pensión *od.* jubilación
Ruhegeld *n*, **er** → *Ruhegehalt*
ruhend en suspenso *bzw.* reposo; ~*es Kapital* capital *m* improductivo
Ruhepause *f*, **n** descanso *m*; reposo *m*; *eine* ~ *einlegen* hacer una pausa
Ruheposten *m*, - sinecura *f*; prebenda *f*
Ruhestand *m*, Ø retiro *m*; *im* ~ en retiro; retirado; *in den* ~ *treten* jubilarse
Ruheständler *m*, - jubilado *m*; pensionista *m*
Ruhrgebiet *n*, Ø cuenca *f* (minera) del Ruhr
ruinieren arruinar; causar la ruina
Rumpfgeschäftsjahr *n*, **e** ejercicio *m* parcial
rund redondo; *eine* ~*e Summe* una suma redonda; *das kostet Sie* ~ *300 DM* esto le sale aproximadamente a 300 marcos (Syn. *ungefähr; etwa; an die*)
Rundbrief *m*, **e** circular *f*
Runde *f*, **n** ronda *f*; negociación *f*; *wirtschaftliche* ~ mesa *f* redonda sobre temas económicos
Runderlaß *m*, -sse (nota *f*) circular *f*
Rundfunk *m*, Ø radiodifusión *f*; *durch* ~ *übertragen* radiar; transmitir por la radio
Rundfunkgebühr *f*, **en** canon *m*, tasa *f* sobre la radio
Rundfunkwerbung *f*, **en** publicidad *f* radiofónica
Rundreise *f*, **n** circuito *m*; gira *f*; crucero *m*; viaje *m* circular
Rundreisefahrschein *m*, **e** billete *m* circular
Rundtischgespräch *n*, **e** mesa *f* redonda
Rundschreiben *n*, - → *Rundbrief*
Rundumschutz *m*, Ø (Seg.) protección *f* total

Rundumsicherung *f*, **en** (Seg.) seguridad *f* en todo su contorno
Rundstahl *m*, ⸚e (Seg.) redondo *m* de acero
Rush-hour *f*, **s** hora *f* punta; afluencia *f* de tráfico (Syn. *Stoßzeit*)
rüsten armar; *die Staaten ~ zum Krieg* los Estados hacen preparativos de guerra
Rüstung *f*, **en** armamento *m*

Rüstungsgüter *pl* bienes *pl* de equipamiento militar
Rüstungsindustrie *f*, **n** industria *m* del armamento
Rüstungspotential *n*, Ø potencial *m* militar
Rüstungswettlauf *m*, ⸚e carrera *f* armamentista
Rüstzeit *f*, **en** tiempo *m* de preparación; trabajo *m* preparatorio

S

Sabbatjahr *n*, e año *m* sabático
Sabotage *f*, n sabotaje *m*; ~ *im Betrieb* sabotaje en la empresa; ~ *treiben* practicar sabotaje; sabotear
Sabotageabwehr *f*, Ø contrasabotaje *m*
Sabotagelinie *f*, n (Seg.) línea *f* antisabotaje
Sabotagelinieauswerteeinheit *f*, en (Seg.) unidad *f* analizadora de líneas de sabotaje
sabotagesicher (Seg.) protegido contra sabotaje
Sabotageversuch *m*, e tentativa *f* de sabotaje
Saboteur *m*, e saboteador *m*
sabotieren sabotear
Sachanlage *f*, n inversión *f* real; inversión *f* en inmuebles y utillaje
Sachaufwendungen *pl* gastos *pl* de material
Sachausgaben *pl* gastos *pl* materiales
Sachausschüttung *f*, en distribución *f* en especie
Sachbearbeiter *m*, - 1. experto *m*; especialista *m*; persona *f* competente, responsable 2. jefe *m* de sección, departamento; encargado *m*; ~ *für Öffentlichkeitsfragen* encargado de relaciones públicas
Sachberater *m*, - asesor *m*, consejero *m* técnico
Sachbereich *m*, e ámbito *m*; sector *m*; materia *f*; campo *m*
Sachbesitz *m*, Ø patrimonio *m* material
Sachbezüge *pl* percepciones *pl*, ingresos *pl* en especie
Sachdarstellung *f*, en exposición *f* del estado de cosas; exposición *f* de los hechos
sachdienlich pertinente; adecuado; apropiado; práctico; ~*e Angaben machen* dar indicaciones prácticas; dar datos al respecto; ~*er Beweis* prueba *f* pertinente
Sachdividende *f*, n dividendo *m* en especie
Sache *f*, n 1. cosa *f*; objeto *m*; bien *m*; mercancía *f*; *beschädigte* ~ mercancía defectuosa, viciosa; *bewegliche* ~*n* bienes muebles; *gepfändete* ~ cosa pignorada; *persönliche* ~*n* efectos *pl* personales; *unbewegliche* ~*n* inmuebles *pl* 2. asunto *m*; caso *m*; causa *f*; proceso *m*; *in eigener* ~ en causa propia; *beschlossene* ~ asunto decidido; *fragliche* ~ asunto en cuestión; *gemeinsame* ~ causa común; *vorliegende* ~ caso presente
Sacheinlage *f*, n aportación *f* no dineraria; aportación *f* en especie
Sachenrecht *n*, e derecho *m* de cosas
Sachentschädigung *f*, en indemnización *f* en especie
Sacherklärung *f*, en explicación *f* del caso *od.* de los hechos
sachfremd que no venga al caso
Sachgebiet *n*, e materia *f*; campo *m*; sector *m*; ámbito *m*
Sachgeschädigte/r *(der/ein)* dañado *m*
Sachgründung *f*, en constitución *f* de una sociedad mediante aportaciones en especie
Sachhaftung *f*, en responsabilidad *f* material
Sachinvestitionen *pl* inversiones *pl* reales
Sachkapital *n*, Ø capital *m* fijo, inmovilizado; capital *m* real
Sachkapitalbildung *f*, en formación *f* de capital real
Sachkatalog *m*, e catálogo *m* de materias (Syn. *Schlagwortkatalog*)
Sachkenntnis *f*, se conocimiento *m* de fondo; conocimientos *pl* profesionales, técnicos; competencia *f*
Sachkonto *n*, -en cuenta *f* de material(es); cuenta principal (Ggs. *Personenkonto*)
Sachkosten *pl* costes *pl* materiales
sachkundig experto; competente; versado; perito
Sachkundige/r *(der/ein)* → *Sachverständiger*
Sachlage *f*, n estado *m* de cosas; situación *f*; *bei dieser* ~ en estas circunstancias; *sich mit der* ~ *vertraut machen* familiarizarse con el estado de cosas
Sachleistung *f*, en prestación *f*, pago *m* en especie
sachlich objetivo; imparcial; conforme a los hechos; realista; material; ~*er Bericht* informe *m* objetivo
Sachlieferung *f*, en entrega *f* en especie
Sachmängel *pl* vicios *pl* de la cosa; defectos *pl* materiales
Sachprämie *f*, n prima *f* en especie
Sachregister *n*, - índice *m* analítico de materias
Sachschaden *m*, ⸚ daño *m* material (Ggs. *Personenschaden*)
Sachspende *f*, n donación *f* en especie
Sachsteuern *pl* impuestos *pl* reales
Sachvergütung *f*, en remuneración *f* en especie
Sachverhalt *m*, e estado *m* de cosas; circunstancias *pl*; hechos *pl*; *den* ~ *darstellen* exponer el estado de cosas
Sachvermögen *n*, - patrimonio *m* real; bienes *pl* materiales
Sachvermögensbildung *f*, en → *Sachkapitalbildung*
Sachversicherung *f*, en seguro *m* de bienes
Sachverständigenausschuß *m*, ⸚sse comisión *f* de expertos

Sachverständigengutachten *n*, - dictamen *m* pericial

Sachverständige/r *(der/ein)* experto *m*; perito *m*; técnico *m*; *beeidigter* ~ experto jurado; *amtlich bestellter* ~ experto nombrado de oficio; *gerichtlich bestellter* ~ experto nombrado por el tribunal; *einen ~n hinzuziehen* consultar a un experto (Syn. *Experte*)

Sachverwalter *m*, - administrador *m*; abogado *m*; síndico *m*; defensor *m* de una causa; agente *m*

Sachverzeichnis *n*, se índice *m* analítico; tabla *f* de materias; inventario *m*; lista *f*

Sachwert *m*, e 1. valor *m* real, efectivo 2. *~e* bienes *pl* reales

Sachzwang *m*, ⸚e imperativo *m*; presión *f* (ejercida por motivos económicos o políticos); *unter ~ stehen* estar bajo presión

Sackgasse *f*, n callejón *m* sin salida

Sägewerk *n*, e aserradero *m*

Safe *m*, s caja *f* de seguridad, de alquiler; cámara *f* acorazada

Saison *f*, s estación *f*; temporada *f*; *die tote ~ im Winter* estación vacía invernal; *die Hoch~ im Sommer* alta estación veraniega

saisonabhängig → *saisonal*

saisonal estacional; de temporada

Saisonarbeit *f*, en trabajo *m* estacional *od.* de temporada

Saisonarbeiter *m*, - obrero *m*, trabajador *m* de temporada

Saisonausverkauf *m*, ⸚e venta *f* estacional

saisonbedingt estacional; de temporada; *~e Arbeitslosigkeit* paro *m* estacional; desempleo *m* de temporada; *~er Konjunkturrückgang* contracción *f* estacional de la coyuntura

saisonbereinigt deflactado de la estacionalidad; corregido de las variaciones estacionales; desestacionalizado; una vez eliminadas las variaciones estacionales

Saisonbeschäftigung *f*, en → *Saisonarbeit*

Saisonbetrieb *m*, e actividad *f* estacional, de temporada

Saisonschlußverkauf *m*, ⸚e liquidación *f* de fin de estación *od.* de temporada

Saisonschwankung *f*, en variación *f*, fluctuación *f*, oscilación *f* estacional; variaciones *pl* de temporada

Saisonwanderung *f*, en migración *f* estacional *od.* de temporada

Saisonzoll *m*, ⸚e derecho *m* de temporada; aranceles *pl* de estación

Saisonzuschlag *m*, ⸚e recargo *m* estacional

Salär *n*, e (CH) salario *m*; sueldo *m*; honorario *m*; renta *f*

salarieren (CH) remunerar; retribuir

Saldenausgleich *m*, e compensación *f* de saldos

Saldenbilanz *f*, en balance *m* de saldos

saldieren 1. saldar; compensar; liquidar; *ein Konto* ~ saldar una cuenta; *saldiert* pagado 2. (A) confirmar un pago

Saldierung *f*, en liquidación *f*; compensación *f*

Saldlo *m*, s *od.* -en *m* saldo *m*; remanente *m*; diferencia *f* (entre el Debe y el Haber de una cuenta) 1. *berichtigter* ~ saldo ajustado, rectificado; *buchmäßiger* ~ saldo contable; *fälliger* ~ saldo debido; *negativer, positiver* ~ déficit *m*, superávit *m*; *per* ~ por saldo; *ungedeckter* ~ saldo en descubierto; *verfügbarer* ~ saldo disponible 2. *einen ~ aufweisen* arrojar un saldo; *den ~ feststellen* hacer un balance; *per ~ gutschreiben* abonar por saldo; *den ~ vortragen* llevar el saldo a nueva cuenta 3. *~ zu Ihren Gunsten* saldo a su favor; ~ *zu Ihren Lasten* saldo a su cargo

Saldoauszug *m*, ⸚e extracto *m* de cuenta

Saldobetrag *m*, ⸚e montante *m* del saldo

Saldoguthaben *m*, - saldo *m* acreedor

Saldorest *m*, e remanente *m*; sobrante *m*

Saldoübertrag *m*, ⸚e saldo *m* en nueva cuenta; nuevo balance *m*

Saldovortrag *m*, ⸚e → *Saldoübertrag*

Salesmanager *m*, - jefe *m*, director *m* de ventas (Syn. *Verkaufsleiter*)

Salespromotion *f*, (s) promoción *f* de ventas

SALT-Gespräche *pl* (Pol.) negociaciones *pl* SALT (sobre la limitación de armas estratégicas)

Sammelanleihe *f*, n empréstito *m* colectivo

Sammelanschlu|ß *m*, ⸚sse línea *f* colectiva; número *m* colectivo

Sammelauftrag *m*, ⸚e → *Sammelüberweisung*

Sammelbestellung *f*, en pedido *m* colectivo

Sammeldepot *n*, s depósito *m* colectivo

Sammelfahrschein *m*, e billete *m* colectivo

Sammelgut *n*, ⸚er expedición *f* colectiva; envío *m* colectivo

Sammelgutverkehr *m*, Ø transporte *m* por envío colectivo

Sammelhinterlegung *f*, en → *Sammeldepot*

Sammeljournal *n*, e (Contab.) cuenta *f* colectiva

Sammelkasse *f*, n caja *f* colectiva *(gemeinschaftliche) bzw.* central *(Warenhaus)*

Sammelkäufe *pl* compras *pl* colectivas

Sammelkont|o *n*, -en cuenta *f* colectiva

Sammelladung *f*, en carga *f* general; envío *m* colectivo; embarque *m* combinado, mixto

sammeln coleccionar; acaparar; acumular; *Briefmarken* ~ coleccionar estampillas; *Aufträge* ~ solicitar pedidos

Sammelnummer *f*, n (Teléf.) número *m* de la centralita

Sammelpa|ß *m*, ⸚sse pasaporte *m* colectivo

Sammelplatz *m*, ⸚e → *Sammelstelle*

Sammelsendung *f*, en envío *m* colectivo; consignación *f* colectiva
Sammelstelle *f*, **n** depósito *m* central
Sammeltransport *m*, e transporte *m* colectivo
Sammelüberweisung *f*, en giro *m* combinado
Sammelzeit *f*, (en) (Seg.) fase *f* de recolección
Sammler *m*, - coleccionista *m*; recaudador *m*; cobrador *m*
Sammlung *f*, en 1. (dinero) recaudación *f*; colecta *f* 2. (objetos) colección *f*
Sandwich-Konstruktion *f*, en (Seg.) construcción *f* tipo sandwich
Sandwichm!an *m*, **-en** hombre-anuncio *m*
sanieren sanear
Sanierung *f*, en saneamiento *m*; reorganización *f*; ~ *von Städten* renovación *f*, restauración *f* urbana
sanierungsbedürftig 1. en dificultades financieras; en una situación financiera crítica 2. necesitado de saneamiento
Sanierungsplan *m*, ⸚e plan *m* de saneamiento; *einen ~ ausarbeiten* elaborar un plan de saneamiento
Sanktion *f*, en 1. sanción *f*; *finanzielle ~en* sanciones financieras; *wirtschaftliche ~en* sanciones económicas; *~en verhängen gegen* aplicar sanciones contra 2. confirmación *f*; aprobación *f*
sanktionieren 1. aplicar sanciones; sancionar 2. confirmar; aprobar; *einen Gesetzentwurf ~* aprobar un proyecto de ley
Satellitenfernsehen *n*, - televisión *f* vía satélite
Satellitenstaat *m*, en estado *m* satélite
sättigen saturar
Sättigung *f*, en saturación *f*; ~ *des Marktes* saturación del mercado
Sättigungsgrad *m*, (e) grado *m* de saturación
Satz *m*, ⸚e 1. *(Gebühren, Tarif)* tasa *f*; tipo *m*; tarifa *f*; baremo *m*; cuota *f* 2. *(Waren)* lote *m*; juego *m*; surtido *m* 3. *(Drucktechnik)* composición *f*; *zu einem bestimmten ~* al tipo de; a un precio convenido; *druckfertiger ~* composición lista para tirar; *ein ~ Teller* un juego de platos; *fester ~* tarifa fija; precio fijo; *ortsüblicher ~* tarifa local; *veränderlicher ~* tasa variable
Satzung *f*, en reglamento *m*; estatuto *m*; *etw. in die ~ aufnehmen* hacer figurar en el estatuto (Syn. *Statut*)
Satzungsänderung *f*, en modificación *f* del estatuto
satzungsgemäß conforme al estatuto; reglamentario
satzungsmäßig → *satzungsgemäß*
satzungswidrig contrario al estatuto
sauer, *saurer Regen* lluvia *f* ácida
säumig moroso; negligente; retrasado; *~er Zahler* pagador *m* moroso
Säumnis *f od. n*, se retraso *m*; negligencia *f*
Säumniszuschlag *m*, ⸚e recargo *m* de retraso
Sauregurkenzeit *f*, en (Fam.) época *f* de estancamiento *od.* paralización comercial; época *f* muerta
Sauerstoffpflanzen *pl* (Seg.) lanzas *pl* de oxígeno
Saugbetrieb *m*, (e) (Seg.) corriente *f* de aspersión
SB *(Selbstbedienung)* auto-servicio *m*
S-Bahn *f*, en *(Schnellbahn)* ferrocarril *m* urbano
SB-Geschäft *n*, e tienda *f* de autoservicio
SB-Laden *m*, ⸚ → *SB-Geschäft*
Schacherer *m*, - usurero *m*; chalán *m*
schachern cambalachear; regatear; (Pol.) transigir; pactar
Schacht *m*, ⸚e pozo *m* de mina
Schachtelbeteiligung *f*, en participación *f* (de la casa matriz en el capital social de una sociedad controlada)
Schachtelgesellschaft *f*, en sociedad *f* de participación recíproca; sociedad *f* subsidiaria; sociedad *f* que controla el capital de otras sociedades y se beneficia de los privilegios fiscales
Schachtelprivileg *n*, ien privilegio *m* fiscal
Schaden *m*, ⸚ daño *m*; perjuicio *m*; siniestro *m*; avería *f*; pérdida *f* 1. *auf Unfall beruhender ~* daño provocado por un accidente; *eingetretener ~* daño acaecido, sobrevenido; *durch Brandstiftung verursacher ~* daño causado por un incendio intencionado; *erlittener ~* daño sufrido; *finanzieller ~* daño financiero; *durch die Versicherung gedeckter ~* daño cubierto por el seguro; *absichtlich herbeigeführter ~* daño deliberado; *nicht voraussehbarer ~* daño no previsible; *zum ~ von* en perjuicio de 2. *einen ~ abschätzen, anmelden* estimar, denunciar un daño; *einen ~ decken, erleiden* cubrir, sufrir un daño; *für den ~ haften* ser responsable de un daño; *zu ~ kommen* sufrir un perjuicio; *gegen ~ versichern* asegurar contra daños y perjuicios; *~ zufügen* perjudicar; dañar
Schaden(s)- (Pref.) siniestral
Schadenanmeldung *f*, en → *Schadensanzeige*
Schadenanzeige *f*, **n** aviso *m* de siniestro
Schadenaufwendungen *pl* indemnizaciones *pl*
Schadenberechnung *f*, en evaluación *f* de los daños
Schadendeckung *f*, en cobertura *f* del daño
Schadenersatz *m*, Ø indemnización *f* por *od.* de daños y perjuicios; compensación *f*; (Pol.) reparación *f*; *~ beanspruchen* reclamar, exigir una indemnización; *~ leisten* reparar un daño; indemnizar, pagar una indemnización; *auf ~ verklagen* entablar pleito por indemnización

de daños y perjuicios; *zum ~ verurteilt werden* ser condenado a pagar una indemnización
Schadenersatzanspruch *m*, ⁻e derecho *m* a indemnización; *gesetzlicher ~* derecho legal a indemnización; *~ begründen* fundar el derecho a indemnización
Schadenersatzberechtigte/r *(der/ein)* titular *m* de la indemnización (por daños y perjuicios)
Schadenersatzforderung *f*, en demanda *f*, exigencia *f* de indemnización
schadenersatzpflichtig *(sein)* (estar) obligado a pagar la indemnización por daños y perjuicios
Schadenfeststellung *f*, en fijación *f*, tasación *f* del importe de indemnización
Schadensabteilung *f*, en servicio *m* de los siniestros
Schadensattest *n*, e certificado *m* de daños
Schaden(s)ersatz → *Schadenersatz*
Schadensfall *m*, ⁻e siniestro *m*; *im ~* en caso de siniestro; *nach Eintritt des ~es* después de acaecido el siniestro; *Eintritt des ~es* acaecimiento *m*, ocurrencia *f* del siniestro
Schadensmeldung *f*, en declaración *f* de siniestro
Schadensprotokoll *n*, e acta *f* del siniestro
Schadensquote *f*, n 1. cuota *f* de los daños; cuota *f* siniestral 2. tasa *f* de pérdidas
Schadensstelle *f*, n lugar *m* del siniestro
Schadenstifter *m*, - autor *m* del daño
Schadensumfang *m*, Ø volumen *m* de los daños y perjuicios
schadenverhütend (Seg.) *~e Maßnahme* medida *f* preventiva
Schadenverhütung *f*, Ø (Seg.) prevención *f* de siniestros
schadhaft deteriorado; defectuoso; averiado
schädigen dañar; perjudicar; causar daño; lesionar; *den guten Ruf der Firma ~* perjudicar a la buena reputación de la empresa
Schädiger *m*, - autor *m*, responsable *m* de un daño
Schädigung *f*, en daño *m*; perjuicio *m*; menoscabo *m*
schädlich dañable; perjudicial; peligroso; nocivo
schadlos libre de pérdidas; sin pérdidas; *sich ~ halten an* resarcirse; indemnizarse
Schadlosbürge *m*, n garante *m* de indemnización
Schadloshaltung *f*, (en) indemnización *f*; compensación *f*; reparación *f*
Schadstoffe *pl* su(b)stancias *pl* nocivas
schaffen 1. crear; producir; *Arbeitsplätze ~* crear puestos de trabajo 2. hacer; realizar; trabajar; *Ordnung ~* poner en orden
schalldämmend (Seg.) insonorizante
Schalter *m*, - taquilla *f*; ventanilla *f*; (LA) boletería *f*; despacho *m* de billetes; *am ~* en la taquilla, ventanilla; *den ~ schließen* cerrar la taquilla, ventanilla

Schalterbeamte/r *(der/ein)* empleado *m* de (la) taquilla, ventanilla; cajero *m* (de un banco)
Schalterelemente *pl* (Seg.) elementos *pl* contiguos a la ventanilla
Schaltergeschäft *n*, e operación *f* de mostrador; operación *f* al contado
Schalterkorpus *m*, Ø (Seg.) interior *m* del cuerpo de la ventanilla
Schalterraum *m*, ⁻e (Seg.) zona *f* de caja
Schalterstunden *pl* horario *m* de ventanilla *bzw.* servicio; horas *pl* de oficina
Schaltgerät *n*, e (Seg.) aparato *m* conectador automático
Schalthebel *m*, - (palanca *f* de) mando *m*; *an den ~n der Wirtschaft sitzen* detentar el mando de la economía
Schaltjahr *n*, e año *m* bisiesto
Schaltkreis *m*, e (Inform.) circuito *m*; *integrierte ~e* circuitos integrados
Schaltpultspezialist *n*, en especialista *m* de pupitre de maniobra
Schaltschloß *n*, ⁻sser (Seg.) dispositivo *m* adicional electromagnético
Schankgesetz *n*, e ley *f* sobre la venta de bebidas alcohólicas
Schankkonzession *f*, en concesión *f* para la venta de bebidas alcohólicas
scharf (Seg.) en reposo (Ggs. *unscharf*)
Schärfe *f*, Ø (Seg.) nitidez *f*
scharfgeschaltet (Seg.) en posición de alarma; *~e Anlage* instalación *f* en posición de alarma
Scharfschalteinrichtung *f*, en (Seg.) instalación *f* de activación de alarma
scharfschalten (Seg.) conectar, activar automáticamente
Scharfschaltevorgang *m*, ⁻e (Seg.) puesta *f* en vigilancia
Scharnier *n*, e (Seg.) bisagra *f*
Schattenkabinett *n*, e gobierno *m*, gabinete *m* fantasma
Schattenwirtschaft *f*, en economía *f* sumergida, paralela
Schattenzonen *pl* (Seg.) zonas *pl* de sombra
Schattierung *f*, en (*Börse*) matiz *m*
Schatz *n*, ⁻e tesoro *m*; *Schätze eines Landes* recursos *pl* de un país
Schatzamt *n*, ⁻er tesoro *m*; tesorería *f*; ministerio *m* de Hacienda
Schatzanweisung *f*, en → *Schatzschein*
Schatzbrief *m*, e → *Schatzschein*
schätzen evaluar; estimar; calcular; tasar; valorar; *der Schaden wird auf 100 DM geschätzt* el daño se estima en 100 marcos
Schatzkammer *f*, n tesoro *m* (público); tesorería *f*
Schatzmeister *m*, - tesorero *m*

Schatzminister *m*, - ministro *m* de Hacienda
Schatzschein *m*, e bono *m* del Tesoro
Schätzung *f*, en evaluación *f*; estimación *f*; tasación *f*; cálculo *m*; *amtliche* ~ tasación oficial; *statistische* ~ estimación estadística; *grobe* ~ evaluación aproximativa
Schatzwechsel *m*, - → *Schatzschein*
Schätzwert *m*, e valor *m* od. precio *m* estimado
Schau *f*, (en) exposición *f*; exhibición *f*; presentación *f*; feria *f*; (Angl.) show *m*; *zur* ~ *stellen* exponer, exhibir, presentar a/c
Schaubild *n*, er gráfico *m*; diagrama *m*
Schaufenster *n*, - escaparate *m*; (LA) vidriera *f*; *etw. im* ~ *ausstellen* exponer a/c en el escaparate
Schaufensterdekorateur *m*, e decorador *m* de escaparates
Schaufensterdekoration *f*, en decoración *f* de escaparates
Schaufenstergestalter *m*, - diseñador-decorador *m* de escaparates
Schaufensterglas *n*, ⁼er (Seg.) luna *f*
Schaugeschäft *n*, Ø mundo *m* del espectáculo; (Angl.) show-business *m*; *ins* ~ *einsteigen* entrar en el mundo del espectáculo
Schaukasten *m*, - (Seg.) pequeña vitrina *f* fuera de las tiendas; armario *m* de exposición
Schaumbeton *m*, Ø (Seg.) hormigón *m* espumoso
Schaupackung *f*, en embalaje *m* para escaparate; muestra *f*; envoltura *f* sin contenido
Scheck *m*, s cheque *m*; talón *m* 1. *eingelöster* ~ cheque pagado; *gekreuzter* ~ cheque cruzado, barrado; *zum Einzug gesandter* ~ cheque remitido al cobro; *gefälschter* ~ cheque falsificado; *gesperrter* ~ cheque bloqueado; *ungedeckter* ~ cheque en descubierto *bzw*. sin fondos; *vordatierter* ~ cheque antefechado 2. *einen* ~ *ausstellen* extender, girar, librar un cheque; *einen* ~ *bei der Bank einlösen* cobrar un cheque en el banco; *einen* ~ *zur Gutschrift einreichen* hacerse abonar un cheque en cuenta; *einen* ~ *indossieren* endosar un cheque; *einen* ~ *sperren lassen* bloquear un cheque; *einen* ~ *mit Verrechnungsvermerk versehen* cruzar un cheque; *der* ~ *lautet auf meinen Namen* el cheque está librado a mi nombre; *per* ~ *zahlen* pagar mediante un cheque
Scheckabrechnung *f*, en liquidación *f*, compensación *f* de cheques
Scheckabteilung *f*, en servicio *m*, sección *f* de cheques
Scheckaussteller *m*, - girador *m*; librador *m*
Scheckbetrug *m*, Ø pago *m* fraudulento por medio de un cheque en descubierto
Scheckbezogene/r (*der/ein*) librado *m*; girado *m*; aceptante *m*

Scheckbuch *n*, ⁼er → *Scheckheft*
Scheckbürge *m*, n avalista *m*, fiador *m* (de un cheque)
Scheckbürgschaft *f*, en aval *m* de un cheque
Scheckdeckung *f*, en provisión *f* de un cheque
Scheckeinlösung *f*, en pago *m* de un cheque
Scheckempfänger *m*, - perceptor *m*, beneficiario *m* de un cheque
Scheckfälscher *m*, - falsificador *m* de cheques
Scheckfälschung *f*, en falsificación *f* de cheques
Scheckformular *n*, e formulario *m* de cheques
Scheckheft *n*, e talonario *m* de cheques
Scheckinhaber *m*, - titular *m*, portador *m* del cheque
Scheckinkasso *n*, s cobro *m* de un cheque
Scheckkarte *f*, n tarjeta *f* cheque (tarjeta para el titular de una cuenta del sistema de cheques; p. ej. Eurocheque)
Scheckkonto *n*, s od. -en cuenta-cheque *m*
Scheckprotest *m*, e protesto *m* de un cheque
Schecksperre *f*, n bloqueo *m* de un cheque
Scheckverkehr *m*, Ø operaciones *pl*, transacciones *pl* de cheques; movimiento *m*, servicio *m* por cheques
Scheckzahlung *f*, en pago *m* por cheque
Scheibe *f*, n (Seg.) luna *f*; cristal *m*; *unbewegliche* ~ luna fija
Scheibenaufbau *m*, Ø (Seg.) estructura *f* de las lunas
Scheibenaußenkanten *pl* (Seg.) aristas *pl* exteriores de la luna
Scheibenstöße *pl* (Seg.) uniones *pl* de las lunas
Scheich *m*, s jeque *m* (de los países árabes)
Scheidegeld *n*, er moneda *f* fraccionaria (monedas fragmentarias que sólo pueden aceptarse en un determinado volumen)
Scheidemünze *f*, en moneda *f* fraccionaria; calderilla *f*
Schein *m*, e certificado *m*; atestado *m*; vale *m*; recibo *m*; billete *m* de banco; *gegen* ~ contra recibo
Scheinbieter *m*, - postor *m* ficticio od. simulado
Scheinbilanz *f*, en balance *m* ficticio
Scheinfirma *f*, -en → *Scheingesellschaft*
Scheingeschäft *n*, e transacción *f* ficticia; negocio *m* ficticio
Scheingesellschaft *f*, en casa *f*, sociedad *f* ficticia
Scheingewinn *m*, e beneficio *m* imaginario *bzw*. ficticio
Scheingründung *f*, en fundación *f* ficticia; constitución *f* aparente
Scheinkauf *m*, ⁼e compra *f* ficticia
Scheinverlust *m*, e pérdida *f* aparente
Scheinvertrag *m*, ⁼e contrato *m* ficticio, simulado

scheitern fracasar; no dar resultado; *die Verhand-*

lung ist gescheitert las negociaciones han fracasado

schenken donar; hacer una donación; regalar; obsequiar

Schenkende/r *(der/ein)* donante *m*; donador *m*

Schenker *m*, - → *Schenkender*

Schenkung *f*, **en** donación *f*; ~ *unter Auflage* donación condicional *od*. onerosa; ~ *von Todes wegen* donación testamentaria; *eine* ~ *machen* hacer una donación; *eine* ~ *widerrufen* revocar una donación

Schenkungsabsicht *f*, **en** intención *f* de hacer una donación

Schenkungsbrief *m*, **e** acta *m* de donación

Schenkungssteuer *f*, **n** impuesto *m* sobre donaciones; *der* ~ *unterliegen* estar sujeto al impuesto sobre donaciones

Schenkungsurkunde *f*, **n** → *Schenkungsbrief*

schenkungsweise en concepto de donación

Schicht *f*, **en** 1. turno *m*; jornada *f* 2. equipo *m*; brigada *f* 3. clase *f* (social); sector *m*; *die herrschenden* ~*en* las clases dirigentes; *bürgerliche* ~ clase burguesa; *erste* ~ primer turno; *die oberen, unteren* ~*en* las clases superiores, inferiores; *in weiten* ~*en der Bevölkerung* en vastos, amplios sectores de la población; ~ *arbeiten* trabajar por turnos

Schichtablösung *f*, **en** → *Schichtwechsel*

Schichtarbeit *f*, **en** trabajo *m* por turnos; ~ *verrichten* trabajar por turnos

Schichtarbeiter *m*, - trabajador *m* por turnos; jornalero *m*

Schichtbetrieb *m*, **e** empresa *f* que trabaja por turnos

Schichter *m*, - → *Schichtarbeiter*

schichtfrei en la pausa; en el descanso (entre los turnos de trabajo)

Schichtleistung *f*, **en** producción *f* total por turno; rendimiento *m* por turno

Schichtwechsel *m*, **e** cambio *m* del turno de obreros

Schichtzuschlag *m*, ⸚e suplemento *m* de turno; plus *m* en concepto de trabajo por turnos

schicken enviar; mandar; remitir; despachar; expedir; *jdm. (an jdn.) einen Brief* ~ enviar una carta a alg.; *einen Brief als Einschreiben* ~ despachar una carta certificada

Schickeria *f*, Ø gente *f* guapa; flor *f* y nata de la sociedad

Schiebeflügelfenster *n*, - (Seg.) ventana *f* de corredera y guillotina

Schiebemulde *f*, **n** (Seg.) bandeja *f* corredera

schieben 1. traficar; *mit Rauschgift* ~ dedicarse al narcotráfico 2. *(Börse)* traspasar

Schieber *m*, - traficante *m*; especulador *m*; (Fam.) estraperlista *m*; (Seg.) compuerta *f*

Schiebergeschäft *n*, **e** operación *f*, transacción *f* ilícita

Schieberiegel *m*, - (Seg.) cerrojo *m od*. pasador *m*

Schiebetür *f*, **en** (Seg.) puerta *f* corrediza

Schiebeverglasung *f*, **(en)** (Seg.) cristal *m* corredizo

Schiebung *f*, **en** 1. tráfico *m*; negocio *m* clandestino 2. *(Börse)* traspaso *m*

Schiedsgericht *n*, **e** tribunal *m* de arbitraje; *eine Sache einem* ~ *vorlegen* someter un asunto a un tribunal de arbitraje; *an ein* ~ *verweisen* remitir a un tribunal de arbitraje

schiedsgerichtlich arbitral; de árbitro(s); ~*es Urteil* sentencia *f*, fallo *m* arbitral

Schiedsgerichtsbarkeit *f*, Ø jurisdicción *f* arbitral; arbitraje *m*; *gewerbliche* ~ arbitraje industrial; ~ *in arbeitsrechtlichen Streitigkeiten* arbitraje laboral

Schiedsgerichtshof *m*, ⸚e tribunal *m* de arbitraje

Schiedsgerichtsverfahren *n*, - procedimiento *m* de arbitraje

Schiedskommission *f*, **en** comisión *f* arbitral *od*. de arbitraje

Schieds|mann *m*, ⸚er *od*. -leute árbitro *m*

Schiedsrichter *m*, - árbitro *m*; juez-árbitro *m*; *einen* ~ *bestellen* nombrar un árbitro

Schiedsspruch *m*, ⸚e sentencia *f*, laudo *m* arbitral; *durch* ~ *entscheiden* arbitrar; llegar a un acuerdo por vía arbitral

Schiedsweg *m*, **e** vía *f* arbitral; *auf dem* ~ por vía arbitral

Schiene *f*, **n** vía *f*; carril *m*

Schienennetz *n*, **e** red *f* ferroviaria

Schienenverkehr *m*, Ø tráfico *m* ferroviario; tráfico *m* por ferrocarril

Schiene-Straße-Verkehr *m*, Ø transporte *m* combinado carril-carretera

Schiff *n*, **e** buque *m*; nave *f*; *ab* ~ ex, franco buque; puesto en buque; *frei Längsseite* ~ (FAS) franco al costado del buque (FAS)

Schiffahrt *f*, **en** navegación *f*; *die* ~ *behindern* obstaculizar la navegación

Schiffahrtsgesellschaft *f*, **en** compañía *f* marítima, de navegación

schiffbar navegable; ~*er Fluß* río *m* navegable; ~*es Gewässer* aguas *pl* navegables

Schiffsagent *m*, **en** consignatario *m* de buques

Schiffsagentur *f*, **en** agencia *f* marítima

Schiff(s)bau *m*, Ø construcción *f* naval *od*. de buques

Schiffsbefrachtung *f*, **(en)** fletamento *m*

Schiffsbesatzung *f*, **en** tripulación *f* (del buque)

Schiffshypothek *f*, **en** hipoteca *f* naval *bzw*. marítima (crédito garantizado por un derecho de prenda sobre un buque)

Schiffsladeschein *m*, **e** conocimiento *m* (de

embarque) (Syn. *Schiffsfrachtbrief*)
Schiffsladung f, en carga f; cargamento m; flete m
Schiffsmakler m, - agente m marítimo; corredor m de buques
Schiffspapiere pl documentación f del barco; documentos pl de embarque
Schiffspfandbrief m, e cédula f hipotecaria sobre un buque; obligación f marítima
Schiffsraum m, ⁻e bodega f; tonelaje m; *leerer ~* tonelaje en vacío, en° lastre; *verfügbarer ~* espacio m de flete disponible
Schiffsreeder m, - armador m de buques; naviero m
Schiffsreederei f, en compañía f naviera
Schiffsversicherung f, en (Seg.) seguro m de buque od. barco
Schild n, er cartel m; letrero m; placa f; (Auto.) matrícula f
Schilling m, e chelín m (unidad monetaria austríaca)
Schirmherr m, n od. en patrocinador m; protector m
Schirmherrschaft f, (en) patrocinio m; (Pol.) protectorado m; *unter der ~ von* bajo los auspicios de; patrocinado por
Schlafstadt f, ⁻e ciudad f dormitorio
Schlager m, - 1. éxito m de venta; *der große ~ der Saison sein* ser el éxito de la temporada (Syn. *Verkaufsschlager; Renner*) 2. canción f de moda; (Teatro) pieza f de éxito extraordinario
schlagfest (Seg.) a prueba de golpes; *~es Material* material m a prueba de golpes
Schlagwort n, e od. ⁻er lema m; frase f publicitaria; concepto m fijo; (Angl.) eslogan m
Schlagzeile f, n titulares pl; *~n machen* tener mucha actualidad
Schlange f, n cola f; *~ stehen* hacer cola
schlecht malo; inferior; desfavorable; *~e Aktien* acciones dudosas; *in ~em Zustand* en mal estado m; *~e Finanzlage* mala situación f financiera; *~es Geld* dinero m falso bzw. moneda f depreciada; *~e Qualität* mala calidad f
schlechtmachen denigrar; humillar; *die Konkurrenz ~* denigrar a la competencia bzw. a los competidores
Schlechtwettergeld n, er indemnización f por mal tiempo (otorgada a los obreros de la construcción)
schleichend subrepticio; paralelo; sumergido; *~e Inflation* inflación f subrepticia
Schleichhandel m, Ø comercio m clandestino, ilícito
Schleichhändler m, - traficante m clandestino; contrabandista m; estraperlista m
Schleichwerbung f, en publicidad f disimulada

Schlepper m, - 1. grúa f; tractor m; remolcador m 2. gancho m
Schlepperorganisation f, en organización f clandestina de tráfico de mano de obra
Schleppgebühr f, en derechos pl de remolque
Schleuderpreis m, e precio m ruinoso, irrisorio; *~e der Konkurrenz* precios ruinosos de la competencia; *zu ~en verkaufen* vender a precio ruinoso; malbaratar
Schleuderverkauf m, ⁻e venta f a precio ruinoso; (Angl.) dumping m
Schleuderware f, n género m de batalla
Schleusengeld n, er derechos pl de esclusa
schlichten componer (una desavenencia); dirimir; intervenir; *einen Streit ~* terminar una disputa; *Meinungsunterschiede ~* zanjar diferencias de opinión
Schlichter m, - mediador m (que ejerce sus buenos oficios); árbitro m
Schlichtung f, en arreglo m; solución f; arbitraje m
Schlichtungsausschuß m, ⁻sse comisión f de arbitraje; *vor einen ~ kommen* ser sometido a una comisión de arbitraje
Schlichtungsstelle f, n → *Schlichtungsausschuß*
Schlichtungsverfahren n, - procedimiento m de arbitraje
Schlichtungsversuch m, e tentativas pl de arbitraje, mediación
Schließblech n, e (Seg.) cerradero m
Schließblechkontakt m, e (Seg.) contacto m de cerradero
schließen 1. cerrar; *der Laden ist geschlossen* la tienda está cerrada 2. terminar; cerrar; clausurar; *mit einer Kursverbesserung ~* cerrar con una alza de las cotizaciones; *eine Versammlung ~* clausurar una asamblea; *eine Sitzung ~* levantar una sesión 3. concertar; celebrar; *Frieden ~ mit* concertar la paz con bzw. hacer las paces con; *Ehe ~* contraer matrimonio; *einen Vertrag ~* concertar un contrato
Schließfach n, ⁻er (Seg.) caja f de caudales; caja f de seguridad; caja f fuerte; compartimiento m (Syn. *Schrankfach, Tresorfach*)
Schließkasten m, - (Seg.) caja f de cierre
Schließlage f, (n) (Seg.) posición f cerrada
Schließmechanism|**us** m, (-en) (Seg.) mecanismo m de cierre
Schließtag m, e día m de cierre
Schließung f, en 1. cierre m; clausura f; *gegen die ~ eines Betriebes demonstrieren* manifestarse en contra de un cierre empresarial 2. conclusión f; *~ eines Vertrages* la conclusión de un contrato; 3. saldo m (de cuentas)
Schließzylinder m, - (Seg.) cerradura f de cilindro
Schlo|**ß** n, ⁻sser (Seg.) cerradura f

Schloßgruppe *f*, **n** (Seg.) varias cerraduras *pl*
Schloßmechanism|us *m*, (-en) (Seg.) mecanismo *m* de cierre
Schloßriegel *m*, - (Seg.) pestillo *m* fijo de cerradura
schlucken absorber; *der Verbrauchermarkt schluckt die Kleinhändler* el mercado de consumidores absorbe a los detallistas
Schlußabrechnung *f*, **en** saldo *m* de cuentas; cuenta *f* final; liquidación *f* final
Schlußakte *f*, **n** *die ~ von Helsinki* acta *f* final de Helsinki
Schlußantrag *m*, ⸚e moción *f* final
Schlußbericht *m*, **e** informe *m* final
Schlußbilanz *f*, **en** balance *m* de cierre *bzw.* balance *m* de fin de año
Schlußdividende *f*, **n** dividendo *m* final *bzw.* complementario (repartido a fines de año, después de haber repartido ya dividendos trimestrales o interinos a lo largo del ejercicio)
Schlußeinheit *f*, **en** unidad *f* de contratación
Schlüssel *m*, - llave *f*; clave *f*; cuota *f*; baremo *m*; (Seg.) *übergeordneter ~* llave maestra; *untergeordneter ~* llave subordinada
Schlüsselbart *m*, ⸚e (Seg.) paletón *m* de la llave
Schlüsselbetrieb *m*, **e** empresa *f* clave
Schlüsseldienst *m*, Ø cerrajero *m*
schlüsselfertig llave en mano
Schlüsselindustrie *f*, **n** industria *f* básica *od.* clave
Schlüsselinhaber *m*, - (Seg.) tenedor *m* de la llave
Schlüsselkanal *m*, ⸚e (Seg.) canal *m* de la llave
Schlüsselkasten *m*, ⸚ (Seg.) armario *m* de las llaves
Schlüsselkopie *f*, **n** (Seg.) duplicado *m* de llave
Schlüsselprofil *n*, **e** (Seg.) perfil *m* dentado de llave
Schlüsselrohling *m*, **e** (Seg.) llave *f* en bruto
Schlüsselschalter *m*, - (Seg.) interruptor *m* con llave
Schlüsselschlo|ß *n*, ⸚sser (Seg.) cerradura *f* de llave
Schlüsselsicherheit *f*, Ø (Seg.) seguridad *f* de llave
Schlüsselstellung *f*, **en** posición *f* económica dominante
Schlüsselwort *n*, **e** *od.* ⸚er palabra *f* clave
Schlüsselzuweisungen *pl* (R.F.A.) utilización *f* de los fondos de los Länder por los municipios
Schlußformel *f*, **n** fórmula *f* final; fórmula *f* de cortesía; final *m* de cartas
Schlußkurs *m*, **e** (*Börse*) cotización *f* de cierre *od.* de clausura; cotización *f* de última hora
Schlußlicht *n*, **er** luz *f* trasera *od.* piloto
Schlußnote *f*, **n** nota *f* final; minuta *f*; *(Börse)* talón *m* (de contrato); póliza *f* de negociación
Schlußnotenregister *n*, - registro *m* de transacciones al contado
Schlußnotierung *f*, **en** (*Börse*) cotización *f* de cierre
Schlußschein *m*, **e** → *Schlußnote*
Schlußsitzung *f*, **en** sesión *f* de clausura
Schlußverhandlung *f*, **en** vista *f* final
Schlußverkauf *m*, ⸚e venta *f* de liquidación; *(Inventurausverkauf)* liquidación *f* de saldos; *(Räumungsverkauf)* liquidación *f* por cambio de local
schmählern estrechar; disminuir; mermar; limitar; restringir
Schmarotzer *m*, - parásito *m*
Schmelzvorgang *m*, ⸚e (Seg.) proceso *m* de fusión
Schmerzensgeld *n*, **er** indemnización *f* pagada al perjudicado; pretium doloris; *~ fordern* exigir una indemnización por daños y perjuicios
schmieren sobornar; untar la mano a alg.
Schmiergeld *n*, **er** dinero *m* de soborno; (Fam.) unto *m* (de rana); dinero *m* para comprar el silencio
Schmuckwarenindustrie *f*, **n** (industria *f* de) bisutería *f*
Schmuckschlo|ß *n*, ⸚sser (Seg.) cerradura *f* sobrepuesta para joyas
Schmuggel *m*, Ø contrabando *m*; comercio *m* ilegal
Schmuggelei *f*, Ø → *Schmuggel*
Schmuggelgut *n*, ⸚er → *Schmuggelware*
Schmuggelhandel *m*, Ø tráfico *m* de contrabando
schmuggeln hacer contrabando; contrabandear
Schmuggelring *m*, **e** red *f*, banda *f* de contrabandistas
Schmuggelware *f*, **n** mercancías *pl* de contrabando
Schmuggler *m*, - contrabandista *m*
Schmutzarbeit *f*, **en** trabajo *m* sucio, duro
Schmutzkonkurrenz *f*, Ø competencia *f* desleal
Schmutzzulage *f*, **n** plus *m* por trabajo tóxico
Schneeballsystem *n*, (e) sistema *m* de venta denominado "bola de nieve" (por el cual se conceden ventajas al cliente, que así vuelve a comprar en esa casa)
Schneidbrenner *m*, - soplete *m* oxiacetilénico
Schneidwerkzeug *n*, **e** herramienta *f* de corte
schnell rápido; *~er Brüter* (reactor *m*) autorregenerador *m*; *~es Geld* dinero *m* rápidamente ganado
Schnellamt *n*, ⸚er (Teléf.) central *f* de servicio rápido *od.* urgente
Schnellaster *m*, - → *Schnelltransporter*
Schnellausbildung *f*, **en** formación *f* acelerada
Schnellbahn *f*, **en** → *S-Bahn*
Schnellbauweise *f*, **n** construcción *f* con piezas prefabricadas

Schnelldienst *m*, e servicio *m* rápido
Schnellstraße *f*, n vía *f* rápida; carretera *f* principal
Schnelltransporter *m*, - camión *m* rápido
Schnellverkehr *m*, Ø tráfico *m* rápido; expedición *f* por expreso *od.* de urgencia; (Teléf.) servicio *m* rápido
Schnellverkehrsstraße *f*, n carretera *f*, ruta *f* de gran circulación; vía *f* rápida
Schnellzug *m*, ⁻e (tren *m*) rápido *m*
Schnellzugzuschlag *m*, ⁻e recargo *m* por tren rápido
Schnitt *m*, Ø corte *m*; media *f*; promedio *m*; patrón *m* (de costura); *im~* por término medio; *wir rechnen einen ~ von* nosotros calculamos una media de
Schnittpunkt *m*, e intersección *f*
Schnittware *f*, n mercería *f*; géneros *pl* (vendidos) al por menor
Schöffe *m*, n jurado *m*; (Hist.) escabino *m*
Schöffengericht *n*, e tribunal *m* de jurados
schonen economizar; tratar con precaución, cuidado
Schonfrist *f*, en plazo *m* de gracia *bzw.* respiro
Schonplatz *m*, ⁻e (R.D.A.) empleo *m* provisorio para personas convalecientes; empleo *m* reservado
schonungslos radical; desenfrenado; despiadado
Schranke *f*, n barrera *f*; *gegen die ausländische Konkurrenz ~n errichten* erigir barreras en contra de la competencia extranjera
Schrankfach *n*, ⁻er → *Schließfach*
schrauben atornillar; apretar; *Preise in die Höhe ~* provocar un aumento de los precios
Schreckensmeldung *f*, en noticia *f* alarmista (p.ej. en la Bolsa)
schreiben escribir; *auf der Maschine ~* mecanografiar; escribir a máquina; *Kurzschrift ~* taquigrafiar; *eine Rechnung ~* extender una factura
Schreiben *n*, - escrito *m*; carta *f*; nota *f*; *Ihr ~ vom* su carta del (Syn. *Brief*)
Schreibkraft *f*, ⁻e mecanógrafo *m*; empleado *m* de secretaría; secretario *m*
Schreibmaschine *f*, n máquina *f* de escribir; *mechanische, elektrische, elektronische ~* máquina de escribir mecánica, eléctrica, electrónica
Schreibwaren *pl* artículos *pl* de escritorio; (articulos *pl* de) papelería
Schrift *f*, en 1. trabajo *m*; disertación *f*; obra *f*; estudio *m* 2. escritura *f* 3. (CH) *~en* documentos *pl* de identidad
Schriftführer *m*, - redactor *m* del acta; secretario *m* (Syn. *Protokollant*)
Schriftleiter *m*, - redactor *m* en jefe (de un periódico) (Syn. *Redakteur*)
schriftlich escito; por escrito; en *od.* por carta; *~ mitteilen* comunicar por escrito
Schriftstück *n*, e escrito *m*; documento *m*; expediente *m*; acta *f*; *amtliche ~e* documentos oficiales; *ein ~ abfassen* redactar un escrito
Schriftverkehr *m*, Ø → *Schriftwechsel*
Schriftwechsel *m*, (-) correspondencia *f*
Schrott *m*, e chatarra *f*
Schrotthandel *m*, Ø comercio *m* de chatarra
Schrottsammlung *f*, en aprovechamiento *m* de (la) chatarra, de viejos metales
Schrottwert *m*, Ø valor *m* de chatarra
schrumpfen contraerse; disminuir; reducirse; *das Kapital ist auf die Hälfte geschrumpft* el capital se ha reducido a la mitad; *~ des Geschäft* negocio *m* en vías de contracción
Schrumpfung *f*, en contracción *f*; disminución *f*; reducción *f*; pérdida *f* de terreno
Schrumpfungsprozeß *m*, -sse proceso *m* de disminución; *der ~ im Schienenverkehr* el transporte por ferrocarril pierde terreno
Schub *m*, ⁻e empuje *m*
Schuhindustrie *f*, n industria *f* del calzado
Schulabschluß *m*, Ø diploma *m* final
Schulaufsichtsbehörde *f*, n autoridad *f* de inspección escolar
Schuld *f*, en deuda *f*; débito *m*; obligación *f*; culpa *f*; 1. *abgetragene ~* deuda pagada; *ausstehende ~n* deudas pendientes; *buchmäßige ~* deuda contable; *fällige ~* deuda exigible; *feste ~* deuda fija (consolidada a largo plazo); *öffentliche ~* endeudamiento nacional; *rückständige ~* deuda atrasada; *schwebende ~* deuda flotante, actual; *ungetilgte ~* deuda no amortizada 2. *für eine ~ aufkommen* responder a una deuda; *seine ~en bezahlen (begleichen)* pagar sus deudas; *eine ~ eintreiben* cobrar una deuda; exigir el pago de una deuda; *eine ~ erlassen* condonar una deuda; *in ~en geraten* contraer deudas; *~n konsolidieren* consolidar deudas
Schuldanerkenntnis *n od. f*, se → *Schuldanerkennung*
Schuldanerkennung *f*, en reconocimiento *m* de una deuda; pagaré *m*
Schuldbeitritt *m*, e prestación *f* de caución de una deuda
schuldbeladen endeudado; cargado de deudas; endeudado hasta el cuello
Schuldbrief *m*, e obligación *f*; título *m* de deuda
Schuldbuch *n*, ⁻er registro *m* de deudores y acreedores; registro *m* estatal de deudas; *(Hauptbuch)* libro *m* mayor
Schuldbuchforderung *f*, en crédito *m* contabilizado (deuda contraída frente al Estado e inscrita en el registro estatal de la deuda)

Schuldeintragung f, en inscripción f de una deuda
schulden deber; adeudar; ser deudor; *er ~t ihm eine beträchtliche Summe* le debe una suma considerable
Schuldendienst m, e servicio m de la deuda
Schuldenerla|ß m, **-sse** condonación f de una deuda
schuldenfrei exento de deudas; sin deudas od. gravámenes
Schuldenhaftung f, Ø responsabilidad f por deudas (contradas)
Schuldenlast f, en deuda f; endeudamiento m; pasivo m
Schuldenmasse f, Ø pasivo m total; masa f pasiva
Schuldenmillionär m, e (Fam.) persona f cargada de deudas
Schuldenregelung f, en liquidación f de una deuda; pago m de deudas
Schuldentilgung f, en amortización f, pago m, saldo m de deudas
Schuldentilgungsplan m, ⸗e plan m de amortización de deudas
Schuldforderung f, en crédito m; deuda f activa; *~en abtreten* ceder créditos
Schuldfrage f, n cuestión f de la responsabilidad
schuldig 1. culpable 2. que tiene deudas; *er ist mir 100 Mark ~* me debe 100 marcos
Schuldner m, - deudor m; *flüchtiger ~* deudor fugitivo; *säumiger ~* deudor moroso; *zahlungsunfähiger ~* deudor insolvente; *einen ~ auspfänden* embargar los bienes de un deudor; *einem ~ Zahlungsfrist gewähren* conceder a un deudor una prórroga para el pago
Schuldnerland n, ⸗er país m deudor
Schuldnerverzeichnis n, se registro m de deudores
Schuldnerverzug m, Ø deuda f retrasada; demora f en el pago de una deuda
Schuldposten m, - asiento m deudor; partida f debida; adeudo m
Schuldschein m, e pagaré m; título m de deuda (especie de obligaciones a medio plazo); (CH) colocaciones pl particulares (títulos de financiación a medio plazo)
Schuldsicherstellung f, en constitución f de una garantía
Schuldtilgung f, en amortización f de una deuda
Schuldübernahme f, n subrogación f, aceptación f de una deuda
Schuldübertragung f, en transferencia f, cesión f de una deuda
Schuldverhältnis n, se deuda f contractual; *persönliches ~* deuda personal; *~ zur gesamten Hand* deuda solidaria
Schuldverpflichtungen pl pasivo m ajeno; recursos pl ajenos (el total de los compromisos de una empresa en contraposición a los recursos propios)
Schuldverschreibung f, en obligación f; título m de deuda; bono m del Tesoro; *abgestufte ~en* obligaciones clasificadas; *in Stücken ausgebene ~en* obligaciones nominativas; *kündbare ~en* obligaciones rescatables; *mündelsichere ~en* obligaciones con garantía pupilar; *tilgbare ~en* obligaciones amortizables; *ungesicherte ~en* obligaciones sin garantía; *unkündbare ~* obligaciones irrevocables; *~en mit Gewinnbeteiligung* obligaciones con participación en los beneficios; *~en ausgeben* emitir obligaciones; *~en einlösen* reembolsar obligaciones
Schuldverschreibungsausgabe f, n emisión f de obligaciones
Schuldverschreibungseinlösung f, en reembolso m de obligaciones
Schuldverschreibungsinhaber m, - titular m, tenedor m de una obligación
Schuldzuweisung f, (en) adjudicación f de culpa
schulen enseñar; instruir; formar; entrenar
Schulung f, en cursillo m; entrenamiento m; práctica f
Schund m, Ø baratija f; trasto m
Schundware f, n (mercancía f de) pacotilla f
schürfen excavar (en busca de un mineral)
Schürfen n, Ø prospección f; excavación f; sondeo m
Schürfung f, en → *Schürfen*
Schurwolle f, n lana f virgen
Schußwaffe f, n (Seg.) arma f de fuego
Schüttgut n, ⸗er carga f a granel (cereales, carbón)
Schutz m, Ø protección f; salvaguardia f; garantía f; *unter dem ~ des Gesetzes* al amparo de las leyes; *~ gegen Unfälle* protección contra accidentes
Schutzbrief m, e salvoconducto m; pase m; privilegio m
schützen proteger; amparar; salvaguardar; garantizar
Schutzfrist f, en plazo m de amparo; plazo m de reserva de derechos
Schutzgebühr f, en tasa f de apoyo
Schutzgemeinschaft f, en asociación f de salvaguardia; comité m de defensa
Schutzhaft f, Ø prisión f preventiva
Schutzklausel f, n cláusula f de protección
Schutz|mann m, ⸗er od. **-leute** agente m de policía; guardia m municipal
Schutzmarke f, n marca f registrada od. de fábrica; *eingetragene ~* marca registrada
Schutzmaßnahme f, n medidas pl de protección; *handelspolitische ~n* medidas proteccionistas

Schutzverband *m*, ⸗e → *Schutzgemeinschaft*
Schutzzoll *m*, ⸗e arancel *m* proteccionista; derechos *pl* aduaneros de protección
Schutzzollpolitik *f*, Ø política *f* arancelaria proteccionista
Schutzzollpolitiker *m*, - proteccionista *m*
Schutzzollsystem *n*, e sistema *m* de aranceles proteccionistas
schwach débil; flojo; ~*es Argument* argumento *m* endeble; ~*e Währung* moneda *f* débil; ~*er Besuch* escasa asistencia *f*; ~*er Kredit* crédito *m* limitado *od*. insuficiente
schwächen debilitar; *die Position der Konkurrenz* ~ debilitar la posición de la competencia
Schwangerschaftsabbruch *m*, ⸗e aborto *m* provocado; interrupción *f* del embarazo *(Syn. Abtreibung)*
Schwangerschaftsbeihilfe *f*, n subsidio *m* prenatal
schwanken oscilar; fluctuar; variar; ~*de Kurse* cotizaciones *pl* fluctuantes; ~*de Lohnabzüge* deducciones *pl* variables del salario
Schwankung *f*, en fluctuación *f*; oscilación *f*; variación *f*; *konjunkturelle* ~*en* fluctuaciones *pl* coyunturales; *saisonbedingte* ~*en* fluctuaciones estacionales; ~*en unterworfen sein* estar sometido a fluctuaciones
Schwankungsbreite *f*, n banda *f* de fluctuación; margen *m* de fluctuación autorizado
Schwankungsmarkt *m*, ⸗e (*Börse*) mercado *m* variable
schwarz negro; ~*e Liste* lista *f* negra; ~*e Ware* mercancías *pl* introducidas de contrabando; artículos *pl* del mercado negro
Schwarzarbeit *f*, en trabajo *m* clandestino, no declarado
schwarzarbeiten trabajar clandestinamente
Schwarzarbeiter *m*, - trabajador *m* clandestino
schwarzfahren 1. viajar sin billete 2. conducir sin permiso
schwarzgehen pasar clandestinamente la frontera
Schwarzgeschäft *n*, e negocio *m* ilegal; tráfico *m* de mercancías prohibidas o racionalizadas
Schwarzhandel *m*, Ø comercio *m* clandestino, ilegal
Schwarzhändler *m*, - traficante *m* clandestino
Schwarzmarkt *m*, ⸗e mercado *m* paralelo *od*. negro
Schwarzmarktpreis *m*, e precio *m* en el mercado negro
schwarzsehen 1. mirar la televisión clandestinamente 2. ser pesimista
schwebend pendiente; en trámite; flotante; ~*e Anmeldung* solicitud *f* en trámite; ~*e Schuld* deuda *f* flotante

Schweigegeld *n*, er dinero *m* para comprar el silencio
Schweigepflicht *f*, Ø discreción *f* profesional; deber *m* de guardar el secreto profesional
schweizerisch suizo; ~*e Bankiervereinigung* Asociación *f* Suiza de Banqueros; ~*er Bankpersonalverband* Asociación *f* Suiza del Personal de Banca; ~*es Interbanking-Clearing* compensación *f* interbancaria suiza
Schwelle *f*, n umbral *m*; *die* ~ *der Rentabilität erreichen* alcanzar el umbral de rentabilidad
Schwellenland *n*, ⸗er país *m* umbral (de la industrialización); nación *f* emergente
Schwellenpunkt *m*, e (Seg.) → *Schwellenwert*
Schwellenwert *m*, e (Seg.) valor *m* (de) umbral
Schwellenwertschalter *m*, - (Seg.) circuito *m* de evaluación
Schwemme *f*, n inundación *f* (del mercado); excedente *m*; superabundancia *f* 2. (A) sección *f* de artículos a bajo precio en grandes almacenes
schwer pesado; duro, difícil; penoso; considerable; ~*e Arbeit* trabajo *m* duro; ~ *daniederliegen* atravesar momentos de crisis; ~*e Fahrlässigkeit* negligencia *f* grave; ~*e Papiere* papeles *pl* de cotización alta
Schwerarbeit *f*, en trabajo *m* duro, pesado, penoso
Schwerarbeiter *m*, - hombre *m* empleado en trabajos rudos, penosos
Schwerarbeiterzulage *f*, n plus *m* por trabajo rudo, penoso
Schwerbehinderte/r *(der/ein)* minusválido *m*; gravemente inválido *m*
Schwerbeschädigte/r *(der/ein)* → *Schwerbehinderter*
Schwergut *n*, ⸗er mercancía *f* pesada; bultos *pl* grandes
Schwerindustrie *f*, n industria *f* pesada
Schwerniszulage *f*, n plus *m* de trabajo penoso
Schwerpunkt *m*, e centro *m* de gravedad; (Seg.) punto *m* crítico
schwerpunktmäßig, ~*e Sicherung* (Seg.) protección *f* por alarma concentrada en puntos decisivos; protección *f* de puntos clave
Schwerpunktbetrieb *m*, e (R.D.A.) empresa *f* clave; empresa *f* industrial productora principalmente de ciertos artículos
Schwerpunktindustrie *f*, n industria *f* clave
Schwerpunktstreik *m*, s huelga *f* articulada
Schwesterfirma *f*, -en → *Schwestergesellschaft*
Schwestergesellschaft *f*, en sociedad *f* afiliada; compañía *f* asociada
schwierig dificultoso; difícil; ~*e Lage* situación *f* precaria
Schwierigkeit *f*, en dificultad *f*; problema *m*;

finanzielle ~en dificultades pecuniarias; *in ~en geraten* tropezar con dificultades
schwimmend flotante; *~ verkaufen* vender a flote; *~es Material (Börse)* material *m* flotante; *~e Waren* mercancías *pl* a bordo de un barco, a flote
Schwindel *m*, Ø → *Schwindelei*
Schwindelangebot *n*, **e** oferta *f* fraudulenta
Schwindelei *f*, **en** estafa *f*; fraude *m*; transacción *f* fraudulenta; timo *m*
Schwindelfirm|a *f*, **-en** casa *f*, empresa *f* fraudulenta
schwindeln estafar; engañar; timar
Schwindler *m*, **-** estafador *m*; timador *m*
Schwund *m*, Ø merma *f*; contracción *f*; disminución *f*; *~ des Eigenkapitals* merma del capital propio
Schwundgeld *n*, **er** dinero *m* de consunción
Schwurgericht *n*, **e** jurado *m*; tribunal *m* de jurados
sechsstellig de seis dígitos; *eine ~e Zahl* una cifra de seis dígitos
See *f*, **n** mar *m*; océano *m*; *auf hoher ~* en alta mar; *in ~ stechen* zarpar; *zur ~ befördert werden* ser expedido por vía marítima
Seefahrt *f*, **(en)** navegación *f*; viaje *m* marítimo
Seefracht *f*, **en** flete *m* marítimo
Seefrachtbrief *m*, **e** conocimiento *m* de embarque
Seehafen *m*, **¨** puerto *m* de mar; puerto *m* marítimo
Seehandel *m*, Ø comercio *m* marítimo *od.* de ultramar
See(kranken)kasse *f*, **n** Caja *f* Marítima de Enfermedad
Seeladeschein *m*, **e** certificado *m* de carga por vía marítima
Seemann *m*, **-leute** marino *m*; navegante *m*
Seepolice *f*, **n** póliza *f* de seguro marítimo
Seerecht *n*, Ø derecho *m* marítimo
Seeschaden *m*, **¨** avería *f*; siniestro *m* marítimo
Seeschiff *n*, **e** buque *m* de altura *od.* de alto bordo; navío *m* de mar afuera
Seeschiffahrt *f*, **en** navegación *f* marítima
Seeversicherung *f*, **en** seguro *m* marítimo
Seeweg *m*, **e** vía *f* marítima; *auf dem ~* por mar
Seite *f*, **n** 1. lado *m*; parte *f*; *beide ~n anhören* escuchar las dos partes 2. página *f*; *auf der ersten ~ (einer Zeitung)* en primera plana
Seitenfenster *n*, **-** (Seg.) escaparate *m* lateral
Sekretär *m*, **e** secretario *m*; responsable *m* (político o sindical)
Sekretariat *n*, **e** secretaría *f*; secretariado *m*
Sekrerärin *f*, **nen** secretaria *f*
Sektor *m*, **en** sector *m*; *industrieller ~* sector industrial; *privater ~* sector privado; *primärer, sekundärer, tertiärer ~* sector primario, secundario, terciario
sekundär secundario; *~er Sektor* sector *m* secundario (industrial)
Sekundärmarkt *m*, **¨e** mercado *m* secundario (negociación de títulos al cierre de la nueva emisión)
Sekundawechsel *m*, **-** segunda *f* de cambio
Sekundenschrittanzeige *f*, **n** (Seg.) indicación *f* en el panel correspondiente
Selbstabholer *m*, **-** comprador *m* que transporta él mismo la mercancía adquirida (p.ej. muebles)
selbständig independiente; autónomo; *~er Unternehmer* empresario *m* independiente
Selbständige/r *(der/ein)* autónomo *m*; trabajador *m* por cuenta propia
Selbständigkeit *f*, **(en)** independencia *f*; *finanzielle ~* autonomía *f* financiera
Selbstbedienung *f*, **en** *(SB)* auto-servicio *m*; *Waren in ~ anbieten* vender mercancías en autoservicio
Selbstbedienungsgeschäft *n*, **e** tienda *f* de autoservicio
Selbstbedienungsladen *m*, **¨** → *Selbstbedienungsgeschäft*
Selbstbedienungs-Tankstelle *f*, **n** gasolinera *f* de auto-servicio
Selbstbehalt *m*, Ø retención *f* propia
Selbstbestimmung *f*, **(en)** (Pol.) autodeterminación *f*
Selbstbestimmungsrecht *n*, **(e)** derecho *m* de autodeterminación
Selbstbeteiligung *f*, **en** 1. (Seg.) participación *f* propia 2. (Seg. Social) cuota *f* a pagar por el asegurado; cuota *f* de franquicia 3. *finanzielle ~* autofinanciación *f*; autofinanciamiento *m*
Selbstbewirtschaftung *f*, **en** autoadministración *f*; gestión *f*, explotación *f* directa (por el interesado)
Selbsteintritt *m*, **(e)** autocontratación *f*
Selbstfinanzierung *f*, **en** autofinanciación *f*; financiación *f* con fondos propios
Selbsthilfe *f*, **n** autodefensa *f*; autoayuda *f*
Selbsthilfeverkauf *m*, **¨e** reventa *f*; venta *f* personal
Selbstkosten *pl* costes *pl* propios
Selbstkostenpreis *m*, **e** precio *m* de coste; *zum ~* a precio de coste; al costo
Selbstkostenrechnung *f*, **en** cálculo *m* de costes propios
Selbstverbrauch *m*, Ø consumo *m* propio
Selbstverkäufer *m*, **-** fabricante y vendedor *m*
Selbstversorgung *f*, **(en)** autoabastecimiento *m*; autosuficiencia *f*
selbstverwaltet autoadministrado
Selbstverwaltung *f*, **en** autonomía *f* administrativa; *~ der Gemeinden* autonomía municipal;

jugoslawische ~ autonomía a la yugoslava
Selbstwähl(fern)dienst *m*, Ø *(Teléf.)* servicio *m* interurbano automático
Selbstwähler *m*, - (Teléf.) selector *m* automático
Selbstwählverkehr *m*, Ø → *Selbstwähldienst*
Seminar *n*, e seminario *m*; *ein* ~ *über die Computerisierung der Unternehmen* seminario sobre la informatización de las empresas
Senat *m*, e 1. senado *m* 2. (Tribunal) sala *f* 3. (Berlín Oeste, ciudades hanseáticas) órgano *m* ejecutivo; gobierno *m* 4. (Universidad) consejo *m* académico
Senator *m*, en 1. senador *m*; miembro *m* del Senado 2. miembro *m* del gobierno (de Berlín Oeste y de las ciudades hanseáticas)
senden 1. enviar; expedir; despachar; *dem Kunden ein festes Angebot* ~ enviar una oferta en firme a un cliente 2. transmitir; radiar; emitir; *der Rundfunk hat eben einen Werbespot gesendet* la radio acaba de transmitir un spot publicitario
Sender *m*, - 1. emisora *f* 2. (Seg.) expedidor *m* (de dinero)
Sendung *f*, en 1. envío *m*; expedición *f*; despacho *m*; *eingeschriebene* ~ envío certificado; *portofreie* ~ envío libre de porte; *postlagernde* ~ envío en lista de correos; ~ *mit Wertangabe* envío con valor declarado 2. *(Radio)* emisión *f*; transmisión *f*
Senior *m*, en decano *m*; presidente *m*; jefe *m*; *Herr González* ~ el señor González (padre)
Seniorchef *n*, s jefe *m* en una empresa (donde el hijo es generalmente su mano derecha)
Senioren *pl* tercera edad *f*
Seniorenkarte *f*, n billete *m* para personas de avanzada edad (reducción en los ferrocarriles para personas de la tercera edad)
senken disminuir; reducir; *die Preise* ~ bajar los precios; *die Produktionskosten um 10%* ~ disminuir los costes de producción en un 10%
Senkung *f*, (en) disminución *f*; reducción *f*; baja *f*; ~ *des Lombardsatzes* reducción de la tasa pignoraticia
Sensarie *f*, n (A) (operación *f* de) corretaje *m*
separat separado; particular; por separado
Serie *f*, n serie *f*; emisión *f*; juego *m*; *in* ~*n herstellen* fabricar en serie
Serien(an)fertigung *f*, en → *Serienproduktion*
Serienanleihen *pl* empréstitos *pl* en serie
Serienartikel *m*, - artículo *m* (fabricado) en serie
Serienbau *m*, Ø construcción *f* en serie
Serienbuchstaben *pl* números *pl* en serie de los billetes de banco
Serienherstellung *f*, en → *Serienproduktion*
serienmäßig en serie; ~ *herstellen* fabricar en serie

Serienproduktion *f*, en producción *f*, fabricación *f* en serie
serienreif pronto para la fabricación en serie
serienweise → *serienmäßig*
Service *m*, s 1. servicio *m*; asistencia *f* 2. servicio *m* post-venta (Syn. *Kundendienst*)
Servicecenter *m*, - (Seg.) ventanilla *f*
Servicenetz *n*, e red *f* de servicio post-venta
Service-Tankstelle *f*, n gasolinera *f* con servicio
seßhaft sedentario; residente; domiciliado
s-förmig, ~ *gebogen* (Seg.) curvado en forma de S
Shop *m*, s tienda *f*; almacén *m*
Shop-in-Shop-Center *m*, - centro *m* comercial con galerías
Shopping-Center *m*, - centro *m* comercial (Syn. *Einkaufszentrum*)
Showgeschäft *n*, e → *Schaugeschäft*
Sicherheit *f*, en seguridad *f*; caución *f*; fianza *f*; garantía *f* 1. *hypothekarische* ~ garantía hipotecaria; *kaufmännische* ~ garantía comercial; *sachliche* ~ garantía real 2. *als* ~ *dienen* servir de garantía; *als* ~ *hinterlegen* depositar en concepto de garantía; *gegen* ~ *leihen* prestar contra garantía; ~*en stellen* prestar, dar garantías
Sicherheitsabkommen *n*, - acuerdo *m* de seguridad
Sicherheitsarmierung *f*, en (Seg.) armadura *f* adicional de seguridad
Sicherheitsbeschlag *m*, ⸚e *(*Seg.) plaqueta *f* de seguridad
Sicherheitsbestände *pl* existencias *pl* de seguridad *od*. de reserva
Sicherheitsfonds *m*, - fondo *m* de garantía
Sicherheitsgründen *pl aus* ~ por razones de seguridad
Sicherheitsinspektion *f*, en 1. (R.D.A.) servicio *m* de seguridad laboral de una empresa 2. inspección *f* laboral
Sicherheitskette *f*, n (Seg.) cadena *f* de seguridad
Sicherheitslangschild *n*, er (Seg.) placa *f* longitudinal de seguridad
Sicherheitsleistung *f*, en constitución *f* de garantía; garantía *f*; caución *f*; *gegen* ~ *kaufen* comprar contra garantía
Sicherheitsmaßnahme *f*, n medida *f* de seguridad
Sicherheitsnorm *f*, en norma *f* de seguridad
Sicherheitspersonal *n*, Ø (Seg.) personal *m* de vigilancia
Sicherheitspfand *n*, ⸚er garantía *f* hipotecaria; prenda *f*
Sicherheitsrichtlinien *pl* (Seg.) directrices *pl* de seguridad
Sicherheitsrücklage *f*, n reserva *f*, fondo *m* de

garantía

Sicherheitsschalter m, - (Seg.) ventanilla f antiatraco; *automatischer* ~ *für Geldinstitute* ventanilla anti-atraco automático para bancos

Sicherheitsschleuse f, n (Seg.) esclusa f de seguridad

Sicherheitsschlo|ß n, ⸗sser (Seg.) cerradura f de seguridad

Sicherheitsschwelle f, n umbral m, grado m de seguridad

Sicherheitsstufe f, n (Seg.) nivel m de seguridad

Sicherheitsvorkehrungen pl (Seg.) precauciones pl de seguridad

Sicherheitsvorschrift f, en (Seg.) consignas pl de seguridad

Sicherheitswechsel m, - letra f (en concepto) de garantía

Sicherheitswert m, e (Seg.) grado m de seguridad

sichern asegurar; garantizar; proteger; *ein gesichertes, festes Einkommen haben* percibir una renta fija, asegurada

sicherstellen 1. garantizar; *sichergestellte Forderung* crédito m garantizado; *jdn. finanziell* ~ cubrir financieramente a alg. 2. confiscar; intervenir; embargar

Sicherung f, en garantía f; seguridad f; *soziale* ~ protección f social; ~ *des Arbeitsplatzes* salvaguardia f del empleo; (Seg.) *~en überwinden* superar las seguridades

Sicherungsabtretung f, en cesión f a título de garantía

Sicherungsgeschäft n, e operación f de garantía

Sicherungsgut n, ⸗er bienes pl (cedidos en concepto) de garantía

Sicherungshypothek f, en hipoteca f de garantía

Sicherungsschein m, e (Seg.) certificado m de control

Sicherungssystem n, e (Seg.) sistema m de seguridad

sicherungsübereignen ceder un bien a título de garantía

Sicherungsübereignung f, en cesión f de una propiedad a título de garantía

Sicherungswechsel m, - efecto m cambial en depósito (para garantizar un compromiso incierto)

Sicherungswert m, e (Seg.) medidas pl de seguridad instaladas

Sicht f, Ø vista f; visibilidad f; *auf kurze, lange* ~ a corto, largo plazo; *bei* ~ *zahlbar* pagadero a la vista; *30 Tage nach* ~ a 30 días vista

Sicht- od. **Sonnenschutz** m, Ø (Seg.) protección f adicional contra rayos solares que impide la visualización

Sichtdepositen pl depósitos pl a la vista

Sichteinlage f, n → Sichtdepositen

sichten examinar; clasificar; ordenar; *einen Nachlaß* ~ examinar una sucesión

Sichtfenster n, - *Briefumschlag mit* ~ sobre m ventana

Sichtgeschäft n, e operación f, transacción f a la vista

Sichtguthaben n, - haber m a la vista

Sichtkartei f, en fichero m sinóptico od. con fichas visibles

Sichtkontakt m, e (Seg.) contacto m visual

Sichtkontrolle f, n (Seg.) control m visual

Sichtschutz m, Ø protección f para no ser visto

Sichttratte f, n → Sichtwechsel

Sichtvermerk m, e visado m

Sichtwechsel m, - letra f cambial a la vista (que no prevé ninguna fecha determinada de vencimiento)

Sichtwerbung f, en publicidad f visual

Siebenjahresplan m, ⸗e plan m septenal

Siedlung f, en población f; aglomeración f; urbanización f;

Siedlungsdichte f, (n) densidad f de la población (Syn. *Bevölkerungsdichte*)

Siegel m, - sello m; precinto m; *ein* ~ *anbringen* poner un sello; *etw. unter dem* ~ *der Verschwiegenheit mitteilen* comunicar a/c confidencialmente

Siegelbewahrer m, - guardasellos m; canciller m

Siegelbruch m, ⸗e ruptura f de sello

Signalgeber m, - (Seg.) dispositivo m de alarma

Signatarmacht f, ⸗e potencia f signataria

Silber n, Ø plata f; *aus* ~ de plata

Silberbarren m, - lingote m de plata

Silbermünze f, n moneda f de plata

silbern de plata

Silberwährung f, en (sistema m monetario basado en el) patrón m plata

Silo m od. n, s silo m; granero m; *im* ~ *einlagern* ensilar

Simultandolmetscher m, - intérprete m simultáneo *bzw.* de conferencias

sinken bajar; disminuir; *die Preise sind um 10% gesunken* los precios han disminuido en un 10%; *um 5 Punkte* ~ *(Börse)* perder 5 enteros

Sinken n, Ø baja f; disminución f; *das* ~ *der Kurse* la baja de las cotizaciones

Sitz m, e 1. (Pol.) escaño m; *20* ⸗*e im Parlament erringen* obtener 20 escaños en el Parlamento 2. sede f; domicilio m social; *seinen* ~ *haben in* tener su sede en; ~ *der Regierung* sede del Gobierno 3. domicilio m; residencia f

Sitzstreik m, s huelga f de brazos caídos

Sitzung f, en sesión f; reunión f; asamblea f; (Tribunal) audiencia f 1. *außerordentliche* ~ sesión extraordinaria; *nichtöffentliche* ~ sesión a puertas cerradas; *öffentliche* ~ audien-

cia pública 2. *eine ~ abhalten* celebrar una sesión; *die ~ eröffnen* abrir una sesión; declarar abierta la sesión; *eine ~ leiten* presidir una sesión; *eine ~ schließen* clausurar una sesión
Sitzungsgeld *n*, **er** dieta *f* de asistencia
Sitzungsprotokoll *n*, **e** acta *f* de sesión; minuta *f*
Sitzverteilung *f*, **en** distribución *f* de los escaños
Skal|a *f*, **s** *od.* **-en** escala *f*
Sklavenhändler *m*, **-** tratante *m* en negros; negrero *m*
skontieren conceder un descuento; descontar
Skont|o *m od.* **n**, **s** *od.* **-i** descuento *m*; *5% ~ gewähren* conceder un descuento del 5%
skontrieren compensar; rescontrar
Skontr|o *n*, **-en** compensación *f*; rescuentro *m*; liquidación *f* de operaciones a término
Slogan *m*, **s** lema *m*; frase *f* publicitaria; (Angl.) eslogan *m*
Slums *pl* barrios *pl* bajos, pobres; (Arg.) villa *f* miseria; (Col.) tugurio *m*; (Méx.) jacal *m*
Sockelbetrag *m*, **⁼e** montante *m* fijo de un aumento salarial
Soforthilfe *f*, **n** ayuda *f* inmediata
sofortig inmediato; *zur ~en Lieferung* a suministrar inmediatamente
Sofortkasse *f*, **n** (Seg.) ventanilla *f* de urgencia
Sofortmaßnahme *f*, **n** medida *f* de urgencia *od.* inmediata
Sofortprogramm *n*, **e** programa *m* de realización inmediata, de urgencia
Sofortverbrauch *m*, Ø consumo *m* inmediato
Software *f*, **s** logicial *m*; (Angl.) software *m* (programación almacenada en un ordenador)
Software-Ingenieur *m*, **e** (Inform.) ingeniero *m* de sistemas; analista programador *m*
Solawechsel *m*, **-** letra *f* al propio cargo; pagaré *m*
Sold *m*, (**e**) paga *f*; soldada *f* (de un militar)
Solidarbürgschaft *f*, **en** garantía *f* solidaria (en la que el garante o los garantes se comprometen solidariamente con el deudor principal)
Solidarhaftung *f*, **en** responsabilidad *f* solidaria
solidarisch solidario; *sich ~ erklären (mit)* declararse solidario (con); *~ haften (für)* responder solidariamente (por)
Solidarität *f*, Ø solidaridad *f*; *finanzielle ~* solidaridad financiera
Solidaritätsstreik *m*, **s** huelga *f* de solidaridad
Solidarschuld *f*, **en** deuda *f* solidaria (varios deudores se comprometen individualmente a cumplir toda la deuda frente al acreedor)
Soll *n*, (**s**) 1. debe *m*; débito *m*; pasivo *m*; *ins ~ eintragen* pasar al debe; *~ und Haben* debe y haber 2. objetivo *m*; meta *f* de producción; *sein ~ erfüllen* alcanzar el objetivo previsto
Sollausgaben *pl* gastos *pl* estimativos
Sollbestand *m*, **⁼e** efectivo *m* teórico, previsto

Solleinnahme *f*, **n** ingreso *m* estimativo, calculado
Sollerfüllung *f*, **en** (R.D.A.) ejecución *f* de la producción prevista en un plan
Soll-Ist-Vergleich *m*, **e** comparación *f* entre las cifras previstas y las realizadas
Sollkaufmann *m*, **-leute** comerciante *m* inscrito en el registro de comercio
Soll-Leistung *f*, **en** rendimiento *m* previsto, teórico
Sollposten *m*, **-** partida *f* deudora, del debe
Sollseite *f*, **n** lado *m* del Debe (de una cuenta)
Sollstärke *f*, (**n**) efectivo *m* teórico, previsto
Sollwert *m*, **e** (Seg.) valor *m* estimado, determinado
Sollzinsen *pl* intereses *pl* deudores
solvent solvente
Solvenz *f*, **en** solvencia *f*
Sommerarbeitszeit *f*, **en** jornada *f* intensiva (de verano)
Sommerhaus *n*, **⁼er** casa *f* de verano
Sommerschlußverkauf *m*, **⁼e** liquidación *f* total de verano
Sonder- (Pref.) especial; particular; excepcional
Sonderabgabe *f*, **n** tasa *f* especial
Sonderanfertigung *f*, **en** fabricación *f*, modelo *m* especial
Sonderangebot *n*, **e** oferta *f* extraordinaria
Sonderausgabe *f*, **n** 1. edición *f* especial; (Periódico) número *m* extraordinario 2. gastos *pl* extraordinarios
Sonderausschu|ß *m*, **⁼sse** comisión *f* especial
Sonderbestimmung *f*, **en** disposición *f*, cláusula *f* especial
Sondergenehmigung *f*, **en** permiso *m*, autorización *f* especial
Sonderrabatt *m*, **e** rebaja *f od.* descuento *m* especial
Sonderraum *m*, **⁼e** (Seg.) local *m* especial (p.ej. un local destinado a joyas)
Sonderregelung *f*, **en** reglamentación *f* especial
Sonderschicht *f*, **en** horas *pl* de trabajo suplementario
Sondersitzung *f*, **en** sesión *f* extraordinaria
Sonderstellung *f*, **en** posición *f* excepcional, única
Sonderurlaub *m*, (**e**) licencia *f* especial
Sondervergütung *f*, **en** remuneración *f* especial
Sonderziehungsrechte *pl* (SZR) derechos *pl* especiales de giro (DEG) (posibilidad de crédito suplementario otorgada por el FMI a los países miembros)
Sonderzulage *f*, **n** plus *m* especial
Sonnenenergie *f*, **n** energía *f* solar
Sonnenkraftwerk *n*, **e** central *f* solar, heliotérmica
Sonntagsarbeit *f*, **en** trabajo *m* dominical; trabajo

m clandestino
Sorgfalt *f*, Ø cuidado *m*; esmero *m*; diligencia *f*; *einen Auftrag mit größter ~ ausführen* ejecutar un pedido con el mayor esmero
Sorte *f*, **n** clase *f*; marca *f*; calidad *f*; *beste ~ de* primera calidad
Sorten *pl* monedas *pl* extranjeras
Sortenmarkt *m*, ⸚e mercado *m* de monedas extranjeras
Sorten-Nummer *f*, **n** número *m* de los valores
Sortenzettel *m*, - nota *f* de clases de moneda
sortieren clasificar; seleccionar; escoger
Sortierung *f*, **en** clasificación *f*
Sortiment *n*, **e** surtido *m*; selección *f*; juego *m*; *ein großes ~ an Möbeln* una gran variedad de muebles
Sortimentsbuchhandel *m*, Ø librería *f* general (que vende libros de todas las editoriales) (Ggs. *Verlagsbuchhandel*)
souverän soberano
Souveränität *f*, Ø soberanía *f*
Sowchos *m od*. *n*, **e** → *Sowchose*
Sowchose *f*, **n** (U.R.S.S.) explotación *f* agrícola modelo
Sowjet *m*, **s** 1. soviet *m*; *Oberster ~* soviet supremo 2. soviético
sowjetisch soviético
Sowjetunion *f* Unión *f* soviética; U.R.S.S.
Sozi *m*, **s** (Pey.) social-demócrata *m*
sozial, *~e Sicherheit* seguridad *f* social; *~e Fürsorge* asistencia *f* social; servicio *m* social; *~e Marktwirtschaft* economía *f* social de mercado
Sozial- (Pref.)
Sozialabgaben *pl* cargas *pl*, gravámenes *pl* sociales; cuotas *pl* de carácter social
Sozialamt *n*, ⸚er oficina *f* de asuntos sociales
Sozialarbeit *f*, en obra *f* social *od*. de beneficencia
Sozialarbeiter *m*, - asistente *m* social
Sozialausschuß *m*, ⸚sse comisión *f* de asuntos sociales
Sozialbeitrag *m*, ⸚e cotización *f*, cuota *f* a la Seguridad Social
Sozialbilanz *f*, en memoria *f* y balance *m* (exposición de las entradas y salidas de una sociedad)
Sozialdemokrat *m*, en social-demócrata *m*
Sozialdemokratie *f*, (n) social-democracia *f*
sozialdemokratisch social-demócrata
Sozialeinkommen *n*, - renta *f* social; ingresos *pl* de la previsión social
Sozialeinrichtungen *pl* instituciones *pl*, obras *pl* sociales
Sozialetat *m*, **s** (R.D.A.) presupuesto *m* social de una empresa *od*. del Estado
Sozialfürsorge *f*, Ø → *Sozialhilfe*
Sozialfürsorgerin *f*, **nen** asistente *f* social

Sozialgefüge *n*, - estructura *f* social
Sozialgerichtsbarkeit *f*, Ø jurisdicción *f* en materia social
Sozialgesetzgebung *f*, en legislación *f* social
Sozialhelferin *f*, **nen** asistente *f* social
Sozialhilfe *f*, **n** asistencia *f* social
Sozialinvestitionen *pl* inversiones *pl* sociales
sozialisieren socializar; nacionalizar; *~ter Betrieb* empresa *f* nacionalizada
Sozialisierung *f*, en socialización *f*; nacionalización *f*
Sozialismus *m*, Ø socialismo *m*
Sozialist *m*, en socialista *m*
sozialistisch socialista; *~e Arbeiterpartei Spaniens* PSOE Partido Socialista Obrero Español
Soziallasten *pl* cargas *pl* sociales
Sozialleistung *f*, en prestación *f* social
sozialliberal (R.F.A.) socio-liberal; *~e Koalition* coalición *f* socio-liberal (entre el partido SPD y el F.D.P.)
Sozialmieter *m*, - inquilino *m*, arrendatario *m* de una vivienda social
sozialökonomisch socio-económico; *~e Gruppe* grupo *m* socio-económico
Sozialpartner *m*, - agentes *pl* sociales; *die ~* patronales *pl* y sindicatos *pl* (Syn. *Tarifpartner*)
Sozialplan *m*, ⸚e plan *m* de ayuda social
Sozialpolitik *f*, Ø política *f* social
sozialpolitisch, *~e Maßnahmen* medidas *pl* político-sociales
Sozialprodukt *n*, **e** producto *m* nacional (Syn. *Volkseinkommen*)
Sozialrente *f*, **n** pensión *f* otorgada por la Seguridad Social
Sozialrentner *m*, - beneficiario *m*, perceptor *m* de una pensión de la Seguridad Social
Sozialstaat *m*, en Estado *m* social
Sozialversicherung *f*, en Seguridad *f* Social; *Beitritt zur ~* ingreso *m* en, afiliación *f* a la Seguridad Social
Sozialversicherungsausweis *m*, **e** carnet *m* de la Seguridad Social
Sozialversicherungsbeitrag *m*, ⸚e cuota *f* a la Seguridad Social
Sozialversicherungspflicht *f*, Ø obligación *f* de cotizar a la Seguridad Social
sozialversicherungspflichtig obligado a cotizar a la Seguridad Social; *~ sein* estar sujeto a la Seguridad Social
Sozialversicherungsträger *m*, - organismo *m* asegurador
sozialverträglich compatible, tolerable socialmente
Sozialverträglichkeit *f*, Ø compatibilidad *f*, tolerabilidad *f* social

Sozialwerk *n*, e obras *pl* sociales, de beneficencia
Sozialwissenschaften *pl* → *Soziologie*
Sozialwohnung *f*, en vivienda *f* social
Sozialzulage *f*, n plus *m* familiar; subvención *f* social
Soziologie *f*, n sociología *f*; ciencias *pl* sociales (Syn. *Gesellschaftswissenschaft*)
sozio-professionell socio-profesional; *~e Gliederung* distribución *f* socio-profesional
Spalt *m*, e (Seg.) resquicio *m*
spalten dividir; escindir; *eine gespaltene Partei* un partido dividido
Spaltung *f*, en división *f*; escisión *f*; fraccionamiento *m*
spanisch español; *~er Gewerkschaftsbund* CNS Confederación *f* Nacional de Sindicatos
Spanne *f*, n margen *m*; diferencia *f*; *die ~ zwischen Brutto- und Nettogehalt* el margen entre el salario bruto y el neto
Spannschlo|ß *n*, ¨sser (Seg.) tensor *m*
Spannteppich *m*, e (Seg.) moqueta *f*
Spannung *f*, en tensión *f*; *soziale ~en* disturbios *pl*, tensiones sociales
Sparaufkommen *n*, - volumen *m* de ahorro
Sparbetrag *m*, ¨e montante *m* economizado, ahorrado
Sparbildung *f*, en formación *f* de ahorro
Sparbuch *n*, ¨er → *Sparkassenbuch*
Sparbüchse *f*, n alcancía *f*; hucha *f*
Spareinlage *f*, n depósitos *pl* de ahorro
sparen ahorrar; economizar; hacer economías, ahorros
Sparen *n*, Ø ahorro *f*; economía *f*
Sparer *m*, - ahorrador *m*; *die kleinen ~* los pequeños ahorradores
Sparförderung *f*, en fomento *m*, promoción *f* del ahorro
Spargelder *pl* ahorros *pl* (sumados todos los fondos depositados en los institutos de crédito)
Spargroschen *m*, - → *Sparpfennig*
Sparguthaben *n*, - depósito *m* de ahorro; cuenta *f* de ahorro
Sparkasse *f*, n caja *f* de ahorros
Sparkassenbuch *n*, ¨er libreta *f*, cartilla *f* de ahorro
Sparkassen- und Giroverband *m*, Ø (R.F.A.) Asociación *f* de las cajas de ahorro y de transferencias
Sparkont|o *n*, *s od.* -en cuenta *f* de ahorros
Sparmaßnahmen *pl* 1. medidas *pl* económicas 2. medidas *pl* de fomento del ahorro
Sparpfennig *m*, e ahorrillos *pl*; pequeños ahorros *pl*
Sparpolitik *f*, Ø política *f* de austeridad, de economización

Sparprämie *f*, n prima *f* de ahorro
sparsam económico; moderado; *mit etw. ~ umgehen* economizar; gastar poco; *~es Angebot (Börse)* oferta *f* escasa
Sparsamkeit *f*, Ø economía *f*
Sparschwein *n*, e → *Sparbüchse*
Sparsinn *m*, Ø sentido *m*, espíritu *m* del ahorro
Spartätigkeit *f*, **(en)** (actividad *f* de) ahorro *m*; economía *f*
Sparte *f*, n sector *m*; sección *f*; ámbito *m*
Sparverkehr *m*, Ø operaciones *pl* de ahorro
Sparvertrag *m*, ¨e contrato *m* de ahorro
Sparwesen *n*, Ø ahorro *m*
Späteintritt *m*, e afiliación *f* a una edad avanzada (a la Seguridad Social)
Spätschalter *m*, - ventanilla *f* fuera de horario
Spätschicht *f*, en turno *m* de la tarde; *~ haben* trabajar en el turno de la tarde
SPD *f* (*Sozialdemokratische Partei Deutschlands*) Partido *m* social-demócrata germano-occidental
spedieren expedir; despachar; enviar
Spediteur *m*, e transportista *m*; agente *m* de transportes; comisionista *m*
Spedition *f*, en 1. comercio *m* de expedición; agencia *f* de transportes 2. envío *m*; despacho *m*; expedición *f*
Speditionsfirma *f*, -en empresa *f*, agencia *f* de transportes; comercio *m* de expedición
Speditionsgeschäft *n*, e 1. → *Speditionsfirma* 2. operación *f* de comisión de transportes
Speicher *m*, - 1. almacén *m*; depósito *m*; granero *m*; silo *m* 2. (Inform.) memoria *f* 3. *externer ~* memoria periférica; *interner ~* memoria interna; *löschbarer ~* memoria borrable; *magnetischer ~* memoria magnética; *~ mit direktem Zugriff* memoria de acceso directo 4. *Daten vom ~ abrufen* leer (datos) en la memoria
Speicherfähigkeit *f*, en (Inform.) capacidad *f* de almacenamiento (de una memoria)
Speicherkapazität *f*, en → *Speicherfähigkeit*
speichern 1. ensilar; depositar; almacenar 2. (Inform.) almacenar; *Daten ~* almacenar datos; *(auf Band)* registrar
Speicheroperation *f*, en (Inform.) operación *f* de memorización
Speicherplatz *m*, ¨e (Inform.) posición *f* de memoria
Speichersteuerung *f*, en (Inform.) selección *f* de una memoria
Speicherung *f*, en 1. depósito *m* 2. (Inform.) almacenamiento *m*
speisen alimentar; *einen Computer mit Daten ~* introducir datos en un ordenador
Spekulant *m*, en especulador *m*; agiotista *m*

Spekulation f, en especulación f; *gewinnbringende* ~ especulación lucrativa
Spekulationsgeschäft n, e operación f especulativa
Spekulationsgewinn m, e ganancia f debida a especulaciones
Spekulationskauf m, ⸗e compra f especulativa *od.* a especulación
Spekulationspapier n, e título-valor m de especulación; efectos pl especulativos
Spekulationswert m, e valor m especulativo
spekulieren especular; *auf Baisse, Hausse* ~ especular, jugar a la baja, al alza; *an der Börse* ~ especular en (la) Bolsa
Sperrbügel m, - (Seg.) estribo m de cierre
Sperre f, n bloqueo m; barrera f; prohibición f; obstáculo; (Seg.) dispositivo m de bloqueo; *eine* ~ *verhängen, aufheben* imponer, levantar el bloqueo
sperren bloquear; cerrar; prohibir; congelar; *einen Kredit* ~ bloquear un crédito; *einen Scheck* ~ *lassen* ordenar el bloqueo de un cheque
Sperrfrist f, en plazo m de suspensión *bzw.* obligatorio de espera (durante el cual el propietario no puede disponer de ciertos títulos-valores)
Sperrgut n, ⸗er mercancía f de gran bulto
Sperrguthaben n, - haberes pl bloqueados; crédito m bloqueado
Sperrhaken m, - (Seg.) ganzúa f (Syn. *Dietrich*)
Sperrholz n, ⸗er madera f terciada, contrachapeada
Sperrkette f, n (Seg.) cadena f de cierre
Sperrkonto n, s *od.* -en cuenta f bloqueada
Sperrliste f, n lista f negra
Sperrmark f, Ø haberes pl extranjeros en marcos alemanes en las cuentas bloqueadas entre 1945 y 1954
Sperrminderheit f, (en) → *Sperrminorität*
Sperrminorität f, (en) minoría f de bloqueo (accionistas); *die* ~ *in einem Unternehmen erwerben* adquirir la minoría de bloqueo de una empresa
Sperrmüll m, Ø basura f, residuos pl de mucho bulto
Sperrstücke pl acciones pl no negociables durante cierto tiempo
Sperrstunde f, n hora f de cierre (Syn. *Polizeistunde*)
Sperrvermerk m, e nota f de no negociabilidad, de bloqueo
Sperrzeit f, en período m de bloqueo
Sperrzeitschaltuhr f, en (Seg.) reloj m de bloqueo de tiempo *od.* de la instalación de alarma
Sperrzoll m, ⸗e derecho m, arancel m prohibitivo
Spesen pl gastos pl; costes pl; comisión f; *nach*
Abzug aller ~ deducidos todos los gastos; *seine* ~ *abrechnen* dar cuenta de sus gastos; *die* ~ *zurückerstatten* reembolsar los gastos
Spesen(ab)rechnung f, en liquidación f, cuenta f de gastos
spesenfrei libre, exento de gastos
Spesenvergütung f, en reembolso m de los gastos
Spesenvorschu|ß m, ⸗sse adelanto m en concepto de gastos
spezial especial; particular
Spezialbewehrungen pl (Seg.) armaduras pl especiales
Spezialfahrzeug n, e (Seg.) vehículo m especial; *gepanzertes* ~ vehículo especial acorazado
Spezialgeschäft n, e negocio m especializado; comercio m del ramo
spezialisieren especializar; *sich* ~ *(auf)* especializarse (en)
Spezialisierung f, en especialización f
Spezialist m, en especialista m; experto m
Spezialkleber m, - (Seg.) pegamento m especial
Spezieskauf m, ⸗e compra f, venta f de una cosa no fungible (Ggs. *Gattungskauf*)
Speziessache f, n cosa f no fungible (que no puede ser reemplazada por otra de la misma especie)
spezifisch específico; *~er Zoll* arancel m específico
Spezifizierung f, en especificación f
Spielwarenindustrie f, n industria f de juguetes
Spielwarenmesse f, n feria f de juguetes
Spionage f, Ø espionaje m
Spitze f, n máximo m; punta f; *an der* ~ *liegen* ir a la cabeza
Spitzen- (Pref.) de punta; de calidad; máximo
Spitzenbetrieb m, e empresa f de punta
Spitzenerzeugnis n, se artículo m de primera calidad
Spitzenfunktionär m, e 1. secretario m general de un sindicato; dirigente m sindicalista 2. alto dirigente m político
Spitzengespräch n, e conversación f en la cumbre
Spitzenindustrie f, n industria f de punta *od.* dirigente
Spitzenkandidat m, en candidato m que encabeza la lista *od.* principal; primer candidato m
Spitzenkräfte pl personal m dirigente; directivos pl
Spitzenleistung f, en rendimiento m máximo; producción f máxima
Spitzenlohn m, ⸗e salario m máximo
Spitzenorganisation f, en organización f central
Spitzenqualität f, en primerísima calidad f; calidad f excepcional
Spitzenstellung f, en posición f dirigente
Spitzenverband m, ⸗e → *Spitzenorganisation*
Spitzenverdiener m, - persona f de alto nivel de

renta
Spitzenwerte *pl* (*Börse*) valores *pl* principales, prometedores
Splitterabgang *m*, ⸚e (Seg.) formación *f* de astillas
Splitterschutzfolie *f*, n (Seg.) lámina *f* de protección contra astillas
Splitting *n*, Ø 1. imposición *f* separada e igual de los cónyuges 2. fraccionamiento *m* de acciones *od.* certificados de inversión 3. ~ *der Stimmen* división *f* de los votos
SPÖ *f* (*Sozialistische Partei Österreichs*) Partido *m* Socialista Austríaco
sponsern patrocinar
Sponsor *m*, en patrocinador *m*
Spontankauf *m*, ⸚e compra *f* impulsiva, espontánea
Spot *m*, s espacio *m* publicitario de corta duración
Spotgeschäft *n*, e operación *f* al contado
Spotmarkt *m*, ⸚e mercado *m* al contado
Spotmarktpreis *m*, e precio *m* en el mercado libre
spottbillig baratísimo; irrisorio; regalado
Spottgeld *n*, (er) precio *m* baratísimo, irrisorio
Spottpreis *m*, e → *Spottgeld*
Sprechanlage *f*, n interfono *m*
Sprecher *m*, - orador *m*; portavoz *m*; interlocutor *m*
Sprechfunkgeräte *pl* (Seg.) radioteléfonos *pl*
Sprengkopf *m*, ⸚e *atomarer* ~ ojiva *f* nuclear
Springer *m*, - personal *m* temporal
Spritze *f*, n inyección *f* (de capital)
spröde frágil
Spurweite *f*, n ancho *m* de vía
Staat *m*, en Estado *m*; *blockfreier* ~ Estado no alineado; *neutraler* ~ país *m* neutral; *souveräner* ~ Estado soberano; *totalitärer* ~ Estado totalitario
staatlich estatal; nacional; ~*e Kontrolle* control *m* del Estado
Staatsangehörige/r (*der/ein*) súbdito *m*; ciudadano *m*
Staatsangehörigkeit *f*, (en) nacionalidad *f*
Staatsanleihe *f*, n empréstito *m* estatal
Staatsanwalt *m*, ⸚e fiscal *m* (representante del Ministerio Público Fiscal)
Staatsapparat *m*, (e) aparato *m* del Estado *od.* estatal
Staatsaufsicht *f*, en control *m*, vigilancia *f* del Estado
Staatsausgaben *pl* gastos *pl* públicos
Staatsbank *f*, en banco *m* del Estado; ~ *der* R.D.A. banco emisor de la R.D.A.
Staatsbankrott *m*, e quiebra *f*, bancarrota *f* nacional; ruina *f* económica de un Estado
Staatsbetrieb *m*, e empresa *f* pública, nacional
Staatsbürger *m*, - → *Staatsangehöriger*

Staatsbürgerschaft *f*, (en) → *Staatsangehörigkeit*
Staatschef *m*, s jefe *m* del Estado; primer mandatario *m*
Staatsdiener *m*, - funcionario *m* (público) (Syn. *Beamter*)
Staatsdienst *m*, (e) servicio *m* público
staatseigen perteneciente al Estado; nacional; estatal
Staatseigentum *n*, Ø propiedad *f* del Estado; dominio *m* público; bienes *pl* nacionales
Staatseinnahmen *pl* ingresos *pl* del Estado; rentas *pl* fiscales
Staatsfinanzen *pl* finanzas *pl* públicas; Hacienda *f* pública
Staatsgewalt *f*, Ø poder *m* supremo (del Estado); autoridad *f* nacional
Staatshaushalt *m*, e presupuesto *m* del Estado
Staatshoheit *f*, en soberanía *f* nacional
Staatskapitalismus *m*, Ø capitalismo *m* de Estado
Staatskasse *f*, n Tesoro *m* público; erario *m*
Staatskörper *m*, - cuerpo *m* político
Staatskosten *pl auf* ~ a expensas del Estado; costeado por el Estado
Staatsmann *m*, ⸚er estadista *m*
Staatsminister *m*, - ministro *m* de Estado
Staatsministerium *n*, -en ministerio *m* de Estado
Staatsmittel *pl* recursos *pl*, fondos *pl* públicos
Staatsmonopol *n*, (e) monopolio *m* del Estado
Staatsmonopolkapitalismus *m*, Ø (*Stamokap*) capitalismo *m* monopolista del Estado
Staatsoberhaupt *n*, ⸚er jefe *m* del Estado
Staatspapiere *pl* efectos *pl* públicos; valores *pl* del Estado; *tilgbare* ~ efectos públicos amortizables
Staatsrat *m*, Ø (R.D.A.) Consejo *m* de Estado
staatsrechtlich de *od.* fundado en el derecho público
Staatsschuld *f*, en deuda *f* pública
Staatsschuldschein *m*, e bono *m* del Tesoro
Staatsschuldverschreibung *f*, en obligación *f* pública; título *m* de empréstito público
Staatssekretär *m*, e subsecretario *m* de Estado
Staatsstreich *m*, e golpe *m* de Estado
Staatsunternehmen *n*, - empresa *f* nacionalizada *od.* del Estado
Staatsverschuldung *f*, en endeudamiento *m* público *bzw.* del Estado
Staatswesen *n*, Ø Estado *m*
Staatswirtschaft *f*, en economía *f* pública
Staatswissenschaften *pl* ciencias *pl* políticas
Staatswohl *n*, Ø bien(estar) *m* público
Stab *m*, ⸚e Estado *m* Mayor; colaboradores *pl* (de empresas)
stabil estable; ~*e Preise* precios *pl* estables

stabilisieren estabilizar; consolidar
Stabilisierung f, **en** estabilización f; ~ *der Finanzen* consolidación f financiera
Stabilität f, Ø estabilidad f; ~ *der Währung* estabilidad monetaria
Stadt f, ⸚e ciudad f; urbe f; pueblo m
Städtebau m, Ø urbanismo m
Städtepartnerschaft f, **en** hermandad f entre ciudades
Städter m, - hombre m de ciudad; vecino m, habitante m de una ciudad
Städtetag m, **e** congreso m de alcaldes bzw. municipios
städtisch municipal; ciudadano
Stadtkämmerer m, - administrador m del erario municipal
Stadtplanung f, **en** ordenación f urbana
Stadtrand m, ⸚er periferia f de una ciudad
Stadtrandsiedlung f, **en** barriada f de suburbio
Stadtrat m, ⸚e 1. Ayuntamiento m 2. concejal m
Stadtratswahlen pl elecciones pl municipales
Stadtstaat m, **en** (R.F.A.) ciudad f Estado; ciudad f que tiene carácter de Estado (Berlín Oeste, Hamburgo, Brema)
Stadtväter pl concejales pl; ediles pl
Stadtverwaltung f, **en** Ayuntamiento m; (LA) Municipalidad f
Staffel- (Pref.) escalonado; progresivo
Staffelanleihe f, **n** empréstito m de tasa progresiva od. degresiva
Staffelbesteuerung f, **en** imposición f escalonada, progresiva
Staffelbeteiligung f, **en** participación f progresiva
Staffelmethode f, **n** (Banca) cálculo m diario de los intereses en cuenta corriente por el sistema de escalones
staffeln escalonar; graduar; *gestaffelte Preise, Tarife* precios pl, tarifas pl escalonadas
Staffelung f, **en** escalonamiento m; graduación f; ~ *der Löhne* escalonamiento salarial
Stagflation f, **en** estancamiento m; estancaflación f (paralización de la producción e inflación de los precios)
Stagnation f, **en** estancamiento m; paralización f; *wirtschaftliche* ~ estancamiento económico
stagnieren estar paralizado; estancarse
Stahl m, (⸚e) od. (e) acero m
Stahlaktie f, **n** acción f del acero
Stahlarbeiter m, - trabajador m metalúrgico (Syn. *Metaller*)
Stahlbeton m, Ø hormigón m armado
Stahlhütte f, **n** → *Stahlwerk*
Stahlindustrie f, **n** industria f del acero od. metalúrgica; (*Börse*) corro m del acero
Stahlrohr n, **e** tubo m de acero

Stahlwerk n, **e** acería f
Stahlwerker m, - → *Stahlarbeiter*
Stamm- (Pref.) fijo; habitual; permanente; ordinario; estable
Stammabschnitt m, **e** talón m
Stammaktie f, **n** acción f ordinaria
Stammarbeiter m, - → *Stammpersonal*
Stammbelegschaft f, **en** → *Stammpersonal*
Stammdividende f, **n** dividendo m de acciones ordinarias
Stammeinlage f, **n** aportación f de fondos inicial
Stammhaus n, ⸚er casa f matriz od. central
Stammkapital n, (**e**) od. (**ien**) *(GmbH)* capital m social
Stammkunde m, **n** cliente m fijo, habitual; parroquiano m
Stammkundschaft f, **en** clientela f fija, habitual
Stammpersonal n, Ø personal m estable, fijo
Stammregister n, - → *Stammrolle*
Stammrolle f, **n** registro m; matrícula f; padrón m
Stamokap m, Ø → *Staatsmonopolkapitalismus*
Stand m 1. Ø posición f; situación f; estado m; ~ *des Marktes* estado, situación del mercado; *auf den neuesten* ~ *bringen* actualizar; poner al día 2. Ø nivel m; *seinen höchsten* ~ *erreichen* alcanzar el nivel más alto 3. ⸚e (Feria) puesto m; (Angl.) stand m
Standard m, **s** norma f; tipo m; patrón m; (Angl.) estándar m
Standardabweichung f, **en** desviación f típica od. del tipo
Standardausführung f, **en** modelo m estándar, normal
Standardausrüstung f, **en** equipo m estándar
standardisieren normalizar
Standardisierung f, **en** normalización f
Standardkosten pl costes pl prefijados, planificados; costes pl tipo
Standardmodell n, **e** modelo m de serie, estándar
Standardpreis m, **e** precio m normal
Standardvertrag m, ⸚e contrato m tipo
Standardwerte pl valores pl representativos
Stand-by-Ticket n, **s** billete m (de transporte aéreo) válido en caso de que un pasajero desista; billete m de lista de espera
Standesamt n, ⸚er registro m civil
standesamtlich civil; ~*e Trauung* (celebración f del) matrimonio m civil; ~*e Urkunde* acta f del estado civil
Standesbeamte/r *(der/ein)* funcionario m del registro civil
Standesorganisation f, **en** organización f corporativa bzw. profesional
Standgeld n, **er** (Feria) derecho m de puesto; (Depósito) gastos pl de almacenaje; (Auto.) tasa f de estacionamiento

Standort *m*, **e** emplazamiento *m*; situación *f* geográfica; lugar *m*
Standortpolitik *f*, Ø (EG) política *f* económica regional
Standortwahl *f*, **en** elección *f* del emplazamiento (de una empresa)
Stange *f*, **n** percha *f*; *(Kleidung) von der ~ kaufen* comprar hecho *od.* de confección
stapeln almacenar; apilar
Stapeln *n*, Ø almacenamiento *m*; depósito *m*
Stapelplatz *m*, ⸚e lugar *m* de almacenamiento
Stapelung *f*, **en** → *Stapeln*
Stapelware *f*, **n** 1. mercancía *f* almacenada 2. textiles *pl* destinados a la venta en masa
Start *m*, **s** *od.* (**e**) comienzo *m*; *(Flugzeug)* despegue *m*; *(Rakete)* lanzamiento *m*; *~ einer Werbekampagne* lanzamiento de una campaña publicitaria
starten despegar; comenzar; lanzar
Startkapital *n*, Ø capital *m* inicial
Statistik *f*, **en** estadística *f*; *demographische ~* estadística demográfica
Statistiker *m*, **-** experto *m* en estadística
statistisch estadístico; *~e Daten erfassen* recoger datos estadísticos; *das ~e Bundesamt* la oficina federal de estadística
Status *m*, **-** estado *m*; inventario *m*; *~ quo* statu quo *m*
Statussymbol *n*, **e** símbolo *m* del estado social
Statut *n*, **en** estatuto *m*; reglamento *m*; *die ~en ändern* modificar los estatutos (Syn. *Satzung*)
statutarisch → *statutengemäß*
statutengemäß estatutario; con arreglo, conforme a los estatutos
statutenwidrig opuesto, contrario a los estatutos
Stau *m*, **s** *od.* **e** presa *f*; embalse *m*; (circulación) embotellamiento *m*; congestión *f*
Stauanlage *f*, **n** presa *f*; embalse *m*
stauen estibar; almacenar
Stauwerk *m*, **e** → *Stauanlage*
Std(e). → *Stunde*
stechen fichar; accionar el reloj marcador *od.* de control
Stechkarte *f*, **n** tarjeta *f*, ficha *f* de control
Stechuhr *f*, **en** reloj *m* marcador *od.* de control
stecken meter; invertir; colocar; *viel Geld in ein Projekt ~* invertir mucho dinero en un proyecto (Syn. *investieren; anlegen*)
steigen aumentar; subir; *die Preise sind um 10% gestiegen* los precios aumentaron en un 10%; *~ von ... auf* pasar de ... a
Steigen *n*, Ø alza *f*; aumento *m*; subida *f*; *~ der Kurse* alza de las cotizaciones; *~ der Löhne* aumento salarial
Steigerer *m*, **-** alcista *m*; ofertante *m*
steigern 1. subir; aumentar; elevar; *den Absatz ~* aumentar la venta 2. *(Versteigerung)* pujar; *hoch~* pujar alto
Steigerung *f*, **en** alza *f*; subida *f*; incremento *m*; aumento *m*; *~ des Lebensstandards* aumento del nivel de vida; *eine ~ aufweisen* acusar un incremento
Steigerungsbetrag *m*, ⸚e recargo *m* (sobre las cuotas de la Seguridad Social)
Steigerungsrate *f*, **n** tasa *f* de aumento
Steinkohle *f*, **n** hulla *f*
Steinkohlenförderung *f*, **en** extracción *f* de (la) hulla
steinreich 1. rico en piedras 2. muy rico (en dinero)
Stellagegeschäft *n*, **e** operación *f* de doble prima
Stelle *f*, **n** 1. lugar *m*; sitio *m*; *an erster ~ stehen* ocupar el primer lugar 2. puesto *m* de trabajo; empleo *m* 3. *freie, offene ~* plaza *f* vacante; *~ gesucht* se busca empleo 4. *eine ~ besetzen* cubrir una plaza vacante; *sich um eine ~ bewerben* solicitar un empleo; *eine ~ innehaben* ocupar un puesto (de trabajo); *~n schaffen* crear puestos de trabajo 5. oficina *f*; servicio *m*; *zuständige ~* oficina competente
Stellenangebot *n*, **e** oferta *f* de colocación *od.* empleo; *~e* empleos *pl* ofrecidos; plazas *pl* vacantes
Stellenantritt *m*, **e** entrada *f* en funciones; asunción *f* de un cargo
Stellenanzeige *f*, **n** anuncio *m* (de oferta) de empleo
Stellenausschreibung *f*, **en** anuncio *m* de concurso para proveer una plaza
Stellenbewerber *m*, **-** candidato *m* a un empleo; solicitante *m* de un empleo
Stelleneinsparung *f*, **en** reducción *f* de personal
Stellengesuch *n*, **e** solicitud *f* de colocación, empleo
stellenlos sein estar sin empleo, desocupado; estar en régimen de paro
Stellenmarkt *m*, ⸚e bolsa *f* del trabajo; mercado *m* del empleo
Stellennachweis *m*, **e** oficina *f* estatal de colocaciones
Stellenplan *m*, ⸚e plan *m* de empleo
Stellensuche *f*, (**n**) búsqueda *f* de un empleo
Stellensuchende/r *(der/ein)* demandante *m* de un empleo (Syn. *Arbeitssuchender*)
Stellenvermittler *m*, **-** agente *m* de empleos, colocaciones
Stellenvermittlung *f*, **en** agencia *f* de colocaciones; bolsa *f* de trabajo
Stellenwechsel *m*, **-** cambio *m* de empleo
Stellenwert *m*, **e** rango *m*; importancia *f*; *einen hohen ~ haben* ser de gran importancia
Stellung *f*, **en** situación *f*; puesto *m*; empleo *m*;

posición *f*; *abhängige* ~ situación dependiente; *beherrschende* ~ posición dominante; *führende (leitende)* ~ puesto directivo; *hochdotierte* ~ puesto bien remunerado; *untergeordnete* ~ posición subalterna

Stellungnahme *f*, **n** opinión *f*; decisión *f*; parecer *m*; *eine* ~ *abgeben* dar, emitir su opinión; *sich jeder* ~ *enthalten* no hacer ningún comentario

stellungslos → *stellenlos sein*

Stellung(s)suchende/r *(der/ein)* → *Stellensuchender*

stellvertretend interino; suplente; adjunto; *~er Direktor* director *m* adjunto; *~es Mitglied* miembro *m* suplente; *~er Vorsitzender* vicepresidente *m*

Stellvertreter *m*, - representante *m*; suplente *m*; adjunto *m*; mandatario *m*

Stellvertretung *f*, **en** representación *f*; delegación *f*; suplencia *f*; *die* ~ *übernehmen* asumir la suplencia

Stempel *m*, - sello *m*; timbre *m*; matasellos *m*; *einen* ~ *auf eine Urkunde drücken* poner un sello a, sellar un documento

Stempelabgaben *pl* derechos *pl* de timbres

Stempelgeld *n*, **er** (Fam.) subsidio *m* de paro; ~ *beziehen* percibir subsidio *m* de paro (Syn. *Arbeitslosenunterstützung*)

stempeln sellar; poner un sello; ~ *gehen* estar en (régimen de) paro; cobrar el subsidio de paro

stempelpflichtig sujeto al derecho de timbre; timbrado *m* obligatorio

Stempelsteuer *f*, **n** derecho *m*, impuesto *m* de timbre

Stempeluhr *f*, **en** → *Stechuhr*

Stempelung *f*, **en** timbrado *m*

Steno *n*, Ø → *Stenographie*

Stenogramm *n*, **e** taquigrama *m*; estenograma *m*; apunte *m* taquigráfico; *ein* ~ *aufnehmen* taquigrafiar; tomar en taquigrafia (el dictado)

Stenograph *m*, **en** taquígrafo *m*; estenógrafo *m*

Stenographie *f*, (**n**) taquigrafía *f*; estenografía *f* (Syn. *Kurzschrift*)

stenographieren taquigrafiar; estenografiar

Stenokontoristin *f*, **nen** secretaria *f* taquimecanógrafa

stenotypieren tomar en taquigrafía y luego pasar a máquina

Stenotypistin *f*, **nen** taquígrafa *f*; taquimecanógrafa *f*

Sterbegeld *n*, **er** subsidio *m* de sepelio; indemnización *f* funeraria

Sterblichkeit *f*, Ø mortalidad *f*

Sterblichkeitsziffer *f*, **n** tasa *f* de mortalidad

Sterling *m*, **e** libra *f* esterlina

Sterlingzone *f*, Ø zona *f* de la libra esterlina

Steuer *f*, **n** impuesto *m*; contribución *f*; tributo *m*; gravámen *m* 1. *die direkten ~n* impuestos directos; *die indirekten ~n* impuestos indirectos; *frei von ~n* exento de impuestos; *örtliche* ~ impuesto local 2. *von der ~ abziehen* deducir de los impuestos; *von ~n befreien* eximir de impuestos; *~n auferlegen* imponer una contribución; *~n erheben* gravar a/c con un impuesto; *der ~ unterliegen* estar sujeto a impuestos; *~n zahlen* pagar impuestos

Steuerabzug *m*, ⸚e deducción *f* del impuesto *od.* fiscal

Steueramnestie *f*, **n** amnistía *f* fiscal

Steueransatz *m*, ⸚e tasa *f* de imposición

Steueranteil *m*, **e** contribución *f* fiscal

Steueraufkommen *n*, - producto *m* de los impuestos; rendimiento *m* impositivo; total *m* de impuestos; cifras *pl* tributarias

Steueraufschlag *m*, ⸚e tasa *f* adicional

Steueraufsicht *f*, (**en**) control *m* fiscal

Steuerausgleich *m*, **e** nivelación *f* tributaria; perecuación *f* fiscal

Steuerausschuß *m*, ⸚sse comisión *f* fiscal

steuerbar → *steuerpflichtig*

Steuerbefreiung *f*, **en** exención *f* de impuestos; desgravación *f*, exoneración *f*

steuerbegünstigt con privilegios fiscales; *~es Sparen* ahorro *m* que trae consigo privilegios fiscales

Steuerbehörde *f*, **n** autoridades *pl* fiscales

Steuerbeitreibung *f*, **en** → *Steuereinziehung*

Steuerbelastung *f*, **en** carga *f* fiscal, tributaria

Steuerbemessungsgrundlage *f*, (**n**) base *f* de imposición

Steuerberater *m*, - asesor *m* fiscal; perito *m* en leyes fiscales

Steuerberichtigung *f*, **en** rectificación *f*, corrección *f* fiscal

Steuerbescheid *m*, **e** liquidación *f*, notificación *f* de impuestos

Steuerbetrag *m*, ⸚e montante *m* del impuesto

Steuerbewilligung *f*, **en** (Parl.) voto *m* de contribuciones *bzw.* del impuesto

Steuerbilanz *f*, **en** balance *m* fiscal

Steuereinkommen *n*, - ingresos *pl* imponibles (de una persona); producto *m* de un impuesto; ingresos *pl* fiscales

Steuereinnahmen *pl* ingresos *pl* fiscales

Steuereinnehmer *m*, - recaudador *m* de impuestos *od.* fiscal

Steuereintreibung *f*, **en** → *Steuereinziehung*

Steuereinziehung *f*, **en** recaudación *f* de impuestos; cobro *m*, cobranza *f* de impuestos

Steuererhebung *f*, **en** → *Steuereinziehung*

Steuererhöhung *f*, **en** aumento *m* de los impuestos

Steuererklärung *f*, **en** declaración *f* de impuestos;

die ~ einreichen presentar la declaración de impuestos
Steuererla|ß *m*, **-sse** decreto *m* tributario, fiscal; desgravación *f*, condonación *f* de un impuesto
Steuererleichterung *f*, **en** facilidades *pl* concedidas en materia fiscal; reducción *f* de impuestos
Steuerermäßigung *f*, **en** rebaja *f*, reducción *f* de impuestos
Steuerermittlungsverfahren *n*, **-** método *m* de cálculo de impuestos
Steuerfahnder *m*, **-** inspector *m* de Hacienda
Steuerfahndung *f*, **en** pesquisa *f* fiscal
Steuerfestsetzung *f*, **en** fijación *f* de un impuesto
Steuerflucht *f*, **en** evasión *f* fiscal
steuerfrei libre, exento, eximido de impuestos; no sujeto al pago de impuestos
Steuerfreibetrag *m*, ⁼e importe *m* exento de impuestos
Steuerfreigrenze *f*, **n** límite *m* de exención fiscal
Steuerfreiheit *f*, **en** franquicia *f* tributaria
Steuergegenstand *m*, ⁼e objeto *m* del impuesto
Steuergeheimnis *n*, **se** secreto *m* fiscal
Steuergelder *pl* producto *m* de la tributación, de los impuestos
Steuergesetz *n*, **e** ley *f* tributaria, fiscal
Steuergesetzgebung *f*, **en** legislación *f* fiscal
Steuergleichheit *f*, Ø igualdad *f* fiscal; distribución *f* equitativa de los impuestos
Steuergrenze *f*, **n** límite *m* máximo de imposición
Steuergruppe *f*, **n** → *Steuerklasse*
Steuerhinterziehung *f*, **en** fraude *m* fiscal, tributario
Steuerhoheit *f*, Ø soberanía *f* fiscal
Steuerinspektor *m*, **en** inspector *m* de contribuciones directas
Steuerjahr *n*, **e** año *m*, ejercicio *m* fiscal
Steuerkarte *f*, **n** cartilla *f* de impuestos
Steuerklasse *f*, **n** categoría *f* fiscal
Steuerkraft *f*, Ø capacidad *f* contributiva; fuerza *f* tributaria
Steuerlast *f*, **en** carga *f* fiscal
Steuerlehre *f*, **n** teoría *f* del impuesto
Steuerleistung *f*, **en** prestación *f* impositiva
steuerlich en materia fiscal; tributario; relativo a los impuestos; ~ *absetzbar* deducible de los impuestos; ~ *befreit* exento de impuestos; ~ *begünstigt* con privilegios fiscales
Steuermahnung *f*, **en** requerimiento *m* fiscal
Steuermarke *f*, **n** timbre *m* fiscal
Steuermehreinnahmen *pl* plusvalías *pl* fiscales
Steuermeßbetrag *m*, ⁼e cuota *f* de tributación
steuern controlar; dirigir; *die Preise* ~ supervisar los precios
Steuernachla|ß *m*, ⁼sse desgravación *f* fiscal; reducción *f* de los impuestos

Steueroase *f*, **n** → *Steuerparadies*
Steuerpaket *n*, **e** serie *m* de medidas fiscales
Steuerparadies *n*, **e** paraíso *m* fiscal
Steuerpflicht *f*, **en** obligación *f* tributaria, fiscal; *der ~ unterliegen* estar sujeto a la obligación fiscal
steuerpflichtig sujeto a tributación, contribución
Steuerpflichtige/r *(der/ein)* contribuyente *m*
Steuerpolitik *f*, Ø política *f* fiscal
Steuerprüfer *m*, **-** 1. encargado *m* de verificar los libros 2. inspector *m* de Hacienda
Steuerquellen *pl* recursos *pl* fiscales; fuentes *pl* de tributación
Steuerrecht *n*, **e** derecho *m* fiscal; legislación *f* tributaria
Steuerreform *f*, **en** reforma *f* fiscal, tributaria
Steuerrolle *f*, **n** registro *m* tributario; lista *f* de los contribuyentes; *(für Grundsteuer)* registro *m* catastral
Steuerrückerstattung *f*, **en** reembolso *m*, reintegro *m* de impuestos
Steuerrücklage *f*, **n** reservas *pl* (para cargas) fiscales
Steuerrückstände *pl* impuestos *pl* adeudados, retrasados, pendientes
Steuerrückzahlung *f*, **en** → *Steuerrückerstattung*
Steuersachen *pl in ~* en materia de impuestos
Steuersatz *m*, ⁼e tipo *m* impositivo
Steuerschraube *f*, **n** *die ~ anziehen* aumentar los impuestos
Steuerschuld *f*, **en** deuda *f* fiscal; líquido *m* imponible
Steuersenkung *f*, **en** disminución *f* de los impuestos; reducción *f* fiscal
Steuerstaffelung *f*, **en** imposición *f* progresiva, escalonada
Steuerstundung *f*, **en** moratoria *f* fiscal; aplazamiento *m* del pago de los impuestos
Steuersubjekt *n*, **e** contribuyente *m*
Steuersünder *m*, **-** autor *m* de un fraude fiscal
Steuersystem *n*, **e** sistema *m* tributario; régimen *m* fiscal; sistema *m* de tributación
Steuertabelle *f*, **n** tabla *f* de tributación; baremo *m* fiscal
Steuerträger *m*, **-** contribuyente *m*
Steuertrick *m*, **s** (Fam.) truco *m* para evadirse de los impuestos
Steuerüberwälzung *f*, **en** desplazamiento *m* de la carga fiscal; incidencia *f*, repercusión *f* de un impuesto
Steuerveranlagung *f*, **en** estimación *f*, tasación *f* de los impuestos
Steuervergehen *n*, **-** delito *m*, fraude *m* fiscal
Steuervergünstigung *f*, **en** privilegio *m*, ventaja *f* fiscal

Steuervergütung f, en → *Steuerrückerstattung*
Steuervorlage f, n proyecto m de ley fiscal
Steuerwert m, e valor m imponible, fiscal
Steuerwesen n, Ø fiscalidad f; impuestos pl; sistema m fiscal
Steuerzahler m, - contribuyente m; persona f sujeta al pago de impuestos
Steuerzettel m, - hoja f de contribuciones
Steuerzuschlag m, ⸗e recargo m fiscal; impuesto m adicional
Steward m, s auxiliar m de vuelo
Stewardeß f, -ssen azafata f
StGB → *Steuergesetzbuch*
Stichprobe f, n prueba f hecha por sondeo; muestra f escogida al azar
Stichprobenerhebung f, en encuesta f por sondeo; muestreo m
Stichprobenverfahren n, - muestreo m
Stichtag m, e día m de referencia; día m fijado; *der erste Januar ist der ~ für die Volkszählung* el primero de enero es el día del censo
Stichwahl f, en votación f, escrutinio m de desempate
Stifter m, - 1. fundador m; creador m 2. donante m
Stiftung f, en 1. fundación f; institución f 2. (acta f de) donación f
Stiftungsurkunde f, n acta f de fundación
stillegen cerrar; paralizar; *das Werk wird stillgelegt* cerramos la fábrica
Stillegung f, en ~ *von Kapital* inmovilización f de capitales
Stillegungspämie f, n prima f de cierre, paralización de la fábrica; prima f de cese de la explotación
Stillgeld n, er prestación f económica por lactancia
Stillhalteabkommen n, - acuerdo m de inmovilización; moratoria f (decisión de suspensión de ciertas obligaciones legales)
stilliegen estar cerrada (la fábrica); estar paralizado; *die Fabrik hat stillgelegen* ha estado cerrada la fábrica
Stimmabgabe f, n votación f; sufragio m
Stimmberechtigte/r *(der/ein)* persona f que tiene derecho de voto; votante m
stimmberechtigt sein tener derecho de voto
Stimmberechtigung f, en derecho m de voto
Stimme f, n voto m; voz f 1. *beratende ~* con voz pero sin voto; *entscheidende ~* voto de calidad; *gültige, ungültige ~* voto válido, nulo 2. *seine ~ abgeben (für, gegen)* votar (en pro, en contra); *sich der ~ enthalten* abstenerse de votar; *jdm. seine ~ geben* votar por alg.; *die ~n zählen* contar los votos
stimmen *(für, gegen jdn.)* votar, dar su voto (por, contra alg.)
Stimm(en)enthaltung f, en abstención f del voto
Stimmenfang m, Ø captación f de votos
Stimmengleichheit f, (en) empate m; igualdad f de votos; *bei ~* en caso de empate
Stimmenmehrheit f, (en) mayoría f de votos; *mit einfacher ~ angenommen* aprobado por simple mayoría (de votos)
Stimmenzählung f, en recuento m de los votos; escrutinio m
Stimmrecht n, e derecho m de voto; *allgemeines ~* sufragio m universal
Stimmrechtsaktie f, n acción f con derecho de voto
Stimmung f, en (*Börse*) tendencia f; clima m; situación f; *flaue ~* floja tendencia; *gedrückte ~* clima desanimado, abatido; *lebhafte, lustlose ~* Bolsa animada, indecisa
Stimmungsbarometer n, - (*Börse*) barómetro m de tendencia
Stimmzettel m, - papeleta f de votación; *leerer ~* papeleta en blanco; *~ für ungültig erklären* declarar nula una papeleta
Stipendiat m, en becado m; becario m; estudiante m con beca
Stipendium n, -en beca f
Stock m 1. s fondo m; existencias pl; surtido m 2. -werke piso m; planta f
Stockdividende f, n acciones pl adicionales a título de dividendo
stocken estancarse; inmovilizar; interrumpirse; *Handel und Geschäfte ~* se ralentiza el ritmo del comercio
Stocken n, Ø estancamiento m; paralización f; embotellamiento m
Stock-Exchange f (en los países anglosajones) Bolsa f de valores
Stockung f, en → *Stocken*
Stopp m, s bloqueo m; paralización f; *~ der Löhne* bloqueo de los salarios (Syn. *Lohnstopp*)
stoppen bloquear; paralizar; congelar; *gestoppter Preis* precio m bloqueado
Stoppmaßnahme f, n medida f de bloqueo
Stop-Preis m, e precio m bloqueado, congelado
stornieren 1. anular; *einen Auftrag ~* anular un pedido 2. (Contab.) rescontrar; compensar (una partida); *eine Buchung ~* rescontrar un asiento
Stornierung f, en rescuentro m de un asiento
Storno m, - → *Stornierung*
Stornobuchung f, en (Contab.) contrapartida f; rescuentro m
Stoßverkehr m, Ø tráfico m (de horas) punta
Stoßzeit f, en horas pl punta
Strafanzeige f, n denuncia f; *~ gegen jdn. erstatten* presentar denuncia contra alg.

strafbar punible; culpable
Strafe *f*, **n** pena *f*; sanción *f*; multa *f*; *eine ~ verhängen* imponer una pena *bzw.* sanción a alg.
strafen penar; imponer una multa (Syn. *bestrafen*)
Strafgeld *n*, **er** multa *f*; sanción *f* pecuniaria (Syn. *Bußgeld*)
Strafgesetzbuch *n*, ⸚er Código *m* penal
Strafkammer *f*, **n** Sala *f* de lo Criminal
Strafporto *n*, **s** recargo *m*; sobretasa *f*; multa *f* suplementaria
Strafprozeßordnung *f*, **en** Ley *f* de Enjuiciamiento criminal
Straftat *f*, **en** delito *m*; crimen *m*; acto *m* criminal
Strapaze *f*, **n** trabajo *m* penoso
Straße *f*, **n** calle *f*; carretera *f*; *auf der* ~ por carretera; *verkehrsreiche* ~ carretera de mucho tráfico, muy transitada
Straßenbahn *f*, **en** tranvía *m*
Straßenbau *m*, Ø construcción *f* de carreteras
Straßenhandel *m*, Ø venta *f* callejera
Straßenhändler *m*, - vendedor *m* ambulante
Straßennetz *n*, **e** red *f* de carreteras
Straßentransport *m*, **e** transporte *m* por carretera
Straßenverkehr *m*, Ø circulación *f*; tráfico *m* en las carreteras
Straßenverkehrsordnung *f*, **(en)** código *m* de la circulación
Stratege *m*, **n** estratega *m*
Strategie *f*, **n** estrategia *f*
strategisch estratégico
streichen tachar; anular; suprimir; *Kredite* ~ suprimir los créditos
Streichung *f*, **en** anulación *f*; supresión *f*
Streik *m*, **s** huelga *f* 1. *allgemeiner* ~ huelga general; *örtlich begrenzter* ~ huelga de carácter local; *(gewerkschaftlich) organisierter* ~ huelga organizada; *wilder* ~ huelga incontrolada, espontánea 2. *den* ~ *abbrechen* suspender, terminar una huelga; *den* ~ *ausrufen* declarar la huelga; *den* ~ *brechen* romper, interrumpir una huelga; *in den* ~ *treten* declararse en huelga; sumarse a la huelga (Syn. *Ausstand; Arbeitsniederlegung*)
Streikaktion *f*, **en** movimiento *m* de huelga; *die ~en fortsetzen* continuar los movimientos reivindicativos
Streikankündigung *f*, **en** anuncio *m*, aviso *m* de huelga
Streikaufruf *m*, **e** llamamiento *m* a la huelga
Streikbefehl *m*, **e** → *Streikaufruf*
Streikbrecher *m*, - esquirol *m*
Streikbruch *m*, Ø rompimiento *m* de una huelga
Streikdrohung *f*, **en** amenaza *f* de huelga
Streikeinstellung *f*, **en** suspensión *f* de una huelga
streiken declararse en huelga; dejar de trabajar; cesar el trabajo
Streikende/r *(der/ein)* huelguista *m*; obrero *m* en huelga
Streikführer *m*, - jefe *m* de los huelguistas
Streikgeld *n*, **er** subsidio *m* de huelga
Streikkasse *f*, **n** fondo *m* de huelga
Streiklohn *m*, ⸚e → *Streikgeld*
Streikparagraph *m*, **en** artículo *m* de huelga
Streikparole *f*, **n** lema *m* de huelga
Streikposten *m*, - piquete *m*
Streikrecht *n*, Ø derecho *m* de huelga
Streikwelle *f*, **n** ola *f* de huelgas
Streit *m*, **(e)** disputa *f*; controversia *f*; litigio *m*; pleito *m*; *einen* ~ *schlichten* zanjar una diferencia; solventar un pleito
streiten tener un pleito con; litigiar contra; *sie* ~ *sich um die Erbschaft* se disputan la herencia
Streitfall *m*, ⸚e diferencia *f*; disputa *f*; *im* ~ en caso de litigio
streitig contencioso; litigioso; *~e Gerichtsbarkeit* jurisdicción *f* contenciosa; *etw.* ~ *machen* impugnar, disputar a/c
Streitigkeit *f*, **en** disputa *f*; controversia *f*; litigio *m*
Streitkräfte *pl* fuerzas *pl* armadas
Streitsache *f*, **n** → *Streitfall*
Streitwert *m*, **(e)** valor *m* del objeto en litigio
streng severo; rígido; estricto; ~ *vertraulich* confidencial; *ein Gesetz* ~ *anwenden* aplicar rigurosamente una ley
Streubereich *m*, **e** 1. zona *f* de dispersión 2. zona *f* alcanzada por una campaña publicitaria
Streubesitz *m*, Ø propiedad *f* diseminada (entre numerosas personas)
Streubesitzaktionär *m*, **e** pequeño accionista *m*
streuen dispersar; diseminar
Streukosten *pl* costes *pl* de dispersión
Streuung *f*, **en** dispersión *f*; difusión *f* (de los medios publicitarios)
strittig contencioso; litigioso; *~e Forderung* crédito *m* contencioso
Strom *m*, ⸚e 1. corriente *f* (eléctrica) 2. río *m*
Stromausfall *m*, ⸚e falla *f* de corriente; (Fam.) apagón *m*
Stromerzeugung *f*, **en** generación *f* de corriente eléctrica
Struktur *f*, **en** estructura *f*; *räumliche* ~ estructura geográfica; *wirtschaftliche* ~ *eines Landes* estructura económica de un país
strukturbedingt estructural; *~e Arbeitslosigkeit* paro *m*, desempleo *m* estructural
strukturell → *strukturbedingt*
Strukturkrise *f*, **n** crisis *f* estructural
Strukturpolitik *f*, Ø política *f* de ordenación regional; política *f* estructural

Strukturreform f, en reforma f estructural
Strukturwandel m, Ø cambio m, modificación f estructural
Stück n, e pieza f; unidad f; parte f; *Preis pro ~ precio* m por unidad; *~e títulos-valores* pl
Stückarbeit f, en trabajo m a destajo
Stückarbeiter m, - destajista m; obrero m que trabaja a destajo
Stückkonto n, -en cuenta f de títulos
Stückelung f, en fraccionamiento m; cupón m; título m
Stückgut n, ⁻er mercancías pl en bultos sueltos; mercancía f en fardos *od.* por pieza
Stückgutsendung f, en envío m de mercancías en bultos sueltos
Stückkosten pl costes pl por unidad
Stücknotierung f, en cotización f por unidad
Stücklohn m, ⁻e salario m por unidad de obra; salario m a destajo
Stückpreis m, e precio m por unidad
Stückzahl f, en número m de piezas, unidades
Stückzeit f, en tiempo m por pieza, unidad
Stückzinsen pl intereses pl fraccionales; intereses pl por fracción de tiempo, por cada efecto
Studie f, n estudio m; informe m; análisis m
Studiengang m, ⁻e carrera f; curso m de los estudios
Studienreise f, n viaje m de estudios
Stufe f, n etapa f; fase f; escalón m
Stufenfolge f, n jerarquía f
Stufenleiter f, n escalera f; *soziale ~* escalera social
stufenweise por etapas, fases; progresivamente
Stunde f, n hora f; *bezahlte ~* hora (de trabajo) remunerada; *15 Mark für die (pro) ~ bekommen* percibir 15 marcos la hora
stunden conceder un plazo, una moratoria
Stundenkilometer m, - kilómetro m por hora; *130 ~ fahren* conducir a 130 kilómetros por hora
Stundenlohn m, ⁻e salario m por hora; remuneración f por hora
Stundensatz m, ⁻e tarifa f de salario por hora
Stundung f, en prórroga f; moratoria f; aplazamiento m
Sturz m, ⁻e caída f; colapso m; hundimiento m; *~ der Kurse, der Preise* caída de las cotizaciones, los precios; *~ der Regierung* derrocamiento m del gobierno
stützen apoyar; respaldar; sostener; subvencionar; *Kurse ~* sostener las cotizaciones
Stützpreis m, e precio m sostenido
Stützung f, en apoyo m; respaldo m; sostenimiento m
Stützungsaktion f, en acción f de apoyo
Stützungsintervention f, en intervención f de apoyo
Stützungskauf m, ⁻e compra f de apoyo
StVO → *Straßenverkehrsordnung*
subaltern subalterno; *~e Arbeit* trabajo m subalterno
Subalterne/r *(der/ein)* empleado m subalterno
Subjektsteuer f, n impuesto m personal (Ggs. *Objektsteuer*)
Submission f, en concurso m; contratación f; subasta f
Submittent m, en participante m en un concurso
Subsidien pl subsidios pl; apoyo m financiero
Subskribent m, en su(b)scritor m
subskribieren su(b)scribirse; abonarse
Subskription f, en su(b)scripción f (Syn. *Zeichnung*)
Subskriptionspreis m, e precio m de su(b)scripción
Substanz f, en sustancia f; capital m
Substitution f, en sustitución f
Subvention f, en subvención f; subsidio m (Syn. *Zuschuß*)
subventionieren subvencionar; *aus dem Staatssäckel ~* subvencionar con fondos públicos
Subventionierung f, en concesión f de subvenciones, subsidios
Subventionsempfänger m, - perceptor m de (la) subvención
Subventionskriminalität f, Ø fraude m (económico) con fondos en concepto de subvención
Suchbohrungen pl perforaciones pl de exploración (p. ej. de petróleo)
Sukzessivgründung f, en fundación f por etapas (de una sociedad anónima)
Summe f, n suma f; importe m; montante m 1. *fehlende ~* déficit m; *geschuldete ~* suma debida; *glatte ~* importe en cifras redondas; *runde ~* suma redonda; *volle ~* importe total 2. *eine ~ abrunden* redondear una suma; *~ gutschreiben* abonar una suma en una cuenta
Summenbilanz f, en balance m de cuentas
summieren sumar; totalizar; acumular; *sich ~* acumularse
Supergewinn m, e beneficio m extraordinario
Superkargo m, s sobrecargo m
Supermacht f, ⁻e (Pol.) superpotencia f (Syn. *Großmacht*)
Supermarkt m, ⁻e supermercado m
Supertanker m, - superpetrolero m; gran petrolero m
supranational supranacional (Syn. *überstaatlich*)
Surrogat n, e producto m de sustitución
suspendieren suspender (de sus funciones); dejar cesante
Suspendierung f, en → *Suspension*
Suspension f, en suspensión f

Swap-Geschäft *n*, e operaciones *pl* combinadas de divisas *od*. swap
Swap-Kredit *m*, e crédito *m* cruzado (a corto plazo entre bancos centrales)
Swing *m*, Ø 1. (Angl.) crédito *m* swing; crédito *m* de traspaso sin intereses (crédito entre dos Estados dentro de una serie de acuerdos comerciales bilaterales) 2. crédito *m* gratuito otorgado por la R.F.A. a la R.D.A.
Sympathiestreik *m*, s huelga *f* de solidaridad
Syndikat *n*, e consorcio *m*; sindicato *m*; cártel *m*
Syndikus *m*, se *od.* -i 1. síndico *m* 2. consejero *m* jurídico de una empresa
Synthetics *pl* (textiles) tejidos *pl* sintéticos
System *n*, e sistema *m*; régimen *m*; *kapitalistisches* ~ régimen capitalista; *parlamentarisches* ~ sistema parlamentario; *sozialistisches* ~ sistema socialista; *totalitäres* ~ régimen totalitario
Systemanalytiker *m*, - ingeniero *m* de sistemas; analista-programador *m*
Systemprogrammierer *m*, - → *Systemanalytiker*
SZR → *Sonderziehungsrechte*

T

t *(Tonne)* tonelada *f*
Tabakmonopol *n*, e monopolio *m* del tabaco
Tabaksteuer *f*, n impuesto *m* sobre el tabaco
tabellarisch tabular; en forma de tabla
Tabelle *f*, n tabla *f*; índice *m* de materias; baremo *m*; cuadro *m* estadístico
tabellenförmig en forma de tabla *od.* cuadro sinóptico
Tabelliermaschine *f*, n tabuladora *f*
Tabulator *m*, en tabulador *m*
tadellos impecable; sin defectos; ~*e Ware* mercancía *f* irreprochable, sin defectos
Tafelbauweise *f*, Ø placas *pl* prefabricadas; elementos *pl* prefabricados
Tafelgeschäft *n*, e operación *f* (bancaria) de mostrador
Tag *m*, e día *m*; fecha *f*; jornada *f*; *arbeitsfreier* ~ día festivo; *freier* ~ día libre; *binnen 8* ~*en* dentro de ocho días; *am festgesetzten* ~*(e)* en la fecha convenida; *in den nächsten* ~*en* en los próximos días; (Min.) *über* ~*e* a cielo abierto; (Min.) *unter* ~*e* subterráneo; bajo tierra; *drei* ~*e nach Sicht* a tres días vista; *pro* ~ por día
Tagdienst *m*, Ø servicio *m* diurno
Tag(e)bau *m*, Ø (Min.) explotación *f* a cielo abierto
Tagebaubetrieb *m*, e → *Tagebau*
Tagebuch *n*, ⸗er (libro *m*) diario *m*; ~ *führen* llevar un libro diario
Tag(e)geld *n*, er dieta *f*; gastos *pl* de viaje
Tag(e)lohn *m*, ⸗e jornal *m*; *im* ~ *arbeiten* trabajar a jornal
Tag(e)löhner *m*, - jornalero *m*
tagen celebrar una sesión; estar convocado
Tagesauszug *m*, ⸗e extracto *m* diario de cuenta
Tagesbericht *m*, e informe *m* diario
Tageseinnahme *f*, n ingresos *pl* diarios; recaudación *f* del día
Tagesgebühr *f*, en tasa *f* del día
Tagesgeld *n*, er dinero *m* a un día; dinero *m* de día a día (sumas de dinero con devengo de intereses que se prestan entre los bancos)
Tagesgitter *n*, - (Seg.) reja *f* de operación diaria
Tageskasse *f*, n (Seg.) ~ *mit Zeitverschluß* caja *f* múltiple temporizada
Tageskurs *m*, e cotización *f*, cambio *m* del día
Tagesleistung *f*, en rendimiento *m* por día; producción *f* diaria
Tagesordnung *f*, en orden *m* del día; *auf die* ~ *setzen* incluir en el orden del día; *auf der* ~ *stehen* figurar en el orden del día; *zur* ~ *übergehen* pasar al orden del día; *einen Punkt für die* ~ *vorschlagen* proponer un punto para el orden del día
Tagespendler *m*, - persona *f* que viaja diariamente entre su domicilio y su lugar de trabajo
Tagesproduktion *f*, en producción *f* diaria
Tagesschau *f*, (en) telediario *m*
Tagesschnitt *m*, Ø media *f* del día
Tagesspesen *pl* gastos *pl* del día; *30 Mark* ~ *für jeden Reisetag* 30 marcos de gastos de viaje por día
Tagestür *f*, en (Seg.) puerta *f* de operación diaria
Tagesumsatz *m*, ⸗e volumen *m* de ventas del día
Tagesverschlu|ß *m*, ⸗sse (Seg.) cierre *m* de operación diaria; cierre *m* sencillo
Tageswechsel *m*, - → *Tagwechsel*
Tageswert *m*, e valor *m*, cotización *f* del día
Tageszeitung *f*, en periódico *m*; diario *m*
Tageszinsen *pl* intereses *pl* por día
Tagsatzung *f*, en (A) audiencia *f*; sesión *f* (tribunal)
Tagschicht *f*, en turno *m* diurno *od.* de día
Tag- und Nacht-Tresoranlagen *pl* (Seg.) cajeros *pl* permanentes
Tagung *f*, en congreso *m*; conferencia *f*; asamblea *f*; sesión *f*; *eine* ~ *abhalten* celebrar una conferencia; *an einer* ~ *teilnehmen* participar en un congreso
Tagungsort *m*, e lugar *m* de la reunión
Tagungsteilnehmer *m*, - congresista *m*
Tagwechsel *m*, - letra *f* a día fijo *od.* a fecha fija
Takt *m*, e operación *f*; fase *f*; *(Motor)* tiempo *m*; ritmo *m*
Taktik *f*, en táctica *f*; estrategia *f*
Taktiker *m*, - táctico *m*; estratega *m*
taktisch táctico
Taktstraße *f*, n cadena *f* (de producción) (Syn. *Fließband*)
Taktzeichen *pl* señal *f* de ritmo
Talfahrt *f*, en período *m* de recesión; deterioro *m*, declive *m* económico
Talon *m*, s talón *m* de renovación (en acciones y obligaciones es el boletín de suscripción y de renovación adjunto a la hoja de cupones)
tanken repostar, tomar gasolina *bzw.* gasóleo
Tanker *m*, - buque *m* cisterna; petrolero *m*
Tankerflotte *f*, n flota *f* de petroleros
Tankerschiff *n*, e → *Tanker*
Tankstelle *f*, n gasolinera *f*
Tankwart *m*, ⸗er empleado *m* del surtidor
Tantieme *f*, n derechos *pl* de autor; tanto *m* por

ciento, porcentaje *m* de participación en los beneficios
Tar|a *f*, **-en** tara *f* (peso del embalaje de una mercancía)
Tarif *m*, e 1. tarifa *f*; baremo *m* 2. *allgemeiner* ~ tarifa general, normal; *degressiver* ~ tarifa degresiva; *einheitlicher* ~ tarifa uniforme, única; *ermäßigter* ~ tarifa reducida; *proportionaler* ~ tarifa proporcional 3. *einen* ~ *aufstellen* establecer, fijar una tarifa 4. convenio *m* colectivo
Tarif- (Pref.) tarifario *bzw.* colectivo
Tarifabkommen *n*, - 1. acuerdo *m* arancelario 2. convenio *m* colectivo
Tarifabschlu|ß *m*, ⁻**sse** conclusión *f*, firma *f* de un convenio colectivo
Tarifauseinandersetzungen *pl* → *Tarifrunde*
Tarifautonomie *f*, n autonomía *f* de los agentes sociales
Tarifbestimmung *f*, en disposición *f* tarifaria *od.* en materia de tarifas
Tarifbindungen *pl* obligaciones *pl* impuestas por un convenio colectivo
Tariferhöhung *f*, en 1. aumento *m* de (la) tarifa 2. aumento *m* del salario mínimo
tarifgemäß → *tariflich*
Tarifgespräch *n*, e diálogo *m* social; reunión *f* paritaria (entre la patronal y el sindicato)
Tarifgruppe *f*, n categoría *f*, clase *f* de tarifas
tarifieren tarifar; fijar, establecer una tarifa
Tarifkommission *f*, en comisión *f* de los convenios colectivos (compuesta de representantes del sindicato de la patronal)
Tarifkonflikt *m*, e conflicto *m* tarifario (entre los agentes sociales)
tariflich según (la) tarifa; de acuerdo con (*od.* conforma a) la tarifa; tarifario; arancelario
Tariflohn *m*, ⁻**e** salario *m* según convenio colectivo
Tarifordnung *f*, en 1. tarificación *f* 2. convenio *m* colectivo
Tarifpartei *f*, en → *Tarifpartner*
Tarifpartner *m*, - agentes *pl* sociales
Tarifpolitik *f*, Ø política *f* salarial *od.* de convenios colectivos; política *f* arancelaria
Tarifrunde *f*, n discusiones *pl*, negociaciones *pl* colectivas
Tarifsenkung *f*, en reducción *f* de la tarifa
Tarifverhandlungen *pl* negociaciones *pl* colectivas *bzw.* entre los agentes sociales
Tarifvertrag *m*, ⁻**e** convenio *m* colectivo; *einen* ~ *abschließen* concluir un convenio colectivo; *einen* ~ *aushandeln* negociar un convenio colectivo
tarifwidrig 1. contrario a la tarifa 2. no conforme al convenio colectivo

Tarifzuständigkeit *f*, (en) competencia *f* para firmar un convenio colectivo
tarnen camuflar; disimular
Tarnorganisation *f*, en organización *f* encubierta, camuflada
Tarnung *f*, en (Seg.) camuflaje *m*
Tasche *f*, n bolsillo *m*; *aus eigener* ~ del propio bolsillo; *in die* ~ *greifen müssen* tener que pagar
Taschendieb *m*, e carterista *m*; ratero *m*
Taschendiebstahl *m*, ⁻**e** ratería *f*; esamoteo *m*
Taschengeld *n*, er dinero *m* para gastos menudos
Taschenrechner *m*, - calculadora *f* de bolsillo
Tastatur *f*, en teclado *m*
Tastaturfeld *n*, er panel *m* del teclado
Tastentelephon *n*, e teléfono *m* de teclas
Tat *f*, en 1. acción *f*; acto *m*; obra *f*; *etw. in die* ~ *umsetzen* poner en práctica, realizar a/c 2. delito *m*; crimen *m*; *jdn. auf frischer* ~ *ertappen* coger, sorprender al alg. in fraganti *od.* en flagrante
Tatbestand *m*, ⁻**e** estado *m* de (las) cosas; hechos *pl*
Tatbestandsaufnahme *f*, n considerando *m*; levantamiento *m* del acta
Täter *m*, - ladrón *m*; delincuente *m*; atracador *m*; asaltante *m*; malhechor *m*
tätig activo; diligente; trabajador; laborioso; ~ *sein* trabajar; *im Betrieb sind 10 Angestellte* ~ en la empresa trabajan 10 empleados
tätigen efectuar; concluir; *einen Abschluß* ~ concluir, concertar un contrato; *Geschäfte* ~ realizar, hacer negocios
Tätigkeit *f*, en 1. actividad *f*; profesión *f*; empleo *m*; trabajo *m* 2. *abhängige* ~ actividad dependiente; *berufliche* ~ actividad profesional; *freiberufliche* ~ actividad liberal; *gewerbliche* ~ actividad industrial *od.* comercial; *handwerkliche* ~ actividad artesanal; *selbständige* ~ actividad independiente 3. *seine* ~ *einstellen* cesar sus actividades; *keine bestimmte* ~ *ausüben* no ejercer una actividad determinada; no tener empleo determinado 4. *(Maschine)* funcionar; *außer* ~ *setzen* poner fuera de servicio; *in* ~ *sein* funcionar
Tätigkeitsbereich *m*, e esfera *f*, campo *m* de actividad
Tätigkeitsbericht *m*, e informe *m* sobre la actividad; memoria *f*
Tätigkeitsbeschreibung *f*, en especificación *f*, descripción *f* de la actividad, del trabajo
Tatort *m*, e lugar *m* de autos
Tatsache *f*, n hecho *m*; realidad *f*; *festgestellte* ~*n* hechos comprobados; *vollendete* ~*n* hechos consumados; *auf* ~*n beruhen* fundarse en hechos

Tatsachenmaterial *m*, (ien) hechos *pl*
tatsächlich efectivo; real; de hecho; *~er Bedarf* demanda *f* efectiva
Tatverfolgung *f*, en persecución *f* efectiva del malhechor
tauglich útil; apto; apropiado; conveniente; *~ für eine Arbeit* apto para un trabajo; *zum Wehrdienst ~* apto para el servicio militar
Tauglichkeit *f*, Ø aptitud *f*; utilidad *f*; capacidad *f*
Tausch *m*, (e) 1. trueque *m*; permuta *f*; canje *m*; intercambio *m*; *in ~ geben, nehmen* dar, aceptar en cambio 2. *(Währung)* cambio *m* (Syn. *Wechsel*)
tauschen 1. trocar; permutar; dar una cosa por otra; canjear 2. *(Währung)* cambiar; *Mark gegen Dollar ~* cambiar marcos contra dólares (Syn. *wechseln*)
Tauschgeschäft *n*, e operación *f* de trueque *od.* de cambio
Tauschhandel *m*, Ø (comercio *m* de) trueque *m*; intercambio *m*; *~ treiben* dedicarse al comercio de cambio
Tauschobjekt *n*, e objeto *m* de cambio
Tauschwert *m*, e valor *m* de cambio
Tauschwirtschaft *f*, (en) economía *f* de trueque, cambio
tausend *(1.000)* mil; *einige ~ miles*; *~ Stück* mil (ejemplares, unidades de a/c)
Tausend *n*, e mil *m*; *~e Menschen* miles de personas; *in die ~e gehen* ascender a miles de; *zu ~ en* por miles; *zehn von ~* (abreviación: v. T.) diez por mil
Tausender *m*, - → *Tausendmarkschein*
Tausendmarkschein *m*, e billete *m* de mil marcos
Taxamt *n*, ¨er oficina *f* de tasación
Taxation *f*, en tasación *f*
Taxator *m*, en perito *m* tasador
Taxe *f*, n evaluación *f*; tasa *f*; tasación *f*; tarifa *f*; *einer ~ unterliegen* estar sujeto a una tarifa
taxfrei exento, libre de tasas
Taxi *n*, s taxi *m*; *ein ~ nehmen* tomar un taxi
taxieren tasar; evaluar; estimar; *zu hoch ~* sobretasar; sobreevaluar
Taxierung *f*, en tasa *f*; tasación *f*; estimación *f*
Taxpreis *m*, e precio *m* de tasa *od.* tasación
Taxwert *m*, e valor *m* estimativo; valor *m* de tasación pericial
Taylorismus *m*, Ø → *Taylorsystem*
Taylorsystem *n*, Ø taylorismo *m*; sistema *m* Taylor
Team *n*, s equipo *m* (Syn. *Mannschaft*)
Teamarbeit *f*, en trabajo *m* de equipo *od.* colectivo
Teamgeist *m*, Ø espíritu *m* de equipo; *den ~ stärken* fortalecer el espíritu de equipo
Teamwork *n*, (s) → *Teamarbeit*
Technik *f*, en técnica *f*; *~ des Verkaufs* técnica de venta
Techniker *m*, - técnico *m*; perito *m*; especialista *m*
technisch técnico; mecánico; *~e Abteilung* sección *f* técnica *od.* de ingeniería; *~er Ausdruck* término *m* técnico; *~er Leiter* ingeniero *m* en jefe; director *m* técnico; *~es Personal* personal *m* técnico; *infolge ~er Störungen* a causa de fallas técnicas; *~er Zeichner* dibujante *m* industrial; *~es Zeichnen* dibujo *m* industrial
Technisierung *f*, en mecanización *f*; automatización *f*
Technokrat *m*, en tecnócrata *m*
Technokratie *f*, n tecnocracia *f*
Technologie *f*, n tecnología *f*
technologisch tecnológico; *eine ~e Lücke ausfüllen* llenar un vacío tecnológico
Teil *m*, e 1. parte *f*; sector *m*: cuota *f*; pedazo *m*; pieza *f*; *sich zu gleichen ~en an einem Geschäft beteiligen* participar en un negocio a *(od.* por) partes iguales 2. (Jur.) parte *f*; *beklagter ~* parte demandada; *klagender ~* parte demandante
Teil *n*, e *(technisch)* repuesto *m*; pieza *f* suelta
Teil- (Pref.) parcial
Teilakzept *m*, e aceptación *f* parcial (declaración del girado, que se limita a una parte de la suma del efecto)
Teilarbeitslose/r *(der/ein)* desempleado *m*, parado *m* parcial
Teilausgleich *m*, e reglamento *m*, compensación *f* parcial
teilbar divisible; fraccionable
Teilbetrag *m*, ¨e suma *f*, importe *m* parcial
teilen dividir; repartir; *den Gewinn ~* repartir los beneficios; *sich in etw. ~* repartirse a/c
Teilergebnis *n*, se resultado *m* parcial
teilhaben participar en; tener parte en; colaborar; *am Gewinn ~* participar en los beneficios
Teilhaber *m*, - socio *m*; copropietario *m*; asociado *m* 1. *aktiver ~* socio activo; *geschäftsführender ~* socio gerente; *persönlich haftender ~* socio personalmente responsable 2. *jdn. als ~ aufnehmen* admitir como socio a alg.; *als ~ ausscheiden* renunciar a su calidad de socio; *als ~ eintreten* pasar a ser socio
Teilhaberschaft *f*, en sociedad *f* en participación; asociación *f*
Teilhafter *m*, - (socio *m*) comanditario *m* (Syn. *Kommanditist*; Ggs. *Vollhafter*)
Teilhaftung *f*, (en) responsabilidad *f* parcial
Teilhersteller *m*, - fabricante *m* de piezas sueltas
Teilkaskoversicherung *f*, en (Seg.) seguro *m* de riesgo parcial
Teillieferung *f*, en entrega *f*, suministro *m* parcial
Teilnahme *f*, n participación *f*; asistencia *f*; presencia *f*; interés *m*; *~ an der Messe* partici-

pación en la feria (Syn. *Beteiligung*)
teilnehmen participar; tomar parte en; asistir a; *an der Leitung des Unternehmens* ~ participar en la dirección de la empresa
Teilnehmer *m*, - participante *m*; abonado *m* telefónico
Teilnehmeranschlu|ß *m*, ⸗sse (Teléf.) línea *f* de abonado
Teilnehmerland *n*, ⸗er país *m* participante
Teilnehmerverzeichnis *n*, se 1. lista *f* de participantes 2. guía *f* de teléfonos
Teilpacht *f*, en aparcería *f*
Teilpächter *m*, - aparcero *m*
Teilschaden *m*, ⸗ daño *m*, pérdida *f* parcial
Teilschuldverschreibung *f*, en obligación *f* fraccional
Teilschutzsicherung *f*, en (Seg.) protección *f* parcial
Teilstillegung *f*, en paralización *f* parcial (de la producción)
Teilung *f*, en división *f*; fraccionamiento *m*; repartición *f*; ~ *der Kosten* repartición de los costes
Teilungsmasse *f*, n activo *m*; masa *f* de la quiebra; créditos *pl* pendientes
Teilungsvertrag *m*, ⸗e contrato *m* de repartición
Teilunternehmen *n*, - empresa *f* de subcontratación *od.* de suministro *m* secundario
Teilunternehmer *m*, - subcontratista *m* (Syn. *Zulieferer*)
Teilzahlung *f*, en pago *m* parcial *bzw.* a plazos
Teilzahlungsbank *f*, en banco *m* de financiación de créditos para pagos a plazos
Teilzahlungskauf *m*, ⸗e compra *f* a plazos (Syn. *Ratenkauf*)
Teilzahlungskredit *m*, e crédito *m* para financiar compras a plazos
Teilzahlungssystem *n*, e sistema *m* de pago a plazos
Teilzeitarbeit *f*, en trabajo *m* en régimen de jornada parcial
Teilzeitarbeiter *m*, - trabajador *m* en régimen de jornada parcial
Teilzeitbeschäftigte/r *(der/ein)* → *Teilzeitarbeiter*
Teilzeitbeschäftigung *f*, en → *Teilzeitarbeit*
Teilzeitkräfte *pl* personal *m* en régimen de jornada parcial
Telefax-Dienst *m*, e servicio *m* de telefax
Telefon *n*, e teléfono *m*; ~ *haben* tener teléfono
Telefonanruf *m*, e llamada *f* telefónica
Telefonanschluß *m*, ⸗sse línea *f* telefónica
Telefonapparat *m*, e (aparato *m* de) teléfono *m*
Telefonat *n*, e → *Telefonanruf*
Telefonbeantworter *m*, - contestador *m* automático (Syn. *Anrufbeantworter*)

Telefonbuch *n*, ⸗er guía *f* de teléfonos
Telefoncode *m*, s (Seg.) código *m* telefónico
Telefonfürsorge *f*, Ø asistencia *f* telefónica de emergencia
Telefongebühr *f*, en tarifa *f* telefónica
Telefongespräch *n*, e conferencia *f* telefónica; telefonema *m*; *dringendes* ~ conferencia urgente
Telefonhandel *m*, Ø transacciones *pl* por teléfono; operaciones *pl* de banco a banco
telefonieren telefonear; llamar por teléfono
telefonisch telefónico
Telefonistin *f*, nen telefonista *f*
Telefonleitung *f*, en línea *f* de teléfono
Telefonnetz *n*, e red *f* telefónica
Telefonnummer *f*, n número *m* de teléfono
Telefonstau *m*, s embotellamiento *m* de (las) líneas telefónicas
Telefonverbindung *f*, en comunicación *f* telefónica; *eine* ~ *herstellen* establecer una comunicación telefónica; comunicar
Telefonwählgerät *n*, e selector *m* automático telefónico; marcador *m* automático
Telefonzelle *f*, n cabina *f* telefónica
Telefonzentrale *f*, n central *f* telefónica
Telegraf *m*, en telégrafo *m*
telegrafieren telegrafiar; mandar, enviar, poner un telegrama
telegrafisch telegráfico; cablegráfico
Telegramm *n*, e telegrama *m*
Telegrammadresse *f*, n dirección *f* telegráfica
Telegrammannahme *f*, n → *Telegrammschalter*
Telegrammformular *n*, e formulario *m*, impreso *m* para telegramas
Telegrammgebühr *f*, en tarifa *f* telegráfica
Telegrammschalter *m*, - ventanilla *f* de telegramas
telegraphieren → *telegrafieren*
Teleinformatik *f*, Ø teleinformática *f*
Telekolleg *n*, s *od.* ien curso *m* televisado
Telephon *n*, e → *Telefon*
Teleschalter *m*, - (Seg.) televentanilla *f*
Telex *n*, (e) télex *m*; intercambio *m* por teletipo (Syn. *Fernschreiber*)
telexen mandar, enviar un télex; comunicar por teletipo
Telex-Netz *n*, e red *m* de télex
Tempo *n*, s velocidad *f*; ritmo *m*; *das* ~ *beschleunigen* aumentar la velocidad; *das* ~ *verringern* disminuir, bajar la velocidad
Tempolimit *n*, s límite *m* de velocidad (Syn. *Geschwindigkeisbegrenzung*)
Temposünder *m*, - conductor *m* infractor por exceso de velocidad
Tendenz *f*, en tendencia *f*; evolución *f* (de las cotizaciones); *fallende (sinkende, rückläufi-*

ge) ~ tendencia a la baja; *steigende* ~ tendencia al alza
Tendenz-Betrieb m, e (R.F.A.) empresa *f od.* editorial *f* de carácter científico, político o periodístico, con limitación de la cogestión
tendenziell tendencioso
Tendenzumschwung m, (ᵘe) *(Börse)* cambio *m* de la tendencia
tendieren tender; acusar una tendencia; *die Börse ~t lustlos* la Bolsa acusa una tendencia desanimada
Termin m, e 1. término *m*; fecha *f*; día *m*; plazo *m*; *auf kurzen* ~ a la vista; a corto plazo; *letzter* ~ ultimo plazo; *einen* ~ *einhalten* respetar un plazo; *einen* ~ *festsetzen* fijar una fecha 2. (Jur.) vista *f* de la causa
Terminal n, s (Inform.) terminal *m*; *an ein* ~ *angeschlossen sein* estar conectado a un terminal
Terminal m od. n, s *(Flughafen)* terminal *m* de salida *od.* de llegada
Terminangebot n, e oferta *f* a plazo, término
Terminbörse f, n mercado *m*, bolsa *f* a plazo, término
Termindevisen pl divisas *pl* a plazo, término
Termineinlage f, n depósito *m* a plazo
termingemäß en el debido tiempo; conforme al plazo convenido
Termingeschäft n, e negocio *m*, operación *f* a plazo, término
Terminhandel m, Ø operaciones *pl* a plazo, término
Terminkalender m, - agenda *f*
Terminkauf m, ᵘe compra *f* a plazo, término
Terminmarkt m, ᵘe mercado *m* a término
Terminpreis m, e precio *m* a término
Terminverkauf m, ᵘe venta *f* a plazo, término
Terminverlängerung f, en prórroga *f* de un plazo
Terrainspekulation f, en especulación *f* en fincas y solares
territorial territorial
Territorialgewässer pl aguas *pl* territoriales *od.* jurisdiccionales
Terror m, Ø terror *m*
terrorisieren terrorizar
Terrorist m, en terrorista *m*
Terrorverschlu|ß m, ᵘsse (Seg.) cerradura *f* antiterrorismo
tertiär terciario; *~er Wirtschaftssektor* sector *m* terciario (prestaciones y servicios)
Test m, s prueba *f*; ensayo *m*
Testament n, e testamento *m*
Testamentsbestimmung f, en disposición *f*, cláusula *f* testamentaria
Testamentsnachtrag m, ᵘe codicilo *m*
Testamentvollstrecker m, - albacea *m*; ejecutor *m* testamentario
Testamentszusatz m, ᵘe → *Testamentsnachtrag*
Testator m, en testador *m*; legador *m*
Testbetrieb m, e empresa *f* piloto; explotación *f* tipo
testen probar; ensayar; *ein Produkt auf Qualität* ~ someter un producto a ensayos de calidad
Tester m, - persona *f* encargada de realizar un ensayo
testieren testar; testamentar; hacer testamento; certificar; atestiguar
Testphase f, n fase *f* de ensayo(s)
Testreihe f, n serie *m* de ensayos
Testverfahren n, - procedimiento *m* de ensayo
teuer caro; costoso; elevado
Teuerung f, en carestía *f*; encarecimiento *m*
Teuerungsrate f, n tasa *f* de carestía
Teuerungswelle f, n ola *m* de aumentos de precios
Teuerungszulage f, n plus *m* por carestía de vida
texten concebir textos y frases publicitarios
Texter m, - redactor *m* publicitario
Textilarbeiter m, - trabajador *m* en la industria textil
Textilgewerbe n, Ø → *Textilindustrie*
Textilien pl productos *pl* textiles
Textilindustrie f, n industria *f* textil
Textverarbeiter m, - (Inform.) procesador *m* de datos
Textverarbeitung f, en (Inform.) procesamiento *m* de datos
Textilwerker m, - → *Textilarbeiter*
TGL *(Technische Normen, Gütevorschriften und Lieferbedingungen)* (R.D.A.) normas *pl* técnicas, prescripciones *pl* de calidad y condiciones de entrega
Theke f, n mostrador *m*
Thermomelder m, - (Seg.) detector *m* termovelocimétrico
Thesaurierung f, en atesoramiento *m*
Ticket n, s billete *m* (de transporte *od.* de entrada)
Tief n, s depresión *f*; baja *m*
Tiefbau m, Ø construcción *f* de caminos, canales y puertos; ingeniería *f* civil
Tiefenschutz m, Ø (Seg.) protección *f* en profundidad
Tiefkühltruhe f, n arca *f* frigorífica a baja temperatura; congelador *m*
Tiefkühlung f, Ø refrigeración *f* a baja temperatura; congelación *f*
Tiefstand m, Ø (fase *f* de) depresión *f*
Tiefstpreis m, e precio *m* mínimo
tilgbar amortizable; reintegrable; reembolsable
tilgen amortizar; reembolsar; reintegrar; *eine Anleihe* ~ amortizar un empréstito; *einen Posten* ~ extinguir, cancelar una partida
Tilgung f, en amortización *f*; reembolso *m*;

reintegro *m*; ~ *einer Anleihe* amortización de un empréstito; *frühzeitige* ~ amortización prematura
Tilgungsanleihe f, n empréstito *m* de amortización
Tilgungsdauer f, Ø duración f de la amortización
Tilgungsfrist f, en plazo *m* de reembolso
Tilgungskapital n, Ø capital *m* amortizable
Tilgungsplan m, ⁻e plan *m* de amortización
Tilgungsquote f, n cuota f de amortización
Tilgungsrate f, n tasa f de amortización; *~n leisten* amortizar; pagar tasas de amortización
Tilgungssumme f, n suma f, montante *m* amortizable
Tilgungstabelle f, n tabla f de amortizaciones
Time-sharing f, s (Inform.) trabajo *m* en multiprogramación *od.* en modo simultáneo
Timing n, s elección f del momento apropiado para la venta *od.* la compra de títulos
Tip m, s indicación f; sugerencia f; *jdm. einen ~ geben* hacer una sugerencia a alg.
tippen mecanografiar; escribir a máquina; *in einen Computer ~* introducir datos en un ordenador
Tippfehler m, - error *m* de máquina
TO → *Tarifordnung*
Tochterfirm|a f, -en sucursal f; filial f
Tochtergesellschaft f, en sucursal f; filial f; casa f afiliada
Tochterunternehmen n, - → *Tochterfirma*
Tod m, Ø muerte f; fallecimiento *m*; defunción f; *bürgerlicher ~* muerte civil; *~ durch Unfall* muerte por accidente; *eines natürlichen ~es sterben* morir de muerte natural
Todesfallprämie f, n prima f de defunción; prima f mortuoria
Tonfrequenzsignal n, e señal f de audiofrecuencia
Tonnage f, n tonelaje *m*; arqueo *m*
Tonne f, n tonelada f
Tonnengehalt n, e → *Tonnage*
Top- (Pref.) tope; máximo; el punto más alto
Topmanagement n, s dirección f al más alto nivel
Topmanager m, - dirigente *m* de alto nivel
Top-Position f, en posición f excelente, de dirección
tot muerto; *~e Hand* mano f muerta; *~es Inventar* inventario *m* muerto; *~es Kapital* capital *m* improductivo; *~es Konto* cuenta f inactiva *bzw.* de depósitos
total total; íntegro; entero
Totalausverkauf m, ⁻e liquidación f total
totalitär totalitario
Totalschaden m, ⁻ daño *m* total
Totalverlust m, e pérdida f total
Tour f, en excursión f; visita f de *bzw.* a la clientela
Tourismus m, Ø turismo *m*

Tourist m, en turista *m*
Touristenkarte f, n billete *m* de turista (de transporte suburbano)
Touristenklasse f, n clase f turista
touristisch turístico
Trabantenstadt f, ⁻e ciudad f dormitorio, satélite
tragen transportar; redituar; rendir beneficio; *ein Risiko ~* correr con el riesgo; *die Verantwortung ~* asumir la responsabilidad; *Zinsen ~* arrojar intereses
Träger m, - 1. portador *m*; titular *m*; representante *m*; *~ der Wirtschaft* personalidades *pl* importantes de la economía 2. entidad f; organismo *m*; institución f; *~ der Krankenversicherung* entidad del seguro de enfermedad
Tragetasche f, n bolsa f, cartera f (publicitaria)
Tragfähigkeit f, en límite *m*, capacidad f de carga
Traglast f, en carga f
Trainee-Programm n, e programa *m* de entrenamiento *od.* formación
Trampschiffahrt f, en navegación f sin itinerario fijo
Transaktion f, en transacción f (económica); operación f (financiera); *~en tätigen* realizar transacciones
Transfer m, s transferencia f (sobre todo de capitales)
Transferabkommen n, - convenio *m* sobre transferencias
transferierbar transferible
transferieren transferir; *auf ein anderes Konto ~* transferir a otra cuenta
Transferliste f, n lista f de transferencias
Transferverbot n, e prohibición f de transferencias
Transit m, e tránsito *m*; *Waren im ~ befördern* transportar mercancías
Transithafen m, ⁻ puerto *m* de tránsito
Transithandel m, Ø comercio *m* de tránsito
Transitspediteur m, e → *Transithändler*
Transitverkehr m, Ø comercio *m* de tránsito
Transitvis|um n, -a visado *m* de tránsito
Transitware f, n mercancías *pl* en tránsito
Transitzoll m, ⁻e arancel *m* de tránsito
transparent transparente
Transparenz f, Ø transparencia f; *~ des Marktes* transparencia del mercado
Transport m, e transporte *m*; *~ per Bahn* transporte ferroviario; *~ auf dem Landweg* transporte por carretera; *~ auf dem Luftweg* transporte aéreo; *~ auf dem Wasserweg* transporte marítimo; (Seg.) *~ am Körper* transporte en el cuerpo (Syn. *Beförderung*)
Transportarbeiter m, - obrero *m* transportista
Transportart f, en clase *m* de transporte
Transportberaubung f, en (Seg.) atraco *m* a

transportes
Transportbescheinigung f, en certificado m de transporte
Transportdienst m, e (Seg.) tareas pl del transporte
Transporter m, - vehículo m de transporte
Transporteur m, e → *Transportunternehmer*
Transportfahrzeug n, e vehículo m de transporte; (Seg.) *diebstahlgesichertes* ~ vehículo de transporte especialmente protegido contra hurto; *beraubungsgesichertes* ~ vehículo de transporte protegido contra expoliación
Transportgenehmigung f, en autorización f, permiso m de transporte
transportieren transportar
Transportkoffer m, - (Seg.) maletín m de transporte de valores
Transportkosten pl costes pl de transporte
Transportmittel n, - medios pl de transporte
Transportunternehmen n, - agencia f, compañía f de transportes
Transportunternehmer m, - transportista m
Transportversicherung f, en seguro m de transportes
Transportwesen n, Ø servicio m de transporte; los transportes pl; *das ~ modernisieren* modernizar los transportes
Trassant m, en girador m, librador m (de una letra de cambio)
Trassat m, en girado m, librado m (de una letra de cambio)
trassieren girar; librar; ~ *auf* girar, librar contra od. a cargo de; *einen Wechsel al pari* ~ girar una letra a la par
Tratte f, n giro m; libranza f; letra f de cambio; *eine ~ akzeptieren* aceptar un giro od. una letra; *eine ~ ausstellen* emitir un girio; girar una letra; *eine ~ einlösen* honrar una letra de cambio (Syn. *gezogener Wechsel*)
Traveller-Scheck m, s cheque m de viaje, de viajero (Syn. *Reisescheck*)
treiben empujar; hacer marchar; *Preise in die Höhe* ~ hacer aumentar los precios; disparar los precios
Treibstoff m, e combustible m; carburante m (Syn. *Kraftstoff; Benzin*)
Treibstoffeinsparung f, en ahorro m de combustible
Treibstoffsteuer f, n impuesto m sobre los carburantes
Treibstoffversorgung f, en abastecimiento m de carburante
Trend m, s tendencia f; *der allgemeine ~ zur Automation* la tendencia general a la automatización
Trendwechsel m, - → *Trendwende*

Trendwende f, n cambio m de tendencia *bzw.* de signo
Trennschleifer m, - (Seg.) muela f abrasiva
Trennung f, en separación f
Trennwand f, ⸚e (Seg.) tabique m blindado, de separación
Trennwandkante f, n (Seg.) borde m del tabique
Tresor m, e cámara f acorazada; caja f de caudales; caja f fuerte
Tresorboden m, ⸚ (Seg.) suelo m de la cámara acorazada
Tresorraum m, ⸚e (Seg.) cámara f acorazada
Tresorraumdecke f, n (Seg.) techo m de la cámara acorazada
Tresorschlüssel m, - llave f de la cámara acorazada
Tresorsicherungskonzept n, e (Seg.) concepto m de protección de una cámara acorazada
Tresortür f, en (Seg.) puerta f acorazada
Tresorumbau m, (ten) (Seg.) reforma f de cámaras acorazadas
Tresorvermietung f, en alquiler m de cajas de caudales
Tresorvorraum m, ⸚e (Seg.) vestíbulo m
Tresorwand f, ⸚e (Seg.) muro m de la cámara acorazada
Tretkontakt m, e (Seg.) contacto m en el suelo
Tretkontaktmatte f, n (Seg.) alfombra f, esterilla f de contacto
Tretmelder m, - (Seg.) pedal m
treu fiel; leal; constante; de confianza
Treue f, Ø fidelidad f; buena fe f
Treueprämie f, n prima f de fidelidad
Treuerabatt m, e rebaja f de fidelidad (concedido a buenos clientes)
Treuhand f, Ø depósito m fiduciario; custodia f fiduciaria
Treuhandbank f, en banco m fiduciario
Treuhänder m, - agente m fiduciario; fideicomisario m
treuhänderisch fiduciario
Treuhandgebiet n, e territorio m bajo tutela
Treuhandgesellschaft f, en sociedad f fiduciaria
Treuhandvertrag m, ⸚e contrato m, acuerdo m fiduciario
Treuhandverwalter m, - → *Treuhänder*
Treuhandverwaltung f, en administración f fiduciaria
Trick m, s truco m; astucia f; estratagema f
Trinkgeld n, er propina f
Trittmatte f, n (Seg.) alfombra f detectora de presión
Trockendock n, s dique m seco od. de carena
Trockenmittel n, - (Seg.) material m secante
Trödelmarkt m, ⸚e mercado m de viejo od. de objetos usados; (Madrid) el Rastro m; (Barce-

lona) los Encantes *pl*; la Lagunilla *f* (Méx.)
Trucksystem *n*, **e** (Hist.) modo *m* de remuneración en especie
Trust *m*, **e** consorcio *m*; cártel *m*; (Angl.) trust *m* (empresa resultante de la fusión de varias empresas con el objetivo de adquirir una posición privilegiada en el mercado)
Trustbildung *f*, **en** formación *f*, constitución *f* de consorcio, trust
Tsd. → *Tausend*
Tür *f*, **en** puerta *f*; *Tag der offenen ~* día *m* de las puertas abiertas
Türangel *f*, **n** (Seg.) gozne *m*
Türband *n*, ¨er (Seg.) bisagra *f*
Türblatt *n*, ¨er (Seg.) hoja *f* de puerta
Türeinsatz *m*, ¨e (Seg.) inserto *m*; marco *m*
Türflügel *m*, - (Seg.) batiente *m*
Türfüllung *f*, **(en)** (Seg.) panel *m*
Türgriff *m*, **e** (Seg.) manecilla *f*
Turnus *m*, **se** turno *m*; rotación *f*; *im ~* por turno

turnusgemäß por turno; *~e EG-Präsidentschaft innehaben* detentar la presidencia de la Comunidad Europea por turnos
Türöffner *m*, - (Seg.) abrepuertas *m*; *fernbedienter, elektrischer ~* abrepuertas telemandado, eléctrico
Türrahmen *m*, - (Seg.) marco *m* de la puerta
Türschild *n*, **er** (Seg.) roseta *f* de la puerta
Türspion *m*, **e** (Seg.) mirilla *f*
Türsprechanlage *f*, **n** (Seg.) portero *m* eléctrico
Türsprechstelle *f*, **n** (Seg.) interfono *m* de puerta
Türstock *m*, ¨e (Seg.) cerco *m* de la puerta
Türverriegelung *f*, **en** (Seg.) bloqueo *m* de puerta
Türzarge *f*, **n** (Seg.) marco *m* de la puerta
TÜV *m* *(Technischer Überwachungsverein)* Oficina *f* de inspección técnica
Typ *m*, **en** tipo *m*; modelo *m*
typen normalizar; estandarizar
Typung *f*, **en** normalización *f*

U

u., *Kunze ~ Söhne* Kunze e hijos
u.A.w.g. *(um Antwort wird gebeten)* se ruega contestación (s.r.c.)
U-Bahn f, en *(Untergrundbahn)* ferrocarril *m* metropolitano; metro *m*; (Arg.) subte *m*; *mit der ~ fahren* tomar el metro
über- 1. (Pref.) por encima de; sobre; más allá de; excedente de 2. *über Madrid* vía Madrid 3. *es ist schon ~ eine Woche her* hace ya mas de una semana 4. *es kostet ~ 100 DM* cuesta más de cien marcos 5. *die Kosten betragen ~ 100.000 DM* los gastos exceden, pasan de cien mil marcos 6. *~ und ~* enteramente; completamente; del todo
überall erhältlich que se puede obtener en todas partes
überaltert, *~e Bevölkerung* población *f* envejecida, vieja; *~e Industrie* industria *f* obsoleta, anticuada
Überalterung *f*, Ø obsolescencia *f*; vetustez *f*; envejecimiento *m*; ~ der Ausrüstung obsolescencia del equipo (máquinas, utillaje, etc.)
Überangebot *n*, **e** oferta *f* excesiva, exceso *m* de oferta; excedente *m* de oferta sobre la demanda
überantworten entregar; *ihm wurden Gelder überantwortet* le han sido entregado los fondos; se le han entregado los fondos; *dem Gericht ~* poner a disposición judicial
überarbeiten 1. *ein Manuskript ~* revisar, retocar, perfeccionar un manuscrito 2. *sich ~* trabajar en exceso, demasiado; matarse trabajando; matarse a trabajar
Überbau *m*, Ø 1. superestructura *f* 2. saledizo *m*
überbauen sobreedificar
überbeansprucht sein estar desbordado por el trabajo; estar sobrecargado de trabajo; no dar abasto con el trabajo
überbelasten cargar excesivamente; sobrecargar
überbelegt ocupado en exceso
Überbelegung *f*, en ocupación *f* en exceso
Überbeschäftigung *f*, en pluriempleo *m*
überbesetzt con exceso de personal; *~e Dienststelle* servicio *m* personal en exceso; servicio *m* con demasiado personal (Ggs. *unterbesetzt*)
überbesteuern aplicar impuestos en exceso
Überbesteuerung *f*, en imposición *f* excesiva; sobrefiscalidad *f*
überbetrieblich, *~e Mitbestimmung* cogestión *f* paritaria; *~e Zusammenarbeit* cooperación *f* interprofesional; *~ organisiert sein* estar organizado a nivel nacional; estar estructurado a nivel sectorial
Überbevölkerung *f*, en → *Übervölkerung*
überbewerten sobrevalorar; supervalorar; valorar excesivamente
Überbewertung *f*, en sobrevaloración *f*; supervaloración *f*
überbezahlen pagar en exceso; pagar de más; (Ggs. *unterbezahlen*)
überbieten sobrepujar; ir más lejos (en la oferta); *gegenseitig ~* rivalizar; *nicht zu ~ sein* no tener rival
Überbieter *m*, **-** pujador *m*
Überbietung *f*, en sobrepujamiento *m*
Überbringer *m*, **-** portador *m*; presentador *m*; *zahlbar an den ~* pagadero al portador
Überbringerscheck *m*, s cheque *m* bzw. talón *m* al portador (Syn. *Inhaberscheck*)
überbrücken 1. tender, echar un puente 2. *die Krise ~* superar una crisis 3. salvar (una distancia)
Überbrückungshilfe *f*, n ayuda *f* transitoria
Überbrückungskredit *m*, e crédito *m* para superar dificultades de tesorería; crédito *m* para puentear dificultades momentáneas, transitorias; crédito contingente
Überbuchung *f*, en contratación *f* excesiva; reserva *f* excesiva; (Angl.) overbooking *m*
Überdividende *f*, n sobredividendo *m*; superdividendo *m*
überdurchschnittlich, *~e Kursgewinne* ganancias *pl* por encima de la media de las cotizaciones
übereignen 1. transferir, transmitir en propiedad; *das Haus wurde ihm übereignet* la casa le ha sido cedida en propiedad 2. *ein Geschäft ~* traspasar un negocio
Übereignung *f*, en 1. transmisión *f*, transferencia *f* de la propiedad; cesión *f* en propiedad 2. *~ eines Unternehmens* traspaso *m* de un negocio
übereilt, *~es Vorgehen* actuación *f*, acción *f* precipitada
übereinkommen llegar a un acuerdo; acordar; *mit jdm. ~* convenir con alg.; ponerse de acuerdo con alg:
Übereinkommen *n*, **-** acuerdo *m*; convención *f*; convenio *m*; arreglo *m*; compromiso *m*; *durch beiderseitiges ~ de (un) común acuerdo; gütliches ~* acuerdo amigable, amistoso; *mehrseitiges ~* acuerdo multilateral; *stillschweigendes ~* acuerdo tácito; *zu einem ~ gelangen*

llegar a un acuerdo
Übereinkunft f, ⁼e → *Übereinkommen*
übereinstimmen coincidir; estar de acuerdo; *die Abschrift stimmt mit dem Original überein* la copia es conforme con el original; *in diesem Punkt können wir nicht mit Ihnen ~* no podemos entendernos con ustedes sobre este punto; no podemos ponernos de acuerdo con ustedes en este punto; *seine Ausgaben stimmen nicht mit seinem Einkommen überein* sus gastos no corresponden a sus ingresos
übereinstimmend 1. concordante; correspondiente; conforme; idéntico; igual 2. unánime
Übereinstimmung f, en conformidad f; acuerdo m; concordancia f; coincidencia f; armonía f; *in ~ mit dem Kaufvertrag* conforme a los términos del contrato de compraventa; *in ~ bringen* hacer concordar; poner de acuerdo
Überemission f, en emisión f excesiva (de títulos)
überentwickelt superdesarrollado
übererfüllen rebasar; sobrepasar; *die Normen ~* sobrepasar el cumplimiento de las normas
Überernährung f, (en) sobrealimentación f; alimentación f excesiva; nutrición f en exceso
überfahren 1. transportar (al otro lado) 2. hacer la travesía; cruzar 3. *jdn. ~* arrollar, atropellar a alg. 4. pasarse, saltarse (una señal)
Überfahrt f, en trayecto m; pasaje m; travesía f
Überfall m, ⁼e 1. ataque m por sorpresa; asalto m imprevisto; agresión f 2. atraco m 3. incursión f
Überfall-Alarmsender m, - transmisor m de alarma anti-atraco
überfällig 1. *~e Forderungen* créditos pl vencidos y no pagados; *~er Wechsel* letra f vencida (y no pagada) 2. *~ sein* estar en retraso; estar retrasado; *die Reformen sind längst ~* las reformas se hacen esperar desde hace ya mucho tiempo
Überfall-Meldeanlage f, n sistema m de alarma anti-atraco
Überfallmelder m, - pulsador m de alarma anti-atraco
Überfallverschluß m, ⁼sse bloqueo m anti-atraco
überfischt, *die Fischbestände sind ~* estan agotadas las reservas de peces *bzw.* de pescado
überfliegen 1. *ein Hoheitsgebiet ~* sobrevolar el territorio soberano de un país 2. leer por encima; recorrer con la vista
überflügeln adelantar; sobrepasar; *die Konkurrenz ~* dejar atrás, aventajar a la competencia; *sich ~ lassen* dejarse adelantar
Überfluß m, Ø excedente m; (super)abundancia f; *einen ~ an etw. haben* tener superabundancia de u/c; *etw. im ~ besitzen* tener en exceso; tener de sobra; *im ~ vorhanden sein* ser abundante; abundar; haber en exceso; *im ~ leben* vivir en la opulencia
Überflußgesellschaft f, en sociedad f opulenta
überflüssig 1. superfluo; inútil; innecesario; *das ist eine ~e Doppelarbeit* se trata de un trabajo doble innecesario 2. abundante; excesivo
überfluten → *überschwemmen*
überfordern 1. hacer trabajar demasiado; agotar por cansancio (excesivo) 2. pedir, exigir demasiado
Überfracht f, en sobreflete m; sobrecarga f
überfremden extranjerizar; invadir con capital extranjero; *das Land ist überfremdet* el país se ve sometido a invasión de capital extranjeros
Überfremdung f, en 1. extranjerización f; predominio m numérico de la población extranjera 2. influencia f preponderante de los valores extranjeros en el mercado de capitales
überführen 1. transportar; trasladar 2. *Geldmittel ~* transferir fondos 3. *~ von Waren in den freien Verkehr* lanzar mercancías para su libre circulación 4. *(einer Straftat)* probar la culpabilidad
überführt (Jur.) convicto
Überführung f, en 1. transporte m; traslado m 2. (Jur.) convicción f 3. paso m superior (del tren) 4. paso m elevado
überfüllen sobrellenar; llenar demasiado; *(Warenlager)* abarrotar de mercancía
überfüllt repleto; atestado, demasiado lleno; *~es Hotel* hotel m repleto
Überfüllung f, en *(der Straße)* congestión f
Übergabe f, n l. entrega f; *~ der Dokumente* entrega de los documentos; *~ der Ware an den Käufer* entrega de la mercancía al comprador; *Zahlung gegen ~ der Waren* pago m contra entrega, suministro de la mercancía 2. (Jur.) tradición f 3. (Polit.) rendición f; capitulación f
Übergabebescheinigung f, en talón m de entrega
Übergangs- (Pref.) transitorio; interino; provisional
Übergangsbestimmung f, en disposición f, norma f transitoria
Übergangshilfe f, n ayuda f transitaria, provisional
Übergangslösung f, en solución f transitoria, provisional
Übergangsregelung f, en régimen m transitorio; reglamento m provisional
Übergangszeit f, en periodo m transitorio; periodo m de transición
übergeben entregar; transmitir; encomendar; dejar al cuidado de; *eigenhändig ~* entregar en propia mano 2. *dem Verkehr ~* abrir a la

circulación 3. traspasar (un negocio)
Übergebot *n*, e puja *f*
Übergebühr *f*, en sobretasa *f*
übergehen 1. pasar a poder de; pasar a ser propiedad de 2. *in andere Hände* ~ cambiar de manos; pasar a otra persona 3. *(auslassen)* omitir; olvidar; *jdn. in der Beförderung* ~ relegar en el ascenso; olvidar a la hora del ascenso; dejar sin ascender 4. *zur Tagesordnung* ~ proceder al orden del día 5. recaer en alg. (una herencia)
übergenug más que suficiente; más de lo suficiente; de sobra; sobradamente
übergeordnet → *überordnen*
Übergepäck *n*, Ø exceso *m* de equipaje
Übergewicht *f*, e 1. exceso *m* de peso; *der Brief hat* ~ la carta tiene sobrepeso, exceso de peso 2. superioridad *f*; *das ~ der Multis* la influencia *f* preponderante de las compañías multinacionales
Übergröße *f*, n talla *f* extra(grande)
überhaben 1. tener de sobra; *ich habe noch 20 Mark über* me sobran, me quedan veinte marcos 2. llevar puesto
Überhang *m*, ⁻e excedente *m*; exceso *m*; ~ *an Aufträgen* reserva *f* de pedidos pendientes; exceso de ordenes no cumplimentadas; ~ *der Ausgaben über Einnahmen* exceso de los gastos sobre los ingresos
Überhangsmandat *n*, e (Polit.) mandato *m* suplementario
überhäuft, *mit Arbeit* ~ *sein* estar agobiado, abrumado de trabajo; *mit Aufträgen* ~ *sein* estar sobrecargado de pedidos
überhitzt sobrecalentado; recalentado; ~*e Konjunktur* coyuntura *f* sobrecalentada, recalentada
Überhitzung *f*, Ø sobrecalentamiento *m*; recalentamiento *m*; *konjunkturelle* ~ sobrecalentamiento, recalentamiento coyuntural
überhöhen elevar excesivamente; *Verkauf zu überhöhten Preisen* venta *f* a precios excesivamente altos; venta *f* con excesivo margen de beneficio
Überhöhung *f*, Ø ~ *der Preise* aumento *m* excesivo de los precios
überholen 1. *(gründlich nachsehen)* repasar, revisar a fondo; poner a punto 2. adelantar; dejar atrás
überholen verboten prohibido adelantar
überholt anticuado; pasado de moda
Überholung *f*, en revisión *f* (técnica); puesta *f* a punto
Überholverbot *n*, e prohibición *f* de adelantar
Überinvestitionen *pl* exceso *m* de inversiones; inversiones *pl* excesivas; sobreinversiones *pl*

Überkapazität *f*, en exceso *m* de capacidad; supercapacidad *f*; sobrecapacidad *f*
Überkapitalisierung *f*, en sobrecapitalización *f*; exceso *m* de capitalización
Überkompensation *f*, en sobrecompensación *f*
überkompensieren sobrecompensar
überladen sobrecargar; recargar; *das Schiff ist* ~ el buque esta sobrecargado; *mit Arbeit* ~ *sein* estar recargado, sobrecargado de trabajo
Überladung *f*, en sobrecarga *f*; recarga *f*
Überlandleitung *f*, en línea *f* de transmisión a larga distancia
Überland(omni)bus *m*, se coche *m* de línea; autobús *m* interurbano
Überlandverkehr *m*, Ø tráfico *m* interurbano
überlassen, *jdm. etwas* ~ ceder u/c a alg.; *leihweise* ~ prestar, ceder en uso; *mietweise* ~ permitir el uso; dejar usar; entregar para su uso; ~*e Arbeitnehmer* mano de obra *f* prestada temporalmente
Überlassung *f*, en cesión *f*; entrega *f*; transmisión *f*
Überlassungsvertrag *m*, ⁻e contrato *m* de cesión (por el que se ceden los bienes a un acreedor)
überlastet, ~ *sein* sufrir estrés; estar sobrecargado, recargado de trabajo
überleben sobrevivir; ~*der Gatte* cónyuge *m* sobreviviente, superviviente; cónyuge *m* supérstite
Überlebende/r *(der/ein)* superviviente *m*; (Jur.) supérstite *m*
Überlebensfall *m*, e caso *m* de supervivencia
Überlebensrente *f*, n renta *f*, pensión *f* de supervivencia
Überlebensversicherung *f*, en seguro *m* (en caso) de supervivencia
Überlegung *f*, en *steuerliche* ~*en* consideraciones *pl*, aspectos *pl* fiscales
Überliegegeld *n*, er costo *m* de sobre(e)stadía
Überliegetage *pl* (días *pl* de) sobre(e)stadía *f*
Überliegezeit *f*, en sobre(e)stadía *f*
Überliquidität *f*, en ~ *abbauen* reducir el exceso de liquidez
überlisten burlar; sabotear
übermäßig excesivo; desmesurado, exorbitante; ~*e Beanspruchung* solicitación *f*, carga *f* excesiva; ~*e Besteuerung* imposición *f* excesiva; ~ *hoher Preis* precio *m* exorbitante
übermitteln transmitir; comunicar; hacer llegar; *eine Bestellung* ~ transmitir un pedido, una orden
übermodern ultramoderno
Übernachfrage *f*, n demanda *f* excesiva, exagerada; exceso *m* de demanda
Übernachtung *f*, en pernoctación *f*
Übernachtungsmöglichkeit *f*, en alojamiento *m*

Übernachtungspreis *m*, e precio *m* de la habitación (por una noche); *Preis für Übernachtung und Frühstück* precio de la habitación y el desayuno

Übernahme *f*, n 1. asunción *f*; toma *f* de posesión; ~ *eines Amtes* asunción de un cargo; toma de posesión; ~ *einer Arbeit* ejecución *f* de un trabajo, de una obra 2. ~ *einer Erbschaft* aceptación *f* de una herencia 3. ~ *einer Gesellschaft* absorción *f* de una compañía; adquisición *f* de una sociedad 4. *(Abnahme)* aceptación *f* del suministro 5. ~ *von Verpflichtungen* asunción de obligaciones

Übernahmeangebot *n*, e *öffentliches* ~ oferta *f* pública de adquisición; OPA *f*; *friedliches* ~ OPA amistosa; *feindliches* ~ OPA hostil

Übernahmekonnossement *n*, e conocimiento *m* para embarque

Übernahmekurs *m*, e cambio *m* de suscripción de un empréstito, de una acción

Übernahmepreis *m*, e precio *m* de compra, de adquisición

Übernahmesatz *m*, ⸗e tarifa *f* global; tarifa *f* a tanto alzado

Übernahmestelle *f*, n (oficina *f* de) recepción *f*

übernational supranacional

übernehmen 1. *ein Amt* ~ aceptar, asumir un cargo; *ein Geschäft* ~ tomar, asumir la dirección de un negocio 2. *die Risiken* ~ cubrir, asumir los riesgos; *die Verantwortung* ~ asumir la responsabilidad 3. *die Erbschaft* ~ aceptar la herencia 4. *die Kosten* ~ correr con los gastos; sufragar los gastos 5. *eine Bürgschaft* ~ constituirse en fiador 6. *ein System, eine Methode* ~ adoptar un sistema, un método 7. *eine Firma* ~ hacerse cargo de, adquirir una empresa 8. *sich* ~ excederse

übernehmende Gesellschaft *f*, en 1. sociedad *f* adquirente, compradora 2. sociedad *f* que lanza una OPA

überordnen anteponer; colocar sobre; poner antes; *die übergeordnete Stelle* (lugar *m*) superior *m*

Überorganisation *f*, en hiperorganización *f*; exceso *m* de organización; organización *f* excesiva

überorganisiert hiperorganizado; excesivamente organizado; organizado en exceso

überörtlich suprarregional

Überpari-Emission *f*, en emisión *f* (de títulos) sobre la par *od.* por encima de la par

Überparität *f*, en sobreparidad *f*

Überpreis *m*, e precio *m* exagerado, excesivo, abusivo

Überproduktion *f*, en sobreproducción *f*; superproduccion *f*; exceso *m* de produccion; producción *f* excesiva; producción *f* mayor que la demanda

überproduzieren producir en exceso; producir sin tener en cuenta la demanda

überproportional desproporcionado; proporcionalmente más elevado; ~ *steigen* crecer, aumentar en proporciones superiores

überprüfen examinar; controlar; revisar; comprobar; inspeccionar; fiscalizar; *bitte,* ~ *Sie Ihr Konto* sírvase comprobar su cuenta

Überprüfung *f*, en examen *m*; control *m*; revisión *f*; comprobación *f*; inspección *f*; ~ *der Personalien* comprobación, control de la identidad

Überprüfungskommission *f*, en comisión *f* de control; comisión *f* supervisora

überrechnen calcular; hacer la cuenta; evaluar; *ein Vorhaben* ~ evaluar el coste de un proyecto

überregional 1. suprarregional; a escala nacional; ~*e Zeitung* periódico *m* de tirada nacional; rotativo *m* que se lee en todo el país 2. (R.F.A.) a nivel, a escala federal

überreich riquísimo; superrico

überreichen entregar; dar; *in der Anlage* ~ *wir Ihnen* le adjuntamos (en el anexo); *überreicht von* cortesía de

überreichlich superabundante; sobreabundante; abundantísimo

Überreichung *f*, en entrega *f*

überreif, ~*es Obst* fruta *f* pasada, demasiado madura

überrunden tomar la delantera; dejar atrás; aventajar

übersättigen hartar; (sobre)saturar

Übersättigung *f*, en (sobre)saturación *f*; hartazgo *m*; ~ *des Marktes* (sobre)saturación del mercado

überschätzen sobreestimar; sobrevalorar; atribuir, dar un valor excesivo; *den Wert des Angebots* ~ sobreestimar el valor de la oferta

Überschätzung *f*, en sobreestimación *f*; sobrevaloración *f*; valoración *f* exagerada, excesiva

Überschicht *f*, en turno *m*, equipo *m* extraordinario

Überschlag *m*, ⸗e evaluación *f* aproximativa; estimación *f*; *im* ~ *rechnen* calcular aproximativamente

überschlagen calcular; evaluar aproximativamente; *Kosten* ~ evaluar los costes

überschlägig aproximativo; ~*e Berechnung* cálculo *m* aproximativo

überschläglich → *überschlägig*

Überschlagsrechnung *f*, en estimación *f*; cálculo *m* aproximativo

überschreiben 1. pasar (un pedido) 2. trasladar; pasar a cuenta nueva 3. transferir; ceder 4. endosar 5. titular; encabezar

Überschreibung *f*, en 1. pase *m* (de un pedido) 2.

traslado *m* a cuenta nueva 3. transferencia *f*; cesión *f* (de un inmueble) 4. endoso *m*
überschreiten 1. exceder; traspasar; superar; *Ihr Kredit ist schon um 2000 Mark überschritten* ya ha sobrepasado su crédito en 2.000 marcos 2. *ein Gesetz* ~ violar, infringir, transgredir una ley
Überschreitung *f*, **en** 1. *~ einer Frist* rebasamiento *m* de un plazo 2. violación *f*; transgresión *f*; infracción *f*; *~ der Befugnisse* abuso *m* de poder; extralimitación *f* en sus funciones
überschuldet insolvente; endeudado; cargado de deudas; (Fam.) entrampado hasta las orejas
Überschuldung *f*, **en** insolvencia *f*; endeudamiento *f* (excesivo)
Überschuß *m*, **-sse** excedente *m*; saldo *m* activo; saldo *m* acreedor, positivo; posición *f* acreedora; superávit *m*; *die grünen ~ e* los excedentes agrícolas; *~ an Arbeitskräften* excedente de mano de obra; *~ erzielen* lograr, obtener excedentes; *einen ~ registrieren* registrar, consignar saldos activos
Überschußbilanz *f*, **en** 1. balance *m* excedentario, positivo 2. balanza *f* con superávit; balanza *f* positiva
Überschußgebiet n, **e** región *f* excedentaria
überschüssig excedentario; sobrante; *~e Kaufkraft* poder *m* adquisitivo excedentario
überschwemmen inundar; sumergir; *den Markt mit ausländischen Waren ~* inundar el mercado de productos extranjeros
Übersee *f*, Ø ultramar *m*; *in ~* en ultramar; *nach ~ gehen* ir a establecerse a ultramar; emigrar a ultramar; *Waren von (aus) ~* mercancías *pl* de ultramar
Überseehandel *m*, Ø comercio *m* de ultramar; comercio *m* ultramarino
überseeisch ultramarino; de ultramar; transoceánico; transatlántico
übersenden enviar; expedir; remitir; *in den Anlagen ~ wir Ihnen* le adjuntamos
Übersendung *f*, **en** envío *m*; despacho *m*; remesa *f*; expedición *f*
übersetzen traducir; *wir lassen den Artikel ins Spanische ~* encargamos la traducción del artículo al español
Übersetzer *m*, **-** 1. traductor *m* 2. (Inform.) compilador *m*; traductor *m*
Übersetzung *f*, **en** traducción *f*; *beglaubigte ~* traducción certificada, autenticada
Übersicht *f*, **en** vista *f* de conjunto; cuadro *m* sinóptico; resumen *m*; *allgemeine ~ (über etw.)* visión *f* general (de u/c); *statistische ~* cuadro *m* estadístico
Übersiedler *m*, **-** ciudadano *m* germano-oriental que traslada su residencia a la R.F.A.

Übersoll *n*, Ø contingente *m* excedentario
überstaatlich supranacional; superestatal; *~e Institutionen* instituciones *pl* supranacionales
übersteigen exceder; sobrepasar; *die Nachfrage übersteigt das Angebot* la demanda es superior a la oferta
übersteigern 1. encarecerse; subir; *übersteigerte Preise* precios *pl* encarecidos (excesivamente) 2. sobrepujar
Übersteigerung *f*, **en** 1. encarecimiento *m* (excesivo de los precios) 2. sobrepuja *f*
überstellen transferir; trasladar; *die Terroristen der Justiz ~* poner a los terroristas en manos de la Justicia
Überstellung *f*, **en** entrega *f*; traslado *m*
überstimmen vencer por mayoría de votos; *überstimmt werden* quedar(se) en minoría; rechazar (un proyecto de ley)
Überstunde *f*, **n** hora *f* extra(ordinaria); *~n machen* hacer, trabajar horas extraordinarias; *Ausgleich für nicht bezahlte ~n* compensación *f* por horas extraordinarias no pagadas; *Zuschlag für ~n* suplemento *m* por horas extraordinarias
Überstundenkosten *pl* coste *m* de las horas extraordinarias
Überstundenvergütung *f*, **en** remuneración *f* de las horas extraordinarias
Übertagearbeiter *m*, **-** (Min.) minero *m* (que trabaja a cielo abierto)
Übertagebau *m*, Ø minería *f*, extracción *f* a cielo abierto
übertariflich 1. extratarifario; por encima de la tarifa 2. por encima del convenio colectivo; superior a lo acordado en convenio colectivo
überteuern encarecer (en exceso); *überteuerte Preise* precios *pl* excesivamente encarecidos
Überteuerung *f*, **en** encarecimiento *m* excesivo
übertölpeln engañar; dar el timo; timar
Übertrag *m*, **-e** 1. (Contab.) suma *f* anterior (= que viene de la pagina anterior) 2. suma y sigue (en la pagina siguiente) 3. saldo *m*, traslado *m* a cuenta nueva 4. (Inform.) *automatischer ~* traslado *m* automático; *gesteuerter ~* traslado dirigido; *teilweiser ~* traslado parcial; *vollständiger ~* traslado integral, completo
übertragbar cesible; transmisible; negociable; transferible; *~e Aktie* acción *f* negociable, transmisible; *durch Indossament ~* transmisible por endoso; *~es Papier* título *m* cesible, endosable
Übertragbarkeit *f*, **en** cesibilidad *f*; transmisibilidad *f*; negociabilidad *f*; transferibilidad *f*
übertragen 1. transferir; transmitir; ceder; *Aktien ~* transferir acciones; *Geld auf ein anderes Konto ~* transferir, girar dinero a otra cuenta 2.

(Contab.) trasladar; pasar a otra cuenta 3. endosar (una letra) 4. conferir (un derecho, poderes) 5. confiar, encomendar (una misión, un cargo) 6. radiar; (re)transmitir (por televisión) 7. *ein Stenogramm* ~ transcribir a máquina un taquigrama 8. traducir 9. traspasar (un negocio) 10. transplantar; injertar (un órgano)
Übertragung *f*, en 1. ~ *der Forderung* transferencia *f*, cesión *f* de un activo exigible; ~ *eines Rechts* cesión *f*, delegación *f* de un derecho 2. (Contab.) saldo *m* reportado; traslado *m* a cuenta nueva 3. endoso *m* 4. *(Radio)* ~ *der Nachrichten* difusión *f* de las noticias, de la información; (re)transmisión *f* (por televisión) 5. transcripción *f* 6. traducción *f* 7. traspaso *m* (de un negocio) 8. transplante *m*, injerto *m* de un órgano
Übertragungsbilanz *f*, en balanza *f* de transferencias; balanza *f* de prestaciones gratuitas; *zusammengefaßte* ~ balanza de recapitulación de las transferencias
Übertragungshaushalt *m*, e presupuesto *m* de transferencias
Übertragungssystem *n*, e (Inform.) sistema *m* de transmisión de datos
Übertragungsurkunde *f*, n acta *f*, documento *m* de cesión
übertreten contravenir; infringir; violar; transgredir; *ein Gesetz* ~ violar una ley
Übertretung *f*, en violación *f*; contravención *f*; infracción *f*; transgresión *f*
übertrieben exagerado; ~*er Preis* precio *m* exagerado, exorbitante, excesivo
Überverbrauch *m*, Ø consumo *m* excesivo; hiperconsumo *m*; consumo *m* en exceso
Überversicherung *f*, en sobreseguro *m*
übervölkern superpoblar
Übervölkerung *f*, en superpoblación *f*
übervorteilen engañar; perjudicar; cobrar demasiado; (Fam.) dar gato por liebre; *die Konkurrenten wollten sich gegenseitig* ~ los competidores trataron de engañarse los unos a los otros
Übervorteilung *f*, en cobro *m* excesivo; engaño *m*; perjuicio *m*
überwachen 1. vigilar; controlar; supervisar; *die Preise* ~ controlar los precios 2. intervenir (el teléfono)
Überwachung *f*, en vigilancia *f*; control *m*; supervisión *f*; *technische* ~ control técnico
Überwachungsstelle *f*, n oficina *f* de control
überwälzen repercutir (sobre); *die Kosten auf den Verbraucher* ~ cargar los costes sobre el consumidor; *(Syn. abwälzen)*
überweisen girar; transferir; remitir; *auf ein Konto* ~ girar, transferir a una cuenta
Überweisung *f*, en transferencia *f*; remesa *f*; giro *m*; *telegraphische* ~ giro telegráfico; ~ *auf ein Konto* transferencia a una cuenta; ~ *von Geldern* transferencia de fondos; *eine* ~ *vornehmen* efectuar un giro, una transferencia, una remesa
Überweisungsauftrag *m*, ⸗e orden *f* de giro, de transferencia
Überweisungsbetrag *m*, ⸗e suma *f* transferida; importe *m* girado
Überweisungsformular *n*, e impreso *m* para giro
Überweisungsscheck *m*, s cheque *m* cruzado
Überweisungsschein *m*, e 1. resguardo *m* de giro, de transferencia 2. volante *m* para el especialista
Überweisungsverkehr *m*, Ø giros *pl*; operaciones *pl* de giro
überwintern pasar el invierno; invernar
Überzahl *f*, en superioridad *f* numérica; *in der* ~ *sein* estar en mayoría; alcanzar, reunir un numero mayor
überzahlen → *überbezahlen*
überzählig 1. excedente; sobrante; excedentario 2. ~*er Beamter* funcionario *m* supernumerario
überzeichnen cubrir con exceso una suscripción
Überzeitarbeit *f*, en (CH) horas *pl* extraordinarias
überziehen tener en descubierto; *er überzieht sein Konto um 1000 Mark* rebasa su cuenta en 1000 marcos; *einen Kredit* ~ rebasar un crédito; sobrepasar un plafón
Überziehung *f*, en (giro *m* en) descubierto *m*
Überziehungskredit *m*, e crédito *m* en descubierto
Überziehungsprovision *f*, en comisión *f* de descubierto
überzogen descubierto
üblich usual; habitual; de uso; *allgemein* ~ generalmente admitido; de uso general; de rigor; *nicht mehr* ~ caído en desuso; pasado de moda; ~*e Bedingungen* condiciones *pl* usuales; ~*e Preise* precios *pl* practicados habitualmente
übrig sobrante; de sobra; restante; *wir haben Geld* ~ nos queda mucho dinero sobrante; nos sobra mucho dinero
Übungsfirma|a *f*, -en sociedad *f* de simulación (= empresa escuela destinada al reciclaje de parados en la R.F.A.)
U-Haft *f*, Ø *(Untersuchungshaft)* prisión *f* preventiva, provisional
ULA *f (Union der leitenden Angestellten)* sindicato *m* de ejecutivos
ultimativ, ~*e Forderung* reivindicación *f* en forma de ultimátum

Ultimat|um n, **-en** ultimátum m; *ein ~ stellen* dar, dirigir, poner un ultimátum

ultimo al último día del mes; *bis ~* hasta fin de mes; *per ~* a fin de mes; *~ März* a fines de marzo; *~ des gleichen (laufenden) Monats* a fines del corriente

Ultimo n, s fin m de mes; último día m hábil de mes

Ultimoabrechnung f, **en** liquidación f de fin de mes; liquidación f mensual

Ultimofälligkeit f, **en** vencimiento m a fin de mes

Ultimogeschäft n, **e** operación f a liquidar a fin de mes

Ultimowechsel m, **-** letra f pagadera a fin de mes

umadressieren cambiar la dirección

umarbeiten 1. refundir (un libro) 2. adaptar (para el cine) 3. transforrar; remodelar; retocar

Umarbeitung f, **en** 1. refundición f (de un libro) 2. adaptación f (para el cine, el teatro, etc.) 3. transformación f; retoque m; remodelación f

Umbau m, **ten** 1. modificación f; transformación f 2. reformas pl; reconstrucción f 3. reorganización f

umbenennen cambiar de nombre; cambiar de razón social

Umbesetzung f, **en** cambio m de destino; cambio m de personal; cambio m dentro de los puestos de trabajo

Umbildung f, **en** reorganización f; remodelación f; reajuste m

umbuchen 1. pasar de una cuenta a otra 2. rectificar mediante contrapartida 3. cambiar la fecha de un viaje; modificar, cambiar la reserva

Umbuchung f, **en** 1. (Contab.) traslado m a otra cuenta; cambio m de asiento 2. rectificación f mediante contrapartida 3. cambio m de la fecha de un viaje; modificación f de la reserva

umdisponieren disponer de otro modo; cambiar las disposiciones; prever una solución de recambio; *die Sendung ~* encaminar el envío en otra dirección

Umdisponierung f, **en** cambio m de disposición; modificación f de un proyecto

Umfahrung f, **en** (A) → *Umgehungsstraße*

Umfang m, **¨e** 1. volumen m; amplitud f; proporciones pl; *in großem ~* en gran volumen; en gran escala; *~ des Handelsverkehrs* volumen de intercambio(s) 2. alcance m; envergadura f; extensión f; *in vollem ~* en su totalidad; totalmente 3. circunferencia f 4. periferia f 5. contorno m; perímetro m

umfangreich 1. voluminoso; abultado; *~es Exportvolumen* importante volumen m de exportaciones 2. amplio; espacioso; vasto

umfirmieren cambiar de razón social

Umfrage f, **n** encuesta f; sondeo m (de la opinión publica); *eine ~ veranstalten* realizar una encuesta; encuestar; *eine ~ halten* hacer una encuesta

umfunktionieren transformar en; cambiar la función de u/c; refuncionalizar

umgehen, *ein Gesetz ~* eludir una ley; *mit etw. sparsam ~* economizar

umgehend 1. inmediatamente; sin demora; a vuelta de correo; *wir bitten um ~en Bescheid* le rogamos conteste a vuelta de correo 2. inmediato

Umgehungsstraße f, **n** 1. desviación f 2. carretera f de circunvalación

umgekehrt, *im ~en Verhältnis* en proporción inversa; *~ proportional* inversamente proporcional

Umgemeindung f, **en** reorganización f territorial de un municipio

umgestalten reorganizar; reestructurar; reconfigurar; transformar

Umgestaltung f, **en** reorganización f; reestructuración f; reconfiguración f; transformación f; *~ eines Betriebs* reorganización, reestructuración de una empresa

umgruppieren reagrupar; volver a clasificar; cambiar de clasificación

Umgruppierung f, **en** reagrupación f; reagrupamiento m; cambio m de clasificación; reclasificación f

Umladebahnhof m, **¨e** estación f de transbordo

Umladegut n, **¨er** mercancía f a transbordar

umladen transbordar

Umladung f, **en** transbordo m; *eine ~ auf Schiff übernehmen* asumir el transbordo a un navío

Umlage f, **n** 1. reparto m; derrama f; desglose m (de gastos) 2. cotización f; contribución f; cuota f extraordinaria

umlagefrei exonerado de contribución; exento de cotización

umlagepflichtig sujeto a contribución

umlagern trasladar a otro almacén, a otro depósito; almacenar en otro lugar

Umlauf m, **¨e** circulación f; movimiento m; *im ~ sein* estar en circulacion; *Banknoten in ~ setzen, bringen* poner en circulación billetes de banco; *aus dem ~ ziehen* retirar de la circulación

umlaufend en circulación; circulante; *~e Banknoten* billetes pl en circulación; *~es Kapital* capital m circulante

Umlaufer m, **-** (A) (escrito, carta) circular f

Umlauffonds m, Ø → *Umlaufvermögen*

Umlaufkapital n, Ø → *Umlaufvermögen*

Umlauf(s)geschwindigkeit f, **en** velocidad f de circulación

Umlaufvermögen *n*, - patrimonio *m*, capital *m*, activo *m* circulante

umlegen 1. *einen Termin* ~ cambiar el plazo; trasladar a una fecha posterior 2. repartir; imputar

umleiten desviar; *den Verkehr* ~ desviar el tráfico

Umleitung *f*, **en** (vía *f* de) desviación *f*

Umlernen *n*, Ø readaptación *f*; reconversión *f*; reciclaje *m*; reciclado *m*

umorganisieren reorganizar; remodelar

umorientieren reorientar; encontrar, asumir una nueva orientación

umpacken 1. cambiar el embalaje 2. rehacer, volver a hacer (las maletas) 3. *die Waren in Kisten* ~ meter, poner la mercancía en las cajas

umprogrammieren (Inform.) cambiar un programa

umprägen reacuñar

Umprägung *f*, en reacuñación *f*

umquartieren 1. cambiar de alojamiento 2. evacuar

umrechnen 1. cambiar; convertir; calcular en otra moneda; *in DM* ~ convertir en marcos 2. *auf ein Jahr umgerechnet* calculado sobre 12 meses

Umrechnung *f*, en conversión *f*

Umrechnungskurs *m*, **e** tipo *m* de cambio, de conversión

Umrechnungstabelle *f*, **n** tabla *f*, baremo *m* de conversión

Umriß *m*, -sse, *in groben Umrissen* a grandes rasgos

umrüsten 1. rearmarse 2. remodelar el armamento

umsatteln (Fam.) cambiar de profesión, de oficio; *von Jura auf Betriebswirtschaft* ~ pasar de derecho a economía de la empresa

Umsatz *m*, ⁼e volumen *m* de negocios; cifra *f* de ventas; facturación *f*; *hoher* ~ gran cifra de negocios; *den* ~ *erhöhen* aumentar el volumen de ventas; *einen* ~ *erzielen* realizar, lograr una cifra de negocios; ~ *haben* hacer una facturación

Umsatzanalyse *f*, **n** análisis de la cifra de ventas

Umsatzbonus *m*, se → *Umsatzvergütung*

Umsatzkapital *n*, Ø capital *m* circulante

Umsatzmaximierung *f*, **(en)** maximalización *f* de la cifra de ventas

Umsatzminus *n*, Ø baja *f*, descenso *m* de la cifra de negocios; *ein* ~ *registrieren* registrar una disminución de la cifra de ventas

Umsatzplus *n*, Ø alza *f*, progresión *f*, aumento *m* de la cifra de negocios; *ein* ~ *verzeichnen* registrar un alza de la cifra de negocios

Umsatzprämie *f*, **n** → *Umsatzvergütung*

Umsatzprovision *f*, **en** comisión *f* sobre la cifra de ventas, de negocios

Umsatzrückgang *m*, ⁼e descenso *m* de la cifra de ventas

Umsatzschwankungen *pl* oscilaciones *pl*, fluctuaciones *pl* de la cifra de facturación

Umsatzsteuer *f*, **n** impuesto *m* sobre la cifra de negocios; impuesto *m* sobre el tráfico de empresas

umsatzträchtig que promete una gran cifra de negocios; ~*er Markt* mercado *m* prometedor

Umsatzvergütung *f*, **en** bono *m*, prima *f* sobre la cifra de ventas

Umsatzvolumen *n*, - volumen *m* de facturación; volumen *m* de la cifra de negocio

Umsatzwerte *pl* (Estad.) índices *pl* de la cifra de negocios

umschichten reagrupar; modificar, alternar la disposición; cambiar, mezclar (las capas sociales)

Umschichtung *f*, **en** reagrupación *f*; *soziale* ~ modificación *f* alteración *f*, cambio *m*, mezcla de las capas sociales

Umschlag *m*, ⁼e 1. transbordo *m*; movimiento *m* de mercancías 2. movimiento *m*, rotación *f* (de existencias); despacho *m*; venta *f* 3. sobre *m* (de carta) 4. cubierta *f*, tapa *f* (de un libro) 5. sobrecubierta *f*; envoltura *f*; forro *m* 6. cambio *m* brusco

Umschlagbahnhof *m*, ⁼e estación *f* de transbordo

Umschlaggeschwindigkeit *f*, **en** velocidad *f* de rotación

Umschlaghafen *m*, ⁼ puerto *m* de transbordo

Umschlagplatz *m*, ⁼e lugar *m*, plaza *f* de transbordo; centro *m* de carga y descarga de mercancías

Umschlagstelle *f*, **n** → *Umschlagplatz*

umschreiben 1. transferir (derechos, propiedad) 2. transcribir 3. escribir de nuevo 4. refundir 5. parafrasear; perifrasear 6. delimitar; circunscribir

Umschreiben *n*, Ø ~ *von Daten* transcripción *f* de datos

Umschreibung *f*, en transferencia *f*; transcripción *f*; acto *m* traslativo de propiedad; ~ *einer Aktie* transferencia *f*, transmisión *f* de una acción; ~*eines Grundbuchblatts* modificación *f* de una hoja en el registro de la propiedad

Umschrift *f*, **en** 1. leyenda *f* (de una moneda, medalla) 2. transcripción *f*

umschulden reconvertir, reestructurar la deuda (= convertir los créditos a corto en créditos a largo plazo)

Umschuldung *f*, **en** reconversión *f*, reestructuración *f* de la deuda

Umschuldungsanleihe *f*, **n** empréstito *m* de (re)conversión

umschulen 1. (Polit.) reeducar 2. *sich* ~ *lassen*

readaptarse, reconvertirse, reciclarse profesionalmente 3. mandar a otra escuela
Umschulung *f*, **en** 1. (Polit.) reeducación *f* 2. reconversión *f*, readaptación *f*, reciclaje *m* profesional
Umschulungskurs *m*, **e** curso *m* de readaptación, reconversión profesional
Umschwung *m*, ⁻e cambio *m* brusco; viraje *m*; ~ *der Konjunktur* inversión *f* coyuntural; cambio radical de la coyuntura
umseitig a la vuelta; al dorso; al reverso
umsetzbar negociable; vendible
umsetzen 1. vender; comercializar; facturar; colocar; *eine Million DM jährlich* ~ facturar anualmente un millón de marcos; hacer una cifra de negocios de un millón de marcos al año; *Waren* ~ vender mercancías; (Syn. *verkaufen, kommerzialisieren*) 2. cambiar de sitio; colocar en otro sitio; trasladar
umsiedeln cambiar de provincia, región o de país; trasladar, transplantar (la población); reasentar
Umsiedler *m*, - persona *f* trasladada, reasentada
Umsiedlung *f*, **en** traslado *m* (forzoso), transplante *m* de la población; reasentamiento *m*
umsonst 1. *(unentgeltlich)* gratis; gratuitamente; de balde; sin costar nada 2. en vano; inútilmente; para nada; en balde
Umspanner *m*, - transformador *m*
Umspannwerk *n*, **e** central *f* de transformación; subestación *f* transformadora
Umspeicherung *f*, **en** (Inform.) traslado *m*, traspaso *m*, transferencia *f* de datos
Umstand *m*, ⁻e circunstancia *f*; hecho *m*; *erschwerende* ⁻⁻e circunstancias agravantes; *mildernde* ⁻⁻e circunstancias atenuantes; *infolge unvorhergesehener* ⁻⁻e a consecuencia de circunstancias imprevistas
umständehalber vistas las circunstancias; a causa de las circunstancias; debido a las circunstancias; *das Grundstück ist* ~ *zu verkaufen* a causa de las circunstancias, el terreno está a la venta
Umsteigebahnhof *m*, ⁻e estación *f* de transbordo
Umsteigefahrschein *m*, **e** → *Umsteigekarte*
Umsteigekarte *f*, **n** billete *m* de correspondencia; billete *m* combinado
umsteigen cambiar (de tren, etc.)
Umsteigen *n*, Ø transbordo *m*
Umsteiger *m*, - (Fam.) billete *m*, ticket *m* de correspondencia
umstellen 1. transformar; reorganizar; readaptar; reconvertir; *einen Betrieb* ~ reorganizar una empresa; *auf Goldwährung* ~ adoptar el patrón oro; *auf Computerbetrieb* ~ computerizar; informatizar; *auf Maschinenbetrieb* ~ mecanizar; *auf eine andere Produktion* ~ readaptar, reciclar a otra producción 2. colocar en otro lugar; cambiar de sitio; disponer de otra manera; invertir el orden 3. invertir la marcha
Umstellung *f*, **en** 1. en transformación *f*; reorganización *f*; readaptación *f*; reconversión *f*; *berufliche* ~ readaptacion, reconversión, reciclaje *m* profesional; *industrielle* ~ reconversión, reestructuración *f* industrial; *strukturelle* ~ reestructuración; reconversión estructural; ~ *der Landwirtschaft* reconversión de la agricultura; ~ *auf Computer* computerización *f*; informatización *f* 2. colocación *f* en otro lugar; cambio *m* de sitio; disposición *f* de otro modo 3. inversión *f* del orden
Umstellungsgesetz *n*, Ø (Hist.) ley *f* de 1948 sobre la reforma del sistema monetario en la República Federal de Alemania
umstempeln poner un nuevo sello; colocar otro matasellos
umsteuern invertir la marcha
UmstG → *Umstellungsgesetz*
umstoßen 1. anular; casar; invalidar; *ein Testament* ~ revocar un testamento 2. echar por tierra un proyecto; cambiar un plan, etc.
umstritten controvertido; discutido
umstrukturieren reestructurar; reconvertir; reciclar; *einen Betrieb* ~ reestructurar, reconvertir una empresa
Umstrukturierung *f*, **en** reestructuración *f*; reconversión *f*; reciclaje *m*; ~ *der Industrie* reestructuración, reconversión industrial
Umtausch *m*, (e) cambio *m*; trueque *m*; canje *m*; conversión *f*; ~ *nicht gestattet* no se acepta el intercambio (de las mercancías compradas); *Kauf auf* ~ venta *f* con derecho de (inter)cambio; ~ *zum Nennwert* conversión *f* a la par
umtauschbar cambiable; intercambiable; canjeable; convertible; permutable; ~*e Währung* moneda convertible; (Syn. *konvertierbar*)
Umtauschbarkeit *f*, Ø convertibilidad *f* (Syn. *Konvertierbarkeit*)
umtauschen cambiar; convertir; trocar; *Mark gegen Dollar* ~ cambiar marcos por dólares; *DM in ausländiscne Devisen* ~ convertir marcos en divisas extranjeras; (Syn. *wechseln*)
umtauschfähig → *umtauschbar*
Umtauschrecht *n*, (e) derecho *m* de cambio; *Anleihe mit* ~ obligación *f* convertible
umverteilen redistribuir; hacer un nuevo reparto
Umverteilung *f*, **en** redistribución *f*; nuevo reparto *m*; ~ *des Volkseinkommens* redistribución de la renta nacional
Umwallung *f*, **en** obras *pl* de circunvalación
umwälzen revolver; invertir; subvertir; revolu-

cionar
umwälzend, ~*e Erfindung* invento *m*, descubrimiento *m* revolucionario
Umwälzung *f*, **en** 1. revolución *f*; subversión *f* 2. circulación *f*
umwandelbar 1. transformable; convertible 2. ~*e Strafe* pena *f* conmutable
Umwandelbarkeit *f*, Ø 1. convertibilidad *f* 2. ~ *einer Strafe* conmutabilidad *f* de una pena
umwandeln cambiar; transformar; *Aktien* ~ convertir acciones; *eine Anleihe* ~ convertir un empréstito; *in Kapital* ~ transformar en capital
Umwandler *m*, - transformador *m*
Umwandlung *f*, **en** cambio *m*; transformación *f*; conversión *f*; ~ *einer Gesellschaft* transformación jurídica de una sociedad; ~ *in Kapital* capitalización *f*
umwechseln → *umtauschen*
Umwelt *f*, **(en)** medio *m*; medio ambiente *m*; entorno *m*; *ein die* ~ *stark belastendes Unternehmen* empresa *f* que causa gran contaminación
umweltbedingt (por razón) ambiental
Umweltbedingungen *pl* condiciones *pl* ambientales; condiciones *pl* del medio
umweltbelastend, *ein* ~*es Erzeugnis* producto *m* polucionante, contaminante
Umweltbelastung *f*, **en** → *Umweltschäden*
Umwelteinfluß *m*, ⸚sse influencias *pl* ambientales
umweltfeindlich polucionante; contaminante; nocivo para el medio ambiente; anti-ecológico; generador de ruidos
Umweltforscher *m*, - ecocientífico *m*; ecologista *m*; geohigienista *m*; experto *m* en medio ambiente
umweltfreundlich antipolucionante; no polucionante; anticontaminante; no contaminante; ecológico; filo-ecológico; compatible con el medio ambiente; respetuoso con el medio ambiente
umweltgefährdend peligroso para el medio ambiente
Umweltinvestitionen *pl* inversiones *pl* para la protección ambiental
Umweltkatastrophe *f*, **n** desastre *m* ecológico; catástrofe *f* ecológica
Umweltminister *m*, - ministro *m* del medio ambiente; ministro *m* para asuntos ecológicos
Umweltpolitik *f*, Ø ecopolítica *f*; política *f* del medio ambiente
Umweltqualitätsnormen (UQN) *pl* normas *pl* de calidad ambiental (NCA)
Umweltschäden *pl* daños *pl* ambientales
umweltschädlich nocivo, perjudicial para el medio ambiente
Umweltschutz *m*, Ø ecología *f*; geohigiene *f*; protección *f* del medio ambiente; conservación *f* ambiental
Umweltschutzbewegung *f*, **en** movimiento *m* ecologista; ecologismo *m*
Umweltschützer *m*, - ecologista *m*; geohigienista *m*; protector *m*, defensor *m* del medio ambiente
Umweltschutzgesetzgebung *f*, Ø legislación *f* reguladora de la protección ambiental
Umweltüberwachung *f*, **en** control *m*, monitoreo *m* ambiental
Umweltveränderung *f*, **en** modificación *f* ambiental
umweltverschmutzend polucionante; contaminante
Umweltverschmutzung *f*, **en** degradación *f* del medio ambiente; polución *f*; contaminación *f*; *Verhütung der* ~ prevención *f* de la polución
Umweltverseuchung *f*, **en** → *Umweltverschmutzung*
umweltverträglich compatible con el medio ambiente
Umweltverträglichkeitsprüfung *f*, **en** análisis *m*, estudio *m* del impacto ambiental
Umweltwissenschaft *f*, **en** ecociencia *f*; ciencias *pl* ambientales; geohigiene *f*
umwerben cortejar; hacer la corte; *Kunden* ~ tratar a clientes con mucho esmero, con mucho miramiento; prestar a los clientes especiales atenciones
Umworbene/r *(der/ein)* 1. consumidor *m* potencial 2. cliente *m* solicitado 3. consumidor *m* al que quiere atraerse mediante publicidad
umziehen mudarse (de casa); cambiar de domicilio, de residencia; trasladarse
Umzug *m*, ⸚e 1. mudanza *f*; traslado *m*; cambio *m* de domicilio, de residencia 2. desfile *m*; cabalgata *f* 3. manifestación *f* 4. procesión *f*
Umzugsbeihilfe *f*, **n** indemnización *f* por traslado, por mudanza
Umzugskosten *pl* gastos *pl* de traslado, de mudanza
Umzugsvergütung *f*, **en** compensación *f* por traslado de domicilio
unabdingbar inalienable; inabandonable; indispensable; ~*es Recht* derecho *m* inalienable
Unabdingbarkeit *f*, Ø carácter *m* inalienable; inalienabilidad *f*
unabhängig independiente; ~ *sein* ser independiente; *sich* ~ *machen* independizarse; hacerse independiente
Unabhängige/r *(der/ein)* persona *f* independiente
Unabhängigkeit *f*, **en** independencia *f*; *wirtschaft-*

liche ~ autarquía *f* (económica); independencia económica
unabkömmlich indispensable; *ich bin gerade* ~ no puedo ausentarme; no puedo trasladarme; me es imposible desplazarme
unablösbar 1. inseparable 2. *~e Schuld* deuda *f* irredimible; deuda *f* no amortizable, no reembolsable
unablöslich → *unablösbar*
unabsehbar 1. *auf ~e Zeit* por tiempo indefinido 2. imposible de prever; *~e Folgen* consecuencias *pl* imprevisibles, incalculables 3. inmenso
unabsetzbar inamovible
Unabsetzbarkeit *f*, Ø inamovibilidad *f*
unabwendbar inevitable; ineludible
unanbringlich, *~e Sendungen* partidas *pl* no suministrables, no entregables
unanfechtbar incontestable; inimpugnable; *~e Entscheidung* decisión *f* inapelable; *~es Urteil* sentencia *f* irrecurrible, inapelable
unangemeldet, *~ eingehen* llegar sin previo aviso
unangemessen 1. *(unzureichend)* insuficiente; *(übertrieben)* excesivo; exorbitante; *~ hoch (Preis)* excesivamente alto 2. inadecuado; impropio; *~e Verpackung* embalaje *m* inadecuado, impropio 3. *(unschicklich)* inconveniente
unangetastet intacto
unannehmbar inaceptable; inadmisible
unantastbar inviolable
Unantastbarkeit *f*, Ø inviolabilidad *f*; intangibilidad *f*
unauffindbar ilocalizable; imposible de encontrar, de hallar
unaufgefordert, *~ zugesandte Waren* mercancías *pl* no solicitadas
unausgefüllt no rellenado; dejado en blanco; *~ lassen* dejar sin rellenar; *~es Formular* formulario *m*, impreso *m* en blanco
unausgeglichen, *~e Handelsbilanz* balanza *f* comercial desequilibrada; *~er Haushalt* presupuesto *m* desequilibrado;
unausgelastet no utilizado completamente; no solicitado totalmente; *~e Produktionskapazitäten* capacidad *f* productiva no utilizada
unausgenutzt, *~er Kredit* crédito *m* no utilizado
unbar sin movimiento de numerario; sin (dinero en) efectivo
unbeachtet, *eine Mahnung ~ lassen* ignorar un recordatorio; hacer caso omiso de un apercibimiento
unbeanstandet sin reclamación; *~ lassen* no reclamar; no poner reparos
unbeantwortet, *unser Schreiben blieb ~* nuestra carta ha quedado sin respuesta; nuestra carta no ha sido contestada; no hemos recibido contestación a nuestra carta
unbearbeitet bruto; no trabajado; sin trabajar; no manufacturado; sin manufacturar; crudo
unbebaubar incultivable
unbebaut, *~es Grundstück* terreno *m* sin edificar
Unbedenklichkeitsbescheinigung *f*, **en** 1. certificado *m* de no objeción 2. certificado *m* de buena procedencia; certificado *m* de conformidad con la mercancía
unbedingt notwendig absolutamente necesario; de todo punto necesario
unbefriedigend 1. no satisfactorio 2. poco satisfactorio 3. insuficiente
unbefriedigt 1. no satisfecho; *~er Bedarf* necesidades *pl* no satisfechas; *~e Nachfrage nach diesem Artikel* demanda *f* no satisfecha de este artículo 2. poco satisfecho 3. descontento
unbefristet ilimitado (en el tiempo); sin plazo fijo; sin plazo señalado; *~e Arbeitserlaubnis, Aufenthalterlaubnis* permiso *m* de trabajo, de residencia por tiempo indefinido; *~er Arbeitsvertrag* contrato *m* de trabajo de duración ilimitada; *~es Darlehen* préstamo *m* de duración ilimitada; préstamo *m* por tiempo indefinido; *~er Streik* huelga *f* indefinida
unbefugt 1. no autorizado 2. ilícito
Unbefugte/r (der/ein) persona *f* no autorizada; *~n ist der Zutritt verboten* se prohibe la entrada a toda persona ajena al servicio; prohibida la entrada a toda persona ajena a la obra
unbegrenzt ilimitado; indefinido; sin límites; *in ~er Höhe* en una cuantía ilimitada; en un importe sin límites; *~e Geldmittel* fondos *pl* sin límites; *~e Zeit* periodo *m* ilimitado, indefinido
unbegründet improcedente; sin causa razonable; injustificado; sin fundamento; sin motivo; gratuito; *die Klage wird als ~ abgewiesen* se desestima la demanda por improcedente
unbegütert sin fortuna; sin bienes
unbeladen sin carga; no cargado
unbelastet 1. libre de gravámenes 2. sin hipoteca; sin cargas hipotecarias 3. (persona) sin un pasado negativo; (persona) inmune; que no tiene que ver con el (desagradable) caso
unbelebt, *~e Börse* bolsa *f* desanimada; *~e Straße* calle *f* poco frecuentada
unbelohnt no recompensado; no remunerado; no retribuido; sin recompensa
unbemannt, *~es Raumschiff* (cosmo)nave *f* no tripulada; (astro)nave *f* sin tripulación
unbemittelt sin recursos
unbenannt, *~er Käufer* comprador *m* no revelado, no especificado
unbenutzbar inutilizable

unbenutzt nuevo; sin utilizar; no utilizado
unberechtigt, *~e Forderungen* exigencias *pl* injustificadas
unbeschädigt no dañado; sin daño; indemne; no averiado; sin avería; sin sufrir desperfectos; *~ angekommen* llegado en perfectas condiciones; llegado en perfecto estado
Unbescholtenheit *f*, Ø reputación *f* de integridad; buena reputación *f*; integridad *f*
unbeschränkt ilimitado; sin reservas; sin restricción; *~ haftbar* responsable ilimitadamente; *~e Haftung* responsabilidad *f* ilimitada
unbeschrieben, *~ lassen* dejar en blanco
unbesehen, *etw. ~ kaufen* comprar algo sin haberlo visto antes
unbesetzt 1. *~e Arbeitsplätze* puestos *pl* de trabajo vacantes 2. sin ocupar; libre 3. vacío
unbeständig inestable; *~er Markt* mercado *m* inestable
Unbeständigkeit *f*, Ø inestabilidad *f*; inconsistencia *f*; *konjunkturelle ~* inestabilidad coyuntural
unbestätigt no confirmado; *~es Akkreditiv* crédito *m* documentario no confirmado; *nach ~en Meldungen* según noticias no confirmadas
unbestechlich incorruptible; insobornable; íntegro
Unbestechlichkeit *f*, Ø incorruptibilidad *f*; insobornabilidad *f*; integridad *f*
unbestellbar, *~es Telegramm* telegrama *m* con destinatario desconocido; *falls ~ zurück an Absender* en caso de destinatario desconocido, devuélvase al remitente
unbestellt 1. (Agric.) no cultivado; sin cultivo; baldío; yermo; erial 2. (*Post*) no distribuido; *~e Zusendung* envío *m* no distribuido; envío *m* no enviado al destinatario 3. *~e Waren* mercancías *pl* no solicitadas, ordenadas
unbesteuert no gravado con impuestos
unbestimmt, *auf ~e Zeit* por tiempo indefinido; por un periodo indeterminado; *auf ~e Zeit vertagen* aplazar sine die
unbestritten, *~e Forderung* exigencia *f* indiscutible
unbewaldet sin bosques
unbeweglich 1. inmóvil; fijo; inmovible 2. *~e Güter* bienes *pl* inmuebles; propiedad *f* raíz 3. inflexible; rígido
unbewegt, *~es Konto* cuenta *f* sin movimiento
unbewirtschaftet de venta libre; no racionado; sin racionamiento
unbewohnbar inhabitable
unbewohnt, *~es Gebiet* zona *f* desierta; zona *f* despoblada; *~es Zimmer* habitación *f* desocupada; habitación *f* sin ocupar; cuarto *m* deshabitado, no ocupada

unbezahlbar impagable; sin precio; de precio exorbitante, astronómico; que no se puede pagar; de precio exorbitante, astronómico; *~ sein* no tener precio
unbezahlt impagado; no pagado; *~e Rechnung* factura *f* por pagar; cuenta *f* sin pagar
unbrauchbar 1. *~e Waren* bienes *pl* inservibles; mercancías *pl* inútiles; bienes *pl* no aptos para el uso; *~ machen* inutilizar; hacer inservible 2. *~e Person* persona *f* inepta, inútil 3. *~er Plan* plan *m* impracticable; proyecto *m* inviable 4. *~ machen* inutilizar; hacer, dejar inservible
undankbar, *~e Arbeit* trabajo *m* ingrato
undatiert sin fecha; no fechado
Undkonto *n*, -**en** cuenta *f* conjunta (los titulares sólo pueden disponer conjuntamente)
unecht 1. falso 2. falsificado 3. imitado; de imitación 4. postizo
unedel, *unedle Metalle* metales *pl* comunes
unehelich natural; ilegítimo
uneinbringlich, *~e Forderung* crédito *m* incobrable; crédito *m* irrecuperable; *~e Schuld* deuda *f* incobrable
uneingelöst impagado; sin cobro; no reembolsado
uneingeschränkt, *~es Akzept* aceptación *f* incondicional
uneinheitlich, *die Tendenz am Aktienmarkt war ~* la tendencia, la tónica en el mercado de renta variable ha sido irregular
unelastisch, *~e Nachfrage* demanda *f* inelástica
unentbehrlich imprescindible; indispensable; de todo punto necesario; absolutamente necesario
Unentbehrlichkeit *f*, Ø indispensabilidad *f*; imprescindibilidad *f*; necesidad *f* absoluta
unentgeltlich a título gratuito; sin pago; sin remuneración; libre de carga; *~e Darlehen* préstamo *m* gratuito; *~e Dienstleistungen erbringen* prestar servicios sin contraprestación (Syn. *kostenlos*)
Unentgeltlichkeit *f*, Ø gratuidad *f*
unentschuldigt, *~ fehlen* estar ausente sin haberlo comunicado
unerbeten, *~e Vertreterbesuche* visitas *pl* de representantes no solicitadas
unerfahren sin experiencia; no experto; inexperto; (Fam.) novato
Unerfahrenheit *f*, (**en**) inexperiencia *f*; impericia *f*; falta *f* de experiencia, de pericia
unergiebig improductivo; estéril; poco lucrativo
Unergiebigkeit *f*, Ø improductividad *f*
unerlaubt prohibido; ilícito; no permitido; *~e Handlung* acto *m* ilícito; acción *f* ilícita
unerledigt pendiente; todavía sin arreglar; aún no despachado; *~e Angelegenheit* asunto *m* pen-

diente
unermäßlich reich inmensamente rico
Unermäßlichkeit *f*, Ø inmensidad *f*; inconmensurabilidad *f*; enormidad *f*
unerörtert bleiben quedar sin discutir
unerprobt no sometido a prueba; no probado
unersättlich insaciable
Unersättlichkeit *f*, Ø insaciabilidad *f*
unerschlossen *(Land)* sin cultivar; *(Ressourcen)* sin explotar
unerschöpflich, ~*e Bodenschätze* *pl* riqueza inagotable del subsuelo; recursos *pl* minerales inagotables
unerschwinglich, ~*er Preis* precio *m* exorbitante; precio *m* prohibitivo; (Fam.) precio *m* que está por las nubes; *das ist für mich* ~ no está a mi alcance; no me lo puedo permitir
unerwartet, ~*e Ausgaben* gastos *pl* inesperados; ~*er Gewinn* *m* ganancia *f* inesperada; (Fam.) golpe *m* de suerte inesperado; regalo *m* caído del cielo; (Angl.) windfall (profit)
unerwidert, ~*er Besuch* visita *f* no devuelta; ~*er Brief* carta *f* no contestada
unerwünscht, ~*e Besuche durch Vertreter* visitas *pl* no deseadas de los representantes; visitas *pl* mal vistas de los representantes
UNESCO *f*, Ø (United Nations Educational, Scientific and Cultural Organization) Organización *f* de las Naciones Unidas para la Educación, la Ciencia y la Cultura (UNESCO)
unfachgemäß de forma incompetente; de manera incorrecta, no conforme; *die Ware wurde durch ~e Behandlung geschädigt* la mercancía ha sido dañada por haber sido tratada de forma incompetente
unfähig incapaz; inepto; ~*er Mitarbeiter* colaborador *m* incompetente
Unfähigkeit *f*, en incompetencia *f*; incapacidad *f*; (Jur.) inhabilidad *f*
unfair, ~*er Wettbewerb* competencia *f* desleal
Unfall *f*, ⁻e accidente *m*; ~ *mit dem Auto* accidente de automóvil; ~ *mit Personenschaden* accidente con daños personales; ~ *mit Sachschaden* accidente con daños materiales; *tödlicher* ~ accidente mortal; *einen* ~ *haben* tener un accidente; *durch* ~ por accidente; ~ *auf dem Weg zur (von der) Arbeitsstätte* accidente de trayecto; accidente de ida al (de regreso del) puesto de trabajo; *an einem* ~ *beteiligt sein* estar implicado, comprometido en un accidente; *ein* ~ *ereignete sich* ha ocurrido un accidente; *einen* ~ *erleiden* sufrir un accidente; *gegen* ~ *versichert sein* tener un seguro de accidentes; estar asegurado contra accidentes
Unfallanzeige *f*, n aviso *m* de accidente
Unfallbeteiligte/r *(der/ein)* persona *f* implicada, envuelta, complicada en un accidente
Unfallchirurg *m*, en traumatólogo *m*
Unfallchirurgie *f*, Ø traumatología *f*
Unfallentschädigung *f*, en indemnización *f* por accidente
Unfallflucht *f*, Ø huída *f* en caso de accidente
unfallfrei, ~*es Fahren* conducir sin accidentes
Unfallhaftung *f*, Ø responsabilidad *f* por accidente; responsabilidad *f* en un accidente
Unfallhilfe *f*, n socorrismo *m*; ayuda *f* si se produce un accidente; ayuda *f* en caso de accidente
Unfallklinik *f*, en clínica de urgencia(s)
Unfallkrankenhaus *n*, ⁻er hospital *m* de urgencia(s)
Unfallmedizin *f*, Ø traumatología *f*
Unfallmeldung *f*, en aviso *m* , declaración *f* de accidente
Unfallort *m*, e lugar *m* del accidente
Unfallrente *f*, n pensión *f* por accidente; *betriebliche* ~ pensión por accidente concedida por la empresa
Unfallrisiko *n*, -en riesgo *m* de accidente
Unfallschaden *m*, ⁻ daño *m* resultante de un accidente; daño *m* producido por un accidente
Unfallschutz *m* ,Ø protección *f* contra accidentes
Unfallschwere *f*, Ø (grado *m* de) gravedad *f* de un accidente
Unfallstelle *f*, n lugar *m* del accidente
Unfalltod *m*, Ø muerte *f* accidental
Unfallverhütung *f*, en prevención *f* de accidentes
unfallverletzt herido en accidente; accidentado
Unfallversicherung *f*, en seguro *m* de accidentes
Unfallwagen *m*, - 1. coche *m* siniestrado, accidentado 2. ambulancia *f*
Unfallziffer *f*, n cifra *f* de accidentes; índice *m* de accidentes
unfertig, ~*e Erzeugnisse* productos *pl* no acabados, no terminados; artículos *pl* (todavía) en proceso de producción
unfrankiert sin franquear; no franqueado; a porte debido
unfrei *(Fracht zu Lasten des Empfängers)* a porte debido
Unfreigut *n*, ⁻er objeto *m* intervenido
Unfug *m*, Ø *grober* ~ desorden *m* grave; desórdenes *pl* públicos
unfundiert, ~*e Schuld* deuda *f* no consolidada
ungedeckt sin provisión; al descubierto; sin fondos; sin cobertura; ~*es Konto* cuenta *f* sin fondos; ~*er Scheck* cheque *m* en descubierto
ungefähr 1. aproximado; aproximativo; aproximadamente; alrededor de; en torno a; unos; ~*e Schätzung* estimación *f* aproximativa, aproximada; ~ *1000 Mark* (poco) más o menos mil marcos; rondando, que ronda los mil marcos; ~ *um 10 Uhr* hacia las diez (Syn. *etwa, zirka,*

an die) 2. *nicht von* ~ no sin razón; por algo (será) 3. *von* ~ por casualidad
ungefärbt de color natural
ungefragt sin ser consultado
ungefrühstückt sin haber desayunado; sin desayunar
ungefüttert sin forro
ungegerbte Felle *pl* pieles *pl* sin curtir
ungekündigt no despedido; *er ist in ~er Stellung* sigue en relación laboral activa sin que medie despido; sigue en su puesto de trabajo; no ha sido despedido
ungekürzt, *~e Ausgabe* versión *f* completa
ungelernt, *~er Arbeiter* trabajador *m* no c(u)alificado (Syn. *Hilfsarbeiter*)
ungenannt, *~er Käufer* comprador *m* anónimo; adquirente *m* innominado
ungenießbar *(für die menschliche Ernährung ungeeignet)* impropio para el consumo humano; *~es Essen* incomestible; incomible; *~es Getränk* imbebible; (Fig.) intratable
ungenügend, *~e Verpackung* embalaje *m* insuficiente; envoltorio *m* poco suficiente; envase *m* inadecuado; *~es Wachstum* crecimiento *m* insuficiente
ungenutzt, *~e Kapazität* capacidad *f* sin utilizar; capacidad *f* no aprovechada
ungerechnet sin contar; no incluído; no contado
ungerechtfertigt injustificado; *~e Bereicherung* enriquecimiento *m* ilícito
ungeschliffen, *~er Diamant* diamante *m* sin tallar, en bruto
ungesetzlich ilegal; ilegítimo; *für* ~ *erklären* declarar ilegal; *etw. auf ~em Weg erreichen* obtener u/c por vía ilegal
ungesichert, *~e Forderungen* créditos *pl* no garantizadas; activos exigibles *pl* sin garantía
ungestempelt sin sello; no sellado; sin timbre; no timbrado
ungetan lassen dejar sin hacer
ungeteilt indiviso; no dividido; *~e Arbeitszeit* jornada *f* continuada; horario *m* continuo
ungewiß, *ungewisse Forderungen* créditos *pl*, activos exigibles *pl* de cobro dudoso
Ungeziefervernichtungsmittel *n*, - pesticida *m*
ungezielt, *~e Werbung* publicidad *f* no selectiva
ungiftig no tóxico; no venenoso
Ungleichgewicht *n*, e desequilibrio *m*; *~ der Handelsbilanz* desequilibrio *m* de la balanza comercial
Ungleichheit *f*, en disparidad *f*; *soziale ~* desigualdad *f* social
Unglück *n*, Ø → *Unglücksfall*
Unglücksfall *m*, ¨e siniestro *m*; accidente *m*
ungültig nulo; sin validez; no válido; *~es Geld* dinero *m* sin curso legal; *~er Paß* pasaporte *m* caducado; *~e Stimme* voto *m* nulo; *~er Vertrag* contrato *m* nulo; *für ~ erklären* declarar nulo; anular; ~ *werden* caducar; expirar
Ungültigkeit *f*, Ø invalidez *f*; nulidad *f*; caducidad *f*
Ungültigkeitserklärung *f*, **en** declaración *f* de nulidad; invalidación *f*; anulación *f*
ungünstig, *~e Bedingungen* condiciones *pl* desfavorables; condiciones *pl* poco apropiadas
unhandlich, *~e Güter (Eisenbahnverkehr)* mercancías *pl* de gran bulto; mercancía *f* muy voluminosa
unifizieren *(Staatsanleihen)* consolidar
Unikat *n*, **e** ejemplar *m* único
Union *f* **der Industrien der Europäischen Gemeinschaften** (UNICE) Unión *f* de industrias de las Comunidades Europeas
Unionsparteien *pl* (R.F.A.) partidos *pl* de la Unión (CDU y CSU); unión *f* democristiana de la R.F.A.
Universalbank *f*, **en** (R.F.A.) banco *m* universal; banco *m* multiservicios; instituto *m* que ofrece todos los servicios bancarios
Universalerbe *m*, **n** heredero *m*, legatario *m* universal; *jdm. zum ~n einsetzen* instituir heredero universal a alg.
Universalmaschine *f*, **n** máquina *f* universal
unkalkulierbar incalculable
Unkenntnis *f*, Ø desconocimiento *m*; ignorancia *f*; *in ~ des Gesetzes handeln* actuar con desconocimiento de la ley; actuar sin conocer la ley; *~ des Gesetzes schützt vor Strafe nicht* la ignorancia de la ley no exime de su cumplimiento
unkonvertierbar no convertible; inconvertible
Unkosten *pl* gastos *pl* 1. *abzüglich der ~* menos los gastos; deduciendo los gastos; *allgemeine ~* gastos generales; *nach Abzug aller ~* deducidos todos los gastos; con todos los gastos deducidos; *laufende ~* gastos corrientes; gastos fijos; *steigende ~* gastos crecientes 2. *für die ~ aufkommen* sufragar los gastos; *sich an den ~ beteiligen* participar en los gastos; *die ~ decken* cubrir los gastos; *jdm. die ~ erstatten* reembolsar los gastos a alg.; *~ machen (verursachen)* hacer (ocasionar) gastos; *sich in ~ stürzen* meterse en gastos
Unkostenaufstellung *f*, **en** relación *f* de gastos
Unkostenbeitrag *m*, ¨e contribución *f* a los gastos
Unkostenkonto *n*, **-en** cuenta *f* de gastos
Unkostenpauschale *f*, **n** tanto *m* alzado en concepto de gastos generales
Unkrautvertilgungsmittel *n*, - herbicida *m*
unkündbar, *~es Darlehen* préstamo *m* no reembolsable; *~er Mieter* inquilino *m* que no puede ser desahuciado; *~e Rente* renta *f* perpetua; *~e*

Schuld deuda *f* consolidada; *~e Stellung* puesto *m* (de trabajo) permanente; *~er Vertrag* contrato *m* irrevocable, irrescindible
unkundig, *des Spanischen ~ sein* no saber español
unlauter desleal; ilícito; *~e Werbung* publicidad *f* desleal; *~er Wettbewerb* competencia *f* desleal; *~en Wettbewerb betreiben* practicar la competencia desleal
unlimitiert, *~e Börsenaufträge* órdenes bursátiles sin límite estipulado (ejecutadas por lo mejor)
Unmenge *f,* **n** cantidad *f* enorme
unmittelbar haften ser responsable directo; responder directamente
unmöbliert, *~es Zimmer* habitación *f* sin amueblar; habitación *f* sin muebles
unmodisch, unmodern pasado de moda; anticuado; obsoleto; *~ werden* pasarse de moda; hacerse anticuado; anticuarse; quedarse obsoleto
Unmöglichkeit *f,* Ø *~ der Vertragserfüllung* imposibilidad *f* de cumplimiento del contrato; *der Schuldner hat die ~ der Leistung zu vertreten* el deudor es responsable de la imposibilidad de cumplimiento
unmündig menor de edad (Syn. *minderjährig*)
Unmündigkeit *f,* Ø minoría *f* de edad (Ggs. *Großjährigkeit; Volljährigkeit*)
unnotiert, *Handel in ~en Werten* comercio *m* de títulos no cotizados
UNO *f,* Ø (United Nations Organization) ONU Organización *f* de las Naciones Unidas (Syn. *Vereinte Nationen*)
Unorganisierte/r *(der/ein)* no sindicado *m*; no afiliado *m* a un sindicato
unparteiisch imparcial; *~e Begutachtung* peritaje *m* imparcial
unparteilich → *unparteiisch*
unpfändbar inembargable; no ejecutable; *~e Forderung* créditos *pl* no susceptibles de embargo; activos *pl* exigibles no embargables
Unpfändbarkeit *f,* Ø exención *f* de embargo; inembargabilidad *f;* no embargabilidad *f*
unplanmäßig no proyectado; no programado; fuera de programa
unproduktiv improductivo; *~e Arbeit* trabajo *m* improductivo; *~e Kosten* costes *pl* improductivos, indirectos; gastos *pl* comunes
Unproduktivität *f,* Ø improductividad *f*
unqualifiziert no c(u)alificado; *~e Arbeitskräfte* mano *f* de obra no c(u)alificada
unquittiert sin recibo
unrechtmäßig ilegal; ilegítimo; *~er Besitz* propiedad *f* adquirida ilegalmente; bienes *pl* mal adquiridos; posesión *f* no ajustada a la ley; posesión *f* no ajustada al derecho; *sich etw ~*

aneignen usurpar u/c
Unrechtmäßigkeit *f,* (en) ilegitimidad *f;* ilegalidad *f*
unrechtlich, *~er Gewinn* ganancia *f* fraudulenta
unreell deshonesto; fraudulento; de poca confianza
unregelmäßig, *~e Vergütung* remuneración *f,* retribución *f* irregular; pago *m* que no se hace en intervalos regulares
Unregelmäßigkeiten *pl finanzielle ~* irregularidades *pl* financieras
unregierbar ingobernable
Unregierbarkeit *f,* Ø ingobernabilidad *f*
unrentabel improductivo; no rentable; poco lucrativo; *unrentabler Betrieb* empresa *f* no rentable; *(knapp kostendeckend)* marginal
Unrentabilität *f,* Ø improductividad *f;* no rentabilidad *f*
unrichtig equivocado; erróneo; incorrecto; inexacto; falso; *~e Angaben* datos *pl* inexactos
Unrichtigkeit *f,* Ø *~ einer Übersetzung* inexactitud *f* de una traducción
Unruhe *f,* (n) *~ an den Devisenmärkten* desasosiego *m,* inquietud *f* en los mercados de divisas
Unruheherd *m,* **e** foco *m* de agitación
Unruhen *pl* desórdenes *pl*; disturbios *pl*; alborotos *pl*; tumultos *pl*; *soziale ~* desórdenes, alborotos sociales; *~ entstehen, werden unterdrückt* se manifiestan, son reprimidos los desórdenes
Unruhestifter *m,* - agitador *m*; alborotador *m*; perturbador *m*
unsachgemäß incorrecto; impropio; inadecuado; no apropiado; *~e Handhabung einer Maschine* manejo *m* incorrecto de una máquina
unschädlich, *~ für die menschliche Gesundheit* inofensivo para la salud humana
Unschädlichkeit *f,* Ø carácter *m* inofensivo
unschätzbar, *~er Wert* valor *m* inestimable, incalculable
unselbständig dependiente; asalariado; *~e Arbeit* trabajo *m* asalariado; trabajo *m* en régimen de dependencia; trabajo *m* con ayuda de otro; *~e Berufstätigkeit* actividad *f* profesional dependiente; *~e Erwerbspersonen* personas *pl* empleadas en régimen de dependencia; *~e Tätigkeit* actividad *f,* empleo *m* dependiente
unseriös no serio; dudoso; *~e Firma* empresa dudosa *f*; *~es Geschäft* negocio *m* dudoso
unsicher, *~e Forderung* exigencia *f* dudosa; *~e Kapitalanlage* inversión *f* insegura; *~e Wirtschaftslage* situación *f* económica insegura
Unsicherheit *f,* **en** *berufliche ~* inseguridad *f* profesional; inseguridad *f* en el puesto de trabajo
unsichtbar, *~e Ausfuhren, Einfuhren (Aktive*

Dienstleistungen) exportaciones *pl*, importaciones *pl* invisibles; *~er Handel* comercio *m* invisible; *~e Reserven* reservas *pl* ocultas
unsolid, *~e Arbeit* trabajo *m* mal hecho
Unstabilität *f*, Ø inestabilidad *f*; falta *f* de estabilidad
unständig Beschäftigte *pl* personas *pl* empleadas temporalmente
Unstimmigkeit *f*, **en** *~ in einer Rechnung* discrepancia *f* en una factura
Unsumme *f*, **n** suma *f* colosal; cantidad *f* enorme; (Fam.) dineral *m*
Untätigkeitsklage *f*, **n** acción *f* en caso de silencio administrativo
untauglich, *~ für bestimmte Arbeiten* no apto para ciertas clases de trabajo
unteilbar indivisible; *ein ~es Ganzes bilden* constituir un todo indivisible
untenerwähnt abajo mencionado
untengenannt → *untenerwähnt*
untenstehend → *untenerwähnt*
unter, *~ dem heutigen Datum* con fecha de hoy; *~ der Hand verkaufen* vender en secreto; *~ pari* por debajo de la par; bajo la par; *~ Preis kaufen* comprar bajo precio; *~ dem Strich* al fin de cuentas; como resultado; en definitiva; suma *f* total; *~ 1000 DM* menos de mil marcos; *nicht ~ 1000 DM* no inferior a mil marcos; no menos de mil marcos; de mil marcos (para) arriba
unter, *~er Beamter* funcionario *m* subalterno; *~er und mittlerer Führungsbereich* los mandos *pl* bajos y medios
Unterabteilung *f*, **en** subsección *f*; subdivisión *f*
Unterausschuß *m*, **¬sse** subcomisión *f*; subcomité *m*
Unterangebot *n*, **e** oferta *f* insuficiente
Unterauftrag *m*, **¬e** subcontrato *m*; *einen ~ vergeben* subcontratar
Unterauslastung *f*, Ø *~ der Produktionskapazitäten* infrautilización *f* de la capacidad productiva
Unterbau *m*, Ø 1. infraestructura *f* 2. fundamentos *pl*
Unterbeamte/r *(der/ein)* funcionario *m* subalterno
unterbelastet no saturado; bajo de carga; con carga insuficiente; sin trabajo suficiente
Unterbelegung *f*, **en** infrautilización *f*
unterbeschäftigt subempleado
Unterbeschäftigung *f*, **(en)** subempleo *m*; paro *m* encubierto; *konjunkturelle ~* subempleo coyuntural; *vorübergehende ~* subempleo temporal
unterbesetzt sein tener personal insuficiente; *die Dienststelle ist unterbesetzt* el servicio trabaja con menos personal del necesario; esta sección funciona sin el debido personal; *personell ~* no tener el debido personal
Unterbeteiligung *f*, **en** subparticipación *f*
unterbevölkert poco poblado; subpoblado
unterbevollmächtigen subdelegar
unterbewerten subvalorar; infravalorar; subestimar
unterbezahlt insuficientemente retribuido; mal pagado; *~e Gastarbeiter* obreros *pl* extranjeros mal pagados
unterbieten practicar el dumping; ofrecer por debajo del precio real; *der Preis ist nicht zu ~* el precio es imbatible; *einen Konkurrenten ~* vender menos caro que la competencia
Unterbietung *f*, **en** dumping *m*; aplastamiento *m* de los precios; venta *f* con rebaja
Unterbilanz *f*, **en** balance *m* pasivo; balance *m* deficitario; *mit ~ arbeiten* trabajar con pérdidas
unterbinden impedir; interrumpir; *den Handelsverkehr ~* suspender los intercambios comerciales
unterbrechen interrumpir; suspender; *Verhandlungen ~* interrumpir las negociaciones
Unterbrechung *f*, **en** interrupción *f*; suspensión *f*; paréntesis *m*; corte *m*; *~ der Arbeit* interrupción del trabajo; *~ des Streiks* suspensión de la huelga
unterbreiten someter; presentar; *ein Angebot ~* presentar, someter una oferta
Unterbreitung *f*, **en** sumisión *f*; presentación *f*; puesta *f* en estudio
unterbringen, *jdn. im Hotel ~* alojar, hospedar a alg. en un hotel; *eine Anleihe ~* colocar un empréstito; *(Arbeitnehmer) ~* colocar; encontrar una colocación para alg.; *Ware ~* colocar mercancía; *jdn. in einer Anstalt ~* ingresar, internar en una institución (psiquiátrica); *(in einem Krankenhaus) ~* hospitalizar; *(lagern) ~* almacenar
Unterbringung *f*, **en** 1. *(im Hotel)* alojamiento *m*; acomodo *m*; hospedaje *m* 2. *~ eines Wertpapiers* colocación *f* de un título valor 3. *~ von Aufträgen* colocación *f* de pedidos 4. *(im Krankenhaus)* hospitalización *f* 5. *(Lagerung)* almacenamiento *m*
Unterbringungsrisik|o *n*, **-en** *(Effektenemission)* riesgo *m* de colocación
Unterdeck *n*, **s** cubierta *f* baja
Unterdeckung *f*, Ø cobertura *f* insuficiente
unterderhand, *etw. ~ verkaufen* vender u/c bajo cuerda; vender u/c clandestinamente; vender u/c bajo mano, en secreto
unterdurchschnittlich inferior al promedio; por debajo de la media; *~e Qualität* calidad *f* inferior a la media; calidad *f* mediocre; *(unter*

419

der Norm) inferior al nivel normal; no del todo satisfactorio
Untereinheit *f*, **en** subunidad *f*
unterentwickelt subdesarrollado; en vías de desarrollo; *~e Länder* países *pl* subdesarrollados; países *pl* en vías de desarrollo; países *pl* menos desarrollados (PMD) (Syn. *Entwicklungsländer*)
Unterentwicklung *f*, **(en)** subdesarrollo *m*
unterernährt subalimentado; malnutrido; desnutrido; insuficientemente alimentado
Unterernährung *f*, **(en)** subalimentación; malnutrición *f*; hipoalimentación *f*; denutrición *f*; alimentación *f* insuficiente
unterfertigen firmar
Unterfertigte/r (der/ein) abajo firmante *m*
Unterführung *f*, **en** paso *m* subterráneo; paso *m* inferior
Untergang *m*, Ø 1. ~ *der Ware* pérdida *f* de la mercancía; *die Gefahr des ~s der Ware ist auf den Käufer übergegangen* el riesgo de pérdida de la mercancía ha pasado al comprador 2. ~ *eines Schiffes* hundimiento *m* de un barco 3. ruina *f*; decadencia *f*
Untergebene/r (der/ein) subalterno *m*; subordinado *m* (Ggs. *Vorgesetzter*)
untergebracht, *direkt beim Publikum ~e Anleihe* empréstito *m* colocado directamente (mediante suscripción popular)
untergegangen, *ein Recht ist* ~ se ha extinguido un derecho; ha caducado un derecho; *die Ware ist* ~ se ha perdido la mercancía
untergeordnet subalterno; subordinado; inferior (jerárquico); *~e Fragen* cuestiones *pl* secundarias, de menor importancia; *~e Stellung* posición *f* subalterna; puesto *m* subordinado
Untergesellschaft *f*, **en** sociedad *f* miembro de un holding; sociedad *f* controlada por una sociedad matriz
Untergewicht *n*, Ø falta *f* de peso; ~ *haben* tener menos peso del necesario; tener falta de peso
untergliedern desglosar; subdividir
Untergliederung *f*, **en** desglose *m*; subdivisión *f*
Untergrund *m*, Ø 1. subsuelo *m* 2. *im* ~ en la clandestinidad; *Wirtschaft im* ~ economía *f* sumergida 3. fondo *m*
Untergrundbahn *f*, **en** (ferrocarril *m*) metropolitano *m*; ferrocarril *m* subterráneo; (Fam.) metro *m*
Untergrundbewegung *f*, **en** (Polit.) movimiento *m* clandestino
Untergrundwirtschaft *f*, **en** economía *f* sumergida; economía *f* subterránea; economía *f* paralela (Syn. *Schattenwirtschaft*)
Unterhalt *m*, Ø 1. mantenimiento *m*; manutención *f*; sustento *m*; subsistencia *f*; *angemessener* ~ mantenimiento adecuado, razonable; *seinen ~ bestreiten* ganarse la vida; ganarse el sustento; mantenerse; *seinen ~ selbst verdienen* ganarse la vida (por uno mismo) 2. ~ *beziehen* percibir alimentos
unterhalten 1. *ein Konto* ~ tener una cuenta; *gute Geschäftsbeziehungen* ~ mantener buenas relaciones comerciales 2. pagar alimentos; alimentar; subvenir a las necesidades de alg. 3. *ein Geschäft* ~ llevar un negocio 4. costear; financiar 5. entretener; divertir; distraer
Unterhaltsanspruch *m*, *-e* derecho *m* de alimentos
unterhaltsbedürftig que necesita alimentos; necesitado; menesteroso
unterhaltsberechtigt, *~e Person* persona *f* con derecho a alimentos
Unterhaltsklage *f*, **n** demanda *f* de alimentos
Unterhaltskosten *pl* gastos *pl* de manutencion; alimentos *pl*
Unterhaltsmittel *pl* medios *pl* de existencia
Unterhaltspflicht *f*, **en** deber *m* de alimentos; *seiner* ~ *nicht nachkommen* no cumplir su obligación de pagar alimentos
unterhaltspflichtig obligado a pagar alimentos; *~er Verwandter* familiar *m* obligado a pagar alimentos
Unterhaltsproze|ß *m*, **-sse** proceso *m* de alimentos
Unterhaltsrente *f*, **n** pensión *f* alimenticia; *jdm. eine ~ zahlen* pagar a alg. una pensión alimenticia
unterhaltsverpflichtet obligado a pagar alimentos
Unterhaltung *f*, **en** 1. diversión *f*; entretenimiento *m* 2. mantenimiento *m* 3. conversación *f*
Unterhaltungsanspruch *m*, *-e* derecho *m* a entretenimiento
Unterhaltungselektronik *f*, Ø electrónica *f* de consumo; electrónica *f* para el público
Unterhaltungsindustrie *f*, **n** industria *f* de entretenimiento
Unterhaltungskosten *pl* gastos *pl* de conservación; costes *pl* de mantenimiento
unterhandeln negociar; *über den Abschluß eines Vertrages* ~ negociar la conclusión de un contrato
Unterhändler *m*, Ø 1. negociador *m* 2. tercero *m*; mediador *m* 3. parlamentario *m*
Unterhandlung *f*, **en** negociación *f*; *in ~en treten* entablar negociaciones; entrar en negociaciones
unterirdisch, *~e Garage* garaje *m* subterráneo; cochera *f* subterránea
Unterkapitalisierung *f*, Ø subcapitalización *f*; infracapitalización *f*

unterkommen 1. *(Arbeit finden)* hallar empleo; encontrar trabajo; colocarse 2. *(Wohnung finden)* encontrar alojamiento; alojarse; hospedarse
Unterkunft *f*, ⸚e alojamiento *m*; hospedaje *m*; *und Verpflegung* pensión y alojamiento (Syn. *Kost und Logis*)
Unterkunftsnachweis *m*, e guía *f* de alojamientos
Unterlagen *pl* 1. *statistische* ~ datos *pl* estadísticos; *technische* ~ documentación *f* técnica 2. ~ *aufbewahren* conservar los justificantes; guardar los recibos; ~ *beschaffen* reunir justificantes; procurarse los recibos; *alle erforderlichen* ~ *einreichen* presentar todos los justificantes necesarios; presentar todos los recibos requeridos; ~ *sammeln* reunir la documentación 3. *Angebote mit den üblichen* ~ *an* las ofertas, acompañadas de la documentación de rigor, han de dirigirse a; *nach Prüfung der* ~ tras el examen de la documentación; después de haber examinado la documentación
unterlassen omitir; no hacer; dejar de; abstenerse de
Unterlassung *f*, en omisión *f*; *Klage auf* ~ acción *f* de interdicción, de omisión, de abstención; *auf* ~ *klagen* demandar la abstención, la omisión
Unterlassungsdelikt *n*, e delito *m* de omisión
Unterlassungsklage *f*, *n* acción *f* de omisión
unterlaufen 1. *die Einfuhrbeschränkungen* ~ eludir las barreras aduaneras 2. *es ist ihm ein Fehler* ~ se le ha escapado un error; se le ha deslizado una equivocación; ha hecho una falta
Unterlieferant *m*, en subcontratista *m* (Syn. *Zulieferer*)
unterliegen 1. *einer Steuer* ~ estar sujeto a un impuesto; estar obligado a pagar un impuesto; tener que pagar un impuesto 2. *im Prozeß* ~ perder un proceso; salir perdedor de un proceso; ser la parte perdedora de un proceso
Unterlizenz *f*, en sublicencia *f*
Untermiete *f*, *n* subarriendo *m*; *in* ~ subarrendado; realquilado; *ein Zimmer in* ~ *abgeben* realquilar una habitación
Untermieter *m*, - subinquilino *m*; realquilado *m*
unternehmen emprender; hacer; *eine gemeinsame Aktion* ~ emprender una acción común; *nichts* ~ no hacer nada
Unternehmen *n*, - 1. acción *f*; operación *f* 2. empresa *f*; negocio *m*; compañía *f*; sociedad *f*; firma *f* 3. *erwerbswirtschaftliches* ~ empresa con ánimo de lucro; empresa con fines lucrativos; *gemischtwirtschaftliches* ~ sociedad de economía mixta; ~ *der gewerblichen Wirtschaft* empresa comercial; ~ *des Handwerks* empresa artesanal; empresa del ramo de la artesanía; *inländische und ausländische* ~ empresas nacionales y extranjeras; empresas del país y del extranjero; *kapitalistisches* ~ sociedad capitalista; *kaufmännisches* ~ empresa comercial; *kleinere und mittlere* ~ empresas medianas y pequeñas; (E) las pymes; *landwirtschaftliches* ~ explotación *f* agrícola; *marktbeherrschendes* ~ empresa que controla, que domina el mercado; *multinationales* ~ (empresa) multinacional *f*; (empresa) transnacional *f*; ~ *der öffentlichen Hand* empresa pública; *selbständiges* ~ empresa (legalmente) independiente; *staatliches* ~ empresa nacional; *verstaatlichtes* ~ empresa nacionalizada; *an einem* ~ *beteiligt sein* tener participación en una empresa; *in einem Lande tätiges* ~ empresa que opera en un país; *ein* ~ *betreiben* llevar, operar una empresa; *ein* ~ *gründen* fundar una empresa (Syn. *Betrieb*)
unternehmend emprendedor
Unternehmensabschluß *m*, ⸚sse cierre *m* anual de cuentas
Unternehmensberater *m*, - consultor *m*; asesor *m* de empresas; consejero *m* de gestión
Unternehmensberatung *f*, en consultoría *f*; asesoramiento *m* de empresas
Unternehmensberatungsfirma *f*, -en (empresa *f*) consultora *f*; empresa *f* asesora
Unternehmensberatungsvertrag *m*, ⸚e contrato *m* de asesoramiento; contrato *m* de consultoría
Unternehmensbewertung *f*, en valoración *f* de una empresa
Unternehmensertrag *m*, ⸚e beneficios *pl*, ganancias *pl* de la empresa
Unternehmensfinanzierung *f*, en financiación *f* corporativa
Unternehmensform *f*, en forma *f*, clase *f* (jurídica) *m* de la empresa
Unternehmensforschung *f*, en investigación *f* operacional; análisis *m* de problemas a partir de un modelo (Syn. *Operations-research*)
Unternehmensführer *m*, - → *Unternehmensleiter*
Unternehmensführung *f*, en dirección *f* de la empresa; gestión *f*; (Angl.) management *m*
Unternehmensgewinn *m*, e beneficio *m*, ganancias *pl* de la empresa
Unternehmensgröße *f*, (n) tamaño *m* de la empresa
Unternehmensinvestitionen *pl* inversiones *pl* de la empresa; inversiones *pl* corporativas
Unternehmenskooperation *f*, en cooperación *f* empresarial
Unternehmensleiter *m*, - jefe *m* de la empresa

Unternehmensleitung f, en → *Unternehmensführung*
Unternehmensorganisation f, en organización f de la empresa
Unternehmenspolitik f, Ø política f de gestión
Unternehmensspiele pl juegos pl de empresa
Unternehmensspitze f, n altos directivos pl; alta gestión f; cúpula f de la empresa
Unternehmensstrategie f, n estrategia f de la empresa
Unternehmensübernahme f, n adquisición de una compañía
Unternehmensvertrag m, ¨e contrato m entre empresas; contrato m interfirmas
Unternehmenszusammenschluß m, ¨sse fusión f de empresas
Unternehmer m, - 1. empresario m; hombre m de empresa; jefe m de empresa 2. *(im Werkvertrag)* contratista m 3. *selbständiger ~ des Handels* comerciante m que lleva una tienda por cuenta propia
Unternehmereinkommen n, - ingresos pl del empresario
Unternehmerfreiheit f, Ø libertad f de empresa
Unternehmergewinn m, e excedente m empresarial
Unternehmergruppe f, n grupo m (de empresas)
Unternehmerhaftung f, en responsabilidad f del empresario; responsabilidad f empresarial
unternehmerisch emprendedor; empresarial; *~er Geist* espíritu m emprendedor; *~ orientierte Politik* política f determinada por la actividad empresarial
Unternehmerpfandrecht n, e prenda f de empresa; (CH) prenda f industrial
Unternehmerrisiko n, -en riesgo m del empresario
Unternehmerschaft f, Ø empresariado m; los patronos pl; la patronal f
Unternehmerschulung f, en entrenamiento m para empresarios
Unternehmertätigkeit f, en *Einkommen aus ~* ingresos pl en concepto de actividad empresarial
Unternehmertum n, Ø empresariado m; *freies ~* libre empresa f; empresariado m libre
Unternehmerverband m, ¨e organización f empresarial; organización f patronal
Unternehmerwirtschaft f, en economía f de libre empresa
Unternehmung f, en *(selten)* → *Unternehmen*
Unternehmungsgeist m, Ø espíritu m emprendedor; espíritu m de iniciativa; espíritu m empresarial
Unterpacht f, en subarriendo m
Unterpächter m, - subarrendatario m

Unterpachtvertrag m, e contrato m de subarriendo
Unterpari-Emission f, en *(Börse)* emisión f por debajo de la par
Unterpfand n, ¨e prenda f
Unterposition f, en subpartida f
unterprivilegiert subprivilegiado
Unterproduktion f, en producción f deficitaria; producción f insuficiente
Unterprogramm n, e (Inform.) subprograma m
Unterproletariat n, Ø subproletariado m
Unterredung f, en entrevista f; conversación f
unterrepräsentiert subrepresentado; *im Parlament ~ sein* estar subrepresentado en el Parlamento
Unterricht m, Ø enseñanza f; lecciones pl; clase f; *~ erteilen* dar clase; *~ geben* impartir clases; *~ nehmen* tomar clases: *am ~ teilnehmen* asistir a clase
unterrichten 1. informar 2. dar clases; enseñar 3. *sich ~ lassen* informarse; ponerse al corriente
Unterrichtsanstalt f, en centro m de enseñanza; centro m docente
Unterrichtsbriefe pl lecciones pl por correspondencia
Unterrichtsfach n, ¨er asignatura f; disciplina f
Unterrichtsfilm m, e película f educativa
Unterrichtsgegenstand m, Ø materia f (de enseñanza); tema m de las clases
Unterrichtsmaterial n, ien material m didáctico
Unterrichtsstunde f, n clase f; lección f
Unterrichtung f, Ø información f; instrucción f; *zu Ihrer ~* para su conocimiento; para su información; a título informativo; para que lo sepa
untersagen prohibir; *die Einfuhr ~* prohibir la importación; (Syn. *verbieten*)
Unterschallgeschwindigkeit f, Ø velocidad f subsónica
unterschätzen infravalorar; subestimar; menospreciar
Unterschätzung f, en infravaloración f; subestimación f
unterscheidungskräftig, *~ es Warenzeichen* marca f bien distintiva; marca f que puede distinguirse bien
Unterschicht f, en clase f baja; categoría f social inferior
Unterschied f, e diferencia f; distinción f; *~e bei den Verbraucherpreisen* disparidades pl en los precios al consumo; diferencial m en términos del IPC; *strukturelle ~e* disparidades pl, distorsiones pl estructurales; *Lohn~e* diferenciales pl salariales; diferencias pl entre los salarios
unterschiedlich, *~ in der Qualität* diferente en la

calidad; ~ *besteuert* de gravación fiscal diferente; con diferente tratamiento fiscal; *~e einzelstaatliche Politik* (CE) políticas *pl* nacionales divergentes
unterschlagen 1. *Gelder* ~ malversar, sustraer fondos 2. *einen Brief* ~ interceptar una carta 3. *ein Beweisstück* ~ hacer desaparecer, ocultar un justificante de prueba
Unterschlagung *f*, **en** 1. malversación *f*, sustracción *f* de fondos; *~ von öffentlichen Geldern* dilapidación *f* de fondos públicos 2. ocultación *f*; interceptación *f*
unterschreiben firmar; suscribir; *blanko* ~ firmar en blanco; *vorgelesen, genehmigt, unterschrieben* (v.g.u.) leído, aprobado y firmado; (Syn. *unterzeichnen*)
unterschreiten quedar debajo de; no alcanzar (el límite de); *die Preise* ~ abatir los precios; ofrecer un precio más bajo; ofrecer más barato; *die Preise des Konkurrenten* ~ rebajar los precios con fines de competencia; rebajar los precios de la competencia; *die vorgesehene Summe* ~ descender por debajo de la suma prevista inicialmente
Unterschrift *f*, **en** firma *f*; (Arg.) firmada *f*; *eigenhändige* ~ firma autógrafa; firma de su propio puño; firma de su propia mano; firma de puño y letra; *eine ~ beglaubigen* certificar una firma; autenticar una firma; *eine ~ fälschen* falsificar una firma; *faksimilierte* ~ firma facsímil; firma por facsímil; *gefälschte* ~ firma falsificada; *~en sammeln* reunir firmas; *seine ~ unter einen Vertrag setzen* poner, estampar su firma en un contrato; firmar un contrato; *zur ~ vorlegen* presentar a la firma; *per ~ zahlen* pagar con cheque; pagar con tarjeta de crédito
Unterschriftenmappe *f*, **n** 1. correspondencia *f* para firmar 2. portafirmas *m*
Unterschriftenvergleich *m*, **e** cotejo *m* de firmas
Unterschriftenverzeichnis *n*, **se** lista *f* de firmas autorizadas
Unterschriftsbefugnis *f*, Ø poder *m* para firmar; autorización *f* para firmar
Unterschriftsbeglaubigung *f*, **en** legalización *f* de la firma
unterschriftsberechtigt autorizado a firmar
Unterschriftsprobe *f*, **n** muestra *f* de la firma; espécimen *m* de firma
Unterschriftsschnörkel *m*, - rúbrica *f*
Unterschriftsstempel *m*, - estampilla *f*
Unterschriftsvollmacht *f*, **en** poder *m* para firmar
Unterstaatssekretär *m*, **e** subsecretario *m* adjunto
unterstehen estar bajo las órdenes de; estar subordinado a; *einer Behörde* ~ depender (administrativamente) de una autoridad
unterstützen, *ein Gesuch* ~ apoyar una solicitud; apoyar una instancia; *jdn. mit Geld* ~ hacer llegar una ayuda financiera a alg.; subvencionar a alg.
Unterstützung *f*, **en** ayuda *f*; asistencia *f*; subvención *f*; socorro *m*; *finanzielle* ~ apoyo financiero; *gegenseitige* ~ asistencia, ayuda mutua; *staatliche* ~ subvención pública; subsidio *m* del Estado; *jdm. eine ~ gewähren* conceder una ayuda a alg.
unterstützungsbedürftig necesitado de ayuda, de socorro, de asistencia; menesteroso; económicamente muy débil
Unterstützungsempfänger *m*, - subsidiado *m*; beneficiario *m*, perceptor *m* de ayuda
Unterstützungsfonds *m*, - fondo *m* de asistencia; fondo *m* para subvenciones
Unterstützungsgelder *pl* subsidios *pl*, subvenciones *pl*; fondos *pl* destinados a ayuda
Unterstützungskasse *f*, **n** caja *f* de socorros
Unterstützungsverein *m*, **e** sociedad *f* de socorros mutuos
untersuchen 1. *die Ware* ~ examinar, revisar la mercancía 2. indagar; hacer pesquisas 3. reconocer; explorar (por parte del médico)
Untersuchung *f*, **en** 1. *ärztliche* ~ reconocimiento *m* médico; examen *m* médico 2. (Jur.) indagación *f*; pesquisa *f*; investigación *f*; *nach genauer* ~ después de una indagación profunda; *eine ~ anordnen* ordenar una investigación; *eine ~ durchführen* llevar a cabo una indagación, una investigación 3. *(Marktforschung)* *~ der Verbrauchergewohnheiten* investigación *f*, estudio *m*, análisis *m* de los hábitos de consumo
Untersuchungsausschu|ß *m*, **-sse** comisión *f* investigadora; comité *m* de responsabilidades
Untersuchungsgefangene/r *(der/ein)* preso *m* preventivo; persona *f* en prisión preventiva; preventivo *m*
Untersuchungsgericht *n*, **e** juzgado *m* de instrucción
Untersuchungshaft *f*, Ø → *U-Haft*
Untersuchungshäftling *m*, **e** preso *m* preventivo; preventivo *m*
Untersuchungsrichter *m*, - juez *m* de instrucción; juez *m* instructor
Untertagearbeiten *pl*, *~ in Bergwerken* trabajos *pl* mineros subterráneos; trabajos *pl* mineros de fondo
Untertagearbeiter *m*, - minero *m* de fondo
Untertag(e)bau *m*, Ø explotación *f* subterránea; explotación *f* en fondo
Untertag(e)leistung *f*, **en** rendimiento *m* en tra-

bajo minero de fondo
unterteilen desglosar; subdividir
Unterteilung f, en desglose m; subdivisión f
unterverfrachten subfletar
Unterverfrachter m, - subfletante m
Unterverfrachtung f, en subfletamento m
untervermieten subarrendar; realquilar; subalquilar
Untervermieter m, - subarrendador m
Untervermietung f, en subarriendo m
Unterverpächter m, - subarrendador m
Unterverpachtung f, en subarriendo m
unterversichert infrasegurado
Unterversicherung f, en infraseguro m
Unterversorgung f, Ø abastecimiento m deficitario, insuficiente; subabastecimiento m; desabastecimiento m
Untervertrag m, ºe subcontrato m
Untervertreter m, - subagente m
Untervertretung f, en subagencia f
Untervollmacht f, en poder m subdelegado; subdelegación f de poder
unterwandern infiltrarse; *der Parteiapparat wurde unterwandert* se han establecido células en el seno del partido
Unterwanderung f, en infiltración f
unterwegs en camino; *der Brief ist* ~ la carta ya está en camino; *die Lieferung ist* ~ el suministro ya ha salido; ~ *nach Caracas* camino de Caracas; con rumbo a Caracas; ~ *befindliche Ware* mercancía en tránsito; *geschäftlich* ~ *sein* estar en viaje de negocios; *der Schaden an der Ware entstand* ~ la mercancía se deterioró durante el viaje *od.* durante el transporte
unterwerfen someterse a; *einer Kontrolle* ~ someterse a un control
unterwertig, ~*e Qualität* calidad f inferior
unterworfen, *Kursschwankungen* ~ *sein* estar sujeto a oscilaciones, fluctuaciones de los precios
unterzeichnen firmar; *ein Abkommen* ~ firmar un convenio; *einen Wechsel* ~ firmar una letra, un efecto (Syn. *unterschreiben*)
Unterzeichner m, - 1. *(Dokumente)* firmante m; *Ich, der* ~, *bevollmächtigte Herrn/Frau* Yo, el firmante, autorizo al señor/a la señora 2. *(Vertrag)* parte f contratante; contratante m
Unterzeichnerland n, ºer país m signatario
Unterzeichnete/r *(der/ein)* → *Unterzeichner*
Unterzeichnung f, en firma f; ~ *der Römischen Verträge* firma de los tratados de Roma
Unterzeichnungsprotokoll n, e protocolo m de firma
Unterzeichnungsurkunde f, n instrumento m de signatura
untilgbar, ~*e Anleihe* empréstito m no amortizable;

~*e Hypothek* hipoteca f irredimible; ~*e Papiere* valores pl, títulos pl perpetuos; ~*e Schuld* deuda f perpetua *od.* no amortizable
Untreue f, Ø infidelidad f; deslealtad f; ~ *im Amt* prevaricación f
unüberbietbar imbatible; ~*es Angebot* oferta que desafía a toda la competencia
unübertragbar intransmitible; no transmitible; intransferible; no transferible; no cesible; ~*es Dokument* documento m intransferible
Unübertragbarkeit f, Ø no transferibilidad f; intransferibilidad f; no transmisibilidad f; instransmisibilidad f
unübertroffen sin par(angón); inigualado; sin rival; sin competencia; *die Qualität ist* ~ la calidad es imbatible; la calidad no tiene parangón
unüblich, *es ist* ~ no es hábito; no es costumbre; no se acostumbra; no se estila; no suele hacerse
unveränderlich 1. inalterable; invariado 2. constante; estable
Unveränderlichkeit f, Ø inalterabilidad f; invariabilidad f; inmutabilidad f
unverändert inalterado; sin cambiar; que sigue lo mismo
unverantwortlich irresponsable; imperdonable; inexcusable; *das geschah durch* ~ *e Leichtsinnigkeit* ocurrió debido a una negligencia imperdonable
Unverantwortlichkeit f, Ø irresponsabilidad f
unverarbeitet 1. sin labrar; bruto 2. sin digerir; sin asimilar
unveräußerlich inajenable; inalienable; ~*e Rechte* derechos pl inalienables
Unveräußerlichkeit f, Ø inalienabilidad f; inajenabilidad f
unverbindlich 1. no obligatorio; sin obligación; ~*es Angebot* oferta f sin compromiso; ~*er Preis* precio m indicativo; precio m sujeto a variación; el precio puede variar sin previo aviso; ~*e Preisempfehlung* precio m recomendado al por menor 2. poco cortés; poco amable 3. ~ *sein* no tener fuerza vinculante
unverbraucht bien conservado
unverbrennbar incombustible
unverbürgt no garantizado; ~*e Nachrichten* noticias pl no confirmadas
unverderblich incorruptible; que no se estropea; indeteriorable
unverdorben, ~*e Ware* mercancía f en buen estado
unverdünnt 1. concentrado 2. no diluido
unveredelte Waren pl mercancías en estado inalterado; mercancías f no transformadas
unvereidigt no jurado

unvereinbar incompatible; ~ *mit dem Gemeinschaftsrecht* incompatible con el derecho comunitario
Unvereinbarkeit *f*, Ø incompatibilidad *f*
unverfälscht no falsificado; puro; auténtico; *~er Wein* vino *m* no adulterado
Unverfälschtheit *f*, Ø autenticidad *f*; pureza *f*; naturalidad *f*
unverhältnismäßig desproporcionado; excesivo; ~ *hoher Preis* precio *m* excesivamente alto; precio *m* irrazonablemente alto
unverhofft, ~ *anfallende Erträge* ganancias *pl* inesperadas; ganancias *pl* imprevistas; golpe *m* de suerte respecto a las ganancias; ganancias *pl* llovidas del cielo; (Angl.) windfall profits *pl*
unverjährbar imprescriptible
Unverjährbarkeit *f*, Ø imprescriptibilidad *f*
unverkäuflich *(nicht absetzbar)* invendible; *(nicht zu verkaufen)* fuera de venta; *~es Muster* muestra *f* gratuita; *~e Ware* mercancía *f* no comercializable
Unverkäuflichkeit *f*, Ø carácter *m* de invendible; invendibilidad *f*; imposibilidad *f* de vender
unverkauft no vendido; invendido; sin vender; *~e Waren* artículos *pl*, mercancías *pl* sin vender
unverlangt, *~es Angebot* oferta *f* no solicitada
unverlierbar imperdible
unvermeidbar, *~e Ausgaben* gastos *pl* inevitables, ineludibles
unvermietet sin alquilar; sin arrendar; desalquilado
Unvermögen *n*, Ø 1. incapacidad *f*; impotencia *f* 2. indigencia *f*; insolvencia *f*; *Erklärung über das ~* declaración de indigencia, de solvencia
unvermögend sin recursos; sin fondos; sin fortuna
Unvermögensfall *m*, Ø *im ~* en caso de insolvencia; en caso de indigencia
unverpackt sin embalar; *~e Ware* mercancía a granel
unverrichteterdinge sin haber logrado lo que se proponía; con las manos vacías
unverschlossen sin cerrar; no cerrado
unverschlüsselt no cifrado; con claridad; claramente; en lenguaje claro (Syn. *im Klartext*)
unverschuldet 1. libre de deudas; sin deudas 2. sin culpa; sin tener culpa; sin ser culpable 3. sin merecerlo
unversehrt intacto; no dañado; *die Lieferung ist ~ angekommen* el suministro ha llegado en perfecto estado
unversichert no asegurado; sin seguro; sin cobertura de seguro
unversiegelt sin sellar; sin sello

unversorgt desamparado; sin medios de subsistencia
unversteuert sin pagar impuestos; *~es Einkommen* renta *f* no gravada
Unverträglichkeit *f*, Ø incompatibilidad *f*
unverwendbar inutilizable; no utilizable; inservible
unverzinslich sin interés; no productivo; que no arroja intereses; *~es Darlehen* préstamo *m* sin intereses; crédito *m* gratuito
unverzollt 1. sin pago de derechos (arancelarios) 2. ~ *verkaufte Ware* mercancía *f* vendida en depósito (aduanero)
unverzüglich sin demora (de tiempo); inmediatamente; en el acto; ~ *antworten* responder, contestar sin dilación
unvollständig, *~e Lieferung* suministro *m* incompleto
unvollzählig incompleto
unvorhergesehen imprevisto; inesperado; fortuito; *~e Kosten* costes *pl* imprevistos; *Fonds für ~e Ausgaben* fondo *m* para imprevistos; fondo *m* para contingencias
unvorteilhaft, *~e Bedingungen* condiciones *pl* nada favorables; condiciones *pl* desventajosas
unwahr, *~e Werbung* publicidad *f* falsa
unwettergeschädigte Landwirte *pl* agricultores *pl* perjudicados por el temporal
unwichtig sin importancia; insignificante; *es ist für uns ~* no tiene especial importancia para nosotros; no le damos importancia; lo consideramos de poca monta
unwiderruflich irrevocable; definitivo; *~es Dokumentenakkreditiv* crédito *m* documentario irrevocable
Unwiderruflichkeit *f*, Ø irrevocabilidad *f*
unwiederbringlich, ~ *verloren* perdido para siempre; *~er Verlust* pérdida *f* irreparable
unwirksam ineficaz; ineficiente; *etw. für ~ erklären* declarar nulo y sin valor
unwirtschaftlich → *unrentabel*
Unwirtschaftlichkeit *f*, Ø → *Unrentabilität*
Unzahl *f*, Ø sinnúmero *m*; sinfín *m*
unzählbar incontable; innumerable
Unze *f*, *n* onza *f*; unidad *f* de medida anglosajona: 28,3 g (o) 31,1 g
Unzeit *f*, Ø *zur ~* inoportunamente; a deshora; a destiempo
unzeitgemäß 1. inoportuno 2. anacrónico; pasado de moda
unzivilisiert no civilizado
Unzucht *f*, Ø *gewerbsmäßige ~ treiben* practicar la prostitución; hacer de la prostitución un negocio
unzufrieden sein mit estar insatisfecho con; estar

poco contento con
Unzufriedenheit f, Ø ~ *der Verbraucher* descontento *m* de los consumidores; ~ *äußern* expresar descontento, insatisfaccion
unzulänglich defectuoso; deficiente; insuficiente; ~*e Verpackung* embalaje *m* insuficiente; embalaje *m* deficiente
Unzulänglichkeit f, en insuficiencia f; deficiencia f; ~ *der Masse* insuficiencia f del activo
unzulässig inadmisible; ~*e Klage* demanda f improcedente
unzurechnungsfähig no responsable de sus acciones; (Jur.) inimputable
Unzurechnungsfähigkeit f, Ø irresponsabilidad f; (Jur.) inimputabilidad f
unzureichend, ~*es Kapital* capital *m* insuficiente; ~*e Verpackung* embalaje *m* insuficiente
unzuständig no competente
unzustellbar de destinatario desconocido; ~*e Sendung* envío *m* devuelto
UPI f *(United Press International)* agencia f de prensa americana
urabstimmen lassen celebrar referéndum de huelga
Urabstimmung f, en 1. referéndum *m*, votación f de huelga 2. (CH) encuesta f por escrito en el seno de una asociación
Uran *n*, Ø uranio *m*; *angereichertes* ~ uranio enriquecido
Urananreicherung f, Ø enriquecimiento *m* del uranio
Uranbergwerk *n*, e mina f de uranio
Uranbrenner *m*, - pila f de uranio (Syn. *Atomreaktor*)
Uranerz *n*, e mineral *m* de uranio
Urangewinnung f, Ø extracción f, producción f de uranio
uranhaltig uranífero
Uranindustrie f, n industria f del uranio
Uranlieferland *n*, ¨er país *m* suministrador de uranio
Uranreaktor *m*, en reactor *m*, pila f de uranio
Uranschürfung f, en prospección f, exploración f de uranio
Uranvorkommen *n*, - yacimiento *m* de uranio
uraufführen estrenar
Uraufführung f, en estreno *m* (riguroso)
urbanisieren urbanizar
Urbanisierung f, en urbanización f
urbanistisch urbanístico
urbar, *Land* ~ *machen* hacer cultivable, laborable el terreno; roturar el terreno; poner en cultivo el terreno
Urbarmachung f, Ø puesta f en cultivo; roturación f
urgieren (A) acelerar; impulsar

Urheber *m*, - 1. autor *m* 2. (Jur.) causante *m*
Urheberrecht *n*, e derecho *m* de la propiedad intelectual; derecho *m* de autor (Syn. *Copyright*)
urheberrechtlich geschützt reservados todos los derechos
Urheberrechtsgesetz *n*, e ley f reguladora de la propiedad intelectual
Urkunde f, n documento *m*; escritura f; acta f; instrumento *m*; cédula f 1. *amtliche* ~ documento oficial; *beglaubigte* ~ documento legalizado; documento auténtico; *gefälschte* ~ documento falso; *gesiegelte* ~ escritura sellada; *handschriftliche* ~ documento quirógrafo, autógrafo; *notarielle* ~ documento, acta notarial; *öffentliche* ~ documento público; *privatwirtschaftliche* ~ documento, instrumento *m* privado; *standesamtliche* ~ documento sobre el estado civil; ~ *der Verwaltungsbehörde* documento administrativo 2. *eine* ~ *abfassen* redactar un documento, una escritura; *eine* ~ *aufnehmen* levantar acta; *eine* ~ *ausfertigen, ausstellen* redactar, expedir, extender un documento *od.* acta; *eine* ~ *unterzeichnen* firmar un documento; *eine* ~ *vorlegen* enseñar, presentar, exhibir un documento
Urkundenbeweis *m*, e prueba f documental
Urkundenfälscher *m*, - falsificador *m* de documentos
Urkundenfälschung f, en falsificación f de documentos; falsedad f en documentos; *eine* ~ *begehen* cometer falsificación de documentos
Urkundenmaterial *n*, ien documentación f
Urkundensammlung f, en 1. colección f de documentos; recopilación f de documentos 2. archivos *pl* (de documentos)
Urkundensteuer f, n impuesto *m* del timbre
Urkundenvorlage f, n exhibición f, presentación f de documentos
urkundlich documental; instrumental; auténtico; *etw.* ~ *beweisen* documentar; ~ *dessen* en fe de lo cual
Urkundsbeamte/r *(ein/der)* oficial *m* fedatario; actuario *m*
Urkundsperson f, en persona f fedataria
Urlaub *m*, (e) vacaciones *pl*; permiso *m* 1. *bezahlter* ~ vacaciones pagadas, retribuidas, remuneradas; *gesetzlicher* ~ vacaciones legales; ~ *aus persönlichen Gründen* permiso *m* por conveniencia personal; vacaciones por razones personales; *tariflicher* ~ vacaciones inscritas en el convenio colectivo; *unbezahlter* ~ permiso no retribuido; vacaciones no pagadas 2. ~ *beantragen* pedir, solicitar vacaciones; ~ *haben* tener vacaciones; ~ *nehmen* tomar vacaciones; *in (auf)* ~ *sein* estar de

vacaciones
Urlauber *m*, - vacacionista *m*; turista *m*; *(Sommer)* veraneante *m*; *(Winter)* invernante *m*
Urlaubsanspruch *m*, ⁼e derecho *m* a vacaciones
urlaubsberechtigt con derecho a vacaciones
Urlaubsgeld *n*, er paga *f* de vacaciones
Urlaubsland *n*, ⁼er país *m* turístico
Urlaubsreise *f*, n viaje *m* de vacaciones
Urlaubsreisende/r *(der/ein)* turista *m*
Urlaubsstaffelung *f*, en escalonamiento *m* de las vacaciones
Urlaubsverkehr *m*, Ø tráfico *m* de vacaciones
Urlaubsverlängerung *f*, en prolongación *f* de las vacaciones
Urlaubsvertretung *f*, en sustitución *f* durante las vacaciones
Urlaubszeit *f*, e tiempo *m*, periodo *m* de vacaciones
Urmaterial *n*, ien datos *pl* estadísticos originales
Urprodukt *n*, e producto *m* primario; producto *m* originario
Urproduktion *f*, en producción *f* primaria; producción *f* de materias primas
Urschrift *f*, en original *m*; *in* ~ en original; *die* ~ *einer Urkunde* el original de un documento
Ursprung *m*, ⁼e origen *m*; procedencia *f*; *seinen* ~ *haben in* provenir de
Ursprungsangabe *f*, n indicación *f* del origen (Syn. *Herkunftsangabe*)
Ursprungsbezeichnung *f*, en indicación *f*, denominación *f* de origen
Ursprungsdrittland *n*, ⁼er (CE) país *f* no comunitario de origen
Ursprungserklärung *f*, en declaración *f* de origen
Ursprungsland *n*, ⁼er país *m* de origen
Ursprungsnachweis *m*, e justificación *f bzw.* justificante *m* de origen
Ursprungvermerk *m*, e → *Ursprungsangabe*
Ursprungszeugnis *n*, se certificado *m* de origen
Urteil *n*, e sentencia *f*; veredicto *m*; fallo *m* 1. *erstinstanzliches* ~ sentencia en primera instancia; *freisprechendes* ~ sentencia absolutoria; *rechtskräftiges (vollstreckbares)* ~ sentencia ejecutoria; *willkürliches* ~ sentencia arbitraria; ~ *eines ausländischen Gerichts* sentencia de un tribunal extranjero; ~ *eines inländischen Gerichts* sentencia de un tribunal del país 2. *ein* ~ *anfechten* impugnar una sentencia; *ein* ~ *aufheben* casar, anular una sentencia; *ein* ~ *aussprechen (fällen)* pronunciar (una) sentencia; *ein* ~ *vollstrecken* ejecutar una sentencia; *Rechtsmittel gegen ein* ~ *einlegen* apelar contra una sentencia; recurrir una sentencia; presentar recurso contra una sentencia
urteilen sentenciar; fallar; juzgar
Urteilsanfechtung *f*, en impugnación *f* de una sentencia
Urteilsaufhebung *f*, en anulación *f*, revocación *f*, casación *f* de una sentencia
Urteilsbegründung *f*, en considerandos *pl*
Urteilseröffnung *f*, en publicación *f* de la sentencia
Urteilsfällung *f*, Ø pronunciamiento *m* de la sentencia
Urteilsgläubiger *m*, - acreedor *m* por sentencia *od.* por fallo *od.* por juicio
Urteilschuldner *m*, - deudor *m* por sentencia *od.* por fallo *od.* por juicio
Urteilsspruch *m*, ⁼e sentencia *f*
Urteilsverkündung *f*, en pronunciamiento *m*, publicación *f* de la sentencia
Urteilsvollstreckung *f*, en ejecución *f* de la sentencia
Urwahl *f*, en voto *m* directo; escrutinio *m* directo
Usance *f*, n hábito *m*; uso *m*; costumbre *f*
Usancenhandel *m*, Ø *(Devisenhandel)* comercio *m* de cambio (p.ej., un comerciante alemán negocia dólares con una empresa holandesa al tipo de cambio de, p.ej., Zurich)
usancenmäßig de uso
Usanz *f*, en (CH) → *Usance*
Usowechsel *m*, - letra *f* que vence a los 30 días; letra *f* de vencimiento usual; giro *f* corriente
u.ü.V. *(unter üblichem Vorbehalt)* salvo buen fin; con las reservas de rigor
Utensilien *pl* implementos *pl*; utensilios *pl*; enseres *pl*
Utilitarier *m*, - utilitario *m*
Utilitarismus *m*, Ø utilitarismo *m*
Utopie *f*, n utopía *f*
utopisch utópico
Utopist *m*, en utopista *m*

V

VA → *Vorzugsaktie*
vakant vacante, libre
Vakanz *f*, en 1. (puesto *m*, plaza *f*) vacante *f* 2. vacaciones *pl*
Vakanzliste *f*, n lista *f* de habitaciones (de hotel) todavía disponibles
vakuumverpackt envasado al vacío
Vakuumverpackung *f*, en envasado *m*, embalaje *m* al, bajo vacío
Validität *f*, en validez *f*
Valoren *pl* valores *pl*; efectos *pl*; títulos *pl* (valores)
Valoren-Nummer *f*, n número *m* de los valores
Valorenregister *n*, - (CH) registro *m* de valores
Valorenversicherung *f*, en seguro *m* de valores
valorisieren valorizar
Valorisierung *f*, en valorización *f*
Valutla *f*, **-en** 1. divisa *f*; moneda *f* extranjera; *hochwertige* ~ divisa fuerte 2. valor *m*; valuta *f*
Valutaanleihe *f*, **n** empréstito *m* en moneda extranjera
Valutaforderung *f*, en crédito *m* en moneda extranjera
Valutageschäft *n*, e operación *f* de cambio (en moneda extranjera, de divisas)
Valutagewinn *m*, e beneficio *m* de cambio
Valutaguthaben *n*, - haberes *pl* en divisas
Valutaklausel *f*, n cláusula *f* de valuta; reembolso *m* en divisas, en moneda extranjera
Valutakurs *m*, e tipo *m* de cambio de monedas extranjeras
Valutanotierung *f*, en cotización *f* de monedas extranjeras
Valutarisik|o *n*, **-en** riesgo *m* en el cambio de divisas
Valutaspekulation *f*, en especulación *f* sobre los cambios
Valutasturz *m*, (¨e) caída *f* brusca; hundimiento *m* de los valores; depreciación *f* de la moneda
Valutaverschlechterung *f*, en → *Valutasturz*
valutieren 1. asignar un valor 2. fijar una fecha
variabel variable
Variante *f*, **n** variante *f*; ~ *eines Musters* variante de una muestra, de un dibujo
Varianz *f*, en (Statist.) varianza *f*
Varianzanalyse *f*, **n** (Statist.) análisis *m* de varianzas
Variation *f*, en variación *f*
Variationsbreite *f*, **n** margen *m* de variación
Variationsfähigkeit *f*, en variabilidad *f*

Varietät *f*, en variedad *f*
variieren cambiar; variar; *die Preise* ~ *stark* se registra una fuerte variación de los precios
Vaterteil *n*, Ø patrimonio *m* paterno
VBl. → *Verordnungsblatt*
VDK *(Verband Deutscher Konsumgenossenschaften)* (R.D.A.) asociación *f* de cooperativas de consumo alemanas
VE → *Verrechnungseinheit*
VEB *m*, s *(Volkseigener Betrieb)* (R.D.A.) empresa *f* industrial nacionalizada; *bezirksgeleiteter, zentralgeleiteter* ~ empresa *f* industrial nacionalizada de gestión local
VEG *n*, s *(Volkseigenes Gut)* (R.D.A) finca *f* de propiedad pública
verabreden 1. convenir; estipular; fijar; concertar 2. *sich mit jdm.* ~ darse cita con alg. 3. apalabrarse con alg.
verabredet convenido; estipulado; concertado; fijado; convencional
Verabredung *f*, en 1. estipulación *f*; arreglo *m*; convenio *m*; acuerdo *m*; concierto *m* 2. cita *f* 3. compromiso *m*
verabschieden 1. aprobar; votar; decretar 2. despedir; jubilar; dar de baja 3. *sich* ~ despedirse
Verabschiedung *f*, en 1. aprobación *f*; votación *f* 2. baja *f* 3. despedida *f*
veralten volverse obsoleto; quedar anticuado; anticuarse; envejecer; caer en desuso
Veralten *n*, Ø obsolescencia *f*; envejecimiento *m*
veränderlich 1. mudable; alterable; variable; (Seg.) ~*e Prämie* prima *f* variable; (Seg.) ~*es Risiko* riesgo *m* variable 2. inconstante
verändern cambiar; modificar; alterar; transformar; mudar; *sich* ~ experimentar *bzw.* sufrir una alteración, modificación, un cambio; *(beruflich)* cambiar de colocación
Veränderung *f*, en cambio *m*; alteración *f*; modificación *f*; transformación *f*; variación *f*; *strukturelle* ~ cambio estructural
veranlagen *(zur Steuer)* tasar; *die Steuern* ~ fijar la tributación; *(v. Waren)* aforar
Veranlagung *f*, en *(zur Steuer)* tasación *f*; estimación *f* a efectos impositivos
veranlassen ocasionar; causar; motivar; ordenar; disponer
veranlaßt, *falls* ~ en caso de haber lugar
veranschlagen estimar; evaluar; *(Kosten)* presupuestar; *(steuerlich)* tasar
Veranschlagung *f*, en estimación *f*; evaluación *f*; avalúo *m*; *(Kosten)* presupuesto *m* (de gastos);

(steuerlich) tasación *f*
veranstalten organizar; celebrar; *eine Volkszählung* ~ levantar un censo (de la población)
Veranstalter *m*, - organizador *m*
Veranstaltung *f*, **en** acto *m*; celebración *f*; fiesta *f*; concurso *m*
Veranstaltungsausfallversicherung *f*, **en** seguro *m* de suspensión de actos públicos
Veranstaltungskalender *m*, - calendario *m* de actos, fiestas
verantworten 1. responder por; salir garante de; asumir la responsabilidad de; hacerse responsable de 2. *sich für etw.* ~ justificarse por a/c
verantwortlich responsable; *jdn. für etw.* ~ *machen* hacer responsable a alg. de a/c; *für etw.* ~ *sein* asumir la responsabilidad de; *strafrechtlich nicht* ~ exento de responsabilidad penal
Verantwortlichkeit *f*, **en** responsabilidad *f*
Verantwortung *f*, **en** responsabilidad *f* 1. *finanzielle* ~ responsabilidad financiera; *zivilrechtliche* ~ responsabilidad civil 2. *die* ~ *ablehnen* rehusar la responsabilidad; no responder de nada; declinar toda responsabilidad; *der* ~ *entheben* (Jur.) eximir de la responsabilidad
Verantwortungsbereich *m*, **e** esfera *f*, ámbito *m* de responsabilidad
verantwortungsbewußt responsable; consciente de su responsabilidad
verantwortungsfreudig dispuesto a asumir las responsabilidades
verantwortungslos irresponsable
Verantwortungslosigkeit *f*, **en** irresponsabilidad *f*
verantwortungsvoll muy responsable; de gran responsabilidad; *-e Stellung* puesto *m* de responsabilidad
verarbeitbar transformable
verarbeiten trabajar; labrar; utilizar; conformar; transformar; *-de Industrie* industria *f* transformadora
Verarbeitung *f*, **en** uso *m*; empleo *m*; trabajo *m*; elaboración *f*; transformación *f*; *sich in* ~ *befinden* estar en curso de transformación; *(Daten)* tratamiento *m*; procesamiento *m*
Verarbeitungsanlage *f*, **n** planta *f* de transformación
Verarbeitungsbetrieb *m*, **e** empresa *f*, explotación *f* de transformación
Verarbeitungsindustrie *f*, **n** industria *f* de transformación
Verarbeitungspreis *m*, **e** precio *m* de la transformación
verarmen empobrecer
Verarmung *f*, **en** empobrecimiento *m*; indigencia *f*; depauperación *f*; *die allmähliche* ~ *der Länder der Dritten Welt* la progresiva depauperación de los países del Tercer Mundo
Verästelung *f*, **en** ramificación *f*
verauktionieren → *versteigern*
verausgaben gastar; *sich* ~ 1. gastar todo su dinero 2. agotar sus fuerzas
Verausgabung *f*, **en** 1. gasto *m* 2. agotamiento *m*
verauslagen avanzar; anticipar
Veräußerer *m*, - enajenante *m*; vendedor *m*
veräußerlich vendible; alienable; enajenable
veräußern enajenar; vender; desprenderse de; ceder; *Rechte* ~ ceder derechos; *Aktien* ~ deshacerse de acciones
Veräußerung *f*, **en** enajenamiento *m*; alienación *f*; venta *f*; cesión *f*
Veräußerungsverbot *n*, **e** *(vertragliches* ~*)* prohibición *f* de enajenar; pacto *m* de no enajenar
Verband *m*, ⁻e asociación *f*; agrupamiento *m*; unión *f*; federación *f*; confederación *f*; sindicato *m*; consorcio *m*; *Internationaler* ~ *zum Schutz des gewerblichen Eigentums* Unión Internacional para la Protección de la Propiedad Industrial; ~ *der Europäischen Landwirtschaft (CEA)* Confederación Europea de la Agricultura (CEA); ~ *des Internationalen Luftverkehrs (IATA)* Asociación de Transporte Aéreo Internacional (IATA)
Verbandskasse *f*, **n** caja *f* de la asociación
Verbandsleiter *m*, - → *Verbandsvorsitzender*
Verbandsmitglied *n*, **er** miembro *m* de una asociación
Verbandsvorsitzende/r *(der/ein)* presidente *m* de una asociación, federación
Verbandszeichen *n*, - marca *f* colectiva
verbeamten nombrar, hacer funcionario
verbescheiden resolver; decidir
verbessern mejorar; perfeccionar; reformar; enmendar; corregir; rectificar; refinar; *(Gehalt)* aumentar
Verbesserung *f*, **en** mejora *f*; mejoramiento *m*; reforma *f*; enmienda *f*; corrección *f*; refinamiento *m*; *(Gehalt)* aumento *m*
Verbesserungsantrag *m*, ⁻e (Pol.) enmienda *f*
verbesserungsfähig susceptible de mejora, enmienda; enmendable; reformable; corregible
Verbesserungspatent *n*, **e** patente *f* de perfeccionamiento
verbilligen reducir, rebajar el precio; abaratar
verbilligt a precio reducido, rebajado
Verbilligung *f*, **en** reducción *f*, rebaja *f* de(l) precio; abaratamiento *m*
verbinden 1. unir; enlazar; ligar; juntar; vincular a; asociar a; acoplar a; combinar 2. (Teléf.) poner con
verbindlich obligatorio; vinculante; *einen Tarifvertrag für allgemein* ~ *erklären* decretar la extensión de un convenio colectivo (a los

trabajadores no sindicados); *für beide Teile* ~ obligatorio para ambas partes

Verbindlichkeit *f*, **en** 1. carácter *m* obligatorio 2. obligación *f*; responsabilidad *f*; *streitige* ~ obligación en litis; obligación objeto del litigio; *ohne jede* ~ sin responsabilidad alguna; *~en eingehen* contraer obligaciones; *~en erfüllen* cumplir las obligaciones 3. (Com.) *~en* obligaciones *pl*; deudas *pl*; pasivo *m* exigible; *kurzfristige, langfristige* ~ pasivo exigible a corto, largo plazo; (Bilanz) *Sonstige ~en* acreedores varios

Verbindung *f*, **en** 1. relación *f*; unión *f*; adjunción *f*; acoplamiento *m*; combinación *f*; incorporación *f*; *die* ~ *einer Sache mit einer anderen* incorporación de a/c a otra; ~ *einer beweglichen Sache mit einem Grundstück* unión de mueble a inmueble; accesión *f* en bienes inmuebles 2. (Transp.) comunicación *f*; línea *f*; servicio *m* 3. (Teléf.) comunicación *f*; línea *f*; *die* ~ *ist unterbrochen* no hay comunicación; nos han interumpido

Verbindungsausschuß *m*, **¨sse** comité *m* de enlace

Verbindungsbahn *f*, **en** ferrocarril *m* de empalme; ramal *m*

Verbindungsbüro *n*, **s** oficina *f* de enlace

Verbindungsgleis *n*, **e** vía *f* de juntura

Verbindungslinie *f*, **n** línea *f* de conexión, comunicación; (Ferr.) ramal *m*

Verbindungsmann *m*, **¨er** *od.* **-leute** persona *f* de enlace; elemento *m* de contacto; mediador *m*; intermediario *m*

Verbindungsstelle *f*, **en** punto *m*, organismo *m* de enlace, unión

Verbindungsweg *m*, **e** vía *f* de comunicación

Verbleib *m*, Ø paradero *m*

verbleiben, *ich verbleibe Ihr sehr ergebener* quedo, me suscribo, me reitero de Vd. afmo. y s. s.

verbleibend, *~e Summe* resto *m*; saldo *m*

verborgen escondido; latente; secreto; oculto; *~er Mangel* vicio *m* oculto

Verbot *n*, **e** interdicción *f*; prohibición *f*; ~ *einschränkender Praktiken* prohibición de las prácticas restrictivas; ~ *einer Fahrtrichtung* dirección *f* prohibida; ~ *gewisser Arten von Kartellen und Zusammenschlüssen* prohibición de ciertas categorías de cártel(e)s y concentraciones; ~ *der Kinderarbeit* prohibición del trabajo infantil; (CE) ~ *staatlicher Beihilfen* prohibición de subsidios estatales; (Jur.) inhibición *f*; decreto *m* inhibitivo

Verbotszeichen *n*, **-** señal *f* de prohibición, prohibitiva

Verbrauch *m*, Ø consumo *m*; *öffentlicher, staatlicher* ~ consumo público, del Estado; gastos *pl* corrientes del Estado en bienes y servicios; *privater* ~ consumo privado; gastos *pl* de los consumidores en bienes y servicios

verbrauchen consumir; gastar

Verbraucher *m*, **-** consumidor *m*

Verbraucheraufklärung *f*, Ø información *f* al consumidor

Verbraucherbedarf *m*, Ø necesidades *pl* de los consumidores

Verbraucherbefragung *f*, **en** encuesta *f* entre los consumidores

Verbrauchereinheit *f*, **en** unidad *f* por consumidor

Verbraucherforschung *f*, **en** → *Konsumerismus*

Verbrauchergenossenschaft *f*, **en** cooperativa *f* de consumidores, consumo

Verbrauchergruppe *f*, **n** grupo *m* de consumidores

Verbraucherkredit *m*, **e** crédito *m* al consumo, al consumidor

Verbraucherland *n*, **¨er** país *m* consumidor

Verbrauchermarkt *m*, **¨e** mercado *m* de consumo

Verbrauchernachfrage *f*, **n** demanda *f* de los consumidores

Verbraucherorganisation *f*, **en** organización *f*, asociación *f* de consumidores

Verbraucherpanel *n*, **s** panel *m* de consumidores

Verbraucherpreis *m*, **e** precio *m* al consumo, al consumidor; precio *m* de venta al público

Verbraucherpreisindex *m*, **-izes** índice *m* de precios al consumo, al consumidor

Verbraucherreklame *f*, Ø publicidad *f* dirigida al consumidor

Verbraucherrente *f*, **n** excedente *m* del consumidor

Verbraucherschicht *f*, **en** categoría *f* de consumidores

Verbraucherschutz *m*, Ø defensa *f* de los consumidores; protección *f* del consumidor

Verbraucherschutzgesetz *n*, **e** Ley *f* para la defensa de consumidores y usuarios

Verbraucherumfrage *f*, **en** → *Verbraucherbefragung*

Verbraucherverband *m*, **¨e** → *Verbraucherorganisation*

Verbrauchsabgabe *f*, **n** → *Verbrauchssteuer*

Verbrauchsgewohnheit *f*, **en** hábito *m* de consumo; *die ~en ändern* cambiar los hábitos de consumo

Verbrauchsgüter *pl* bienes *pl*, productos *pl*, artículos *pl* de consumo; *dauerhafte* ~ bienes de consumo duraderos

Verbrauchsgüterindustrie *f*, **n** industria *f* de bienes de consumo

Verbrauchskurve *f*, n curva *f* de consumo
Verbrauchsland *n*, ⁻er país *m* consumidor
Verbrauchslenkung *f*, en orientación *f*, reconducción *f* del consumo, de los consumidores; *(stärker)* dirigismo *m* del consumo
Verbrauchsneigung *f*, (en) propensión *f* al consumo
Verbrauchsrückgang *m*, ⁻e retroceso *m* del consumo
Verbrauchssteigerung *f*, en incremento *m* del consumo
Verbrauch(s)steuer *f*, n impuesto *m* que grava el consumo, sobre el consumo, sobre el gasto; (E) contribución *m* de usos y consumos
Verbrechen *n*, - crimen *m*; acto *m* criminal; delito *m* grave; *ein ~ begehen* cometer, perpetrar un crimen; *im Affekt begangenes* ~ crimen pasional; *~ und Vergehen wider das Leben* delitos contra personas
Verbrechensbekämpfung *f*, Ø lucha *f* contra la delincuencia
Verbrechensverhütung *f*, Ø prevención *f* contra infracciones
Verbrecher *m*, - criminal *m*; reo *m*; delincuente *m*
Verbrennung *f*, en 1. combustión *f* 2. incineración *f*
Verbrennungsanlage *f*, n planta *f* de incineración
Verbrennungsmaschine *f*, n máquina *f* de combustión
verbriefen confirmar, garantizar por escrito
verbrieft documentado; *~es Recht* privilegio *m*; fuero *m*; *in Aktien* ~ representado por acciones
verbringen, *auf die Dienststelle* ~ llevar a la comisaría
verbuchen contabilizar; (a)sentar; *auf einem Konto* ~ sentar en una cuenta; abonar en cuenta
Verbuchung *f*, en asiento *m*
Verbuchungsnummer *f*, n número *m* de registro
Verbund *m*, Ø sistema *m* combinado (de transporte metro-autobús p.ej.); ~ (Pref.) asociado a; integrado a
verbunden combinado; (Seg.) *~e Hausratversicherung* seguro *m* combinado del hogar, de cabezas de familia; seguro *m* (de) multihogar; *~e Familienversicherung* seguro *m* de multirriesgo familiar
verbundfahren utilizar el sistema combinado de transporte
Verbundglas *n*, Ø (Seg.) vidrio *m* de seguridad, inastillable
Verbundnetz *n*, e red *f* de distribución
Verbundsystem *n*, e 1. → *Verbundwirtschaft* 2. → *Verbund*
Verbundunternehmen *n*, - empresa *f* integrada
Verbundwerbung *f*, en publicidad *f* común, colectiva

Verbundwirtschaft *f*, en 1. economía *f* integrada, colectiva 2. intercambio *m* de energía eléctrica
verbürgen garantizar; *sich ~ für* salir fiador, garante de
Verbürgung *f*, en fianza *f*; garantía *f*; *~ der Gegenseitigkeit* garantía de reciprocidad
verbürokratisieren burocratizar
verbüßen (Jur.) expiar; cumplir; purgar
verdaten (Inform.) informatizar
Verdatung *f*, en (Inform.) informatización *f*
verderben perecer
verderblich perecedero
Verdichtungsraum *m*, ⁻e zona *f* de alta densidad de población; megápolis *f*
verdienen 1. ganar 2. mercer(se); ser digno de
Verdiener *m*, - el que gana
Verdienst *m*, e 1. salario *m*; sueldo *m*; ingresos *pl* 2. beneficio *m*; ganancia *f*
Verdienstausfall *m*, ⁻e lucro *m* cesante; pérdida *f* de ganancias, beneficios, salario(s)
Verdienstbescheinigung *f*, en certificado *m* de renta, ingresos
Verdienstlosigkeit *f*, Ø falta *f* de ganancias; desocupación *f*
Verdienstmöglichkeit *f*, en posibilidad *f* de ganar
Verdienstquelle *f*, n fuente *f* de ingresos
Verdienstspanne *f*, n margen *m* de beneficio, ganancia
verdient (Seg.) *~e Prämie* prima *f* devengada
verdieseln dieselizar
Verdieselung *f*, en dieselización *f*
verdingen 1. dar a destajo 2. alquilar 3. *sich* ~ entrar en servicio; (LA) conchabarse
verdolmetschen interpretar; actuar de intérprete; (Fig.) explicar
verdoppeln duplicar; doblar
verdrängen suprimir; expulsar
Verdrängung *f*, en supresión *f*; eliminación *f*; expulsión *f*
verdreifachen triplicar; multiplicar por tres
verdunkeln encubrir; entorpecer la labor de la justicia
Verdunkelung *f*, (en) (Jur.) disimulación *f*; encubrimiento *m*; colusión *f*
Verdunklungsgefahr *f*, en (Jur.) peligro *m* de colusión, de entorpecimiento de la labor de la justicia
veredeln transformar; perfeccionar; (Agric.) beneficiar
Vered(e)lung *f*, en transformación *f*; perfeccionamiento *m*; (Agric.) beneficiación *f*
Veredelungserzeugnis *n*, se → *Veredelungsprodukt*
Veredelungsindustrie *f*, n industria *f* de transformación, transformadora

Veredelungsprodukt *n*, e producto *m* transformado
Veredelungsverkehr *m*, Ø operaciones *pl* de transformación; importación *f* y exportación *f* de productos transformados
Veredelungswirtschaft *f*, Ø industrias *pl* de transformación de productos agrícolas
vereiden (Arch.) → *vereidigen*
vereidigen tomar juramento a
vereidigt jurado
Vereidigung *f*, **en** toma *f* de juramento; juramentación *f*; (Amt) jura *f* del cargo
Vereidung *f*, **en** (Arch.) → *Vereidigung*
Verein *m*, e entidad *f*; sociedad *f*; asociación *f*; *eingetragener ~ (e.V.)* asociación registrada, inscrita; *~ auf Gegenseitigkeit* mutualidad *f*; *Internationaler ~ für öffentliches Verkehrswesen (UITP)* Unión *f* Internacional de Transportes Públicos (UITP); *nicht rechtsfähiger ~* asociación sin capacidad jurídica; *wirtschaftlicher ~* asociación económica
vereinbar *(mit)* compatible (con); conciliable (con)
vereinbaren convenir; acordar; fijar; *(vertraglich)* estipular
Vereinbarkeit *f*, **(en)** compatibilidad *f* (con)
Vereinbarung *f*, **en** convenio *m*; pacto *m*; estipulación *f*; convención *f*; *~en treffen* celebrar convenios; *~ betreffend Sorgfaltspflicht der Banken* (CH) convención relativa a la obligación de diligencia de los bancos; *~ des Eigentumvorbehalts* pacto de reserva de dominio; *mündliche ~* acuerdo *m* verbal
vereinbarungsgemäß según convenido
vereinfachen simplificar; hacer más sencillo
Vereinfachung *f*, **en** simplificación *f*; *~ der Zollformalitäten* simplificación de las formalidades aduaneras
Vereinheitlichung *f*, **en** armonización *f*; alineamiento *m*; estandarización *f*; unificación *f*; *~ der Tarife* unificación de tarifas
Vereinigung *f*, **en** asociación *f*; agrupamiento *m*; unión *f*; fusión *f*; *~ europäischer Konjunkturinstitute* Asociación de Institutos Europeos de Coyuntura Económica; *Internationale ~ für Hilfsvereine auf Gegenseitigkeit (AIM)* Asociación Internacional de la Mutualidad (AIM); *Internationale ~ der leitenden Angestellten* Confederación *f* Internacional de Técnicos; *Internationale ~ für Soziale Sicherheit (IVSS)* Asociación Internacional de la Seguridad Social (AISS); (R.D.A.) *~ Volkseigener Betriebe* unión de empresas nacionalizadas
Vereinigungsfreiheit *f*, Ø libertad *f* de asociación
vereinnahmen cobrar; tener entradas
Vereinnahmung *f*, **en** cobro *m*; ingreso *m*; entrada *f*

Vereinsfreiheit *f*, Ø → *Vereinigungsfreiheit*
Vereinsrecht *n*, Ø derecho *m* de asociaciones
Vereinssatzung *f*, **en** estatutos *pl* de la asociación
Vereinssitz *m*, e sede *f* social
Vereinsvorsitzende/r *(der/ein)* presidente *m* de la asociación
Vereinszwecke *pl* fines *pl* asociativos
Vereinte Nationen *pl* Naciones Unidas *pl*
Vereisungsgefahr *f*, **(en)** peligro *m* de hielo
verelenden verse reducido a la miseria
Verelendung *f*, **(en)** depauperación *f*; miseria *f*
Verelendungstheorie *f*, Ø teoría *f* de la depauperación
Verengung *f*, **en** 1. estrechamiento *m*; paso *m* estrecho 2. (Fig.) cuello *m* de botella
vererbar → *vererblich*
vererben dejar en herencia; *(durch Testament)* legar
Vererbung *f*, **en** traspaso *m* por (vía de) sucesión
verfahren proceder; actuar; operar; *sich ~* errar el camino *bzw*. atascarse
Verfahren *n*, **-** 1. (Jur. *u.* Gener.) procedimiento *m*; (Jur.) juicio *m* 2. *patentiertes ~* procedimiento patentado; *schiedsrichterliches ~* procedimiento arbitral; *summarisches ~* procedimiento sumario 3. *~ einstellen* sobreseer el procedimiento; *beweiskräftiges ~* procedimiento contundente 4. manera *f*, modo *m* de obrar, proceder
Verfahrensabschnitt *m*, e período *m*, etapa *f* del juicio
Verfahrensantrag *m*, ⸚e (Jur.) moción *f* de procedimiento
Verfahrenseinstellung *f*, **en** (Jur.) sobreseimiento *m* de la causa, del procedimiento, juicio
Verfahrensfragen *pl* cuestiones *pl* de procedimiento
Verfahrensgrundsätze *pl* principios *pl* del procedimiento
Verfahrenskosten *pl* (Jur.) costas *pl*
Verfahrensmängel *pl* vicios *pl*, faltas *pl* de(l) procedimiento
Verfahrensschutz *m*, Ø protección *f* de un procedimiento industrial
Verfahrenstechnik *f*, Ø investigación *f* operacional; ingeniería *f* de operaciones
Verfahrensweise *f*, **n** manera *f*, modo *m* de proceder
Verfall *m*, Ø caducidad *f*; invalidación *f*; vencimiento *m*; *bei ~ vorlegen* presentar a su vencimiento
verfallen expirar; caducar; vencer; *die Frist ist ~* ha vencido, expirado el plazo
Verfallsdat|um *n*, **-en** (fecha *f*, día *m* de) vencimiento *m*; *~ 12.07.89* consumir preferiblemente antes del 12.07.89

Verfallserklärung *f*, en declaración *f* de vencimiento; cancelación *f*
Verfallsliste *f*, n lista *f* de vencimientos
Verfall(s)tag *m*, e → *Verfallsdatum*
Verfall(s)zeit *f*, en plazo *m* de vencimiento, pago
verfälschen falsificar; alterar; falsear; *(Lebensmittel)* adulterar
verfälscht, *~e Bilanz* balance *m* tocado
Verfälschung *f*, en falsificación *f*; alteración *f*
verfassen redactar; ser autor de; componer
Verfassung *f*, en 1. constitución *f* 2. redacción *f*; composición *f*
Verfassungsänderung *f*, en reforma *f*, enmienda *f*, revisión *f* de la constitución
Verfassungsbeschwerde *f*, n recurso *m* de contrafuero
Verfassungsbruch *m*, ¨e violación *f*, inobservancia *f* de la constitución
verfassungsfeindlich anticonstitucional
verfassungsgebend constituyente; *~e Versammlung* asamblea *f* constituyente
Verfassungsklage *f*, n → *Verfassungsbeschwerde*
verfassungsmäßig constitucional
Verfassungsmäßigkeit *f*, Ø constitucionalidad *f*
Verfassungsschutz *m*, Ø protección *f* de la constitución; *Bundesamt für ~* Servicio *m* Federal de Contraespionaje
verfassungswidrig anticonstitucional
Verfassungswidrigkeit *f*, Ø anticonstitucionalidad *f*
Verfehlung *f*, en falta *f*; delito *m*; *~ im Amt* prevaricación *f*
verfertigen fabricar; producir; confeccionar; manufacturar
Verfertigung *f*, en producción *f*; fabricación *f*; elaboración *f*; confección *f*
verflechten entretejer; entrelazar; combinar
Verflechtung *f*, en entretejimiento *m*; entrelazamiento *m*; combinación *f*
verfließen *(Frist)* expirar; vencer
Verfolgung *f*, en persecución *f*; acosamiento *m*; prosecución *f*
verfrachten fletar; *(Ware)* expedir; despachar
Verfrachten *n*, Ø → *Verfrachtung*
Verfrachter *m*, - *(bei Schiffen)* fletante *m*; fletador *m*; (Com.) expedidor *m*
Verfrachtung *f*, en fletamento *m*; expedición *f*; despacho *m*
verfügbar disponible; *(Geld)* líquido; *~e Gelder* disponibilidades *pl*; fondos *pl* disponibles
Verfügbarkeit *f*, Ø disponibilidad *f*
verfügen 1. decretar; ordenar 2. *(über)* disponer (de)
Verfügung *f*, en (acto *m* de) disposición *f*; providencia *f*; decreto *m*; orden *f* 1. *einstweilige ~ auto m*, resolución *f* provisional; *letztwillige ~* última disposición *f*; testamento *m*; *Ihre ~* su orden 2. *zur ~ stellen* poner a disposición; dejar de cuenta
verfügungsberechtigt autorizado para, a disponer
Verfügungsbeschränkung *f*, en limitación *f* del derecho de disposición
Verfügungsgewalt *f*, (en) poder *m* dispositivo, de disposición; *in die ~ gelangen* llegar al poder dispositivo
Verfügungsrecht *n*, Ø derecho *m* de (libre) disposición; gobierno *m*
Verfügungsverbot *n*, e prohibición *f* de disponer
Verfügungsware *f*, n mercancía *f*, (LA) mercadería *f* disponible, devuelta
verfünffachen quintuplicar
Vergabe *f*, (n) 1. adjudicación *f*; *~ öffentlicher Arbeiten* adjudicación de contratas públicas; *~ auf dem Submissionswege* adjudicación por concurso, (LA) por licitación 2. asignación *f* 3. concesión *f*; *~ einer Lizenz* concesión de una licencia
vergeben 1. conceder; asignar; adjudicar 2. desaprovechar
vergeben ocupado
Vergebung *f*, (en) → *Vergabe*
Vergehen *n*, - delito *m*; falta *f*; contravención *f*
vergelten recompensar; reparar; devolver; retribuir
Vergeltung *f*, en recompensa *f*; retribución *f*; represalia *f*; venganza *f*
Vergeltungsmaßnahme *f*, n represalia *f*
Vergeltungszoll *m*, ¨e arancel *m* de represalia
vergemeinschaften mancomunar
vergesellschaften (Pol.) socializar; (Com.) *sich mit jdm. ~* asociarse con alg.
Vergesellschaftung *f*, en (Pol.) socialización *f*
vergeuden → *verschwenden*
Vergeudung *f*, (en) → *Verschwendung*
vergewerkschaften colocar bajo obediencia sindical
Vergleich *m*, e 1. comparación *f* 2. compromiso *m*; convenio *m*; arreglo *m*; *gerichtlicher ~* transacción *f*; avenencia *f*; *außergerichtlicher ~* transacción *f*, convenio *m* extrajudicial; *~ mit den Gläubigern* ajuste *m* con los acreedores; *(gütlich)* arreglo *m* amistoso; amigable composición *f*; *einen ~ abschließen* concertar un arreglo; *zu einem ~ kommen* llegar a un arreglo, ajuste; arreglarse 3. *(Schriftstücke)* colación *f*; cotejo *m*
vergleichen 1. comparar; oponer 2. componer; conciliar; ajustar 3. colacionar; cotejar
Vergleichsabschnitt *m*, e → *Vergleichsperiode*
Vergleichsbedingungen *pl* proposiciones *pl*,

condiciones *pl* del convenio
Vergleichsgläubiger *m*, - acreedor *m* del convenio
Vergleichsjahr *n*, e año *m* de comparación, referencia
Vergleichslohn *m*, ⁻e salario *m* de referencia, comparación
Vergleichmasse *f*, n masa *f* del convenio
Vergleichsmaßstab *m*, ⁻e término *m*, criterio *m* de comparación
Vergleichsperiode *f*, n período *m* de referencia, comparación
Vergleichssumme *f*, n suma *f* pagadera en virtud de arreglo
Vergleichsverfahren *n*, - (procedimiento *m* de) convenio *m*, conciliación *f*
Vergleichsvorschlag *m*, ⁻e proposición *f* de convenio
Vergleichszahl *f*, en cifra *f* comparativa
Vergnügungsdampfer *m*, - vapor *m* de recreo, excursión
Vergnügungsfahrt *f*, en viaje *m*, excursión *f* de placer, recreo; *(Meer)* travesía *f* de placer; crucero *m*
Vergnügungspark *m*, s parque *m* de atracciones
Vergnügungsreisende/r *(der/ein)* excursionista *m*
Vergnügungssteuer *f*, n impuesto *m* sobre espectáculos
Vergnügungsverein *m*, e sociedad *f* recreativa
vergreifen, *sich an der Kasse* ~ malversar fondos; *sich an fremdem Eigentum* ~ atentar contra la propiedad; robar
vergriffen agotado; fuera de venta, comercio
vergrößern aumentar; incrementar; ampliar; ensanchar; agrandar; engrandecer; *(Vollmacht)* amplificar
Vergrößerung *f*, en aumento *m*; ensanche *m*; incremento *m*; ampliación *f*; *die* ~ *der EG* la ampliación de la CE
Vergünstigung *f*; en ventaja *f*; *(Preis)* rebaja; bonificación *f*; concesión *f*
Vergünstigungsklausel *f*, n cláusula *f* de preferencia
Vergünstigungstarif *m*, e tarifa *f* reducida, de preferencia
Vergünstigungszoll *m*, ⁻e tarifa *f* de preferencia
vergüten 1. remunerar; pagar; abonar 2. reembolsar; restituir; reintegrar 3. *(Schaden)* indemnizar; reparar; desagraviar; resarcir de
Vergütung *f*, en 1. remuneración *f*; pago *m*; retribución *f*; ~ *in Sachleistungen* remuneración en especie; ~ *für Überstunden* remuneración de horas extraordinarias 2. reembolso *m*; restitución *f* 3. *(Schaden)* indemnización *f*; reparación *f*; resarcimiento *m*

verhaften detener; arrestar; tomar preso; capturar
Verhaftung *f*, en detención *f*; arresto *m*; captura *f*
Verhalten *n*, Ø conducta *f*; comportamiento *m*; *außerbetriebliches, außerdienstliches* ~ conducta del trabajador *od.* funcionario fuera del trabajo, de la empresa; *das bisherige* ~ los antecedentes; *schuldhaftes* ~ falta *f*
Verhältnis *n*, se 1. proporción *f* 2. relación *f*; *auf rechtlichem* ~ *beruhen* derivar de la relación jurídica 3. ~*se* circunstancias *pl*; situación *f*; estado *m* de cosas; condiciones *pl*
Verhältnisanteil *n*, e parte *f* proporcional; cuotaparte *f*; cuota *f*
verhältnismäßig proporcional; relativo
Verhältniswahl *f*, en representación *f* proporcional
verhandeln negociar; discutir; gestionar; (Jur.) ver, actuar una causa ante el tribunal
Verhandlung *f*, en 1. negociación *f*; ~*en* gestiones *pl* 2. (Jur.) juicio *m*; *mündliche* ~ vista *f* (oral) de la causa; discusion *f*, debate *m* de la causa
Verhandlungsbefugnis *f*, se competencia *f* de, poder *m* para negociar
verhandlungsbereit dispuesto a negociar
Verhandlungsbericht *m*, e acta *f* de la sesión; ~ *aufnehmen* levantar acta
Verhandlungsbevollmächtigte/r *(der/ein)* plenipotenciario *m*
verhandlungsfähig (Jur.) ~ *sein* estar en condición de seguir los debates
Verhandlungsgebühr *f*, en derecho *m* de debates
Verhandlungsgrundlage *f*, n base *f* de (la) negociación
Verhandlungspunkt *m*, e punto *m* de las negociaciones
Verhandlungssaal *m*, -äle sala *f* de sesiones
Verhandlungsspielraum *m*, ⁻e margen *m* de maniobra
Verhandlungstag *m*, e día *m* de la audiencia
Verhandlungstermin *m*, e (celebración *f* de) juicio *m*; vista *f*
Verhandlungstisch *m*, e mesa *f* de negociación
Verhandlungsvollmacht *f*, en plenos poderes *pl* para negociar
Verhandlungsweg, *auf dem* ~ por vía de negociaciones
verhängen infligir; imponer; decretar
verharmlosen minimizar; restar importancia a
verhehlen disimular; recatar; ocultar; (Jur.) encubrir
verheimlichen disimular; ocultar; *(neg. Absicht)* solapar; (Jur.) encubrir
Verheimlichung *f*, en disimulo *m*; ocultación *f*; (Jur.) encubrimiento *m*
verhindern impedir; imposibilitar; evitar; (Jur.) inhibir

verhindert, ~ *sein* tener un compromiso
Verhinderung *f*, **en** impedimento *m*; estorbo *m*; (Jur.) inhibición *f*
Verhinderungsfall, *im* ~*(e)* en caso de impedimento
verhökern (Fam.) vender a bajo precio, al menudeo
Verhör *n*, **e** interrogatorio *m*; *(Zeuge)* audición *f*
verhundertfachen centuplicar; multiplicar por cien
verhüten prevenir; evitar; impedir
verhütten someter a un tratamiento metalúrgico; beneficiar
Verhüttung *f*, **(en)** tratamiento *m* metalúrgico; beneficio *m*
Verhütung *f*, **en** prevención *f*; ~ *von Betriebsunfällen* prevención de accidentes de trabajo
verjährbar prescriptible; susceptible de, sujeto a prescripción
Verjährbarkeit *f*, Ø prescriptibilidad *f*
verjähren *(nach,in x Jahren)* ~ prescribir (al cabo de, a los x años); caducar; vencer
verjährt caducado; prescrito; ~*e Schuld* débito *m* prescrito
Verjährung *f*, **en** caducidad *f*; prescripción *f*; *rechtsvernichtende* ~ prescripción extintiva; *der* ~ *unterworfen* prescriptivo; *unvordenkliche* ~ prescripción inmemorial
Verjährungsfrist *f*, **en** plazo *m* de prescripción; *Ablauf der* ~ expiración *f* del plazo de prescripción
verjubeln (Fam.) *(Geld)* despilfarrar (en alegre compañía)
verkabeln (Teléf.) cablear
Verkabelung *f*, **en** (Teléf.) cableado *m*
verkalkulieren, *sich* ~ (Fam.) calcular mal; equivocarse en el cálculo; (Fig.) llevarse (un) chasco
Verkauf *m*, **ᵚe** enajenación *f*; colocación *f*; venta *f* 1. ~ *auf Raten, gegen Teilzahlung* venta a plazos; ~ *mit Rückkaufrecht* retroventa *f* 2. *zum* ~ *stehen* estar de venta; *zum* ~ *(kommissionsweise)* a comisión; en consignación; *zum* ~ *anbieten* ofrecer, poner a la venta
verkaufen vender; enajenar; colocar; *zu* ~ se vende
Verkäufer *m*, - vendedor *m*; dependiente *m*
Verkäuferin *f*, **nen** vendedora *f*; dependienta *f*
Verkäuferschulung *f*, **en** formación *f*, capacitación *f* de vendedores
verkäuflich vendible; de, en venta; comerciable; *leicht* ~ de fácil venta, colocación; tener buena salida
Verkaufs- (Pref.) de la venta; de ventas
Verkaufsabteilung *f*, **en** departamento *m*, servicio *m* de ventas

Verkaufsauftrag *m*, **ᵚe** orden *f* de venta
Verkaufsausstellung *f*, **en** venta-exposición *f*
Verkaufsautomat *m*, **en** expendedor *m*, distribuidor *m* automático
Verkaufsbedingungen *pl* condiciones *pl* de venta
Verkaufsbüro *n*, **s** oficina *f* de venta
Verkaufschef *m*, **s** → *Verkaufsleiter*
Verkaufserlös *m*, **e** producto *m* de la(s) venta(s)
Verkaufsfläche *f*, **n** superficie *f* de venta
Verkaufsförderer *m*, - promotor *m* de ventas
verkaufsfördernd, ~*e Maßnahmen* medidas *pl* de promoción de ventas
Verkaufsförderung *f*, **en** promoción *f* de ventas
Verkaufsgenossenschaft *f*, **en** cooperativa *f* de venta
Verkaufsgespräch *n*, **e** entrevista *f* vendedor-comprador; entrevista *f* dirigida a vender un producto
Verkaufshit *m*, **s** → *Verkaufsschlager*
Verkaufskommissionär *m*, **e** comisionista *m* de venta
Verkaufslager *n*, - almacén *m* de venta
Verkaufsleiter *m*, - jefe *m* del servicio de ventas
Verkaufslimit *n*, **s** precio *m* plafón
Verkaufslizenz *f*, **en** licencia *f* de venta
Verkaufsmethode *f*, **n** método *m* de venta
Verkaufsmonopol *n*, **e** monopolio *m* de venta
verkaufsoffen, ~*er Samstag* sábado *m* en el que las tiendas están abiertas toda la jornada
Verkaufsoption *f*, **en** opción *f* de venta
Verkaufsorder *f*, **s** → *Verkaufsauftrag*
Verkaufsorganisation *f*, **en** organización *f* de ventas
Verkaufsplan *m*, **ᵚe** plan *m* de ventas
Verkaufspolitik *f*, Ø política *f* de ventas; estrategia *f* comercial
Verkaufspraktiken *pl* → *Verkaufsmethode*
Verkaufspreis *m*, **e** precio *m* de venta; *den* ~ *berechnen* calcular el precio de venta
Verkaufspsychologie *f*, Ø (p)sicología *f* de la venta
Verkaufsräume *pl* locales *pl* de venta, comerciales
Verkaufsschlager *m*, - éxito *m* de venta
Verkaufsstand *m*, **ᵚe** stand *m*; puesto *m*
Verkaufsstelle *f*, **n** punto *m*, centro *m* de venta; despacho *m*
Verkaufstechnik *f*, **en** técnica *f* de venta, comercialización
Verkaufstisch *m*, **e** mostrador *m*
Verkaufs- und Einkaufsgenossenschaft *f*, **en** cooperativa *f* de compra y venta
Verkaufsurkunde *f*, **n** escritura *f*, acta *f* de venta
Verkaufsverbot *n*, **e** prohibición *f* de venta
Verkaufsversprechen *n*, - promesa *f* de venta
Verkaufsvertrag *m*, **ᵚe** contrato *m* de venta

Verkaufswert *m*, e valor *m* de venta
Verkaufszahlen *pl* cifras *pl* de venta
Verkaufszeit *f*, en horas *pl* de venta (al público)
Verkaufszentrale *f*, n central *f* de venta
Verkaufsziffern *pl* → *Verkaufszahlen*
Verkehr *m*, Ø 1. (Transp.) circulación *f*; transporte *m*; tráfico ~ *auf Rädern* trafico sobre neumáticos; *dem ~ übergeben* entregar a la circulación; poner en servicio 2. (Com.) comercio *m*; circulación *f*; *in ~ bringen* poner en circulación; expender 3. *(Börse) amtlicher ~* Bolsa *f*, cotización *f* oficial; *außeramtlicher ~* cotización *f* extraoficial; Bolsín *m*; *freier ~* mercado *m* libre
verkehren 1. circular; hacer el recorrido de, el servicio entre 2. tener relaciones con
Verkehrsabgabe *f*, n tasa *f* de circulación
Verkehrsachse *f*, n eje *m* de tráfico
Verkehrsader *f*, n arteria *f* de tráfico
Verkehrsampel *f*, n disco *m*; semáforo *m*; luz *f* reguladora del tráfico, de señalización
Verkehrsamt *n*, ⸚er oficina *f* de turismo
Verkehrsandrang *m*, Ø afluencia *f* de tráfico
verkehrsarm poco frecuentado; *~e Zeit* horas *pl* de escaso tráfico; horas *pl* valle
Verkehrsaufkommen *n*, Ø volumen *m* de tráfico
Verkehrsbeschränkungen *pl* restricciones *pl* del tráfico
Verkehrsbetrieb *m*, e empresa *f* de transportes; *~e* transportes *pl* colectivos
Verkehrsbüro *n*, s → *Verkehrsamt*
Verkehrsdichte *f*, Ø densidad *f*, intensidad *f* del tráfico
Verkehrsentlastung *f*, en descongestionamiento *m*
verkehrsfähig, *~e Papiere* títulos *pl* negociables
Verkehrsflugzeug *n*, e avión *m* comercial *od.* de línea
Verkehrsgewerbe *n*, Ø los transportes *pl*; industria *f* de transportes
verkehrsgünstig perfectamente comunicado, accesible
Verkehrsinsel *f*, n burladero *m*; refugio *m*; isla *f*
Verkehrskontrolle *f*, n control *m* de la circulación, del tráfico
Verkehrslinie *f*, n vía *f* de comunicación
Verkehrsluftfahrt *f*, Ø aviación *f* civil
Verkehrsministerijum *n*, -en Ministerio *m* de Transportes y Comunicaciones
Verkehrsmittel *pl* medios *pl* de transporte; *öffentliche ~* medios de transporte público
Verkehrsmittelfreiheit *f*, Ø libre utilización *f* de los medios de transporte
Verkehrsnetz *n*, e red *f* de transporte, comunicaciones
Verkehrsordnung *f*, (en) código *m* de (la) circulación; *Verstoß gegen die ~* violación *f* del código de (la) circulación
Verkehrsplanung *f*, en planificación *f* de la infraestructura vial y ferroviaria
Verkehrspolizist *m*, en agente *m*, guardia *m* de la circulación
verkehrsrechtlich relativo al derecho de la circulación
Verkehrsregel *f*, n norma *f*, regla *f* de la circulación
Verkehrsregelung *f*, (en) 1. *(durch Verkehrspolizist)* regulación *f* del tráfico 2. *(durch Verkehrszeichen)* señalización *f*
verkehrsreich frecuentado; de alta densidad de tráfico
Verkehrsrisiklo *n*, -en riesgo *m* de circulación
Verkehrsschild *n*, er → *Verkehrszeichen*
Verkehrssicherheit *f*, Ø seguridad *f* de la circulación
Verkehrsspitze *f*, n hora *f* punta, de tráfico máximo
verkehrsstark → *verkehrsreich*
Verkehrsstau *m*, s caravana *f*; atasco *m*; congestión *m*, embotellamiento *m* (del tráfico)
Verkehrsstauung *f*, en → *Verkehrsstau*
Verkehrssteuer *f*, n → *Verkehrsabgabe*
Verkehrsstockung *f*, en → *Verkehrsstau*
Verkehrsstörung *f*, en perturbación *f*, interrupción *f* del tráfico
Verkehrsstraße *f*, n vía *f* de comunicación *bzw.* de gran tráfico
Verkehrsstreife *f*, n patrulla *f*
Verkehrssünder *m*, - contraventor *m*, infractor *m* (de las normas de circulación)
Verkehrssünderkartei *f*, (en) (R.F.A.) Fichero *m* Central de Contravenciones de la Circulación; Registro *m* Central de Infractores (de tráfico) (en Flensburg)
Verkehrssystem *n*, e sistema *m*, régimen *m* de transporte
Verkehrsteilnehmer *m*, - usuario *m*; participante *m* en la circulación; persona *f* que circula por las vías públicas
Verkehrsträger *m*, - transportista *m*; empresa *f* de transportes públicos
Verkehrsübertretung *f*, en infracción *f* del Código de la Circulación, de las normas de la circulación
Verkehrs- und Tarifverbund *m*, Ø sistema *m* combinado de transportes publicos y tarifas
Verkehrsunfall *m*, ⸚e accidente *m* de tráfico, circulación
Verkehrsunfallflucht *f*, Ø fuga *f* en caso de accidente
Verkehrsverband *m*, ⸚e 1. → *Verkehrsamt* 2. unión *f* de sindicatos de iniciativa

Verkehrsverbindung f, en comunicación f
Verkehrsverbot n, e paso m prohibido; ~ für Fahrzeuge über eine bestimmte Breite ancho m limitado
Verkehrsverbund m, Ø sistema m combinado de transporte
Verkehrsverein m, e → Verkehrsamt
Verkehrsvorschriften pl preceptos pl, código m de la circulación
Verkehrswerbung f, en publicidad f turística
Verkehrswert m, e valor m comercial, corriente, de mercado
Verkehrswesen n, Ø los transportes pl
verkehrswidrig, ~ fahren conducir descuidando las reglas de circulación
Verkehrszählung f, en censo m del tráfico
Verkehrszeichen n, - señal f (de circulación)
verkettet enlazado; encadenado
verklagen poner pleito a; formar causa a; entablar demanda contra
verklappen vertir al mar
Verklappung f, en vertido m al mar
Verklarung f, en informe m de mar; protesta f de mar, del capitán; ~ belegen presentar protesta de mar
verklauseln → verklausulieren
verklausulieren 1. introducir cláusulas, restricciones (en) 2. enredar
Verklausulierung f, en restricción f
verkleinern disminuir; reducir; empequeñecer
verknappen volverse escaso; escasear
Verknappung f, (en) insuficiencia f; escasez f; ~ der Arbeitskräfte escasez de mano de obra
verknüpfen enlazar; conectar; vincular; acoplar; poner en función de
verkohlen carbonizar; reducir a carbón
verkoken coquefícar
Verkokung f, Ø coquefacción f
verköstigen alimentar; dar comida a
verkraftbar soportable
verkraften 1. soportar; poder con; asumir; einen Verlust ~ asumir una pérdida 2. electrificar una red
verkünden anunciar; hacer saber; publicar; dar a conocer; hacer público; das Urteil ~ hacer pública, pronunciar la sentencia; (Gesetz) promulgar; (amtlich) proclamar
verkürzen reducir; disminuir; acortar; (Geld) cercenar; escatimar
Verkürzung f, en reducción f; disminución f; acortamiento m; cercenamiento m; ~ der Wochenarbeitszeit reducción de la semana laboral
Verladeanlage f, n instalación f de carga
Verladebahnhof m, ⸚e estación f de carga
Verladehafen m, ⸚ puerto m de carga, embarque

verladen embarcar; cargar; (Ferr.) envagonar; expedir
Verladeplatz m, ⸚e muelle m; cargadero m
Verlader m, - embarcador m; cargador m; expedidor m
Verladung f, en carga f; embarque m; ~ an Deck embarque sobre cubierta
Verlag m, e (casa f) editorial f; erschienen im ~ publicado por
verlagern dislocar; desplazar; transferir; (Ware) almacenar en otro lugar
Verlagerung f, en dislocación f; desplazamiento m; transferencia f; ~ der Kaufkraft transferencia del poder adquisitivo
Verlagsbuchhandel m, Ø comercio m editorial
Verlagsbuchhändler m, - librero m editor
Verlagskosten pl gastos pl de edición, publicación
Verlagsrecht n, Ø derechos pl de impresión; propiedad f literaria
Verlagswesen n, Ø edición f
Verlagszeichen n, - marca f del editor
verlangen demandar; exigir; pedir; reclamar; reivindicar; solicitar
Verlangen n, Ø demanda f; exigencia f; reivindicación f; deseo m; solicitud f; auf ~ des Kunden a solicitud, petición del cliente
verlängern prolongar; prorrogar; renovar; stillschweigend ~ renovar por acuerdo tácito
Verlängerung f, en prolongación f; incremento m; ~ der Lebensdauer incremento de longevidad; renovación f; prorrata f; prórroga f; reconducción f; ausdrückliche ~ renovación f expresa; stillschweigende ~ tácita reconducción f; renovación f tácita; ~ der Zahlungsfrist moratoria f
Verlängerungsklausel f, n cláusula f de renovación, prórroga
Verlängerungsprotokoll n, e protocolo m de prórroga
verlangsamen retardar; die Fahrt ~ moderar, retardar la marcha
Verlangsamung f, Ø retardación f
Verlassen n, Ø abandono m
Verlauf m, Ø transcurso m; curso m; rumbo m; marcha f; (Seg.) (marcha f de la) siniestralidad f
Verlaufsschwankungen pl (Seg.) fluctuaciones pl de la siniestralidad
verlautbaren comunicar; divulgar; hacer público; declarar; amtlich wird verlautbart, daß se declara oficialmente que
Verlautbarung f, en divulgación f; notificación f; comunicado m; amtliche ~ comunicado oficial; gemeinsame ~ comunicado conjunto
verlauten → verlautbaren

Verleaser *m*, - arrendador *m* (en el marco del arrendamiento financiero)
verlegen 1. editar; publicar 2. desplazar; transferir; trasladar 3. aplazar; postergar 4. *(Kabel)* tender; colocar 5. *etw.* ~ traspapelar; extraviar
Verleger *m*, - editor *m*
Verlegung *f*, en 1. desplazamiento *m*; transferencia *f*; traslado *m*; ~ *der Geschäftsräume* cambio *m* de local; ~ *des Gesellschaftssitzes* traslado de la sede social 2. aplazamiento *m*; postergación *f* 3. *(Kabel)* tendido *m*
Verleih *m*, e 1. (servicio *m* de) préstamo *m* 2. (empresa *f* de) colocación *f*; ~ *von Arbeitskräften* cesión *f* de mano de obra
verleihen 1. prestar; dar en préstamo 2. alquilar 3. (Fig.) otorgar; conceder; investir de
Verleiher *m*, - 1. comodante *m* 2. *(beim Leiharbeitsverhältnis)* cedente *m* 3. alquilador *m* 4. prestador *m*
Verleihung *f*, (en) 1. préstamo *m* 2. alquiler *m* 3. otorgamiento *m*; concesión *f*; adjudicación *f*
verlesen dar lectura a
verletzen 1. lesionar; herir 2. violar; infringir; contravenir
Verletzung *f*, en 1. lesión *f*; herida *f* 2. violación *f*; inobservancia *f*; contravención *f*; ~ *der Amtspflichten* prevaricación *f*; ~ *des Amtsgeheimnisses* violación del secreto de funcionario; ~ *der diplomatischen Treuepflicht* lesión del deber de lealtad diplomática; ~ *der Geheimhaltungspflicht* revelación *f* de secretos documentarios
verleumden calumniar; difamar; denigrar
Verleumdung *f*, en calumnia *f*; difamación *f*; detracción *f*
verlieren perder; (Jur.) sucumbir
Verlierer *m*, - el que pierde un objeto
verlosbar, ~*e Wertpapiere* valores *pl* amortizables por sorteo
Verlosungsliste *f*, n lista *f* de sorteo
Verlust *m*, e pérdida *f*; déficit *m*; *(Schaden)* daño *m*; daños y perjuicios *pl*; ~ *erleiden, gutmachen, zufügen* sufrir, reparar, causar una pérdida, daño
Verlustabschluß *m*, ¨sse → *Verlustbilanz*
Verlustanzeigen *pl (in Zeitung)* objetos perdidos *pl*
Verlustbilanz *f*, en balance *m* deficitario
verlustbringend deficitario; perjudicial; ~*es Geschäft* negocio *m* ruinoso
Verlustgeschäft *n*, e necocio *m* deficitario
verlustig, *eines Rechtes* ~ *gehen* perder un derecho
Verlustjahr *n*, e año *m*, ejercicio *m* deficitario
Verlustkont|**o** *n*, -en cuenta *f* deficitaria, pasiva; *auf das* ~ *setzen* dar por perdido

Verlustliste *f*, n lista *f* de bajas
Verlustmeldung *f*, en parte *m*, aviso *m* de pérdida
Verlustnachweis *m*, e (Seg.) comprobación *f* de una pérdida
Verlustpreis *m*, e precio *m* deficitario, ruinoso
Verlustquote *f*, n procentaje *m* de pérdida
verlustreich → *verlustbringend*
Verlustsald|**o** *m*, -en saldo *m* pasivo
Verlustschein *m*, e certificado *m*, atestado *m* de pérdida
verlustträchtig → *verlustbringend*
Verlust- und Gewinnkont|**o** *n*, -en → *Verlust- und Gewinnrechnung*
Verlust- und Gewinnrechnung *f*, en cuenta *f* de pérdidas y ganancias; cuenta *f* de resultados
Verlustvortrag *m*, ¨e transporte *m* a cuenta nueva de las pérdidas
vermachen legar; testar
Vermächtnis *n*, se manda *f*; testamento *m*; legado *m*; *bedingtes* ~ legado condicional; *befristetes* ~ legado a plazo; ~ *eines Sachinbegriffs* legado de universalidad; ~ *einer Schuldbefreiung* legado de liberación
Vermächtnisnehmer *m*, - legatario *m*
vermarken amojonar; deslindar; ahitar
vermarkten comercializar
Vermarktung *f*, (en) comercialización *f*; distribución *f*
Vermarktungskosten *pl* gastos *pl* de comercialización, distribución
Vermarktungspolitik *f*, Ø política *f* de comercialización, distribución
Vermarkung *f*, en deslinde *m*; amojonamiento *m*
vermehren aumentar; ampliar; acrecentar; incrementar; multiplicar; propagar
Vermehrung *f*, en aumento *m*; incremento *m*; ampliación *f*; acrecentamiento *m*; multiplicación *f*; propagación *f*
Vermeidbarkeit *f*, Ø evitabilidad *f*
Vermeidung *f*, en evitación *f*; prevención *f*
Vermerk *m*, e nota *f*; mención; observación *f*; *mit* ~ *im Protokoll* con mención, observación en el protocolo
vermerken anotar; tomar nota de
vermerkt, *wenn nichts anderes* ~ *ist* salvo observación en contrario
vermieten alquilar; dar en alquiler; arrendar; ceder en arriendo; *zu* ~ *sein* estar por alquilar; *Zimmer zu* ~ se alquila
Vermieter *m*, - arrendador *m*; alquilador *m*
Vermieterpfandrecht *n*, Ø derecho *m* de prenda del arrendador
Vermietung *f*, en alquiler *m*; alquilamiento *m*; arrendamiento *m* (urbano); *(Schiff)* fletamento *m*
vermindern disminuir; reducir; aminorar; mer-

mar
Verminderung *f*, en reducción *f*; disminución *f*; aminoración *f*; merma *f*; menoscabo *m*
Vermischung *f*, en, *durch Verbindung oder ~ erwerben* adquirir por accesión
vermitteln 1. intervenir; servir de mediador 2. procurar; proporcionar; facilitar; agenciar
Vermittler *m*, - mediador *m*; intercesor *m*; (Seg.) productor *m*; *(amtlich)* interventor *m*; (Com.) intermediario *m*; *(Makler)* corredor *m*; agente *m*; comisionista *m*
Vermittlerprovision *f*, en comisión *f*
Vermittlerrolle *f*, n papel *m* de intermediario; *die ~ spielen* servir de intermediario
Vermittlung *f*, en *(durch-von)* mediación *f* (por-de); intervención *f*; intercesión *f*; *(als Dienstleistung)* servicio *m*
Vermittlungsamt *n*, ⸚er (Teléf.) central *f* de teléfonos
Vermittlungsausschuß *m*, ⸚sse comisión *f* mediadora, de mediación
Vermittlungsbüro *n*, s agencia *f* de colocaciones
Vermittlungsgebühr *f*, en comisión *f* (de intermediario); corretaje *m*
Vermittlungsprovision *f*, en → *Vermittlungsgebühr*
Vermittlungsstelle *f*, n 1. centro *m* de intercambio 2. (Teléf.) central *f* (de comunicaciones)
Vermögen *n*, - fortuna *f*; patrimonio *m*; bienes *pl*; *herrenloses ~* bienes vacantes; *unbewegliches ~* patrimonio inmueble
Vermögensabgabe *f*, n impuesto *m* sobre los bienes muebles e inmuebles
Vermögensabschätzung *f*, en evaluación *f*, tasación *f* de los bienes
Vermögensabtretung *f*, en cesión *f* de bienes
Vermögensanlage *f*, n inversión *f* (patrimonial, de fondos, de capitales)
Vermögensanmeldung *f*, en declaración *f* de bienes
Vermögensanteil *m*, e participación *f* patrimonial
Vermögensaufstellung *f*, en estado *m* de la fortuna
Vermögensauseinandersetzung *f*, en liquidación *f* de bienes
Vermögensbeschlagnahme *f*, Ø → *Vermögenseinziehung*
Vermögensbesitz *m*, Ø posesión *f* de bienes
Vermögensbestand *m*, Ø activo *m*; estado *m* de bienes
Vermögensbesteuerung *f*, en imposición *f* de bienes
Vermögensbewertung *f*, en evaluación *f* de los bienes, de la fortuna
Vermögensbildung *f*, en formación *f* de capital
Vermögenseinziehung *f*, en confiscación *f* de bienes
Vermögensertrag *m*, ⸚e rentas *pl*, producto *m* de capital, patrimonio
Vermögenslage *f*, n situación *f* patrimonial, financiera
Vermögensliquidation *f*, en liquidación *f* de bienes
Vermögensmasse *f*, n masa *f* de bienes
Vermögensminderung *f*, (en) empobrecimiento *m*
Vermögensnachweis *m*, e declaración *f* de bienes
Vermögensschäden *pl* (Seg.) daños *pl* patrimoniales
Vermögensschichtung *f*, en clasificación *f* de bienes
Vermögen(s)steuer *f*, n → *Vermögensabgabe*
Vermögensübertragung *f*, en transferencia *f*, cesión *f* de bienes
Vermögensumschichtung *f*, en redistribución *f* de bienes
Vermögensverhältnisse *pl* → *Vermögenslage*
Vermögensverlust *m*, e pérdida *f* de bienes
Vermögensverschiebung *f*, en desplazamiento *m* patrimonial
Vermögensverwalter *m*, - administrador *m* fiduciario; *(für Rechtsunfähige)* curador *m*
Vermögensverwaltung *f*, en administración *f* de bienes, del patrimonio; gestión *f* económica; (Jur.) curaduría *f*
Vermögensverwaltungsdepot *n*, s depósito *m* de administración de bienes
Vermögensvorteil *f*, (e) lucro *m*, provecho *m*, beneficio *m* patrimonial
Vermögenswerte *pl* valores *pl* de capital; *illiquide ~* valores inmovilizados
vermögenswirksam que fomenta la formación de capital
Vermögenszuwachs *m*, (⸚e) incremento *m* de los bienes, del patrimonio
Verneinungsfall, *im ~* en caso de una respuesta negativa
Verödung *f*, en asolamiento *m*; despoblación *f*
veröffentlichen publicar; hacer público
Veröffentlichung *f*, en publicación *f*; promulgación *f*
Veröffentlichungspflicht *f*, en deber *m* de publicación
Veröffentlichungsrecht *n*, e derecho *m* de publicación
verordnen decretar; ordenar; disponer
Verordnung *f*, en disposición *f*; ordenanza *f*; *dringliche ~* ordenanza de urgencia; (CE) reglamento *m*; decreto *m*; *gesetzesvertretende ~* decreto-ley *m*
Verordnungsblatt *n*, ⸚er diario *m* oficial; gaceta *f*

Verordnungsgewalt f, Ø poder m reglamentario
Verordnungsweg, *auf dem* ~ por disposición del gobierno; por vía reglamentaria; por decreto
verpachten arrendar; ceder; dar en arriendo, arrendamiento
Verpächter m, - arrendador m
Verpachtung f, en arriendo m; arrendamiento m
verpacken embalar; empaquetar
Verpackung f, en envase m; empaque m; embalaje m; *einschließlich* ~ incluido embalaje; *seemäßige* ~ embalaje marítimo
verpackungsfrei sin embalaje
Verpackungsgewicht n, (e) tara f
Verpackungskosten pl gastos pl de embalaje
Verpackungsmaschine f, n máquina f de embalar, empaquetar
Verpackungsmaterial n, ien material m de embalaje
verpesten → *verschmutzen*
Verpestung f, en → *Verschmutzung*
verpfänden pignorar; empeñar; dar en garantía; hipotecar
Verpfänder m, - deudor m prendario; pignorante m
verpfändet, *in erster Hypothek* ~ pignorado en primera hipoteca
Verpfändung f, en pignoración f; empeño m
Verpfändungsklausel f, n cláusula f de pignoración; *negative* ~ cláusula de pignoración negativa
Verpfändungsvertrag m, ᵘᵉ contrato m de prenda
Verpflegung f, en manutención f; ~ *und Unterkunft* manutención y alojamiento; *volle* ~ pensión f completa**Verrechnungskasse** f, n caja f de compensación

Verpflegungsgelder pl asistencias pl
Verpflegungskosten pl gastos pl de manutención
verpflichten obligar; comprometer; *eidlich* ~ juramentar; *vertraglich* ~ contratar
verpflichtend obligatorio; vinculante; que compromete
Verpflichtung f, en 1. compromiso m; deber m; obligación f 2. ~ *der Nichtwiederausfuhr* obligación de no reexportación 3. *finanzielle* ~*en eingehen* contraer obligaciones financieras; *sich finanziellen* ~ *entziehen* sustraerse a, no cumplir, faltar a sus obligaciones, compromisos financieros; *den* ~*en bei Fälligkeit nachkommen* cumplir las obligaciones a su vencimiento; *seinen* ~*en nachkommen* atender a, cumplir sus obligaciones 4. ~*en pl* (Com.) pasivo m
Verpflichtungsgeschäft n, e negocio m jurídico obligacional

Verpflichtungskredit m, e crédito m de garantía
verpfuschen (Fam.) chapucear; echar a perder
verplanen 1. introducir en la planificación 2. *sich* ~ equivocarse en sus planificaciones
verprassen (Fam.) derrochar; desperdiciar; malgastar
verrechnen 1. liquidar; compensar; deducir 2. abonar en cuenta 3. *sich* ~ equivocarse en sus cálculos; (Fig.) llevarse un chasco
Verrechnung f, en 1. deducción f; liquidación f; compensación f; clearing m 2. abono m en cuenta; *nur zur* ~ sólo para compensación, abono en cuenta
Verrechnungsabkommen n, - acuerdo m de compensación
Verrechnungseinheit f, en (VE) unidad f de cuenta
Verrechnungsfonds m, - fondo m de compensación
Verrechnungsgeschäft n, e operación f de compensación, clearing
Verrechnungskasse f, n caja f de compensación
Verrechnungskonto n, -en cuenta f de compensación, clearing
Verrechnungskurs m, e tipo m de compensación
Verrechnungsscheck m, s cheque m cruzado, barrado, para abono en cuenta, de compensación
Verrechnungsstelle f, n cámara f de compensación; clearinghouse m
Verrechnungssteuer f, n (CH) impuesto m sobre la renta de capital
Verrechnungssystem n, e sistema m de compensación, clearing
Verrechnungsverfahren n, - procedimiento m de clearing, compensación; *im* ~ por medio de clearing
Verrechnungswährung f, en moneda f de cuenta
verrenten pasar al régimen pasivo
Verrentung f, en pase m al régimen pasivo; jubilación f; *frühzeitige* ~ jubilación anticipada
verrichten ejecutar; hacer; ejercer; cumplir; desempeñar
Verrichtung f, en ejecución f; cumplimiento m; desempeño m
Verrichtungsgehilfe m, n (Jur.) auxiliar m
verringern reducir; disminuir; amenguar; aminorar; *(Preis)* rebajar; *das Arbeitstempo* ~ reducir el ritmo de trabajo
Verringerung f, en reducción f; disminución f; *(Preis)* rebaja f; ~ *der Lärmbelästigung* disminución del ruido; ~ *des Personalbestandes* reducción de plantilla
versagen 1. fallar 2. rehusar; negar
Versagen n, Ø fallo m; ~ *der Einrichtungen, technisches* ~ fallo m de los mecanismos

versammeln reunir; juntar; congregar; *sich ~ reunirse*; (LA) sesionar
Versammlung *f*, **en** reunión *f*; asamblea *f*; junta *f*; mitin *m*; congreso *m* 1. *(Europarat) Beratende ~* Asamblea Consultiva; *Gemeinsame ~ (später Europäisches Parlament)* Asamblea Común (hoy; Parlamento Europeo); *verfassungsgebende ~* asamblea constituyente 2. *eine ~ einberufen* convocar una asamblea
Versammlungsfreiheit *f*, Ø libertad *f* de reunión
Versammlungsteilnehmer *m*, - congresista *m*; asambleísta *m*; participante *m* en una reunión
Versand *m*, Ø envío *m*; remesa *f*; expedición *f*; despacho *m*; *~ ins Haus* envío a domicilio
Versandabteilung *f*, **en** sección *f*, departamento *m* de expedición, despacho
Versandanzeige *f*, **n** aviso *m*, anuncio *m* de expedición, envío, despacho
Versandaufgabe *f*, **n** → *Versandanzeige*
Versandbahnhof *m*, ⸚e estación *f* expedidora, de embarque
Versandbedingungen *pl* condiciones *pl* de envío
versandbereit → *versandfertig*
Versandbeutel *m*, - bolsa *f* para muestras
Versandbuchhandel *m*, Ø venta *f* de libros por, sobre catálogo
Versanddokumente *pl* documentos *pl* de expedición, envío
Versanderklärung *f*, **en** declaración *f*, nota *f* de expedición; (LA) nota *f* de remisión
Versandfaktur|a *f*, **-en** factura *f* pro-forma
versandfertig listo para el embarque, envío
Versandfirm|a *f*, **-en** 1. casa *f* expedidora 2. casa *f* de venta por correspondencia
Versandgebühren *pl* derechos *pl* de expedición
Versandgeschäft *n*, **e** casa *f* de venta por correspondencia
Versandhandel *m*, Ø venta *f* por correspondencia, correo
Versandhaus *n*, ⸚er → *Versandgeschäft*
Versandkatalog *m*, **e** catálogo *m* de venta por correspondencia
Versandkauf *m*, ⸚e compra *f* bzw. venta *f* por correspondencia
Versandkosten *pl* gastos *m* de envío
Versandort *m*, **e** lugar *m* de expedición; punto *m* de envío
Versandpapiere *pl* documentos *pl* de expedición, transporte, envío
Versandrechnung *f*, **en** → *Versandfaktura*
Versandschein *m*, **e** talón *m*, nota *f* de envío
Versandvorschriften *pl* instrucciones *pl* para el envío
Versandwechsel *m*, - letra *f* sobre otra plaza
Versandzettel *m*, - → *Versanderklärung*
Versatz *m*, Ø *(Vorgang)* empeño *m*; *(Stück)* prenda *f*; *in ~ geben* dar en prenda; empeñar
Versatzamt *n*, ⸚er (A) Monte *m* de Piedad; (LA) montepío *m*; casa *f* de empeños
versäumen descuidar; desatender; faltar a; omitir; no llegar a tiempo
Versäumnis *n*, **se** 1. falta *f*; negligencia *f*; omisión *f*; descuido *m* 2. *~ der Lieferfrist* demora *f* en la entrega
Versäumnisurteil *n*, **e** sentencia *f* de, en rebeldía
verschachern (Fam.) trapichar; hacer dinero con a/c
Verschachtelung *f*, **en**, *~ von Unternehmen* interdependencia *f* de empresas
verschaffen procurar; proporcionar; facilitar; conseguir; agenciar; *eine Stelle ~* intermediar un puesto de trabajo
Verschaffungsvermächtnis *n*, **se** legado *m* de cosa ajena
verschärfen agravar; intensificar; *sich ~* agudizar; agravarse
Verschärfung *f*, **en** agravación *f*; exacerbación *f*; agudización *f*
verscherbeln (Fam.) vender a un precio ruinoso
verscheuern (Fam.) → *verscherbeln*
verschicken mandar; enviar; remitir; expedir; despachar
Verschickung *f*, **en** envío *m*; expedición *f*
Verschiebebahnhof *m*, ⸚e estación *f* de maniobra
verschieben 1. aplazar; postergar; diferir 2. remover; cambiar de sitio; dislocar; trasladar 3. (Ferr.) hacer maniobras (de formación) 4. vender bajo mano, clandestinamente
Verschiebung *f*, **en** 1. aplazamiento *m*; postergación *f* 2. desplazamiento *m*; dislocación *m*; cambio *m* de sitio; traslación *f* 3. venta *f* bajo mano, clandestina
verschieden distinto; diferente; desigual; *aus ~en Fachgebieten* interdisciplinario
Verschiedenes „varios"; „cuestiones diversas"
verschiffen embarcar; transportar por vía fluvial bzw. marítima
Verschiffer *m*, - cargador *m*; embarcador *m*
Verschiffung *f*, **(en)** embarque *m*; transporte *m*; *(Sendung)* remesa *m*; expedición *f*
Verschiffungsgewicht *n*, **e** peso *m* de embarque
Verschiffungshafen *m*, ⸚ puerto *m* de embarque
Verschiffungskosten *pl* gastos *pl* de embarque
Verschiffungspapiere *pl* documentos *pl* de embarque
Verschiffungsprovision *f*, **en** comisión *f* de embarque
verschlechtern empeorar; deteriorar; menoscabar; desmejorar; mermar; *(Luft)* enrarecer; *sich ~* empeorarse; deteriorarse
Verschlechterung *f*, **en** deterioro *m*; empeoramiento *m*; deterioramiento *m*; degradación

f; menoscabo *m*; *(Luft)* enrarecimiento *m*
verschleiern encubrir; ocultar; disimular
Verschleierung *f*, **en** encubrimiento *m*; disimulación *f*; disimulo *m*; ocultación *f*; ~ *von Gewinn* ocultación de beneficios; ~ *der Vermögens- und Einkommenslage* disimulación de la situación patrimonial y de los ingresos
Verschleierungstaktik *f*, **en** táctica *f* de disimulación
Verschleiß *m*, Ø 1. desgaste *m*; usura *f*; deterioro *m* 2. (A) venta *f*
verschleudern 1. vender a precio vil, ruinoso 2. despilfarrar; dilapidar; desperdiciar
Verschleuderung *f*, **(en)** 1. venta *f* a precios ruinosos 2. desperdicio *m*; disipación *f*
verschließbar cerradizo; con llave, cerradura, cierre
verschlimmern → *verschlechtern*
verschlingen devorar; consumir; exigir; *viel Energie* ~ consumir mucha energía
verschlossen, *bei ~en Türen* a puerta cerrada
Verschlu|ß *m*, ⸗**sse** cierre *m*; *(Zoll)* precinto *m*; *einen ~ anlegen* poner un precinto; *unter* ~ bajo llave, *(Zoll)* precinto; *unter zollamtlichem* ~ precintado
Verschlußsache *f*, **n** documento *m* confidencial; „reservado"
verschlüsseln cifrar; poner en clave
verschlüsselt en clave, cifra; cifrado
Verschlüsselung *f*, **en** cifrado *m*
verschmelzen (Com.) fusionar; *sich* ~ (Com.) fusionarse
Verschmelzung *f*, **en** (Com.) fusión *f* (de empresas)
verschmerzen, *einen Verlust* ~ consolarse, resarcirse de una pérdida
verschmutzen apestar; ensuciar; contaminar; *die Umwelt* ~ contaminar el medio ambiente
Verschmutzung *f*, **en** ensuciamiento *m*; contaminación *f*; ~ *der Luft* contaminación atmosférica; ~ *der Umwelt* contaminación del medio ambiente; polución *f*
Verschönerungsverein *m*, **e** sociedad *f* de fomento del embellecimiento local
verschrotten desguazar
verschulden causar; ser responsable; hacerse culpable de; *sich* ~ endeudarse; contraer deudas (con)
Verschulden *n*, Ø culpabilidad *f*; responsabilidad *f*; culpa *f*; *mitwirkendes* ~ coexistencia *f* de culpa (por parte del perjudicado)
Verschuldenshaftung *f*, **en** (Seg.) responsabilidad *f* de culpabilidad, culpable
verschuldet 1. culpable 2. ~ *sein* estar endeudado; tener deudas; *stark* ~ *sein* estar cargado de deudas

Verschuldung *f*, **en** deuda *f* contraída; *(Haus)* gravamen *m* hipotecario; endeudamiento *m*; *kurzfristige, langfristige* ~ endeudamiento a corte, largo plazo
verschwenden despilfarrar; dilapidar; derrochar; disipar; prodigar; *(Kraft, Zeit)* desperdiciar
Verschwendung *f*, **en** despilfarro *m*; derroche *m*; dilapidación *f*; disipación *f*; desperdicio *m*; prodigalidad *f*; profusión *f*; ~ *öffentlicher Gelder* dilapidación de fondos públicos
verschwiegen discreto; reservado
Verschwiegenheit *f*, Ø descreción *f*; reserva *f*; *wir sichern Bewerbern in ungekündigter Stellung strengste* ~ *zu* estricta reserva colocados
Verschwiegenheitspflicht *f*, **(en)** deber *m* de discreción
versechsfachen sextuplicar
versehen 1. desempeñar; ejercer 2. ~ *mit* dotar de; proveer de; *einen Wechsel mit dem Giro* ~ endosar una letra; *einen Wechsel mit Akzept* ~ aceptar una letra; *mit dem Datum* ~ poner fecha a; *mit einem Siegel* ~ sellar con un sello; *mit Unterschrift* ~ firmar 3. ~ *mit* dotado de; provisto de; investido de
Versehrte/r *(der/ein)* mutilado *m*; inválido *m*
Versehrtheit *f*, Ø invalidez *f*
verselbständigen, *sich* ~ (Com.) establecerse
versenden → *verschicken*
Versender *m*, **-** remitente *m*; expedidor *m*
Versendung *f*, **en** → *Versand*
Versendungsart *f*, **en** modo *m* de envío
Versendungskauf *m*, ⸗**e** compra *f* a distancia
versetzen 1. trasladar; *(in den Ruhestand)* jubilar 2. → *verpfänden*
Versetzung *f*, **en** 1. traslado *m*; *(vorzeitige)* ~ *in den Ruhestand* jubilación *f* (anticipada) 2. → *Verpfändung* 3. *(Schule)* paso *m* al curso superior
verseuchen contaminar; apestar; ensuciar; infestar
Verseuchung *f*, **en** contaminación *f*; ensuciamiento *m*; infestación *f*; *radioaktive* ~ contaminación radiactiva
versicherbar asegurable; ~*es Risiko* riesgo *m* asegurable
Versicherbarkeit *f*, Ø asegurabilidad *f*
Versicherer *m*, **-** asegurador *m*; compañía *f* aseguradora
versichern asegurar; garantizar; cubrir
versichert asegurado; ~*es Kapital* capital *m* asegurado; ~*e Summe* suma *f* asegurada; ~*er Wert* valor *m* asegurado
Versicherte/r *(der/ein)* asegurado *m*
Versicherung *f*, **en** 1. seguro *m* 2. ~ *von Bauleistungen (CAR)* seguro *m* de obras civiles (TRC todo riesgo de contratistas); ~ *für Ei-*

genschäden seguro para daños propios; *freiwillige* ~ seguro voluntario, facultativo; ~ *gegen alle Gefahren* seguro a todo riesgo; ~ *auf Gegenseitigkeit* seguro mutuo; ~ *mit Indexklausel* seguro con cláusula de índice (variable); *industrielle* ~ seguro industrial; ~ *mit Karenzfrist* seguro con plazo de carencia; ~ *auf verbundene Leben* seguro sobre dos cabezas; ~ *gegen das Nichterscheinen von Personen* seguro de incomparecencia; ~ *mit Optionen* seguro de opción; ~ *mit, ohne Prämienrückgewähr* seguro con, sin bonificación; ~ *auf erstes Risiko* seguro a primer riesgo; ~ *auf den Todesfall* seguro de riesgo de muerte; ~ *mit Wahlarten* seguro con opción 3. *eine* ~ *abschließen* concertar, concluir un seguro; *eine* ~ *betreiben* trabajar un seguro 4. *eidesstattliche* ~ declaración *f* jurada; afidávit *m*

Versicherungsablauf *m*, Ø expiración *f* de la póliza

Versicherungsabschlu|ß *m*, ⸚sse contratación *f* del seguro

Versicherungsagent *m*, en agente *m* de seguros

Versicherungsaktie *f*, n acción *f* de una entidad, compañía de seguros

Versicherungsaktiengesellschaft *f*, en sociedad *f* anónima de seguros

Versicherungsalter *n*, Ø edad *f* de seguro

Versicherungsantrag *m*, ⸚e proposición *f*, propuesta *f* de seguro

Versicherungsanstalt *f*, en compañía *f* aseguradora, de seguros; ~ *auf Gegenseitigkeit* mutualidad *f* (de seguros)

Versicherungsaufsicht *f*, (en) control *m* de seguros; superintendencia *f* de seguros

Versicherungsaufsichtsbehörde *f*, n organismo *m* de inspección de las empresas de seguros; superintendencia *f* de seguros

Versicherungsauftrag *m*, ⸚e orden *f* de seguro

Versicherungsbedingungen *pl* condiciones *pl* del seguro

Versicherungsbeginn *m*, (e) entrada *f* en vigor de la garantía

Versicherungsbeirat *m*, e Consejo *m* Nacional de Seguros

Versicherungsbeitrag *m*, ⸚e → *Versicherungsprämie*

Versicherungsberater *m*, - asesor *m* de seguros

Versicherungsbestand *m*, (⸚e) cartera *f*, portfolio *m* (de seguro)

Versicherungsbestätigung *f*, en certificado *m* de seguro

Versicherungsbetrieb *m*, e entidad *f* de seguros

Versicherungsbetrug *m*, Ø seguro *m* fraudulento; estafa *f*, fraude *m* de seguros

Versicherungsbranche *f*, n ramo *m* de seguros

Versicherungsdauer *f*, Ø vigencia *f*, período *m*, duración *f* del seguro

Versicherungsdeckung *f*, en cobertura *f* del seguro

Versicherungsdichte *f*, Ø densidad *f* aseguradora; *Gebiete hoher* ~ zonas *pl* de alta densidad aseguradora

Versicherungsentgelt *n*, e prima *f* de seguro

Versicherungsfach|mann *m*, ⸚er *od*. -leute especialista *m*, experto *m* en materia de seguros

versicherungsfähig → *versicherbar*

Versicherungsfall *m*, ⸚e (acaecimiento *m* del) siniestro *m*; contingencia *f* (asegurada); ocurrencia *f* del riesgo

Versicherungsform *f*, en modalidad *f*, tipo *m* de seguro

Versicherungsfreiheit *f*, Ø exención *f* del seguro; contratación *f* voluntaria

Versicherungsgeber *m*, - → *Versicherer*

Versicherungsgegenstand *m*, ⸚e objeto *m* de(l) seguro, asegurado

Versicherungsgeschäft *n*, e operación *f* de seguro; *ein* ~ *unterbringen* colocar un seguro

Versicherungsgesellschaft *f*, en → *Versicherungsanstalt*

Versicherungsgewerbe *n*, Ø industria *f*, ramo *m* de seguros

Versicherungsgrenze *f*, n límite *m* de la responsabilidad del asegurador

Versicherungsinspektor *m*, en inspector *m* de seguros

Versicherungsjahr *n*, e anualidad *f* de seguro

Versicherungskarte *f*, n tarjeta *f*, cartilla *f* de seguro; *grüne, internationale* ~ carta *f* verde

Versicherungskombination *f*, en combinación *f* de seguros

Versicherungsleistung *f*, en prestación *f* (del seguro)

Versicherungsmakler *m*, - corredor *m* de seguros

Versicherungsmaklerfirm|a *f*, -en correduría *f* de seguros

Versicherungsmarkt *m*, ⸚e mercado *m* de seguros

Versicherungsmathematik *f*, Ø ciencia *f* actuarial; matemáticas *pl* actuariales

Versicherungsmathematiker *m*, - actuario *m* (en seguros)

versicherungsmathematisch actuarial

Versicherungsmedizin *f*, Ø ciencia *f* médico-actuarial

Versicherungsnehmer *m*, - tomador *m*, consumidor *m* del seguro; contratante *m* (del seguro); *(falls Versicherter und Versicherungsnehmer dieselbe Person)* asegurado *m*

Versicherungsnota *f*, - nota *f* de seguro

Versicherungsobjekt *n*, e → *Versicherungsgegenstand*

Versicherungsort *m*, ⸗e situación *f* del riesgo asegurado; lugar *m* del seguro
Versicherungspaket *n*, ⸗e póliza *f* paquete
Versicherungsperiode *f*, *n* → *Versicherungsdauer*
Versicherungspflicht *f*, **en** obligatoriedad *f* de seguro; contratación *f* obligatoria
Versicherungspflichtgrenze *f*, *n* límite *m* de ingresos hasta el que es obligatoria la afiliación a la Seguridad Social
versicherungspflichtig 1. sujeto a seguro obligatorio 2. sujeto a la Seguridad Social
Versicherungspolice *f*, *n* póliza *f* de seguro(s); *übertragbare* ~ póliza transmisible
Versicherungspool *m*, *s* consorcio *m* de aseguradores
Versicherungsprämie *f*, *n* prima *f* de seguro
Versicherungsrecht *n*, Ø derecho *m* de seguros
Versicherungsrückkauf *m*, ⸗e retroventa *f* de un seguro
Versicherungsschein *m*, **e** → *Versicherungspolice*
Versicherungsschutz *m*, Ø cobertura *f*, amparo *m* de seguro
Versicherungssparte *f*, *n* → *Versicherungszweig*
Versicherungssumme *f*, *n* suma *f* asegurada; capital *m* asegurado
Versicherungssystem *n*, **e** → *Versicherungswesen*
Versicherungstätigkeit *f*, **en** actividad *f* de seguros
Versicherungstechnik *f*, Ø técnica *f* actuarial
Versicherungstechniker *m*, - técnico *m* del seguro
versicherungstechnisch 1. → *versicherungsmathematisch* 2. *~es Ergebnis* resultado *m* técnico del seguro; *~e Literatur* literatura *f* técnica del seguro
Versicherungsträger *m*, - asegurador *m*; compañía *f* aseguradora; organismo *m*, ente *m* asegurador
Versicherungsverein *m*, **e auf Gegenseitigkeit** mutualidad *f* de seguros
Versicherungsvermittler *m*, - agente *m* de seguros
Versicherungsvertrag *m*, ⸗e contrato *m* de seguro
Versicherungsvertragsgesetz *n*, **e** Ley *f* en materia del contrato de seguro
Versicherungsvertreter *m*, - agente *m* de seguros
Versicherungswert *m*, **e** valor *m* asegurable, del seguro; interés *m* asegurado
Versicherungswesen *n*, Ø los seguros *pl*; sistema *m*, régimen *m* de seguros; industria *f* de seguros, del seguro
Versicherungswirtschaft *f*, Ø industria *f* aseguradora
Versicherungszeit *f*, **en** duración *f* del seguro
Versicherungszeitraum *m*, ⸗e período *m* de seguro
Versicherungszertifikat *n*, **e** → *Versicherungsbestätigung*
Versicherungszwang *m*, Ø seguro *m* obligatorio; contratación *f* obligatoria
Versicherungszweig *m*, **e** ramo *m*, rama *f*, modalidad *f* de seguro; *technischer* ~ ramo del seguro técnico
versiegeln sellar; poner un sello a; cerrar con sello
Versiegelung *f*, **en** aplicación *f* del sello; selladura *f*
versilbern 1. platear 2. convertir en dinero; realizar
versorgen abastecer, proveer (de); *die Familie* ~ sustentar, mantener la familia
Versorgung *f*, **(en)** abastecimiento *m*; aprovisionamiento *m*; provisión *f*; abasto *m*; *(Lieferung)* suministro *m*; *soziale* ~ previsión *f* social; *(Unterhalt)* manutención *f*; sustento *m*
Versorgungsagentur *f*, **en** agencia *f* de abastecimiento
Versorgungsanspruch *m*, ⸗e derecho *m* a una pensión
versorgungsberechtigt que tiene derecho a una pensión; beneficiario *m* de asistencia social
Versorgungsbetrieb *m*, **e** empresa *f* pública de producción y distribución (agua, gas, electricidad)
Versorgungskasse *f*, *n* caja *f* de previsión
Versorgungsschiff *n*, **e** buque *m* de aprovisionamiento
Versorgungsstaat *m*, **en** Estado *m* social
Versorgungswerte *pl* valores *pl* de los servicios públicos
Verspätung *f*, **en** tardanza *f*; retardo *m*; retraso *m*; demora *f*; *~en im Luftverkehr* demoras *pl* en los vuelos, en el tráfico aéreo
verspekulieren perder en especulaciones (bursátiles)
verstaatlichen nacionalizar; estatizar; fiscalizar
Verstaatlichung *f*, **en** nacionalización *f*; estatización *f*; fiscalización *f*
verstädtern urbanizar; municipalizar
Verstädterung *f*, **en** urbanismo *m*; urbanización *f*; municipalización *f*
verständigen, *jdn.* ~ avisar, informar a alg.; notificar a/c a alg.
Verständigung *f*, **en** 1. arreglo *m*; avenencia *f*; acuerdo *m* 2. notificación *f*
verstärken reforzar; fortificar; fortalecer; intensificar
Verstärker *m*, - amplificador *m*
Verstärkung *f*, **en** refuerzo *m*; fortificación *f*; fortalecimiento *m*; intensificación *f*

Verstauung *f*, Ø estibado *m*
verstehen, *die Preise ~ sich bar* los precios se entienden al contado
Versteigerer *m*, - subastador *m*; licitador *m*; (LA) rematador *m*
versteigern subastar; sacar a subasta; (LA) rematar; licitar
Versteigerung *f*, en licitación *f*; subasta *f*; (LA) remate *m*; *öffentliche ~* subasta pública; *durch öffentliche ~ verwerten* realizar mediante subasta pública
Versteigerungsgebühr *f*, en tasa *f* de subasta
Versteigerungslokal *n*, e sala *f* de subastas; (LA) casa *f* de remates
versteuern pagar impuestos por; gravar con un impuesto; *(Dokument)* reintegrar
Versteuerung *f*, en pago *m* de impuestos
Verstoß *m*, ¨e violación *f*; infracción *f*; atentado *m*; *~ gegen die Geschäftsordnung* infracción del Reglamento
verstoßen, *gegen die Verkehrsregeln ~* infringir las normas de la circulación
Verstrickungsbruch *m*, ¨e sustracción *f* de objetos embargados
Versuchsanlage *f*, n instalación *f* piloto
Versuchseinrichtung *f*, en instalación *f* de ensayo
Versuchsfahrt *f*, en viaje *m* de prueba
Versuchsmarkt *m*, ¨e mercado *m* piloto
Versuchsschule *f*, n escuela *f* experimental
Versuchsstrecke *f*, n tramo *m* de prueba
vertagen aplazar; suspender; demorar; prorrogar; *die Verhandlung ~* aplazar, suspender el debate
Vertagung *f*, en aplazamiento *m*; prórroga *f*
Vertagungsantrag *m*, ¨e moción *f* de aplazamiento
Vertauschung *f*, en *(eines Amtes)* permuta *f*
Verteidigungsausgaben *pl* gastos *pl* militares, para la defensa
Verteidigungsgemeinschaft *f*, Ø *Europäische ~ (EVG)* Comunidad *f* Europea de Defensa
verteilbar repartible; distribuible
verteilen repartir; distribuir; *(nach Verhältnis)* prorratear
Verteilerring *m*, e red *f* (ilegal) de distribución
Verteilung *f*, en distribución *f*; reparto *m*; repartición *f*; *anteilsmäßige ~* prorrateo *m*; reparto a prorrata, proporcional; *~ der Arbeitszeit* distribución, reparto de la jornada laboral; *~ nach Köpfen* reparto per cápita; *~ der öffentlichen Lasten* repartición de las cargas públicas; *~ des Reingewinns* distribución del beneficio neto; (Seg.) *~ der Rückvergütung* reparto de bonus, bonificación; *~ des Volkseinkommens* distribución de la renta nacional

Verteilungsgleis *n*, e (Ferr.) desvío *m*
Verteilungsmodlus *m*, -i modo *m* de distribución
Verteilungsplan *m*, ¨e plan *m* de distribución
Verteilungsregel *f*, n (Seg.) regla *f* proporcional
Verteilungsschlüssel *m*, - cuadro *m* de distribución
Verteilungsstelle *f*, n organismo *m* de distribución
Verteilungsverfahren *n*, - procedimiento *m* de distribución
verteuern encarecer; subir el precio
Verteuerung *f*, en encarecimiento *m*; subida *f*, elevación *f* de precio
vertikal, *~e Indexierung* indexación *f* vertical; *~e Produktionsintegration* integración *f* vertical de producción
Vertikalkonzern *m*, e grupo *m* que forma una concentración vertical
vertippen, *sich ~* equivocarse al mecanografiar
Vertrag *m*, ¨e contrato *m*; *(zwischen Staaten)* tratado *m*; pacto *m* 1. *aleatorischer ~* contrato aleatorio; *einseitig verpflichtender ~* contrato unilateral; *entgeltlicher ~* contrato oneroso; *gegenseitiger ~* contrato bilateral, sinalagmático; *geschlossener ~* tratado limitado; *offener ~* tratado abierto; *rechtsgeschäftlicher ~* tratado-contrato; *rechtssetzender ~* tratado-ley *m*; *unentgeltlicher ~* contrato gratuito; (CE) *~ über die Gründung der EGKS* Tratado sobre la Creación de la CECA; (CE) *Römische ~* e Tratados *pl* de Roma 2. *~ rückgängig machen, aufheben* rescindir el contrato; *einen ~ lösen* resolver un contrato; *einen ~ nichtig machen* invalidar un contrato; *einen ~ schließen* concluir, celebrar, concertar un contrato; *einen ~ verletzen* violar un contrato; *von einem ~ zurücktreten* desistir de un contrato
vertraglich contractual; según contrato, lo convenido en el contrato; convencional; *~ vereinbaren* convenir; pactar; estipular (por escrito); *~e Festsetzung* estipulación *f*; *~e Verpflichtung* obligación *f* contractual
Vertragsabschluß *m*, ¨sse conclusión *f*, concertación *f*, celebración *f*, perfección *f* del contrato, tratado
Vertragsabschlußvereinbarung *f*, en pacto *m* de contraendo
Vertragsakten *pl* actas *pl* del contrato
Vertragsänderung *f*, en modificación *f* del contrato
Vertragsbedingungen *pl* condiciones *pl* contractuales; concertadas
Vertragsbereich *m*, e ámbito *m* contractual; (Seg.) *proportionaler ~* ámbito contractual proporcional
Vertragsbestand *m*, ¨e cartera *f* contractual

Vertragsbestimmungen *pl* → *Vertragsbedingungen*
Vertragsbruch *m*, ⸗e quebrantamiento *m*, ruptura *f* de contrato
vertragsbrüchig, ~ *werden* infringir, violar, romper un contrato
Vertragschließende/r *(der/ein)* (parte *f*) contratante *m*
Vertragsentwurf *m*, ⸗e borrador *m*, proyecto *m* bzw. modelo *m* de contrato
Vertragserbe *m*, *n* heredero *m* contractual
Vertragserneuerung *f*, en renovación *f* del contrato
Vertragsfirma *f*, -en casa *f* afiliada, bajo contrato
Vertragsfreiheit *f*, Ø libertad *f* contractual
Vertragsgegenstand *m*, ⸗e objeto *m* del contrato
vertragsgemäß conforme a lo convenido, estipulado en el contrato; en cumplimiento legal del contrato
Vertragshaftung *f*, en responsabilidad *f* contractual
Vertragshändler *m*, - concesionario *m*
Vertragsinhalt *m*, Ø contenido *m* del contrato
Vertragskapazität *f*, en capacidad *f* del contrato
Vertragsklausel *f*, n cláusula *f* de contrato
Vertragskündigung *f*, en rescisión *f* del contrato
Vertragsland *n*, ⸗er país *m* contratante
vertragsmäßig 1. → *vertraglich* 2. → *vertragsgemäß*
Vertragsmuster *n*, - (formulario *m* de) contrato *m* tipo
Vertragspartei *f*, en → *Vertragsschließende/r*
Vertragspartner *m*, - → *Vertragsschließende/r*
Vertragspflicht *f*, en obligación *f* contractual
Vertragsprämie *f*, n prima *f* estipulada
Vertragspreis *m*, e precio *m* contractual
Vertragsrecht *n*, Ø Derecho *m* de los Tratados
Vertragsrückversicherung *f*, en reaseguro *m* contractual
vertragsschließend, ~*e Gewalt* poder *m* contratante; *die* ~*en Parteien* las partes *pl* contratantes
Vertragsschluß *m*, ⸗sse → *Vertragsabschluß*
Vertragsschlußrecht *n*, e derecho *m* de concluir tratados (internacionales)
Vertragsstrafe *f*, n multa *f*, sanción *f* convencional
Vertragsstrafenklausel *f*, n cláusula *f* penal contractual
Vertragsstrafenversicherung *f*, en seguro *m* de daños punitivos, de multas convencionales
Vertragstarif *m*, e tarifa *f* convenional
Vertragsteile *pl* → *Vertragspartner*
Vertragstreue *f*, Ø fidelidad *f* al contrato; observancia *f*, cumplimiento *m* de un tratado
Vertragsübernahmen *pl* asunciones *pl* contractuales
Vertragsurkunde *f*, n escritura *f*; contrata *f*
Vertragsverlängerung *f*, en renovación *f* del contrato
Vertragsverletzung *f*, en violación *f* del contrato
Vertragsverpflichtungen *pl* compromisos *pl*, obligaciones *pl* que se derivan de los tratados
vertragswidrig contrario al contrato, a lo estipulado, convenido; ~*es Verhalten des Kunden* actuación *f* del cliente en contravención de lo convenido
Vertragszölle *pl* derechos *pl*, aduanas *pl* convencionales
Vertrauen *n*, Ø confianza *f*; (Com.) crédito *m*
Vertrauensantrag *m*, ⸗e moción *f* de confianza
Vertrauensarzt *m*, ⸗e médico *m* inspector de la Seguridad Social *od.* del seguro de enfermedad
Vertrauensbruch *m*, ⸗e → *Vertrauensmißbrauch*
Vertrauensfrage *f*, n cuestión *f* de confianza
Vertrauens|mann *m*, ⸗er *od.* -leute 1. persona *f*, hombre *m* de confianza 2. enlace *m* sindical
Vertrauensmißbrauch *m*, ⸗e abuso *m* de confianza; indiscreción *f*
Vertrauensperson *f*, en persona *f* de confianza
Vertrauensposten *m*, - → *Vertrauensstellung*
Vertrauensschadensversicherung *f*, en seguro *m* de infidelidad
Vertrauensstellung *f*, en puesto *m*, cargo *m* de confianza
Vertrauensverhältnis *n*, Ø *gegenseitiges* ~ confianza *f* mutua
Vertrauensvot|um *n*, -en voto *m* de confianza
vertrauenswürdig digno de confianza; fiable; acreditado; (Com.) solvente
Vertrauenswürdigkeit *f*, Ø (Com.) solvencia *f*; crédito *m*
vertraulich reservado; confidencial; *streng* ~ estrictamente confidencial
vertreiben 1. desalojar 2. vender
vertretbar 1. fungible; ~*e Güter* bienes *pl* fungibles 2. defendible; justificable; aceptable
Vertretbarkeit *f*, Ø 1. fungibilidad *f* 2. aceptabilidad *f*
vertreten 1. representar 2. suplir; sustituir; reemplazar
vertretend, *vom Verkäufer zu* ~*er Schaden* daño *m* imputable al vendedor
Vertretene/r *(der/ein)* representado *m*
Vertreter *m*, - 1. representante *m*; delegado *m*; (Seg.) agente *m*; *ordnungsgemäß bevollmächtigter* ~ representante debidamente autorizado 2. suplente *m*; su(b)stituto *m*
Vertreterbesuch *m*, e visita *f* del representante
Vertreterprovision *f*, en comisión *f* de representante

Vertreterspesen *pl* gastos *pl* de representante
Vertretervertrag *m*, ╩e contrato *m* de representación
Vertretung *f*, **en** 1. representación *f*; (Seg.) agencia *f*; *gesetzliche* ~ representación legal; *in* ~ *(i.V.)* por poder (p.p.); *konsularische* ~ representación consular; ~ *der Arbeitnehmer im Aufsichtsrat* representación de los trabajadores en el Consejo de Supervisión, Vigilancia 2. suplencia *f*; su(b)stitución *f*; reemplazo *m*
Vertretungsbefugnis *f*, **se** → *Vertretungsvollmacht*
Vertretungskosten *pl* gastos *pl* de representación
Vertretungskräfte *pl* personal *m* interino; personal *m* que sustituye (al personal fijo)
Vertretungsmacht *f*, *Ø* → *Vertretungsvollmacht*
Vertretungsorgan *n*, **e** órgano *m* representativo, de representación
Vertretungsvollmacht *f*, **en** poder *m*, facultad *f* de representación; poder *m* representativo
vertretungsweise 1. en representación 2. a título de reemplazo; como suplente
Vertrieb *m*, **e** venta *f*; distribución *f*; comercialización *f*
Vertriebene/r *(der/ein)* expulsado *m*; persona *f* desplazada
Vertriebsabkommen *n*, - acuerdo *m* de venta y distribución
Vertriebsabteilung *f*, **en** sección *f*, departamento *m* de ventas
Vertriebsapparat *m*, **e** organización *f* de venta
Vertriebsgesellschaft *f*, **en** sociedad *f* de venta
Vertriebskartell *n*, **e** cártel *m* de venta
Vertriebskosten *pl* *(Bilanz)* costes *pl* de ventas; gastos *pl* de venta
Vertriebsleiter *m*, - jefe *m* (de la sección) de ventas
Vertriebsmethode *f*, **n** método *m* de distribución, venta
Vertriebsnetz *n*, **e** red *f* de distribución
Vertriebsorganisation *f*, **en** → *Vertriebsapparat*
Vertriebspolitik *f*, *Ø* política *f*, estrategia *f* de venta, distribución
Vertriebsrecht *n*, **e** derecho *m* de venta; *alleiniges* ~ derecho exclusivo de venta
Vertriebsstelle *f*, **n** punto *m* de venta, distribución
Vertriebsstruktur *f*, **en** estructura *f* de comercialización, distribución
Vertriebstechnik *f*, **en** técnica *f* de distribución, comercialización
Vertriebswege *pl* canales *pl* de venta, distribución
Vertriebswesen *n*, *Ø* sistema *m*, régimen *m* de ventas
vertrusten trustificar; formar un trust
Vertrustung *f*, **en** trustificación *f*

vertuschen encubrir; disimular; paliar
verüben cometer; perpetrar
Verunglückte/r *(der/ein)* accidentado *m*
Verunreinigung *f*, (**en**) impurificación *f*; ~ *von Gewässern* impurificación de aguas
veruntreuen desfalcar; malversar
Veruntreuung *f*, **en** abuso *m* de confianza; malversación *f* de fondos; desfalco *m*; *(im Amt)* prevaricación *f*; ~ *öffentlicher Gelder* malversación de caudales públicos
Veruntreuungsversicherung *f*, **en** seguro *m* de estafa, abuso de confianza
verursachen causar; provocar; motivar; ocasionar; dar lugar a
Verursacherprinzip *n*, (**ien**) principio *m* del causante (según el cual los contaminadores serán los que paguen por la protección ambiental)
Verursachungsprinzip *n*, (**ien**) → *Verursacherprinzip*
vervielfachen multiplicar
vervielfältigen reproducir; copiar; hectografiar
Vervielfältiger *m*, - → *Vervielfältigungsapparat*
Vervielfältigung *f*, **en** multiplicación *f*; copia *f*; hectografía *f*
Vervielfältigungsapparat *m*, **e** multicopista *m*; autocopista *m*; hectógrafo *m*
Vervielfältigungspapier *n*, *Ø* papel *m* multicopista
Vervielfältigungspaste *f*, **n** tinta *f*, pasta *f* para multicopistas
Vervielfältigungsrecht *n*, **e** derecho *m* de reproducción
Vervielfältigungsverfahren *n*, - policopia *f*
vervierfachen cuatriplicar; cuadruplicar; multiplicar por cuatro
verwählen (Teléf.) *sich* ~ marcar mal
verwahren guardar en depósito; tener en custodia
Verwahrer *m*, - depositario *m*
Verwahrstaat *m*, **en** Estado *m* depositario
Verwahrstelle *f*, **n** depositario *m*
Verwahrung *f*, **en** 1. depósito *m*; custodia *f*; *entgeltliche* ~ depósito a título oneroso; *unentgeltliche* ~ depósito gratuito; *uneigentliche* ~ depósito irregular; *in* ~ *geben* dar en custodia 2. (Jur.) arresto *m* 3. ~ *gegen* protesta *f* contra
Verwahrungsdepot *n*, **s** depósito *m* cerrado
Verwahrungsgelder *pl* depósitos *pl*
Verwahrungsgeschäft *n*, **e** operación *f* de depósito
Verwahrungsregister *n*, - registro *m* de depósito
Verwahrungsvertrag *m*, ╩e contrato *m* de depósito
verwalten administrar; *schlecht* ~ malversar
Verwalter *m*, - administrador *m*; gerente *m*

447

Verwaltung *f*, **en** gestión *f*; administración *f*; *öffentliche* ~ administración pública
Verwaltungs- (Pref.) administrativo; de la administración
Verwaltungsabteilung *f*, **en** 1. servicio *m* administrativo 2. división *f* administrativa, de asuntos administrativos
Verwaltungsakt *m*, **e** acto *m* administrativo
Verwaltungsapparat *m*, **e** aparato *m* administrativo
verwaltungsaufwendig con gran despliegue administrativo
Verwaltungsausgaben *pl* gastos *pl* administrativos, de gestión
Verwaltungsausschuß *m*, ⸚sse comisión *f* administrativa; comité *m* administrativo
Verwaltungsbeamte/r *(der/ein)* funcionario *m* administrativo
Verwaltungsbehörde *f*, **n** administración *f*; dirección *f*, autoridad *f* administrativa
Verwaltungsbericht *m*, **e** informe *m* administrativo
Verwaltungsbezirk *m*, **e** distrito *m* administrativo; jurisdicción *f*
Verwaltungsdienst *m*, **e** servicio *m* administrativo, público
Verwaltungsdirektor *m*, **en** director *m* administrativo
Verwaltungsgebäude *n*, - edificio *f* de la administración
Verwaltungsgebühren *pl* derechos *pl* administrativos
Verwaltungsgemeinkosten *pl* costes *pl* generales administrativos
Verwaltungsgericht *n*, **e** Tribunal *m* Contencioso-Administrativo
Verwaltungskontrolle *f*, **n** control *m* administrativo
Verwaltungskörper *m*, Ø *örtlicher* ~ asamblea *f*, consejo *m* local
Verwaltungskosten *pl* gastos *pl* de gestión; costes *pl* administrativos
Verwaltungskostengewinn *m*, **e** beneficio *m* sobre los gastos de gestión
Verwaltungskostenzuschlag *m*, ⸚e cargos *pl* por gastos de gestión
verwaltungsmäßig administrativo
Verwaltungspersonal *n*, Ø personal *m* administrativo
Verwaltungspflichten *pl die Bank übernimmt* ~ el banco asume obligaciones de administración
Verwaltungsrat *m*, ⸚e consejo *m* de administración
Verwaltungsratsmitglied *n*, **er** *leitendes* ~ consejero *m* delegado

Verwaltungsrecht *n*, Ø derecho *m* administrativo
Verwaltungssekretariat *n*, **e** secretaría *f* administrativa
Verwaltungssitz *m*, **e** sede *f* administrativa, de la administración
Verwaltungssprache *f*, **n** lenguaje *m* administrativo
Verwaltungsstelle *f*, **n** organismo *m* administrativo
Verwaltungstätigkeit *f*, **en** actuación *f*, actividad *f* administrativa
verwaltungstechnisch, *aus ~en Gründen* por motivos administrativos
Verwaltungsverfahren *n*, - procedimiento *m* administrativo
Verwaltungsverordnung *f*, **en** reglamento *m* administrativo
Verwaltungsvollmacht *f*, **en** poder *m* administrativo
Verwaltungsweg *m*, **e** vía *f* administrativa; *auf dem* ~ por (la) vía administrativa
Verwaltungswesen *n*, Ø administración *f*; régimen *m* administrativo
Verwaltungszentr|um *n*, -**en** centro *m* administrativo, de la administración
verwandeln cambiar; transformar; transmutar; (Jur.) conmutar
Verwandlung *f*, **en** cambio *m*; transformación *f*; transmutación *f*; (Jur.) conmutación *f*
verwarnen amonestar; prevenir; apercibir; advertir
Verwarnung *f*, **en** admonición *f*; apercibimiento *m*; advertencia *f*; amonestación *f*; *gebührenpflichtige* ~ reprensión *f* con multa; amonestación pecuniaria; multa *f*
Verwechslungsgefahr *f*, **en** peligro *m* de confusión
Verweis *m*, **e** 1. ~ *auf* referencia *f* a 2. *öffentlicher* ~ reprensión *f* pública
verwendbar, *beschränkt* ~ de uso limitado; *unbeschränkt* ~ de uso ilimitado; de libre disposición
verwenden usar; utilizar; emplear; aplicar; manejar
Verwendung *f*, **en** empleo *m*; uso *m*; aplicación *f*; utilización *f*; ~ *der Haushaltsmittel* utilización de los recursos presupuestarios; ~ *des Sozialproduktes* gasto *m* nacional; utilización del producto nacional
Verwendungsbereich *m*, **e** campo *m*, ámbito *m*, área *f* de aplicación
Verwendungszweck *m*, **e** uso *m* previsto; destino *m*
verwerfen rechazar; *einen Antrag* ~ rechazar una moción; (Jur.) desestimar; recusar
verwerten 1. explotar; *ein Patent* ~ explotar una

patente 2. realizar
Verwertung f, en 1. utilización f; aprovechamiento m; explotación f; ~ *eines Patents* explotación de una patente 2. (Jur.) realización f (forzosa); apremio m (Syn. *Pfandverwertung*)
Verwertungsaktie f, n fracción f de un valor mobiliario
Verwertungsgesellschaft f, en sociedad f de explotación; sociedad f de recuperación; sociedad f para la puesta en valor
verwinden (Com.) reparar
verwirken perder el derecho (a)
verwirklichen realizar; llevar a cabo, a la práctica; poner en práctica
Verwirklichung f, en realización f; ejecución f
verwirtschaften malgastar; desbaratar
verzehnfachen decupl(ic)ar
Verzehr m, Ø consumo m; gasto m; (Tur.) consumición f
verzehren consumir; gastar
verzeichnen registrar; apuntar; anotar; incluir; hacer figurar
Verzeichnis n, se registro m; lista f; especificacion f; *genaues ~ der Vermögensteile und Schulden* relación f exacta de los objetos patrimoniales y de las deudas
verzerren distorsionar; deformar; desfigurar
Verzerrung f, en distorsión f; desajuste m; deformación f; desfiguración f
Verzicht m, (e) abandono m; renuncia f; (Jur.) desistimiento m
verzichten *(auf)* renunciar (a); abandonar; desistir (de)
Verzichterklärung f, en declaración f de renuncia
verziehen cambiar de domicilio; mudarse
verzinsbar → *verzinslich*
verzinsen pagar intereses; *sich ~* devengar, producir, arrojar intereses
verzinslich a interés; ~ *anlegen* poner a rédito
Verzinsung f, en 1. pago m de intereses 2. (devengo m de) interés m; renta f; *(Anlagekapital)* rédito m; remuneración f
verzögern demorar; retardar; diferir
verzögernd (Jur.) dilatorio
Verzögerung f, en demora f; retraso m; retardo m; tardanza f
verzollbar sujeto a aduana, derechos
verzollen declarar; registrar en la aduana; aduanar; *zu ~des Gewicht* peso m adeudable
verzollt derechos pl de aduana pagados, incluídos; *unrichtig ~* mal aforado
Verzollung f, en → *Verzollungsverfahren*
Verzollungsverfahren n, - (aforo m y) pago m de aduana, de derechos aduaneros
Verzug m, Ø (de)mora f; *in ~ geraten* incurrir en mora; *ohne weiteren ~* sin más dilaciones
Verzugsspesen pl estadías pl
Verzugstage pl (Com.) días pl de cortesía, respiro, gracia
Verzugszinsen pl intereses pl de mora, moratorios; interés m legal; *(Steuer)* apremio m
Veto n, s veto m; *aufschiebendes ~* veto suspensivo, indirecto, implícito; *~ einlegen gegen* oponer un veto a; (LA) vetar a/c
Vetorecht n, e derecho m de veto; *~ besitzen* disponer del derecho de veto
Vetternwirtschaft f, (en) caciquismo m; nepotismo m; yernocracia f
V-Gespräch n, e (Teléf.) llamada f con preaviso
v.g.u. → *vorgelesen, genehmigt, unterschrieben*
v.H. *(vom Hundert)* por ciento; %
via vía; por
Videogerät n, e (aparato m de) video m
Videokassette f, n cinta f de video; videocassette f
Videorecorder m, - → *Videogerät*
Videotext m, e videotexto m
Videothek f, en videoteca f
vidieren (A) *(Paß)* visar; poner el visto bueno
Vieh n, Ø ganado m; *Stück ~* res f
Viehbestand m, ꞈe número m de reses; existencia f, censo m de ganado; (LA) hacienda f
Viehhalter m, - criador m de ganado; ganadero m
Viehhaltung f, Ø ganadería f; producción f animal; cría f de ganado
Viehhandel m, Ø comercio m de ganado; ganadería f
Viehhändler m, - tratante m (de, en ganados); ganadero m
Viehmängel pl vicios pl ocultos de los animales
Viehmarkt m, ꞈe feria f, mercado m de ganado(s)
Viehschaden m, ꞈ daños pl causados por el ganado
Viehversicherung f, en seguro m (de vida) de ganado
Viehversteigerung f, en subasta f de ganado
Viehzucht f, Ø → *Viehhaltung*
Viehzüchter m, - → *Viehhalter*
viehzuchttreibend ganadero
Vielfaches, *ein ~* un múltiplo m
Vielseitigkeitsprüfung f, en prueba f combinada
vier cuatro; *unter ~ Augen* a solas; de silla a silla
Viereck n, e cuadrado m; *magisches ~* cuadrado mágico
Vierfarbenstift m, e portaminas m de cuatro colores
Vierfeldwirtschaft f, Ø cultivo m de rotación cuadrienal
Vierjahresplan m, ꞈe plan m cuadrienal
Vierpersonenhaushalt m, e hogar m de cuatro personas

Vierspeziesrechenmaschine f, n (máquina f) calculadora f para las cuatro reglas
viersprachig cuatrilingüe
vierstellig de cuatro dígitos
Viertel n, - 1. cuarto m; cuarta parte f 2. barrio m
Vierteljahr n, e trimestre m
Vierteljahresdividende f, n dividendo m trimestral
Vierteljahresschrift f, en revista f trimestral
vierteljährig de tres meses
vierteljährlich trimestral; por trimestre
vierzehn Tage pl quince días pl ; dos semanas
vierzehntägig quincenal; ~e Kündigung despido m con quince días de plazo; ~e Zahlung pago m por quincenas
vierzehntäglich cada quince días
Vierzig-Stunden-Woche f, n semana f laboral de cuarenta horas
Viktualien pl vituallas pl
Vindikation f, en reivindicación f
vindizieren reivindicar
vinkulieren vincular
Vinkulierung f, en (von Aktien) vinculación f de acciones
VIP m, s (very important person) persona f muy importante; personalidad f destacada; personalidad f VIP
Virement n, s transferencia f
Visagebühren pl derechos pl de visado
Visite f, n (Zoll) registro m (de aduana)
Visitenkarte f, n tarjeta f (de visita)
Vistawechsel m, - letra f a la vista
Vislum n, -a visado m; (LA) visto m; visa f; (Gener.) visto m bueno
visumsfrei sin, exento de visado
Visum(s)zwang m, Ø es herrscht ~ hay obligación de tener visados, (LA) visas, vistos
Vitalpacht f, en arrendamiento m vitalicio
Vizepräsident m, en vicepresidente m
v. J. (vorigen Jahres) del año pasado
v. M. (vorigen Monats) del mes pasado
V-Mann m, ⸚er od. -leute agente m
V-Markt m, ⸚e → Verbrauchermarkt
VN → Vereinte Nationen
VO (Verordnung) decreto-ley m
Vogelfarm f, en granja f avícola
Vogel-Strauß-Politik f, Ø política f de avestruz
Volk n, ⸚er pueblo m; nación f
Völkerbund m, Ø sociedad f de naciones (1919 - 1946)
Völkerrecht n, Ø derecho m internacional público; ius m gentium; derecho m de gentes
Völkerrechtler m, - internacionalista m; especialista m en derecho internacional
Volksabstimmung f, en plebiscito m; referéndum m; etw. einer ~ unterbreiten someter a/c a plebiscito; etw. durch ~ billigen aprobar a/c por plebiscito
Volksaktie f, n acción f popular
Volksausgabe f, n edición f popular
Volksbank f, en banco m popular
Volksbefragung f, en consulta f popular; plebiscito m
Volksbegehren n, - iniciativa f popular; petición f, demanda f de plebiscito
Volksdichte f, Ø densidad f demográfica, de la población
volkseigen (R.D.A.) nacionalizado; socialista; ~er Betrieb (VEB) empresa f nacionalizada, del Estado, pública
Volkseigentum n, Ø propiedad f del pueblo, nacional, pública, del Estado; ins ~ überführen nacionalizar
Volkseinkommen n, - renta f nacional
Volksentscheid m, e → Volksabstimmung
Volksfront f, en frente m popular
Volksherrschaft f, Ø democracia f
Volkshochschule f, n universidad f popular (en la R.F.A.); formación f permanente de adultos
Volkskammer f, (n) 1. cámara f baja, popular 2. (R.D.A.) Cámara f del Pueblo
Volksküche f, n cocina f popular, económica; comedor m de auxilio social
Volksrepublik f, en república f popular, socialista
Volksschulabschlußzeugnis n, se certificado m de estudios primarios
Volksschule f, n escuela f de enseñanza primaria, de estudios primarios, de EGB
Volksschulwesen n, Ø enseñanza f primaria
Volksvermögen n, Ø peculio m, patrimonio m nacional
Volksvertreter m, - diputado m; representante m del pueblo
Volksvertretung f, en representación f nacional; parlamento m; (E) Cortes pl
Volkswagen m, - (VW) coche m bzw. empresa f Volkswagen
Volkswirt m, e economista m; titulado m en económicas
Volkswirtschaft f, en economía f nacional, agregada; macroeconomía f; economía f política
Volkswirtschaftler m, - economista m
volkswirtschaftlich macroeconómico; ~e Gesamtrechnung contabilidad f nacional; ~e Werte pl valores pl económicos
Volkswirtschaftsdepartement n, s (CH) Departamento m de Economía
Volkswirtschaftslehre f, Ø economía f política
Volkswirtschaftspolitik f, Ø política f económica
Volkszählung f, en censo m (de la población); eine ~ durchführen efectuar un censo; Fort-

schreibung der ~(sdaten) extrapolación *f* del censo; *Zeitraum zwischen zwei ~en* período *f* intercensal; *(für Steuer)* empadronamiento *m*
voll, *~er Fahrpreis* billete *m* entero; *zum~en Preis* a precio fuerte; sin rebaja
Vollaktie *f*, **n** acción *f* liberada
Vollakzept *n*, **e** aceptación *f* total
Vollarbeit *f*, **Ø** trabajo *m* en régimen de jornada completa
vollautomatisch completamente automático
vollautomatisiert enteramente, plenamente automatizado
Vollautomatisierung *f*, **en** automatización *f* integral
Vollbahn *f*, **en** (Ferr.) 1. ferrocarril *m* de vía; (LA) trocha *f* ancha 2. línea *f* principal
Vollbauer *m*, **n** agricultor *m* a pleno empleo; agricultor *m* que vive sólo de la profesión
vollberechtigt con pleno poder; que goza de todas las prerrogativas
vollbeschäftigt en régimen de jornada completa
Vollbeschäftigung *f*, **Ø** pleno empleo *m*; plena ocupación *f*
vollbesetzt completo
Vollbezahlung *f*, **en** pago *m* integral
Vollcharter *f*, **Ø** fletamento *m* total
Volldeckung *f*, **en** cobertura *f* a todo riesgo
Volleigentum *m*, **Ø** plena propiedad *f*
volleingezahlt *(Aktie)* completamente liberada; *(Kapital)* enteramente desembolsado
Vollerwerbsbetrieb *m*, **e** explotación *f* (agrícola) a jornada completa
Vollerwerbskräfte *pl* mano *f* de obra en régimen de jornada completa
Vollerwerbslose/r *(der/ein)* parado *m*, desempleado *m* total
Vollgehalt *m*, **Ø** *(Münze)* ley *f*
vollgenossenschaftlich (R.D.A.) enteramente, plenamente organizado en cooperativas
Vollgenuß *m*, **Ø** usufructo *m* entero; *im ~ seiner Rechte* en pleno goce de sus derechos
Vollgewicht *n*, **e** peso *m* cabal; buen peso *m*
Vollgiro *n*, s → *Vollindossament*
vollgültig de valor legal; perfectamente válido
Vollgültigkeit *f*, **Ø** irrecusabilidad *f*; valor *m*, vigor *m* legal; perfecta validez *f*
Vollhafter *m*, **-** socio *m* colectivo, personalmente responsable
Vollindossament *n*, **e** endoso *m* completo
Vollinvalidität *f*, **Ø** invalidez *f* total
volljährig mayor de edad; *für ~ erklären* emancipar; habilitar; *~ werden* llegar a mayor edad, a la mayoría
Volljährigkeit *f*, **Ø** mayoría *f* de edad; *Eintritt der ~* comienzo *m* de la mayoría de edad
Volljährigkeitserklärung *f*, **en** emancipación *f*; habilitación *f* de edad
Vollkaskoversicherung *f*, **en** seguro *m* contra todo riesgo
Vollkauf|mann *m*, **-leute** comerciante *m* (pleno)
Vollmacht *f*, **en** poder *m*; autorización *f*; *gerichtliche~* procuración *f*; *privatschriftliche~* poder privado; *unbeschränkte ~* plenipotencia *f*; poder general; pleno poder; *~ zur Vertretung in der Generalversammlung* poder de representación en la Junta General; *mit ~en ausgestattet, versehen* provisto, investido de plenos poderes; *~ erteilen* dar poder; autorizar; facultar; *implizierte ~en* poderes *pl* implícitos
Vollmachtenprüfungsausschu|ß *m*, **⸚sse** comisión *f* de verificación de poderes, credenciales
Vollmachterteilung *f*, **en** otorgamiento *m* de poderes; apoderamiento *m*
Vollmachtgeber *m*, **-** poderdante *m*; otorgante *m*
Vollmachtnehmer *m*, **-** poderhabiente *m*; apoderado *m*; mandatario *m*
Vollmachtsentzug *m*, **Ø** revocación *f* del poder
Vollmachts-Indossament *n*, **e** endoso *m* por procuración, limitado
Vollmitglied *n*, **er** miembro *m* de plenos derechos
Vollpension *f*, **en** (Turismo) pensión *f* completa
Vollschutz *m*, **Ø** (Seg.) protección *f* total
vollstreckbar ejecutable; ejecutorio; *~es Urteil* fallo *m* ejecutorio
Vollstreckbarkeit *f*, **Ø** carácter *m* ejecutorio; posibilidad *f* de ser ejecutado
vollstrecken ejecutar; *ein Testament ~* ejecutar un testamento; *ein Urteil ~* ejecutar una sentencia
Vollstrecker *m*, **-** ejecutor *m*
Vollstreckung *f*, **en** ejecución *f*
Vollstreckungsbefehl *m*, **e** orden *f* de embargo judicial; auto *m* de ejecución
Vollstreckungsbehörde *f*, **n** autoridad *f* ejecutiva
Vollstreckungsverfahren *n*, **-** procedimiento *m*, juicio *m* ejecutorio
Vollversammlung *f*, **en** (Pol.) asamblea *f* plenaria; sesión *f* en pleno
vollwertig válido; de igual calidad; *~er Ersatz* sustituto *m* válido
Vollwertversicherung *f*, **en** seguro *m* del valor total
Vollzahler-Tarif *m*, **e** plena tarifa *f*; *zum ~ fliegen* viajar por avión a plena tarifa, a tarifa normal
vollzählig completo; *~e Liste der Kandidaten* lista *f* completa de los candidatos
Vollzeitkraft *f*, **⸚e** empleado *m* en régimen de jornada completa
Vollzeitstelle *f*, **n** puesto *m* de trabajo, plaza *f* de jornada completo/a
vollziehen ejecutar; *die Ehe ist vollzogen* se ha consumado el matrimonio; *ein Urteil ~* ejecu-

tar una sentencia, un fallo
vollziehend, ~e *Gewalt* poder *m* ejecutivo (Syn. *Exekutive*)
Volontär *m*, **e** meritorio *m*; *als ~ arbeiten* trabajar de *bzw.* como meritorio
volontieren trabajar como meritorio
Volum|en *n*, **-ina** volumen *m*; *~ des Handelsaustauschs* volumen del intercambio comercial
Volumeneinheit *f*, **en** unidad *f* de volumen
voluminös voluminoso
Vomhundertsatz *m*, ¨e porcentaje *m* (Syn. *Prozentsatz*)
Vopo *m*, **s** *(Volkspolizist)* (R.D.A.) (agente *m* de) policía *m* de la R.D.A.
Vorabbestellung *f*, **en** pedido *m* anticipado
Voranmeldung *f*, **(en)** → *V-Gespräch*
Voranschlag *m*, ¨e cálculo *m* de gastos *od.* estimativo; presupuesto *m*
Vorarbeiten *pl* trabajos *pl* preliminares, preparatorios
Vorarbeiter *m*, - capataz *m*; contramaestre *m*; jefe *m* de(l) taller
voraus por anticipado, adelantado; con anticipación; *im ~ bezahlen* pagar por adelantado; efectuar un pago anticipado
Vorausabzug *m*, ¨e deducción *f* previa (p.ej. las retenciones salariales)
vorausbestellen pedir, encargar con anticipación
vorausbezahlen pagar por adelantado
Vorausbezahlung *f*, **en** pago *m* por adelantado; anticipo *m* (de dinero)
vorausdatieren adelantar la fecha; antefechar
Vorauskasse *f*, Ø pago *m* anticipado; *~ leisten* pagar por anticipado
Voraussage *f*, **n** pronóstico *m*; predicción *f*
voraussagen pronosticar; predecir
vorausschätzen estimar; evaluar
Vorausschätzung *f*, **en** estimación *f*; evaluación *f*
voraussehen prever
vorauszahlen → *vorausbezahlen*
Vorauszahlung → *Vorausbezahlung*
Vorbedingung *f*, **en** condición *f* previa; precondición *f*
Vorbefragung *f*, **en** encuesta *f* previa
Vorbehalt *m*, **e** reserva *f*; salvedad *f*; cláusula *f*; *ohne ~* sin reservas; *unter dem ~* con la salvedad de que; *a reserva de que*; *~ aufheben* anular una reserva
vorbehalten reservar; *Änderungen ~* sujeto a alteraciones; salvo modificación; *Irrtum ~* salvo error u omisión; *alle Rechte ~* reservados todos los derechos
vorbehalten reservar(se); *sich ein Recht ~* reservarse un derecho
vorbehaltlich salvo; a reserva de; *~ der Genehmigung* a reserva de aprobación

vorbehaltlos sin reserva; incondicionalmente; *er stimmt dem Vorschlag ~ zu* aprueba la propuesta sin reservas
Vorbehaltsklausel *f*, **n** cláusula *f* de reserva *bzw.* de salvaguardia
vorbereiten preparar
vorbereitend preparatorio; preliminar; *~e Arbeit* trabajo *m* preparatorio
Vorbereitung *f*, **en** preparación *f*; preparativos *pl*
Vorbereitungsarbeiten *pl* trabajos *pl* preparatorios, preliminares
Vorbesprechung *f*, **en** discusión *f* previa; conferencia *f* preliminar
vorbestraft con antecedentes penales; *nicht ~ sein* no tener antecedentes penales
Vorbestrafte/r *(der/ein)* persona *f* con antecedentes penales *od.* ya penada
Vorbestrafung *f*, **en** antecedente *m* penal; condena *f* anterior (Syn. *Vorstrafe*)
vorbeugen prevenir; *um unnötigen Kosten vorzubeugen* a fin de evitar costes inútiles
Vorbeuge-Untersuchung *f*, **en** examen *m* preventivo
Vorbeugung *f*, **en** prevención *f*; profilaxis *f*
Vorbeugungsmaßnahme *f*, **n** medidas *pl* preventivas
Vorbörse *f*, **n** bolsín *m* de la mañana (contratación de valores antes de iniciar la sesión oficial de la bolsa)
vorbörslich cotizado antes de la hora oficial; de cotización extraoficial
Vordach *n*, ¨er (Seg.) colgadizo *m*
vordatieren → *vorausdatieren*
Vordermann *m*, ¨er predecesor *m*; tenedor *m*, endosante *m* anterior
Vorderseite *f*, **n** portada *f*; cara *f*; anverso *m*
vordringlich urgente; *~e Angelegenheit* asunto *m* urgente; *~ zu behandeln* a tramitar *od.* resolver con prioridad
Vordruck *m*, **e** formulario *m*; impreso *m*; *einen ~ ausfüllen* rellenar un formulario
Voreinsendung *f*, **en** importe *m* anticipado; *gegen ~ dieses Betrags* anticipando el importe
Vorentwurf *m*, ¨e ante-proyecto *m*; *einen ~ machen* elaborar, redactar un ante-proyecto
vorerwähnt mencionado anteriormente
vorfabrizieren → *vorfertigen*
Vorfahrt *f*, Ø prioridad *f*, derecho *m* de paso
Vorfahrtstraße *f*, **n** calle *f* *bzw.* carretera *f* de preferencia
Vorfaktur|a *f*, **-en** factura *f* provisional
vorfertigen prefabricar
Vorfertigung *f*, **en** prefabricación *f*
vorfinanzieren prefinanciar; financiar por anticipado
Vorfinanzierung *f*, **en** prefinanciación *f*; finan-

ciación *f* por anticipado
vorfristig anticipadamente; antes del plazo convenido
vorführen presentar; hacer una demostración
Vorführdame *f*, **n** maniquí *f*
Vorführer *m*, - operador *m* de cine
Vorführmodell *n*, **e** modelo *m* de demostración
Vorführung *f*, **en** presentación *f*; demostración *f*; exhibición *f*; *wir brauchen Muster zur ~* necesitamos muestras para la demostración
Vorgang *m*, ⁓e 1. proceso *m*; marcha *f* 2. (Contab.) operación *f* contable 3. (Corresp.) referencia *f*
vorgearbeitet → *vorfertigen*
vorgefertigt → *vorfertigen*
vorgelesen, genehmigt, unterschrieben leído, aprobado y firmado
vorgeschrieben prescrito; de rigor; requerido; *~es Formblatt* formulario *m* legal; *~e Preise* precios *pl* impuestos
Vorgesetzte/r (der/ein) superior *m*; jefe *m*; patrón *m* (Ggs. *Untergebener*)
Vorgesetztenverhältnis *n*, (se) relación *f* jerárquica entre el subalterno y el superior
vorgespannt, *~es Glas* (Seg.) vidrio *m* templado
Vorhaben *n*, - proyecto *m*; plan *m*; intención *f*
vorhaben proyectar; tener la intención de
Vorhand *f*, Ø opción *f*; derecho *m* de retracto
vorhanden disponible; *~ sein* estar en almacén; estar a disposición
Vorhanglaufschiene *f*, **n** (Seg.) riel *m* de cortina
Vorhangschlo/ß *n*, ⁓sser (Seg.), *~ mit Überwurf* candado *m* con tapón
Vorherrschaft *f*, (en) predominio *m*; hegemonía *f*; supremacía *f*; *~ auf dem Markt* supremacía en el mercado
Vorhersage *f*, **n** pronóstico *m*; predicción *f*
vorhersehen → *voraussehen*
vorherzahlen pagar por anticipado
vorig anterior; precedente; *~en Jahres* del año anterior
vorindustriell preindustrial; *~e Strukturen* estructuras *pl* preindustriales
Vorjahr *n*, **e** año *m* anterior, precedente; *im ~* el año anterior; *vom ~* del año pasado
Vorjahresmonat *m*, **e** mes *m* del año anterior; *gegenüber dem gleichen ~* en comparación con el mismo mes del año anterior
vorjährig del año precedente; *die Preise auf der ~en Höhe halten* mantener los precios al nivel del año anterior
Vorkalkulation *f*, **en** cálculo *m* provisional, aproximativo
vorkalkulieren establecer previamente los costes
Vorkasse *f*, (**n**) pago *m* adelantado, anticipado
Vorkauf *m*, ⁓e retracto *m*; pacto *m* de prelación, preferencia

Vorkaufspreis *m*, **e** precio *m* de retracto
Vorkaufsrecht *n*, **e** derecho *m* de preferencia *od.* prelación; derecho *m* de retracto
Vorkehrung *f*, **en** disposición *f*; *~en treffen* tomar precauciones *bzw.* las medidas necesarias
Vorkriegszeit *f*, **en** (época *f* de la) anteguerra *f*
vorladen citar ante el juez; notificar; *jdn. ~ lassen* hacer comparecer a alg.
Vorladung *f*, **en** citación *f*; notificación *f* (de comparecencia)
Vorlage *f*, **n** 1. producción *f*; presentación *f*; *zahlbar bei ~* pagadero a la vista 2. modelo *m*; muestra *f* 3. borrador *m*
vorläufig provisional; temporal
vorlegen presentar; producir; exhibir; *die Bilanz ~* presentar el balance; *eine Urkunde ~* producir, presentar un documento; *zur Zahlung ~* presentar al cobro
Vorlegestange *f*, **n** (Seg.) barra *f* de cierre
Vorlegung *f*, (**en**) presentación *f*; *~ der Bücher* presentación de los libros
Vorlegungsfrist *f*, **en** plazo *m* de presentación
Vorlegungspflicht *f*, **en** obligación *f* de presentación
Vorleistung *f*, **en** prestación *f* anterior; pago *m* anticipado
vorlesen leer (en alta voz); *das Protokoll ~* dar lectura al acta
Vormachtstellung *f*, **en** → *Vorherrschaft*
Vormann *m*, ⁓er endosante *m* anterior; cedente *m*
vormerken anotar; tomar nota
Vormerkung *f*, **en** inscripción *f*; nota *f*; asiento *m*
Vormerkverfahren *n*, - admisión *f* temporal (en aduana)
Vormund *m*, ⁓er tutor *m*; *einen ~ bestellen* nombrar, designar un tutor
Vormundschaft *f*, **en** tutela *f*; tutoría *f*; *unter ~ stehen* estar bajo tutela
Vormundschaftsgericht *n*, **e** tribunal *m* tutelar (de menores)
Vorname *m*, **n** nombre *m* de pila *od.* de bautismo; *bitte alle ~n angeben* sírvase indicar todos sus nombres (de pila)
vornotieren → *vormerken*
Vorort *m*, **e** suburbio *m*; barrio *m* periférico
Vor-Ort-Produktion *f*, **en** producción *f* in situ
Vorortverkehr *m*, Ø tráfico *m* suburbano
Vorprämie *f*, **n** prima *f* de opción de compra
Vorprämiengeschäfte *pl* operaciones *pl* de primas de opción de compra
vorprogrammiert (Inform.) preprogramado
Vorprogrammierung *f*, **en** (Inform.) preprogramación *f*
Vorrang *m*, Ø prioridad *f*; *einer Sache den ~ geben* dar prioridad a un asunto
vorrangig prioritario

Vorrat m, ⸗e provisión f; existencias pl; surtido m; reserva f; *auf (in)* ~ en reserva; *auf ~ produzieren* producir para almacenaje; *~e angreifen* tocar las reservas; *neue ~e bestellen* pedir existencias; abastecerse
vorrätig disponible; en almacén; en reserva
Vorratshaltung f, en mantenimiento m de existencias
Vorratskauf m, ⸗e compra f para la formación de reserva; compra f de acumulación de existencias
Vorratslager n, - almacén m; depósito m
Vorratswirtschaft f, Ø acumulación f de existencias; economía f de existencias
Vorrecht n, e privilegio m; prerrogativa f; derecho m preferente; *gegenseitig eingeräumte ~e* privilegios recíprocos; *ein ~ einräumen* otorgar un privilegio
Vorrechtsaktie f, n acción f preferente
Vorrechtszeichnung f, en suscripción f de acciones preferentes
Vorruhestand m, Ø prejubilación f; jubilación f anticipada
Vorruheständler m, - persona f en régimen de prejubilación
Vorsaison f, s antetemporada f
Vorsatz m, ⸗e premeditación f; dolo m; propósito m; *mit ~* premeditadamente
Vorsatzblende f, n (Seg.) protección f antepuesta
Vorsatzladen m, ⸗ (Seg.) postigo m antepuesto
Vorsatzverglasung f, en (Seg.) acristalamiento m adicional
vorschießen (Fam.) adelantar, anticipar dinero
Vorschlag m, ⸗e propuesta f; oferta f; proyecto m; *einen ~ machen* hacer una propuesta
vorschlagen proponer; hacer una propuesta
Vorschlagsliste f, n lista f de candidatos; lista f de ascensos (de personal)
Vorschlagswesen n, - sistema m de recomendaciones; *betriebliches ~* „canasta f de ideas" (permite que los empleados hagan propuestas para mejorar las condiciones de trabajo)
vorschreiben prescribir; ordenar; exigir; imponer
Vorschrift f, en prescripción f; norma f; reglamento m; *gesetzliche ~* prescripción legal; *zwingende ~* prescripción imperativa, vinculante; *die ~en befolgen* observar el reglamento
vorschriftsmäßig reglamentario; conforme a las normas vigentes
vorschriftswidrig contrario a las normas vigentes
Vorschu|ß m, ⸗sse adelanto m; pago m anticipado; *fester ~* adelanto, crédito m fijo
Vorschußdividende f, n dividendo m a cuenta; dividendo m provisional
Vorschußleistung f, en → *Vorschuß*

Vorschußpflicht f, en pago m anticipado obligatorio
vorschußweise anticipadamente; a título de anticipo
Vorschußzahlung f, en pago m anticipado, adelantado
Vorsicht f, Ø precaución f; cautela f; prudencia f; *cuidado m*; *~ zerbrechlich!* ¡ frágil!
vorsichtshalber por precaución; como medida de precaución
Vorsichtsmaßnahme f, n medida f de precaución
Vorsitz m, e presidencia f; *unter dem ~ (von)* bajo la presidencia (de); *den ~ führen (haben)* presidir; *der turnusmäßig wechselnde ~* la presidencia por turnos
vorsitzen presidir
Vorsitzende/r (der/ein) presidente m; *stellvertretender ~* vicepresidente m; *~ des Vorstandes* presidente de la junta directiva; *zum ~n bestellt werden* ser nombrado presidente
Vorsitzer m, - → *Vorsitzender*
Vorsorge f, n previsión f; *öffentliche ~* previsión pública; *soziale ~* previsión social; *~ treffen* tomar las precauciones necesarias
vorsorgen tomar las precauciones necesarias
Vorsorgeuntersuchung f, en examen m preventivo
Vorsorgeversicherung f, en seguro m complementario
vorsorglich previsor; por medidas de precaución
vorsortiert preseleccionado; clasificado anteriormente
Vorspannung f, (en) (Seg.) templado m
Vorsprung m, ⸗e avance m; *einen technologischen ~ haben* tener un avance tecnológico
Vorstadt f, ⸗e suburbio m; barrio m periférico
Vorstädter m, - habitante m de un suburbio
vorstädtisch suburbano
Vorstand m, ⸗e junta f directiva
Vorstandsmitglied n, er miembro m de la junta directiva
Vorstandssitzung f, en sesión f de la junta directiva
Vorstandsvorsitzende/r (der/ein) presidente m de la junta directiva
Vorstandswahl f, (en) elección f de la junta directiva
vorstehen presidir *(als Vorsitzender)*; dirigir *(als Leiter)*; *einer Organisation ~* dirigir una organización
Vorsteher m, - responsable m; jefe m
vorstellen presentar; *gestatten Sie, daß ich mich vorstelle* permítame que me presente; *darf ich Ihnen Herrn Meyer ~* permítame presentarle al Sr. Meyer
vorstellig werden hacer una reclamación; protes-

tar
Vorstoß *m*, ⁻e avance *m*; ofensiva *f*; penetración *f*; *ein ~ auf dem europäischen Markt* un ataque contra el mercado europeo
vorstoßen avanzar; lanzar una ofensiva comercial
vorstrecken → *vorschießen*
Vorteil *m*, e ventaja *f*; beneficio *m*; *wirtschaftlicher ~* ventaja económica; *aus einer Situation ~e ziehen* sacar provecho de una situación
vorteilhaft ventajoso; provechoso; beneficioso; *für jdn. ~ sein* ser ventajoso para alg.
Vortrag *m*, ⁻e 1. conferencia *f*; alocución *f*; discurso *m* 2. (Contab.) (tras)paso *m* a cuenta nueva; suma *f* anterior; *~ aus dem vergangenen Geschäftsjahr* paso a cuenta nueva del ejercicio anterior
vortragen llevar adelante; sentar en cuenta; contabilizar
Vortragsposten *pl* partidas *pl* a cuenta nueva
vorübergehend pasajero; transitorio; temporal; provisional
Voruntersuchung *f*, en 1. (Jur.) instrucción *f* preliminar 2. análisis *m*, control *m* preliminar
Vorverkauf *m*, Ø venta *f* anticipada
Vorverkaufskasse *f*, n → *Vorverkaufsstelle*
Vorverkaufsstelle *f*, n contaduría *f*
vorverlegen adelantar; anticipar
Vorversicherung *f*, en (Seg.) seguro *m* anterior
Vorvertrag *m*, ⁻e contrato *m* preliminar, provisional; precontrato *m*
Vorwahl *f*, en 1. (Pol.) elección *f* provisional; primer turno *m* 2. preselección *f* 3. (Teléf.) prefijo *m*
vorwählen (Teléf.) marcar el prefijo
Vorwahlnummer *f*, n (Teléf.) prefijo *m*
Vorwegleistung *f*, en pago *m* anticipado, adelantado
vorweisen mostrar; presentar; *den Ausweis, den Paß ~* presentar su documento de identidad, su pasaporte
vorzeitig prematuro; anticipado; *~e Pensionierung* jubilación *f* anticipada; *~e Rückzahlung* reembolso *m* anticipado
Vorzimmer *n*, - antesala *f*; sala *f* de espera
Vorzug *m*, ⁻e preferencia *f*; ventaja *f*; prioridad *f*; *einer Sache den ~ geben* dar preferencia, prioridad a a/c
vorzüglich superior; excelente; de primera calidad
Vorzugs- (Pref.) preferente; privilegiado; prioritario
Vorzugsaktie *f*, n acción *f* preferente (que concede ciertas ventajas al accionista)
Vorzugsaktionär *m*, e accionista *m* preferente
Vorzugsbedingungen *pl* condiciones *pl* de preferencia
Vorzugsbehandlung *f*, en tratamiento *m* preferente *od.* de favor
Vorzugsgläubiger *m*, - acreedor *m* preferente
Vorzugskurs *m*, e cotización *f* preferente
Vorzugspreis *m*, e precio *m* excepcional
Vorzugsrabatt *m*, e rebaja *f* de favor
Vorzugsrecht *n*, e derecho *m* preferente *od.* de preferencia
Vorzugsstellung *f*, en posición *f* privilegiada
Vorzugszoll *m*, ⁻e derecho *m* (de aduana), arancel *m* preferente
Vostrokonto *n*, -en su cuenta *f* (en nuestra casa) (Syn. *Loro-Konto*)
Votum *n*, -en *od.* -ta voto *m*; sufragio *m*
V.S.P. (verte si placet) *bitte wenden* v.V.l.h. (vuelva Vd. la hoja) *od.* ¡al dorso!
v.T. (*vom Tausend*) por mil
VVB *f*, (s) (*Vereinigung Volkseigener Betriebe*) unión *f* de empresas nacionalizadas (de la R.D.A.)
VW *m*, s → *Volkswagen*

W

Waage f, n balanza f; báscula f; romana f; *auf die ~ legen* pesar; *sich die ~ halten* equilibrarse; igualarse
Waagegebühr f, en derechos pl de pesada
Waagegeld n, er → *Waagegebühr*
waag(e)recht horizontal; *~e Konzentration* concentración f horizontal (Syn. *horizontal*)
Waagschale f, Ø *sein ganzes Ansehen in die ~ werfen* hacer valer todo su prestigio; *schwer in die ~ fallen* pesar mucho
WAB (= *Währungsausgleichsbetrag*) importe m monetario compensatorio
Wachdienst m, e servicio m de vigilancia
Wachsabdruck m, ¨e impresión f en cera
Wachsen n, Ø crecimiento m; aumento m; incremento m
wachsen 1. crecer; aumentar; desarrollarse; *die Einwohnerzahl ist stark gewachsen* la población ha aumentado considerablemente 2. *einer Lage gewachsen sein* estar a la altura de una situación; estar a la altura de las circunstancias 3. encerar
wachsend, *~er Umsatz* ventas pl crecientes; facturación f en aumento; cifra f de negocios en desarrollo
Wachsmatrize f, n papel m clisé para máquinas de escribir; (Angl.) esténcil m
Wachspapier n, e papel m encerado
Wachstum n, Ø 1. crecimiento m; expansión f; aumento m; incremento m; desarrollo m; *dauerhaftes ~* crecimiento sostenido; *extensives ~* crecimiento extensivo; *gleichgewichtiges (störungsfreies) ~* crecimiento equilibrado; *stetiges ~* crecimiento continuo; *wirtschaftliches ~* crecimiento económico; *das ~ ist abgeflacht* el crecimiento se ha debilitado, se ha ralentizado, se ha desacelerado; *das ~ fördern* fomentar, estimular, promover el crecimiento; *das ~ hat zugenommen* el crecimiento se ha incrementado
Wachstumsaktie f, n acción f de una sociedad en pleno crecimiento (por ampliar su capital)
Wachstumsaussichten pl perspectivas pl de crecimiento
Wachstumsbeschleunigung f, en aceleración f del crecimiento
Wachstumsfonds m, - fondo m de reinversión (en el que los beneficios no se reparten sino que se reinvierten inmediatamente)
wachstumsfördernd favorable al crecimiento; favorecedor del crecimiento; positivo para el crecimiento
Wachstumsgeschwindigkeit f, (en) → *Wachstumstempo*
Wachstumsgleichgewicht n, e crecimiento m equilibrado; equilibrio m en el crecimiento; crecimiento m sin distorsiones
wachstumshemmend perjudicial para el crecimiento; que frena el crecimiento
Wachstumsindustrie f, n industria f en expansión; industria f en crecimiento
Wachstumsjahre pl años pl de crecimiento
Wachstumsknick m, e caída f, bajón m del crecimiento económico
Wachstumskurve f, n curva f del crecimiento
Wachstumslenkung f, en crecimiento m dirigido; crecimiento m controlado; dirigismo m en materia de crecimiento; reconducción f del crecimiento
Wachstumsmarkt m, ¨e mercado m en expansión, en crecimiento
Wachstumsmodell n, e modelo m de crecimiento
Wachstumsmöglichkeiten pl posibilidades pl de crecimiento
wachstumsorientiert orientado al crecimiento
Wachstumspolitik f, Ø política f orientada al crecimiento (económico)
Wachstumspotential n, e *das ~ steigern* aumentar el potencial económico
Wachstumsprognose f, n previsiones pl de crecimiento
Wachstumsproze|ß m, -sse *wirtschaftlicher ~* proceso m de crecimiento económico
Wachstumsrate f, n tasa f de crecimiento; índice m de crecimiento; *befriedigende ~* tasa de crecimiento satisfactoria; *gleichgewichtige ~* tasa de crecimiento equilibrada; *hohe ~ der Wirtschaft* elevada tasa de crecimiento económico; *die ~ ist leicht gesunken* la tasa de crecimiento ha bajado ligeramente
Wachstumsrückgang m, ¨e crecimiento m en baja; ralentización f del crecimiento; desaceleración f, deceleración f de la actividad económica; reducción f del índice de crecimiento
wachstumsschwach con baja tasa de crecimiento
wachstumsstark con alta tasa de crecimiento
Wachstumstempo n, s ritmo m de crecimiento; ritmo m de expansión; *das ~ beschleunigen, bremsen* acelerar, frenar el ritmo de crecimiento; *Verlangsamung des ~* desaceleración f, ralentización f del ritmo de crecimiento

Wachstumsträger m, - factor m de crecimiento; producto m que contribuye al incremento de la producción

Wachstumswerte pl → *Wachstumsaktien*

Wächter m, - guarda m; guardián m; vigilante m (de noche); vigía m

Wachtschiff n, e 1. buque m de vigilancia 2. *(Küsten~)* guardacostas m

Wach- und Schließgesellschaft f, en sociedad f de vigilancia de inmuebles

wack(e)lig tambaleante; inseguro; *~es Unternehmen* empresa f en dificultades; empresa f alicaída

Waffe f, n arma f

Waffenfabrik f, en fábrica f de armas

Waffenhandel m, Ø 1. comercio m de armas 2. tráfico m de armas

Waffenhändler m, - 1. armero m 2. traficante m de armas

Waffenhandlung f, en armería f

Waffenkammer f, n armería f

Waffenlager n, - depósito m de armas

Waffenlieferung f, en suministro m de armas

Waffenmeister m, - maestro m armero

Waffenruhe f, Ø tregua f; armisticio m; alto m el fuego

Waffenschein m, e licencia f, permiso m de armas

Waffenschmied m, e armero m

Waffenschmiede f, n armería f

Waffenschmuggel m, Ø contrabando m, tráfico m de armas

Waffenstillstand m, Ø armisticio m; tregua f

Waffenstillstandsvertrag m, ¨e tratado m de armisticio

Waffenverkauf m, ¨e venta f de armas

wägen 1. pesar 2. sopesar 3. examinar las pros y los contras

Wagen m, - 1. coche m; carruaje m 2. coche m; auto m; (LA) carro m; *~ der Mittelklasse* coche de clase media; *mit dem ~ kommen* venir en coche; *einen ~ mieten* alquilar *(od.* rentar) un coche 3. carro m (de la máquina de escribir) 4. vehículo m 5. vagón m

Wagenbauer m, - carrocero m

Wagenbesitzer m, - propietario m, titular m del coche

Wagenführer m, - 1. chofer m; conductor m 2. cochero m

Wagenhalle f, n cochera f

Wagenkolonne f, n caravana f de coches

Wagenladung f, en carga f (del coche); *volle ~* vagón completo

Wagenlenker m, - conductor m del coche

Wagenpapiere pl documentación f del coche

Wagenpark m, s parque m móvil; material m rodante

Wagenschlange f, n caravana f de coches

Wagenschuppen m, - cochera f

Wagenstandgeld n, er derecho m de estacionamiento

Wagenunterhaltung f, Ø mantenimiento m del coche

Wagenverkehr m, Ø tráfico m rodado; circulación f rodada; circulación f de coches

Wagenvermietung m, en (servicio m de) alquiler m de coches

Wagenwaschanlage f, n tren m de lavado; estación f de lavado (de coches); estación f lavacoches

Wagenwäsche f, Ø lavado m de coches

Wagenwäscher m, - lavacoches m

Waggon m, s vagón m; *franko ~* franco (sobre) vagón; puesto sobre vagón; *frei ~* → *franko Waggon*

Waggonladung f, en vagonada f; carga f de un vagón; cargamento m de un vagón

Waggonpool m, s (R.D.A.) pool m de vagones (material común de países del Este en el marco del COMECON para el transporte de mercancías)

waggonweise 1. por vagones; vagón por vagón 2. por vagones enteros

Wagnis n, se riesgo m (de empresa); *sich auf ein ~ einlassen* asumir un riesgo (Syn. *Risiko*)

wagnisbereit dispuesto a asumir un riesgo

Wagnisfinanzierung f, en financiación f en riesgos

Wägung f, en (Statist.) ponderación f

Wägungskoeffizient m, en coeficiente m de ponderación

Wahl f, en 1. selección f; opción f; alternativa f; *Ware erster, zweiter ~* mercancía f de primera, de segunda calidad; *die ~ fällt mir schwer* me resulta difícil elegir; *no sé por qué optar; die ~ haben* tener la opción; *keine ~ haben* no tener opción; *vor die ~ stellen* poner a alg. en la obligación de (tener que) elegir; *mehrere Artikel zur ~ stellen* ofrecer la elección entre varios artículos; *eine ~ treffen* elegir; optar 2. elección f; comicio m; voto m; sufragio m; *die allgemeinen ~en* elecciones generales; *~ zum Aufsichtsrat* elección al consejo de supervisión; votación f para elegir el consejo de vigilancia; *geheime ~* elecciones secretas; *indirekte ~* sufragio indirecto; *eine ~ abhalten* celebrar una elección, una votación; *eine ~ anfechten* impugnar una elección; *zur ~ aufrufen* convocar elecciones; convocar, llamar a las urnas; *zur ~ aufstellen* nombrar, designar (como candidato para una elección); (Angl.) nominar; *sich zur ~ aufstellen lassen* presentarse a una elección; *~en ausschreiben* organizar elecciones; *zur ~ berechtigt sein* tener el

derecho de voto; *eine ~ für ungültig erklären* declarar nulas unas elecciones; anular unas elecciones; invalidar unos comicios
Wahlabsprache *f*, n acuerdo *m* electoral
Wahlalter *n*, Ø edad *f* requerida para poder elegir
Wahlausschuß *m*, ¨sse junta *f* electoral
wählbar elegible
Wählbarkeit *f*, Ø elegibilidad *f*; capacidad *f* legal para un cargo
wahlberechtigt inscrito en el censo electoral; con derecho a votar; *~ sein* tener derecho de voto
Wahlberechtigte/r *(der/ein)* votante *m*, elector *m* inscrito (en el censo)
Wahlbeteiligung *f*, en participación *f* electoral
Wahlbetrug *m*, Ø fraude *m* electoral
Wahlbezirk *m*, e circunscripción *f* electoral
wählen 1. optar; seleccionar 2. votar; elegir; *zum Präsidenten ~* elegir a la presidencia; elegir (para el cargo de) presidente 3. (Teléf.) *eine Nummer ~* marcar un número
Wähler *m*, - 1. elector *m*; votante *m* 2. selector *m*
Wahlergebnis *n*, se resultado *m* de las elecciones; *die ~se bekanntgeben* dar a conocer, proclamar los resultados del escrutinio
Wählerinitiative *f*, n iniciativa *f* electoral; grupo *m* que apoya una candidatura o partido
wählerisch difícil (de satisfacer); difícil de contentar
Wählerkarte *f*, n tarjeta *f* de elector
Wählerliste *f*, n lista *f* electoral
Wählerschaft *f*, Ø electorado *m*; cuerpo *m* electoral
Wähl(er)scheibe *f*, n (Teléf.) disco *m* de marcar
Wählerverzeichnis *n*, se → *Wählerliste*
Wahlfach *n*, ¨er asignatura *f*, materia *f* optativa; asignatura *f* facultativa
wahlfähig 1. elegible 2. con derecho de voto
Wahlfälschung *f*, en → *Wahlbetrug*
Wahlfeldzug *m*, ¨e campaña *f* electoral
wahlfrei opcional; facultativo
Wahlgang *m*, ¨e escrutinio *m*; *im ersten ~* en la primera vuelta del escrutinio
Wahlgeheimnis *n*, se secreto *m* de voto
Wahlgeschenk *n*, e regalo *m*, concesión *f* electoralista
Wahlgesetz *n*, e ley *f* electoral
Wahlheimat *f*, (en) patria *f* adoptiva; país *m* de adopción; domicilio *m* de su elección
Wahlkampagne *f*, n campaña *f* electoral
Wahlkonsul *m*, n cónsul *m* honorario
Wahlkreis *m*, e → *Wahlbezirk*
Wahlleiter *m*, - presidente *m* de la mesa electoral
Wahllokal *n*, e colegio *m* electoral
Wahl|mann *m*, -leute compromisario *m*
Wahlniederlage *f*, n derrota *f* electoral
Wahlparole *f*, n eslógan *m*, lema *m* electoral

Wahlpflicht *f*, en voto *m* obligatorio; obligación *f* de votar
Wahlpflichtfach *n*, ¨er asignatura *f*, materia *f* optativa obligatoria
Wahlplakat *n*, e cartel *m* de propaganda electoral
Wahlprogramm *n*, e programa *m* electoral
Wahlpropaganda *f*, Ø propaganda *f* electoral
Wahlprüfer *m*, - interventor *m*; escrutador *m*
Wahlprüfung *f*, en escrutinio *m*
Wahlrecht *n*, Ø derecho *m* de voto; derecho *m* de sufragio; *allgemeines ~* sufragio universal; *beschränktes ~* sufragio restringido; *passives ~* elegibilidad *f*; derecho de voto pasivo; *sein ~ ausüben* ejercer su derecho de voto
Wahlrede *f*, n discurso *m* electoral
Wahlredner *m*, - orador *m* (en un mitin electoral)
Wahlreform *f*, en reforma *f* electoral
Wahlschein *m*, e papeleta *f* de votación
Wahlschlacht *f*, en batalla *f* electoral
Wahlschuld *f*, en deuda *f* alternativa; obligación *f* facultativa (Syn. *Alternativobligation*)
Wahlschwindel *m*, Ø → *Wahlbetrug*
Wahlsieg *m*, e victoria *f*, triunfo *m* electoral
Wahlsieger *m*, - ganador *m* de las elecciones
Wahlspende *f*, n donativo *m*, ayuda *f* electoral
Wahlspruch *m*, ¨e lema *m*, divisa *f*, eslóngan *m* electoral
Wahlstimme *f*, n voto *m*; sufragio *m*
Wahlsystem *n*, e sistema *m* electoral
Wahltag *m*, e fecha *f* de las elecciones; día *f* electoral
Wählton *m*, ¨e (Teléf.) señal *f* de llamada
Wahlurne *f*, n urna *f*
Wahlverfahren *n*, - procedimiento *m* electoral
Wahlversammlung *f*, en mitin *m* electoral
Wahlversprechungen *pl* promesas *pl* hechas a los electores
Wahlvorstand *m*, ¨e mesa *f* electoral
Wahlvorsteher *m*, - presidente *m* de la mesa electoral
wahlweise opcional
Wahlzelle *f*, n cabina *f* electoral
Wahlzettel *m*, - papeleta *f* de votación; (LA) boleta *f*
Wahlzwang *m*, ¨e → *Wahlpflicht*
wahren guardar; mantener; cuidar de; *seine Interessen ~* defender sus intereses; *seine Rechte ~* defender sus derechos; *den Schein ~* guardar las apariencias; *einen Vorteil ~* mantener, conservar una ventaja
währen durar
Wahrheit *f*, (en) *- in der Werbung* la verdad en la publicidad; *in ~* en realidad
Wahrheitsfindung *f*, Ø (Jur.) esclarecimiento *m* de la verdad
wahrheitsgemäß, *~ Auskunft geben* facilitar in-

formación verídica; informar con arreglo a la verdad; dar información conforme a la verdad
wahrheitsgetreu → *wahrheitsgemäß*
wahrnehmen 1. percibir; notar; observar 2. *eine Gelegenheit* ~ aprovechar una oportunidad 3. *die Interessen eines Kunden* ~ defender, salvaguardar los intereses de un cliente 4. *ein Amt* ~ desempeñar, ejercer un cargo 5. *die Geschäfte* ~ atender los negocios
Wahrnehmung *f*, **en** 1. percepción *f* 2. aprovechamiento *m* 3. *er ist mit der* ~ *meiner Interessen betraut* está encargado de la defensa de mis intereses; *mit der* ~ *der Geschäfte beauftragt sein* estar encargado de (atender) los negocios 4. desempeño *m*, ejercicio *m* (de un cargo)
Währschaft *f*, **en** (CH) garantía *f*; responsabilidad *f* de los defectos y vicios de fabricación
wahrscheinlich, ~*er Fehler* (Estad.) probable error *m*
Wahrscheinlichkeitsrechnung *f*, **en** cálculo *m* de probabilidades
Wahrscheinlichkeitsstichprobe *f*, **n** prueba *f*, muestra *f* de probabilidad elegida al azar
Wahrung *f*, **en** salvaguardia *f*; defensa *f*; ~ *der Interessen* defensa de intereses; ~ *von Rechten* salvaguardia de derechos
Währung *f*, **en** moneda *f*; valor *m* monetario; sistema *m* monetario; divisa *f*; cambio *m* 1. *in ausländischer* ~ en moneda extranjera; *in fremder* ~ en divisas; *einfache* ~ monometalismo *m*; *harte* ~ divisa fuerte, dura; *(nicht) konvertierbare* ~ moneda (no) convertible; *labile* ~ moneda inestable; *manipulierte* ~ moneda manipulada; *stabile* ~ moneda estable; *überbewertete* ~ moneda sobrevalorada, excesivamente apreciada; *unterbewertete* ~ moneda infravalorada, subvalorada; *weiche* ~ moneda débil, blanda; *die* ~ *abwerten, aufwerten* devaluar, revaluar; *Geld in andere* ~*en umtauschen* convertir el dinero en divisa extranjera
Währungsabkommen *n*, - acuerdo *m* monetario
Währungsabwertung *f*, **en** devaluación *f* de la moneda
Währungsangleichung *f*, **en** ajuste *m* monetario; realineamiento *m* monetario; realineación *f* de los tipos de cambio
Währungsanleihe *f*, **n** empréstito *m* en moneda extranjera
Währungsaufwertung *f*, **en** revaluación *f*, apreciación *f* de la moneda
Währungsausgleich *m*, **e** compensación *f* de los cambios
Währungsausgleichsbetrag (WAB) *m*, ⸚e importe *m* compensatorio monetario

Währungsausgleichsfonds *m*, - fondo *m* de compensación de los cambios
Währungsbank *f*, **en** banco *m* de emisión
währungsbedingt, ~*e Schwierigkeiten* *pl* complicaciones *pl* causadas por la situación monetaria
Währungsbehörden *pl* autoridades *pl* monetarias
Währungsbeistand *m*, Ø apoyo *m* monetario a corto plazo (en el marco de la Unión monetaria europea)
Währungsbeziehungen *pl* ~ *zu Drittländern* (CE) relaciones *pl* monetarias con países no miembros
Währungsblock *m*, ⸚e bloque *m* monetario (países que tienen la misma moneda)
Währungsbremse *f*, Ø freno *m* monetario
Währungsdumping *n*, **s** dumping *m* por devaluación de la moneda (para impulsar las exportaciones)
Währungseinheit *f*, **en** unidad *f* monetaria; *Europäische* ~ *(EWE)* unidad monetaria europea (ECU: European Currency Unit)
Währungseinlagen *pl* depósitos *pl* en moneda extranjera
Währungsfahnder *m*, - inspector *m* de (fraudes de) cambios
Währungsfonds *m*, - fondo *m* monetario; *Internationaler* ~ *(IWF)* Fondo Monetario Internacional (FMI)
Währungsgarantie *f*, **n** garantía *f* de cambio
Währungsgebiet *n*, **e** zona *f*, área *f* monetaria
Währungsgeld *n*, **er** moneda *f* legal con poder liberatorio limitado
Währungsgemeinschaft *f*, **en** comunidad *f* monetaria
Währungsgesetz *n*, **e** ley *f* monetaria
Währungsgewinn *m*, **e** beneficio *m* obtenido con el cambio
Währungsgleichgewicht *n*, Ø equilibrio *m* monetario
Währungsgold *n*, Ø oro *m* monetario
Währungsguthaben *n*, - haberes *pl* en divisas
währungshart, ~*es Land* país *m* con moneda fuerte
Währungshüter *m*, - guardián *m* de la moneda
Währungsinstabilität *f*, Ø inestabilidad *f* monetaria
Währungsklausel *f*, **n** cláusula *f* sobre la moneda; cláusula *f* monetaria
Währungskonferenz *f*, **en** conferencia *f* sobre cuestiones monetarias
Währungskonvertibilität *f*, **en** → *Währungskonvertierbarkeit*
Währungskonvertierbarkeit *f*, **en** convertibilidad *f* de las monedas

Währungskont|o *n*, -en cuenta *f* en moneda extranjera
Währungskorb *m*, (ॱe) (CE) cesta *f*, canasta *f* de monedas
Währungskredit *m*, e crédito *m* en moneda extranjera
Währungskrise *f*, n crisis *f* monetaria
Währungskurs *m*, e cotización *f* de la moneda; curso *m* de cambio; tipo *m* de cambio
Währungslage *f*, n situación *f* monetaria
Währungsmanipulation *f*, en manipulación *f* monetaria
Währungsmaßnahme *f*, n medida *f* monetaria
Währungsmechanism|us *m*, -en mecanismo *m* monetario
Währungsoption *f*, en opción *f* monetaria
Währungsparität *f*, en paridad *f* monetaria, de los cambios; *Beibehaltung fester ~en* mantenimiento *m* de paridades fijas
Währungspolitik *f*, Ø política *f* monetaria
währungspolitisch que se refiere a la política monetaria; *aus ~en Gründen* por razones de política monetaria; *~e Maßnahme* medida *f* (político-) monetaria; medida *f* de orden monetario; *~e Zusammenarbeit* *f* cooperación *f* en política monetaria
Währungspolster *n*, - reservas *pl* monetarias
Währungsprobleme *pl* problemas *pl* monetarios
Währungsraum *m*, ॱe zona *f*, área *f* monetaria
Währungsreform *f*, en reforma *f* monetaria
Währungsreserven *pl* (*der Zentralbank eines Landes*) reservas *pl* monetarias; reservas *pl* en moneda extranjera
Währungsrisik|o *n*, -en riesgo *m* monetario
Währungssanierung *f*, en saneamiento *m* monetario
Währungsscheck *m*, s cheque *m* en moneda extranjera
Währungsschlange *f*, n serpiente *f* monetaria
Währungsschnitt *m*, e → *Währungsreform*
Währungsschrumpfung *f*, en estrechamiento *m* monetario; contracción *f* monetaria
währungsschwach, *~es Land* país *m* con moneda débil
Währungsschwankungen *pl* fluctuaciones *pl* monetarias; oscilaciones *pl* de los cambios
Währungsschwierigkeiten *pl* dificultades *pl* monetarias
Währungssicherungsklausel *f*, n cláusula *f* de garantía de cambio
Währungsspekulation *f*, en especulación *f* monetaria
Währungsstabilisierung *f*, en estabilización *f* de la moneda; estabilización *f* monetaria
Währungsstabilität *f*, Ø estabilidad *f* de la moneda; estabilidad *f* monetaria

Währungsstandard *m*, e patrón *m* monetario
währungsstark, *~es Land* país *m* con moneda fuerte
Währungsstichtag *m*, Ø (Hist.) día *m* de la reforma monetaria (21.6.1948 en el que el DM reemplazó al RM)
Währungssystem *n*, e sistema *m* monetario; *Europäisches ~ (EWS)* sistema monetario europeo
Währungsumrechnung *f*, en conversión *f* monetaria; conversión *f* de la moneda
Währungsumstellung *f*, en 1. reforma *f* monetaria 2. conversión *f* monetaria; conversión *f* de la moneda
Währungsungleichgewicht *n*, e desequilibrio *m* monetario; distorsión *f* monetaria
Währungsunion *f*, en unión *f* monetaria
Währungsunruhen *pl* desórdenes *pl* monetarios
Währungsunsicherheit *f*, en incertidumbre *f* sobre los tipos de cambio; inestabilidad *f* monetaria
Währungsverbund *m*, e → *Währungsblock, Währungsschlange*
Währungsverfall *m*, Ø depreciación *f* monetaria; caída *f* del valor monetario; erosión *f* monetaria
Währungsvergehen *n*, - delito *m* monetario
Währungsverhandlungen *pl* negociaciones *pl* monetarias
Währungsverlust *m*, e pérdida *f* en el cambio
Währungsvorschriften *pl* disposiciones *pl* (en materia) de cambio
Währungszusammenbruch *m*, ॱe caída *f* vertical del valor de la moneda; hundimiento *m* monetario; hundimiento *m* de la moneda
Waise *f*, n huérfano *m*
waisenberechtigt, *~es Kind* niño *m* con derecho a pensión de orfandad
Waisengeld *n*, er → *Waisenrente*
Waisenrente *f*, n pensión *f* de orfandad
Wal *m*, e ballena *f*
Wald *m*, ॱer bosque *m*; monte *m*
Waldarbeiter *m*, - obrero *m* forestal
waldarm casi sin bosque; pobre en bosques
Waldbau *m*, Ø silvicultura *f*
Waldbestand *m*, ॱe recursos *pl* forestales; censo *m* forestal
Waldbrand *m*, ॱe incendio *m* forestal
Waldfrevel *m*, - delito *m* forestal
Waldgebiet *n*, e zona *f*, región *f*, comarca *f* forestal
Waldgrenze *f*, n límite *m* del bosque
Waldhüter *m*, - guarda *m* forestal; guardabosque *m*
waldig boscoso; forestal; selvático
Waldland *n*, (ॱer) terreno *m* boscoso

Waldpflanze *f*, **n** planta *f* selvática
Waldrand *m*, ⸚er linde *m* del bosque
waldreich boscoso; rico en bosques
Waldreichtum *m*, Ø riqueza *f* forestal
Waldsterben *n*, Ø muerte *f* del bosque
Waldung *f*, en bosques *pl*; región *f* boscosa
Waldwirtschaft *f*, Ø 1. economía *f* forestal; silvicultura *f* 2. explotación *f* forestal 3. repoblación *f* forestal
Walfang *m*, Ø pesca *f* de la ballena; pesca *f* de ballenas
Walfangboot *n*, e ballenero *m*; barco *m* ballenero
Walfänger *m*, - ballenero *m*
Walfisch *m*, e ballena *f*
Wall *m*, e 1. muralla *f* 2. terraplén *m*
Walmdach *n*, ⸚er tejado *m* de copete
walten gobernar; obrar; actuar; *seines Amtes* ~ cumplir con su deber
waltend, *unter den~en Umständen* en las circunstancias actuales
Walzblech *n*, e chapa *f* laminada
Walzeisen *n*, - hierro *m* laminado
walzen 1. aplanar; allanar; apisonar 2. laminar (metales) 3. pasar el rodillo
walzenförmig cilíndrico
Walzlager *m*, - rodamiento *m*, cojinete *m* antifricción
Walzmaschine *f*, **n** laminadora *f*
Walzstahl *m*, Ø acero *m* laminado
Walzstraße *f*, **n** tren *m* de laminación
Walzwerk *n*, e taller *m* de laminación; laminador *m*
Wandbrett *n*, er estante *m*
Wanddekoration *f*, en decoración *f* mural
Wandel *m*, Ø cambio *m*; mutación *f*; *tiefgreifender* ~ cambio profundo; cambio en profundidad
Wandelanleihe *f*, **n** empréstito *m* convertible; empréstito *m* de conversión; empréstito *m* en obligaciones convertibles
wandelbar, *~e Wertpapiere pl* títulos *pl* convertibles
Wandelgeschäft *n*, e mercado *m* de opción; operación *f* de descuento
Wandelobligation *f*, en obligación *f* convertible (en acción)
Wandelprämie *f*, **n** prima *f* de conversión
Wandelrecht *n*, Ø privilegio *m* de conversión *f*
Wandelschuldverschreibung *f*, en → *Wandelobligation*
Wandelung *f*, en 1. *(beim Kaufvertrag)* redhibición *f* de una venta 2. *Recht des Käufers auf ~ oder Minderung* derecho *m* del comprador a rescindir el contrato o a reducir el precio
Wanderarbeiter *m*, - trabajador *m* migratorio
Wanderausrüstung *f*, en equipo *m* de excursionista
Wanderausstellung *f*, en exposición *f* itinerante; exposición *f* ambulante
Wanderbücherei *f*, en biblioteca *f* itinerante, circulante, ambulante
Wanderer *m*, - excursionista *m*; caminante *m*
Wandergewerbe *n*, Ø comercio *m* ambulante *m*; buhonería *f*
Wandergewerbeschein *m*, e licencia *f* de venta ambulante
Wanderkarte *f*, **n** carta-mapa *f* de excursiones
Wandern *n*, Ø 1. excursionismo *m* (a pie); turismo *m* pedestre; turismo *m* a pie
wandern, *in den Papierkorb* ~ tirar a la papelera; ir a parar a la papelera
wandernd 1. migratorio 2. ambulante 3. nómada 4. trashumante
Wanderung *f*, en 1. migración *f*; movimiento *m* migratorio 2. caminata *f*; excursión *f* (a pie)
Wanderungsbewegung *f*, en movimiento *m* migratorio
Wandgarderobe *f*, **n** recibidor *m* mural, de pared
Wandgemälde *n*, - pintura *f*, cuadro *m* mural
Wandkalender *m*, - calendario *m* de pared
Wandkarte *f*, **n** mapa *m* mural
Wandlung *f*, en 1. cambio *m*; transformación *f* 2. anulación *f* de un contrato (por vicio de la mercancía); redhibición *f*; *auf ~ klagen* presentar acción de redhibición; intentar una acción redhibitoria; *zur ~ berechtigend* redhibitorio
Wandlungsfehler *m*, - vicio *m* redhibitorio
Wandlungsklage *f*, **n** acción *f* redhibitoria; acción *f* de redhibición
Wandmalerei *f*, Ø pintura *f* mural
Wandplakat *n*, e cartel *m* mural
Wandreklame *f*, Ø publicidad *f* mural
Wandtresor *m*, e caja *f* fuerte de pared; caja *f* de seguridad mural
Wanze *f*, **n** micro-espía *m*; miniespía *m*
Ware *f*, **n** mercancía *f*; (LA) mercadería *f*; producto *m*; artículo *m*; género *m* 1. *nicht abgeholte, absatzfähige* ~ mercancía no recogida; mercancía vendible; *schwer absetzbare* ~ mercancía difícil de colocar, de vender; *auserlesene* ~ mercancía selecta; *ausgewählte* ~ mercancía escogida; *beschädigte* ~ mercancía dañada, averiada; *beschlagnahmte* ~ (z.B. *wegen falscher Zollangaben*) mercancía confiscada; artículo intervenido; *bewirtschaftete* ~ mercancía contingentada; artículo sometido a racionamiento; *brüchige* ~ mercancía frágil; *beim Zoll nicht deklarierte* ~ mercancía no declarada (en aduana); *eingeführte* ~ artículo de importación; *gut eingeführte* ~ mercancía con buena aceptación; *eingegangene* ~ mer-

cancía llegada; entradas *pl*; llegadas *pl*; *entbehrliche* ~ mercancía no imprescindible; artículo no esencial; *entzündliche* ~ mercancía inflamable; *erstklassige* ~ artículo de primer orden; mercancía de primera calidad; *gängige* ~ artículo corriente; *gebrauchte* ~ artículo de ocasión; mercancía usada; *gefährliche* ~ mercancía peligrosa; *geringwertige* ~ mercancía de baja calidad; artículo de calidad inferior; *~ der gewerblichen Wirtschaft* producto industrial; *auf Kredit gekaufte* ~ mercancía comprada a crédito; (Fam.) mercancía fiada; *geschmuggelte* ~ mercancía introducida de contrabando; *greifbare* ~ mercancía disponible; *(im Preis) herabgesetzte* ~ artículo reducido en el precio; *hochwertige* ~ artículo de gran calidad; mercancía de gran valor; *konkurrenzfähige* ~ mercancía competitiva; *kontingentierte* ~ mercancía racionada, contingentada; *lange haltbare* ~ mercancía de larga duración; *leichtverderbliche* ~ artículo perecedero; *lieferbare* ~ mercancía suministrable; *liegengebliebene* ~ mercancía no vendida; *mangelhafte* ~ mercancía defectuosa; *minderwertige* ~ mercancía de calidad inferior; *optische ~en* artículos de óptica; *preisgebundene* ~ artículo con sujeción en cuanto al precio; mercancía con precio fijado; producto con precio obligatorio; *preiswerte* ~ artículo que vale su precio; mercancía a precio justo; *retournierte* ~ mercancía devuelta; *schwimmende* ~ mercancía a bordo (de un barco); *sortierte* ~ mercancía seleccionada; *spottbillige* ~ mercancía baratísima; mercancía a precio baratísimo; producto casi regalado; *sperrige* ~ mercancía que abulta mucho; mercancía voluminosa; mercancía de mucho bulto; *steuerpflichtige* ~ mercancía sujeta a impuestos; *tiefgekühlte* ~ producto congelado; *unentbehrliche* ~ artículos indispensables; *unfertige* ~ mercancía sin acabar; *unsortierte* ~ mercancía sin seleccionar; *unverarbeitete* ~ mercancía sin trabajar, sin labrar; *unverkaufte* ~ artículo invendido; mercancía no vendida; producto sin vender; *unverkäufliche* ~ mercancía invendible; *unverpackte* ~ mercancía sin embalar, sin empaquetar; *unverzollte* ~ mercancía que no ha pagado derechos (de aduana); *veraltete* ~ producto anticuado; *verdorbene* ~ mercancía estropeada; deteriorada; echada a perder; *veredelte* ~ artículo mejorado, perfeccionado, refinado; *vertretbare* ~ mercancía fungible; *zerbrechliche* ~ mercancía frágil; *zollpflichtige* ~ mercancía sujeta al pago de aranceles 2. *die ~ abnehmen* aceptar la mercancía; encargarse de una partida; *die ~ abholen* recoger la mercancía; *die ~ abrufen* pedir la entrega (de una parte) de la mercancía encargada; *die ~ absenden* despachar el envío de la mercancía; *die ~ absetzen* comercializar la mercancía; vender la mercancía; *die ~ abstoßen* desprenderse de la mercancía; deshacerse (con pérdida) del género; *~ zum Verkauf anbieten* poner mercancía a la venta; ofertar género; *~ zur Verzollung anmelden* declarar mercancía para el pago de aranceles; *die ~ auslegen* exponer la mercancía; *~ ausliefern* suministrar género, mercancía; *auf einer Messe ~ ausstellen* exponer mercancía en una feria; *eine ~ auszeichnen* marcar el precio de una mercancía; *~ beschauen (Zoll)* examinar, inspeccionar la mercancía; *~ bestellen* encargar, pedir, ordenar mercancía; *~ über einen Vertreter bestellen* ordenar mercancía a través de un representante; *das Betasten der ~ ist verboten* prohibido tocar el género, los artículos; *~ beziehen* obtener, procurar, recibir mercancía; *eine ~ auf den Markt bringen* lanzar un producto al mercado; *sich mit ~ eindecken* abastecerse, aprovisionarse de mercancía; *~ einführen* importar mercancía; *~ führen* tener un artículo; *eine ~ nicht mehr führen* no comercializar ya un producto; *~ kaufen und verkaufen* comprar y vender mercancía; dedicarse a la compraventa de mercancía; *~ in Kommission geben, nehmen* dar, tomar mercancía en comisión; *eine ~ auf Lager haben* tener un producto en almacén; *~ liefern* suministrar mercancía; *den Empfang der ~ quittieren* firmar el recibo de la mercancía; *~ in Rechnung stellen* hacer factura de la mercancía; *~ verkaufen* vender género, mercancía; *~ gut verpacken* empaquetar bien la mercancía; embalar bien el género; *~ verpfänden* pignorar mercancía; *~ versenden* enviar mercancía; consignar mercancía; *die ~ zurückgeben* devolver la mercancía; *eine ~ zurücklegen* reservar un artículo; *eine ~ zurücknehmen* admitir la devolución de una mercancía; *~ zurücksenden* devolver género, mercancía

Warenabnahme *f*, *n* aceptación *f*, recepción *f* de la mercancía

Warenabsatz *m*, (⇆e) venta *f* de mercancías; salida *f* de mercancías

Warenabsender *m*, - consignador *m*, remitente *m* de la mercancía; (Ggs. *Warenempfänger*)

Warenakkreditiv *n*, e → *Dokumentenakkreditiv*

Warenangabe *f*, *n* especificación *f* de la mercancía

Warenangebot *n*, e oferta *f* de mercancía(s)

Warenanmeldung *f*, en *(zur Verzollung)* declaración *f* de la mercancía

Warenannahme *f*, **n** recepción *f*, aceptación *f* de la mercancía; mercancía *f* recibida
Warenart *f*, en clase *f*, categoría *f* de la mercancía
Warenaufzug *m*, ⸗e montacargas *m*
Warenausfuhr *f*, en exportación *f* de mercancía(s); ~ *zu Schleuderpreisen* dumping *m* (en la exportación)
Warenausgänge *pl* salidas *f* de mercancía
Warenausgangsbuch *n*, ⸗er registro *m* de salidas
Warenauslage *f*, **n** artículos *pl* expuestos; exposición *f* de mercancía
Warenaustausch *m*, Ø intercambio *m* de mercancías
Warenauszeichnung *f*, en marcaje *m*, etiquetado *m* de la mercancía
Warenautomat *m*, en expendedor *m* automático
Warenbedarf *m*, Ø demanda *f*, necesidad *f* de mercancía
Warenbegleitschein *m*, e hoja *f* de ruta; borderó *m* de acompañamiento de la mercancía; carta *f* de envío
Warenbehälter *m*, - contenedor *m*
Warenbeleihung *f*, en préstamo *m* sobre mercancías
Warenbelieferung *f*, en suministro *m* de mercancía
Warenbeschaffung *f*, Ø obtención *f*, consecunción *f* de mercancía
Warenbeschaffungskredit *m*, e crédito *m* para la compra de mercancía
Warenbeschreibung *f*, en descripción *f* de la mercancía
Warenbestand *m*, ⸗e existencias *pl*; stock *m*; estocaje *m*
Warenbestandsaufnahme *f*, **n** inventario *m* de mercancías
Warenbestellbuch *n*, ⸗er libro *m* de pedidos
Warenbestellung *f*, en *eine große ~ machen* hacer, pasar un gran pedido (de mercancía); *~en entgegennehmen* hacerse cargo de órdenes, pedidos (de mercancía)
Warenbezeichnung *f*, en designación *f* de la mercancía
Warenbezugsgenossenschaft *f*, en cooperativa *f* de compras
Warenbilanz *f*, en balanza *f* comercial; balanza *f* exterior; balanza *f* de mercancías (importadas y exportadas)
Warenbörse *f*, **n** lonja *f*; bolsa *f* de contratación; bolsa *f* de mercancías; (Syn. *Produktenbörse*)
Warenbruttogewinn *m*, e beneficio *m* bruto obtenido en las ventas
Warencharakter *m*, Ø naturaleza *f*, carácter *m* comercial; ~ *haben* ser negociable, vendible, comercializable
Warendurchfuhr *f*, Ø tránsito *m* de mercancías (a través de otro país)
Wareneinfuhr *f*, en importación *f* de bienes, de mercancías; importaciones *pl* (de bienes) visibles
Wareneingang *m*, ⸗e llegada *f*, entrada *f* de mercancías; mercancías *pl* compradas; mercancías *pl* recibidas
Wareneingangsbescheinigung *f*, en (WEB) verificación *f* de la mercancía; certificado *m* de llegada de la mercancía
Wareneingangsbuch *n*, ⸗er registro *m* de entradas
Wareneingangsstelle *f*, **n** departamento *m* de recepción de la mercancía
Wareneinheit *f*, (en) unidad *f* de bien
Wareneinheitsversicherung *f*, en seguro *m*, póliza *f* omnium
Wareneinsender *m*, - → *Warenabsender*
Wareneinstandspreis *m*, e precio *m* de coste
Wareneinteilung *f*, en *internationale ~* clasificación *f* internacional de los bienes, de la mercancía
Wareneingang und -ausgang *m*, ⸗e entrada *f* y salida *f* de mercancías
Warenempfang *m*, Ø recibo *m* de la mercancía
Warenempfänger *m*, - destinatario *m*; consignatario *m* (Ggs. *Warenabsender*)
Warenentlohnung *f*, Ø remuneración *f* en especie
Warenforderungen *pl* créditos *pl* en mercancías; crédito *m* comercial; mercancías *pl* (suministradas) por cobrar
Warengattung *f*, en naturaleza *f* de la mercancía; categoría *f*, clase *f* de mercancía; *eine ~ aufgeben* abandonar una línea de negocio
Warengenossenschaft *f*, en cooperativa *f* de compraventa
Warengeschäfte *pl* transacciones *pl* en (*od*. de) bienes; comercio *m* de mercancías
Warengestaltung *f*, (en) (Angl.) merchandising *m*
Warengleichartigkeit *f*, Ø similitud *f* (*od*. uniformidad *f*) de la mercancía
Warengruppe *f*, **n** 1. rama *f*, ramo *m* de producción 2. grupo *m*, categoría *f* de bienes; clase *f*, categoría *f* de productos
Warenhandel *m*, Ø comercio *m* de mercancías
Warenhaus *n*, ⸗er grandes almacenes *pl*; galerías *pl*; (LA) emporio *m* (Syn. *Kaufhaus*)
Warenhausdiebstahl *m*, ⸗e robo *m* en grandes almacenes; robo *m* de mercancía expuesta
Warenhauskette *f*, **n** cadena *f* de grandes almacenes
Warenhauskonzern *m*, e grupo *m* de grandes almacenes
Warenkapital *n*, Ø capital *m* en mercancías

Warenkatalog *m*, e catálogo *m*, lista *f* de mercancías
Warenkenntnis *f*, se conocimiento *m* de la mercancía, de las mercancías
Warenkont|o *n*, -en cuenta *f* (de) mercancías
Warenkontrolle *f*, n control *m* (de la calidad) de las mercancías
Warenkorb *m*, ⁼e (Estad.) cesta *f* de la compra (para la evaluación del IPC)
Warenkredit *m*, e crédito *m* comercial
Warenkreditbrief *m*, e carta *f* de crédito comercial
Warenkunde *f*, Ø mercología *f*; tecnología *f* mercológica
warenkundlich mercológico
Warenlager *n*, - 1. depósito *m* de mercancías; almacén *m* (de mercancías) 2. existencias *pl*; stock *m*; estocaje *m*
Warenlageraufseher *m*, - guardalmacén *m*; almacenista *m*; jefe *m* de almacén
Warenlagerung *f*, Ø almacenamiento *m* de los productos; almacenaje *m* de la mercancía
Warenlieferant *m*, en proveedor *m*, suministrador *m* (de mercancía)
Warenlieferung *f*, en suministro *m* de (la) mercancía; ~*en aus dem Ausland* suministros *pl* procedentes del extranjero; ~*en an das Ausland* suministros al extranjero; *eine ~ abnehmen* hacerse cargo de un suministro; aceptar el suministro de la mercancía
Warenlieferungen *pl (Bilanz)* proveedores *pl*
Warenliste *f*, n lista *f* de mercancías; lista *f* de productos
Warenlohn *m*, ⁼e salario *m* en especie
Warenlombard *m*, e préstamo *m* sobre mercancías; adelanto *m* sobre mercancías; préstamo *m* pignoraticio sobre mercancías
Warenmakler *m*, - corredor *m* de mercancías
Warenmangel *m*, Ø escasez *f* de mercancías; falta *f* de productos
Warenmarkt *m*, ⁼e mercado *m* de mercancías
Warenmenge *f*, n cantidad *f* de bienes
Warenmuster *n*, - muestra *f*; espécimen *m*; *etw. als ~ aufgeben* enviar u/c como muestra
Warenniederlage *f*, n → *Warenlager*
Warenpalette *f*, n gama *f* de productos; abanico *m* de mercancías
Warenpapier *n*, e título-mercancía *m*; valor *m* comercial
Warenpartie *f*, n → *Warenposten*
Warenposten *m*, - lote *m*, partida *f* de mercancías
Warenpreis *m*, e precio *m* de la mercancía
Warenpreisklausel *f*, n cláusula *f* sobre el valor de la mercancía
Warenprobe *f*, n → *Warenmuster*
Warenrechnung *f*, en factura *m* comercial

Warenrückvergütung *f*, en reembolso *m* en mercancía
Warenschau *f*, Ø presentación *f* de mercancías; exposición *f*
Warenscheck *m*, s cheque *m*, talón *m* de mercancías
Warenschein *m*, e recibo *m* de depósito; warrant *m*
Warenschuld *f*, en deuda *f* comercial
Warensendung *f*, en envío *m* de mercancías
Warensortiment *m*, e almacén *m*, depósito *m* (de mercancías)
Warenstempel *m*, - → *Warenzeichen*
Warensteuer *f*, n impuesto *m*, tasa *f* sobre las mercancías
Warentermingeschäft *n*, e (operación *f* de) futuro *m* de mercancías
Warentest *m*, s test *m* de mercancías, de productos
Warenumsatz *m*, ⁼e cifra *f* de negocios; cifra *f* de ventas; movimiento *m* de mercancías
Warenumsatzsteuer *f*, n (CH) impuesto *m* sobre la cifra de venta
Warenumschlag *m*, (⁼e) rotación *f* de existencias; rotación *f* de stocks; rotación *f* del estocaje
Waren- und Dienstleistungsverkehr *m*, Ø intercambio *m* de bienes y servicios; circulación *f*, tráfico *m* de bienes visibles e invisibles
Waren- und Kapitalverkehr *m*, Ø circulación *f* de bienes y de capitales; tráfico *m* de bienes y capitales
Warenverkehr *m*, Ø tráfico *m* de mercancías; movimiento *m* de mercancías; intercambios *pl*; *freier ~* libre circulación *f* de las mercancías
Warenverknappung *f*, en escasez *f*, escaseamiento *m* de mercancías
Warenverzeichnis *n*, se 1. lista *f*, nomenclatura *f* de productos 2. precios *pl* corrientes 3. inventario *m*
Warenvorrat *m*, ⁼e existencias *pl*; stock *m*; estocaje *m*
Warenwechsel *m*, - efecto *m*, letra *f* comercial; efecto *m* de comercio
Warenwert *m*, Ø valor *m* de la mercancía
Warenzeichen *n*, - marca *f* de fabricación; marca *f* de fábrica; *eingetragenes ~* marca registrada; *international eingetragenes ~* marca internacional (Syn. *Schutzmarke, Handelsmarke*)
Warenzeichenschutz *m*, Ø protección *f* de marcas de fábrica
Warenzoll *m*, ⁼e derechos *pl* aduanales; aranceles *pl* sobre mercancías
Warenzustellung *f*, en reparto *m* de la mercancía
Wärmeabgabe *f*, Ø emisión *f*, desprendimiento

m de calor
Wärmeaufnahme *f*, Ø absorción *f* de calor
Wärmeausstrahlung *f*, Ø radiación *f* térmica
wärmebeständig termoestable; resistente al calor
Wärmebeständigkeit *f*, Ø termoestabilidad *f*; resistencia *f* al calor
wärmedämmend isotérmico; termoaislante
Wärmedämmung *f*, en protección *f* calorífuga; aislamiento *m* térmico
Wärmeeinheit *f*, en unidad *f* de calor; unidad *f* calorífuga
Wärmeelektrizität *f*, Ø termoelectricidad *f*
Wärmeenergie *f*, n energía *f* calorífica
wärmeerzeugend calorífico
Wärmeerzeugung *f*, Ø producción *f* de calor; termogénesis *f*; calorificación *f*
Wärmegrad *m*, e grado *m* de temperatura *bzw.* grado *m* de calor
wärmeisolierend termoaislante; calorífugo; incombustible
Wärmeisolierung *f*, en termoaislamiento *m*; aislamiento *m* térmico
Wärmekapazität *f*, en capacidad *f* térmica
Wärmekraftwerk *n*, e central *f* térmica
Wärmeschutz *m*, Ø aislamiento *m* térmico
Wärmeschutzfenster *n*, - acristalamiento *m* aislante
Wärmespeicher *m*, - termoacumulador *m*
Wärmetechnik *f*, Ø termotécnica *f*
wärmetechnisch, ~e *Verbesserung von Gebäuden* mejora *f* de la eficiencia térmica de edificios
Warmluftheizung *f*, en calefacción *f* por aire caliente
Warmwasserbereiter *m*, - termo *m*; termosifón *m*; calentador *m* (instantáneo) de agua caliente
Warmwasserleitung *f*, en tubería *f* de agua caliente
Warmwasserversorgung *f*, Ø abastecimiento *m* de agua
Warnanlage *f*, n sistema *m*, dispositivo *m*, equipo *m* de alarma
Warndreieck *n*, e triángulo *m* de emergencia
warnen prevenir; poner en guardia; poner sobre aviso; advertir; *vor Nachahmung, Taschendieben* ~ advertir contra las imitaciones, contra los carteristas
Warnleuchte *f*, n → *Warnlicht*
Warnlicht *n*, er luz *f* de aviso, de advertencia
Warnruf *m*, e grito *m* de alarma
Warnschild *n*, er señal *f*, rótulo *m* de aviso
Warnsignal *n*, e señal *f* de alerta, de aviso, de alarma; intermitente *m*; *die ~e flackern* flamean los intermitentes
Warnstreik *m*, s huelga *f* de aviso

Warnung *f*, en advertencia *f*; aviso *f*; *zur* ~ a título de advertencia
Warnvorrichtung *f*, en dispositivo *m* de alarma
Warnzeichen *n*, - señal *f* de peligro
Warrant *m*, s certificado *m* de depósito; (Angl.) warrant *m*
Warrantvorschüsse *pl* anticipos *pl* sobre el warrant
Wartegeld *n*, er 1. excedencia *f*; cesantía *f*; *jdn. auf* ~ *setzen* poner en situación de disponible 2. *auf* ~ a medio sueldo; a media paga
Wartegeldempfänger *m*, - excedente *m*; cesante *m*
Wartehäuschen *n*, - garita *f* de guardabarrera
Warteliste *f*, n lista *f* de espera; *auf einer* ~ *stehen* estar, figurar en la lista de espera
warten 1. esperar; aguardar 2. *eine Maschine* ~ entretener, mantener, conservar una máquina; ocuparse del mantenimiento de una máquina
Wärter *m*, - 1. guardián *m*; guarda *m* 2. enfermero *m*
Warteraum *m*, ¨e sala *f* de espera
Wartes|aal *m*, -äle → *Warteraum*
Warteschlange *f*, n fila *f* de espera; cola *f*
Wartestand *m*, Ø cesantía *f*; *in den* ~ *versetzen* dejar en situación de disponible
Wartezeit *f*, en periodo *m* de espera; periodo *m* de carencia; periodo *m* de cualificación
Wartezimmer *n*, - → *Warteraum*
Wartung *f*, en (*z.B. eines Autos*) mantenimiento *m*; servicio *m*; *tägliche* ~ mantenimiento diario
Wartungsarbeiten *pl* trabajos *pl* de mantenimiento; labores *pl* de conservación
Wartungskosten *pl* gastos *pl* de mantenimiento; costes *pl* de conservación
Wartungspersonal *n*, Ø personal *m* de mantenimiento, de conservación
Wartungsvertrag *m*, ¨e contrato *m* de entretenimiento, de mantenimiento, de conservación
Waschanlage *f*, n 1. tren *m* de lavado 2. lavadero *m*
Waschanleitung *f*, en instrucciones *pl* para el lavado
Waschanstalt *f*, en lavandería *f*
Waschautomat *m*, en lavadora *m* automática
waschbar lavable
Wäschebeutel *m*, - saco *m* para la ropa sucia
Wäschefabrik *f*, en fábrica *f* de ropa blanca
Wäschegeschäft *n*, e 1. lencería *f* 2. camisería *f* (de caballeros)
Wäschekorb *m*, ¨e cesta *f* para la ropa
Wäschemangel *f* calandria *f*
Wäscher *m*, - 1. lavandero *m* 2. lavador *m*
Wäscherei *f*, en lavandería *f*
Wäscheschleuder *f*, n secadora *f* centrífuga

Wäscheschrank *m*, ⁓e armario *m* de las lencerías
Waschfrau *f*, en lavandera *f*
Waschkessel *m*, - caldera *f* para hacer la colada
Waschmaschine *f*, n lavadora *f*
waschmaschinenfest lavable en lavadora
Waschmittel *n*, - detergente *m*
Waschpulver *n*, - → *Waschmittel*
Waschraum *m*, ⁓e 1.cuarto *m* de aseo; lavabo *m* 2. lavadero *m*
Waschsalon *m*, s lavandería *f*
Waschstraße *f*, n tren *m*, túnel *m* de lavado
Waschwasser *n*, Ø agua *f* de lavado
Waschzettel *m*, - anuncio *m* efusivo de un libro; solapa *f*, texto *m* de presentación (de un libro); reseña *f* del editor
Waschzeug *n*, Ø utensilios *pl* de tocador
Wasserabflu|ß *m*, ⁓sse desagüe *m*
Wasseranschlu|ß *m*, ⁓sse toma *f*, acometida *f* de agua
wasserarm falto de agua; árido
Wasserarmut *f*, Ø falta *f*, escasez *f* de agua; aridez *f*
Wasserbau *m*, ten construcción *f*, obra *f* hidráulica
Wasserbauingenieur *m*, e ingeniero *m* de obras hidráulicas
Wasserbedarf *m*, Ø necesidades *pl*, demanda *f*, requerimientos *pl* de agua
wasserbeständig resistente al agua
wasserdicht impermeable (al agua); hermético; ~ *machen* impermeabilizar
wasserdurchlässig permeable (al agua)
Wasserfahrzeug *n*, e embarcación *f*; bote *m*
Wasserfall *m*, ⁓e 1. salto *m* de agua 2. catarata *f*
Wasserflughafen *m*, ⁓ base *f* de hidroaviones
Wasserflugzeug *n*, e hidroavión *m*
Wasserflut *f*, en inundación *f*; avenida *f*
Wasserfracht *f*, en flete *m* fluvial o marítimo
Wassergefahr *f*, Ø peligro *m* de inundación
Wassergraben *m*, ⁓ acequia *f*
Wassergüte *f*, Ø calidad *f* del agua
Wasserknappheit *f*, Ø escasez *f* de agua
Wasserkraft *f*, ⁓e energía *f* hidráulica, hidroeléctrica
Wasserkraftwerk *n*, e central *f*, planta *f* hidráulica
Wassermangel *m*, Ø escasez *f* bzw. falta *f* de agua
Wassermesser *m*, - hidrómetro *m*
Wassermühle *f*, n molino *m* de agua
Wasserpolizei *f*, Ø policía *f*, brigada *f* fluvial
Wasserpumpe *f*, n bomba *f* de agua
Wasserrechnung *f*, en cuenta *f*, factura *f* del consumo de agua
wasserreich 1. caudaloso (un río) 2. abundante en agua
Wasserreinigung *f*, Ø depuración *f* del agua

Wasserreinigungsanlage *f*, n planta *f* depuradora; depuradora *f*
Wasserreserven *pl* recursos *pl* acuáticos
Wasserrohrbruch *m*, ⁓e rotura *f* de cañerías de agua
Wassersäule *f*, n columna *f* de agua
Wasserschaden *m*, ⁓e (Seg.) daños *pl*, estragos *pl* causados por el agua
Wasserschadstoffe *pl* sustancias *pl* nocivas en el agua
Wasserschlauch *m*, ⁓e manguera *f*; manga *f*
Wasserspeicher *m*, - depósito *m* de agua
Wasserstand *m*, ⁓e nivel *m* del agua
Wasserstandsanzeiger *m*, - indicador *m* del nivel del agua
Wasserstandsmesser *m*, - fluviómetro *m*
Wasserstraße *f*, n vía *f* fluvial; vía *f* navegable; arteria *f* fluvial
Wasserstraßennetz *n*, e red *f* de vías fluviales
Wassertransport *m*, e transporte *m* por agua; transporte *m* fluvial
Wasseruhr *f*, en contador *m* de agua
wasserundurchlässig impermeable
Wasserverbrauch *m*, Ø consumo *m* de agua
Wasserverknappung *f*, Ø *(als Folge der Dürre)* merma *f* bzw. agotamiento *m* de los recursos hidráulicos
Wasserverschmutzung *f*, Ø contaminación *f*, polución *f* del agua
Wasserversorgung *f*, Ø abastecimiento *m*, suministro *m* de agua
wasserverunreinigende Stoffe *pl* substancias *pl* contaminantes del agua; substancias *pl* causantes de la polución del agua
Wasservorräte *pl* → *Wasserreserven*
Wasserweg *m*, e vía *f* navegable; vía *f* fluvial; *Beförderung auf dem* ~ transporte *m* por vía fluvial
Wasserwerfer *m*, - cañón *m* de agua
Wasserwerk *n*, e servicio *m* de abastecimiento *m* de aguas
Wasserwirtschaft *f*, Ø 1. ingeniería *f* hidráulica 2. régimen *m* de aguas
Wasserzähler *m*, - contador *m* de agua
Wasserzufuhr *f*, Ø traída *f* de agua; alimentación *f* de agua
Wasserzuleitung *f*, en → *Wasserzufuhr*
Watt *n*, - 1. vatio *m* 2. → *Wattmeer*
wattartig algodonoso
Watte *f*, Ø algodón *m* (hidrófilo)
Wattenmeer *n*, e aguas *pl* bajas de la costa
wattieren acolchar; enguatar
Wattleistung *f*, Ø potencia *f* (medida) en vatios
Wattmeter *m*, - vatímetro *m*
Wattstunde *f*, n vatio-hora *m*
WDR *(Westdeutscher Rundfunk)* radiodifusión *f*

y televisión en Colonia (R.F.A.)
Webart f, en tejeduría f
Webekunst f, ᵘ ᵉ arte m de tejer
weben tejer; trabajar en el telar; hilar
Weben n, Ø tejido m; tejedura f; hilado m
Weber m, - tejedor m
Weberei f, en 1. *(Gewebe)* tejido m 2. fábrica f de tejidos; tejeduría f
Webereierzeugnis n, se procucto m textil
Weberhandwerk n, Ø tejeduría f 2. oficio m de tejedor
Webfehler m, - falla f en el tejido
Webstuhl m, ᵘᵉ telar m
Webwaren pl tejidos pl
Wechsel m, - 1. cambio m 2. relevo m 3. cambio m (de moneda) 4. fluctuación f; im ~ mit alternando con 5. mensualidad f 6. letra f (de cambio); efecto m (de comercio); título m a la orden; *bankfähiger (begebbarer, guter)* ~ efecto negociable; *diskontfähiger* ~ efecto descontable; efecto admitido al descuento; *diskontierter* ~ letra descontada; *domizilierter* ~ letra domiciliada; *eigener (trockener)* ~ letra al propio cargo; pagaré m; *eingelöster* ~ efecto cobrado; *nicht eingelöster (notleidender)* ~ letra impagada; efecto pendiente de cobro; *erster* ~ primera f de cambio; *fälliger* ~ letra vencida; *genormter* ~ efecto normalizado; *geplatzter (protestierter)* ~ letra protestada; *gezogener* ~ letra girada; letra de cambio, cambial f; *indossierter* ~ letra endosada; *langfristiger* ~ efecto a largo plazo; *auf den Inhaber lautender* ~ efecto al portador; *lombardierter* ~ efecto dado en garantía; *offener* ~ carta f de crédito; *trassierter* ~ efecto librado, girado; *überfälliger* ~ letra vencida y no pagada; *ungedeckter* ~ efecto sin provisión; letra en descubierto; *verfallener* ~ letra perjudicada; *verpfändeter* ~ efecto dado en garantía; *zurückgewiesener* ~ letra no aceptada; *zweiter* ~ segunda f de cambio; *einen ~ akzeptieren (annehmen)* aceptar una letra; *einen ~ auf jdn. ausstellen (ziehen)* librar, girar una letra contra alg.; *einen ~ diskontieren* descontar un efecto, una letra; *einen ~ zum Diskont annehmen* aceptar un efecto al descuento; *einen ~ domizilieren* domiciliar (el pago de) una letra; *einen ~ einlösen* pagar, honrar una letra; *einen ~ indossieren* endosar una letra; *einen ~ prolongieren* prorrogar, prolongar una letra; *einen ~ protestieren* protestar una letra; *einen ~ rediskontieren lassen* redescontar una letra; *einen ~ unterschreiben* firmar un efecto; *einen ~ zur Zahlung vorlegen* presentar un efecto al cobro; *einen ~ weitergeben* ceder, negociar un efecto; *einen ~ auf jdn. ziehen* girar una letra contra alg.

Wechselabrechnung f, en liquidación f de una letra
Wechselabschrift f, en copia f de una letra (de cambio)
Wechselabteilung f, en servicio m de cartera (de efectos de comercio); servicio m de cambio
Wechseladresse f, n nombre m del librado (en una letra)
Wechselagent m, en agente m de cambio
Wechselagio n, s comisión f de un banco sobre una letra; agio m; cambio m
Wechselakzept n, e 1. aceptación f de una letra 2. letra f aceptada
Wechselakzeptant m, en aceptante m de una letra (de cambio)
Wechselallonge f, n suplemento m (de una letra)
Wechselannahme f, n aceptación f de una letra
Wechselanzeige f, n aviso m de letra
Wechselarbitrage f, n arbitraje m de cambio
Wechselarbitrageur m, e corredor m de letras
Wechselausfertigung f, en *erste, zweite, dritte* ~ primera f, segunda f, tercera f de cambio
Wechselaussteller m, - librador m, girador m (de una letra)
Wechselausstellung f, en libranza f de una letra; libramiento m de una letra; emisión f de una letra (de cambio)
Wechselbank f, en banco m de descuento; casa f de cambio
wechselbar cambiable
Wechselbegebung f, en negociación f de una letra de cambio
Wechselbestand m, Ø cartera f (de efectos); efectos pl en cartera
Wechselbetrag m, ᵘᵉ importe m, montante m de la letra de cambio
Wechselbezogene/r *(der/ein)* librado m (en una letra de cambio)
Wechselblankett n, s letra f en blanco
Wechselbörse f, n bolsa f de cambios
Wechselbrief m, e letra f de cambio
Wechselbuch n, ᵘᵉʳ registro m de efectos
Wechselbürge m, n fiador m, avalista m (de una letra de cambio); *einen ~ stellen* salir fiador de una letra de cambio
Wechselbürgschaft f, en aval m; *eine ~ übernehmen* avalar; conceder, dar aval
Wechseldiskont m, e descuento m de un efecto
Wechseldiskontgeschäft n, e operación f de descuento (cambial)
Wechseldiskontierung f, en → *Wechseldiskont*
Wechseldiskontkredit m, e crédito m cambiario; crédito m (por vía) de descuento
Wechseldiskontsatz m, ᵘᵉ tasa f de descuento
Wechseldomizil n, e domicilio m de una letra;

domicilio *m* cambial
Wechseldomizilierung *f*, en domiciliación *f* de un efecto
Wechselduplikat *n*, e duplicado *m* de la letra (cambial)
Wechseleinlösung *f*, en pago *m* de un efecto
wechselfähig 1. apto para girar efectos 2. apto para aceptar efectos
Wechselfähigkeit *f*, Ø capacidad *f* legal para realizar todas las operaciones relativas a las letras de cambio; capacidad *f* cambial; capacidad *f* cambiaria
Wechselfälligkeit *f*, (en) vencimiento *m* de una letra; plazo *m* de vencimiento de un efecto
Wechselfälscher *m*, - falsificador *m* de letras de cambio
Wechselfälschung *f*, en falsificación *f* de una letra de cambio
Wechselforderung *f*, en efecto *m* a cobrar
Wechselformular *n*, e formulario *m* de una letra de cambio
Wechselfrist *f*, en días *pl* de gracia; uso *m*; usanza *f* (el plazo más largo exigido por el banco emisor para admitir un efecto de comercio al cobro)
Wechselgeber *m*, - → *Wechselaussteller*
Wechselgeld *n*, (er) 1. moneda *f* divisionaria; calderilla *f* 2. cambio *m* 3. *herausgegebenes* ~ vuelta *f*; (LA) vuelto *m*
Wechselgeschäft *n*, e 1. operación *f* de cambio; negociación *f* de efectos; negociación *f*, operación *f* cambiaria; operaciones *pl* con letras 2. oficina *f* de cambio
Wechselgesetz *n*, e ley *f* cambiaria
Wechselgiro *n*, s endoso *m* de una letra
Wechselgläubiger *m*, - acreedor *m* de una letra; creedor *m* cambiario
Wechselhandel *m*, Ø correduría *f* de letras; cambio *m*
Wechselhändler *m*, - → *Wechselmakler*
Wechselinhaber *m*, - portador *m*, tenedor *m* de una letra; detentador *m* de un efecto a la orden
Wechselinkasso *n*, s 1. efectos *pl* a cobrar 2. cobro *m* de letras
Wechselintervention *f*, en *(bei Nichtannahme)* aceptación *f* por intervención; aceptación *f* por honor 2. *(bei Nichtzahlung)* pago *m* por intervención; pago *m* por honor
Wechselklage *f*, n demanda *f*, acción *f* sobre una letra de cambio; demanda *f*, acción *f* cambiaria; demanda *f* judicial en asunto cambiario
Wechselklausel *f*, n cláusula *f* cambiaria (vocablo „*Wechsel*" impreso en una letra)
Wechselkommission *f*, en compraventa *f* de letras de cambio por cuenta de otro
Wechselkont|o *n*, -en cuenta *f* de efectos; cuenta *f* de efectos a cobrar y a pagar
Wechselkosten *pl* → *Wechselspesen*
Wechselkredit *m*, e crédito *m* cambiario; papel-crédito *m*; crédito *m* de descuento
Wechselkurs *m*, e tipo *m* de cambio; *einheitlicher* ~ tipo de cambio único; *fester (unveränderlicher)* ~ tipo de cambio fijo; *flexibler (veränderlicher)* ~ tipo de cambio variable, flexible, flotante; *den ~ freigeben* liberalizar el tipo de cambio
Wechselkursangleichung *f*, en reajuste *m* de los tipos de cambio; realineamiento *m* de los cambios
Wechselkursarbitrage *f*, n arbitraje *m* de cambio
Wechselkursarbitrageur *m*, e arbitrajista *m* de cambio
Wechselkursfreigabe *f*, n liberalización *f* de los tipos de cambio; flotamiento *m* de las monedas (Syn. *Floating*)
Wechselkursgarantie *f*, n garantía *f* de cambio
Wechselkursrisik|o *n*, -en riesgo *m* de cambio
Wechsellombard *m*, e adelanto *m* sobre letras; letra *f* de cambio tomada en prenda
Wechselmakler *m*, - corredor *m* de letras
wechselmäßige Haftung *f*, en responsabilidad *f* cambiaria
wechseln 1. *den Beruf* ~ cambiar de profesión; *die Stellung* ~ cambiar de puesto de trabajo; cambiar de empleo; *die Wohnung* ~ cambiar de domicilio; mudarse 2. *Geld* ~ cambiar dinero; *können Sie mir 20 DM* ~? ¿Me puede cambiar 20 marcos?; *ich kann nicht* ~ no tengo cambio 3. *mit jdm. Briefe* ~ mantener correspondencia con alg.
Wechselnehmer *m*, - tomador *m*, tenedor *m*, beneficiario *m* de una letra de cambio; endosado *m*
Wechselnotierung *f*, en cotización *f* de los cambios
Wechselobligo *n*, s 1. efectos *pl* a pagar 2. responsabilidad *f* cambial
Wechselorder *f*, s designación *f* del tomador (en una letra de cambio)
Wechselordnung *f*, en ordenanza *f*, normativa *f* cambiaria
Wechselpari *n*, Ø 1. cambio *m* a la par 2. valor *m* nominal de una moneda
Wechselparität *f*, en paridad *f* de cambios
Wechselportefeuille *n*, s cartera *f* de efectos
Wechselprima primera *f* de cambio
Wechselprolongation *f*, en renovación *f* de una letra
Wechselprotest *m*, e protesto *m* de una letra; *mangels Zahlung* ~ *erheben* protestar (una letra) por falta de pago
Wechselprotesturkunde *f*, n acta *f* de protesto

Wechselprovision *f*, **en** comisión *f* por negociación de letras

Wechselproze|ß *m*, **-sse** proceso *m* cambiario; juicio *m* ejecutivo sobre una letra de cambio

Wechselrechnung *f*, **en** cuenta *f* de cambio (cuando es descontada la letra)

Wechselrecht *n*, Ø legislación *f* en materia de letras de cambio; derecho *m* cambiario; régimen *m* jurídico de cambios

wechselrechtlich cambiario; *nicht ~* extracambiario

Wechselregre|ß *m*, **-sse** recurso *m* cambiario

Wechselregreßklage *f*, **n** acción *f* cambiaria de recurso; acción *f* cambiaria de regreso

Wechselreiter *m*, **-** girador *m* fraudulento; girador *m* por complacencia

Wechselreiterei *f*, Ø libramiento *m* de letras cruzadas; peloteo *m*, cabalgata *f* de letras; emisión *f* de letras por complacencia; *~ betreiben* hacer giros y regiros

Wechselrembours *m*, **-** crédito *m* de aceptación documentaria; letra *f* documental; reembolso *m* de banco

Wechselrückgriff *m*, **e** → *Wechselregreß*

Wechselschalter *m*, **-** conmutador *m* inversor

Wechselschicht *f*, **en** rotación *f* de un turno *m* (de trabajo)

Wechselschichtarbeit *f*, **en** trabajo *m* por turnos

Wechselschichtzulage *f*, **n** prima *f* de trabajo por turnos

Wechselschuld *f*, **en** 1. deuda *f* cambial; deuda *f* por aceptación de una letra 2. letras *pl* a pagar

Wechselschuldner *m*, **-** deudor *m* cambiario; deudor *m* de una letra de cambio; obligado *m* cambial

wechselseitig mutuo; recíproco

Wechselseitigkeit *f*, Ø reciprocidad *f*; mutualidad *f*

Wechselsekunda segunda *f* de cambio

Wechselspekulation *f*, **en** agiotaje *m*; especulación *f* con efectos de comercio

Wechselspesen *pl* gastos *pl* de descuento

Wechselsprechanlage *f*, **n** interfono *m*

Wechselstelle *f*, **n** → *Wechselstube*

Wechselstempel *m*, **-** timbre *m* (sobre efectos cambiales)

Wechselstempelmarke *f*, **n** impuesto *m* sobre letras de cambio; impuesto *m* del timbre sobre letras

Wechselstrom *m*, Ø corriente *f* alterna

Wechselstube *f*, **n** oficina *f*, casa *f* de cambio

Wechselsumme *f*, **n** valor *m*, importe *m* de la letra; *~ mit Unkosten* provisión *f* con gastos; *~ ohne Unkosten* provisión *f* sin gastos

Wechselumlauf *m*, Ø 1. circulación *f* de letras 2. letras *pl* en circulación

Wechselumsatz *m*, ⸚e movimientos *pl* de cartera

Wechselverbindlichkeiten *pl* efectos *pl* a pagar

Wechselverfallbuch *n*, ⸚er registro *m* de vencimientos (letras, efectos, *etc.*)

Wechselverkauf *m*, ⸚e negociación *f* de una letra de cambio

Wechselverkehr *m*, Ø transacciones *pl* cambiarias

Wechselverlängerung *f*, **en** renovación *f*, prórroga *f* de un efecto

Wechselverpflichtete/r *(der/ein)* obligado *m* cambiario

Wechselverpflichtung *f*, **en** → *Wechselschuld*

Wechselvertrag *m*, ⸚e contrato *m* de creación o venta de una letra de cambio

Wechselvor|mann *m*, **-leute** endosante *m* anterior

Wechselwähler *m*, **-** elector *m* que cambia frecuentemente su voto; elector *m* veleta; elector *m* tornadizo

Wechselwirkung *f*, **en** interacción *f*; acción *f* recíproca

Wechselwirtschaft *f*, Ø cultivo *m* alternativo; alternancia *f* de cultivos

Wechselzinsen *pl* intereses *pl* pagados sobre una letra

Wechsler *m*, **-** cambista *m*; agente *m* de cambio

Weckdienst *m*, **e** (Teléf.) servicio *m* de despertador

Weg *m*, **e** 1. camino *m*; ruta *f*; itinerario *m*; trayecto *m*; recorrido *m*; *auf dem ~ e* en ruta; en camino; en tránsito; *auf dem ~ nach* en camino hacia; *auf dem ~ von* viniendo de; *den ~ bereiten* preparar el terreno, el camino; *alle ~ ebnen* allanar todos los obstáculos 2. vía *f*; método *m*; procedimiento *m*; *auf diplomatischem ~* por vía diplomática; *auf gesetzlichem ~ por vía legal*; *auf gütlichem ~* amistosamente; *auf dem schnellsten ~* por el método, por el procedimiento más rápido; *auf schriftlichem ~* por escrito 3. *in die ~e leiten* iniciar; organizar; preparar

Wegeabgaben *pl* → *Wegegeld*

Wegebau *m*, Ø 1. construcción *f* de caminos; construcción *f* vial 2. obra *f* de vialidad

Wegebaumeister *m*, **-** ingeniero *m* de caminos

Wegegebühr *f*, **en** → *Wegegeld*

Wegegeld *n*, **er** 1. (raro) peaje *m* 2. (CH) plus *m* de desplazamiento

Wegegerechtigkeit *f*, Ø → *Wegerecht*

Wegekosten *pl* coste *m* de la infraestructura; gastos *pl* destinados a los trabajos de viabilidad

Wegelagerer *m*, **-** salteador *m* de caminos; bandolero *m*

Wegenetz *n*, **e** red *f* vial; red *f* de caminos

Wegepolizei f, Ø policía f de caminos
Wegerecht n, Ø servidumbre f de paso
Wegesteuer f, n tasa f de vialidad
Wegfall m, Ø supresión f; abolición f; eliminación f; cesación f; *bei ~ von Arbeitsplätzen* en caso de supresión de empleos
wegfallen 1. quedar suprimido, abolido, eliminado; *die Transportkosten fallen weg* quedan suprimidos los gastos de transporte 2. *~ lassen* suprimir, eliminar, abolir
weggeben dar; regalar; desprenderse de; deshacerse de
weggehen 1. marcharse; irse 2. salir 3. *diese Ware geht rasend weg* esta mercancía se vende como nada
Weggenosse m, n compañero m de camino; compañero m de ruta; compañero m de viaje
weglassen 1. omitir 2. suprimir
Weglassung f, Ø 1. omisión f 2. supresión f
weglegen archivar
Wegmarkierung f, en señalización f de un itinerario
Wegmesser m, - odómetro m
Wegnahme f, n *(einer Sache)* incautación f; confiscación f
wegnehmen 1. incautarse; aprehender; sustraer; arrebatar 2. *die Kunden ~* quitar los clientes
wegrationalisieren, *Personal ~* suprimir empleos racionalizando la producción
wegsacken (Fam.) caer; *die Aktienkurse sind weggesackt* han caído las cotizaciones de las acciones
Wegscheide f, n 1. cruce m de caminos 2. bifurcación f
wegschenken regalar; dar
wegschicken 1. enviar; *Waren ~* expedir, despachar mercancías 2. despedir, despachar (a una persona)
wegschließen poner en lugar seguro; guardar bajo llave
wegsteuern, *die Gewinne ~* quitar las ganancias con el impuesto
Wegstrecke f, n trayecto m; recorrido m; *schlechte ~* trayecto en malas condiciones; recorrido en mal estado
Wegweiser m, - (poste m) indicador m (del camino)
wegwerfen, *Geld ~* tirar el dinero por la ventana
Wegwerfflasche f, n botella f no retornable; casco m no recuperable; botella f sin retorno
Wegwerfgesellschaft f, en sociedad f del despilfarro
Wegwerfpackung f, en embalaje m desechable; embalaje m no retornable, no recuperable, sin retorno
Wegwerfware f, n mercancía f usar y tirar; mercancía f a tirar después de ser usada
Wehrbeauftragte/r *(der/ein)* (R.F.A.) defensor m (de los derechos) del soldado
Wehretat m, s presupuesto m de defensa
Wehrhoheit f, Ø soberanía f militar
Wehrmacht f, Ø fuerzas pl armadas
Wehrsold m, (e) soldada f; paga f
Wehrwirtschaft f, Ø economía f de la defensa
weiblich, *~e Erwerbspersonen* mano de obra f femenina; trabajadoras pl; mujeres pl que desempeñan una profesión
weich, *~e Währung* moneda f débil
Weiche f, n agujas pl; *die ~n auf Expansion stellen* poner las bases para practicar una política expansionista
Weichenstellung f, en *die wirtschaftliche und soziale ~* las opciones económicas y sociales
Weichwährungsland n, ⁻er país m de moneda débil
Weideland n, ⁻er tierra f de pastoreo; pastos pl
Weihnachten n od. pl navidades pl
Weihnachsfreibetrag m, ⁻e (R.F.A.) exoneración f fiscal de una cantidad de la percepción obtenida en diciembre
Weihnachtsgeld n, (er) 1. prima f de navidad; prima f de fin de año 2. „mensualidad f número trece"; sueldo m, salario m número trece
Weihnachtsgeschäft n, e negocio m de navidad
Weihnachtsgratifikation f, en gratificación f de navidad
Weihnachtsmarkt m, ⁻e mercado m navideño
Weihnachtsremuneration f, en (A) → *Weihnachtsgratifikation*
Weihnachtsvergütung f, en → *Weihnachtsgratifikation*
Weihnachtszuwendung f, en → *Weihnachtsgratifikation*
Weinanbaugebiet f, e región f vitivinícola; comarca f vinícola; región f vitícola; región f productora de vino
weinausführendes Land n, ⁻er país m exportador de vino
Weinausschank m, ⁻e despacho m de vinos
Weinbau m, Ø viticultura f; cultivo m del vino
Weinbauer m, n viticultor m; viñador m; vitivinicultor m; (Arg.) viñatero m; vinicultor m
Weinbaugebiet n, e → *Weinanbaugebiet*
Weinbaukataster n, - catastro m vitícola
Weinbereitung f, en vinificación f
Weinberg m, e viña f; viñedo m
Weinbrand m, ⁻e brandi m; brandy m
Weinernte f, n vendimia f
Weinertrag m, ⁻e producción f vinícola, vitícola, vitivinícola
Weinerzeuger m, - viticultor m; vinicultor m;

vitivinicultor *m*
Weinfälschung *f*, Ø adulteración *f* del vino
Weinflasche *f*, n botella *f* de vino
Weingegend *f*, en → *Weinanbaugebiet*
Weinglas *n*, ⸚er vaso *m*, copa *f* para vino
Weinhandel *m*, Ø comercio *m* de vinos
Weinhändler *m*, - comerciante *m* de vinos; negociante *m* en vinos; vinatero *m*
Weinhandlung *f*, en bodega *f*; despacho *m* de vino; vinatería *f*
Weinjahr *n*, e cosecha *f*
Weinkarte *f*, n carta *f*, lista *f* de vinos
Weinkeller *m*, - bodega *f*
Weinkelter *m*, - lagar *m*
Weinkühler *m*, - champañero *m*
Weinlager *n*, - almacén *m* de vinos; depósito *m* de vinos; bodega *f*
Weinland *n*, ⸚er país *m* vitícola; país *m* productor de vino
Weinlese *f*, n vendimia *f*
Weinleser *m*, - vendimiador *m*
Weinlokal *n*, e tasca *f*; taberna *f*
Weinpanscher *m*, - negociante *m* que adultera los vinos
Weinpanscherei *f*, en adulteración *f* del vino
Weinprobe *f*, n cata *f*, degustación *f* de vinos
Weinprüfer *m*, - catavinos *m*
Weinsteuer *f*, n impuesto *m* sobre los vinos
Weinstock *m*, ⸚e cepa *f*
Weinstube *f*, n → *Weinlokal*
Weintraube *f*, n 1. racimo *m* de uvas 2. uva *f*
Weinzwang *m*, Ø obligación *f* de tomar vino
Weise *f*, n *in geeigneter* ~ de manera apropiada; *in gleicher* ~ de la misma manera
Weise/r (der/ein) sabio *m*; (R.F.A.) *die fünf~n* los cinco sabios; los cinco expertos que dictaminan por encargo del gobierno sobre la economía alemana
weiß blanco; *schwarz auf* ~ con todos los detalles; con pelos y señales; *~e Kohle* hulla *f* blanca; energía *f* hidráulica; *die ~en Kragen* los „cuellos blancos" (para designar a los cuadros de mando); *die ~e Woche* la semana blanca
Weißbier *n*, e cerveza *f* de trigo; (Fam.) palomita *f*
Weißblech *n*, e hojalata *f*
Weißbrot *n*, e pan *m* blanco
Weißbuch *n*, ⸚er libro *m* blanco (documento publicado por un organismo oficial sobre un problema determinado)
Weißer-Kragen-Kriminalität *f*, Ø delincuencia *f* de cuello blanco
Weißgerber *m*, - curtidor *m* en blanco
Weißgerberei *f*, en curtido *m* en blanco
Weißgold *n*, Ø oro *m* blanco
Weißmetall *n*, e metal *m* blanco

Weißwaren *pl* lencería *f*
Weißwein *m*, e vino *m* blanco
Weißzeug *n*, Ø lencería *f*; ropa *f* blanca
Weisung *f*, en instrucción *f*; directiva *f*; dirección *f*; orden *f*; *die ~en nicht beachten* no atenerse a las instrucciones; *~en entgegennehmen* recibir instrucciones; *~en erteilen* dar instrucciones; *falls ~en fehlen* a falta de instrucciones; *gegen die ~en handeln* actuar contra lo ordenado; *Ihren ~en gemäß* de acuerdo con sus instrucciones; *laut* ~ según las instrucciones; *praktische* ~ indicaciones útiles
weisungsgebunden sujeto a instrucciones; *~e Arbeit* trabajo *m* sujeto a directivas; trabajo *m* subordinado
weisungsgemäß conforme a las instrucciones
weit extenso; vasto; espacioso; distante de; amplio; largo; *bei ~em* de lejos; con mucho; ~ *über 1000 Mark* bastante más de 1000 marcos; *wie* ~ *bist du mit deiner Arbeit?* ¿cómo va tu trabajo?
weiter otro; ulterior; adicional; ~ *oben erwähnt* anteriormente mencionado; más arriba indicado; ~ *unten* más abajo; más adelante; a continuación; *bis auf ~es* hasta nueva orden; hasta nuevo aviso; hasta que no se den nuevas instrucciones; *auf ~e 2 Jahre* por un nuevo periodo de 2 años
weiter- (Pref.) 1. continuar 2. transmitir a un tercero
weiter, *um ~e Aufträge bitten* solicitar más pedidos; *~e Frist* periodo *m* adicional; *~e Kosten* costes *pl* adicionales
weiterarbeiten seguir trabajando; proseguir, continuar el trabajo
Weiterausfuhr *f*, en reexportación *f*
weiterausführen reexportar
weiterbearbeitet, *~es Produkt* producto *m* sometido a elaboración
weiterbefrachten subfletar
weiterbefördern reexpedir
Weiterbeförderung *f*, en reexpedición *f*
Weiterbegebung *f*, en endoso *m*
weiterbehandeln seguir tratando; continuar el tratamiento
Weiterbehandlung *f*, en tratamiento *m* adicional
Weiterbeschäftigung *f*, en continuación *f*, prolongación *f* del empleo
weiterbilden continuar la formación; formarse permanentemente; perfeccionarse; ampliar estudios
Weiterbildung *f*, en formación *f* continua; formación *f* permanente; perfeccionamiento *m*; ampliación *f* de los estudios; *berufliche* ~ perfeccionamiento profesional; ampliación de la formación profesional; ~ *von Führungs-*

kräften entrenamiento *m* de ejecutivos (Syn. *Fortbildung*)
Weiterbildungsmöglichkeiten *pl* posibilidades *pl* de seguir ampliando los conocimientos (profesionales)
weiterbringen 1. → *weiterbefördern* 2. avanzar; progresar
weiterempfehlen recomendar a otros; seguir recomendando
weiterentwickeln perfeccionar; seguir desarrollando
Weiterentwicklung *f*, **en** perfeccionamiento *m*; desarrollo *m* ulterior
weiterfahren seguir, proseguir, continuar el viaje; seguir adelante; avanzar
Weiterfahrt *f*, **en** continuación *f* del viaje; avance *m*; progreso *m*
Weiterflug *m*, ╌e 1. continuación *f* del vuelo 2. vuelo *m* de correspondencia
weiterführen, *jds. Geschäft* ~ continuar el negocio de alg.
Weiterführung *f*, **en** continuación *f*; prolongación *f*; ~ *eines Geschäfts* continuación *f* de un negocio; operación *f* continuada de un negocio
Weitergabe *f*, **n** transmisión *f*; ~ *eines Schecks* cesión *f* de un cheque; ~ *einer Tratte* transmisión *f* de una letra; endoso *m* de una letra
weitergeben, *eine Anordnung* ~ transmitir una orden, una disposición, una ordenanza; *eine Anwesenheitsliste* ~ hacer circular una lista de asistencia; *eine Bestellung* ~ transmitir, hacer pasar un pedido; *Informationen* ~ transmitir informaciones
weitergeben, *(zur Erledigung) die Arbeit* ~ subcontratar
weiterkommen, *beruflich* ~ avanzar profesionalmente; progresar en la profesión
weiterleiten 1. *ein Gepäckstück* ~ despachar un paquete 2. *eine Anfrage, ein Gesuch* ~ dar curso, cursar, transmitir una demanda; tramitar una petición, una solicitud
Weiterleitung *f*, **en** 1. encaminamiento *m*; despacho *m*; envío *m* 2. transmisión *f*; tramitación *f*
Weiterpacht *f*, **en** subarriendo *m* (de uso y de disfrute)
weiterreichen → *weitergeben*
Weiterreise *f*, **n** continuación *f* del viaje
weitersenden reexpedir; hacer seguir
Weitersendung *f*, **en** reexpedición *f*
Weiterungen *pl (selten)* consecuencias *pl*; *unangenehme* ~ *zur Folge haben* entrañar dificultades; tener consecuencias desagradables
weiterverarbeiten transformar en producto final; proceder al acabado; seguir elaborando

Weiterverarbeitung *f*, **en** transformación *f* complementaria; tratamiento *m* ulterior; acabado *m*; remate *m*
Weiterveräußerung *f*, **en** → *Weiterverkauf*
Weiterverfrachter *m*, - subfletador *m*
Weiterverkauf *m*, ╌e reventa *f*
weiterverkaufen revender
weitervermieten subarrendar
Weitervermietung *f*, **en** subarriendo *m*
Weiterversicherung *f*, **en** continuación *f* del seguro; continuación *f* en el seguro; *freiwillige* ~ continuación voluntario en un seguro
Weitervertrieb *m*, Ø → *Weiterverkauf*
weiterzahlen, *den Lohn* ~ continuar el pago del salario; continuar pagando el salario
weitgehend amplio; vasto; ~*e Vollmachten haben* disponer de poderes amplios; detentar extensos poderes
weitgesteckt, ~*e Ziele haben* tener grandes aspiraciones
weitreichend de gran alcance
weitspurig (Ferr.) de vía ancha; (LA) de trocha ancha
weitverbreitet, ~*es Werbemittel* medio *m* de publicidad muy extendido; medio *m* publicitario muy frecuente
weitverzweigt, ~*es Unternehmen* empresa *f* muy ramificada; firma *f* de gran ramificación
Weizen *m*, **-arten** trigo *m*; *sein* ~ *blüht* sus negocios prosperan; sus negocios van viento en popa; (Fam.) se está hinchando a ganar dinero
Weizenbedarf *m*, Ø demanda *f*, necesidades *pl* de trigo
Weizenbrot *n*, **e** pan *m* candeal; pan *m* de trigo
Weizenfeld *n*, **er** trigal *m*; campo *m* de trigo
Weizenmehl *n*, Ø harina *f* de trigo
Weizensilo *n*, **s** silo *m* de trigo
Welle *f*, **n** onda *f*; ola *f*; *grüne* ~ semáforos *pl* verdes sincronizados; *auf einer* ~ *mitschwimmen* seguir una moda; ~*n schlagen* causar sensación; *Preis- und Kosten*~ incremento *m* de la ola de precios y costes
Wellpappe *f*, **n** cartón *m* ondulado
Welt *f*, **en** mundo *m*; *die Alte, Neue* ~ el Viejo, Nuevo mundo; *die Dritte* ~ el Tercer Mundo; *die Freie* ~ el mundo libre; *in der ganzen* ~ en el mundo entero; en todo el mundo; por todo el mundo; *das kann nicht die* ~ *kosten* no puede costar demasiado
Weltabkommen *n*, - convenio *m* universal, mundial
Weltagrarmarkt *m*, Ø mercado *m* agrícola mundial
Weltausstellung *f*, **en** exposición *f* universal; muestra *f* universal; exhibición *f* mundial
Weltbank *f*, Ø banco *m* mundial; banco *m* inter-

nacional de reconstrucción y desarrollo (BIRD)
Weltbedarf *m*, - demanda *f* mundial; necesidades *pl* mundiales
weltbekannt mundialmente conocido; de reputación, de fama mundial
weltberühmt → *weltbekannt*
Weltbestände *pl* reservas *pl* mundiales; estocaje *m* mundial
Weltbevölkerung *f*, Ø población *f* mundial
Weltenergiekonferenz *f*, en conferencia *f* mundial de la energía (CME)
Weltenergiemarkt *m*, Ø mercado *m* energético mundial
Welterdölmarkt *m*, Ø mercado *m* mundial del petróleo
Welternährungskonferenz *f*, en conferencia *f* mundial de la alimentación
Welternährungslage *f*, Ø situación *f* alimentaria mundial
Welternährungsrat *m*, Ø consejo *m* de la FAO
Welterzeugung *f*, Ø producción *f* mundial
Weltfirm|a *f*, -en casa *f*, sociedad *f* de renombre mundial
Weltgeltung *f*, Ø prestigio *m*, influencia *f* mundial
Weltgesundheitsorganisation *f*, Ø organización *f* mundial de la salud (OMS)
Weltgewerkschaftsbund *m*, Ø (WGB) federación *f* sindical mundial (FSM)
Welthandel *m*, Ø comercio *m* mundial, internacional; intercambios *pl* internacionales
Welthandelskonferenz *f*, en conferencia *f* (de las Naciones Unidas) sobre comercio y desarrollo (UNCTAD)
Weltherrschaft *f*, Ø dominio *m* del mundo; hegemonía *f* mundial
Weltkarte *f*, n mapamundi *m*
Weltkonjunktur *f*, Ø coyuntura *f* económica mundial; actividad *f* económica mundial; perspectivas *pl* de la economía mundial
Weltkraftkonferenz *f*, en → *Weltenergiekonferenz*
Weltmarke *f*, n marca *f* de renombre mundial; marca *f* de reputación, de fama internacional
Weltmarkt *m*, ⁼e mercado *m* mundial; mercado *m* internacional; *die Bedürfnisse des ~s* requerimientos *pl* del mercado mundial; planteamientos *pl* del mercado internacional
Weltmarktpreis *m*, e precio *m* en el mercado mundial; precio *m* del mercado internacional
Weltmaßstab *m*, ⁼e escala *f* mundial; *dem ~ entsprechen* satisfacer los criterios internacionales
Weltmeer *n*, e océano *m*
Weltnachfrage *f*, Ø demanda *f* mundial

Weltnahrungsmittelversorgung *f*, Ø abastecimiento *m* alimentario mundial
Weltorganisation *f*, en organización *f* mundial; ~ *für geistiges Eigentum* organización mundial para la propiedad intelectual
Weltpostverein *n*, Ø (WPV) unión *f* postal universal (UPU)
Weltpostvertrag *m*, ⁼e convenio *m* postal universal
Weltproduktion *f*, en producción *f* mundial; output *m* mundial
Weltrang *m*, Ø *von* ~ de rango, de clase mundial; de categoría internacional
Weltrangliste *f*, n clasificación *f* mundial; ránking *m* mundial; *an der Spitze der ~ stehen* ocupar la cabeza de la clasificación mundial; estar a la cabeza del ránking mundial
Weltraum *m*, Ø espacio *m* interestelar; espacio *m* interplanetario; espacio *m* sideral
Weltraumfahrer *m*, - astronauta *m*
Weltraumflug *m*, ⁼e vuelo *m* espacial
Weltraumforschung *f*, Ø investigación *f* espacial
Weltraumgegenstand *m*, ⁼e objeto *m* espacial
Weltraummüll *m*, Ø basura *f* del espacio; desecho *m* espacial
Weltraumrakete *f*, n cohete *m* espacial
Weltraumrecht *n*, Ø derecho *m* espacial; derecho *m* del espacio
Weltraumtransporter *m*, Ø transportador *m* espacial
Weltraumvertrag *m*, ⁼e tratado *m* sobre el espacio interestelar
Weltreise *f*, n vuelta *f* alrededor del mundo; vuelta *f* al mundo
Weltrohstoffmarkt *m*, ⁼e mercado *m* de materias primas
Weltrohstoffpreise *pl* precios *pl* de las materias primas en los mercados internacionales
Weltruf *m*, Ø fama *f* mundial
Weltruhm *m*, Ø reputación *f*, renombre *m* mundial; ~ *erlangen* hacerse mundialmente famoso
Weltspartag *m*, e día *m* mundial del ahorro
Weltstadt *f*, ⁼e gran urbe *f*; metrópoli *f*
Weltstellung *f*, Ø 1. posición *f* mundial 2. prestigio *m* internacional
Welttierschutzverein *m*, e federación *f* mundial protectora de animales (FMPA)
weltumfassend universal; mundial
Weltumsatz *m*, ⁼e ventas *pl* mundiales
Welturheberrechtsabkommen *n*, - convención *f* universal sobre derechos de autor
Weltverband zur Bekämpfung des Hungers *m*, Ø asociación *f* mundial de la lucha contra el hambre (ASCOFAM)
Weltverbrauch *m*, Ø consumo *m* mundial

Weltvorräte *pl* existencias *pl*, reservas *pl* mundiales; estocaje *m* mundial
Weltwährungsfonds *m*, Ø (WWF) fondo *m* monetario internacional (FIM)
Weltwährungssystem *n*, Ø sistema *f* monetario internacional
weltweit a escala mundial; a nivel universal; sobre una base global; *~e Krise* crisis *f* mundial
Weltwirtschaft *f*, Ø economía *f* mundial; economía *f* internacional; economía *f* global
Weltwirtschaftskonferenz *f*, en conferencia *f* económica mundial
Weltwirtschaftskrise *f*, n crisis *f* económica mundial
Weltwirtschaftslage *f*, Ø situación *f* general de la economía mundial
Weltwirtschaftssystem *n*, e sistema *m* económico mundial
Wende *f*, n cambio *m*; (Fig.) momento *m* crucial
wenden, *sich an jdn.* ~ dirigirse a alg.; recurrir, acudir a alg.; ~ *Sie sich an die zuständigen Behörden* diríjase a las autoridades competentes; *ein Auto* ~ virar (con) el coche
Wendeverbot *n*, e prohibición *f* de virar
wenig, ~ *gefragte Waren* mercancías *pl* con poca venta; mercancías *pl* con poca demanda; *zu* ~ *berechnen* facturar de menos; cobrar menos del precio justo; *zu* ~ *bezahlen* pagar de menos; pagar insuficientemente (a los trabajadores); *ein wenig Geld* un poco de dinero; *das ~e Geld* el poco dinero
weniger, ~ *wohlhabende Länder* países *pl* menos desarrollados, menos prósperos
Werbe- (Pref.) publicitario; relativo a la publicidad
Werbeabteilung *f*, en servicio *m* de publicidad; departamento *m*, sección *f* de publicidad
Werbeadreßbuch *n*, ⁼er anuario *m* de publicidad
Werbeagent *m*, en agente *m* de publicidad
Werbeagentur *f*, en agencia *f* de publicidad
Werbeaktion *f*, en operación *f* publicitaria; campaña *f* publicitaria
Werbeanstrengungen *pl* esfuerzos *pl* publicitarios
Werbeantwort *f*, en respuesta *f* comercial
Werbeartikel *m*, - artículo *m* de propaganda; artículo *m* publicitario; muestra *f* publicitaria
Werbeatelier *n*, s estudio *m* de publicidad
Werbeaufw|and *m*, -endungen coste *m* publicitario; gastos *pl* en publicidad
Werbeaufwendungen *pl* → *Werbeaufwand*
Werbebeilage *f*, n suplemento *m* publicitario
Werbeberater *m*, - publicitario *m*; consejero *m*, asesor *m* en publicidad
Werbeblatt *n*, ⁼er octavilla *f* publicitario
Werbebranche *f*, n *in der* ~ *tätig sein* trabajar en el ramo de la publicidad
Werbebräuche *pl* prácticas *pl* publicitarias; usos *pl*, hábitos *pl* publicitarios
Werbebrief *m*, e circular *f* de propaganda; circular *f* de publicidad
Werbebroschüre *f*, n folleto *m*, prospecto *m* de propaganda
Werbebudget *n*, s presupuesto *m* para publicidad
Werbebüro *n*, s → *Werbeagentur*
Werbedienst *m*, e servicio *m* de propaganda
Werbedrucksache *f*, n impreso *m* de propaganda
Werbedruckschrift *f*, en prospecto *m* de propaganda
Werbedurchsage *f*, n *(im Rundfunk)* anuncio *m* (publicitario); *(zwischen den Sendungen)* cuña *f* publicitaria; (Angl.) spot *m*
Werbeeinsatzleiter *m*, - responsable de una compaña publicitaria
Werbeeinschaltungen *pl (Fernsehen)* (Angl.) spots *pl*
Werbeerfolg *m*, e éxito *m* publicitario; éxito *m* propagandístico
Werbeerfolgskontrolle *f*, n control *m* de la efectividad publicitaria
Werbeetat *m*, s → *Werbebudget*
Werbeexemplar *n*, e ejemplar *m* de propaganda
Werbefach|mann *m*, -leute publicitario *m*; técnico *m* publicitario; especialista *m* en publicidad
Werbefachzeitschrift *f*, en revista *f* especializada en publicidad
Werbefeindlichkeit *f*, Ø aversión *f* hacia la publicidad
Werbefeldzug *m*, ⁼e campaña *f* de publicidad; campaña *f* publicitaria; campaña *f* propagandística
Werbefernsehen *n*, Ø 1. televisión *f* comercial 2. *(Programm)* emisiones *pl* publicitarias
Werbefilm *m*, e película *f* publicitaria; película *f* de propaganda
Werbefläche *f*, n espacio *m* publicitario; valla *f*, superficie *f* publicitaria; cartelera *f*
Werbefunk *m*, Ø guías *pl* comerciales; emisiones *pl* publicitarias; publicidad *f* radiada
Werbegabe *f*, n → *Werbegeschenk*
Werbegeschenk *n*, e regalo *m* de propaganda; regalo *m* publicitario; regalo *m* promocional
Werbegesetz *n*, e estatuto *m* de la publicidad
Werbegraphik *f*, en grafismo *m*, gráfico *m* publicitario; dibujo *m*, diseño *m* de propaganda
Werbegraphiker *m*, - grafista *f*; (diseñador *m*) publicitario *m*
Werbehaushalt *m*, e → *Werbebudget*
Werbekampagne *f*, n campaña *f* publicitaria; *eine* ~ *starten, durchführen* lanzar, realizar una campaña publicitaria
Werbeknüller *m*, - exitazo *m* publicitario

Werbekosten *pl* gastos *pl* de publicidad; coste *m* de la publicidad
Werbekraft *f*, Ø impacto *m* publicitario
werbekräftig de fuerte impacto publicitario
Werbeleiter *m*, - jefe *m* de publicidad
Werbemaßnahmen *pl* medidas *pl* publicitarias
Werbematerial *n*, ien material *m* publicitario; material *m* de propaganda
Werbemittel *n*, - medio *m*, instrumento *m* publicitario
Werbemüdigkeit *f*, Ø saturación *f* publicitaria
werben 1. *Arbeitskräfte* ~ reclutar mano de obra; *Kunden* ~ captar clientela 2. *für einen Artikel* ~ hacer publicidad para un artículo 3. *um die Gunst der Wähler* ~ tratar de granjearse, tratar de ganarse el favor de los electores
Werbeneuheit *f*, en novedad *f* publicitaria
Werbenummer *f*, n *(einer Zeitschrift)* ejemplar *m* de favor; ejemplar *m* de regalo
Werbepack *n*, s muestra *f* publicitaria
Werbeplakat *n*, e cartel *m* publicitario
Werbeplan *m*, ⁻e esquema *m* de publicidad; plan *m* publicitario
Werbepreis *m*, e precio *m* de lanzamiento; precio *m* publicitario
Werbeprogramm *n*, e programa *m* de promoción; programa *m* publicitario
Werbeprospekt *n*, e prospecto *m* (publicitario)
Werber *m*, - 1. agente *m* de publicidad 2. reclutador *m* (de mano de obra) 3. enganchador *m*; (Milit.) alistador *m* 4. pretendiente *m* (de una mujer)
Werberabatt *m*, Ø rebaja *f* con fines publicitarios
werberisch que tiene que ver con la publicidad; que trata de publicidad; publicitario
Werberummel *m*, Ø bombo *m*, ruido *m* publicitario; publicidad *f* reclamista
Werbe(rund)schreiben *n*, - circular *f* publicitaria
Werbeschild *n*, er cartel *m* publicitario
Werbeschlagzeile *f*, n → *Werbeslogan*
Werbeschrift *f*, en folleto *m* de propaganda
Werbeschriften *pl* material *m* publicitario
Werbesendung *f*, en *(Rundfunk, Fernsehen)* emisión *f* publicitaria
Werbeslogan *m*, s eslogan *m* publicitario
Werbesoziologie *f*, Ø estudio *m* del impacto publicitario sobre las compras
Werbespot *m*, s spot *m* publicitario
Werbespruch *m*, ⁻e → *Werbeslogan*
Werbespruchband *n*, ⁻er pancarta *f*, banderola *f* publicitaria
Werbestrategie *f*, n táctica *f*, estrategia *f* publicitaria
Werbetätigkeit *f*, en acción *f* publicitaria; propaganda *f*; *eine große* ~ *entfalten* desplegar una gran actividad publicitaria
Werbetechnik *f*, en técnica *f* publicitaria

Werbetext *m*, e texto *m* publicitario; texto *m* de propaganda
Werbetexter *m*, - redactor *m* publicitario; redactor *m* de textos publicitarios
Werbeträger *m*, - soporte *m* publicitario; medios *pl* de publicidad
Werbeträgeranalyse *f*, n interpretación *f* precisa y puntual sobre el impacto de una campaña publicitaria
Werbetrick *m*, s engañifa *f* publicitaria; camelo *m*, engaño *m* publicitario
Werbetrommel *f*, Ø *die* ~ *rühren* hacer propaganda
Werbeverbot *n*, e *(z.B. für Tabakwaren)* prohibición *f* de hacer publicidad
Werbeverkauf *m*, ⁻e venta *f* publicitaria; venta *f* reclamo
Werbewesen *n*, Ø publicidad *f*; esfera *f* publicitaria
Werbewettbewerb *m*, e concurso *m* publicitario; concurso *m* de propaganda
werbewirksam de gran impacto publicitario; de una gran eficacia propagandística
Werbewirtschaft *f*, Ø sector *m*, ramo *m* de la publicidad; industria *f* de la publicidad
Werbewoche *f*, n semana *f* publicitaria; semana *f* de promoción; semana *f* de precio reclamo; semana *f* comercial
Werbezeichner *m*, - dibujante *m*, diseñador *m* publicitario
Werbezeiten *pl* ~ *im Rundfunk und Fernsehen* tiempos *pl* disponibles para hacer publicidad en la radio y en la televisión
Werbezwecke *pl zu* ~*n* con fines *pl* publicitarios; con fines *pl* de propaganda; con fines *pl* propagandísticos
werblich publicitario; *die* ~*en Mittel* los medios *pl* publicitarios
Werbung *f*, en publicidad *f* 1. *belehrende (erziehende)* ~ publicidad educativa; *gezielte* ~ publicidad selectiva; *harte* ~ publicidad que aporrea; publicidad intensiva; publicidad agresiva; *informationsreiche* ~ publicidad informativa; *irreführende* ~ publicidad engañosa; *unlautere* ~ publicidad desleal; *weiche* ~ publicidad no agresiva 2. recluta *f* (de mano de obra) 3. (Milit.) alistamiento *m*; reclutamiento *m*
Werbungskosten *pl* 1. gastos *pl* (deducibles) relacionados con la profesión; gastos *pl* profesionales; cargas *pl* profesionales; costes *pl* inherentes a la profesión 2. costes *pl*, gastos *pl* publicitarios
Werbungspauschale *f*, n tanto *m* alzado deducible a efectos fiscales (por gastos profesionales)

Werbungstreibende/r *(der/ein)* persona *f* o casa *f* que hace publicidad (por su propia cuenta)
werfen lanzar; *eine Ware auf den Markt* ~ lanzar un producto al mercado; inundar el mercado de una mercancía; *mit Geld um sich* ~ tirar el dinero por la ventana
Werft *f*, **en** astillero *m*; astilleros *pl*
Werftarbeiter *m*, - trabajador *m*, obrero *m* de unos astilleros; obrero *m* de la construcción naval
Werk *n*, **e** obra *f*; trabajo *m* 1. *sich ans* ~ *machen* ponerse a trabajar; poner manos a la obra; *nachgemachtes* ~ imitación *f*; *ins* ~ *setzen* poner en marcha; organizar 2. empresa *f*; establecimiento *m*; fábrica *f*; factoría *f*; planta *f*; *Preis ab* ~ precio puesto en fábrica; *ein* ~ *der Schwerindustrie* una planta de industria pesada; *der Leiter des* ~*s* el director de la fábrica
Werkanlagen *pl* planta *f* industrial
Werkarbeit *f*, **en** trabajo *m* manual
Werkarzt *m*, ⸚e médico *m* de empresa
Werkbahn *f*, **en** ferrocarril *m* propiedad de la empresa
Werkbank *f*, ⸚e banco *m* de trabajo
werken trabajar
Werker *m*, - trabajador *m*; obrero *m*; *die VW-*~ los trabajadores, los obreros de la factoría VW
Werkfürsorge *f*, Ø asistencia *f* social de la empresa
Werkfürsorgerin *f*, **nen** asistenta *f* social (de la empresa)
Werkgemeinschaft *f*, **en** personal *m* de la empresa
Werkgenossenschaft *f*, **en** cooperativa *f* obrera
werkgetreu conforme con el original
Werkhalle *f*, **n** nave *f* (industrial)
Werkleistung *f*, **en** prestación *f* de obra
Werkleute *pl* obreros *pl*, trabajadores *pl* (de fábrica); operarios *pl*
Werklieferungsvertrag *f*, ⸚e contrato *m* de obra con suministro
Werklohn *m*, ⸚e (CH) salario *m* por trabajo a destajo; ~ *beziehen* percibir salario (por trabajo) a destajo
Werklohnarbeiter *m*, - (CH) trabajador *m*, obrero *m* a destajo
Werkmeister *m*, - capataz *m*; jefe *m* de taller
Werk(s)angehörige/r *(der/ein)* miembro *m* del personal de la fábrica
Werk(s)arzt *m*, ⸚e médico *m* de empresa
werk(s)eigen perteneciente a la empresa; de la empresa; ~*e Wohnung* vienda *f*
Werk(s)ferien *pl* vacaciones *pl* anuales; permiso *m* anual
Werk(s)gelände *n*, - recinto *m* de la fábrica; terreno *m*, emplazamiento *m* de la factoría
Werksgrundstück *n*, **e** terreno *m* de la factoría; lugar *m*, sitio *m* de emplazamiento de la fábrica
Werk(s)handel *m*, Ø comercialización *f* directa (sin intermediarios); venta *f* directa en el lugar de fabricación
Werksiedlung *f*, **en** polígono *m* residencial (del personal de la fábrica)
Werk(s)kantine *f*, **n** cantina *f*, comedor *m* de la empresa
Werkskontrolle *f*, **n** control *m* de calidad por parte del fabricante
Werk(s)küche *f*, **n** → *Werk(s)kantine*
Werksladen *m*, - tienda *f* de la compañía, de la fábrica
Werkspionage *f*, **n** espionaje *m* industrial
Werkspreis *m*, **e** precio *m* ex fábrica
Werksprüfung *f*, **en** inspección *f* de la factoría
Werkstatt *f*, ⸚en taller *m*
Werkstätte *f*, **n** → *Werkstatt*
Werkstattmontage *f*, **n** montaje *m* en el taller
Werkstattwagen *m*, - vagón-taller *m*
Werkstattzeichnung *f*, **en** dibujo *m*, diseño *m*, plano *m* del taller
Werkstelle *f*, **n** 1. lugar *m* de trabajo 2. plaza *f* de aprendizaje; plaza *f* de aprendiz
Werkstoff *m*, **e** 1. material *m* 2. materia *f* prima
Werkstoffermüdung *f*, **en** fatiga *f* del material
Werkstoffplanung *f*, **en** (Angl.) planning *m* de material
Werkstoffprüfer *m*, - controlador *m*, probador *m* de materiales
Werkstoffprüfung *f*, **en** control *m*, prueba *f* de materiales
Werkstück *n*, **e** 1. pieza *f* labrada 2. pieza *f* de trabajo 3. pieza *f* bruta
Werkstudent *m*, **en** estudiante *m* trabajador (para financiarse los estudios)
Werksunternehmer *m*, - (empresario *m*) contratista *m*
Werksvertreter *m*, - 1. representante *m* de la empresa 2. delegado *m* de la empresa
Werk(s)vertretung *f*, **en** representación *f*, delegación *f* de la empresa
Werk(s)wohnung *f*, **en** vivienda *f* de la empresa
Werkszugehörigkeit *f*, Ø antigüedad *f* (en la empresa)
Werktag *m*, **e** 1. día *f* laborable; *nur an* ~*en* sólo los días laborables; los días de semana solamente; ~*e eines Jahres* días laborables de un año; año *m* útil 2. (Jur.) día *m* hábil; fecha *f* hábil
werktags en semana; los días laborables
Werktagsarbeit *f*, **en** trabajo *m* en semana; trabajo *m* durante los días laborables

Werktarif *m*, e convenio *m* de empresa
werktätig activo; trabajador *m*; que trabaja; ~*e Bevölkerung* población *f* activa; población *f* obrera; población *f* trabajadora
Werktätige/r *(der/ein)* trabajador *m*; obrero *m*; operario *m*; *die* ~*n* clase *f* obrera; clase *f* trabajadora; los obreros *pl*; los trabajadores *pl*; los asalariados *pl*
Werktätigkeit *f*, Ø actividad *f* laboral; actividad *f* asalariada
Werktisch *m*, e mesa *f* de trabajo
Werkverkehr *m*, Ø transporte *m* por cuenta propia (Ggs. *gewerblicher Verkehr*)
Werkvertrag *m*, ᵘe contrato *m* de (arrendamiento de) obra; contrato *m* de arrendamiento de obra por precio alzado; contrato *m* de empresa
Werkzeichnung *f*, en → *Werkstattzeichnung*
Werkzeug *n*, e herramienta *f*; instrumento *m*; ~*e und Arbeitsgeräte* herramientas e instrumentos de trabajo; herramientas e implementos; utillaje *m*
Werkzeugfabrik *f*, en fábrica *f* de herramientas; fábrica *f* de utillaje
Werkzeugkasten *m*, ᵘ caja *f* de herramientas
Werkzeugkosten *pl* 1. coste *m* del utillaje (compra, arrendamiento, etc.) 2. coste *m* de fabricación del utillaje
Werkzeugmacher *m*, - matricero *m*; ajustador *m* de herramientas
Werkzeugmacherei *f*, en taller *m* de utillaje
Werkzeugmaschine *f*, n máquina herramienta *f*
Werkzeugmaschinenausstellung *f*, en exposición *f*, feria *f*, exhibición *f* de máquinas herramientas
Werkzeugmaschinenhersteller *m*, - fabricante *m* de máquinas herramientas
Werkzeugmaschinenindustrie *f*, n industria *f*, sector *m* de máquinas herramientas
Werkzeugsatz *m*, ᵘe juego *m* de herramientas
Werkzeugschrank *m*, ᵘe armario *m* para herramientas
wert 1. atento; estimado; ~*er Herr* muy señor mío *bzw.* muy señor nuestro; ~*er Herr Maier* estimado señor Maier; apreciado señor Maier; muy señor mío *bzw.* nuestro; *Ihr* ~*es Schreiben* (Arch.) su estimada carta; su atenta carta 2. *(einen bestimmten Wert haben)* valer; *300 DM* ~ *sein* valer 300 marcos; *viel* ~ *sein* valer mucho 3. merecer; *er ist es* ~ se lo merece
Wert *m*, e valor *m*; precio *m* 1. *angegebener* ~ valor indicado; *angemeldeter* ~ valor declarado; *angemessener* ~ valor razonable, aceptable, conveniente; *willkürlich angenommener* ~ valor arbitrario; *berichtigter* ~ valor corregido; *dem* ~ *nach* en términos de valor; *beständiger* ~ valor estable; *buchmäßiger* ~ valor contable; *durchschnittlicher* ~ valor medio; *effektiver* ~ valor efectivo; valor real; *von erheblichem* ~ de notable valor; de bastante valor; *errechneter* ~ valor calculado, computado; *festgesetzter* ~ valor fijado; valor tasado; *feststellbarer* ~ valor determinable; valor fijable; valor constatable; valor averiguable; *fiktiver* ~ valor ficticio; *gegenwärtiger* ~ valor corriente; valor presente; valor en plaza; *gemeiner* ~ valor usual, común; *geschätzter* ~ valor estimado; *häufigster* ~ valor más frecuente; *innerer* ~ valor intrínseco; *nominaller* ~ valor nominal; *wirklicher* ~ valor real; valor verdadero; valor efectivo; *versicherter* ~ valor asegurado; *zollpflichtiger* ~ valor en aduana; valor imponible 2. ~ *in bar* valor al contado; valor en efectivo; *im* ~*(e) von* por *od.* de un valor de; *von großem, geringem* ~ de gran, de poco valor; *Muster ohne* ~ muestra sin valor; ~ *zur Einziehung*, ~ *zum Einzug*, ~ *zum Inkasso* valor de cobro; valor para ingresar; *ohne* ~ sin valor; ~ *zum Pfand* valor en prenda, en garantía; ~ *in Rechnung* valor en cuenta; ~ *zur Sicherheit* valor en prenda, en garantía; ~ *in Waren* valor en mercancía; ~ *in Ziffern* valor en cifras; guarismo *m* 3. *den* ~ *angeben* indicar, declarar el valor; *den* ~ *beeinträchtigen* mermar, reducir el valor; *seinen* ~ *behalten* conservar, mantener su valor; ~ *bestimmen (ermitteln)* fijar, determinar, averiguar el valor; ~ *erhalten* valor recibido; *den* ~ *erhöhen* incrementar el valor; *im* ~ *fallen* depreciarse; *an* ~ *gewinnen* apreciarse; adquirir más valor; *keinen* ~ *haben* no tener valor; ~ *in Rechnung* valor en cuenta; *im* ~ *steigen, sinken* aumentar, disminuir de valor; *an* ~ *verlieren* depreciarse; *über, unter dem wirklichen* ~ *verkaufen* vender por encima, por debajo del valor real; *an* ~ *zunehmen* apreciarse; adquirir más valor
Wertabnahme *f*, n → *Wertminderung*
Wertanalyse *f*, n análisis de racionalización y rentabilización de un producto
Wertangabe *f*, n declaración *f* de valor; *mit* ~ como valor declarado; *Sendung mit* ~ envío *m* como valor declarado
Wertanstieg *m*, Ø incremento *m* de valor; aumento *m* de valor; subida *f* de valor; apreciación *f*
Wertarbeit *f*, en trabajo *m* de calidad; trabajo *m* cualificado
Wertbemessung *f*, en evaluación *f* del valor
wertberichtigen (re)ajustar el valor
Wertberichtigung *f*, en *(auf der Passivseite einer Bilanz für zu hoch angesetzte Aktiva)* reajuste *m* del valor; reevaluación *f*; corrección *f* del valor; fondo *m*, reserva *f* de amortización;

(Arg.) cuenta *f* de orden; ~ *auf zweifelhafte Forderungen* provisión *f* para créditos de cobro dudoso; ~ *auf das Vorratsvermögen* reajuste de la evaluación del inventario

Wertberichtigungsaktie *f*, n acciones *pl* gratuitas

Wertberichtigungskont|o *n*, -en cuenta *f* de ajuste, de revaluación; cuenta *f* de regularización (del activo)

Wertberichtigungsposten *m*, - partida *f* de regularización

wertbeständig de valor estable

Wertbeständigkeit *f*, Ø estabilidad *f* (en cuanto al valor)

Wertbestimmung *f*, en estimación *f* (del valor); determinación *f*, averiguación *f* del valor; tasación *f*; valoración *f*

Wertbrief *m*, e valores *pl* declarados; carta *f* con valores declarados

Werte *pl* valores *pl* (mobiliarios); títulos *pl*; títulos valores *pl*; efectos *pl*; *ausländische* ~ valores extranjeros; *die bevorzugten* ~ los valores preferidos; los valores estrella; *bewegliche* ~ títulos mobiliarios; *gefragte* ~ títulos demandados; títulos con demanda; *marktfähige* ~ valores negociables; *amtlich zugelassene* ~ valores admitidos a cotización oficial; ~ *an der Börse einführen* introducir valores en bolsa; ~ *an der Börse zulassen* admitir títulos a cotización bursátil

Werteinbuße *f*, n → *Wertminderung*

Werteinheit *f*, en unidad *f* de valor

werten estimar; apreciar; tasar; evaluar; valorar; clasificar

Werterhaltung *f*, en conservación *f*, mantenimiento *m* del valor

Wertermittlung *f*, n → *Wertbestimmung*

Wertersatz *m*, Ø indemnización *f*, resarcimiento *m*, compensación *f* del valor correspondiente

Wertfracht *f*, en flete *m* ad valorem

Wertgegenstand *m*, ≖e objeto *m* de valor; *Aufbewahrung von* ~en depósito *m* de objetos de valor

Wertgrenze *f*, n *festgesetzte* ~ valores tope *pl* fijados

werthalten apreciar; estimar

Wertigkeit *f*, (en) valencia *f*

wertlos sin valor; nulo; ~*e Briefmarken* sellos *pl*, (LA) estampillas *pl* sin valor

Wertlosigkeit *f*, Ø carencia *f* de valor; falta *f* de valor; nulidad *f*

Wertmarke *f*, n bono *m*; vale *m*; cupón *m*; (Chile) valoradas *pl*

wertmäßig en términos de valor; según el valor; en cuanto al valor; ~ *übertreffen* exceder en valor

Wertmaßstab *m*, ≖e criterio *m*; pauta *f*; medida *f* de valor; patrón *m*

Wertmesser *m*, - → *Wertmaßstab*

Wertminderung *f*, en disminución *f* de valor; pérdida *f* de valor; depreciación *f*; desvalorización *f*; ~ *durch Abnutzung* depreciación por el uso; ~ *durch Überalterung* depreciación por obsolescencia; ~ *durch Verschleiß* depreciación por desgaste; pérdida de valor por deterioro; ~ *der Währung* depreciación; ~ *der Ware* depreciación de la mercancía

Wertminderungsreserve *f*, n provisión *f* por depreciación; fondo *m* de amortización

Wertpaket *n*, e paquete *m* con valor declarado

Wertpapier *n*, e valor *m* (mobiliario); título (valor) *m*; efecto *m* 1. *abgelaufenes* ~ título vencido; *beliehenes* ~ título pignorado; *börsenfähiges* ~ título cotizable; valor admitido a cotización bursátil; valor bursátil; *erstklassiges* ~ valor de primera clase; valor con alto grado de seguridad; *festverzinsliches* ~ título de renta fija; *gehandeltes* ~ título negociado; *hinterlegtes* ~ título depositado; ~ *mit fünfjähriger Laufzeit* título a cinco años; título que vence a los cinco años; título con cinco años de vencimiento; *lombardfähiges* ~ título pignorable; *marktfähiges* ~ título negociable; *mündelsicheres* ~ título con garantía pupilar; *amtlich notiertes* ~ título admitido a cotización (oficial); *übertragbares* ~ título transmisible; *unverzinsliches* ~ título que no arroja interés; título que no devenga interés; título sin interés; *verlosbares* ~ título sorteable; *verpfändetes* ~ valor pignorado; valor entregado en garantía; valor dado como seguridad 2. *ein* ~ *abstoßen (verkaufen)* realizar un valor; ~*e beleihen* pignorar títulos valores; *ein* ~ *deponieren (hinterlegen)* depositar un título (para su custodia); *ein* ~ *lombardieren* pignorar un título; dejar un título en garantía; *ein* ~ *übertragen* ceder, transmitir un título

Wertpapierabsatz *m*, Ø venta *f* de títulos valores

Wertpapierabschreibung *f*, en amortización *f* de títulos valores

Wertpapierabteilung *f*, en departamento *m*, sección *f* de títulos valores

Wertpapieranlage *f*, n inversión *f*, colocación *f* en títulos valores

Wertpapieranlageberatung *f*, en consultoría *f*, asesoramiento *m* en materia de inversión en títulos

Wertpapierarbitrage *f*, n arbitraje *m* de valores

Wertpapieraufstellung *f*, en extracto *m* de depósito (de títulos valores)

Wertpapierausgabe *f*, n emisión *f* de títulos valores

Wertpapierbeleihung f, en *(durch Kreditgeber)* préstamo m sobre valores; *(durch Kreditnehmer)* pignoración f de títulos (para obtener un préstamo)
Wertpapierbereinigung f, en depuración f de títulos valores; convalidecíón f de títulos
Wertpapierbesitz m, Ø 1. posesión f, titularidad f de títulos valores 2. cartera f de valores mobiliarios
Wertpapierbesitzer m, - poseedor m, titular m de títulos
Wertpapierbestand m, ⁻e cartera f de títulos valores; cartera f de valores mobiliarios
Wertpapierbörse f, n bolsa f, mercado m de valores; mercado m de contratación; mercado m bursátil; mercado m de efectos (Syn. *Effektenbörse*)
Wertpapierdepot n, s depósito m de títulos
Wertpapieremission f, en emisión f de títulos
Wertpapieremittent m, en entidad f emisora de títulos valores; emisor m de títulos
Wertpapiererträge pl réditos pl procedentes de los títulos valores; rentas pl en concepto de títulos valores
Wertpapiererwerb m, Ø adquisición f, compra f de títulos valores
Wertpapierfinanzierung f, en financiación f mediante títulos valores
Wertpapierfonds m, - fondo m de inversión mobiliaria
Wertpapiergeschäft n, e operación f, transacción f de títulos
Wertpapierhandel m, Ø comercio m de valores
Wertpapierhinterlegung f, en depósito m de valores en prenda
Wertpapierinhaber m, - titular m, tenedor m de valores
Wertpapierkontokorrentvertrag m, ⁻e contrato m de imposición de valores en cuenta corriente
Wertpapierlombard m od. n, s od. e préstamo m sobre valores
Wertpapiermakler m, - corredor m de valores mobiliarios
Wertpapiermarkt m, ⁻e mercado m de valores
Wertpapier-Portefeuille n, s cartera f de efectos, de títulos
Wertpapiersammelbank f, en banco m de depósito de valores mobiliarios
Wertpapiersparen n, Ø ahorro m mobiliario; ahorro m en títulos valores
Wertpapiersteuer f, n tasa f, impuesto m sobre títulos valores
Wertpapierverkehr m, Ø movimientos pl de títulos; transacciones pl de valores mobiliarios

Wertpapierverwahrung f, en custodia f de títulos valores
Wertproduktivität f, Ø productividad f en valor
Wertsache f, n → *Wertgegenstand*
wertschaffend productivo; que da valor
Wertschöpfung f, en valor m añadido neto; creación f de valor
Wertschöpfungsrechnung f, en cálculo m del valor añadido
Wertschrift f, en (CH) → *Wertpapier*
Wertschriftendollar m, Ø dólar m financiero
Wertschriftenverwaltung f, en gestión f de cartera
Wertschwankungen pl fluctuaciones de los valores; oscilaciones pl del valor
Wertsendung f, en valores pl declarados; envío m con valor declarado
Wertsicherungsklausel f, n cláusula f de índice variable; cláusula f de indexación sobre el coste de vida
werstabil, ~*es Geld* dinero m (cuyo poder adquisitivo es) estable
Wertsteigerung f, en plusvalía f; aumento m de valor
Wertstellung f, en fecha f de valor; entrada f en valor
Wertstufe f, n categoría f de valor
Wertung f, en estimación f; apreciación f; puntuación f
Werturteil n, e juicio m de valor; juicio m apreciativo
Wertverfall m, Ø depreciación f; desvalorización f
Wertverlust m, e → *Wertminderung*
wertvoll 1. *(Person)* que vale 2. valioso; precioso; *sehr* ~ de mucho valor; de gran valor; que vale mucho
Wertzeichen n, - sello m de correo (Syn. *Briefmarke*); timbre postal (Méx.)
Wertzoll m, ⁻e derecho m (arancelario) ad valorem
Wertzuwachs m, ⁻e plusvalía f; valor m añadido; incremento m del valor
Wertzuwachssteuer f, n impuesto m de plusvalía; (Col.) impuesto m de valoración
-wesen (Suf.) conjunto m de un sector; sistema m; régimen m; *Bank~* los bancos pl; banca f; régimen m bancario; sistema m bancario; *Bau~* construcción f; *Steuer~* los impuestos pl; régimen m fiscal; sistema m tributario; *Unterrichts~* enseñanza f; sistema m educativo; *Zoll~* régimen m arancelario; sistema m de aduanas; las aduanas pl
westdeutsch germano occidental; germano federal; de la Alemania occidental; de la República Federal de Alemania

Westdeutsche/r *(der/ein)* ciudadano *m* germano occidental; ciudadano *m* de la R.F.A.; alemán *m* del Oeste

Westdeutschland Alemania *f* del Oeste; Alemania *f* Federal; Alemania *f* occidental (Syn. *Bundesrepublik Deutschland*)

Westdevisen *pl* divisas *pl* occidental

Westler *m*, - alemán *m* del Oeste (término empleado en la R.D.A.)

Westmächte *pl* potencias *pl* occidentales

Westmark *f*, Ø marco *m* alemán; marco *m* de la R.F.A.; marco *m* occidental

West-Ost-Verkehr *m*, Ø intercambios *pl* Este-Oeste

Wettannahme *f*, n despacho *m* de apuestas mutuas

Wettbewerb *m*, e competencia *f*; concurso *m*; competición *f* 1. *außer* ~ fuera de competencia; fuera de concurso; *außerpreislicher* ~ competencia fuera de los precios; *eingeschränkter* ~ competencia restringida; *existenzgefährdender* ~ competencia ruinosa; *freier* ~ libre competencia; *harter* ~ competencia dura; competencia intensa, afilada; *lauterer* ~ competencia legal; *scharfer* ~ competencia tenaz; competencia inflexible; *sozialistischer* ~ emulación *f* socialista; *unbeschränkter* ~ competencia total; *unlauterer* ~ competencia desleal; *unzulässiger* ~ competencia ilícita; *vollkommener* ~ competencia perfecta 2. *einen* ~ *ausschreiben* convocar un concurso; *den* ~ *beschränken* limitar la competencia; *einen* ~ *organisieren* organizar un concurso; *mit jdm. in* ~ *stehen* competir con alg.; *an einem* ~ *teilnehmen* participar en un concurso; *mit jdm. in* ~ *treten* entrar en competencia con alg.; (Syn. *Konkurrenz*)

Wettbewerber *m*, - competidor *m*; concursante *m*; (Syn. *Konkurrent*)

Wettbewerbsabkommen *n*, - acuerdo *m* sobre la competencia; acuerdo *m* de competencia

Wettbewerbsbedingungen *pl* 1. bases *pl* del concurso 2. kondiciones *pl* de competencia

Wettbewerbsbeschränkung *f*, en restricciones *pl* a la competencia

wettbewerbsfähig competitivo; capaz de competir; con perspectivas de éxito (Syn. *konkurrenzfähig*)

Wettbewerbsfähigkeit *f*, (en) competitividad *f*; capacidad *f* de competir

Wettbewerbsfreiheit *f*, (en) libre competencia *f*; libertad *f* de competencia

Wettbewerbshüter *m*, - responsable *m* del mantenimiento de la libre competencia; oficina *f* que controla la concentración empresarial; organismo *m* encargado de supervisar las fusiones de empresas

Wettbewerbsklausel *f*, n cláusula *f* de no competencia

wettbewerbsneutral sin incidencia sobre la competencia

Wettbewerbsordnung *f*, en reglamento *m* de la competencia; legislación *f* en materia de competencia

Wettbewerbsrecht *n*, e derecho *m*, legislación *f* en materia de competencia

Wettbewerbsregeln *pl* reglas *pl* de la competencia

Wettbewerbssektor *m*, en sector concurrencial

Wettbewerbssünder *m*, - el que contraviene la legislación en materia de competencia; contraventor *m* de las reglas de la competencia

Wettbewerbsteilnehmer *m*, - 1. participante *m* en un concurso; concursante *m* 2. competidor *m*

Wettbewerbsverbot *n*, e prohibición *f* de competencia; obligación *f* de no competencia

Wettbewerbsvereinbarung *f*, en acuerdo *m* de no competencia; acuerdo *m* entre competidores

wettbewerbsverzerrend que distorsiona el juego de la libre competencia

Wettbewerbsverzerrung *f*, en distorsión *f* de la competencia

Wettbewerbsvorteil *m*, e ventaja *f* en cuanto a competencia

wettbewerbswidrig contrario al espíritu de libre competencia; que lesiona la libre competencia

Wettbewerbswirtschaft *f*, en economía *f* competitivia; economía *f* de competencia

Wettbüro *n*, s despacho *m* de apuestas mutuas

wettmachen reparar; compensar; *einen Verlust* ~ resarcirse de una pérdida

WG → *Wechselgesetz*

White-collar-Kriminalität *f*, Ø delincuencia *f* de „cuello blanco"; delincuencia *f* de los cuadros superiores y de altos funcionarios

Widerbeklagte/r *(der/ein)* reconvenido *m*

Widerhandlung *f*, en (CH) infracción *f*; contravención *f*

Widerklage *f*, n (Jur.) reconvención *f*; acción *f* reconvencional; (Arg.) reconvención *f* mutua; (Méx.) mutua petitio *f*; ~ *erheben* contrademandar; reconvenir; presentar, elevar acción reconvencional (Syn. *Gegenklage*)

widerklagen reconvenir; ~ *gegen den Privatkläger* contraquerellarse

Widerkläger *m*, - (Jur.) actor *m* reconvencional; contrademandante *m*

widerklägerisch (por vía) reconvencional

widerlegen rebatir; refutar; desmentir
Widerlegung *f*, en refutación *f*; desmentida *f*; (Arg.) desmentido *m*
Widerpart *m*, s contrario *m*; adversario *m*; rival *m*
widerrechtlich ilegal; ilícito; injusto; indebido; *sich etw. ~ aneignen* usurpar u/c.; apoderarse indebidamente de u/c.
Widerrechtlichkeit *f*, Ø ilegalidad *f*; ilicitud *f*; carácter *m* ilegal
Widerruf *m*, e revocación *f*; cancelación *f*; retractación *f*; *bis auf ~* hasta nueva orden; *~ eines Auftrags* cancelación de un pedido; anulación de un pedido; *~ einer Erklärung* desmentida *f* de una declaración; *~ einer Schenkung* revocación de una donación; *~ eines Testaments* revocación de un testamento; *~ eines Vermächtnisses* revocación de un legado; *~ einer Vollmacht* desapoderamiento *m*; revocación de un poder; *~ einer Warenbestellung* concelación de un pedido de mercancía; *gültig bis auf ~* salvo revocación; salvo contraorden; salvo orden en contrario
widerrufbar revocable
Widerrufbarkeit *f*, Ø revocabilidad *f*
widerrufen 1. retractarse; desdecirse 2. anular; *ein Angebot ~* anular una oferta; *einen Befehl ~* dar una contraorden; *eine Genehmigung ~* retirar una autorización
widerrufend revocatorio
widerruflich revocable; abrogable; *~es Dokumentenakkreditiv* crédito *m* documentario revocable
Widerruflichkeit *f*, Ø revocabilidad *f*; derogabilidad *f*
Widerrufsbeschränkung *f*, en cláusula *f* ad cautelam
Widerrufsklage *f*, n acción *f* revocatoria
Widerrufsklausel *f*, n cláusula *f* revocatoria, derogatoria
Widerrufsrecht *n*, Ø derecho *m* de revocación
Widerrufsvorbehalt *m*, e reserva *f* de revocabilidad, de derogabilidad
Widerrufung *f*, en → *Widerruf*
Widerspruch *m*, ⁻e contradicción *f*; objeción *f*; oposición *f*; discrepancia *f*; conflicto *m*; *~ zwischen zwei Aussagen* discrepancia entre dos declaraciones; *~ zwischen Bestimmungen eines Gesetzes* conflicto entre las disposiciones de una ley; *~ gegen die Eintragung eines Warenzeichens* oposición contra el registro de una marca de fábrica; *~ gegen Zwangsvollstreckung geltend machen* oponerse a la ejecución; *bei ~⁻e n ist der Wortlaut in spanisch maßgeblich* en caso de contradicción prevalecerá el texto en lengua española; *im ~ zu* estar en contradicción con; estar en pugna con; *sich in ~⁻e verwickeln* incurrir en contradicciones; *~ erheben* objetar; contradecir; oponerse
widersprüchlich contradictorio
Widerstand *m*, ⁻e resistencia *f*; *~ leisten* prestar resistencia; resistirse; *~ finden, auf ~ stoßen* encontrar resistencia
Widerstandsbewegung *f*, en movimiento *m* de resistencia
widerstandsfähig resistente
Widerstandsfähigkeit *f*, Ø capacidad *f* de resistencia; resistencia *f*; *Prüfung der ~ gegen Umwelteinflüsse* prueba *f*, test *m* (de resistencia) ambiental
Wiederabdruck *m*, ⁻e reimpresión *f*
Wiederabtretung *f*, en retrocesión *f*
wiederankaufen rescatar
wiederanknüpfen reanudar
Wiederanknüpfung *f*, en reanudación *f*
wiederankurbeln, *die Wirtschaft ~* relanzar, revitalizar, reencauzar la economía; hacer que la economía se ponga otra vez en movimiento, en marcha
Wiederankurbelung *f*, en relanzamiento *m*, reencauzamiento *m* (de la economía)
Wiederanlage *f*, n reinversión *f*
Wiederanlagerabatt *m*, e bonificación *f*, prima *f* de reinversión
wiederanlegen reinvertir; *Gewinne ~* reinvertir los beneficios (dentro del negocio)
Wiederanpassung *f*, (en) *berufliche ~ von Arbeitnehmern* readaptación *f*, reconversión *f*, reciclaje *m* de mano de obra
Wiederanschaffung *f*, en nueva *f* adquisición *f*
Wiederanschaffungswert *m*, (e) valor *m* de reposición
wiederanstellen contratar de nuevo; reintegrar a la plantilla
Wiederanstieg *m*, Ø *~ der Ausfuhren* nuevo incremento *m* de las exportaciones
Wiederanziehen *n*, Ø *~ der Kurse* (nueva) recuperación *f* de los cambios; *~ der Preise* nueva subida *f* de los precios
Wiederaufarbeitung *f*, en → *Wiederaufbereitung*
Wiederaufbau *m*, Ø reconstrucción *f*; reedificación *f*; *wirtschaftlicher ~ eines Landes* reconstrucción económica de un país
wiederaufbauen reconstruir; reedificar
Wiederaufbauprogramm *n*, e programa *m* de reconstrucción
Wiederaufbauvorhaben *n*, - proyecto *m* de reconstrucción
wiederaufbereiten reprocesar; reciclar
Wiederaufbereitung *f*, en *~ von radioaktivem Material* reprocesamiento *m* de material radiactivo

Wiederaufbereitungsanlage *f*, n planta *m* de reprocesamiento; ~ *für Atommüll* planta de reprocesamiento de residuos nucleares
wiederaufforsten repoblar (forestalmente); reforestar
Wiederaufforstung *f*, en repoblación *f* forestal; reforestación *f*
Wiederaufführung *f*, en reestreno *m*; reposición *f*
wiederauffüllen, *das Lager* ~ reponer existencias
Wiederauffüllung *f*, Ø ~ *des Lagerbestandes* reposición *f* de existencias; reposición *f* del estocaje; ~ *der Rücklagen* reconstitución *f* de reservas
Wiederaufkommen *n*, Ø ~ *einer Mode* reaparición *f* de una moda
wiederaufladen, *die Batterie* ~ recargar la batería
Wiederaufleben *n*, Ø ~ *des Leistungsanspruchs* resurgimiento *m*, renacimiento *m* de la mentalidad de prestaciones
Wiederaufnahme *f*, n 1. reanudación *f*; ~ *der Arbeit, der Produktion, der Verhandlungen* reanudación del trabajo, de la producción, de las negociaciones; ~ *der Zahlungen* reanudación de los pagos 2. ~ *des Verfahrens* revisión *f* 3. readmisión *f* (como afiliado, socio, etc.)
Wiederaufnahmeantrag *m*, ⸗e (Jur.) recurso *m* de revisión
Wiederaufnahmeverfahren *n*, - revisión *f* (de una causa)
wiederaufnehmen 1. reanudar; *die diplomatischen Beziehungen* ~ reanudar las relaciones diplomáticas; *die Lieferungen* ~ reanudar los suministros 2. *als Mitglied* ~ readmitir como miembro
Wiederaufrüstung *f*, en rearme *m*
Wiederaufschwung *m*, Ø recuperación *f*; *wirtschaftlicher* ~ recuperación de la actividad económica; ~ *der Weltwirtschaft* recuperación de la economía mundial
Wiederaufstieg *m*, Ø *finanzieller* ~ recuperación *f* financiera
wiederaufstocken reaprovisionar; reponer
Wiederaufstockung *f*, (en) ~ *der Lagerbestände* reaprovisionamiento *m* de existencias; reposición *f* del estocaje
Wiederausfuhr *f*, en reexportación *f*
Wiederausfuhranmeldung *f*, en *(Zoll)* documento *m* de reexportación
Wiederausfuhrbehandlung *f*, en *(Zoll)* despacho *m* para reexportación
Wiederausfuhrerklärung *f*, en *(Zoll)* declaración *f* de reexportación
wiederbeleben, *die Wirtschaft* ~ reanimar, estimular la economía
Wiederbelebung *f*, en ~ *des Handels* reactivación *f* del comercio; ~ *der Konjunktur* reanimación *f* de la coyuntura; ~ *der wirtschaftlichen Tätigkeit* reactivación *f* económica; relanzamiento *m* económico; ~ *der Weltwirtschaft* reactivación *f*, recuperación *f*, revitalización *f*, relanzamiento *m* de la economía mundial
wiederbeschaffen reponer
Wiederbeschaffung *f*, en reposición *f*
Wiederbeschaffungskosten *pl* costes *pl* de reposición
Wiederbeschaffungspreis *m*, e precio *m* de reposición
Wiederbeschaffungswert *m*, e valor *m* de reposición
wiedereinbringen, *seine Verluste* ~ resarcirse de sus pérdidas
Wiedereinfuhr *f*, en reimportación *f*
wiedereinführen 1. restablecer; reintroducir 2. reimportar
Wiedereingliederung *f*, en reintegración *f*; *berufliche, soziale* ~ reinserción *f* profesional, social
wiedereinlösen, *ein Schmuckstück im Pfandhaus* ~ desempeñar una alhaja; recuperar una joya empeñada
Wiedereinlösung *f*, en desempeño *m*
wiedereinpacken 1. volver a embalar; reembalar; reenvasar 2. reenvasar; devolver a su caja 3. volver a hacer la maleta
Wiedereinreise *f*, n reentrada *f*; reingreso *m*
Wiedereinreiseerlaubnis *f*, se permiso *m* de reingreso; (Urug.) permiso *m* de retorno
wiedereinschiffen reembarcar
Wiedereinschleusen *n*, Ø ~ *des Kapitals (der erdölexportierenden Länder)* trasvase *m*, reciclaje *m* del capital
wiedereinsetzen reponer; *jdn. in ein Amt* ~ reponer, reinstalar a alg. en un cargo; ~ *in den vorigen Stand* reponer al estado anterior; restituir al estado anterior
Wiedereinsetzung *f*, en reposición *f*; reinstalación *f*; ~ *in frühere Rechte* rehabilitación *f* de antiguos derechos
wiedereinstellen reemplear; volver a emplear; readmitir
Wiedereinstellung *f*, en reingreso *m*; reincorporación *f*; reempleo *m*; readmisión *f*; *zwangsweise* ~ readmisión forzosa
Wiedereinstellungsanspruch *m*, ⸗e derecho *m* a la readmisión
Wiedereinstellungsklausel *f*, n cláusula *f* de reempleo, de admisión
Wiedereinstellungszwang *m*, ⸗e readmisión *f* forzosa; obligatoriedad *f* de readmisión; obligación *f* forzosa de volver a emplear
Wiedererkennungsprüfung *f*, en *(für Werbemit-*

tel) test *m* de reconocimiento
wiedererlangen recuperar; recobrar
Wiedereroberung *f*, (en) ~ *des Marktes* reconquista *f* del mercado
Wiedereröffnung *f*, **en** ~ *des Geschäfts* reapertura *f* del negocio; ~ *der Verhandlungen* reanudación *f* de las negociaciones
wiedererstatten restituir; reembolsar; *die Auslagen* ~ devolver los gastos tenidos; reintegrar; reembolsar los gastos
Wiedererwerb *m*, Ø readquisición *f*
wieder fallen *(Börse) die Aktien fielen wieder um einen Punkt* las acciones volvieron a remitir (en) un punto
wiederflottmachen sacar a flote; poner a flote
Wiederflottmachen *n*, Ø ~ *eines Schiffes* reflotamiento *m* de un barco
Wiedergabe *f*, **n** 1. reproducción *f* 2. interpretación 3. traducción *f* 4. cita *f*
wiedergeben 1. devolver; restituir 2. reproducir 3. interpretar 4. traducir 5. citar
Wiedergesundung *f*, Ø *wirtschaftliche* ~ recuperación *f*, regeneración *f* económica
wiedergewinnen, *einen Markt* ~ recuperar un mercado
wiedergutmachen reparar; resarcir; indemnizar; *einen Schaden* ~ reparar, resarcir un daño
Wiedergutmachung *f*, **en** reparación *f*; resarcimiento *m*; indemnización *f*
Wiedergutmachungsleistungen *pl* prestaciones *pl* a título indemnizatorio; prestaciones *pl* en concepto de reparación
wiederherstellen 1. *den sozialen Frieden* ~ restablecer la paz social 2. *(Gebäude)* restaurar; reconstruir; renovar; reparar
Wiederherstellung *f*, **en** restablecimiento *m*; restauración *f*; reconstrucción *f*; reparación *f*; ~ *der Erwerbsfähigkeit* restablecimiento de la capacidad de trabajo; ~ *der Vollbeschäftigung* restablecimiento del pleno empleo; ~ *des Zahlungsbilanzgleichgewichts* restablecimiento del equilibrio de la balanza de pagos
Wiederherstellungskosten *pl* gastos *pl* de reparación
Wiederholungsrabatt *m*, **e** rebaja *f*, bonificación *f*, descuento *m* por frecuencia
Wiederinbetriebnahme *f*, **n** reapertura *f* del servicio; nueva puesta *f* en servicio; vuelta *f* al servicio
Wiederindienststellung *f*, **en** nueva puesta *f* en servicio
wieder in Gang bringen, *den Handel* ~ reanimar el comercio
Wiederingangsetzung *f*, **en** nueva puesta *f* en marcha; reanimación *f*
wieder in Kraft setzen, *eine Versicherung* ~ volver a poner en vigor un seguro
Wiederinkraftsetzung *f*, **en** nueva puesta *f* en vigor; revalidación *f*
wiederinstandsetzen reparar; componer; *(Gebäude)* restaurar
Wiederinstandsetzung *f*, **en** reparación *f*; compostura *f*; *(Gebäude)* reparación *f*
Wiederkauf *m*, ⁼e readquisición *f*; recompra *f*; rescate *m*; (Jur.) pacto *m* de retroventa; (Jur.) retracto *m* convencional
wiederkaufen readquirir; recomprar; rescatar
Wiederkäufer *m*, - readquirente *m*; (Jur.) retrayente
Wiederkaufsklausel *f*, **n** pacto *m* de retro; cláusula *f* de retracto
Wiederkaufspreis *m*, **e** precio *m* de rescate
Wiederkaufsrecht *n*, **e** derecho *m* de retracto; derecho *m* de retroventa; pacto *m* de retro
Wiederkaufsvereinbarung *f*, **en** pacto *m* de retro
Wiederkaufsvorbehalt *m*, - pacto *m* de retraer; pacto *m* de retro
wiederkehrend, *regelmäßig* ~*e Ausgaben pl (z.B. Miete, Heizung)* gastos *pl* periódicos *pl*; gastos *pl* que se producen con regularidad; *regelmäßig* ~*e Zahlungen* pagos *pl* periódicos; pagos *pl* que se efectúan con regularidad
Wiedervereinigung *f*, **en** reunificación *f*
wiedervergelten recompensar; devolver
Wiedervergeltung *f*, **en** recompensa *f*; pago *m*
Wiederverkauf *m*, ⁼e reventa *f*; venta *f* al por menor; venta *f* al detalle
wiederverkaufen revender; vender al por menor; vender al detalle
Wiederverkäufer *m*, - revendedor *m*; comerciante *m* al por menor, al detalle; *Haftung des* ~*s* responsabilidad *f* del revendedor
wiederverkäuflich revendible
Wiederverkaufspreis *m*, **e** precio *m* de reventa; *unter dem* ~ *verkaufen* vender a un precio inferior al de reventa
Wiederverkaufswert *m*, **e** valor *m* de reventa
Wiederverladung *f*, **en** reembarque *m*
wiedervermieten realquilar; subalquilar; subarrendar
Wiedervermietung *f*, Ø subarriendo *m*; realquiler *m*
Wiederverschiffung *f*, **en** reembarque *m*
Wiederverschuldung *f*, Ø reendeudamiento *m*; nuevo endeudamiento *m*
wiederverwendbar reutilizable; *schwer* ~*e Abfälle* desechos *pl*, residuos *pl* no fáciles de reciclar; ~*e Erzeugnisse* productos *pl* reutilizables
wiederverwenden reutilizar; volver a utilizar
wiederverwendet reutilizado; de segunda mano
Wiederverwendung *f*, **en** reutilización *f*; *(von*

Altmaterial) reciclaje *m*; reciclado *m*
wiederverwerten reciclar; recuperar
Wiederverwertung *f*, **en** recuperación *f*; reciclaje *m*; reciclado *m*; (Syn. *Recycling*)
Wiedervorlage *f*, **n** segunda, nueva presentación *f* de un documento; *zur ~ am* para ser presentado nuevamente el; para su nueva presentación el
Wiederwahl *f*, **en** reelección *f*
Wiegebescheinigung *f*, **en** certificado *m* del peso
Wiegegeld *n*, Ø derechos *pl* de pesaje, de pesada
Wiegegebühr *f*, **en** → *Wiegegeld*
Wiegekosten *pl* → *Wiegegeld*
Wiegen *n*, Ø pesaje *m*; verificación *f* del peso
wiegen pesar; *leer ~* tarar; *das Gepäck wiegt* el equipaje tiene un peso de; el equipaje pesa; el peso del equipaje es de
Wiegeschein *m*, **e** → *Wiegebescheinigung*
Wiegestempel *m*, **-** sello *m* del peso; sello *m* de pesada
wild salvaje; silvestre; *~er Boden* terreno *m* inculto; terreno *m* no cultivado; *~e Ehe* concubinato *m*; amancebamiento *m*; *~er Handel* comercio *m* ilícito; *~es Parken* estacionamiento *m* no autorizado; *~er Streik* huelga *f* no declarada; huelga *f* espontánea; huelga *f* salvaje
Wildbahn *f*, Ø coto *m* de caza
Wildbestand *m*, ¨e riqueza *f* cinegética
Wilddieb *m*, **e** cazador *m* furtivo
Wilddieberei *f*, Ø → *Wilderei*
Wilderei *f*, Ø caza *f* furtiva
Wilderer *m*, **-** cazador *m* furtivo
wildern cazar furtivamente; cazar en vedado
Wildern *n*, Ø → *Wilderei*
Wildfischerei *f*, Ø pesca *f* furtiva
Wildgehege *n*, **-** coto *m* de caza
Wildhüter *m*, **-** guardabosques *m*
Wildpark *m*, **s** reserva *f* de caza
wildreich abundante, rico en caza
Wildreservat *n*, **e** reserva *f* nacional de caza
Wildschaden *m*, ¨ daño *m* causado por los animales de caza
Wildschütz *m*, **en** cazador *m* furtivo
Wildschutzgebiet *n*, **e** reserva *f* cinegética; reserva *f* de caza
Wildwechsel *m*, **-** (placa *f* indicadora de) animales sueltos *pl*; paso *m* de ganado
Wille *m*, Ø voluntad *f*; *~ der Parteien* voluntad de las partes; *letzter ~* última voluntad
Willenserklärung *f*, **en** declaración *f* de voluntad; *ausdrückliche ~* voluntad *f* expresa; voluntad *f* expresada
Willkür *f*, Ø arbitrariedad *f*
willkürlich arbitrario; *~e Maßnahme* medida *f* arbitraria; *~er Preis* precio *m* arbitrario
Windkraftwerk *n*, **e** central *f* eólica

Windprotest *m*, **e** protesto *m* en ausencia; protesto *m* haciendo constar la imposibilidad de encontrar la dirección del librado
Winkeladvokat *m*, **en** (Pey.) abogado *m* de secano; (abogado *m*) picapleitos *m*; abogadillo *m*; (LA) tinterillo *m*
Winkelmakler *m*, **-** corredor *m* clandestino; zurupeto *m*
Winterbaukosten *pl* costes *pl* de la construcción durante el invierno
Winterschlußverkauf *m*, ¨e *(WSV)* rebajas *pl* de enero; saldos *pl* de invierno; venta *f* posbalance
Winzer *m*, **-** viticultor *m*; viñador *m*
Winzergenossenschaft *f*, **en** cooperativa *f* de viticultores
Wirbelsturmschäden *pl* daños *pl* ciclónicos; daños *pl* producidos por tornado
wirklich real; efectivo; verdadero; *~er Bedarf* demanda *f* efectiva; *~er Wert* valor *m* real
Wirkmaschine *f*, **n** tricotosa *f*
Wirkort *m*, **e** lugar *m* donde actúa la publicidad
wirksam 1. eficaz; *~e Maßnahmen* medidas *pl* eficaces 2. válido; *~ werden* surtir, producir efecto; entrar en vigor
Wirksamkeit *f*, Ø 1. eficacia *f*; eficiencia *f*; *~ einer Anzeige* impacto *m* de un anuncio 2. validez *f*
Wirkung *f*, **en** efecto *m*; *aufschiebende ~* efecto suspensivo; *befreiende ~* efecto liberatorio; *nachteilige ~* consecuencias *pl* desagradables; resultado *m* enojoso; *mit sofortiger ~* con efecto(s) inmediato(s); *mit ~ vom 15.d.M.* con efecto(s) al quince de este mes; *eine entscheidende ~ haben* tener un efecto decisivo; tener un resultado determinante; *ohne ~ sein* sin efecto
Wirkungsbereich *m*, **e** campo *m* de acción; zona *f* de actividad *f*; esfera *f*, radio *m* de acción; *~ eines Werbeträgers* zona *f* de proyección publicitaria
Wirkungskreis *m*, **e** → *Wirkungsbereich*
Wirkwaren *pl* géneros *pl* de punto
Wirtschaft *f*, **en** 1. economía *f*; *einheimische ~* economía doméstica; *freie ~* economía libre, liberal; *gelenkte (zentralgeleitete) ~* economía dirigida, centralizada; economía controlada, planificada; *die gesamte ~* la economía en su conjunto; toda la economía; la economía como un todo; *geschlossene ~* economía cerrada; *gewerbliche ~* economía industrial; *kollektivistische ~* economía colectiva, colectivista; *öffentliche ~* sector *m* público (de la economía); *örtliche (ortsansässige) ~* economía local; *private ~* sector *m* privado (de la economía); *volkseigene ~* economía socialista;

die ~ ankurbeln relanzar la economía; *in die ~ gehen* comenzar una carrera en el sector privado de la economía; *die ~ lenken* dirigir la economía 2. explotación *f* agrícola; *extensive ~ cultivo m* extensivo; *intensive ~* cultivo *m* intensivo 3. economía doméstica 4. gobierno *m* de la casa 5. restaurante *m*; cervecería *f*; bar *m*
wirtschaften administrar; llevar, gobernar la casa; explotar (una finca); economizar, ahorrar; hacer economías; *gut, schlecht ~* actuar bien, mal económicamente; llevar bien, mal sus asuntos; llevar bien, mal los negocios
Wirtschafter *m*, - administrador *m*; mayordomo *m*
Wirtschaftler *m*, - economista *m*
wirtschaftlich 1. económico; *~e Planung* planificación *f* económica; *~e Zusammenarbeit* cooperación *f* económica 2. rentable; productivo; *sich als ~ erweisen* resultar rentable 3. ahorrativo; *~ denken* pensar en términos de economía, de ahorro; *~ abhängig* económicamente dependiente; dependiente económicamente; *~ existenzfähig* económicamente viable; *~ gesehen* en términos económicos; en términos económicos reales; *~ schwache Mitgliedsstaaten (EG)* países *pl* miembros menos prósperos; *in ~en Angelegenheiten* in asuntos económicos; *~er Aufschwung* auge *m* económico; *~e Beratung* asesoramiento *m* económico; *die ~en Beziehungen zu einem anderen Land erweitern* ampliar las relaciones económicas con otro país; *~er Fortschritt* progreso *m*, avance *m* económico; *auf ~em Gebiet* en el campo económico; *~e Gesundung* saneamiento *m* económico; *in ~er Hinsicht* en términos económicos; desde el punto de vista de la economía; *die ~e Lage einer Firma* la situación económica de una empresa; *die ~e Lage einer Privatperson* la posición económica, el status financiero de una persona; *die ~e Lage offenlegen* rendir plena cuenta de la situación económica; *die ~e Lage hat sich erheblich verbessert, verschlechtert* la situación económica ha mejorado, ha empeorado sensiblemente; *~er Niedergang* declive *m*, retroceso *m* económico; *~e Notlage* situación *f* económica de emergencia; *~e Repressalien* represalias *pl* económicas; *~e Sanierung* saneamiento *m* económico; reorganización *f* económica; *~e Sanktionen* sanciones *pl* económicas; *mit ~en Schwierigkeiten zu kämpfen haben* tener que enfrentarse con dificultades económicas; *~e Stärke* fortaleza *f* económica; *eine ertragreiche ~e Tätigkeit ausüben* ejercer una actividad económicamente

rentable; *~er Tiefstand* depresión *f* económica; *~e Unabhängigkeit* independencia *f* económica; autarquía *f* económica; autosuficiencia *f* económica; *~es Ungleichgewicht* desequilibrio *m* económico; *~er Verein* asociación *f* con ánimo de lucro; *~e Verflechtungen* interrelaciones *pl* económicas; integración *f* económica; *~e Verhältnisse* condiciones *pl*, circunstancias *pl* económicas; *(einer Privatperson)* circunstancias *pl* financieras; *~e Vorherrschaft über andere Länder* dominio *m* económico sobre otros países; *das ~e Wachstum anregen* estimular el crecimiento económico; *~er Wiederaufstieg* recuperación *f* económica; *~ handeln* actuar con sentido de la economía; actuar en términos económicos
Wirtschaftlichkeit *f*, en rentabilidad *f*; economía *f*; productividad *f*; eficiencia *f* económica; *die ~ eines Betriebes* la rentabilidad de una empresa (Syn. *Rentabilität*)
Wirtschaftlichkeitsberechnung *f*, en cálculo *m* de la rentabilidad
Wirtschaftlichkeitsgestaltung *f*, en racionalización *f*
Wirtschaftlichkeitsgrenze *f*, n umbral *m* de rentabilidad; *unter die ~ rutschen (fallen)* caer por debajo del umbral de la rentabilidad
Wirtschaftlichkeitsprüfung *f*, en control *m* de rentabilidad; control *m* de eficiencia
Wirtschaftlichkeitsrechnung *f*, en cálculo *m* de la rentabilidad
Wirtschaftsabkommen *n*, - acuerdo *m* económico
Wirtschaftsablauf *m*, ¨e proceso *m* económico; marcha *f* económica; devenir *m* económico
Wirtschaftsabschwung *m*, Ø depresión *f* económica
Wirtschaftsabteilung *f*, en servicio *m* de gestión de una empresa; servicio *m*, departamento *m* económico
Wirtschaftsankurbelung *f*, Ø estímulo *m* para la economía
Wirtschaftsaufbau *m*, Ø reconstrucción *f* económica
Wirtschaftsaufschwung *m*, ¨e auge *m* económico; *Anhalten des ~s* continuación *f* del auge económico (Syn. *Boom*)
Wirtschaftsausschuß *m*, ¨sse comité *m* económico; comisión *f* de economía
Wirtschaftsaussichten *pl* perspectivas *pl* económicas
Wirtschaftsausweitung *f*, Ø expansión *f* económica
Wirtschaftsbarometer *n*, - barómetro *m* de la economía; barómetro *m* de los negocios
wirtschaftsbedingt de condicionamiento econó-

mico; condicionado por los negocios; coyuntural; *~e Arbeitslosigkeit* paro *m* coyuntural
Wirtschaftsbegriffe *pl* conceptos *pl*, términos *pl* económicos
Wirtschaftsbelange *pl* intereses *pl* económicos
Wirtschaftsbelebung *f*, **en** relanzamiento *m* de la actividad económica; reactivación *f* económica
Wirtschaftsberater *m*, - asesor *m* económico
Wirtschaftsbereich *m*, **e** campo *m* de la economía; sector *m* económico; ramo *m* de la actividad económica
Wirtschaftsbericht *m*, **e** informe *m* económico; informe *m* sobre la economía
Wirtschaftsberichterstatter *m*, - corresponsal *m* económico (de un periódico, etc.)
Wirtschaftsbetrieb *m*, **e** empresa *f* (de negocios); *öffentliche ~e* (*od. ~e der öffentlichen Hand*) empresas *pl* del sector público; empresas *pl* públicas
Wirtschaftsbeziehungen *pl* relaciones *pl* económicas; relaciones *pl* comerciales; *die ~ ausbauen* desarrollar las relaciones comerciales; *~ herstellen* establecer relaciones comerciales
Wirtschaftsblatt *n*, ⸚er periódico *m* de economía
Wirtschaftsblock *m*, ⸚e bloque *m* económico
Wirtschaftsblockade *f*, **n** bloqueo *m* económico
Wirtschaftsboykott *m*, **s** boicot(eo) *m* económico
Wirtschaftsbuch *n*, ⸚er libro *m* de gastos
Wirtschaftsdelegation *f*, **en** delegación *f* comercial
Wirtschaftsdepression *f*, **en** depresión *f* económica
Wirtschaftsdirektor *m*, **en** responsable *m* de la planificación económica
Wirtschaftseinheit *f*, **en** unidad *f* económica; complejo *m* económico
Wirtschaftsenglisch *n*, Ø inglés *m* comercial
Wirtschaftsentwicklung *f*, Ø desarrollo *m* económico
Wirtschaftsexperte *m*, **n** → *Wirtschaftsfachmann*
Wirtschaftsfach|mann *m*, **-leute** experto *m* económico; experto *m* en economía; economista *m*
Wirtschaftsfachschule *f*, **n** escuela *f* de comercio
wirtschaftsfeindlich antieconómico; economófobo; contrario a la economía
Wirtschaftsflaute *f*, **n** economía *f* deprimida; depresión *f*; recesión *f*; marasmo *m* económico; *in der ~ sein* estar estancado
Wirtschaftsförderung *f*, Ø promoción *f*, fomento *m* del desarrollo económico; *Maßnahmen zur ~* medidas *pl* para promover el desarrollo económico
Wirtschaftsform *f*, **en** 1. sistema *m* económico 2. sistema *m*, forma *f* de explotación
Wirtschaftsforscher *m*, - coyunturalista *m*; investigador *m* de la coyuntura
Wirtschaftsforschungsinstitut *n*, **e** instituto *m* de estudios (macro)económicos; instituto *m* de investigación económica; instituto *m* de estudios coyunturales
Wirtschaftsfrage *f*, **n** 1. problema *m* económico 2. cuestión *f* de economía
Wirtschaftsführer *m*, - dirigente *m* económico; dirigente *m* de la economía; líder *m* industrial; líder *m* de los negocios; líder *m* de la industria; gran industrial *m*
Wirtschaftsführung *f*, **en** 1. gestión *f* (empresarial) 2. gobierno *m* de la casa
Wirtschaftsgebäude *n*, - edificio *m* no residencial
Wirtschaftsgefüge *n*, Ø estructura *f* económica
Wirtschaftsgeld *n*, **er** dinero *m* para gastos de la casa (Syn. *Haushaltsgeld*)
Wirtschaftsgemeinschaft *f*, **en** *Europäische ~ (EWG)* comunidad *f* económica europea (CEE); mercado *m* común
Wirtschaftsgeographie *f*, Ø geografía *f* económica
Wirtschaftsgipfel *m*, - cumbre *f* económica
Wirtschaftsgipfelteilnehmer *m*, - participantes *pl* en la cumbre (económica)
Wirtschaftsgüter *pl* bienes *pl* económicos; *kurzlebige, langlebige ~* bienes no duraderos, duraderos
Wirtschaftshilfe *f*, **n** ayuda *f*, asistencia *f* económica; *~ einstellen* suspender la ayuda económica; *~ leisten* prestar ayuda económica
Wirtschaftsinfrastruktur *f*, Ø infraestructura *f* económica
Wirtschaftsingenieur *m*, - ingeniero *m* comercial; ingeniero *m* economista
Wirtschaftsjahr *n*, **e** ejercicio *m* (económico); año *m* de gestión; año *m* económico
Wirtschaftsjournalist *m*, **en** periodista *m* económico
Wirtschaftskapitän *m*, **e** (Arch.) gran industrial *m*; dirigente *m* económico
Wirtschaftskommission *f*, Ø *~ für Afrika (der Vereinten Nationen)* Comisión *f* económica (de las Naciones Unidas) para África
Wirtschaftskonferenz *f*, **en** conferencia *f* económica
Wirtschaftskonjunktur *f*, Ø coyuntura *f* económica
Wirtschaftskörper *m*, - organismo *m* económico
Wirtschaftskorrespondent *m*, **en** corresponsal *m* económico; corresponsal *m* de economía
Wirtschaftskraft *f*, Ø fuerza *f* económica; poderío *m* económico

Wirtschaftskreise *pl* círculos *pl* económicos; medios *m* comerciales, económicos
Wirtschaftskreislauf *m*, ⸗e circuito *m* económico; circularidad *f* de la renta
Wirtschaftskrieg *m*, e guerra *f* económica
Wirtschaftskriminalität *f*, en delincuencia *f* económica; delincuencia *f* comercial
Wirtschaftskrise *f*, n crisis *f* económica; depresión *f*
Wirtschaftslage *f*, n → *wirtschaftliche Lage*
Wirtschaftsleben *n*, Ø vida *f* económica; *hervorragende Persönlichkeiten des ~s* destacadas personalidades del mundo de los negocios
Wirtschaftslehre *f*, n 1. doctrina *f* económica 2. ciencias *pl* económicas
Wirtschaftslenkung *f*, en dirigismo *m* económico; *staatliche ~* control *m* gubernamental de la economía; economía *f* controlada por el Estado
Wirtschaftsliberalismus *m*, Ø liberalismo *m* económico
Wirtschaftsmacht *f*, ⸗e potencia *f* económica
Wirtschaftsminister *m*, - ministro *m* de economía; titular *m* (de la cartera) de economía
Wirtschaftsministeri|um *n*, -en ministerio *m*, departamento *m*, cartera *f* de economía
Wirtschaftsnachrichten *pl* noticias *pl* de economía; noticias *pl* económicas; noticias *pl* comerciales
Wirtschaftsnachwuchs *m*, Ø cantera *f* de futuros ejecutivos; gente *f* joven para la industria; *Ausbildung des ~es* entrenamiento *m* de la cantera de futuros dirigentes
Wirtschaftsordnung *f*, en sistema *m*, orden *m* económico
Wirtschaftsorganisation *f*, en organización *f* económica
Wirtschaftspartner *m*, - amigo *m* de negocios; interlocutor *m* comercial; socio *m* económico
Wirtschaftsperson *f*, en unidad *f* económica
Wirtschaftsplan *m*, ⸗e plan *m* económico
Wirtschaftsplanung *f*, en planning *m* a medio plazo; planificación *f* económica; presupuestación *f* a medio plazo
Wirtschaftspolitik *f*, Ø política *f* económica
wirtschaftspolitisch político-económico; *~e Maßnahmen* medidas *pl* de política económica; medidas *pl* económicas (y políticas); medidas *pl* dictadas por la política económica; *~e Mittel* *pl* instrumentos *pl* de política económica
Wirtschaftspotential *n*, e potencial *m* económico
Wirtschaftspresse *f*, Ø prensa *f* económica (*od.* financiera)
Wirtschaftsprobleme *pl* problemas *pl* económicos
Wirtschaftsprognosen *pl* previsiones *pl* económicas; perspectivas *pl* económicas
Wirtschaftsproze|ß *m*, -sse proceso *m* económico
Wirtschaftsprüfer *m*, - censor *m* de cuentas; revisor *m* de cuentas; auditor *m*; interventor; (LA) contador *m* público
Wirtschaftsprüfung *f*, en revisión *f* de cuentas; dictamen *m* contable; expertisa *f* contable
Wirtschaftspsychologie *f*, Ø (p)sicología *f* industrial
Wirtschaftsrat *m*, ⸗e consejo *m* económico
Wirtschaftsraum *m*, ⸗e espacio *m* económico; área *f* comercial
Wirtschaftsräume, *~ eines Schiffes* espacio *m* de servicio
Wirtschaftsrecht *n*, Ø derecho *m* económico; derecho *m* comercial
wirtschaftsrechtlich, *~e Fragen* cuestiones jurídico-económicas; cuestiones *pl* jurídico-comerciales
Wirtschaftsredakteur *m*, e redactor *m* económico
Wirtschaftssabotage *f*, n sabotaje *m* económico; sabotaje *m* industrial
Wirtschaftssachverständige/r *(der/ein)* experto *m* económico
Wirtschaftssanktionen *pl* sanciones *pl* económicas *od.* comerciales; *~ aufheben* levantar las sanciones económicas *od.* comerciales
wirtschaftsschwache, *~ Gebiete* regiones *pl* menos desarrolladas; regiones *pl* menos prósperas
Wirtschaftsschwierigkeiten *pl ~ mindern* aliviar, aminorar las dificultades económicas
Wirtschaftssektor *m*, en sector *m* económico; sector *m* de la economía
Wirtschaftsspion *m*, e espía *m* industrial
Wirtschaftsspionage *f*, n espionaje *m* industrial
Wirtschaftsstagnation *f*, Ø estancamiento *m* económico
Wirtschaftsstatistik *f*, en estadística *f* económica; estadísticas *pl* sobre la economía
Wirtschaftsstrafrecht *n*, Ø derecho *m* penal económico
Wirtschaftsstraftaten *pl* delitos *pl* económicos
Wirtschaftsstruktur *f*, en estructura *f* económica
Wirtschaftssystem *n*, e sistema *m* económico
Wirtschaftstätigkeit *f*, (en) actividad *f* económica; actividad *f* comercial; actividad *f* mercantil
Wirtschaftsteil *m*, e *(einer Zeitung)* páginas *pl* económicas; páginas *pl* de economía; sección *f*, parte *f* económica (de un periódico)
Wirtschaftstheoretiker *m*, - teórico *m* de la economía

Wirtschaftstheorie *f*, n teoría *f* económica
Wirtschaftsüberschu|ß *m*, ⁻sse excedente *m* realizado en el curso del ejercicio
Wirtschaftsumschwung *m*, ⁻e cambio *m* en la tendencia económica
Wirtschafts- und Sozialausschuß comité *m* económico y social
Wirtschafts- und Sozialrat consejo *m* económico y social
Wirtschaftsunion *f*, en unión *f* económica
Wirtschaftsunternehmen *n*, - empresa *f* económica; empresa *f* mercantil
Wirtschaftsverband *m*, ⁻e asociación *f* industrial *od*. comercial; agrupación *f* económica; consorcio *m* económico
Wirtschaftsverbrechen *n*, - delincuencia *f* económica; delincuencia *f* cometida por los „cuellos blancos"
Wirtschaftsverfassung *f*, en sistema *m*, régimen *m* económico
Wirtschaftsvergehen *n*, - delito *m* económico
Wirtschaftsverhandlungen *pl* negociaciones *pl* económicas
Wirtschaftsverkehr *m*, Ø comercio *m*; negocios *pl*; transacciones *pl* comerciales; transacciones *pl* económicas
Wirtschaftsvolumen *n*, - volumen *m* de la actividad económica
Wirtschaftsvorgang *m*, ⁻e 1. proceso *m* económico 2. fenómeno *m* económico
Wirtschaftsvorhaben *n*, - proyecto *m* económico
Wirtschaftsvorherrschaft *f*, Ø supremacía *f*, hegemonía *f* económica
Wirtschaftswachstum *n*, Ø crecimiento *m* económico; *ausgewogenes, beschleunigtes, dauerhaftes, geringes* ~ crecimiento equilibrado, acelerado, duradero, bajo de la economía; *das ~ verlangsamt sich* el crecimiento económico se desacelera
Wirtschaftswerbung *f*, Ø publicidad *f* comercial
Wirtschaftswert *m*, - valor *m* económico
Wirtschaftswissenschaften *pl* ciencias *pl* económicas
Wirtschaftswissenschaftler *m*, - economista *m*
Wirtschaftswochenschrift *f*, en semanario *m* de economía; semanario *m* económico
Wirtschaftswörterbuch *n*, ⁻er diccionario *m* de economía; diccionario *m* comercial; terminología *f* económica
Wirtschaftswunder *n*, - milagro *m* económico; *das deutsche* ~ el milagro económico alemán
Wirtschaftszahlen *pl* datos *pl* económicos; cifras *pl* de economía
Wirtschaftszeitschrift *f*, en revista *f* económica; revista *f* comercial; revista *f* de economía y comercio
Wirtschaftszeitung *f*, en periódico *m* de economía (y comercio)
Wirtschaftszone *f*, n zona *f* económica exclusiva (ZEE)
Wirtschaftszweig *m*, e ramo *m* económico; sector *m* de la economía
Wirtshaus *n*, ⁻er restaurante *m*; taberna *f*; fonda *f*; cervecería *f*
Wissen *n*, Ø saber *m*; conocimientos *pl*; *nach bestem ~ und Gewissen* de buena fe; según leal saber y entender; *technisches* ~ conocimientos técnicos; (Angl.) know how *m*; *wider besseres* ~ contra la propia convicción
Wissenschaftler *m*, - científico; investigador *m*; hombre *m* de ciencia
wissenschaftlich científico; *Ausschuß für ~e und technische Forschung* comité de investigación científica y técnica
wissentlich falsche Angaben machen hacer falsas declaraciones a sabiendas; hacer deliberadamente declaraciones falsas
Witterung *f*, en tiempo *m*; condiciones *pl* atmosféricas; *die ungünstige* ~ *wirkt sich auf die Preise aus* el mal tiempo influye en los precios
witterungsbedingt debido a las condiciones atmosféricas; inducido por las condiciones meteorológicas
Witterungsverhältnisse *pl ungünstige* ~ el mal tiempo *m*; condiciones *pl* atmosféricas desfavorables
Witwenbezüge *pl* percepciones *pl* a título de viudedad
Witwengeld *n*, er subsidio *m* de viudedad
Witwenkasse *f*, n caja *f* de viudedad; (E) montepío *m* de viudas
Witwenrente *f*, n pensión *f* de viudedad
Witwenstand *m*, Ø viudez *f*; viudedad *f*
Witwer *m*, - viudo *m*
Woche *f*, n semana *f*; *Grüne* ~ feria *f* del campo (que se celebra anualmente en Berlín); *heute in einer Woche* dentro de ocho días; *heute in zwei ~n* de hoy en quince días; *laufende* ~ la semana en curso; esta semana; *vergangene (letzte)* ~ la semana pasada; *die 35-Stunden-~* la semana (laboral) de 35 horas
Wochenarbeit *f*, Ø trabajo *m* semanal
Wochenarbeitszeit *f*, en duración *f* del trabajo semanal; semana *f* laboral
Wochenausweis *m*, e balance *m* semanal
Wochenbericht *m*, e informe *m* semanal
Wochenbilanz *f*, en → *Wochenausweis*
Wochenblatt *n*, ⁻er semanario *m*
Wochenendbeilage *f*, n suplemento *m* semanal; (E) suplemento *m* (de la edición) del domingo

Wochenendhaus *n*, ˵er casa *f* de fin de semana; casa *f* para pasar el fin de semana
Wochenendverkehr *m*, Ø tráfico *m* de fin de semana
Wochengeld *n*, Ø subsidio *m* de maternidad
Wochenhilfe *f*, n → *Wochengeld*
Wochenkarte *f*, n tarjeta *f* (de transporte) semanal
Wochenlohn *m*, ˵e salario *m* semanal; (Fam.) la semana *f*
Wochenlöhner *m*, - trabajador *m* remunerado semanalmente; trabajador *m* al que se paga por semanas
Wochenmarkt *m*, ˵e mercado *m* semanal
Wochenschau *f*, en 1. (TV) crónica *f* de la semana 2. *(Film)* noticiario *m* semanal; actualidades *pl*
Wochenschrift *f*, en publicación *f* semanal
Wochenstunden *pl* horas *pl* a la semana; número *m* de horas semanales; *die Zahl der durchschnittlichen* ~ duración *f* media del trabajo semanal
Wochentag *m*, e día *m* de (la) semana; día *m* laborable
wochentags en semana; durante la semana; los días de semana; los días laborables; entre semana
wöchentlich semanal; cada semana; todas las semanas; *~e Zahlung* pago *m* semanal; pago *m* por semanas; *zweimal* ~ dos veces por (*od.* a la) semana
Wochenübersicht *f*, en resumen *m* semanal
Wochenverdienst *m*, Ø sueldo *m* bzw. salario *m* semanal; retribución *f*, remuneración *f*, ganancia *f* semanal
Wochenzeitschrift *f*, en revista *f* semanal
wohlbehalten, *wir hoffen, daß die Sendung ~ ankommt* esperamos que el envío llegue en perfectas condiciones; *die am 5.5. angekündigte Sendung ist ~ bei uns angekommen* el envío anunciado el 5.5. nos ha llegado en perfectas condiciones
Wohlfahrt *f*, Ø 1. bienestar *m*; prosperidad *f* 2. asistencia *f* social; *öffentliche* ~ beneficencia *f* pública (Syn. *Fürsorge*)
Wohlfahrtsamt *n*, ˵er servicio *m* de beneficencia pública
Wohlfahrtseinrichtung *f*, en institución *f* benéfica; institución *f* benéfico-social
Wohlfahrtsempfänger *m*, - perceptor *m*, beneficiario *m* de asitencia social
Wohlfahrtsfonds *m*, - fondo *m* de asistencia benéfico-social; fondo *m* de previsión social
Wohlfahrtsmarke *f*, n sello *m* de beneficencia
Wohlfahrtsorganisation *f*, en organización social

Wohlfahrtspflege *f*, Ø asistencia *f* social
Wohlfahrtsrente *f*, n asistencia *f* a las personas necesitadas; ayuda *f* asistencial a los económicamente débiles
Wohlfahrtsstaat *m*, en estado *m* providencia; estado *m* social
Wohlfahrtsunterstützung *f*, en auxilio *m* (benéfico-)social
wohlfeil *(selten)* barato; económico; *eine Ware ~ erhalten* adquirir una mercancía a bajo precio (Syn. *preisgünstig, billig*)
wohlhabend acomodado; pudiente; bien situado; adinerado; acaudalado; *weniger ~e Mitgliedsstaaten* países miembros menos prósperos
Wohlstand *m*, Ø riqueza *f*; prosperidad *f*; opulencia *f*; bienestar *m*; *wachsender* ~ prosperidad creciente; *Abnahme des* ~ descenso *m* del grado de riqueza; disminución *f* de la prosperidad, *Jahre des ~es* años de prosperidad
Wohlstandsbürger *m*, - ciuadadano *m* de la sociedad de consumo; miembro *m* de la sociedad de la abundancia; ciudadano *m* que vive en una sociedad próspera
Wohlstandsgebiete *pl* regiones *pl* prósperas
Wohlstandsgesellschaft *f*, en sociedad *f* opulenta; sociedad *f* de consumo; sociedad *f* de bienestar (Syn. *Konsumgesellschaft*)
Wohlstandsmüll *m*, Ø desechos *pl*, residuos *pl* de la sociedad de consumo
Wohltat *f*, en obra *f* de caridad; favor *m*
Wohltäter *m*, - benefactor *m*; bienhechor *m*
wohltätig benéfico; caritativo; *~e Einrichtungen* instituciones *pl* caritativas, benéficas; instituciones *pl* dedicadas a la beneficencia; *Sammlung für ~ Zwecke* colecta *f* con fines caritativos; *Stiftung für ~e Zwecke* fundación *f* con fines benéficos
Wohltätigkeit *f*, Ø beneficencia *f*; caridad *f*
Wohltätigkeitsfest *n*, e fiesta *f* benéfica
Wohltätigkeitsveranstaltung *f*, en acto *m* benéfico, caritativo; función *f* benéfica; acto *m* con fines caritativos
Wohltätigkeitsverein *m*, e sociedad *f* de beneficencia; sociedad *f* benéfica
wohlverdient bien merecido; *~er Ruhestand* bien merecido retiro; jubilación bien merecida
wohlverwahrt en lugar seguro; bien guardado; en buena custodia
wohlwollend, *~ prüfen* examinar con benevolencia; *die Vorschläge sind ~ aufgenommen worden* las propuestas han sido acogidas favorablemente; las propuestas han sido vistas con buenos ojos
Wohnanlage *f*, n complejo *m*, polígono *m* residencial
Wohnbau *m*, Ø → *Wohnungsbau*

Wohnbevölkerung f, Ø población f residente
Wohnbezirk m, e zona f residencial
Wohnblock m, ‥e bloque m de viviendas
Wohndauer f, Ø periodo m de residencia
wohnen habitar; residir; estar domiciliado; *zur Miete* ~ vivir de alquiler; *möbliert* ~ vivir en una habitación amueblada
Wohnfläche f, n superficie f habitable
Wohngebäude n, - 1. edificio m de pisos; edificio m de (*od*. para) viviendas 2. finca f urbana 3. edificio m de habitación
Wohngebiet n, e zona f residencial
Wohngegend f, en → *Wohngebiet*
Wohngeld n, er asignaciones pl por vivienda
Wohngeldzuschu|**ß** m, ‥sse → *Wohngeld*
Wohngelegenheit f, en alojamiento m
Wohngemeinschaft f, en 1. comuna f 2. comunidad f de vecinos
wohnhaft, ~ *in* residente en; domiciliado en
Wohnhaus n, ‥er → *Wohngebäude*
Wohnheim n, e residencia f
Wohnkommune f, n comuna f
Wohnküche f, n cocina f comedor
Wohnkultur f, Ø interiorismo m
wohnlich cómodo; confortable
Wohnmobil n, e autocaravana f; vehículo m vivienda
Wohnort m, e lugar m de residencia; residencia f; domicilio m
Wohnortwechsel m, - cambio m de domicilio, de residencia
Wohnraum m, ‥e 1. espacio m habitable 2. habitación f; cuarto m
Wohnraumbewirtschaftung f, Ø control m de viviendas
Wohnrecht n, Ø derecho m de habitación
Wohnschlafzimmer n, - sala f de estar-dormitorio
Wohnsiedlung f, en urbanización f; polígono m residencial; conjunto m residencial
Wohnsiedlungsgebiet n, e (zona f de) urbanización f
Wohnsilo n, s (Fam.) silo-viviendas m
Wohnsitz m, e residencia f; domicilio m; *mit* ~ *in* con domicilio en; domiciliado en; *ständiger (fester)* ~ domicilio m, residencia f habitual; *ohne festen* ~ sin domicilio fijo; *zweiter* ~ segundo domicilio; *seinen* ~ *wechseln* cambiar de domicilio; cambiar de residencia
Wohnsitzwechsel m, - cambio m de domicilio; cambio m de residencia
Wohnstätte f, n vivienda f; hogar m
Wohnstube f, n → *Wohnzimmer*
Wohnung f, en vivienda f; casa f; alojamiento m; *eine* ~ *beziehen* instalarse en una vivienda; *freie* ~ *haben* tener alojamiento gratuito; *eine* ~ *nehmen* tomar una vivienda; instalarse en una vivienda; *aus einer, in eine* ~ *ziehen* mudarse de, instalarse en una vivienda
Wohnungsamt n, ‥er oficina f de la vivienda
Wohnungsbau m, Ø construcción f de viviendas; *sozialer* ~ construcción de viviendas sociales; construcción de casas baratas
Wohnungsbaudarlehen n, - crédito-vivienda m
Wohnungsbaufinanzierung f, en financiación f de la construcción de viviendas
Wohnungsbaugenossenschaft f, en cooperativa f de (construcción de) viviendas
Wohnungsbaugesellschaft f, en compañía f constructora; constructora f
Wohnungsbauministeri|**um** n, **-en** ministerio m de la vivienda
Wohnungsbedarf m, Ø demanda f de viviendas
Wohnungsbeihilfe f, n subsidio m de vivienda
Wohnungseigentum n, Ø propiedad f horizontal
Wohnungseinbruch m, ‥e robo m en una vivienda; robo m en un piso
Wohnungseinrichtung f, en mobiliario m
Wohnungsentschädigung f, en indemnización f, subvención f de vivienda
Wohnungsfrage f, Ø 1. problema m de alojamiento 2. cuestión f de la vivienda
Wohnungsgeld n, er subsidio m de vivienda; plus m de residencia
Wohnungsinhaber m, - 1. dueño m (de la vivienda) 2. inquilino m; arrendatario m
Wohnungsinstandsetzungskosten pl gastos pl de reparación de vivienda
Wohnungsknappheit f, Ø escasez f de vivienda; escasez f de alojamientos
Wohnungskosten pl costes pl bzw. gastos pl de la vivienda
wohnungslos sin vivienda; sin domicilio; sin casa
Wohnungsmakler m, - agente m de la propiedad inmobiliaria; agente m inmobiliario
Wohnungsmangel m, Ø escasez f de viviendas
Wohnungsmarkt m, ‥e mercado m de la vivienda
Wohnungsmiete f, n alquiler m del piso; arriendo m de la vivienda
Wohnungsnachfrage f, Ø demanda f de viviendas
Wohnungsnachweis m, e oficina f, agencia f de alojamientos
Wohnungsnot f, Ø crisis f, penuria f de viviendas
Wohnungspolitik f, Ø política f de la vivienda
Wohnungsrecht n, Ø derecho m de habitación
Wohnungssuche f, Ø busca f de piso; búsqueda m de vivienda
Wohnungssuchende/r *(der/ein)* demandante m de vivienda; persona f que busca vivienda
Wohnungstausch m, Ø permuta f de pisos; permuta f viviendas

Wohnungswechsel *m*, - cambio *m* de domicilio; cambio *m* de piso
Wohnungszulage *f*, n indemnización *f*, subvención *f* de vivienda
Wohnungszwangswirtschaft *f*, (en) dirigismo *m* en política de vivienda
Wohnverhältnisse *pl* 1. condiciones *pl* de habitabilidad 2. condiciones *pl* de vivienda
Wohnviertel *n*, - barrio *m* residencial
Wohnwagen *m*, - caravana *f*; roulotte *f*
Wohnwagenanhänger *m*, - → *Wohnwagen*
Wohnwagenfahrer *m*, - caravanista *m*
Wohnwagenplatz *m*, ¨e terreno *m* reservado a caravanas; terreno *m* para roulottes
Wohnwagentourismus *m*, Ø caravaning *m*
Wohnzimmer *n*, - cuarto *m* de estar; salón *m*; (Angl.) living *m*
Wollabfälle *pl* desperdicios *pl* de lana
Wolle *f*, Ø reine ~ lana *f* pura
Wollfaser *f*, n fibra *f* de lana
Wollhandel *m*, Ø comercio *m* lanero; comercio *m* de lanas
Wollhändler *m*, - lanero *m*; comerciante *m* en lanas
Wollindustrie *f*, Ø industria *f* lanera
Wollproduktion *f*, Ø producción *f* lanera
Wollsachen *pl* prendas *pl*, ropa *f* de lana
Wollsiegel *n*, - certificado *m* de lana
Wollspinnerei *f*, en 1. hilandería *f* de lana 2. hilatura *f* de lana
Wollstoff *m*, e tejido *m* de lana
Wollwaren *pl* géneros *pl*, artículos *pl* de lana; lanas *pl*
Wollwarenhändler *m*, - lanero *m*; comerciante *m* en lanas
Wollwarenhandlung *f*, en lanería *f*
Wollwäscherei *f*, en lavadero *m* de lanas
Wort *n* 1. ¨er expresión *f*; término *m* 2. e palabra *f*; *in ~en (bei Zahlenangaben)* en letra; *um das ~ bitten* pedir la palabra; *ein gutes ~ für jdn. einlegen* interceder en favor de alg.; *jdm. das ~ entziehen* retirar la palabra a alg.; *das ~ ergreifen* tomar la palabra; comenzar a hablar; *das ~ in der Versammlung führen* llevar la palabra en la asamblea; *sich zu ~ melden* intervenir
Wortbruch *m*, (¨e) falta *f* de palabra
wortbrüchig, *~ werden* faltar a su palabra
Wörterbuch *n*, ¨er diccionario *m*; léxico *m*; *Wörter in einem ~ nachschlagen* consultar palabras en el diccionario
Wortführer *m*, - portavoz *m*; (LA) vocero *m*
Wortgebühr *f*, en (correos) tasa *f*, tarifa *f* por palabra
wortgetreu 1. textual 2. *(Übersetzung)* literal
Wortlaut *m*, Ø texto *m*; tenor *m*; *amtlicher ~* texto oficial; *mit folgendem ~* que reza así; *eine Botschaft folgenden ~s* el tenor del mensaje es como sigue; *nach dem ~ des Vertrags* en los términos del contrato; según el texto contractual; *im ~* textualmente; *in vollem ~ zitieren* citar in extenso; citar palabra por palabra; citar completamente; *jeder ~ (z.B. bei drei Sprachen) ist gleichermaßen verbindlich* todos los textos son igualmente auténticos; todos los textos son igualmente vinculantes
wörtlich textual; textualmente; palabra por palabra; al pie de la letra; *~e Abschrift* copia *f* palabra por palabra; *~e Übersetzung* traducción *f* literal; *~ übersetzen* traducir palabra por palabra; traducir al pie de la letra; traducir textualmente
Wortmarkenverzeichnis *n*, se lista *f*, repertorio *m* de marcas registradas
Wortmeldung *f*, en intervención *f*; *es liegt keine ~ vor* nadie ha pedido la palabra; nadie pide la palabra
wortwörtlich palabra por palabra; al pie de la letra
WP → *Wirtschaftsprüfer*
Wrack *n*, s 1. *(Person)* piltrafa *f* humana; ruina 2. barco *m* naufragado; restos *pl* de naufragio
Wucher *m*, Ø usura *f*; (Chile) logrerismo *m*; *~ treiben* usurar; usurear; lograr
Wucherdarlehen *n*, - préstamo *m* usurario
Wucherei *f*, Ø → *Wucher*
Wucherer *m*, - usurero *m*; logrero *m*
Wuchergeschäft *n*, e negocio *m* usurario; transacción *f*, operación *f* usuraria
Wuchergesetz *n*, e ley *f* antiusura; ley *f* contra la usura
Wucherhandel *m*, Ø comercio *m* usurario
wucherisch usurario; *~e Bedingungen* condiciones *pl* usurarias; *~e Zinsen pl* intereses *pl* de usura; intereses *pl* usurarios
Wucherkredit *m*, e crédito *m* usurario
Wuchermiete *f*, n alquiler *m* abusivo; alquiler *m* usurario
wuchern 1. practicar la usura; usurar; usurear 2. (Fig.) *mit seinem Pfunde ~* hacer valer su talento
Wucherpreis *m*, e precio *m* abusivo; precio *m* prohibitivo; precio *m* usurario
Wucherzinsen *pl* intereses *pl* usurarios; *Geld zu ~ ausleihen* prestar dinero a intereses exorbitantes, usurarios
Wühlarbeit *f*, en actividades *pl* subversivas
Wühlkorb *m*, ¨e góndola *f* (llena de objetos que se promocionan)
Wunsch *m*, ¨e deseo *m*; *auf ~* a petición; a solicitud; *Prospekte auf ~* prospectos, a solicitud; *auf allgemeinen ~* a petición general; *auf Ihren ~ (od. Ihrem ~ entsprechend)* de

491

acuerdo con sus deseos; *haben Sie noch einen ~?* ¿desea algo más? ¿Le podemos satisfacer algún otro deseo?; *nach ~* a su gusto; según su deseo; a voluntad

Wünsche *pl jds. ~ berücksichtigen* considerar, tener en cuenta los deseos de alg.; *den ~n der Kunden entgegenkommen (od. entsprechen)* atender, satisfacer los deseos de los clientes; *mit den besten ~n* con los mejores deseos

wünschen, *viel zu ~ übrig lassen* dejar mucho que desear

wünschenswert de desear; deseable; *es für ~ halten* considerar deseable

wunschgemäß conforme a lo deseado; con arreglo a sus deseos; según sus deseos

Wunschzettel *m*, - lista *f* de regalos deseados; desiderata *f*; (E) *(Kinder)* carta *f* a los reyes magos

Würdenträger *m*, - dignatario *m*

würdigen 1. apreciar; valorar 2. encomiar; alabar; ensalzar; *ich weiß seine Verdienste zu ~* sé apreciar, sé reconocer sus méritos

Würdigung *f*, en 1. estima *f*; apreciación *f*; valoración *f*; *in ~ seiner Verdienste* en reconocimiento de sus méritos 2. *unter ~ von* a la vista de; a la luz de

Wurf *m*, (ᵕe) *ein großer ~* un gran éxito; un exitazo

Würfelzucker *m*, Ø azúcar *m* en terrones

Wurfgescho|ß *n*, -sse proyectil *m*

Wurfgranate *f*, n granada *f* de mortero

Wurfsendung *f*, en envío *m* colectivo

Wurfwaffe *f*, n arma *f* arrojadiza

Wurst *f*, ᵕe embutido *m*

Würstchen *n*, - 1. salchicha *f* 2. hombrecillo *m*; *heiße, warme ~* perros *pl* calientes

Wurstelei *f*, Ø 1. desbarajuste *m*; embrollo *m* 2. chapucería *f*

wursteln chapucear

wursten hacer embutidos; embutir

Wurstfabrik *f*, en fábrica *f* de embutidos

Wursthändler *m*, - salchichero *m*

Wurstscheibe *f*, n loncha *f* de un embutido

Wurstwaren *pl* charcutería *f*; fiambres *pl*; embutidos *pl*

Wurstwarengeschäft *n*, e charcutería *f*; salchichería *f*

Wüste *f*, n desierto *m*; *in die ~ schicken* privar a alg. de su cargo; privar a alg. de toda influencia

wüsten, *mit dem Gelde ~* derrochar, despilfarrar el dinero

wüstenbewohnend desertícola

Wüstenlandschaft *f*, en paisaje *m* desértico

X

X 1. (Estad.) signo *m* matemático 2. una gran cantidad de; *davon gibt es X-Sorten* de ello hay una gran cantidad de variedades 3. *die Stunde* ~ la hora H; *der Tag* ~ el día D
X-Achse *f*, **n** (Estad.) eje *m* de las x; eje *m* de las abscisas
x-beliebig cualquier; cualquiera; al azar; *eine ~e Zahl* una cifra, un número al azar
X-Beliebige/r *(der/ein)* cualquiera; no importa quién; da lo mismo quien sea
Xenophob *m*, en xenófobo *m*
Xenophobie *f*, Ø xenofobia *f*
Xerographie *f*, Ø xerografia *f*
Xerokopie *f*, **n** xerocopia *f*
XL (Seg.) exceso *m* de pérdida
x-mal muchas veces; infinidad *f* de veces; mil veces
XP-Gespräch *n*, **e** (Teléf.) aviso *m* de llamada
x-te, *zum ~n Mal* por enésima vez
Xylograph *m*, en xilógrafo *m*
Xylographie *f*, Ø xilografía *f*
xylographisch xilográfico

Y

Y-Achse (Estad.) *f*, **n** eje *m* de las y; eje *m* de ordenadas
Yacht *f*, **en** yate *m*
Yankee *m*, **s** yanqui *m*

Yard *n*, **s** yarda *f* (aprox. 91 centímetros)
Yen *m*, (s) yen *m* (unidad monetaria del Japón)
Yuan *m*, **s** yuán *m* (unidad monetaria de la República Popular China)

Z

zähflüssig 1. viscoso; espeso 2. ~*er Verkehr* tráfico *m* que apenas fluye

Zahl *f*, en número *m*; cifra *f*; guarismo *m*; *in runden* ~*en* en números redondos; *zweistellige* ~ número de dos cifras; número, cifra de dos dígitos; *eine große* ~ *von* un gran número de; *in großer* ~ en gran cantidad; en gran número; *eine Zahl abrunden/aufrunden* redondear una cifra, un número; ~ *der offengebliebenen Stellen* ofertas *pl* de empleo que todavía están vacantes; puestos *pl* de trabajo aún sin cubrir; *ohne* ~ sin número; *in die roten* ~*en kommen* incurrir en déficit; registrar numeros rojos; *zehn an der* ~ en número de diez

Zählapparat *m*, e contador *m* automático

zahlbar pagadero; abonable; a abonar; ~ *an den Inhaber (Überbringer)* pagadero al portador; ~ *zum 1. d. M.* pagadero el primer día de este mes; ~ *bei der Bank* pagadero en el banco; ~ *bei Bestellung* pagadero al pasar el pedido; ~ *bei Empfang* pagadero a la recepción; ~ *bei Lieferung* pagadero a la entrega; ~ *bei Sicht* pagadero a la vista; ~ *bei Verfall* pagadero al vencimiento; ~ *binnen zwei Wochen* pagadero en quince días; ~ *in Monatsraten* a abonar por mensualidades; ~ *netto gegen Kasse* abonable al contado sin descuento

zählbar numerable; computable; contadero; contable

zahlbarstellen 1. hacer pagadero 2. *einen Wechsel* ~ domiciliar una letra

Zahlbarstellung *f*, en 1. exigibilidad *f* (de una prima) 2. domiciliación *f* (de una letra)

Zahlblatt *n*, "er → *Zahlkarte*

zahlen pagar; abonar; satisfacer; *bar* ~ pagar al contado; pagar en efectivo; ~ *bitte* ¡la cuenta, por favor!; *gegen Quittung* ~ pagar contra recibo; *in Raten* ~ pagar a plazos; pagar a crédito; *per Scheck* ~ pagar con *od.* por medio de talón *bzw.* cheque; *im voraus* ~ pagar por adelantado; *was habe ich zu* ~ ¿qué le debo? ¿cuánto es?; *nicht* ~ *können* no poder pagar; verse imposibilitado para pagar; no estar en condiciones de pagar

zählen 1. *er zählt zu meinen Kunden* figura, cuenta entre mis clientes 2. *Einwohner* ~ hacer censo de la población 3. *Stimmen* ~ hacer el escrutinio; escrutar 4. *20 Jahren* ~ contar, tener 20 años de edad 5. *das zählt nicht* eso no cuenta

Zahlenangabe *f*, n indicación *f* numérica; dato *m* numérico

Zahlenbeispiel *n*, e ejemplo *m* numérico

Zahlenfolge *f*, n serie *f* de números; serie *f* numérica

Zahlengröße *f*, n cantidad *f* numérica

zahlenmäßig numérico; ~ *überlegen sein* ser numéricamente superior; sobrepasar, ser superior en número

Zahlenmaterial *n*, (ien) datos *pl* numéricos; material *m* numérico; material *m* estadístico

Zahlenreihe *f*, n → *Zahlenfolge*

Zahlenschloß *n*, "sser candado *m* de combinación

Zahlensystem *n*, e sistema *m* numérico, aritmético

Zahlenverhältnis *n*, se proporción *f*, relación *f* numérica

Zahlenwert *m*, e valor *m* numérico

Zahler *m*, - pagador *m*; *ein pünktlicher* ~ *sein* ser un buen pagador; ser un pagador puntual; pagar puntualmente; *ein schlechter (säumiger)* ~ *sein* ser un mal pagador; ser un pagador moroso; no pagar puntualmente

Zähler *m*, - 1. contador *m* 2. numerador *m* 3. totalizador *m*; máquina *f* de sumar

Zählerablesung *f*, en lectura *f* del contador

Zahlgrenze *f*, n límite *m* de tarificación *od.* de zona *od.* de tarifa (en los medios de transporte)

Zahlkarte *f*, n tarjeta *f*, impreso *m* para giro postal

Zahlkarte *f*, n tarjeta *f* de empadronamiento, de censo (de la población); hoja *f* estadística

Zahlkellner *m*, - camarero *m* cobrador

Zählliste *f*, n hoja *f* de anotación

zahllos innumerable; sin número

Zählmaß *n*, Ø unidad *f* de medida (litro, media docena, *etc.*)

Zahlmeister *m*, - 1. pagador *m*; habilitado *m* 2. sobrecargo *m*

Zahlmeisterei *f*, en pagaduría *f*; habilitación *f*

Zahlpfennig *m*, e ficha *f* (de juego)

zahlreich cuantioso; numeroso; en gran número; *unsere* ~*e Kundschaft* nuestra numerosa clientela

Zahlstelle *f*, n 1. oficina *f* de pagos; pagaduría *f*; contaduría *f* 2. ventanilla *f* de pagos 3. estación *f* de peaje (en la autopista)

Zahlstellenscheck *m*, s cheque *m* domiciliado

Zahlstellenwechsel *m*, - letra *f* domiciliada

Zahltag *m*, e 1. día *m* de pago; día *m* de paga 2.

vencimiento *m* (de una letra)
Zahltisch *m*, e mostrador *m* (de pago)
Zahlung *f*, en pago *m*; abono *m* 1. *als~für* en pago de; *aufgeschobene ~* pago diferido; *einmalige ~* pago de una sola vez; pago único; *rückständige ~* pago atrasado; *sofortige ~* pago inmediato; *an ~s Statt* a título de pago; en lugar de pago; en pago; *gegen ~* mediante pago; contra pago; previo pago; *~ in Monatsraten* pago por mensualidades; pago por meses; *mangels ~* por falta de pago 2. *zur ~ auffordern* requerir, conminar el pago; *eine ~ einstellen* suspender el pago; *~ erfolgt durch Banküberweisung* el pago se efectúa por transferencia bancaria; *eine ~ fordern* exigir un pago; *eine ~ leisten* efectuar un pago; *etw. in ~ nehmen* aceptar u/ c en pago; *eine ~ stunden* conceder una prórroga para el pago; aplazar el pago; *die ~ verweigern* negarse a pagar; *die ~es wiederaufnehmen* reanudar el pago 3. *in ~ geben* dar en pago; *in ~ nehmen* tomar, aceptar en pago
Zählung *f*, en 1. numeración *f*; acto *m* de contar 2. censo *m* (de la población) 3. recuento *m* (de votos)
Zahlungsabkommen *n*, - acuerdo *m* de pagos
Zahlungsangebot *n*, e oferta *f* de pago
Zahlungsanweisung *f*, en orden *f* de pago
Zahlungsanzeige *f*, n aviso *m* de pago
Zahlungsart *f*, en modo *m*, forma *f* de pago
Zahlungsaufforderung *f*, en requerimiento *m* de pago; invitación *f* a pagar; notificación *f* de pago
Zahlungsaufschub *m*, ⸚e moratoria *f*; prórroga *f* del pago; *einen ~ gewähren* conceder una moratoria; conceder una prórroga del pago
Zahlungsauftrag *m*, ⸚e orden *f* de pago
Zahlungsausgleich *m*, e 1. compensación *f* de pagos 2. pago *m*; liquidación *f*
Zahlungsbedingungen *pl* condiciones *pl* de pago; *unsere ~ lauten* nuestras condiciones de pago son las siguientes
Zahlungsbefehl *m*, e mandamiento *m* de pago
Zahlungsbeleg *m*, e justificante *m* del pago; recibo *m*
Zahlungsbescheinigung *f*, en → *Zahlungsbestätigung*
Zahlungsbestätigung *f*, en 1. confirmación *f* del pago 2. recibo *m*
Zahlungsbilanz *f*, en balanza *f* de pagos; *aktive, passive ~* balanza de pagos excedentaria, deficitaria; *die ~ ausgleichen* equilibrar la balanza de pagos
Zahlungsbilanzdefizit *n*, e déficit *m*, saldo *m* deudor, saldo *m* pasivo de la balanza de pagos
Zahlungsbilanzüberschuß *m*, ⸚sse superávit *m*, saldo *m* acreedor, saldo *m* activo de la balanza de pagos
Zahlungsbilanzungleichgewicht *n*, (e) desequilibrio *m* de la balanza de pagos
Zahlungseingang *m*, ⸚e entrada *f* en caja; entrada *f* de fondos, de pagos
Zahlungseinstellung *f*, en suspensión *f* de pagos
Zahlungsempfänger *m*, - beneficiario *m*, destinatario *m* de un pago
Zahlungserinnerung *f*, en recordatorio *m* (de pago)
Zahlungserleichterungen *pl* facilidades *pl* de pago; *~ gewähren* conceder, otorgar, acordar facilidades de pago
zahlungsfähig solvente
Zahlungsfähigkeit *f*, Ø solvencia *f*; *Garantie für ~* garantía *f* de solvencia
Zahlungsfrist *f*, en plazo *m* de pago; plazo *m* de vencimiento
Zahlungsklausel *f*, n cláusula *f* de pago, de liquidación
zahlungskräftig (Fam.) que tiene medios, fondos para pagar; económicamente sólido; *~e Firma* casa *f* financieramente saneada
Zahlungsmittel *n*, - medio *m* de pago; fondos *pl* para el pago; *ausländische ~* divisas *pl*; *bargeldloses ~* medio de pago por transferencia *od.* giro; *gesetzliches ~* moneda *f* legal
Zahlungsmittelumlauf *m*, Ø circulación *f* fiduciaria
Zahlungsort *m*, e lugar *m* de pago; domicilio *m* (de una letra)
Zahlungsplan *m*, ⸚e plan *m* de pago; plan *m* de amortización
Zahlungspflicht *f*, en obligación *f* de pagar; *seinen ~en pünktlich nachkommen* cumplir puntualmente sus obligaciones de pago; respetar puntualmente los compromisos de pago
Zahlungsrückstand *m*, ⸚e pago *m* atrasado
Zahlungsschwierigkeiten *pl* dificultades *pl* de pago; *in ~ geraten* incurrir en dificultades de tesorería
Zahlungssperre *f*, n 1. bloqueo *m*, congelación *f* de pagos 2. suspensión *f* de pagos
Zahlungsstopp *m*, s → *Zahlungssperre*
Zahlungssystem *n*, e sistema *m* de pagos
Zahlungstermin *m*, e plazo *m*, fecha *f* de pago; *einen ~ nicht einhalten* no respetar, no cumplir el plazo de pago
Zahlungs- und Überweisungsverkehr *m*, Ø operaciones *pl* de caja y de giro
zahlungsunfähig insolvente; *sich für ~ erklären* declararse insolvente; declararse en quiebra
Zahlungsunfähige/r *(der/ein)* insolvente *m*; quebrado *m*
Zahlungsunfähigkeit *f*, Ø insolvencia *f*; carencia *f* de medios de pago; ruina *f* financiera

Zahlungsunion f, Ø Europäische ~ Unión f Europea de Pagos
zahlungsunwillig no dispuesto a pagar; reacio al pago
Zahlungsverbindlichkeit f, en → *Zahlungsverpflichtung*
Zahlungsverkehr m, Ø operaciones pl de pago; transacciones pl financieras; servicio m de pagos; *bargeldloser* ~ pago m sin movimiento de numerario; pago m con cheque o por giro; *internationaler* ~ servicio de pagos internacionales; *im* ~ *zulassen* admitir para pago
Zahlungsverpflichtung f, en obligación f, compromiso m de pago; *seinen* ~*en nachkommen* hacer frente a sus compromisos financieros
Zahlungsversprechen n, - promesa f de pago
Zahlungsverweigerung f, en negación f de pago; rehuso m del pago
Zahlungsverzögerung f, en demora f, retraso m del pago
Zahlungsverzug m, Ø demora f, retraso m en el pago
Zahlungsweise f, n → *Zahlungsart*
Zahlungsziel n, e → *Zahlungsfrist*
Zahlzeichen n, - cifra f
Zankapfel m, ⸚ manzana f de la discordia; punto m de fricción
Zapfsäule f, n surtidor m (de gasolina)
Zapfstelle f, n 1. toma f de agua 2. gasolinera f (Syn. *Tankstelle*)
Zaster m, Ø (Fam.) pasta f; cuartos pl; tela f; perras pl; monises pl
z.D. *(zur Disposition)* a (la) disposición de; *zur* ~ *stellen* pasar a situación de disponible
z.d.A. *(zu den Akten)* para, a clasificar; para, a archivar; para, a poner en el archivo
ZDF *(Zweites Deutsches Fernsehen)* (R.F.A.) segundo canal m, segunda cadena f de la televisión alemana
Zeche f, n 1. mina f 2. consumición f 3. cuenta f; *die* ~ *prellen* irse sin pagar; *die* ~ *bezahlen müssen* ser el pagano; pagar el pato; pagar los platos, los vidrios rotos
Zechpreller m, - (Fam.) cliente m que se va sin haber pagado
Zechprellerei f, Ø estafa f de consumición
Zedent m, en 1. cedente f 2. endosante m (de una letra)
zedieren 1. ceder; hacer cesión 2. endosar (una letra)
zehn diez; *etwa* ~ unos diez; alrededor de una decena
zehneckig decagonal
Zehner m, - 1. decena f 2. (Fam.) moneda f, pieza f de diez pfennigs
Zehnerklub m, Ø Club m de los Diez

zehnerlei diez variedades de algo; de diez clases diferentes
Zehnerpackung f, en paquete m de diez
zehnfach diez veces más; décuplo; *das* ~*e* el décuplo
zehnfältig → *zehnfach*
Zehnfingersystem n, Ø (sistema m de) escritura f a máquina con todos los dedos
Zehnjahresplan m, ⸚e plan m decenal
zehnjährig decenal; de diez años
zehnmalig diez veces
Zehnmarkschein m, e billete m de diez marcos
Zehnpfennigstück n, e → *Zehner*
zehnprozentig al diez por ciento
zehnstündig de diez horas
zehntägig de diez días
zehntausend diez mil; *die Oberen* ~ la alta sociedad; la crema de la sociedad
zehntausendste diezmilésimo
Zehntausendstel n, - diezmilésima parte f
zehnte décimo
Zehntel n, - décimo m; décima parte f
zehntens en décimo lugar; décimo (en la clasificación)
Zehntonner m, - camión m de diez toneladas
zehren alimentarse, vivir de; ~ *an* consumir; minar
Zehrgeld n, er *(selten)* viático m; ayuda f de viático
Zehrpfennig m, - → *Zehrgeld*
Zehrung f, Ø sustento m; provisiones pl
Zeichen n, - 1. signo m; marca f; índice m 2. referencia f; *Ihre, unsere* ~ su, nuestra referencia 3. (Inform.) carácter m 4. signos pl convencionales
Zeichenblock m, ⸚e bloc m de dibujo
Zeichenbrett n, er tablero m de dibujo
Zeichenbüro n, s oficina f de dibujo
Zeichendreieck n, e escuadra f
Zeichenfeder f, n pluma f de dibujo
Zeichengebung f, (en) señalización f
Zeichengeld n, Ø moneda f fiduciaria (p.ej. billete de banco)
Zeichengeldwährung f, en papel moneda m
Zeichenheft n, e cuaderno m de dibujo
Zeichenkreide f, n creta f, tiza f de dibujo
Zeichenkunst f, Ø (arte m del) dibujo m; arte m de dibujar
Zeichenlesegerät n, e (Inform.) lector m de caracteres
Zeichenmappe f, n carpeta f de dibujos
Zeichenpapier n, e papel m de dibujo
Zeichenrolle f, n registro m de marcas; registro m de fábrica
Zeichensaal m, ⸚äle sala f de dibujo
Zeichenschutz m, Ø protección f de (las) marcas; protección f de etiquetas

Zeichenstift *m*, e lápiz *m* de dibujo
Zeichentisch *m*, e mesa *f* de dibujo
Zeichentrickfilm *m*, e película *f* de dibujos animados; película *f* de animación
Zeichenvorlage *f*, n modelo *m* de dibujo
zeichnen 1. dibujar; bosquejar; esbozar 2. *Aktien ~* suscribir acciones; *eine Anleihe ~* suscribir un empréstito; *einen Betrag von 1000 Mark ~* suscribir por una suma de 1000 marcos 3. *per Prokura ~* firmar por poder (p.p.) 4. trayar una raya o línea
Zeichnen *n*, Ø dibujo *m*; *technisches ~* dibujo industrial; delineación *f*
Zeichner *m*, - 1. suscriptor *m* 2. dibujante *m* 3. grafista *m*; *technischer ~* delineante *m*
zeichnerisch, *-e Darstellung* representación *f* gráfica
Zeichnung *f*, en 1. suscripción *f*; *zur ~ auflegen* ofrecer a suscripción 2. dibujo *m*; croquis *m*; esquema *m* 3. plano *m* (de construcción) 4. trazado *m* 5. firma *f*
Zeichnungsangebot *n*, e oferta *f* de suscripción
Zeichnungsanmeldung *f*, en declaración *f* de suscripción
Zeichnungsbefugnis *f*, se derecho *m*, autorización *f* para firmar
zeichnungsberechtigt autorizado para firmar; *~ sein* tener autorización para firmar; (Fam.) tener firma
Zeichnungsberechtigte/r *(der/ein)* persona *f* autorizada para firmar
Zeichnungsberechtigung *f*, en → *Zeichnungsvollmacht*
Zeichnungsbetrag *m*, ⁼e cantidad *f*, suma *f* suscrita; montante *m* de la suscripción
Zeichnungsfrist *f*, en plazo *m* de suscripción
Zeichnungskurs *m*, e 1. cotización *f* de emisión 2. cotización *f* suscrita
Zeichnungsliste *f*, n lista *f* de suscriptores
Zeichnungspreis *m*, e precio *m* de suscripción
Zeichnungsprospekt *n*, e prospecto *m* de emisión
Zeichnungsrecht *n*, e derecho *m* de suscripción; *alle ~e erwerben, abtreten* adquirir, ceder todos los derechos de suscripción
Zeichnungsschein *m*, e boletín *m* de suscripción; certificado *m* de compra (de un título)
Zeichnungsstelle *f*, n oficina *f* de suscripción
Zeichnungsvollmacht *f*, en poder *m* para firmar; *die ~ haben* tener poder para firmar
Zeichnungswert *m*, e valor *m* de emisión
Zeile *f*, n línea *f*; *nach ~ bezahlen* pagar por línea
Zeilenabstand *m*, ⁼e espacio *m* entre líneas; espacio *m* interlineal; interlínea *f*; *mit einfachem, doppeltem ~* a un, a doble espacio
Zeilenhonorar *n*, e remuneración *f* por línea

zeilenweise por línea
Zeilenzahl *f*, en número *m* de líneas
Zeilenzwischenraum *m*, ⁼e → *Zeilenabstand*
Zeit *f*, en tiempo *m*; período *m*; plazo *m*; época *f*; hora *f*; temporada *f* 1. *auf ~* a plazo; a término; *auf kurze ~* a corto plazo; *außer der ~* a deshora; fuera de tiempo; fuera de servicio; fuera de temporada; *binnen kurzer ~* en un plazo breve; (Inform.) *in echter ~* en tiempo real; *in kürzester ~* en el plazo más breve; *verkehrsarme ~* horas muertas; horas de poca actividad 2. *viel ~ in Anspruch nehmen* requerir, llevar mucho tiempo; *~en starker Überfüllung* horas punta; *eine ~ verabreden mit jdm.* convenir una hora; acordar una fecha; *~ ist Geld* el tiempo es oro
Zeitakkord *m*, e destajo *m* de salario por tiempo
Zeitangabe *f*, n indicación *f* de la hora; indicación *f* del tiempo
Zeitangestellte/r *(der/ein)* empleado *m* temporal, interino; (Syn. *Aushilfs-, Vertretungskraft*)
Zeitansage *f*, n (Telef.) información *f* horaria
Zeitarbeit *f*, en trabajo *m* temporal; trabajo *m* interino
Zeitarbeiter *m*, - → *Zeitarbeitskraft*
Zeitarbeitskraft *f*, ⁼e personal *m* temporal; personal *m* interino; (Syn. *Aushilfskraft*)
Zeitarbeitsunternehmen *n*, - empresa *f* de trabajo temporal
Zeitaufwand *m*, Ø tiempo *m* dedicado a hacer u/c; tiempo *m* invertido; inversión *f*, consumo *m* de tiempo
Zeitausfall *m*, ⁼e pérdida *f* de tiempo de trabajo
zeitbedingt debido a las circunstancias; *~e Geschäftsflaute* desaceleración *f* coyuntural
Zeitdeckung *f*, en (Seg.) cobertura *f* temporal
Zeitdruck *m*, Ø *unter ~ stehen* ir, trabajar contra reloj
Zeiteinheit *f*, en unidad *f* de tiempo
Zeiteinteilung *f*, en empleo *m* del tiempo
Zeitersparnis *f*, se ahorro *m*, economía *f* de tiempo; ganancia *f* de tiempo
Zeitfolge *f*, n cronología *f*; orden *m* cronológico
Zeitfracht *f*, Ø flete *m* a tiempo
Zeitfranchise *f*, s (Seg.) franquicia *f* temporal
Zeitgelder *pl* capital *m*, depósitos *pl* a plazo
Zeitgeschäft *n*, e 1. operación *f* a plazo 2. mercado *m* a plazo
Zeitgewinn *m*, Ø → *Zeitersparnis*
Zeitkarte *f*, n (tarjeta *f* de) abono *m*
Zeitkarteninhaber *m*, - abonado *m*; titular *m* del abono
Zeitkontrolle *f*, n 1. control *m* (del tiempo necesario para una operación) 2. control *m* de puntualidad; control *m* de entrada y salida
Zeitkraft *f*, ⁼e → *Zeitarbeitskraft*

Zeitlohn *m*, ⁻e salario *m* por (unidad de) tiempo
Zeitlohnarbeit *f*, **en** trabajo *m* por horas
Zeitlohnarbeiter *m*, - trabajador *m* por horas; obrero *m* retribuido por horas
Zeitmangel *m*, Ø falta *f* de tiempo; *aus ~ por* falta de tiempo
Zeitnot *f*, Ø → *Zeitdruck*
Zeitpacht *f*, **en** arrendamiento *m* a plazo fijo
Zeitpersonal *n*, Ø personal *m* interino, temporal
Zeitplan *m*, ⁻e horario *m*; calendario *m*
Zeitpolice *f*, **n** (Seg.) póliza *f* temporal
Zeitpunkt *m*, **e** momento *m*; fecha *f*; *zum beabsichtigten ~* en el momento deseado; *einen ~ festlegen (vereinbaren)* fijar, convenir una fecha
zeitraubend 1. que requiere mucho tiempo 2. muy lento 3. engorroso
Zeitraum *m*, ⁻e período *m*; duración *f*; lapso *m* de tiempo; *während des entsprechendes ~s im vorigen Jahr* en el mismo período del año anterior
Zeitrechner *m*, - reloj *m* (cronométrico) para el control del tiempo de trabajo
Zeitrechnung *f*, **en** 1. cronología *f* 2. control *m* del tiempo de trabajo
Zeitrente *f*, **n** renta *f* temporal; renta *f* a plazo
Zeitschreiber *m*, - cronómetro *m* registrador
Zeitschrift *f*, **en** revista *f*
Zeitsichtwechsel *m*, - letra *f* a tantos días vista
Zeitspanne *f*, **n** → *Zeitraum*
zeitsparend que ahorra, que economiza tiempo
Zeitstudie *f*, **n** estudio *m* de tiempos; cronometraje *f* del tiempo necesario para un cierto trabajo
Zeittafel *f*, **n** tabla *f* cronológica
Zeittakt *m*, **e** (Teléf.) paso *m* de contador
Zeitung *f*, **en** periódico *m*; rotativo *m*; diario *m*; *eine ~ abbestellen* darse de baja de un periódico; anular, cancelar la suscripción a un periódico; *eine ~ abonnieren* suscribirse a un periódico; *eine ~ beziehen (auf eine ~ abonniert sein)* estar suscrito a un periódico; *in einer ~ inserieren* poner un anuncio, insertar en un periódico
Zeitungsabonnement *n*, **s** suscripción *f* a un periódico
Zeitungsanzeige *f*, **n** anuncio *f* (en un periódico)
Zeitungsartikel *m*, - artículo *m* de periódico; artículo *m* periodístico
Zeitungsausschnitt *m*, **e** recorte *m* de periódico
Zeitungsausträger *m*, - repartidor *m* de periódicos
Zeitungsbeilage *f*, **n** suplemento *m*
Zeitungsberichterstatter *m*, - informador *m*; reportero *m*; periodista *m*
Zeitungsfrau *f*, **en** 1. repartidora *f* de periódicos 2. vendedora *f* de periódicos

Zeitungshalter *m*, - portaperiódicos *m*
Zeitungshändler *m*, - vendedor *m* de prensa
Zeitungsinserat *n*, **e** → *Zeitungsanzeige*
Zeitungsjunge *m*, **n** repartidor *m* de periódicos
Zeitungskiosk *m*, **e** quiosco *m*, kiosco *m*, puesto *m* de periódicos
Zeitungskorrespondent *m*, **en** corresponsal *m* de un periódico; corresponsal *m* de prensa
Zeitungsleser *m*, - lector *m* (de prensa, de un periódico)
Zeitungsnummer *f*, **n** ejemplar *m*, número *m* de un periódico
Zeitungspapier *n*, Ø papel *m* de periódico, de prensa
Zeitungsredakteur *m*, **e** redactor *m* de un periódico; redactor *m* de prensa
Zeitungsreklame *f*, Ø propaganda *f* periodística
Zeitungsschreiber *m*, - periodista *m*
Zeitungsstand *m*, ⁻e → *Zeitungskiosk*
Zeitungsständer *m*, - revistero *m*; portarrevistas *m*
Zeitungsverkäufer *m*, - vendedor *m* de prensa, de periódicos
Zeitungsverleger *m*, - editor *m* de periódicos
Zeitungswerbung *f*, **(en)** publicidad *f* en la prensa, en los periódicos
Zeitungswesen *n*, Ø 1. periodismo *m* 2. prensa *f*
Zeitungswissenschaft *f*, Ø ciencia *f* de la información; periodismo *m*
Zeitunterschied *m*, **e** diferencia *f* de (la) hora
Zeitvergeudung *f*, Ø despilfarro *m*, desperdicio *m* de tiempo
Zeitverlust *m*, **e** pérdida *f* de tiempo
Zeitverschwendung *f*, **en** → *Zeitvergeudung*
Zeitversicherung *f*, **en** seguro *m* limitado en el tiempo
zeitweilig temporal; *~e Beurlaubung* excedencia *f*
Zeitwert *m*, Ø valor *m* actual
Zeitwertversicherung *f*, **en** seguro *m* (a base) de valor actual; seguro *m* que cubre el valor de un objeto en el momento del siniestro
Zeitzeichen *n*, - señal *f* horaria (en la radio)
Zeit-Zonen-Tarif *m*, **e** (Teléf.) tarifa *f* por zonas
Zelle *f*, **n** 1. cabina *f* 2. elemento *m* 3. celda *f*
Zelt *n*, **e** tienda *f* de campaña; (LA) carpa *f*
Zeltausrüstung *f*, **en** equipo *m* de camping
Zeltdach *n*, ⁻er toldo *m*
zelten hacer camping; acampar
Zelter *m*, - campista *m*; acampador *m*
Zeltlager *n*, - campamento *m* (de tiendas)
Zeltstadt *f*, ⁻e ciudad-campamento *f*; ciudad *f* de lona
Zelt- und Wohnwagenwesen *n*, Ø camping-caravaning *m*
Zementfabrik *f*, **en** fábrica *f* de cemento

zensieren 1. censurar; someter a censura 2. juzgar; poner una nota; calificar
Zensur f, en 1. censura f 2. calificación f; nota f
Zensurbehörde f, **n** censura f
zentesimal centesimal
Zentigramm n, e centigramo m
Zentiliter m, - centilitro
Zentimeter m, - centímetro
Zentner m, - 1. cincuenta kilos; quintal m (no métrico) 2. (A, CH) 100 kilos
zentral central; ~ *gelegen* céntrico; situado céntricamente; ~*e Einkaufsgenossenschaft* central f de compras 2. (Inform.) ~*e Recheneinheit* unidad f central de tratamiento od. procesamiento (de datos); centro f de cálculo
Zentralamerika n, Ø América f central; Centroamérica f
Zentralbank f, en banco m central; banco m nacional; banco m emisor
zentralbankfähig negociable; bancal; bancable
Zentralbehörde f, **n** administración f, autoridad f central
Zentralcomputer m, - (Inform.) terminal m
Zentrale f, **n** 1. central f; oficina f central; ~ *für Fremdenverkehr* oficina f (central) de turismo 2. centralita f (telefónica)
Zentraleinheit f, en (Inform.) unidad f central de tratamiento de datos
Zentralgenossenschaft f, en agrupación f de cooperativas; cooperativa f central
Zentralgewalt f, Ø (Polit.) poder m central
zentralisieren centralizar; *die Verwaltung* ~ centralizar la administración
Zentralisierung f, en centralización f
Zentralismus m, Ø centralismo m
zentralistisch centralista
Zentralkartei f, en fichero m central
Zentralkasse f, **n** caja f central
Zentralkomitee n, **s** (Polit.) comité m central
Zentralleitung f, en dirección f central
Zentralnotenbank f, en → *Zentralbank*
Zentralschalter m, - ventanilla f, taquilla f central
Zentralspeicher m, - (Inform.) memoria f central
Zentralstelle f, **n** oficina f, dirección f, organismo m central
Zentralverband m, ¨e (asociación f) central f; organización f central; confederación f; ~ *der Arbeitnehmer* central obrera; ~ *des deutschen Handwerks (ZDH)* confederación del artesanado alemán
Zentralverwaltung f, en administración f central
Zentralverwaltungswirtschaft f, en economía f dirigida, planificada
Zentr|um n, -en centro m; centro m urbano
zerbeulen abollar
zerbrechlich frágil

Zerealien pl cereales pl
Zerfall m, Ø ruina f; decadencia f; desintegración f; disociación f
Zerfallsprodukt n, e producto m de descomposición
zerlegen partir en trozos; desmontar
Zermürbungskrieg m, e guerra f de desgaste
zerreißbar poco consistente
Zerreißfestigkeit f, Ø resistencia f a la rotura
Zerreißprobe f, **n** 1. prueba f de rotura 2. prueba f de nervios; dura prueba f
zerren, *jdn. vor Gericht* ~ llevar a alg. a los tribunales
zerrinnen, *das Geld zerrinnt ihm unter den Händen (zwischen den Fingern)* el dinero se le escapa, se la va entre los dedos
zerrüttet, ~*e Ehe* matrimonio m deshecho, desunido, desavenido; ~*e Finanzen* finanzas pl en desorden; quiebra f, ruina f financiera; *die Ehe ist unheilbar* ~ el matrimonio está completamente deshecho
Zersetzungsprodukt n, e producto m de descomposición
zersiedeln urbanizar excesivamente; construir nuevas aglomeraciones a un ritmo acelerado
Zersiedlung f, en urbanización f excesiva de las regiones limítrofes de las grandes ciudades; ~ *des Landes* urbanización f (acelerada) del campo
zersplittern → *zerstückeln*
Zerstäubungsgerät n, e atomizador m
zerstückeln desmembrar; parcelar; partir en pedazos, en trozos
Zerstück(e)lung f, en desmembramiento m; parcelación f (excesiva)
Zertifikat n, e certificado m; título m de un fondo de inversiones
Zertifikatsinhaber m, - titular m de un certificado; partícipe m (de un fondo de inversiones)
zessibel *(selten)* cesible
Zession f, en *(selten)* cesión f; ~ *von Forderungen* cesión de créditos
Zessionär, Zessionar m, e *(selten)* cesionario m
Zettel m, - 1. papeleta f; pedazo m de papel 2. nota f; volante m 3. ficha f 4. etiqueta f; *mit einem* ~ *versehen* etiquetar
Zettelkartei f, en fichero m; clasificador m; archivador m
Zettelkasten m, ¨ fichero m
Zettelkatalog m, e catálogo m de fichas
Zeuge m, **n** testigo m; *als* ~ *anrufen* poner por testigo; presentar como testigo; *als* ~ *aussagen* declarar como testigo; *etw. vor* ~*n erklären* declarar ante testigos; ~ *sein von* presenciar; ser testigo de; ~ *der Anklage* testigo de cargo; testigo de la acusación

zeugen dar testimonio; servir de testigo; deponer, declarar como testigo
Zeugnis *n*, se 1. testimonio *m*; *unparteiisches* ~ testimonio imparcial; *zum* ~ *dessen* en testimonio, en fe de lo cual; *zum* ~ *von* en testimonio de; ~ *ablegen* testimoniar; testificar; dar fe; dar testimonio 2. certificado *m*; *ärztliches* ~ certificado médico; *ein* ~ *ausstellen* expedir, extender un certificado 3. notas *pl*; calificaciones *pl*; diploma *m*; *ausgezeichnete* ~*se haben* tener notas excelentes 4. referencias *pl*
z.H. *(zu Händen)* a la atención de; en propia mano
ZI → *Zollinhaltserklärung*
ziehen 1. girar; librar; *einen Wechsel auf jdn.* ~ girar, librar una letra a cargo de, contra alg. 2. *aus etw. Gewinn (Nutzen)* ~ sacar provecho, beneficio de u/c 3. *das große Los* ~ ganar a (*od.* en) la lotería; sacar el gordo 4. *Banknoten aus dem Umlauf* ~ retirar billetes de la circulación 5. *jdn. zu Rate* ~ consultar a alg. 6. *jdn. zur Rechenschaft* ~ pedir cuentas a alg. 7. *die Wurzel aus einer Zahl* ~ extraer la raíz de un número 8. *nach sich* ~ tener como consecuencia; ocasionar; provocar 9. *ein Kraftfahrzeug* ~ llevar un vehículo a remolque 10. *eine Linie* ~ trazar una línea 11. *Pflanzen* ~ cultivar plantas 12. *Vieh* ~ criar ganado 13. *die Ware zieht* la mercancía tiene mucho éxito; la mercancía atrae mucho público 14. *in eine Wohnung* ~ mudarse a, irse a vivir a, instalarse en una vivienda 15. *an etw.* ~ tirar de u/c
Ziehkind *n*, er hijo *m* adoptivo
Ziehmutter *f*, ⸚ madre *f* adoptiva
Ziehung *f*, en 1. ~ *eines Wechsels* libranza *f*, giro *m* de una letra 2. ~ *der Lotterie* sorteo *m* de la lotería
Ziehungsliste *f*, n lista *f* del sorteo
Ziehungsrechte *pl* derechos *pl* de giro
Ziehungstag *m*, e día *m*, fecha *f* del sorteo
Ziel *n*, e 1. objetivo *m*; finalidad *f*, meta *f*; destino *m*; *ein* ~ *erreichen* lograr, alcanzar un objetivo; *sich ein* ~ *setzen* fijarse un objetivo 2. plazo *m*; término *m*; *auf* ~ a plazo; *auf kurzes* ~ a corto plazo; *auf zwei Monate* ~ a dos meses plazo; *gegen drei Monate* ~ a tres meses plazo; *ein* ~ *von drei Monaten gewähren* conceder un plazo de tres meses
Zielbahnhof *m*, ⸚e estación *f* de destino *bzw.* de llegada
Zielgruppe *f*, n grupo *m* de lanzamiento; grupo *m* blanco; grupo *m* al que va dirigida la publicidad, la encuesta, *etc.*
Zielkauf *m*, ⸚e compra *f* a plazo
Zielkonflikt *m*, e conflicto *m* de objetivos (de una política económica)

Zielland *n*, ⸚er país *m* de destino
Zielperson *f*, en persona *f* blanco; persona *f* a contactar (por el entrevistador)
Zielpreis *m*, e tarifa *f* base; precio *m* a conseguir
Zielprojektion *f*, en programación *f* de objetivos
Zielsetzung *f*, en objetivo *m*; finalidad *f*; opción *f*; planteamiento *m*; *wirtschaftliche* ~ objetivos económicos; opciones económicas
Zielsprache *f*, n 1. lengua *f* a la que se traduce 2. (Inform.) lenguaje *m* de ejecución
Zielzahlung *f*, en pago *m* a plazo
ziemlich, ~ *gut* bastante bien; ~ *oft* bastante a menudo; con bastante frecuencia; ~ *viel Geld* no poco dinero
Ziffer *f*, n 1. cifra *f*; número *m*; guarismo *m*; *in* ~*n* en cifras; en números; *in arabischen, römischen* ~*n* en números árabes, romanos 2. *(Aktenzeichen)* rúbrica *f*
ziffernmäßig 1. (expresado) en cifras 2. (Inform.) ~ *darstellen* digitalizar; convertir en digital
zig (Fam.) un gran número de; *es waren* ~ *Leute anwesend* había una gran cantidad de gente
Zigarette *f*, n cigarrillo *m*; cigarro *m*; pitillo *m*
Zigarrettenautomat *m*, en expendedor *m* automático de cigarrillos; (Fam.) máquina *f* de cigarrillos
Zigarrettenetui *n*, s pitillera *f*
Zigarettenpackung *f*, en paquete *m*, cajetilla *f* de cigarrillos
Zigarettenschachtel *f*, n → *Zigarettenpackung*
Zigarillo *m od.* n, s puro *m*
Zigarre *f*, n puro *m*; cigarro puro *m*
Zigarrenabschneider *m*, - cortapuros *m*
Zigarrenetui *n*, s petaca *f*
Zigarrenkiste *f*, n caja *f* de puros
Zigarrenladen *m*, ⸚ (tienda *f* de) tabacos; tabaquería *f*; *(alt)* estanco *m*
zigmal mil veces; más de una vez
zigste enésimo
zigtausend decenas de miles
Zimmer *n*, - habitación *f*; cuarto *m*; pieza *f*; *ein* ~ *reservieren* reservar una habitación; ~ *mit Bad* habitación con baño; *kein* ~ *frei* completo; ~ *mit Frühstück* habitación con desayuno; ~ *zu vermieten* alquiler de habitaciónes; se alquilan habitaciones
Zimmerarbeit *f*, en trabajo *m* de carpintería
Zimmerbestellung *f*, en reserva *f* de habitación
Zimmerer *m*, - carpintero *m*
Zimmerflucht *f*, en serie *f* de habitaciones
Zimmergenosse *m*, n compañero *m* de habitación
Zimmergeselle *m*, n oficial *m* carpintero
Zimmerhandwerk *n*, Ø 1. carpintería *f* 2. oficio *m* de carpintero
Zimmerherr *m*, en realquilado *m*
Zimmerkellner *m*, - camarero *m* de piso

Zimmerlautstärke *f*, Ø *auf ~ stellen* bajar la radio
Zimmermädchen *n*, - camarera *f* de piso
Zimmer|mann *m*, **-leute** carpintero *m*
Zimmernachweis *m*, e guía *f*, servicio *m*, oficina *f* de alojamiento
Zimmervermittlung *f*, en → *Zimmernachweis*
Zimmerwerkstatt *f*, ⸚en taller *m* de carpintería
Zink *n*, Ø cinc *m*; zinc *m*
Zinkarbeiter *m*, - cinquero *m*
Zinkblech *n*, e chapa *f* de cinc
Zinkblende *f*, n blenda *f* de cinc
Zinkdruck *m*, e cincografía *f*
Zinn *n*, Ø estaño *m*
Zinnbergbau *m*, Ø minería *f* del estaño
zinnern de estaño
Zinnerzeugerländer *pl* países *pl* productores de estaño
Zinngießer *m*, - estañero *m*
zinnhaltig estañífero
Zins *m*, e (A, CH) alquiler *m*; arriendo *m*
Zins *m*, en interés *m*; intereses *pl*; renta *f*; rédito *m*
1. *abzüglich (nach Abzug) der ~en* tras deducir los intereses; *aufgelaufene (angefallene) ~en* intereses acumulados, devengados; *ausstehende (laufende) ~en* intereses pendientes (corrientes); *nicht erhobene ~en* intereses no percibidos; *fällige ~en* intereses debidos; *feste ~en* intereses fijos; *gestundete ~en* intereses aplazados, diferidos; *rückständige ~en* intereses atrasados; intereses pendientes de pago 2. *gegen (auf) ~en ausleihen* prestar a (*od.* con) interés; *die ~en berechnen* calcular los intereses; *~en bringen, tragen* producir, devengar, arrojar intereses; dar rédito; *die ~en laufen vom 1. Januar an* los intereses corren a contar desde el 1 de enero; *von seinen ~en leben* vivir de los intereses; vivir de sus rentas; *die ~en zum Kapital schlagen (kapitalisieren)* capitalizar los intereses
Zinsabschnitt *m*, e → *Zinscoupon*
Zinsabzug *m*, ⸚e descuento *m*, deducción *f* de los intereses
Zinsanhäufung *f*, en acumulación *f* de (los) intereses
Zinsanhebung *f*, en → *Zinsenerhöhung*
Zinsanpassung *f*, en ajuste *m* de los tipos de interés
Zinsaufw|and *m*, **-endungen** costes *pl* financieros (de una empresa); coste *m* del arriendo de dinero
Zinsausfall *m*, ⸚e pérdida *f* de intereses
zinsbar sometido, sujeto al pago de interés
Zinsberechnung *f*, en cálculo *m* del interés
Zinsberichtigung *f*, en rectificación *f* de los intereses
zinsbillig a baja tasa de interés

Zinsbogen *m*, ⸚ hoja *f*, pliego *m* de cupones
zinsbringend que produce, arroja intereses; *~ anlegen* colocar, invertir a, con interés
Zinscoupon *m*, s cupón *m* de intereses; *einen ~ abtrennen* cortar el cupón de los intereses
zinsen *(selten)* pagar interés, intereses
Zinsen *pl* → *Zins*
Zins(en)ausfall *m*, ⸚e → *Zinsausfall*
Zinsenberechnung *f*, en → *Zinsberechnung*
Zins(en)erhöhung *f*, en aumento *m* de (los) intereses; aumento *m* de los tipos de interés
Zins(en)ermäßigung *f*, en reducción *f* de los intereses; reducción *f* de los tipos de interés
Zins(en)ertrag *m*, ⸚e intereses *pl* devengados, arrojados; rédito *m*
Zinsenkonto *n*, -en cuenta *f* de intereses
Zinsenstreichung *f*, en supresión *f* de intereses
Zinserträge *pl überrechnungsmäßige ~* réditos *pl* por sobreintereses
Zinseszinsen *pl* interés *m* compuesto; intereses *pl* acumulados
zinsfrei sin, exento de interés; libre del pago de interés
Zinsfuß *m*, ⸚e → *Zinssatz*
Zinsgefälle *n*, - diferencia *f*, diferencial *m* de intereses; *das ~ vom Ausland zur Bundesrepublik* el diferencial entre la tasa de intereses aplicada en el extranjero y la que está en vigor en la R.F.A.
Zinsgenuß *m*, Ø disfrute *m* de intereses; *mit ~ ab 1. Juni* con disfrute, abono de intereses a partir del 1 de junio
Zinsgutschein *m*, e abono *m* de intereses
Zinsgutschrift *f*, en → *Zinsgutschein*
Zinsherabsetzung *f*, en reducción *f* de la tasa de interés
Zinsklausel *f*, n cláusula *f*, estipulación *f* sobre intereses (a pagar)
Zinskonversion *f*, en → *Zinsumwandlung*
Zinskupon *m*, s → *Zinscoupon*
Zinslast *f*, en → *Zinsaufwand*
Zinsleiste *f*, n listón *m* de intereses
zinslos → *zinsfrei*
Zinsmarge *f*, n margen *m* de intereses
Zinsnachla|ß *m*, ⸚sse reducción *f* de intereses; condonación *f* de intereses
zinspflichtig → *zinsbar*
Zinsrechnung *f*, en cálculo *m*, cómputo *m* de intereses
Zinsrückstand *m*, ⸚e interés *m* atrasado
Zinssatz *m*, ⸚e tipo *m* de interés; *den ~ erhöhen, herabsetzen* elevar, reducir la tasa de intereses
Zinsschein *m*, e → *Zinscoupon*
Zinsscheinerneuerung *f*, en renovación *f* de la hoja de cupones
Zinsschere *f*, Ø *die ~ öffnet sich weiter* aumenta

la diferencia entre las tasas de interés
Zinsschuld f, en deuda f, débito m de intereses
Zinssenkung f, en → *Zinsermäßigung*
Zinsspanne f, n → *Zinsmarge*
Zinsstundung f, en aplazamiento m, moratoria f, prórroga f del pago de los intereses
Zinstabelle f, n tabla f, baremo m de intereses
Zinstermin m, e vencimiento m de intereses
zinstragend → *zinsbringend*
Zinsumwandlung f, en conversión f por reducción de la tasa de interés
zinsverbilligt a tasa de interés reducida
Zinsvergütung f, en remuneración f, bonificación f de intereses
Zinsverlust m, e pérdida f de intereses
Zinsverteuerung f, en encarecimiento m de los intereses (a pagar)
Zinsvorauszahlung f, en pago m anticipado de los intereses
Zinswucher m, Ø interés m usurario
Zinszahlung f, en pago m de intereses
Zinszahlungstermin m, e vencimiento m del pago de intereses
zirka alrededor de; poco más o menos; aproximadamente; rondando; cerca de
Zirkular n, e *(selten)* circular f; (Syn. *Rundschreiben*)
Zirkularkreditbrief m, e carta f de crédito circular
zirkulieren circular; ~ *lassen* poner en circulación; hacer circular
Ziseleur m, e cincelador m
Ziselierarbeit f, en (trabajo m de) cincelado m
ziselieren cincelar
Zisterne f, n cisterna f
Zitat n, e cita f
zitieren citar
Zitieren n, Ø citación f
Zitronenbaum m, ⁼e limonero m
Zitronenlimonade f, n limonada f
Zitronenpresse f, n exprimidor m
Zitronensaft m, ⁼e zumo m de limón
Zitronensprudel m, Ø gaseosa f de limón
Zitronenwasser n, Ø limonada f
Zitrusfrüchte pl agrios pl; cítricos pl
zivil 1. civil; paisano 2. ~*er Preis* precio m módico, razonable
Zivilangestellte/r *(der/ein)* empleado m civil
Zivilbehörde f, n autoridad f civil
Zivilberuf m, e profesión f civil; *im* ~ en lo civil; en la vida civil; en la vida ordinaria
Zivilbevölkerung f, Ø población f civil
Zivildienst m, e servicio m civil (en el marco de los objetores de conciencia)
Zivilehe f, n matrimonio m civil
Zivilgericht n, e tribunal m (de lo) civil

Zivilgerichtsbarkeit f, Ø jurisdicción f (de lo) civil
Zivilgesetzbuch n, ⁼er código m civil
Zivilisationskrankheit f, en enfermedad f de (la) civilización
zivilisatorisch civilizador
zivilisieren civilizar
Zivilist m, en paisano m; civil m
Zivilkammer f, n sala f de lo civil
Zivilklage f, n acción f civil
Zivilluftfahrt f, Ø aviación f civil
Zivilmakler m, - corredor m, agente m de derecho civil (Ggs. *Handelsmakler*)
Zivilproze|ß m, -sse causa f civil
Zivilprozeßordnung f, en ley f de enjuiciamiento civil; código m procesal civil
Zivilrecht n, Ø derecho m civil
Zivilrechtler m, - civilista m
zivilrechtlich civilmente; de derecho civil; ~*e Klage* acción f civil; ~*e Person* dotado de personalidad civil; *jdn.* ~ *verfolgen* perseguir a alg. civilmente, por vía civil, por la jurisdicción civil
Zivilsache f, n causa f civil
Zivilschutz m, Ø protección f civil
Zivilstand m, Ø estado m civil
Ziviltrauung f, en matrimonio m civil
Zivilverteidigung f, Ø defensa f civil
Zivilverwaltung f, en administración f, gobierno m civil
Zoll m, ⁼e (derechos pl de) aduana f 1. ~*e ad valorem* aduanas ad valorem; ~ *bezahlt* derechos pagados; aduanas abonadas; *einheitlicher* ~ aduana uniforme, única; *gebundener* ~ aduana consolidada; *gleitender* ~ aduana móvil; ~ *zu Ihren Lasten* derechos de aduana a su cargo 2. *beim* ~ *abfertigen* arreglar las formalidades, los trámites de aduana; *für eine Ware* ~ *bezahlen* pagar los derechos (de aduana) de una mercancía; *einen* ~ *erheben* recaudar los derechos de aduana; *die* ~*e erhöhen, senken* subir, bajar los derechos de aduana; *auf dieser Ware liegt kein* ~ esta mercancía está exenta del pago de aduana; esta mercancía se beneficia de franquicia aduanera; *den* ~ *passieren* pasar la aduana; *dem* ~ *unterliegen* estar sometido a la declaración de aduana
Zoll m, (-) pulgada f
Zollabandonnierung f, en abandono m de una mercancía (a favor de la aduana si los derechos sobrepasan el valor real del objeto)
Zollabbau m, Ø desarme m arancelario
Zollabfertigung f, en despacho m aduanero; trámites pl aduaneros; *die* ~ *erfolgt durch* las formalidades aduaneras son efectuadas por
Zollabkommen n, - acuerdo m aduanero

503

Zollagent *m*, **en** agente *m* de aduanas
Zollager *n*, **-** depósito *m*, almacén *m* de aduana
Zollamt *n*, ⁻er (oficina *f* de) aduana *f*
zollamtlich aduanero; ~ *abfertigen* despachar en aduana; cumplir las formalidades aduaneras; *~e Bescheinigung* certificado *m* de aduana; *~ geöffnet* abierto por los servicios de aduana; *~e Untersuchung* inspección *f* aduanera; *~ verschlossen* precintado; *~ versiegeln* precintar; *unter ~em Verschluß* bajo precinto (de aduana)
Zollangabe *f*, **n** → *Zollanmeldung*
Zollanmeldung *f*, **en** declaración *f* de aduana; *internationale ~* declaración aduanera internacional
Zollanschlul**ß** *m*, ⁻sse enclave *m* aduanero
Zollaufschublager *n*, **-** depósito *m*, almacén *m* de admisión temporal; depósito *m* ficticio
Zollaufsicht *f*, Ø control *m* aduanero; supervisión *f* de la aduana
Zollaufsichtsbehörde *f*, **n** inspección *f* de aduanas
Zollausland *n*, Ø → *Zollausschluß*
Zollausschlul**ß** *m*, (⁻sse) exclave *m* aduanero; zona *f* franca
Zollbeamte/r (**der/ein**) vista *m*; aduanero *m*; funcionario *m* de aduanas
Zollbefreiung *f*, **en** franquicia *f* aduanera; *die ~ erlangen* obtener la exoneración de derechos
Zollbegleitschein *m*, **e** guía *f* de tránsito, de circulación; hoja *f* de acompañamiento (asegura la libre circulación de mercancías y el pago del impuesto sólo se efectúa al llegar al lugar de destino)
Zollbegleitung *f*, Ø *unter ~* bajo escolta aduanera; con acompañamiento aduanero
Zollbehandlung *f*, (**en**) régimen *m* aduanero
Zollbehörde *f*, **n** administración *f* de aduanas; autoridades *pl* aduaneras; *Vorführung vor der ~* presentación *f* en aduana
Zollbeschau *f*, Ø inspección *f*, visita *f* aduanera; registro *m* aduanero
Zollbindung *f*, **en** consolidación *f* aduanera
Zollbinnenland *n*, Ø territorio *m* aduanero nacional
Zollbürgschaft *f*, **en** fianza *f* aduanera
Zolldeklaration *f*, **en** → *Zollerklärung*
Zolldokumente *pl* documentos *pl* aduaneros; documentos *pl* para la aduana
Zolleigenlager *n*, **-** depósito *m* ficticio
Zolleingangsschein *m*, **e** recibo *m* de entrada
Zolleinnahmen *pl* ingresos *pl* (en concepto) de aduanas; recaudación *f* aduanera
Zolleinnehmer *m*, **-** recaudador *m* de aduana
Zolleinschlußgebiet *n*, **e** → *Zollanschluß*
zollen tributar; *Achtung ~* rendir homenaje; *jdm.*
Dank ~ expresar su agradecimiento a alg.
Zollerhebung *f*, **en** recaudación *f* de aduana
Zollerhöhung *f*, **en** aumento *m*, subida *f* de las tarifas aduaneras
Zollerklärung *f*, **en** declaración *f* de aduana
Zollermäßigung *f*, **en** reducción *f* de tarifas aduaneras
Zollfahnder *m*, **-** inspector *m* de aduanas; inspector *m* para la represión de fraudes aduaneros
Zollfahndungsdienst *m*, **e** (servicio *m* de) investigación *f* aduanera
Zollflughafen *m*, ⁻ aeropuerto *m* aduanero
Zollformalitäten *pl* formalidades *pl* aduaneras; trámites *pl* aduaneros; *die ~ erledigen* cumplir los requisitos aduaneros
zollfrei exento, franco de derechos de aduana; en franquicia aduanera; *~es Lager* depósito *m* franco; *~er Verkauf* venta *f* libre de derechos; „duty-free-shop" *m*; *die Waren gehen ~ ein* las mercancías entran en (régimen de) franquicia
Zollfreigabe *f*, Ø admisión *f* en franquicia
Zollfreigebiet *n*, **e** → *Zollfreizone*
Zollfreiheit *f*, **en** franquicia *f* aduanera
Zollfreischein *m*, **e** certificado *m* de franquicia aduanera; pase *m* aduanero
Zollfreischreibung *f*, **en** admisión *f* en franquicia; declaración *f* de franquicia aduanera
Zollfreischreibungsverfahren *n*, **-** régimen *m* de franquicia aduanera
Zollfreistellung *f*, **en** → *Zollfreigabe*
Zollfreizone *f*, **n** zona *f* franca en aduana
Zollgebiet *n*, **e** territorio *m* aduanero
Zollgebühren *pl* derechos *pl* menores; *die ~ entrichten* pagar los derechos menores
Zollgesetzgebung *f*, Ø legislación *f* de aduanas
Zollgrenzbezirk *m*, **e** zona *f* especial de vigilancia aduanera
Zollgrenze *f*, **n** frontera *f* aduanera; línea *f* de la aduana
Zollgut *n*, ⁻er mercancía *f* sujeta a control aduanero
Zollgutverkehr *m*, Ø mercancías *pl* en tránsito
Zollhafen *m*, ⁻ puerto *m* aduanero; puerto *m* habilitado
Zollhaus *n*, ⁻er aduana *f*
Zollherabsetzung *f*, **en** reducción *f* de los derechos aduaneros
Zollhinterziehung *f*, **en** defraudación *f* de aduanas
Zollhoheit *f*, **en** soberanía *f* aduanera
Zollinhaltserklärung *f*, **en** → *Zollerklärung*
Zollinland *n*, Ø territorio *m* aduanero interior
Zollinspektor *m*, **en** inspector *m* de aduanas
Zollkontingent *n*, **e** cupo *m* arancelario; contingente *m* aduanero
Zollkontrolle *f*, **n** inspección *f* aduanera; control

m aduanero
Zollkrieg *m*, e guerra *f* de tarifas aduaneras
Zollmarke *f*, n marchamo *m*; contramarca *f*
Zöllner *m*, - aduanero *m*
Zollniederlage *f*, n almacenes *pl* de depósito de la aduana; *öffentliche* ~ almacenes generales de depósito
Zollnomenklatur *f*, en nomenclatura *f* aduanera; *die Brüsseler* ~ la nomenclatura de Bruselas
Zollordnung *f*, en ley *f* de aduanas; ley *f*, legislación *f* arancelaria
Zollpapiere *pl* documentos *pl* de aduana
Zollpassierschein *m*, e cuaderno *m*, libreta *f* de paso por aduana
zollpflichtig sujeto, sometido a aduana; sometido al régimen de aduana
Zollplombe *f*, n marchamo *m*; precinto *m* de aduana; contramarca *f*
Zollpolitik *f*, Ø política *f* arancelaria
Zollpolizei *f*, Ø policía *f* de aduanas
Zollposition *f*, en posición *f*, partida *f* arancelaria
Zollpräferenz *f*, en preferencia *f* aduanera, arancelaria
Zollprotektionismus *m*, Ø proteccionismo *m* aduanero
Zollquittung *f*, en recibo *m* de aduana; certificado *m* de adeudo
Zollrechnung *f*, en factura *f* de aduana certificada
Zollrecht *n*, Ø derecho *m* arancelario; legislación *f* aduanera; (Col.) ordenanza *f* de aduana
Zollregelung *f*, en → *Zollvorschriften*
Zollrevision *f*, en → *Zollbeschau*
Zollrevisor *m*, en revisor *m*, controlador *m* de aduanas
Zollrückvergütung *f*, en devolución *f* de (los) derechos arancelarios
Zollsachen *pl in* ~ en materia arancelaria, aduanera
Zollsatz *m*, ⁼e tipo *m* arancelario; tipo *m* de aduana; tarifa *f* arancelaria, aduanera; tasa *f* del derecho de aduana; *die* ~⁼*e erhöhen, ermäßigen* elevar, reducir los derechos (arancelarios)
Zollschätzer *m*, - aforador *m* de aduana
Zollschein *m*, e guía *f*, certificado *m* de aduana
Zollschem|a *n*, ta (*od.* -en) nomenclatura *f* (aduanera)
Zollschranken *pl* barreras *pl* arancelarias, aduaneras; *Abbau der* ~ desarme *m*, descreste *m* arancelario, aduanero
Zollschuld *f*, en adeudo *m* arancelario; deuda *f* aduanera
Zollschuldner *m*, - deudor *m* de derechos (arancelarios)
Zollschuppen *m*, - depósito *m* de aduana
Zollschutz *m*, Ø protección *f* arancelaria, aduanera; proteccionismo *m*
Zollsenkung *f*, en → *Zollermäßigung*
Zollspeicher *m*, - depósito *m*, almacén *m* afianzado *od.* de aduana; bodega *f* fiscal
Zollstation *f*, en aduana *f*
Zollstelle *f*, n (oficina *f* de) aduana *f*
Zollstempel *m*, - marchamo *m*; timbre *m* de control aduanero
Zollstrafe *f*, n multa *f* (por infracción) aduanera
Zollstraße *f*, n ruta *f* aduanera
Zollstraßenzwang *m*, ⁼e obligación *f* de emprender la ruta aduanera
Zollsystem *n*, e régimen *m* arancelario; sistema *m* aduanero
Zolltarif *m*, e tarif *f* aduanera, arancelaria; arancel *m* de aduana; *gemeinsamer* ~ tarifa aduanera común
Zolltarifierung *f*, en 1. tarificación *f* aduanera 2. inclusión *f* en el arancel
zolltariflich arancelario
Zolltarifposition *f*, en posición *f* de la tarifa aduanera
Zolltarifschem|a *n*, ta (*od.* -en) → *Zollnomenklatur*
Zolltransit *m*, Ø tránsito *m* aduanero
Zollüberwachung *f*, en → *Zollkontrolle*
Zoll- und Handelsabkommen *n*, Ø *allgemeines* ~ acuerdo *m* general sobre aranceles y comercio (GATT)
Zoll- und Paßabfertigung *f*, en control *m* de aduana y de policía
Zollunion *f*, en unión *f* aduanera, arancelaria
Zollverband *m*, ⁼e → *Zollunion*
Zollveredelung *f*, en admisión *f* temporal
Zollverein *m*, Ø (Hist.) unión *f* aduanera de 1818 a 1870
Zollverfahren *n*, - procedimiento *m*, régimen *m* aduanero; trámites *pl* aduaneros
Zollvergehen *n*, - delito *m* aduanero
Zollvergünstigungen *pl* 1. ventajas *pl*, facilidades *pl* aduaneras; tolerancia *f* aduanera 2. prima *f* a la exportación
Zollvergütung *f*, en → *Zollrückvergütung*
Zollverkehr *m*, Ø 1. régimen *m* aduanero 2. movimiento *m* de mercancías en aduana
Zollvermerk *m*, e marca *f* de control aduanero
Zollversandschein *m*, e → *Zollbegleitschein*
Zollverschluß *m*, ⁼sse precinto *m*, sello *m* aduanero; *einen* ~ *anbringen* precintar; sellar; *unter* ~ precintado; bajo precinto (de aduana); *unter* ~ *lassen* dejar en tránsito; dejar en depósito (de aduana)
Zollverschlußwaren *pl* mercancías *pl* en depósito
Zollvertrag *m*, ⁼e convenio *m*, tratado *m* aduanero

Zollverwahrung f, en depósito m de aduana
Zollverwaltung f, en 1. aduana f 2. administración f de aduanas
Zollvormerkschein m, e certificado m, declaración f de admisión temporal
Zollvormerkverfahren n, - régimen m de admisión temporal, de importación temporal
Zollvorschriften pl reglamento m de aduanas
Zollwache f, n (A) carabineros pl
Zollwert m, e valor m en aduana; valor m arancelario
(Zoll)wertanmeldung f, en declaración f de aduana
(Zoll)wertermittlung f, en aforo m; valoración f, evaluación f de las mercancías (en régimen aduanero)
Zollwesen n, Ø 1. aduanas pl 2. régimen m, sistema m arancelario 3. servicio m de aduanas
Zollzahlung f, en pago m de derechos aduaneros
Zollzeichen n, - señal f de aduana
Zollzuschlag m, ¨e sobretasa f aduanera; recargo m arancelario
Zone f, n zona f; territorio m; región f; *entmilitarisierte* ~ zona desmilitarizada; *freie* ~ zona franca; *neutrale* ~ zona neutral; *neutralisierte* ~ zona neutralizada; *verbotene* ~ zona prohibida; zona, polígono m de prohibición
Zonenabschlag m, ¨e rebaja f bzw. exoneración f por zona
Zoneneinstellung f, en zonificación f; repartición f por zonas; distribución f zonal
Zonengrenze f, (n) frontera f interzonal; frontera f entre las dos Alemanias
Zonenrandgebiet n, e zona f oeste alemana limítrofe de la R.D.A.
Zonentarif m, e tarifa f por zonas
Zonenübergang m, e punto m de paso de la frontera entre las dos Alemanias
z.T. *(zum Teil)* en parte
Ztr. → *Zentner*
z.tr.H. *(zu treuen Händen)* a la atención de; para entregar a
z.U. *(zur Unterschrift)* (destinado) a la firma
Zubehör n, (e) accesorios pl
Zubehörindustrie f, n → *Zuliefer(er)industrie*
Zubehörteil n, e accesorio m
zubilligen acordar; conceder; *einen Preisnachlaß* ~ conceder una rebaja (Syn. *gewähren*)
Zubringer m, - 1. → *Zubringerstraße* 2. vehículo m de acceso 3. contratista m de segunda mano 4. alimentador m
Zubringerbetrieb m, e empresa f subsidiaria; servicio m de subcontratista
Zubringerbus m, se autobús m de enlace, de comunicación

Zubringerdienst m, (e) servicio m de enlace; servicio m de comunicación; servicio m de autobuses bzw. de autocares; servicio m de acceso
Zubringerindustrie f, n industria f auxiliar
Zubringerkosten pl gastos pl de acarreo, de enlace
Zubringerlinie f, n 1. línea f secundaria 2. línea f de enlace
Zubringerspeicher m, - (Inform.) memoria f intermedia, complementaria, adicional
Zubringerstraße f, n vía f de acceso; vía f de empalme, de enlace
Zubringerverkehr m, Ø tráfico m tributario; *mit* ~ con tráfico tributario, de enlace
Zubrot n, Ø (Fam.) sobresueldo m; complemento m
zubuttern (Fam.) 1. pagar de su bolsillo 2. mejorar de situación
Zucht f, (en) 1. cultivo m (de plantas, de perlas) 2. cría f (de animales)
Zuchtbuch n, ¨er libro m pecuario; árbol m genealógico
züchten 1. cultivar (plantas, perlas) 2. críar (animales)
Züchter m, - 1. cultivador m 2. criador m
Zuchtgenossenschaft f, en cooperativa f de ganados
Zuchthaus n, ¨er presidio m; penitenciaría f; *lebenslängliches* ~ cadena f perpetua; reclusión f a perpetuidad; presidio m perpetuo
Zuchthausstrafe f, n pena f de presidio
Zuchtperle f, n perla f cultivada; perla f de cultivo
Zuchttier n, e animal m reproductor; semental m
Züchtung f, en 1. cultivo m 2. cría f (de ganado) 3. selección f (de bacterias)
Zuchtvieh n, Ø ganado m de cría
Zucker m, Ø azúcar m; *er hat* ~ tiene diabetes; es diabético
Zuckerbäckerei f, en pastelería f; confitería f
Zuckerfabrik f, en fábrica f de azúcar
Zuckerindustrie f, Ø industria f azucarera
Zuckerraffinerie f, n refinería f de azúcar
Zuckerrohr n, e caña f de azúcar
Zuckerrohrernte f, n zafra f
Zuckersteuer f, n impuesto m sobre el azúcar
Zudrang m, Ø muchedumbre f; multitud f (de personas); ~ *zur Hannover-Messe* (gran) afluencia f a la Feria de Hannover
zuerkennen 1. atribuir; otorgar 2. *dem Meistbietenden* ~ adjudicar al mejor postor 3. imponer (una pena) 4. conferir (un título)
Zuerkenner m, - adjudicador m
Zuerkennung f, en 1. atribución f; otorgamiento m; concesión f 2. adjudicación f 3. imposición f

zuerteilen adjudicar
Zuerteilung *f*, **en** → *Zuerkennung*
Zuerwerbsbetrieb *m*, **e** explotación *f* agrícola adicional
Zufahrtsstraße *f*, **n** → *Zubringerstraße*
zufallen 1. recaer en alg. (una herencia) 2. ser de la incumbencia de alg.; corresponderle a alg. 3. ser adjudicado a alg.
zufällig fortuito; aleatorio; accidental; ~ *auswählen* sortear; (Fam.) sacar a suerte
Zufalls- (Pref.) aleatorio; al azar
Zufallsauswahl *f*, Ø (Estad.) elección *f* al azar; selección *f* aleatoria; muestra *f* al azar
Zufallsgewinn *m*, **e** beneficio *m* ocasional, fortuito
Zufallsrisik|o *n*, **-en** (Seg.) riesgo *m* aleatorio, casual
Zufallsstichprobe *f*, **n** (Estad.) muestra *f* al azar; muestra *f* aleatoria
Zufallsteilung *f*, **en** (Estad.) casualización *f*
Zuflu|ß *m*, **=sse** 1. afluencia f; aflujo m; entrada f; ~ *von Kapital* entrada, afluencia, aflujo de capital(es) 2. admisión *f*
zufolge, *Ihrer Anordnung* ~ conforme a su orden; según lo ordenado por ustedes
zufrieden satisfecho; contento; complacido
Zufriedenheit *f*, Ø satisfacción *f*; *Sie arbeiten zu unserer vollsten* ~ su trabajo nos satisface plenamente; su trabajo es de nuestra entera satisfacción
zufriedenstellen satisfacer; contentar; *die Kunden* ~ satisfacer, dejar contenta a la clientela
Zufuhr *f*, **en** 1. abastecimiento *m*; suministro *m*; aprovisionamiento *m*; *die* ~ *abschneiden* cortar el suministro 2. aportación *f*; dotación *f*; asignación *f* (a las reservas) 3. transporte *m*; acarreo *m* 4. llegada *f*; entrada *f* (de las mercancías) 5. alimentación *f*
zuführen 1. abastecer; suministrar; aprovisionar 2. *einem Posten* ~ destinar a un asiento, a una partida; *den Rücklagen* ~ destinar a la reserva 3. transportar; acarrear 4. alimentar
Zug *m*, **=e** 1. tren *m*; *gemischter* ~ tren mixto (viajeros y mercancías); *mit dem* ~ por (el) tren; *der* ~ *nach Hamburg* el tren con destino a Hamburgo; *zuschlagspflichtiger* ~ tren con suplemento; *den* ~ *verpassen (verfehlen)* perder el tren 2. tiro *m*; tracción *f* 3. tendencia *f*; inclinación *f*; corriente *f* 4. cortejo *m* 5. manifestación *f* 6. convoy *m* (de vehículos, barcos) 7. *im* ~*e der Neugestaltung* en el curso de la reorganización 8. *zum* ~*e kommen* entrar en acción; entrar en juego; *nicht zum* ~*e kommen lassen* no dejar entrar en acción 9. *im besten* ~*e sein* estar en plena actividad; ir viento en popa 10. *in großen Zügen* a grandes rasgos; en líneas generales; en pocas palabras
Zugabe *f*, **n** suplemento *m*; prima *f*; extra *m*; plus *m*; añadidura *f*
Zugabeangebot *n*, **e** oferta *f* de venta con prima
Zugabewerbung *f*, (en) publicidad *f* con primas (Syn. *Geschenkwerbung*)
Zugang *m*, **=e** 1. aumento *m*; acrecentamiento *m* 2. entrada *f*, llegada *f* de mercancías 3. (camino *m* de) acceso *m*; paso *m*; entrada *f*; ~ *verboten* prohibido el paso, el acceso, la entrada; ~ *zum Eigentum* acceso a la propiedad; ~ *finden, haben* encontrar, tener acceso a; *freier* ~ *zum Meer* libre acceso al mar 4. mercancías *pl* recibidas; libros *pl* recibidos (en una librería)
zugänglich, *allgemein* ~ asequible a todos; al alcance de todos; *der Allgemeinheit* ~ abierto al público; *der breiten Öffentlichkeit* ~ *machen* poner al alcance de todos, del público; vulgarizar; popularizar
Zugänglichkeit *f*, Ø 1. accesibilidad *f* 2. asequibilidad *f*
Zuganschlu|ß *m*, **=sse** correspondencia *f* (de trenes); enlace *m* por ferrocarril
Zugartikel *m*, - artículo *m* de gran salida, de gran aceptación
Zugbildung *f*, **en** formación *f* del tren
Zugdichte *f*, Ø frecuencia *f* de los trenes; densidad *f* del tráfico ferroviario
zugeben 1. admitir; permitir; reconocer; confesar 2. dar un suplemento; dar de más, de añadidura
zugebracht, ~*e Kinder* hijos *pl* del primer matrimonio; ~*es Vermögen* patrimonio *m* aportado; aportaciones *pl* personales
zugegen, *persönlich* ~ *sein* estar allí *bzw.* aquí en persona; presenciar personalmente
Zugehfrau *f*, **en** asistenta *f*; mujer *f* de la limpieza
Zugehör *n*, (e) (A, CH) → *Zubehör*
Zugehörigkeit *f*, Ø pertenencia *f*; ~ *zu einer Firma* antigüedad *f* (de servicio) en una empresa
zugelassen 1. (vehículo *m*) matriculado 2. (abogado *m*) colegiado 3. (valor *m*) cotizado en Bolsa
Zugeständnis *n*, **se** concesión *f*; ~*se machen* hacer concesiones (Syn. *Konzession*)
Zugewinn *m*, **e** (Jur.) (bienes pl) gananciales *pl*; diferencia *f* entre el valor final y el valor inicial de los bienes de un conyuge; (Navarra) bienes *pl* conquistados
Zugewinngemeinschaft *f*, **en** (Jur.) comunidad *f* de gananciales; régimen *m* de partición de ganancias; (Navarra) sociedad *f* de conquistas; (Aragón) sociedad *f* paccionada
Zugfolge *f*, **n** frecuencia *f* de los trenes
Zugführer *m*, - jefe *m* de tren

zügig, *~er Verkehr* tráfico *m* fluido; fluidez *f* de tráfico
zugkräftig, *~es Produkt* producto *m* de gran venta; artículo *m* que atrae al público
Zugmaschine *f*, **n** tractor *m*
Zugmeldewesen *n*, Ø sistema *m*, servicio *m* de señalización
Zugrecht *n*, **(e)** derecho *m* preferente de compra; derecho *m* de retracto (Syn. *Vorkaufsrecht*)
Zugriff *m*, **(e)** 1. (Inform.) acceso *m* 2. *sich dem ~ der Polizei entziehen* sustraerse, escapar a la detención de la policía 3. asimiento *m* 4. golpe *m* inesperado
Zugriffszeit *f*, **en** (Inform.) tiempo *m* de acceso
Zugschaffner *m*, - revisor *m*
Zug-um-Zug-Leistung *f*, **en** ejecución *f* simultánea (en el marco de un contrato); (Fam.) de mano a mano; doy para que des
Zugunglück *n*, **e** accidente *m* ferroviario, de tren
zugunsten a, en favor de; *~ Dritter* en beneficio de terceros; *~ des Kontos* a abonar en cuenta
zugute, *jdm. ~ kommen* redundar en beneficio de alg.
Zugverbindung *f*, **en** comunicación *f* ferroviaria, por tren; enlace *m*, correspondencia *f* (de trenes)
Zugverkehr *m*, Ø tráfico *m*, servicio *m* ferroviario
Zugzwang *m*, Ø *in ~ geraten* incurrir en la obligación de; verse obligado a actuar; *unter ~ stehen* estar obligado y forzado
zuhaben estar cerrado; *sonntags müssen die Geschäfte ~* no está permitido que las tiendas abran en domingo
zuhauf (Fam.) en masa; a montones
Zuhilfenahme *f*, Ø *unter ~ von* con ayuda de; con el concurso de
Zuhörerschaft *f*, Ø auditorio *m*
Zukauf *m*, *-e* compra *f* suplementaria
zukaufen comprar además (de)
Zukunft *f*, Ø futuro *m*; porvenir *m*; *in absehbarer, ferner ~* en un futuro próximo, lejano
(zu)künftig futuro; *für die ~en Bestellungen* para (los) futuros pedidos
Zukunftsaussichten *pl* perspectivas *pl* del futuro
Zukunftsforscher *m*, - futurólogo *m*
Zukunftsforschung *f*, Ø futurología *f*
Zukunftspläne *pl* planes *pl* para el futuro
zukunftsreich de gran porvenir; prometedor; que tiene un buen futuro
zukunftssicher con futuro asegurado; con porvenir garantizado
zukunftsträchtig → *zukunftsreich*
Zulage *f*, **n** plus *m*; puntos *pl*; prima *f*; suplemento *m*; sobrepaga *f*; sobresueldo *m*; *~ für die nicht erwerbstätige Frau* plus de salario único; *~ für Schwerarbeit* plus por trabajo penoso
Zulagepunkt *m*, **e** punto *m* de aumento
zulassen 1. autorizar; permitir; *eine Aktie ~* cotizar una acción; admitir a cotización una acción 2. matricular un vehículo; conceder la patente de circulación; autorizar la circulación
zulässig permitido; autorizado; admitido; *~e Belastung* carga *f* admisible; *~es Höchstgewicht* peso *m* máximo admisible, autorizado
Zulassung *f*, **en** 1. acceso *m*; admisión *f*; permiso *m*; *einstweilige ~* admisión provisional; *~ zur Börse (zur Notierung)* admisión a cotización 2. patente *f* de circulación 3. matriculación *f*
Zulassungsalter *n*, Ø edad *f* de admisión; *~ zur Arbeit* edad de admisión laboral
Zulassungsantrag *m*, *-e* solicitud *f* de admisión
Zulassungsausschu|ß *m*, *-sse* comisión *f* de admisión
Zulassungsbedingungen *pl* condiciones *pl* de admisión
Zulassungsnummer *f*, **n** número *m* de matrícula
Zulassungspapiere *pl* patente *f* de circulación de un automóvil; documentación *f* de un vehículo
Zulassungsprüfung *f*, **en** examen *m*, prueba *f* de admisión
Zulassungsschein *m*, **e** permiso *m*, patente *f* de circulación
Zulassungsschild *n*, **er** 1. placa *f* de matriculación 2. placa *f* mineralógica
Zulassungsstelle *f*, **n** servicio *m* de matrículas; oficina *f* de patentes de circulación
Zulauf *m*, Ø afluencia *f*; aflujo *m*; *großen ~ haben* estar muy frecuentado; tener mucha, una buena clientela
zulegen 1. registar un ligero aumento 2. poner de su bolsillo 3. *sich etw. ~* comprarse ulc
Zulieferant *m*, **en** → *Zulieferer*
Zulieferer *m*, - abastecedor *m*; proveedor *m*; subcontratista *m*; contratista *m* secundario; (Chile) abastero *m*
Zuliefer(er)betrieb *m*, **e** empresa *f* subcontratista
Zuliefer(er)firm|a *f*, **-en** → *Zuliefer(er)betrieb*
Zuliefer(er)industrie *f*, **n** industria *f* auxiliar
zuliefern proveer; suministrar, abastecer (piezas de repuesto, de recambio)
zum, *Lieferung ~ 1. Juni* a suministrar el 1 de junio; *~ Preis von* al precio, a los precios de; *~ Verkauf* en venta
zumachen 1. *ein Geschäft ~* cerrar un negocio *od.* una tienda 2. *ein Geschäft für immer ~* cerrar un negocio *od.* una tienda definitivamente
zumauern (Seg.) 1. tapiar 2. condenar (una puerta, una ventana)
zumessen 1. medir 2. fijar, señalar (un plazo) 3.

imponer (una sanción) 4. *jdm. seinen Teil ~* asignar, dar a alg. lo que le corresponde
zumutbar razonable; que se puede exigir (perfectamente); *es ist nicht ~* no se puede exigir; no se puede pensar en ello
zunageln clavar
Zunahme f, n 1. aumento *m*; incremento *m*; crecimiento *m*; subida *f*; *prozentuale, jährliche ~* porcentaje anual de incremento; *verlangsamte ~ der Ausfuhren* aumento desacelerado de las exportaciones; desaceleración *f* en el aumento de las exportaciones; *~ der Aufträge* aumento de los pedidos; *die ~ der Einfuhren hat sich verlangsamt* ha descendido el incremento de las importaciones; las importaciones registran un descenso en su ritmo de crecimiento; *~ der Spareinlage* aumento, incremento del ahorro; *in ~ begriffen sein* estar en fase de aumento 2. recrudecimiento *m*; agravación *f*
Zuname m, n 1. apellido *m* 2. apodo *m*; mote *m* 3. sobrenombre *m*
Zündwarenmonopol n, Ø monopolio *m* de cerillas
Zündwarensteuer f, n impuesto *m* a las cerillas
zunehmen aumentar; ir en aumento; acrecentarse; incrementarse; *an Wert ~* aumentar de valor; *an Zahl ~* aumentar de número; *an Kräften ~* fortalecerse; *überproportional ~* acrecentarse en proporciones desmesuradas; aumentar desproporcionadamente
zunehmend creciente; progresivo; *mit ~em Alter* a medida que pasan los años; conforme se avanza en edad; con el paso de los años; *in ~em Maße* en medida, en grado creciente; cada vez más; *~e Nachfrage* demanda *f* creciente; demanda en ascenso, en aumento
Zunft f, ¨e gremio *m*, corporación *f* (de artesanos); *er ist von der ~* es del oficio (Syn. *Innung*)
Zunftgeist m, Ø espíritu *m* corporativo; espíritu *m* gremial; espíritu *m* de cuerpo
zunftgemäß del gremio; gremial; corporativo
Zunftgenosse m, n miembro *m* del gremio; gremial *m*
Zunftwesen n, Ø sistema *m*, régimen *m* gremial
Zunftzwang m, ¨e obligación *f* impuesta a un artesano de adherirse a un gremio
Zünglein n, - 1. lengüeta 2. fiel *m*; *das ~ an der Waage sein* ser el fiel de la balanza
zunichte, ~ machen aniquilar; destruir; echar por tierra, desbaratar un plan; frustar las esperanzas
zunutze, *sich etw. ~ machen* aprovecharse de u/c; sacar provecho de u/c; utilizar u/c
zuordnen 1. agregar; adjuntar 2. coordinar 3. adscribir; atribuir

zupacken (Fam.) ponerse a trabajar; poner manos a la obra
Zurateziehung f, en consulta *f*
Zurdispositionsstellung f, en puesta *f* a disposición (provisional)
zurechnen 1. *(addieren)* sumar; añadir; incluir 2. *(zuordnen)* contar, considerar entre 3. *(zuschreiben) einem Produkt Kosten ~* atribuir, imputar, adscribir, asignar costes a un producto; *zuzurechnen sein* ser atribuible, imputable, adscribible, asignable a
Zurechnung f, en inclusión *f*; atribución *f*; asignación *f*; *unter ~ aller Kosten* incluidos todos los gastos *bzw.* costes
zurechnungsfähig (Jur.) responsable de sus actos; responsable civilmente *bzw.* penalmente; *voll ~ sein* estar en pleno uso de sus facultades mentales
Zurechnungsfähigkeit f, Ø imputabilidad *f*; responsabilidad *f* civil *bzw.* penal; *verminderte ~* imputabilidad, responsabilidad disminuida
zuriegeln (Seg.) echar el cerrojo; cerrar con cerrojo
zur Ruhesetzen, sich ~ retirarse; jubilarse; pensionarse
Zurschaustellung f, en 1. exhibición *f* 2. ostentación *f*; alarde *m*
zurück, ~ sein 1. estar atrasado; ir retrasado 2. estar de vuelta, de regreso; *hier haben Sie fünf Mark ~* aquí tiene cinco marcos de vuelta; *~ an den Absender* devuélvase al remitente; devuélvase a su procedencia; *~ an Aussteller (Scheckvermerk)* cheque *m* protestado por falta de fondos; *~ müssen* tener que volver, regresar, retornar
zurückabtreten hacer retrocesión de; (Syn. *retrozedieren*)
Zurückbehaltungsrecht n, Ø derecho *m* de retención
zurückbekommen recuperar; recobrar; *Sie bekommen noch 5 DM zurück* todavía le debo 5 marcos; le tengo que devolver todavía 5 marcos; tiene usted 5 marcos de vuelta
zurückberufen 1. llamar a 2. retirar, separar, revocar de su puesto
zurück(be)zahlen devolver; reintegrar; re(e)mbolsar; *noch nicht zurückbezahltes Darlehen* préstamo *m* todavía por pagar; préstamo *m* todavía no reembolsado
Zurückbezahlung f, en devolución *f*; reintegro *m*; re(e)mbolso *m*
zurückbleiben, *hinter den Erwartungen ~* no corresponder a, defraudar las esperanzas; *hinter der Konkurrenz ~* ir a la zaga de la competencia; quedarse por detrás de la com-

petencia; *die Löhne bleiben zurück* los salarios quedan rezagados; los salarios no siguen (el aumento)
zurückbuchen *(Wechsel)* devolver una letra de cambio al remitente
zurückdatieren antedatar; antefechar
zurückerbitten pedir la devolución
zurückerhalten → *zurückbekommen*
zurückerobern, *einen Markt* ~ reconquistar un mercado
(zu)rückerstatten *(Geld)* devolver; reintegrar; restituir; *(Kosten)* re(e)mbolsar; *die Fahrkosten* ~ re(e)mbolsar los gastos de desplazamiento
Zurückerstattung *f*, en devolución *f*; restitución *f*; re(e)mbolso *m*; reintegro *m*
zurückfahren 1. regresar; volver 2. hacer marcha atrás
zurückfallen 1. revertir a; recaer sobre 2. reincidir en
zurückfliegen volver, regresar en avión
zurückfließen refluir
zurückfordern 1. reivindicar, reclamar un derecho 2. exigir la devolución
Zurückforderung *f*, en reclamación *f*; reivindicación *f*
(zu)rückfragen consultar; pedir, solicitar más detalles sobre u/c
zurückführen 1. atribuir a; explicarse por; ser debido a; *der Schaden ist auf die schlechte Verpackung zurückzuführen* el daño es imputable al embalaje defectuoso 2. repatriar
Zurückgabe *f*, n devolución *f*; restitución *f*; reembolso *m*
zurückgeben devolver; restituir; reembolsar; *das Wechselgeld* ~ dar la vuelta
zurückgegangen, *die Aufträge sind* ~ disminuye el número de pedidos; *die Auslandsnachfrage ist* ~ ha declinado la demanda exterior; *die Exporte sind* ~ han decrecido las exportaciones
zurückgehen 1. disminuir; ir disminuyendo; ceder; remitir; decaer; bajar; *die Börsenkurse gehen zurück* las cotizaciones bursátiles acusan un descenso; las cotizaciones bajan; *die Bestellungen gingen leicht zurück* los pedidos han bajado ligeramente; *das Defizit geht zurück* el déficit disminuye; *die Gewinne gingen zurück* han bajado, disminuido los beneficios; *die Preise gingen zurück* se registró un descenso de los precios; *von 10% auf 8%* ~ bajar, descender de 10% a 8% 2. *Waren* ~ *lassen* retornar, devolver mercancías 3. retroceder; ir para atrás 4. volver al punto de partida 5. remontarse a
zurückgehend 1. *~e Preise* precios *pl* en descenso 2. *~e Waren* mercancías *pl* que han sido devueltas
zurückgekommen 1. *(von Kunden) ~e Waren* mercancías *pl* que se nos han devuelto; mercancías *pl* que nos han sido devueltas 2. *(an Lieferanten) ~e Waren* mercancías *pl* que hemos devuelto
zurückgelegt 1. *~e Waren* mercancías *pl* puestas aparte para el comprador; mercancías *pl* reservadas para el comprador 2. *~e Versicherungszeiten* períodos *pl* ya completados en el seguro 3. *~e Strecke* recorrido *m* (ya hecho)
zurückgenommen, *leere Flaschen können nicht* ~ *werden* no se acepta la devolución de los cascos vacíos, de las botellas vacías
zurückgesandt, *~es Leergut* envases *pl* devueltos; *~e Waren* mercancías *pl* devueltas
zurückgesetzt *(im Preis) ~e Ware* mercancías *pl* reducidas en el precio; mercancía *f* cuyo precio ha sido reducido
zurückgestaute, *~ Nachfrage* demanda *f* contenida
zurückgestellt diferido; *~es Telegramm* telegrama *m* diferido
zurückgetreten dimisionario
zurückgezahlt reembolsado; liquidado
zurückgreifen, *~ auf Ersparnisse* recurrir a, echar mano de los ahorros
zurückhaben, ~ *wollen* reclamar u/c
zurückhalten, retener; *zurückgehaltene Gewinne* beneficios *pl* retenidos; *Waren* ~ retener mercancía *f*
zurückhaltend reservado; vacilante; indeciso; reticente; *die Börse ist* ~ la Bolsa está vacilante, indecisa; *das Geschäft ist* ~ el mercado está en calma; los negocios permanecen a la expectativa
Zurückhaltung *f*, en reserva *f*; cautela *f*; reticencia *f*; retención *f*; *~ des Lohns* retención del salario; *es herrscht große* ~ *der Käufer auf dem Markt* en el mercado se registra una gran reticencia por parte de los compradores
zurückkaufen 1. volver a comprar; readquirir 2. rescatar (algo dado en prenda)
zurückkehren 1. *auf seinen Posten* ~ reintegrarse a su puesto; reanudar sus funciones 2. regresar; volver; retornar
zurückklappen abatir; replegar
zurückkommen, *wir kommen zurück auf Ihr Angebot vom* refiriéndonos, haciendo referencia a su oferta de fecha
zurückkriegen → *zurückbekommen*
zurücklegen 1. *eine Strecke* ~ hacer un recorrido; recorrer una distancia 2. *Geld* ~ ahorrar dinero 3. *Waren* ~ reservar mercancía; poner mercancía aparte

zurückleiten devolver
zurückliegen, *das liegt 5 Jahre zurück* han pasado ya cinco años desde entonces; data de cinco años
zurückmelden, *sich* ~ presentarse; reanudar el servicio
Zurücknahme *f*, *n* 1. ~ *von Waren* admisión *f* de la devolución de las mercancías; ~ *der beschädigten Ware* aceptación *f* de la devolución de la mercancía defectuosa; ~ *von Investmentanteilen (durch die Gesellschaft)* admisión de la devolución de certificados de inversión 2. ~ *einer Kündigung* revocación *f* del (aviso de) despido 3. ~ *eines Angebots* retirada *f* de una oferta 4. ~ *einer Bestellung* anulación *f* de un pedido 5. ~ *einer Klage* desistimiento *m*, retirada *f* de una demanda 6. ~ *einer Äußerung* retractación *f* de lo afirmado *od.* declarado
zurücknehmen 1. *ein Angebot* ~ retirar, revocar una oferta; *eine Bestellung* ~ revocar, cancelar, anular un pedido 2. *nicht zurückgenommene Verpackung* embalaje *m* no vuelto a tomar; embalaje *m* cuya devolución no se admite; *die Ware kann nicht zurückgenommen werden* no se admite ni la devolución ni el cambio de la mercancía 3. *eine Klage* ~ desistir de presentar demanda 4. *das Gesagte* ~ retractarse de lo dicho; desdecirse (de lo afirmado)
zurückreichen 1. devolver 2. remontarse a
zurückreisen retornar; regresar; volver
zurückrufen 1. (Teléf.) volver a llamar 2. *einen Wechsel* ~ retirar una letra
zurückschaffen devolver; restituir
zurückschicken 1. reexpedir; devolver 2. hacer volver (a una persona)
zurückschrauben (Fam.) reducir; limitar; *die Lohnansprüche* ~ rebajar las reivindicaciones
zurückschreiben contestar por escrito
zurücksenden → *zurückschicken*
zurücksetzen 1. *die Preise* ~ rebajar, reducir los precios 2. postergar a alg.
Zurücksetzung *f*, *n* 1. ~ *der Preise* rebaja *f*, reducción *f* de los precios 2. postergación *f* (de alg.)
zurückstellen diferir; aplazar; dejar para más tarde; posponer; *einen Auftrag zunächst einmal* ~ posponer, dejar un pedido para más tarde; *Ware* ~ reservar mercancía; poner mercancía aparte
Zurückstellung *f*, en aplazamiento *m*; posposición *f*; reserva *f*; puesta *f* aparte
zurückstufen degradar; bajar de rango; hacer perder categoría; bajar de categoría
Zurückstufung *f*, en pérdida *f* de categoría; cambio *m* a categoría inferior; degradación *f*

zurücktreten 1. *von seinem Amt* ~ dimitir de su cargo; presentar la dimisión (de su cargo); dimitir de sus funciones; renunciar al, cesar en el cargo 2. *von seiner Bewerbung* ~ retirar su candidatura 3. *von einem Vertrag* ~ rescindir un contrato 4. *von einem Vorhaben* ~desistir de un proyecto, proposito 5. *die Pläne müssen* ~ los planes tienen que esperar; los proyectos pasan a segundo término
(zu)rückvergüten reintegrar; reembolsar
Zurückvergütung *f*, en reintegro *m*; reembolso *m*
zurückverlangen, *das Geld* ~ reclamar la devolución del dinero
zurückweisen 1. *eine Klage als unberechtigt* ~ desestimar una demanda por injustificada *bzw.* improcedente 2. *einen Vorschlag* ~ rechazar una propuesta 3. *einen Wechsel* ~ no aceptar una letra 4. *ein Geschenk* ~ rehusar, no aceptar un regalo 5. *eine Einladung* ~ declinar una invitación 6. *die Lieferung* ~ negarse a aceptar el suministro
Zurückweisung *f*, en rechazo *m*; desestimación *f*; denegación *f*; recusación *f*
zurückzahlen devolver; reembolsar; redimir; pagar; saldar
Zurückzahlung *f*, en devolución *f*; reembolso *m*; pago *m*; saldo *m*
zurückziehen retirar; *ein Angebot, eine Bewerbung* ~ retirar una oferta, una candidatura; *aus dem Verkehr* ~ retirar de la circulación, del mercado; *sich* ~ retirarse; *sich zur Besprechung* ~ retirarse para deliberar; *sich vom Geschäft* ~ retirarse del negocio
Zurückziehung *f*, Ø ~ *eines Auftrags* cancelación *f*, revocación *f* de un pedido
Zuruf *m*, e aclamación *f*; *Wahl durch* ~ elegir por aclamación
zurüsten equipar; preparar
Zurüstung *f*, en equipamiento *m*; preparativos *pl*
Zurverfügungstellung *f*, en puesta *f* a disposición
Zusage *f*, *n* 1. promesa *f* 2. contestación *f* afirmativa 3. consentimiento *m*; asentimiento *m*; aprobación *f* 4. aceptación *f*
zusagen 1. prometer; *die Lieferung innerhalb einer Frist von 2 Monaten* ~ prometer el suministro en un plazo de 2 meses 2. contestar afirmativamente 3. consentir; asentir; aprobar 4. aceptar (una invitación) 5. agradar; gustar; *Ihr Angebot sagt uns zu* su oferta nos agrada 6. convenir; *sollte unser Vorschlag Ihnen* ~ si nuestra propuesta les conviniera *bzw.* fuera de su agrado
zusagend, *~e Antwort* contestación *f* afirmativa, positiva

Zusammenarbeit *f*, en colaboración *f*; cooperación *f*; *wirtschaftliche* ~ cooperación económica; *die ~ mit jdm.* la colaboración con alg.; *innergemeinschaftliche* ~ cooperación intracomunitaria
zusammenarbeiten cooperar; colaborar; *mit jdm. geschäftlich* ~ hacer negocios con alg.
zusammenballen concentrar; aglomerar; amontonar
Zusammenballung *f*, en concentración *f*; aglomeración *f*; amontonamiento *m*
Zusammenbau *m*, Ø montaje *m*; ensamblaje *m*
zusammenbauen montar; ensamblar
zusammenbekommen lograr reunir
zusammenbetteln reunir mendigando
zusammenbrechen 1. venirse abajo; hundirse; *die Firma bricht zusammen* la empresa incurre en quiebra 2. quedar colapsado (el tráfico) 3. sufrir un colapso (una persona)
zusammenbringen 1. *Geld* ~ reunir, acumular dinero 2. poner en contacto (a varias personas) 3. reconciliar; lograr la reconciliación
Zusammenbruch *m*, ⸗e quiebra *f*; bancarrota *f*; *finanzieller* ~ colapso *m* financiero; *wirtschaftlicher* ~ ruina *f* económica; *kurz vor dem ~ stehen* estar al borde de la quiebra
Zusammenbruchstheorie *f*, Ø teoría *f* del hundimiento del capitalismo (de Marx)
zusammenfahren 1. chocar con 2. destrozar
zusammenfallen, ~ *mit (zeitlich)* coincidir con
zusammenfaltbar plegable
zusammenfalten plegar
zusammenfassen 1. reunir; concentrar 2. resumir; recapitular; hacer una síntesis 3. *nach Sachgebieten* ~ reagrupar por materias
zusammenfassend 1. en resumen 2. resumido
Zusammenfassung *f*, en 1. sumario *m*; resumen *m*; recapitulación *f* 2. → *Zusammenschluß*
zusammengehen 1. ir juntos; hacer causa común 2. encogerse
Zusammengehörigkeit *f*, Ø cohesión *f*; homogeneidad *f*; *wirtschaftliche* ~ conexión *f* económica
zusammengesetzt compuesto
zusammenhaben tener reunido
zusammenhalten, *Geld* ~ administrar evitando gastos; administrar con tino
Zusammenhang *m*, ⸗e conexión *f*; relación *f*; *in wirtschaftlichem* ~ *stehen* estar económicamente conectado; estar en relación económica
zusammenkaufen comprar en bloque; acaparar
zusammenkommen 1. reunirse; encontrarse; entrevistarse 2. coincidir 3. ser recaudado (dinero)
zusammenkoppeln 1. acoplar 2. ensamblar (una nave espacial)

zusammenkratzen (Fam.) *Geld* ~ rascarse los bolsillos; reunir penosamente los últimos centavos
Zusammenkunft *f*, ⸗e reunión *f*; entrevista *f*; cita *f*; encuentro *m*; conferencia *f*; *eine ~ mit jdm. vereinbaren* convenir, acordar reunirse con alg.
zusammenläppern (Fam.) ir acumulándose poco a poco; *der Betrag läppert sich allmählich zusammen* se termina por reunir una buena cantidad
zusammenlegbar plegable
zusammenlegen agrupar; centralizar; concentrar; *Aktien* ~ agrupar, consolidar acciones; *die Produktionen* ~ amalgamar las producciones; *Unternehmen* ~ fusionar empresas
Zusammenlegung *f*, en reunión *f*; concentración *f*; fusión *f*; consolidación *f*; ~ *von Geschäften* fusión de negocios
zusammenpacken 1. empaquetar; hacer un paquete (con todo) 2. reunir
zusammenpassen hacer juego; armonizar
Zusammenprall *m*, Ø choque *m*; encontronazo *m*; colisión *f*
zusammenprallen colisionar; chocar
zusammenrechnen sumar; agregar; totalizar; *alles zusammengerechnet* en total
zusammenrufen convocar; reunir
zusammenscharren (Fam.) atesorar, reunir (dinero) penosamente
Zusammenschau *f*, Ø sinopsis *f*; visión *f* de conjunto
zusammenschießen (Fam.) reunir fondos
zusammenschließen fusionar(se); asociar(se); (re)agrupar(se); *sich mit einem anderen Unternehmen* ~ fusionarse con otra empresa; (Syn. *fusionieren*)
Zusammenschluß *m*, ⸗sse concentración *f*; fusión *f*; asociación *f*; *horizontaler, vertikaler* ~ concentración horizontal, vertical; ~*sse auflösen* disolver concentraciones; *einen* ~ *genehmigen* autorizar una fusión
Zusammenschmelzen *n*, Ø 1. fusión *f* 2. disminución *f*; mengua *f*
zusammenschreiben, *sich ein Vermögen* ~ enriquecerse escribiendo
zusammenschrumpfen disminuir; menguar; venir a menos; *die Vorräte sind zusammengeschrumpft* han disminuido las existencias, las provisiones
zusammensetzen, *eine zerlegte Maschine wieder* ~ ensamblar, montar una máquina descompuesta
Zusammensetzung *f*, en composición *f*; constitución *f*; ~ *des Fondsvermögen (einer Investmentgesellschaft)* composición del patri-

monio del fondo; *die ~ der Ladung* la composición de la carga
zusammensparen ahorrar poco a poco; hacer dinero ahorrando
Zusammenspiel *n*, Ø cooperación *f*
zusammenstehen ayudarse mutuamente; practicar la solidaridad; ayudarse recíprocamente
zusammenstellen 1. *eine Liste ~* confeccionar, hacer una lista 2. agrupar 3. clasificar (según categorías) 4. compilar (datos, textos, etc.) 5. seleccionar (un equipo de personas) 6. ordenar; disponer; arreglar; organizar 7. formar; componer (un tren)
Zusammenstellung *f*, en 1. lista *f*; tabla *f*; cuadro *m* sinóptico 2. agrupación *f* 3. clasificación *f* 4. *~ eines Wörterbuches* compilación *f* de un diccionario 5. selección *f* 6. organización *f*; ordenación *f*; arreglo *m*; disposición *f* 7. formación *f*; composición *f*
Zusammensto|ß *m*, ¨sse *(von Fahrzeugen)* colisión *f*; choque *m*
zusammenstoßen colisionar; chocar
zusammentragen reunir; compilar; recopilar (datos)
zusammentreten reunirse; celebrar una asamblea; *der Vorstand tritt heute zusammen* la junta directiva se reune hoy
zusammentun, *sich ~* asociarse; aliarse
zusammenwachsen amalgamarse; fusionarse
zusammenwirken 1. colaborar; cooperar 2. coincidir con
zusammenzählen → *zusammenrechnen*
Zusatz *m*, ¨e 1. añadidura *f*; adición *f* 2. aditivo *m* 3. suplemento *m* 4. apéndice *m* 5. pos(t)data *f* (en una carta) 6. codicilo *m* (testamento) 7. nota *f* adicional
Zusatz- (Pref.) complementario; adicional; suplementario
Zusatzabkommen *n*, - convenio *m* adicional
Zusatzaktien *pl* acciones *pl* nuevas (distribuidas a los accionistas)
Zusatzantrag *m*, ¨e enmienda *f*; proposición *f* adicional; redactado *m* adicional
Zusatzausrüstung *f*, en equipo *m* adicional
Zusatzbatterie *f*, n batería *f* auxiliar
Zusatzbelastung *f*, en carga *f* suplementaria, adicional; *~ für Importe* recargo *m* sobre las importaciones; sobretasa *f* impuesta a las importaciones
Zusatzbericht *m*, e informe *m* suplementario, adicional
Zusatzbescheinigung *f*, en certificado *m* de adición
Zusatzbestimmung *f*, en disposición *f* suplementaria
Zusatzbetrag *m*, ¨e importe *m*, montante *m*, suma *f* adicional
Zusatzbudget *n*, s presupuesto *m* suplementario, adicional
Zusatzgerät *n*, e aparato *m* adicional, suplementario
Zusatzklausel *f*, n cláusula *f* adicional
Zusatzkredit *m*, e crédito *m* complementario
zusätzlich 1. complementario; suplementario; adicional; auxiliar; *~e Vergütung* remuneración *f* suplementaria, adicional 2. *~ berechnen* contar adicionalmente
Zusatzlohn *m*, ¨e salario *m* complementario, adicional
Zusatzpatent *n*, e patente *f* adicional, complementaria
Zusatzpersonal *n*, Ø personal *f* complementario, adicional
Zusatzprämie *f*, n sobreprima *f*; prima *f* adicional
Zusatzrente *f*, n 1. pensión *f* complementaria 2. renta *f* adicional
Zusatzspeicher *m*, - → *Zubringerspeicher*
Zusatzsteuer *f*, n impuesto *m* complementario; tasa *f* adicional
Zusatzvereinbarung *f*, en acuerdo *m* complementario, adicional
Zusatzversicherung *f*, en seguro *m* complementario
Zusatzversorgung *f*, en aprovisionamiento *m* suplementario
Zusatzversorgungskasse *f*, n caja *f* complementaria de retiro
Zusatzvertrag *m*, ¨e contrato *m* anexo, adicional
Zusatzwerbung *f*, Ø publicidad *f* accesoria
Zusatzzahl *f*, en cifra *f* complementaria
Zusatzzoll *m*, ¨e arancel *m* adicional; aduana *f* complementario; derecho *m* suplementario
Zuschauerforschung *f*, Ø sondeo *m*, encuesta *f* de audiencia (televisiva)
zuschießen dar dinero; contribuir con dinero
Zuschlag *m*, ¨e 1. suplemento *m*; recargo *m*; sobretasa *f*; extra *m*; *~ für erste Klasse* suplemento de primera clase 2. *(Post)* sobreporte *m* 3. *(auf Auktionen)* remate *m*; *(bei Ausschreibungen)* adjudicación *f*; *den ~ erteilen* adjudicar 4. *~ für Nachtarbeit* plus *m*, prima *f* por trabajo nocturno
zuschlagen 1. *(bei Ausschreibungen) dem Meistbietenden ~* adjudicar al mejor postor 2. *(Aktionator)* rematar 3. añadir; adicionar; cargar un suplemento
Zuschlaggebühr *f*, en recargo *m*; suplemento *m*
zuschlag(s)frei sin recargo; sin suplemento
Zuschlag(s)karte *f*, n billete *m* suplementario, complementario
zuschlag(s)pflichtig sujeto a suplemento, a sobretasa

Zuschlag(s)porto n, s sobreporte m
Zuschlag(s)prämie f, n sobreprima f
Zuschnitt m, Ø *internationalen* ~s de dimensión, de talla, de corte internacional
zuschreiben atribuir; afectar; imputar; achacar; *einen Betrag* ~ abonar en cuenta; *jdm. ein Grundstück* ~ poner un terreno a nombre de alg.
Zuschuß m, ⁻sse subvención f; subsidio m; ayuda f financiera; prestación f económica; *~⁻sse für die Exporte* ayuda a la exportación; *verlorener* ~ ayuda, subvención a fondo perdido; *~⁻sse gewähren (leisten)* conceder subvenciones, subsidios; (Syn. *Subvention*)
zuschußbedürftig que necesita subvención; necesitado de subsidio; económicamente débil; en dificultades
Zuschußbetrieb m, e empresa f deficitaria; empresa f subvencionada
Zuschußempfänger m, - perceptor m de subsidio; beneficiario m de subvenciones
Zuschußgebiet n, e región f en dificultades; región f deficitaria; región f subvencionada
Zuschußwirtschaft f, en → *Zuschußbetrieb*
zuschustern (Fam.) proporcionar una contribución financiera
zusenden expedir; enviar; remitir
Zusendung f, en expedición f; envío m
zusetzen 1. agregar; añadir; adicionar 2. *Geld* ~ perder, sacrificar dinero 3. *dabei setze ich immer zu* siempre le pongo de mi bolsillo 4. *die Krise setzt der Firma schwer zu* la crisis le está dando mucho que hacer a la empresa; la crisis está afectando gravemente a la empresa
zusichern asegurar; garantizar; prometer; *die Qualität der verkauften Ware* ~ garantizar la calidad de la mercancía
Zusicherung f, en garantía f; promesa f
zuspitzen, *sich* ~ agravarse; hacerse crítico; agudizarse; *der Konflikt spitzt sich zu* el conflicto se recrudece, se agrava, se agudiza
Zuspitzung f, (en) agravación f; recrudecimiento m; agudización f
Zuspruch m, Ø 1. asistencia f 2. afluencia f 3. *das Geschäft hat viel* ~ el negocio tiene mucha clientela, mucha parroquia; el negocio está muy acreditado 4. *die Veranstaltung findet viel* ~ el acto está muy concurrido
Zustand m, ⁻e 1. estado m; *in betriebsfähigem* ~ en estado de marcha; en condiciones de funcionamiento; *in beschädigtem* ~ en estado defectuoso, averiado, dañado; *in einwandfreiem* ~ *(Waren)* en perfecto estado; en estado impecable; *in gebrauchsfähigem* ~ en estado de uso; en condiciones para ser usado; *in gutem* ~ en buen estado; en buenas condiciones;

mangelhafter ~ *der Waren* mercancías en estado defectuoso; estado defectuoso de las mercancías; *Waren in schlechtem* ~ mercancías en mal estado 2. *der derzeitige* ~ la situación actual
zustande bringen llevar a cabo, a efecto; efectuar; realizar; *ein Geschäft* ~ realizar un negocio
zustande kommen tener lugar; llevarse a cabo; realizarse; efectuarse; *ein Abkommen ist zustande gekommen* se ha producido un acuerdo
zuständig competente; responsable; *~e Behörde* autoridad f competente; *~es Gericht* tribunal m competente; *von ~er Stelle erfährt man* se sabe de buena fuente; se conoce de fuente autorizada; *dafür ist er nicht* ~ no es de su competencia, incumbencia; *sich an die ~e Stelle wenden* dirigirse a la autoridad competente
Zuständigkeit f, en competencia f; incumbencia f; atribuciones pl; *es liegt nicht in meiner* ~ no es de mi incumbencia; no entra dentro de mi responsabilidad; *die* ~ *einer Behörde ablehnen* declinar, recusar la competencia de una administración *od.* autoridad; *die* ~ *eines Gerichts anerkennen* reconocer la jurisdicción *bzw.* competencia de un tribunal
Zuständigkeitsabgrenzung f, en delimitación f de competencia
Zuständigkeitsbereich m, e área f de responsabilidad; ámbito m de competencia, de atribuciones; jurisdicción f
Zuständigkeitserweiterung f, en ampliación f (del marco) de la competencia; extensión f (del ámbito) de las atribuciones
Zuständigkeitsgrenze f, n límite m de responsabilidad, de competencia
zuständigkeitshalber en razón de competencia; por atribuciones
Zustellbereich m, e → *Zustellbezirk*
Zustellbezirk m, e distrito m, circunscripción f postal; zona f de reparto
Zustelldienst m, e servicio m de reparto (a domicilio)
zustellen 1. entregar; hacer entrega de; repartir; *etw. rechtzeitig* ~ entregar a tiempo; hacer llegar a tiempo; *eine Rechnung* ~ hacer entrega de una factura; *ein Schriftstück, eine Vorladung* ~ hacer entrega de un documento, de una citación 2. enviar; mandar; remitir 3. bloquear
Zustellgebühr f, en gastos pl de entrega
Zustellpostamt n, ⁻er oficina f postal encargada del reparto
Zustellung f, en 1. ~ *frei Haus* reparto m, entrega f a domicilio 2. notificación f; ~ *in Person (eigenhändige ~)* entrega f en propia mano;

notificación *f* en persona
Zustellungsbescheinigung *f*, en recibo *m* de entrega
Zustellungsurkunde *f*, n 1. acta *f* de notificación 2. → *Zustellungsbescheinigung*
Zustellverfügung *f*, en (A) orden *f* de notificación
zustimmen aprobar; consentir; estar conforme con; dar el, su visto bueno; *einem Projekt* ~ dar el visto bueno a un proyecto; dar su beneplácito a un proyecto
zustimmend aprobatorio; afirmativo; aprobativo
Zustimmung *f*, en aprobación *f*; consentimiento *m*; conformidad *f*; visto *m* bueno; *ausdrückliche* ~ aprobación expresa; *die* ~ *erhalten* obtener el consentimiento; *seine* ~ *erteilen* dar su aprobación, su visto bueno
Zustrom *m*, (¨e) afluencia *f*; concurrencia *f*; ~ *von ausländischen Investitionen* flujo *m* de inversiones extranjeras
zutage 1. ~ *bringen* revelar; sacar a la luz 2. ~ *fördern* extraer 3. ~ *kommen* → *zutage treten* 4. ~ *liegen* aflorar; estar a flor de tierra; ser patente 5. ~ *treten* evidenciarse; manifestarse
zuteilen 1. atribuir; asignar; *jdm. eine Arbeit* ~ adjudicar un trabajo; asignar una función; *Aktien* ~ repartir acciones 2. racionar; contingentar
Zuteilung *f*, en 1. ~ *von Gratisaktien* asignación *f*, atribución *f*, reparto *m* de acciones gratuitas 2. adjudicación *f* 3. contingentación *f*; racionamiento *m*; ración *f*; cupo *m*
Zuteilungsantrag *m*, ¨e solicitud *f* de adjudicación
Zuteilungskarte *f*, n tarjeta *f* de racionamiento
Zuteilungskurs *m*, e tipo *m* de repartición
Zuteilungsquote *f*, n contingente *m*; cupo *m*
Zuteilungssystem *n*, e sistema *m* de repartición; sistema *m* de racionamiento
Zutreffendes, ~ *bitte unterstreichen* subráyese lo que proceda; *Nichtzutreffendes bitte streichen* táchese lo que no proceda
Zutritt *m*, e acceso *m*; entrada *f*; admisión *f*; *freier* ~ entrada libre, gratuita; *kein* ~, ~ *verboten* se prohibe la entrada
Zu- und Abwanderungspolitik *f*, Ø política *f* migratoria; política *f* de migraciones
zuungunsten en perjuicio de; ~ *des Kaufmanns* en detrimento del comerciante
zuverlässig 1. ~*e Arbeit* trabajo *m* hecho a conciencia 2. ~*e Person* persona *f* de confianza; persona *f* cumplidora; persona *f* formal; persona *f* consciente de su deber 3. ~*e Firma* empresa *f* de buena fama, reputación 4. *(Maschine)* fiable; de funcionamiento seguro 5. *aus ~er Quelle* de fuente solvente, fidedigna 6. *(erprobt)* a toda prueba; probado
Zuverlässigkeit *f*, en fiabilidad *f*; seguridad *f* de funcionamiento; formalidad *f*; autenticidad *f*
zuviel de más; demasiado; en exceso; en demasía; ~ *berechnen* pedir más de la cuenta; ~ *bezahlte Beträge* importes *pl* pagados en exceso; ~ *bezahlte Fracht* flete *m* pagado de más
Zuviel *n*, Ø exceso *m*; excedente *m*; sobrante *m*; demasía *f*
zuvorkommen, *der Konkurrenz* ~ anticiparse a la competencia
zuvorkommend 1. complaciente; atento; cortés 2. con mucha atención, cortesía
Zuwachs *m*, (¨e) aumento *m*; crecimiento *m*; incremento *m*; *ein* ~ *an Vermögen* un aumento del patrimonio; *durchschnittlicher jährlicher* ~ incremento anual medio
Zuwachsrate *f*, n tasa *f* de incremento; *jährliche* ~ tasa anual de crecimiento
Zuwachssteuer *f*, n impuesto *m* sobre el aumento de la fortuna; impuesto *m* sobre las plusvalías
Zuwanderer *m*, - inmigrante *m*
zuwandern inmigrar
Zuwanderung *f*, en inmigración *f*; afluencia *f*, flujo *m* de mano de obra; (Ggs. *Abwanderung*)
zuweisen asignar; atribuir; adjudicar; destinar; *einem Fonds* ~ ingresar, abonar en un fondo
Zuweisung *f*, en asignación *f*; adjudicación *f*; ~ *an die Rücklagen* asignación a las reservas
Zuwendung *f*, en subvención *f*; subsidio *m*; ayuda *f*; donación *f*; *Mittel aus unentgeltlichen* ~*en* fondos *pl* recibidos a título gratuito
zuwenig demasiado poco; ~ *vereinnahmter Betrag* cantidad *f* no cobrada; importe *m* cobrado de menos; suma *f* no percibida; *es sind 5 Mark* ~ hay 5 marcos de menos; faltan 5 marcos
Zuwenig *n*, Ø déficit *m*; carencia *f*; escasez *f*
zuwiderhandeln contravenir; transgredir; infringir; *einem Gesetz* ~ violar, infringir una ley; *einem Vertrag* ~ faltar a un contrato; *einer Vorschrift* ~ infringir una disposición
Zuwiderhandelnde/r *(der/ein)* contraventor *m*; infractor *m*; transgresor *m*
Zuwiderhandlung *f*, en contravención *f*; infracción *f*; transgresión *f*
zuzahlen 1. pagar un suplemento, un recargo 2. pagar de su bolsillo
zuzählen añadir; agregar; incluir
Zuzahlung *f*, en suplemento *m*; pago *m* adicional, suplementario
zuziehen 1. *einen Sachverständigen* ~ consultar a un experto; hacer venir a un experto 2. *sich einen Tadel* ~ atraerse una reprobación, censura
Zuziehung *f*, en consulta *f*; asistencia *f*; *unter* ~

eines Fachmanns asistido por un experto; con la asistencia de un experto; consultando a un experto

Zuzug *m*, ⁼e llegada *f*; inmigración *f*; afluencia *f*

Zuzügler *m*, - el recién llegado; el que acaba de llegar; nuevo residente *m*, vecino *m* de una ciudad

zuzüglich además; aparte; no comprendido; por añadidura; ~ *der Kosten* más los gastos; no incluidos, no comprendidos los gastos; ~ *des Portos* más el franqueo; franqueo no pagado; franqueo aparte; franqueo no incluido, no comprendido; ~ *Zinsen* más los intereses; intereses aparte

Zuzugsgenehmigung *f*, en permiso *m* de residencia

z.V. *(zur Verfügung)* a la disposición

Zwang *m*, ⁼e coacción *f*; coerción *f*; fuerza *f*; presión *f*; *unter* ~ por la fuerza; *unter dem* ~ *der Verhältnisse* obligado por las circunstancias; *auf jdn.* ~ *ausüben* ejercer presión sobre alg.; *mit* ~ *durchsetzen* conseguir por la fuerza

Zwangs- (Pref.) forzado; forzoso; obligatorio; de oficio; judicial

Zwangsablieferung *f*, en suministro *m* forzoso

Zwangsanleihe *f*, n empréstito *m* forzoso

Zwangsarbeit *f*, en 1. trabajo *m* obligatorio 2. *~en* trabajos *pl* forzosos; *lebenslängliche ~en* trabajos forzosos a perpetuidad

Zwangsauflösung *f*, en *(einer Handelsgesellschaft)* disolución *f* forzosa

Zwangsbeitrag *m*, ⁼e cotización *f bzw.* contribución *f* obligatoria

Zwangsbeitreibung *f*, en cobro *m* ejecutivo

zwangsbewirtschaftet contingentado

Zwangsbewirtschaftung *f*, en contingentación *f* obligatoria; racionamiento *m* obligatorio

Zwangseinschreibung *f*, en 1. inscripción *f* de oficio 2. matriculación *f* obligatoria

Zwangseinziehung *f*, en ~ *von Aktien* retirada *f* obligatoria de acciones

Zwangsenteignung *f*, en expropiación *f* forzosa

Zwangsgeld *n*, er multa *f* coercitiva, administrativa

Zwangshypothek *f*, en hipoteca *f* forzosa, judicial, necesaria

Zwangskartell *n*, e cártel *m* obligatorio

Zwangskasse *f*, n caja *f* (de afiliación) obligatoria

Zwangskauf *m*, ⁼e compra *f* forzosa

Zwangskurs *m*, e curso *m* forzoso

Zwangslage *f*, n 1. situación *f* embarazosa 2. *in einer ~ sein* estar en un aprieto; verse en un dilema; verse en la obligación de; verse forzado a

Zwangsliquidation *f*, en liquidación *f* forzosa, obligatoria

Zwangslizenz *f*, en licencia *f* obligatoria

Zwangsmaßnahme *f*, n medida *f* coercitiva

Zwangsmitgliedschaft *f*, Ø afiliación *f* obligatoria, forzosa

Zwangsmittel *pl* medios *pl* coercitivos

Zwangspensionierung *f*, en jubilación *f* forzosa

Zwangsräumung *f*, en desahucio *m*; lanzamiento *m*; evacuación *f* forzosa

Zwangsregulierung *f*, en 1. regulación *f* forzosa 2. ejecución *f* en bolsa

Zwangsschlichter *m*, - conciliador *m*, árbitro *m* nombrado de oficio

Zwangsschlichtung *f*, en conciliación *f* forzosa; arbitraje *m* necesario, obligatorio

Zwangssparen *n*, Ø ahorro *m* forzoso

Zwangstarif *m*, e tarifa *f* obligatoria; arancel *m* obligatorio

Zwangsumlage *f*, n contribución *f* especial forzosa

Zwangsumtausch *m*, Ø cambio *m* obligatorio (de divisas)

Zwangsveranlagung *f*, en imposición *f* forzosa; tasación *f* de oficio

Zwangsveräußerung *f*, en → *Zwangsverkauf*

Zwangsverfahren *n*, - procedimiento *m* coercitivo; vía *f* de apremio

Zwangsvergleich *m*, e convenio *m* forzoso, obligatorio; transacción *f* obligatoria; convenio *m* concursal; (Chile) convenio *m* judicial

Zwangsverkauf *m*, ⁼e venta *f* forzosa

Zwangsversetzung *f*, en traslado *m* forzoso

Zwangsversicherte/r *(der/ein)* afiliado *m* a un seguro obligatorio

Zwangsversicherung *f*, en seguro *m* obligatorio

zwangsversteigern vender en subasta forzosa

Zwangsversteigerung *f*, en subasta *f* forzosa

Zwangsverwalter *m*, - administrador *m* judicial

Zwangsverwaltung *f*, en administración *f* (judicial) forzosa; *die ~ aufheben* levantar el secuestro; *unter ~ stellen* poner bajo depósito judicial

Zwangsvollstreckung *f*, en ejecución *f* forzosa

Zwangswirtschaft *f*, en 1. economía *f* dirigida, reglamentada 2. régimen *m* de contingentación; sistema *m* de racionamiento

zwanzig veinte; *etwa* ~ una veintena; unos veinte; *in den ~er Jahren* en los años veinte

Zwanzigerklub *m*, Ø Club *m* de los Veinte → *Zehnerklub*

Zwanzigmarkschein *m*, e billete *m* de veinte marcos

zwanzigste vigésimo

zwanzigstel veinteavo; vigésima parte

zwanzigstens 1. en vigésimo lugar 2. vigésimo

Zweck *m*, e propósito *m*; objeto *m*; fin *m*; finalidad *f*; objetivo *m*; *zu diesem* ~ a este fin; con este objeto; *Stiftung für wohltätige* ~*e* fundación *f* de beneficencia; *einen* ~ *verfolgen* perseguir un fin

Zweckbau *m*, **ten** edificio *m* funcional

zweckbestimmt 1. funcional 2. *nicht* ~*e Ausgaben* gastos *pl* no destinados, no aplicados al fin propuesto

Zweckbestimmung *f*, **en** finalidad *f*; aplicación *f*; asignación *f*; afectación *f*; ~ *von Ausgaben, von Einnahmen* asignación *f*, destinación *f* de gastos, ingresos

Zweckbindung *f*, **en** → *Zweckbestimmung*

zweckdienlich apropiado; adecuado; pertinente; oportuno; útil; ~*e Informationen* informaciones *pl* relevantes

Zweckdienlichkeit *f*, Ø utilidad *f*; adecuación *f*; pertinencia *f*

zweckentfremden desviar u/c de su destino primero; *Gelder* ~ desviar fondos de su destino; utilizar fondos con fines extraños

zweckentfremdet, *die Wohnung ist* ~ la vivienda es usada para fines distintos a los previstos; la vivienda se usa inapropiadamente

Zweckentfremdung *f*, **en** cambio *m* de destino; uso *m* inapropiado; uso *m* distinto al pensado originalmente

zweckentsprechend apropiado; en concordancia con su destino

zweckgebunden, ~*e Mittel* fondos *pl* destinados a un fin especial; ~*e Rücklagen* reservas *pl* para fines específicos

zweckgemäß → *zweckmäßig*

zweckmäßig adecuado; apropiado; funcional; útil; oportuno; procedente

Zweckmäßigkeit *f*, Ø 1. funcionalidad *f* 2. conveniencia *f*; utilidad *f*; oportunidad *f*

Zweckmöbel *pl* muebles *pl* funcionales

zweckorientiert → *zweckgebunden*

Zwecksetzung *f*, **en** objetivo *m*

Zwecksparen *n*, Ø ahorro *m* para un fin específico, determinado; ahorro *m* de previsión

Zwecksteuer *f*, **n** impuesto *m* destinado a un fin específico

Zweckverband *m*, ⸚e mancomunidad *f*; asociación *f* con un fin determinado

Zweckvermögen *n*, - patrimonio *m* de destino

zweckvoll → *zweckmäßig*

zweckwidrig inadecuado; inapropiado; mal adaptado; contraproducente

Zweibettzimmer *n*, - habitación *f* de dos camas; habitación *f* doble

Zweidrittelmehrheit *f*, Ø mayoría *f* de dos tercios

zweifach, *in* ~*er Ausfertigung* por duplicado

Zweifamilienhaus *n*, ⸚er casa *f* de dos viviendas; dúplex *m*

zweifelhaft, ~*e Forderungen* créditos *pl* de cobro problemático; ~*es Geschäft* transacción *f* dudosa

Zweig *m*, **e** ramo *m*; rama *f* (de actividad); sector *m*

Zweiganstalt *f*, **en** sucursal *f*

Zweigbahn *f*, **en** ramal *m*; vía *f* secundaria

Zweigbank *f*, **en** sucursal *f* (bancaria)

Zweiggeschäft *n*, **e** sucursal *f*

Zweiggesellschaft *f*, **en** sociedad *f*, compañía *f* afiliada

Zweigniederlassung *f*, **en** → *Zweiggeschäft*

Zweigstelle *f*, **n** 1. sucursal *f*; agencia *f* (urbana) 2. delegación *f*

Zweigstellenleiter *m*, - gerente *m*, jefe *m* de sucursal; director *m* de agencia urbana

Zweigstellennetz *n*, **e** red *f* de sucursales

Zweigunternehmen *n*, - casa *f*, empresa *f* afiliada

Zweihundertjahrfeier *f*, **n** bicentenario *m*

Zweijahresplan *m*, ⸚e plan *m* bienal

Zweijahresveranstaltung *f*, **en** acto *m* bienal

zweijährig *(alle 2 Jahre)* bienal

Zweikammersystem *n*, **e** (Polit.) sistema *m* bicameral; bicameralismo *m*

zweimal, ~ *jährlich* dos veces al año; semestral; ~ *monatlich erscheinend* que se publica quincenalmente; que aparece dos veces al mes; de aparición bimensual; ~ *wöchentlich erscheinend* (de aparición) bisemanal

Zweimanngesellschaft *f*, **en** sociedad *f* compuesta por dos socios

Zweimarkstück *n*, **e** moneda *f* de dos marcos

zweimonatig de dos meses

zweimonatlich *(alle 2 Monate)* bimestral

Zweiparteiensystem *n*, **e** sistema *m* bipartidista; bipartidismo *m*

Zweischeinsystem *n*, **e** sistema *m* de dos resguardos

zweischichtig, ~*er Betrieb* empresa *f* de dos turnos; empresa *f* que funciona con dos equipos

zweiseitig 1. bilateral; sinalagmático 2. de dos caras 3. reversible

zweisprachig bilingüe

Zweisprachigkeit *f*, Ø bilingüismo *m*

zweispurig, ~*e Straße* vía *f* de dos carriles

zweistöckig, ~*es Haus* casa *f* de dos plantas, de dos pisos

zweistündig de dos horas

zweistündlich cada dos horas

zweitägig de dos días

Zweitausfertigung *f*, **en** duplicado *m*; copia *f*

zweitbest segundo (mejor)

Zweitbeste/r *(der/ein)* segundo *m* (mejor)

zweite, *jeden* ~*n Tag* un día sí y otro no; cada dos días; *an* ~*r Stelle* en segundo lugar; *Waren* ~*r*

Qualität mercancías *pl* de segunda clase; ~*r Direktor* subdirector *m*; ~*r Vorsitzender* vicepresidente *m*
zweitgrößte, *der* ~ *Hersteller* el segundo productor (en importancia); el segundo fabricante más importante
zweitklassig, de segunda categoría; de menor valor; ~*e Qualität* de calidad inferior
Zweitmarke *f,* n submarca *f*
zweitrangig → *zweitklassig*
Zweitschuldner *m,* - deudor *m* secundario
Zweitstimme *f,* n (R.F.A.) 1. segundo voto *m* (el elector dispone de un segundo voto para elegir la lista de un partido político) 2. segundo voto *m* (del presidente de un consejo de supervisión en una empresa con cogestión)
Zweitwagen *m,* - segundo coche *m* (de un hogar)
Zweitwohnung *f,* en segunda residencia *f,* vivienda *f*
Zweizimmerwohnung *f,* en apartamento *m* de dos habitaciones
Zwergbetrieb *m,* e mini-explotación *f* (de 5 a 10 empleados)
zwingend 1. obligatorio; forzoso 2. urgente; apremiante 3. ~*er Beweis* prueba *f* irrefutable, concluyente 4. ~*e Umstände* fuerza *m* mayor 5. imperioso; imperativo 6. (Jur.) coercitivo
Zwischenabkommen *n,* - acuerdo *m* interino
Zwischenabrechnung *f,* en estado *m* de cuentas provisional
Zwischenabschlu|ß *m,* ⸚sse → *Zwischenbilanz*
Zwischenbericht *m,* e informe *m* provisional, parcial
Zwischenbescheid *m,* e 1. (Jur.) resolución *f* interlocutoria 2. respuesta *f* provisional
zwischenbetrieblich, ~*e Zusammenarbeit* cooperación *f* entre empresas
Zwischenbilanz *f,* en balance *m* provisional
Zwischendarlehen *n,* - crédito *m* intermedio, interino, provisional; crédito *m* temporal
zwischendeutsch, ~*er Handel* comercio *m* interalemán; (Syn *innerdeutsch; deutsch-deutsch*)
Zwischendividende *f,* n dividendo *m* interino, provisional
Zwischenentscheidung *f,* en auto *m* interlocutorio
Zwischenergebnis *n,* se resultado *m* provisional
Zwischenfall *m,* ⸚e incidente *m*; contratiempo *m*; *ärgerlicher* ~ incidente enojoso
Zwischenfinanzierung *f,* en financiación *f* temporal, interina
Zwischenfrucht *f,* ⸚e cultivo *m* intercalado, intermedio
Zwischengericht *n,* e entremeses *pl*
Zwischengescho|ß *n,* ⸚sse entresuelo *m*
Zwischengröße *f,* n talla *f* intermedia

Zwischengüter *pl* productos *pl* intermedios
Zwischenhafen *m,* ⸚ puerto *m* de escala
Zwischenhandel *m,* Ø comercio *m* (de) intermediario; comercio *m* intermedio entre mayoristas y minoristas
Zwischenhändler *m,* - 1. intermediario *m* 2. depositario *m*; almacenista *m*
Zwischenkonto *m,* -en cuenta *f* provisional, interina, transitoria; (Syn. *Interimskonto*)
Zwischenkredit *m,* e crédito *m* interino, temporal
Zwischenlagerung *f,* Ø almacenaje *m* temporal, provisional
zwischenlanden hacer escala
Zwischenlandung *f,* en escala *f*
zwischenliegend interpuesto; intercalado; intermedio
Zwischenlösung *f,* en solución *f* provisional
Zwischenmahlzeit *f,* en comida *f* entre horas
Zwischenmakler *m,* - corredor *m*; agente *m* intermediario
Zwischenpause *f,* n intervalo *m*; descanso *m* intermedio
Zwischenperson *f,* en intermediario *m*; tercero *m*; tercera persona *f*
Zwischenprodukt *n,* e producto *m* intermedio
Zwischenprüfung *f,* en 1. *(Rechnungsprüfung)* auditoría *f* interina 2. examen *m* parcial
Zwischenquittung *f,* en resguardo *m,* recibo *m* provisional
Zwischenrechnung *f,* en factura *f* provisional, interina
Zwischenregelung *f,* en regulación *f* provisional
Zwischensaison *f,* Ø período *m* entre temporada; entretemporada *f*; período *m* anterior a la temporada
Zwischenschein *m,* e 1. resguardo *m* provisional 2. certificado *m* de acción; (Méx.) certificado *m* de adeudo
Zwischenspediteur *m,* e subcomisionista *m* (de transportes)
zwischenstaatlich internacional; interestatal; intergubernamental; ~*e Beziehungen* relaciones *pl* internacionales; ~*er Handel* comercio *m* entre los países; comercio *m* internacional; ~*e Organisation* organismo *m* intergubernamental; ~*es Recht* derecho *m* internacional
Zwischenstation *f,* en estación *f* intermedia
Zwischenstock *m,* -werk entresuelo *m*
Zwischenstelle *f,* n intermediario *m*
Zwischenstufe *f,* n grado *m,* estado *m* intermedio; etapa *f* intermedia (de producción, fabricación)
Zwischensumme *f,* n subtotal *m*; suma *f* parcial
Zwischenurteil *n,* e sentencia *f* interlocutoria
Zwischenverfügung *f,* en auto *m* interlocutorio; decisión *f* provisional

Zwischenverkauf m, Ø ~ *vorbehalten* salvo venta
Zwischenzeit f, en intervalo m; tiempo m intermedio
Zwischenzinsen pl intereses m interinos
zwo dos
zwölffach doce veces tanto; *das ~e* el duodécuplo
zwölfmal doce veces
zwölfmalig doce veces repetido
zwölfstündig de doce horas
zwölftägig de doce días

zwölfte 1. duodécimo 2. doce
Zwölftel n, - *provisorisches* ~ duodécima parte del presupuesto
zwölftens 1. en duodécimo lugar 2. duodécimo
zyklisch cíclico; periódico; coyuntural; *~e Bewegung* movimiento m cíclico
Zyklus m, -en ciclo m; *die konjunkturellen Zyklen* los ciclos coyunturales
z.Z. *(zur Zeit)* actualmente; en la actualidad; por el momento